Strategieoptionen für den Ausbau
Strategischer Allianzen

AF820372

Europäische Hochschulschriften

Publications Universitaires Européennes

European University Studies

Reihe V

Volks- und Betriebswirtschaft

Série V Series V

Sciences économiques, gestion d'entreprise

Economics and Management

Bd./Vol. 3086

PETER LANG

Frankfurt am Main · Berlin · Bern · Bruxelles · New York · Oxford · Wien

Jörg Friedrich Diesfeld

Strategieoptionen für den Ausbau Strategischer Allianzen

Theoriegestützte Analyse alternativer Wachstumswege für kooperierende Unternehmen im Rahmen einer externen Unternehmensentwicklung

Am Beispiel der europäischen Linienluftverkehrsgesellschaften

PETER LANG
Europäischer Verlag der Wissenschaften

Bibliografische Information Der Deutschen Bibliothek
Die Deutsche Bibliothek verzeichnet diese Publikation in der Deutschen Nationalbibliografie; detaillierte bibliografische Daten sind im Internet über <http://dnb.ddb.de> abrufbar.

Zugl.: Lüneburg, Univ., Diss., 2004

Lün 4
ISSN 0531-7339
ISBN 3-631-53005-6

© Peter Lang GmbH
Europäischer Verlag der Wissenschaften
Frankfurt am Main 2004
Alle Rechte vorbehalten.

Das Werk einschließlich aller seiner Teile ist urheberrechtlich geschützt. Jede Verwertung außerhalb der engen Grenzen des Urheberrechtsgesetzes ist ohne Zustimmung des Verlages unzulässig und strafbar. Das gilt insbesondere für Vervielfältigungen, Übersetzungen, Mikroverfilmungen und die Einspeicherung und Verarbeitung in elektronischen Systemen.

www.peterlang.de

Vorwort

An dieser Stelle möchte ich all jenen Personen danken, die mich bei der Ausarbeitung der Dissertation unterstützt und zu ihrem positiven Gelingen beigetragen haben. Diese Danksagung ist mir sehr wichtig, da die Auseinandersetzung mit den Herausforderungen im Zusammenhang mit der Erstellung dieser Doktorarbeit von Zeit zu Zeit einem „Kraftakt" gleich kam, dessen Bewältigung ohne die zahlreichen „externen Kräfte" häufig sicher nicht so leicht gelungen wäre. Rückblickend muss ich auch sagen, dass die Fortschritte meiner Arbeit oft ein Spiegelbild der „Bedingungen des Umfelds" darstellten, in dem ich mich in den letzten Jahren bewegt habe. Diese „Bedingungen" haften natürlich sehr stark an jenen Personen, die sich aus privaten oder beruflichen Gründen mit meiner Arbeit und den damit verbundenen Dingen auseinander gesetzt haben. Nachdem diese Periode nun einen Abschluss gefunden hat – und damit auch die Perspektive meiner Bewertung in eine gewisse Distanz rückt – fühle ich um so mehr eine tiefe Dankbarkeit für jene „externen Kräfte".

In Bezug auf das universitäre Umfeld sei an erster Stelle mein „Doktorvater", Herr Prof. Dr. Edgar Kreilkamp, genannt. Herr Prof. Dr. Kreilkamp hat sich in intensiver Weise mit den Konzeptionen und Inhalten der vorliegenden Arbeit auseinandergesetzt und wesentliche Impulse geliefert. Er hat mir allen akademischen Freiraum gelassen, um mein Forschungskonzept eigenständig zu realisieren und letztlich zum positiven Endergebnis der Arbeit zu gelangen. Darüber hinaus hat er mich umfassend bei meiner Bewerbung um ein Promotionsstipendiums unterstützt, die insbesondere durch seine Hilfe erfolgreich war. Hierfür möchte ich mich an dieser Stelle ganz herzlich bedanken. Ferner danke ich Frau Prof. Dr. Ursula Weisenfeld für die spontane und freundliche Übernahme des Koreferates.

In meinem privaten Umfeld kommt meinem „Promotionsmitstreiter" und Freund in Augsburg, Herrn Dipl.-Kfm. Martin Alexander Meyer, eine besonders wesentliche Bedeutung zu. Die unzähligen, häufig nächtlichen Telefonate und die gemeinsamen Treffen haben gerade in den Momenten, in denen ich einen Austausch brauchte, wesentlich dazu beigetragen, dass ich mich immer wieder motivieren konnte, die Arbeit weiter voranzutreiben. Ihm gilt daher ein ganz persönlicher und freundschaftlicher Dank. Danke, Martin!

Ein ganz persönlicher Dank gilt auch meiner Freundin, Frau Rechtsanwältin Eva-Maria Körkemeyer. Sie hat mich mit sehr viel Verständnis immer wieder motiviert, den „roten" Faden nicht zu verlieren, die in meiner persönlichen Wahrnehmung problematischen Punkte aus der richtigen Perspektive zu betrachten und die zumeist viel wesentlicheren Dinge „jenseits der Dissertation" nicht zu vergessen. Aber am meisten möchte ich ihr dafür danken, dass sie immer für mich da war und ist. Danke, Eva!

Ein persönlicher und freundschaftlicher Dank gilt Herrn Dipl.-Kfm. Albrecht Wiener. Er hat mir in den letzten Jahren immer wieder gezeigt, wie wichtig es ist, auf einen Freund zählen zu können. Außerdem wäre das Thema dieser Arbeit ohne seine kreativen Ideen so vielleicht nie entstanden.

Danken möchte ich auch Frau Bärbel Pöls M.A. für ihre Unterstützung. Ohne sie wäre diese Arbeit vielleicht nie begonnen worden.

Ein freundschaftlicher Dank gilt Herrn René Winkler, der es als Freund „vor Ort" immer wieder geschafft hat, mich von den Alltäglichkeiten des „Promotionslebens" abzulenken.

Zu Dank verpflichtet bin ich auch Herrn Dipl.-Kfm. Wolfgang Deitmer, hat er mich doch zu Beginn der Arbeit immer wieder mit aktuellen Literaturbeiträgen und Ideen zum Thema „versorgt". Ebenso danke ich Herrn Dipl.-Kfm. Ulrich Götte, der mich bei der Initiierung der Expertengespräche umfassend unterstützt hat.

Ein weiterer ganz persönlicher Dank gilt meinen beiden Schwestern. Sie haben mir auch und gerade in der Promotionsphase immer wieder gezeigt, dass ich jederzeit uneingeschränkt auf sie bauen kann.

Ein Dank gilt auch meinem früheren Arbeitgeber „The Boston Consulting Group" in Hamburg und Herrn Dr. Andreas Poensgen, der mir die notwendige Zeit für die Erstellung der Arbeit ermöglichte. Ein weiterer Dank gilt der Stiftung der Deutschen Wirtschaft für die umfangreiche finanzielle und ideelle Förderung des Promotionsprojektes.

An letzter, aber mit Abstand gewichtigster Stelle danke ich meinen Eltern für ihre permanente Begleitung und Unterstützung nicht nur während der Dissertationserstellung, sondern auf meinem gesamten Bildungs- und Lebensweg. Sie bilden das wesentlichste Fundament für die erfolgreiche Beendigung dieses Schrittes, indem sie mir so viel mitgegeben und ermöglicht haben. Deshalb möchte ich ihnen diese Arbeit widmen.

Hamburg, im Juni 2004 Jörg Friedrich Diesfeld

Inhaltsübersicht

Inhaltsverzeichnis

Abbildungsverzeichnis

Abkürzungsverzeichnis

a. M.	am Main
Abb.	Abbildung
ABl.	Amtsblatt der Europäischen Gemeinschaften
Abs.	Absatz
AG	Aktiengesellschaft
AHP	Analytic Hierarchy Process
AktG	Aktiengesetz
AMP	Airline Management Partnership
Art.	Artikel
ASK	Available Seat Kilometres
Aufl.	Auflage
Bd.	Band
bspw.	beispielsweise
bzw.	beziehungsweise
ca.	circa
CAB	Civil Aeronautics Board
CRS	Computerreservierungssystem
d.h.	das heißt
DM	Deutsche Mark
DOT	Department of Transportation
EGV	Vertrag zur Gründung der Europäischen Gemeinschaft
etc.	et cetera
EU	Europäische Union
EuGH	Europäischer Gerichtshof
EWG	Europäische Wirtschaftsgemeinschaft
f.	folgende
FAA	Federal Aviation Administration
ff.	fortfolgende
Fn.	Fußnote

FusKontrVO	Fusionskontrollverordnung
GATS	General Agreement of Trade in Services
GWB	Gesetz gegen Wettbewerbsbeschränkungen
H.	Heft
HGB	Handelsgesetzbuch
Hrsg.	Herausgeber
Hs.	Halbsatz
i.d.R.	in der Regel
IATA	International Air Transport Association
ICAO	International Civil Aviation Organization
IT	Informationstechnologie
Jg.	Jahrgang
Kap.	Kapitel
KLM	Koninklyde Luchtvaart Maatschappij
LH	Lufthansa
LuftVG	Luftverkehrsgesetz
Mio.	Million(en)
Mon.	Monate
Mrd.	Milliarde(n)
No.	Number
Nr.	Nummer
o.g.	oben genannte
o.O.	ohne Ort

o.V.	ohne Verfasser
PanAm	Pan American Airlines
RPK	Revenue Passenger Kilometres
S.	Seite, Satz
SARS	Serve Acut Respiratory Syndrome
SAS	Scandinavian Airline System
SIFL	Standard Industry Fare Level
sog.	sogenannte
Sp.	Spalte
Tab.	Tabelle
TWA	Trans World Airlines
u.a.	und andere, unter anderem
UA	United Airlines
UmwG	Umwandlungsgesetz
US	United States
USA	United States of America
u.U.	unter Umständen
vgl.	vgl.
Vol.	Volume
vs.	versus
z.B.	zum Beispiel
z.T.	zum Teil

Teil 1: Einführung und begriffliche Grundlagen

1 Einführung

1.1 Problemstellung

In der heutigen Zeit vergeht kaum ein Tag, an dem in der Wirtschaftspresse nicht über neue Unternehmensfusionen und -akquisitionen oder die Bildung von Unternehmenskooperationen bzw. Strategischen Allianzen berichtet wird. Offensichtlich können viele Unternehmen die Veränderungen und strategischen Herausforderungen in ihren Märkten und im gesamtwirtschaftlichen Umfeld nur noch dann bewältigen, wenn sie Bündnisse mit einem oder mehreren anderen Unternehmen eingehen.[1] Eine wesentliche Ursache für diese Entwicklungen ist die in den letzten Jahren stark gestiegene Umfelddynamik und -komplexität, die viele Unternehmen dazu zwingt, sich schnell an sich ändernde Rahmenbedingungen anpassen zu können.[2] Die dazu notwendige Anpassungsfähigkeit ist jedoch häufig aufgrund kritischer Lücken im unternehmensspezifischen Ressourcenprofil und/oder zu kurzer Zeiträume für den eigenständigen Aufbau von Produkt-Markt-Kombinationen nur unzureichend vorhanden. Aus diesem Grund müssen viele Unternehmen zunehmend auf *externe* Ressourcen zurückgreifen, um die notwendigen Flexibilitätspotentiale erschließen und die eigene Wettbewerbsposition dauerhaft absichern zu können.[3] Die Aufrechterhaltung der Wettbewerbsfähigkeit und die Realisierung eigener Unternehmensziele scheint in vielen Bereichen offenbar nicht mehr unter der Nebenbedingung weitgehender Autonomie und Eigenständigkeit möglich bzw. sinnvoll zu sein.

Auf einzelwirtschaftlicher Ebene weisen die vor diesem Hintergrund ergriffenen strategischen Anpassungsmaßnahmen ein nahezu gleichförmiges Muster auf: Zum einen versuchen viele Unternehmen ihre Kräfte zu bündeln, indem sie die eigenen Aktivitäten auf strategische Kernbereiche konzentrieren und Randbereiche bzw. unbedeutende Geschäfte abstoßen, um die Komplexität auf strategischer Ebene zu verringern und die zu Kernbereichen erklärten Geschäftsbereiche mit Hilfe der frei werdenden Mittel zu stärken.[4] Zum anderen wird von diesen Unternehmen anstelle eines sukzessiven *internen* Auf- oder Ausbaus von Geschäftsbereichen immer häufiger die strategische Option der externen Unter-

---

[1] Vgl. **Haupenthal; Juszczyk** (2002), S. 12. Zu diesen Veränderungen gehören insbesondere die Zunahme der Wettbewerbsglobalisierung, der Anstieg der Nachfragedifferenzierung, die Deregulierung von Märkten, die Verkürzung von Produktlebenszyklen, die Steigerung der Innovationsdynamik, die Zunahme der Investitionsvolumina und die Erhöhung der Wissensdiffusionsgeschwindigkeit. Zu diesen einzelnen Aspekten vgl. **Albach** (1989), S. 1338ff., **Meffert** (1989), S. 445ff., **Zahn** (1987), S. 476, **Picot** (1990), S. 121 und **Kleinert** (2000), S. 2.

[2] Vgl. **Krystek; Zur** (2002), S. 204.

[3] Vgl. **Rasche** (1994), S. 353 und **Wildemann** (1996), S. 23.

[4] Vgl. **Haspeslagh; Jemison** (1992), S. 266ff.

nehmensentwicklung gewählt. Diese soll im Kern die eigene organisatorische Flexibilität erhöhen, die *bisherige* Wettbewerbsposition über den Auf- und Ausbau von nachhaltigen Erfolgspotentialen sichern bzw. stärken und/oder zur Realisierung einer *neuen* Wettbewerbsposition beitragen, die gleichzeitig eine proaktive Einflußnahme auf die veränderten Rahmenbedingungen ermöglicht.[5] Dazu gehören neben *konzentrativen* Wachstumsformen in Form von Fusionen und Akquisitionen[6] auch *kooperative* Entwicklungswege, wie z.B. Strategische Allianzen.

Sämtliche externe Entwicklungsstrategien bieten gegenüber autonomen Vorgehensweisen zwei wesentliche Vorteile: Zum einen ermöglichen sie es den zumeist internationalen Unternehmen, die über eine starke Position und Präsenz auf ihren jeweiligen Heimatmärkten verfügen, einen erwünschten Markteintritt und eine angestrebte Marktdurchdringung zumeist deutlich schneller zu realisieren. Zum anderen lassen sich durch derartige Strategien die mit einem Markteintritt in neue Produktbereiche bzw. geographische Märkte verbundenen Fixkosten (u.a. für den Aufbau lokaler Vertriebseinrichtungen) auf mehrere Unternehmen verteilen, so dass die vielfach höheren finanziellen Risiken einer externen Unternehmensentwicklung gegenüber einem internen Unternehmenswachstum reduziert werden können.[7]

Obwohl gerade in den letzten Jahren festzustellen ist, dass die wirtschaftlichen Veränderungen die generellen Voraussetzungen für externe Entwicklungsstrategien zu fördern scheinen, stellen sie keine neue Vorgehensweise in der Wirtschaftsgeschichte dar. Es fällt jedoch auf, dass paradoxerweise gerade in Zeiten des zunehmenden Wettbewerbsdrucks und harten Konkurrenzkampfes Unternehmensverbindungen durch Akquisitionen oder Fusionen als Zeichen wirtschaftlicher Konzentrations- und Ausleseprozesse und Strategische Allianzen als kooperative Form der Zusammenarbeit quantitativ und qualitativ an Bedeutung zugenommen haben.[8]

Dabei basiert die in den letzten Jahren besonders stark gestiegene Anzahl an Unternehmenskooperationen und Strategischen Allianzen insbesondere auf der Tatsache, dass es in einzelnen Branchen immer noch umfangreiche rechtliche Hindernisse für bestimmte konzentrative Unternehmensverbindungsformen gibt. Nationale und multilaterale Wettbewerbsbehörden zielen mit ihren zum Teil immer noch sehr restriktiven kartellrechtlichen Regelungen auf eine weit-

---

5 Vgl. **SYDOW** (1991), S. 240, **SYDOW** (1992), S. 110ff. und **PERLMUTTER** (1986), S. 136ff.

6 Als Beispiele für bedeutende internationale Fusionen und Akquisitionen in den letzten Jahren eignen sich die Fusion von Daimler-Benz und Chrysler, die Übernahme von Mannesmann durch Vodafone und der Zusammenschluß von AOL und Time Warner. Vgl. **WIẞKIRCHEN** (2002), S. 20.

7 Vgl. **KLEINERT** (2000), S. 2.

8 Vgl. **VIZJAK** (1990), S. 3.

reichende Unterbindung von potenziell wettbewerbsverhindernden oder -einschränkenden Zusammenarbeitsformen, so dass Kooperationen vielfach die einzig sinnvolle Entwicklungsmöglichkeit für Unternehmen darstellen. Darüber hinaus sind sie in der Regel mit vergleichsweise geringen wettbewerbsrechtlichen Problemen und Prüfungen verbunden.

Nach einer Phase zahlreicher *Gründungen* von Unternehmenskooperationen bzw. Strategischen Allianzen in den achtziger und neunziger Jahren des vorigen Jahrhunderts rückt in den letzten Jahren vermehrt die Frage in den Betrachtungsmittelpunkt, in welcher Form die *bestehende* Zusammenarbeit weitergeführt und ausgebaut werden sollte. Wenngleich aus unternehmensstrategischer Perspektive davon auszugehen ist, dass die Gründe und Ziele für die erstmalige *Gründung* einer Strategischen Allianz mit den Zielen und Gründen für einen *Allianzausbau* in den meisten Fällen übereinstimmen werden, weisen die jeweiligen Umsetzungen einige wesentliche Unterschiede auf:

Während es bei der *Gründung* einer Strategischen Allianz insbesondere um die *Auswahl* der Partnerunternehmen geht, müssen im Rahmen eines Allianzausbaus Wege für eine *Intensivierung* der bisherigen Zusammenarbeit gesucht und festgelegt werden. Da diese im Zeitablauf sowohl über eine Veränderung der Anzahl der Partnerunternehmen, eine Erweiterung der Zusammenarbeitsbereiche und/oder eine Veränderung der gesellschaftsrechtlichen Institutionalisierung der Zusammenarbeit vollzogen werden kann, müssen nicht nur Suchaspekte und -kriterien, sondern insbesondere auch unternehmensspezifische Fragen und wettbewerbsrechtliche Vorgaben berücksichtigt werden. Dabei ist der *letztgenannte* Punkt von besonderem Interesse, da der vielfach wesentliche Grund für die Gründung einer Strategischen Allianz, die Umgehung rechtlicher Beschränkungen, im Zeitablauf durch liberalisierte gesetzliche Regelungen an Bedeutung verlieren kann. In diesem Fall können sich andere Formen der formalrechtlichen Zusammenarbeit als vorziehenswürdiger erweisen. Dies wäre z.B. der Fall, wenn die Alternativen höhere Synergieeffekte erwarten lassen oder den Zugang zu strategisch wichtigen Partnerunternehmen dauerhaft sichern können. Es stellt sich mithin die Frage, welche wachstumsorientierte Allianz- und Unternehmensentwicklungsstrategie aus einer organisatorisch-institutionellen Perspektive *effektiv* und zugleich *effizient* umgesetzt werden kann.[9]

In diesem Zusammenhang ist es möglich, dass kurz- oder mittelfristig ein Allianzausbau unter Beibehaltung der kooperativen Strukturen zu favorisieren ist, mittel- bis langfristig allerdings die ausgebaute Strategische Allianz in eine wei-

[9] Der Begriff der *Effektivität* dient als Maßgröße für den Grad der Zielerreichung, der durch die Umsetzung einer Maßnahme realisiert wird, und ist ausschließlich *outputbezogen*. Demgegenüber wird der Begriff der *Effizienz* als Maßgröße für die Wirtschaftlichkeit einer Maßnahme verwendet und bezieht sich demgemäß auf das Verhältnis zwischen Input und Output. Zu diesen beiden Begrifflichkeiten vgl. **Scholz** (1992), Sp. 532ff.

tergehende Form der Unternehmensverbindung, wie z.B. eine Fusion von zwei oder mehreren Allianzunternehmen, überführt werden sollte. Daneben ist es jedoch auch möglich, dass sich ein kooperativer Allianzausbau von *vornherein* als eine Ausbaualternative[10] herausstellt, die gegenüber einer andersartigen Ausbauform *nicht* weiterverfolgt werden sollte. Einige Befürworter der Strategischen Allianz sehen in ihr eine besonders flexible Form der strategischen Unternehmensentwicklung und eine starke Konkurrentin zu weitergehenden Unternehmensverbindungsformen. Andere Autoren sehen in der Flexibilität der Strategischen Allianz aber auch eine große Gefahr, da diese vergleichsweise schnell in ein unverbindliches Miteinander umschlagen kann.[11] Im Zentrum dieser Fragestellungen steht demnach, welche Form der vertragsrechtlichen Institutionalisierung (Vertragslösung, gegenseitige Kapitalbeteiligungen, Akquisition oder Fusion) für den Ausbau einer Strategischen Allianz gewählt werden sollte. Mit Hilfe der vorliegenden Arbeit soll u.a. ein Beitrag zur Beantwortung dieser eher *theoretischen* Fragestellung geleistet werden.

In der *betrieblichen Praxis* zeigt sich die Bedeutungszunahme der Strategischen Allianzen in den letzten Jahren insbesondere im Linienluftverkehr. Gerade in diesem Bereich wurden seit Beginn der neunziger Jahren des vorigen Jahrhunderts eine Vielzahl von Kooperations- und Allianzvereinbarungen zwischen unterschiedlichen, vor allem internationalen Luftverkehrsgesellschaften abgeschlossen.[12] Gefördert wurde diese Entwicklung insbesondere durch die im Luftverkehr existierenden Eigentumsregelungen, nach denen ausländische Fluggesellschaften in der Regel keinen mehrheitlichen Besitz an einer nationalen Luftverkehrsgesellschaft erwerben können.[13] Ein weiterer Grund für die Allianzbildung ist das restriktive System des Bilateralismus[14], nach dem Luftver-

---

10 Als *Alternative* wird im Rahmen der vorliegenden Arbeit, in Anlehnung an BEA, eine unabhängige Vorgehensweise zur Realisierung eines angestrebten Ziels bezeichnet. Vgl. **BEA** (2001), S. 306.

11 Vgl. **KRYSTEK; ZUR** (2002), S. 203.

12 Vgl. **KNORR** (2002), S. 3. Zur Zeit existieren in der internationalen Luftverkehrsbranche bereits ca. 550 Kooperationen zwischen ca. 160 Luftverkehrsgesellschaften, darunter alle wesentlichen europäischen, US-amerikanischen und asiatischen Fluggesellschaften. Vgl. **O.V.** (2002c), S. 75. Auffällig ist dabei die seit Mitte der neunziger Jahre rasant zunehmende Marktbedeutung der vier größten sog. Allianzverbünde (*Star Alliance*, *oneworld*, *Skyteam* und *Wings*), die im Juli 2002 gemeinsam über einen Weltmarktanteil von ca. 54% verfügten. Vgl. **PINKHAM** (2002), S. 49. Die Marktanteilsmessung basiert auf den sog. *Umsatzpassagierkilometern* („revenue passenger kilometres (RPKs"). Sie ergeben sich aus der Multiplikation der Anzahl der Umsatzpassagiere (Passagiere, die für einen Flug bezahlt haben) mit der Anzahl der von ihnen geflogenen Kilometer. Vgl. **AEA** (2002), S. VI-13.

13 In den USA dürfen ausländische Fluggesellschaften höchstens 25% an einer amerikanischen Fluggesellschaft besitzen. In Europa ist dieser Anteil für Nichtmitglieder der EU de facto auf eine maximale Beteiligung in Höhe von 49% begrenzt. Vgl. **O.V.** (2000a), S. 9.

14 Für eine Erläuterung des *Bilateralismus* im Luftverkehr vgl. **DETTLING-OTT** (2001), S. 27.

kehrsrechte immer nur zwischen *zwei* Ländern und *ausschließlich* für die *mehrheitlich* in nationalem Besitz befindlichen Fluggesellschaften ausgehandelt werden können.[15] Vor dem Hintergrund dieses im Vergleich zu anderen Wirtschaftszweigen sehr protektionistischen Ordnungsrahmens des Luftverkehrs[16] war und ist die Beteiligung an einer internationalen Luftverkehrsallianz oder der Abschluß von Kooperationsvereinbarungen mit mehreren Fluggesellschaften unterschiedlicher Nationalität in der Regel die einzige Möglichkeit für global ausgerichtete Luftverkehrsunternehmen, die Nachfrage der Kunden nach weltweiten Streckennetzen zu befriedigen. Durch die Beteiligung an einer Strategischen Allianz erhalten die Fluggesellschaften bei geringem Kapitaleinsatz einen Zugang zum Flugnetz der Partner, durch den sie wechselseitig das eigene Netzwerk vielfach deutlich besser auslasten können. Darüber hinaus trägt die Allianzbeteiligung durch die sich ergebende Angebotsausweitung dazu bei, das Risiko des Verlustes eigener Kunden an ein Konkurrenznetzwerk deutlich zu verringern.

Angesichts der dramatischen Veränderungen im internationalen Luftverkehr seit den Terroranschlägen vom 11. September 2001 in den USA,[17] den insbesondere im europäischen Luftverkehr nachvollziehbaren Liberalisierungstendenzen und dem sich abzeichnenden Trend zur (Teil-)Privatisierung von bisher in staatlichem Besitz befindlichen Fluggesellschaften ist in den nächsten Jahren von einer weitreichenden Konsolidierung in der Luftverkehrsbranche auszugehen. Als ein erster wesentlicher Schritt in diese Richtung ist in diesem Zusammenhang das Urteil des EuGH vom 05. November 2002 anzusehen, nach dem die Abkommen über Start- und Landerechte, die einige europäische Länder bilateral mit den USA abgeschlossen hatten, und die in den bilateralen Abkommen verankerten Nationalitätenklauseln[18] nach europäischem Recht ungültig sind.[19] Dadurch ist zu erwarten, dass sich der Strukturwandel auf dem internationalen Luftverkehrsmarkt weiter beschleunigen wird und sich europäische Fluggesellschaften leichter zusammenschließen können, da eine zu erwartende EU-einheitliche Luftverkehrsklausel die Fusion von Luftverkehrsunternehmen ermöglichen könnte, ohne die Luftverkehrsrechte zu Drittstaaten zu gefährden.[20]

---

15 Für eine Erläuterung der Voraussetzungen und Grundlagen für die Vergabe der *Luftverkehrsrechte* vgl. **Haanappel** (2001), S. 95ff.

16 Vgl. **McCartney, Adair** (2000), S. A-16.

17 Zu den Auswirkungen der Terroranschläge auf die Luftverkehrsbranche vgl. **Kiani-Kress** (2001), S. 76, **o.V.** (2001b), S. 9 und **o.V.** (2001c), S. 18.

18 Zu den *Nationalitätenklauseln* vgl. **Dettling-Ott** (2001), S. 27.

19 Im Unterschied zu den bisherigen Regelungen sind danach alle in der EU ansässigen Fluggesellschaften bei der Vergabe von Start- und Landerechten für Nordatlantikflüge genauso wie heimische Unternehmen zu behandeln. Vgl. **o.V.** (2002c), S. 11.

20 Vgl. **Flottau** (2001), S. 24.

Insgesamt ist fraglich, wie sich die skizzierten Veränderungstendenzen auf die Strukturen der bestehenden Allianzverbünde auswirken werden. Künftig scheinen beispielsweise allianzinterne Akquisitionen oder Fusionen zwischen europäischen Luftverkehrsgesellschaften zumindest nicht mehr völlig abwägig zu sein. Mit erfolgreichen Unternehmensübernahmen könnten die Fluggesellschaften grundsätzlich ähnliche Ziele wie mit einer Strategischen Allianz verfolgen und realisieren. Zu diesen Zielen gehören u.a. das Angebot eines weltweiten Streckennetzes, ein umfassender weltweiter Service sowie eine aufwendige Vielfliegerbetreuung durch Bonusprogramme mit attraktiven Prämien.

Im Unterschied zu den Anfängen der Allianzbildungen sind diese Ziele jedoch zunehmend nur noch durch aufwendige Investitionen realisierbar.[21] Die dazu eingesetzten Finanzmittel, z.B. für Computersysteme und die Vernetzung der Informationstechnologie zwischen den Allianzpartnern, können sich jedoch in der Regel erst im Rahmen einer langjährigen Zusammenarbeit amortisieren. Diese ist jedoch in einem lockeren Allianzverbund eher die Ausnahme, so dass eine Trennung der Partnergesellschaften mit einem erheblichen finanziellen Risiko verbunden ist. Gegen einen unfreiwilligen Partnertausch hilft in der Regel nur eine Kapitalverflechtung in Höhe der Sperrminorität von mindestens 25%.[22]

Insgesamt zeichnet sich bereits ab, dass die bestehenden Allianzverbünde ihre Partnerschaften mit entsprechenden finanziellen Engagements weiter vertiefen müssen. Selbst die Star Alliance, die im Jahr 1997 als Kooperation mehrerer Fluggesellschaften ohne finanzielle Interessen und Kapitelverflechtungen gegründet worden war, mußte im Jahr 1999 erkennen, dass ein Allianzausbau und die Absicherung der eigenen Wettbewerbsposition ohne finanzielle Mittel kaum möglich ist. Als Air Canada als Mitglied der Star Alliance eine feindliche Übernahme durch den konkurrierenden Allianzverbund „Oneworld" drohte, konnte die Gefahr des Verlustes dieses für das gesamte Allianznetzwerk wichtigen Partners nur durch eine finanzielle Unterstützung in Höhe von 880 Mio. US-Dollar durch die Allianzpartner, maßgeblich durch die Deutsche Lufthansa AG und United Airlines, abgewendet werden.[23] Ähnliches zeigte sich auch im Zusammenhang mit der Insolvenz der amerikanischen Fluggesellschaft United Airlines im Dezember 2002, die neben der Deutsche Lufthansa AG die wichtigste und bedeutendste Fluggesellschaft im Star Alliance-Verbund darstellt. Auch hier war die Deutsche Lufthansa AG zu einer finanziellen Unterstützung des Allianzpartners bereit.[24]

Wenngleich eine weitreichende Fusionswelle im europäischen und internationalen Luftverkehr noch von den bestehenden Rechtsvorschriften gebremst wird,

---

[21] Vgl. **Freitag; Kiani-Kress** (2000), S. 141.
[22] Vgl. **Freitag; Kiani-Kress** (2000), S. 141.
[23] Vgl. **o.V.** (1999b), S. 22 und **o.V.** (1999c), S. 1.
[24] Vgl. **o.V.** (2002d), S. 13 und **o.V.** (2002e), S. 12.

ist ihre Umsetzung in den nächsten Jahren durchaus absehbar. Dabei ist davon auszugehen, dass die Konsolidierung in der Luftfahrtindustrie immer weniger Halt vor nationalen Grenzen machen wird. Die meisten Analysten der Luftverkehrsbranche sind sich einig in der Einschätzung, dass insbesondere der europäische Markt zu klein ist, als dass jedes Land auf Dauer eine eigene nationale Fluggesellschaft halten kann. Doch eine Konsolidierung über Grenzen hinweg setzt voraus, dass die Staaten vom gegenwärtigen System der Zivilluftfahrt deutlich Abstand nehmen. Dabei geht es um viel mehr, als nur um Eigentumsverhältnisse und Konsolidierung.

Bis ein einheitliches und vollkommen liberalisierten Luftverkehrssystem in Europa geschaffen sein wird, werden sicher noch einige Jahre vergehen. Bis dahin ist fraglich, wie sich die großen europäischen Luftverkehrsgesellschaften auf die absehbaren weiteren konjunkturellen Veränderungen und die andauernden Auswirkungen der Anschläge vom 11. September 2001 auf die Weltwirtschaft einstellen werden und zu welchen weiteren Umwälzungen es innerhalb der bisher bestehenden Allianzverbünde kommen wird. An dieser Fragestellung setzt die vorliegende Forschungsarbeit ebenfalls an, in dem sie mögliche Szenarien für eine Entwicklung der europäischen Luftverkehrsbranche aufzeigt.

1.2 Stand der Forschung zur Thematik

1.2.1 Forschungsstand zu den Formen der externen Unternehmensentwicklung

Bisher sind in der betriebswirtschaftlichen Literatur kaum Arbeiten erschienen, bei denen explizit verschiedene Formen der externen Unternehmensentwicklung im Zentrum des Erkenntnisinteresses standen. Bei den wenigen vorhandenen Ansätzen handelt es sich um Arbeiten, die weniger auf eine theoriegeleitete Erklärung als auf den erfahrungsgeleiteten Entwurf von Gestaltungsregeln abzielen, oder um rein kontingenztheoretische Erklärungen auf Basis beobachteter strategischer Verhaltensmuster.[25] Die Beiträge der ersten Kategorie sind zumeist anwendungsorientiert ausgeprägt und stammen häufig aus der Unternehmensberatungspraxis. Eine theoretisch untermauerte und damit wissenschaftlich fundierte Ableitung von Gestaltungsempfehlungen für den Ausbau bestehender Strategischer Allianzen wird von den bisherigen Arbeiten nicht erbracht.

Ein wesentlicher Grund für dieses Theoriedefizit ist darin zu sehen, dass Strategische Allianzen erst seit Beginn der achtziger Jahre des vorigen Jahrhunderts als externer Entwicklungsweg für Unternehmen angesehen werden. Strategisch bedeutsame Unternehmenskooperationen wurden zuvor fast ausschließlich als gesetzlich vorgeschriebener Weg zur wirtschaftlichen Betätigung in protektionierten Auslandsmärkten eingesetzt. Die Zusammenarbeit mit anderen Unternehmen als Mittel zur Stärkung der eigenen Wettbewerbsfähigkeit, die heute von vielen als Notwendigkeit akzeptiert wird, war in der Vergangenheit weniger zwingend und wurde kaum als unternehmerische Option in Betracht gezogen.[26] Als Konsequenz dieser Sichtweise verlief auch die betriebswirtschaftliche Forschung hinsichtlich des Allianzphänomens im Vergleich zu anderen Formen der externen Unternehmensentwicklung bisher weitgehend unabhängig voneinander. Obwohl sich die wirtschaftswissenschaftliche Forschung umfangreich mit Unternehmensakquisitionen und -fusionen auseinandergesetzt hat, existieren bis heute wenige Arbeiten zu den Unterschieden zwischen den Formen der externen Entwicklung eines Unternehmens und ihrem Anwendungspotential für Fragen eines Allianzausbaus.[27] Die Forschungsperspektiven, aus denen heraus Strategische Allianzen und weitere Unternehmensverbindungen untersucht wurden, stimmen weitgehend überein und lassen sich primär nach den Gesichtspunkten der Internationalisierung, der mit ihnen verbundenen Institutionalisierungs- bzw. Integrationsproblemen und ihrer strategischen Bedeutung unterscheiden.[28]

---

25 Vgl. hierzu insbesondere **Henkel** (1992), **Abravanel; Ernst** (1992), S. 44ff. und **Lüchinger** (1990).

26 Vgl. **Harrigan** (1986), S. 10f. und **Marity; Smiley** (1983), S. 446f.

27 Vgl. **Haspeslegh; Jemison** (1992), S. 386, Fn. 13.

28 Vgl. hierzu auch den Überblick von Kogut über den Stand und die Perspektiven der amerikanischen Kooperationsforschung, die Systematisierung der Forschungsschwerpunkte

1.2.2 Forschungsstand zu den Strategischen Allianzen

Zum Themenbereich der Strategischen Allianz existieren mehrere *volkswirtschaftlich* orientierte Arbeiten, die sich mit den Gründen für die Entstehung von Kooperationen zwischen Wettbewerbern, der Abgrenzung der Unternehmenskooperation bzw. Strategischen Allianz gegenüber alternativen Koordinationsformen wirtschaftlicher Transaktionen und der Konsequenzen der Strategischen Allianzen auf die Wettbewerbsfunktionsfähigkeit auseinandersetzen.[29]

In den *betriebswirtschaftlich* orientierten Publikationen stehen dagegen hauptsächlich Fragen der Organisation und des Managements von Kooperationen zwischen Unternehmen im Vordergrund, wobei nicht selten auf Theorieansätze der Volkswirtschaftslehre zurückgegriffen wird.[30] Die ersten betriebswirtschaftlichen Arbeiten zum Realphänomen Strategische Allianz entstanden im *angloamerikanischen* Sprachraum. Dabei standen zunächst die Beziehungen zwischen international wachsenden und vorwiegend lokal operierenden Unternehmen im Mittelpunkt der Betrachtungen. Erst Mitte der achtziger Jahre wurde die Betrachtungsperspektive auf horizontale Allianzen zwischen Großunternehmen ausgeweitet, die sich vor der Gründung der Allianz in einem weltweiten direkten Wettbewerb befanden.[31]

Gemeinsam ist derartigen Untersuchungen der Versuch einer Erklärung, warum es überhaupt zu Kooperationen zwischen Wettbewerbern kommt bzw. wann Kooperationen alternativen Koordinationsformen wirtschaftlicher Transaktionen vorgezogen werden.[32]

Unter besonderer Berücksichtigung der Koexistenz kooperativer und kompetitiver Verflechtungen zwischen den Partnerunternehmen (sog. „Co-opetition")[33] richtete sich in der Folge das Augenmerk der Untersuchungen in der Tradition strategieorientierter Forschung auf den *Erfolg* bzw. *Mißerfolg* Strategischer Al-

deutschsprachiger Beiträge zur Kooperationsforschung von VORNHUSEN und die Unterscheidung forschungshistorischer Perspektiven der Akquisitionsforschung von HASPESLEGH, JEMISON und LARSSON. Vgl. **KOGUT** (1988b) **VORNHUSEN** (1994), S. 16ff., **HASPESLEGH; JEMISON** (1991), S. 292ff. und **LARSSON** (1990), S. 33f.

29 Vgl. **PORTER; FULLER** (1989), S. 363ff., **BONUS** (1986), S. 310ff., **ABRAVANEL; ERNST** (1994), S. 269ff. und **BLANCKE** (1994).

30 MEYER erforscht z.B. die Organisation von Kooperationen zwischen Herstellern und Zulieferern in der Automobilindustrie. Anwendung findet vor allem die Transaktionskostentheorie als Erklärungsansatz für die entstehenden „Netzwerkarrangements". Vgl. **MEYER** (1995). PREIS, GOLDMAN und NAGEL untersuchen demgegenüber das Management von Kooperationen aus einer wettbewerbsstrategischen Perspektive. Vgl. **PREISS; GOLDMAN; NAGEL** (1996).

31 Vgl. **NETZER** (1999), S. 2ff. mit den dortigen Literaturangaben.

32 Als weitere Quellen eignen sich **GOMES-CASSERES** (1989) und **BADARACCO** (1991).

33 Zum Begriff der „co-opetition" vgl. **PENNINGS** (1983), S. 111ff. und grundlegend **BRANDENBURGER, NALEBUFF** (1996).

lianzen und die Ableitung von Handlungs- oder Gestaltungsempfehlungen für strategische Partnerschaften. Durch konzeptionelle Arbeiten, Fallstudienanalysen und umfangreiche empirische Erhebungen wurden dabei in erster Linie Erfolgsfaktoren und Fragen der allianzspezifischen Partnerwahl, der allianzübergreifenden Strategien und Prozesse, der Aufgliederung der Allianzführung und der Realisation der Allianzergebnisse analysiert, die beim *erstmaligen* Aufbau Strategischer Allianzen von besonderer Bedeutung sind.[34]

Mit einiger Verzögerung wurde dem Thema „Strategische Allianzen" zu Beginn der neunziger Jahre auch in der *deutschsprachigen* Literatur wachsende Aufmerksamkeit zuteil, wobei ähnliche ähnliche Forschungsschwerpunkte wie im angloamerikanischen Bereich gesetzt wurden.[35] In den USA erhielt die Diskussion wiederum Aufschwung durch Entwicklungen im Bereich moderner Informations- und Kommunikationstechnologien.[36] Daraus resultierte eine stärker strukturorientierte Erforschung von Möglichkeiten zur organisatorischen Umsetzung Strategischer Allianzen. Zurückgegriffen wurde dabei insbesondere auf bereits vorliegendes Gedankengut von Forschungsbeiträgen, in denen die Vernetzung von Unternehmensaktivitäten problematisiert wurde.[37] Im Jahre 1992 schien in der Form von sog. *virtuellen Unternehmen* („virtual corporations") im angloamerikanischen Sprachraum eine Lösung für die interaktive, multimedial unterstützte Gestaltung von Beziehungen zwischen kooperierenden Unternehmen, ihren Abnehmern und der Gesellschaft gefunden zu sein.[38] Im Gegensatz zu diesen stark praxis- und managementorientierten Überlegungen griffen deutschsprachige Arbeiten in diesem Zeitraum auf unterschiedliche strategie- und organisationsbezogene Theorien zurück, um sie auf gestaltungsbezogene Probleme bei der Gründung horizontaler Strategischer Allianzen zu übertra-

---

[34] BORYS und JEMISON diskutieren in ihrer konzeptionellen Arbeit formale und prozeßorientierte Erfolgsdeterminanten. HAMEL, DOZ und PRAHALAD entwickeln anhand von Fallstudien internationaler Strategischer Allianzen unterschiedliche Vorgehensweisen zur Aneignung von Technologien und Know-how. KOGUT validiert auf empirischer Basis Ursache-Wirkungszusammenhänge zwischen Branchenmerkmalen, Kooperationsfeldern und Unternehmenserfolg. Vgl. **BORYS; JEMISON** (1989), S. 234ff. und **KOGUT** (1988), S. 169ff. Als weitere Arbeiten, die die Bedingungen für den Erfolg Strategischer Allianzen in den Mittelpunkt der Betrachtungen stellen, vgl. **HARRIGAN** (1986), **BLEICHER** (1990) und **BLEEKE; ERNST** (1993).

[35] BRONDER und PRITZL veröffentlichten einen praxisorientierten „Leitfaden" zur Gestaltung Strategischer Allianzen. Vgl. **BRONDER; PRITZL** (1991). GAHL legte eine branchenübergreifende empirische Studie vor, in der 33 Unternehmen auf Eigentumsrechte, Managementprozesse und Erfolgsrealisation untersucht werden. Vgl. **GAHL** (1991). BACKHAUS und PILTZ erörterten konzeptionelle Fragen aus wettbewerbsstrategischer Perspektive am Beispiel unterschiedlicher Branchen. Vgl. **BACKHAUS; PILTZ** (1990).

[36] Vgl. **GRENIER; METES** (1992), S. 4ff.

[37] Vgl. **NYSTROM; STARBUCK** (1981).

[38] Vgl. **DAVIDOW; MALONE** (1992).

gen.[39] Das Konzept des virtuellen Unternehmens hielt wenig später auch Einzug in die deutschsprachige Diskussion und stellte mit zeitlicher Verzögerung den Anschluß an die angloamerikanische Entwicklung her.[40]

Seit Mitte der neunziger Jahre greifen Forschungsarbeiten zu Strategischen Allianzen vor allem Austauschprozesse zwischen Unternehmen auf, deren Objekte vornehmlich Technologien, Know-how und Rechte sind.[41] Der internationale Bezug ist durch die vorausgegangene Forschung mittlerweile oft integrierter Bestandteil der Untersuchungen,[42] die i.d.R. einen spezifischen Branchenkontext unterstellen. Allerdings fehlt in diesen Arbeiten in vielen Fällen der explizite Bezug zu einer theoretischen Grundlage. Vor diesem Hintergrund ist es wenig erstaunlich, dass ein explikativer theoretischer Ansatz, der sich integrativ mit dem Realphänomen der Strategischen Allianz auseinandersetzt und die Ableitung theoretisch basierter Gestaltungs- und Handlungsempfehlungen für die Praxis ermöglichen würde, bis heute noch nicht existiert.

1.2.3 Forschungsstand zum Ausbau Strategischer Allianzen in der Luftverkehrsbranche

Die *Luftverkehrsbranche* ist relativ häufig das Thema von wissenschaftlichen Untersuchungen und Analysen. Dabei lassen sich folgende Unterscheidungen hinsichtlich der Forschungsarbeiten feststellen:

1.) *Allgemeine Beiträge zum Luftverkehr*: Im Rahmen dieser Veröffentlichungen erfolgt eine Beschreibung der Grundlagen und Funktionen des Luftverkehrs und der Luftverkehrspolitik.[43]

2.) *Beiträge zur Liberalisierung des Luftverkehrs*: Die Auswirkungen der Deregulierung des Luftverkehrs in den USA im Jahre 1978 und ihre Auswirkungen auf die Marktstrukturen und die Marktteilnehmer sowie die teilweise schon erfolgte Liberalisierung des Luftverkehrs innerhalb der Europäischen Union sind ebenfalls Thema einer Vielzahl von Arbeiten.[44]

---

[39] Vgl. **Lutz** (1993), S. 65ff.

[40] Nach der 1993 erschienenen Übersetzung des Werkes von Davidow und Malone setzt sich Schräder mit Umsetzungsaspekten der Virtualisierung am Beispiel Strategischer Allianzen auseinander. Vgl. **Davidow; Malone** (1992) und **Schräder** (1996). Picot, Reichwald und Wigand vermeiden zwar weitgehend die Begrifflichkeit der Virtualität, diskutieren aber den Einfluß von Informations- und Kommunikationstechnologien auf Unternehmensstrukturen. Vgl. **Picot; Reichwald; Wigand** (1996). Meffert nimmt eine marktorientierte Sichtweise virtueller Unternehmen ein. Vgl. **Meffert** (1997), S. 115ff.

[41] Vgl. **Kotabe; Swan** (1995), S. 621ff.

[42] Kutschker und Mößlang würdigen beispielsweise unterschiedliche Kooperationsformen als Bestandteil von Internationalisierungsstrategien im Dienstleistungsbereich. Vgl. **Kutschker; Mößlang** (1996), S. 319ff.

[43] Vgl. **O'Connor** (1985), **Canner** (1986), **Pompl** (1991).

[44] Stellvertretend für viele vgl. **Grundmann** (1999) und **Wrangell** (1999).

3.) *Beiträge zur Entwicklung der Nachfrage nach Luftverkehrsreisen*: Ausarbeitungen zu diesem Themenkomplex dienen in erster Linie der Nachfrageplanung von Luftverkehrsgesellschaften, Herstellern von Flugzeugen und Flughafengesellschaften. Sie werden in der Regel fortlaufend von den verschiedenen Firmen bzw. Instituten erstellt.[45]

4.) *Beiträge zu möglichen Strategien für Luftverkehrsgesellschaften*: Im Rahmen dieser Arbeiten werden in erster Linie Entwicklungsstrategien für Linienfluggesellschaften erstellt.[46] Untersuchungen über Regional-, Charter- oder Frachtfluggesellschaften sind nur in geringer Zahl anzutreffen.[47]

5.) *Beiträge zu den Strategischen Allianzen im Luftverkehr*: Zum immer noch andauernden Prozeß der Bildung Strategischer Allianzen im Luftverkehr sind in den letzten Jahren mehrere Veröffentlichungen erschienen.[48] Inhaltlich ging es dabei im wesentlichen um die Beschreibung des Prozesses zur Bildung einer Strategischen Allianz, die Darstellung der Veränderungen innerhalb der Allianzen und die Ableitung von Vorschlägen für eine absatzmarktgerichtete bzw. funktionale Anpassung der Luftverkehrsallianzen.

Wenngleich sich in den letztgenannten Beiträgen erste Ansätze für eine künftige Ausgestaltung der Strategischen Allianzen im Luftverkehr finden lassen, beinhaltet keine dieser Veröffentlichungen eine *theoriegestützte* Auseinandersetzung mit den Entwicklungsmöglichkeiten für die Luftverkehrsallianzen. Dies scheint um so mehr erstaunlich, als sich die Branche in den letzten zwei Jahren, insbesondere aber nach den Anschlägen des 11. September 2001, einem enormen Konkurrenz- und Kostendruck ausgesetzt sieht. Zudem wurden bisher noch keine aussagekräftigen Beiträge zu den Optionen für eine künftige formalrechtliche Institutionalisierung der Strategischen Allianzen vor dem Hintergrund einer fortschreitenden Liberalisierung des Luftverkehrs und zu den Möglichkeiten für eine Branchenkonsolidierung veröffentlicht.

---

45 Vgl. fortlaufende Presseveröffentlichungen von AIRBUS INDUSTRIES und BOEING.

46 Vgl. **HUNZIKER** (1983), **DIEGRUBER** (1991), **OPITZ** (1994) und **WIEZOREK** (1998).

47 Vgl. **HESS** (1994).

48 Stellvertretend für viele vgl. **JÄCKEL** (1991), **NETZER** (1999) und **STEININGER** (1999).

1.3 Zielsetzung

Vor dem Hintergrund der skizzierten theoretischen und praxisorientierten Defizite im Forschungsgebiet „Strategische Allianz" verfolgt die Arbeit das Ziel, sowohl einen *theoretischen* als auch einen *anwendungsorientierten* betriebswirtschaftlichen Forschungsbeitrag zur Entwicklung der Strategischen Allianzen zu leisten. Dabei geht es im Kern um die theoretische Fundierung von Ausbauentscheidungen und die Identifikation der Optionen für die weitere Gestaltung der Strategischen Allianzen im Luftverkehr und die Entwicklung der daran beteiligten Fluggesellschaften. Um dieser *Hauptzielsetzung* gerecht zu werden, entwickelt sich die Arbeit entlang mehrerer Teilziele, die im Sinne einer ganzheitlichen Betrachtung integriert berücksichtigt werden und sich am Anspruch der Betriebswirtschaftslehre als praxisbezogene Wissenschaft orientieren.

Zum einen sollen, aufbauend einer weitreichenden begrifflichen und theoretischen Fundierung des Realphänomens Strategische Allianz, theoriegestützte Entscheidungsfaktoren ermittelt werden, die sich im Vorfeld einer Ausbauentscheidung als Orientierungs-, Entscheidungs- und Gestaltungsgrundlage eignen und mit deren Hilfe sich die unterschiedlichen Ausbaualternativen detailliert beschreiben und unter Vorteilhaftigkeitsgesichtspunkten bewerten lassen. Ein wesentliches Teilziel ist es in diesem Zusammenhang, die unterschiedlichen Faktoren zu einem einheitlichen Entscheidungskonzept zusammenzuführen, das in unterschiedlichen strategischen Ausgangspositionen von Allianzbündnissen und -unternehmen zu einer Problemstrukturierung und Vereinfachung des Bewertungs- und Auswahlprozesses beitragen kann. Durch die Aufbereitung der sich daraus ergebenden Informationen sollen die Voraussetzungen für das Erstellen von Hypothesen hinsichtlich der wesentlichen Strategieoptionen für den Ausbau Strategischer Allianzen geschaffen werden.

Eine weitere Teilzieldimension ergibt sich aus dem Anspruch der Arbeit, einen Beitrag zur Schließung einer praxisorientierten Forschungslücke im Bereich der Luftverkehrsallianzen zu leisten. Das Ziel ist es hier, aufbauend auf einer Darstellung der Grundlagen des Luftverkehrs und der bestehenden Allianzverbünde der Frage nachzugehen, welche Entwicklungsperspektiven die großen europäischen Fluggesellschaften besitzen, welche Konsolidierungsschritte und Branchenveränderungen im europäischen Luftverkehr künftig realistisch erscheinen und welche Strategieoptionen für einen Ausbau der Allianzen existieren.

Die Arbeit soll in diesem Zusammenhang auch einen Beitrag zu der in der Praxis immer wieder geführten Grundsatzdiskussion - Allianzausbau über Vertragslösung vs. Allianzausbau über Kapitalverflechtung oder weitergehende Formen der Zusammenarbeit – leisten. Dabei soll insbesondere die Frage beantwortet werden, unter welchen Bedingungen eine intensivere Form der Bindungsintensität zwischen zwei oder mehreren Allianzunternehmen sinnvoll ist.

1.4 Wissenschaftstheoretische Überlegungen

Im Rahmen der Forschungsarbeit wird die Betriebswirtschaftslehre als eine *anwendungsorientierte* Wissenschaft angesehen, wie sie durch ULRICH formuliert wurde.[49] Bei einer derartigen wissenschaftlichen Ausrichtung ist der Praxisbezug der Forschung stets *konstitutiv*, da sich die zu untersuchenden Probleme im Gegensatz zur Grundlagenforschung nicht aus dem Theorie-, sondern aus dem Praxiszusammenhang ergeben. Die Erfassung typischer Praxisprobleme stellt im Rahmen der *angewandten* Wissenschaften die Basis für die Analyse möglicher künftiger Realitäten dar. Zentrale Fragestellung ist dabei, durch welche Handlungsformen von Individuen eine Verbesserung oder zumindest Aufrechterhaltung des sie umgebenden Systems erreicht werden kann.[50] Ziel der Betriebswirtschaftslehre ist es in diesem Zusammenhang, als Realwissenschaft *inhaltliche Lösungen* und *Lösungsverfahren* für Probleme der Praxis herzuleiten und zu beschreiben, *Gestaltungsmodelle* für die Veränderung der sozialen Wirklichkeit abzuleiten und *Regeln* für die Entwicklung solcher Gestaltungsmodelle zu entwickeln. Während sich die ersten beiden Möglichkeiten an *aktuellen* Problemen der Praxis orientieren, sind die beiden letzteren auf Fragen der *künftigen* Gestaltung von komplexen Systemen ausgerichtet. Zudem zielt die Herleitung von *inhaltlichen Lösungen* und *Gestaltungsmodellen* auf die gedankliche Vorwegnahme von Praxisproblemen und ihrer Lösung mit Hilfe wissenschaftlicher Methoden, während durch die Bestimmung von *Lösungsverfahren* und die Aufstellung von *Regeln* lediglich grundlegende Vorgehens- bzw. Verhaltensweisen zur Realisierung der angestrebten Ziele identifiziert werden sollen.[51] Im Rahmen der vorliegenden Arbeit wird insbesondere die Ableitung von inhaltlichen Lösungen und Lösungsverfahren für die Praxis angestrebt: Entsprechend der Zielsetzung der Arbeit sollen, mögliche Vorgehensweisen für die weitere Entwicklung der bestehenden Luftverkehrsallianzen entwickelt werden. Dabei soll, entsprechend der Zielsetzung der Arbeit, aufgezeigt werden, welche Strategieoptionen für den Ausbau der bestehenden Strategischen Allianzen existieren und welche Option sich, aufbauend auf einem zu entwickelnden Entscheidungskonzept, in welcher strategischen Ausgangssituation anbietet.

Generell kann ein den Problemen eines Unternehmens entsprechendes Entscheidungskonzept immer nur *situativ*[52] sein, so dass *allgemeingültige* und *dauerhaft* zutreffende Aussagen im einschlägigen praxisorientierten Forschungsgebiet nur in einem sehr geringen Umfang abgeleitet werden können.[53] Unternehmerische Entscheidungen können nach diesem Verständnis immer nur dann er-

[49] Vgl. **ULRICH** (1981), S. 1ff.
[50] Vgl. **ULRICH** (1981), S. 10f.
[51] Vgl. **ULRICH** (1981), S. 11 und **CHMIELEWICZ** (1994), S. 8ff.
[52] Vgl. **ULRICH; FLURI** (1992), S. 30.
[53] Vgl. **BEHRENS** (1993).

folgreich sein, wenn sie vor dem Hintergrund der jeweiligen Unternehmenssituation *angemessen* sind. Die *situationsspezifische* Eignung einzelner Handlungs- bzw. Entscheidungsalternativen tritt somit an die Stelle des Ziels, die *generelle* Überlegenheit einer einzelnen, fest definierten Alternative nachzuweisen.[54] Diese Tatsache lässt sich insbesondere bei Fragestellungen zum Strategischen Management anwenden,[55] die im Zentrum dieser Arbeit stehen.[56] Gerade im Hinblick auf das Strategische Management eines Unternehmens kann es die Aufgabe der wissenschaftstheoretischen Forschung sein, die Konsequenzen von Entscheidungen vor dem Hintergrund unterschiedlicher Handlungsoptionen aufzuzeigen. In diesem Zusammenhang existiert in der Betriebswirtschaftslehre mit der sog. *Entscheidungstheorie*[57] ein wissenschaftstheoretischer Ansatz, der sich im Kern mit der Untersuchung einzelwirtschaftlicher Entscheidungen von Individuen und Gruppen bzw. Organisationen auseinandersetzt. Innerhalb des Ansatzes werden zwei unterschiedliche Forschungsrichtungen unterschieden: Bei der *empirisch-realistischen* (deskriptiven) Entscheidungstheorie soll auf der Basis einer verhaltenswissenschaftlichen Perspektive das Zustandekommen von Entscheidungen gezeigt werden. Im Betrachtungsmittelpunkt steht dabei der Ablauf und das Ergebnis von Entscheidungsprozessen. Demgegenüber geht die *praktisch-normative* Entscheidungstheorie von erfahrungsgemäß feststellbaren oder als Annahme unterstellten Zielen der Entscheidungsträger aus und strebt die Umsetzung einer zieladäquaten Entscheidungsfindung an, indem die zur Verfügung stehenden Handlungsalternativen systematisiert und erklärt werden. Im letztgenannten Fall zeichnet sich die Entscheidungstheorie durch eine starke Anwendungsorientierung aus, da dem Entscheidungsträger konkrete Handlungsempfehlungen zur Verfügung gestellt werden.[58]

Vor diesem Hintergrund kann die vorliegende Arbeit hinsichtlich ihres wissenschaftstheoretischen Anspruchs als eine entscheidungsorientierte Untersuchung eingeordnet werden, die auf der Grundlage der empirisch-realistischen Entscheidungstheorie zu einem *situativen* Entscheidungskonzept und inhaltlichen Lösungen bzw. Lösungsverfahren für Probleme der betrieblichen Praxis führt.

---

[54] Vgl. **ULRICH; FLURI** (1992), S. 30.

[55] Im folgenden werden die Begriffe „Strategische Unternehmensführung" und „Strategisches Management" synonym verwendet. Zur Gleichsetzung der Begrifflichkeiten vgl. **KNYPHAUSEN-AUFSESS** (1995), S. 15.

[56] Vgl. **GINSBERG; VENKATRAMAN** (1985), S. 421f.

[57] Für eine umfassende Erläuterung der *Entscheidungstheorie* vgl. **GABLER-VERLAG** (1997), S. 1132ff.

[58] Vgl. **GABLER-VERLAG** (1997), S. 1132.

1.5 Gang der Untersuchung

Der Aufbau der vorliegenden Arbeit ergibt sich aus den definierten Zielsetzungen und gliedert sich in *fünf* Hauptteile und *zehn* Kapitel: Im einzelnen setzt sich die Arbeit aus einem *einleitenden* ersten Teil (Kap. 1 und 2), einem *theorieorientierten* zweiten Teil (Kap. 3 und 4), einem *praxisorientierten* dritten Teil (Kap. 5 und 6), einem *empirischen* vierten Teil (Kap. 7 und 8) und einem *zusammenfassenden* fünften Teil (Kap. 9 und 10) zusammen.

Innerhalb des einleitenden ersten Teils dieser Arbeit werden im *zweiten* Kapitel die wesentlichen begrifflichen Grundlagen erarbeitet und umfassend erläutert. In diesem Zusammenhang erfolgt eine inhaltliche Präzisierung und Abgrenzung der zentralen Begrifflichkeiten *Unternehmenskooperation* und *Strategische Allianz*, wobei der Schwerpunkt der Ausführungen auf der umfassenden Darstellung und Analyse der Strategischen Allianz liegt. Im Anschluß daran werden die in der betrieblichen Praxis beobachtbaren Allianzausgestaltungsformen systematisiert und andere Unternehmensverbindungsformen in Form der Akquisition und Fusion gegenüber der Strategischen Allianz abgegrenzt. Diese Vorgehensweise dient der Erläuterung des begrifflichen Vorverständnisses des Autors und bildet die Grundlage für eine weitergehende Analyse der Strategischen Allianz und möglicher Allianzausbauoptionen im weiteren Verlauf der Arbeit. Nach der sich daran anschließenden ausführlichen Darstellung der wesentlichen Ziele und Gründe für die Bildung Strategischer Allianzen werden die wesentlichen allianzspezifischen Problembereiche und Nachteile betrachtet, um den strategischen Handlungsrahmen, die grundlegenden Rahmenbedingungen und die wesentlichen Restriktionen für allianzspezifisches unternehmerisches Handeln aufzuzeigen.

Nach der inhaltlichen Präzisierung des Allianzbegriffes erfolgt eine umfassende Erläuterung des *Unternehmensentwicklungsbegriffes*. Die Begriffsdefinition und Darstellung der Wesensmerkmale der Unternehmensentwicklung sind für den begrifflichen Gesamtzusammenhang in dieser Arbeit von besonderer Bedeutung, da nur auf diese Weise veranschaulicht werden kann, wie sich der Ausbau einer Strategischen Allianz in die gesamtunternehmerischen Entwicklungsfragen einfügt. Nach einer Abgrenzung der Unternehmensentwicklung gegenüber dem Begriff des Unternehmenswachstums erfolgt eine Diskussion unterschiedlicher sog. *Unternehmensentwicklungsmodelle*, die idealtypische Entwicklungsmöglichkeiten bzw. -phasen für Unternehmen skizzieren. Diese Vorgehensweise führt zu einem ersten Vorverständnis für grundlegende strategische Handlungsoptionen von Unternehmen in unterschiedlichen unternehmens- und umfeldspezifischen Ausgangspositionen. Darauf aufbauend werden unterschiedliche *Entwicklungsrichtungen* und (interne und externe) *Entwicklungswege* für Unternehmen systematisiert und strukturiert.

Den Abschluß des zweiten Kapitels bildet die Beschreibung des *Strategiebegriffes* und die Erläuterung der Merkmale des *Strategischen Managements*. Die Einführung und Diskussion dieser Begriffe erfolgt vor dem Hintergrund der Tatsache, dass es bei der vorliegenden Arbeit im Kern um die Identifikation von Allianzausbauoptionen geht, die sämtlich zukunftsgerichtet sind und damit in den Bereich der Strategieentwicklung bzw. des Strategischen Managements eines Unternehmens fallen. Ein wesentlicher Schwerpunkt der Ausführungen in diesem Teilabschnitt ist die Darstellung des Zusammenhangs zwischen Unternehmensentwicklung und Strategischem Management.

Gegenstand des sich daran anschließenden zweiten *Teiles* der Arbeit ist zum einen die Ableitung eines theoretischen Bezugsrahmens zur Ordnung, Systematisierung und Dokumentation der für die Thematik relevanten Theorieansätze[59] und zum anderen die Entwicklung eines Entscheidungskonzepts zur Auswahl von Allianzausbau- und Unternehmensentwicklungsoptionen. Dazu werden in Kapitel *drei* die grundlegenden Bestandteile und Wesensmerkmale eines theoretischen Bezugsrahmen innerhalb einer wissenschaftlichen Arbeit ausführlich erläutert und die für die einschlägige Thematik verwendbaren Theorieansätze identifiziert. Da es sich bei der Strategischen Allianz sowohl um eine *Organisationsform* für die Zusammenarbeit von Unternehmen als auch um eine aus *strategischen* Gesichtspunkten gewählte Form der externen Unternehmensentwicklung handelt, werden zum einen die *Transaktionskostentheorie* als *organisationstheoretischer* Ansatz und zum anderen die *Industrieökonomik* und der *Ressourcenansatz* als Ansätze der Strategielehre detailliert dargelegt, kritisch hinterfragt und auf die Thematik der vorliegenden Arbeit angewendet. Insbesondere durch die *explizite* Auseinandersetzung mit der Frage der Anwendbarkeit der Theorieansätze auf die Thematik geht die Arbeit über eine Vielzahl allianzorientierter Forschungsarbeiten hinaus, die sich vielfach ausschließlich auf eine *inhaltliche* Beschreibung unterschiedlicher Theorien beschränken, ohne einen *konkreten* Bezug zur Strategischen Allianz herzustellen. Insgesamt erfolgt die umfassende theoretische Auseinandersetzung mit dem Ziel, den Erkenntnis- und Lösungsbeitrag der bestehenden Theorieansätze zum Ausbau Strategischer Allianzen mit einer hohen Aussagekraft und Plausibilität festzustellen.

In Kapitel *vier* werden aus der Anwendung der Theorieansätze auf die Thematik die für einen Ausbau von Strategischen Allianzen wesentlichen (theoriegestützten) Entscheidungsfaktoren abgeleitet, die in der betrieblichen Praxis für die Auswahl einer Ausbaualternative eine besonders Relevanz aufweisen können. Aufbauend auf diesen Entscheidungsfaktoren wird ein eigenständiges Entscheidungskonzept auf der konzeptionellen Basis der Nutzwertanalyse abgeleitet. In diesem Zusammenhang erfolgt eine detaillierte Beschreibung der Grundlagen und Schritte des Konzepts anhand eines frei gewählten Beispiels. Durch die

[59] Vgl. **Kubicek** (1978), S. 3ff.

Einfachheit des verwendeten Verfahrens und die umfassende Visualisierung der einzelnen Schritte mit Hilfe zahlreicher Abbildungen wird der grundlegende Ablauf der Entscheidungsfindung mit Hilfe der identifizierten Entscheidungsfaktoren nachvollziehbar dargestellt. Ziel der Erläuterungen und Darstellungen ist dabei weniger die Ableitung eines standardisierten bzw. nicht veränderbaren Entscheidungskonzepts, sondern vielmehr die Veranschaulichung einer schnell verständlichen und damit in der Praxis leicht anwendbaren Entscheidungssystematik. Die Entwicklung des Entscheidungskonzepts dient jedoch nicht nur der Generierung eines theoriegestützten und damit möglichst plausiblen Beitrags zur Lösung praxisnaher Fragestellungen. Es soll auch dazu beitragen, empirische Vermutungen und allgemeine Theoriebausteine zu einem einheitlichen konzeptionellen Rahmen zu verdichten, der sich als Basis für eine weitergehende empirische Exploration eignet, wie sie in Kapitel *sieben* dargestellt wird.

Der sich daran anschließende *dritte* Teil der Arbeit befaßt sich mit der luftverkehrsspezifischen und damit praxisorientierten Fundierung der Forschungsarbeit. Dahingehend werden in Kapitel *fünf* die branchenspezifischen Merkmale, Besonderheiten und Rahmenbedingungen des Luftverkehrs erläutert. Nach einer umfassenden Definition des Luftverkehrsbegriffes werden der Linien- und Gelegenheitsluftverkehr als Erscheinungsformen des Luftverkehrs und die charakteristischen Merkmale und grundlegenden Aufgaben des Luftverkehrs erläutert. Im Anschluß daran erfolgt eine umfassende Darstellung der wirtschaftlichen und rechtlichen Rahmenbedingungen des Luftverkehrs. In diesem Zusammenhang werden insbesondere die luftverkehrsspezifischen Umweltfaktoren, die generellen verkehrspolitischen Regelungen im Luftverkehr, die Deregulierungsschritte in den USA, die bisherigen Liberalisierungsbestrebungen im europäischen Luftverkehr und die Konsequenzen des 11. September 2001 auf die Struktur und die wirtschaftliche Entwicklung der europäischen Fluggesellschaften dargelegt. Die Erläuterung der sich aus diesen Entwicklungen ergebenden Konsequenzen dient der Verbesserung des allgemeinen Verständnisses für die Gründe der Luftverkehrsgesellschaften nach einer Anbindung an ein globales Allianznetzwerk oder das Eingehen andersartiger Unternehmensverbindungen. Kapitel fünf endet mit der Analyse der Möglichkeiten für eine Globalisierung des Luftverkehrs. Dabei werden sowohl die historisch bedingten rechtlichen Restriktionen für eine Branchenglobalisierung als auch aktuelle Veränderungsbestrebungen im europäischen Luftverkehr aufgezeigt.

Aufbauend auf den allgemeinen luftverkehrsspezifischen Ausführungen in Kapitel fünf werden in Kapitel *sechs* die Strategischen Allianzen im Linienluftverkehr in den allgemeinen Bedeutungszusammenhang eingeordnet und eingehend analysiert. Nach einer kurzen Definition des luftverkehrsspezifischen Allianzbegriffes und einer Systematisierung der ökonomischen Ziele von Luftverkehrsallianzen werden die bisherigen Formen der Zusammenarbeit von Luftverkehrsgesellschaften diskutiert. Danach erfolgt eine Erläuterung der historischen Entwicklung und des Status Quo der bestehenden Allianzbündnisse.

Der nachfolgende *vierte* Teil der Arbeit befaßt sich ausschließlich mit der empirischen Exploration, die im Rahmen der vorliegenden Arbeit durchgeführt wurde. Dahingehend wird in Kapitel *sieben* die Gesamtkonzeptualisierung der empirischen Erhebung dargestellt. Den Ausgangspunkt bildet die Erläuterung der methodologischen Grundlagen der empirischen Analyse. Sie dient u.a. zur Verdeutlichung der Tatsache, dass eine eigenständige empirische Erhebung im Rahmen dieser Arbeit unumgänglich war, um zusätzliche, über die vorhandene Literatur hinausgehende branchenspezifische Informationen zu erhalten. In diesem Zusammenhang wird die sog. *Feldstudie* als eine für das Forschungsanliegen sinnvolle Form der empirischen Sozialforschung präsentiert und die sog. *Explorationsstrategie* als verwendbare Forschungsstrategie inhaltlich präzisiert. In einem nächsten Schritt erfolgt die Bestimmung des für die Thematik verwendbaren Verfahrens der Datenerhebung. In diesem Zusammenhang werden die in der empirischen Sozialforschung existierenden Erhebungstechniken erläutert, voneinander abgegrenzt und hinsichtlich ihrer Anwendbarkeit auf die einschlägige Thematik analysiert. Vor diesem Hintergrund wird die sog. *Expertenbefragung* auf der Basis eines teilstandardisierten Gesprächsleitfadens als vorteilhafteste Erhebungsmethode für die Realisierung der Ziele dieser Arbeit abgeleitet. Im Anschluß daran wird, aufbauend auf einer kurzen Erläuterung der Auswahl der Gesprächspartner, der Ablauf der Expertenbefragung und die Methodik der Gesprächsauswertung dargelegt.

In Kapitel acht werden die Ergebnisse der Expertengespräche, die mit Vertretern von Unternehmen aus der Luftverkehrsbranche und luftverkehrsnahen Bereichen durchgeführt wurden, dargestellt und im Hinblick auf die Thematik der vorliegenden Arbeit ausgewertet. Als Resultat der Gesprächsauswertung werden zunächst die ermittelten Strategieoptionen für den Ausbau Strategischer Allianzen erläutert. Im Anschluß daran erfolgt eine Diskussion der Perspektiven und Ansatzpunkte für eine weitere Konsolidierung im europäischen Luftverkehr. Den Abschluß dieses Kapitels bildet die Beschreibung der empirischen Relevanz der im Theorieteil der Arbeit abgeleiteten Entscheidungsfaktoren.

Im *fünften* bzw. letzten Teil der Arbeit erfolgt eine Zusammenfassung der theoretischen und praxisorientierten Untersuchungsergebnisse und ein Ausblick auf die Zukunft des internationalen Luftverkehrs. Dahingehend werden in Kapitel *neun* die Ergebnisse der einzelnen Kapitel im Hinblick auf den theoretischen und praxisorientierten Erkenntnisfortschritt systematisiert. Den Abschluß der Arbeit bildet Kapitel *zehn*, in dem, aufbauend auf den Gesamterkenntnissen der Forschungsarbeit, ein Ausblick auf die Strategischen Allianzen im Luftverkehr vorgenommen wird.

2 Begriffsbestimmung und Abgrenzung der Untersuchungsobjekte

2.1 Unternehmenskooperationen

2.1.1 Grundlagen des Kooperationsbegriffes

Der aus dem Lateinischen stammende Begriff der *Kooperation* bedeutet wörtlich übersetzt "Zusammenarbeit" bzw. "gemeinschaftliche Aufgabenerfüllung" und wird in der wissenschaftlichen Literatur in breiter Form angewendet, wobei er sich auf unterschiedliche Ebenen beziehen kann und nicht ausschließlich auf den Bereich der Wirtschaft beschränkt ist.[1] Der Begriff „Kooperation" ist vielmehr ein Erkenntnisgegenstand unterschiedlicher Wissenschaftsrichtungen, wie z.B. der Soziologie, Psychologie oder Ökonomik.[2] Aufgrund der uneinheitlichen Begriffsverwendung in der Literatur und Wirtschaftspraxis und der innerhalb der Forschungsarbeit gewählten *ökonomischen* Perspektive erscheint eine Unterscheidung zwischen einem *weitgefassten* Kooperationsbegriff und einer *engeren* Begriffsdefinition als sinnvolle Vorgehensweise:[3] Unter einer *Kooperation im weiteren Sinne* wird jede Form der Zusammenarbeit von Personen, Gruppen oder Institutionen verstanden.[4] Eine *Kooperation im engeren Sinne* beruht auf einer ausschließlich *ökonomischen* Perspektive und liegt immer dann vor, wenn eine Funktionskoordinierung oder -ausgliederung zwischen mindestens zwei rechtlich und wirtschaftlich selbständigen Personen, Gruppen oder Institutionen zur Steigerung der gemeinsamen Wettbewerbsfähigkeit erfolgt.[5]

2.1.2 Merkmale und Formen der Unternehmenskooperationen

Aufbauend auf den vorhergehenden Ausführungen zum Kooperationsbegriff werden in der wirtschaftswissenschaftlichen Literatur eine Vielzahl von Kriterien zur Charakterisierung, Eingrenzung und Interpretation des Begriffes der *Unternehmenskooperation* herangezogen.[6] Unter Berücksichtigung der dargestellten Grundlagen des Kooperationsbegriffes bezeichnet der Terminus *Unternehmenskooperation* in der vorliegenden Arbeit eine Zusammenarbeit zwischen Unternehmen, die durch folgende Merkmale gekennzeichnet ist:[7]

---

1 Vgl. **Grunwald** (1981), S. 72 und **Tröndle** (1987), S. 15.

2 Vgl. **Tröndle** (1987), S. 15f.

3 Für einen Überblick über die unterschiedlichen Begriffsdefinitionen in der Literatur vgl. **Buckley; Casson** (1988), S. 31ff., **Contractor; Lorange** (1988), S. 5ff., **Grochla** (1972), S. 2ff., **Straube** (1972), S. 65 und **Rasche** (1979), S. 1382.

4 Vgl. **Dichtl; Issing** (1987), Sp. 1077, **Grochla** (1972), S. 1f. und **Blohm** (1980), Sp. 1112.

5 Vgl. **Gabler-Verlag** (1997), S. 2245.

6 Vgl. hierzu ausführlich **Schwarz** (1979), S. 64 ff.

7 Als grundlegende Literatur zu den nachfolgend genannten Merkmalen vgl. **Wöhe** (1990), S. 399ff., **Tröndle** (1987), S. 13ff., **Dichtl; Issing** (1987), Sp. 1077f., **Rath** (1990), S. 9ff., **Rasche** (1970), S. 15, **Grochla** (1972), S. 1f. und **Gerth** (1971), S. 1 und S. 10.

1.) *Die Zusammenarbeit beruht auf einer vertraglichen Vereinbarung*: Die Zusammenarbeit erfolgt stets auf der Basis eines schriftlichen Vertrages zwischen den Kooperationspartnern.[8]

2.) *Es wurden im Rahmen der vertraglichen Kooperationsvereinbarung gemeinsame Ziele der Zusammenarbeit festgelegt*: Eine Zusammenarbeit im Rahmen einer Unternehmenskooperation ist immer auf die gemeinschaftliche Erfüllung einer spezifischen wirtschaftlichen Aufgabe, der sog. *Kooperationsaufgabe*[9], ausgerichtet. Die damit verbundenen Ziele der Kooperationspartner können durch zwei Stufen unterschieden werden.[10]

   a.) Auf einer ersten Stufe sind die *individuellen Ziele der involvierten Unternehmen* zu berücksichtigen, die unabhängig von der Kooperation verfolgt werden. Zu diesen Zielen gehören zum einen sog. *formale Ziele*, wie z.B. eine Gewinn- oder Rentabilitätsverbesserung, und zum anderen bestimmte *sachliche Ziele*, die sich auf die Produkte und/oder Dienstleistungen des Unternehmens beziehen.[11]

   b.) Auf der nächsten Stufe sind die *Kooperationsziele* festzulegen, die sich aus den individuellen Unternehmenszielen ergeben und die nach Zielen *der* Kooperation und Zielen *für die* Kooperation aufgeteilt werden können. Die Ziele *der* Kooperation werden von den Kooperationspartnern in der Regel gemeinsam festgelegt, ohne jedoch für den Erfolg der Kooperation zwingend notwendig zu sein. Für eine erfolgreiche Kooperationsbeziehung zwischen Unternehmen reicht grundsätzlich eine positive Korrelation zwischen den unterschiedlichen Zielen der Unternehmen *für* die Kooperation. Diese führt bei einer Erhöhung des Zielerreichungsgrades bei einem der Kooperationspartner gleichzeitig zu einem vergleichbaren Effekt bei einem oder mehreren anderen Unternehmen.[12]

3.) *Die Zusammenarbeit erfolgt durch eine Koordination unternehmerischer Teilbereiche oder durch die Ausgliederung und den gemeinschaftlichen Betrieb von Funktionen*: Die Zusammenarbeit bezieht sich je nach Zielvereinbarung und Definition der Kooperation immer nur auf bestimmte *Teilbereiche* der beteiligten Unternehmen und führt damit in der Regel *nicht* zu einer Abstimmung *sämtlicher* Unternehmensbereiche.[13]

   Die Realisierung der Kooperationsaufgabe erfordert die Koordination bestimmter Einzelaktivitäten zwischen den Unternehmen, die zuvor von jedem

---

[8] Vgl. **Geck** (1991), S. 1337, **Schwarz** (1990), Sp. 1191 und **Rath** (1990), S. 10.
[9] Vgl. **Rath** (1990), S. 10.
[10] Vgl. **Tröndle** (1987), S. 22.
[11] Vgl. **Kosiol** (1968), S. 261.
[12] Vgl. **Tröndle** (1987), S. 20ff.
[13] Vgl. **Backhaus; Piltz** (1990), S. 3f.

der involvierten Unternehmen autonom ausgeführt wurden. Die wechselseitige Koordination der Aktivitäten erfolgt durch eine kollektive Entscheidungsfindung, die durch eine Gleichberechtigung bzw. ein Gleichordnungsverhältnis der Partnerunternehmen gekennzeichnet ist.[14]

4.) *Die Zusammenarbeit kann auf horizontaler, vertikaler oder diagonaler Ebene erfolgen*: Hinsichtlich der sog. *Richtung* der Unternehmenskooperation kann zwischen einer (a.) horizontalen, (b.) vertikalen und (c.) diagonalen Form der Zusammenarbeit unterschieden werden:[15]

a.) *Horizontale* Unternehmenskooperationen werden zwischen Unternehmen der *gleichen* Branche oder Wertschöpfungsstufe geschlossen. Diese Form der Zusammenarbeit wird von direkten oder potenziellen Konkurrenzunternehmen zur Steigerung der Wettbewerbsfähigkeit gegenüber außerhalb der Kooperation tätigen Unternehmen gewählt.[16]

b.) Eine *vertikale* Kooperation zeichnet sich durch die Zusammenarbeit von Unternehmen *unterschiedlicher*, nacheinanderfolgender Produktions- und Wertschöpfungsstufen aus. Dabei handelt es sich z.B. um die Zusammenarbeit zwischen einem Zulieferer und einem Endprodukthersteller.[17] Vertikale Kooperationen zielen u.a. auf die Verbesserung der Leistungstiefe, die Abstimmung der Forschung und Entwicklung der beteiligten Unternehmen und die Optimierung der Standortplanung.[18]

c.) *Diagonale*[19] Kooperationen kennzeichnen die Zusammenarbeit von Unternehmen, deren Tätigkeitsbereiche keinerlei Ähnlichkeiten und/oder Verbindungen aufweisen, da sie auf unterschiedlichen Handels- und Produktionsstufen tätig sind.[20]

5.) *Die Zusammenarbeit zeichnet sich sowohl durch eine Interdependenz als auch eine Autonomie der Partnerunternehmen aus*: Als Folge der Abstimmungen entsteht eine wechselseitige Interdependenz der Kooperationspartner, die sich jedoch ausschließlich auf das Gebiet der Zusammenarbeit beschränkt.[21] Die sich daraus ergebenden Abhängigkeiten werden von den beteiligten Unternehmen in der Regel gezielt akzeptiert, da sie durch die Ko-

---

14 Vgl. **Müller-Stewens** (1991), S. 311f.

15 Zu den möglichen Richtungen der Unternehmenskooperationen vgl. **Schubert; Küting** (1981), S. 21ff. und **Bronder** (1992), S. 145ff.

16 Vgl. **Michel** (1996), S. 26 und **Gerpott** (1993), S. 43.

17 Vgl. **Pausenberger** (1989), S. 622.

18 Vgl. **Michel** (1996), S. 26.

19 Diagonale Unternehmenskooperationen werden alternativ auch als „laterale", „konglomerate" oder „heterogene" Kooperationen bezeichnet. Vgl. **Pausenberger** (1989), S. 623.

20 Vgl. **Schubert; Küting** (1981), S. 33, **Gerpott** (1993), S. 43f. und **Bronder** (1993), S. 69.

21 Vgl. **Lutz** (1993), S. 40 und **Müller-Stewens** (1991), S. 311.

operationsvereinbarung eine Realisierung von solchen Unternehmenszielen anstreben, die sie bei einem Alleingang nicht oder nur unzureichend erreichen können. Aus diesem Grund sind die involvierten Unternehmen auch bereit, in Teilbereichen ihre unternehmerische Autonomie aufzugeben.[22] Die gleichzeitige Existenz von Interdependenz und Autonomie wird auch als „Paradoxon der Kooperation“ bezeichnet.[23]

6.) *Die rechtliche Selbständigkeit der Partnerunternehmen bleibt erhalten*: Die Aufrechterhaltung der rechtlichen Selbständigkeit bedeutet, dass keines der kooperierenden Unternehmen seine eigene Rechtspersönlichkeit verliert.[24]

7.) *Die wirtschaftliche Selbständigkeit der Partnerunternehmen bleibt in sämtlichen Bereichen erhalten, die sich nicht auf die Zusammenarbeit beziehen*: Durch die in den Kooperationsfeldern entstehenden wechselseitigen Interdependenzen wird die wirtschaftliche Selbständigkeit teilweise aufgegeben, während sie in allen außerhalb der Kooperationsvereinbarung liegenden Teilbereichen erhalten bleibt. Hinsichtlich der wirtschaftlichen Selbständigkeit der Partner kann zwischen der *existentiellen* und der *entscheidungsbedingten* wirtschaftlichen Selbständigkeit unterschieden werden:[25]

   a.) *Existenzielle wirtschaftliche Selbständigkeit*: Grundlegendes Merkmal der existentiellen wirtschaftlichen Selbständigkeit ist die uneingeschränkte Möglichkeit zu einer unabhängigen Entscheidung über einen Kooperationsbeitritt bzw. zur Auflösung einer eingegangenen Verbindung, durch die jeder der beteiligten Kooperationspartner eine nicht unerhebliche Machtposition besitzt.[26] Die Auflösungsoption darf nicht nur vertraglich festgehalten, sondern muss auch faktisch, d.h. ohne eine Bedrohung der eigenen wirtschaftlichen Existenz, durchführbar sein.[27]

   b.) *Entscheidungsbedingte wirtschaftliche Selbständigkeit*: Von einer *entscheidungsbedingten* wirtschaftlichen Selbständigkeit wird demgegen-

---

22 Vgl. **TRÖNDLE** (1987), S. 17.

23 Zu diesem Begriff und für eine ausführliche Darstellung dieses Kooperationsmerkmals vgl. **LUTZ** (1993), S. 34.

24 Vgl. **MÜLLER-STEWENS** (1991), S. 311. Es ist allerdings anzumerken, dass der Begriff der *rechtlichen Selbständigkeit* nicht *zwingend* eine eigene Rechtspersönlichkeit der entsprechenden Unternehmen impliziert. Er dient vielmehr der Abgrenzung gegenüber dem Begriff der *wirtschaftlichen Selbständigkeit* von Unternehmen. Im Sinne dieser Begriffsinterpretation bilden Personengesellschaften, insbesondere die Offene Handelsgesellschaft und Kommanditgesellschaft, ebenfalls selbständige Unternehmen. Vgl. **ADLER; DÜRING; SCHMALTZ** (1997a), S. 117. Im Gegensatz zu dieser weiten Begriffsauslegung wird im Rahmen dieser Arbeit der Begriff der *rechtlichen Selbständigkeit* synonym mit dem Begriff der *eigenen Rechtspersönlichkeit* verwendet.

25 Vgl. **SCHWARZ** (1979), S. 70ff.

26 Vgl. **SCHWARZ** (1979), S. 91 und **TRÖNDLE** (1987), S. 26.

27 Vgl. **SCHWARZ** (1979), S. 71.

über immer dann gesprochen, wenn jedes der beteiligten Unternehmen „Wahlentscheidungen aufgrund eigener Initiative und Verantwortung, eigener Planung und eigener ökonomischer Überlegungen in einem bestimmten Umfang selbst treffen kann.“[28] Vor diesem Hintergrund liegt die entscheidungsbedingte wirtschaftliche Selbständigkeit immer dann vor, wenn keines der kooperierenden Unternehmen die rechtliche bzw. vertragliche Möglichkeit zur Beeinflussung der Entscheidungen des Partners auf Unternehmensebene besitzt. Die Existenz einer derartigen Einflussmöglichkeit und einer sich daraus ergebende Abhängigkeit wird beispielsweise bei Aktiengesellschaften im Sinne des §17 AktG in der Regel immer dann vermutet, wenn eines der involvierten Unternehmen eine mehrheitliche Beteiligung[29] (größer 50%) am Kapital oder an den Stimmrechten von (mindestens) einem der Kooperationspartner besitzt.[30]

8.) *Die Zusammenarbeit beruht auf Freiwilligkeit*: Das Merkmal der *Freiwilligkeit* schließt jegliche Form einer zwangsweisen Zusammenarbeit als Unternehmenskooperation aus. Dabei soll sich dieses Merkmal ausdrücklich nur auf die *rechtliche* Freiwilligkeit beziehen. Einschränkend ist allerdings anzumerken, dass sich Unternehmen im Rahmen ihrer wirtschaftlichen Fragestellungen immer bestimmten Zwängen ausgesetzt sehen, so dass der Aspekt der Freiwilligkeit stets zu relativieren ist.[31]

9.) *Die Zusammenarbeit ist auf Zielerreichung und nicht zwingend auf Dauer angelegt*: Die Kooperationsdauer richtet sich in der Regel nach dem notwendigen Zeitraum zur Erfüllung der Kooperationsaufgabe. Die Zusammenarbeit muss damit nicht zwingend auf Langfristigkeit ausgelegt sein. Nach der Realisierung der vereinbarten Ziele kann die Zusammenarbeit beendet oder auf der Basis einer neuen Zielfestlegung fortgeführt werden.[32]

10.) *Die Zusammenarbeit hat für die Partnerunternehmen eher eine operative bzw. taktische Bedeutung*: Die Zusammenarbeit erfolgt im wesentlichen zur Optimierung von Abläufen und zur Ausnutzung von Synergiepotenzialen[33] in den operativen bzw. taktischen Bereichen der Kooperationspartner und beinhaltet somit keine weit reichende strategische Dimension.

Insgesamt ist die Unternehmenskooperation durch das verbleibende Mindestmaß an Autonomie als Organisationsform *zwischen* der vollkommenen Selb-

---

[28] **KOSIOL** (1968), S. 29.
[29] Zum Begriff der *Beteiligung* vgl. Kap. 2.3.4.3.2, S. 23.
[30] Vgl. §17, Abs. 1 und 2 AktG (Abhängige und herrschende Unternehmen). Für eine detaillierte Erläuterung der Beherrschungsmittel im Sinne des §17 AktG vgl. **ADLER; DÜRING; SCHMALTZ** (1997a), S. 71ff.
[31] Vgl. **SCHWARZ** (1990), Sp. 1191, **TRÖNDLE** (1987), S. 26 und **RASCHE** (1970), S. 15.
[32] Vgl. **BLEEKE; ERNST** (1992), S. 125.
[33] Zum Begriff des *Synergiepotenzials* vgl. Kap. 2.2.4.2, S. 23.

ständigkeit und der Zusammenführung der Unternehmen in Form einer Akquisition oder Fusion[34] angesiedelt und kann als Oberbegriff für sämtliche Formen der zwischenbetrieblichen Zusammenarbeit angesehen werden.[35]

In der betrieblichen Praxis existieren unterschiedliche *rechtliche* Ausgestaltungsformen der Unternehmenskooperationen. Es werden sog. *Gelegenheitsgesellschaften* (*Arbeitsgemeinschaften* und *Konsortien*), *Interessengemeinschaften*, *Kartelle*, *Gemeinschaftsunternehmen* und *Strategischen Allianzen* unterschieden.[36] Diese Formen unterscheiden sich voneinander durch die zeitliche Ausrichtung der Zusammenarbeit (kurz-, mittel- oder langfristig), den Grad der inhaltlichen Abgrenzung der Kooperationsaufgabe, den Autonomiegrad der involvierten Unternehmen und die jeweils verfolgte Zielsetzung der Kooperation.

Die Strategischen Allianzen stellen durch ihre besondere inhaltliche und zeitliche Ausrichtung eine spezielle Form der Unternehmenskooperationen dar und werden als zentraler Untersuchungsgegenstand der vorliegenden Arbeit nachfolgend umfassend erläutert.

---

[34] Für eine Erklärung des *Akquisitionsbegriffes* vgl. Kap. 2.2.3.1. Für eine Erläuterung des *Fusionsbegriffes* vgl. Kap. 2.2.3.2.

[35] Vgl. **Tröndle** (1987), S. 15 und **Porter; Fuller** (1989), S. 370. Für eine Einordnung der Unternehmenskooperation als institutionelle Organisationsform zwischen Markt und Hierarchie vgl. Kap. 3.4.1, Abb. 3.2.

[36] Für eine ausführliche Erläuterung der einzelnen Ausgestaltungsformen der Unternehmenskooperationen vgl. **Wöhe; Döring** (2000), S. 327ff. und **Kreis** (1998), S. 333f.

2.2 Strategische Allianzen als spezielle Form der Unternehmenskooperationen

2.2.1 Begriffsfassung und Wesensmerkmale der Strategischen Allianzen

Der Ursprung des im Rahmen der vorliegenden Arbeit als zentral anzusehenden Terminus der „Strategischen Allianz" geht auf die Mitte der achtziger Jahre des vorigen Jahrhunderts zurück.[37] Zu diesem Zeitpunkt vollzog sich in der deutschen Kooperationsforschung eine einschneidende Veränderung der Forschungsausrichtung. Die bisher vorherrschende Auseinandersetzung mit beschaffungs- und absatzwirtschaftlichen Zielen und Problemen sowie Fragen der Planung, Gestaltung und Organisation von Unternehmenskooperationen wurde sukzessiv durch diverse US-amerikanische Literaturbeiträge, insbesondere durch die zahlreichen Veröffentlichungen von HARRIGAN[38], in eine neue Forschungsrichtung transformiert, da in diesen Arbeiten erstmals die besondere Bedeutung der Zusammenarbeit von Unternehmen für die *Unternehmensstrategie* herausgestellt wurde.[39]

Unternehmenskooperationen werden seitdem als wesentliches Instrument zur Erzielung von sog. *Wettbewerbsvorteilen*[40] gegenüber Konkurrenzunternehmen angesehen. Der Einsatz von Kooperationen als strategisches Instrument basiert in diesem Zusammenhang auf der Erkenntnis, dass eine strategische Zusammenarbeit die marktorientierte und effiziente Kombination der spezifischen Stärken und Schwächen der involvierten Unternehmen ermöglichen und damit

[37] Zum Ursprung des Begriffes der „Strategischen Allianz" vgl. **HAMMES** (1994), S. 16f.

[38] Vgl. **HARRIGAN** (1985) und **HARRIGAN** (1986).

[39] Vgl. **JAMES** (1985) und **VORNHUSEN** (1994), S. 22ff. mit den dortigen Literaturangaben.

[40] *Wettbewerbsvorteile* basieren auf der Grundlage einer *marketingorientierten Sichtweise* auf einem oder mehreren für die Kunden des Unternehmens *wesentlichen* und von diesen auch *wahrgenommenen Leistungsmerkmal(en)* der angebotenen Produkte oder Dienstleistungen. Durch dieses Merkmal bzw. diese Merkmale unterscheiden sich die eigenen Produkte und/oder Dienstleistungen von den Konkurrenzprodukten und/oder –dienstleistungen. Deshalb sind sie gegenüber möglichen Imitationsversuchen der Konkurrenzunternehmen langfristig zu verteidigen und zu erhalten. Für eine Konzeptualisierung des Begriffes des *Wettbewerbsvorteils* vgl. **CORSTEN; WILL** (1995), S. 119 und **SIMON** (1988), S. 464. Im Gegensatz dazu postuliert PORTER eine *konkurrenzgerichtete Definition* der Wettbewerbsvorteile. Aus seiner Sicht kann ein Unternehmen Wettbewerbsvorteile gegenüber den Konkurrenzunternehmen innerhalb einer Branche erzielen, wenn es eine aus Sicht des Kunden *überlegene* Leistung erstellt oder eine *gleichwertige* Leistung zu geringeren Kosten produziert. Im ersten Fall verlangt das Unternehmen für die überlegene Leistung einen höheren Preis, während es im zweiten Fall für die gleichwertige, aber bei der Erstellung kostengünstigere Leistung einen Preis auf Wettbewerbsniveau durchsetzt. In beiden Fällen ergibt sich in der Folge des angestrebten Vorteils gegenüber den Konkurrenzunternehmen eine größere Gewinnspanne. Vgl. **PORTER** (1992b), S. 21ff. Zur unterschiedlichen Begriffsfassung vgl. auch **BIEKER** (1989), S. 24.

letztlich zur Verbesserung ihrer jeweiligen Marktpositionen beitragen kann.[41] Die zunehmende Betonung der strategischen Bedeutung von Unternehmenskooperationen in der deutschsprachigen betriebswirtschaftlichen Literatur führte schließlich zur Übernahme des Begriffes der *Strategischen Allianz* aus US-amerikanischen Veröffentlichungen, um diese Zusammenarbeitsform gegenüber Unternehmenskooperationen abzugrenzen und die besondere Bedeutung der strategischen Dimension über einen eigenständigen Terminus festzuhalten.[42]

Mit der Begriffseinführung war jedoch keine *einheitliche* Definition des Allianzbegriffes und keine klare *inhaltliche* Abgrenzung zum allgemeinen Kooperationsbegriff verbunden.[43] Vielmehr wurde seitdem in vielen Beiträgen auf eine detaillierte Begriffsfassung verzichtet und der Allianzbegriff mit synonym verwendeten Termini wie z.B. „Joint Venture", „Coalition", „Strategische Koalition", „Strategic Collaboration" und „Strategic Linkages" umschrieben oder gleichgesetzt.[44]

In der vorliegenden Arbeit wird in einer ersten allgemeinen Begriffsannäherung der Auffassung gefolgt, dass die Strategische Allianz eine besondere Form der Unternehmenskooperation darstellt und sich damit grundsätzlich ebenfalls durch die generellen Kooperationsmerkmale auszeichnet.[45] Strategische Allianzen weisen jedoch einige Besonderheiten auf, die sie gegenüber anderen Formen der zwischenbetrieblichen Kooperation abgrenzen. Erst durch eine Zusammenführung der allgemein gültigen Kooperationsmerkmale mit den spezifischen Allianzcharakteristika wird eine inhaltliche Begriffspräzisierung bzw. Entwicklung einer *Arbeitsdefinition* für die Strategische Allianz möglich.

Zur Entwicklung einer, im Gegensatz zu vielen anderen Veröffentlichungen, eindeutigen Arbeitsdefinition für die vorliegende Arbeit bietet sich in einem ersten Schritt die isolierte Betrachtung der beiden Begriffsbestandteile „strategisch" und „Allianz" an. Durch sie lassen sich bereits erste Hinweise auf die *zusätzlichen spezifischen* Merkmale Strategischer Allianzen gegenüber den generellen Charakteristika von Unternehmenskooperationen gewinnen:

1.) *„Strategisch"*: Die Komponente „strategisch" stellt die *Langfristigkeit* der Verhaltensausrichtung der Allianzunternehmen[46] heraus,[47] betont den *strate-*

[41] Vgl. **Backhaus; Piltz** (1990), S. 2.

[42] Vgl. **Albach** (1992), S. 664.

[43] Vgl. **Domrös** (1994), S. 33 und **Blancke** (1994), S. 15f.

[44] Vgl. **Hamel, Doz, Prahalad** (1989), S. 133, **Jugel** (1991), S. 149, **Porter; Fuller** (1986), S. 315 und **Nohria; Garcia-Pont** (1991), S. 105ff.

[45] Vgl. **Ihrig** (1991), S. 29 und **Müller-Stewens** (1993), Sp. 4063. Zu den generellen Merkmalen von *Unternehmenskooperationen* vgl. Kap. 2.1.2.

[46] Als „Allianzunternehmen" werden nachfolgend sämtliche Unternehmen bezeichnet, die im Rahmen einer Strategischen Allianz mit anderen Unternehmen zusammenarbeiten. Alterna-

gischen Bezug der Zusammenarbeit und verweist auf ihre besondere Bedeutung für die Sicherung und Stärkung der Wettbewerbsposition der involvierten Unternehmen als Zielgröße des Strategischen Managements eines Unternehmens.[48] Eine Strategische Allianz repräsentiert somit ein wesentliches wettbewerbsstrategisches Instrument zur Realisierung der strategisch wichtigen Unternehmensziele bzw. zur Umsetzung von Maßnahmen für eine langfristige Unternehmensentwicklung.[49] Daraus ergibt sich eine erste eindeutige Abgrenzung der Strategischen Allianz zum Begriff der Unternehmenskooperation, da letztere durch ihre ausschließliche Ausrichtung auf operative und taktische Fragestellungen keinen direkten Bezug zum Strategischen Management aufweist.[50] Sämtliche Formen der zwischenbetrieblichen Zusammenarbeit, die lediglich der Umsetzung operativer und taktischer Ziele dienen, gelten dementsprechend *nicht* als Strategische Allianz.

Der Strategiebezug der Strategischen Allianz ergibt sich ferner durch wettbewerbs-, markt- und synergieorientierte Aspekte.[51] Durch die Zusammenführung bzw. wechselseitige Einräumung von Zugangsrechten zu den unternehmensindividuellen und teilweise komplementären Erfolgspotenzialen[52] der Allianzunternehmen sollen Synergiepotenziale[53] in den kooperierenden Teilbereichen bzw. *Strategischen Geschäftsfeldern*[54] realisiert, die bestehen-

tiv werden im Rahmen der vorliegenden Arbeit auch die Begriff „Allianzpartner" oder „Partnerunternehmen" verwendet.

47 Vgl. **Netzer** (1999), S. 12. Obwohl sich die vertragliche Vereinbarung einer Strategischen Allianz hinsichtlich ihrer zeitlichen Dimensionierung auf die Realisierung der vereinbarten Allianzziele und damit in der Regel auf einen festen Zeitraum bezieht, gibt es häufig eine Verlängerungsoption, so dass im Zusammenhang mit dem besonderen Strategiebezug der Strategischen Allianz von einer eher langfristigen Zusammenarbeit der Allianzunternehmen auszugehen ist. Vgl. **Parkhe** (1993), S. 795.

48 Vgl. **Gerpott** (1993), S. 37 und **Michel** (1996), S. 22. Zur ausführlichen Erläuterung der Begriffe „Strategie" und „Strategisches Management" vgl. Kap. 2.4.

49 Vgl. **Michel** (1996), S. 22 und **Müller-Stewens** (1993), Sp. 4067. Für eine umfassende Erklärung des Begriffes „Unternehmensentwicklung" vgl. Kap. 2.1.

50 Vgl. **Schubert** (1995), S. 8.

51 Vgl. **Michel** (1996), S. 25.

52 Erfolgspotenziale gelten als Basis für die Realisierung relativer Wettbewerbsvorteile gegenüber Konkurrenzunternehmen. Ihre Entwicklung und Gestaltung stellt ein wesentliches Problem des Strategischen Managements eines Unternehmens dar. Vgl. **Gälweiler** (1990), S. 26f. und **Bamberger; Wrona** (1996a), S. 386. Für eine ausführlichere Erklärung des Begriffes des *Erfolgspotenzials* vgl. Kap. 2.4.4.2, S. 23. Für eine Erläuterung des *Wettbewerbsvorteilbegriffes* vgl. Kap. 2.2.1, Fn. 40, S. 23. Eine umfassende Erklärung des Begriffes des *Strategischen Managements* vgl. Kap. 2.4ff.

53 Zum Begriff des *Synergiepotenzials* vgl. Kap. 2.2.4.2, S. 23.

54 *Strategische Geschäftsfelder* repräsentieren einen Ausschnitt aus dem gesamten Betätigungsfeld eines Unternehmens, für die bei eigenen Ertragaussichten, Chancen und Risiken weit gehend unabhängige eigenständige Strategien entwickelt und realisiert werden kön-

den Erfolgspotenziale gesichert bzw. neue Erfolgspotenziale erschlossen und insgesamt eine *langfristige* und *nachhaltige* Verbesserung der Wettbewerbsposition auf den von ihnen bearbeiteten internationalen oder globalen Märkten erreicht werden.[55] Auch durch diesen wettbewerbs- und erfolgspotenzialorientierten Zielanspruch und die vorwiegend globale Ausrichtung unterscheiden sich Strategische Allianzen von Unternehmenskooperationen.[56]

2.) *Allianz*: Die Begriffskomponente *Allianz* geht zurück auf das lateinische Wort „alligare" und das daraus abgeleitete französische Wort „alliance", das in seiner wörtlichen Übersetzung für die Begriffe Vereinigung, Verbindung, Bund oder Bündnis steht.[57] Vor dem Hintergrund der Zusammenarbeit von Unternehmen kann eine Allianz in folgender Weise definiert werden:

> *Eine Allianz ist ein Bündnis von Unternehmen, deren Zusammenarbeit im Rahmen dieses Bündnisses neben der Realisierung der individuellen Unternehmensziele und allgemeinen Kooperationsziele*[58] *zu einem wesentlichen Teil der eindeutigen Abgrenzung, dem Aufbau und der Sicherung eines Wettbewerbsvorteils*[59] *gegenüber Unternehmen außerhalb dieser Verbindung dient.*[60]

Aus dieser Begriffsinterpretation ergibt sich für die Analyse von Strategischen Allianzen die Notwendigkeit, die Wechselbeziehungen und Interaktionen *zwischen* den Allianzpartnern gesondert von den Austauschbeziehungen des Allianzbündnisses bzw. der Allianzunternehmen zu den *allianzex-*

nen. In der Literatur finden sich die inhaltsgleichen Bezeichnungen „strategische Geschäftseinheit", „Strategic Business-Unit" und „Strategic Business Area". Vgl. **Kreilkamp** (1987), S. 317. Strategische Geschäftsfelder ergeben sich durch die Zusammenfassung von untereinander möglichst homogenen Produkt/Markt-Kombinationen, die anhand unterschiedlicher Dimensionen, wie z.B. Raumbezug, Technologie, Bedürfnisse und Zielgruppe abgeleitet werden. Vgl. **Gabler-Verlag** (1997), S. 3651 und **Meffert** (1998), S. 225. Nach Meffert sind die strategischen Geschäftsfelder das Ergebnis einer Aufteilung „des Gesamtmarktes in intern homogene Segmente, die sich in ihren abnehmerbezogenen Anforderungen und anderen erfolgsrelevanten Charakteristika, wie zum Beispiels der Intensität und Struktur des Wettbewerbs, deutlich voneinander unterscheiden. Vgl. **Meffert** (1998), S. 225. Zur Bedeutung des Geschäftsfeldkonzeptes im Zusammenhang mit der Definition Strategischer Allianzen vgl. **Backhaus; Piltz** (1990), S. 2f.

55 Vgl. **Vizjak** (1990), S. 29, **Dellmann** (1991), S. 47, **Michel** (1996), S. 22, **Gahl** (1991), S. 9ff., **Parkhe** (1991), S. 581, **Netzer** (1999), S. 14, **Müller-Stewens** (1991), S. 312 und **Backhaus; Piltz** (1990), S. 9.

56 Vgl. **Berg** (1996), S. 212.

57 Vgl. **Hollmann** (1992), S. 293 und **Weiß; Mattutat** (1990), S. 28.

58 Zum Begriff der *Kooperationsziele* vgl. Kap. 2.1.2, S. 22.

59 Zum Begriff des *Wettbewerbsvorteils* vgl. Kap. 2.2.1, Fn. 40, S. 23.

60 Für einen Überblick über die Ziele der Strategischen Allianz vgl. **Jarillo** (1988), S. 32, **Gahl** (1991), S. 9 und Kap. 0.

ternen Unternehmen und Rahmenbedingungen zu untersuchen.[61] Durch die klare Abgrenzung des Allianzbündnisses zum Allianzumfeld und die beiden resultierenden Interaktionsarten zeigen sich weitere wesentliche Unterschiede zum Begriff der Unternehmenskooperation, deren Umsetzung nie der Abgrenzung der kooperierenden Unternehmen gegenüber anderen Unternehmen, sondern ausschließlich der Realisierung der (formalen und sachlichen) Unternehmensziele bzw. der vereinbarten Kooperationsziele zur Effizienzverbesserung im operativen und taktischen Bereich dient.

Neben den sich aus den beiden Begriffskomponenten ergebenden Wesensmerkmalen von Strategischen Allianzen stellt die *Richtung* der Zusammenarbeit und die daraus resultierende Zusammensetzung der Allianz einen weiteren wesentlichen Abgrenzungspunkt zum Begriff der Unternehmenskooperation dar. Im Gegensatz zu den Unternehmenskooperationen, die sich definitionsgemäß sowohl durch eine horizontale, vertikale und diagonale Bindungsrichtung auszeichnen können, werden Strategische Allianzen vorwiegend als Form der Zusammenarbeit von Unternehmen auf ausschließlich *horizontaler* Ebene definiert.[62] Das Allianzbündnis setzt sich somit in der Regel aus aktuellen und/oder potenziellen Konkurrenten zusammen, deren Interaktion einerseits durch eine kooperative Zusammenarbeit und andererseits durch einen gleichzeitig stattfindenden Wettbewerb geprägt ist.[63] In der Literatur wird die damit verknüpfte Verschmelzung von Kooperation („co-ooperation") und Konkurrenz („competition") mit dem eigenständigen Begriff der *Coopetition* betitelt.[64] Dieser Begriffsfassung der Strategischen Allianz als ausschließlich horizontale Kooperationsform soll auch in dieser Arbeit gefolgt werden. Damit kann, vor dem Hintergrund der Ausführungen zu den generellen Merkmalen der Unternehmenskooperationen und den spezifischen Eigenschaften der Strategischen Allianzen, die angestrebte Ableitung einer umfassenden Arbeitsdefinition für den im Rahmen dieser Arbeit verwendeten Begriff der Strategischen Allianz erfolgen:

> *Eine Strategische Allianz stellt eine besondere Form der freiwilligen zwischenbetrieblichen Kooperation von mindestens zwei Unternehmen der gleichen Branche dar, die auf der Basis einer vertraglichen Vereinbarung der zielorientierten und geschäftsfeldbezogenen Koordination bestimmter Einzelaktivitäten zwischen den beteiligten Unternehmen dient. Eine Strategische Allianz setzt sich aus rechtlich selbständigen und wirtschaftlich in sämtlichen Teilbereichen außerhalb der Allianz selbständigen Unterneh-*

---

[61] Vgl. **Netzer** (1999), S. 15.

[62] Vgl. **Backhaus; Piltz** (1990), S. 3, **Backhaus; Meyer** (1993), S. 332, **Gahl** (1991), S. 11 und **Perlmutter; Heenan** (1986), S. 137. Für eine gegensätzliche Meinung vgl. **Michel** (1996), S. 27f.

[63] Vgl. **Netzer** (1999), S. 17 und **Michel** (1996), S. 23.

[64] Vgl. **Littig** (2002), S.16ff. und **Sjurts** (2000), S. 61ff.

men zusammen, die aktuell oder potenziell in direkter Konkurrenz zueinander stehen. Innerhalb einer Strategischen Allianz werden, auf der Basis eines Gleichordnungsverhältnisses der beteiligten Unternehmen, Zugangsrechte zu den unternehmensindividuellen Erfolgspotenzialen zur Realisierung von Synergiepotenzialen und zur Erhaltung bestehender bzw. Erschließung neuer Erfolgspotenziale zusammengeführt bzw. wechselseitig eingeräumt, um letztlich eine nachhaltige Verbesserung der Wettbewerbsposition aller beteiligten Unternehmen zu erreichen.

Mit dieser umfassenden Definition wird das Phänomen der Strategischen Allianz nicht nur inhaltlich präzisiert. Es ist nun auch möglich, im Unterschied zu einer Vielzahl der bisher bestehenden Definitionsansätze, die in der betriebswirtschaftlichen Praxis beobachtbaren Formen der zwischenbetrieblichen Zusammenarbeit einer eindeutigeren Klassifizierung zuzuführen und damit bestehende Einordnungsschwierigkeiten zu überwinden.

Im Hinblick auf die im folgenden Kapitel erläuterten Unterschiede der einzelnen Ausgestaltungsformen von *ausschließlich* Strategischen Allianzen hilft die Arbeitsdefinition, die spezifischen Unterschiede klarer herauszustellen, da die Analyse auf einer einheitlichen und präzisen Begriffsfassung aufbaut.

In der wirtschaftswissenschaftlichen Literatur existieren, wie bereits im Zusammenhang mit der Ableitung der Arbeitsdefinition angemerkt, vielfältige Ansätze zur Erfassung, Definition und Einteilung der unterschiedlichen *Ausgestaltungsformen* der Strategischen Allianzen in der Praxis.[65] Für eine umfassende Klassifizierung der unterschiedlichen Ausprägungsformen bietet sich eine Differenzierung der in der betrieblichen Praxis existierenden Formen Strategischer Allianzen nach aussagekräftigen Unterscheidungsmerkmalen mit den damit verbundenen inhaltlichen Dimensionen an. Die resultierende Mehrdimensionalität der Betrachtungen stellt gerade für die Analyse Strategischer Allianzen eine sinnvolle Vorgehensweise dar, da sich dadurch die Komplexität der unterschiedlichen Allianzformen verdeutlichen lässt. Sie ermöglicht darüber hinaus auch eine Unterscheidung zwischen den von den beteiligten Unternehmen aktiv gestaltbaren Dimensionen, den spezifischen situativen Faktoren und den sich daraus für eine zukunftsorientierte Allianzgestaltung ergebenden Konsequenzen.[66] In den nachfolgenden Kapiteln werden die wesentlichen Allianzausgestaltungsformen anhand von fünf Differenzierungsmerkmalen erläutert.

---

[65] Vgl. **Basedow; Jung** (1993), S. 26, **Backhaus; Piltz** (1990), S. 3, **Gahl** (1991), S. 11 und **Müller-Stewens** (1993), Sp. 4065f.

[66] Vgl. **Wurche** (1994), S. 132.

2.2.2 Ausgestaltungsformen der Strategischen Allianzen

2.2.2.1 Allianzformen nach der Art der Kombination der Wertaktivitäten

Mit dem Merkmal „Art der Kombination der Wertaktivitäten“ lässt sich die *inhaltliche* Form der unternehmerischen Zusammenarbeit in einer Strategischen Allianz beschreiben. Der Begriff der *Wertaktivität* geht dabei zurück auf das *Wertschöpfungskettenkonzept* von PORTER, mit deren Hilfe sich die unterschiedlichen und strategisch relevanten Tätigkeitsbereiche eines Unternehmens analysieren lassen.[67] Nach PORTER/FULLER können Strategische Allianzen, unter Berücksichtigung einer sog. *vereinfachten Wertschöpfungskette*[68], danach unterschieden werden, ob sie auf die Zusammenführung bzw. gemeinsame Durchführung *gleichartiger* Wertaktivitäten oder auf eine Verknüpfung *unterschiedlicher* Wertaktivitäten gerichtet sind.[69]

Eine Strategische Allianz, in der die Allianzpartner gleichartige Wertaktivitäten zusammenführen bzw. gemeinsam durchführen, wird nach PORTER/FULLER als *Y-Koalition* bezeichnet.[70] Sie wird in der Regel zwischen Unternehmen mit vergleichbaren Stärken- und Schwächenprofilen in den jeweiligen Aktivitätsbereichen geschlossen und zielt, über eine horizontale Ressourcenzusammenführung und Bündelung der Stärken in den kombinierten Bereichen, auf eine Festigung oder Verbesserung der Wettbewerbsposition der beteiligten Partnerunternehmen.[71] Aufgrund ihres besonderen Zusammenführungscharakters wird diese Form der Strategischen Allianz auch als *Pool-Allianz* bezeichnet.[72]

Einer Strategischen Allianz, bei der die Allianzpartner verschiedenartige Wertaktivitäten miteinander verknüpfen, wird von PORTER/FULLER der Begriff der *X-Koalition* zugeordnet .[73] Sie wird in der Regel zwischen Unternehmen mit unterschiedlichen Stärken- und Schwächenprofilen in den verknüpften Aktivitätsbereichen vereinbart. Im Rahmen einer X-Koalition werden die durchzuführenden Aktivitäten zwischen den involvierten Unternehmen aufgeteilt. Durch die *Spezialisierung* der Allianzpartner auf ihre jeweils starken Aktivitätsbereiche

---

67 Für eine umfassende Beschreibung des *Wertkettenkonzeptes* vgl. **PORTER** (1989), S. 59ff. und Kap. 3.5.1.2.2 mit den dort angegebenen Literaturhinweisen.

68 Im Unterschied zur der vollständigen Wertschöpfungskette, die zwischen Primäraktivitäten und Unterstützungsaktivitäten unterschiedet, gehen PORTER/FULLER in ihrem Beitrag von einer vereinfachten Wertkette aus, die lediglich eine Einteilung in die Bereiche Beschaffung, Forschung und Entwicklung, Produktion, Marketing, Vertrieb und Service beinhaltet. Vgl. **PORTER; FULLER** (1989), S. 382ff.

69 Vgl. **PORTER; FULLER** (1989), S. 382ff.

70 Vgl. **PORTER; FULLER**(1989), S. 389f.

71 Vgl. **PORTER; FULLER** (1989), S. 390 und **LUTZ** (1993), S. 59.

72 Vgl. **LUTZ** (1993), S. 59.

73 Vgl. **PORTER; FULLER** (1989), S. 390.

und die *Abtretung* von schwachen Tätigkeiten an ein Partnerunternehmen entsteht idealerweise eine allianzinterne Überwindung der Schwächen der beteiligten Unternehmen.[74] Eine X-Koalition zielt, im Unterschied zur Y-Koalition, über den Austausch komplementärer Ressourcen auf einen Wissens- und Kompetenztransfer zwischen den Allianzpartnern. Sie wird deshalb auch als sog. *Transfer-Allianz* bezeichnet (s. Abb. 2.1).[75]

***Abb. 2.1**: Allianzformen nach der Art der Kombination der Wertaktivitäten*

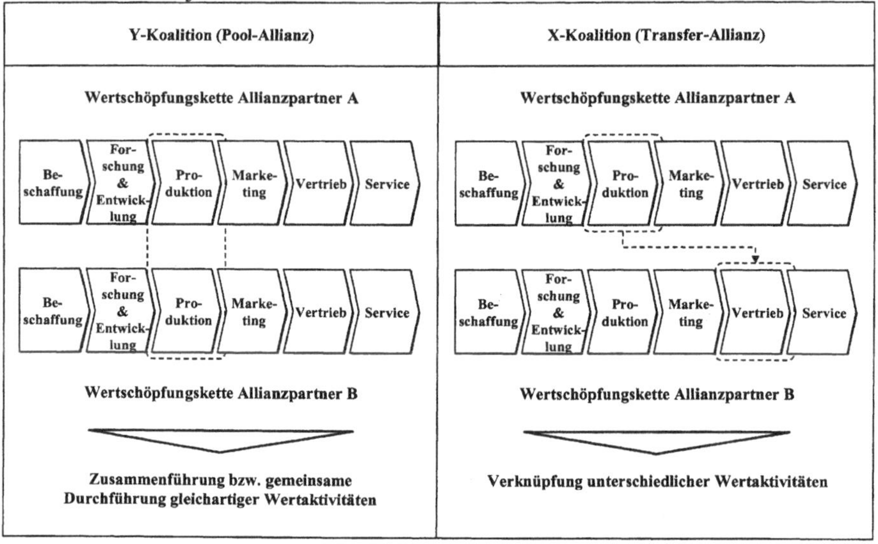

(In Anlehnung an: PORTER; FULLER (1989), S. 382ff. und MICHEL (1996), S. 29)

Neben der Pool- und Transfer-Allianz existiert zusätzlich der Terminus der sog. *Dach-Allianz*. Dabei handelt es sich um generelle Zusammenarbeitsvereinbarungen auf Konzern- oder Gesamtunternehmensebene, die als Grundlage für die Ableitung spezieller Allianzprojekte und einzelner Tätigkeitsbereiche für die Allianzpartner dienen.[76] In der betriebswirtschaftlichen Praxis existieren zwischen den dargestellten drei Allianzformen auch verschiedene Allianzmischformen, die nicht eindeutig einer der Grundformen zugeordnet werden können. Diese Mischformen entstehen insbesondere dann, wenn bestimmte Aktivitäten innerhalb einzelner Wertschöpfungsstufen aufgeteilt und/oder gleichzeitig sowohl gleichartige als auch unterschiedliche Aktivitäten miteinander verknüpft werden.[77]

[74] Vgl. **PORTER; FULLER** (1989), S. 390f.
[75] Vgl. **LUTZ** (1993), S. 59f.
[76] Vgl. **MICHEL** (1996), S. 28.
[77] Vgl. **LUTZ** (1993), S. 9.

2.2.2.2 Allianzformen nach der Länge des vereinbarten Zeithorizontes

Neben der Art der Kombination der Wertaktivitäten stellt der jeweils vereinbarte Zeithorizont für die Zusammenarbeit ein weiteres wesentliches Merkmal zur Klassifizierung von Strategischen Allianzen dar. Grundsätzlich ist in diesem Zusammenhang zwischen einer zeitlichen *Begrenzung* bzw. *eindeutig definierten Beendigung* und einer zeitlichen *Ausdehnung* bzw. *Offenheit* der Zusammenarbeit zu unterscheiden.[78]

***Abb. 2.2**: Abgrenzung unterschiedlicher Allianzformen nach Zeithorizont und Art der Kombination der Wertaktivitäten*

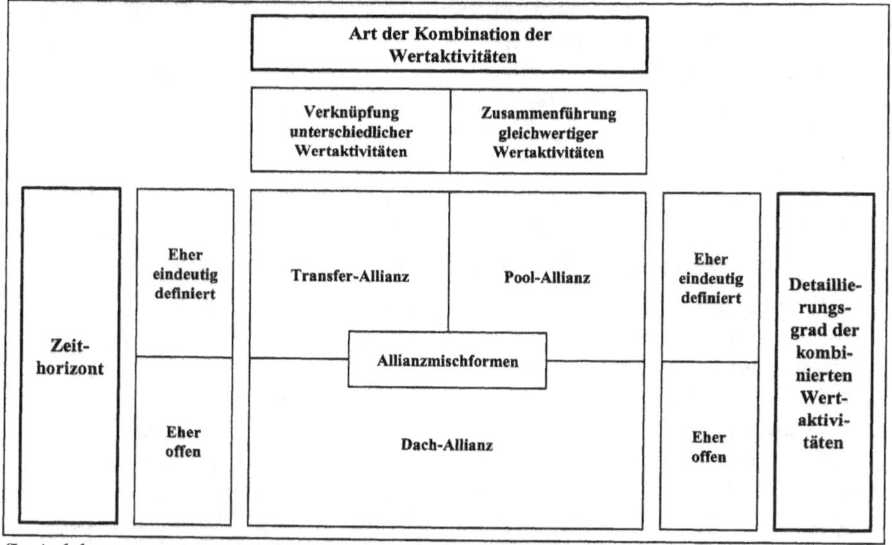

(In Anlehnung an: LUTZ (1993), S. 61 und MICHEL (1996), S. 29)

Wenngleich eine Strategische Allianz als besondere Form der Unternehmenskooperation nicht auf Langfristigkeit, sondern auf die Realisierung der Allianzziele ausgelegt ist, impliziert ihr strategischer Bezug häufig eine eher mittel- bis langfristige Ausrichtung der Allianzpartner.[79] Strategische Allianzen können sich somit über einen mehrjährigen Zeitraum erstrecken, falls die Zielerreichung umfangreiche Maßnahmen und eine Vielzahl von Projekten erfordert und damit

[78] Vgl. **WURCHE** (1991), S. 26. Zum zeitlichen Horizont Strategischer Allianzen vgl. **SCHUBERT; KÜTING** (1981), S. 7, **BRONDER; PRITZL** (1991), S. 48 und **PAUSENBERGER** (1989), S. 623f.

[79] In der Literatur wird jedoch zum Teil auch die Ansicht vertreten, dass Strategische Allianzen in der Regel zeitlich begrenzt angelegt sind. Vgl. **MICHEL** (1994), S. 21 und **HOLLMANN** (1992), S. 293. Dieser Sichtweise wird aufgrund der Ausführungen zum strategischen Bezug und seiner Implikationen nicht gefolgt. Zum strategischen Bezug der Strategischen Allianzen vgl. Kap. 2.2.1, S. 23.

bereits bei der vertraglichen Allianzvereinbarung eine langfristige Zusammenarbeit angestrebt wird.[80] Trotz der Langfristigkeit der Ausrichtung wird im Rahmen der vertraglichen Allianzvereinbarung meistens eine bestimmte (erste) Zeitspanne für die Zusammenarbeit schriftlich fixiert. Falls die Zusammenarbeit demgegenüber aus einzelnen Projekten besteht, die eine schnelle Realisierung der Allianzziele erwarten lassen, ist in der Regel von einer eher kurzfristigen Allianzausrichtung und kurzen Zusammenarbeit der Allianzpartner auszugehen. Die eindeutige Beendigung der Zusammenarbeit ergibt sich aus der klaren Definition und zeitlichen Begrenzung der jeweiligen Kooperationsprojekte.[81]

In diesem Zusammenhang ist darauf hinzuweisen, dass die vereinbarte Zusammenarbeitsdauer sowohl durch eine Vertragsverlängerung ausgedehnt als auch über eine vorzeitige Vertragsauflösung verkürzt werden kann.[82] Beide Veränderungen können eine nachhaltige zeitliche Abweichung von der geplanten Zusammenarbeitsdauer bewirken.[83] Die Zusammenführung der Dimensionen „Zeithorizont" und „Art der Kombination der Wertaktivitäten" in Abb. 2.2 auf der Vorseite bedeutet eine Erweiterung der Visualisierung aus Abb. 2.1 und ermöglicht eine eindeutigere Abgrenzung der unterschiedlichen Allianzformen.

2.2.2.3 Allianzformen nach der entstehenden Bindungsintensität

Die Bindungsintensität zwischen den Allianzpartnern gilt als weiteres wichtiges Kriterium zur Differenzierung unterschiedlicher Zusammenarbeitsformen im Rahmen einer Strategischen Allianz.[84] Sie kann definiert werden als das Ausmaß der freiwilligen Einschränkung der wirtschaftlichen Selbständigkeit der Allianzpartner. Der Begriff der Bindungsintensität steht damit in einem direkten Zusammenhang zum Kooperationsmerkmal „Autonomie und Interdependenz"[85] und kann durch die drei nachfolgend genannten Dimensionen operationalisiert werden: 1.) *Formalrechtliche Institutionalisierung*, 2.) *Zeithorizont für die Zusammenarbeit* und 3.) *Ausmaß der Autonomieaufgabe*:

1.) *Formalrechtliche Institutionalisierung*: Die formalrechtliche Institutionalisierung bezieht sich auf den *gesellschaftsrechtlichen Verbindungsgrad* bzw. die gewählte *Rechtsform* für die Zusammenarbeit und die *vertragliche Ausgestaltung* der Strategischen Allianz. Nachfolgend werden die in der Literatur genannten Ausprägungen genannt und auf ihre Relevanz für Strategische Allianzen überprüft:

---

[80] Vgl. **LUTZ** (1993), S. 43, S. 55 und S. 60.

[81] Vgl. **LUTZ** (1993), S. 60.

[82] Vgl. **JUSTUS** (1999), S. 45.

[83] Vgl. **WURCHE** (1991), S. 26.

[84] Vgl. **MICHEL** (1994), S. 26; **PAUSENBERGER** (1989), S. 623ff., **JUSTUS** (1999), S. 45 und **LUTZ** (1993), S. 53.

[85] Vgl. **JUSTUS** (1999), S. 45 und **LUTZ** (1993), S. 53.

a.) *Formlose gegenseitige Absprache ohne rechtlichen Bindungscharakter*: Aus dieser Allianzinstitutionalisierungsform, die auch als sog. *Gentlemen's Agreement* bezeichnet wird, resultiert ein nur geringer Bindungsgrad der kooperierenden Unternehmen. Sie bietet sich als Institutionalisierungsform immer dann an, wenn die aus der Zusammenarbeit entstehenden Risiken als gering eingeschätzt werden und sich somit kein weit reichender Regelungsbedarf ergibt.[86] Die zur Realisierung der Kooperationsziele notwendigen Maßnahmen werden ausschließlich durch *Projektarbeit* ohne weiterführende *vertragliche* Regelungen abgewickelt.[87]

Bei einer zwischenbetrieblichen Zusammenarbeit, die ausschließlich auf einer formlosen Absprache zwischen den Unternehmen beruht, handelt es sich im Sinne der abgeleiteten Arbeitsdefinition[88] *nicht* um eine Strategische Allianz, da die Zusammenarbeit nicht auf einer *vertraglichen* Basis beruht.[89] Aus diesem Grund werden im Rahmen der vorliegenden Arbeit nur die nachfolgend erläuterten Institutionalisierungsformen als Grundlage für den Abschluss einer Strategischen Allianz angesehen, da sie die definitorischen Voraussetzungen erfüllen.

b.) *Vertragsrechtliche Institutionalisierung*: Der Abschluss eines Vertrages zwischen zwei oder mehreren Partnerunternehmen ist generell als gute Möglichkeit anzusehen, die Zusammenarbeit auf eine formal eindeutige bzw. rechtlich bindende Grundlage zu stellen und die besondere Bedeutung der Kooperation für alle Beteiligten herauszustellen. In der betriebswirtschaftlichen Praxis werden in der Regel drei Vertragsformen für die Gründung einer Strategischen Allianz unterschieden:[90]

ba.) Strategische Allianzen, die ausschließlich auf einer vertragsrechtlichen Basis ohne Kapitalverflechtungen oder -beteiligungen der Partner beruhen, werden als sog. *Contractual Joint Ventures*[91] oder *Non-Equity Alliances*[92] bezeichnet.

---

[86] Vgl. **Hellfeier** (2001), S. 59f.

[87] Vgl. **Michel** (1996), S. 30.

[88] Zur Arbeitsdefinition der *Strategischen Allianz* vgl. Kap. 2.2.1, S. 23.

[89] Vgl. **Schubert** (1995), S. 81

[90] Vgl. **Michel** (1996), S. 30.

[91] Der Ursprung des Begriffes „Joint Venture" liegt im angelsächsischen Sprachraum und kann dem Wortsinn nach mit „gemeinsames Wagnis" übersetzt werden. Von einem *Joint Venture* wird gemäß Schmidt in der vorliegenden Arbeit immer dann gesprochen, „wenn sich mindestens zwei wirtschaftlich und rechtlich unabhängige Unternehmen an einem gemeinsamen Vorhaben" beteiligt haben und „jeder der Beteiligten sowohl eine führungsmäßige, als auch eine finanzielle Verantwortung" übernommen hat. **Schmidt** (1993), S. 18. Dem Begriff „Contractual-Joint Venture" liegt die im angelsächsischen Sprachraum verwendete Aufspaltung des Joint Venture-Begriffes zugrunde. Danach werden sämtliche

bb.) Ausgehend von der vorhergehenden grundlegenden Begrifflichkeit können Allianzverträge auf einer nächsten Analyseebene nach der jeweiligen Inhaltsausgestaltung unterschieden werden. In der Regel erfolgt die inhaltliche vertragsrechtliche Institutionalisierung einer Strategischen Allianz über den Abschluss eines sog. *Relationalen Vertrages*[93] („*Relational Contract*"), bei dem weniger die Gegenstände und Bereiche der Zusammenarbeit, sondern vielmehr die Abläufe und Beziehungsmerkmale im Innenverhältnis der Allianzpartner im Mittelpunkt stehen, die ein für alle Beteiligten zufrieden stellendes Kooperationsergebnis sicherstellen sollen.[94] Derartige Verträge sind im Kern auf eine langfristige Zusammenarbeit ausgelegt, verzichten auf eine umfassende Spezifizierung sämtlicher Kooperationsdetails und beinhalten keine explizite Vereinbarung von Schutzvorkehrungen für potenziell allianzschädigendes Verhalten eines oder mehrerer Partnerunternehmen.[95] Alternativ werden Strategische Allianzen auch auf der Basis von sog. *Future Contracts* oder sog. *Contingent Claim Contracts* abgeschlossen. Während es sich bei den „Future Contracts" um langfristige und rechtlich durchsetzbare Verträge mit *fest* vereinbarten Konditionen handelt, beziehen „Contingent Claim Contracts" explizit mögliche andere Rahmenbedingungen für die Zusammenarbeit in die Vereinbarung ein und legen detailliert fest, welche Rechte und Pflichten den Vertragspartnern aus den potenziellen Veränderungen entstehen würden.[96]

bc.) Eine weitere Möglichkeit zur Klassifizierung der vertragsrechtlichen Allianzinstitutionalisierung bildet die Betrachtung des jeweiligen Kooperationsgegenstandes. Danach lassen sich z.B. Lizenz-, Franchising-, Liefer-, Marketing-, Vertriebs- und Managementverträge unterscheiden.[97]

---

langfristigen Kooperationsformen, die auf einer rein vertraglichen Vereinbarung ohne Kapitalbeteiligung beruhen und nicht mit einer Unternehmensneugründung einhergehen, als *Contractual-Joint Venture* bezeichnet. Vgl. **IHRIG** (1991), S. 29, **PERLITZ** (1997), S. 454ff. und **SCHAPER-RINKEL** (1998), S. 26f.

92 Vgl. **SCHUBERT** (1995), S. 81.

93 Zum Begriff des *relationalen Vertrages* vgl. Kap. 3.4.2.3 mit den dortigen Literaturhinweisen.

94 Vgl. **SCHAPER-RINKEL** (1998), S. 26.

95 Dazu und zum Inhalt relationaler Verträge vgl. **RATH** (1990), S. 58 und die Ausführungen in Kap. 3.4.2.3 mit den dortigen Literaturhinweisen.

96 Zu den unterschiedlichen Vertragsformen vgl. **DOZ, PRAHALAD, HAMEL** (1990), S. 135 **KAUFMANN** (1993), S. 46 und **WILLIAMSON** (1975), S. 65ff.

97 Vgl. **RATH** (1990), S. 40ff., **BRONDER** (1992), S. 145ff. und **IHRIG** (1991), S. 29. Für eine umfangreiche Erläuterung der einzelnen Vertragsformen vgl. **MICHEL** (1996), S. 30f.

c.) *Wechselseitige Kapitalbeteiligungen*: Die vertragliche Vereinbarung einer Strategischen Allianz wird häufig auch durch eine wechselseitige Kapitalbeteiligung (sog. *Cross Sharing*) der involvierten Partner ergänzt.[98] Diese wird durch den gegenseitigen Erwerb von *Minderheitsbeteiligungen*[99] vollzogen, um die für eine Unternehmenskooperation charakteristische rechtliche und weit gehende wirtschaftliche Selbständigkeit der Unternehmen zu bewahren.[100] Wechselseitige Kapitalbeteiligungen dienen zum einen der Betonung der Ernsthaftigkeit und Nachhaltigkeit der Kooperationsvereinbarung und erzeugen zum anderen für jedes Allianzunternehmen einen Anreiz zur Einhaltung der Allianzverpflichtungen.[101] Eine Strategische Allianz mit wechselseitiger Kapitalbeteiligung kann bei einer entsprechend positiven Zusammenarbeitsentwicklung die Vorstufe zu einer Fusion bilden. In diesem Fall wird die Strategische Allianz sukzessiv von einem einzelnen Kooperationsbereich auf mehrere Zusammenarbeitsgebiete oder auf das gesamte Unternehmen ausgedehnt.[102]

d.) *Gemeinschaftsunternehmen*: Die Gründung eines Gemeinschaftsunternehmen als Resultat einer Strategischen Allianz führt zur größten Bindungsintensität zwischen den Allianzpartnern und ergibt sich immer dann, wenn zwei oder mehrere der beteiligten unabhängigen Partnergesellschaften gemeinsam ein *rechtlich selbständiges* und *organisatorisch eigenständiges* Unternehmen gründen oder erwerben.[103] Charakteristisch für das Zustandekommen eines Gemeinschaftsunternehmens ist die Einbringung von sachlichen oder finanziellen Ressourcen in dieses Unternehmen durch die involvierten Allianzpartner mit dem Ziel, Aufgaben und Abläufe gemeinsam effizienter durchführen sowie neue Absatzmärkte im gemeinsamen Interesse der beteiligten Unternehmen erschließen zu können.[104] Ein Gemeinschaftsunternehmen stellt in der Regel *keine* selb-

---

98 Vgl. **Michel** (1996), S. 31.

99 Für eine ausführliche Erklärung des Begriffes „Minderheitsbeteiligung" vgl. Kap. 2.3.4.3.2, S. 23. Die auf einer *Minderheitsbeteiligung* aufbauende Form der Strategischen Allianz wird auch „minority equity alliance" bezeichnet. Vgl. **Sydow** (1992), S. 19. Im Aktiengesetz fällt diese Form der wechselseitigen Kapitalbeteiligung, bei der kein Abhängigkeitsverhältnis zwischen den beteiligten Unternehmen entsteht, unter §19 Abs. 1 AktG. Im Unterschied zu der innerhalb der vorliegenden Arbeit weiter gefassten Definition der Minderheitsbeteiligung beziehen sich die Vorschriften des Aktiengesetzes jedoch nur auf gegenseitige Anteilserwerbe von mehr als 25%. Vgl. **Wöhe** (1993), S. 439.

100 Zu den charakteristischen Merkmalen von Unternehmenskooperationen vgl. Kap. 2.1.2.

101 Vgl. **Bleeke; Bull-Larsen; Ernst** (1992), S. 116, **Haase** (1990), S. 32 und **Lewis** (1991), S. 139ff.

102 Für eine ausführliche Erklärung des *Fusionsbegriffes* vgl. Kap. 2.2.3.2.

103 Vgl. **Schubert; Küting** (1981), S. 218f., **Eisele** (1995), S. 12, **Kutschker** (1995), Sp. 1080ff. und **Mengele** (1994), S. 24f.

104 Vgl. **Desenzani** (1994), S. 37 und **Schubert; Küting** (1981), S. 219.

ständige wirtschaftliche Einheit dar, da es durch die Partnerunternehmen gemeinsam kontrolliert und geleitet wird.[105] Durch den Aufbau eines Gemeinschaftsunternehmen ergibt sich immer eine indirekte Kapitalverflechtung der beteiligten Allianzpartner, da diese mit der Ressourceneinbringung eine Eigenkapitaleinlage leisten, aus der eine gesellschaftsrechtliche Mehrheits-, Minderheits- oder paritätische Beteiligung der involvierten Unternehmen resultiert.[106] Im angelsächsischen Sprachraum werden Gemeinschaftsunternehmen aufgrund der damit einhergehenden Eigenkapitaleinlagen bzw. Kapitalbeteiligungen als *Equity-Joint Venture* bezeichnet.[107] Diese Form der Strategischen Allianz bietet sich immer dann an, wenn eine hohe Unsicherheit über den Erfolg und die Entwicklung der allianzinternen Zusammenarbeit besteht oder Investitionen in solchen Ländern getätigt werden sollen, die eine Beteiligung von ausländischen Unternehmen an nationalen Gesellschaften beschränken bzw. eine Zusammenarbeit mit nationalen Partnerunternehmen fordern.[108]

Die optimale Institutionalisierungsform für eine neu zu bildende Strategische Allianz ergibt sich stets in Abhängigkeit von Art und Umfang der gemeinsam durchzuführenden Aktivitäten, dem Ausmaß der dazu notwendigen Integration von Wertschöpfungs- und Ressourcenprozessen, den für die involvierten Unternehmen gültigen wettbewerblichen, gesellschaftsrechtlichen und steuerlichen Rahmenbedingungen sowie mehreren situativen Einflussfaktoren. Dazu gehören z.B. die angestrebte Zusammenarbeitsdauer, die Erfahrungen der potenziellen Partner mit bereits bestehenden Strategischen Allianzen, das Ausmaß an Unsicherheiten hinsichtlich der künftigen Struktur der gemeinsam auszuführenden Kooperationsaufgabe, die erwarteten Anforderungen an die Geschwindigkeit und Qualität der Entscheidungsprozesse *innerhalb* der Allianz und *zwischen* den einzelnen Allianzunternehmen und der Allianz sowie kulturelle und unternehmensspezifische Gegebenheiten, aus denen sich z.B. besondere Kontroll- und Strukturerfordernisse ergeben.[109]

---

105 Vgl. **Wöhe** (1993), S. 437, **Schaper-Rinkel** (1998), S. 25 und **Schubert; Küting** (1981), S. 219.

106 Vgl. **Michel** (1996), S. 31 und **Kumar** (1992), Sp. 1078f.

107 Vgl. **Ihrig** (1991), S. 29, **Rath** (1990), S. 57, **Perlitz** (1997), S. 454ff. und **Schmidt** (1993), S. 19 und die Anmerkungen zum *Contractual-Joint Venture* in Kap. 0, S. 23, Fn. 91. Nachfolgend werden die Begriffe „Gemeinschaftsunternehmen" und „Equity-Joint Venture" synonym verwendet.

108 Vgl. **Müller-Stewens** (1995), S. 350 und **Wöhe** (1993), S. 438.

109 Vgl. **Hellfeier** (2001), S. 62, **Porter; Fuller** (1989), S. 390, **Meckl** (1993), S. 133 und **Doz** (1988), S. 189.

2.) *Zeithorizont für die Zusammenarbeit*: Die Ausführungen zu den möglichen *Allianzformen nach der Länge des vereinbarten Zeithorizontes*[110] und zum Bindungsintensitätskriterium „Formalrechtliche Institutionalisierung" bilden die wesentliche Grundlage zur Ableitung der speziellen Bedeutung des Zeithorizontes für den Grad der Bindungsintensität zwischen den Allianzpartnern. Generell kann festgestellt werden, dass die Bindungsintensität bei einer Zunahme (Abnahme) des Zeithorizontes für die Zusammenarbeit steigt (sinkt). Eine eher kurzfristige (langfristige) Ausrichtung der Allianz impliziert demgemäß eine geringe (große) Bindungsintensität der Partnerunternehmen.[111] Da mit einer Ausweitung der formalrechtlichen Institutionalisierung, ausgehend vom Vertrag bis hin zum Gemeinschaftsunternehmen, die Anforderungen an die Allianzvereinbarung und die resultierenden Konsequenzen für die Allianzpartner zunehmen, wird diese in der Regel von einer gleichzeitigen Ausweitung des Zeithorizontes begleitet. Umgekehrt bedingt eine auf Kurzfristigkeit bzw. Langfristigkeit angelegte Zusammenarbeit die Auswahl einer Institutionalisierungsform, die sich besonders für derartig ausgerichtete Allianzbeziehungen eignet.

3.) *Ausmaß der Autonomieaufgabe*: Der Grad der Bindungsintensität zeigt sich auch durch das Ausmaß der Einschränkung der Handlungs- und Entscheidungsfreiheit der beteiligten Unternehmen. Allerdings ist festzustellen, dass der Umfang der Autonomieaufgabe nicht isoliert betrachtet werden kann, sondern stets gemeinsam mit der formalrechtlichen und zeitlichen Institutionalisierung zu interpretieren ist. Danach wird eine bestimmte formalrechtliche Institutionalisierung u.a. deshalb gewählt, um die Risiken aus einem Autonomieverzicht einzuschränken. Umgekehrt stellt das Ausmaß des Autonomieverzichtes der Allianzpartner eine abhängige Variable der gewählten Institutionalisierungsform dar.[112]

In Abb. 2.3 werden die drei Dimensionen der Bindungsintensität und ihre Auswirkungen auf den Bindungsgrad in einer Strategischen Allianz dargestellt.

[110] Zu den möglichen *Allianzformen nach der Länge des vereinbarten Zeithorizontes* vgl. Kap. 2.2.2.2.

[111] Vgl. **Lutz** (1993), S. 55

[112] Vgl. **Justus** (1999), S. 46.

Abb. 2.3: Zusammenhang zwischen formalrechtlicher Institutionalisierung, Zeithorizont, Autonomieaufgabe und Bindungsintensität

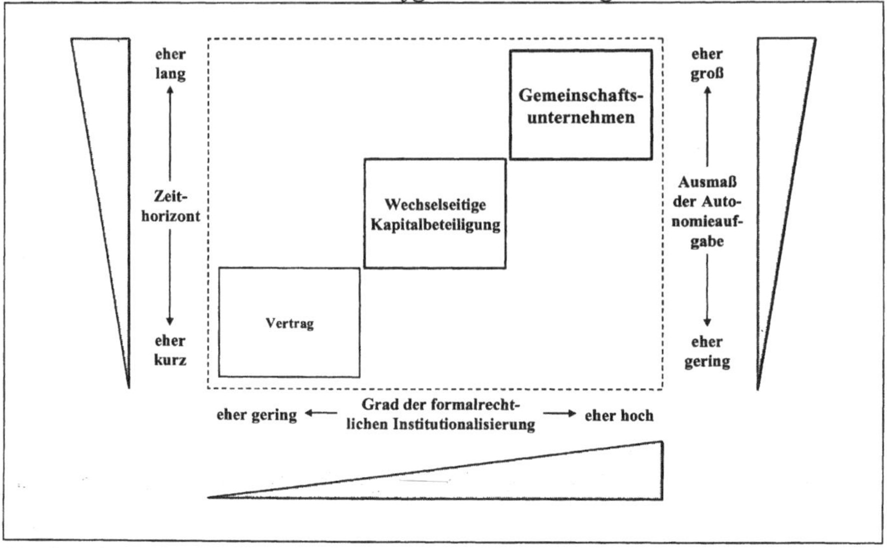

(Quelle: Eigene Abbildung)

2.2.2.4 Allianzformen nach der Anzahl der Partnerunternehmen

Die Anzahl der Partnerunternehmen in einer Allianz wird vielfach als weiteres Kriterium zur Unterscheidung Strategischer Allianzen angesehen.[113] Die Anzahl der an einer Allianz beteiligten Unternehmen richtet sich u.a. nach den Allianzzielen, den einzusetzenden Ressourcen und Fähigkeiten, den resultierenden Koordinationsanforderungen sowie dem angestrebten Zeithorizont für die Zusammenarbeit.[114] Strategische Allianzen zwischen lediglich zwei Unternehmen werden als *bilaterale Allianzen* bezeichnet, während Strategische Allianzen, die sich aus mehr als zwei Unternehmen zusammensetzen, mit dem Terminus der *multilateralen Allianz* betitelt werden.[115]

2.2.2.5 Allianzformen nach dem jeweiligen Nationalitätsgrad

Grundsätzlich können Strategische Allianzen auf regionaler, nationaler, internationaler oder globaler Ebene gegründet werden.[116] Aufgrund der vermehrten internationalen bzw. globalen Ausrichtung der Unternehmen werden Strategische Allianzen allerdings zunehmend zwischen Unternehmen verschiedenartiger Na-

---

[113] Vgl. KAJÜTER (1994), S. 198, LUTZ (1993), S. 50 und JUSTUS (1999), S. 30.
[114] Vgl. LUTZ (1993), S. 55.
[115] Vgl. KLEEBACH (1994), S. 27.
[116] Vgl. LUTZ (1993), S. 56.

tionalitäten gebildet.[117] Zur Unterscheidung der Strategischen Allianzen nach ihrer jeweiligen geographischen Ausdehnung wird begrifflich zwischen sog. *nationalen Allianzen*, die ausschließlich zwischen Unternehmen der *gleichen* Nationalität gegründet werden, und *multinationalen Allianzen*, die sich aus Unternehmen *unterschiedlicher* Nationalitäten zusammensetzen, unterschieden. Unter Verwendung der angelsächsischen Bezeichnungen werden nationale Allianzen in der Literatur auch als *In-Border-Allianzen* bezeichnet, während der Begriff der multinationalen Allianz synonym mit dem Terminus der *Cross-Border-Allianz* verwendet wird.[118] Abb. 2.4 zeigt die wesentlichen Inhalte der unterschiedlichen Gestaltungsdimensionen Strategischer Allianzen und die resultierenden möglichen Allianzausgestaltungsformen.

***Abb. 2.4**: Ausgestaltungsformen Strategischer Allianzen*

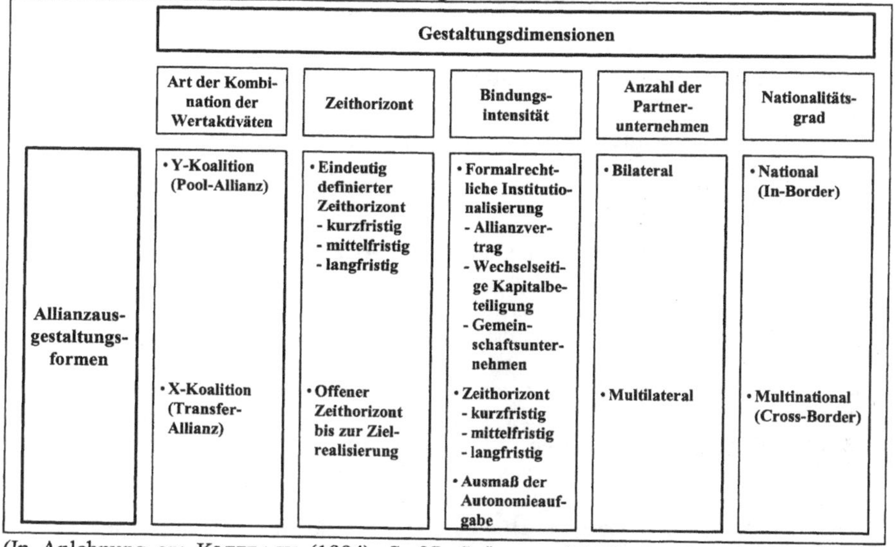

(In Anlehnung an: KLEEBACH (1994), S. 27, STÜDLEIN (1997), S. 57, MÜLLER-STEWENS (1991), S. 315ff. und BRONDER; PRITZL (1992), S. 30ff.)

2.2.3 Abgrenzung der Strategischen Allianz zu anderen Unternehmensverbindungsformen

2.2.3.1 Abgrenzung zur Akquisition

Mit dem Begriff der *Akquisition* wird ganz allgemein eine Form des Zusammenschlusses von Unternehmen bezeichnet, bei der ein bzw. mehrere Unternehmen oder eine Person bzw. mehrere Personen die Eigentumsrechte, d.h. An-

[117] Vgl. **MICHEL** (1994), S. 21 und **JUSTUS** (1999), S. 31.

[118] Vgl. **LUTZ** (1993), S. 56. Dieser synonymen Begriffsverwendung wird in dieser Arbeit gefolgt.

teile am Kapital oder Stimmrechte,[119] an einem Unternehmen oder eindeutig abgrenzbaren Unternehmensteilbereichen, wie z.B. Tochtergesellschaften oder Abteilungen, vollständig oder zumindest mehrheitlich erwerben.[120] Die Akquisition eines Unternehmens erfolgt aus Sicht des Erwerbers in der Regel mit dem Ziel, die Kontrolle bzw. die Verfügungsgewalt über die Leistungselemente des erworbenen Unternehmens zu erhalten und/oder den Ressourceneinsatz dieses Unternehmens substanziell bestimmen zu können.[121]

In Abhängigkeit vom rechtlichen Status des Akquisitionsobjektes kann die Akquisition entweder auf einer *gesellschaftsrechtlichen* oder auf einer *vermögensrechtlichen* Grundlage erfolgen.[122] Beim *gesellschaftsrechtlichen Erwerb erfolgt* die Übertragung der Eigentumsrechte durch die Übernahme von mehr als 50%[123] der Anteile am Kapital oder an den Stimmrechten des Akquisitionsobjekt.[124] Diese als *mehrheitlicher Kapital- oder Stimmrechtserwerb* bezeichnete Vorgehensweise bezieht sich nicht nur auf Akquisitionsobjekte in der Rechtsform einer Kapitalgesellschaft, sondern kann beispielsweise auch beim Erwerb einer handelsrechtlichen Personengesellschaft angewendet werden.[125] In diesem Zusammenhang ist darauf hinzuweisen, dass sich der mehrheitliche Anteilser-

---

[119] Vgl. §16 Abs. 1 AktG und **Wöhe** (1993), S. 444.

[120] Vgl. **Bressmer; Moser; Sertl** (1989), S. 5ff., **Hammes** (1994), S. 35f., **Pausenberger** (1993), Sp. 4446 und **Lutz** (1993), S. 46. Der Erwerb eines Unternehmen oder Unternehmensteiles durch eine Person oder mehrere Personen stellt eine besondere Akquisitionsform dar und wird in der angelsächsischen Literatur mit dem eigenständigen Begriff des „Buyout" bezeichnet. Bei einem vollständigen oder anteiligen Unternehmenserwerb durch leitende Mitarbeiter bzw. Manager des zu erwerbenden Unternehmens wird von einem „Management-Buyout" gesprochen. Vgl. **Lutz** (1993), S. 46. Für eine weiterführende Erläuterung des *Management-Buyouts* vgl. **Köster** (1991), S. 7, **Drukarczyk** (1990), S. 545ff., **Ballwieser; Schmid** (1990a), S. 299ff. und **Ballwieser; Schmid** (1990b), S. 359ff.

[121] Vgl. **Sieben; Sielaff** (1989), S. 1ff. und **Gabler-Verlag** (1997), S. 83. Im deutsch- und englischsprachigen Schrifttum findet sich eine Vielzahl von Termini, mit denen der Prozess des Unternehmenserwerbs begrifflich erfasst werden soll, wie beispielsweise „acquisition", „takeover", „deal", „Unternehmensakquisition", „Unternehmensübernahme", „Unternehmenskauf" oder „Unternehmensbeteiligung". Vgl. **Padberg** (2000), S. 112 und die dort angegebene Literatur.

[122] Vgl. **Sieben; Sielaff** (1989), S. 1.

[123] Zur Berechnung der Anteilshöhe vgl. §16 Abs. 4 AktG und **Wöhe** (1993), S. 446.

[124] Vgl. **Bamberger** (1994), S. 5 und **Grüter** (1991), S. 35. Zu den möglichen Arten einer Mehrheitsbeteiligung im Sinne des §17 Abs. 1 AktG vgl. **Adler; Düring; Schmaltz** (1997a), S. 45ff.

[125] Für den Erwerb eines mehrheitlichen Kapitalanteils ist die Rechtsform des Akquisitionsobjektes im Sinne des §16 AktG nicht entscheidend. Der mehrheitliche Anteilserwerb kann sich auf sämtliche Unternehmen beziehen, an denen Anteile gehalten werden können. Vgl. **Adler; Düring; Schmaltz** (1997a), S. 47f.

werb nicht nach der erworbenen *absoluten* Anzahl der Anteile bemisst, sondern sich auf den erworbenen Anteils*nennwert* bezieht.[126]

Im Rahmen eines *vermögensrechtlichen Erwerbs*, der auch mit dem Begriff des sog. *asset deal* bezeichnet wird, werden alle wesentlichen Vermögensteile, d.h. alle für die Erfüllung des wirtschaftlichen Unternehmenszweckes zwingend notwendigen Vermögensgegenstände des Akquisitionsobjektes auf den Erwerber übertragen.[127] Diese Vorgehensweise bietet sich insbesondere für den Erwerb von Einzelunternehmungen an, da ein Anteilserwerb in diesem Fall nicht möglich ist. Sie ist jedoch grundsätzlich auch für den mehrheitlichen Erwerb von z.B. Kapitalgesellschaften möglich, wenngleich sie in diesem Fall von sehr untergeordneter Bedeutung sein dürfte.

Vor dem Hintergrund der dargestellten Zusammenhänge ergibt sich aus einer Akquisition für das Akquisitionsobjekt immer der Verlust der *wirtschaftlichen* Selbstständigkeit und eigenen Entscheidungsunabhängigkeit,[128] während dem mehrheitlichen Erwerber weit reichende Kontrollmöglichkeiten zufallen. Demgegenüber bleibt die *rechtliche* Selbständigkeit des erworbenen Unternehmens bei einer Akquisition nach dem Erwerb dauerhaft oder zumindest vorübergehend erhalten.[129] Eine Akquisition führt aufgrund des damit einhergehenden mehrheitlichen Anteilserwerbs gemäß §18 Abs. 1 i.V.m. §17 Abs. 2 i.V.m. §16 Abs. 1 AktG in der Regel zu einem Konzern.[130] Der Vorgang wird daher auch als *konzernmäßige Akquisition* oder *Konzernierung* bezeichnet.[131] Aufgrund der durch den mehrheitlichen Erwerb entstehenden Beherrschung bzw. wirtschaftli-

[126] Vgl. **Wöhe** (1993), S. 445.

[127] Vgl. **Bressmer; Moser; Sertl** (1989), S. 6 und **Bamberger** (1994), S. 5.

[128] Vgl. **Bleicher** (1991b), S. 862ff., **Lutz** (1993), S. 46, **Waning** (1994), S. 211 und **Gerpott** (1993), S. 418f.

[129] Ein lediglich vorübergehender Erhalt der rechtlichen Selbständigkeit des Akquisitionsobjektes ergibt sich immer dann, wenn die Akquisition nur den ersten Schritt zu einer nachfolgenden Fusion darstellt. Eine ausführliche Erklärung des *Fusionsbegriffes* erfolgt im Kap. 2.2.3.2.

[130] Im Falle der Existenz einer mehrheitlichen Beteiligung im Sinne des §16 AktG, die aufgrund eines vorgelagerten entsprechenden Anteilserwerbs entstanden ist, wird durch §17 Abs. 2 AktG *vermutet*, dass das im Mehrheitsbesitz stehende Unternehmen von dem mit Mehrheit beteiligten Unternehmen abhängig ist. Falls die Vermutung aus §17 Abs. 2 AktG zutrifft, ergibt sich automatisch die Vermutung des §18 Abs. 1 Satz 3 AktG, nach dem von einem abhängigen Unternehmen vermutet wird, dass es mit dem herrschenden Unternehmen einen Konzern bildet. Der Konzerntatbestand kann nur dann vermieden werden, wenn die Abhängigkeitsvermutung von der Partei, die die Abhängigkeit in Abrede stellt, widerlegt werden kann. Vgl. **Adler; Düring; Schmaltz** (1997a), S. 96ff. Zum Konzernbegriff im Sinne des §18 AktG vgl. **Adler; Düring; Schmaltz** (1997a), S. 113ff.

[131] Vgl. **Gerpott** (1993), S. 30, **Pausenberger** (1989), S. 621ff. und **Pausenberger** (1993), Sp. 4436ff.

chen Abhängigkeit des Akquisitionsobjektes vom erwerbenden Unternehmen ergibt sich aus einer Akquisition stets ein sog. *Unterordnungskonzern*.[132]

Diese Zusammenhänge implizieren eine erste wesentliche Möglichkeit zur Abgrenzung der Akquisition gegenüber dem Begriff der Strategischen Allianz. Eine Strategische Allianz kann zwar mit einer einseitigen oder wechselseitigen Minderheitsbeteiligung[133] von bis zu 49,9% des Eigenkapitals oder der entsprechenden Teile der wesentlichen Vermögensgegenstände eines oder mehrerer Partnerunternehmen kombiniert und formalrechtlich institutionalisiert werden. Diese darf jedoch, aufgrund des zu wahrenden Gleichordnungsverhältnisses der Partner, definitionsgemäß nie zu einer Kontrollmehrheit eines der Allianzunternehmen an einem anderen Allianzpartner führen.[134] Weitere Unterschiede und Ansatzmöglichkeiten zur Abgrenzung des Akquisitionsbegriffes gegenüber der Strategischen Allianz ergeben sich durch die nachfolgend genannten Punkte:[135]

1.) Akquisitionen beziehen sich immer das *gesamte* zu erwerbende *Unternehmen*, während Strategische Allianzen definitionsgemäß nur bestimmte *Teilbereiche* der beteiligten Unternehmen umfassen.

2.) Strategische Allianzen müssen nicht zwingend *auf Dauer* und *bindend* angelegt sein. Ihr Zeithorizont ist in der Regel *langfristig*, aber *begrenzt*.

3.) Strategische Allianzen zeichnen sich definitionsgemäß durch ein *Gleichordnungsverhältnis* der involvierten Unternehmen aus. Bei Akquisitionen erhält der Erwerber immer bestimmte Kontroll- und Verfügungsrechte gegenüber dem Akquisitionsobjekt, so dass sich, je nach Sichtweise, ein *Über-* bzw. *Unterordnungsverhältnis* ergibt.

---

[132] Zum Begriff des *Unterordnungskonzerns* vgl. **WÖHE; DÖRING** (2000), S. 334f. und **ADLER; DÜRING; SCHMALTZ** (1997a), S. 119 und S. 135ff. Der Begriff des *Unterordnungskonzerns* ist vom *Gleichordnungskonzern* abzugrenzen. Letzterer ergibt sich gemäß §18 Abs. 2 AktG immer dann, wenn rechtlich selbständige Unternehmen, ohne dass das eine Unternehmen von dem anderen abhängig ist, unter einer einheitlichen Leitung zusammengefasst sind. Im Unterschied zum Unterordnungskonzern gründet die einheitliche Leitung mehrerer Konzernunternehmen bei einem Gleichordnungskonzern nicht auf der Beherrschungsmacht eines einzelnen Unternehmens. Sie basiert vielmehr auf einer vertraglichen Vereinbarung von mindestens zwei gleichgeordneten Unternehmen (Gleichordnungsverhältnis) und wird von diesen Unternehmen gemeinschaftlich ausgeführt. Dazu und für eine ausführliche Erläuterung des *Gleichordnungskonzerns* vgl. **ADLER; DÜRING; SCHMALTZ** (1997a), S. 142ff. und **WÖHE; DÖRING** (2000), S. 335.

[133] Zur Minderheitsbeteiligung im Rahmen Strategischer Allianzen vgl. Kap. 2.2.2.3.

[134] Vgl. **LUTZ** (1993), S. 46. Zur Arbeitsdefinition des Begriffes „Strategische Allianz" vgl. Kap. 2.2.1, S. 23.

[135] Zu den nachfolgenden Ausführungen vgl. **LUTZ** (1993), S. 47.

4.) Die rechtliche Selbständigkeit der Allianzunternehmen bleibt bei Strategischen Allianzen *immer* erhalten. Bei Akquisitionen verliert das Akquisitionsobjekt nach dem Erwerb in der Regel seine eigene Rechtspersönlichkeit.

5.) Strategische Allianzen führen, im Unterschied zur Akquisition, meistens nur zu einer *niedrigen* bis *mittleren Bindungsintensität* zwischen den Allianzunternehmen.

6.) Bei Strategischen Allianzen können alle Partnerunternehmen im *gleichen Ausmaß* frei darüber entscheiden, ob die Zusammenarbeit weiter fortgesetzt werden soll. Bei Akquisitionen verfügt nur das erwerbende Unternehmen über eine derartige Entscheidungsfreiheit.

In der Abb. 2.5 werden die wesentlichen Unterschiede zwischen Strategischen Allianzen und Akquisitionen anhand einschlägiger Vergleichskriterien gegenübergestellt.

***Abb. 2.5:** Strategische Allianzen und Akquisitionen im Vergleich*

Vergleichskriterium	Strategische Allianzen	Akquisitionen
Umfang der Zusammenarbeit	Teilbereiche der beteiligten Unternehmen	Gesamtes Unternehmen
Zeithorizont	Langfristig, aber begrenzt	Dauerhaft und bindend
Rangverhältnis	Gleichordnungsverhältnis	Über- bzw. Unterordnungsverhältnis
Bindungsintensität	Niedrig bis mittel	Hoch bis vollkommen
Rechtliche Selbstständigkeit	Bleibt für alle Allianzunternehmen erhalten	Akquisitionsobjekt verliert die eigene Rechtspersönlichkeit
Entscheidungsfreiheit über eine Beendigung der Zusammenarbeit	Entscheidungsfreiheit für alle Partnerunternehmen im gleichen Ausmaß	Entscheidungsfreiheit nur beim erwerbenden Unternehmen

(In Anlehnung an: KRYSTEK; ZUR (2002), S. 210)

2.2.3.2 Abgrenzung zur Fusion

Eine Verbindung zwischen zwei oder mehreren Unternehmen wird als *Fusion* bzw. *Verschmelzung* bezeichnet, wenn sie für eines oder mehrere der beteiligten Unternehmen nicht nur zu einer Aufgabe der *wirtschaftlichen* Selbständigkeit führt, sondern, im Unterschied zur Akquisition, zusätzlich mit einem Verlust der *rechtlichen* Selbständigkeit dieses oder dieser Unternehmen verbunden ist.[136] Sie stellt die weitreichendste und organisatorisch, gesellschafts- und steuerrechtlich komplexeste Form des Zusammenschlusses von zwei oder mehreren Unternehmen dar.[137]

Der Verschmelzungsprozess kann zum einen durch die Übertragung des Gesamtvermögens eines oder mehrerer Rechtsträger auf eines der bestehenden und fortzuführenden Unternehmen erfolgen (sog. *Fusion durch Aufnahme*[138] gemäß §2 Abs. 1 UmwG) oder durch die Gesamtvermögensübertragung von zwei oder mehreren Rechtsträgern auf einen von diesen Unternehmen neu gegründeten Rechtsträger im Wege der sog. *Gesamtrechtsfolge*[139] (sog. *Fusion durch Neugründung*[140] gemäß §2 Abs. 2 UmwG) vollzogen werden, wobei dem Anteilseigner des übertragenden und erlöschenden Rechtsträgers jeweils eine Beteiligung an dem übernehmenden bzw. neu gebildeten Rechtsträgers eingeräumt wird.[141] In Abb. 2.6 werden die beiden Fusionsarten visualisiert.

Verschmelzungen können gemäß §3 Abs. 1 UmwG von Personenhandelsgesellschaften, Kapitalgesellschaften, eingetragenen Genossenschaften, eingetragenen Vereinen, genossenschaftlichen Prüfungsverbänden und Versicherungsvereinen

---

136 Vgl. **WÖHE; DÖRING** (2000), S. 337, **BEA** (2001), S. 401 und **PAUSENBERGER** (1989), S. 624.

137 Vgl. **PAUSENBERGER** (1974a), Sp. 1604.

138 Vgl. **WÖHE; DÖRING** (2000), S. 337 und **BEA** (2001), S. 401. Zu den *allgemeinen* gesetzlichen Vorschriften zur *Verschmelzung durch Aufnahme* vgl. §4 bis §35 UmwG. Zu den *besonderen* Vorschriften für eine Verschmelzung von *Aktiengesellschaften* durch Aufnahme vgl. §60 bis §72 UmwG.

139 Mit der Bezeichnung „im Wege der Gesamtrechtsnachfolge" wird ausgedrückt, dass das übertragende Unternehmen nicht in Liquidation tritt. Die zu übertragenden Vermögensgegenstände und Schulden werden damit nicht einzeln, sondern im Ganzen auf den neu gegründeten Rechtsträger übertragen. Vgl. **GABLER-VERLAG** (1997), S. 4116.

140 Vgl. **WÖHE; DÖRING** (2000), S. 337 und **BEA** (2001), S. 401. Zu den *allgemeinen* gesetzlichen Vorschriften zur *Verschmelzung durch Neugründung* vgl. §36 bis §38 UmwG. Zu den *besonderen* Vorschriften für eine Verschmelzung von *Aktiengesellschaften* durch Neugründung vgl. §73 bis §77 UmwG.

141 Vgl. **PAUSENBERGER** (1989), S. 624, **GABLER-VERLAG** (1997), S. 4116 und **WÖHE** (1993), S. 404 und S. 466f. Die beiden möglichen „echten" Fusionsarten sind gegenüber dem Begriff der *unechten Fusion* abzugrenzen. Letztere bezeichnet die in den Niederlanden und Großbritannien häufig verwendete Form zur Übernahme eines Unternehmens durch ein anderes Unternehmen. Im Zuge einer unechten Fusion erwirbt das übernehmende Unternehmen die Mehrheit der Anteile an dem zu übernehmenden Unternehmen, wird dadurch zur „Konzernspitze" und erhält die Leitungsmacht. Die Gesellschafter des übernommenen Unternehmen werden, im Unterschied zur Akquisition, mit Anteilen am übernehmenden Unternehmen abgefunden (sog. *Anteilstausch*), sind also dessen Gesellschafter nach dem Vorgang gleichgestellt. Wirtschaftlich ähnelt das Verfahren einer Fusion, allerdings bleibt die rechtliche Selbständigkeit der übernommenen Gesellschaft erhalten. Vgl. **GABLER-VERLAG** (1997), S. 3895f.

auf Gegenseitigkeit durchgeführt werden, die daran sowohl als übertragender, übernehmender oder neuer Rechtsträger beteiligt sein können.[142]

Eine über die skizzierten Prozesse vollzogene Fusion ist grundsätzlich immer nur zwischen zwei oder mehreren *Unternehmen* möglich und grenzt sich dadurch in einem weiteren Punkt von der Akquisition ab, die sowohl von *Unternehmen* als auch von *Personen* durchgeführt werden kann.[143]

Abb. 2.6: *Arten der Fusion*

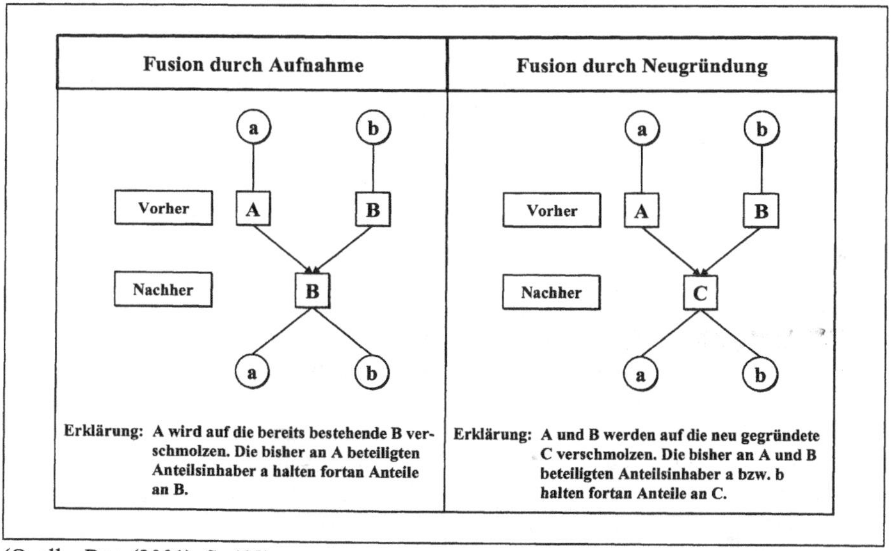

(Quelle: BEA (2001), S. 402)

Fusionen dienen in der Regel zur Realisierung von drei Zielen:[144]

1.) Realisierung spezieller *beschaffungs- und/oder absatzpolitischer* Vorteile, z.B. durch den gemeinsamen Versuch einer gezielten Marktbeeinflussung oder -beherrschung über eine gezielte Ausschaltung bzw. Schwächung der Wettbewerbsunternehmen, durch die Sicherung von Beschaffungswegen und den Abbau von Lagerbeständen.

2.) Realisierung spezieller *produktions- und/oder personalwirtschaftlicher* Vorteile, z.B. durch die Ausnutzung der Vorteile aus einer Verbundwirtschaft über gezielte Arbeitsaufteilungen, Rationalisierungen, gemeinsame Forschungs- und Entwicklungsprojekte sowie erweiterte innerbetriebliche Aus- und Weiterbildungsmöglichkeiten.

---

[142] Vgl. **GABLER-VERLAG** (1997), S. 4116.

[143] Vgl. **LUTZ** (1993), S. 48.

[144] Zu den drei nachfolgend genannten Zielen vgl. **GABLER-VERLAG** (1997), S. 4116.

3.) Realisierung spezieller *finanzwirtschaftlicher* Vorteile, z.B. durch die Erhöhung der Kreditwürdigkeit des neu entstandenen Unternehmens, Erschließung zusätzlicher Kapitalbeschaffungswege, Erhöhung der Rentabilität durch Ausgleich von Kapitalbindungsunterschieden und gezielte Ausnutzung von Steuervorteilen.

Die dargestellten wesentlichen Begriffsmerkmale der Fusion ermöglichen eine klare Abgrenzung gegenüber der Strategischen Allianz anhand der zwei nachfolgend genannten Punkte:

1.) Im Unterschied zur Strategischen Allianz beziehen sich Fusionen nicht nur auf die unternehmerische Zusammenarbeit in Teilbereichen oder einzelnen Geschäftsfeldern, sondern auf das *gesamte* Unternehmen.[145]

2.) Im Rahmen von Strategischen Allianzen bleibt die rechtliche und die wirtschaftliche Selbständigkeit in sämtlichen Bereichen außerhalb der Allianzvereinbarung für die beteiligten Unternehmen erhalten. Damit verfügen die Allianzunternehmen, zumindest in Teilbereichen, weiterhin über ihre vollständige wirtschaftliche Entscheidungsautonomie. In den vereinbarten Zusammenarbeitsbereichen handeln die kooperierenden Unternehmen als gleichberechtigte Partner und treffen die allianzspezifischen Entscheidungen im Kollektiv. Eine Fusion zwischen zwei oder mehreren Unternehmen führt demgegenüber immer zu einer *vollkommenen* wirtschaftlichen und rechtlichen *Vereinigung* der Unternehmen.[146] Durch die aus der Aufgabe der rechtlichen Selbständigkeit resultierende organisatorische Zusammenführung der involvierten Unternehmen ergibt sich für die Unternehmensführung des übernehmenden oder des im Zuge der Verschmelzung neu gegründeten Unternehmen die Möglichkeit, die Entscheidungswege im Vergleich zu einer Allianzorganisation deutlich verkürzen und damit zu schnelleren Entscheidungen kommen zu können.[147]

Fusionen werden häufig nach einer vorhergehenden Strategischen Allianz zwischen Unternehmen vollzogen.[148] Sie können allerdings auch direkt, d.h. ohne vorhergehende Schritte einer Unternehmensverbindung, zwischen den Anteilseignern von zwei oder mehreren rechtlich selbständigen Unternehmen vereinbart werden. Falls die Anteile an den zu verschmelzenden Unternehmen mehrheitlich von Unternehmen gehalten werden, kann das durch die Fusion entstandene Unternehmen auch als ein Gemeinschaftsunternehmen angesehen werden. Im Unterschied zu einem Gemeinschaftsunternehmen, das zur formalrechtlichen Institutionalisierung einer Strategischen Allianz zwischen zwei oder mehreren

[145] Vgl. **Lutz** (1993), S. 48.
[146] Vgl. **Pausenberger** (1989), S 624, **Lutz** (1993), S. 48 und **Wöhe** (1993), S. 466.
[147] Vgl. **Lutz** (1993), S. 48.
[148] Vgl. **Steininger** (1999), S. 169.

Unternehmen gegründet werden kann,[149] werden im Zuge der Fusion nicht nur anteilige, sondern *sämtliche* Ressourcen der beteiligten Unternehmen unter Aufgabe der jeweiligen rechtlichen Selbständigkeit eingebracht. Diese Ressourcenzusammenführung durch eine sog. *Vollfusion* der Unternehmen ist darüber hinaus, anders als bei der Strategischen Allianz, nicht umkehrbar. In Abb. 2.7 werden die wesentlichen Begrifflichkeiten zusammengefasst und die unterschiedlichen Formen einer Unternehmensverbindung gegenübergestellt.

***Abb. 2.7**: Arten der Unternehmensverbindungen*[150]

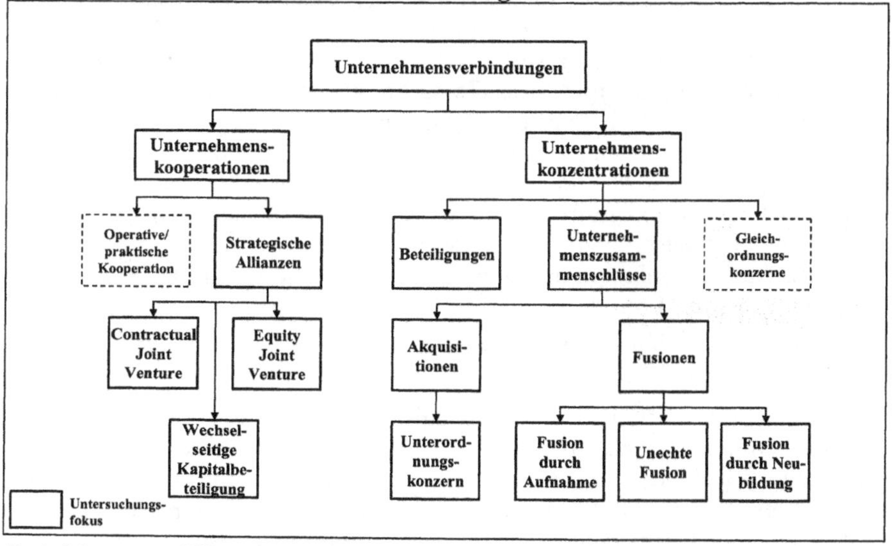

(In Anlehnung an: WÖHE; DÖRING (2000), S. 320 und SCHAPER-RINKEL (1998), S. 27)

[149] Zur formalrechtlichen Institutionalisierung Strategischer Allianzen und zum Begriff des Gemeinschaftsunternehmens vgl. Kap. 0, S. 36 und S. 39.

[150] Im Unterschied zu §15 AktG werden in der vorliegenden Arbeit unter dem Begriff der Unternehmensverbindungen auch Unternehmenszusammenschlüsse subsumiert, bei der ein oder mehrere Unternehmen die eigene rechtliche Selbstständigkeit verlieren. Zum Begriff der Unternehmensverbindungen im Sinne des §15 AktG vgl. **ADLER; DÜRING; SCHMALTZ** (1997a), S. 37ff.

2.2.4 Ökonomische Ziele und Gründe für die Bildung Strategischer Allianzen

2.2.4.1 Grundlagen zu den Allianzzielen und Bildungsgründen

In der Literatur existiert eine Vielzahl von Zielen, die mit einer Strategischen Allianz realisiert werden sollen.[151] Eine eindeutige Klassifikation dieser unterschiedlichen Ziele ist problematisch, da viele von ihnen in einer engen Interdependenz zueinander stehen und in der Regel mehrere Ziele mit einer Strategischen Allianz gleichzeitig verfolgt werden.[152] Es lassen sich jedoch einige Ziele herausstellen, deren Realisierung im Rahmen einer Strategischen Allianz als besonders bedeutsam anzusehen ist.[153] Aufgrund der bestehenden Zielinterdependenzen ist zu berücksichtigen, dass die nachfolgende Erläuterung der einzelnen Ziele nicht den Anspruch einer Überschneidungsfreiheit impliziert, sondern lediglich einer Vereinfachung des komplexen allianzübergreifenden Zielsystems dient. Darüber hinaus ist in diesem Zusammenhang darauf hinzuweisen, da jedes mit einer Allianz angestrebte Ziel nicht nur einen *Grund* für die Bildung einer Allianz beinhaltet, sondern gleichzeitig immer auch einen *Vorteil* der Strategischen Allianz impliziert, da sie in besonderer Weise zur Erreichbarkeit jedes dieser Ziele beitragen kann.

2.2.4.2 Realisierung von Kostensenkungen durch Größenvorteile und Synergieeffekte

Generell stellt die Gründung einer Strategischen Allianz für viele Unternehmen eine gute Möglichkeit dar, die eigene Kostenposition zu verbessern und Kostenvorteile gegenüber Konkurrenzunternehmen zu erreichen. Die Realisierung der Kostensenkungsziele kann dabei durch die Ausnutzung von *volumeninduzierten* und/oder *synergieinduzierten* Kostenvorteilen gelingen:[154]

1.) *Realisierung volumeninduzierter Kostenvorteile*: Die Möglichkeit für eine Realisierung volumeninduzierter Kostenvorteile ergibt sich für die an einer Strategischen Allianz beteiligten Unternehmen immer dann, wenn sie über vergleichbare Ressourcen- und Fähigkeitenprofile verfügen. Die Gleichartigkeit dieser Profile ermöglicht in vielen Fällen die Bündelung von bestimmten, bisher von jedem Allianzunternehmen isoliert durchgeführten Aktivitäten, die nach der Zusammenführung mit höheren Volumina ausgeführt

---

151 Vgl. **Gahl** (1991), S. 15ff., **Heinke** (1995), S. 15f., **Backhaus; Plinke** (1990), S. 23, **Hollmann** (1992), S. 294 und **Bronder; Pritzl** (1991), S. 45. Für eine Übersicht über empirisch abgeleitete Zielkategorien von Strategischen Allianzen vgl. **Schlosser** (2001), S. 65.

152 Vgl. **Justus** (1999), S. 37 und **Lutz** (1993), S. 21.

153 Vgl. **Porter; Fuller** (1989), S. 363ff., **Steininger** (1999), S. 137ff., **Contractor, Lorange** (1988), S. 9ff. und **Lutz** (1993), S. 20ff.

154 Vgl. **Michel** (1996), S. 78.

werden können.[155] Die sich aus Erhöhung der Aktivitätsvolumina ergebenden Effizienzgewinne basieren auf der Nutzung von Kostensenkungspotenzialen durch sog. *Skaleneffekte.*[156] Skaleneffekte, die auch als *Economies of scale* oder *Größendegressionseffekte* bezeichnet werden, beruhen auf einem Anstieg der absoluten (kumulierten) Produktions- bzw. Aktivitätsvolumina und einem sich daraus ergebenden mengenbedingten Rückgang der durchschnittlichen totalen Stück- bzw. Aktivitätskosten, der wiederum auf eine durch die größere Ausbringungsmenge induzierte Reduzierung des Fixkostenanteils je produzierter bzw. durchgeführter Einheit zurückzuführen ist.[157]

Volumeninduzierte Kostenvorteile können darüber hinaus auch durch *Lern- und Erfahrungskurveneffekte* erzielt werden. Im Unterschied zu Skaleneffekten, die auf eine hohe Ausbringungsmenge bzw. ein hohes Aktivitätsvolumen zu einem bestimmten *Zeitpunkt* bzw. pro *Zeiteinheit* zurückzuführen sind, basieren sowohl Lern- als auch Erfahrungskurveneffekte auf der Erkenntnis, dass die Arbeitskosten bei einer zunehmenden kumulierten Ausbringungsmenge bzw. einem Anstieg der Aktivitätsvolumina im *Zeitablauf*, insbesondere aufgrund von individuellen Übungseffekten des operativen Produktionspersonals und organisatorischen Verbesserungen, sinken und sich somit Effizienzgewinne einstellen.[158] Aufbauend auf den Aussagen der *Lernkurve*, die sich ausschließlich auf die direkten *Fertigungskosten* für ein Produkt bezieht,[159] postuliert das Erfahrungskurvenkonzept eine Senkung der realen *Stückkosten* eines Produktes um einen relativ konstanten Betrag (in der Regel 20-30%), sobald sich die in den kumulierten Produktionsmengen ausgedrückte Produkterfahrung verdoppelt.[160] Gerade für Unternehmen in Wachstumsbranchen bietet dementsprechend die Beteiligung an einer Strategischen Allianz eine gute Möglichkeit, die eigenen Aktivitätsvolumina

---

[155] Vgl. **Schaper-Rinkel** (1998), S. 74.

[156] Strategische Allianzen, die im wesentlichen auf die Realisierung volumeninduzierter Kostenvorteile ausgerichtet sind, werden auch als „Volumen-Allianzen“ bezeichnet. Vgl. **Backhaus; Plinke** (1990), S. 32.

[157] Vgl. **Gabler-Verlag** (1997), S. 993, **Panzar; Willig** (1977), S. 481ff. und **Pratten** (1988), S. 18. Als wesentliche Ursachen von Größendegressionseffekten gelten Dimensionierungsersparnisse, die unvollständige Teilbarkeit bestimmter Ressourcen, stochastische Größenersparnisse, Losgrößenersparnisse und die Steigerung der Verhandlungsmacht gegenüber Lieferanten. Für eine ausführliche Darstellung der einzelnen Ursachen für Größendegressionseffekte vgl. **Schaper-Rinkel** (1998), S. 75ff.

[158] Zur *Erfahrungskurvenanalyse* vgl. **Porter** (1992a), S. 29ff., **Meffert** (1986), S. 65f. und **Gabler-Verlag** (1997), S. 1171 und S. 2440.

[159] Zu den Begriffen der *Lernkurve* und des *Lerneffektes* vgl. **Kaufer** (1980), S. 69 und **Stein** (1988), S. 402f.

[160] Für eine ausführliche Darstellung der *Erfahrungskurve* vgl. **Henderson** (2000a), S. 554ff., **Henderson** (2000b), S. 557ff., **Meffert** (1986), S. 65f. und **Stein** (1988), S. 402f.

in bestimmten kritischen Bereichen bzw. in außergewöhnlich lernintensiven Stufen der Wertschöpfung im Zeitablauf zu erhöhen und diese zur Verbesserung der eigenen Kostenposition über die Realisierung von Lern- und Erfahrungskurveneffekten zu nutzen.[161]

2.) *Realisierung synergieinduzierter Kostenvorteile*: Die Umsetzung synergieinduzierter Kostenvorteile stellt eine weitere Möglichkeit für die an einer Strategischen Allianz beteiligten Unternehmen dar, ihre individuellen Kostenpositionen nachhaltig zu verbessern. Der darin enthaltende Begriff der *Synergie* hat seinen etymologischen Ursprung in der griechischen Sprache, bedeutet übersetzt *Zusammenwirken* im Sinne von Miteinanderwirken bzw. Zusammenarbeiten und kann, aufbauend auf dem Begriffsursprung, als wirkungsneutrale Bezeichnung für den Prozess des Zusammenwirkens unterschiedlicher Komponenten interpretiert werden.[162] In der betriebswirtschaftlichen Literatur existieren nicht nur mehrere Ansätze zur Definition des Synergiebegriffes[163], sondern zusätzlich eine Vielzahl unterschiedlicher Synergiebegriffsvarianten wie z.B. *Synergismen*[164] und *Synergiewirkung*[165], mehrere vielfach synonym verwendete Begriffe wie beispielsweise *Economies of synergy, Verbundeffekt* und *Kombinationseffekt* sowie auf mathematischen Formeln basierende Bezeichnungen wie z.B. der sog. *(2+2=5)-Effekt.*[166]

Vor dem Hintergrund der Zusammenarbeit von Unternehmen beschreiben sämtliche Begrifflichkeiten den in der betrieblichen Praxis zu beobachtenden Effekt, dass die Zusammenführung von Aktivitäten und/oder der Austausch von Ressourcen und Fähigkeiten zwischen zwei oder mehreren Unternehmen häufig zu einer Gesamtleistungsfähigkeit führt, die größer ist als die Summe der individuellen Einzelleistungsfähigkeiten der beteiligten Unternehmen.[167] Die gekoppelten und/oder ausgetauschten Ressourcen und Fähigkeiten sind ausnahmslos sog. *Überschussressourcen* bzw. *-fähigkeiten*, deren potenziel-

[161] Vgl. **Schaper-Rinkel** (1998), S. 79.

[162] Vgl. **Ansoff** (1966), S. 97, **Vizjak** (1990), S. 8, **Ropella** (1989), S. 175 und **Eckhardt** (1987), S. 146. Aufgrund der Wirkungsneutralität

[163] Vgl. **Chatterjee** (1986), S. 121ff., **Bühner** (1985), s. 26, **Ansoff** (1966), S. 97 und **Ropella** (1989), S. 231.

[164] Vgl. **Haugen; Langetieg** (1975), S. 1004 und **Firth** (1978), S. 670.

[165] Vgl. **Gälweiler** (1989), Sp. 1937.

[166] Vgl. **Dichtl** (1990), S. 65, **Vizjak** (1990), S. 8f. und **Mahajan; Wind** (1988), S. 59.

[167] Vgl. **Ansoff** (1965), S. 19 und S. 75. Eine derartige positive Begriffsfassung des Synergiebegriffes vernachlässigt die sich aus seinem etymologischen Ursprung ergebende Wirkungsneutralität, nach der Synergien grundsätzlich sowohl positive als auch negative Kombinationseffekte haben können. In der angewandten Betriebswirtschaftslehre hat der Synergiebegriff jedoch eine überwiegend einseitig positive Belegung erfahren. Vgl. **Bühner** (1989), S. 158, **Gälweiler** (1987), S. 60 und **Chatterjee** (1986), S. 121. Dieser ausschließlich positiven Begriffsbelegung wird daher in der vorliegenden Arbeit gefolgt.

ler Wert durch die bisherigen Geschäftsaktivitäten des Unternehmens bisher nicht vollständig ausgenutzt wurde.[168] Darüber hinaus beinhaltet dieser Effekt in der Regel die Entstehung von Gesamtkosten (Erlösen) der Zusammenarbeit, deren Höhe geringer (größer) ist als die Summe der einzelnen Kosten (Erlöse) bei einer eigenständigen Aktivitätsdurchführung durch jedes der beteiligen Allianzunternehmen.[169] Die sich aus der Bündelung von Aktivitäten bzw. aus dem wechselseitigen Transfer von Ressourcen und Fähigkeiten ergebenden unternehmensinternen und -externen Kostensenkungs- und Erlössteigerungspotenziale werden als *Synergiepotenziale*[170] bezeichnet, deren Existenz und Erschließbarkeit als notwendige Voraussetzung für die Gründung einer Strategischen Allianz angesehen werden kann.[171] Aus der gezielten Ausnutzung der Synergiepotenziale[172] über ein effizientes *Synergiemanagement*[173] und entsprechendes proaktives *organisatorisches Handeln*[174] ergeben sich in der Regel quantifizierbare Kostensenkungs- und Erlössteigerungseffekte, die mit dem Begriff des *Synergieeffektes*[175] betitelt werden. Grundsätzlich gilt in diesem Zusammenhang, dass die Beteiligung an einer Strategischen Allianz für ein Unternehmen um so mehr eine sinnvolle unternehmerische Vorgehensweise darstellt, je größer die sich aus der Allianzbeziehung ergebenden Synergiepotenziale und die daraus resultierenden Synergieeffekte sind. Die Realisierung von Synergieeffekten zwischen zwei oder mehreren Unternehmen in einer Strategischen Allianz basiert im wesentlichen auf der Nutzung von *Verbundvorteilen*, die auch als *Economies of scope* bezeichnet werden.[176] Verbundvorteile resultieren, ähnlich wie Skaleneffekte, aus der Umsetzung von Größenvorteilen, die sich allerdings, im Unterschied zu den Skaleneffekten, nicht aus einer Senkung der durchschnittlichen totalen Stückkosten durch eine hohe Ausbringungsmenge zu einem bestimmten Zeitpunkt ergeben, sondern auf der kosteneffizienteren gemeinsamen Nutzung, wechselseitigen Übertragung, höheren Auslastung und/oder zusätzlichen Verwendung bestimmter Produktionskapazitäten, Ressourcen und Fähigkeiten der Partner basieren.[177]

---

[168] Vgl. **Porter** (1987), S. 34.
[169] Vgl. **Bühner** (1989), S. 159 und **Schaper-Rinkel** (1998), S. 81.
[170] Vgl. **Ropella** (1989), S. 251.
[171] Vgl. **Schaper-Rinkel** (1998), S. 73 und **Tröndle** (1987), S. 42.
[172] Zum Begriff des *Synergiepotenzials* vgl. Kap. 2.2.4.2, S. 55.
[173] Vgl. **Tröndle** (1987), S. 42.
[174] Vgl. **Bühner** (1985), S. 27.
[175] Vgl. **Gabler-Verlag** (1997), S. 3692.
[176] Vgl. **Teece** (1980), S. 241, **Arnold** (1985), S. 270, **Gälweiler** (1989), Sp. 1936f., **Ropella** (1989), S. 234f. und **Tröndle** (1987), S. 42.
[177] Vgl. **Reißner** (1992), S. 117ff., **Arnold** (1985), S. 269 und **Gabler-Verlag** (1997), S. 993.

Die Möglichkeit zur Ausnutzung von Verbundvorteilen ergibt sich generell nur dann, wenn die Stärken- und Schwächenprofile der Allianzunternehmen asymmetrisch sind. Nur die Existenz einer derartigen Asymmetrie ermöglicht eine effizienzsteigernde gegenseitige Ergänzung der beteiligten Unternehmen, z.B. hinsichtlich der angebotenen Produkte, der bearbeiteten Märkte und verwendeten Ressourcen. Falls die in einer Strategischen Allianz zusammenarbeitenden Unternehmen jedoch über ähnliche Produkte, Marktpräsenzen, Ressourcen und Fähigkeiten verfügen, ergeben sich in der Regel nur geringe synergieinduzierte Kostensenkungs- und Erlössteigerungspotenziale, so dass die Vorteile einer Zusammenarbeit im wesentlichen auf positiven volumeninduzierten Kosten- und Erlöseffekten basieren.[178]

Für die Realisierung von Verbundvorteilen gibt es mehrere Ansatzpunkte. Nachfolgend werden einige der in der betriebswirtschaftlichen Literatur genannten Möglichkeiten genannt, die sich zum Teil gegenseitig bedingen und/oder kombiniert auftreten können: a.) Stilllegung von Produktionskapazitäten und/oder Desinvestitionen, b.) Externalisierung und/oder Internalisierung von Prozessen und Aktivitäten, c.) Eliminierung von Produktüberschneidungen, d.) Umsetzung von Kostenreduktionen beim Materialeinsatz und Ausschuss, e.) Standardisierung von Verfahren, f.) Verbesserung der Ausnutzung der bestehenden Außenbeziehungen zu Kunden und Lieferanten, g.) Verbesserung der Nutzung von bzw. des Zugangs zu immateriellen und materiellen Vermögensgegenständen und Ressourcen auf unterschiedlichen Wertschöpfungsstufen sowie f.) Verbesserung der Wissensnutzung.[179]

2.2.4.3 Verbesserung und Erweiterung des Ressourcenzugangs

Die Beteiligung an einer Strategischen Allianz stellt für viele Unternehmen eine wichtige Möglichkeit dar, einen Zugang zu fehlenden oder nicht ausreichend vorhandenen Ressourcen[180] für die Gewährleistung der eigenen Produktions- und Leistungsprozesse zu erhalten. Generell werden mit dem *Ressourcenpooling, -allying* und *-linking* drei Ausgestaltungsformen eines wechselseitigen Ressourcenzugangs unterschieden.[181] Im Rahmen eines *Ressourcenpooling* werden gleiche oder ähnliche Ressourcen der Partnerunternehmen zusammengeführt. Beim *Ressourcenallying* werden ausschließlich die sich ergänzenden (komplementären) Ressourcen der Kooperationspartner miteinander verknüpft. Mit dem Begriff des *Ressourcenlinkings* wird die unternehmensübergreifende Kopplung von Systemen und Prozessen der Partnerunternehmen bezeichnet.

---

[178] Vgl. **Schaper-Rinkel** (1998), S. 82.

[179] Dazu und zu weiteren Verbundvorteilen vgl. **Michel** (1996), S. 78, **Schaper-Rinkel** (1998), S. 83ff. und **Goshal** (1987), S. 435f.

[180] Für eine ausführliche Erklärung des Ressourcenbegriffes auf der Grundlage des ressourcenorientierten Ansatzes vgl. Kap. 3.5.2.2.2.

[181] Vgl. **Moss Kanter** (1989a), S. 183ff. und **Moss Kanter** (1989b), S. 117f.

Die mit dem erweiterten Ressourcenzugang bzw. der Ressourcenzusammenführung verknüpften Ziele können sich dabei sowohl auf *materielle* als auch auf *immaterielle* Ressourcen beziehen:[182]

1.) *Zugang zu materiellen Ressourcen*: Der neue bzw. zusätzliche Zugang zu materiellen Ressourcen als Ergebnis einer Strategischen Allianz soll die Versorgung der beteiligten Unternehmen mit den benötigten Rohstoffen, Teilen, Komponenten oder Finanzmitteln gewährleisten.[183] Ressourcenzugangsverbesserungen bilden generell eine gute Möglichkeit, neue Wettbewerbsvorteile gegenüber Konkurrenzunternehmen außerhalb der Strategischen Allianz zu begründen, wenn diesen ein vergleichbarer Zugang verwehrt bleibt.[184]

   Die erste Möglichkeit zur Sicherstellung des Ressourcenzugangs bildet der wechselseitige Zugriff auf *freie* Ressourcen der Allianzpartner. Wesentlicher ist jedoch die sich aus der Zusammenarbeit ergebende Chance, im Verbund mit den Partnern als *größere Einheit* am Beschaffungsmarkt für knappe Rohstoffe oder Komponenten auftreten zu können.[185] Diese Art der Nachfragebündelung, die auch als *Global Sourcing*[186] bezeichnet wird, ermöglicht über die daraus potenziell resultierende Verhandlungsmachtsteigerung der Allianzunternehmen eine Erschließung kostengünstigerer Bezugsquellen, sichert die nachhaltige Verfügbarkeit von Rohstoffen und kann, durch den exklusiven Zugang zu innovativen Produkten und Technologien, eine technologische Marktführerschaft der Allianzunternehmen gegenüber der direkten Konkurrenz bewirken.[187] Voraussetzung für die Ausnutzung der positiven Machtpotenziale ist allerdings das rechtzeitige Erkennen der eigenen Machtposition und die klare Entschiedenheit bzw. Fähigkeit der beteiligten Unternehmen, die verbesserte Machtposition nutzbringend einzusetzen.[188]

2.) *Zugang zu immateriellen Ressourcen*: Neben der Sicherung des Zugangs zu den notwendigen materiellen Ressourcen ist die Gewährleistung einer ausreichenden Versorgung mit immateriellen Ressourcen ein wichtiger Grund für die Gründung einer Strategischen Allianz. Bei den immateriellen Ressourcen handelt es sich im wesentlichen um sog. *wissensbasierte Ressourcen, Kompetenzen und Fähigkeiten*, wie z.B. besonderes technologisches

---

182 Für eine umfangreichere Systematisierung unterschiedlicher Ressourcenarten auf der Grundlage des ressourcenorientierten Ansatzes vgl. Kap. 3.5.2.2.2.

183 Vgl. **STEININGER** (1999), S. 143.

184 Vgl. **JUSTUS** (1999), S. 40.

185 Vgl. **MICHEL** (1996), S. 79.

186 Vgl. **GABLER-VERLAG** (1997), S. 491 und S. 1615.

187 Vgl. **MICHEL** (1996), S. 79.

188 Vgl. **MINTZBERG** (1983), S. 25f.

und kundenspezifisches Know-how, Lizenzen oder Patente.[189] Aufgrund ihrer herausragenden Bedeutung für die Allianzbildung werden sie nachfolgend als eigenständige Zielkategorie dargestellt und erläutert.[190]

2.2.4.4 Realisierung von Know-How-Vorteilen

Vor dem Hintergrund der zunehmenden Dynamik von technologischen Entwicklungen, der anhaltenden Verkürzung von Produktlebenszyklen und sich schnell ändernden Marktbedingungen bzw. Kundenpräferenzen befinden sich isoliert operierende Unternehmen in zunehmendem Maße in einer Situation, in der sie die resultierenden Anforderungen an die Ausstattung mit Wissen und Fähigkeiten kaum noch (alleine) bewältigen können.[191] Eine schnelle Anpassung an die sich ändernden Umfeldbedingungen gilt jedoch als wesentliche Voraussetzung, um im Technologie- und Kundenwettbewerb dauerhaft bestehen zu können.[192] In diesem Zusammenhang können Strategische Allianzen als Möglichkeit zur Erweiterung des unternehmerischen Aktionsspektrums bzw. der verfügbaren wissensbasierten Ressourcen interpretiert werden.[193]

Um die mit einer Allianzbildung angestrebte Realisierung von Know-How-Vorteilen umsetzen zu können, bieten sich drei unterschiedliche Wege an, die sämtlich zu einer Ausweitung der zur Verfügung stehenden wissensbasierten Ressourcen führen können:[194]

1.) Gegenseitiger Austausch von bereits vorhandenem Wissen zur Fundierung, Verbesserung und/oder Ausweitung der eigenen Kernkompetenzen,

2.) Erweiterung des Know-hows zur Abdeckung von Randbereichen und

3.) Aufbau von neuem Wissen und neuer Kernkompetenzen mit einem oder mehreren Allianzpartnern auf der Basis der vorhandenen Kompetenzen.[195]

Die aus einem wechselseitigen Wissenstransfer und einer Wissensergänzung bzw. -erweiterung resultierenden positiven Effekte für die beteiligten Unternehmen können in wissensspezifische Wettbewerbsvorteile umgesetzt werden und damit zu einer Stärkung der Wettbewerbsposition der Allianzunternehmen gegenüber den außerhalb der Allianz operierenden Konkurrenzunternehmen beitragen. Die Höhe der aus den allianzinternen Wisseneffekten ableitbaren

[189] Vgl. **Justus** (1999), S. 40. Vgl. dazu auch die Ausführungen zu den *intangiblen Ressourcen* in Kap. 3.5.2.2.2.

[190] Die Realisierung von wissensspezifischen Zielen wird vielfach als wesentlichste Zielsetzung für Strategische Allianzen angesehen. Vgl. **Michel** (1996), S. 75 und die dortigen Literaturverweise.

[191] Vgl. **Bronder** (1992), S. 101.

[192] Vgl. **Lei** (1993), S. 32 und **Michel** (1996), S. 75.

[193] Vgl. **Steininger** (1999), S. 143 und **Michel** (1996), S. 75.

[194] Dazu und zu den nachfolgenden Ausführungen vgl. **Michel** (1996), S. 75f.

[195] Zum Begriff der *Kompetenzen* und *Kernkompetenzen* vgl. Kap. 3.5.2.2.4.

Wettbewerbsvorteile hängt dabei zum einen von der *Ähnlichkeit* der Wertaktivitäten[196] und der sich daraus ergebenden Sinnhaftigkeit eines Wissenstransfers zwischen den zusammenarbeitenden Unternehmen ab. Darüber hinaus wird das Ausmaß der erreichbaren Wettbewerbsvorteile durch die jeweilige *Bedeutung* der tangierten Wertaktivitäten für eine dauerhaft erfolgreiche Wettbewerbspositionierung der Partnerunternehmen und durch die *Wichtigkeit* des zu übertragenen Know-hows für die Generierung von Wettbewerbsvorteilen innerhalb der von der Allianz betroffenen Wertaktivitäten bestimmt.[197]

2.2.4.5 Ausweitung des Markt- und Kundenzugangs

Die Ausweitung des Marktzugangs gilt als ein weiteres wesentliches Ziel, das mit der Gründung einer Strategischen Allianzen angestrebt wird. Durch die unternehmerische Zusammenarbeit sollen neue geographische Märkte und Kundensegmente erschlossen bzw. entwickelt sowie bestehende Entwicklungshindernisse in Form sog. *Markteintrittsbarrieren*[198] überwunden und erreicht werden.[199] Die zahlreichen Formen möglicher Markteintrittsbarrieren lassen sich grundsätzlich in zwei Barrierearten kategorisieren: 1.) *Ökonomische* Markteintrittsbarrieren und 2.) *regulatorische* Markteintrittsbarrieren:

1.) *Ökonomische Markteintrittsbarrieren*: Der Zutritt zu vielen Auslandsmärkten wird häufig durch umfangreiche ökonomische Markteintrittsbarrieren erschwert. Dazu gehören beispielsweise die regelmäßig hohen Anforderungen an die finanzielle Ausstattung eines Unternehmens, um eine eigene Marktpräsenz oder ein eigenes Vertriebsnetz im bisher nicht bearbeiteten Markt aufzubauen, hohe Gebühren für den Transport der eigenen Produkte aufgrund fehlender Verkehrswege und/oder eine unzureichende Kenntnis über die wirtschaftlichen Zusammenhänge und Problembereiche auf den neuen Märkten, die umfangreiche und kostenintensive Marktforschungsmaßnahmen erforderlich machen.[200]

   Durch die Vereinbarung einer Strategischen Allianz mit einem oder mehreren Partnerunternehmen, die auf dem zu entwickelnden bzw. neu zu erschließenden Markt ansässig sind, kann der Prozess der Markterschließung gegenüber einem Alleingang vielfach deutlich schneller und kosteneffizienter vollzogen werden, da unter anderem auf den zeitaufwendigen und kostenintensiven Aufbau einer eigenen Marktpräsenz und eines eigenen Kunden-

---

196 Für eine Einordnung des Begriffes der *Wertaktivität* in die Wertschöpfungskette vgl. Kap. 3.5.1.2.2.

197 Vgl. **PORTER** (1992b), S. 445.

198 Zum Begriff der *Markteintrittsbarrieren* vgl. **PORTER** (1992a), S. 29ff. und **STIGLER** (1968), S. 67ff.

199 Vgl. **BASEDOW; JUNG** (1993), S. 11.

200 Vgl. **MICHEL** (1996), S. 77 und **PERIDIS** (1992), S. 130.

stammes verzichtet werden kann.[201] Die Kenntnisse des lokalen Partnerunternehmens über den eigenen Markt, über die örtlichen bzw. regionalen Gegebenheiten und die Anforderungen an die Produkte aufgrund nationaler Normen, Standards und/oder Vorschriften können die Erfolgsaussichten einer Internationalisierung der Geschäftstätigkeit erheblich erhöhen.[202]

2.) *Regulatorische Markteintrittsbarrieren*: Wesentlicher als die Überwindung der ökonomischen Barrieren ist jedoch vielfach die Abschwächung oder Ausschaltung von regulatorischen Markteintrittsbarrieren in Form von tarifären und nicht-tarifären Handelshemmnissen.[203] Tarifäre Handelshemmnisse sind steuerliche handelspolitische Maßnahmen wie beispielsweise die Festlegung von Importzöllen, Exportsteuern und/oder Export- oder Importsubventionen, die den grenzüberschreitenden Güterverkehr ebenso wie die nicht-tarifären Handelsbeschränkungen (z.B. die Festlegung von Importbeschränkungen, Einfuhrverboten, technischer Normen und/oder Importquoten) beeinträchtigen.[204] Strategische Allianzen mit lokalen Unternehmen können zur Überwindung der dargestellten regulatorischen Hemmnisse und Barrieren beitragen, da die inländischen Partnerunternehmen derartigen Beschränkungen in der Regel nicht oder nur sehr eingeschränkt unterliegen. Sie stellen vielfach die einzige Möglichkeit dar, einen ersten Zutritt zu solchen Märkten zu erhalten, die sich durch eine andauernde und weit reichende staatliche Regulierung bestimmter Teilmärkte und Industrien auszeichnen.

Die Erweiterung des Markt- bzw. Kundenzugangs und die Überwindung von Markteintrittsbarrieren ist vor dem Hintergrund einer stetig zunehmenden Marktglobalisierung und einer sich ausweitenden Wettbewerbskomplexität und -dynamik als ein besonders wesentliches Ziel einer Strategischen Allianz anzusehen. Aus Sicht eines einzelnen Unternehmens kann die Beteiligung an einer Strategischen Allianzen in diesem Zusammenhang vielfach eine besonders gute Möglichkeit darstellen, bisher bestehende relative Wettbewerbsvorteile gegenüber bisher vorwiegend nationalen Konkurrenten auf eine globalere Ebene zu transformieren, um sie dort zu festigen oder weiter auszubauen. Dies trifft insbesondere immer dann zu, wenn das entsprechende Unternehmen bisher in Märkten tätig war, die durch regulatorische Maßnahmen weitgehend gegenüber ausländischen Konkurrenzunternehmen abgeschottet wurden und die nun, durch eine Modifikation von politischen und wirtschaftlichen Rahmenbedingungen, gegenüber dem internationalen und globalen Wettbewerb geöffnet wurden.[205]

[201] Vgl. **Contractor; Lorange** (1988), S. 15.
[202] Vgl. **Basedow; Jung** (1993), S. 11.
[203] Vgl. **Bronder** (1993), S. 28f.
[204] Vgl. **Gabler-Verlag** (1997), S. 1710 und S. 3709 und **Müller-Stewens; Hillig** (1992), S. 78ff.
[205] Vgl. **Doz** (1992), S. 294ff.

2.2.4.6 Veränderung der Wettbewerbsintensität

Strategische Allianzen bieten den beteiligten Unternehmen nicht nur die Möglichkeit, die eigene Position im Wettbewerb über eine Ausweitung der Markt- und Kundenzugangsmöglichkeiten zu verbessern. Sie können auch gezielt zur Veränderung der Wettbewerbsstrukturen bzw. Verringerung der Wettbewerbsintensität gegründet werden.[206] Vor diesem Hintergrund ist nachvollziehbar, dass sich die wettbewerblichen Strukturen in einigen Branchen in den letzten Jahren von einem Wettbewerb zwischen einzelnen Unternehmen zu einem Wettbewerb zwischen Unternehmenskooperationen bzw. Strategischen Allianzen entwickelt haben.[207] Es ist jedoch bis heute umstritten, ob die resultierenden Veränderungen zu einer unzulässigen und damit zu unterbindenden monopolähnlichen Machtposition der an einer Strategischen Allianz beteiligten Unternehmen führen.[208] Hinsichtlich einer *wettbewerbseinschränkenden Wirkung* Strategischer Allianzen können drei wesentliche Ursachen unterschieden werden, die sich zum Teil gegenseitig bedingen:

1.) Der Zusammenschluss der Unternehmen in einer Strategischen Allianz führt in der Regel zu einer *Verminderung der direkten wettbewerblichen Auseinandersetzungen* zwischen diesen Unternehmen im jeweiligen Kooperationsfeld und damit zu einer geringeren Konkurrenzdichte.[209] Die Verhaltensabstimmung kann sich auch auf Bereiche ausdehnen, die nicht direkte Bestandteile der Allianzvereinbarung sind.[210]

2.) Strategische Allianzen können den *Aufbau neuer und die Erhöhung bestehender wettbewerbsbehindernder Markteintrittsbarrieren* gegenüber potenziellen Konkurrenzunternehmen über die erhöhte Marktmacht des Allianzverbundes erleichtern.[211] Die Zunahme oder Erhöhung von Markteintrittsbarrieren kann in doppelter Weise zu einer Verschlechterung der Marktposition

---

206 Vgl. **Porter; Fuller** (1989), S. 376 und **Müller-Stewens** (1991), S. 319f.

207 Vgl. **Steininger** (1999), S. 139.

208 Für eine ausführliche Einordnung Strategischer Allianzen in einen wettbewerbsrechtlichen Kontext vgl. **Michel** (1996), S. 40ff. und **Beeser** (1995), S. 135ff.

209 Vgl. **Schubert** (1995), S. 47 und **Klaue** (1991), S. 1575f.

210 Vgl. **Beeser** (1995), S. 126ff. und **Michel** (1996), S. 41.

211 Vgl. **Basedow; Jung** (1993), S. 68 und **Jain** (1987), S. 112. Die erhöhte Marktmacht einer Strategischen Allianz hat zwei wesentliche Ursachen: Erstens verfügen die in einer Strategischen Allianz zusammenarbeitenden Unternehmen über einen höheren Marktanteil im Vergleich zu den unternehmensindividuellen Marktanteilen, der im Einkauf durch Mengenbündelungen zu Kostensenkungen und im Verkauf zu Erlössteigerungen genutzt werden kann. Zweitens ermöglichen die sich aus der Zusammenarbeit ergebenden Kostensenkungs- bzw. Erlössteigerungspotenziale sowie die Verbesserung des Markt-, Kunden- und Ressourcenzugangs eine nachhaltige Festigung bzw. einen Ausbau der Wettbewerbsposition der Allianzunternehmen. Vgl. **Beeser** (1995), S. 132f. Zum Begriff der *Marktmacht* vgl. **Gabler-Verlag** (1997), S. 2554.

der *Nachfragerseite* führen. Zum einen kann eine wettbewerbseinschränkende Veränderung der Markteintrittsbarrieren eine Verringerung der Produkt- und Leistungsauswahl implizieren und zum anderen können sich Nachteile für die Nachfrager durch eine potenziell zu erwartende Verringerung der absoluten Anzahl der Anbieter ergeben.[212]

Darüber hinaus können Strategische Allianzen den Marktzugang für andere *Unternehmen* insbesondere dann erschweren, wenn diese für den Marktzutritt auf ein oder mehrere Unternehmen angewiesen sind, die bereits in einer Strategischen Allianz eingebunden sind.[213]

3.) Strategische Allianzen können zu einer unzulässigen Interessensabstimmung der beteiligten Partner führen, beispielsweise durch die Absprache von Preisen, die Aufteilung von Märkten oder die gezielte Verringerung der Anbieterzahl.[214]

Andererseits kann eine Strategische Allianz auch *wettbewerbsfördernde Wirkungen* haben, indem sie die für viele Unternehmen einzige Möglichkeit darstellt, den Zugang in einen bisher von anderen Unternehmen dominierten Markt zu erleichtern oder die Wettbewerbsposition gegenüber bislang stärkeren Wettbewerbern zu verbessern.[215]

Die Wettbewerbsbehörden stehen vor diesem Hintergrund vor der Herausforderung, zwischen den positiven und negativen Wettbewerbswirkungen der analysierten Strategischen Allianzen zu differenzieren und zu einem eindeutigen Ergebnis hinsichtlich der Zulässigkeit eines Allianzaufbaus zu gelangen. Für jede Strategische Allianz stellt sich mithin die Frage, ob sie tatsächlich eine lediglich marktwirtschaftsorientierte Vorgehensweise der involvierten Unternehmen zur Wahrnehmung marktlicher Chancen darstellt, die die Allianzunternehmen bei einem Alleingang nicht ausnutzen könnten, oder ob sie zur Einschränkung des Wettbewerbs gegründet wurde.[216]

2.2.4.7 Realisierung von Zeitvorteilen

Der Faktor Zeit hat sich in den letzten Jahren aufgrund stetig kürzerer Produktlebenszyklen und gleichzeitig steigenden Forschungs- und Entwicklungskosten zu einem immer wichtigeren und wettbewerbsrelevanten Erfolgsfaktor[217] entwi-

---

212 Vgl. **Kartte** (1992), S. 403f. und **Beeser** (1995), S. 130ff. und S. 173. Für eine ausführliche Diskussion dieser Problematik vgl. **Beeser** (1995), S. 173f.

213 Vgl. **Schubert** (1995), S. 47.

214 Vgl. **Kartte** (1992), S. 405.

215 Vgl. **Porter; Fuller** (1989), S. 376 und **Müller-Stewens** (1991), S. 319f.

216 Vgl. **Michel** (1996), S. 40.

217 Zum Begriff des *Erfolgsfaktors* vgl. Kap. 2.4.4.2, S. 23 und die dort angegebenen Literaturhinweise.

ckelt.[218] Diese Entwicklung wird vielfach begleitet von einer Verschiebung der Kostenstrukturen der Unternehmen in Form einer Zunahme der fixen gegenüber den variablen Kosten.[219] Vor diesem Hintergrund sehen sich die betroffenen Unternehmen in zunehmenden Maße der Notwendigkeit ausgesetzt, die eigenen Produkte und Dienstleistungen schneller im Markt zu positionieren bzw. mit einer erhöhten Intensität zu vermarkten. Der Aufbau einer Strategischen Allianz wird in diesem Zusammenhang von einer zunehmenden Zahl von Unternehmen als Möglichkeit und Mittel zur Erzielung wettbewerbsentscheidender Zeitvorteile angesehen.[220] Allgemein lassen sich Zeitvorteile, in Abhängigkeit vom jeweiligen Betrachtungsschwerpunkt, in *marktbezogene* und *prozessbezogene Zeitvorteile* klassifizieren:

1.) *Marktbezogene Zeitvorteile*: Die Realisierung marktbezogener Zeitvorteile zielt auf eine im Vergleich zu den jeweiligen Konkurrenzunternehmen frühere Markteinführung und schnelle Verfügbarkeit innovativer Produkte, um als erstes Unternehmen von positiven Nachfrageeffekten profitieren zu können.[221] Strategische Allianzen können in diesem Zusammenhang, aufgrund der gezielten Aufteilung bestimmter Aktivitäten zwischen den Partnerunternehmen und der zwischen ihnen ablaufenden Abstimmungsprozesse, zu einer nachhaltigen Verkürzung der Forschungs- und Entwicklungszeiten für neue Produkte beitragen und die Zeitdauer für einen Marktzugang, beispielsweise durch die Nutzung gemeinsamer Vertriebskanäle, deutlich verkürzen.[222] Ein früher Marktzugang kann wiederum für die Etablierung von Technologiestandards genutzt werden, durch die zum einen die aktuellen und potenziellen Konkurrenzunternehmen zu kostenintensiven Anpassungen oder zum Ausscheiden aus dem Markt gezwungen werden können und durch die sich zum anderen positive Preis- und Mengeneffekte erzielen lassen.[223]

2.) *Prozessbezogene Zeitvorteile*: Neben der Realisierung der marktbezogenen Zeitvorteile stellt die Umsetzung prozessbezogener Zeitvorteile angesichts stetig steigender Forschungs- und Entwicklungskosten in zunehmendem Maße einen wesentlichen Wettbewerbsfaktor dar. Für die Realisierung prozessbezogener Zeitvorteile werden regelmäßig sämtliche betrieblichen Abläufe analysiert und optimiert, um eine Erhöhung der Arbeitsproduktivitäten pro Zeiteinheit, eine Verbesserung der Reaktionsschnelligkeit und -fähigkeit

---

[218] Zur Bedeutung des Faktors Zeit als Dimension des Wettbewerbs vgl. **Bronder; Pritzl** (1991), S. 45, **Gahl** (1990), S. 37f., **Backhaus; Plinke** (1990), S. 27, **Stalk** (2000), S. 626ff. und **Istvan** (2000), S. 648ff.

[219] Vgl. **Backhaus; Plinke** (1990), S. 27.

[220] Vgl. **Bronder** (1993), S. 19ff. und **Lewis** (1990), S. 31f.

[221] Vgl. **Michel** (1996), S. 72.

[222] Vgl. **Lutz** (1993), S. 29 und S. 33.

[223] Vgl. **Backhaus; Piltz** (1990), S. 6f. und **Michel** (1996), S. 73.

hinsichtlich veränderter Marktbedingungen und eine Verkürzung des Zeitraumes bis zur erfolgreichen Vermarktung eines Produktes im Vergleich zu Konkurrenzunternehmen erreichen zu können.[224] Falls eine derartige Realisierung von Zeiteinsparpotenzialen allerdings misslingt und einzelne Produkte aus diesem Grund nur mit einer zeitlichen Verzögerung in den entsprechenden Zielmarkt eingeführt werden können, besteht insbesondere bei einer hohen Wettbewerbsintensität die Gefahr, dass eine Kompensation der Forschungs- und Entwicklungskosten über entsprechende Deckungsbeiträge nicht mehr gelingen kann.[225]

Strategische Allianzen können in diesem Zusammenhang durch die weit reichenden allianzinternen Prozess- und Aktivitätsoptimierungen zu einer Verkürzung von Produktentwicklungszyklen bzw. zu einer Steigerung der Innovationsstärke der Allianzunternehmen beitragen und, als Konsequenz dieser Veränderungen, eine Verbesserung des Kundennutzens bzw. eine Intensivierung der Kundenbindung bewirken.[226]

2.2.4.8 Teilung von Kosten und Risiken

Die unternehmerische Tätigkeit unterliegt in einigen Branchen, insbesondere im Hochtechnologiebereich wie z.B. der Halbleiter-, Luft- und Raumfahrtindustrie, speziellen ökonomischen Rahmenbedingungen und Umfeldveränderungen, aus denen sich besonders hohe Anforderungen an die finanzielle Ausstattung und erhebliche marktliche und technologische *Risiken* für die jeweiligen Unternehmen in diesen Branchen ergeben.[227]

Risiken, die traditionell als nicht antizipierte Abweichung oder, in vereinfachter Form, als negative Abweichung oder Verlustgefahr definiert werden,[228] können den Zielsetzungs- und Zielerreichungsprozess von Unternehmen begleiten und negativ beeinflussen.[229] Sie entstehen grundsätzlich immer dann, wenn sich eine Entscheidung, die aufgrund von bestimmten Erwartungen über künftige unternehmensspezifische oder marktbezogene Entwicklungen getroffen wird, nach ihrer Realisierung als nicht optimal oder gänzlich fehlerhaft erweisen kann.[230]

Die Tätigkeit in den o.g. Branchen erfordert in der Regel hohe Aufwendungen für die Forschung, Entwicklung und Herstellung von Produkten und hohe Investitionen in das Anlagevermögen, beispielsweise für speziell benötigte Ma-

---

[224] Vgl. **MICHEL** (1996), S. 72.
[225] Vgl. **SCHAPER-RINKEL** (1998), S. 69.
[226] Vgl. **MICHEL** (1996), S. 74.
[227] Vgl. **JAIN** (1987), S. 112 und **BACKHAUS; MEYER** (1993), S. 331.
[228] Vgl. **MILLER** (1992), S. 311ff. und **MILLER; LEIBLEIN** (1996), S. 91ff.
[229] Für eine ausführliche Erläuterung des *Risikobegriffes* vgl. Kap. 2.3.4.4.3, S. 23.
[230] Vgl. **WALDECKER** (1995), S. 76 und **GABLER-VERLAG** (1997), S. 3278 und S. 3279.

schinen und Verfahren.[231] Diese Investitionen werden in der Regel getätigt, ohne eine vollkommene Sicherheit über den künftigen Produkterfolg und, im Falle eines Erfolges, über das entsprechende Ausmaß zu haben.[232] Daraus ergibt sich ganz allgemein das Risiko[233] einer Über- oder Unterschätzung der erforderlichen Kapazitäten mit den entsprechenden negativen Auswirkungen auf die Kosten- bzw. Erlössituation eines Unternehmens.

Vor diesem Hintergrund bietet die Bildung einer Strategischen Allianz für viele Unternehmen eine gute Möglichkeit, die allein nicht mehr tragbaren Kosten und Risiken mit den anderen Unternehmen im Allianzverbund zu teilen und die für eine ausreichende Zukunftssicherung der Unternehmen notwendige Rentabilität auf das eingesetzte Kapital zu erreichen.[234] In diesem Zusammenhang können zwei Arten von Strategischen Allianzen differenziert werden, 1.) Burden-Sharing-Allianzen und 2.) Risk-Sharing-Allianzen, die nachfolgend kurz erläutert werden:

1.) *Burden-Sharung-Allianzen*: Strategische Allianzen, die im wesentlichen die allianzinterne Aufteilung von *Finanzierungs-* und *Investitionskosten* auf die Partnerunternehmen zum Ziel haben, werden als *Burden-Sharing-Allianzen* bezeichnet. Sie führen in der Regel zu einer geringeren finanziellen Belastung des einzelnen Allianzunternehmens, da weniger Kapital im Anlage- und Umlaufvermögen gebunden wird und in der Folge geringere Abschreibungsbeträge entstehen.[235]

2.) *Risk-Sharing-Allianzen*: Allianzen, die auf eine Risikoteilung zwischen den Allianzunternehmen ausgelegt sind, werden mit dem Begriff der *Risk-Sharing-Allianzen* betitelt.[236] Sie dienen im wesentlichen der Minderung und Aufteilung von *Verlust-* und *Insolvenzrisiken*.[237] In diesem Zusammenhang bietet eine Strategische Allianz grundsätzlich zwei verschiedene Ansatzpunkte für eine Risikominderung bzw. -teilung:

   a.) Die in einer Strategischen Allianz zusammengeschlossenen Unternehmen verfügen in der Regel über mehr Möglichkeiten für einen Zugriff auf bzw. Austausch von erfolgs- und wettbewerbskritischen Ressourcen und Fähigkeiten, so dass mehrere Projekte gleichzeitig mit einer höheren Durchführungsgeschwindigkeit und erhöhter Erfolgswahrscheinlichkeit

---

[231] Vgl. **Backhaus; Plinke** (1990), S. 23ff.

[232] Für einen Überblick über mögliche Risiken eines Unternehmens vgl. **Waldecker** (1995), S. 77ff.

[233] Zum Begriff des *Risikos* vgl. Kap. 2.3.4.4.3, S. 23.

[234] Vgl. **Schenk** (1990), S. 155.

[235] Vgl. **Michel** (1996), S. 81.

[236] Vgl. **Backhaus; Plinke** (1990), S. 32.

[237] Vgl. **Michel** (1996), S. 81.

bearbeitet werden können.[238] Aus der erhöhten Projektanzahl und der gestiegenen Erfolgswahrscheinlichkeit resultieren reduzierte Gesamtprojektrisiken und damit eine geringere Gefährdung der Existenz einzelner Allianzunternehmen.[239]

b.) Strategische Allianzen ermöglichen eine Risikoteilung zwischen den Allianzpartnern, indem jedes der beteiligten Unternehmen einen Teil der eigenen Ressourcen und Fähigkeiten in die zu bearbeitenden Projekte einbringt und damit einen Teil des Gesamtprojektrisikos übernimmt.[240]

Allerdings ergeben sich durch die Zusammenarbeit auch *neue* Risiken für die Allianzunternehmen. Beispielsweise konnten RING und VAN DE VEN durch ihre Forschungsarbeit nachweisen, dass Allianzunternehmen generell mit diversen *Kooperationsrisiken* und *Risiken der künftigen Positionierung* konfrontiert werden.[241] DAS und TENG wählten eine leicht modifizierte Terminologie und unterscheiden zwischen *relationalen Risiken* und *Leistungsrisiken* für die an einer Strategischen Alllianz beteiligten Unternehmen.[242]

a.) *Relationale Risiken*: Relationale Risiken beziehen sich ausschließlich auf die kooperative Zusammenarbeit von Unternehmen und auf die Möglichkeit, dass sich einzelne Kooperationspartner opportunistisch verhalten bzw. sich nicht an die Ziele der Kooperationsvereinbarung halten.

b.) *Leistungsrisiken*: Der Begriff des Leistungsrisikos bezieht sich auf die Möglichkeit, dass die angestrebten Ziele einer Unternehmenskooperation bzw. Strategischen Allianz trotz einer zufrieden stellenden Kooperationsbeziehung nicht erreicht werden.

Obwohl die Leistungsrisiken unabhängig von einer Allianzbeziehung entstehen, führt die Beteiligung an einer Strategischen Allianz aus Sicht ein einzelnes Allianzunternehmens häufig zu einer Milderung des individuellen Leistungsrisikos. Es kann durch den Allianzaufbau auf die beteiligten Partner verteilt werden, während relationale Risiken erst durch die Beteiligung an einer Strategischen Allianz entstehen.

Vor dem Hintergrund dieser kosten- und risikoorientierten Betrachtungen kann bereits an dieser Stelle festgehalten werden, dass nicht nur bei der Bildung, sondern insbesondere auch beim Ausbau von Strategischen Allianzen immer darüber zu befinden ist, inwieweit die positiven Kosten- und Risikoeffekte einer

[238] Vgl. **WIEZOREK** (1998), S. 294, **LUTZ** (1993), S. 28 und **JUSTUS** (1999), S. 39f.

[239] Vgl. **STEININGER** (1999), S. 145.

[240] Vgl. **PORTER; FULLER** (1989), S. 383, **VIZJAK** (1990), S. 110 und **BRONDER; PRITZL** (1991), S. 45.

[241] Vgl. **RING; VAN DE VEN** (1994), S. 90ff.

[242] Vgl. **DAS; TENG** (1996), S. 827ff.

Allianzzusammenarbeit die negativen Kosteneffekte aus relationalen Risiken und Leistungsrisiken überkompensieren.[243]

2.2.4.9 Aufbau von Systemkompetenz

In vielen Branchen und Industrien erwarten die Kunden von den darin tätigen Unternehmen in zunehmendem Maße, dass sie ihnen integrierte Leistungsangebote und Problemlösungssysteme zur Befriedigung ihres komplexen Nachfragebedarfs anbieten können.[244] Als Folge dieses veränderten Nachfrageverhaltens der Kunden wachsen bisher voneinander separierte Märkte immer weiter zusammen. Die davon betroffenen Unternehmen sind zunehmend gezwungen, in bestimmten Produktbereichen eine sog. *Systemkompetenz* aufzubauen, die vielfach eine grundlegende Veränderung ihrer Geschäftsausrichtung erfordert.[245] Das bisher im Wesentlichen durch die Bereitstellung von Einzelkomponenten und isolierten technischen bzw. serviceorientierten Lösungen geprägte Liefergeschäft muss zum sog. *Systemgeschäft* transformiert werden.[246]

Beim Systemgeschäft werden die Anlagen und Leistungen unterschiedlicher Unternehmen gebündelt und zu einem integrierten Gesamtsystem zusammengeführt. Im Unterschied zum *Produktgeschäft*[247] und traditionellen *Anlagengeschäft*[248] zeichnet sich das Systemgeschäft durch zusätzliche umfangreiche Dienstleistungen des Systemanbieters während der Leistungserstellung aus.[249] In diesem Zusammenhang bieten Strategische Allianzen vielfältige Möglichkeiten für den Aufbau der dazu notwendigen Systemkompetenzen, da die allianzinterne unternehmerische Zusammenarbeit und Abstimmung in idealerweise die Zusammenführung von aufeinander abgestimmten Leistungen und Anlagegütern ermöglicht.[250]

Abb. 2.8 visualisiert zusammenfassend die darstellten Zieldimensionen und Gründe für die Bildung Strategischer Allianzen und zeigt ihre Bedeutung für die Auswahl einer angemessenen Allianzausgestaltungsform.

---

[243] Für eine ausführliche Diskussion von Risikogesichtspunkten im Zusammenhang mit der Auswahl eines externen Entwicklungsweges vgl. Kap. 2.3.4.4.3.
[244] Vgl. **Böcker; Götte** (1994), S. 116ff.
[245] Vgl. **Backhaus; Plinke** (1990), S. 24f.
[246] Vgl. **Hellfeier** (2001), S. 77 und **Steininger** (1999), S. 146.
[247] Vgl. **Gabler-Verlag** (1997), S. 3078.
[248] Vgl. **Gabler-Verlag** (1997), S. 145f.
[249] Vgl. **Gabler-Verlag** (1997), S. 3697.
[250] Vgl. **Bronder** (1992), S. 111ff.

***Abb. 2.8**: Zusammenhang zwischen Zielen, Gründen und Ausgestaltungsformen Strategischer Allianzen*

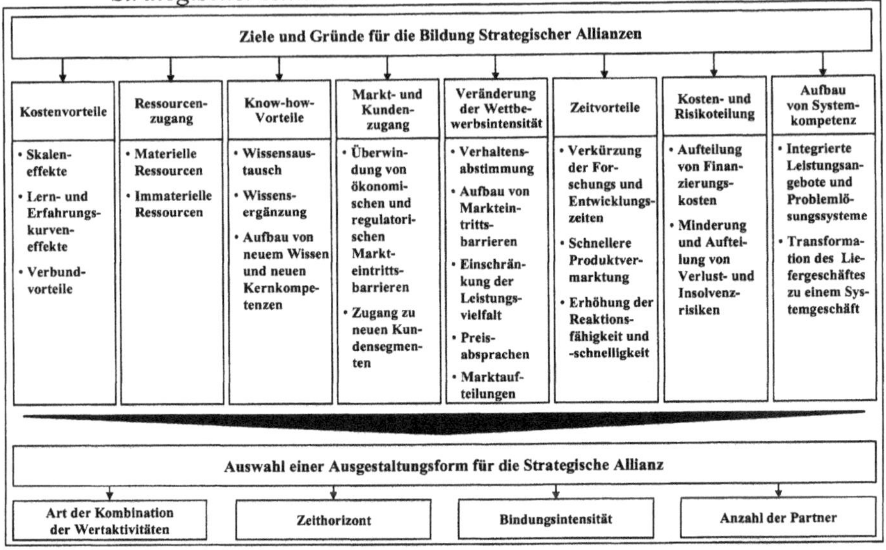

(Quelle: Eigene Darstellung)

2.2.5 Problembereiche und Nachteile Strategischer Allianzen

2.2.5.1 Grundlagen zu den Problemen und Nachteilen

Die im vorherigen Kapitel genannten Ziele, die mit einer Strategischen Allianz in qualitativer und quantitativer Hinsicht in Verbindung mit den daraus resultierenden positiven Effekten für die beteiligten Unternehmen erreicht werden können, ergeben sich nie im Sinne eines Automatismus. Vielmehr sind in der Regel mehrere Problembereiche und Störungen innerhalb des Zielerreichungsprozesses zu bewältigen, um die Erfolgspotenziale[251] für jedes der an einer Strategischen Allianz beteiligten Unternehmens ausschöpfen zu können.[252]

Gemäß der inhaltlichen Beschreibung der mit einer Strategischen Allianz verfolgten Allianzziele kann festgehalten werden, dass diese sich zum einen aus bestimmten unternehmensindividuellen Zielen der Allianzpartner ergeben, die über die Beteiligung an einer Allianz für das jeweilige Unternehmen erreicht werden sollen, und sich zum anderen aus übergeordneten Zielen für das gesamte Allianzbündnis zusammensetzen.[253] Letztere werden in der Regel durch einen gemeinsamen Entscheidungsprozess der Partnerunternehmen festgelegt und sind häufig das Resultat eines *Konsens* zwischen den unterschiedlichen Interes-

[251] Für eine ausführlichere Erklärung des *Erfolgspotenzialbegriffes* vgl. Kap. 2.4.4.2, S. 23.
[252] Vgl. STEININGER (1999), S. 147.
[253] Vgl. TRÖNDLE (1987), S. 20ff.

sen der beteiligten Unternehmen.[254] Dieser Konsens stellt vielfach die einzige Möglichkeit dar, um überhaupt eine gemeinsame Zielfestlegung zu gewährleisten, da die involvierten Unternehmen in den seltensten Fällen vollkommen übereinstimmende Individualziele verfolgen werden.[255] Vielmehr bestehen zwischen den unternehmensspezifischen Zielen der Allianzpartner häufig konfliktäre Beziehungen aufgrund unterschiedlicher strategischer Prioritäten.[256] Dies ist insbesondere immer dann der Fall, wenn die Verbesserung des Zielgrößenniveaus bei einem Partnerunternehmen gleichzeitig zu einer Verringerung des Zielniveaus bei einem oder mehreren anderen Allianzunternehmen führt.[257]

In diesem Zusammenhang ist allerdings festzustellen, dass eine vollkommene Realisierung der im Wege eines Kompromisses festgelegten allianzübergreifenden Ziele nicht zwingend für den Erfolg einer Strategischen Allianz erforderlich ist. Ein dauerhaft erfolgreiches Allianzbündnis kann sich auch allein dadurch ergeben, dass eine positive *Korrelation* zwischen den individuellen Zielen (sog. *Zielkomplementarität*[258]) der an einer Allianz beteiligten Unternehmen vorliegt, nach der die Verbesserung des Zielerreichungsgrades bei einem der Allianzpartner zu einem ähnlichen Effekt bei den anderen Allianzpartnern führt.[259]

Die gleichzeitige Existenz von *komplementären* und *konfliktären* Zielen innerhalb einer Strategischen Allianz beinhaltet ein nicht unerhebliches Auseinandersetzungspotenzial für die zusammenarbeitenden Unternehmen im aufgaben- als auch im interaktionsorientierten Bereich der Zusammenarbeit.[260] Insbesondere die im Zeitablauf *neu* entstehenden Koordinations- und Zielkonflikte, die durch unternehmensspezifische Prioritätsverschiebungen entstehen, können zu unerwarteten Misserfolgen des Bündnisses führen.[261]

Als Allianzmisserfolg ist in diesem Zusammenhang grundsätzlich jedes Ergebnis einer Zusammenarbeit zu werten, das eine Nichterfüllung bzw. unzureichende Realisierung der allianzübergreifenden Ziele bedeutet. Von einer mangelnden Zielerfüllung ist insbesondere immer dann zu sprechen, wenn die gemeinsam vereinbarten Ziele von einem oder mehreren Allianzunternehmen im Zeitablauf gezielt zum eigenen Vorteil ignoriert oder boykottiert werden, Ver-

---

254 Vgl. **Taucher** (1988), S. 88 und **Rubner** (1990), S. 66.

255 Vgl. **Lutz** (1993), S. 41.

256 Vgl. **Gilroy** (1993), S. 115.

257 Zu konfliktären Beziehungen zwischen Zielen vgl. **Adam** (1993), S. 90f.

258 Vgl. **Lutz** (1993), S. 41f.

259 Vgl. **Lutz** (1993), S. 41f. und **Tröndle** (1987), S. 20ff. Zu den möglichen Beziehungen zwischen Zielen vgl. **Adam** (1993), S. 90.

260 Zum aufgaben- und interaktionsorientierten Kooperationsmanagement vgl. **Tröndle** (1987), S. 85ff.

261 Vgl. **Bronder; Pritzl** (1991), S. 29 und **Schubert** (1995), S. 142.

teilungskonflikte[262] aufgrund einer ungleichmäßigen Aufteilung der positiven Allianzeffekte auf die beteiligten Unternehmen entstehen und/oder der quantitative Nutzen einer Allianz nicht zur Kompensation der mit dem Allianzbündnis verbundenen Kosten ausreicht.[263] In den folgenden Kapiteln werden einige der wesentlichen Probleme und Nachteile Strategischer Allianzen erläutert.

2.2.5.2 Vernachlässigung des Kerngeschäftes

Mit jeder Institutionalisierung einer Strategischen Allianz sind in der Regel sowohl inhaltlich als auch zeitlich aufwendige Verhandlungen, Steuerungen und Kontrollen der beteiligten Unternehmen verbunden, um eine dauerhaft positive Zusammenarbeit gewährleisten zu können. Die besondere strategische Bedeutung des Allianzbündnisses für die weitere positive Entwicklung der beteiligten Unternehmen erfordert regelmäßig eine umfangreiche Einbindung der obersten Führungsebenen in die grundlegenden Allianzentscheidungen.[264] Aus der weit reichenden zeitlichen Beanspruchung der häufig knappen Führungsressourcen der Allianzunternehmen können hohe *Opportunitätskosten*[265] resultieren, wenn beispielsweise das zeitliche Engagement für die Allianz dazu führt, dass bestimmte positive und negative Markttrends im Kerngeschäft des Unternehmen sowie auftretende unternehmensinterne Problembereiche nicht rechtzeitig erkannt und bearbeitet werden, die letztlich zu einem Verlust der Wettbewerbsfähigkeit der Unternehmen führen können.[266]

2.2.5.3 Ausnutzung einseitiger Abhängigkeiten

Einer der wesentlichsten Gründe von Unternehmen für die Bildung einer Strategischen Allianz ist das Ziel, durch die Zusammenführung von Aktivitäten und/oder den Austausch von Ressourcen und Fähigkeiten die eigene Wettbe-

---

[262] *Verteilungskonflikte* sind das Ergebnis einer mangelnden Aufteilung des Allianzerfolges auf die Partnerunternehmen und stellen sich dementsprechend immer dann ein, wenn sich Allianzunternehmen im Hinblick auf Verhältnis zwischen individuellem Input für die Allianz und der Höhe der Erfolgsbeteiligung gegenüber anderen Partnerunternehmen benachteiligt fühlen. Eine Vermeidung von Verteilungskonflikten wird häufig dadurch erschwert, dass eine Bewertung der unternehmensspezifischen Input- und Outputfaktoren im Rahmen einer Strategischen Allianz nicht immer möglich ist, da vergleichbare Marktpreise für diese Größen nicht immer festzustellen sind. Vgl. **Gahl** (1991), S. 40 und **Schubert** (1995), S. 142 mit den dortigen Literaturangaben.

[263] Vgl. **Steininger** (1999), S. 148.

[264] Vgl. **Müller-Stewens** (1991), S. 319.

[265] Als *Opportunitätskosten* werden in der Kostenrechnung die durch die Nichtauswahl einer Handlungsmöglichkeit entgehenden Deckungsbeiträge bezeichnet, die mit der letztlich realisierten Alternative nicht erreicht werden können. In der Mikroökonomik werden Opportunitätskosten auch als „Alternativkosten", „entgangene Erträge" oder als „entgangener Nutzen" im Vergleich zu einer besseren Handlungsalternative bezeichnet. Vgl. **Gabler-Verlag** (1997), S. 2862.

[266] Vgl. **Steininger** (1999), S. 148f. und **Bleicher** (1989), S. 82.

werbsposition zu verbessern.[267] Die Bündelung von Aktivitäten und der wechselseitige Transfer von Ressourcen und Fähigkeiten sollen zur Realisierung unternehmensinterner und -externer Kostensenkungs- und Erlössteigerungspotenziale beitragen.[268]

In diesem Zusammenhang beinhaltet die für eine Strategische Allianz charakteristische rechtliche Selbständigkeit der Allianzunternehmen den Nachteil, dass der dauerhafte Zugriff bzw. wechselseitige Austausch von Ressourcen immer bestimmten Unsicherheiten und Gefahren unterliegt. Falls ein Allianzunternehmen im Laufe der Zusammenarbeit seinen Allianzverpflichtungen nicht mehr nachkommt, weil die Zusammenarbeit für dieses Unternehmen nicht länger eine positive Nutzendifferenz gegenüber einem Alleingang generiert,[269] können sich für die anderen Partnerunternehmen nicht unerhebliche Nachteile ergeben, die vielfach, trotz der häufig vereinbarten Sanktionen gegen pflichtverletzende Unternehmen, nicht ausgeglichen werden können. In derartigen Situationen wirken sich bisherige einseitige Abhängigkeiten einzelner Unternehmen besonders gravierend aus, da diese mitunter ihre eigenen Unternehmensziele aufgrund der zwingend benötigten und nun fehlenden Unterstützung eines oder mehrerer der ausscherenden Unternehmen nicht länger erreichen können, so dass sie die Erosion der eigenen Wettbewerbskompetenz befürchten müssen.[270]

2.2.5.4 Verbesserung der Wettbewerbsposition von Partnerunternehmen

Die Gefahr einer Verbesserung der Wettbewerbsposition durch die Bildung einer Strategischen Allianz ist eng mit dem im vorhergehenden Kapitel erläuterten Risiko einer Ausnutzung einseitiger Abhängigkeiten verknüpft. *Jede* Strategische Allianz beinhaltet für die daran beteiligten Unternehmen die Gefahr, die Wettbewerbsposition der Partnerunternehmen, die gemäß der abgeleiteten Arbeitsdefinition direkte oder potenzielle Konkurrenten darstellen, als Folge der Zusammenarbeit zu stärken, so dass aus ehemals gleichberechtigten Partnern über- bzw. untergeordnete Unternehmen werden.[271] Dieses Risiko resultiert im Wesentlichen aus der Tatsache, dass Strategische Allianzen per definitionem zwischen direkten Wettbewerbern in der gleichen Branche gebildet werden und zum anderen nicht zwingend auf Dauerhaftigkeit angelegt sein müssen.[272]

Falls die Zusammenarbeit im Zeitablauf zu einer ungleichmäßigen Nutzenverteilung zu Gunsten eines Allianzunternehmens gegenüber den anderen Partnerunternehmen bzw. zu einem unausgewogenen Anreiz-Beitragsverhältnis führt, besteht die Gefahr, dass dieses Unternehmen aus dem Allianzbündnis ausschert

[267] Zu den mit einer Strategischen Allianz verfolgten *Ressourcenzielen* vgl. Kap. 2.2.4.3.
[268] Vgl. **Schaper-Rinkel** (1998), S. 73 und **Tröndle** (1987), S. 42.
[269] Vgl. **Klanke** (1995), S. 56ff.
[270] Vgl. **Steininger** (1999), S. 149 und **Müller-Stewens** (1991), S. 319.
[271] Vgl. **Schubert; Küting** (1981), S. 138f.
[272] Zur Arbeitsdefinition der *Strategischen Allianz* vgl. Kap. 2.2.1, S. 23.

und die durch die Allianz gewonnenen zusätzlichen Fähigkeiten und Ressourcen im Alleingang zur Verbesserung der relativen Wettbewerbsposition gegenüber den bisherigen Partnern einsetzt.[273] Die dauerhafte Sicherung einer gleichmäßigen Verteilung der positiven Nutzeneffekte auf alle Allianzunternehmen hat demnach eine grundlegende Bedeutung für die Allianzstabilität.[274]

2.2.5.5 Mangelnde Einstellungen, Identifikationen oder Qualifikationen der Mitarbeiter

Die Zusammenarbeit von Unternehmen innerhalb einer Strategischen Allianz kann in besonderer Weise durch Probleme im Personalbereich der involvierten Unternehmen nachteilig beeinflusst werden. In diesem Zusammenhang sind drei Ursachen für potenziell auftretende Probleme zu unterscheiden: 1.) *Mangelnde Einstellungen*, 2.) *Identifikationskonflikte* und 3.) *unzureichende Qualifikationen*. Nachfolgend werden die einzelnen Ursachenbereiche kurz erläutert:

1.) *Mangelnde Einstellungen*: Die positive Einstellung[275] der Mitarbeiter der Allianzunternehmen gegenüber der Zusammenarbeit ist als eine wesentliche Voraussetzung für den Erfolg einer Strategischen Allianz anzusehen.[276] Vorbehalte der Mitarbeiter gegenüber der Teilnahme an einer Strategischen Allianz oder gegenüber den an der Allianz beteiligten Unternehmen können die Allianzzusammenarbeit behindern und die Realisierung der angestrebten Allianzziele beeinträchtigen.[277]

    Negative Einflüsse auf die Zusammenarbeit können sich insbesondere durch die ablehnenden Einstellungen der nach weitreichender Unabhängigkeit strebenden Führungskräfte ergeben, da diese durch eine Strategische Allianz in der Regel eine Beeinträchtigung ihrer Entscheidungsautonomie hinnehmen müssen.[278] Allianzablehnende Einstellungen können sich ferner durch bestimmte unüberwindbare Überzeugungen von Mitarbeitern über die alleinige Richtigkeit der Abläufe und Strukturen in ihren jeweiligen Unternehmen ergeben,[279] die eine vorurteilsfreie Zusammenarbeit mit den Partnern und eine notwendige Lernbereitschaft be- oder verhindern.[280]

2.) *Identifikationskonflikte*: Der Nutzen einer Strategischen Allianz kann auch durch Identifikationskonflikte und die damit verknüpfte Abnahme der Arbeitsmotivation bzw. Leistungsfähigkeit der Mitarbeiter beeinträchtigt wer-

[273] Vgl. **GAHL** (1991), S. 64.
[274] Vgl. **VIZJAK** (1990), S. 140.
[275] Zum Begriff der *Einstellung* vgl. **LUTZ** (1993), S. 169 und die dort angegebene Literatur.
[276] Vgl. **LUTZ** (1993), S. 168f.
[277] Vgl. **TAUCHER** (1988), S. 87.
[278] Vgl. **STEININGER** (1999), S. 153.
[279] Vgl. **LUTZ** (1993), S. 169.
[280] Vgl. **STEININGER** (1999), S. 154.

den.[281] Derartige Konflikte entstehen insbesondere immer dann, wenn sich die betroffenen Mitarbeiter nicht mit den Allianzzielen und den damit verbundenen Tätigkeiten, Rollenverteilungen, Personen und Gruppierungen identifizieren können oder sie im Laufe der Zusammenarbeit eine Diskrepanz zwischen der Bindung an das eigene Unternehmen und der Loyalität zur Strategischen Allianz empfinden.[282] Durch die Zurückhaltung und Rücksichtnahme einzelner Mitarbeiter in bestimmten strategischen Entscheidungssituationen im Hinblick auf die eigene Karriereentwicklung oder die gezielte Ausgrenzung einzelner Führungskräfte vom Entscheidungs- und Zielsetzungsprozess innerhalb des Allianzbündnisses können sich die negativen Effekte derartiger Loyalitätskonflikte noch weiter verstärken.[283]

3.) *Unzureichende Qualifikationen*: Eine weitere mitarbeiterbezogene Ursache für einen mangelnden Allianzerfolg können unzureichende Qualifikationen der involvierten Mitarbeiter sein.[284] Jede Strategische Allianz stellt hohe Anforderungen an die individuellen Fähigkeiten und Kenntnisse der betroffenen Personen und Gruppierungen.[285] Neben einer weit reichenden *fachlichen* Qualifikation gilt eine hohe *soziale Kompetenz* der Mitarbeiter im Rahmen einer Strategischen Allianz allgemein als besonders erfolgskritisch.[286] Die besondere Bedeutung der sozialen Kompetenz für den dauerhaften Erfolg einer Strategischen Allianz ergibt sich aus dem für Allianzen charakteristischen Merkmal der Zusammenarbeit von direkten oder potenziellen Konkurrenten.[287] Hinsichtlich des daraus, im Vergleich zu anderen Formen der Unternehmenskooperation, in besonderer Weise resultierenden Konfliktpotenzials bzw. Spannungsfeldes zwischen den involvierten Unternehmen ist davon auszugehen, dass es nur bei einer umfangreichen Ausstattung der Partnerunternehmen mit fachlich und sozial gut ausgebildeten Mitarbeitern überbrückt werden kann.[288] Ohne die frühzeitige Überwindung bzw. Ausschaltung bestehender Konfliktbereiche durch entsprechend geschultes Personal besteht nicht nur die Gefahr einer deutlichen Verringerung des quantitativen Allianznutzens für jedes der beteiligten Unternehmen, sondern zusätzlich das Risiko einer Gefährdung des gesamten Bündnisfortbestandes.

---

[281] Vgl. **Vizjak** (1990), S. 137.
[282] Vgl. **Lutz** (1993), S. 170, **Steininger** (1999), S. 155 und **Rath** (1990), S. 360ff.
[283] Vgl. **Taucher** (1988), S. 87 und **Pekar** (1989), S. 36.
[284] Vgl. **Lutz** (1993), S. 171.
[285] Vgl. **Steininger** (1999), S. 154.
[286] Vgl. **Lutz** (1993), S. 171 und die dortigen Literaturangaben zu den charakteristischen Eigenschaften *sozial kompetenter* Mitarbeiter.
[287] Zur Arbeitsdefinition der *Strategischen Allianz* vgl. Kap. 2.2.1, S. 23.
[288] Vgl. **Steininger** (1999), S. 154.

2.2.5.6 Beeinträchtigung der unternehmerischen Reaktionsflexibilität

Die Entscheidung eines Unternehmens, an einer Strategischen Allianz zu partizipieren, stellt *eine* der denkbaren Möglichkeiten zur Umsetzung eines unternehmensindividuellen strategischen Entwicklungsprogrammes dar.[289] Grundsätzlich bemisst sich die Auswahl einer Entwicklungsalternative[290] nach dem Grad der Erfüllung bestimmter grundlegender Entscheidungsdimensionen.[291] In diesem Zusammenhang spielt die Berücksichtigung der Auswirkungen einer Entwicklungsalternative auf die sog. *unternehmerische Reaktionsflexibilität*[292] eine nicht unerhebliche Rolle, da sie als Indikator für die Anpassungsfähigkeit eines Unternehmens an die im Zeitablauf auftretenden Veränderungen der eigenen strategischen Ausrichtung, der allianzinternen Veränderungen und/oder der Veränderungen des Unternehmensumfeldes angesehen werden kann.

Die Reaktionsflexibilität als Ergebnis der individuellen Reaktionsfähigkeit und -geschwindigkeit eines Unternehmen *kann* durch die Teilnahme an einer Strategischen Allianz in umfangreicher Weise beeinträchtigt werden. Im Vergleich zu einem Alleingang erfordert die Zusammenarbeit im Rahmen eines Allianzbündnisses immer die Berücksichtigung der gleichgeordneten Partnerinteressen.[293] Bei divergierenden Intentionen der Allianzunternehmen können zeitaufwendige kooperative Abstimmungsprozesse notwendig werden,[294] so dass der Grad der individuellen unternehmerischen Reaktionsflexibilität drastisch abnehmen kann. Grundsätzlich kann festgehalten werden, dass die Reaktionsflexibilität eines Unternehmen innerhalb einer Strategischen Allianz um so weiter verringert wird, je weniger die allianzinternen Entscheidungsprozesse kanalisiert und die Koordinationsprobleme zwischen den Partnern bearbeitet werden.[295] Vor diesem Hintergrund sind sogar Konstellationen vorstellbar, in denen sich eine

---

[289] Für eine umfangreiche Darstellung der möglichen Alternativen für eine Unternehmensentwicklung vgl. Kap. 2.3.4.3.

[290] Zum Begriff der *Entwicklungsalternative* vgl. Kap. 2.3.4.2, S. 23.

[291] Zu den unterschiedlichen Auswahldimensionen für die Auswahl einer Entwicklungsalternative vgl. Kap. 2.3.4.4, S. 23ff.

[292] Die Reaktionsflexibilität kann als Resultat von drei zu unterschiedlichen Flexibilitätsquellen eines Unternehmens interpretiert werden: a.) Operative Flexibilität, b.) strategische Flexibilität und c.) strukturelle Flexibilität. Dazu und für eine ausführliche Erläuterung der einzelnen Flexibilitätsarten vgl. **Ansoff; Brandenburg** (1969), S. 360ff.

[293] Jede Strategische Allianz basiert auf einem Gleichordnungsverhältnis der Partnerunternehmen. Zu den charakteristischen Merkmalen einer Strategischen Allianz vgl. Kap. 2.2.1, S. 23.

[294] Zu den umfangreichen Entscheidungsfindungsprozessen als besonderes Problemfeld Strategischer Allianzen vgl. **Lutz** (1993), S. 202ff. und die dort angegebene Literatur.

[295] Vgl. **Lutz** (1993), S. 202. Allerdings kann die Strategische Allianz gegenüber anderen Formen der externen Unternehmensentwicklung auch einige Vorteile hinsichtlich der strategischen Entscheidungsflexibilität aufweisen. Für eine Diskussion unterschiedlicher Entwicklungswege unter Risikogesichtspunkten vgl. Kap. 2.3.4.4.3.

Allianz aufgrund der unterschiedlichen Interessen nur unzureichend an bestimmte Veränderungen im Wettbewerbsumfeld anpassen lässt, so dass ein Alleingang für eines der in der Allianz gebundenen Unternehmen eine sinnvollere Vorgehensweise darstellen würde. Insbesondere in derartigen Situationen kann sich die Teilnahme an einer Strategischen Allianz als flexibilitätsreduzierend und unternehmensschädigend herausstellen, da ein kurzfristiger Allianzaustritt aufgrund vereinbarter Vertragsstrafen, kapitalintensiver allianzspezifischer Investitionen oder Rufschädigungsrisiken vielfach nicht möglich ist.[296]

In diesem Zusammenhang zeigt sich, dass die Einschränkung der unternehmerischen Reaktionsflexibilität in besonderer Weise durch die gewählte rechtliche Institutionalisierungsform für die Strategische Allianz beeinflusst wird.[297] Eine ausschließlich auf einer *vertragsrechtlichen Institutionalisierung* basierende Strategische Allianz kann, in Abhängigkeit vom Umfang der vereinbarten Sanktionierungsmaßnahmen und Vertragsstrafen für den Fall eines vorzeitigen Austritts oder eines vertragsschädigenden Verhaltens eines Unternehmens, eine kurzfristige und problemlose Rückabwicklung einer sich im Zeitablauf als nicht länger richtig erweisenden Allianzentscheidung erlauben, erschweren oder verhindern. Die Vereinbarung einer *wechselseitigen Kapitalbeteiligung* ist vor diesem Hintergrund, unter Verwendung der gleichen Argumentation, ebenfalls nicht zwingend als Hindernis für eine schnelle Entscheidungskorrektur anzusehen. Lediglich die Gründung eines *Gemeinschaftsunternehmens* im Rahmen einer Strategischen Allianz führt *immer* zu einer weit reichenden Einschränkung der unternehmerischen Reaktionsflexibilität, da diese Form der Institutionalisierung häufig nicht nur mit erheblichem finanziellen Aufwand der beteiligten Unternehmen und einem dementsprechend potenziell höheren Ausmaß der Konsequenzen negativer Folgewirkungen verbunden ist, sondern gleichzeitig eine eingeschränkte Entscheidungsreversibilität beinhaltet, da das Gemeinschaftsunternehmen in der Regel nicht ohne erhebliche zusätzliche Kosten für die Partnerunternehmen aufgelöst werden kann.[298]

2.2.5.7 Entstehung kulturinduzierter Konflikte

Die Zusammenarbeit von Unternehmen im Rahmen einer Strategischen Allianz führt in der Regel immer auch zu einer Überschreitung von kulturellen Grenzen, da eine Allianz häufig auf einer internationalen Zusammenarbeit von Unternehmen aufbaut, die in unterschiedlichen wirtschaftlichen, rechtlichen, politischen und soziokulturellen Umfeldern operieren. Eine grenzüberschreitende Interaktion von Unternehmen impliziert damit in der Regel eine Interaktion unter-

---

[296] Vgl. STEININGER (1999), S. 155.

[297] Zu den möglichen Formen einer formalrechtlichen Institutionalisierung einer Strategischen Allianz vgl. Kap. 0, S. 23f.

[298] Vgl. HAMMES (1994), S. 93f. Vgl. dazu auch die Diskussion der Strategischen Allianz unter Risikogesichtspunkten in Kap. 2.3.4.4.3.

schiedlicher *Nationalkulturen*, in denen die einzelnen Unternehmen mit ihren Mitarbeitern ihren Ursprung haben.[299] Die aus den länderspezifischen Nationalkulturen gewachsenen sog. *Unternehmenskulturen*[300] prägen als Gesamtheit der Normen- und Wertvorstellungen bzw. Verhaltens- und Denkmuster der in den jeweiligen Partnerunternehmen eingebundenen Mitarbeiter nachhaltig die Entscheidungen und Tätigkeiten innerhalb einer Strategischen Allianz.[301]

Jede Entstehung und Entwicklung einer Unternehmenskultur unterliegt in der Regel einer Beeinflussung durch mehrere von Faktoren, wie z.B. bestimmte innerbetriebliche Abläufe, persönliche Hintergründe der Mitarbeiter, Wertvorstellungen der Unternehmensgründer und Führungskräfte, Organisationsstrukturen und/oder Entlohnungssysteme. Zudem können auch die Kundenstrukturen und Branchenschwerpunkte die Unternehmenswerte und -normen beeinflussen.[302]

Generell bedingen die auf einer Berücksichtigung dieser Faktoren gründenden Unternehmenskulturen nicht nur bestimmte interpersonale bzw. interorganisationale Unterschiede, sondern stellen einen Bereich dar, der den Erfolg oder Misserfolg einer allianzinternen Zusammenarbeit in besonderer Weise determiniert.[303] Eine starke Disharmonie zwischen den Unternehmenskulturen der Allianzpartner kann beispielsweise eine Erhöhung von bereits vorhandenen Konfliktpotenzialen bewirken, die Realisierung der bestehenden Erfolgspotenziale[304] beeinträchtigen bzw. gänzlich verhindern und im Extremfall zu einer vollkommenen Auflösung der Allianz führen.[305] Das *Ausmaß* der sich aus den Kulturunterschieden ergebenden Probleme für die allianzinterne Zusammenarbeit wird von mehreren unterschiedlichen Faktoren beeinflusst. *Generell* kann in diesem Zusammenhang festgehalten werden, dass die Wahrscheinlichkeit der

---

[299] Der in diesem Zusammenhang einschlägige Begriff der *Kultur* lässt sich allgemein als ein System von Verhaltensnormen, Wertvorstellungen, Handlungs- und Denkweisen definieren, das von einer bestimmten Gruppe von Menschen erlernt und anerkannt worden ist und das letztlich zu einer deutlichen Abgrenzbarkeit dieser Gruppe gegenüber einer anderen Gruppe führt. Vgl. **Gabler-Verlag** (1997), S. 3927.

[300] Der Begriff der *Unternehmenskultur* projiziert die Vorstellung des Entstehens von Werten und Normen und ihres Einflusses auf menschliche Verhaltensweisen auf die produktiven sozialen Systeme, die durch sie ihre Identität finden. In Ihnen bewirkt die Unternehmenskultur eine informale Integration vergangenheitsgeprägter Tradition und Gegenwart des Systems und schafft damit die Grundlage für künftige Innovationen. Vgl. **Gabler-Verlag** (1997), S. 3927.

[301] Zu dieser Definition des *Unternehmenskulturbegriffes* vgl. **Heinen; Dill** (1986), S. 207. Für eine ausführliche Erläuterung des *Werte- und Normenbegriffes* als konstituierenden Bestandteile dieser Definition vgl. auch **Lutz** (1993), S. 146f.

[302] Vgl. **Lewis** (1991), S. 314ff.

[303] Vgl. **Stüdlein** (1997), S. 66 und **Lutz** (1993), S. 145. Zum Begriff des *Erfolgspotenzials* vgl. Kap. 2.4.4.2, S. 23.

[304] Zum Begriff des *Erfolgspotenzials* vgl. Kap. 2.4.4.2, S. 23.

[305] Vgl. **Backhaus; Piltz** (1990), S. 8. und **Gahl** (1991), S. 44ff.

Entstehung unternehmenskultureller Probleme um so höher ist, je ausgeprägter die Interaktionsintensitäten und je weitreichender die sog. *kulturellen Distanzen* zwischen den Partnerunternehmen sind.[306] Bei einer *detaillierteren* Betrachtung des kulturinduzierten Problembereiches können in Anlehnung an HEINEN drei Dimensionen unterschieden werden, die das Ausmaß der kulturellen Herausforderung einer Strategischen Allianz nachhaltig determinieren:[307] Dazu gehört erstens der sog. *Verankerungsgrad der Unternehmenskultur*, der das Ausmaß der Akzeptanz und Teilung der unternehmensindividuellen Werte und Normen durch die Mitarbeiter der Allianzunternehmen beschreibt. Zweitens wird die Intensität der Kulturprobleme durch das sog. *Übereinstimmungsausmaß der Unternehmenskultur* bestimmt, mit dem der Grad der Übereinstimmung der Mitarbeiter eines Unternehmen hinsichtlich der unternehmensbezogenen Werte und Normen ausgedrückt wird. Als dritte Dimension beeinflusst die sog. *Systemvereinbarkeit der Kulturen* die Höhe der kulturinduzierten Reibungsverluste zwischen den Partnerunternehmen. Sie bezeichnet das Verhältnis zwischen der Unternehmenskultur und den bestehenden Mitarbeiter- und Unternehmensführungssystemen der an einer Strategischen Allianz beteiligten Unternehmen.[308]

Nach HEINEN stellt sich das Ausmaß der kulturinduzierten Probleme bei der Zusammenarbeit von Unternehmen als eine von der Ausprägung der drei erläuterten Dimensionen abhängige Variable dar. Danach gilt, dass die Unvereinbarkeit von Unternehmenskulturen im Umsetzungs- und Managementprozess von Allianzen als zusammenarbeitsstörender oder -verhindernder Faktor an Bedeutung zunimmt, je umfangreicher der Verankerungsgrad der unternehmensspezifischen Kulturen bei den von der Allianz betroffenen Organisationsmitgliedern, je stärker das Übereinstimmungsausmaß zwischen den Werten und Normen der Mitarbeiter und je geringer die Systemvereinbarkeit innerhalb der Strategischen Allianz ist.[309] Zur Überwindung potenzieller oder bereits existierender Kulturrisiken bzw. -probleme innerhalb einer Strategischen Allianz können sog. *Akkulturationsprozesse* in den beteiligten Unternehmen institutionalisiert werden.[310] Diese Anpassungsprozesse gestalten sich jedoch vielfach schwierig, da ihr Erfolg im Regelfall zum einen von mehreren unternehmens- und mitarbeiterspezi-

[306] Für eine weiter gehende Erläuterung der Bedeutung der Interaktionsintensität für die Entstehung unternehmenskultureller Probleme und für eine Unterscheidung unterschiedlicher Interaktionsgrade vgl. **LUTZ** (1993), S. 150f. und **LEWIS** (1990), S. 260ff. Zum Begriff der *kulturellen Distanz* vgl. **LUTZ** (1993), S. 148 und **STEININGER** (1999), S. 158.

[307] Dazu und zu den folgenden Ausführungen vgl. **HEINEN** (1987), S. 26ff., **LUTZ** (1993), S. 148ff. und **STEININGER** (1999), S. 158f.

[308] Vgl. **STEININGER** (1999), S. 159 und **LUTZ** (1993), S. 149.

[309] Vgl. **LUTZ** (1993), S. 150.

[310] Zum Begriff der *Akkulturation* vgl. **REINEKE** (1989), S. 51ff.

fischen Faktoren abhängt und sich zum anderen eine Veränderung bestehender kultureller Unterschiede nur zum Teil gezielt steuern lässt.[311]

Als ein wesentlicher Grund für die nur eingeschränkte *Steuerbarkeit* der Unternehmenskultur ist die Unternehmenshistorie zu nennen, die im Regelfall die Art der unternehmensinternen Entscheidungsprozesse bestimmt und damit, je nach Formalisierungsgrad der Entscheidungswege, die Dynamik und Schnelligkeit eines Unternehmens determiniert.[312] Häufig haben sich die Bestandteile der Nationalkulturen bereits tief in den Unternehmenskulturen verwurzelt, so dass diese nur eingeschränkt durch die Zusammenarbeit oder Akkulturationsprozesse beeinflusst werden können. Aufgrund der eingeschränkten Veränderbarkeit und Beeinflussbarkeit der unternehmens- und nationalitätsspezifischen Kulturen besteht die Gefahr, dass bestimmte Interaktionen zwischen den Partnern wie z.B. Konferenzen, Managementprozesse und/oder Projektierungen von einzelnen Unternehmen missinterpretiert werden und sich damit weit reichende negative Auswirkungen auf die Realisierbarkeit der vereinbarten Allianzziele ergeben.[313]

2.2.5.8 Wettbewerbsrechtliche Einordnung Strategischer Allianzen

2.2.5.8.1 Grundlagen zur wettbewerbsrechtlichen Einordnung

In Kapitel 2.2.4.6 wurde bereits kurz darauf hingewiesen, dass die Gründung einer Strategischen Allianz von den beteiligten Unternehmen als ein Instrument eingesetzt werden kann, mit dem sie eine Veränderung der bestehenden Wettbewerbsstrukturen zur Verbesserung der eigenen Wettbewerbsposition erreichen wollen. Grundsätzlich zeichnet sich jede Allianz durch eine Koexistenz von kartellähnlichen wettbewerbsreduzierenden und wettbewerbsfördernden Wirkungen aus, deren individuelles Ausmaß von den entsprechenden Wettbewerbsbehörden im Rahmen des Allianzgenehmigungsverfahrens eingeschätzt werden muss.[314] Einerseits können Strategische Allianzen als marktwirtschaftliche Antwort von Unternehmen auf die Veränderungen im internationalen Wettbewerb interpretiert werden, mit denen die Allianzpartner Verbesserungen und Produktinnovationen anstreben, die sie im Alleingang nicht realisieren können. Andererseits können sie aber auch als eine moderne Form des Protektionismus angesehen werden, mit der die beteiligten Unternehmen eine Koordinierung ihrer Interessen zur Reduzierung des Wettbewerbs und Realisierung einer marktbeherrschenden Stellung anstreben.[315]

---

[311] Vgl. **Lutz** (1993), S. 152.

[312] Vgl. **Gahl** (1991), S. 46.

[313] Vgl. **Lewis** (1991), S. 314ff.

[314] Für eine Erläuterung der *wettbewerbseinschränkenden* und *wettbewerbsfördernden* Wirkungen Strategischer Allianzen vgl. Kap. 2.2.4.6, S. 23f.

[315] Vgl. **Michel** (1996), S. 40. Für eine Gegenüberstellung der wettbewerblichen Wirkungen Strategischer Allianzen vgl. **Beeser** (1995), S. 100ff. und **Kartte** (1992), S. 406ff.

Grundsätzlich führt jede Strategische Allianz zu einer Wettbewerbsbeschränkung *zwischen den Partnerunternehmen*, da sie sich definitionsgemäß immer durch eine Einigung zwischen bereits bestehenden oder potenziellen Konkurrenten ergibt. Die Partnerunternehmen beschränken sich dadurch in ihrer wettbewerblichen Handlungsfreiheit und operieren hinsichtlich ihrer marktbezogenen Entscheidungen nicht mehr autonom, sondern solidarisch.[316] Darüber hinaus können ein oder mehrere Allianzunternehmen durch die Zusammenarbeit in die Lage versetzt werden, aufgrund der durch die Allianz entstandenen Marktmacht auf eine Berücksichtigung des Wettbewerbs verzichten zu können.[317]

Beide Konstellationen sind aus wettbewerbs- bzw. kartellrechtlicher Sicht[318] für die Institutionalisierung einer Allianz immer dann besonders problematisch, wenn sie zu einer künstlichen Beschränkung oder einem Ausschluss der Handlungsmöglichkeiten für die jeweiligen „Marktgegner“ führt und damit der Wettbewerb als regulative Größe für die Wirtschaftsbeziehungen zwischen der Angebots- und Nachfrageseite nicht länger funktioniert.[319] Eine Vereinbarung zwischen direkten oder potenziellen Wettbewerbern ist jedoch nie wegen der negativen Auswirkungen auf Dritte, sondern immer nur zum Schutz der jeweiligen Vertragsbeteiligten untereinander zu unterbinden.[320] Im Hinblick auf die Institutionalisierung einer Strategischen Allianz kann in diesem Zusammenhang festgehalten werden, dass sich, in Abhängigkeit von der jeweiligen *wettbewerbsrechtlichen* Beurteilung der Allianzvereinbarung und ihrer Auswirkungen auf das Verhältnis der Allianzunternehmen untereinander, sowohl geringe als auch umfangreiche Umsetzungshindernisse und -probleme ergeben können.

In *Deutschland* und in der *Europäischen Union (EU)* gibt es keine *speziellen* wettbewerbsrechtlichen Vorschriften für Strategische Allianzen.[321] Die wettbewerbsrechtliche Behandlung von Strategischen Allianzen richtet sich deshalb nach den *allgemeinen* nationalen und europäischen Vorschriften des Wettbewerbsrechtes. Die wesentlichen Inhalte und Bedeutungen der wettbewerbsrechtlichen Vorschriften für Strategische Allianzen in Deutschland und Europa werden in den beiden nachfolgenden Kapiteln erläutert.

---

316 Vgl. **Schaper-Rinkel** (1998), S. 92 und **Hefermehl** (1999), S. XXV. Zur Arbeitsdefinition der *Strategischen Allianz* vgl. Kap. 2.2.1, S. 23.

317 Vgl. **Hefermehl** (1999), S. XXIV.

318 Nachfolgend werden die Begriffe „Wettbewerbsrecht“ und „Kartellrecht“ synonym verwendet.

319 Vgl. **Kartte** (1992), S. 403f. und **Hefermehl** (1999), S. XXIV.

320 Vgl. **Hefermehl** (1999), S. XXV.

321 Vgl. **Michel** (1996), S. 41.

2.2.5.8.2 Strategische Allianzen im deutschen Wettbewerbsrecht

In *Deutschland* greift für Strategische Allianzen das sog. *Gesetz gegen Wettbewerbsbeschränkungen (GWB)*[322] entweder durch das sog. *Kartellverbot* der §§1ff. GWB oder durch die sog. *Zusammenschlusskontrolle* der §§35ff. GWB.[323]

1.) *Kartellverbot*: Nach §1 GWB sind Strategische Allianzen von den Wettbewerbsbehörden generell immer dann zu verbieten, wenn mit ihnen eine Wettbewerbsverhinderung, -einschränkung oder -verfälschung bezweckt oder bewirkt wird.[324] Dabei müssen die Wettbewerbsveränderungen nicht zwingend ein Gegenstand oder Ziel einer Allianz sein, um unter das Kartellverbot des §1 GWB zu fallen. Gemäß der sog. *Folgetheorie* ist es ausreichend, wenn sich als (angestrebtes oder nicht angestrebtes) Ergebnis der Zusammenarbeit eine wettbewerbsreduzierende Marktbeeinflussung einstellt.[325]

   Demgegenüber ist die Genehmigung einer Strategischen Allianz generell immer dann möglich, wenn sie nicht zu den wettbewerbsbeschränkenden oder -hemmenden Wirkungen im Sinne des §1 GWB führt.[326] Daneben können Strategische Allianzen, die bestimmte Wettbewerbsveränderungen induzieren, vom Kartellverbot des §1 GWB *freigestellt* werden, wenn sie bestimmte formelle und sachliche Voraussetzungen erfüllen. Dazu gehören Strategische Allianzen, die zu *Konditionenkartellen*, *Spezialisierungskartellen*, *Mittelstandskartellen*, *Rationalisierungs- und Strukturänderungskartellen* oder *Sonstigen Kartellen* führen.[327]

   Ungeachtet dieser zahlreichen Möglichkeiten für eine Freistellung einer Strategischen Allianz vom Kartellverbot werden die Handlungsspielräume und die aus der Zusammenarbeit generierbaren positiven Nutzeneffekte durch die wettbewerbsrechtlichen Regelungen des §1 GWB deutlich verringert. In diesem Zusammenhang ist zum einen der häufig beträchtliche *Zeitaufwand* bis zur Zustimmung der Kartellbehörden zur Freistellung einer Allianz vom Kartellverbot zu nennen.[328] Der in der Regel mehrere Monate dauernde Freistellungsprüfungszeitraum wird insbesondere durch die Tatsache verlängert, dass im Rahmen einer derartigen Prüfung immer auch bewertet

---

[322] In der Fassung der Bekanntmachung vom 26. August 1998. Vgl. **Beck-Verlag** (1999), S. 245ff. Für eine Erläuterung der Entstehung des Gesetzes vgl. **Hefermehl** (1999), S. XXIIff.

[323] Vgl. **Michel** (1996), S. 41.

[324] Vgl. §1 GWB.

[325] Vgl. **Schaper-Rinkel** (1998), S. 97 und die dortige Literaturangabe.

[326] Vgl. **Michel** (1996), S. 41.

[327] Vgl. §§2 bis 7 GWB.

[328] Vgl. **Steininger** (1999), S. 163.

werden muss, inwieweit die Allianz zur Bildung oder Intensivierung einer sog. *marktbeherrschenden Stellung* führt.

Gemäß §19 Abs. 1 Nr. 1 GWB gilt eine Unternehmung oder Strategische Allianz als *marktbeherrschend*, wenn sie im Verhältnis zu den Marktpartnern als Nachfrager oder Anbieter von Waren oder Dienstleistungen ohne Wettbewerber ist oder sich keinem bedeutenden Wettbewerb gegenüber sieht. Nach §19 Abs. 1 Nr. 2 GWB gelten einzelne Unternehmen oder in einer Strategischen Allianz zusammengeschlossene Unternehmen als marktbeherrschend, wenn sie gegenüber den anderen Konkurrenzunternehmen eine *überragende* Marktstellung besitzen. Zur Bemessung der Marktstellung sind nicht nur die entsprechende Marktanteile des Unternehmen oder der Allianz zu beachten, sondern zusätzlich die finanzielle Kraft, der Zugang zu Beschaffungs- und Absatzmärkten sowie rechtliche und tatsächliche Markteintrittsbarrieren für andere Unternehmen zu berücksichtigen.[329] Strategische Allianzen können insbesondere nach §19 Abs. 2 S. 2 GWB als marktbeherrschend eingestuft werden, wenn die Allianzvereinbarung zu einem Ausschluss von Wettbewerb zwischen den beteiligten Unternehmen hinsichtlich bestimmter Waren oder Dienstleistungen oder im Hinblick auf einzelne Märkte führt und sie in ihrer Gesamtheit die Voraussetzungen des §19 Abs. 2 S. 1 GWB erfüllen.[330]

Für eine sog. *absolute Marktbeherrschung* gelten die besonderen Vorschriften des §19 Abs. 3 GWB. Danach wird eine Marktbeherrschung eines *einzelnen* Unternehmens vermutet, wenn dieses einen Marktanteil von mindestens einem Drittel am Gesamtmarkt besitzt. Eine Strategische Allianz wird als *Gesamtheit* von Unternehmen immer dann als absolut marktbeherrschend eingestuft, wenn sie sich entweder aus drei oder weniger Unternehmen zusammensetzt, die gemeinsam über einen Marktanteil von 50% verfügen, oder aus fünf oder weniger Unternehmen gebildet wird, die zusammen einen Anteil am Gesamtmarkt von zwei Dritteln besitzen.[331] Diese Vermutungen können allerdings widerlegt werden, wenn die betroffenen Allianzunternehmen nachweisen können, dass die Wettbewerbsbedingungen einen wesentlichen Wettbewerb zwischen ihnen erwarten lassen oder das Allianzbündnis gegenüber den übrigen Wettbewerbsunternehmen keine überragende Marktstellung besitzt.[332] Als Ergebnis der umfangreichen wettbewerbsrechtlichen

[329] Vgl. §19 Abs. 1 Nr. 2, 2. Hs. GWB.
[330] Vgl. **Hefermehl** (1999), S. XXVIII.
[331] Vgl. §19 Abs. 3 S. 2 Nr. 1 und Nr. 2 GWB.
[332] Vgl. §19 Abs. 3 S. 2 GWB.

Überprüfungen kann die durch eine Strategische Allianz häufig angestrebte Realisierung von Zeitvorteilen in erheblichem Maße beeinträchtigt.[333]

Ein weiterer Nachteil ergibt sich für eine Strategische Allianz aus den Vorschriften des §12 GWB, nach der sie einer ständigen Missbrauchsaufsicht unterliegt.[334] Damit gelten für Strategische Allianzen zwischen Wettbewerbern bei einer wettbewerbsrechtlichen Betrachtung strengere gesetzliche Vorgaben als für Akquisitionen der Fusionen zwischen bisherigen Konkurrenzunternehmen. Diese Tatsache wird mit dem Begriff des sog. *wettbewerbsrechtlichen Konzentrationsprivileges* betitelt.[335]

2.) *Zusammenschlusskontrolle*: Die Zusammenschlusskontrolle der §§35ff. GWB erstreckt sich auf Verflechtungen zwischen Unternehmen, auf die bestimmte Tatbestände zutreffen, die in §37 GWB genannt werden. Als Zusammenschluss im Sinne des §37 GWB gilt zum einen der *Erwerb des Vermögens* eines anderen Unternehmens ganz oder zu einem wesentlichen Teil durch Fusion, Umwandlung oder in einer anderen Weise. Darüber hinaus gilt nach §37 Abs. 1 Nr. 3 GWB auch der Erwerb von Anteilen an einem Unternehmen als Zusammenschluss, wenn die Anteile allein oder in Kombination mit anderen, dem jeweiligen Unternehmen bereits zugehörigen Anteilen 25% oder 50% des Kapitals oder der Stimmrechte des jeweils anderen Unternehmen umfassen. Nach §37 Abs. 1 Nr. 4 GWB wird zudem jede sonstige Verbindung von Unternehmen als Zusammenschluss angesehen, durch die ein oder mehrere Unternehmen unmittelbar oder mittelbar einen wettbewerblich *erheblichen Einfluss* auf ein anderes Unternehmen ausüben können.[336] Im Hinblick auf die Gründung einer Strategischen Allianz, die mit einer *wechselseitigen Kapitalbeteiligung* der Allianzunternehmen unterlegt werden soll,[337] bedeutet die Vorschrift des §37 Abs. 1 Nr. 4 GWB, dass eine Allianzgründung auch bei einem gegenseitigen Anteilserwerb von weniger als 25% unter den Geltungsbereich der Zusammenschlusskontrolle der §§35ff. GWB fallen kann.[338]

Nach §35 GWB unterliegen Strategische Allianzen der kartellrechtlichen Kontrolle, wenn die beteiligten Unternehmen im letzten Geschäftsjahr vor dem Zusammenschluss insgesamt weltweit Umsatzerlöse von mehr als einer Milliarde Deutsche Mark und mindestens ein beteiligtes Unternehmen im In-

---

[333] Vgl. **Steininger** (1999), S. 163 und die dortigen Literaturangaben. Zur *Realisierung von Zeitvorteilen* als Ziel einer Strategischen Allianz vgl. Kap. 2.2.4.7.

[334] Vgl. **Hefermehl** (1999), S. XXXII.

[335] Vgl. **Kartte** (1992), S. 406ff.

[336] Vgl. **Hefermehl** (1999), S. XXIX und die Vorschriften des §37 GWB.

[337] Zur *wechselseitigen Kapitalbeteiligung* im Rahmen der formalrechtlichen Institutionalisierung einer Strategischen Allianz vgl. Kap. 0, S. 39.

[338] Vgl. **Karrte** (1992), S. 414.

land Umsatzerlöse von mehr als fünfzig Millionen Deutsche Mark erwirtschaftet haben.[339] Strategische Allianzen, die sich unterhalb dieser Grenzen bewegen, unterliegen nicht der Zusammenschlusskontrolle.[340]

Damit können vor der wettbewerbsrechtlichen Zulassung einer Strategischen Allianz, zusätzlich zu den kartellrechtlichen Prüfungen, weitere mitunter zeitintensive Analysen hinsichtlich der Zusammenschlusskontrollvorgaben erforderlich werden, die eine Realisierung von Zeitvorteilen zusätzlich verringern oder gänzlich verhindern und damit die Vorziehenswürdigkeit einer Allianzgründung gegenüber anderen Formen der Unternehmensentwicklung in Frage stellen können.[341]

2.2.5.8.3 Strategische Allianzen im europäischen Wettbewerbsrecht

Wie bereits angemerkt, existieren auch auf *europäischer Ebene* keine allianzspezifischen Wettbewerbsregelungen. Für die wettbewerbliche Überprüfung der Rechtmäßigkeit einer Allianz greifen deshalb die *allgemeinen* Vorschriften des *europäischen Wettbewerbsrechts.*

Generell bezieht sich das Europäische Wettbewerbsrecht, im Unterschied zum deutschen Kartellgesetz, auf den Gemeinsamen Europäischen Markt und zielt auf die Verhinderung von Wettbewerbsbeschränkungen in der EU.[342] Räumlich erstrecken sich die Wettbewerbsvorschriften in erster Linie auf Unternehmen, die ihren Sitz in der EU haben. Sie können sich aber auch auf solche Unternehmen beziehen, die in Drittstaaten oder in nur einem Mitgliedsland ansässig sind.[343] Diese erweiterte Anwendbarkeit des europäischen Wettbewerbsrechtes wird auch mit dem Begriff der sog. *exterritorialen Wirkung* des Kartellrechts bezeichnet.[344] Die Anwendbarkeit der Vorschriften auf Strategische Allianzen erfordert demnach nicht, dass die an der Allianz beteiligten Unternehmen ihren Sitz in der EU haben müssen. Darüber hinaus kann an dieser Stelle unter Berücksichtigung des ausgedehnten Geltungsbereiches der europäischen Wettbewerbsregelungen festgehalten werden, dass das europäische Wettbewerbsrecht auch auf solche Allianzvorhaben angewendet werden kann, die ausschließlich zwischen Unternehmen der gleichen Nationalität gegründet werden sollen oder bereits bestehen.[345]

---

[339] Eine Fassung des Gesetzes mit den entsprechenden Beträgen in *Euro* lag zum Zeitpunkt der Fertigstellung der Arbeit noch nicht vor.

[340] Vgl. §35 Abs. 1 Nr. 1 und Nr. 2.

[341] Zu den möglichen (alternativen) internen und externen Formen einer *Unternehmensentwicklung* vgl. Kap. 2.3.4.3.

[342] Vgl. **MICHEL** (1996), S. 42.

[343] Vgl. **BEESER** (1995), S. 175.

[344] Vgl. **MICHEL** (1996), S. 42.

[345] Vgl. **BEESER** (1995), S. 175.

Das europäische Wettbewerbsrecht beinhaltet, wie das deutsche Kartellrecht, bestimmte Vorschriften zu einem *Kartellverbot* bzw. *Missbrauchsverbot einer marktbeherrschenden Stellung* sowie Regelungen zur *Zusammenschlusskontrolle*.[346] Während die kartellrechtlichen Vorschriften Bestandteil des *Vertrages zur Gründung der europäischen Gemeinschaft* (EGV)[347] sind, fallen die Regelungen zur Zusammenschlusskontrolle in den Bereich der sog. *FusKontrVO* (FusKontrVO)[348] der EU:

1.) *Kartellverbot*: Das *europarechtliche* Kartellverbot ergibt sich aus Art. 81 Abs. 1 EGV.[349] Danach sind grundsätzlich alle Vereinbarungen zwischen Unternehmen, Beschlüsse von Unternehmensvereinigungen und aufeinander abgestimmte Verhaltensweisen verboten, die geeignet sind, den Handel zwischen den Mitgliedsstaaten der EU zu beeinträchtigen und eine Verhinderung, Einschränkung oder Verfälschung des Wettbewerbs innerhalb des Gemeinsamen Marktes bezwecken oder bewirken.[350] Da sich der Begriff der Vereinbarung im Sinne der Vorschrift auf alle zwei- oder mehrseitigen Verträge bezieht, sind sämtliche Formen der formalrechtlichen Allianzinstitutionalisierung unter diese Vorschrift subsumierbar.[351]

   Während §1 GWB Kartellvereinbarungen, Kartellbeschlüsse und abgestimmte Verhaltensweisen ganz *allgemein* untersagt, verbietet Art. 81 Abs. 1 EGV wettbewerbsbeschränkende Abreden in *jeglicher* Form. Eine Begrenzung des Anwendungsbereiches dieser Vorschrift ergibt sich lediglich durch die Notwendigkeit, dass die wettbewerbsbeschränkenden Maßnahmen für eine Beeinträchtigung des Handels zwischen den Mitgliedsstaaten geeignet sein müssen. Nur dann haben die Wettbewerbsregeln des EGV Vorrang vor

---

[346] Vgl. **Emmerich** (1988), S. 476ff.

[347] In der konsolidierten Fassung des Vertrages zur Gründung der Europäischen Gemeinschaft vom 08. April 1998. Für eine Kurzfassung des Vertrages vgl. **Beck-Verlag** (2002), S. 322ff.

[348] Der Begriff der *Fusionskontrollverordnung* wird in der Literatur stellvertretend für die *Verordnung Nr. 4064/89 des Rates über die Kontrolle von Unternehmenszusammenschlüssen* vom 21. Dezember 1989 verwendet. Vgl. **Rat der Europäischen Gemeinschaft** (1989). Für einen Abdruck der Verordnung vgl. **Beck-Verlag** (1999), S. 337ff.

[349] In der ursprünglichen Version des EGV in der Fassung des Vertrages über die EU vom 07. Februar 1992 war es Artikel 85. Für einen Abdruck der alten Fassung des EGV vgl. **Beck-Verlag** (1999), S. 307ff.

[350] Vgl. Art. 81 Abs. 1 EVG. Danach muss die Wettbewerbsbeschränkung nicht notwendigerweise Gegenstand der Allianzvereinbarung sein. Falls sich ein wettbewerbsbeschränkender Zweck nicht feststellen lässt, werden die Auswirkungen der Vereinbarung auf den Wettbewerb geprüft. Vgl. **Beeser** (1995), S. 162 und die dortigen Literaturangaben.

[351] Vgl. **Beeser** (1995), S. 161. Für eine ausführliche Diskussion der Strategischen Allianzen als „wettbewerbsbeschränkende Vereinbarungen" vgl. **Beeser** (1995), S. 161ff. Zu den Möglichkeiten einer *formalrechtlichen Institutionalisierung* einer Strategischen Allianz vgl. Kap. 0, S. 23.

dem deutschen Recht des GWB.[352] Trotz des Verbots wettbewerbsbeschränkender Strategischer Allianzen gemäß Art. 81 Abs. 1 EGV existieren auch im europäischen Wettbewerbsrecht bestimmte Ausnahmeregelungen, durch die ein Allianzvorhaben wettbewerbsrechtlich legalisiert werden kann. Die zwei wesentlichen Ausnahmen werden nachfolgend erläutert:[353]

a.) Allianzvorhaben, die unter den Anwendungsbereich des Art. 81 Abs. 3 EGV fallen, können individuell vom Kartellverbot des Art. 81 Abs. 1 EGV freigestellt werden (sog. *Individualfreistellung*[354]), wenn sie einen Beitrag zur Verbesserung der Warenerstellung oder -distribution oder zur Förderung des technischen oder wirtschaftlichen Fortschritts leisten. Voraussetzung für die wettbewerbsrechtliche Legalisierung eines derartigen Allianzvorhabens ist eine angemessene Beteiligung der Verbraucher am entstehenden Gewinn und eine Nichtausschaltung des Wettbewerbs für einen wesentlichen Teil der betreffenden Waren.[355]

b.) Eine weitere Freistellungsmöglichkeit für ein Allianzvorhaben besteht immer dann, wenn die entsprechende Allianzvereinbarung zu einer Kategorie von Absprachen gehört, die *generell* von der Europäischen Kommission zur Vereinfachung und Verringerung von Einzelverfahren durch eine sog. *Gruppenfreistellungsverordnung* vom Kartellverbot des Art. 81 Abs. 1 EGV ausgenommen wurden.[356] Derartig freigestellte Absprachen basieren in der Regel auf bestimmten vergleichbaren Sachverhalten, die sich durch eine weit gehende Interessengleichförmigkeit der daran beteiligten Unternehmen auszeichnen.[357] Die Vergleichbarkeit der Sachverhalte ermöglicht eine typisierende und situationsunabhängige bzw. abstrakte Bewertung, so dass auf zahlreiche Individualbewertungen von Einzelfällen verzichtet werden kann.[358] Die Beurteilung basiert in der Regel auf bestimmten Erfahrungswerten, die aus der bisherigen Entscheidungspraxis der Europäischen Kommission resultieren.[359] Danach werden be-

---

352 Vgl. **Hefermehl** (1999), S. XXXV.

353 Zu den nachfolgenden Ausführungen vgl. **Schaper-Rinkel** (1998), S. 103 und **Kartte** (1992), S. 410ff.

354 Für eine ausführliche Erläuterung der *Individualfreistellung* vgl. **Beeser** (1995), S. 193ff.

355 Vgl. §81 Abs. 3 EGV. Die Einzelheiten der Anwendung des Art. 81 Abs. EVG werden durch die Verordnung Nr. 17/62 des Europäisches Rates festgelegt. Vgl. **Europäischer Rat** (1962). Für einen Abdruck dieser Verordnung vgl. **Beck-Verlag** (1999), S. 325ff.

356 Vgl. **Michel** (1996), S. 42 und **Schaper-Rinkel** (1998), S. 103f. mit den dortigen Literaturangaben.

357 Vgl. **Beeser** (1995), S. 195. Für eine umfassende Erklärung der *Gruppenfreistellung* vgl. **Beeser** (1995), S. 195ff.

358 Vgl. **Müller-Graf** (1992), S. 29.

359 Vgl. **Beeser** (1995), S. 196.

stimmte horizontale und vertikale Vereinbarungen[360] zwischen Unternehmen aus einer wettbewerbsrechtlichen Perspektive als vorwiegend vorteilhaft eingeschätzt, wenn sie die aus den Vergangenheitserfahrungen abgeleiteten Voraussetzungen erfüllen.[361]

2.) *Verbot des Missbrauches einer marktbeherrschenden Stellung*: Das Missbrauchsverbot des Art. 82 S. 1 EVG verbietet, ähnlich wie §19 GWB im deutschen Wettbewerbsrecht, die missbräuchliche Ausnutzung einer beherrschenden Marktposition auf dem Gemeinsamen Europäischen Markt oder auf einem wesentlichen Teil dieses Marktes durch ein oder mehrere Unternehmen, soweit diese Ausnutzung zu einer Beeinträchtigung des Handels zwischen den einzelnen Mitgliedsländern führen kann.[362] Da der Begriff der *beherrschenden Stellung* in Art. 82 S. 1 EGV nicht definiert wird, liegt eine derartige Marktposition eines oder mehrerer Unternehmen nach einer Entscheidung des Europäischen Gerichtshofes immer dann vor, wenn dieses oder diese Unternehmen bestimmte Strategien ohne Berücksichtigung der direkten Konkurrenten auf dem spezifischen Markt planen und einen wirksamen Wettbewerb verhindern können.[363] Einige Beispiele für einen missbräuchliche Ausnutzung einer beherrschenden Stellung werden in Art. 82 S. 2 EGV genannt.[364] Nach dieser Definition können bestimmte Allianzformen unter den Anwendungsbereich dieser Vorschrift fallen, da diese sich bereits ihrem Wesen nach durch eine gewisse Einschränkung oder vollkommene Auflösung des Wettbewerbs zwischen den Allianzunternehmen in den Zusammenarbeitsbereichen auszeichnen.[365] Falls sich die Zusammenarbeit auf einen *vollständigen* Markt in der EU bezieht und die Allianzunternehmen

---

[360] In den neunziger Jahren des letzten Jahrhunderts hat sich die Anzahl der Gruppenfreistellungen der Europäischen Kommission deutlich erhöht, so dass das europarechtliche Kartellverbot weit reichend verändert wurde. Dabei wurden in zunehmendem Maße nicht nur vertikale, sondern auch horizontale und sektorspezifische Regelungen, z.B. zum Luftverkehr, erlassen. Vgl. **Beeser** (1995), S. 197 und die dort angegebene Literatur.

[361] Vgl. **Müller-Graf** (1992), S. 31. Die zu erfüllenden Voraussetzungen resultieren aus den sog. *Klausellisten*, zu denen zum einen die sog. *weiße Liste* gehört, die die erlaubten Wettbewerbsbeschränkungen enthält. Darüber hinaus existiert eine sog. *schwarze Liste*, in der die unerlaubten Wettbewerbsbeschränkungen genannt werden. Die dritte Form der Klausellisten repräsentieren die sog. *grauen Klauseln*, in denen die nicht direkt als Wettbewerbsbeschränkungen qualifizierbaren Vereinbarungen enthalten sind, die durch ein vereinfachtes Widerspruchsverfahren einer Freistellung zugeführt werden können. Vgl. **Beeser** (1995), S. 196 und die dort angegebene Literatur.

[362] Vgl. **Hefermehl** (1999), S. XXXVI

[363] Vgl. **Beeser** (1995), S. 207f. und die dort angegebene Literatur. Einige Beispiele für eine missbräuchliche Ausnutzung einer beherrschenden Stellung auf dem Gemeinsamen Markt werden in Art. 82 S. 2 EGV genannt. Vgl. **Hefermehl** (1999), S. S. XXXVI.

[364] Vgl. Art. 82 S. 2 EGV.

[365] Zu den *Wesensmerkmalen* einer Strategischen Allianz vgl. Kap. 2.2.1.

durch das Bündnis eine kollektive Marktposition erlangen, die ihnen eine weit reichende strategische Freiheit und eine einseitige Veränderung der Wettbewerbsstrukturen zu ihren Gunsten ermöglicht, könnte eine verbotene Marktbeherrschung der Strategische Allianz im Sinne des Art. 82 S. 1 EGV vorliegen. Von einer missbräuchlichen Marktbeherrschung ist insbesondere immer dann auszugehen, wenn die Allianzgründung einen ausreichenden aktuellen oder potenziellen Wettbewerb auf dem analysierten Markt verhindert. Eine eindeutige Aussage ist jedoch in der Regel erst dann möglich, wenn die zahlreichen Unternehmensverbindungen und -verflechtungen innerhalb eines Allianzbündnisses vollständig untersucht und aufgedeckt wurden.[366]

3.) *Zusammenschlusskontrolle*: Die Art. 81 und 82 EGV sind zwar nach der Rechtsprechung des EuGH auf bestimmte Zusammenschlüsse anwendbar, reichen jedoch nicht aus, um *sämtliche* Zusammenschlüsse zu erfassen, die sich als unvereinbar mit dem vom EGV geforderten System des unverfälschten Wettbewerbs erweisen könnten.[367] Um eine wirksame Kontrolle *aller* Zusammenschlüsse von Unternehmen entsprechend ihren Auswirkungen auf die Wettbewerbsstruktur in der Gemeinschaft zu ermöglichen, hat der Europäische Rat die bereits genannte *FusKontrVO*[368] erlassen. Sie stellt das einzige auf größere Unternehmenszusammenschlüsse anwendbare europarechtliche Instrument dar.[369]

Ein Zusammenschluss im Sinne der FusKontrVO ergibt sich nach Art. 3 Abs. 1 Buchstabe a) FusKontrVO zum einen immer dann, wenn zwei oder mehrere Unternehmen fusionieren, die bisher voneinander unabhängig waren. Darüber hinaus liegt ein Zusammenschluss vor, wenn eine und oder mehrere *Personen*, die bereits mindestens ein Unternehmen kontrollieren, oder ein oder mehrere *Unternehmen* die unmittelbare oder mittelbare Kontrolle über die *Gesamtheit* oder über *Teile* eines oder mehrerer Unternehmen durch den Erwerb von Anteilsrechten oder Vermögenswerten erhalten.[370] Die Gründung eines *Gemeinschaftsunternehmen*[371], das auf Dauer alle Funktionen einer selbständigen wirtschaftlichen Einheit erfüllt, stellt nach Art. 3 Abs. 2 FusKontrVO eine weitere Zusammenschlussform im Sinne von Art. 3 Abs. 1 Buchstabe b) dar. Der Anwendungsbereich der FusKontrVO erstreckt

[366] Vgl. **Beeser** (1995), S. 208. Für eine ausführliche Einordnung Strategischer Allianzen in einen wettbewerbsrechtlichen Kontext vgl. **Beeser** (1995), S. 135ff.

[367] Vgl. **Rat der Europäischen Gemeinschaft** (1989), Abs. 6 des Vorwortes.

[368] Vgl. **Rat der Europäischen Gemeinschaft** (1989). Für einen Abdruck der Verordnung vgl. **Beck-Verlag** (1999), S. 337ff.

[369] Vgl. **Hefermehl** (1999), S. XXXVI. Zur Anwendung und Durchführung der *Fusionskontrollverordnung* vgl. **Rat der Europäischen Gemeinschaft** (1990).

[370] Vgl. Art. 3 Abs. 1 Buchstabe b) FusKontrVO.

[371] Zum Begriff des *Gemeinschaftsunternehmen* vgl. Kap. 0, S. 23.

sich nach Art. 1 Abs. 1 FusKontrVO auf sämtliche Zusammenschlüsse, die eine *gemeinschaftsweite Bedeutung* aufweisen. Diese richtet sich gemäß Art. 1 Abs. 2 FusKontrVO nach der Höhe des weltweiten und gemeinschaftsweiten Gesamtumsatzes der beteiligten Unternehmen. Darüber hinaus müssen für die Anwendbarkeit der FusKontrVO mindestens zwei der beteiligten Unternehmen ihren ausschließlichen oder wesentlichen Tätigkeitsbereich jeweils in einem anderen Mitgliedsstaat haben oder wenigstens eines von ihnen in erheblichem Umfang in mindestens einem anderen Mitgliedsstaat tätig sein, wenn die anderen Unternehmen ihre Geschäfte überwiegend in ein und demselben Mitgliedsland abwickeln. Die gleiche Vorgabe gilt für Zusammenschlüsse von Unternehmen, die den Hauptteil ihrer Geschäftstätigkeit nicht in der EU haben, dort jedoch in erheblichem Umfang tätig sind.[372] Auf Zusammenschlüsse von gemeinschaftsweiter Bedeutung, die die Voraussetzungen des Art. 1 Abs. 2 Buchstabe a) und b) FusKontrVO erfüllen, wird ausschließlich die europäische FusKontrVO angewendet. Eine Ausnahme von dieser Regelung bilden lediglich solche Zusammenschlüsse, deren beteiligte Unternehmen jeweils mehr als zwei Drittel ihres gemeinschaftsweiten Umsatzes in dem gleichen Mitgliedsland erzielen.[373] Für derartige Unternehmenszusammenschlüsse ist weiterhin das jeweilige nationale Kartellrecht ausschlaggebend.[374]

Die Beurteilung der Zulässigkeit von Unternehmenszusammenschlüssen im Sinne der FusKontrVO richtet sich nach Art. 2 FusKontrVO. Danach muss die Europäische Kommission für jedes Zusammenschlussvorhaben prüfen, ob dadurch ein wirksamer Wettbewerb im Gemeinsamen Markt und eine Fortentwicklung des Wettbewerbs, insbesondere hinsichtlich der Strukturen der betroffenen Märkte bzw. im Hinblick auf den tatsächlichen oder potenziellen Wettbewerb durch innerhalb oder außerhalb der EU ansässige Unternehmen, beeinträchtigt wird.[375] Als weitere Prüfkriterien sind die *Marktstellung*, die *wirtschaftliche Macht* und *finanzielle Kraft* der beteiligten Unternehmen, die *Wahlmöglichkeiten der Lieferanten und Abnehmer*, ihr *Zugang zu den Beschaffungs- und Absatzmärkten*, die rechtlichen und tatsächlichen *Marktzutrittsschranken*, die *Entwicklung des Angebotes und der Nachfrage* bei den jeweiligen Erzeugnissen und Dienstleistungen, die *Interessen der Zwischen- und Endverbraucher* sowie die *Entwicklung des technischen und wirtschaftlichen Fortschrittes*, soweit diese dem Verbraucher dient und den

---

[372] Vgl. **Rat der Europäischen Gemeinschaft** (1989), Abs. 11 des Vorwortes.
[373] Vgl. Art. 1 Abs. 2, 2. Hs. FusKontrVO.
[374] Vgl. **Schaper-Rinkel** (1998), S. 101 Fn. 337.
[375] Vgl. Art. 2 Abs. 1 Buchstabe a) FusKontrVO.

Wettbewerb nicht beeinträchtigt, von der Europäischen Kommission zu berücksichtigen.[376]

Bei Zusammenschlüssen, die wegen des begrenzten Marktanteils der beteiligten Unternehmens nicht geeignet sind, einen wirksamen Wettbewerb zu behindern, wird davon ausgegangen, dass sie mit dem Gemeinsamen Markt vereinbar sind. Eine derartige Vereinbarkeit wird, unbeschadet der Art. 81 und 82 des EGV, insbesondere immer dann angenommen, wenn die beteiligten Unternehmen im Gemeinsamen Markt oder in einem wesentlichen Teil desselben einen Marktanteil von weniger als 25% aufweisen.[377]

Im Hinblick auf Anwendbarkeit der FusKontrVO auf Strategische Allianzen kann vor dem Hintergrund der dargestellten rechtlichen Vorgaben und insbesondere im Sinne des Art. 3 FusKontrVO festgestellt werden, dass Strategische Allianzen immer nur dann vom Anwendungsbereich der FusKontrVO erfasst werden können, wenn die beteiligten Unternehmen im Rahmen der formalrechtlichen Allianzinstitutionalisierung eine wechselseitige Kapitalbeteiligung eingehen (Art. 3 Abs. 1 Buchstabe b) FusKontrVO) und/oder eine kapitalmäßige Verflechtung in Form eines Gemeinschaftsunternehmen begründen (Art 3 Abs. 2 FusKontrVO).[378]

Zusammenfassend kann hinsichtlich der Art. 81 und Art. 82 EGV sowie der FuKontrVO festgehalten werden, dass sie sich in ihrer Anwendung auf Strategische Allianzen nie gegenseitig ausschließen, sondern immer im Kollektiv zu überprüfen sind.[379] Die Prüfnotwendigkeiten können für eine Allianzinstitutionalisierung, in Ergänzung zu den aus den nationalen Gesetzgebungen resultierenden Beurteilungs- und Freistellungserfordernissen, weitere zeitintensive und regelungsspezifische Aufwendungen zur Folge haben, die eine schnelle Realisierung der Allianzziele beeinträchtigen können. Sie sind damit, wie alle anderen wettbewerbsrechtlichen Vorschriften, als eines der wesentlichsten Probleme für die Gründung und die im Fokus dieser Arbeit stehenden Ausbauoptionen für Strategische Allianzen zu bewerten. Die Ableitung von Strategieoptionen für einen Allianzausbau[380] erfordert demnach immer auch die Beachtung der relevanten wettbewerbsrechtlichen Vorgaben. In Abb. 2.9 werden die Problembereiche und Nachteile Strategischer Allianzen zusammenfassend dargestellt.

---

[376] Vgl. Art. 2 Abs. 1 Buchstabe b) FusKontrVO.

[377] Vgl. **Rat der Europäischen Gemeinschaft** (1989), Abs. 15 des Vorwortes.

[378] Vgl. **Michel** (1996), S. 42 und **Schaper-Rinkel** (1998), S. 102.

[379] Vgl. **Basedow; Jung** (1993), S. 139 und S. 158.

[380] Im Rahmen der vorliegenden Arbeit werden die Begriffe *Allianzausbau* und *Allianzentwicklung* synonym verwendet.

***Abb. 2.9:** Problembereiche und Nachteile Strategischer Allianzen*

Probleme und Nachteile Strategischer Allianzen

Kerngeschäfts-beeinträchtigung	Ausnutzung einseitiger Abhängigkeiten	Unausgewogene Positions-verbesserungen	Entstehung von Personal-problemen	Beeinträchtigung der Reaktions-flexibilität	Kulturinduzierte Konflikte	Wettbewerbs-rechtliche Beschränkungen
• Aufwändige Verhandlungen, Steuerungen und Kontrollen • Hohe Einbindung der obersten Führungsebenen • Gefahr hoher Opportunitäts-kosten • Risiko einer Be-einträchtigung der Wettbe-werbsfähigkeit	• Unsicherheiten hinsichtlich des dauerhaften Ressourcen-austauschs bzw. -zugriffs • Gefahr eines Allianzaustritts bei unzurei-chenden Nutzeneffekten • Risiko eines Kompetenz-verlustes	• Risiken durch Fähigkeiten- und Ressourcen-transfer • Gefährdung ausgewogener Wettbewerbs-verhältnisse bei ungleich-mäßiger Nutzenvertei-lung	• Mangelnde Einstellungen • Identifikations-konflikte • Unzureichende Qualifikationen	• Berücksichti-gung gleichge-ordneter Part-nerinteressen • Zeitaufwändige Abstimmungs-prozesse • Vertragsstrafen • Kapitalintensive allianzspezi-fische Investi-tionen • Rufschädi-gungsrisiken	• Konfliktpoten-ziale durch das Aufeinander-treffen unter-schiedlicher National- und Unternehmens-kulturen • Konfliktausmaß abhängig vom Verankerungs-grad und Über-einstimmungs-ausmaß sowie der System-vereinbarkeit der Unterneh-menskulturen	• Deutsches Wett-bewerbsrecht - Kartellverbot - Zusammen-schlusskon-trolle • Europäisches Wettbewerbs-recht - Kartellverbot - Missbrauchs-verbot bei marktbeherr-schender Stellung - Zusammen-schluss-kontrolle

Notwendigkeit zur kritischen Überprüfung jedes Allianzvorhabens

(Quelle: Eigene Abbildung)

2.3 Unternehmensentwicklung

2.3.1 Grundlagen, Begriffsdefinition und Wesensmerkmale der Unternehmensentwicklung

In den sechziger und siebziger Jahren des vergangenen Jahrhunderts wurden Unternehmen in der wissenschaftlichen Diskussion immer weniger als isolierte und nach innen orientierte Wirtschaftssubjekte im Sinne der klassischen Nationalökonomie[381] aufgefasst. Es setzte sich zunehmend die Erkenntnis durch, dass sie als offene, dynamische, produktive, soziale und ständig mit der sie umgebenden Umwelt kommunizierende Systeme zu verstehen sind, die sich ohne eine gezielte Beeinflussung durch die Unternehmensführung nicht selbst weiterentwickeln können.[382]

Die Entwicklung eines derartigen sozialen Systems wird durch mehrere Determinanten beeinflusst. Einerseits legen einzelne *externe* Faktoren einen für die Unternehmenstätigkeit von außen determinierten Aktionsspielraum fest. Andererseits wird durch spezielle *interne* Faktoren der Rahmen für die von den Unternehmen selbst beeinflussbaren Veränderungsmöglichkeiten bestimmt. Sowohl die externe Unternehmensumwelt als auch die internen Gegebenheiten zeichnen sich durch eine hohe Diskontinuität und schwer vorhersehbare Entwicklungssprünge aus.[383] Diese auf jedes Unternehmen unmittelbar einwirkende Dynamik erfordert ständige unternehmerische Anpassungs- und Gestaltungsmaßnahmen durch die Unternehmensführung, um die eigene Wettbewerbsposition zu festigen oder ausbauen zu können. Gestalterische Maßnahmen werden insbesondere durch die nachfolgend genannten Einflussfaktoren bzw. Veränderungstendenzen im Unternehmensumfeld erforderlich:

1.) Durch eine *Veränderung der Wettbewerbsprozesse, neue technologische Entwicklungen* oder *Änderungen gesetzlicher Rahmenbedingungen* unterliegen Unternehmen der permanenten Notwendigkeit, die eigenen komparativen Konkurrenzvorteile und Fähigkeiten durch spezielle Anpassungsmaßnahmen zu festigen und/oder auszubauen, um den durch Substitutions- und Imitationsprozesse ausgelösten sukzessiven Verlust bestehender Wettbewerbsvorteile auszugleichen.[384]

2.) Die *Attraktivitätsveränderung von Branchen und einzelnen Geschäftsfeldern* im Zeitablauf fordert von den Unternehmen eine kontinuierliche Verpflichtung zur Entwicklung von Strategien, die eine dauerhafte Verteidigung der eigenen Wettbewerbsfähigkeit in den angestammten Geschäftsbereichen ermöglichen. Zusätzlich müssen sie versuchen, die eigenen Wettbewerbsvor-

---

[381] Zum Begriff der *Nationalökonomie* vgl. **Gabler-Verlag** (1997), S. 2715 und S. 4224ff.
[382] Vgl. **Ulrich** (1987a), S. 13, **Ulrich** (1968), S. 153 und **Hagemann** (1996), S. 27.
[383] Vgl. **Waldecker** (1995), S. 5.
[384] Vgl. **Vizjak** (1990), S. 20.

teile und Ressourcen erfolgreich für die Expansion in attraktive neue Produkt- oder Marktbereiche zu verwenden.[385]

Die sich daraus ergebenden Prozesse, die u.a. einen Wandel grundlegender Beziehungen im Unternehmenssystem bzw. wesentlicher Unternehmensbestandteile, -strukturen und -merkmale bewirken und zu einer Veränderung der Beschaffenheit bzw. Identität des Unternehmens im Zeitablauf führen können, werden im Rahmen der vorliegenden Arbeit unter dem Begriff der *Unternehmensentwicklung* subsumiert.[386] Wie jede andere Entwicklung führt sie zu einer Veränderung, indem sie ein Fortbewegen, in diesem Fall eines Unternehmen, von einem zu einem bestimmten Zeitpunkt beobachtbaren Zustand beschreibt.[387]

Jede Unternehmensentwicklung zielt auf die *dauerhafte* Sicherstellung der wirtschaftlichen Zukunft eines Unternehmen. Die dazu notwendigen Entscheidungen beinhalten, aufgrund ihrer langfristigen Ausrichtung und Wirkung, immer eine weit reichende strategische Komponente, so dass eine begriffliche Erweiterung der Unternehmensentwicklung zur sog. *Strategischen Unternehmensentwicklung* vorgenommen werden kann.[388]

Jede Unternehmensentwicklung kann generell nur dann nachhaltig erfolgreich sein, wenn sie mit einem dynamischen und kontinuierlichen Ausgleichsprozess zwischen dem Unternehmen und allen mit dem Unternehmen direkt oder indirekt in Beziehung stehenden Elementen gekoppelt ist, der zu einer andauernden Etablierung und Aufrechterhaltung eines sog. *Fließgleichgewichtes*[389] zwischen dem Unternehmen und der Umwelt führt.[390]

In der Literatur wird der Begriff der Unternehmensentwicklung immer wieder unter dem Gesichtspunkt des Unternehmenswachstums diskutiert.[391] Daher erscheint eine genaue inhaltliche Abgrenzung dieser Begrifflichkeiten im nachfolgenden Kapitel als eine sinnvolle und notwendige Vorgehensweise.

2.3.2 Unternehmensentwicklung und Unternehmenswachstum

Der Unternehmensentwicklungsprozess kann aus verschiedenen Blickwinkeln analysiert werden. In der traditionellen Betriebswirtschaftslehre wird die Unternehmensentwicklung auf der Basis eines faktortheoretischen Ansatzes mit nor-

---

[385] Vgl. **Vizjak** (1990), S. 20.

[386] Vgl. **Hagemann** (1996), S. 27 und **Krieg** (1971), S. 15.

[387] Vgl. **Pümpin; Prange** (1991), S. 15.

[388] Vgl. **Hagemann** (1996), S. 27. Nachfolgend werden die Begriffe „Unternehmensentwicklung", „Strategische Unternehmensentwicklung" und „Entwicklung eines Unternehmens" allerdings synonym verwendet.

[389] Vgl. **Blankenagel** (1991), S. 232.

[390] Vgl. **Bleicher** (1979), S. 3 und S. 55 sowie **Blankenagel** (1991), S. 6ff.

[391] Vgl. dazu die Ausführungen von **Vizjak** (1990), S. 20.

mativem Charakter untersucht.[392] In verhaltenswissenschaftlichen Erklärungsansätzen erfolgt die Untersuchung der Unternehmensentwicklung aus einer sozialwissenschaftlichen und psychologischen Perspektive, aus der eine deskriptive theoretische Analyse abgeleitet wird.[393] Systemtheoretisch-ganzheitliche Ansätze, wie z.B. das sog. *St. Galler-Management-Konzept*[394], lehnen demgegenüber eine sektorale Betrachtungsweise der Unternehmensentwicklung ab und vernetzen deshalb die Elemente aus verschiedenen Disziplinen innerhalb eines zusammenhängenden ganzheitlichen Konzeptes.[395]

Bei einer wie im Rahmen der Arbeit notwendigen Analyse der Unternehmensentwicklung unter dem Gesichtspunkt des *Unternehmenswachstums* können, in Abhängigkeit von der zugrundeliegenden Betrachtungsweise der Unternehmensentwicklung, unterschiedliche Definitionen für den Begriff des Unternehmenswachstums sinnvoll sein, die sich durch die beschriebene Richtung und die Art der Veränderung der Ausgangssituation unterscheiden.

Unternehmenswachstum im engeren Sinne drückt die nachhaltige quantitative Veränderung der *Unternehmensgröße* im Zeitablauf aus. Im Zentrum des Interesses steht dabei *nicht* die Veränderung *generell*, sondern lediglich die *positive* Größenveränderung.[396] Im Rahmen dieses traditionellen betriebswirtschaftlichen Verständnisses wird der Begriff „Unternehmenswachstum" häufig mit dem Begriff der Unternehmensentwicklung synonym verwendet.[397] Die Interpretation des Wachstumsbegriffes als ausschließlich positive Veränderung der Unternehmensgröße ist in den Erklärungsversuchen zur Unternehmensentwicklung deutlich häufiger auffindbar als die Ansicht, dass Wachstumsprozesse auch die negative Veränderung der Unternehmensgröße beinhalten können.[398] Bei einer negativen Veränderung der Unternehmensgröße wird zudem weniger von negativem Wachstum, sondern von *Kontraktion* oder *Schrumpfung* gesprochen.[399]

In einigen Ansätzen wird die Meinung vertreten, dass der Begriff des Wachstums nicht nur eine *quantitative* Dimension (Veränderung der Unternehmensgröße), sondern auch eine *qualitative* Dimension mit den nachfolgend erläuterten Inhalten umfasst:[400]

---

392 Vgl. **Gutenberg** (1973), S. 2

393 Vgl. **Staehle** (1990), S. 14.

394 Für eine ausführliche Darstellung des *St. Galler-Management-Konzeptes* vgl. **Bleicher** (1999).

395 Vgl. **Pümpin; Prange** (1991), S. 16.

396 Vgl. **Wittmann** (1961), S. 497.

397 Vgl. dazu die Ausführungen von **Vizjak** (1990), S. 20.

398 Vgl. **Albach; Bock; Warnke** (1985), S. 16f.; **Haberlandt** (1970), S. 22f.; **Agthe** (1972), S. 174 und **Brockhoff** (1980), S. 475.

399 Vgl. **Florescu** (1991), S. 10 und **Kürpick** (1981), S. 24f.

400 Vgl. **Kieser; Budde; Fleischer** (1977), S. 49.

1.) *Quantitative Dimension*: Die quantitative Dimension beinhaltet die Veränderung der Struktur und Größe des Unternehmens.

2.) *Qualitative Dimension*: Durch die qualitative Dimension werden Veränderungen im strukturellen *Aufbau* des Unternehmens, Veränderungen des strukturellen *Ablaufs* im Unternehmen, Veränderungen zwischen dem Unternehmen und der Umwelt sowie Veränderungen der Ziel- und Strategieinhalte des Unternehmens abgebildet.

Während vor diesem Hintergrund beispielsweise die Änderung der Ausbringungsmenge eines produzierenden Unternehmens bei unverändertem Produktionssortiment als eine rein quantitative Veränderung bezeichnet werden kann, führt eine qualitative Veränderung demgegenüber zu einer Neugestaltung des Produktionssortimentes.[401] Eine Erweiterung des Wachstumsbegriffes um qualitative Komponenten ist auch durch eine Berücksichtigung des sich im Zeitablauf ergebenden Zugewinnes an qualitativer Problemlösungsfähigkeit des Unternehmens im Verhältnis zu seiner Umwelt und der damit verbundenen Herausbildung unternehmerischer Kernfähigkeiten nachvollziehbar.[402]

Aufgrund der dargestellten Zusammenhänge wird in der Literatur unter *Unternehmenswachstum im weiteren Sinne* eine sich im Zeitablauf *einstellende*, auf Dauerhaftigkeit angelegte quantitative und qualitative positive Änderung der betrieblichen Leistungsfähigkeit definiert (s. Abb. 2.10).[403]

Die Erweiterung des Wachstumsbegriffes um eine qualitative Dimension erschwert jedoch eine trennscharfe Abgrenzung der Bezeichnung Unternehmenswachstum gegenüber anderen Wachstumsdefinitionen. Aus diesem Grund wird im Rahmen der vorliegenden Arbeit der *erweiterte* Unternehmenswachstumsbegriff mit der Bezeichnung *Unternehmensentwicklung* gleichgesetzt. Diese Gleichsetzung korrespondiert mit der heute in der Betriebswirtschaftslehre mehrheitlich vertretenen Sichtweise, nach der die Unternehmensentwicklung eine qualitative und quantitative Veränderung des Unternehmens im Zeitablauf darstellt.[404] Der im Vergleich zum Unternehmenswachstum eher aktive Terminus Unternehmensentwicklung betont in diesem Zusammenhang die *Steuerbarkeit* des Entwicklungsprozesses.[405]

---

401 Vgl. **Kürpick** (1981), S. 59ff.

402 Vgl. **Albach; Bock; Warnke** (1985), S. 124 und **Bleicher** (1991a), S. 36f.

403 Vgl. **Kürpick** (1981), S. 27.

404 Vgl. **Kogler** (1992), S. 7, **Hahn** (1970), S. 609, **Vizjak** (1990), S. 20 und **Hätscher** (1992) S. 56f.

405 Vgl. **Vizjak** (1990), S. 20.

Abb. 2.10: Begrifflicher Zusammenhang zwischen Unternehmenswachstum und Unternehmensentwicklung

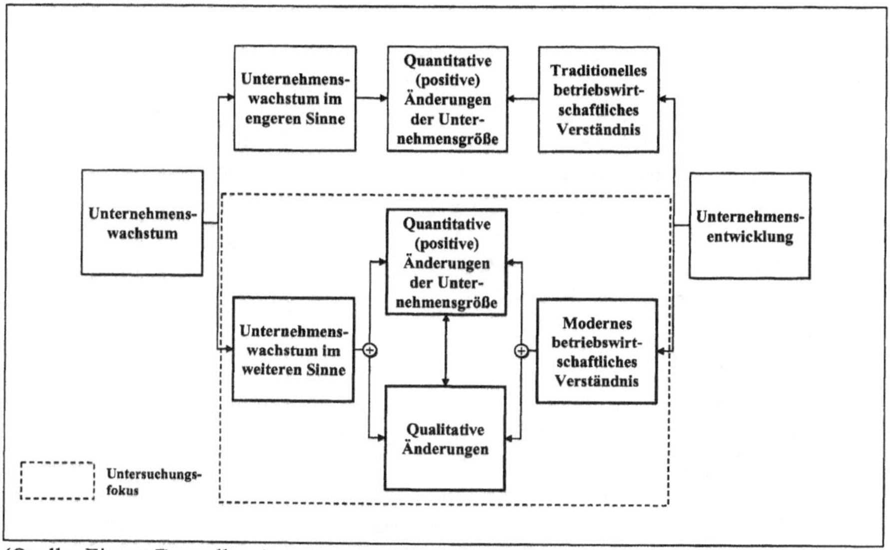

(Quelle: Eigene Darstellung)

2.3.3 Unternehmensentwicklungsmodelle

Die im Rahmen der vorliegenden Arbeit abzuleitenden möglichen *Ausbau- bzw. Entwicklungsalternativen*[406] für Strategische Allianzen bzw. für die daran beteiligten Unternehmen kann durch die Annahme eines idealtypischen unternehmerischen Entwicklungsverlaufes, der sich in unterschiedliche Phasen unterteilen lässt, erleichtert werden. Für die effiziente Ableitung möglicher Entwicklungsalternativen für ein Unternehmen ist es hilfreich, zunächst eine Vorstellung über die Beeinflussbarkeit und Steuerbarkeit der einzelnen Entwicklungsphasen eines Unternehmens, eine Einschätzung über die jeweiligen Interdependenzen zwischen diesen Phasen und eine Sensibilität für die spezifischen Einfluss- und Bestimmungsfaktoren einer Unternehmensentwicklung zu gewinnen. Auf diese Weise können sämtliche Fragestellungen im Zusammenhang mit der Entwicklung eines Unternehmens strukturierter bearbeitet und gezieltere Problemlösungen entwickelt werden.

Als Ausgangspunkt bietet sich in diesem Zusammenhang die Anwendung sog. *Lebenszykluskonzepte*[407] an. Sie haben ihren Ursprung in der Erklärung biologi-

[406] Für eine Erklärung des Begriffes der *Entwicklungsalternative* vgl. Kap. 2.3.4.2, S. 23.

[407] Lebenszykluskonzepte gehen generell davon aus, dass die zeitliche Entwicklung eines spezifischen Untersuchungsobjektes in charakteristische Phasen unterteilt werden kann und

scher Tatbestände und beschreiben die Entwicklung einzelner lebender Systeme im Zeitablauf durch die Darstellung der unterschiedlichen Entwicklungsphasen bzw. der wesentlichen Veränderungskräfte.[408]

Durch die Anwendung des Lebenszyklusgedankens auf nicht-biologische Bereiche wurden innerhalb der betriebswirtschaftlichen Forschung unterschiedliche Lebenszyklusmodelle entwickelt, wie beispielsweise Produkt-, Markt-, Konsumenten- und Branchen-Lebenszyklusmodelle.[409] Da das Erkenntnisinteresse dieser Arbeit jedoch auf dem *Unternehmen* als Anwendungsobjekt liegt, sind ausschließlich unternehmerische Spezifitäten im Rahmen der Ableitung eines idealtypischen Entwicklungsprozesses zu berücksichtigen und dementsprechend ausschließlich sog. *unternehmensspezifische Lebenszykluskonzepte* von Interesse, die betriebliche Entwicklungen über die gesamte Lebensdauer des Unternehmens beschreiben und spezielle operative und strategische Handlungsempfehlungen entwerfen.[410]

Grundsätzlich ist der Entwicklungsverlauf eines Unternehmens, im Unterschied zum Lebenszyklus von Lebewesen, der in erheblichem Maße bestimmten Naturgesetzen, genetischen Vorgaben und Umweltfaktoren unterliegt, in umfangreicher Weise steuer- und beeinflussbar. Diese Beeinflussbarkeit des Entwicklungsprozesses eines Unternehmens ergibt sich durch die Möglichkeit der Unternehmensführung, durch entsprechende autonome Entscheidungen eine individuelle strategische Ausrichtung des Unternehmens festlegen und eine Anpassung des Unternehmenssystems an eine sich dynamisch ändernde Umwelt erreichen zu können.[411]

Im Rahmen der bisherigen Unternehmensentwicklungsforschung wurde in vielfältiger Weise festgestellt, dass ein Unternehmen einerseits einem eigenständigen, vom allgemeinen Lebenszyklus des Marktes unabhängigen Entwicklungsverlauf unterliegt und andererseits als offenes und soziales System durch eine umfangreiche Vernetzung mit der Umwelt beeinflusst wird.[412] Diese Erkenntnis führte, aufbauend auf den grundlegenden Erkenntnissen der Lebenszyklusmodelle, zur Ableitung von unterschiedlichen sog. *Unternehmensentwicklungsmo-*

unterstellen, dass das jeweilige Objekt nur über einen begrenzten Zeitraum existiert. Vgl. **Gabler-Verlag** (1997), S. 2422.

[408] Vgl. **Mueller** (1987), S. 21.

[409] Vgl. **Pümpin; Prange** (1991), S. 24ff., **Gabler-Verlag** (1997), S. 2422f. und **Gälweiler** (1986), S. 251ff.

[410] Vgl. **Hess** (1994), S. 109.

[411] Vgl. **Petersen** (1994), S. 37. Für eine ausführliche Erläuterung der Aufgaben der Unternehmensführung und Inhalte des Strategischen Managements im Rahmen der Unternehmensentwicklung vgl. Kap. 2.4.4.1.

[412] Vgl. **Petersen** (1994), S. 38

dellen, die sich durch die unterschiedliche Betonung bestimmter unternehmensinterner und -externer Entwicklungsfaktoren voneinander abgrenzen.[413]

Nach PÜMPIN/PRANGE können die bestehenden Unternehmensentwicklungsmodelle in fünf verschiedene Grundtypen kategorisiert werden:[414]

1.) *Krisenmodelle*: Vertreter der Krisenmodelle stellen Größen- und Altersschwellen als Ursache bestimmter Entwicklungskrisen eines Unternehmen in den Mittelpunkt ihrer Betrachtungen.[415]

2.) *Metamorphosemodelle*: Im Rahmen derartiger Modelle werden typische Unternehmenszustände, d.h. Entwicklungsphasen und die damit in Verbindung stehenden sprunghaften Führungsveränderungen, untersucht.[416]

3.) *Marktentwicklungsmodelle*: Marktentwicklungsmodelle stellen die interne Unternehmensentwicklung als eine von den Veränderungen auf den jeweiligen Absatzmärkten abhängige Variable dar. Das Unternehmenswachstum steht nach dieser Auffassung in direktem Zusammenhang mit dem Lebenszyklus der eigenen Produkte.[417]

4.) *Strukturänderungsmodelle*: Strukturänderungsmodelle unterstellen, dass die Entwicklung eines Unternehmens im Wesentlichen durch die unternehmensspezifischen Führungs- und Organisationsstrukturen geprägt wird.

5.) *Verhaltensänderungsmodelle*: Verhaltensänderungsmodelle betonen die besondere Bedeutung des Unternehmensführungsverhaltens, der Unternehmensführungsqualität, der Persönlichkeitsprofile der Mitarbeiter, der Unternehmenskultur und des daraus resultierenden unternehmensinternen Innovationsverhaltens für die Entwicklung eines Unternehmens.[418]

Beispielhaft werden nachfolgend drei der bekanntesten Unternehmensentwicklungsmodelle erläutert, durch die sich unterschiedliche Erkenntnisse über den Ablauf sowie die Beeinflussbarkeit, Bedeutung und Verankerung der Unternehmensentwicklung im gesamten unternehmerischen Kontext ableiten lassen:

1.) *Das Marktentwicklungsmodell von CHANDLER*: Zu den bekanntesten Unternehmensentwicklungsmodellen gehört das *Marktentwicklungsmodell* von CHANDLER mit der darin enthaltenen These, dass die Unternehmensstruktur

---

413 Für einen umfassenden Überblick über unterschiedliche Unternehmensentwicklungsmodelle vgl. beispielsweise die Arbeiten von **SIEGWART** (1981), **GREINER** (1972), **GREINER** (1982), **ADIZES** (1988), **CHANDLER** (1962), **MUELLER** (1972), **BLEICHER** (1992a).

414 Dazu und zu den nachfolgenden Ausführungen vgl. **PÜMPIN; PRANGE** (1991), S. 45ff.

415 Vgl. **ALBACH** (1976), S. 683ff.

416 Vgl. **BUDDE; KIESER** (1977), S. 148.

417 Als typisches Marktentwicklungsmodell gilt das Modell von GREINER. Vgl. **GREINER** (1982), S. 7ff. und **GREINER** (1972), S. 37ff.

418 Vgl. **ADIZES** (1988).

durch die Unternehmensstrategie geprägt wird.[419] Diese These kann als Beleg für die Auffassung von CHANDLER angesehen werden, dass die Strategie eines Unternehmens durch die Umwelt und die sich dort bietenden *unternehmensexternen* Marktchancen bestimmt wird und in der Folge die Organisationsstruktur und mithin auch die Unternehmensentwicklung festlegt.[420]

2.) *Das Strukturänderungsmodell von GREINER*: GREINER stellt im Gegensatz zu CHANDLER die *unternehmensinternen* Faktoren bei der Erklärung der Unternehmensentwicklung in den Mittelpunkt seiner Ausführungen und vertritt die Auffassung, dass die Unternehmensstrategie insbesondere durch die Unternehmensstruktur beeinflusst wird.[421] In Anlehnung an bestimmte Erkenntnisse der Psychologie, nach denen individuelle Verhaltensweisen wesentlich stärker durch frühere Erfahrungen und Ereignisse als durch die Zukunft bzw. erwartete Umweltereignisse geprägt werden, kommt er im Rahmen seines *Strukturänderungsmodells* zu dem Ergebnis, dass die meisten Probleme von Unternehmen aus ihrer Vergangenheit resultieren und nicht durch aktuelle Umweltveränderungen beeinflusst werden. Auf der Basis der Ergebnisse unterschiedlicher, von ihm durchgeführter Forschungsstudien leitet GREINER die folgenden fünf Schlüsseldimensionen der Unternehmensentwicklung ab: 1.) Größe der Organisation, 2.) Alter der Organisation, 3.) Stand der Evolution, 4.) Zeitablauf der Revolution und 5.) Wachstumsrate der Industrie.[422]

Mit Hilfe dieser Schlüsselfaktoren entwickelt GREINER seinen Modellansatz, nach dem die Entwicklung eines Unternehmens im Zeitablauf durch fünf verschiedene Entwicklungsphasen, sog. *Evolutionen*, geprägt wird. Zwischen diesen Evolutionen liegt nach GREINER jeweils eine Krisenphase, die sog. *Revolution*, die zu Beginn der Unternehmensentwicklung (*Krise 1*) durch Probleme in der Führung des Unternehmens entsteht, während die nachfolgenden Krisen auf einer mangelnden Kompetenzzuordnung (*Krise 2*), auf Problemen bei der Unternehmenskontrolle (*Krise 3*) und auf bürokratischen Auseinandersetzungen innerhalb des Unternehmenssystems (*Krise 4*) basieren.[423]

Dieses durch empirische Untersuchungen gestützte Unternehmensentwicklungsmodell zeigt, dass bestimmte Krisenphasen innerhalb der Entwicklung eines Unternehmens zwingend notwendig sind, da sie zum Abbau der im Zeitablauf entstehenden unternehmensinternen Spannungsfelder beitragen, eine kritische Reflexion der Unternehmenssituation ermöglichen und die Ab-

[419] Dazu und für eine ausführliche Erläuterung des Modells vgl. **CHANDLER** (1962), S. 14.
[420] Vgl. **PÜMPIN; PRANGE** (1991), S. 70f.
[421] Hierzu und zu den nachfolgenden Ausführungen vgl. **GREINER** (1972) und **GREINER** (1982).
[422] Vgl. **HESS** (1994), S. 117f.
[423] Für eine umfassendere Darstellung des Ansatzes von GREINER vgl. **HESS** (1994), S. 117ff.

leitung notwendiger Veränderungen in der Organisationsstruktur und strategischen Unternehmenspositionierung ermöglichen.[424]

3.) *Das Metamorphosemodell von BLEICHER*: Das als *Metamorphosemodell* zu kategorisierende Unternehmensentwicklungsmodell von BLEICHER beinhaltet die Analyse von bestimmten Entwicklungsphasen, die ein Unternehmen *typischerweise* im Zeitablauf durchläuft. Auf der Basis dieser Phasenanalyse identifiziert BLEICHER vorhersehbare Phasenprobleme und notwendige Aktivitäten, Strategien und Strukturen, um diese Probleme zu lösen.[425]

Das Modell von BLEICHER basiert auf der grundlegenden Differenzierung zwischen einer *inneren* und einer *äußeren Unternehmensentwicklung* und führt zur Abgrenzung von insgesamt sechs Unternehmensentwicklungsphasen.[426] Zwischen den einzelnen Phasen liegen kurze Krisenphasen, deren Bewältigung zur jeweils nächsten Entwicklungsphase führt.[427] Innerhalb der ersten drei Phasen, der sog. *Pionier-*, *Markterschließungs-* und *Diversifikationsphase*, vollzieht sich ausschließlich eine *innere Unternehmensentwicklung*. Ein Unternehmen wächst in diesen drei Phasen ausnahmslos im Alleingang ohne externe Unterstützung. In den zwei folgenden Phasen, der sog. *Akquisitions-* und *Kooperationsphase*, findet eine *äußere Unternehmensentwicklung* statt.[428] In diesen Zeitabschnitten kann sich ein Unternehmen nicht mehr aus eigener Kraft, sondern nur noch durch die Unterstützung akquirierter Unternehmen oder Kooperationspartner weiterentwickeln und verändern. In der abschließenden sechsten Phase, der sog. *Restrukturierungsphase*, konsolidiert sich das neustrukturierte Unternehmen, um nachfolgend aus eigener Kraft einen neuen Phasenzyklus zu beginnen oder, bei nichterfolgreicher Konsolidierung, von einem anderen Unternehmen akquiriert und/oder zerschlagen zu werden.[429]

Da das Modell einen umfassenden und einen als idealtypisch zu charakterisierenden Verlauf der Unternehmensentwicklung beinhaltet, kann es als *erster* grundlegender Orientierungsrahmen für die innerhalb dieser Arbeit vorzunehmende Analyse alternativer Ausbauwege für Strategische Allianzen

---

[424] Vgl. **HESS** (1994), S. 121.

[425] Hierzu und zu den nachfolgenden Ausführungen vgl. **BLEICHER** (1991b), S. 332ff. und **PÜMPIN; PRANGE** (1991), S. 47.

[426] Vgl. **PETERSEN** (1994), S. 39 und **BLEICHER** (1999), S. 516.

[427] Vgl. **BLEICHER** (1999), S. 522. Für eine Übersicht über mögliche Krisenursachen vgl. **BLEICHER** (1999), S. 520f.

[428] Nachfolgend wird der Begriff der *inneren Unternehmensentwicklung* mit dem Begriff der *internen Unternehmensentwicklung* und der Begriff der *äußeren Unternehmensentwicklung* mit dem Begriff der *externen Unternehmensentwicklung* synonym verwendet. Für eine ausführliche Erklärung der internen und der externen Unternehmensentwicklung vgl. Kap. 2.3.4.3.1 und 2.3.4.3.2.

[429] Vgl. **HESS** (1994), S. 135.

bzw. die Entwicklung der an dieser Allianz beteiligten Unternehmen herangezogen werden. Es ermöglicht die gezielte und rechtzeitige Ableitung bestimmter Aktivitäten, Strukturen und Strategien für die in jeder Phase vorhersehbar entstehenden Probleme und Fragestellungen.[430]

Das Modell von BLEICHER verdeutlicht, dass jede Entscheidung über die künftige Entwicklungsrichtung[431] eines Unternehmens insbesondere durch die spezifische interne Unternehmensausgangssituation, die entsprechenden unternehmensspezifischen Ressourcen und (Leistungs-) Fähigkeiten und die externe Unternehmensumwelt, wie beispielsweise die Wettbewerbssituation und Marktentwicklung, beeinflusst und gesteuert wird. Aufgrund der guten Anwendbarkeit des Modells zur Strukturierung von Fragestellungen zur Unternehmensentwicklung werden nachfolgend die genannten sechs Phasen der Unternehmensentwicklung kurz erläutert (s. auch Abb. 2.11):

Abb. 2.11: *Unternehmensentwicklungsphasen im Metamorphosemodell von BLEICHER*

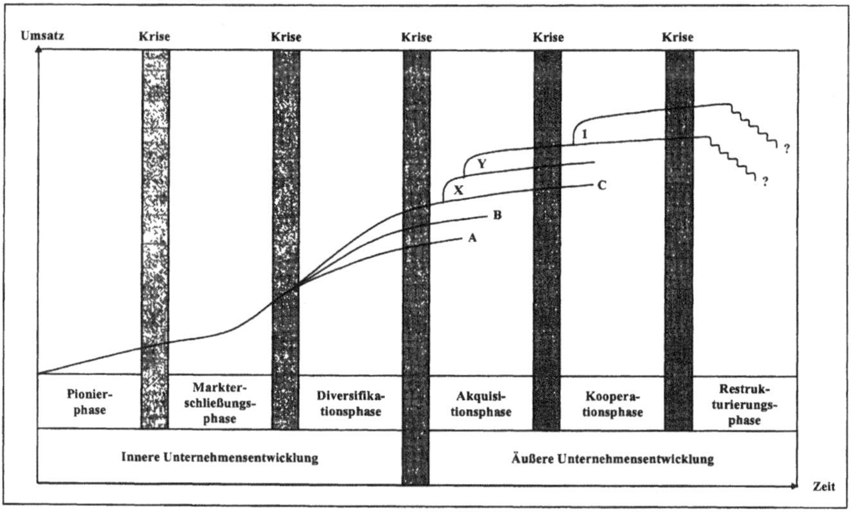

(In Anlehnung an: BLEICHER (1999), S. 517)

a.) *Pionierphase*: Im Unternehmensentwicklungsmodell von BLEICHER gibt es zwei mögliche Ursachen für den Ursprung eines Unternehmens: Zum einen kann die Einführung eines neuen Produktes zur Unternehmensgründung führen, zum anderen kann auch der Versuch des Unternehmensgründers, mit seinem Produkt eine bestehende Marktnische abzude-

[430] Vgl. **PETERSEN** (1994), S. 39.
[431] Zum Begriff der *Entwicklungsrichtung* vgl. Kap. 2.3.4.1.

cken, den Neuaufbau eines Unternehmen begründen.[432] In der Pionierphase werden sämtliche Führungs- und Positionierungsaufgaben vom Unternehmensgründer ausgefüllt. Diese starke Konzentration des Unternehmens auf eine Person ist nach BLEICHER einerseits eine wesentliche Voraussetzung für eine erfolgreiche Unternehmensgründung, stellt jedoch andererseits ein bedeutendes Hindernis für die positive Entwicklung junger Unternehmen dar. Bei mangelnden Führungsqualitäten des Unternehmensgründers oder unzureichenden finanziellen Ressourcen kann diese Abhängigkeit schnell zu einem Scheitern des Pionierunternehmens führen.[433] Das Krisenpotenzial ist in dieser Phase auch deshalb sehr hoch, da sich die der Unternehmensgründung zugrunde liegende unternehmerische Idee häufig als nicht ausreichend tragfähig herausstellt bzw. das zur operativen Umsetzung des unternehmerischen Konzeptes benötigte ausgewogene Leistungs- und Finanzpotenzial in vielen Fällen nicht ausreichend vorhanden ist.[434]

b.) *Markterschließungsphase*: Nach einer erfolgreich überstandenen Pionierphase ist regelmäßig ein Ausbau der ursprünglichen Marktnische zur Steigerung der Umsätze und Erträge erforderlich. In dieser Phase werden breitere Kundenkreise erschlossen, die Zahl der Produktinnovationen zur Sicherung des ursprünglichen Wettbewerbsvorteils gegenüber der Konkurrenz erhöht und regelmäßig die jeweilige Rechtsform der Unternehmen in eine Aktiengesellschaft umgewandelt, um einen Zugang zu den für die Expansion des Unternehmens notwendigen (finanziellen) Ressourcen zu ermöglichen.[435] Die in der Pionierphase durch Improvisationen geprägte Organisationsstruktur wird in der Markterschließungsphase durch die Institutionalisierung eines flexiblen Ordnungssystems für Prozesse und Strukturen abgelöst.

Darüber hinaus werden Führungs- und Managementsysteme aufgebaut, mit denen die Unternehmensziele und Strategien festgelegt und die unternehmensinternen Abläufe kontrolliert werden sollen.[436] Die Markterschließungsphase zeichnet sich, im Vergleich zur Pionierphase, durch ein geringeres Krisenpotenzial aus. Zu den bedeutendsten Krisenpotenzialen in dieser Phase zählen eine unzureichende Anpassung des Unternehmens

[432] Vgl. **BLEICHER** (1999), S. 524.
[433] Vgl. **HESS** (1994), S. 136.
[434] Vgl. **BLEICHER** (1999), S. 526. Für weitere Krisenpotenziale beim Übergang von der Pionier- in die Markterschließungsphase vgl. **BLEICHER** (1999), S. 527.
[435] Vgl. **HESS** (1994), S. 136.
[436] Vgl. **BLEICHER** (1999), S. 529.

an die sich bietenden Wachstumsmöglichkeiten und eine zu starke Fokussierung auf das laufende Geschäft.[437]

c.) *Diversifikationsphase*: Dieses Stadium ist nach BLEICHER durch eine besondere Fokussierung auf die Entwicklung neuer Produkte und die Erschließung neuer Erfolgspotenziale[438] gekennzeichnet, um die Abhängigkeit des Unternehmens von einem Produkt und/oder einzelnen Produktgruppen zu verringern. Nach BLEICHER bieten sich einem Unternehmen in dieser Phase zwei Diversifikationsmöglichkeiten, um dieses Ziel zu erreichen: a) Die Erschließung neuer Produktbereich *oder* neuer Marktbereiche *oder* b) die Erschließung neuer Produktbereiche *und* neuer Marktbereiche.[439] In Ergänzung zu BLEICHER ergibt sich als dritte Diversifikationsmöglichkeit die Kombination der beiden erstgenannten Alternativen.[440] In der Diversifikationsphase wird die bis zu dieser Phase häufig vorliegende Funktionalorganisation regelmäßig durch eine Organisation nach Unternehmensbereichen abgelöst, um den differenzierten Bedürfnissen der unterschiedlichen Geschäftsfelder in den einzelnen Unternehmensbereichen auch organisatorisch zu entsprechen.[441] Die hohe Veränderungsdynamik und die Diversifikation in neue (geschäftsferne) Bereiche beinhalten die wesentlichsten Krisenpotenziale der Diversifikationsphase. In diesem Zusammenhang können Innovationsschwächen, zu breite Produktprogramme, Mängel in der unternehmerischen Koordination und Entscheidungsschwächen der Unternehmensführung zu einem mitunter schnellen Scheitern in den neu erschlossenen Produkt- und/oder Marktbereichen führen.[442]

d.) *Akquisitionsphase*: In der Akquisitionsphase wird die in der Diversifikationsphase begonnene Ausrichtung des Unternehmens auf neue Produkt- und/oder Marktbereiche fortgeführt. Dazu werden jedoch zunehmend externe Leistungen benötigt, um mit der im Zeitablauf entstandenen Unternehmensgröße weiterhin wettbewerbsfähig im Markt agieren zu können. Zur Verstärkung des Stamm-Marktes werden in der Akquisitionsphase andere Unternehmen *akquiriert* und typischerweise als eigenständige Tochterunternehmen einer als internationalen *Management- oder Finanz-*

[437] Vgl. **BLEICHER** (1999), S. 531. Für weitere Krisenpotenziale beim Übergang von der Markterschließungs- in die Diversifikationsphase vgl. **BLEICHER** (1999), S. 531f.

[438] Zum Begriff des *Erfolgspotenzials* vgl. Kap. 2.4.4.2, S. 23.

[439] Vgl. **BLEICHER** (1999), S. 534f.

[440] Vgl. **HESS** (1994), S. 137.

[441] Vgl. **BLEICHER** (1999), S. 536

[442] Vgl. **BLEICHER** (1999), S. 538. Für weitere Krisenpotenziale beim Übergang von der Diversifikations- in die Akquisitionsphase vgl. **BLEICHER** (1999), S. 538f.

holding[443] strukturierten Muttergesellschaft unterstellt.[444] Alternativ können die bisherigen Unternehmen auch durch eine *Fusion*[445] mit einem oder mehreren Unternehmen zusammengeführt werden.[446] Die regionalen Unternehmenszweige werden durch die parallel ablaufende Internationalisierung des Konzerns immer bedeutsamer.[447] In dieser Phase der Unternehmensentwicklung ist die Unternehmensführung besonders gefordert, da sie zu einer Vereinigung der verschiedenen Kulturen in der gesamten Konzernstruktur, zu einer Verhinderung von personellen Konflikten und zum Aufbau einer Organisationsstruktur beitragen muss, um die zwischen den einzelnen Unternehmen existierenden *Synergieeffekte*[448] in maximaler Weise ausnutzen zu können.[449] Aus diesen besonderen Anforderungen resultieren auch die wesentlichsten Krisenpotenziale dieser Phase: Durch eine unzureichende Integration der akquirierten Unternehmen kann eine einheitliche Unternehmensführung erschwert und die Managementkapazität belastet werden. Darüber hinaus kann eine falsche Einschätzung der möglichen Synergieeffekte zu einer Überforderung der finanziellen Ressourcen eines Unternehmens führen und damit weitere Krisen verursachen.[450]

e.) *Kooperationsphase*: Falls die zum Unternehmenswachstum erforderlichen Akquisitionen aufgrund von kartellrechtlichen, eigentumsrechtlichen und/oder finanziellen Restriktionen *nicht möglich* sind oder *nicht ausreichend* bzw. *nicht erfolgreich* gemäß der eigenen Strategievorgaben

---

443 Als *Holding* wird im Allgemeinen eine Dachgesellschaft verstanden, die zum einen die Mehrheit der Anteile an den von ihr beherrschten rechtlich selbständigen Konzernunternehmen hält und die zum anderen keine Produktions- oder Handelsaufgaben ausübt. Zum Begriff der *Holdingsgesellschaft* vgl. **Hahn** (1998), S. 574, **Kreis** (1998), S. 370, **Gabler-Verlag** (1997), S. 1791 und **Bitz; Dellmann; Domsch, Wagner** (1999), S. 155. Eine Holdinggesellschaft wird als *Finanzholding* bezeichnet, wenn sie sich ausschließlich auf den Erwerb und die Verwaltung von Unternehmensbeteiligungen zur Finanzierung von Tochtergesellschaften konzentriert. Bei einer Übernahme von strategischen Führungsaufgaben und der gleichzeitigen Delegation operativer Zuständigkeiten und Aufgaben an die Verbundmitglieder wird eine Holdinggesellschaft auch mit dem Begriff der *Managementholding* betitelt. Für eine Erklärung der Begriffe *Finanzholding* und *Managementholding* vgl. **Wöhe; Döring** (2000), S. 336, **Corsten; Reiß** (1999), S. 121, **Bleicher** (1992b), S. 71, **Bea** (2001), S. 400 und **Gabler-Verlag** (1997), S. 1947.

444 Zum Begriff der *Akquisition* vgl. Kap. 2.2.3.1.

445 Zum Begriff der *Fusion* vgl. Kap. 2.2.3.2.

446 Vgl. **Bleicher** (1999), S. 541.

447 Vgl. **Bleicher** (1999), S. 542.

448 Zum Begriff des *Synergieeffektes* vgl. Kap. 2.2.4.2 , S. 23.

449 Vgl. **Hess** (1994), S. 137f.

450 Vgl. **Bleicher** (1999), S. 544f. Für weitere Krisenpotenziale beim Übergang von der Akquisitions- in die Kooperationsphase vgl. **Bleicher** (1999), S. 545.

umgesetzt werden konnten, stellt nach BLEICHER der Abschluss von Kooperationsvereinbarungen mit anderen Unternehmen einen *alternativen* Weg der äußeren Unternehmensentwicklung dar. Diese Phase der Unternehmensentwicklung folgt demnach nicht zwingend einer vorherigen Akquisitionsphase, sondern kann auch direkt zur Realisierung eines äußeren Unternehmenswachstums gewählt werden, falls beispielsweise keine dauerhafte Verbindung mit einem anderen Unternehmen eingegangen werden soll.[451] Die durch die Vereinbarung von Kooperationsverträgen geregelte Zusammenarbeit zwischen zwei oder mehreren Unternehmen in Form einer Arbeitsgemeinschaft auf Zeit, Lizenzvergabe, Joint Venture oder Strategischen Allianz kann nach BLEICHER zu einer schnellen und effizienten Erschließung von neuen Märkten und Ländern und/oder zur Entwicklung neuer tragfähiger Produkte beitragen.[452]

Kooperationsabkommen mit anderen Unternehmen sind für BLEICHER insbesondere dann erfolgsversprechend, wenn sie mit einem komplementären Unternehmen abgeschlossen werden, da dadurch hohe *Synergieeffekte*[453] erwirtschaftet werden können. Ferner sollten sich die kooperierenden Unternehmen in dieser Phase des Modells von BLEICHER durch eine weit gehende Kompatibilität von Wertvorstellungen, Unternehmenskulturen und Unternehmenszielen auszeichnen, da dadurch die in der Akquisitionsphase häufig entstehenden Probleme in den unternehmensüberlagernden Bereichen verringert und die Abstimmung einer gemeinsamen Strategie erleichtert werden kann.[454] Auch in der Kooperationsphase ergeben sich spezifische Krisenpotenziale, die im Wesentlichen aus einem häufig vorzufindenden Misstrauen zwischen den Partnerunternehmen und der besonderen Gefahr eines Verlustes von wettbewerbskritischen Fähigkeiten und Ressourcen[455] an einen der Kooperationspartner im Laufe der Zusammenarbeit resultieren.[456]

Vor dem Hintergrund der Themenstellung der vorliegenden Arbeit kann an dieser Stelle festgestellt werden, dass die Gründung und der Ausbau einer Strategischen Allianz für die daran beteiligten Unternehmen in die Kooperationsphase des Modells von BLEICHER einzuordnen ist. Die Beweggründe für die Entstehung dieser Entwicklungsphase entsprechen

---

[451] Vgl. **BLEICHER** (1999), S. 539 und S. 545.
[452] Vgl. **BLEICHER** (1999), S. 545.
[453] Zum Begriff des *Synergieeffektes* vgl. Kap. 2.2.4.2 , S. 23.
[454] Vgl. **HESS** (1994), S. 138 und **BLEICHER** (1999), S. 546.
[455] Für eine ausführliche Erläuterung des *Ressourcenbegriffes* vgl. Kap. 3.5.2.2.2.
[456] Vgl. **BLEICHER** (1999), S. 548f. Für weitere Krisenpotenziale beim Übergang von der Kooperations- in die Restrukturierungsphase vgl. **BLEICHER** (1999), S. 549.

ausnahmslos den bereits dargestellten Zielen bzw. Gründen für die Bildung einer Strategischen Allianz.[457]

f.) *Restrukturierungsphase*: Falls eine Kooperation nicht zu den erwarteten Ergebnissen führt, nach der vereinbarten Kooperationsdauer trotz erfolgreicher Zielerreichung nicht fortgesetzt werden kann oder einseitig von einem Partnerunternehmen gekündigt wird, befindet sich zumeist eines der bisherigen Kooperationsunternehmen in einer grundlegenden Krisensituation.

Die mangelnde Zielerfüllung und die daraus resultierenden Krisen können verschiedene Ursachen haben. Beispielsweise kann eine nicht erfolgreiche Umsetzung oder die zeitliche Verschiebung einer Akquisition oder Kooperation die beabsichtigte Unternehmensentwicklung verhindert oder blockiert haben. Darüber hinaus ist denkbar, dass bereits weit fortgeschrittene Produktlebenszyklen im ursprünglichen Stammgeschäft die Realisierung von Erfolgsbeiträgen kaum noch zugelassen haben.[458] Das Unternehmen läuft in diesem Stadium nun seinerseits Gefahr, von einem anderen Unternehmen übernommen zu werden. Diese Situation führt im Modell von BLEICHER zur Aufgabe bzw. Verkauf solcher Geschäftsfelder, die keine positiven Deckungsbeiträge[459] mehr erwirtschaften. Damit beginnt eine Phase der unternehmensexternen und -internen Restrukturierung des gewachsenen Unternehmens.[460]

Trotz des dargestellten idealtypischen Verlaufes der Unternehmensentwicklungsphasen ist zu beachten, dass weder das zeitliche Auftreten noch die Verbindung der einzelnen Phasen im Modell von BLEICHER der dargestellten Idealtypologie zwangsläufig zu folgen haben und damit die Möglichkeit zur Reversibilität der Abfolge der Entwicklungsphasen berücksichtigt werden muss. Die Markterschließungsphase kann beispielsweise bei jüngeren Unternehmen durch eine oder mehrere Formen der externen Unternehmensentwicklung abgelöst werden, während ein reiferes Unternehmen die interne Unternehmensentwicklung in den Mittelpunkt der unternehmerischen Wachstumsstrategie setzen kann.

Wenngleich sich die Entwicklung eines Unternehmens aufgrund der dargestellten Zusammenhänge in sehr unterschiedlichen Verläufen vollziehen kann, ermöglicht ein vereinfachendes und schematisierendes Entwicklungsmodell,[461]

[457] Für eine umfassende Erläuterung der ökonomischen Ziele und Gründe für die Bildung Strategischer Allianzen vgl. Kap. 0.

[458] Vgl. **BLEICHER** (1999), S. 550.

[459] Zum Begriff des *Deckungsbeitrages* vgl. **GABLER-VERLAG** (1997), S. 855.

[460] Vgl. **HESS** (1994), S. 138f. und **BLEICHER** (1999), S. 551ff.

[461] Für eine kritische Hinterfragung des *Konzeptes des unternehmerischen Lebenszyklus* vgl. **BUDDE; KIESER** (1977), S. 148.

wie es beispielsweise das skizzierte Metamorphosemodell von BLEICHER darstellt, die Beantwortung bestimmter strategischer Fragestellungen und kann als erster, wenn auch grober, Bezugsrahmen für die Ableitung möglicher Entwicklungsrichtungen und der daraus resultierenden Entwicklungsalternativen für ein Unternehmen in unterschiedlichen strategischen Ausgangspositionen herangezogen werden.

2.3.4 Strukturierung und Auswahl von Entwicklungsrichtungen und -wegen

2.3.4.1 Systematisierung alternativer Entwicklungsrichtungen

Grundsätzlich erfordert jede Ableitung und Strukturierung der möglichen Entwicklungsrichtungen für ein Unternehmen in einem ersten Schritt die Analyse der Geschäftsbereiche und Branchen bzw. Märkte, auf denen das betrachtete Unternehmen bisher tätig ist. Aufbauend auf einer derartigen Unternehmensanalyse, bei der sowohl die internen Unternehmensstrukturen, -fähigkeiten und -ressourcen als auch das externe Unternehmensumfeld zu berücksichtigen sind, stellt sich für jedes Unternehmen die Frage, ob die angestrebte Unternehmensentwicklung ist den bisher bearbeiteten Markt-, Branchen- oder Geschäftsbereichen erfolgen soll oder ob eine Veränderung bzw. Erweiterung der Geschäftstätigkeit über neue Produkte und/oder neue Märkte bzw. Branchen sinnvoller und erfolgsversprechender erscheint.[462] Aus diesem Grund ist es zunächst notwendig, eine klare Abgrenzung und Definition der *weiterhin,* der *künftig zusätzlich* und der *künftig nicht mehr* zu bearbeitenden Tätigkeits- und Produktbereiche vorzunehmen.

In diesem Zusammenhang kann die von ANSOFF entwickelte Produkt/Markt-Matrix als erste grundlegende Differenzierungsform für die möglichen Entwicklungsrichtungen eines Unternehmens herangezogen werden.[463] Sie baut auf der ANSOFF`schen Erkenntnis auf, dass eine Verbesserung der Wettbewerbsposition bzw. Umsatzsteigerung im Rahmen einer Unternehmensentwicklung nur dann erreicht werden kann, wenn die bisherigen Positionen in den *bereits bearbeiteten* Märkten verbessert oder *neue* Produkt- und/oder Marktbereiche bearbeitet werden.

Gemäß dieser Erkenntnis unterscheidet ANSOFF zwischen den zwei grundlegenden Differenzierungsdimensionen „Neuheitsgrad der Produkte“ und „Neuheitsgrad der Märkte“, aus denen er eine Vierfeldermatrix (s. Abb. 2.12) mit den

[462] Vgl. **KOGLER** (1992), S. 8.

[463] Vgl. **ANSOFF** (1965), S. 109ff. Eine zweite Kategorisierungsmöglichkeit bietet die Unterscheidung der horizontalen, vertikalen und heterogenen Wachstumsrichtung, wie sie z.B. von KÜTING vertreten wird. Vgl. **KÜTING** (1980), S. 329ff. In der vorliegenden Arbeit wird jedoch dem Ansatz von ANSOFF gefolgt, da sich die Unternehmenspraxis bisher vorwiegend an diesem Modell orientiert hat.

nachfolgend erläuterten vier grundsätzlichen *Entwicklungsstrategien* für ein Unternehmen ableitet, die jeweils eine bestimmte *Unternehmensentwicklungsrichtung* implizieren:[464]

***Abb. 2.12**: Die Produkt/Markt-Matrix nach* Ansoff

Produkt / Markt	Gegenwärtig	Neu
Gegenwärtig	Marktdurchdringungsstrategie	Produktentwicklungsstrategie
Neu	Marktentwicklungsstrategie	Diversifikationsstrategie

(Quelle: ANSOFF (1957), S. 113)

1.) *Marktdurchdringungsstrategie:* Als Marktdurchdringungsstrategie wird eine Unternehmensentwicklungsstrategie bezeichnet, die auf einen Ausbau der Marktanteile in den *bisher bearbeiteten* Märkten über eine Steigerung des Absatzes von Produkten des *gegenwärtigen* Produktprogramms zielt. Zu den Marktdurchdringungsstrategien gehören auch solche Strategien, die auf eine Realisierung von Größenvorteilen und Rationalisierungseffekten ausgerichtet sind und über die Nutzung von Kostensenkungspotenzialen eine Verbesserung der relativen Wettbewerbsstärke gegenüber Konkurrenzunternehmen bewirken sollen.[465] Eine erfolgreiche Marktdurchdringungsstrategie führt in der Regel zu einem höheren Marktanteil in den vom jeweiligen Unternehmen bearbeiteten Märkten.[466]

2.) *Marktentwicklungsstrategie*: Im Rahmen einer Marktentwicklungsstrategie wird eine Unternehmensentwicklung über die Öffnung und Erschließung *neuer* Märkte für vorhandene Produkte des *bisherigen* Produktprogramms

[464] Für einen Überblick über den Aufbau der Produkt/Markt-Matrix vgl. **ANSOFF** (1957), S. 113.

[465] Vgl. **HOPFENBECK** (1991), S. 577.

[466] Vgl. **NABER** (1985), S. 85ff.

verfolgt. In den meisten Fällen wird diese Strategie zur Internationalisierung bzw. zur Erschließung von bisher nicht bearbeiteten Auslandsmärkten angewendet.[467]

3.) *Produktentwicklungsstrategie*: Durch eine Produktentwicklungsstrategie erweitert ein Unternehmen seinen angestammten Produktbereich, indem es *neue* Produkte auf den *schon bearbeiteten* Märkten einführt oder *bestehende* Produkte *weiterentwickelt*. Mit der Substitution alter Produkte durch neue, verbesserte Produkte wird eine Steigerung der relativen Wettbewerbsstärke angestrebt.[468]

4.) *Diversifikationsstrategie*: Durch eine Diversifikationsstrategie wird die Ausdehnung der Tätigkeitsbereiche eines Unternehmens über die Einführung *neuer* Produkte auf *neuen* Märkten angestrebt. Diversifikation bezeichnet in diesem Zusammenhang eine Situation, in der ein Unternehmen seinen angestammten Produkt/Markt-Fokus verlässt, um Wachstumsgrenzen in der eigenen Branche zu überwinden und Umsatz und Gewinnsteigerungen durch den Eintritt in neue Wirtschaftsbereiche aufrechterhalten zu können. Im Unterschied zu den Entwicklungsstrategien Marktdurchdringung, Marktentwicklung und Produktentwicklung, die als Möglichkeiten einer *stetigen* Unternehmensentwicklung anzusehen sind, führen Diversifikationsstrategien häufig zu umfassenden Profiländerungen des Unternehmens.[469]

Die drei erstgenannten Entwicklungsstrategien können häufig, zumindest in einem ersten Entwicklungsschritt, aus eigener Kraft über eine interne Unternehmensentwicklung[470] realisiert werden. Sie sind daher, im dargestellten Unternehmensentwicklungsmodell von BLEICHER[471], vorwiegend der Pionier- und Markterschließungsphase zuzuordnen, während die Umsetzung einer Diversifikationsstrategie häufig bereits die Unterstützung durch einen externen Partner erfordert und somit im Modell von BLEICHER sowohl in die Diversifikations- als auch in nachgelagerte Phasen eingeordnet werden kann.[472] Aus diesem Grund kommt der Diversifikationsstrategie im Rahmen der vorliegenden Arbeit eine besondere Bedeutung zu, da sie in der Regel über die im Mittelpunkt der Arbeit stehende externe Unternehmensentwicklung umgesetzt wird. Eine detailliertere inhaltliche Beschreibung und Erweiterung des Diversifikationsbegriffes stellt daher für die angestrebte Ableitung alternativer Entwicklungsstrategien für den

---

[467] Vgl. **ANSOFF** (1988), S. 83f. und S. 96ff.

[468] Vgl. **NABER** (1985), S. 85ff.

[469] Zur ausführlichen Darstellung unterschiedlicher *Diversifikationsstrategien* und ihrer Auswirkungen vgl. **ZAHN** (1971), S. 55ff.

[470] Zum Begriff der *internen Unternehmensentwicklung* vgl. Kap. 2.3.4.3.1.

[471] Zum Unternehmensentwicklungsmodell von BLEICHER vgl. **BLEICHER** (1999), S. 516ff. und Kap. 2.3.3, S. 23.

[472] Vgl. **NABER** (1985), S. 90.

Ausbau Strategischer Allianzen bzw. für die an einer Allianz beteiligten Unternehmen eine sinnvolle Vorgehensweise dar.

Diese Begriffserweiterung wird durch die von PENROSE ergänzte klassische Produkt/Markt-Matrix ermöglicht. PENROSE integrierte, zusätzlich zu den Dimensionen „Markt" und „Produkt", die Dimension „Technologie" in seine Betrachtungen.[473] Die Berücksichtigung dieser dritten Dimension führt, gegenüber ANSOFF, zu einer erweiterten Definition der Unternehmensdiversifikation[474]: Nach PENROSE umfasst sie die Einführung *neuer* Produkte, basierend auf der *verwandten* oder einer *neuartigen* Technologie, auf *neuen* Märkten.[475]

Aufbauend auf dieser Definition lassen sich mit der *horizontalen*, *vertikalen*, *konzentrischen* und *konglomeraten Diversifikation* vier unterschiedliche Entwicklungsrichtungen im Rahmen einer Unternehmensdiversifikation unterscheiden, die sich jeweils durch den Grad der Verbundenheit der neuen Produkte oder Dienstleitungen mit den bisherigen Marktbereichen, Produktbereichen und Technologien unterscheiden.[476]

1.) *Horizontale Diversifikation*: Bei der horizontalen Diversifikation entwickelt sich das Unternehmen durch die Ausweitung der Unternehmenstätigkeit auf neue Marktbereiche und/oder Geschäftsfelder auf der gleichen Wirtschaftsstufe, die in einem engen *sachlichen Zusammenhang* zu den bisherigen Produkten bzw. Produktgruppen stehen, z.B. durch einen ähnlichen Verwendungszweck, ähnliche Vertriebswege oder vergleichbare Kundengruppen.[477]

   Vor dem Hintergrund der Themenstellung der Arbeit kann bereits an dieser Stelle festgehalten werden, dass sich die horizontale Diversifikation in besonderer Weise als Ausbau- bzw. Entwicklungsrichtung für einen Allianzverbund bzw. für ein an einer Strategischen Allianz beteiligtes Unternehmen eignet. Sie vollzieht sich nicht nur in einem annähernd identischen Produkt-/Marktsegment, sondern beinhaltet zusätzlich ähnliche oder sogar gleiche Kundensegmente. Durch diese beiden Charakteristika kann sich die Umsetzungskomplexität dieser Entwicklungsrichtung in erheblichem Maße, insbesondere im Vergleich zu den nachfolgend genannten Diversifikationsarten, reduzieren.

---

[473] Vgl. **PENROSE** (1959), S. 107ff. Ergänzend vgl. **SAUTTER** (1988), S. 15 und **KIRCHNER** (1991), S. 43ff.

[474] Für eine Übersicht über unterschiedliche Definitionen des Begriffes der *Diversifikation* vgl. **RUMELT** (1982), S. 359ff. und **REED; LUFFMAN** (1986), S. 29ff.

[475] Vgl. **LÖBLER** (1988), S. 9.

[476] Vgl. **SAUTTER** (1988), S. 15.

[477] Vgl. **GABLER-VERLAG** (1997), S. 955, **SIGLOCH** (1974), S. 79, **SAUTTER** (1988), S. 16, **KÜTING** (1980), S. 327ff. und **HÄTSCHER** (1992), S. 111.

2.) *Vertikale Diversifikation*: Bei der vertikalen Diversifikation erweitert das Unternehmen das bisherige Produktprogramm um neue Produkte und Dienstleistungen in *vor- oder nachgelagerten* Wirtschaftsstufen bzw. Marktbereichen.[478] Die Ausweitung des Prozessradius kann in die Richtung der Lieferanten oder der Abnehmer erfolgen, wobei entweder die Beschaffungsstruktur oder die Nachfragestruktur des Unternehmens verändert wird. Liegt eine vertikale Diversifikation rückwärts zum Beschaffungsmarkt vor, d.h. in Richtung der Herkunft der eingesetzten Rohstoffe und Produktionsmittel, wird von einer *Rückwärtsintegration, Vorstufen-Diversifikation* oder *Upstream-Diversification* gesprochen. Der umgekehrte Fall, d.h. eine Diversifikation in Richtung des Absatzmarktes, wird als *Vorwärtsintegration, Nachstufendiversifikation* oder *Down-Stream-Diversification* bezeichnet.[479]

3.) *Konzentrische Diversifikation*: Bei einer konzentrischen Diversifikation entwickelt sich das Unternehmen in solchen Marktbereichen und/oder Geschäftsfeldern, die zwar hinsichtlich des Marktes und/oder Produktes eine Ähnlichkeit oder Verwandtschaft zum bisherigen Stammgeschäft aufweisen, jedoch einer anderen Branche zuzurechnen sind.[480] Durch eine derartige Diversifikation wird das Leistungsprogramm um den bestehenden „Kern“ erweitert, wodurch sich der Begriff „konzentrisch“ begründet.[481] Die Programmerweiterung basiert auf einer ähnlichen Bedürfnisstruktur der Marktleistungen, die eine gegenseitige Anwendbar- und Übertragbarkeit bereits bestehender Fähigkeiten, Kenntnisse, Erfahrungen oder materieller Ressourcen erlaubt.[482]

4.) *Konglomerate Diversifikation*: Bei der konglomeraten Diversifikation handelt es sich um eine Unternehmensentwicklung bzw. Expansion in bisher fremde Markt-, Geschäftsbereiche und/oder Produktbereiche, die *keinen* Bezug zu den bisher bearbeiteten Marktbereichen bzw. den bisher produzierten Produkten und Produktgruppen aufweisen.[483]

In Abb. 2.13 werden die Produkt/Markt-Matrix von ANSOFF und die Erweiterungen von PENROSE zusammengeführt, um die potenziell möglichen Entwicklungsrichtungen für Unternehmen in einer einheitlichen und vollständigen Weise zu verdeutlichen.

---

478 Vgl. **RODENSTOCK** (1989), S. 299 und **GABLER-VERLAG** (1997), S. 955.

479 Zum Begriff der *vertikalen Diversifikation* vgl. **GABLER-VERLAG** (1997), S. 955, **PENROSE** (1959), S. 109 und S. 145, **ULRICH** (1987b), S. 116, **KAUFMANN** (1990), S. 58 und **SAUTTER** (1988), S. 8.

480 Vgl. **HÄTSCHER** (1992), S. 111.

481 Vgl. **MÖLLER** (1983), S. 88ff. und **ANSOFF** (1965), S. 134f.

482 Vgl. **ULRICH** (1987b), S. 116.

483 Vgl. **STAEHLE** (1987), S. 353 und **PAUSENBERGER** (1989), S. 623.

Abb. 2.13: Strukturierung alternativer Entwicklungsrichtungen

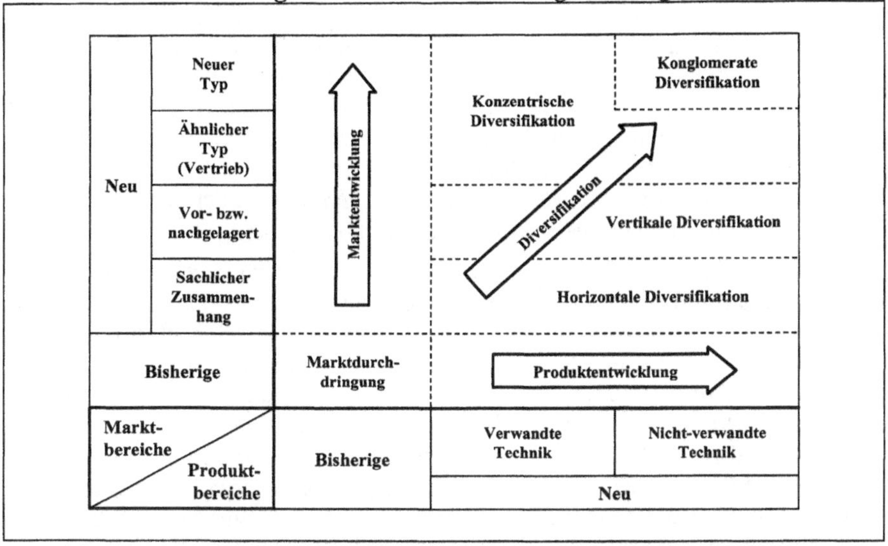

(In Anlehnung an: NABER (1985), S. 83, SAUTTER (1988), S. 15 und SCHAPER-RINKEL (1998), S. 48)

Nach einem Überblick über die grundsätzlich möglichen Entwicklungsrichtungen für ein Unternehmen erfordert der weitere Unternehmensentwicklungsprozess nicht nur eine detailliertere Analyse der einzelnen Entwicklungsrichtungen, sondern auch eine Untersuchung der sich für jede Entwicklungsrichtung ergebenden möglichen Entwicklungswege. Entsprechend dieser Notwendigkeiten werden die aus den einzelnen Entwicklungsrichtungen resultierenden Entwicklungswege im nachfolgenden Kapitel umfassend systematisiert.

2.3.4.2 Zusammenhang zwischen Entwicklungsrichtungen und Entwicklungswegen

Nach der Ableitung der gesamten *potenziell* möglichen Entwicklungsrichtungen ist die *Festlegung* und Entscheidung zugunsten einer *konkreten*, weiter zu verfolgenden *Entwicklungsrichtung* zwingend erforderlich. Diese Entscheidungssituation erfordert eine vorausgehende fundierte Analyse der spezifischen Attraktivität *jeder* potenziell möglichen Richtung. In diesem Zusammenhang ist es von besonderer Bedeutung, bereits frühzeitig eine realistische Einschätzung hinsichtlich der mit jeder Entwicklungsrichtung verbundenen *Wettbewerbskräfte*[484] vorzunehmen, da diese in besonderer Weise die künftigen Möglichkeiten

[484] Zum Begriff der *Wettbewerbskräfte* vgl. die Ausführungen zur *Branchenstrukturanalyse* in Kap. 3.5.1.2.2.

für eine nachhaltige Gewinnrealisierung determinieren.[485] Zudem erfordert jede Entscheidung über eine Unternehmensentwicklung, die durch eine Diversifikation bzw. eine externe Unternehmensentwicklung umgesetzt werden soll,[486] eine fundierte Beurteilung der mit der jeweiligen Entwicklungsrichtung verbundenen Synergiepotenziale.[487] Nach dem „Gesetz der abnehmenden Synergie" ist in diesem Zusammenhang zu berücksichtigen, dass eine Unternehmensentwicklung in neue Produkt- und/oder Marktbereiche um so mehr Synergiepotenziale beinhaltet und damit um so erfolgreicher sein kann, je weniger der neue Bereich inhaltlich von den bisher bearbeiteten Geschäftsfeldern abweicht.[488]

Die Beurteilung der Attraktivität der alternativen Unternehmensentwicklungsrichtungen aufgrund von potenziellen Gewinnsteigerungsmöglichkeiten bzw. resultierenden Synergiepotenzialen ist ein wesentlicher Schritt im Entwicklungsprozess eines Unternehmens. Sie führt in einem ersten Schritt zu der Formulierung der *potenziell sinnvollen* Entwicklungsrichtungen für ein Unternehmen, deren abschließende Beurteilung jedoch erst erfolgen kann, nachdem sie auf ihre Realisierbarkeit überprüft wurden. Dies erfordert in einem weiteren Schritt die Analyse der mit jeder *sinnvollen* Entwicklungsrichtung verbundenen sog. *Entwicklungswege*. Der Begriff des *Entwicklungsweges* bezeichnet in diesem Zusammenhang ganz allgemein die von der Unternehmensführung präferierte Vorgehensweise, mit der die zur Umsetzung der Unternehmensentwicklungsziele und -richtungen notwendigen Ressourcen, in Form bestimmter Fähigkeiten und Kapazitäten, beschafft werden sollen.[489] In der betriebswirtschaftlichen Literatur werden, in Abhängigkeit von der Herkunft des Entwicklungspotenzials, mit der *internen* und *externen Unternehmensentwicklung* zwei Oberbegriffe für die alternativen Entwicklungswege unterschieden, die beide die zur Unternehmensentwicklung erforderliche Ressourcenbeschaffung gewährleisten können.[490] In Ergänzung zu den Ausführungen zu diesen beiden Entwicklungswegen im Rahmen der Erläuterung des Unternehmensentwicklungsmodells von BLEICHER[491] werden im nachfolgenden Kapitel die unterschiedlichen *Ausgestaltungsformen* dieser Entwicklungswege ausführlich systematisiert, da sie den Aktionsspielraum für den Ausbau Strategischer Allianzen bzw. die Entwicklung eines an einer Allianz beteiligten Unternehmens determinieren. Die Kombinati-

---

[485] Vgl. **SCHAPER-RINKEL** (1998), S. 49.

[486] Für eine Erläuterung des Zusammenhangs zwischen *Diversifikation* und *externer Unternehmensentwicklung* vgl. Kap. 2.3.4.1, S. 23.

[487] Vgl. **SCHAPER-RINKEL** (1998), S. 49. Zum Begriff des *Synergiepotenzials* vgl. Kap. 2.2.4.2, S. 23.

[488] Vgl. **SCHAPER-RINKEL** (1998), S. 49, **RASCHE** (1994), S. 321 und **HÄTSCHER** (1992), S. 120f.

[489] Vgl. **HABERLANDT** (1970), S. 386 und **SCHAPER-RINKEL** (1998), S. 51.

[490] Vgl. **KÜTING** (1980), S. 178 und **KÜTING** (1978), S. 798ff.

[491] Zum Unternehmensentwicklungsmodell von BLEICHER vgl. Kap. 2.3.3, S. 23

on aus einer sinnvollen Entwicklungsrichtung und einem Entwicklungsweg führt letztlich zum Begriff der *Entwicklungsalternative*, in der beide Begriffe integrativ berücksichtigt werden. In Abb. 2.14 werden die wesentlichen Begrifflichkeiten als miteinander verknüpfte Prozessbestandteile visualisiert.

Abb. 2.14: *Prozess zur Ableitung potenziell möglicher Entwicklungsalternativen*

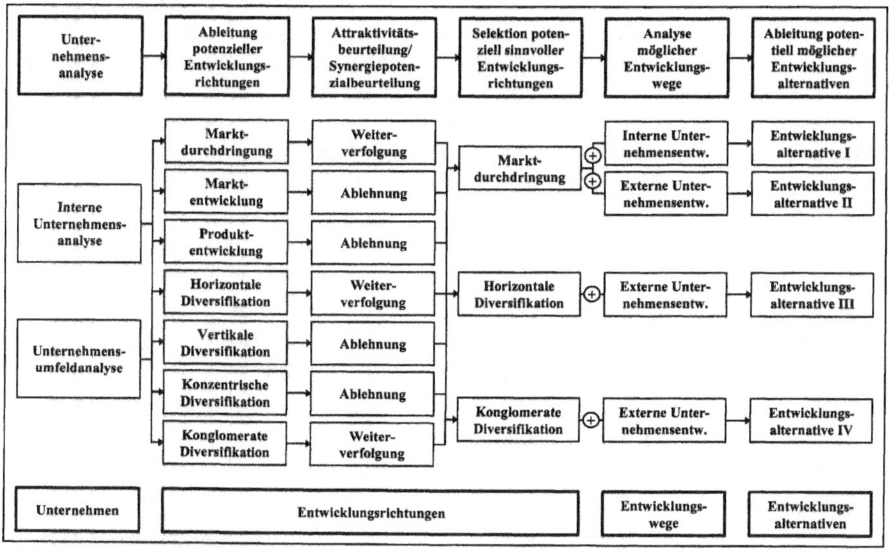

(Quelle: Eigene Abbildung)

Abschließend ist hinsichtlich der Festlegung der Entwicklungsrichtung und der Ableitung der möglichen Entwicklungswege darauf hinzuweisen, dass diese beiden Bestandteile des Unternehmensentwicklungsprozesses, aufgrund ihrer langfristigen Ausrichtung und besonderen Bedeutung für die Sicherung der künftigen Unternehmensexistenz, in den Bereich des *Strategischen Managements* eines Unternehmens fallen.[492] Bereits in diesem Punkt zeigt sich somit eine erste Überschneidung zwischen den Begriffen „Unternehmensentwicklung" und „Strategisches Management", die zu einem späteren Zeitpunkt noch einmal aufgegriffen wird.[493]

[492] Zu den Bestandteilen des *Strategischen Managements* vgl. Kap. 2.4.2, S. 23ff.

[493] Für eine umfassende Zusammenführung des Strategischen Managements mit der Unternehmensentwicklung vgl. Kap. 2.4.4.1 und 2.4.4.2.

2.3.4.3 Systematisierung und Ausgestaltung der internen und externen Entwicklungswege

2.3.4.3.1 Interne Unternehmensentwicklung

Bei einer internen Unternehmensentwicklung werden die zur Realisierung einer Entwicklungsrichtung erforderlichen Ressourcen im Alleingang ohne externe Unterstützung aufgebaut, um sie anschließend in einer neuen produktiven Faktorkombination zur Entwicklung neuer Erfolgspotenziale[494] zusammenzuführen.[495] Alternativ wird in diesem Zusammenhang auch von einer *originären Neukombination von Produktionsfaktoren*[496], einer *originären Unternehmensvergrößerung*[497] oder einem *natürlichen Wachstum*[498] gesprochen. Eine interne Unternehmensentwicklung wird in der Regel um den Ursprungskern eines Unternehmens durchgeführt und führt immer zu einer Kapazitätserhöhung des entsprechenden Unternehmens.[499] Nach dem dargestellten Unternehmensentwicklungsmodells von BLEICHER vollzieht sich eine interne Unternehmensentwicklung in der Pionier-, Markterschließung- und Diversifikationsphase eines Unternehmens.[500] Sie basiert auf der Innovationsfähigkeit der Unternehmensführung und erfordert häufig umfangreiche Investitionen in z.B. die Forschung und Entwicklung sowie in die Ausbildung der eigenen Mitarbeiter.[501]

Für die Umsetzung eines internen Entwicklungsweges existieren drei Vorgehensweisen: 1.) *Ausbau* bestehender Unternehmensteilbereiche und -kapazitäten, 2.) Errichtung rechtlich unselbständiger *Betriebsstätten* und 3.) Errichtung rechtlicher selbständiger *Tochtergesellschaften*, die auch als Unternehmensgründung bezeichnet wird.[502] Nachfolgend werden diese drei Alternativen kurz erläutert:

---

[494] Für eine ausführlichere Erklärung des *Erfolgspotenzialbegriffes* vgl. Kap. 2.4.4.2, S. 23.

[495] Vgl. **KOGLER** (1992), S. 13 und **HAHN** (1970), S. 615.

[496] Vgl. **SZYPERSKI; NATHUSIUS** (1977), S. 25ff., **HAHN** (1970), S. 615 und **PAUSENBERGER** (1989), S. 624.

[497] Vgl. **HAHN** (1970), S. 615.

[498] Vgl. **SCHUBERT; KÜTING** (1981), S. 53.

[499] Vgl. **KÜTING** (1980), S. 280f. Diese Annahme folgt der Definition der *Unternehmensentwicklung*, mit der eine sich im zeitlichen Ablauf einstellende, auf Dauerhaftigkeit angelegte quantitative und/oder qualitative *positive* Änderung der betrieblichen Leistungsfähigkeit bezeichnet wird. Zu den begrifflichen Grundlagen der *Unternehmensentwicklung* vgl. Kap. 2.3.1.

[500] Vgl. **BLEICHER** (1999), S. 524ff. und die Ausführung zu den einzelnen Phasen des Unternehmensentwicklungsmodells von BLEICHER in Kap. 2.3.3, S. 23.

[501] Vgl. **PETERSEN** (1994), S. 112.

[502] Für eine umfassendere Darstellung der drei Alternativen vgl. **KÜTING** (1980), S. 285ff., **RIEBEL** (1964), S. 212ff., **BÜHNER** (1993), S. 814 und **SZYPERSKI; NATHUSIUS** (1977), S 25ff.

1.) *Ausbau bestehender Unternehmensteilbereiche und -kapazitäten*: Ziel eines Unternehmensausbaus ist die Erhöhung des Produktionsausstoßes ohne eine Veränderung der Anzahl der rechtlich selbständigen (Glied-) Betriebe. Nach der Produktionserhöhungsursache wird zwischen der *mutativen* und *multiplen* Veränderung unterschieden. Eine *mutative* Veränderung liegt vor, wenn eine Produktionsmengenerhöhung durch die Einführung anderer technischer oder organisatorischer Verfahren erzielt wird. Bei der *multiplen* Veränderung werden die Produktionsmengen durch eine proportionale Erhöhung aller Produktionsfaktoren unter Beibehaltung der Einsatzrelationen variiert.[503]

2.) *Errichtung rechtlich unselbständiger Betriebsstätten*: Diese Variante der internen Unternehmensentwicklung führt zu einem Aufbau *zusätzlicher* rechtlich *unselbständiger* Teilbetriebe. Der Betriebsstättenausbau kann zur Erhöhung der Ausbringungsmenge des Produktprogramms, zur Veränderung der Produktionsprogrammbreite bzw. -tiefe und/oder zur Diversifikation des Unternehmens mit Hilfe neuer Produktbereiche bzw. Marktbereiche erfolgen.[504]

3.) *Errichtung rechtlicher selbständiger Tochtergesellschaften*: Bei dieser Form der internen Unternehmensentwicklung werden *neue* rechtlich *selbständige* Unternehmen gegründet. In diesem Zusammenhang wird zwischen *originären* und *derivativen* Gründungen unterschieden. *Originäre* Gründungen liegen immer dann vor, wenn sie zu einem kompletten Neuaufbau von Unternehmen ohne einen Rückgriff auf bereits bestehende Unternehmensteile oder Organisationsstrukturen führen.[505] Bei *derivativen* Gründungen werden bestehende Unternehmen umgewandelt und durch eine Übernahme, Umgründung oder eine sonstige strukturändernde Maßnahme in ein neu gegründetes Unternehmen integriert. Da sie in der Regel nicht zu einer neuen Kombination der Produktionsfaktoren führen, werden sie auch als *unechte Gründungen* bezeichnet.[506] Aus diesem Grund sind nur die originären Gründungen als interne Entwicklungsmaßnahme zu bezeichnen, während die derivativen Gründungen eher der externen Unternehmensentwicklung zuzuordnen sind.

2.3.4.3.2 Externe Unternehmensentwicklung

Bei einer externen Unternehmensentwicklung, die auch als *derivatives* Wachstum[507] bezeichnet wird,[508] erhält ein Unternehmen über die Verbindung mit einem oder mehreren Unternehmen den Zugriff auf bzw. die Verfügungsgewalt über die für die weitere Entwicklung des Unternehmens benötigten komplemen-

---

503 Vgl. **Riebel** (1964), S. 219ff.
504 Vgl. **Küting** (1980), S. 17.
505 Vgl. **Szyperski; Nathusius** (1977), S. 29.
506 Vgl. **Szyperski; Nathusius** (1977), S. 27f.
507 Vgl. **Hahn** (1970), S. 616.
508 Zur Erklärung des Zusammenhangs zwischen Unternehmensentwicklung und Unternehmenswachstum vgl. Kap. 2.3.2.

tären und produktiven Ressourcenkombinationen bzw. Erfolgspotenziale.[509] Sie erfolgt normalerweise in den späteren Phasen der Entwicklung eines Unternehmens und fällt damit, im Unternehmensentwicklungsmodell von BLEICHER, in die Akquisitions- und/oder Kooperationsphase eines Unternehmens.[510] Ein externer Entwicklungsweg bietet sich immer dann an, wenn die für die Entwicklung eines Unternehmens notwendigen Ressourcen nur außerhalb des Unternehmens verfügbar sind und/oder von einem oder mehreren anderen Unternehmen bereits in der gewünschten Form miteinander kombiniert wurden.[511] Grundsätzlich werden vier Hauptformen der externen Unternehmensentwicklung unterschieden: 1.) Vereinbarung einer *Strategischen Allianz* zwischen rechtlich selbstständigen Unternehmen, 2.) Erwerb einer *Minderheitsbeteiligung* an einem rechtlich selbständigen Unternehmen 3.) *Akquisition* eines rechtlich selbständigen Unternehmens und 4.) *Fusion* rechtlich selbständiger Unternehmen.[512] In Abb. 2.15 werden die möglichen internen oder externen Entwicklungswege für Unternehmen zusammenfassend dargestellt.

***Abb. 2.15:** Systematisierung der möglichen Entwicklungswege für Unternehmen*

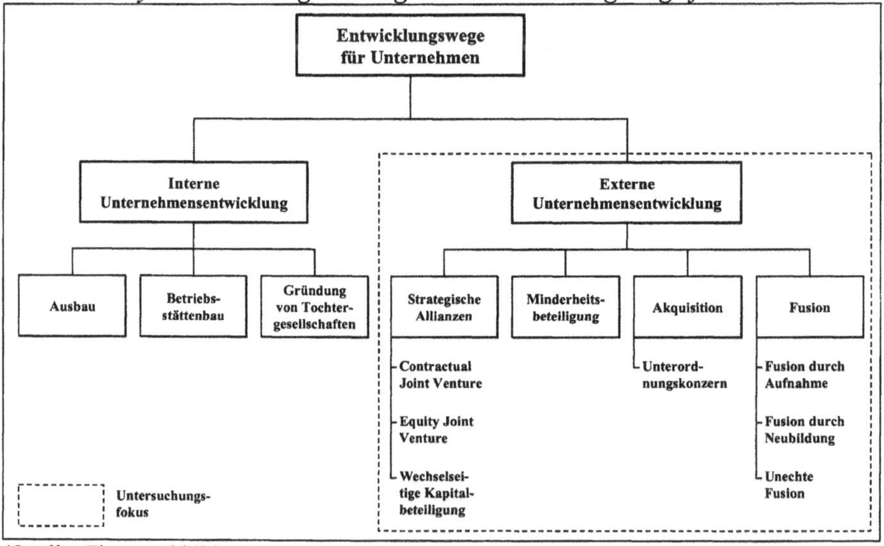

(Quelle: Eigene Abbildung)

[509] Vgl. **BLEICHER** (1999), S. 539, **HAHN** (1970), S. 615f. und **SCHAPER-RINKEL** (1998), S. 52. Zum Begriff des *Erfolgspotenzials* vgl. **KIRSCH** (1991), S. 17ff. und die Ausführungen in Kap. 2.4.4.2.

[510] Vgl. **BLEICHER** (1999), S. 539ff. und die Ausführung zu den einzelnen Phasen in seinem Metamorphosemodell in Kap. 2.3.3, S. 23ff.

[511] Vgl. **SCHAPER-RINKEL** (1998), S. 52.

[512] Vgl. **KÜTING** (1978), S. 798ff., **KÜTING** (1980), S. 257 und **BLEICHER** (1992a), S. 268.

1.) *Vereinbarung einer Strategischen Allianz zwischen rechtlich selbständigen Unternehmen*: Die wesentlichen Charakteristika, Ziele, Gründe, Vorteile, Problembereiche und Nachteile im Zusammenhang mit der Bildung Strategischer Allianzen wurden bereits im Rahmen der grundlegenden Ausführungen zum Begriff der Strategischen Allianz in Kapitel 2.2 dargestellt. Aus diesem Grund werden an dieser Stelle die Vor- und Nachteile der Strategischen Allianzen lediglich kurz genannt.

Ein erster wesentlicher *Vorteil* Strategischer Allianzen ist ihr weit reichender Beitrag zur Realisierung von Kostensenkungen durch Größenvorteile und Synergieeffekte. Darüber hinaus ermöglichen sie nicht nur die Verbesserung des Ressourcenzugangs, sondern können zur einer deutlichen Ausweitung des Markt- und Kundenzugangs beitragen. Als weitere wesentliche Vorteile Strategischer Allianzen sind die gute Realisierbarkeit von Wissens- und Zeitvorteilen sowie die weit reichenden Möglichkeiten für eine Kosten- und Risikoteilung zwischen den beteiligten Unternehmen zu nennen.[513]

Als ein erster wesentlicher *Nachteil* einer Strategischen Allianz kann das Risiko einer Vernachlässigung des Kerngeschäftes genannt werden, das insbesondere dann besteht, wenn die Unternehmensleitung stark in die Allianzprozesse eingebunden ist. Zudem können sich für einzelne Allianzunternehmen Risiken aus einer Ausnutzung einseitiger Abhängigkeiten durch eines oder mehrere der Partnerunternehmen ergeben. Die Allianzzusammenarbeit unterschiedlicher Unternehmen beinhaltet zudem erhebliche Gefahren, wenn sich im Implementierungs- und Ausbauprozess ein unzureichendes Engagement der Mitarbeiter einstellt oder Konflikte durch unterschiedliche Unternehmenskulturen entstehen. Als weiterer bedeutender Nachteilsaspekt sind die wettbewerbsrechtlichen Beschränkungen Strategischer Allianzen anzuführen, die eine Implementierung eines Allianzvorhabens in der gewünschten Form in erheblicher Weise beeinträchtigen können.[514]

2.) *Erwerb einer Minderheitsbeteiligung an einem rechtlich selbständigen Unternehmen*: Eine gesetzliche Beteiligungsdefinition findet sich in §271 Abs. 1 HGB.[515] Danach handelt es sich bei Beteiligungen um *Anteile* an anderen

---

[513] Da jede Realisierung eines mit einer Strategischen Allianz verfolgten Unternehmenszieles gleichzeitig als ein allianzspezifischer Vorteil interpretiert werden kann, lassen sich die dargestellten Vorteile direkt aus den Allianzzielen ableiten. Für eine ausführliche Darstellung der mit einer Strategischen Allianz verfolgten Zielsetzungen vgl. Kap. 2.2.4ff.

[514] Für eine detaillierte Erläuterung der *Problembereiche* und *Nachteile* Strategischer Allianzen vgl. Kap. 2.2.5.

[515] Obwohl die Beteiligungsdefinition des §271 Abs. 1 HGB in dem ausschließlich für Kapitalgesellschaften geltenden Zweiten Abschnitt des Dritten Buches des HGB zu finden ist, hat sie für *alle* Kaufleute eine Bedeutung. Vgl. **ADLER; DÜRING; SCHMALTZ** (1997b), S. 272.

Unternehmen (sog. *Beteiligungsunternehmen*) mit der *Zweckbestimmung*, dem Geschäftsbetrieb des beteiligten Unternehmens über die Herstellung einer dauerhaften Verbindung zu dem oder den Beteiligungsunternehmen dienlich zu sein.[516] Die drei wesentlichen Elemente des Beteiligungsbegriffes, 1.) Anteile, 2.) Unternehmen und 3.) Zweckbestimmung, werden nachfolgend kurz erläutert:

a.) *Anteile*: Anteile im Sinne des §271 Abs. 1 HGB sind sämtliche in Wertpapieren verbriefte oder unverbriefte Mitgliedschaftsrechte, die Vermögensrechte (z.B. der Anspruch auf eine Teilnahme am Bilanzgewinn und Liquidationserlös bei einer Auflösung des Beteiligungsunternehmens) oder Verwaltungsrechte (Mitsprache- sowie Kontroll- und Informationsrechte) umfassen.[517] Dazu zählen gesellschaftsrechtliche Anteile am Kapital einer Kapital- oder Personengesellschaft.[518]

b.) *Unternehmen*: Zu den Unternehmen im Sinne des §271 Abs. 1 HGB zählen, gemäß des logisch systematischen Zusammenhangs der Vorschrift im Dritten Buch des HGB, einen sämtliche zur Buchführung verpflichteten Kaufleute.[519] Darüber hinaus gelten sämtliche Wirtschaftseinheiten als Unternehmen, die eigenständige ökonomische Interessen dauerhaft in einer nach außen auftretenden Organisation verfolgen.[520]

c.) *Zweckbestimmung*: Eine Zweckbestimmung im Sinne des §271 Abs. 1 HGB liegt immer dann vor, wenn die Beteiligung die Absicht einer *dauerhaften Verbindung* zum Beteiligungsunternehmen beinhaltet und der *Förderung der Geschäftstätigkeit* des beteiligten Unternehmens dient. Danach zählt eine Kapitalanlage, die ausschließlich finanzwirtschaftlichen Interessen dient und lediglich für den Erwerb von Anrechten am Gewinn des Beteiligungsunternehmens eingegangen wird (sog. *Finanzbeteiligung*[521]), nicht zu den Beteiligungen im Sinne des §271 Abs. 1 HGB.[522] Als Anhaltspunkte für eine angestrebte Dauerhaftigkeit der Verbindung können die folgenden Merkmale dienen: Personelle Verflechtungen, zusammenhängende Produktionsprogramme, gemeinsame Nutzung von Vertriebswegen, langfristige Liefer- und Leistungsverflechtungen oder entsprechende Verträge, spezielle Finanzierungsvereinbarungen und die Zusammenarbeit in der Durchführung von Markterschließungs-

[516] Vgl. §271 Abs. 1 HGB und **Reinhard** (1998), S. 75.
[517] Vgl. §271 Abs. 1 S. 2 HGB, **Adler; Düring; Schmaltz** (1997b), S. 273, **Busse von Colbe** (1974), Sp. 530 und **Reinhard** (1998), S. 75
[518] Vgl. **Busse von Colbe** (1974), Sp. 530.
[519] Vgl. **Reinhard** (1998), S. 75 und **Adler; Düring; Schmaltz** (1997b), S. 275.
[520] Vgl. **Reinhard** (1998), S. 75.
[521] Vgl. **Baetge** (1995), S. 85 und **Pausenberger** (1974b), Sp. 2234ff.
[522] Vgl. **Adler; Düring; Schmaltz** (1997b), S. 278.

maßnahmen und in der Forschung und Entwicklung.[523] Jedes dieser Merkmale kann allein oder durch die Kombination mit einem anderen Merkmal dazu führen, dass die Voraussetzungen für das Vorliegen einer Beteiligung im Sinne des §271 Abs. 1 HGB erfüllt werden.

Die Absicht einer *unternehmerischen Einflussnahme* ist demgegenüber keine zwingende Voraussetzung für einen Beteiligungsausweis, wenngleich sie in der Regel als Indiz für eine mit der Beteiligung verfolgte Förderung des eigenen Geschäftsbetriebes angesehen werden kann. Den Anforderungen des §271 Abs. 1 Satz 1 HGB kann aber auch durch eine weniger weit ausgerichtete Zielsetzung entsprochen werden.[524] Falls jedoch eine unternehmerische Einflussnahme wahrgenommen wird und zu einem *beherrschenden Einfluss* des beteiligten Unternehmens bzw. einer *Abhängigkeit* des Beteiligungsunternehmens im Sinne des §17 Abs. 1 AktG[525] sowie zu einer Ausübung einer *einheitlichen Leitung* im Sinne des §18 Abs. 1 AktG[526] führt, liegt eine sog. *Konzernbeteiligung* vor.[527] Eine *Beherrschung* ergibt sich immer dann, wenn das beteiligte Unternehmen die *absolute Stimmenmehrheit* am Beteiligungsunternehmen oder die ständige *Präsenzmehrheit*[528] bei den Hauptversammlungen des Beteiligungsunternehmens besitzt.[529]

Zusammenfassend kann an dieser Stelle festgehalten werden, dass die Existenz einer Beteiligung grundsätzlich *nicht* von der absoluten *Beteiligungshöhe*, sondern immer von der (dauerhaften) *Beteiligungsabsicht* des beteiligten Unternehmens abhängt.[530] Einschränkend ist in diesem Zusammenhang allerdings die Vorschrift des §271 Abs. 1 S. 3 HGB anzuführen, nach der im Zweifel die Anteile an einer Kapitalgesellschaft immer dann als Beteiligung

---

[523] Vgl. **Reinhard** (1998), S. 75 und **Adler; Düring; Schmaltz** (1997b), S. 278.

[524] Vgl. **Adler; Düring; Schmaltz** (1997b), S. 277f.

[525] Für eine detaillierte Erläuterung der sog. *Ausübung eines beherrschendes Einflusses* und der sich daraus ergebenden Konsequenzen vgl. **Adler; Düring; Schmaltz** (1997a), S. 65ff.

[526] Für eine ausführliche Erklärung und Diskussion des Begriffes der *einheitlichen Leitung* vgl. **Adler; Düring; Schmaltz** (1997a), S. 117ff.

[527] Vgl. **Pausenberger** (1974b), Sp. 2234ff.

[528] In vielen Fällen reicht eine Stimmrechtsminderheitsbeteiligung von 30% bis 40% an einer Aktiengesellschaft bereits für eine Beherrschung durch das beteiligungsbesitzende Unternehmen aus, da in der Regel viele Aktionäre ihre Stimmrechte nicht ausüben bzw. in einer Hauptversammlung immer nur die Mehrheit des sog. *erschienenen Kapitals* entscheidend ist. Vgl. **Gabler-Verlag** (1997), S. 519.

[529] Zu den möglichen unternehmerischen Beherrschungsmitteln im Sinne des §17 Abs. 1 AktG vgl. **Adler; Düring; Schmaltz** (1997a), S. 71ff.

[530] Vgl. **Baetge** (1996), S. 304.

anzusehen sind, wenn ihre Nennbeträge 20% des Nennkapitals[531] des Beteiligungsunternehmens übersteigen.[532] Diese auch als *Beteiligungsvermutung* bezeichnete Vorschrift kann allerdings widerlegt werden, wenn klare und objektive Anhaltspunkte dagegen vorliegen, z.B. bei deutlichen Geschäftstätigkeitsunterschieden zwischen den involvierten Unternehmen oder bei Anteilseignerstrukturen des Beteiligungsunternehmen, die eine Einflussnahme durch das beteiligte Unternehmen kaum möglich erscheinen lassen.[533]

Eine besondere Form der Beteiligungsunternehmen stellen Unternehmen dar, zu denen das beteiligte Unternehmen eine Beziehung unterhält, die schwächer als eine gemeinsame Führung, aber stärker als ein normaler Beteiligungsbesitz im Sinne des §271 Abs. 1 HGB ist. Diese Unternehmen werden gemäß §311 Abs. 1 HGB als sog. *assoziierte Unternehmen* bezeichnet.[534] Nach den in §311 Abs. 1 HGB enthaltenden Definitionsmerkmalen liegt ein assoziiertes Unternehmen immer dann vor, wenn ein in einen Konzernabschluss einbezogenes Unternehmen an einem anderen Unternehmen eine Beteiligung im Sinne des §271 Abs. 1 HGB besitzt und auf dieses Unternehmen einen sog. *maßgeblichen Einfluss* ausübt.[535] Eine allgemein gültige abstrakte Definition des Begriffes des *maßgeblichen Einflusses* ist gesetzlich jedoch nicht kodifiziert. In einer ersten Negativabgrenzung liegt ein maßgeblicher Einfluss immer dann vor, wenn Entscheidungen von grundlegender Bedeutung für das Beteiligungsunternehmen nicht ohne Beteiligung bzw. nicht gegen die Vorstellungen des beteiligungsbesitzenden Unternehmens getroffen werden können.[536] Im Schrifttum werden mehrere Kriterien aufgezählt, die den unbestimmten Rechtsbegriff weiter konkretisieren sollen.[537] Eine wesentliche Voraussetzung für die Existenz eines maßgeblichen Einflusses ist danach die Mitwirkung des beteiligten Unternehmens an bestimmten Grundsatzentscheidungen des Beteiligungsunternehmens, wie z.B. Entscheidungen über Marketing-, Produkt-, Investitions- und Finanzierungsstrategien oder Entscheidungen über die Gewinnverwendung.[538] Als weitere Indizien für das Vorliegen eines maßgeblichen Einflusses des beteiligten Unternehmens auf das Beteiligungsunternehmen werden im Schrifttum beispielsweise die Vertretung im Vorstand oder Aufsichtsrat, die Teilnahme am geschäfts-

---

[531] Auf die Anzahl der Stimmrechte kommt es hierbei zunächst nicht an. Ein Mangel an Stimmrechten kann aber unter Umständen zur Widerlegung der Beteiligungsvermutung angeführt werden. Vgl. **ADLER; DÜRING; SCHMALTZ** (1997c), S. 748.

[532] Vgl. **BAETGE** (1995), S. 85.

[533] Vgl. **ADLER; DÜRING; SCHMALTZ** (1997b), S. 280.

[534] Vgl. **BAETGE** (1995), S. 389.

[535] Vgl. **GABLER-VERLAG** (1997), S. 2241.

[536] Vgl. **ADLER; DÜRING; SCHMALTZ** (1997c), S. 749.

[537] Vgl. **BAETGE** (1995), S. 389.

[538] Vgl. **ADLER; DÜRING; SCHMALTZ** (1997c), S. 750f. und **BAETGE** (1995), S. 389ff.

politischen Entscheidungsprozess, der Austausch von Führungskräften und/oder die Existenz intensiver wechselseitiger Geschäftsbeziehungen genannt.[539] Unabhängig von §271 Abs. 1 Satz 3 HGB und §311 Abs. 1 HGB lassen sich Abstufungen hinsichtlich der prozentualen Beteiligungsquote am gesamten Nennkapital bzw. an den gesamten Stimmrechten eines Beteiligungsunternehmens vornehmen, die unterschiedliche *Beteiligungsbegriffe* für spezielle prozentuale Größenklassen begründen (s. Abb. 2.16).

***Abb. 2.16**: Systematisierung unterschiedlicher Beteiligungsbegriffe in Abhängigkeit von der Beteiligungsquote*[540]

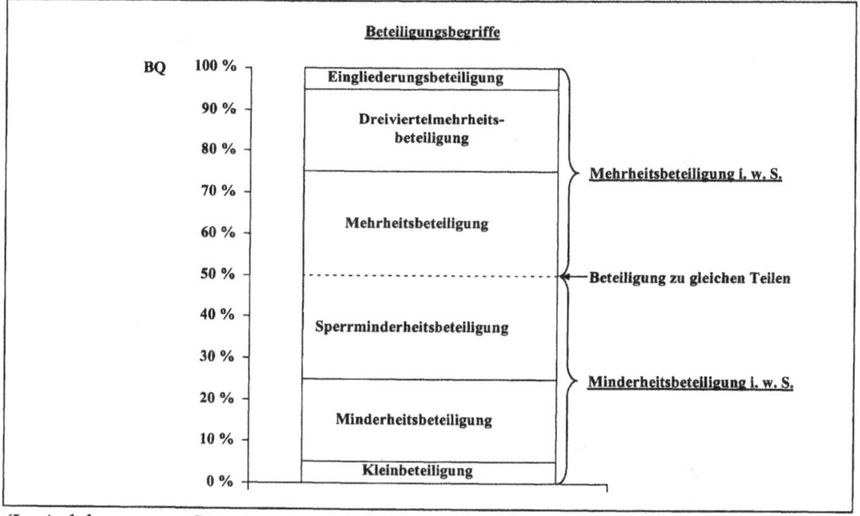

(In Anlehnung an: SCHIERENBECK (1987), S. 44, WÖHE; DÖRING (2000), S. 333, HAHN (1997), S. 576 und EISENHOFER (1970), S. 12)

---

539 Vgl. **BAETGE** (1995), S. 392 und **ADLER; DÜRING; SCHMALTZ** (1997c), S. 750f. Für eine weiterführende umfassende Diskussion des Begriffes des *assoziierten Unternehmens* vgl. **ADLER; DÜRING; SCHMALTZ** (1997c), S. 746ff.

540 Entgegen dieser detaillierten Systematisierung wird im Rahmen der vorliegenden Arbeit bei Vorlage einer Beteiligungsquote von weniger als 50% immer nur von einer Minderheitsbeteiligung gesprochen und somit ein *erweiterter* Minderheitsbeteiligungsbegriff unterstellt. Falls mit diesem Begriff ausschließlich Bezug auf eine Sperrminderheitsbeteiligung oder Kleinbeteiligung genommen werden soll, wird darauf ausdrücklich hingewiesen. Eine Sperrminderheitsbeteiligung bzw. Sperrminorität liegt gemäß der in Abb. 2.14 vorgenommenen Systematisierung immer dann vor, wenn gegen die Stimmen des beteiligten Unternehmens wesentliche Hauptversammlungsbeschlüsse, die eine sog. *qualifizierte Mehrheit*, d.h. 75% der Stimmrechte, erfordern (z.B. Satzungsänderungen gemäß §179 Abs. 2 HGB oder der Widerruf der Bestellung von Aufsichtsratsmitgliedern gemäß §103 Abs. 1 HGB), nicht gefasst werden können. Vgl. **ADLER; DÜRING; SCHMALTZ** (1997a), S. 74 und **GABLER-VERLAG** (1997), S. 519.

Für den *Erwerb* einer Minderheitsbeteiligung an einem rechtlich selbständigen Unternehmen bieten sich dem investitionswilligen Unternehmen grundsätzlich drei Ansatzmöglichkeiten. Erstens kann der Kauf über die *Börse* abgewickelt werden (ausschließlich für Aktiengesellschaften und Kommanditgesellschaften auf Aktien), zweitens kann ein *öffentliches Aufkaufangebot* abgegeben werden oder drittens können *direkte Verhandlungen* mit dem oder den Anteilseignern geführt werden.[541] Nach dieser ausführlichen Erklärung des Beteiligungsbegriffes werden nachfolgend die jeweiligen Vor- und Nachteile dieser Form der externen Unternehmensentwicklung gegenüber den alternativen externen Entwicklungswegen erläutert.

Der Erwerb einer Beteiligung beinhaltet gegenüber einer Akquisition oder Fusion den wesentlichen *Vorteil*, mit vergleichsweise geringen Mitteln einen ersten Einfluss auf ein anderes Unternehmen gewinnen zu können. Auch unter strategischen Gesichtspunkten kann eine Minderheitsbeteiligung sinnvoll sein, insbesondere dann, wenn sie als erster Schritt für eine nachfolgende Akquisition oder Fusion durchgeführt wird. Eine vor diesem Hintergrund erworbene hohe Beteiligungsquote kann das Vertrauen in die Ernsthaftigkeit des Engagements des beteiligten Unternehmens erhöhen und eine mögliche feindliche Übernahme durch ein drittes Unternehmens erschweren. Diese Tatsache kann gerade im Zusammenhang mit dem Ausbau Strategischer Allianzen von erheblicher Bedeutung sein, da über eine hohe Beteiligungsquote der Verlust eines oder mehrerer strategisch wichtiger Partnerunternehmen an einen anderen Allianzverbund deutlich erschwert oder sogar gänzlich verhindert werden kann.[542]

[541] Vgl. **WALDECKER** (1995), S. 26ff.

[542] In diesem Zusammenhang kann die Auseinandersetzung um die Übernahme der kanadischen Fluggesellschaft Air Canada durch die ONEX-Gruppe als Beispiel für die Bedeutung einer Beteiligung zur Abwehr einer feindlichen Übernahme angeführt werden. Im Oktober 1999 plante die ONEX-Gruppe, hinter der mit der US-Gesellschaft AMR die Konzernmuttergesellschaft von American Airlines steht, die feindliche Übernahme der Air Canada. Als „feindlich" wurde dieser Übernahmeversuch insbesondere deshalb bezeichnet, da Air Canada bereits zu diesem Zeitpunkt zu der von der Deutsche Lufthansa AG maßgeblich initiierten Star Alliance gehörte und damit einen direkten Konkurrenten zu der „oneworld"-Allianz von American Airlines repräsentierte. AMR plante die Übernahme der Air Canada, um diese mit der angeschlagenen Canadian Airways, die der AMR bereits zu 25% gehörte, zu verschmelzen. Die Star Alliance hätte dadurch nicht nur ein sehr wesentliches Partnerunternehmen im nordamerikanischen Markt verloren, sondern zusätzlich die eigene Konkurrenz gestärkt. Durch umfangreiche finanzielle Unterstützung durch die Star Alliance, insbesondere durch die Deutsche Lufthansa AG und United Airlines, konnte diese Übernahme abgewehrt werden. Eine Beteiligung an der Air Canada durch ein anderes Mitglied der Star Alliance, z.B. durch die Deutsche Lufthansa AG, hätte einen derartigen Übernahmeversuch von vornherein deutlich erschweren oder gänzlich ausschließen können. Für ei-

Diesen Vorteilen stehen jedoch einige gravierende *Nachteile* gegenüber. Beispielsweise kann eine angestrebte Beteiligungsquote nicht immer „als Ganzes", sondern häufig nur sukzessiv unter erheblichem zeitlichen und finanziellen Aufwand erworben werden. Falls kein Verkäufer existiert, der sich von seiner Beteiligung trennen möchte, kann der Zeitraum bis zum Erreichen der gewünschten Beteiligungsquote unter Umständen lange andauern und das Risiko erhöhen, trotz umfangreicher finanzieller Maßnahmen nicht den gewünschten Einfluss auf das Beteiligungsunternehmen in der angestrebten Zeitspanne zu erreichen. Darüber hinaus beinhaltet ein direkter oder sukzessiver Beteiligungserwerb, der z.B. aufgrund rechtlicher Reglementierungen als Vorstufe für eine bisher untersagte Akquisition oder Fusion durchgeführt wird, das mitunter nicht unerhebliche Risiko, den Gesamtakquisitionspreis im Vergleich zu einer direkten Akquisition deutlich zu erhöhen, falls andere Anleger in Erwartung steigender Kurse verstärkt Anteile am Beteiligungsunternehmen nachfragen.[543]

Als weiterer Nachteil einer Minderheitsbeteiligung ist die Tatsache anzusehen, dass mit diesem Entwicklungsweg keine oder nur geringe Synergiepotenziale zwischen den involvierten Unternehmen erschlossen werden können, da eine Minderheitsbeteiligung ex definitione nicht zu einem mehrheitlichen Austausch von Kontrollrechten am Beteiligungsobjekt führt.[544]

3.) *Akquisition eines rechtlich selbständigen Unternehmens*: Im Vergleich zur Strategischen Allianz und zur nachfolgend erläuterten Fusion beinhaltet die Akquisition eines rechtlich selbständigen Unternehmens für das übernehmende Unternehmen den Vorteil, nach einem *kurzen* Kaufverhandlungsprozess und einer *erfolgreich* vollzogenen Integration die eigene Wettbewerbsposition vergleichsweise schnell festigen und/oder ausweiten zu können bzw. neue Markt- und/oder Produktbereiche erschließen zu können.[545] Einschränkend ist jedoch an dieser Stelle darauf hinzuweisen, dass ein *langwieriger* Verhandlungsprozess und umfangreiche Integrationsprobleme die Vorteilhaftigkeit dieses Entwicklungsweges deutlich einschränken können.[546]

Die Möglichkeit zu einem schnellen Wachstum resultiert für das übernehmende Unternehmen zum einen aus der sich aus einer erfolgreich vollzogenen Akquisition ergebenden Kontrolle über das Akquisitionsobjekt, durch die, insbesondere im Vergleich zur Strategischen Allianz, Entscheidungs- und Abstimmungswege verkürzt, flexibilisiert oder abgeschafft werden kön-

ne ausführliche Erläuterung des Übernahmeversuches vgl. **o.V.** (1999a), S. 19, **o.V.** (1999b), S. 22, **o.V.** (1999c), S. 1, **o.V.** (1999d), S. 20, **o.V.** (1999e), S. 20.

543 Vgl. **Waldecker** (1995), S. 27.

544 Vgl. **Hammes** (1994), S. 91.

545 Vgl. **Henkel** (1992), S. 151.

546 Vgl. dazu auch die Ausführungen zur Auswahldimension „Zeit" in Kap. 2.3.4.4, S. 23.

nen. Zum anderen kann die Akquisition eines direkten Konkurrenzunternehmens zu einer nachhaltigen Veränderung der Wettbewerbsverhältnisse führen, durch die eigene Produkte und Dienstleistungen schneller im Markt plaziert werden können.[547]

Akquisitionen können häufig auch schneller verhandelt und vereinbart werden als Strategische Allianzen. Bei einer Akquisitionsverhandlung geht es im Kern um die Frage, ob die Übernahme aus einer strategischen Perspektive heraus als sinnvoll einzustufen ist, ob die wirtschaftlichen Auswirkungen der Akquisition für das übernehmende Unternehmen als ausreichend positiv eingeschätzt werden und ob der Kaufpreis des Akquisitionsobjektes niedriger ist, als die Kosten für den Aufbau einer vergleichbaren strategischen Position durch einen anderen Entwicklungsweg.[548]

Die umfangreichen Kontroll- und Steuerungsrechte des übernehmenden Unternehmens ermöglichen eine weit reichende operative Einflussnahme auf das Akquisitionsobjekt und können damit zu einer effizienteren Gestaltung von Abläufen und Strukturen im Unternehmen selbst und/oder beim Akquisitionsobjekt beitragen.[549]

Als weiterer Vorteil einer Akquisition ist die Tatsache anzusehen, dass ein Unternehmen viele der mit einer Strategischen Allianz realisierbaren Ziele vergleichbar oder sogar noch besser erreichen kann. Zu diesen Zielen gehören die Realisierung von Kostensenkungen durch Größenvorteile und Synergieeffekte, z.B. durch die Konzentration redundanter Projekte, Abteilungen und Aktivitäten,[550] die Verbesserung und Erweiterung des Ressourcenzugangs, die Aufteilung von Kosten, die Verbesserung der Risikoposition und die Realisierung von Know-How-Vorteilen und Kompetenzgewinnen.[551]

Diesen Vorteilen stehen jedoch einige akquisitionsspezifische Nachteile entgegen. Beispielsweise ist eine Akquisition immer nur dann umsetzbar, wenn ein geeignetes Übernahmeobjektes existiert. Darüber hinaus erfordert die Realisierung einer Akquisition häufig einen hohen Kapitalbedarf, aus der in der Regel eine hohe Kapitalbindung resultiert.[552] Dementsprechend eröffnet sich diese Form der externen Unternehmensentwicklung in der Regel nur finanzkräftigen Unternehmen. Die hohe Kapitalbindung beinhaltet zudem erhebliche finanzielle Risiken, da sich im Zeitablauf Situationen ergeben können, die zu unterdurchschnittlichen Gewinnen oder Verlusten beim Akquisi-

[547] Vgl. **Henkel** (1992), S. 152.
[548] Vgl. **Freidheim** (1999), S. 27 und **Lorange; Kotlarchuk; Singh** (1987), S. 5.
[549] Vgl. **Müller-Stewens** (1991), S. 313f.
[550] Vgl. **Freidheim** (1999), S. 26.
[551] Vgl. **Henkel** (1992), S. 151ff. und **Krystek; Zur** (2002), S. 210.
[552] Vgl. **Michel** (1996), S. 46.

tionsobjekt führen.[553] Das übernehmende Unternehmen kann auf derartige Veränderungen grundsätzlich nur sehr eingeschränkt reagieren, da die hohe Bindungsintensität zwischen den Unternehmen die strategische Flexibilität und Entscheidungsreversibilität stark begrenzt.[554] Darüber hinaus ergeben sich aus Akquisitionen häufig umfangreiche Kontroll- und Integrationsprobleme, wenn beispielsweise die unterschiedlichen Unternehmenskulturen nicht direkt miteinander harmonieren oder die Integration in umfangreicher Weise bestimmte Unternehmensführungskapazitäten bindet, die dann für die eigentlichen Unternehmensaufgaben nicht eingesetzt werden können.[555]

4.) *Fusion rechtlich selbständiger Unternehmen*: Die Fusion zwischen zwei oder mehreren Unternehmen stellt immer dann einen sinnvollen externen Entwicklungsweg dar, wenn eine Zusammenführung der Vermögenswerte die wirtschaftliche Situation der beteiligten Unternehmen und Branchen verbessern kann.[556] Fusionen repräsentieren, wie bereits im Zusammenhang mit der Abgrenzung dieser Form der Unternehmensverbindung zur Strategischen Allianz festgestellt,[557] die weitreichendste und organisatorisch, gesellschafts- und steuerrechtlich komplexeste Form des Zusammenschlusses von zwei oder mehreren Unternehmen.[558] Daraus ergeben sich für diese Form der externen Unternehmensentwicklung einige Vorteile, aber auch einige nicht unerhebliche Risiken und Nachteile.

Ein wesentlicher Vorteil der Fusion resultiert aus der mit jeder Verschmelzung verbundenen Aufgabe der rechtlichen Selbständigkeit eines oder mehrerer Unternehmen, die eine weit reichende organisatorische Zusammenführung und darauf aufbauend eine Verbesserung der Aufbau- und Ablauforganisation der involvierten Unternehmen ermöglicht. Die Unternehmensführung des übernehmenden oder des im Zuge der Verschmelzung neu gegründeten Unternehmens kann dadurch beispielsweise bestehende Entscheidungswege deutlich kürzer und effizienter gestalten.[559] Zu den weiteren Vorteilen der Fusion gehören u.a. die gute Realisierbarkeit von absatzpolitischen Zielvorgaben (z.B. eine gezielte Marktbeeinflussung durch Ausschaltung von Konkurrenten), die gute Erreichbarkeit spezieller produktions-, personal- und/oder finanzwirtschaftlicher Ziele (z.B. die Erhöhung der Rentabili-

---

[553] Vgl. **Wiezorek** (1999), S. 341.
[554] Vgl. **Hammes** (1994), S. 93.
[555] Vgl. **Müller-Stewens** (1991), S. 314, **Hammes** (1994), S. 98f. und **Schubert** (1995), S. 93.
[556] Vgl. **Freidheim** (1999), S. 45.
[557] Für eine Abgrenzung der *Fusion* zur *Strategischen Allianz* vgl. Kap. 2.2.3.2.
[558] Vgl. **Pausenberger** (1974a), Sp. 1604.
[559] Vgl. **Lutz** (1993), S. 48.

tät durch den Ausgleich von Kapitalbindungsunterschieden, und die gezielte Ausnutzbarkeit von länderspezifischen Steuervorteilen.[560]

Mit Fusionen sind jedoch häufig auch weit reichende Probleme und Nachteile verbunden. Sie führen im Zusammenhang mit der Integration der beteiligten Unternehmen vielfach zu umfangreichen innerbetrieblichen Spannungen, da beispielsweise die Veränderung der bisherigen Organisations- und Steuerungsstrukturen, die Vereinheitlichung von Gehaltssystemen und/oder die Freisetzung von Personal häufig nicht von allen Mitarbeitern der beteiligten Unternehmen akzeptiert wird bzw. gegen bestimmte Vorgaben verstößt, die sich aus den jeweiligen unterschiedlichen Unternehmenskulturen ergeben.[561]

Darüber hinaus impliziert die Aufgabe der rechtlichen Selbständigkeit einen wesentlichen Nachteil gegenüber der Strategischen Allianz und Akquisition, bei denen die rechtliche Eigenständigkeit der beteiligten Unternehmen generell immer erhalten bleibt. Sie führt zu der vergleichsweise höchsten Bindungsintensität zwischen den involvierten Unternehmen, die eine Umkehrbarkeit von Fusionsentscheidungen kaum noch zulässt.[562]

Eine langfristig positive Wirkung einer Fusion hängt stark von der Kompatibilität und Kommunikation der beteiligten Unternehmen, der Berücksichtigung der individuellen Unternehmenskulturen und dem gesamten Ablauf der Fusionsdurchführung ab. Umsetzungsfehler können zu gravierenden Problemen führen, die häufig nur mit erheblichem zeitlichen und finanziellen Aufwand wieder ausgeglichen werden können. Eine direkte Fusion zwischen zwei Unternehmen, die auf keine vorherige Form der Zusammenarbeit aufbaut, beinhaltet somit erhebliche Risiken, die bereits bei einer Verschmelzung zwischen zwei *nationalen* Unternehmen entstehen können. *Grenzüberschreitende* Fusionen unterliegen speziellen weiteren Risiken, da beispielsweise unterschiedliche nationale Sozial-, Wirtschafts- und/oder Kultursysteme die Zusammenführung der Unternehmen weiter erschweren.[563]

Zusammenfassend kann bezüglich der Systematisierung der internen und externen Entwicklungswege festgestellt werden, dass sich keine der dargestellten Alternativen für *alle* strategischen Ausgangssituationen eines Unternehmens eignet. Vielmehr leitet sich aus dieser Erkenntnis, vor dem Hintergrund der Themenstellung der vorliegenden Arbeit und der darin vorgenommenen Fokussie-

---

[560] Vgl. **Gabler-Verlag** (1997), S. 4116. Für weitere Vorteile der *Fusion* vgl. Kap. 2.3.4.3.2, S. 23.

[561] Vgl. **Wiezorek** (1999), S. 341 und **Michel** (1996), S. 46.

[562] Vgl. **Hammes** (1994), S. 98f.

[563] Vgl. **Wiezorek** (1999), S. 341. Als Beispiel für eine fehlerhafte Fusionsumsetzung und die daraus resultierenden Problembereiche eignet sich die Fusion zwischen Daimler-Benz und Chrysler. Für eine ausführliche Erläuterung der bei dieser Fusion auftretenden umfangreichen Harmonisierungsschwierigkeiten vgl. **Hawranek** (1999), S. 100f.

rung der Analyse auf externe Entwicklungswege, die Notwendigkeit ab, eine *Auswahl* des situativ besten externen Entwicklungsweges vorzunehmen. Diese Auswahl kann grundsätzlich nur dann sinnvoll vorgenommen werden, wenn die jeweiligen Vor- und Nachteile (vgl. Abb. 2.17) nie isoliert, sondern immer nur im Rahmen eines ganzheitlichen Ansatzes betrachtet werden.

Abb. 2.17: *Vor- und Nachteile der externen Entwicklungswege*

Externer Weg / Vor- & Nachteile	Strategische Allianzen	Minderheits-beteiligungen	Akquisitionen	Fusionen
Vorteile	• Gute Realisierbarkeit von Kostensenkungen durch Größenvorteile und Synergieeffekte • Verbesserung des Ressourcenzugangs • Ausweitung des Markt- und Kundenzugangs • Realisierbarkeit von Wissens- und Zeitvorteilen • Kosten-/Risikoteilung	• Möglichkeit zu unternehmerischem Einfluss mit geringen Finanzmitteln • Gutes Mittel zur Steigerung des Vertrauens in die Zusammenarbeit • Weg zur Abwehr feindlicher Übernahmen • Keine Integrationsprobleme	• Möglichkeit zu schnellem Unternehmenswachstum • Möglichkeit zur Verkürzung und Flexibilisierung von Entscheidungswegen • Chance zu Wettbewerbsreduzierungen und effizienterer Gestaltung von Abläufen und Strukturen	• Weitreichende Möglichkeiten zur Verbesserung der Aufbau- und Ablauforganisation • Gute Realisierbarkeit absatzpolitischer und produktions-, personal- und/oder finanzwirtschaftlicher Ziele
Nachteile	• Risiko einer Kerngeschäftsvernachlässigung • Risiko einer Ausnutzung einseitiger Abhängig-keiten • Gefahr umfangreicher Personalprobleme • Risiken durch kulturinduzierte Konflikte • Wettbewerbsrechtliche Beschränkungen	• Realisierung der Zielbeteiligungsquote u. U. nur mit hohem Zeit- und Finanzaufwand • Risiko einer Kaufpreiserhöhung, falls Beteiligung Vorstufe zu einer Akquisition • Vielfach keine oder nur geringe Erschließung von externen Synergiepotenzialen	• Hohe Integrations- und Kontrollaufwand • Umsetzbarkeit nur bei Existenz eines geeigneten Akquisitionsobjekts • Hohe Kapitalbindung • Hoher Finanzbedarf • Hohe Finanzrisiken	• Hohe Umsetzungskomplexität • Langwieriger Umsetzungsprozess • Gefahr umfangreicher innerbetrieblicher Spannungen • Erhebliche Risiken bei unterschiedlichen Sozial-, Wirtschafts- und/oder Kultursystemen

(Quelle: Eigene Abbildung)

Ein derartiger ganzheitlicher Auswahlansatz und -prozess sollte grundsätzlich einen direkten und strukturierten Vergleich der Entwicklungswege ermöglichen. Dazu müssen nicht nur die jeweiligen Vor- und Nachteile der Entwicklungswege berücksichtigt werden, sondern zusätzlich immer auch eine Vielzahl weiterer entscheidungsbeeinflussender Faktoren in die Betrachtungen integriert werden.

Diese Faktoren ergeben sich, wenn die zunächst unsystematisch abgeleiteten Vor- und Nachteile der Entwicklungswege unterschiedlichen Betrachtungs- bzw. Beurteilungsdimensionen zugeordnet werden. Vor diesem Hintergrund ist eine erste sinnvolle Abgrenzung der alternativen Entwicklungswege anhand der drei Dimensionen *Zeit*, *Kosten* und *Risiken* möglich.[564] In den nachfolgenden Kapiteln werden die einzelnen Beurteilungsdimensionen kurz erläutert und auf die unterschiedlichen internen und externen Entwicklungswege bezogen.

[564] GOMEZ und WEBER haben diese drei Dimensionen für eine Entscheidungssituation entwickelt, in der zwischen einer internen Unternehmensentwicklung und einer Akquisition zu wählen ist. Sie eignen sich aber auch für einen grundsätzlichen Vergleich sämtlicher alternativer Entwicklungswege für Unternehmen. Vgl. **GOMEZ; WEBER** (1989), S. 15.

2.3.4.4 Dimensionen zur Auswahl eines Entwicklungsweges

2.3.4.4.1 Auswahldimension Zeit

Der Faktor Zeit ist in den letzten Jahren durch die fortwährende Verkürzung von Produktlebenszyklen und ansteigende Entwicklungsgeschwindigkeiten in der Unternehmensumwelt zu einem zunehmend wichtigen und wettbewerbsrelevanten strategischen Erfolgsfaktor[565] für die Entwicklung eines Unternehmen geworden.[566] Aus diesem Grund wird die Auswahl eines Entwicklungsweges immer mehr durch die Einschätzung der voraussichtlichen Umsetzungsdauer der jeweiligen Alternative beeinflusst.

Eine *interne Unternehmensentwicklung* gestaltet sich häufig als besonders zeitintensiv, da sie in der Regel über eine, unter Zeitgesichtspunkten, wenig effiziente Verknüpfung mehrerer einzelner Ressourcen umgesetzt wird.[567] Die Bildung und der Ausbau einer *Strategischen Allianz* kann sich demgegenüber bei einem schnellen Abschluss der Allianzverhandlungen[568] *zu Beginn* und *während* der Zusammenarbeit und einer entsprechend kurzfristigen formalrechtlichen Institutionalisierung und Umsetzung als ein unter Zeitgesichtspunkten effizienter Entwicklungsweg für Unternehmen herausstellen, da hier keine oder nur geringe finanzielle Transaktionen und keine Veränderung der Eigentumsverhältnisse zwischen den kooperierenden Unternehmen notwendig sind.[569]

Eine *externe Unternehmensentwicklung* über eine *Minderheitsbeteiligung* kann generell vergleichsweise schnell, z.B. durch einen Anteilskauf am Kapitalmarkt[570], vollzogen werden.[571] Da eine Beteiligung im Rahmen dieser Arbeit jedoch nur dann als externer Entwicklungsweg angesehen wird, wenn sie nicht ausschließlich als reine Finanzinvestition, sondern als erster strategischer Schritt in eine erweiterte Form der Zusammenarbeit vorgenommen wird, ist in der Regel davon auszugehen, dass vor dem eigentlichen Beteiligungserwerb Verhandlungen über die Ausgestaltung der weiteren Zusammenarbeit der beteiligten Unternehmen geführt werden, so dass die zeitliche Effizienz dieses Entwicklungsweges relativiert werden muss.

Eine *Akquisition* als externer Entwicklungsweg kann unter Zeitgesichtspunkten deutliche Nachteile aufweisen, falls die mit einer Akquisition angestrebte Nut-

---

565 Zum Begriff des *strategischen Erfolgsfaktors* vgl. Kap. 2.4.4.2, S. 23.

566 Zur Bedeutung des Faktors *Zeit* als wichtige Dimension des Wettbewerbs vgl. **Bronder; Pritzl** (1991), S. 45, **Gahl** (1990), S. 37f., **Simon** (1989), S. 121 und S. 123, **Backhaus; Plinke** (1990), S. 27, **Stalk** (2000), S. 626ff. und **Istvan** (2000), S. 648ff.

567 Vgl. **Petersen** (1994), S. 116.

568 Zu den möglichen Bestandteilen einer Allianzverhandlung vgl. **Freidheim** (1999), S. 27.

569 Vgl. **Hammes** (1994), S. 96.

570 Zu den möglichen Erwerbsformen einer *Beteiligung* vgl. Kap. 2.3.4.3.2, S. 23.

571 Vgl. **Hammes** (1994), S. 97.

zung bzw. Erschließung von Synergiepotenzialen[572] erst nach einer zeitintensiven Phase des Erwerbs der Kontrollrechte am Akquisitionsobjekt und einer langwierigen Abstimmung und Integration der beteiligten Unternehmen erfolgen kann.[573] *Nach* einer erfolgreich vollzogenen Akquisition kann sich diese Form der externen Unternehmensentwicklung allerdings, insbesondere im Vergleich zu einem Alleingang, als gute Möglichkeit erweisen, um eine Marktpräsenz in schnell wachsenden Märkten vergleichsweise kurzfristig aufzubauen, bestehende Wettbewerbschancen schnell auszunutzen und Markteintrittsbarrieren[574] zeiteffizient zu überwinden.[575]

Die *Fusion* stellt den unter Zeitaspekten aufwendigsten externen Entwicklungsweg dar. Zur Umsetzung der Verschmelzung sind in der Regel vor dem eigentlichen Vertragsabschluss intensive Verhandlungen über den Zusammenführungsvollzug der beteiligten Unternehmen notwendig. Nach der Fusionsvereinbarung ergeben sich regelmäßig zeitaufwendige Abstimmungs- bzw. Integrationsprozesse, die eine kurzfristige Realisierung der mit der Verschmelzung angestrebten ökonomischen Ziele über einen längeren Zeitraum verhindern können.[576]

2.3.4.4.2 Auswahldimension Kosten

Die Beurteilung der einzelnen Entwicklungswege anhand der Dimension Kosten erfordert eine *verursachungsgerechte* Erfassung der Kosten. Demnach dürfen die entstehenden Kosten nur auf diejenigen *notwendigen Ressourcen und Integrationsfähigkeiten* bezogen werden, die die jeweilige Kostenhöhe beeinflussen.[577]. Darüber hinaus ist das Ausmaß der einer Realisation entgegenstehenden *Umsetzungsbarrieren* unter Kostengesichtspunkten zu analysieren. Diese beiden kostenbeeinflussenden Dimensionen werden nachfolgend auf die unterschiedlichen Entwicklungswege bezogen:

1.) *Notwendige Ressourcen und Integrationsfähigkeiten*: Der Umfang der zur weiteren Unternehmensentwicklung benötigten Ressourcen und die Anforderungen an die Fähigkeiten der Unternehmensführung zur Integration des neuen Ressourcenzugangs determinieren in erheblichem Maße die mit einem spezifischen Entwicklungsweg verbundenen Kosten.

   Bei einer *internen Unternehmensentwicklung* können beispielsweise zusätzliche Kosten durch den notwendigen Neuerwerb von Grundstücken, Ma-

---

[572] Zum Begriff des *Synergiepotenzials* vgl. Kap. 2.2.4.2, S. 23.
[573] Vgl. WALDECKER (1995), S. 84.
[574] Zum Begriff der *Markteintrittsbarrieren* vgl. Kap. 2.2.4.5, S. 23.
[575] Vgl. HENKEL (1992), S. 151f. und GOMEZ; WEBER (1989), S. 51. Zum Begriff der *Markteintrittsbarrieren* vgl. Kap. 2.2.4.5, S. 23.
[576] Vgl. MICHEL (1996), S. 46 und HAMMES (1994), S. 97.
[577] Vgl. ADAM (1993), S. 125.

schinen und/oder Rohstoffen entstehen.[578] Hinsichtlich einer *externen Unternehmensentwicklung* über die Gründung und den Ausbau einer *Strategischen Allianz* ist einerseits, insbesondere gegenüber der internen Entwicklung, von geringeren Kosten auszugehen, da viele Ressourcen nicht im Alleingang erschlossen werden müssen, sondern idealerweise durch den oder die Partner zur Verfügung gestellt werden.[579] Auch gegenüber einer *Minderheitsbeteiligung* bzw. *Akquisition* beinhaltet die Strategische Allianz einen Kostenvorteil, insbesondere wenn sie auf einer rein vertraglichen Institutionalisierung der Zusammenarbeit basiert und damit, im Unterschied zu diesen beiden externen Entwicklungswegen, keinen kapitalintensiven Erwerb von Kontrollrechten an einem oder mehreren anderen Unternehmen erfordert.[580] Allianzen können jedoch andererseits ebenfalls mit nicht unerheblichen Kosten verbunden sein. Diese können beispielsweise durch langwierige Vertragsverhandlungen bei einer großen Anzahl von Allianzpartnern und/oder durch die Gründung eines Gemeinschaftsunternehmens zu Beginn oder während der Zusammenarbeit entstehen.[581]

Akquisitionen erweisen sich, insbesondere aufgrund eines häufig hohen Akquisitionspreises, vielfach als besonders kostenintensiv.[582] *Fusionen* stellen in der Regel besonders hohe Anforderungen an ein Integrationsmanagement und erfordern häufig nicht nur zeitaufwendige, sondern auch kostenintensive Strukturänderungs- und Abstimmungsprozesse, so dass sie unter Kostengesichtspunkten bei einem kurzfristigen Betrachtungshorizont eher nachteilig zu beurteilen sind.[583] Sie können aber bei einer im Zeitablauf erfolgreichen vollzogenen Integration der beteiligten Unternehmen, wie die Akquisition, zu erheblichen Kostensenkungen und Erlössteigerungen durch die Ausnutzung von Synergiepotenzialen[584] führen, so dass sich diese Form der externen Unternehmensentwicklung unter Kostengesichtspunkten als vorteilhafte Entwicklungsvariante erweisen kann.

2.) *Ausmaß der Umsetzungsbarrieren*: Die Kosten eines Entwicklungsweges werden nicht nur durch das Ausmaß der notwendigen Ressourcen und vorhandenen Integrationsfähigkeiten bestimmt, sondern in erheblichem Maße auch durch die vorhandenen Umsetzungsbarrieren determiniert, die der Realisierung eines bestimmten Entwicklungsweges entgegenstehen. Bei einer

---

[578] Vgl. **Schaper-Rinkel** (1998), S. 53.

[579] Die Verbesserung und Erweiterung des Ressourcenzugangs stellt eines der wesentlichen Ziele Strategischer Allianzen dar. Vgl. Kap. 2.2.4.3.

[580] Vgl. **Hammes** (1994), S. 100.

[581] Vgl. **Schaper-Rinkel** (1998), S. 53. Für eine Erläuterung der Möglichkeiten für eine *formalrechtliche Institutionalisierung* einer Strategischen Allianz vgl. Kap. 0, S. 23.

[582] Vgl. **Freidheim** (1999), S. 13f.

[583] Vgl. **Hammes** (1994), S. 98.

[584] Zum Begriff des *Synergiepotenzials* vgl. **Ropella** (1989), S. 251 und Kap. 2.2.4.2, S. 23.

auf die Erschließung neuer Produkt- und/oder Marktbereiche ausgerichteten Entwicklungsrichtung eines Unternehmens sind die Umsetzungsbarrieren grundsätzlich mit den allgemein möglichen Markteintrittsbarrieren identisch, die sowohl eine interne als auch eine externe Unternehmensentwicklung be- oder verhindern können. Da die *generellen* Formen der Markteintrittsbarrieren bereits an einer anderen Stelle dieser Arbeit systematisiert wurden,[585] werden nachfolgend ausschließlich solche Barrieren genannt, die im Zusammenhang mit der Auswahl eines Entwicklungsweges eine besondere Entscheidungs- und Kostenrelevanz[586] aufweisen:[587]

a.) Barrieren aufgrund *regulatorischer Vorgaben und Einschränkungen*, die eine Unternehmensentwicklung in bestimmten Branchen und/oder Auslandsmärkten behindern oder gänzlich verhindern,

b.) Barrieren aufgrund einer *hohen Bindung der potenziellen Kunden* an die Produkte der direkten Konkurrenzunternehmen,

c.) Barrieren aufgrund möglicher *intensiver Vergeltungsmaßnahmen* der Konkurrenzunternehmen bei einem Marktzutritt,

d.) Barrieren aufgrund *hoher Anforderungen an den Kapitalbedarf*, um den neuen Produkt- und/oder Marktbereich erschließen zu können,

e.) Barrieren aufgrund einer hohen notwendigen *kritischen Masse*, um kosteneffizient im neu erschlossenen Produkt- und/oder Marktbereich operieren zu können,

f.) Barrieren aufgrund einer *geringen Anzahl nutzbarer Vertriebskanäle*,

g.) Barrieren aufgrund einmalig *hoher Umstellungskosten* für die potenziellen Kunden bei einem Wechsel auf die vom jeweiligen Unternehmen hergestellten Produkte und Dienstleistungen,

h.) Barrieren aufgrund *absoluter Kostennachteile* gegenüber bereits im Produkt- und/oder Marktbereich etablierten Unternehmen.

Die Überwindung dieser Barrieren ist grundsätzlich sowohl über eine *Strategische Allianz*, *Akquisition* oder *Fusion* möglich. Die Vorteilhaftigkeit eines spezifischen Entwicklungsweges ergibt sich, im Hinblick auf die beste-

---

[585] Zu den unterschiedlichen Formen der *Markteintrittsbarrieren* vgl. Kap. 2.2.4.5, S. 23.

[586] Eine Entscheidungsalternative besitzt immer dann eine Kostenrelevanz, wenn ihre Realisierung im Rahmen einer gewinnorientierten Zielsetzung eines Unternehmens die Höhe des Kostenniveaus direkt beeinflusst. Darüber hinaus können auch nicht beeinflussbare Kosten bzw. ein von der Entscheidung unabhängiger Kapitaleinsatz kostenrelevant sein, wenn beispielsweise als Unternehmensziel eine Rentabilitätsmaximierung angestrebt wird. Vgl. **Adam** (1993), S. 128f.

[587] Zu den nachfolgenden Ausführungen vgl. **Schaper-Rinkel** (1998), S. 58ff. und die dortigen Literaturangaben.

henden Umsetzungsbarrieren, in Abhängigkeit vom jeweiligen Realisierungs- und Integrationsaufwand und den daraus resultierenden Anforderungen an die zur Überwindung der Barrieren benötigten Ressourcen.

Unter Kostengesichtspunkten kann sich die Gründung und der Ausbau einer *Strategischen Allianz* in einem ersten Prüfschritt als effizientester Entwicklungsweg zur Bewältigung bestehender Marktbarrieren herausstellen. Es ist allerdings immer zu prüfen, inwieweit die Umsetzungsbarrieren dadurch dauerhaft bewältigt werden können. Vor diesem Hintergrund können sich *Akquisitionen* und *Fusionen* bei einer langfristigen Betrachtung, trotz hoher Anforderungen an die Ressourcenausstattung und Integrationsfähigkeiten der involvierten Unternehmen, als vorteilhaft herausstellen, da sie eine langfristige Ausschaltung und Überwindung der existierenden Markteintrittsbarrieren gewährleisten können.

Minderheitsbeteiligungen ermöglichen definitionsgemäß nur eine eingeschränkte Kontrolle des Beteiligungsobjektes, so dass eine nachweisbare Überwindung bestehender Markteintrittsbarrieren nicht oder nur in geringem Maße möglich ist. Falls eine Minderheitsbeteiligung jedoch von vornherein als Entwicklungsweg eines Unternehmens gestaltet wird, der mittelfristig zu einer Mehrheitsbeteiligung[588] oder Fusion führen soll, ist aufgrund der damit verbundenen intensiveren Form der Zusammenarbeit der involvierten Unternehmen bereits in einer Frühphase von einer ersten Überwindung bestehender Markteintrittsbarrieren auszugehen.

Eine *interne Unternehmensentwicklung* ist nicht zu favorisieren, da sie naturgemäß nicht zu einer Marktbarrierenüberwindung beitragen kann.

Die sich aus den einzelnen Entwicklungswegen ergebenden Kosten für einen erweiterten Ressourcenzugang dürfen im Rahmen der Entscheidungsfindung jedoch nicht ausschließlich in ihrer *absoluten* Höhe berücksichtigt werden. Sie müssen vielmehr immer mit den Erfolgsbeiträgen der einzelnen Alternativen verglichen werden, die sich aus der jeweils veränderten Ressourcenausstattung ergeben. In diesem Zusammenhang spielt die Höhe und Nachhaltigkeit der künftigen Ertragserwartungen eine wesentliche Rolle, da sie, für den Fall eines hohen Ertragspotenzials, die Kosten für den Ressourcenzugriff in erheblicher Weise steigern können.[589]

Generell ist demnach bei der Auswahl eines Entwicklungsweges der zu erwartende Gewinnüberschuss aus der veränderten Ressourcenkombination als wesentlichstes Entscheidungskriterium zu berücksichtigen. Daraus ergibt sich die Notwendigkeit, für jeden Entwicklungswege eine erweiterte „Investitionsrech-

---

[588] Zum Begriff der *Mehrheitsbeteiligung* vgl. Abb. 2.14, S. 23.

[589] Vgl. **SCHAPER-RINKEL** (1998), S. 53f.

nung" durchzuführen, mit der die quantifizierbaren Ergebnisse der einzelnen Alternativen erfasst und verglichen werden können.[590]

Unabhängig von der Art des gewählten Rechenverfahrens lässt sich in diesem Zusammenhang feststellen, dass ein Entwicklungsweg unter Kostengesichtspunkten immer nur dann für die weitere Unternehmensentwicklung in Frage kommt, wenn die Summe der Kosten für den erweiterten Ressourcenzugang im Zeitablauf niedriger ist als die Summe der Erlöse, die sich *zusätzlich* und *ausschließlich* aus der veränderten Ressourcenausstattung ergeben. Falls mehrere Entwicklungswege dieses Entscheidungskriterium vor dem Hintergrund einer bereits ausgewählten Entwicklungsrichtung erfüllen, ist unter Kostengesichtspunkten derjenige Entwicklungsweg zu favorisieren, der die Differenz zwischen der Summe der Erlöse und der Summe der Kosten für die Veränderung der Ressourcenausstattung maximiert.[591] Dabei ist jedoch zu berücksichtigen, dass die Auswahl einer Entwicklungsrichtung nicht zwingend der Auswahl eines Entwicklungsweges vorausgehen muss. Es ist vielmehr davon auszugehen, dass die Entscheidung über eine Entwicklungsrichtung bzw. die Auswahl eines Entwicklungsweges im Rahmen eines interdependenten Prozesses getroffen wird.[592]

2.3.4.4.3 Auswahldimension Risiko

Die Auswahl eines Entwicklungsweges basiert, wie jede andere in die Zukunft gerichtete Entscheidung eines Unternehmens, immer auf einer Reihe von Daten, die mit *Unsicherheiten*[593] behaftet sind. Diese Unsicherheiten, die auch als *Risiko im weiteren Sinne* bezeichnet werden, resultieren vor dem Hintergrund einer Auswahlsituation im Wesentlichen aus der Tatsache, dass bestimmte Konsequenzen eines Entwicklungsweges erst in der Zukunft wirken bzw. bestimmte Informationen erst in der Zukunft vorliegen, so dass sie in der entsprechenden Entscheidungssituation nicht berücksichtigt werden können.[594] Der Auswahl-

---

[590] Für eine ausführliche Erläuterung des Begriffes der *Investitionsrechnung* und einen umfassenden Überblick über die unterschiedlichen *Investitionsrechenverfahren* vgl. **PERIDON; STEINER** (1995), S. 34ff. Im Unterschied zum klassischen Investitionsrechnungsbegriff geht es hier jedoch weniger um die Auswahl eines Investitionsobjektes, mit dem der Produktionsprozess eines Unternehmens effizienter gestaltet werden kann, sondern um eine Investitionsrechnung, die die jeweiligen Erlöse und Kosten der Entwicklungswege integrativ und für einen längeren Planungshorizont berücksichtigt. Der Begriff „Investitionsrechnung" soll jedoch trotzdem verwendet werden, da er verdeutlicht, dass mit jedem Entwicklungsweg spezifische Investitionen verbunden sind, die nur über den Einsatz eines entsprechenden Rechenverfahrens sinnvoll miteinander verglichen werden können.

[591] Für eine Erläuterung der Begriffe *Entwicklungsrichtung* und *Entwicklungsweg* vgl. Kap. 2.3.4.1 und Kap. 2.3.4.2

[592] Vgl. **SCHAPER-RINKEL** (1998), S. 54.

[593] Für eine umfassende Erläuterung des *Unsicherheitsbegriffes* vor dem Hintergrund der Transaktionskostentheorie vgl. Kap. 3.4.2.2.

[594] Vgl. **PERIDON; STEINER** (1995), S. 95.

prozess ist dementsprechend so zu gestalten, dass er trotz der allgemeinen Unsicherheit über die künftigen Größen und Einflussfaktoren zu einer tragfähigen und eindeutigen Entscheidungsgrundlage führt. Bei der Auswahl eines Entwicklungsweges stellt sich somit die Frage, welche Alternative unter Berücksichtigung der Unsicherheitssituation als vorteilhafteste Variante einzustufen ist. Bei einer Beurteilung der Vorteilhaftigkeit alternativer Entwicklungswege unter Risikogesichtspunkten ist insbesondere die Einschätzung der künftigen Entwicklung des Unternehmens und Unternehmensumfeldes mit in das Entscheidungskalkül einzubeziehen, da jeder Entwicklungsweg die künftige Unternehmenssituation langfristig bestimmt und die Gefahr einer fehlerhaften Auswahl mit der damit verbundenen Möglichkeit des Verlustes des eingesetzten Kapitals bei einer Zunahme des Planungshorizontes ansteigt. In der Entscheidungstheorie wird dieser Tatsache durch die Aufteilung des Unsicherheitsbegriffes in a.) *Risiko im engeren Sinne* und b.) *Ungewissheit* entsprochen (vgl. Abb. 2.18):[595]

***Abb. 2.18**: Unsicherheit, Risiko und Ungewissheit*

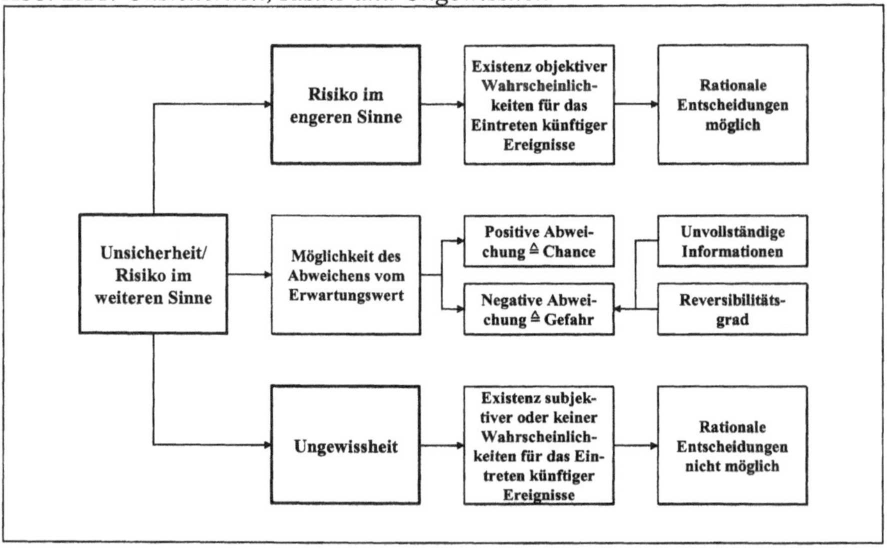

(Quelle: Eigene Darstellung)

1.) *Risiko im engeren Sinne*: Risiken entstehen bei einer Auswahlsituation immer dann, wenn dem Entscheidungsträger lediglich bestimmte *objektive* oder *subjektive* Wahrscheinlichkeiten[596] für das Eintreten künftiger Ereignisse vorliegen.[597]

[595] Vgl. GABLER-VERLAG (1997), S. 3911.

[596] *Objektive* Eintrittswahrscheinlichkeiten werden auf der Grundlage empirischer Häufigkeitsverteilungen der Ergebnisse vergleichbarer Entscheidungssituationen abgeleitet, wäh-

2.) *Ungewissheit*: Eine Ungewissheitssituation liegt bei der Auswahl eines Entwicklungsweges immer dann vor, wenn überhaupt keine Wahrscheinlichkeiten über das Eintreten künftiger Ereignisse angegeben werden können.[598]

An dieser Stelle ist festzuhalten, dass ein *Entscheidungsrisiko*, interpretiert als Gefahr negativer Folgewirkung, nicht allein durch die *Unsicherheit* der Entscheidungsträger im Hinblick auf die künftige Veränderung der für eine Unternehmensentwicklung relevanten Daten und Größen entsteht. Es ergibt sich auch in Abhängigkeit vom jeweiligen *Reversibilitätsgrad* einer einmal getroffenen *Ressourcenallokationsentscheidung*. In diesem Zusammenhang gilt ganz generell, dass die Chance zur Umkehrbarkeit einer einmal getroffenen Entscheidung insbesondere in Entscheidungssituationen, die sich durch umfangreiche Unsicherheiten auszeichnen, von besonders hohem Wert ist.[599]

Generell berührt jede Form der Unternehmensentwicklung die verfügbaren Ressourcen des wachstumswilligen Unternehmens. In Abhängigkeit von z.B. der angestrebten Bindungsintensität zu einem oder mehreren anderen Unternehmen im Rahmen einer externen Unternehmensentwicklung müssen z.B. Mitarbeiter zur Umsetzung der Unternehmensverbindung eingesetzt, zusätzliche Sachinvestitionen getätigt und finanzielle Ressourcen für einen möglichen Anteilserwerb verwendet werden. Mit einem Anstieg der durch eine ausgewählte Entwicklungsalternative verursachten Bindungsintensität steigt dementsprechend in der Regel die Bindung personeller, sachlicher und finanzieller Ressourcen.[600] Im Hinblick auf die generell möglichen Entwicklungswege kann in diesem Zusammenhang festgestellt werden, dass der *Umfang der eingesetzten und gebundenen Ressourcen* umfangreiche Auswirkungen auf die strategische Ausrichtung und Positionierung eines wachstumswilligen Unternehmens haben kann, da grundsätzlich mit jeder Veränderung der Ressourcenallokation eine Beeinträchtigung der *strategischen Entscheidungsfreiheit und -reversibilität* und damit des unternehmerischen Risikos verbunden ist.[601]

Diese Beeinträchtigung der *strategischen Flexibilität* eines Unternehmens wirkt sich insbesondere immer dann negativ aus, wenn sich nach einer bereits getrof-

rend *subjektive* Eintrittswahrscheinlichkeiten auf den subjektiven Erfahrungen und Einschätzungen der Entscheidungsträger basieren. Vgl. **Peridon; Steiner** (1995), S. 96.

[597] Vgl. **Adam** (1993), S. 198, **o.V.** (1998), S. 714, **Bea** (2001), S. 318 und **Peridon; Steiner** (1995), S. 95f. Nach einer anderen Definition liegen Risiken immer dann vor, wenn lediglich objektive Eintrittswahrscheinlichkeiten für bestimmte Ereignisse vorliegen. Vgl. **Gabler-Verlag** (1997), S. 3278. Dieser Definition soll im Rahmen dieser Arbeit jedoch nicht gefolgt werden.

[598] Vgl. **Bamberg; Coenenberg** (1991), S. 104ff., **Adam** (1993), S. 198f. und **o.V.** (1998), S. 714.

[599] Vgl. **Schaper-Rinkel** (1998), S. 159.

[600] Vgl. **Schaper-Rinkel** (1998), S. 156f.

[601] Vgl. **Gahl** (1991), S. 38.

fenen und umgesetzten Entscheidung neue Informationen durch eine Veränderung von relevanten unternehmensinternen und/oder -externen Gegebenheiten ergeben, die eine andere Form der Unternehmensentwicklung attraktiver erscheinen lassen, die jedoch aufgrund der bereits gebundenen Ressourcen nicht mehr oder nur unter erheblichen „Wechselkosten" (sog. *switching costs*[602]) umgesetzt werden kann.[603] Die sich aus den unterschiedlichen Erfolgsbeiträgen und Kosteneinsparungen ergebende Differenz zwischen der nicht mehr (direkt) umsetzbaren attraktiveren Entwicklungsmöglichkeit und dem bereits umgesetzten Entwicklungsweg stellen *Opportunitätskosten*[604] einer Entscheidung dar, die die relative Attraktivität der gewählten Entwicklungsform nachträglich beeinträchtigen.[605] Die Aufgabe eines einmal gewählten Entwicklungsweges und der Wechsel zu einer alternativen Entwicklungsform ist vor diesem Hintergrund unter Kostengesichtspunkten immer nur dann sinnvoll, wenn die Wechselkosten geringer sind als Opportunitätskosten der gewählten Alternative.

Hinsichtlich des aus der Ressourcenbindung bzw. der eingeschränkten Entscheidungsreversibilität resultierenden Entscheidungsrisikos zeichnen sich die alternativen Entwicklungswege durch zum Teil gravierende Unterschiede aus. In diesem Zusammenhang besitzt die *interne Unternehmensentwicklung* zwei wesentliche Vorteile gegenüber den externen Entwicklungswegen. Sie ermöglicht nicht nur eine sukzessive Anpassung des Unternehmens an die im Zeitablauf auftretenden Änderungen der für die weitere Unternehmensentwicklung relevanten Daten, sondern zeichnet sich zusätzlich durch den höchsten Reversibilitätsgrad der Entscheidungen aus, da mit ihr keinerlei langfristige Verpflichtungen mit anderen Unternehmen und keine umfangreichen finanziellen Transaktionen verbunden sind.[606]

Die *Minderheitsbeteiligung* an einem rechtlich selbständigen Unternehmen beinhaltet gegenüber der internen Entwicklung ein leicht erhöhtes Entscheidungsrisiko, da die Beteiligung an einem Unternehmen immer mit einem einmaligen Kapitalbedarf und damit bestimmten Verlustrisiken verbunden ist. Diese Tatsache wird jedoch durch die in der Regel hohe Reversibilität dieses Entwicklungsweges relativiert, da Beteiligungen häufig kurzfristig oder zumindest mittelfristig am Kapitalmarkt oder direkt gegenüber institutionellen oder privaten Investoren wieder veräußert werden können.[607]

Eine *Strategische Allianz* beinhaltet als Entwicklungsweg zwar generell ein hohes *Konfliktrisiko* zwischen den involvierten Unternehmen, zeichnet sich jedoch

---

602 Vgl. **Gerybadze** (1995), S. 40.
603 Vgl. **Peridon; Steiner** (1995), S. 98.
604 Zum Begriff der *Opportunitätskosten* vgl. **Gabler-Verlag** (1997), S. 2862.
605 Vgl. **Schaper-Rinkel** (1998), S. 157.
606 Vgl. **Petersen** (1994), S. 120ff.
607 Vgl. **Hammes** (1994), S. 93.

regelmäßig durch ein vergleichsweise geringes *Entscheidungsrisiko* für die jeweiligen Unternehmen aus. Diese Tatsache beruht zum einen auf der für Allianzen charakteristischen Möglichkeit, die negativen Folgen potenziell auftretender Fehlschläge auf die Partnerunternehmen aufteilen zu können.[608] Zum anderen können sich Strategische Allianzen, in Abhängigkeit von der gewählten formalrechtlichen Institutitionalisierungsform bzw. den der Zusammenarbeit zugrundeliegenden Vereinbarungen, durch eine vergleichsweise hohe Entscheidungsreversibilität auszeichnen.[609]

Die Beurteilung und Abgrenzung der Strategischen Allianz bzw. eines Allianzausbaus gegenüber anderen strategischen Entwicklungsoptionen kann unter Risikogesichtspunkten auch durch die Differenzierung und Analyse der in Kap. 2.2.4.8 eingeführten Risikobegriffe (relationales Risiko und Leistungsrisiko) gelingen.[610] Während *Leistungsrisiken* in jeder strategischen Entscheidungssituation von Bedeutung sind, treten *relationale Risiken* insbesondere innerhalb kooperativer Strategien und damit auch innerhalb der Entwicklung von Strategischen Allianzen auf. Die Vorziehenswürdigkeit einer Strategischen Allianz bzw. eines Allianzausbaus kann somit auch danach bewertet werden, ob sie zu einer vergleichsweise geringen oder hohen Summe aus relationalen Risiken und Leistungsrisiken führt. Die Bewertung dieser Risiken ergibt sich aus der Wahrnehmung der jeweiligen Allianzpartner, da die individuelle Risikowahrnehmung direkt das Risikoverhalten der Entscheidungsträger beeinflusst.[611]

Akquisitionen weisen demgegenüber ein deutlich höheres Entscheidungsrisiko auf. Sie schränken die strategische Handlungsfreiheit eines Unternehmens häufig in erheblicher Weise ein. Der Erwerb einer Mehrheitsbeteiligung oder eines Unternehmens „als Ganzes" stellt hohe Anforderungen an die finanziellen Ressourcen eines Unternehmens und erfordert häufig die Aufnahme von Fremdkapital, aus der ein finanzwirtschaftliches Risiko basierend auf dem sog. *Leverage-Effekt*[612] resultiert.[613] Zudem erlauben Akquisitionen in der Regel erst *nach* einer erfolgreich vollzogenen Integration eine Anpassung an wesentliche im Zeitablauf auftretende Datenänderungen und ermöglichen regelmäßig eine ver-

608 Zur Möglichkeit einer Teilung von Kosten und Risiken zwischen den an einer Strategischen Allianz beteiligten Unternehmen vgl. auch Kap. 2.2.4.8.

609 Für eine ausführlichere Diskussion dieses Aspektes vgl. Kap. 2.2.5.6, S. 23.

610 Für eine Erläuterung dieser beiden Risikobegriffe vgl. Kap. 2.2.4.8, S. 23.

611 Vgl. **Sitkin; Weingart** (1995), S. 1573ff. In einer Studie von Miller zeigt sich, dass immer nur eines der beiden Risiken die allianzinterne Zusammenarbeit dominiert und dass die Reduktion eines der beiden Risiken häufig zu einem Anstieg der anderen Risikoart führt. Vgl. **Miller** (1992), S. 311ff.

612 Der *Leverage-Effekt* beschreibt die Abhängigkeit der Rentabilität des Eigenkapitals eines Unternehmens vom Anteil des Fremdkapitals am Gesamtkapital. Dazu und für eine umfangreiche Erläuterung des Leverage-Effektes vgl. **Peridon; Steiner** (1995), S. 445ff.

613 Vgl. **Petersen** (1994), S. 121.

gleichsweise geringe Reversibilität von Entscheidungen, da sie nur mit erheblichen Schwierigkeiten und häufig hohen zusätzlichen Kosten wieder rückgängig gemacht werden können.[614] Dabei ist in der Regel davon auszugehen, dass der Erlös aus dem Verkauf eines akquirierten Unternehmens bzw. eines Unternehmensteiles deutlich unter dem gezahlten Akquisitionspreis liegen wird.[615]

Der externe Entwicklungsweg der *Fusion* beinhaltet das von allen Entwicklungswegen höchste Entscheidungsrisiko. Es basiert im Wesentlichen auf der, auch gegenüber der Akquisition, sehr geringen Umkehrbarkeit einer einmal getroffenen Fusionsentscheidung. Die geringe Entscheidungsreversibilität ergibt sich aus der für Verschmelzungen charakteristischen Aufgabe der wirtschaftlichen und rechtlichen Selbständigkeit eines oder mehrerer Unternehmen, die eine Rückführung aus Kostengesichtspunkten nahezu unmöglich macht.[616]

An dieser Stelle ist hinsichtlich der vorhergehenden isolierten Beurteilung der einzelnen Entwicklungsalternativen bezüglich ihrer Auswirkungen auf die strategische Handlungsfreiheit eines Unternehmens bzw. Reversibilität einer einmal getroffenen Entscheidung anzumerken, dass sie sich ausschließlich auf die *relative* Vorziehenswürdigkeit einer Entscheidungsalternative unter Flexibilitäts- und Reversibilitätsgesichtspunkten bezieht. Für eine konkrete Entwicklungsentscheidung ist jedoch immer auch die *absolute* unternehmerische Ressourcensituation zu berücksichtigen. Eine Akquisition kann z.B. für Unternehmen mit umfangreichen finanziellen Ressourcen zu einer nur geringen Beeinträchtigung der strategischen Handlungsfreiheit führen, während diese Form der externen Unternehmensentwicklung für Unternehmen mit einem geringen finanziellen Spielraum weniger vorziehenswürdig erscheint.[617]

Insgesamt zeigt sich, dass die Entscheidung für einen bestimmten Entwicklungsweg unter Risikogesichtspunkten immer in Abhängigkeit von der *Höhe der Unsicherheiten* im entsprechenden Geschäftsfeld, der *Anzahl alternativer Entwicklungswege* und der *eigenen Ressourcenausstattung* zu treffen ist. Bei hohen Unsicherheiten im Unternehmensumfeld, zahlreichen Alternativwegen und geringen finanziellen Ressourcen werden Unternehmen in der Regel solche Entwicklungswege favorisieren, die ihnen eine hohe strategische Flexibilität erhalten, während bei geringen Unsicherheiten, einer geringen Anzahl an Alternativoptionen und umfangreichen unternehmerischen Ressourcen von einer Auswahl ressourcenintensiver Entwicklungswege auszugehen ist.[618] In Abb. 2.19

[614] Vgl. **Petersen** (1994), S. 120f. und **Hammes** (1994), S. 93.
[615] Vgl. **Rotering** (1993), S. 168.
[616] Vgl. **Hammes** (1994), S. 93.
[617] Vgl. **Schaper-Rinkel** (1998), S. 158f. mit den dortigen Literaturangaben
[618] Vgl. **Schaper-Rinkel** (1998), S. 170 und die dortigen Verweise auf **Harrigan** (1987), S. 195ff. und **Harrigan** (1988), S. 145.

werden die wesentlichen Erkenntnisse über die Entwicklungswege hinsichtlich der einzelnen Auswahldimensionen gegenübergestellt.

***Abb. 2.19**: Entwicklungswege und Auswahldimensionen*

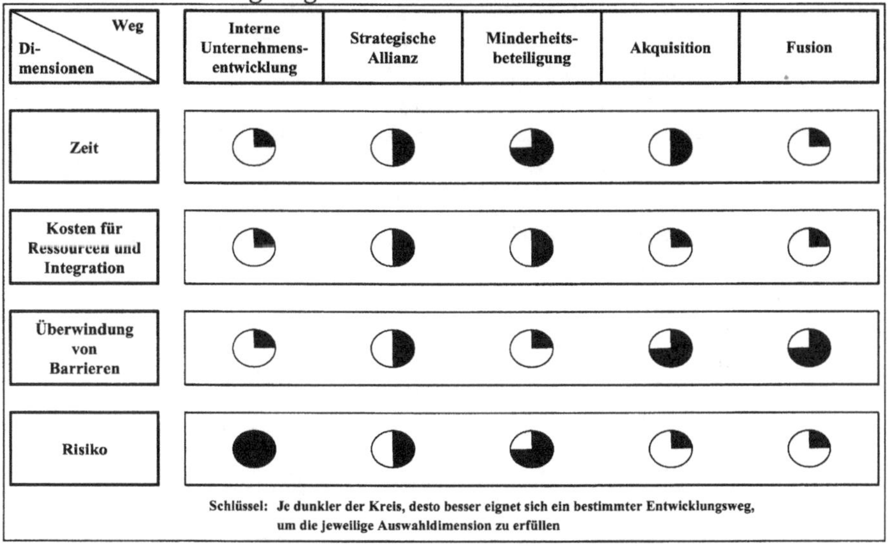

(Quelle: Eigene Abbildung)

Zusammenfassend kann hinsichtlich der Auswahl eines Entwicklungsweges festgehalten werden, dass die möglichen Entwicklungswegealternativen die drei grundlegenden Auswahldimensionen Zeit, Kosten und Risiko in sehr unterschiedlicher Weise ausfüllen. Die Festlegung eines bestimmtes Entwicklungsweges erfordert somit immer eine *situative Analyse* der potenziellen Konsequenzen der einzelnen Variante im Hinblick auf die jeweiligen Unternehmensentwicklungsziele und der daraus abgeleiteten Anforderungen an den Grad der Erfüllung der einzelnen Auswahldimensionen.

Ferner ist in diesem Zusammenhang festzustellen, dass die intensive Analyse der Entwicklungswege anhand der skizzierten drei Dimensionen lediglich als eine *erste* grundlegende Möglichkeit zur Orientierung der Entscheidungsträger über einige wesentliche entscheidungsrelevante Kriterien für die Festlegung eines Entwicklungsweges anzusehen ist. In einer konkreten Entscheidungssituation sind häufig eine Vielzahl anderer Kriterien relevant, die sich in der Regel durch einen besonderen Detaillierungsgrad auszeichnen. Die Analyse der unterschiedlichen Entwicklungswege hinsichtlich ihrer zeitlichen, kosten- und risikoorientierten Konsequenzen liefert demnach immer nur einen ersten Anhaltspunkt über den potenziell zu favorisierenden Entwicklungsweg. Für eine konkrete Auswahl sind daher immer noch weitere Analyseverfahren und Betrachtungsaspekte in die Untersuchungen zu integrieren.[619] Im Hinblick auf die Themenstellung der Arbeit muss an dieser Stelle darauf hingewiesen werden, dass die skizzierten Entwicklungsrichtungen und -wege grundsätzlich für die Entwicklung von *Unternehmen* und *nicht* für den *Ausbau Strategischer Allianzen* abgeleitet wurden. Die Bedeutung dieser Aussage ist jedoch zu relativieren, da der Ausbau einer Strategischen Allianz immer auch die Entwicklung eines oder mehrerer Allianzunternehmen impliziert, indem er vielfach mit einer Veränderung der rechtlichen Institutionalisierung der Zusammenarbeit verbunden ist. Die generellen Entwicklungsalternativen für Allianzunternehmen besitzen damit auch im Hinblick auf Fragen eines Allianzausbaus eine hohe Relevanz.

Abb. 2.20: *Gemeinsamkeiten und Unterschiede zwischen einem Allianzausbau und einer Unternehmensentwicklung*

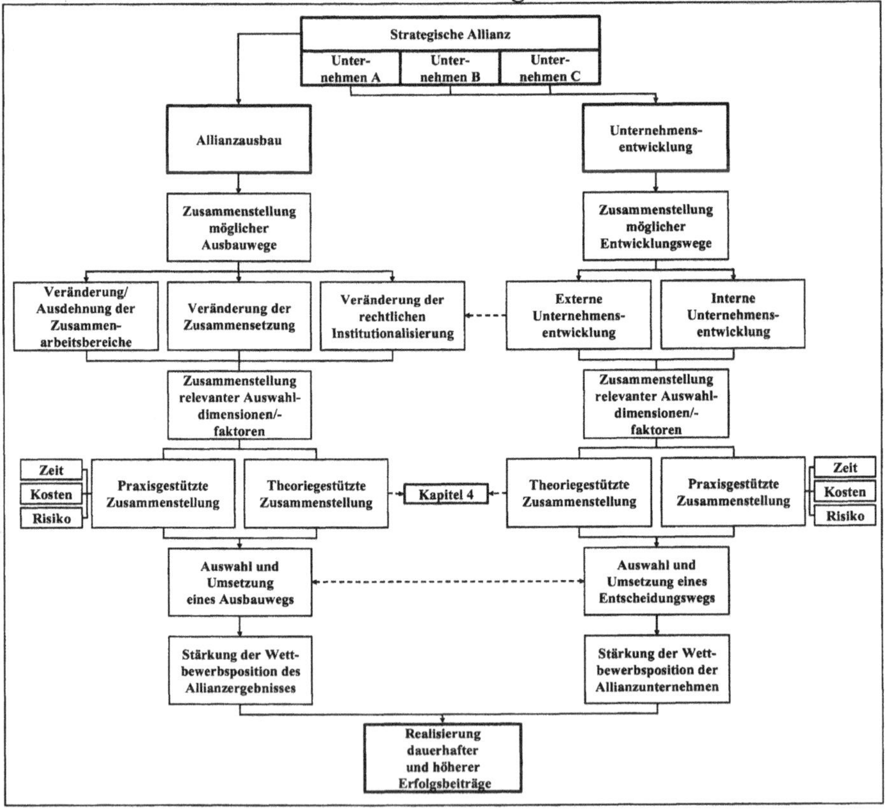

(Quelle: Eigene Darstellung)

619 Vgl. dazu auch die Ausführungen in Kap. 2.4.4.3.

Wie aus Abb. 2.20 zu ersehen ist, kann ein Allianzausbau sowohl über eine Ausdehnung der *Zusammenarbeitsbereiche*, über eine Veränderung der Zusammensetzung durch eine Anpassung der *Anzahl* der Allianzmitglieder und/oder über eine Veränderung der *rechtlichen Institutionalisierung* der allianzinternen Zusammenarbeit vollzogen werden. Während sich die Erkenntnisse über die unternehmensspezifischen Entwicklungswege nur teilweise auf die ersten zwei Ausbaumöglichkeiten anwenden lassen, gibt es hinsichtlich der *dritten* möglichen Ausbauform, die zu einer Veränderung der Bindungsintensität zwischen den Allianzunternehmen führt, umfangreiche Überschneidungen zu den Entwicklungsmöglichkeiten einzelner Unternehmen. Gemäß der praxisorientierten Zielsetzung der Arbeit stehen im weiteren Verlauf der Arbeit solche Ausbauformen für Strategische Allianzen im Mittelpunkt der Betrachtungen, die zu einer Veränderung der rechtlichen Verflechtung der Allianzunternehmen führt. Auf die beiden anderen Ausbauformen wird an entsprechender Stelle im praxisorientierten Teil der Arbeit kurz eingegangen.

Die Identifikation der spezifischen für einen Allianzausbau relevanten Entscheidungsfaktoren, die sich auf eine Veränderung der Bindungsintensität beziehen, erfolgt in Kapitel vier auf der Grundlage des in Kapitel drei umfangreich erläuterten theoretischen Bezugsrahmens.

2.4 Strategie und Strategisches Management

2.4.1 Wesensmerkmale des Strategiebegriffes

Der hinter dem Wort *strategisch* stehende Begriff der *Strategie* geht auf die griechischen Worte *stratós* („Heer") und *ágein* („führen") zurück. In Anlehnung an das zusammengesetzte Wort *strategòs* („Heerführer") wurde ursprünglich unter dem Terminus „Strategie" die Kunst der Kampfplanung verstanden.[620] In Anlehnung an den griechischen Begriffsursprung existieren in der betriebswirtschaftlichen Literatur eine Vielzahl von Definitionen und Begriffsperspektiven, die durch unterschiedliche Ansätze der Strategieforschung geprägt wurden. Bereits Anfang der sechziger Jahre des vorigen Jahrhunderts verknüpfte CHANDLER mit dem Strategiebegriff die Festlegung der grundlegenden bzw. langfristigen Ziele eines Unternehmens, die Anwendung bestimmter Maßnahmen und die Aufteilung notwendiger Ressourcen zur Realisierung dieser Ziele.[621] HENTZE und BROSE interpretieren den Begriff als grundlegende Charakterisierung, Erläuterung und/oder Kennzeichnung von Verfahrensweisen, durch die sich eine Organisation bzw. ein Unternehmen gegenüber ihrem jeweiligen Umfeld zu behaupten versucht.[622] Nach HOFER und SCHENDEL beinhaltet eine Strategie das fundamentale Muster zur Steuerung der aktuellen und künftigen Ressourceneinsätze und Interaktionen mit dem Unternehmensumfeld, durch das die Wege zur Zielerreichung aufgezeigt werden.[623] GÄLWEILER sieht in dem Begriff der Strategie die Orientierung von Denkweisen, Entscheidungen und Handlungen an übergeordneten oder obersten Zielfestlegungen oder Zielvoraussetzungen.[624]

Unabhängig von diesen Begriffsinterpretationen können die sog. *Unternehmensstrategien* ganz allgemein als *erkennbares Muster in einer Abfolge von Entscheidungen* definiert werden, die *im Sinne eines Anpassungsmechanismus fortwährend die Bewältigung der sich ändernden Umfeldbedingungen leiten und interne Prozesse sowie die Unternehmenspolitik nachhaltig prägen.*[625] Unternehmensstrategien umfassen sämtliche langfristig orientierte Entscheidungen über die künftig zu bearbeitenden Branchen und Märkte und legen die unternehmerischen Verhaltensweisen und Ressourceneinsätze zur Realisierung einer günstigen Wettbewerbsposition fest.[626] Sie betonen die Identität des unternehmerischen Gesamtsystems, indem sie auf die besondere Bedeutung der Mobilisierung der gesamten unternehmerischen Ressourcen und Fähigkeiten zur Ge-

---

[620] Vgl. **O.V.** (1989), S. 717.
[621] Vgl. **CHANDLER** (1962), S. 16.
[622] Vgl. **GABLER-VERLAG** (1997), S. 3633.
[623] Vgl. **HOFER; SCHENDEL** (1978), S. 25.
[624] Vgl. **GÄLWEILER** (1987), S. 66. Für weitere Interpretationen des *Strategiebegriffes* vgl. **KREILKAMP** (1987), S. 4.
[625] Vgl. **HAMBRICK** (1983), S. 5ff.
[626] Vgl. **CORSTEN; WILL** (1995), S. 119

währleistung des Strategieerfolges hinweisen.[627] Einerseits können Unternehmensstrategien durch ihren determinierenden Charakter die langfristige Gestaltung der Unternehmensumfeldbedingungen bewirken und damit die Wettbewerbsposition bzw. Veränderungsmöglichkeit von Unternehmen beeinflussen, andererseits werden sie durch die Veränderungen der Umfeldbedingungen beeinflusst, die bereits eingetreten oder künftig zu erwarten sind.[628]

Unternehmensstrategien ergeben sich immer aus der Festlegung bestimmter Grundorientierungen im Hinblick auf eine Vielzahl von Variablen, die die strategische Dimension einer Branche determinieren.[629] In diesem Verständnis kann jede Strategie eines Unternehmen als eine Positionsfestlegung im Sinne von Produkt-Markt-Entscheidungen betrachtet werden, durch die sich eine Definition der unternehmerischen Wettbewerbsvorteile im Verhältnis zum Unternehmensumfeld ableiten lässt. Eine Strategie kann aber auch als eine Perspektive im Sinne von vorherrschenden Grundüberzeugungen angesehen werden, durch die sich nachhaltige Einflüsse auf die Problemerkennungsmechanismen und die Festlegung bzw. Umsetzung von Unternehmensmaßnahmen ergeben.[630] Vor dem Hintergrund dieser inhaltlichen Interpretationen des Strategiebegriffes in der Betriebswirtschaftslehre können folgende Faktoren als charakteristische Merkmale von strategischen Entscheidungen von Unternehmen festgehalten werden:[631]

1.) Strategische Entscheidungen beziehen sich grundsätzlich auf das *gesamte Unternehmen*,

2.) sind auf die *obersten Unternehmensziele* ausgerichtet,

3.) werden auf der *obersten Führungsebene* gefällt,

4.) betreffen typischerweise *schlechtstrukturierte Problemstellungen* und

5.) sind *umsetzungsrelevant*, d.h. sie stellen die Verbindung zwischen Ideenentwicklung und Ideenimplementierung allgemein verständlich dar.

Nach dieser kurzen Einführung in die Wesensmerkmale des Strategiebegriffes werden nachfolgend die Entwicklungsgeschichte und die wesentlichen Bestandteile des Strategischen Managements erläutert, da dieses aufgrund der strategischen Ausrichtung der Themenstellung der vorliegenden Arbeit von besonderer Relevanz für die weiteren Ausführungen ist.

---

[627] Vgl. **Fischer** (1993), S. 10.

[628] Vgl. **Hambrick** (1983), S. 5ff.

[629] Für eine Auflistung möglicher alternativer Variablen zur Determinierung von Strategien vgl. **Galbraith; Schendel** (1983), S. 153ff., **McGee; Thomas** (1986), S. 154 und **Oster** (1982), S. 377.

[630] Vgl. **Ginsberg** (1988), S. 561.

[631] Zu den nachfolgenden Faktoren vgl. **Evered** (1983), S. 68ff., **Ulrich; Fluri** (1992), S. 98f. und **Hofer; Schendel** (1978), S. 4ff.

2.4.2 Entwicklungsgeschichte und Bestandteile des Strategischen Managements

Ende der siebziger Jahre des vergangenen Jahrhunderts wurde das auf die zunehmende Bedeutung strategischer Entscheidungen ausgerichtete Forschungsfeld des sog. *Strategischen Managements*, das bis zu diesem Zeitpunkt lediglich durch eine Vielzahl von Erkenntnissen aus Einzelfallstudien geprägt worden war, als *eigenständiges* und *generalisierbares* Betrachtungsfeld in die Betriebswirtschaftslehre eingeführt.[632] Das Strategische Management eines Unternehmens steht am gegenwärtigen Ende eines Kontinuums aufeinander folgender Entwicklungsphasen der geplanten Entscheidungsfindung in einem Unternehmen, deren Abfolge aus den Erfordernissen des sich wandelnden Unternehmensumfeldes resultiert. In Abb. 2.21 werden die einzelnen Entwicklungsstufen zum Strategischen Management visualisiert.[633]

Zu den ursprünglichen Führungs- und Planungssystemen gehören die traditionelle und isolierte (kurzfristige) *Finanzplanung* bzw. Budgetierung sowie die auf der Extrapolation von Vergangenheitsentwicklungen und der Verwendung von Prognosemodellen aufbauende *Langfristplanung*. Beide Verfahren gelten als bewährte Planungssysteme in kalkulierbaren, vergleichsweise stabilen und ergiebigen Wettbewerbssituationen.

Durch die zunehmende Marktsättigung in einzelnen Branchen, die sich darüber hinaus durch eine erhöhte Wettbewerbsintensität auszeichneten, veränderten sich jedoch die Anforderungen an Führungs- und Planungssysteme und führten schließlich zur nächsten Entwicklungsstufe der *Strategischen Planung*. Diese verwendet komplexere Planungssysteme, berücksichtigt vermehrt qualitative Entwicklungstendenzen, basiert auf einem zukunftsorientierten Denken in Szenarien[634] und ist gekennzeichnet durch die Definition von *Strategischen Geschäftsfeldern*[635], die zu zwei unterschiedlichen Strategieebenen und zur Auftei-

---

[632] Vgl. **Porter** (1980) und **Abell** (1980).

[633] Zu den nachfolgenden Ausführungen zu den einzelnen Entwicklungsstufen der strategischen Unternehmensplanung vgl. **Aaker** (1989b), S. 9ff., **Henzler** (1988), S. 1298f., **Ansoff** (1988), S. 235, **Bleicher** (1991a), S. 20ff. und S. 192f., **Timmermann** (1988), S. 87ff., **Pümpin; Prange** (1991), S. 101, **Kirsch; Trux** (1981), 324ff., **Kreilkamp** (1987), S. 12ff. und **Staehle** (1987), S. 354ff. Der Begriff der *strategischen Unternehmensplanung* ist gegenüber dem Begriff der *Strategischen Planung* abzugrenzen. Während der erste Terminus im Rahmen der vorliegenden Arbeit als Oberbegriff für sämtliche in der Praxis vorkommenden unternehmerischen Planungsprozesse und -systeme verwendet wird, bezeichnet der Begriff der *Strategischen Planung* ausschließlich eine der Stufen innerhalb der historischen Entwicklung der heutigen strategischen Unternehmensplanung.

[634] Zur Szenariotechnik als Bestandteil der *Strategischen Planung* vgl. **Hinterhuber** (1989a), S. 188ff.

[635] Zum Begriff der *Strategischen Geschäftsfelder* vgl. Kap. 2.2.1, S. 23, Fn. 54 und die dort angegebene Literatur.

lung der Strategischen Planung auf unterschiedliche Entscheidungsinstanzen führt. Dazu gehören 1.) die Ebene der *Geschäftsfeldstrategien* und 2.) die Ebene der *Unternehmensstrategien*. Nachfolgend werden diese beiden Strategieebenen kurz erläutert:

***Abb. 2.21**: Entwicklungsstufen zum Strategischen Management*

Entwicklungsstufe	Finanzplanung	Langfristplanung	Strategische Planung	Strategisches Management
Wesentliche Bestandteile und Merkmale der Entwicklungsstufen	• Jahres-Budgetierung • Soll-Ist-Kontrolle • Festlegung eines funktionalen Schwerpunktes	• Mehr-Jahresbudgetierung • Trend- und Abweichungsanalysen • Festlegung des Mittelbedarfs • Langfristprognosen	• Unternehmensstrategie zielt auf Wertsteigerung • Definition strategischer Geschäftsfelder • Geschäftsfeldstrategien auf nachhaltigen Wettbewerbsvorteil ausgerichtet • Strategieentwicklung erfolgt durch interaktiven Prozess • SWOT-Analysen	• Vision und Erfahrung • Klar definierter strategischer Rahmen • Weit verbreitete Fähigkeit zum strategischen Denken • Abgestimmte unterstützende Managementverfahren • Förderliches Wertesystem und Unternehmenskultur
Unternehmensumfeld zeichnet sich aus durch...	• Weit gehende Stabilität • Verkäufermarkt	• Weit gehend vorhersehbare Veränderungen • Ausländische Konkurrenz	• Zunahme der Wettbewerbsintensität und Instabilität • Käufermarkt	• Überraschungen • Globalisierung der Wirtschaft
Anforderungen an das Unternehmen sind...	• Gering	• Mittel	• Hoch	• Sehr hoch

(In Anlehnung an: HENZLER (1988), S. 1298)

1.) *Ebene der Geschäftsfeldstrategien*: Auf dieser *ersten* Strategieebene planen die *Geschäftsfelder* ihre eigenen *Geschäftsfeldstrategien*. Diese sollen zur Lösung der Problembereiche beitragen, die sich aus einem zunehmend höheren Unternehmensdiversifikationsgrad ergeben.[636] Über die Ableitung von Geschäftsfeldstrategien werden die langfristigen Vorgaben für Produktprogramme, Dienstleistungen und durchzuführende Investitions- bzw. Desinvestitionsmaßnahmen für die einzelnen Strategischen Geschäftsfelder eines Unternehmens festgelegt.[637]

2.) *Ebene der Unternehmensstrategien*: Auf der *zweiten* Strategieebene werden die *Unternehmensstrategien* von der *Unternehmensleitung* als Reaktion auf gestiegene ökonomische und gesellschaftliche Diskontinuitäten sowie dynamischere Wettbewerbsfaktoren geplant.[638]

[636] Vgl. **KREILKAMP** (1987), S. 16.
[637] Vgl. **HAHN** (1991), S. 14.
[638] Vgl. **KREILKAMP** (1987), S. 16. Zum Begriff der *Unternehmensstrategien* vgl. Kap. 2.4.1, S. 23.

Das *Strategische Management* als nächstfolgende Entwicklungsstufe der strategischen Unternehmensplanung stellt bis heute die am weitesten fortgeschrittene Form des strategischen Denkens und Handelns dar und repräsentiert das bislang umfassendste Führungs- und Planungssystem.

In Abgrenzung zur vorherigen Phase „Strategische Planung“ stellt das Strategische Management die *Umsetzung* von Strategiegedanken in den Betrachtungsmittelpunkt.[639] Die Implementierung der strategischen Zielvorgaben basiert auf der bewussten Einbeziehung aller Organisationsebenen bei der Erarbeitung strategischer Konzeptionen und soll durch entsprechende Umsetzungsprogramme erreicht werden. In diesem Zusammenhang wird häufig auch von einer *Strategischen Unternehmensführung* gesprochen.[640] Das Strategische Management ist als ein integrativer und strukturierter Rahmen zu interpretieren, der nicht nur die bewährten Verfahren geplanter Entscheidungsfindung durch entsprechende Modifikationen berücksichtigt, sondern diese Verfahren auch um *weiche Faktoren* erweitert, die das Unternehmen als soziales System abbilden.[641]

Die Ursprünge des Begriffes Strategisches Management gehen insbesondere auf ANSOFF zurück, der bereits im Jahre 1976 die Anforderungen an ein Strategisches Management auf der Basis folgender drei Grundgedanken formulierte:[642]

1.) Ein Strategisches Management begnügt sich, im Gegensatz zu den bis zu diesem Zeitpunkt vorherrschenden reinen Anpassungsstrategien, *nicht* mit der Aufteilung von Mitteln zur Erreichung vorgegebener Ziele oder zur Sicherung des Unternehmensbestandes. Vielmehr müssen die Ziele und Strukturen eines Unternehmens systematisch in *eine dynamische Planung* mit einbezogen werden.

2.) Im Rahmen eines Strategischen Managements müssen in zunehmendem Maße, neben den reinen Planungsaktivitäten, auch die Möglichkeiten zur *Umsetzung von Strategien* bzw. Fragen zur *organisatorischen Implementierung* berücksichtigt werden.

3.) Ein Strategisches Management erfordert, neben der Einbeziehung von ökonomischen, technologischen und informationellen Faktoren, auch die Berücksichtigung von *politischen und sozialen Variablen.*

Um diesen Anforderungen gerecht zu werden, kristallisierten sich zum Ende der siebziger Jahre und zu Beginn der achtziger Jahre des vorigen Jahrhunderts ver-

639 Vgl. **ANSOFF** (1988), S. 4, S. 163ff. und S. 205ff.

640 Vgl. **WITTEK** (1980), S. 37, **HAMMER** (1982), S. 114, **KREILKAMP** (1987), S. 17 und **COENENBERG; GÜNTHER** (1991), S. 33. Aus Vereinfachungsgründen werden nachfolgend die Begriffe *Strategisches Management* und *Strategische Unternehmensführung* synonym verwendet.

641 Vgl. **BLEICHER** (1991a), S. 21.

642 Vgl. **ANSOFF; DECLERCK; HAYES** (1976) und **GABLER-VERLAG** (1997), S. 3652ff.

schiedene Instrumente und Konzepte für ein Strategisches Management heraus, durch die eine Anpassung der Unternehmensstrategie an die Unternehmensumwelt und die Ziele, Werte und vorhandenen Organisationsstrukturen bzw. Ressourcen eines Unternehmens erleichtert werden sollte.[643] Darüber hinaus wurden auf der Basis der klassischen Annahmen von ANSOFF neuere Ansätze für ein Strategisches Management entwickelt, die davon ausgehen, dass sich Unternehmen grundsätzlich mit ihrem Umfeld weiterentwickeln.[644] In diesem Zusammenhang seien beispielhaft die Ansätze von KIRSCH/TRUX und ULRICH genannt:

1.) *Ansatz von KIRSCH/TRUX*: Nach KIRSCH/TRUX besitzt ein Strategisches Management die folgenden Wesensmerkmale: *„Strategisches Management ist die Steuerung und Koordination der langfristigen Evolution des Unternehmens und seiner Aufgabenumwelten. Diese Steuerung und Koordination erfolgt über eine konzeptionelle Gesamtsicht des Unternehmenspolitik, die selbst einer ständigen kritischen Überprüfung und gegebenenfalls Anpassung unterworfen bleibt.“*[645]

2.) *Ansatz von ULRICH*: Im Ansatz von ULRICH dient das Strategische Management als ein integrativ strukturierter Bezugsrahmen für die strategische Entscheidungsfindung. Es basiert auf einer systemtheoretischen Perspektive, die durch ULRICH zum ersten Mal in die Betriebswirtschaftslehre eingebracht wurde. Nach seinem Ansatz wird ein Unternehmen als ein *offenes soziotechnisches System* betrachtet, das sich aus einzelnen Elementen (Betriebsmittel, Mitarbeiter, Inputfaktoren, etc.) zusammensetzt, die durch individuelle Kommunikations- und Leistungsstrukturen in einer wechselseitigen Beziehung zueinander stehen.[646] Die „Offenheit“ eines Unternehmens sieht ULRICH in der Vielzahl von Austauschbeziehungen zu anderen Systemen (Kunden, Konkurrenzunternehmen, Lieferanten, etc.). Die Bezeichnung eines Unternehmens als *soziotechnisches System* begründet er damit, dass die in einem Unternehmen ablaufenden arbeitsteiligen Prozesse grundsätzlich durch technische Hilfsmittel gestützt werden. Die Komplexität dieses Systems wird nach ULRICH durch die Anzahl der Elemente und Beziehungen zwischen den Elementen bestimmt, während die Struktur des Systems durch die Art bzw.

---

[643] Vgl. **GRANT** (1991a), S. 23. Für eine Erläuterung einzelner Instrumente und Konzepte vgl. **BOURGEOIS** (1980), **ALBACH** (1978), **MÜLLER; ZEISER** (1980), **PENNINGS** (1980) und **THE STRATEGIC PLANNING INSTITUTE** (1977).

[644] Vgl. **GABLER-VERLAG** (1997), S. 3653.

[645] **KIRSCH; TRUX** (1981), S. 324. Vgl. dazu auch **GABLER-VERLAG** (1997), S. 3653 und **KREILKAMP** (1987), S. 17f.

[646] Vgl. **ULRICH; FLURI** (1992), S. 30f.

Eigenschaften der Elemente und ihrer wechselseitigen Beziehungen festgelegt wird.[647]

Trotz derartiger Erklärungs- und Definitionsansätze kann der strategische Unternehmensplanungsprozess als zentraler Gegenstand und Mittelpunkt des Strategischen Managements betrachtet werden.[648] Das Strategische Management ist somit auch als ein integrativer Prozess von strategischer Unternehmensplanung und Unternehmensführung anzusehen, durch den die umfassende und konsequente Verwendung und Umsetzung eines unternehmensweiten strategischen Denkens erreicht und die für die strategische Zukunft eines Unternehmens bedeutenden Elemente umfassend miteinander verknüpft werden sollen.[649]

In diesem Zusammenhang ist festzuhalten, dass die zunehmende Veränderungsgeschwindigkeit und Komplexität des Unternehmensumfeldes und die daraus resultierende Notwendigkeit zur permanenten Veränderung der Unternehmensstrukturen und -prozesse eine strategische Unternehmensplanung erfordert, die im Rahmen dynamischer und systematischer Prozesses zum Aufbau von Ressourcen- und Fähigkeitenpotenzialen innerhalb eines Unternehmens bzw. zur Umsetzung komparativer Wettbewerbsvorteile[650] führt. Als Folge dieser Notwendigkeiten wird nicht nur die unternehmerische Wettbewerbsfähigkeit zum Kristallisationspunkt für sämtliche strategische Denkrichtungen und Handlungen innerhalb eines Unternehmens, sondern es zeigt sich auch die *zentrale* Aufgabe des Strategischen Managements:[651]

Strategisches Management soll die künftige Überlebensfähigkeit des Unternehmens durch eine aktive und zielorientierte Evolutionssteuerung bzw. -koordination sichern, d.h. die rechtzeitige Anpassung der Unternehmensstruktur an die sich ändernden Anforderungen des Umfeldes durch entsprechende Planungsprozesse ermöglichen.

Unter Berücksichtigung dieser Aufgabe wird im Rahmen dieser Arbeit, in Anlehnung an KIRSCH/TRUX[652], von folgender Begriffsdefinition des Strategischen Managements ausgegangen:

Strategisches Management ist die Steuerung und Koordination der langfristigen Evolution eines Unternehmens und seiner Aufgabenumwelten.

[647] Vgl. **ULRICH; FLURI** (1992), S. 31.

[648] Vgl. **KREILKAMP** (1987), S. 25. Für eine umfassende Darstellung des Zusammenhangs zwischen der Strategischen Planung und dem Strategischen Management vgl. **KREILKAMP** (1987), S. 16ff.

[649] Vgl. **KREILKAMP** (1987), S. 17 und **WALDECKER** (1995), S. 8. Zu diesen Elementen gehören u.a. die Mitarbeiter, die Aufbau- und Ablauforganisation und der Führungsstil eines Unternehmens. Vgl. **KREILKAMP** (1987), S. 25.

[650] Zum Begriff der *Wettbewerbsvorteile* vgl. Kap. 2.2.1, S. 23, Fn. 40.

[651] Dazu und zu den nachfolgenden Ausführungen vgl. **WALDECKER** (1995), S. 29.

[652] Vgl. **KIRSCH; TRUX** (1981), S. 324.

Die Koordination und Steuerung der langfristigen Entwicklung eines Unternehmens erfolgt grundsätzlich durch eine konzeptionelle Gesamtbetrachtung der jeweiligen Unternehmenspolitik, die wiederum einer permanenten Überprüfung und Anpassung unterliegt. Die Durchführung dieser Prüf- und Veränderungsprozesse erfolgt mit dem Ziel, eine Verbesserung der Bedürfnisbefriedigung und Interessenserfüllung der durch die unternehmerischen Handlungen in direkter oder indirekter Weise betroffenen Personen oder Gruppierungen herbeizuführen.[653]

2.4.3 Basistheorien des Strategischen Managements

Innerhalb der bestehenden Ansätze zur inhaltlichen Ausgestaltung des Strategischen Managements und den daraus resultierenden Konsequenzen für die Entwicklung von Strategien haben sich mit dem sog. *Market-Based-View*[654] und dem sog. *Resource-Based-View*[655] zwei Basistheorien als hinreichend robust erwiesen, um das gegenwärtige unternehmensstrategische Denken in Wissenschaft und Unternehmenspraxis nachhaltig zu beeinflussen. Beide Theorieansätze werden im Rahmen des in Kapitel drei dargestellten theoretischen Bezugsrahmens der vorliegenden Arbeit umfassend erklärt. Um jedoch die Erläuterung der wesentlichen Bestandteile des Strategischen Managements auch theorieorientiert zu vervollständigen, werden sie an dieser Stelle in ihren wesentlichen Grundzügen kurz dargestellt.

Bis zum Ende der achtziger Jahre wurde das Strategiedenken in Wissenschaft und Unternehmenspraxis im Wesentlichen durch den *Market-Based-View* geprägt. Dieser stark umweltorientierte Strategieansatz entstammt der Marktstrukturtheorie als Teil der *Industrieökonomik*[656] und basiert im Wesentlichen auf den Veröffentlichungen von PORTER, der den Unternehmenserfolg anhand der beiden Dimensionen *Branchenstruktur* und *Wettbewerbsposition* erklärt.[657]

---

653 Vgl. **KIRSCH; TRUX** (1981), S. 324.

654 Vgl. **KNYPHAUSEN** (1993), S. 771ff.

655 Vgl. **RASCHE; WOLFRUM** (1994), S. 503ff. Der Begriff des *Resource-Based-View* wird in der Literatur synonym mit dem Terminus *ressourcenorientierter Ansatz* bzw. *Ressourcenansatz* verwendet. Dieser synonymen Begriffsverwendung wird in der vorliegenden Arbeit gefolgt.

656 Aus diesem Grund werden nachfolgend die Begriffe *Market-Based-View*, *Industrieökonomik* und *industrieökonomischer Ansatz* synonym verwendet. Für eine umfassende Darstellung der *Industrieökonomik* als Ansatz der Strategielehre vgl. Kap. 3.5.1ff.

657 Vgl. **OBERENDER** (1994), S. 72, **PORTER** (1989a) und **PORTER** (1992a). Als Prototyp des „Market-Based-View" gilt das im Jahre 1980 von PORTER veröffentlichte Strategiekonzept, durch das die nachfolgende Strategiediskussion nachhaltig geprägt wurde. Zum Strategiekonzept vgl. **PORTER** (1980). Zur besonderen Bedeutung dieses Konzeptes für die darauf aufbauende allgemeine Strategiediskussion vgl. **WHEELEN; HUNGER** (1990), S. 102 und **ROWE; MASON; DICKEL** (1986), S. 109ff. Für eine weiter gehende Erläuterung der Di-

Im Rahmen des Market-Based-View wird davon ausgegangen, dass das strategische Verhalten von Unternehmen zu einem wesentlichen Teil durch die Strukturen ihres jeweiligen Branchenumfeldes und durch die innerhalb der entsprechenden Branche vorherrschenden technischen und wirtschaftlichen Strukturen bestimmt wird. Das unternehmensspezifische Verhalten und die branchenindividuellen Strukturen bestimmen wiederum das Ergebnis bzw. den Gewinn der Branche. Die von den einzelnen Unternehmen verfolgten Strategien bzw. ihre beobachtbaren strategischen Verhaltensmuster reflektieren bei einer derartigen Sichtweise lediglich die Umfeldbedingungen, denen diese Unternehmen ausgesetzt sind. Innerhalb des Market-Based-View werden somit der Absatzmarkt und das unternehmerische Umfeld, mithin die Branchenstruktur, zu den dominierenden Einflussfaktoren bei der Ableitung der strategischen Ausrichtung eines Unternehmens.[658] Dem Market-Based-View liegt demnach eine sog. *Outside-In-Perspektive*, d.h. eine von der Unternehmensumwelt nach innen gerichtete Denkweise zugrunde.

Nach PORTER wird der strategische Handlungs- und Entscheidungsspielraum eines Unternehmens durch die Branchenstruktur zwar nicht *vollkommen* bestimmt, er sieht in ihr jedoch eine wesentliche Beschränkung, die den *potenziell* erzielbaren Unternehmensgewinn begrenzt. Der *tatsächliche* Erfolg von Unternehmen ergibt sich im Gegensatz dazu in Abhängigkeit von der *relativen* Wettbewerbsposition des Unternehmens.[659]

Die Vertreter des Market-Based-View beschreiben die Branchenstruktur mit Hilfe der in der Branche wirkenden Wettbewerbskräfte, die neben der Wettbewerbsintensität auch die durchschnittliche Rentabilität der in der Branche tätigen Unternehmen festlegen.[660] Aus der Perspektive des Market-Based-Views determiniert die aus der Zusammenführung der Wettbewerbskräfte entstehende Branchenstruktur zwar einerseits die durchschnittlich in einer Branche erreichbaren *Erfolgsbeiträge*, trifft jedoch andererseits keine spezifische Aussage über die *Gewinnverteilung* in einer Branche. Der *individuelle* Gewinn eines Unternehmens ergibt sich in Abhängigkeit von der jeweiligen Wettbewerbsposition des betrachteten Unternehmens, die aus Sicht des Market-Based-View durch die

mensionen *Branchenstruktur* und *Wettbewerbsposition* vgl. die Ausführungen zur *Branchenstrukturanalyse* in Kap. 3.5.1.2.2.

[658] Vgl. **SCHAPER-RINKEL** (1998), S. 38f.

[659] Durch die relative Wettbewerbsposition wird u.a. der Aktionsspielraum eines Unternehmens bestimmt, sich durch entsprechende Verhaltensweisen den im Unternehmensumfeld wirkenden strukturellen Wettbewerbskräften entziehen zu können. Vgl. **PORTER** (1992a), S. 27.

[660] Für eine umfassende Darstellung der *Branchenstrukturanalyse* und der relevanten Wettbewerbskräfte vgl. Kap. 3.5.1.2.2.

Umsetzung unternehmens- und umfeldangemessener *Wettbewerbsstrategien* beeinflusst werden kann.[661]

PORTER unterscheidet in diesem Zusammenhang drei idealtypische, generische *Wettbewerbsstrategien*, die sich in Abhängigkeit vom beabsichtigten Wettbewerbsvorteil und individuellen Wettbewerbsort ergeben: 1.) Kostenführerschaft, 2.) Differenzierung und 3.) Konzentration auf Schwerpunkte.[662] Je nach Strategieansatz soll durch eine entsprechende Fokussierung aller strategischen Unternehmensaktivitäten auf einen Kostenvorteil gegenüber Konkurrenten, auf einen einzigartigen Produktnutzen oder auf die Anforderungen einer speziellen Marktnische ein relativer Wettbewerbsvorteil erreicht werden, durch den sich ein Unternehmen vor den Gefahren der branchenimmanenten Wettbewerbskräfte schützen kann.[663]

Mitte der achtziger Jahre des vorigen Jahrhunderts wurde zunehmend Kritik am Market-Based-View geübt, da er aus Sicht vieler Autoren einen zu starken Schwerpunkt auf eine an unternehmensexternen Produkt-Markt-Kombinationen ausgerichtete Strategieentwicklung legt und komplexe strategische Sachverhalte zu weit schematisiert und vereinfacht.[664] Es wurde erkannt, dass der Heterogenität und Unternehmensspezifität strategischer Entscheidungen nicht ausreichend entsprochen werden kann, wenn sich die Unternehmensführung ausschließlich auf eine umfeldadäquate Umsetzung einer der drei wettbewerbsstrategischen Handlungsoptionen (Kostenführerschafts-, Differenzierungs- oder Nischenstrategie) beschränkt.[665] Es wurde vielmehr die Notwendigkeit einer zielgerichteten Gestaltung und Nutzung der innerhalb eines Unternehmens vorhandenen Ressourcen sowie der im Unternehmenssystem bestehenden kulturellen und strukturellen Gegebenheiten für den Aufbau und die Aufrechterhaltung strategischer Wettbewerbsvorteile erkannt.

Vor diesem Hintergrund entstand mit dem *Resource-Based-View* der strategischen Unternehmensführung ein theoretisches Komplement[666] zum Market-Based-View. Der Resource-Based-View formuliert die Forderung nach einer Abkehr von einer zu ausgeprägten Markt- und Umweltorientierung der Unter-

---

661 Vgl. **PORTER** (1992a), S. 66ff. und **SCHAPER-RINKEL** (1998), S. 36.

662 Für eine ausführliche Erläuterung der einzelnen Wettbewerbsstrategien vgl. Kap. 3.5.1.2.2, **PORTER** (1992a), S. 67ff. und **SCHAPER-RINKEL** (1998), S. 37f.

663 Vgl. **CORSTEN; WILL** (1992), S. 185ff.

664 Zur Kritik am *Market-Based-View* vgl. **BARTLETT; GOSHAL** (1991), S. 7ff., **HAYES; PISANO** (1994), S. 82 und **STALK; PHILIP; SHULMAN** (1992), S. 62.

665 Vgl. **AHARONI** (1993), S. 31 und **BARTLETT; GOSHAL** (1991), S. 7.

666 Vgl. **WERNERFELT** (1984), S. 171 mit der Äußerung „resources and products are two sides of the same coin". Für einen Überblick über die Zusammenhänge und Unterschiede zwischen dem *Resource-Based-View* und dem *Market-Based-View* vgl. **MAHONEY; PANDIAN** (1992), S. 371ff.

nehmensführung bei der Entwicklung der Unternehmensstrategie und definiert die spezifische Ressourcenausstattung von Unternehmen als dominierende Determinante des Unternehmenserfolges. Da dieser Ansatz im Rahmen des theoretischen Bezugsrahmens in Kapitel 3 ausführlich dargestellt wird, wird an dieser Stelle nur auf die grundlegenden Inhalte eingegangen.[667]

Die Vertreter des *Resource-Based-View* fordern im Gegensatz zu den Vertretern des *Market-Based-View* eine Unternehmensführung, die sich bei der Ableitung der strategischen Unternehmensausrichtung in erster Linie auf die Stärken und Schwächen des Unternehmens konzentriert.[668] Der Erfolg eines bestimmten Unternehmens basiert in diesem Sinne auf einer spezifischen unternehmensindividuellen Ressourcenausstattung. Im Gegensatz zum Market-Based-View liegt dem Resource-Based-View damit eine sog. *Inside-Out-Perspektive*, d.h. eine von der Unternehmensinnenwelt nach außen gerichtete Denkhaltung zugrunde, die die effiziente Nutzung der unternehmensspezifischen Ressourcen als wesentlichste Voraussetzung für die Erzielung dauerhafter Wettbewerbsvorteile ansieht.[669]

Der Begriff der *Ressource* wird im Resource-Based-View sehr weit interpretiert, da die wesentlichen Erfolgseinflussdeterminanten bei der Strategieentwicklung möglichst umfassend berücksichtigt werden sollen. Unternehmensspezifische Ressourcen umfassen daher neben den materiellen Aktiva[670] bzw. immateriellen Wertgegenständen[671] sämtliche Spezifika eines Unternehmens, die als dessen Stärke und Schwäche aufgefasst werden können.[672]

Durch die spezifischen unternehmensinternen Ressourcen werden Vorteile generiert, die in ihrer unternehmensweiten Gesamtheit auch als sog. *unterneh-*

---

[667] Für eine umfangreiche Darstellung des *Resource-Based-View* vgl. Kap. 3.5.2ff. mit den dortigen Literaturangaben.

[668] Für eine allgemeinen Überblick über den *Resource-Based-View* vgl. **Mahoney; Pandian** (1992), S. 369ff., **Kirsch; Knyphausen; Ringlstetter** (1991), S. 12f., **Rasche; Wolfrum** (1994), S. 502, **Prahalad; Hamel** (1990), S. 86ff. und **Wernerfelt** (1984).

[669] Gestützt wird diese Sichtweise durch mehrere empirische Studien. Vgl. **Cool; Schendel** (1987), **Hansen; Wernerfelt** (1989), **Jacobsen** (1988).

[670] Dabei handelt es sich um Gegenstände des tatsächlich im Unternehmen vorhandenen greifbaren Vermögens wie z.B. Gebäude, Grundstücke und Produktionsmaschinen. Vgl. **Wernerfelt** (1984), S. 172.

[671] Dazu gehören beispielsweise Patente, Reputation des Unternehmens und unternehmensspezifisches Know-how. Vgl. **Rasche; Wolfrum** (1994), S. 503.

[672] Dazu und zu den unterschiedlichen Ressourcenarten vgl. **Chatterjee; Wernerfelt** (1991), S. 35, **Wernerfelt** (1989), S. 6f., **Wernerfelt** (1984), S. 172, **Hall** (1993), S. 609, **Rasche; Wolfrum** (1994), S. 503, **Bamberger; Wrona** (1996a), S. 387, **Itami** (1987), S. 12f., **Bamberger; Wrona** (1996b), S. 133f. Für eine ausführliche Erklärung des *Ressourcenbegriffes* vgl. Kap. 3.5.2.2.2.

mensspezifische Kernkompetenzen der Unternehmensorganisation bezeichnet werden.[673] Derartige Kernkompetenzen können grundsätzlich zwei Ursachen haben: Entweder basieren sie auf dem Besitz einzigartiger Ressourcen, über die kein anderes Unternehmen verfügt oder sie beruhen darauf, dass einzigartige Ressourcen erst durch die kreative Kombination und das Zusammenspiel mehrerer nicht-einzigartiger Ressourcen entstehen.[674] Die Vertreter des Resource-Based-View messen diesen Kernkompetenzen beim Aufbau und bei der nachhaltigen Erneuerung von Wettbewerbsvorteilen eine ausschlaggebende Bedeutung bei. Danach bestimmt der Umfang der Kernkompetenzen eines Unternehmens die Bandbreite seiner potenziell ausnutzbaren strategischen Optionen, d.h. das Ausmaß, in dem das Unternehmen die Chancen in seinem Umfeld in positiver Weise verwerten kann. Aus diesen Gründen sind Kernkompetenzen von der Unternehmensführung bei der Entwicklung und Umsetzung von Unternehmensstrategien in besonderer Weise zu kontrollieren und zu gestalten.[675]

Die beiden dargestellten Basistheorien des Strategischen Managements können als die wichtigsten Orientierungsgrundlagen für eine theoretisch fundierte, zukunftsgerichtete Steuerung von Unternehmen bezeichnet werden. Vor diesem Hintergrund sollte ein Strategisches Management immer zum Ziel haben, zum Aufbau und zur Pflege einzigartiger *unternehmerischer Ressourcen und Fähigkeiten* beizutragen, um auf dieser Grundlage nachhaltige Differenzierungs- und Kostenvorteile in *attraktiven Branchen* zu erreichen.

2.4.4 Strategisches Management und Unternehmensentwicklung

2.4.4.1 Begrifflicher Zusammenhang

In Analogie zu den Ausführungen in den vorhergehenden Kapiteln basiert die Entwicklung eines Unternehmens nicht auf einer systemimmanenten Eigendynamik. Vielmehr ist die Entscheidung über einen zu verfolgenden Entwicklungsweg aufgrund der Vielzahl der möglichen Alternativen[676] durch eine hohe Komplexität geprägt und stellt dementsprechend hohe Anforderungen an die Führungsfähigkeiten der Unternehmensleitung, die letztlich durch ihre individuelle Qualifikation und Qualität über den Erfolg der Unternehmensentwicklung entscheidet.[677] Dieser Zusammenhang zwischen der Unternehmensent-

---

[673] Der Begriff der *Kernkompetenz* („core competency") geht zurück auf **PRAHALAD; HAMEL** (1990). Für eine Darstellung der wesentlichen Inhalte des Kernkompetenzenkonzeptes vgl. Kap. 3.5.2.2.4 und **CONNER** (1991), S. 137; **VENOHR** (1987), S. 33ff., **STALK; EVANS; SHULMAN** (1992) und **TEECE** (1985), S. 59ff.

[674] Vgl. **COLLIS; MONTGOMERY** (1995), S. 123.

[675] Vgl. **BERGER; KALTHOFF** (1995), S. 161.

[676] Zu den möglichen internen und externen Entwicklungswegen eines Unternehmens vgl. Kap. 2.3.4.3.

[677] **SIEGWART** (1981), S. 227. Der Begriff der *Unternehmensführung* wird im Folgenden synonym zum Begriff der *Unternehmensleitung* verwendet. Vgl. **STAEHLE** (1987), S. 48.

wicklung und Unternehmensführung erfordert zunächst die Darstellung der Aufgabenfelder und Funktionen der Unternehmensleitung, die im Rahmen der Umsetzung einer Unternehmensentwicklungsstrategie von besonderer Bedeutung sind. Dazu gehören zum einen das *Operative Management der Unternehmensentwicklung* und zum anderen das *Strategische Management der Unternehmensentwicklung*:

1.) *Operatives Management der Unternehmensentwicklung*: Innerhalb dieses Aufgabenfeldes der Unternehmensleitung steht die Absicherung und Berücksichtigung der Unternehmensidee in der Zukunft sowie die Steuerung und Gestaltung der Entwicklungsprozesse innerhalb des Unternehmens zur Umsetzung der vorgegebenen Unternehmensentwicklungsziele im Mittelpunkt der Betrachtungen.[678] Ein in diesem Zusammenhang interpretiertes *Operatives Management* greift auf der Grundlage der gegebenen Unternehmenspotenziale ausschließlich *lenkend* in die Unternehmensentwicklung ein und soll im Wesentlichen zur Minimierung operativer Störungen und Probleme beitragen.[679] Im Fokus der operativen Dispositionen steht dabei die Effizienz in der Ausführung *praktischer* Operationen, die auf die Realisierung und Pflege bestehender *Erfolgspotenziale*[680] gerichtet sind.[681]

2.) *Strategischen Management der Unternehmensentwicklung*: Im Mittelpunkt dieses Aufgabenbereiches der Unternehmensleitung stehen Entscheidungen über die künftig durch die Unternehmensentwicklung zu bearbeitenden Geschäftsfelder und die dazu notwendigen grundlegenden Strukturen des Unternehmens.[682] Die Unternehmensentwicklung ist vor diesem Hintergrund als ein *Teilbereich* des Strategischen Managements anzusehen, da sie ebenfalls der langfristigen Sicherung des Unternehmens dient.[683] Als Hauptinstrument zur Umsetzung strategisch relevanter Veränderungen im Rahmen einer dynamisch-zeitraumbezogenen Sichtweise ist die Unternehmensentwicklung dementsprechend in das Strategische Management eines Unternehmens einzubinden, dem gerade für die Unternehmensentwicklung eine wesentliche *Lenkungs-* und *Gestaltungsfunktion* zukommt:

   a.) *Lenkungsfunktion*: Die Lenkungsfunktion des *Strategischen Managements der Unternehmensentwicklung* zeigt sich in der Bestimmung von *Entwicklungszielen*, in der Festlegung des *unternehmerischen Kurses* und in der *Aussteuerung* und *Kontrolle* zielgerichteter Tätigkeiten innerhalb

---

678 Vgl. **Sieben; Lutz** (1981), S. 14.
679 Vgl. **Bircher** (1976), S. 47.
680 Zum Begriff des *Erfolgspotenzials* vgl. **Kirsch** (1991), S. 17ff. und die Ausführungen in Kap. 2.4.4.2, S. 23.
681 Vgl. **Gälweiler** (1986), S.162 und **Ansoff** (1988), S. 5.
682 Vgl. **Sieben; Lutz** (1981), S. 14.
683 Vgl. **Kreikebaum** (1991), S. 27.

des unternehmenspolitisch festgelegten Entwicklungspfades.[684] In diesen Funktionsbereich fällt auch die Planung und Durchführung sog. *Wachstumsstrategien*[685], durch die eine grundlegende Richtung für die Unternehmensentwicklung bestimmt wird und an denen die fortlaufend getroffenen Entscheidungen zur gewünschten Veränderung des Unternehmens ausgerichtet werden.[686]

Wachstumsstrategien sollen zur Erfüllung der normativ formulierten Unternehmenszwecke beitragen und Profile bereitstellen, die zum einen eine effiziente Umsetzung der Unternehmenspolitik ermöglichen und zum anderen als übergeordneter Bezugsrahmen für weitere differenzierte Geschäftsfeldstrategien verwendet werden können. Sie umfassen damit nicht nur sämtliche bestehende und künftige unternehmerische Tätigkeitsbereiche, sondern sind auch die Grundlage für die Außen- und Innenbeziehungen des Unternehmens zu ihren Bezugspersonen, denen sie als Gesamtsystem die notwendige Einheit verleihen.[687]

Die Basis zur Ableitung entsprechender Wachstumsstrategien bilden umfassende Analysen von Entwicklungen im externen Organisations- bzw. Unternehmensumfeld. Wachstumsstrategien beinhalten somit, auf der Basis der durchgeführten *externen* Markt- und Branchenanalysen, auch sämtliche *Wettbewerbsstrategien* eines Unternehmens, die somit als Teilbereich der Entwicklung unternehmerischer Wachstumsstrategien anzusehen sind. Die Art und Richtung der Unternehmensentwicklung ergibt sich damit letztlich als Resultat von Maßnahmen des Strategischen Managements.[688]

b.) *Gestaltungsfunktion*: Die Gestaltungsfunktion des *Strategischen Managements der Unternehmensentwicklung* äußert sich in dem Anspruch, den unternehmerischen Aktivitäten eine *eindeutige Richtung* zu geben bzw. die *Effektivität* der operativen Tätigkeitsbereiche des Unternehmens sicherzustellen, indem es einen *institutionellen Rahmen* für operatives Führungsverhalten vorgibt, entwickelt und als zweckorientierte Ganzheit aufrechterhält.[689]

Vor diesem Hintergrund lässt sich auch die zentrale Aufgabe des Strategischen Managements für die Unternehmensentwicklung ableiten: Es soll die künftige *Existenz* eines Unternehmens *absichern* und die weitere *Entwicklung* des Unter-

684 Vgl. **Ulrich** (1984), S. 115.
685 Zum Begriff des *Unternehmenswachstums* vgl. Kap. 2.3.2, S. 23.
686 Vgl. **Hinterhuber** (1989a), S. 161.
687 Vgl. **Ansoff** (1988), S. 6 und **Bleicher** (1991a), S. 216f.
688 Vgl. **Florescu** (1991), S. 13 und **Bleicher** (1991a), S. 89.
689 Vgl. **Pümpin; Prange** (1991), S. 19, **Ulrich** (1984), S. 92ff. und **Hinterhuber** (1989a), S. 19.

nehmens aktiv und zielorientiert *beeinflussen*, indem es rechtzeitig die notwendigen Schritte, Maßnahmen und zu analysierenden Entwicklungsalternativen für eine Unternehmensentwicklung vorgibt, durch die das einzelne Unternehmen an die unternehmensinternen und -externen Veränderungen angepasst werden kann. Eine Unternehmensentwicklung ist dementsprechend immer das Ergebnis einer vorausschauenden bzw. proaktiven Planung wesentlicher Zukunftsentwicklungen oder das Resultat einer reaktiven Anpassung an bereits aufgetretene Veränderungen. Für beide Ursprünge einer Unternehmensentwicklung gilt, dass sie in besonderer Weise durch das unternehmerische Umfeld beeinflusst werden.[690]

Aufgrund der dargelegten herausragenden Bedeutung des Strategischen Managements für die Entwicklung eines Unternehmens werden im nachfolgenden Teil die in diesem strategischen Zusammenhang wesentlichen Begrifflichkeiten der *Entwicklungsstrategien*, der *strategischen Erfolgspotenziale* und der *Strategieoptionen* erklärt und vorhandene Interdependenzen erläutert.

2.4.4.2 Entwicklungsstrategien, Erfolgspotenziale und Strategieoptionen

Grundsätzlich sollen *Entwicklungsstrategien* im Rahmen der Strategischen Unternehmensführung die langfristige Unternehmensentwicklung und -existenz über den Aufbau und die Sicherung dauerhafter (strategischer) *Erfolgspotenziale* sicherstellen. Die Erfolgspotenziale eines Unternehmens sind als *unternehmerische Aktivitätsfelder* zu interpretieren, stellen eine wesentliche *Grundlage für den Aufbau dauerhafter Wettbewerbsvorteile* in einem Markt oder mehreren Märken dar und versetzen ein Unternehmen in die Lage, langfristig *überdurchschnittliche Erträge* zu erwirtschaften.[691] Sie umfassen neben den wesentlichen produkt- bzw. marktspezifischen Bedingungen insbesondere die unternehmenseigenen *Ressourcen und Fähigkeiten*, die bei ihrer ausreichenden Aktivierung die Grundlage für eine langfristige Aufrechterhaltung der Wettbewerbsvorteile in den bearbeiteten Märkten liefern und damit nachhaltig den langfristigen Unternehmenserfolg beeinflussen.[692] Erfolgspotenziale beschreiben die notwendigen spezifischen *Strukturkonstellationen* zwischen Unternehmen und Unter-

[690] Vgl. **Hätscher** (1992), S. 76f. und **Sieben; Lutz** (1981), S. 13.

[691] Vgl. **Kirsch; Grebenc** (1986), S. 30, **Winand** (1989), Sp. 442. Zum Begriff des *Erfolgspotenzials* vgl. **Kirsch** (1991), S. 17ff. Zum Begriff des *strategischen* Erfolgspotenzials vgl. **Gälweiler** (1990), S. 28, **Haedrich; Jenner** (1996), S. 16 und **Servatius** (1986) S. 30. Nachfolgend wird vereinfachend nur noch der Begriff des *Erfolgspotenzials* verwendet, ohne immer wieder explizit auf die *strategische* Komponente dieses Terminus hinzuweisen.

[692] Vgl. **Kirsch; Grebenc** (1986), S. 33, **Voigt** (1992), S. 292ff., **Gälweiler** (1990), S. 26f. und **Servatius** (1986), S. 30 und **Haedrich, Jenner** (1996), S. 16. Für eine Erläuterung der Bedeutung der Ressourcen und Fähigkeiten eines Unternehmens für den Aufbau von Wettbewerbsvorteilen vor dem Hintergrund des ressourcenorientierten Ansatzes vgl. Kap. 3.3.2ff.

nehmensumfeld, durch die das einzelne Unternehmen in die Lage versetzt wird, mit den für die Realisierung der grundlegenden Unternehmensziele relevanten Gegebenheiten umzugehen.[693] Vereinfachend können Erfolgspotenziale damit auch als Ausdruck für den *Deckungsgrad* von unternehmerischen Ressourcen und Fähigkeiten mit den Chancen im Unternehmensumfeld angesehen werden.[694] Analytisch lassen sich *externe* und *interne* sowie *bestehende* und *neue* Erfolgspotenziale unterscheiden, die in einem engen Wirkungszusammenhang zueinander stehen können:[695]

1.) *Externe Erfolgspotenziale*: Externe Erfolgspotenziale bestimmen in ihrer Gesamtheit die Wettbewerbsposition eines Unternehmens durch spezifische *Produkt-Markt-Kombinationen.* Sie lassen sich durch die *Auswahl* spezifischer *attraktiver Branchen* bzw. *Märkte* erschließen, die eine nachhaltige überdurchschnittliche Rentabilität besitzen oder künftig zu realisieren erlauben. Die Entwicklung externer Erfolgspotenziale kann in diesem Zusammenhang als Basis für die Ableitung von *Unternehmensstrategien* angesehen werden, wie z.B. Entscheidungen über herzustellende Produkte bzw. zu bearbeitende Märkte und die damit verknüpften Markteintrittsstrategien.

   Daneben ergeben sich externe Erfolgspotenziale auch durch die *Position* eines Unternehmens in einer Branche bzw. auf einem Markt. Die Wettbewerbsposition eines Unternehmens ist dabei das Resultat von aufgebauten (strategischen) *Wettbewerbsvorteilen*[696] in den Tätigkeitsbereichen des Unternehmens. Der Aufbau von Wettbewerbsvorteilen ist Gegenstand von speziellen *Wettbewerbsstrategien*, durch die die *Art* der angestrebten Wettbewerbsvorteile festgelegt wird, und den für die Thematik der Arbeit besonders wesentlichen *Entwicklungsstrategien*, mit denen die *Richtung* der Entwicklung der Wettbewerbsposition des Unternehmens bestimmt wird.[697]

2.) *Interne Erfolgspotenziale*: Der Aufbau und die zielorientierte Verwendung interner Erfolgspotenziale innerhalb der betrieblichen Leistungserstellung ist eine wesentliche Voraussetzung für die Generierung und Nutzung der externen Erfolgspotenziale.

3.) *Bestehende Erfolgspotenziale*: Die bestehenden Erfolgspotenziale eines Unternehmens, wie z.B. besonderes Management-Know-how, Branchen- oder Technologiekenntnisse, zeigen sich in den bereits im Wettbewerbsumfeld er-

---

693 Vgl. **Link** (1985), S. 15 und **Kirsch** (1992), S. 241ff.

694 Vgl. **Fischer** (1993), S. 17 und **Coenenberg; Baum** (1987), S. 37.

695 Zu den nachfolgenden Ausführungen über die unterschiedlichen *Erfolgspotenzialarten* vgl. **Link** (1985), S. 15, **Bamberger; Wrona** (1996b), S. 146 und **Bleicher** (1991a), S. 70f.

696 Zum Begriff des *Wettbewerbsvorteils* vgl. Kap. 2.2.1, S. 23, Fn. 40.

697 Für eine grundlegende Unterscheidung unterschiedlicher Strategietypen vgl. **Bamberger; Bonacker** (1994), S. 28ff.

reichten strategischen Wettbewerbsvorteilen (z.B. in Form überdurchschnittlicher Marktanteile, Kosten- und/oder Qualitätsvorteile).

4.) *Neue Erfolgspotenziale*: Der erfolgsorientierte Aufbau neuer Erfolgspotenziale durch z.B. Investitionen in Forschung und Entwicklung oder Personal zielt auf die Realisierung dauerhafter strategischer Wettbewerbsvorteile.

Damit wird die *Sicherung bestehender* interner und externer Erfolgspotenziale und der *Aufbau neuer* Erfolgspotenziale innerhalb und außerhalb des Unternehmens zu einem besonders zentralen Gegenstand des Strategischen Managements der Unternehmensentwicklung, sodass sämtliche unternehmerischen Entscheidungen und Maßnahmen darauf auszurichten sind.[698]

Allerdings bewegt sich das Konstrukt des Erfolgspotenzials aus anwendungsorientierter Sichtweise auf einem relativ abstrakten Niveau, da es keine konkreten Aussagen über die spezifischen unternehmensinternen und -externen Faktoren trifft, die letztlich über den langfristigen Erfolg eines Unternehmens entscheiden. Auf der Grundlage dieser Erkenntnis können Erfolgspotenziale eines Unternehmens als umfassende Wirkungssysteme angesehen werden, deren Konkretisierung zu den (strategischen) *Erfolgsfaktoren*[699] führt, die als zentrale *unternehmensbezogene* (vom Unternehmen beeinflussbare) Erfolgseinflussgrößen, z.B. in Form spezifischer Unternehmensfähigkeiten und besonderer Produktionstechnologien, und spezifischer *umweltbezogener* (vom Unternehmen nicht oder nur eingeschränkt beeinflussbarer) Parameter, z.B. in Form des allgemeinen Marktwachstums und der Marktattraktivität, in ihrer Gesamtheit den ökonomischen Erfolg eines Unternehmens nachhaltig beeinflussen, indem sie zum Aufbau nachhaltiger Wettbewerbsvorteile beitragen.[700] Auf der Basis einer theoretischen Sichtweise sind sie als ausschlaggebende Faktoren für eine positive oder negative Unternehmensentwicklung anzusehen.[701] In Abb. 2.22 wird der Erfolgspotenzialbegriff in den begrifflichen Gesamtzusammenhang eingeordnet.

Vor diesem Hintergrund erfordert die Auseinandersetzung eines Unternehmens mit den jeweiligen Erfolgspotenzialen immer auch eine Analyse der dazugehörigen Erfolgsfaktoren und der damit verbundenen Kausalketten, die idealerweise die Ableitung allgemein gültiger Aussagen über die künftige Entwicklung

[698] Vgl. **Kreikebaum** (1989), S. 25.

[699] Zum Begriff der strategischen *Erfolgsfaktoren* vgl. **Hinterhuber** (1996), S. 126f., **Rühli** (1995), S. 94, **Wolfrum** (1993), S. 114ff. und **Haedrich; Tomczak** (1996), S. 65f. Nachfolgend wird vereinfachend nur noch der Begriff des *Erfolgspotenzials* verwendet, ohne immer wieder explizit auf die *strategische* Komponente dieses Terminus hinzuweisen.

[700] Vgl. **Wilde** (1989), S. 55, **Gälweiler** (1990), S. 26, **Lange** (1982), S. 29f. und **Daschmann** (1994), S. 5.

[701] Vgl. **Krüger; Schwarz** (1990), S. 179.

des Unternehmenserfolges im Sinne genereller Marktgesetze ermöglichen.[702] Derartige Untersuchungen können aber auch zur Gewinnung entscheidungsrelevanter Informationen beitragen, die eine Steuerung der strategischen Unternehmensentwicklung im Hinblick auf die zieloptimale Ausnutzung der vorhandenen internen und externen Erfolgspotenziale unter Beachtung der externen Rahmenbedingungen zulässt.[703]

***Abb. 2.22**: Einordnung des Erfolgspotenzials in den begrifflichen Gesamtzusammenhang*

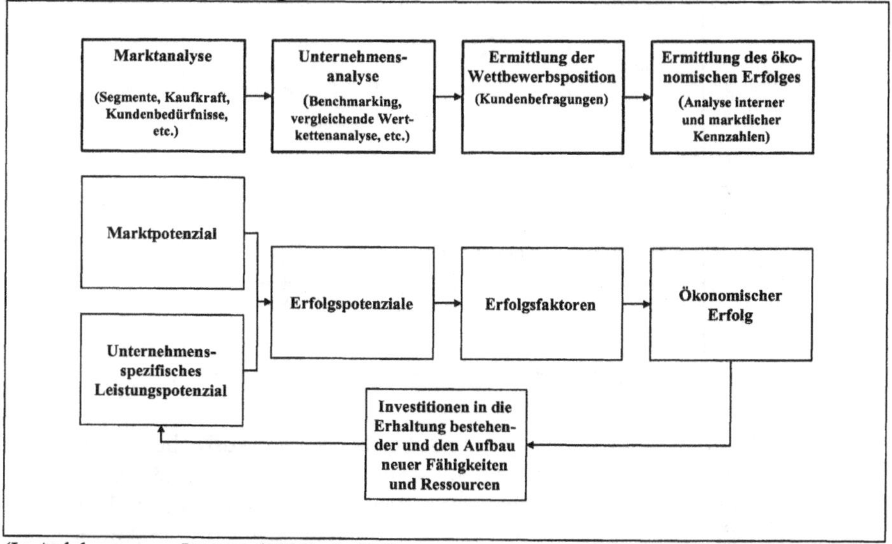

(In Anlehnung an: JENNER (1998), S. 156)

Die Feststellung zukunftsbezogener Erfolgspotenziale und die darauf ausgerichtete Auswahl einer entsprechenden Wettbewerbs- und Unternehmensentwicklungsstrategie erfolgt grundsätzlich auf der Basis einer umfassenden Analyse verschiedener Marktentwicklungs- bzw. Unternehmensumfeldszenarien und der Bewertung des spezifischen Kompetenzprofils des Unternehmen in Form einer Stärken/Schwächen-Chancen/Risiken-Betrachtung (s. Abb. 2.23).[704] Das Strategische Management bietet vor diesem Hintergrund eine integrative Perspektive,

[702] Vgl. **VENOHR** (1987), S. 5f. und **DELLMANN** (1991), S. 422.

[703] Vgl. **DUNST** (1989), Sp. 1894.

[704] Die Vorgehensweise beruht auf dem sog. *SWOT-Konzept* (SWOT = Strenghts, Weaknesses, Opportunities, Threats), das von LEARNED, CHRISTENSEN und ANDREWS entwickelt wurde. Es soll über eine zielgerichtete Steuerung der Unternehmensressourcen zu einem Aufbau der für die Zukunft de Unternehmens erfolgsversprechenden Fähigkeiten und Potenziale beitragen. Vgl. **LEARNED; CHRISTENSEN; ANDREWS** (1965).

die sowohl die Handlungsspielräume von Unternehmen betont als auch die Bedeutung der strukturellen Effizienz als eine Quelle des Wettbewerbs bewahrt.[705]

Abb. 2.23: Stärken/Schwächen-Chancen/Risiken-Analyse

Marktentwicklungsszenarien / Interne Analyse	Chancen	Risiken
Stärken	Stärkeneinsatz zur Nutzung von Chancen - Idealfall -	Stärkeneinsatz zum Ausweichen vor Risiken
Schwächen	Schwächenabbau zur Nutzung von Chancen	Schwächenabbau zum Ausweichen vor Risiken - Defensivstrategie -

(Quelle: Eigene Darstellung)

Dabei ist jedoch zu berücksichtigen, dass die dauerhafte Aufrechterhaltung und Verteidigung von Erfolgspotenzialen aufgrund der hohen Komplexität und Dynamik im politischen, ökologischen, sozialen und technologischen Unternehmensumfeld nicht immer gelingen kann, so dass sich zwei zentrale Anforderungen an das *Strategische Management der Unternehmensentwicklung* ergeben:[706]

1.) Es muss, im Sinne einer *qualitätsorientierten* Unternehmensentwicklung, die Sicherung der einzigartigen Unternehmensressourcen und Fähigkeiten gewährleisten und ihren Ausbau fördern, um einen Verlust der bestehenden Wettbewerbsvorteile durch Substitutions- und Nachahmungsbestrebungen der Konkurrenten abzuwehren. Die in einer Branche eingenommenen Positionen sollen damit auch künftig für Wettbewerber nicht erreichbar werden.

2.) Es muss, im Sinne einer *quantitativ orientierten* Unternehmensentwicklung, bei der Suche nach neuen Erfolgspotenzialen nicht nur die Wettbewerbsposition des Unternehmens in den bisher bearbeiteten Märkten und Branchen aufrecht erhalten, sondern auch neue Geschäftsfelder und Wettbewerbsvor-

[705] Vgl. **Tallman** (1991), S. 70.

[706] Vgl. **McGee; Thomas; Pruett** (1995), S. 258. Zu den nachfolgend erläuterten Anforderungen an das Strategische Management der Unternehmensentwicklung **Vizjak** (1990), S. 20.

teile durch den Einsatz der eigenen einzigartigen Ressourcen und Fähigkeiten erschließen.

Die sich aus der Umfelddynamik ergebende Veränderung der Wettbewerbsposition eines Unternehmen erfordert in vielen Fällen eine nachhaltige Veränderung der Wettbewerbsstrategie.[707] Damit wird die Analyse möglicher Veränderungen der strategischen Position eines Unternehmens innerhalb eines Marktes oder einer Branche und die Betrachtung alternativer sog. *Strategieoptionen*[708], neben der Auseinandersetzung mit dem Konstrukt des Erfolgspotenzials, zu einem weiteren zentralen Gegenstand des Strategischen Managements der Unternehmensentwicklung.

Strategieoptionen sind grundsätzlich das Ergebnis der ermittelten Umfeldrahmenbedingungen und der unternehmerischen Ausgangsbedingungen und ergeben sich immer dann, wenn ein Unternehmen eine Veränderung seiner Wettbewerbsposition und -strategien anstrebt. Derartige Umorientierungen gehen in der Regel zurück auf eine kritische Überprüfung der internen Unternehmensgegebenheiten bzw. auf einen Abgleich des eigenen Wettbewerbsverhaltens mit dem Unternehmensumfeld. Aus derartigen Analyse ergibt sich häufig die Erkenntnis einer Diskrepanz zwischen Unternehmenshandeln und internen/externen Rahmenbedingungen, die als Ursache für eine suboptimale Ausnutzung der bestehenden Erfolgspotenziale bzw. einer unzureichenden Unternehmensrentabilität angesehen wird.[709]

Nachdem die möglichen Strategieoptionen für ein Unternehmen von der Unternehmensleitung identifiziert wurden, ist es in einem nächsten Schritt notwendig, die erfolgsversprechende und damit weiterzuverfolgende Strategieoption auszuwählen. Diese Notwendigkeit gleicht den bereits dargestellten Zusammenhängen für die Ableitung und Eingrenzung der potenziell möglichen Entwicklungsalternativen mit den damit verbundenen Entwicklungsrichtungen und den internen oder externen Entwicklungswegen. Um eine Konfusion zwischen den strategischen Begrifflichkeiten und den Termini zur Unternehmensentwicklung im weiteren Verlauf der Arbeit zu vermeiden, erscheint es sinnvoll, im nachfolgenden Kapitel die Auswahl einer Strategieoption mit der Auswahl einer Entwicklungsalternative begrifflich zusammenzuführen.

---

[707] Vgl. **Greenwood; Hinings** (1996), S. 1022.

[708] Der darin enthaltende Begriff der *Option* beschreibt ganz allgemein sämtliche künftigen Handlungsalternativen für ein Unternehmen, die sich im Rahmen von Investitionsentscheidungen ergeben, und deren Umsetzung von weiteren künftigen Entscheidungen des Unternehmens abhängig sind. Vgl. **Kester** (1984), S. 154.

[709] Vgl. **Venkatraman; Prescott** (1990), S. 5 und **Ginsberg** (1988), S. 562.

2.4.4.3 Auswahl einer Strategieoption vs. Auswahl einer Entwicklungsalternative

Die *Auswahl* einer Strategieoption als künftige Wettbewerbs- und Wachstumsstrategie soll die angestrebten Wettbewerbsvorteile im Sinne einer dauerhaften Erfolgsbasis sichern, damit die o.g. Anforderungen an das Strategische Management hinsichtlich einer optimalen Auseinandersetzung mit Erfolgspotenzialen erfüllt werden, die letztlich zu einer Verbesserung der Gewinnsituation eines Unternehmens beitragen soll. Vor dem Hintergrund der unternehmensinternen und -externen Dynamik ist die Ableitung und Auswahl von Strategieoptionen nicht als eine einmalige Such- und Entscheidungssituation anzusehen. Sie erfordert vielmehr einen *permanenten* Abgleich mit dem sich ändernden Unternehmensumfeld und der internen Position des betrachteten Unternehmens.[710]

Diese Notwendigkeit gleicht den Voraussetzungen für eine dauerhaft effiziente Unternehmensentwicklung.[711] Vor diesem Hintergrund und aufgrund der dargestellten Zusammenhänge zwischen Strategischem Management und Unternehmensentwicklung lassen sich der dem Strategischen Management entstammende Begriff der *Strategieoption* und die innerhalb der Unternehmensentwicklung wesentlichen Begriffe der *Entwicklungsalternative*, der *Entwicklungsrichtung* und der *Entwicklungswege* inhaltlich zusammenführen. Jede potenziell sinnvolle *Entwicklungsalternative* als Kombination aus Entwicklungsrichtung und Entwicklungsweg stellt danach letztlich eine *strategische Entwicklungsoption* dar und kann daher auch als *Strategieoption* bezeichnet werden.[712] Der im Zusammenhang mit der Erklärung des Unternehmensentwicklungsbegriffes umfassend erläuterte Prozess zur Auswahl einer Entwicklungsalternative ist vor diesem Hintergrund als ein Teilbereich sämtlicher unternehmerischer Auswahlprozesse für die Strategieoptionen eines Unternehmens anzusehen.

Vor der Auswahl einer Strategieoption werden in der Regel im Zuge der strategischen Unternehmensplanung mehrere *alternative* Strategieoptionen abgeleitet und diskutiert, die für die erwartete künftige Entwicklung des Unternehmens und der Umfeldrahmenbedingungen von der Unternehmensleitung als adäquat und zielführend eingeschätzt werden. Die einzelnen Schritte bis zur endgültigen Auswahl einer spezifischen Strategieoption werden in Abb. 2.24 dargestellt.

Die Ableitung der geeignetsten Strategieoption erfolgt in der Regel durch einen Prozess, bei dem für jede einzelne Strategieoption die potenziellen Konsequenzen auf das externe Unternehmensumfeld (z.B. auf die direkten Konkurrenzunternehmen) und auf die unternehmensinternen Abläufe hinsichtlich bestimmter

[710] Vgl. MASCARENHAS (1981), S. 54ff.

[711] Zu den Voraussetzungen für eine dauerhaft erfolgreiche Unternehmensentwicklung vgl. Kap. 2.3.1, S. 23.

[712] Nachfolgend werden deshalb die Begriffe *Strategieoption*, *Entwicklungsalternative*, *strategische Alternative* und *Entwicklungsoption* synonym verwendet.

Kosten- und Nutzenkriterien identifiziert werden. Dabei können die in Abb. 2.25 aufgeführten Prüffragen im Rahmen des gesamten Prüf- und Beurteilungsprozesses zu ersten wesentlichen Erkenntnissen für eine abschließende Bewertung der Strategieoptionen führen.

***Abb. 2.24**: Schritte zur Auswahl strategischer Optionen*

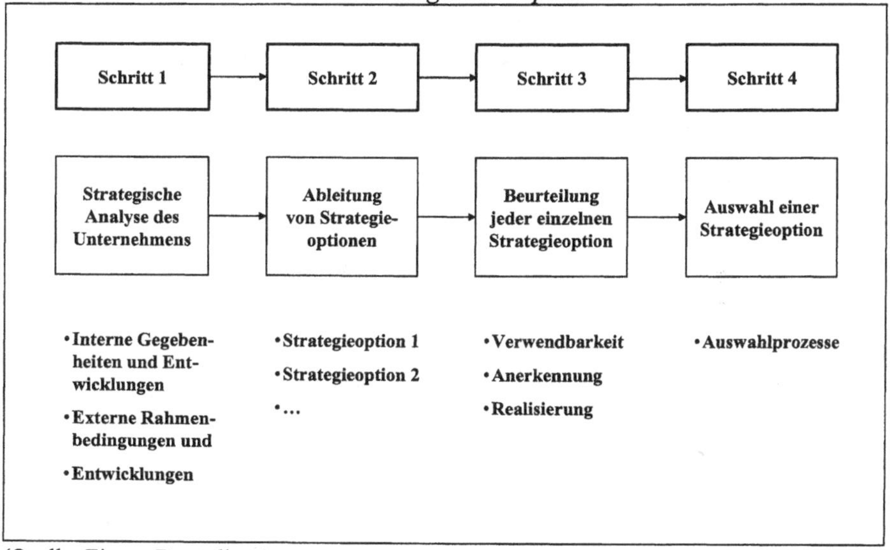

(Quelle: Eigene Darstellung)

Die Aussagefähigkeit der Prüffragen wird allerdings durch die Tatsache eingeschränkt, dass die Auswahlsituation durch bestimmte Unsicherheiten über die künftigen unternehmensexternen und -internen Entwicklungen geprägt wird. Es handelt sich mithin in Teilbereichen der Auswahlsituation um eine sog. *Entscheidung bei Unsicherheit*[713], die nicht zwingend zu einer *einzigen* passenden Strategie führen muss. In diesem Zusammenhang bietet sich jedoch die Möglichkeit, die unterschiedlichen Strategieoptionen in den Unsicherheitsbereichen anhand unterschiedlicher Kriterien zu beurteilen.[714] In der Folge der spezifischen Optionsbeurteilungen lassen sich Aussagen über die potenzielle Gesamtwirkung jeder einzelnen Option ableiten, die als eine wesentliche Basis für die abschließende Entscheidung dienen können.

---

[713] Zu den Besonderheiten von *Entscheidungen bei Unsicherheit* vgl. **ADAM** (1993), S. 198ff. und **WÖHE** (1993), S. 164ff.

[714] Für einen Überblick über die generelle Vorgehensweise bei Entscheidungen mit unsicheren Daten vgl. **ADAM** (1993), S. 202ff.

Abb. 2.25: Prüffragen zur Beurteilung strategischer Alternativen

- **Welche Alternative löst am besten das strategische Problem?**
- **Welche Alternative schafft die beste Verbindung zwischen Umweltchancen und Unternehmensressourcen?**
- **Welche Alternative bietet den größten Wettbewerbsvorteil?**
- **Welche Alternative erfüllt am besten die persönlichen Präferenzen der Unternehmensleitung?**
- **Welche Alternative entspricht am besten den Vorstellungen der obersten Führungskräfte hinsichtlich der gesellschaftlichen Verpflichtung des Unternehmens?**
- **Welche Strategie minimiert die Entstehung neuer Probleme?**
- **Welche Alternative stärkt den Loyalitätssinn der Mitarbeiter gegenüber dem Unternehmen?**
- **Welche Alternative stimmt am besten mit der Unternehmenskultur überein?**
- **Welche Alternative fügt sich am besten in die Unternehmenspolitik ein?**

(Quelle: HINTERHUBER (1989a), S. 181)

Die Strategieoptionsbeurteilung kann, in Ergänzung zu den im Zusammenhang mit der Auswahl eines Entwicklungsweges erläuterten Dimensionen, anhand der Kriterien *Verwendbarkeit*, *Anerkennung* und *Realisierbarkeit* erfolgen:[715]

1.) *Verwendbarkeit*: Mit der Beurteilung der Verwendbarkeit einer Strategieoption wird der Frage nachgegangen, ob sie die unternehmensinternen Fähigkeiten, Stärken und Schwächen sowie die externen Umfeldrahmenbedingungen und künftigen Entwicklungen in ausreichender Weise berücksichtigt. In diesem Zusammenhang wird in der Regel zunächst die sog. *strategische Logik*[716] jeder Option hinterfragt. Danach fließen die Ergebnisse der Logikdiskussion in einen Vergleich der Optionen hinsichtlich der Zielerfüllung.

2.) *Anerkennung*: Die Beurteilung der künftigen Anerkennung der Strategieoption bemisst sich nach den Auswirkungen jeder einzelnen Optionen auf die

[715] Für eine Erläuterung der wesentlichen Dimensionen, die bei der Auswahl eines *Entwicklungsweges* zu berücksichtigen sind, vgl. Kap. 2.3.4.4.

[716] Das Konstrukt der strategischen Logik geht der Frage nach, warum eine spezifische Option als gut oder schlecht für die künftige Positionierung des Unternehmens einzustufen ist. Im Rahmen dieser inhaltlichen Auseinandersetzungen wird für jede Strategieoption beispielsweise überprüft, inwieweit sie zur Ausnutzung der Chancen im Unternehmensumfeld beiträgt, Risiken und Unternehmensschwächen umgeht bzw. reduziert, die Nutzung der Stärken und Fähigkeiten des Unternehmens intensiviert und die politische und kulturelle Positionierung des Unternehmens zu den Anteilseignern und weiteren Interessensgruppen berücksichtigt. Vgl. RECKLIES (2001), S. 2.

Unternehmensergebnisse (z.B. Veränderung der Rentabilität und des Shareholder-Value), auf die künftige Risikoposition des Unternehmens (z.B. Einflüsse auf den Verschuldungsgrad und die Liquidität) und auf die künftigen Verhaltensweisen der Share- und Stakeholder.

3.) *Realisierbarkeit*: Im Rahmen der Untersuchung der Realisierbarkeit einer Strategieoption wird beurteilt, in welchem Ausmaß das Unternehmen über die notwendigen materiellen und immateriellen Ressourcen verfügt, um die analysierte Strategieoption zu realisieren.

Nach Abschluss dieser Untersuchungen verfügt die Unternehmensleitung über eine Vielzahl von Informationen über die zu erwartenden positiven und negativen Konsequenzen jeder Strategieoption. Die sich daran anschließende Entscheidung für *eine* der Optionen erfordert einen besonderen Auswahlprozess, bei dem sowohl quantitative als auch qualitative Entscheidungskriterien zu berücksichtigen sind. Klassische dynamische Verfahren der Investitionsrechnung, wie z.B. die Kapitalwert- oder Annuitätenmethode,[717] reichen daher aufgrund ihrer einseitigen quantitativen Orientierung nicht aus. Entscheidungsanalytische Instrumente, wie z.B. die Nutzwertanalyse[718], können den Auswahlprozess durch die Integration qualitativer Aspekte unterstützen und beschleunigen. Der Einsatz derartiger Verfahren kann jedoch nicht verhindern, dass jede Entscheidung für oder gegen eine Strategieoption zu einem erheblichen Teil durch das persönliche Urteilsvermögen, die Fähigkeit, Wertvorstellung, Autorität und Subjektivität der Meinungsfindung der Entscheidungsträger beeinflusst wird. Den dargestellten Verfahren und möglichen Beurteilungskriterien kommt daher bei der konkreten Optionsauswahl lediglich eine entscheidungsunterstützende Funktion zu. Sie sollen letztlich dazu beitragen, eine unter den gegebenen Rahmenbedingungen und den erwarteten Entwicklungen optimale Strategieoption auszuwählen, bei der eine größtmögliche Erreichung der künftigen Unternehmensziele bei möglichst minimalen Risiken zu erwarten ist.[719]

Zusammenfassend lässt sich in diesem Zusammenhang festhalten, dass jeder Entscheidungsfindungsprozess für oder gegen eine bestimmte Strategieoption generell auf eine ausgewogene Berücksichtigung von subjektiven Kriterien und quantitativen Ergebnissen vorhergehender analytischer Prozesse ausgerichtet sein sollte. Jede auf diese Weise getroffene Entscheidung ist vor diesem Hintergrund jedoch immer nur als ein Kompromiss zwischen der Minimierung der unternehmerischen Risiken und der Maximierung der Chancen anzusehen.[720]

---

[717] Für eine ausführliche Erläuterung der klassischen dynamischen Verfahren der Investitionsrechnung vgl. **Peridon; Steiner** (1998), S. 35ff.

[718] Für eine Darstellung der *Nutzwertanalyse* vgl. **Brauchlin** (1984), S. 217, **Zangemeister** (1971), S. 159ff. und **Adam** (1993), S. 357ff.

[719] Vgl. **Recklies** (2001), S. 5.

[720] Vgl. **Hinterhuber** (1989a), S. 184.

Teil 2: Theoretischer Bezugsrahmen und Entscheidungskonzept zur Auswahl einer Allianzausbau- und Unternehmensentwicklungsoption

3 Konstruktion eines theoretischen Bezugsrahmens

3.1 Aufgaben und Ziele eines theoretischen Bezugsrahmens

Für den Begriff des Bezugsrahmens existiert in der wissenschaftlichen Literatur bis heute keine allgemein gültige Definition. Auf einer generischen Ebene wird unter einem Bezugsrahmen ein *Koordinatensystem*, *System* oder *Ganzes* verstanden. Bei einer enger gefassten Definition stellt ein Bezugsrahmen zum einen das Resultat der *Systematisierung* und *Ordnung* bestehender Forschungsarbeiten und -ergebnisse zum einschlägigen Themenkomplex dar und umfasst zum anderen das Ergebnis der *intellektuellen Durchdringung* von bereits erkannten Ursachen, Gestaltungen und Wirkungen des analysierten Forschungsgegenstandes im Vorfeld der eigenen Forschung.[1] Er führt zu einem aufeinander bezogenen Gefüge von Analyseelementen, durch das die Konstruktion eines aus einer Vielzahl von Kriterien bestehenden kohärenten Gesamtkonzepts ermöglicht wird und ist in diesem Sinne als ein Aussagensystem mit Behauptungscharakter bzw. als ein *provisorisches Erklärungsmodell*[2] zu interpretieren.[3] Generell soll ein Bezugsrahmen mehrere Aufgaben erfüllen, wobei die nachfolgende Reihenfolge keine Aussage über ihre individuelle Wertigkeit beinhaltet:[4]

1.) *Stützung* der Entwicklung und Integration von Untersuchungshypothesen,

2.) *Einordnung* bereits existierender Theorieansätze und empirischer Forschungsergebnisse mit ihren jeweiligen Hypothesen in ein geschlossenes Aussagensystem,

3.) Schaffung von Voraussetzungen zur *Steuerung* der explorativen Forschung[5],

4.) *Strukturierung* zentraler Vorstellungen über die Realität,

5.) *Erklärung* bzw. *Definition* der für den weiteren Forschungs- und Untersuchungsprozess und die Ableitung eigener Theorieansätze, Hypothesen und/oder Modellen potenziell wesentlichen theoretischen Begriffe und

---

1 Für eine ähnliche Definition vgl. **Welge** (1980), S. 61.

2 Ein Bezugsrahmen ist als ein *provisorisches Erklärungsmodell* anzusehen, weil die Aussagefähigkeit und Deutlichkeit der in ihm enthaltenen Annahmen und Zusammenhänge erst im weiteren Forschungsverlauf einer wissenschaftlichen Arbeit zunimmt.

3 Vgl. **Padberg** (2000), S. 65, **Wilson** (1989), S. 4ff. und **Hartfiel; Hillmann** (1982), S. 93.

4 Zu den nachfolgenden Aufgaben eines theoretischen Bezugsrahmens vgl. **Fritz** (1992), S. 75, **Kubicek** (1977), S. 12f., **Kirsch** (1981b), S. 195 und **Kirsch** (1988), S. 51.

5 Der Begriff der sog. *explorativen Forschung* bedeutet, dass mit der empirischen Forschung nicht nur theoretische Erkenntnisse überprüft werden sollen, sondern dass diese auch zur Ableitung theoretischer Aussagen verwendet werden kann. Vgl. **Kubicek** (1977), S. 13.

6.) *Überprüfung* des Realitätsbezuges und Aussagegehaltes abgeleiteter Hypothesen.

Vor dem Hintergrund dieser *generellen* Aufgaben dient ein *konzeptioneller theoriegestützter* Bezugsrahmen im Rahmen einer *wissenschaftlichen Arbeit* der Darstellung des *theoretischen* Vorverständnisses des Autors, bildet die *konzeptionelle* Basis für die wissenschaftliche Exploration des Untersuchungsobjektes und ermöglicht die Einordnung des Untersuchungsbereiches in die theoretische bzw. empirische Forschungskonzeption. In diesem Sinne erfüllt ein Bezugsrahmen primär die Funktion einer sog. *Heuristik* im Vorfeld einer Hypothesen- und/oder Modellbildung.[6] *Heuristiken* sind in der Theorie und Praxis der Betriebswirtschaftslehre als Beurteilungskriterien für Theorien und Wissenschaftsprogramme von Bedeutung. Sie bewerten dabei zum einen deren Informationsgehalt und zum anderen das mit ihnen verbundene Potenzial für die Weiterentwicklung des bisherigen Erkenntnisstandes zur jeweiligen Thematik.[7] *Heuristische Verfahren*[8] stellen eine Vorgehensweise zur Lösung von betrieblichen Entscheidungs- und Planungsproblemen dar, für die eindeutige, effiziente und optimierende Lösungsstrategien nicht bekannt sind oder aufgrund des dazu notwendigen zeitlichen und finanziellen Aufwandes nicht sinnvoll erscheinen. Eine mit einem heuristischen Verfahren ermittelte Lösung führt dementsprechend immer nur zufällig zu einem optimalen Ergebnis in Bezug auf die zugrunde liegende Zielsetzung.[9] Insgesamt wird ein Lösungsverfahren immer dann als *heuristisch* bezeichnet, wenn es 1.) durch den Ausschluss von potenziellen Lösungsmöglichkeiten aus der Analyse den Umfang von komplexen Problemen reduziert, 2.) nicht zur der einzig optimalen und intersubjektiv nachprüfbaren Lösung führt und 3.) die verwendeten Entscheidungsparameter aus der Problemstellung heraus plausibel bzw. begründbar erscheinen.[10]

Die Aufstellung eines in dieser Weise als *heuristische Orientierungshilfe* für eine systematische Erkenntnisgewinnung interpretierten theoretischen Bezugsrahmen bietet sich im Zusammenhang mit der Betrachtung komplexer realer Zusammenhänge immer dann an, wenn das jeweilige Untersuchungsobjekt aus mehreren unterschiedlichen Perspektiven durch die Berücksichtigung einer Vielzahl von Variablen und/oder Theorien erklärt werden kann. In diesem Fall werden für den Bezugsrahmen zunächst aus der vorhandenen Vielfalt die vom Forschenden als wesentlich erachteten Variablen und/oder Theorien ausgewählt, geordnet, miteinander in Beziehung gesetzt und definiert. Diese Vorgehensweise ermöglicht in einem darauf aufbauenden Schritt die fokussierte Ana-

[6] Vgl. **Fritz** (1992), S. 75.
[7] Vgl. **Gabler-Verlag** (1997), S. 1778.
[8] Zum Begriff der *heuristischen Verfahren* vgl. **Bea** (2001), S. 326f.
[9] Vgl. **Adam** (1993), S. 414 und **Gabler-Verlag** (1997), S. 1778f.
[10] Vgl. **Adam** (1983), S. 484ff. und **Adam** (1989), Sp. 1414ff. und **Adam** (1993), S. 415.

lyse des Untersuchungsobjektes und die Ableitung erster Erklärungsansätze für beobachtete realwirtschaftliche Phänomene.[11] Durch die resultierende Möglichkeit, einzelne Betrachtungs- und Forschungssichtweisen miteinander zu verbinden, entspricht ein auf diese Weise integrierender Bezugsrahmen dem möglichen Perspektivenreichtum einer Forschungsdisziplin, durch den sich insbesondere die im Rahmen der vorliegenden Arbeit einschlägige strategische Management- und Organisationsforschung auszeichnet. Er erhält so idealerweise den Charakter einer aussagekräftigen Basis für die Entwicklung des empirischen Forschungsdesigns und die Durchführung der empirischen Untersuchungen.[12]

Für die *Aufstellung* eines Bezugsrahmens existieren keine allgemein gültigen inhaltlichen oder formellen Vorgaben und Techniken, so dass jeder Forschende ihn grundsätzlich nach eigenen individuellen Schwerpunkten zusammenstellen kann.[13] Er sollte er sich jedoch durch ein gewisses Maß an *Pluralität*, d.h. durch die Integration verschiedener Denk- oder Theorieansätze, auszeichnen.[14] Im Rahmen der vorliegenden Arbeit soll sich der konzeptionelle theoretische Bezugsrahmen aus der Berücksichtigung der für die Thematik als wesentlich erachteten theoretischen Ansätze und Begrifflichkeiten ergeben. Die Verwendung unterschiedlicher Theorieansätzen soll dabei nicht nur dem Pluralitätsanspruch eines Bezugsrahmens entsprechen, sondern zusätzlich die Ableitung von Entscheidungsfaktoren für den Ausbau Strategischer Allianzen bzw. die externe Entwicklung von Allianzunternehmen ermöglichen, die zu einer theoriegestützten Beantwortung praxisnaher strategischer Fragestellungen beitragen können.

Im nachfolgenden Kapitel werden zunächst die Grundlagen und Probleme erläutert, die für die *Auswahl* der im weiteren zu verwendenden Theorieansätze von besonderer Relevanz sind. Dabei geht es zum einen um eine plausible Darstellung des Auswahlprozesses und zum anderen um eine erste Begründung für die im Rahmen der vorliegenden Arbeit verwendeten Theorieansätze.

---

11 Vgl. **Padberg** (2000), S. 65, **Welge** (1980), S. 61f., **Kieser** (1993), S. 14.

12 Vgl. **Padberg** (2000), S. 66 und **Kutschker** (1993), S. 2.

13 Vgl. **Welge** (1980), S. 55 und S. 61 und **Kubicek** (1977), S. 18, der jedoch gleichzeitig die Verwendung von bestimmten Symbolen und Linien für die grafische Erstellung eines Bezugsrahmens postuliert.

14 Vgl. **Kubicek** (1977), S. 23.

3.2 Grundlagen und Probleme der Auswahl verwendbarer Theorieansätze

Wie die Ausführungen zur Strukturierung und Auswahl von Unternehmensentwicklungsalternativen und zum Zusammenhang zwischen Entwicklungsstrategien, Erfolgspotenzialen und Strategieoptionen gezeigt haben,[15] besitzt jede Strategieoption ein spezifisches Erfolgspotenzial, das durch die jeweilige unternehmensinterne Ausgangssituation und das unternehmensexterne Umfeld bestimmt wird. Dahingehend konnte gezeigt werden, dass die Auswahl einer Strategieoption für ein Allianzunternehmen bzw. ein Allianzbündnis, die zu einer Stärkung und zum Ausbau der unternehmens- bzw. allianzspezifischen Wettbewerbsvorteile und letztlich zur Verbesserung der jeweiligen Wettbewerbs- und Ertragsposition führen soll, in sinnvoller Weise durch die Beurteilung der aus jeder Strategieoption zu erwartenden *Effizienz-* und *Effektivitätswirkungen* erfolgen kann.[16] Aus unternehmerischer Sicht stellt sich mithin die Aufgabe, nicht nur die möglichen Entwicklungsrichtungen und -wege zu *identifizieren*, sondern insbesondere eine möglichst plausible und aussagekräftige Antwort auf die Frage zu finden, welche Alternative aus der spezifischen Unternehmens- bzw. Allianzsituation heraus zu *empfehlen* ist und weiter verfolgt werden sollte.

Neben der Verwendung der dargestellten Möglichkeiten für eine Auswahl von Entwicklungsalternativen[17] würde es sich in diesem Zusammenhang anbieten, auf die Erkenntnisse von (möglicherweise) bereits bestehenden Theorien zum Themenkomplex „Unternehmensentwicklung und Allianzausbau“ einzugehen, um diese in einem nächsten Schritt innerhalb des konzeptionellen theoretischen Bezugsrahmens zu einem kohärenten Gesamtkonzept im Sinne eines entscheidungsunterstützenden Aussagensystems zusammenzuführen. Dabei könnten generell alle Theorieansätze, die sich ex- oder implizit mit der (externen) Entwicklung von (Allianz-)Unternehmen und dem Ausbau Strategischer Allianzen auseinander setzen, die Grundlage für einen derartigen Bezugsrahmen darstellen.

Nach einem ausführlichen Literaturstudium zeigt sich jedoch, dass weder in der deutsch- noch in der englischsprachigen Literatur Veröffentlichungen existieren, die sich mit der theoriegeleiteten Analyse von *Entwicklungsalternativen für (Allianz-)Unternehmen* bzw. mit der theoriegestützten Erklärung des *Ausbaus Strategischer Allianzen* auseinander setzen. Es gibt lediglich einige wenige Arbeiten zum Strategischen Management, die sich unabhängig von Fragen eines

[15] Vgl. Kap. 2.3.4 und Kap. 2.4.4.2.

[16] Für eine Erläuterung unterschiedlicher effizienz- und effektivitätsorientierter Dimensionen zur Auswahl eines Entwicklungsweges vgl. Kap. 2.3.4.4. Zum *Effizienzbegriff* vgl. Kap. 3.4.2.4, S. 193. Zum *Effektivitätsbegriff* vgl. Kap. 3.5.2.2.1, S. 275.

[17] Für einige Ansätze und Methoden zur Auswahl einer Entwicklungsalternative vgl. **Krystek; Zur** (1997), S. 131ff. und **Abravanel; Ernst** (1994), S. 269ff. Für eine ausführliche Erläuterung der möglichen Vorgehensweisen zur Auswahl einer *Entwicklungsalternative* vgl. Kap. 2.4.4.3.

Allianzausbaus mit *einzelnen* unterschiedlichen *Formen* der externen Unternehmensentwicklung auseinander setzen.[18] Strategische Allianzen wurden bisher im Wesentlichen lediglich als Realphänomen zur Umsetzung einer externen Unternehmensentwicklung von zahlreichen Autoren aufgegriffen, wobei schwerpunktmäßig die *Entstehungsgründe* aus unterschiedlichen Perspektiven diskutiert wurden.[19] In den bisherigen Arbeiten erfolgt jedoch keine theoretisch fundierte Analyse und Beurteilung von Ausbaumöglichkeiten *bereits existierender* Strategischer Allianzen (mit den resultierenden Konsequenzen für die daran beteiligten Allianzunternehmen) im Sinne einer konsistenten „Theorie Strategischer Allianzen".

An diesem Mangel soll der im Rahmen dieser Arbeit verwendete theoretische Bezugsrahmen anknüpfen, indem er zunächst auf die Erklärungen solcher Theorieansätze eingeht, die sich ex- oder implizit mit der theoriegestützten Erläuterung der *Entstehung* Strategischer Allianzen auseinander setzen, um diese in einem weiteren Schritt auf ihre Aussage- und Anwendungsfähigkeit hinsichtlich der Beurteilung von Strategieoptionen für den *Ausbau* Strategischer Allianzen zu untersuchen. Als Ergebnis dieser Vorgehensweise sollen für jeden der als wesentlich erachteten Theorieansätze theoriegestützte Entscheidungsfaktoren abgeleitet werden, die die Beurteilung von Entwicklungsalternativen für Allianzunternehmen und -bündnisse aus der Sicht der wesentlichen Entscheidungsträger strukturieren, vereinfachen und plausibilisieren können.

---

[18] Vgl. **Schaper-Rinkel** (1998), **Henkel** (1992), **Lutz** (1993), **Müller** (1999).

[19] Stellvertretend für viele vgl. **Netzer** (1999), **Blancke** (1994), **Bronder; Pritzl** (1992), **Bronder; Pritzl** (1991), **Child; Faulkner** (1998), **Devlin; Bleackley** (1988), **Freidheim** (1999), **Heck** (1999), **Lutz** (1993).

3.3 Grundlagen zu den theoretischen Erklärungsansätzen

In der Literatur existiert eine Vielzahl von Theorien und Paradigmen zur Erklärung der Entstehung und Organisation Strategischer Allianzen, die jedoch häufig nicht einheitlich systematisiert werden.[20] Im Rahmen der vorliegenden Arbeit sollen ausschließlich solche Theorieansätze verwendet werden, die sich in der Vergangenheit durch eine ausreichende empirische Robustheit und/oder mehrere aussagekräftige Beiträge zur *Allianzentstehung* ausgezeichnet haben. Gemäß dieser Vorgabe kann eine Systematisierung der grundsätzlich verwendbaren Theorieansätze nach *Ansätzen der Organisationstheorie* und *Ansätzen der Strategielehre* vorgenommen werden:

1.) *Organisationstheoretische Ansätze*: Im Mittelpunkt der organisationstheoretischen Ansätze zur Kooperationsforschung steht die Auseinandersetzung mit dem Management und der Institutionalisierung von Unternehmenskooperationen und Strategischen Allianzen.[21] Als organisationstheoretischer Erklärungsansatz, der Strategische Allianzen gegenüber marktlichen und unternehmensinternen Formen der Koordination von Leistungsbeziehungen abgrenzt, wird im Rahmen der vorliegenden Arbeit der sog. *Transaktionskostenansatz* herangezogen.[22] Dieser Ansatz zeichnet sich durch eine überdurchschnittlich häufige Verwendung in der wirtschaftswissenschaftlichen Literatur aus und konnte in vielfacher Weise seine Erklärungskraft und Anwendbarkeit für praxisorientierte Fragestellungen, u.a. im Hinblick auf die Frage der *Entstehung* Strategischer Allianzen, beweisen.[23]

   Der Transaktionskostenansatz stellt die *Kosten* für die Koordination ökonomischer Handlungen in den Betrachtungsmittelpunkt und ermöglicht Aussagen darüber, unter welchen Bedingungen eine individuelle Organisationsform gegenüber anderen Organisationsformen relative *Effizienzvorteile* aufweist.[24] Im Rahmen der vorliegenden Arbeit werden die Annahmen und Kernaussagen des Transaktionskostenansatzes *erstmalig* in ausführlicher Weise auf Fragen des *Ausbaus* Strategischer Allianzen und der *externen Entwicklung* von *Allianzunternehmen* angewendet. Hinsichtlich des theoretischen Bezugsrahmens dient die Darstellung der Transaktionskostentheorie auch dem Ziel, wesentliche transaktionskostentheoretische Entscheidungs-

---

[20] Für einen Überblick über einige Systematisierungsansätze vgl. **Wolff** (1995), S. 8.

[21] Als Beispiele für Veröffentlichungen, die sich umfassend mit dem Phänomen der Strategischen Allianz aus organisationstheoretischer Sicht auseinander setzen vgl. **Borys; Jemison** (1989), **Hätscher** (1992), **Lorange; Roos; Bronn** (1997), **Lutz** (1993) und **Gahl** (1991) mit den dortigen Literaturhinweisen.

[22] Nachfolgend werden die Begriffe *Transaktionskostenansatz* und *Transaktionskostentheorie* synonym verwendet.

[23] Vgl. **Vizjak** (1990), S. 162, **Rotering** (1993), S. 89, **Rath** (1990), S. 275, **Lutz** (1993), S. 155, **Bronder; Pritzl** (1991), S. 45 und **Carl** (1989), S. 127.

[24] Dazu und für eine umfassende Erläuterung des *Transaktionskostenansatzes* vgl. Kap. 3.4.

faktoren abzuleiten, die aus Sicht des Forschenden eine besondere Relevanz hinsichtlich der Beurteilung der relativen Vorziehenswürdigkeit von Allianzausbau- und Unternehmensentwicklungsalternativen[25] aufweisen.

2.) *Ansätze der Strategielehre*: Im Gegensatz zu den organisationstheoretischen Ansätzen stellen die Ansätze der Strategielehre im Rahmen der Kooperationsforschung Fragestellungen zum Erhalt bzw. Auf- und Ausbau von *Erfolgspotenzialen*[26] sowie Analysen zur strategischen *Effektivität* einer externen Unternehmensentwicklung in den Mittelpunkt ihrer Betrachtungen. Derartige Ansätze stellen ein systematisches Instrumentarium zur Verfügung, mit dessen Hilfe die unternehmensexternen und -internen Voraussetzungen abgeleitet werden können, die für die Entstehung nachhaltiger Wettbewerbsvorteile, die Verbesserung der Wettbewerbsposition und die Schaffung dauerhaft überdurchschnittlicher Gewinne notwendig sind. Die darauf aufbauende Analyse der Realisierbarkeit der notwendigen Voraussetzungen entscheidet letztlich darüber, welche Entwicklungsalternative relative Effektivitätsvorteile aufweist und sie damit gegenüber anderen Alternativen vorziehenswürdig macht.[27]

Grundsätzlich werden hinsichtlich der Ansätze der Strategielehre zwei unterschiedliche Betrachtungsperspektiven unterschieden:[28] Die extern orientierte sog. *Outside-In-Perspektive* wird durch die *Industrieökonomik*[29] abgedeckt, während die intern orientierte sog. *Inside-Out-Perspektive* im Mittelpunkt des *Ressourcenansatzes*[30] steht.[31] Sie zeichnen sich durch folgende Kernaussagen aus:

a.) *Industrieökonomik:* Der industrieökonomische Ansatz geht davon aus, dass verschiedene *unternehmensexterne* Faktoren (Branchenstruktur, Marktform, Wettbewerbsintensität, Markteintritts- und Marktaustrittsbarrieren) den Erfolg einzelner spezifischer Unternehmensstrategien, und damit auch die im Rahmen der vorliegenden Arbeit behandelten Unternehmensentwicklungsstrategien, determinieren.[32]

---

[25] Zu den grundlegenden Möglichkeiten einer externen Unternehmensentwicklung vgl. Kap. 2.3.4.3.2.

[26] Zum Begriff des *Erfolgspotenzials* vgl. Kap. 2.4.4.2.

[27] Dazu und für eine ausführliche Erläuterung der Ansätze der Strategielehre vgl. Kap. 0.

[28] Vgl. **Bamberger; Wrona** (1996a), S. 386.

[29] Nachfolgend werden die Begriffe „Industrieökonomik" und „industrieökonomischer Ansatz" synonym verwendet.

[30] Nachfolgend werden die Begriffe „Ressourcenansatz", „ressourcenorientierter Ansatz" und „resource-based-view" synonym verwendet

[31] Vgl. **Rasche; Wolfrum** (1994), S. 501 und **Bea** (1995), S. 7ff.

[32] Dazu und für eine ausführliche Erläuterung des *industrieökonomischen Ansatzes* vgl. Kap. 3.5.1.

b.) *Ressourcenansatz:* Im Gegensatz zum industrieökonomischen Ansatz sieht der ressourcenorientierte Ansatz die *unternehmensinternen* Ressourcen als Basis für einen langfristigen Unternehmenserfolg. Dementsprechend wird im Ressourcenansatz die Einzigartigkeit der Ressourcenausstattung eines Unternehmens als Ausgangspunkt zur Erlangung von Wettbewerbsvorteilen und zur Ableitung überlegener Wettbewerbsstrategien angesehen.[33]

Im Hinblick auf den industrieökonomischen und ressourcenorientierten Ansatzes ist bereits an dieser Stelle festzuhalten, dass keiner dieser Ansätze ein geschlossenes, einheitlich interpretierbares Instrumentarium zur Verfügung stellt. Ihre Analyse und Interpretation im Hinblick auf die Themenstellung der Arbeit erfordert somit in einem ersten Schritt zunächst eine umfassende und isolierte Erläuterung der jeweiligen *spezifischen* Begrifflichkeiten, Annahmen, Kerndeterminanten und Kernaussagen der Theorieansätze. Erst danach kann eine sinnvolle Überprüfung der Anwendbarkeit auf Fragen eines Allianzausbaus bzw. einer externen Entwicklung von Allianzunternehmen und die Ableitung theoriegestützter Kriterien zur Entscheidungsvereinfachung im Rahmen der Beurteilung alternativer Entwicklungswege für Strategische Allianzen und Allianzunternehmen erfolgen.

---

[33] Dazu und für eine ausführliche Erläuterung des Ressourcenansatzes vgl. Kap. 3.5.2.

3.4 Die Transaktionskostentheorie als organisationstheoretischer Ansatz

3.4.1 Begriffsfassung, Grundlagen und Annahmen

Als theoretischer Erklärungsansatz für die Entstehung von Unternehmenskooperationen bzw. Strategischen Allianzen als Alternativen zu marktlichen Austauschmechanismen bzw. zu unternehmerischen Hierarchien wird in der wissenschaftlichen Literatur häufig der sog. *Transaktionskostenansatz* herangezogen, der verschiedene Aspekte der Volks- und Betriebswirtschaftslehre zu einem integrativen theoretischen und praxisorientierten Ansatz zusammenführt, mit dem die Organisation ökonomischer Aktivitäten erklärt werden kann.[34] Im Unterschied zu rein betriebswirtschaftlichen Ansätzen, die sich in der Regel auf die Analyse von unternehmensinternen Organisationsstrukturierungen beschränken, betrachtet dieser wirtschaftswissenschaftliche Ansatz unternehmerische Organisationsentscheidungen umfassender und berücksichtigt damit auch die Frage der Organisation von unternehmensübergreifenden Austauschbeziehungen.[35]

Die Ursprünge des Transaktionskostenansatzes gehen zurück auf die wirtschafts- und organisationswissenschaftlichen Arbeiten von COASE und COMMONS in den 30er Jahren des vergangenen Jahrhunderts.[36] COASE stellte fest, dass sowohl die marktliche als auch die unternehmensinterne Faktorallokation als Koordinationsinstitutionen wirtschaftlicher Aktivitäten anzusehen sind. Zudem lieferte er die Begründung für die Entstehung und Existenz von Unternehmen als zweite Koordinationsinstitution neben dem Markt: Nach COASE entstehen Unternehmen, weil sowohl die Nutzung des marktlichen Preissystems als auch die marktliche Faktorallokation nicht kostenfrei sind, so dass unter bestimmten Voraussetzungen eine unternehmensinterne Koordination im Vergleich zur Abwicklung über den Markt geringere Kosten verursacht.[37] In den siebziger und achtziger Jahren griff WILLIAMSON[38] die Ansätze von COASE und COMMONS auf und entwickelte sie zu einer umfassenden Theorie der Organisa-

[34] Vgl. **VIZJAK** (1990), S. 162, **SYDOW** (1992), S. 127, **BRONDER; PRITZL** (1991), S. 45, **PICOT; DIETL** (1990), S. 183 und **LUTZ** (1993), S. 155. Für einen Überblick über einige gegensätzliche Ansichten zur Bedeutung des Transaktionskostenansatzes vgl. **GERHARDT** (1992), S. 9ff.

[35] Vgl. **PICOT** (1991), S. 157, **HANKE** (1992) und **HENNART** (1988).

[36] Vgl. **WILLIAMSON** (1989), S. 137. Für einen Einblick in die entsprechenden Forschungsbeiträge von COASE und COMMONS vgl. **COASE** (1937), **COASE** (1960) und **COMMONS** (1931). Für einen weiter gehenden Überblick über den Forschungsbeitrag von COMMONS vgl. **RUTHERFORD** (1990).

[37] Vgl. **COASE** (1993), S. 18ff.

[38] Vgl. **WILLIAMSON** (1979) und **WILLIAMSON** (1980).

tion, der eigentlichen *Transaktionskostentheorie*,[39] die den paradigmatischen Kerntheorieansatz[40] innerhalb der sog. *Neuen Institutionellen Ökonomie* bzw. *Neuen Institutionenökonomik*[41] darstellt. Diese verknüpft Bestandteile der Mikroökonomie mit Elementen der Rechtswissenschaft und hat das Ziel, ökonomische Institutionen[42], Entscheidungssysteme und Vertragsformen in ihrer Entstehung zu erklären und ihre Wirkungen zu beschreiben.[43]

WILLIAMSON erweiterte die von COASE als grundlegende Formen der Transaktionsabwicklung eingeführten Begriffe *Markt* und *Unternehmen* um die sog. *relationalen Verträge* und subsumierte diese drei Koordinationsformen unter der Bezeichnung der sog. *governance structures*, die den impliziten bzw. expliziten vertraglichen Rahmen der Transaktionsabwicklung beschreiben.[44] Die integrative Berücksichtigung der relationalen Verträge stellt eine wesentliche Erweiterung der Sichtweise von COASE dar, da auf diese Weise sämtliche institutionellen bzw. organisatorischen Strukturen erfasst werden, die der Reaktion auf eine *eingeschränkte Rationalität*[45] und einem möglichen *Opportunismus*[46] der handelnden Akteure in Wirtschaftsprozessen zur Sicherstellung von Transaktionen dienen.[47] Mit Hilfe des Ansatzes sollen u.a. Aussagen darüber abgeleitet werden, unter welchen Bedingungen die alternativen Organisationsformen *Markt*,

---

39 Für einen Überblick über die unterschiedlichen Arbeiten von WILLIAMSON zur Entwicklung der Transaktionskostentheorie vgl. **WILLIAMSON** (1990a). Nachfolgend werden die Begriffe *Transaktionskostenansatz* und *Transaktionskostentheorie* synonym verwendet.

40 Gemeinsam mit dem Transaktionskostenansatz bilden der *Property-Rights-Ansatz* und der *Agency-Ansatz* die drei Säulen der *Neuen Institutionenökonomik*. Für eine Darstellung des *Property-Rights-Ansatzes* mit umfangreichen weiterführenden Literaturhinweisen vgl. **EBERS; GOTSCH** (1993), S. 194ff. und **FISCHER** (1994b), S. 316ff. Für eine Darstellung des *Agency-Ansatzes* vgl. **FISCHER** (1995), S. 320ff., **ELSCHEN** (1991), S. 1002ff. und **EBERS; GOTSCH** (1993), S. 204ff. Für einen inhaltlichen Vergleich der drei Ansätze vgl. **WINDSPERGER** (1987), S. 60ff., **RICHTER; BINDSEIL** (1995), S. 134, **ROTERING** (1993), S. 89, **THIELE** (1994), S. 994ff. und **PICOT** (1991), S. 145.

41 Der Begriff der *Neuen Institutionenökonomik* geht auf WILLIAMSON zurück. Er prägte diesen Begriff, um eine Abgrenzung gegenüber den alten institutionalistischen Schulen herzustellen. Als grundlegendes Werk vgl. **WILLIAMSON** (1975), S. 1ff.

42 Unter dem Begriff der *Institution* werden alle Einrichtungen bzw. individuellen Arrangements subsumiert, die zum einen gleichartige und sich wiederholende Handlungen von Individuen darstellen und zum anderen Beziehungen zwischen Individuen einer Gesellschaft formen, indem sie dauerhaft zur regelmäßigen Lösung bestimmter Probleme der Koordination und Motivation individueller Handlungen beitragen. Vgl. **FELDMANN** (1995), S. 9f. und **GABLER-VERLAG** (1997), S. 4036.

43 Vgl. **HAX** (1991), S. 62.

44 Vgl. **WILLIAMSON** (1981a), S. 1544.

45 Für eine weiterführende Erläuterung des Begriffes der *eingeschränkten Rationalität* vgl. Kap. 3.4.2.1, S. 184.

46 Zum Begriff des *Opportunismus* vgl. Kap. 3.4.2.1, S. 184.

47 Vgl. **WILLIAMSON** (1985), S. XIII.

Unternehmen und die auf Verträgen basierenden sog. *Hybridformen*[48] bzw. intermediäre Transaktionsformen zur Koordination von wirtschaftlichen Leistungsbeziehungen kostenminimal und damit effizient eingesetzt werden können.[49] Zusammenfassend lässt sich der Gegenstandsbereich der Transaktionskostentheorie durch folgende Untersuchungsfragen charakterisieren:[50]

1.) Aus welchem Grund existieren neben der *marktlichen* Koordination auch Unternehmen als alternative Institutionen zur Koordination von Leistungs- und Austauschbeziehungen und welche Transaktionsprozesse lassen sich *unternehmensintern* effizienter abwickeln als über den Markt?

2.) Durch welche Handlungen der Austauschpartner und durch welche Umweltzustände werden die Transaktionsbeziehungen in Märkten und Unternehmen beeinträchtigt?

3.) Durch welche Unternehmensstrukturen, Anreiz- und Kontrollmechanismen können effizienzmindernde Störungen der unternehmensinternen Austauschbeziehungen verringert bzw. verhindert werden?

Wirtschaftliche Leistungsbeziehungen entstehen generell immer dadurch, dass Wirtschaftssubjekte bestimmte Spezialisierungsvorteile nutzen können, wenn sie die gesamten Aufgaben auf unterschiedliche Aufgabenträger verteilen.[51] Im Rahmen einer solchen Aufgaben- und Arbeitsteilung ergibt sich zwischen den partizipierenden Gruppierungen immer die Notwendigkeit, die einzelnen Teilaufgaben sachlich und zeitlich zu *koordinieren* und auf das Gesamtziel *auszurichten*.[52] Da die Koordinationsaufgaben durch unterschiedliche Koordinationsinstrumente und -mechanismen erfüllt werden können, stellt sich die vom Transaktionskostenansatz aufgenommene Frage nach der günstigsten Koordinationsform in der spezifischen Entscheidungssituation. Die Abfolge eines solchen Auswahlprozesses zur Koordination einer Gesamtaufgabe zeigt Abb. 3.1.

Die spezifischen Leistungs- und Austauschbeziehungen zwischen den jeweils agierenden Gruppierungen bilden für die Vertreter des Transaktionskostenansatzes die wesentliche Betrachtungsbasis des dargestellten Organisationsproblems. In diesem Zusammenhang übernahm WILLIAMSON im Rahmen seiner Theorieentwicklung die von COMMONS im Jahr 1931 in die Literatur eingeführte Untersuchungsmethodik, nach der die einzelne sog. *Transaktion* die kleinste Untersuchungseinheit zur Analyse von Austauschbeziehungen außerhalb und

48 Der Begriff „hybrid" dient als Oberbegriff für alle Formen institutioneller Arrangements zwischen Markt und Hierarchie. Vgl. **BORYS; JEMISON** (1989), S. 234ff. Für eine Übersicht über unterschiedliche *Hybridformen* vgl. **POWELL** (1987), S. 67ff.

49 Vgl. **BÜCHS** (1991), S. 2.

50 Zu den nachfolgenden Ausführungen vgl. **DOROW, WEIERMAIR** (1984), S. 192.

51 Vgl. **PFOHL; LARGE** (1992), S. 17.

52 Vgl. **PICOT** (1982), S. 269

innerhalb von Institutionen darstellt.[53] Sie kann im weitesten Sinne als ein Akt des Güter- bzw. Faktoraustausches beschrieben werden.[54] In einer weitgefassten Anlehnung an COMMONS definiert WILLIAMSON den Begriff der *Transaktion* als einen Prozess der Übertragung oder des Austausches von Gütern oder Leistungen über eine technisch trennbare Schnittstelle, ohne dass er diese Schnittstelle näher spezifiziert.[55]

***Abb. 3.1:** Auswahlprozess zur Koordination einer Gesamtaufgabe*

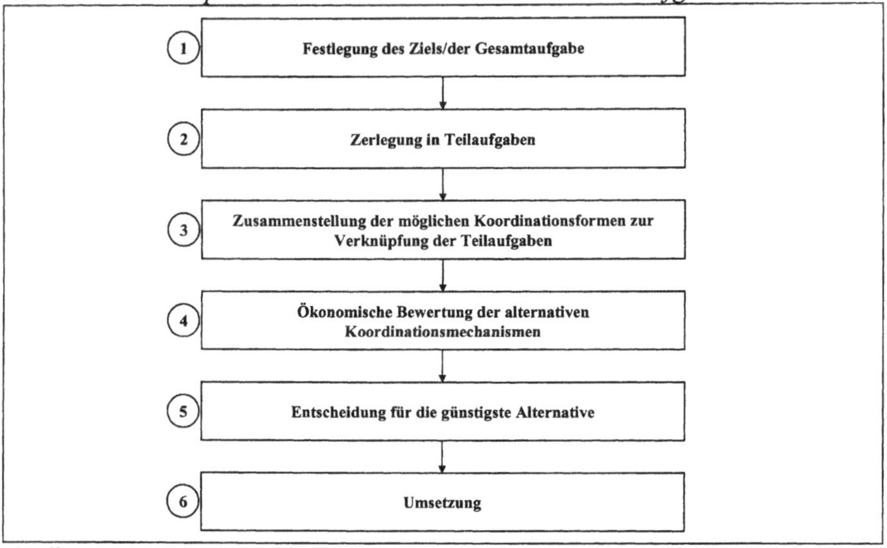

(Quelle: MICHAELIS (1985), S. 161)

Andere Vertreter des Transaktionskostenansatzes lehnen sich enger an den von COMMONS abgeleiteten Transaktionsbegriff an und definieren die mit einer Austauschbeziehung verbundene Spezifizierung, Übertragung und Durchsetzung von sog. *Verfügungsrechten*[56] als Transaktion.[57] Häufig wird dahingehend eine

---

53 Vgl. **COMMONS** (1931), S. 652 und **COMMONS** (1990), S. 58. Vgl. dazu auch **CHANDLER** (1992), S. 489 und **PICOT; DIETL** (1990), S. 178. Die Verwendung der Transaktion als Untersuchungseinheit basiert auf der Überzeugung der Transaktionstheoretiker, dass sich letztlich jedes Transaktionsproblem und damit jede sozioökonomische Austauschbeziehung als Vertragsproblem formulieren lässt und damit sinnvoll analysiert werden kann. Vgl. **KAAS; FISCHER** (1993), S. 687 und **FISCHER** (1994a), S. 582.

54 Vgl. **COASE** (1990), S. 38f.

55 Vgl. **WILLIAMSON** (1990a), S. 1 und **WILLIAMSON** (1993), S. 12

56 Der Begriff der *Verfügungsrechte* geht auf den Property-Rights-Ansatz zurück. Als Verfügungsrechte gelten generell sämtliche Rechte von Individuen zur Nutzung von Gütern mit dem Ziel der Einkommensgenerierung bzw. -übertragung. Sie beschreiben alle durchsetzbaren Verhaltensbeziehungen und institutionalisierten Verhaltensnormen zwischen Individuen, die aus der Existenz von Gütern resultieren und zu ihrer Nutzung gehören. Die Ver-

Transaktion als ein Prozess definiert, der zur Klärung, Vereinbarung und Durchführung eines Austausches von Verfügungsrechten an Gütern und Leistungen führt und der logisch und zumeist auch zeitlich dem eigentlichen physischen Austausch von Gütern und Leistungen vorausgeht.[58] Dieser weit verbreiteten Begriffsdefinition soll im Rahmen der Arbeit weitgehend gefolgt werden, indem von folgender Definition des Transaktionsbegriffes ausgegangen wird:

> *Eine Transaktion stellt einen Prozess dar, durch den der Austausch von Verfügungsrechten an Gütern und Leistungen geklärt und vereinbart wird und durch den in der Folge physische Güter und Leistungen über eine technisch trennbare Schnittstelle hinweg übertragen oder ausgetauscht werden.*

Ein wesentliches Merkmal des Transaktionskostenansatzes ist die Annahme einer arbeitsteiligen Wirtschaftsstruktur. Danach werden die zur Verfügung stehenden Ressourcen außerhalb eines Unternehmens marktlich über Preise und unternehmensintern über entsprechende hierarchische Anweisungen verteilt.[59] Die Umsetzung derartiger Ressourcenallokationsprozesse führt nach WILLIAMSON in Abhängigkeit von der jeweils gewählten Organisationsform zu unterschiedlichen hohen sog. *Transaktionskosten*.[60] Diese Kosten werden grundsätzlich von jeder Aktivität verursacht, die zur Umsetzung und Sicherstellung einer Preisfindung im Rahmen eines Ressourcenaustausches notwendig sind.[61] Wenngleich in der Literatur zum Transaktionskostenansatz keine einheitliche und genaue Definition des Transaktionskostenbegriffes existiert,[62] handelt es sich dabei, in Anlehnung an WILLIAMSON, im Wesentlichen um Informations- und Kommunikationskosten, die allgemein der Überwindung und Einschränkung von Informations- und Kommunikationsproblemen bei der Koordination bzw. beim Austausch von Leistungen zwischen den an einer Transaktion betei-

fügungsrechte an einem Gut können sowohl von einem einzelnen Individuum als auch von mehreren Individuen gehalten werden. Vgl. **PICOT; REICHWALD; WIGAND** (1996), S. 39 und **FURUBOTN; PEJOVICH** (1972), S. 1140.

57 Stellvertretend für viele vgl. **PICOT; DIETL** (1990), S. 178, **ROTERING** (1993), S. 96f., **KAAS, FISCHER** (1993), S. 686, **MICHAELIS** (1985); S. 72 und **FISCHER** (1994a), S. 582.

58 Vgl. **PICOT; DIETL; FRANCK** (1997), S. 66 und **PICOT** (1982), S. 269. Dieses Begriffsverständnis zeigt sich auch bei COMMONS und wird auch von anderen Vertretern des Ansatzes geteilt. Vgl. **COMMONS** (1931), S. 652, **IMAI; ITAMI** (1984), S. 287 und **WEISS** (1996), S. 49.

59 Vgl. **ROTERING** (1993), S. 93.

60 Vgl. **WILLIAMSON** (1990a), S. 1 und S. 21. COASE stellte als erster die Bedeutung von Transaktionskosten heraus, indem er darlegte, dass die Nutzung der Institution der Märkte und des Preismechanismus nicht kostenfrei ist. Er nannte sie „cost of using the price mechanism" und erklärte damit das Entstehen der Institution Unternehmung. Vgl. **COASE** (1993), S. 20ff.

61 Vgl. **OUCHI** (1980), S. 130 und **PICOT; DIETL** (1990), S. 178.

62 Vgl. **BÖSSMANN** (1983), S. 107.

ligten Akteuren dienen.[63] Bei einer allgemeineren Begriffsfassung können sämtliche ökonomische Nachteile, die dem Entscheidungsfeld der betroffenen Wirtschaftssubjekte zuzurechnen sind, wie z.B. bestimmte zeitliche Nachteile oder Nachteile durch alternative nicht genutzte Gelegenheiten, als Transaktionskosten bezeichnet werden.[64]

In Abhängigkeit vor der jeweiligen Entstehungsursache lassen sich unterschiedliche *Transaktionskostenarten* voneinander abgrenzen. Die nachfolgende folgende Einteilung orientiert sich nach PICOT an den üblichen *Phasen* eines Transaktionsprozesses:[65]

1.) *Anbahnungskosten*: Zu den Anbahnungskosten gehören beispielsweise Kosten für die Suche und die Beschaffung von Informationen über potenzielle Transaktionspartner und deren Konditionen.

2.) *Vereinbarungskosten*: Zu den Vereinbarungskosten zählen insbesondere sämtliche Kosten, die durch die Intensität und zeitliche Ausdehnung von Verhandlungen entstehen oder für die Formulierung von Verträgen bzw. die Durchführung von Einigungsprozessen bei Unklarheiten anfallen.

3.) *Abwicklungskosten*: Als Abwicklungskosten werden z.B. die Kosten des Managements und der Prozesssteuerung angesehen.

4.) *Kontrollkosten*: Die Kontrollkosten umfassen z.B. sämtliche Kosten für Maßnahmen zur Sicherstellung der Einhaltung von Termin-, Qualitäts-, Mengen-, Preis- und (eventueller) Geheimhaltungsvereinbarungen.

5.) *Anpassungskosten*: Zu den Anbahnungskosten gehören insbesondere solche Kosten, die sich durch die nachträgliche Änderung von terminlichen, qualitativen, quantitativen oder preislichen Vereinbarungen ergeben.

Generell entstehen Transaktionskosten nicht nur bei Transaktionen, die im Rahmen einer marktlichen Austauschbeziehung zwischen Individuen stattfinden. Sie sind vielmehr als allgemeine Kosten für die Nutzung einer spezifischen organisatorischen Koordinationsform oder *Institution*[66] zu interpretieren.[67] Da-

---

[63] Vgl. **PICOT** (1982), S. 270 und **WILLIAMSON** (1990a), S. 1 und S. 21.

[64] Vgl. **FISCHER** (1994a), S. 582 und **PICOT; REICHWALD; WIGAND** (1996), S. 39.

[65] Hierzu und zu den nachfolgend aufgeführten Kostenarten vgl. **PICOT** (1982), S. 270, **PICOT** (1991b), S. 344, **PICOT; DIETL; FRANCK** (1997), S. 66f., **BENKENSTEIN; HENKE** (1993), S. 79ff. und **ALBACH** (1988a), S. 1160f.

[66] Institutionen können nach RICHTER als ein System von Normen einschließlich deren Garantieinstrumente aufgefasst werden, die den Rahmen möglicher Vereinbarungsformen für Transaktionen vorgeben. Die Transaktionskostentheoretiker benutzen diesen Begriff sehr allgemein und fassen neben den Institutionen Markt und Unternehmung auch soziale Normen, rechtliche Einrichtungen und Vertragsformen als Institutionen auf. Vgl. **RICHTER** (1990), S. 572.

[67] Vgl. **RATH** (1992), S. 276f. und **WINDSPERGER** (1983), S. 896.

mit fallen auch Unternehmen in den Erklärungsbereich der Transaktionskostentheorie.[68]

Bei der Koordination innerhalb der Institution *Markt* handelt es sich im Wesentlichen um solche Kosten, die bei der Anbahnung, Vereinbarung, Abwicklung, Kontrolle und Anpassung von Verträgen über die entsprechenden marktlichen Leistungsbeziehungen entstehen. Demgegenüber handelt es bei den Transaktionskosten für die Nutzung der Institution *Hierarchie* im Wesentlichen um solche Kosten, die für die interne Organisation in einem Unternehmen anfallen.[69] Derartige hierarchiespezifische Transaktionskosten bestehen zu wesentlichen Teilen aus Kosten für die Leitung des Unternehmens, für die Informationsverarbeitung und für die Überwachung der Kommunikation.[70] Bei Unternehmenskooperationen fallen Transaktionskosten insbesondere im Zusammenhang mit der Gestaltung und Überwachung von Verträgen über die kooperative Zusammenarbeit der beteiligten Unternehmen an.[71]

Trotz der verwendeten Systematisierung der Kostenarten stellt sich eine eindeutige Abgrenzung, monetäre Bewertung und Operationalisierung der Transaktionskosten aus den nachfolgend genannten Gründen als schwierig dar:

1.) Bei den Transaktionskosten handelt es sich überwiegend um Informations- und Kommunikationskosten, deren Quantifizierung bzw. pekuniäre Erfassung grundsätzlich Schwierigkeiten bereitet.[72]

2.) Die einzelnen Kostenarten fallen zwar zeitlich nacheinander an, müssen aber z.B. im Rahmen eines Vertragsabschlusses zeitgleich beurteilt werden.[73]

3.) Es müssen immer auch bestimmte Nachteilskomponenten[74] in die Betrachtungen einbezogen werden, die nur schwer messbar sind und sich einer exakten Bewertung und Zuordnung in der Kostenrechnung eines Unternehmens entziehen. Dazu gehören z.B. der im Zusammenhang mit der Überwachung von Verträgen investierte Zeitaufwand und weitere Anstrengungen.[75]

4.) Jede mit einer Transaktion verbundene Unsicherheit wird durch subjektive Zielsetzungen und Erwartungen beeinflusst.

---

[68] Vgl. **Schmidt** (1992), Sp. 1855. und **Michaelis** (1985), S. 68.

[69] Zu den *internen* Transaktionskosten in einer Unternehmung vgl. **Windsperger** (1983), S. 896ff.

[70] Vgl. **Fischer** (1992), S. 92 und **Picot** (1982), S. 270f.

[71] Vgl. **Richter** (1990), S. 578.

[72] Vgl. **Picot** (1982), S. 270f. und **Fischer** (1992), S. 92.

[73] Vgl. **Picot** (1993), S. 4195f.

[74] Vgl. **Coase** (1993), S. 21.

[75] Zu bestehenden Ansätzen zur Quantifizierung von Transaktionskosten vgl. **Demsetz** (1968), S. 33ff. und **Albach** (1988b), S. 1143ff.

Zur Lösung der mangelnden Abgrenzbarkeit und Bewertbarkeit schlägt die Transaktionskostentheorie einen *indirekten* Weg ein. Da es sich bei der Transaktionskostenanalyse um einen relativen Kostenvergleich diskreter Strukturalternativen für institutionelle Arrangements zur Abwicklung und Organisation von Transaktionen handelt, tritt ein indirektes Optimierungskalkül an die Stelle der direkten und marginalanalytischen Optimierung bzw. Kostenquantifizierung. Es führt durch einen (paarweisen) Vergleich der in Frage kommenden Koordinationsmechanismen zur Auswahl der Alternative mit dem relativen Kostenminimum.[76] Vor diesem Hintergrund geht WILLIAMSON davon aus, dass die jeweiligen Entscheidungsträger vor der Auswahl eines bestimmten Ressourcenkoordinationsprozesses zunächst die Kosten einer *unternehmensinternen* Ressourcenverteilung mit den zu erwartenden Kosten einer *unternehmensexternen* Transaktion vergleichen und sich für diejenige Organisationsform entscheiden werden, die die Höhe der Transaktionskosten minimiert.[77]

Aufbauend auf dieser Erkenntnis entwickelte WILLIAMSON die wesentliche Grundaussage des Transaktionskostenansatzes, nach der die Wahl einer institutionellen Organisationsform immer als Reaktion eines Unternehmens auf die Existenz von Transaktionskosten zu interpretieren ist.[78] Vor diesem Hintergrund können sämtliche denkbaren Formen zur institutionellen Ressourcenallokation untersucht und transaktionskostenorientiert eingeordnet werden. In Abb. 3.2 werden die möglichen Koordinations- bzw. Organisationsformen zwischen den idealtypischen Extremformen des reinen Marktmechanismus („Markt") bzw. der Unternehmung („Hierarchie") verdeutlicht. Sie zeigt auch, dass sich die Strategische Allianz als spezielle Form der Unternehmenskooperation in einem fließenden Kontinuum zwischen den Extremformen einordnen lässt und damit gleichzeitig eine Hybridform zwischen Markt und Hierarchie darstellt.[79]

Um die spezifische Relevanz des Transaktionskostenansatzes für Fragen und Entscheidungen über die im Mittelpunkt dieser Arbeit stehenden Alternativen für einen Ausbau Strategischer Allianzen bzw. die Entwicklung kooperierender Unternehmen darstellen zu können, müssen zunächst die einer Transaktion zugrundeliegenden zentralen *Bestimmungsfaktoren* identifiziert und systematisiert werden. In diesem Zusammenhang zeigt sich, dass es, im Gegensatz zu den bisher fehlenden Ansätzen für eine eindeutig quantifizierbare Transaktionskostenrechnung, bereits mehrere Untersuchungen gibt, die sich mit der Ableitung derartiger Bestimmungsfaktoren für Transaktionen und Transaktionskosten aus-

---

76 Vgl. **PICOT** (1982), S. 270f., **PICOT** (1993), S. 4195f. und **WILLIAMSON** (1991a), S. 13ff.

77 Vgl. **WILLIAMSON** (1991a), S. 16f., **WILLIAMSON; OUCHI** (1981), S. 388 und **PICOT** (1982), S. 270.

78 Vgl. **WILLIAMSON** (1985), S. 1ff.

79 Vgl. **VIZJAK** (1990), S. 30. Zur Untersuchung der Kooperation als *hybride* Koordinationsform vgl. **WILLIAMSON** (1985), S. 52ff., **WILLIAMSON** (1991a), S. 22ff. und **SYDOW** (1992), S. 134.

einander setzen.[80] Gemäß der Analysen von WILLIAMSON ist in diesem Zusammenhang von fünf Kernelementen der Transaktionskostentheorie auszugehen: 1.) Annahmen über das Verhalten der an der Transaktion beteiligten Akteure, 2.) transaktionsspezifische Merkmale, 3.) Charakteristika der institutionellen Arrangements, 4.) Abgrenzung und Auswahl effizienter institutioneller Arrangements sowie 5.) Rahmenbedingungen der Transaktion.[81] Diese fünf Elemente zeichnen sich durch eine hohe Interdependenz aus und bestimmen in ihrer Gesamtheit den Ablauf der Transaktion und die Höhe der damit verbundenen Transaktionskosten. Sie werden nachfolgend ausführlich erläutert.

***Abb. 3.2**: Typisierung von Transaktionsformen zwischen Markt und Hierarchie*

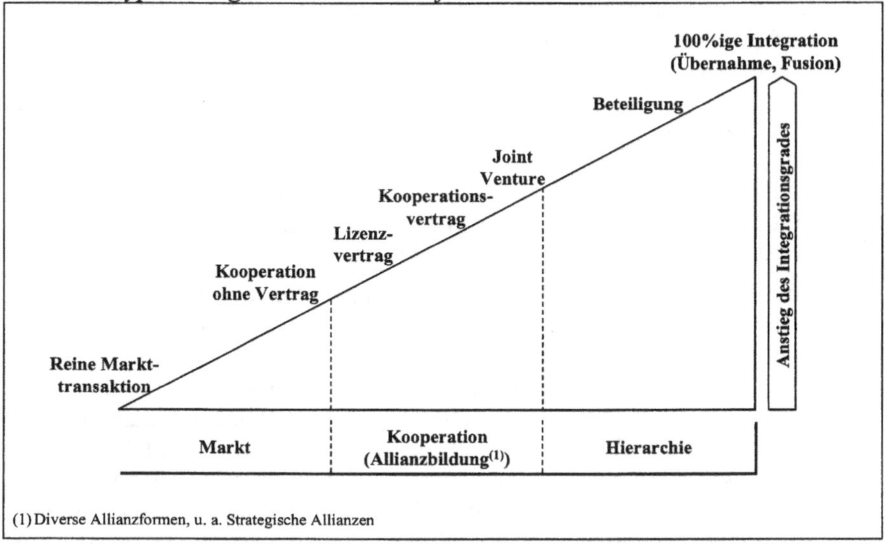

(In Anlehnung an: HAMMES (1994), S. 122 und STEININGER (1999), S. 118)

3.4.2 Kernelemente der Transaktionskostentheorie

3.4.2.1 Annahmen über das Verhalten der an der Transaktion beteiligten Akteure

Der Transaktionskostenansatz basiert auf drei grundlegenden Annahmen über das Verhalten der an der Transaktion beteiligten Akteure: 1.) *Eingeschränkte Rationalität*, 2.) *Opportunismus* und 3.) *Risikoneutralität*. Jede dieser Annahmen wird nachfolgend kurz erläutert:

---

[80] Vgl. **EBERS; GOTSCH** (1999), S. 225ff., **PICOT; DIETL** (1990), S. 178ff., **ROTERING** (1993) und **WILLIAMSON** (1993).

[81] Hierzu und zu den nachfolgenden Ausführungen vgl. **WILLIAMSON** (1990a), S. 49ff.

1.) *Eingeschränkte Rationalität*: Im Gegensatz zur *neoklassischen Annahme*[82] vollkommen informierter und streng rational handelnder Akteure geht die Transaktionskostentheorie unter Bezugnahme auf die *verhaltenswissenschaftliche Entscheidungstheorie*[83] von einer eingeschränkten Rationalität der handelnden Individuen aus.[84] Mit dem Begriff der eingeschränkten Rationalität wird der Erkenntnis gefolgt, dass Menschen zwar eine vollkommene Rationalität ihrer Handlungen anstreben, diese jedoch aufgrund der eigenen begrenzten Informationsgewinnungs-, -verarbeitungs- und -speicherungsfähigkeiten nie vollkommen erreichen können. Aus diesem Grund können Entscheidungen stets nur mit einer subjektiven Rationalität getroffen werden.[85] Im Zusammenhang mit der Gestaltung von Verträgen kommt der eingeschränkten Rationalität eine besondere Bedeutung zu, da sie eine vollkommene vorausschauende Erfassung sämtlicher künftiger Umweltzustände bei der Gestaltung eines Vertrages durch die handelnden Akteure verhindert. Bei langfristigen Verträgen entstehen dadurch Vertragslücken, die ex-post zu einem Anstieg der Transaktionskosten führen können.[86] Gerade bei Transaktionen, die sich durch eine hohe Umweltkomplexität auszeichnen, stellt die eingeschränkte Rationalität ein besonderes Problem dar, da dadurch die Wahrscheinlichkeit suboptimaler Verträge und Entscheidungen zunimmt.

2.) *Opportunismus*: Die durch die eingeschränkte Rationalität der handelnden Akteure entstehenden Transaktionsprobleme werden durch opportunistische Verhaltensweisen der Wirtschaftssubjekte intensiviert. Opportunismus als zweite Verhaltensannahme des Transaktionskostenansatzes unterstellt den Transaktionspartnern eine gesteigerte Form eigennützigen Verhaltens. Individuen richten danach ihre Handlungen am eigenen Vorteil aus, nutzen bewusst Täuschungsspielräume und setzen sich zum Nachteil der anderen Transaktionspartner über moralische und vertragliche Regelungen hinweg, um die eigenen Ziele zu erreichen.[87] Opportunistisches Verhalten ist in der Regel durch die bewusste Herbeiführung von Informationsasymmetrien gekennzeichnet, die dadurch entstehen, dass Informationen von einzelnen Akteuren nur unvollständig oder verzerrt zur Durchsetzung der eigenen Ziele weitergegeben werden.[88]

---

[82] Für eine Erläuterung des Begriffes der Neoklassik und eine Darstellung ihrer wesentlichen Bestandteile und Inhalte vgl. **Gabler-Verlag** (19997), S. 2731.

[83] Zur *verhaltenswissenschaftlichen Entscheidungstheorie* vgl. **Simon** (1951), S. 293ff.

[84] Vgl. **Williamson** (1990a), S. 50f.

[85] Zum Begriff der eingeschränkten Rationalität vgl. **Schlicht** (1990), S. 703ff., **Ostmann** (1990), S. 673ff. und **Rotering** (1993), S. 109.

[86] Vgl. **Picot** (1991a), S. 147.

[87] Vgl. **Williamson** (1990a), S. 54. Für eine detailliertere Beschreibung möglicher opportunistischer Verhaltensweisen vgl. **Williamson** (1975). S. 26ff.

[88] Vgl. **Williamson** (1990a), S. 54ff. und **Ringlstetter, M.** (1995), S. 699f.

Opportunistisches Verhalten kann sowohl *vor* einem Vertragsabschluss (sog. *Ex-ante-Opportunismus*) durch Informationszurückhaltung als auch *nach* einer vertraglichen Fixierung (sog. *Ex-post-Opportunismus*) durch die Nichtbefolgung vertraglicher Regelungen erfolgen.[89] Aus der Kombination von Opportunismus und eingeschränkter Rationalität der Transaktionspartner ergeben sich in der Regel unvollständige Verträge, die eine einseitige Ausnutzung und Täuschung eines an der Transaktion beteiligten Akteurs durch einen seiner Transaktionspartner ermöglichen. Aus der nachträglichen Einforderung und Spezifizierung unzureichend detaillierter Vertragsregelungen können hohe Transaktionskosten entstehen, so dass institutionelle Arrangements bzw. Organisationsstrukturen angestrebt werden sollten, die eine derartige Gefahr von vornherein ausschließen oder minimieren.

3.) *Risikoneutralität*: Die Verhaltensannahme der Risikoneutralität spielt im Vergleich zu den beiden vorhergehenden Annahmen eine deutlich untergeordnete Rolle, da sie im Gegensatz zur „eingeschränkten Rationalität“ und zum „Opportunismus“ keine zwingende Voraussetzung für ein institutionelles Gestaltungsproblem darstellt. WILLIAMSON unterstellt den handelnden Akteuren ein risikoneutrales Verhalten, um seine Argumentationskette methodisch zu vereinfachen und um die wesentlichen Aussagen der Transaktionskostentheorie deutlicher herausstellen zu können.[90]

3.4.2.2 Transaktionsspezifische Merkmale

Die Höhe der Transaktionskosten und die Auswahl eines institutionellen Arrangements wird nicht nur durch die dargestellten Verhaltensannahmen beeinflusst, sondern zu einem wesentlichen Teil auch durch die transaktionsspezifischen Merkmale determiniert, die zur Erhöhung oder Reduzierung von Transaktionskosten beitragen.[91] WILLIAMSON unterscheidet in diesem Zusammenhang *drei* Charakteristika einer Transaktion, die sich zum Teil gegenseitig beeinflussen und als zentrale Dimensionen von Transaktionen anzusehen sind: 1.) *Faktorspezifität*, 2.) *Unsicherheit* und 3.) *Häufigkeit*.[92] Diese drei Merkmale wurden später von PICOT zur Festlegung des vertikalen Integrationsgrades eines Unternehmens um den Einflussfaktor der sog. *strategischen Relevanz* ergänzt.[93]

1.) *Faktorspezifität*: Nach WILLIAMSON bildet die Faktorspezifität den bedeutendsten Bestimmungsfaktor für die Höhe der Transaktionskosten.[94] Der Spezifitätsgrad einer Transaktion bezieht sich auf das Ausmaß, nach dem ei-

[89] Vgl. **PFAFFMANN, E.** (1997), S. 41f.
[90] Vgl. **EBERS; GOTSCH** (1999), S. 227.
[91] Vgl. **FISCHER** (1994a), S. 582 und **PICOT** (1982), S. 271.
[92] Vgl. **WILLIAMSON** (1993), S. 13 und **WILLIAMSON** (1990a), S. 59.
[93] Vgl. **PICOT** (1991b), S. 346.
[94] Vgl. **WILLIAMSON** (1984), S. 202, **WILLIAMSON** (1985), S. 56 und **WILLIAMSON** (1990a), S. 34.

ne bestimmte Transaktion idiosynkratische, d.h. transaktionsspezifische Investitionen erfordert, und demnach auf den Grad der Übertragbarkeit einer bestimmten Ressource auf andere Austauschbeziehungen *ohne* Wertverlust.[95] Die positive Differenz zwischen dem Wert einer Investition in einer *gegebenen* Transaktionsbeziehung und ihrem Wert in der *nächstbesten* Verwendung außerhalb dieser Beziehung wird als *Quasi-Rente* der spezifischen Investition bezeichnet, während die zu erwartenden Erträge aus der nächstbesten Verwendung mit dem Begriff der sog. *Opportunitätskosten*[96] beschrieben werden.[97] Demgemäß gelten sämtliche Produktionsfaktoren als *unspezifisch*, wenn sie jederzeit *ohne* eine negative Veränderung ihres Wertes in anderen Verwendungen eingesetzt werden können. *Unspezifische* Faktoren führen somit immer zu hohen Opportunitätskosten und geringen Quasi-Renten. *Spezifische* Faktoren sind demgegenüber bei andersartigen Transaktionen nur unter Inkaufnahme eines Wertverlustes einsetzbar und führen daher zu geringen Opportunitätskosten und hohen Quasi-Renten.[98]

Die Höhe der Opportunitätskosten bzw. der Wert der Quasi-Rente kann vor diesem Hintergrund als Maß zur Bestimmung des Spezifitätsgrades eines eingesetzten Faktors bzw. einer Investition betrachtet werden. Grundsätzlich gilt diesbezüglich folgender Zusammenhang: Je geringer der Wert der Opportunitätskosten bzw. je größer der Wert der Quasi-Rente, desto größer ist der Spezifitätsgrad eines eingesetzten Faktors bzw. einer Investition.[99] Im Rahmen der Transaktionskostentheorie wird jedoch nicht die Quasi-Rente als solche betrachtet. Vielmehr werden die spezifischen Transaktionskosten analysiert, die sich aufgrund der Versuche der opportunistisch handelnden Akteure zur *Aneignung* der Quasi-Rente ergeben.[100] Generell lassen sich nach WILLIAMSON *fünf* Arten der transaktionsspezifischen Investitionen unterscheiden:[101]

---

[95] Vgl. **PICOT; DIETL** (1990), S. 179. Der Aufbau einer Transaktionsbeziehung zwischen zwei Unternehmen führt vor diesem Hintergrund immer dann zu einer hohen Abhängigkeit eines der beiden beteiligten Unternehmen, wenn dieses im Rahmen der Austauschbeziehung umfangreiche spezifische Investitionen tätigt, durch die im Falle des Wechsels des Transaktionspartners hohe Transaktionskosten entstehen würden.

[96] Zum Begriff der *Opportunitätskosten* vgl. **GABLER-VERLAG** (1997), S. 2862.

[97] Vgl. **RIORDAN** (1990), S. 137 und **PICOT; DIETL** (1990), S. 179.

[98] Vgl. **SCHUMANN** (1987), S. 214.

[99] Vgl. **KLEIN; CRAWFORD, ALCHIAN** (1978), S. 298ff.

[100] Vgl. **WILLIAMSON** (1985), S. 56f.

[101] Dazu und zu den folgenden Arten der transaktionsspezifischen Investitionen vgl. **WILLIAMSON** (1989), S. 143, **WILLIAMSON** (1990a), S. 62, **KAAS; FISCHER** (1993), S. 688, **ALCHIAN** (1984), S. 36ff., **EHRMANN** (1989), S. 28 und **KLEIN; CRAWFORD; ALCHIAN** (1978), S. 321.

a.) *Standortspezifische* Investitionen, d.h. transaktionsspezifische Investitionen in immobile Anlagen und Fertigungsstätten, die sich durch hohe Einrichtungs- und/oder Standortverlagerungskosten auszeichnen,

b.) *Sachkapitalspezifische* Investitionen, d.h. transaktionsspezifische Investitionen in spezialisierte maschinelle Anlagen, die ausschließlich oder überwiegend für die Herstellung bestimmter Einzelteile eingesetzt werden,

c.) *Humankapitalspezifische* Investitionen, d.h. transaktionsspezifische Investitionen in die Ausbildung von Arbeitnehmern zum Erwerb spezifischen Wissens oder in den Aufbau idiosynkratischen Wissens durch Learning by Doing in sich wiederholenden Transaktionen,

d.) *Sachwertespezifische* Investitionen, d.h. transaktionsspezifische Investitionen in Anlagen im Interesse eines bestimmten Abnehmers zur Erhöhung der bestehenden Produktionskapazität und

e.) *Markenspezifische* Investitionen, d.h. transaktionsspezifische Investitionen für den Erhalt bzw. die Steigerung eines Markenwertes oder in ein spezifisches Logo eines Produktes zur Steigerung der unternehmerischen Reputation.[102]

Transaktionsspezifische Investitionen werden im Wesentlichen mit dem Ziel einer Produktionskostensenkung durch die Realisierung von Spezialisierungsvorteilen vorgenommen.[103] Diesem Vorteil steht jedoch ein wesentlicher Spezifitätsnachteil gegenüber, der sich aus dem zeitlichen Auseinanderfallen der Transaktionsvereinbarung und der eigentlichen Umsetzung der Transaktion ergibt. Falls eine Transaktion für einen der beteiligten Akteure transaktionsspezifische Investitionen erfordert, die erst durch die sich anschließende Austauschbeziehung amortisiert werden können, begibt er sich in eine Abhängigkeit vom Transaktionspartner, gegen die er sich absichern muss, um unter der Annahme eines opportunistischen Verhaltens des Transaktionspartners die einseitige Abschöpfung der entstehenden Quasi-Rente zu seinen Lasten zu verhindern.[104] Mit zunehmender Spezifität der eingesetzten Produktionsfaktoren verschärft sich die Abhängigkeit vom Transaktionspartner, in den spezifisch investiert wurde. In der Folge werden nicht nur weitere Kontroll- und Sicherungsmaßnahmen notwendig, sondern es verringert sich in der Regel auch die Anzahl der *alternativen* Transaktionspartner im Rahmen einer langfristigen Austauschbeziehung, da die spezifischen Investitionen meistens nur geringe oder keine Spielräume für ein Ausweichen auf andere Akteure erlauben. Es kommt so zu der Entstehung von sog.

[102] Vgl. **Weiss** (1996), S. 55f. und **Williamson** (1993), S. 13f.

[103] Vgl. **Padberg** (2000), S. 42.

[104] Als Anbieter (Nachfrager) einer Leistung könnte der opportunistisch handelnde Transaktionspartner beispielsweise einen höheren (geringeren) als den ursprünglich vereinbarten Preis verlangen (vergüten). Vgl. **Hanke** (1992), S. 15.

Small-Numbers-Situations[105], durch die sich das Opportunismusrisiko in der Transaktionsbeziehung weiter erhöht, da eine geringe Anzahl möglicher (alternativer) Transaktionspartner eine ausreichende Sanktionierung opportunistischer Verhaltensweisen kaum noch zulässt. WILLIAMSON spricht im Zusammenhang mit dem Begriff der *Small-Numbers-Situations* auch vom Prozess der sog. *fundamentalen Transformation*, mit dem er den durch bestimmte transaktionsspezifische Investitionen induzierten Wandel der Wettbewerbsstrukturen bezeichnet.[106] Aus der Reduktion der möglichen Transaktionspartner ergibt sich zudem das Problem einer verringerten Bewertbarkeit der ausgetauschten Leistungen aufgrund fehlender vergleichbarer Marktpreise. Die daraus resultierenden neuen Möglichkeiten für opportunistisches Verhalten führen deshalb in der Regel zu einer *weiteren* Erhöhung der spezifitätsinduzierten Kontroll- und Sicherungsprobleme.[107]

2.) *Unsicherheit*: Mit dem Begriff der Unsicherheit wird im Zusammenhang mit Transaktionen ein Zustand bezeichnet, bei dem keine vollständige Sicherheit über die künftigen qualitativen, quantitativen, politischen, rechtlichen, terminlichen oder technologischen Transaktionsbedingungen besteht.[108] Der Unsicherheitsgrad wird somit von der Dynamik der Umweltkomplexität und dem geplanten Zeitraum der Transaktionsbeziehung bestimmt.[109] WILLIAMSON unterscheidet zwischen der sog. *Umfeldunsicherheit*[110], die sich auf die Unsicherheit über die künftige Entwicklung der Umweltzustände bei der vereinbarten Leistungserbringung bezieht, und der sog. *Verhaltensunsicherheit*, die sich aus dem nicht vorhersehbaren opportunistisches Verhalten der involvierten Transaktionspartner ergibt:[111]

   1.) *Umfeldunsicherheit* entsteht durch fehlende Informationen über die künftigen situativen Umfeldbedingungen einer Transaktion und die daraus resultierenden exogenen bzw. nicht beeinflussbaren Risiken.[112] Als Folge dieses Informationsmangels ergeben sich mehrere denkbare transaktionsrelevante Zukunftsszenarien, die jedoch aufgrund der vorgenannten Ver-

---

105 Zum Begriff der *Small-Numbers-Situation* vgl. **WILLIAMSON** (1981b), S. 1547ff.

106 Zum Begriff der *fundamentalen Transformation* vgl. **WILLIAMSON** (1990a), S. 70ff., **BOGASCHWESKY** (1995), S. 167 und **PICOT** (1991a), S. 148f.

107 Vgl. **MICHAELIS** (1985), S. 210.

108 Vgl. **PADBERG** (2000), S. 43.

109 Vgl. **KIESER; KUBICEK** (1992), S. 318

110 WILLIAMSON bezeichnet diese Form der Unsicherheit auch als *parametrische Unsicherheit*. Vgl. **WILLIAMSON** (1985), S. 57ff.

111 Vgl. **WILLIAMSON** (1990a), S. 64ff.

112 Vgl. **EHRMANN** (1989), S. 27. Für eine Aufzählung möglicher unsicherheitsinduzierender Determinanten vgl. **LUTZ** (1993), S. 156f.

haltensannahme der eingeschränkten Rationalität nicht vollständig erfasst und abgebildet werden können.[113]

2.) Die *Verhaltensunsicherheit* geht zurück auf die Annahmen einer eingeschränkten Rationalität[114] und eines opportunistischen Verhaltens[115] der handelnden Akteure und bezieht sich auf die Anpassungs-, Konsens- und Zurückhaltungsbereitschaft der Transaktionspartner in einer Situation, in der eine vertragliche Regelungslücke opportunistisch ausgenutzt werden könnte.[116] Im Gegensatz zur Umfeldunsicherheit, die ex-post als Rahmenbedingung zu betrachten ist, hängt die Unsicherheit über das Verhalten des Transaktionspartners im Wesentlichen von diesem selbst ab und kann damit individuell gestaltet werden. Das aus der Unsicherheit abgeleitete Risiko kann demnach beeinflusst und in Teilen reduziert werden.[117] Diese Art der Unsicherheit führt im Zusammenhang mit vertraglich nicht ausreichend erfassten Veränderungen der transaktionsrelevanten Umweltbedingungen zu einer Ausweitung der Informationsasymmetrie, die zu einer weiteren Steigerung der Unsicherheit führen kann.[118]

Im Rahmen unspezifischer Transaktionen resultieren aus beiden Unsicherheitsarten keine wesentlichen Transaktionsprobleme, da notwendige Anpassungen definitionsgemäß ohne bzw. mit vergleichsweise geringen Kosten vorgenommen werden können. Falls jedoch umfangreiche transaktionsspezifische Investitionen getätigt worden sind, führt ein Umfeld- und/oder Verhaltensunsicherheitsanstieg in der Regel zu höheren Ex-ante- und Ex-Post-Transaktionskosten: *Ex-ante* werden zusätzliche Such-, Informations-, Verhandlungs- und Vertragsprozesse erforderlich, um die bei gestiegener Unsicherheit grundsätzlich zahlreicher existierenden Kontingenzen der Transaktionsbeziehung zu berücksichtigen. *Ex-post* nehmen die Kontroll-, Konfliktlösungs- und Nachverhandlungskosten zu, da die der Transaktionsbeziehung zugrundeliegenden vertraglichen Regelungen aufgrund der eingeschränkten Rationalität zwangsläufig unvollständig sind und daher die Berücksichtigung der vor Vertragsabschluss nicht abbildbaren Szenarien zusätzliche Anpassungsmaßnahmen erfordert.[119]

3.) *Häufigkeit*: WILLIAMSON stellt in seinen Ausführungen zum Transaktionskostenansatz fest, dass jede über reine marktliche Transaktionen hinausge-

---

113 Vgl. **BOGASCHEWSKY** (1995), S. 166f.

114 Zum Begriff der *eingeschränkten Rationalität* vgl. Kap. 3.4.2.1, S. 184.

115 Für die Erläuterung der Annahme eines opportunistischen Verhaltens vgl. Kap. 3.4.2.1, S. 184.

116 Vgl. **PICOT** (1991b), S. 347, **PICOT** (1982), S. 272, **BOGASCHWESKY** (1995), S. 166f. und **WILLIAMSON** (1993), S. 15f.

117 Vgl. **LUTZ** (1993), S. 159.

118 Vgl. **ROTERING** (1993), S. 115ff.

119 Vgl. **EBERS; GOTSCH** (1999), S. 229f. und **WILLIAMSON** (1990a), S. 68.

hende Koordinationsvariante hinsichtlich ihrer relativen Effizienz durch den jeweiligen spezifischen Nutzen und insbesondere durch den sich einstellenden Auslastungsgrad bestimmt wird.[120] Letzterer ergibt sich dabei immer in Abhängigkeit von der Häufigkeit der Transaktion. Grundsätzlich gilt in diesem Zusammenhang, dass die für die Durchführung ökonomischer Tauschaktivitäten anfallenden Kosten für Anpassungsmechanismen und -institutionen je Einzeltransaktion bei einer Zunahme der Gesamtzahl von Transaktionen sinken. Bei einer steigenden Häufigkeit gleichartiger Austauschbeziehungen sind in zunehmenden Maße Größendegressions- und Lernkurveneffekte zu erwarten, durch die die Amortisationszeit und damit die Vorteilhaftigkeit des Einsatzes umfangreicher Beherrschungs- und Überwachungssysteme bestimmt wird.[121] Die Transaktionshäufigkeit stellt jedoch keinen unabhängigen Einflussfaktor auf die Transaktionskostenhöhe dar, sondern entfaltet ihre Wirkung erst in Verbindung mit der o.g. Spezifität und Unsicherheit sowie der im folgenden dargestellten strategischen Relevanz.[122]

4.) *Strategische Relevanz*: Die strategische Relevanz von (Teil-) Leistungen eines Unternehmens stellt eine weitere Transaktionseigenschaft mit einem wesentlichen Einfluss auf die Höhe der Transaktionskosten dar. Nach PICOT sind Leistungen und Teilleistungen eines Unternehmens immer dann als *strategisch relevant* zu bezeichnen, wenn sie sich auf einen unternehmerischen wettbewerbsrelevanten Leistungsbereich beziehen, durch den das einzelne Unternehmen eine erfolgswirksame Differenzierung gegenüber dem Wettbewerb erreichen möchte. Die damit verknüpfte Leistungserstellung erfolgt in der Regel stark spezifisch, so dass die Bedeutung der strategischen Relevanz für die Transaktionskostenhöhe immer in einem direkten Zusammenhang mit der o.g. Spezifität gesehen werden muss. Die aus der Spezifität resultierenden Opportunismuspotenziale stellen hohe Anforderungen an den Schutz und die Geheimhaltung des spezifischen Wissens, das für die als strategisch relevant eingestuften Leistungen eingesetzt wurde, und erfordern den Aufbau eines umfassendes Beherrschungs- und Überwachungssystems.[123]

Grundsätzlich gilt hinsichtlich der Auswirkungen der strategischen Relevanz unternehmerischer (Teil-)Leistungen auf die Transaktionskostenhöhe folgender Zusammenhang: Je höher die Bedeutung einer spezifischen Problemlösung für die strategische Wettbewerbs- und Erfolgsposition eines Unternehmens ist, desto höher sind die Ex-ante- und Ex-post-Transaktionskosten

[120] Vgl. **WILLIAMSON** (1990a), S. 69.
[121] Vgl. **PICOT** (1991a), S. 148, **PADBERG** (2000), S. 44 und **WILLIAMSON** (1990a), S. 69.
[122] Vgl. **PADBERG** (2000), S. 44.
[123] Vgl. **PICOT** (1991b), S. 346f.

für die Durchsetzung institutioneller Regelungen, um das zur Leistungserstellung eingesetzte Wissen vor opportunistischen Zugriffen zu schützen.[124]

3.4.2.3 Charakteristika institutioneller Arrangements

Neben den transaktionsspezifischen Merkmalen wird die Höhe der Transaktionskosten auch durch die besonderen Charakteristika institutioneller Arrangements determiniert, die im Rahmen der Transaktionsorganisation und -abwicklung in Form vertraglicher Festlegungen institutionalisiert werden. Danach basiert jeder ökonomische Leistungsaustausch entweder explizit oder implizit auf einer Vertragsbeziehung, deren Grundlage nach WILLIAMSON die sog. *ökonomische Theorie des Vertrages* darstellt.[125] Die in diesem Zusammenhang von WILLIAMSON vorgenommene Klassifizierung von Vertragsformen basiert auf einer Analyse des US-amerikanischen Vertragsrechts durch MACNEIL.[126] In Anlehnung an MACNEIL unterscheidet WILLIAMSON drei Formen von Vertragsbeziehungen: 1.) *Klassische Vertragsbeziehungen*, 2.) *neoklassische Vertragsbeziehungen* und 3.) *relationale Vertragsbeziehungen*:[127]

1.) *Klassische Vertragsbeziehungen*: Klassische Vertragsbeziehungen zeichnen sich durch eine kurze zeitliche Dauer, eine genaue Bestimmung des Transaktionsgegenstandes und der Transaktionskonditionen sowie einer Begrenzung der persönlichen Interaktion der Transaktionspartner aus, die nicht über den diskreten Transaktionsakt hinausgeht.[128] Die Transaktionsabwicklung erfolgt auf der Basis fixer und ex-ante durch Verträge festgelegter Regelungen, die eine Vielzahl potenziell möglicher und relevanter Zukunftsentwicklungen vorwegnehmen.[129] Die Transaktionspartner gehen dabei keine weiteren, über den einzelnen Austauschprozess hinausgehende Verpflichtungen ein. Die bei veränderten Rahmenbedingungen der Transaktion notwendigen Anpassungen werden durch einseitige und unabgestimmte Akte zwischen den Transaktionspartnern vollzogen. Auftretende Konflikte werden ausschließlich durch Einschaltung des Rechtsweges gelöst. Nach WILLIAMSON werden klassische Vertragsbeziehungen für solche Transaktionen bevorzugt, die über die Institution „*Markt*" abgewickelt werden.[130]

---

[124] Vgl. **WOLFF; NEUBURGER** (1995), S. 78 und **PICOT** (1991b), S. 346f.

[125] Vgl. **WILLIAMSON** (1993), S. 17ff. Zur ökonomischen Vertragstheorie vgl. **PICOT; REICHWALD; WIGAND** (1996), S. 51ff. und **GABLER-VERLAG** (19997), S. 4178 mit den dortigen Literaturverweisen.

[126] Vgl. **EBERS; GOTSCH** (1999), S. 231. Für eine ausführliche Darstellung der Analysen von MACNEIL vgl. **MACNEIL** (1987), S. 272ff.

[127] Zu den nachfolgenden Ausführungen über die alternativen Formen von Vertragsbeziehungen vgl. **MACNEIL** (1978), S. 854ff. und **EBERS; GOTSCH** (1999), S. 231.

[128] Vgl. **MACNEIL** (1987), S. 275.

[129] Vgl. **LUTZ** (1993), S. 158.

[130] Vgl. **EBERS; GOTSCH** (1999), S. 231 und die dortigen Literaturangaben.

2.) *Neoklassische Vertragsbeziehungen*: Im Unterschied zu den vorgenannten klassischen Vertragsbeziehungen verzichten die Transaktionspartner im Rahmen neoklassischer Vertragsbeziehungen auf eine vollständige Antizipation sämtlicher transaktionsbeeinflussender Nutzen- und Kosteneffekte und auf eine detaillierte vertragliche Festlegung, da sie von vornherein von einem nachträglichen Anpassungsbedarf des Vertrages ausgehen. Aus diesem Grund zeichnen sich neoklassische Vertragsbeziehungen häufig durch die explizite Berücksichtigung von Anpassungs- und Sicherungsklauseln und die Institutionalisierung spezieller privatrechtlicher Mechanismen zur Konfliktregelung aus. Der offene Regelungsbedarf erfordert in der Regel auch nach Abschluss eines Vertrages bestimmte Entscheidungen, Abstimmungen und Kooperationen der Transaktionspartner. Im Unterschied zu den klassischen Vertragsbeziehungen wird eine Konfliktlösung nicht durch den Verweis an ein *ordentliches* Gericht, sondern in erster Linie durch die Einschaltung eines Schiedsgerichtes angestrebt. Neoklassische Vertragsbeziehungen liegen insbesondere solchen Transaktionsbeziehungen zugrunde, die auf Langfristigkeit angelegt sind. Nach WILLIAMSON basieren die institutionellen *Hybridformen*[131] im Wesentlichen auf derartigen Vertragsbeziehungen.[132]

3.) *Relationale Vertragsbeziehungen*: Im Rahmen relationaler Vertragsbeziehungen wird der diskrete Transaktionscharakter im Vergleich zu den zwei vorgenannten Vertragsbeziehungsformen noch weiter aufgelöst. Derartige Vertragsbeziehungen zeichnen sich durch eine besondere Offenheit in der Definition von Leistungen und Gegenleistungen *vor* Vertragsabschluss und durch die Institutionalisierung eines sehr langfristig ausgerichteten Austauschverhältnisses zwischen den Transaktionspartnern aus. In ihnen werden nur die allgemeinen Rahmenbedingungen der Interaktion festgelegt, während die Leistungsbeziehungen und das Vorgehen im Detail mehr oder weniger ungeregelt bleiben. Falls sich die Rahmenbedingungen der Transaktionsbeziehung im Zeitablauf ändern, erfordert die Langfristigkeit der Austauschbeziehung die Abstimmung von Entscheidungen und die Durchführung bilateraler Anpassungs- und Veränderungsprozesse zwischen den Transaktionsparteien.[133] Im Unterschied zu den klassischen und neoklassischen Vertragsbeziehungen werden Konflikte zwischen den Vertragspartnern bei relationalen Vertragsbeziehungen bilateral *ohne* den Verweis an Gerichte gelöst.[134] Nach WILLIAMSON sind relationale Vertragsbeziehungen das wesentliche Kennzeichen der Transaktionsabwicklung in *Organisationen*.[135]

---

[131] Zum Begriff der *Hybridform* vgl. **BORYS; JEMISON** (1989), S. 234ff.

[132] Vgl. **WILLIAMSON** (1985), S. 74f. und **EBERS; GOTSCH** (1999), S. 231.

[133] Für eine weiterführende Erläuterung der *relationalen Verträge* vgl. **RICHTER; FURUBOTN** (1996), S. 157ff. und **GOLDBERG** (1980), S. 337ff.

[134] Vgl. **EBERS; GOTSCH** (1999), S. 231.

[135] Vgl. **WILLIAMSON** (1985), S. 75ff.

WILLIAMSON unterscheidet unter Berücksichtigung der o.g. Verhaltensannahmen der Wirtschaftssubjekte und der Erkenntnisse der ökonomischen Vertragstheorie *vier* Charakteristika institutioneller Arrangements, die einen signifikanten Einfluss auf die *Effizienz*[136] der jeweiligen Form der Abwicklung und Organisation einer Transaktion haben:[137]

1.) *Anreizintensität für einen sparsamen Ressourceneinsatz*: Grundsätzlich kann ein Transaktionspartner durch die Aufnahme bestimmter Anreize zum effizienten Ressourceneinsatz in ein institutionelles Arrangement vor opportunistischem Verhalten eines anderen Transaktionspartners geschützt werden. Derartige Schutzstrukturen sind insbesondere durch eine gezielte Beeinflussung des Nutzens und der Kosten eines potenziell opportunistischen Verhaltens eines Wirtschaftssubjektes möglich.[138]

2.) *Ausmaß der Verhaltenskontrolle zur Lösung von Transaktionsproblemen*: Die direkte Verhaltenskontrolle ist eine weitere Möglichkeit, um sich vor opportunistischem Verhalten eines Transaktionspartners zu schützen. Grundsätzlich gilt, dass das Ausmaß der notwendigen direkten Verhaltenskontrolle bei zunehmender Stärke der Anreizstrukturen für einen effizienten Ressourceneinsatz in einem institutionellen Arrangement reduziert werden kann und umgekehrt.

3.) *Anpassungsfähigkeit der Wirtschaftssubjekte an Störungen im Transaktionsumfeld*: Die einer Transaktion zugrundeliegenden vertraglichen Vereinbarungen sind aufgrund der o.g. Verhaltensannahmen der Wirtschaftssubjekte[139] in

---

[136] *Ökonomische* Effizienz liegt grundsätzlich immer dann vor, wenn ein *vorgegebenes* Zielniveau mit dem *geringstmöglichen* Ressourceneinsatz oder eine *maximale* Zielerreichung mit dem *gegebenen* Ressourceneinsatz erreicht wird. Vgl. **SEIDENFUS** (1983), S. 29. Die Transaktionskostentheorie geht ausschließlich von der *ressourcenminimierenden* Variante des Effizienzbegriffes aus. Danach wird eine Form der Organisation von ökonomischen Aktivitäten immer dann als effizient eingestuft, wenn mit ihr ein Ressourceneinsatz verknüpft ist, der zu den geringsten Gesamtkosten im Vergleich zu allen anderen alternativen Organisationsformen führt. Die durch den Ressourcenverzehr entstehenden Gesamtkosten setzen sich dabei immer aus der Summe der *Produktions- und Transaktionskosten* zusammen. Vgl. **WILLIAMSON** (1990a), S. 96ff. und **WEIß** (1992), S. 115ff. *Produktionskosten* fallen für die Herstellung der für den Austausch vorgesehenen Güter und Leistungen an, sind pekuniär erfassbar und primär auf die jeweils gegebene Produktionstechnologie zurückzuführen. Ihre Höhe hängt damit in der Regel nur zu einem geringen Teil vom zugrundeliegenden ökonomischen System ab. Vgl. **BÖSSMANN** (1982), S. 665 und **WEISS** (1996), S. 27. Für eine Erläuterung des *Transaktionskostenbegriffes* vgl. Kap. 3.4.1, S. 179.

[137] Dazu und zu nachfolgenden Ausführungen zu den vier Charakteristika institutioneller Arrangements vgl. **WILLIAMSON** (1991a), S. 18ff., **WILLIAMSON** (1991a), S. 277ff. und **EBERS; GOTSCH** (1999), S. 232ff.

[138] Vgl. **EBERS; GOTSCH** (1999), S. 232.

[139] Für eine umfassende Erläuterung der Annahmen über das Verhalten der an einer Transaktion beteiligten Akteure vgl. Kap. 3.4.2.1.

der Regel unvollständig, so dass in der Regel nachträgliche Vertragsanpassungen notwendig werden. Grundsätzlich unterscheiden sich institutionelle Arrangements durch den inhaltlichen Gestaltungsspielraum und durch den jeweiligen Grad der Fähigkeit, nachträgliche Anpassungen zu ermöglichen.[140] WILLIAMSON unterscheidet in diesem Zusammenhang zwischen der sog. *autonomen* und der sog. *bilateralen Anpassungsfähigkeit*: Als *autonome* Anpassungsfähigkeit wird die Fähigkeit eines einzelnen Akteurs bezeichnet, auf Störungen im Transaktionsumfeld, z.B. durch Änderungen der Präferenzstrukturen der Konsumenten, zu reagieren, ohne dass es einer vorherigen Abstimmung mit dem Transaktionspartner bedarf. Mit dem Begriff der *bilateralen* Anpassungsfähigkeit wird die Fähigkeit voneinander abhängiger Akteure definiert, auf Störungen im Transaktionsumfeld durch gemeinsam abgestimmte Verhaltensweisen schnell reagieren zu können.[141]

4.) *Kosten der Etablierung und Nutzung des institutionellen Arrangements*: Institutionelle Arrangements sollen zu einer effizienten Bewältigung des Problems der eingeschränkten Rationalität der Transaktionspartner beitragen. In diesem Zusammenhang unterscheiden sie sich jedoch hinsichtlich der Kosten, die im Rahmen ihrer Etablierung und ihrer Nutzung zur Abwicklung und Organisation von Transaktionen entstehen. Die spezifischen Kosten jedes einzelnen institutionellen Arrangements hängen somit immer direkt von den drei vorgenannten Charakteristika ab.[142]

Vor dem Hintergrund der dargestellten Charakteristika institutioneller Arrangements ist es nun möglich, die alternativen Koordinations- bzw. Organisationsformen hinsichtlich ihrer Eigenschaften bezüglich dieser Charakteristika zu analysieren und voneinander abzugrenzen. Erst nach der Durchführung derartiger Analysen kann letztlich eine transaktionskostentheoretische Auswahl eines institutionelles Arrangements in einer bestimmten Entscheidungssituation vorgenommen werden. Damit können auch die im Mittelpunkt dieser Arbeit stehenden Strategischen Allianzen und ihre möglichen Ausbauwege auf der Basis einer transaktionskostenorientierten Betrachtung detaillierter untersucht und die für die Themenstellung wesentlichen Erkenntnisse abgeleitet werden.[143]

---

[140] Vgl. **EBERS; GOTSCH** (1999), S. 232.

[141] Zur *autonomen* und *bilateralen* Anpassungsfähigkeit vgl. **WILLIAMSON** (1991a), S. 278ff.

[142] Vgl. **PADBERG** (2000), S. 48.

[143] Zu den nachfolgenden Ausführungen zu den alternativen Koordinationsformen in Bezug auf die allgemeinen Charakteristika institutioneller Arrangements vgl. **EBERS; GOTSCH** (1999), S. 232ff. Für eine Erläuterung des Aussagegehaltes und anwendbarkeit der Transaktionskostentheorie auf Strategische Allianzen vgl. Kap. 3.4.4.

3.4.2.4 Abgrenzung und Auswahl effizienter institutioneller Arrangements

Ausschlaggebend für die *transaktionskostentheoretische* Bedeutung der unterschiedlichen Formen institutioneller Arrangements ist die Höhe der Kosten, die mit jedem gewählten Arrangement zur Durchführung von Transaktionen verbunden sind. Transaktionen können, gemäß einer zentralen These des Transaktionskostenansatzes, unter Berücksichtigung der o.g. Verhaltensannahmen, immer dann besonders effizient[144] organisiert und abgewickelt werden, wenn die Charakteristika des ausgewählten institutionellen Arrangements in besonderer Weise den Anforderungen entsprechen, die sich aus den spezifischen Transaktionsmerkmalen ergeben.[145] Nachfolgend werden die zwei grundlegenden institutionellen Arrangements „Markt" und „Organisation" im Hinblick auf die dargestellten vier Charakteristika untersucht.[146] Auf eine Analyse der *Hybridformen* wird an dieser Stelle verzichtet, da sie sich je nach Ausgestaltungsform in ihren grundlegenden Strukturen durch die Eigenschaften einer marktlichen oder hierarchischen Koordinationsform erklären lassen.[147]

1.) *Anreizintensität*: Im Hinblick auf die Anreizintensität lässt sich festhalten, dass von *marktlich* koordinierten Transaktionsprozessen, die auf der Grundlage *klassischer Verträge*[148] abgewickelt werden, starke Anreize für einen effizienten Ressourceneinsatz ausgehen, da die Transaktionspartner direkt von jeder Erhöhung des Transaktionsnutzens profitieren. Die sich durch die starke Homogenität des Leistungsangebotes ergebende Konkurrenzsituation intensiviert diesen Anreizeffekt. Von einer *organisationsinternen* Abwicklung der Leistungserstellung auf der Basis einer hierarchischen Koordination gehen demgegenüber deutlich weniger Anreize für eine effiziente Nutzung der eingesetzten Ressourcen aus, da eine direkte Verbindung zwischen den jeweiligen ausgetauschten Leistungen und Gegenleistungen aufgrund von Zurechnungs- und Messproblemen häufig nicht möglich ist. Zudem ergibt sich durch die organisationsinterne Transaktionsdurchführung keine direkte Konkurrenzsituation, die zu einer Entlohnung der Inputfaktoren nach ihren spezifischen *Grenzproduktivitäten*[149] führen würde. Aus diesem Grund werden häufig interne Verrechnungspreise und andere Steuerungs- und Anreizsysteme eingesetzt, um eine effiziente Ressourcenallokation zu erreichen.[150]

[144] Zum *Effizienzbegriff* vgl. Kap. 3.4.2.3, S. 274.
[145] Vgl. **Padberg** (2000), S. 45.
[146] Zu den vier wesentlichen Charakteristika institutioneller Arrangements vgl. Kap. 3.4.2.3.
[147] Vgl. **Ebers; Gotsch** (1999), S. 234.
[148] Vgl. **MacNeil** (1987), S. 272ff.
[149] Für eine Erklärung des *Grenzproduktivitätsbegriffes* vgl. **Gabler-Verlag** (1997), S. 1632.
[150] Vgl. **Ebers; Gotsch** (1999), S. 232f.

2.) *Ausmaß der Verhaltenskontrolle*: Die unterschiedlichen Koordinations- bzw. Organisationsformen unterscheiden sich auch in Bezug auf das jeweilige Ausmaß der Verhaltenskontrolle. In einer rein *marktlichen* Koordination ist eine umfangreiche Verhaltenskontrolle überflüssig, da der effizient ablaufende Preismechanismus für eine ausreichende Disziplinierung der Transaktionspartner sorgt. Die Integration wirtschaftlicher Sanktionsmaßnahmen in ein Vertragswerk übt einen hinreichend starken Anreiz zur vereinbarungsgemäßen Leistungserbringung aus. Demgegenüber erhöht der mit einer *organisationsinternen* Koordinationsform verbundene geringere Anreiz für einen effizienten Ressourceneinsatz die Eintrittswahrscheinlichkeit von opportunistischem Verhalten. Daher werden bei der Institutionalisierung hierarchischer Koordinationsformen in vielen Fällen entsprechende bürokratische Überwachungs- und Kontrollsysteme eingeführt, die die vertragsgemäße Leistungserstellung gewährleisten sollen.[151]

3.) *Anpassungsfähigkeit*: Hinsichtlich der Anpassungsfähigkeit kann festgehalten werden, dass *marktliche* Koordinationsformen grundsätzlich eine hohe *autonome* Anpassungsfähigkeit beinhalten. Dies liegt im Wesentlichen an der Homogenität der ausgetauschten Transaktionsgegenstände und der marktlichen Konkurrenzsituation, durch die sich mehrere Alternativen zur Wahl eines Transaktionspartners ergeben. Diese Alternativen machen eine enge Abstimmung mit dem Transaktionspartner überflüssig, da er beliebig ausgetauscht werden kann. Demgegenüber zeichnen sich marktliche Transaktionsbeziehungen durch eine geringe *bilaterale* Anpassungsfähigkeit aus, da jede neue Vertragsvereinbarung unter Umständen eine Neubestimmung des Transaktionspartners erforderlich macht, die zu erheblichen Transaktionskosten führen kann.[152] *Organisationen* weisen in der Regel nur eine geringe *autonome* Anpassungsfähigkeit auf, da sich aus der Heterogenität der Transaktionsleistungen und aus dem hohen Spezifitätsgrad der eingesetzten Ressourcen eine starke Abhängigkeit der organisationsinternen Transaktionspartner ergibt. Änderungen von Vertragsbestandteilen nach Vertragsabschluss sind grundsätzlich nur über eine wechselseitige Abstimmung der Transaktionspartner möglich. Dieser Zusammenhang bedeutet auch, dass die *bilaterale* Anpassungsfähigkeit in hierarchischen Koordinationsformen vergleichsweise hoch ist. Im Rahmen vertraglich gestützter organisationsinterner Transaktionsbeziehungen können nachträgliche Anpassungen schnell und ohne zusätzliche Vertragsverhandlungen durchgeführt werden, da häufig detailliertere Informationen über die intern verfügbaren Ressourcen vorlie-

[151] Vgl. **Ebers; Gotsch** (1999), S. 233.
[152] Vgl. **Ebers; Gotsch** (1999), S. 233.

gen und zusätzliche Informationen organisationsintern leichter beschafft werden können.[153]

4.) *Kosten zur Etablierung und Nutzung des institutionellen Arrangements*: Die Kosten zur Etablierung und Nutzung des institutionellen Arrangements sind bei *marktlichen* Koordinationsformen in der Regel relativ gering. Zum einen verhindert die eindeutige Festlegung der auszutauschenden Leistungen und Gegenleistungen die Entstehung hoher Transaktionskosten vor und nach Vertragsabschluss, zum anderen fallen aufgrund der dargestellten hohen Anreizwirkungen marktlicher Koordinationen kaum Kosten für die Verhaltensüberwachung und -kontrolle des Transaktionspartners an. Die *organisationsinterne* Abwicklung von Transaktionen führt demgegenüber in der Regel zu deutlich höheren Kosten des institutionellen Arrangements. Dies liegt im Wesentlichen an der geringen Anreizintensität zur effizienten Nutzung der Unternehmensressourcen, durch die sich vielfach kostenintensive und unnötige Ressourcenverbräuche ergeben. Die beschriebene höhere Eintrittswahrscheinlichkeit von opportunistischem Verhalten bei hierarchischen Koordinationsformen verursacht zudem Kosten für die Verhaltensüberwachung und -kontrolle des (internen) Austauschpartners.[154]

Bei *hybriden institutionellen Arrangements*[155], die beispielsweise auf einem langfristigen Vertrag mit besonderen Anpassungsregelungen, Leistungen zur Sicherstellung der Transaktionsbeziehung und spezifischen Konfliktlösungsmechanismen basieren können, werden in der Regel sowohl marktliche als auch organisationsinterne institutionelle Mechanismen verwendet.[156] Aus diesem Grund nehmen sie im Hinblick auf die von WILLIAMSON abgeleiteten vier wesentlichen Charakteristika institutioneller Arrangements eine Mittelposition zwischen marktlicher und organisationsinterner Lösung ein.[157] In Abb. 3.3 werden die einzelnen Ausprägungen der im Transaktionskostenansatz hervorgehobenen vier Charakteristika für die drei grundlegenden institutionellen Arrangements Markt, Organisation und Hybridform zusammenfassend dargestellt.

Die *Auswahl* eines institutionellen Arrangements in einer bestimmten Entscheidungssituation ist jedoch nicht nur vom jeweiligen Erfüllungsgrad der vier grundlegenden Charakteristika durch das entsprechende Arrangement abhängig. Vielmehr bilden die *Annahmen über das Verhalten* der an der Transaktion beteiligten Parteien eine *zweite* wesentliche Einflussgröße bei der Entscheidung

---

[153] Vgl. **PADBERG** (2000), S. 47.
[154] Vgl. **EBERS; GOTSCH** (1999), S. 233f.
[155] Zum Begriff der *Hybridform* vgl. Kap. 3.4.1,S. 177.
[156] Vgl. **EBERS; GOTSCH** (1999), S. 234.
[157] Vgl. **EBERS; GOTSCH** (1999), S. 234.

über eine transaktionskostentheoretisch effiziente Form der Abwicklung und Organisation von Transaktionen.[158]

***Abb. 3.3**: Ausprägungsformen transaktionskostenrelevanter Charakteristika in Abhängigkeit von der Art des institutionellen Arrangements*

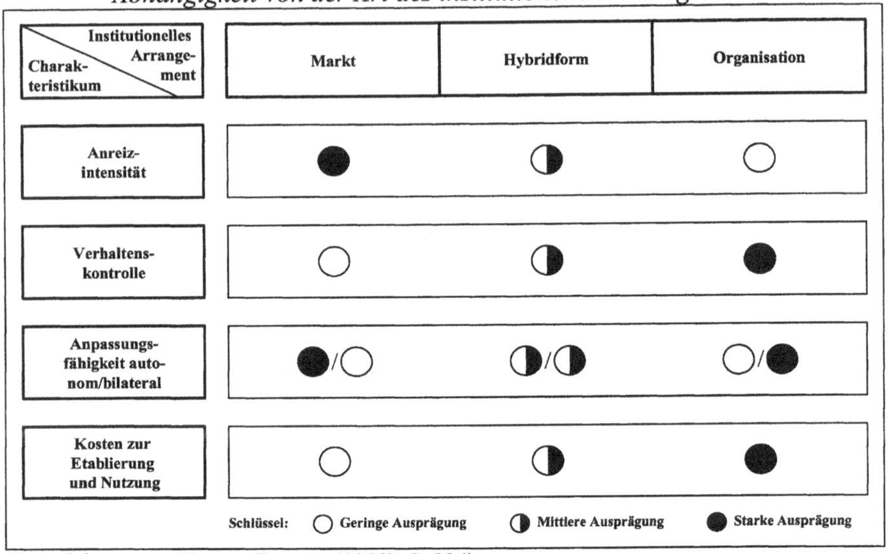

(In Anlehnung an: EBERS; GOTSCH (1999), S. 234)

Bei jeder Transaktion können sich kostenrelevante Informations- und Opportunismusprobleme zwischen den Transaktionspartnern ergeben, durch die es zu einer Verringerung des Transaktionsnutzens kommen kann.[159] Die zur Lösung dieser Transaktionsprobleme existierenden institutionellen Regelungen unterscheiden sich zum Teil deutlich durch ihre jeweiligen Lösungsfähigkeiten. Die dargestellten Verhaltensannahmen sind vor diesem Hintergrund als eine notwendige Voraussetzung für die Existenz eines institutionellen Gestaltungsproblems anzusehen, da Transaktionsprobleme bei *vollständig planbaren* Transaktionen *ohne* Informationsasymmetrien und -lücken nicht entstehen können bzw. bei ausschließlich *vereinbarungskonformen* Verhalten der Akteure schnell beseitigt werden könnten.[160]

Unter Berücksichtigung der besonderen Bedeutung der Verhaltensannahmen für die Transaktionsabwicklung sind die dargestellten Alternativen für institutionelle Arrangements in einer konkreten Entscheidungssituation damit nicht nur auf die mit ihnen verbundene Ausprägung der wesentlichen Charakteristika institu-

[158] Zu den *Verhaltensannahmen* vgl. Kap. 3.4.2.1.
[159] Vgl. **FRITSCH; WEIN; EWERS** (1993), S. 238ff.
[160] Vgl. **EBERS; GOTSCH** (1999), S. 226f.

tioneller Arrangements zu untersuchen. Sie sind vielmehr stets auch im Hinblick auf ihre Fähigkeiten zu bewerten, zur Minimierung möglicher Konflikte zwischen den Transaktionspartnern im Zeitablauf beizutragen und damit unter Kostengesichtspunkten *effizient* zu sein.[161]

Zur weiteren Entscheidungs- und Auswahlunterstützung können, neben der Betrachtung der jeweiligen Ausprägungsformen der Charakteristika institutioneller Arrangements und der Verhaltensweisen der Transaktionspartner, die transaktionsspezifischen Merkmale als *dritte* Auswahldimension verwendet werden. Danach lassen sich im Hinblick auf die Auswahl eines effizienten institutionellen Arrangements die zwei nachfolgenden merkmalsspezifischen Grundaussagen der Transaktionskostentheorie festhalten:[162]

1.) Je weniger spezifisch/unsicher/häufig/strategisch relevant der Gegenstand einer Transaktion für einen der handelnden Akteure ist, desto eher wird aus Effizienzgesichtspunkten eine Koordinationsform mit *marktlichen* Bestandteilen zur Abwicklung und Organisation einer Transaktion verwendet.

2.) Je spezifischer/unsicherer/häufiger/strategisch relevanter der Gegenstand einer Transaktion für einen der handelnden Akteure ist, desto eher wird aus Effizienzgesichtspunkten eine *hierarchische* Koordinationsform zur Abwicklung und Organisation einer Transaktion verwendet, d.h. sie wird unternehmensintern abgewickelt und organisiert.

Im Zuge einer weiteren Detaillierung dieser merkmalsspezifischen Zusammenhänge kann festgehalten werden, dass die Abwicklung einer ökonomischen Austauschbeziehung über eine rein marktliche Koordinationsform immer dann kostenineffizienter als die organisationsinterne Transaktionsabwicklung und -organisation ist, wenn 1.) im Zusammenhang mit einer Transaktion hohe transaktionsspezifische Investitionen erforderlich werden, die bei einer alternativen Verwendung einen hohen Wertverlust aufweisen, sich 2.) aufgrund umfangreicher transaktionsspezifischer Investitionen große Unsicherheiten hinsichtlich der künftigen Umweltbedingungen einstellen, die nicht oder nur mit erheblichen Kosten durch entsprechende Vertragsklauseln vor Vertragsabschluss berücksichtigt werden können, 3.) Transaktionen so häufig durchgeführt werden, dass die resultierenden Kosten der marktlichen Abwicklung den Nutzen aus einer organisationsinternen Koordination nicht übersteigen und/oder 4.) eine Transaktion für die Ausweitung und langfristige Gewährleistung strategischer Erfolgspotenziale[163] von großer Bedeutung ist.[164]

[161] Vgl. **Picot** (1990), S. XIII

[162] Zu den nachfolgenden Grundaussagen vgl. **Benkenstein** (1994), S. 486, **Williamson** (1990a), S. 82 und S. 89 und **Wolff; Neuburger** (1995), S. 78.

[163] Zum Begriff des *Erfolgspotenzials* vgl. Kap. 2.4.4.2.

[164] Vgl. **Padberg** (2000), S. 50 und **Weiss** (1996), S. 63.

Abschließend ist allerdings im Hinblick auf die Auswahl eines effizienten institutionellen Arrangements festzuhalten, dass die Ableitung und Anwendung der *drei* Auswahldimensionen nie die Identifikation einer *eindeutig* überlegenen und damit *besten* Organisationsform ermöglicht. Unter Verwendung der Auswahldimensionen kann lediglich immer nur ein paarweiser Effizienzvergleich zwischen zwei alternativen Organisationsformen durchgeführt und die von diesen beiden Alternativen effizientere Form gewählt werden.[165]

3.4.2.5 Rahmenbedingungen der Transaktion

Neben den vorgenannten Determinanten wird die Höhe der Transaktionskosten auch durch die jeweils vorherrschenden Rahmenbedingungen der Transaktion bestimmt. Als Transaktionsrahmenbedingungen gelten sämtliche *technologischen* und *institutionellen* Gegebenheiten, die für die Koordination einer Austauschbeziehung relevant sind:[166]

1.) *Technologische Rahmenbedingungen*: Die technologischen Rahmenbedingungen einer Transaktion setzen sich aus den verfügbaren Produktions-, Informations- und Kommunikationstechnologien zusammen. Gute technologische Rahmenbedingungen können beispielsweise die mit einer Transaktion verbundenen Kosten zur Informationsbeschaffung und Partnersuche reduzieren, den allgemeinen Informationsstand der Austauschpartner verbessern und dadurch die Unsicherheit sowohl über das Verhalten der Vertragspartner als auch über das Transaktionsumfeld verringern.[167]

2.) *Institutionelle Rahmenbedingungen*: Als institutionelle Rahmenbedingungen werden sämtliche *sozialen* und *rechtlichen* Grundregeln bezeichnet, die die Durchführung von Transaktionen beeinflussen. Zu den *sozialen* Grundregeln gehören die von den Transaktionspartnern anerkannten gesellschaftsspezifischen Normen und Sitten, die als grundlegende Werthaltungen das opportunistische Verhaltenspotenzial der Akteure nachhaltig determinieren. In *rechtlicher* Hinsicht stellen die Vorgaben und Bestimmungen der wirtschaftlich relevanten Rechtsgebiete, neben den rechtlichen Institutionen wie z.B. Rechtssprechung und Rechtsvollzug, wesentliche Rahmenbedingungen für die Abwicklung von Transaktionen dar. Ein lückenloser Rechtsrahmen und die wirksame Durchsetzbarkeit der institutionellen Grundregeln erhöht die (Rechts-)Sicherheit und erleichtert damit den Abschluss und die Abwicklung von Transaktionen und Verträgen.[168]

Neben den zwei vorgenannten klassischen Rahmenbedingungen von Transaktionen sind, vor dem Hintergrund zunehmender unternehmensübergreifender und

[165] Vgl. **Stahl** (1995), S. 90.
[166] Vgl. **Picot; Dietl** (1990), S. 180.
[167] Vgl. **Rotering** (1993), S. 125ff. und **Picot** (1982), S. 272.
[168] Vgl. **Picot** (1982), S. 272 und **Kappich** (1989), S. 195f.

internationaler Austauschbeziehungen, auch *kulturelle* Besonderheiten und Unterschiede zwischen den handelnden Akteuren als Einflussfaktoren bei der Abwicklung von Transaktionen zu berücksichtigen. Im Zusammenhang mit einer unternehmensübergreifenden internationalen Transaktion, z.B. in Form der Etablierung einer internationalen Strategischen Allianz, kann es zu einem Aufeinandertreffen unterschiedlicher National- und/oder Unternehmenskulturen kommen, die den unmittelbaren wechselseitigen Kommunikations- und Informationsaustausch beeinträchtigen und dadurch zu einem erheblichen Anstieg der Transaktionskosten in allen Phasen der Transaktion führen können.[169] Unter Berücksichtigung der bisherigen Ausführungen zum Transaktionskostenansatz ergibt sich *Grundmodell der Transaktionskostentheorie* (s. Abb. 3.4).

***Abb. 3.4**: Grundmodell der Transaktionskostentheorie*

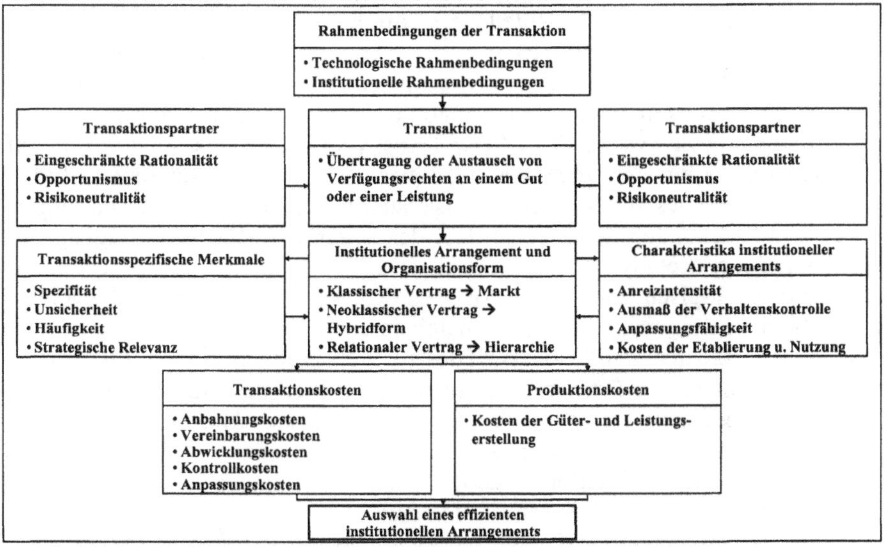

(Quelle: Eigene Darstellung)

3.4.3 Kritische Würdigung der Transaktionskostentheorie

Die Transaktionskostentheorie zeichnet sich durch ihre positiven Beiträge und Erweiterungen zur ökonomischen Organisationsforschung und zu anderen Forschungsbereichen wie der Mikroökonomik, Industrieökonomik, Organisationssoziologie und Betriebswirtschaft aus.[170] Durch die spezifischere Anwendung

---

[169] Zur Bedeutung der *Unternehmenskulturen* innerhalb Strategischer Allianzen vgl. **HERMANN** (1989), S. 69ff. Zu den möglichen kulturinduzierten Konflikten bei der Institutionalisierung einer Strategischen Allianz vgl. Kap. 2.2.5.7.

[170] Vgl. **EBERS; GOTSCH** (1999), S. 241. Für eine Würdigung der positiven Beiträge der Transaktionskostentheorie zur betriebswirtschaftlichen Forschung vgl. **WITTE** (1991), S. 454ff.

klassischer organisationstheoretischer Annahmen und deren Erweiterung durch die Einbeziehung von Informationsasymmetrien und transaktionsspezifischer Investitionen hebt sich die Transaktionskostentheorie von den meisten anderen organisationstheoretischen Ansätzen ab und besitzt ihnen gegenüber den besonderen Vorteil, nicht ausschließlich *intraorganisatorische* Strukturen, sondern auch die Entstehung und Gestaltung *interorganisatorischer* Verbindungen erläutern zu können.[171] Vor diesem Hintergrund ist die Transaktionskostentheorie als eine Perspektivenerweiterung der Organisationsforschung anzusehen.[172]

Grundsätzlich eignet sich der Transaktionskostenansatz zur Analyse sämtlicher organisationstheoretischer Betrachtungsebenen: Auf der *Ebene des Individuums* stellt er z.B. die Bedeutung ausreichender Anreizstrukturen zur Minimierung von opportunistischem Verhalten heraus, auf der *intraorganisatorischen Ebene* lassen sich mit ihm z.B. verschiedene Koordinationsmechanismen analysieren und auf der *interorganisatorischen Ebene* integriert er zum einen die Betrachtung unterschiedlicher institutioneller Arrangements und kann zum anderen auf Fragen der vertikalen Integration, auf Joint Ventures und auf langfristige Lieferverträge angewendet werden.[173] Der Transaktionskostenansatz ist vor diesem Hintergrund als ein *geschlossenes* theoretisches Konstrukt anzusehen. Zudem haben sich die Thesen der Transaktionskostentheorie in verschiedenen empirischen Untersuchungen bewährt, so dass der empirisch belegte Aussagengehalt überwiegend als relativ hoch eingestuft wird.[174] Die mikroanalytische Fundierung und der logisch konsistente Aufbaus des Ansatzes haben darüber hinaus maßgeblich zu einem hohen Allgemeinheitsgrad der wesentlichen Aussagen und zu einer leichten Handhabbarkeit des zur Verfügung gestellten Instrumentariums beigetragen. Der Transaktionskostenansatz wird deshalb heute in der Betriebswirtschaftslehre zumeist als ein gutes *heuristisches Konzept*[175] angesehen, das sich insbesondere für pragmatische Ansprüche eignet und sich in einer Vielzahl von Analysesituationen als leistungsfähiges Instrument zur Ableitung von Handlungsempfehlungen erweisen kann.[176]

Trotz der zahlreichen *positiven* Beiträge des Transaktionskostenansatzes zur Erweiterung der Organisationsforschung ist jedoch darauf hinzuweisen, dass es auch mehrere *kritische* Anmerkungen zur Transaktionskostentheorie gibt, die

---

171 Vgl. **Ebers; Gotsch** (1993), S. 234f.

172 Vgl. **Ebers; Gotsch** (1999), S. 241.

173 Vgl. **Picot; Dietl** (1990), S. 183 und **Ebers; Gotsch** (1999), S. 242.

174 Vgl. **Shelanski; Klein** (1995), S. 335ff. und **Picot** (1991a), S. 150. Für eine Aufzählung unterschiedlicher transaktionskostentheoretischer Untersuchungen vgl. **Ebers; Gotsch** (1999), S. 240f.

175 Zum Begriff der *Heuristik* vgl. Kap. 3.1, S. 168.

176 Vgl. **Fischer** (1994a), S. 584, **Picot** (1991a), S. 150 und **Williamson** (1993), S. 28.

sich zum einen auf die angeblichen methodischen Mängel beziehen und zum anderen die grundlegenden Theorieannahmen in Frage stellen.[177]

In der deutschsprachigen Literatur hat sich insbesondere SCHNEIDER als Kritiker des Transaktionskostenansatzes hervorgetan, der von einer *logischen Theorieinkonsistenz* ausgeht und die Form der Ableitung effizienter institutioneller Arrangements kritisiert.[178] Dieser fundamentalen Kritik von SCHNEIDER kann jedoch begegnet werden, da der zur Entscheidungsunterstützung verwendete Transaktionskostenansatz keinen derartigen Anspruch postuliert.[179] Der Theorieansatz geht vielmehr davon aus, dass sich das ökonomische Optimierungsproblem bei Beschränkungen der kognitiven Fähigkeiten von Entscheidungsträgern vor allem als Problem der effizienten Koordination von wirtschaftlichen Transaktionen darstellt. Durch eine transaktionskostenorientierte strukturierte Analyse unterschiedlicher institutioneller Arrangements und einer damit einhergehenden effizienten Informationsgewinnung, -verarbeitung und -weitergabe stellt sich in der Regel eine umfassende Komplexitätsreduzierung ein, die zu einer deutlichen Verbesserung der Entscheidungsqualität beiträgt.[180] Dabei erhebt die Transaktionskostentheorie nicht den Anspruch, für *alle* organisationstheoretischen Problemstellungen eine Lösung oder Antwort bereitzustellen oder die Gründe für institutionelle Arrangements vollständig zu erklären. Vielmehr zielt sie auf die Identifikation wesentlicher Erklärungsfaktoren und institutioneller Gestaltungsalternativen.[181] Im Unterschied zu den widerlegbaren Einwänden von SCHNEIDER sind insbesondere die sechs nachfolgend genannten Anmerkungen zur Transaktionskostentheorie wesentlich:

1.) *Der Transaktionskostensatz zeichnet sich durch eine unzureichende Begriffsabgrenzung und Operationalisierbarkeit wesentlicher Theorieaspekte aus.*[182] Hinsichtlich des erstgenannten Punktes kann festgestellt werden, dass beispielsweise der Begriff der Transaktionskosten tatsächlich nicht eindeutig definiert wird.[183] Es existieren lediglich Aufzählungen unterschiedlicher *Transaktionskostenarten*, die jedoch ebenfalls nicht eindeutig erklärt bzw. definiert werden.[184] Allerdings können das *individuelle* Verständnis des

177 Für eine allgemeine Übersicht über die wesentlichen Kritikpunkte am Transaktionskostenansatz vgl. **SCHMIDT** (1992), Sp. 1856 ff. und **SYDOW** 1992), S. 145ff.

178 Vgl. **SCHNEIDER** (1984), S. 225ff. und **SCHNEIDER** (1985), S. 1237ff.

179 Vgl. **SCHENK** (1986), S. 468f.

180 Vgl. **SCHAPER-RINKEL** (1998), S. 141.

181 Vgl. **EBERS; GOTSCH** (1999), S. 243.

182 Vgl. **PADBERG** (2000), S. 53, **GERHARDT** (1995), S. 103, **MICHAELIS** (1985), S. 64 und **WILLIAMSON** (1985), S. 391.

183 Zur unzureichenden Begriffsabgrenzung und Definition der Transaktionskosten vgl. **MICHAELIS** (1985), S. 78ff. und **KIESER** (1988), S. 317.

184 Vgl. **CURRIE, MESSORI** (1998), S. 29. Zu den unterschiedlichen *Transaktionskostenarten* vgl. Kap. 3.4.1, S. 180.

Transaktionsbegriffes und das auf der Basis der Transaktionsdimensionen gewonnene Wissen über die Abhängigkeit der im Rahmen einer spezifischen Transaktion anfallenden Kosten bereits ausreichen, um einen ersten Überblick über die Transaktionskostenbedeutung ohne entsprechende Konkretisierungen zu gewinnen.[185] Die Kritik an der unzureichenden Operationalisierbarkeit[186] des Ansatzes ist immer dann gerechtfertigt, wenn sie sich auf eine Operationalisierung im Sinne einer Transaktionsrechnung bezieht. Unternehmerische Kostenrechnungssysteme beruhen im Wesentlichen auf einer Systematik, durch die eine automatische Ableitung von Transaktionskosteninformationen und die exakte Ermittlung der Transaktionskosten verhindert wird.[187] Durch den komparativen Aspekt der theoretischen Analyse können derartige Operationalisierungsprobleme jedoch verringert werden.[188]

2.) *Der Transaktionskostenansatz vernachlässigt Machtprozesse, Machtziele und Distributionsfragen.*[189] In einigen Forschungsarbeiten zum Transaktionskostenansatz wird kritisiert, dass bestimmte für die Auswahl eines institutionellen Arrangements als relevant erachtete Faktoren im Ansatz keine explizite Berücksichtigung finden. Im Kern dieser Kritik wird darauf hingewiesen, dass die Transaktionskostentheorie eine ausschließlich auf Effizienzgesichtspunkten gründende Auswahl eines institutionellen Arrangements postuliert und damit die besondere Bedeutung der Machtverteilung zwischen den an der Transaktion beteiligten Parteien für die Auswahlentscheidung vernachlässigt.[190] Dieser Kritik wird jedoch von den Vertretern der Transaktionskostentheorie entgegengehalten, dass institutionelle Arrangements durch die explizite Berücksichtigung der Informationsasymmetrie, des Spezifitätsgrades und möglicher ökonomischer Sanktionen im Falle opportunistischen Verhaltens immer auch Machtaspekte berücksichtigen.[191]

Mit der Vernachlässigung von Machtprozessen eng verknüpft ist die fehlende Berücksichtigung von Distributionsaspekten. Im Transaktionskostenansatz wird davon ausgegangen, dass Institutionen stets zur Ausnutzung von

---

[185] Vgl. **Brand** (1990), S. 72 und **Fischer** (1992), S. 125.

[186] Zur unzureichenden Operationalisierbarkeit vgl. **Büchs** (1991), S. 16ff. und **Dugger** (1983), S. 95ff.

[187] Vgl. **Michel** (1996), S. 16.

[188] Vgl. **Picot; Dietl** (1990), S. 183.

[189] Vgl. **Sydow** (1992), S. 157ff., **Schmidt** (1992), Sp. 1863, **Dugger** (1983), S. 108 and **McGuiness** (1983), S. 182.

[190] Vgl. **Ebers; Gotsch** (1999), S. 245 und die dortigen Literaturhinweise. Für einen Überblick über unterschiedliche Machtdimensionen und Machtgrundlagen vgl. **Lutz** (1993), S. 172ff.

[191] Vgl. **Picot; Dietl** (1990), S. 183. Für eine umfassendere Diskussion des Machtaspektes vor dem Hintergrund der Transaktionskostentheorie vgl. **Picot** (1980), **Sauter** (1985), S. 65ff., **Williamson; Ouchi** (1981), S. 387ff. und **Perrow** (1981), S. 371ff.

Effizienzvorteilen gegründet werden. Diese Annahme abstrahiert jedoch von der Tatsache, dass in der betrieblichen Praxis teilweise bestimmte Umverteilungen gewollt und deshalb in erster Linie angestrebt werden.[192]

3.) *Der Transaktionskostensatz hat nur eine eingeschränkte Realitätsnähe, vernachlässigt die Berücksichtigung der Interdependenzen zwischen den Transaktionspartnern und beinhaltet keine systematische Erfassung institutioneller Gestaltungsmöglichkeiten.*[193] Hinsichtlich der Kritik am *Realitätsbezug* kann festgestellt werden, dass der Transaktionskostenansatz *statisch* angelegt ist. *Dynamische* Aspekte werden damit trotz ihrer nicht unerheblichen Bedeutung für transaktionskostenorientierte strategische Entscheidungen von der Betrachtung ausgeschlossen.[194] Zudem zeigt sich in der unternehmerischen Praxis, dass bei einem hohen Spezifitätsgrad der ausgetauschten Leistungen, einer hohen Unsicherheit und häufig durchzuführenden Transaktionen, entgegen der Grundaussagen des Transaktionskostenansatzes, kaum organisationsinterne Formen zur Abwicklung der Transaktionen gewählt, sondern interorganisatorische Hybridformen eingesetzt werden.[195]

Der Kritik an der angeblichen Realitätsferne des Ansatzes kann jedoch entgegnet werden, dass einige Autoren die Unsicherheiten im Transaktionsumfeld explizit als wesentliche Einflussfaktoren für unternehmerische Organisationsentscheidungen in ihre transaktionskostenorientierten Analysen einbeziehen. Im Hinblick auf die Beherrschung der Unsicherheit im Wettbewerbsumfeld stellen sie fest, dass sich kooperative Organisationsformen selbst bei hoher Spezifität und ansteigender Unsicherheit der Transaktionsbeziehung als vorziehenswürdig herausstellen können.[196]

Hinsichtlich der Kritik an der *unzureichenden Berücksichtigung der Interdependenzen zwischen den Transaktionspartnern* kann festgehalten werden, dass die alleinige Berücksichtigung von Anreiz-, Steuerungs- und Überwachungsaspekten innerhalb institutioneller Arrangements, ohne den expliziten Einbezug von Interdependenzbetrachtungen, gerade vor dem Hintergrund der Themenstellung der vorliegenden Arbeit als nicht ausreichend anzusehen

---

192 Vgl. **Tietzel** (1991), S. 28.

193 Vgl. **Domrös** (1994), S. 93ff., **Hennart** (1988), S. 372 und **Alchian; Woodward** (1988), S. 76f.

194 Dadurch werden beispielsweise grundlegende Veränderungen des Technologieumfeldes und der unternehmerischen Ressourcenausstattung, die einen nachhaltigen Einfluss auf den Bestand der gesamten Transaktionsbeziehung haben können, weitgehend ausgeklammert. Vgl. **Schaper-Rinkel** (1998), S. 141.

195 Vgl. **Sydow** (1992), S. 135, **Backhaus; Meyer** (1993), S. 331f., **Benkenstein; Henke** (1993), S. 85ff., **Meyer** (1995), S. 91 und **Sydow** (1991), S. 260ff. Zu den Grundaussagen der Transaktionskostentheorie vgl. Kap. 3.4.2.4, S. 199.

196 Vgl. **Meyer** (1995), S. 108f. und **Picot; Reichwald** (1994), S. 564ff.

ist.[197] Im Zusammenhang mit dem Ausbau einer Strategischen Allianz ergeben sich im Zeitablauf beispielsweise immer auch bestimmte Lerneffekte und Austauschprozesse, die zwingend als Entscheidungsparameter zu berücksichtigen sind: Es ist z.B. im Rahmen einer Strategischen Allianz denkbar, dass einer der Transaktionspartner seine strategische Wettbewerbsposition durch entsprechende Maßnahmen verbessert, dadurch höhere Erträge erwirtschaftet und dies zu opportunistischem Verhalten ausnutzt.[198] Derartige interdependenzinduzierte Veränderungen im Interaktionsverhältnis der Transaktionspartner werden in der Transaktionskostentheorie nicht abgebildet, so dass eine systematische Erweiterung des Ansatzes um dynamische Prozesse und Aspekte in Form einer Variabilisierung der Verhaltensannahmen der Transaktionspartner als sinnvoll und erforderlich erscheint. Damit wird es auch möglich, Auswirkungen bestimmter Entscheidungen auf den Wettbewerb mit in die Betrachtung zu integrieren.[199]

Im Hinblick auf die Kritik an der *mangelnden Erfassung institutioneller Arrangements* kann festgestellt werden, dass diese Vernachlässigung tatsächlich einige Probleme beinhaltet. Innerhalb der Transaktionskostentheorie werden zwar einerseits bestimmte strukturelle Unterscheidungsmerkmale institutioneller Arrangements herausgestellt, die jedoch andererseits keine überschneidungsfreie und eindeutige Abgrenzung der in der betriebswirtschaftlichen Praxis existierenden Ausgestaltungsformen ermöglichen.[200]

4.) *Ein essentieller Mangel des Transaktionskostenansatzes ist die ausschließliche Konzentration auf Kostenwirkungen.*[201] Der Transaktionskostenansatz vernachlässigt tatsächlich nicht nur die Erlösseite und die spezifischen Eintrittswahrscheinlichkeiten der Kosten, sondern klammert zudem einige Punkte aus den Betrachtungen aus, die ebenfalls einen Einfluss auf die Organisationsgestaltung haben, wie z.B. die Mitarbeitermotivation, die Unternehmenskultur und/oder besondere Nutzenaspekte.[202] Die Vertreter der Transaktionskostentheorie halten dieser Kritik entgegen, dass beispielsweise eine umfassende Opportunitätskostenbetrachtung die Integration von Nutzenaspekten in den Transaktionskostenansatz ermöglichen würde und dadurch die Auswirkungen bestimmter institutioneller Arrangements oder einzelner Entscheidungsalternativen auf die Wettbewerbs- und Finanzposition des Unternehmens zumindest auf einer generischen Ebene doch mit in die

[197] Zu diesem Kritikpunkt vgl. **Backhaus; Meyer** (1993), S. 331.
[198] Vgl. **Kogut** (1988), S. 319ff.
[199] Vgl. **Barney; Hansen** (1994), S. 188 und **Sydow** (1991), S. 292.
[200] Vgl. **Ebers; Gotsch** (1999), S. 245 und die dortigen Literaturhinweise.
[201] Vgl. **Gerhardt** (1995), S. 201.
[202] Vgl. **Strohm** (1988), S. 58ff.

Betrachtungen einbezogen werden könnten.[203] Eine derartige Integration von Opportunitätskostenbetrachtungen impliziert jedoch eine weitere Verwässerung des Transaktionskostenkonzeptes.

5.) *Die Transaktionskostentheorie weist einen zu hohen Allgemeinheitsgrad auf und ermöglicht lediglich die Ableitung von Tendenzaussagen mit eingeschränkter Genauigkeit und fehlender quantitativer Stützung.*[204] Im Rahmen der Transaktionskostentheorie erfolgt ausschließlich die Angabe einer rein *qualitativen* Zusammenhangs*richtung* zwischen den betrachteten Variablen. Die Ableitung und Angabe einer *quantitativen* Variablen*relation* leistet die Transaktionskostentheorie nicht. Die aus empirischen Untersuchungen abgeleiteten transaktionskostentheoretischen Erkenntnisse führen zwar zu statistisch signifikanten Ergebnissen, die jedoch für eine vollständige Erklärung der in der Praxis beobachteten Phänomene nicht ausreichen. Dies liegt insbesondere daran, dass es sich bei den meisten empirischen Untersuchungen zur Transaktionskostentheorie um statistisch-ökonometrische Analysen handelt, die eine umfassende empirische Bestätigung nicht gewährleisten können.[205] Die Transaktionskostentheorie ermöglicht damit immer nur die Ableitung von pragmatisch einsetzbaren Gestaltungs- und Entscheidungsanregungen, indem sie unterschiedliche Ansatzpunkte zur Realisierung von Transaktionskostenreduzierungen veranschaulicht. Der Umsetzungserfolg der transaktionskostentheoretischen Erkenntnisse in der Praxis ist jedoch zu weiten Teilen von der Fähigkeit der handelnden Parteien abhängig, die allgemeinen Tendenzaussagen der Transaktionskostentheorie zu detaillieren und die Gestaltungsentscheidungen an die spezifischen Gegebenheiten des Einzelfalls anzupassen.[206] In der Einfachheit des Ansatzes liegt jedoch auch seine Stärke, da damit erste Entscheidungsanalysen mit einer vergleichsweise geringen Anzahl an Variablen möglich sind.[207]

6.) *In der Transaktionskostentheorie wird die Bedeutung der institutionellen Umwelt für die Abwicklung von Transaktionen nicht berücksichtigt.* Die Transaktionskostentheorie beschäftigt sich in ihrer Ausrichtung im Wesentlichen mit den spezifischen *mikroanalytischen* Gesichtspunkten einzelner Transaktionen. Historische, soziale, politische und rechtliche Aspekte und Auswirkungen auf die Ausgestaltung und Effizienz der institutionellen Arrangements werden demgegenüber nur sehr eingeschränkt oder gar nicht berücksichtigt. Die transaktionskostentheoretische Annahme einer gegebenen

---

[203] Zur Integration von Nutzenaspekten in den Transaktionskostenansatz vgl. **PICOT; DIETL** (1990), S. 183.

[204] Vgl. **SYDOW** (1992), S. 153f.

[205] Vgl. **GERHARDT** (1995), S. 97.

[206] Vgl. **EBERS; GOTSCH** (1993), S. 235.

[207] Zur Fundamentalkritik am Transaktionskostenansatz vgl. **EBERS; GOTSCH** (1993), S. 3235ff., **FISCHER** (1994a), S. 584 und **PICOT** (1982), S. 281f.

und nicht veränderbaren institutionellen Umwelt kann den Aussagegehalt der Theorie in erheblicher Weise beeinträchtigen, da dadurch z.B. der in der Regel bestehende hohe Einfluss des sozialen Umfeldes und der historisch gewachsenen Unternehmenssituation auf die Effizienz und Vorziehenswürdigkeit eines institutionellen Arrangements in einer Entscheidungssituation nicht abgebildet wird. Die Vernachlässigung umweltorientierter Betrachtungen in der Transaktionskostentheorie führt z.B. zu einer Ausblendung der in der Praxis existierenden Möglichkeit, durch soziale Unternehmensnormen und Standards potenziell auftretendes opportunistisches Verhalten zu verhindern. Zudem kann die Absicherung gegen opportunistisches Verhalten durch bestimmte *soziale* Mechanismen, wie beispielsweise die Durchsetzung bestimmter Solidaritätsnormen, vertrauensbildender Maßnahmen oder unternehmenskultureller Besonderheiten, gegenüber einer Absicherung durch die von WILLIAMSON herausgestellten *ökonomischen* Mechanismen unter Umständen deutlich kostengünstiger gestaltet werden.[208] Zur Überwindung dieses Theoriedefizits gibt es in der transaktionskostentheoretischen Forschung allerdings bereits einige erste Überlegungen. In der Literatur finden sich dazu *drei* zentrale Ansatzpunkte: 1.) Die Erweiterung der Anzahl der analysierten abhängigen Variablen, so dass soziale Mechanismen bei der Analyse institutioneller Arrangements erfasst werden, 2.) die Erfassung des Opportunismus als Variable und damit Aufgabe der Unterstellung eines stets vorhandenen opportunistischen Verhaltens und 3.) die Untersuchung der Auswirkungen von z.B. Veränderungen im Vertragsrecht und in sozialen Normen auf die Höhe der Kosten unterschiedlicher institutioneller Arrangements.[209]

Zusammenfassend lässt sich festhalten, dass mit der Transaktionskostentheorie ein theoretisch fundiertes, logisch konsistent aufgebautes Instrumentarium für die Gestaltung von Austauschbeziehungen zwischen Unternehmen zur Verfügung steht.[210] Durch die Transaktionskostentheorie lassen sich überwiegend generische Tendenzaussagen treffen, die aufgrund einiger methodischer und inhaltlich-konzeptioneller Unzulänglichkeiten zwar keine vollständigen Erklärungen der in der betriebswirtschaftlichen Praxis existierenden Phänomene liefern, jedoch unter pragmatischen Gesichtspunkten die Ableitung erster verwendbarer und entscheidungsunterstützender Gestaltungsanregungen für Organisationen sowie allgemeine und einfache Erläuterungen für die in den Strukturen von Organisationen und in dem Verhalten ihrer Mitglieder beobachtbaren Regelmäßigkeiten ermöglicht.[211]

[208] Vgl. **EBERS; GOTSCH** (1999), S. 246f.
[209] Vgl. **EBERS; GOTSCH** (1999), S. 247 und die dortigen Literaturangaben.
[210] Vgl. **FURUBOTN** (1990), S. 227.
[211] Vgl. **EBERS; GOTSCH** (1999), S. 249.

3.4.4 Anwendbarkeit der Transaktionskostentheorie auf den Ausbau Strategischer Allianzen und die Entwicklung kooperierender Unternehmen

3.4.4.1 Grundlagen zur Anwendbarkeit der Transaktionskostentheorie

Nach WILLIAMSON lässt sich die Argumentation der Transaktionskostentheorie im Rahmen einer vergleichenden Institutionenanalyse auf eine Vielzahl von Austauschbeziehungen anwenden, da diese sich in der Regel auf Vertragsbeziehungen zurückführen lassen.[212] Von den zahlreichen möglichen Anwendungsbereichen der Transaktionskostentheorie sind aus Sicht der Themenstellung der vorliegenden Arbeit die Bereiche „Ausbau Strategischer Allianzen" und „externe Unternehmensentwicklung" von besonderem Interesse.[213] In der Literatur existieren einige Forschungsarbeiten, die die *Entstehung* von Unternehmenskooperationen auf der Grundlage einer ausschließlich transaktionskostentheoretischen Sichtweise erklären.[214] Da die Strategische Allianz, wie bereits gezeigt wurde, eine besondere Form der Unternehmenskooperation darstellt, ist bereits an dieser Stelle von einer grundsätzlichen Anwendbarkeit der Transaktionskostentheorie auf Strategische Allianzen auszugehen. Als ein weiteres Argument für eine transaktionskostentheoretische Analysierbarkeit Strategischer Allianzen kann die Tatsache angesehen werden, dass diese definitionsgemäß auf einer vertraglichen Vereinbarung zwischen zwei oder mehreren Unternehmen basieren und damit das von WILLIAMSON als wesentlichste Voraussetzung für eine transaktionskostentheoretische Argumentation postulierte Kriterium erfüllen.[215]

Entscheidungen über eine *externe Unternehmensentwicklung* müssen aus der Sicht des Transaktionskostenansatzes als *institutionelle Gestaltungsentscheidungen* interpretiert werden, die letztlich zu einer transaktionskostenminimalen Aktivitätenkombination führen sollen. Dieser Zusammenhang kann verdeutlicht werden, indem die Beziehung zwischen *Synergiepotenzialen*, *Synergieeffekten* und *Transaktionskosten* auf einer analytischen Ebene betrachtet wird.[216]

Zunächst führt jede synergetische Ressourcenkopplung als *ein* Ziel einer externen Unternehmensentwicklung zur Aufnahme einer Transaktionsbeziehung

[212] Dazu und zu unterschiedlichen Anwendungen der Theorie vgl. **WILLIAMSON** (1993), S. 20f., **WILLIAMSON** (1990a), S. 39 und **WILLIAMSON; WINTER** (1991), S. 12ff.

[213] Für eine umfassende Aufzählung von inhaltlich-konzeptionellen und empirischen Studien zu weiteren Anwendungsbereichen des Transaktionskostenansatzes vgl. **EBERS; GOTSCH** (1999), S. 239ff.

[214] Vgl. **HENNART** (1988), S. 361ff., **PICOT** (1982), S. 267ff. und **CONTRACTOR** (1990), S. 31ff. Für eine Erläuterung und Definition des Begriffes der Unternehmenskooperation und eine Übersicht über die wesentlichsten Kooperationscharakteristika vgl. Kap. 2.1.

[215] Zur *Arbeitsdefinition* der Strategischen Allianz vgl. Kap. 2.2.1.

[216] Zum Begriff des *Synergiepotenzials* und des *Synergieeffektes* vgl. Kap. 2.2.4.2.

zwischen zwei oder mehreren Unternehmen.[217] Je nach Ausgestaltung der Zusammenarbeit ergeben sich im Rahmen der Aktivitätenkoordination Reibungsverluste durch eine zunächst möglicherweise aufwendige Partnersuche, die Durchführung von Vertragsverhandlungen und den Abschluss vertraglicher Vereinbarungen. Im Verlaufe der Zusammenarbeit ergeben sich Abstimmungsnotwendigkeiten auf operativer Ebene, die insbesondere im Rahmen von Strategischen Allianzen häufig mit Einigungsschwierigkeiten verbunden sein können, da in diesem Fall, im Unterschied zu einer *Akquisition*[218] oder *Fusion*[219], unterschiedliche Interessen von zwei oder mehreren weiterhin selbständigen Unternehmen berücksichtigt und befriedigt werden müssen.[220] Diese Kooperationsschwierigkeiten bedeuten aus transaktionskostentheoretischer Sicht, dass im Zusammenhang mit der Umsetzung der sich bietenden *Synergiepotenziale* in wertsteigernde *Synergieeffekte* beträchtliche Transaktionskosten anfallen können, die den Nutzen der Zusammenarbeit beeinträchtigen können. Vor diesem Hintergrund kann die Höhe der Transaktionskosten zu einem bedeutenden Entscheidungskalkül bei der Auswahl einer *Ausbau-* bzw. *Entwicklungsalternative* für Strategische Allianzen bzw. Allianzunternehmen werden.[221]

Die Höhe der Transaktionskosten einer Ausbau- bzw. Entwicklungsalternative wird, wie die Ausführungen zu den wesentlichen Bestandteilen des Transaktionskostenansatzes gezeigt haben[222], zu einem erheblichen Teil durch die jeweilige Ausprägung der einzelnen Transaktionscharakteristika bei der Umsetzung dieser Alternative determiniert. Jedes dieser Merkmale kann unter Umständen hohe Anforderungen an die Ausgestaltung und Kontrolle einer Auswahlalternative stellen und zu hohen Transaktionskosten führen. Um diesem Bedeutungszusammenhang gerecht zu werden, erscheint eine detailliertere Relevanzanalyse der einzelnen *Transaktionscharakteristika*[223] für den Ausbau Strategischer Allianzen und die Entwicklung der daran beteiligten Unternehmen, wie sie nachfolgend durchgeführt wird, als eine sinnvolle und notwendige Vorgehensweise. Sie führt zu einer Einschätzbarkeit der jeweiligen Einflussrichtung der Charakteristika und verringert damit die Entscheidungskomplexität.[224]

---

[217] Zu möglichen weiteren Zielen einer externen Unternehmensentwicklung vgl. Kap. 2.2.4.
[218] Für eine Abgrenzung der Strategischen Allianz zur *Akquisition* vgl. Kap. 2.2.3.1.
[219] Für eine Abgrenzung der Strategischen Allianz zur *Fusion* vgl. Kap. 2.2.3.2.
[220] Für eine Erläuterung der grundlegenden Charakteristika einer Strategischen Allianz vgl. Kap. 2.2.1.
[221] Vgl. GERPOTT (1993) S. 96ff. Zum Begriff der *Entwicklungsalternative* und für eine Erläuterung möglicher entscheidungsunterstützender *Auswahldimensionen* vgl. Kap. 2.4.4.3.
[222] Zu den *Kerndeterminanten* der Transaktionskostentheorie vgl. Kap. 3.4.2.
[223] Zu den allgemeinen *Merkmalen einer Transaktion* vgl. Kap. 3.4.2.2.
[224] Vgl. PICOT (1993), S. 4198.

3.4.4.2 Anwendbarkeit der transaktionsspezifischen Merkmale

3.4.4.2.1 Relevanz der Spezifität

Der *Spezifitätsgrad* einer Investition ist gerade im Zusammenhang mit unternehmerischen Entwicklungsentscheidungen von besonderer Bedeutung. Bei Transaktionen, die zum Ausbau einer Strategischen Allianz durchgeführt werden und gleichzeitig zu einer externen Entwicklung eines Allianzunternehmens führen, sind grundsätzlich sämtliche Investitionen, die zur Kopplung der eigenen Überschussressourcen mit wachstumsnotwendigen komplementären Ressourcen vorgenommen werden, als spezifisch zu bezeichnen, da sie in der Regel im Falle des Scheiterns der Zusammenarbeit nur unter Inkaufnahme hoher Wertverluste weiter genutzt werden können. Das resultierende Schadenspotenzial erfordert in der Regel den Abschluss langfristiger Kooperationsverträge, um die einseitige Ausnutzung von Abhängigkeiten und die Gefahr opportunistischen Verhaltens zu minimieren bzw. vollkommen zu verhindern. Dementsprechend stellt eine rein *marktliche* Koordination für einen Allianzausbau und eine externe Unternehmensentwicklung eine generell nicht zu favorisierende Handlungsalternative dar, da die Wahl der Institution Markt im weiteren Verlauf der Allianzzusammenarbeit zu erheblichen weiteren *Anpassungs-* und *Kontrollkosten*[225] führen kann, durch die die gesamte Sinnhaftigkeit der Transaktion in Frage gestellt werden kann.[226]

Mit der Entscheidung für einen Allianzausbau ist häufig auch die Absicht der Unternehmen verknüpft, neue Zusammenarbeitsbereiche und/oder Geschäftsfelder zu erschließen.[227] Demzufolge muss die Zusammenführung der bereits bestehenden komplementären Ressourcen und Fähigkeiten in der Regel durch umfassende *spezifische* Ergänzungsinvestitionen erweitert werden. Eine *ausschließlich* auf Verträgen gründende Zusammenarbeit der beteiligten Unternehmen beinhaltet in diesem Zusammenhang für jeden der handelnden Akteure jedoch das Risiko einer sich im Zeitablauf einstellenden unzureichenden Bereitschaft eines oder mehrerer Partnerunternehmen, den Wert der spezifischen Ergänzungsinvestitionen der anderen Partner langfristig zu bewahren. Die daraus resultierenden permanenten Kontroll- und Überwachungserfordernisse können zu hohen Transaktionskosten führen und die Effizienz der gesamten Zusammenarbeit in Frage stellen. In diesem Zusammenhang kann eine *wechselseitige*

---

[225] Zu diesen und weiteren Kostenbegriffen vgl. Kap. 3.4.1, S. 180.

[226] Dies ist im Wesentlichen auf die geringe bilaterale Anpassungsfähigkeit marktlicher Koordinationsmechanismen zurückzuführen. Zur Anpassungsfähigkeit marktlicher Koordinationsformen vgl. Kap. 3.4.2.4, S. 196. Für eine Erläuterung des Begriffes der *bilateralen Anpassungsfähigkeit* vgl. Kap. 3.4.2.3, S. 194.

[227] Für eine umfassende Erläuterung der mit einer Strategischen Allianz verfolgten Unternehmensentwicklungsziele vgl. Kap. 2.2.4.

Kapitalverflechtung[228] der Allianzpartner als eine mögliche Lösung für einen transaktionskostenreduzierenden Allianzausbau angesehen werden, da dadurch die spezifischen Ergänzungsinvestitionen umfänglich abgesichert, zusammengeführt und vor opportunistischem Verhaltens eines der Partnerunternehmen geschützt werden können.[229] Beim Vorliegen einer „Small-Numbers-Situation" kann sich aber auch die *Akquisition*[230] eines kritischen Allianzpartners als einzig gangbarer Weg herausstellen, um Opportunismusgefahren zu verhindern und bestehende *Quasi-Renten*[231] abzusichern.[232]

3.4.4.2.2 Relevanz der Unsicherheit

Im Zusammenhang mit Entscheidungen über den Ausbau Strategischer Allianzen und die Unternehmensentwicklung der daran beteiligten Unternehmen nimmt das Transaktionsmerkmal „Unsicherheit" eine weitere wesentliche Rolle neben dem dargestellten Spezifitätsgrad der Investitionen ein. Bei einer durch hohe Unsicherheiten geprägten Transaktionsbeziehung geht WILLIAMSON davon aus, dass Hybridformen[233] wie Strategische Allianzen wenig effiziente institutionelle Arrangements darstellen. Unter Allianzausbaugesichtspunkten *können* sich die Annahmen von WILLIAMSON bestätigen, da ein Allianzausbau unter Fortführung der kooperativen Zusammenarbeitsform (also *ohne* Veränderung der gesellschaftsrechtlichen Basis der Strategischen Allianz[234]) in der Regel ständige transaktionskostenintensive Anpassungen an die sich ändernden Umweltbedingungen erfordert. Die Anpassungsmaßnahmen sind in einem Kooperationsumfeld, im Gegensatz zu einer rein marktlichen oder organisationsinternen Koordination, in den meisten Fällen ausschließlich nach Zustimmung sämtlicher Kooperationspartner möglich, erfordern deshalb häufig einen erheblichen Zeitaufwand und implizieren regelmäßig hohe Transaktionskosten. Gleichzeitig kann dadurch die Umsetzung schneller und kostengünstiger unternehmerischer Anpassungsreaktionen beeinträchtigt oder sogar gänzlich verhindert werden.

In diesem Zusammenhang kann sich die Auswahl einer hierarchischen Form der Koordination der Allianzunternehmen für einen Allianzausbau unter Transaktionskostengesichtspunkten immer dann gegenüber einem hybriden institutionellen Arrangement anbieten, wenn *schnelle* unternehmerische Anpassungsent-

---

228 Zur *wechselseitigen Kapitalverflechtung* als eine mögliche Form der *formalrechtlichen Institutionalisierung* einer Strategischen Allianz vgl. Kap. 2.2.2.3.

229 Vgl. **SCHAPER-RINKEL** (1997), S. 131f.

230 Zum Begriff der *Akquisition* vgl. Kap. 2.2.3.1.

231 Zum Begriff der *Quasi-Rente* vgl. Kap. 3.4.2.2, S. 186.

232 Vgl. **TEECE** (1987), S. 202ff.

233 Zum Begriff der *Hybridformen* vgl. **BORYS; JEMISON** (1989), S. 234ff. und die Ausführungen in Kap. 3.4.1, S. 177

234 Für eine Erläuterung der alternativen Formen für eine rechtliche Institutionalisierung einer Strategischen Allianz bzw. einer abgrenzung der Strategischen Allianz zu alternativen externen Entwicklungswegen vgl. der Akquisitimöglichen Alternativen

scheidungen in einem durch *Umfeldunsicherheit*[235] und starke Dynamik gekennzeichneten Transaktionsumfeld notwendig werden.[236] Die Vorziehenswürdigkeit einer *hierarchischen* Organisationsform, als Resultat einer Akquisition oder Fusion von Allianzunternehmen, kann sich insbesondere in vergleichsweise reifen kalkulierbaren Branchen ergeben, da sich diese Organisationsformen stets durch ein hohes Maß an bilateraler Anpassungsfähigkeit auszeichnen. Sie ermöglichen damit, gegenüber der abstimmungsintensiven „kooperativen" Strategischen Allianz, in der Regel deutlich schnellere und flexiblere Anpassungsprozesse an unvorhergesehene Umfeldveränderungen.[237]

Diesem relativen transaktionskostentheoretischen Nachteil eines Allianzausbaus unter Beibehaltung der kooperativen Allianzstrukturen der beteiligten Unternehmen (ohne Kapitalverflechtungen der Partnerunternehmen) ist jedoch der transaktionskostenrelevante Vorteil entgegenzuhalten, dass ihnen diese formalrechtliche Form der Zusammenarbeit u.a. eine weit reichende strategische Entscheidungsfreiheit und -reversibilität ermöglicht.[238] Dementsprechend sind unter Unsicherheitsgesichtspunkten die aus zeitaufwendigen Anpassungs- und Abstimmungsprozessen resultierenden Transaktionskostennachteile einer Ausbaualternative stets den sich ergebenden Transaktionskostenvorteilen aufgrund einer potenziell höheren Reaktionsflexibilität[239] gegenüberzustellen.

Im Zusammenhang mit dem Ausbau Strategischer Allianzen lässt sich das transaktionskostentheoretische Gedankengut auch hinsichtlich der zu wählenden Vertragsform für den *formalrechtlichen* Allianzausbau anwenden. In diesem Zusammenhang bietet sich die Vereinbarung langfristiger sog. *offener Rahmenverträge* (*„contingent claims contracts"*) an, die WILLIAMSON im Rahmen organisationsinterner Vertragsgestaltungsmöglichkeiten als Form *relatio-*

[235] Zum Begriff der *Umfeldunsicherheit* vgl. Kap. 3.4.2.2, S. 188.

[236] Vgl. **WILLIAMSON** (1991a), S. 35. Nicht nur die im Transaktionskostenansatz wesentliche *Umfeldunsicherheit* hat eine Bedeutung für die Entwicklung von Unternehmen und den Ausbau Strategischer Allianzen. Zusätzlich kann gerade die *Verhaltensunsicherheit* zu Problemen im Zusammenhang mit der weiteren Gestaltung bestehender Allianen zwischen Unternehmen führen. Zum Begriff der *Verhaltensunsicherheit* vgl. Kap. 3.4.2.2, S. 189. Das daraus resultierende Risiko unterliegt jedoch, im Unterschied zum Umfeldunsicherheitsrisiko, das vor dem Abschluss einer Vertragsbeziehung zu einem oder mehreren Transaktions- bzw. Allianzpartner(n) als nicht zu ändernde Rahmenbedingung anzusehen ist, einer Beeinflussbarkeit, da das Verhalten von Partnerunternehmen in der Regel durch bestimmte Maßnahmen verändert werden kann.

[237] Vgl. **PADBERG** (2000), S. 142.

[238] Für eine Erläuterung der Bedeutung der Aufrechterhaltung der *strategischen Flexibilität* für unternehmerische Entscheidungen unter Unsicherheit vgl. die Ausführungen in Kap. 2.3.4.4.3.

[239] Zum Begriff der *Reaktionsflexibiltät* vgl. **ANSOFF; BRANDENBURG** (1969), S. 360ff.

naler Vertragsbeziehungen diskutiert.[240] Bei einer Transformation der Ausführungen von WILLIAMSON auf die vorliegende Themenstellung ermöglichen derartige Rahmenverträge die Festlegung der durch die Allianzpartner im Rahmen des Allianzausbaus künftig zu erbringenden Leistungen in Abhängigkeit von potenziell veränderten Umfeldbedingungen. Sie können dementsprechend dazu beitragen, transaktionskostenintensive Verhandlungen und Auseinandersetzungen der Allianzunternehmen über die Rechte und Pflichten während des Allianzausbaus einzuschränken.

Grundsätzlich stellen *vertragliche* Arrangements jedoch nur dann eine sinnvolle Vorgehensweise für einen Allianzausbau dar, wenn die Allianzpartner mit einer hohen Wahrscheinlichkeit die vertraglich unvollständig bzw. implizit geregelten Vereinbarungen befolgen. Sämtliche Partnerunternehmen müssen demnach ein Interesse an der langfristigen Aufrechterhaltung der Kooperationsbeziehung haben, um über offene Rahmenverträge ein ausreichendes Anreiz-Beitrags-Gleichgewicht zu generieren und damit die Wahrscheinlichkeit opportunistischen Verhaltens zu reduzieren.[241] Im Hinblick auf die *organisatorische* Institutionalisierung eines Allianzausbau ist vor diesem Hintergrund die Entwicklung und Sicherstellung einer offenen Kommunikationsatmosphäre und ausreichender Kommunikationswege als ein wesentliches Erfolgskriterium anzusehen, um aus transaktionskostentheoretischer Sichtweise die Effizienz des weiteren Entwicklungsprozesses der Allianz als institutionelles Arrangement zu gewährleisten und die Entstehung von Unsicherheiten weitestgehend zu verhindern. In diesem Zusammenhang ist von einem im Zeitablauf erfolgreichen Allianzausbau insbesondere immer dann auszugehen, wenn es den beteiligten Unternehmen im Zuge der bisherigen Zusammenarbeit gelungen ist, durch z.B. entsprechende Entscheidungs- und Handlungskonstanz eine offene und *vertrauensvolle Intra-Allianzatmosphäre* aufzubauen.[242] Allianzinternes *Vertrauen*, interpretiert als positive Einstellung zu den Allianzpartnern, kann jedoch noch eine weitere *direkte* Wirkung auf die organisatorische Ausgestaltung eines Allianzausbaus haben. Es kann über die Verringerung der Verhaltensunsicherheiten zu einer signifikanten Transaktionskostensenkung beitragen.[243] Als Folge dieser positiven Kostenwirkungen kann sich eine Ausbaualternative als vorziehenswürdig herausstellen, die ohne ausreichend vorhandenes gegenseitiges Vertrauen aufgrund zu hoher Opportunismusgefahren verworfen worden wäre.

---

[240] Vgl. **WILLIAMSON** (1975), S. 65ff. Zum Begriff der *relationalen Vertragsbeziehungen* vgl. Kap. 191, S. 192.

[241] Zum Begriff des Opportunismus vgl. **WILLIAMSON** (1981b), S. 553f., **WILLIAMSON** (1990a), S. 49ff. sowie die Ausführung in Kap. 3.4.2.1, S. 184.

[242] Dazu und zur Bedeutung einer vertrauensvollen Atmosphäre im Institutionalisierungsprozess einer Strategischen Allianz vgl. **LUTZ** (1993), S. 178f.

[243] Dazu und für eine vergleichbare Argumentation ohne direkten Bezug zum Ausbau Strategischer Allianzen vgl. **PADBERG** (2000), S. 142f.

3.4.4.2.3 Relevanz der Häufigkeit

Mit dem transaktionsspezifischen Merkmal „Häufigkeit" werden die im Zusammenhang mit dem Auf- und Ausbau adäquater Anreiz- und Kontrollstrukturen anfallenden Fixkosten in die Effizienzbetrachtungen einbezogen.[244] Im Rahmen der transaktionskostentheoretischen Analyse unterschiedlicher institutioneller Koordinationsarrangements, die sich für eine externe Unternehmensentwicklung bzw. einen Allianzausbau anbieten, müssen für jede Entwicklungs- bzw. Ausbaualternative die jeweiligen Einsparungen für jede *einzelne Transaktion* und für die *beabsichtigte Gesamtzahl* der durchzuführenden Transaktionen berechnet und den *einmaligen fixen Kosten* für den Auf- und Ausbau der entsprechenden Anreiz- und Kontrollstrukturen gegenübergestellt werden. Im Zusammenhang mit der Entscheidung über eine Entwicklungs- und bzw. Ausbaualternative geht es also nicht ausschließlich um die Verringerung der *laufenden* Transaktionskosten, sondern auch um die Berücksichtigung der voraussichtlichen *Dauer* der Transaktionsbeziehung und der *einmaligen Fixkosten* zur Umsetzung des für den weiteren Ausbauweg gewählten institutionellen Arrangements.[245]

Nach BÜCHS können die Fixkosten unterschiedlicher externer Entwicklungswege für kooperierende Unternehmen durch eine Analyse der vier nachfolgend genannten Kooperationsphasen identifiziert und verglichen werden: 1.) Phase der Partnersuche, Anbahnung und Verhandlung, 2.) Phase der Kooperationsentscheidung und -vereinbarung, 3.) Phase der Kooperationskontrolle und -anpassung sowie 4.) Phase der Kooperationsbeendigung.[246] Als Ergebnis seiner Analysen stellt BÜCHS fest, dass ein Anstieg der Bindungsintensität[247] zum Transaktionspartner durch eine externe Form der Unternehmensentwicklung zunächst immer mit einer Erhöhung der *Fixkosten* verbunden ist, da die erhöhte Bindung der Unternehmen in der Regel den Aufbau eines veränderten institutionellen Arrangements erfordert. Im Zusammenhang mit einer Entscheidung über eine spezifische Entwicklungs- bzw. Ausbaualternative muss deshalb immer analysiert werden, ob die einmaligen Fixkostennachteile aus der Umsetzung einer Alternative durch die resultierenden gesamten *Transaktions- und Produktionskostenvorteile*, die sich aus organisatorisch bzw. technisch bedingten Größendegressions- und Lernkurveneffekten im Zeitablauf ergeben, überkompensiert werden können.[248]

[244] Hierzu und zu den folgenden Ausführungen zur Relevanz der Häufigkeit vgl. insbesondere **PICOT; DIETL** (1990), S. 178ff. und **SCHAPER-RINKEL** (1998), S. 134ff.

[245] Vgl. **SCHAPER-RINKEL** (1998), S. 134f.

[246] Vgl. **BÜCHS** (1991), S. 17ff. und **ROTERING** (1993), S. 157ff.

[247] Die Bindungsintensität nimmt ausgehend von der rein vertraglichen Kooperation über die beteiligungsbasierte Kooperation bis zur vollkommenen Akquisition sukzessiv zu.

[248] Vgl. **SCHAPER-RINKEL** (1998), S. 136.

Da die im Rahmen einer Allianz- bzw. Unternehmensentwicklung durchgeführten Transaktionen stets der Ausnutzung von Synergiepotenzialen bzw. der Generierung von Synergieeffekten dienen, kann die Transaktionskostendeterminante „Anzahl sämtlicher Transaktionen" auch durch das Kriterium der „Nachhaltigkeit der Synergieeffekte" ersetzt werden, die umso größer ist, je länger die identifizierten Kosteneinsparungs- bzw. Erlössteigerungspotenziale zwischen den jeweiligen Austauschpartnern bzw. Unternehmen andauern.[249] In Abb. 3.5 wird der Zusammenhang zwischen Synergiepotenzialen, Synergieeffekten und Fixkosten für mögliche Alternativen einer externen Unternehmensentwicklung verdeutlicht.

***Abb. 3.5**: Zusammenhang zwischen Synergiepotenzialen, Synergieeffekten und Fixkosten von externen Entwicklungsalternativen*

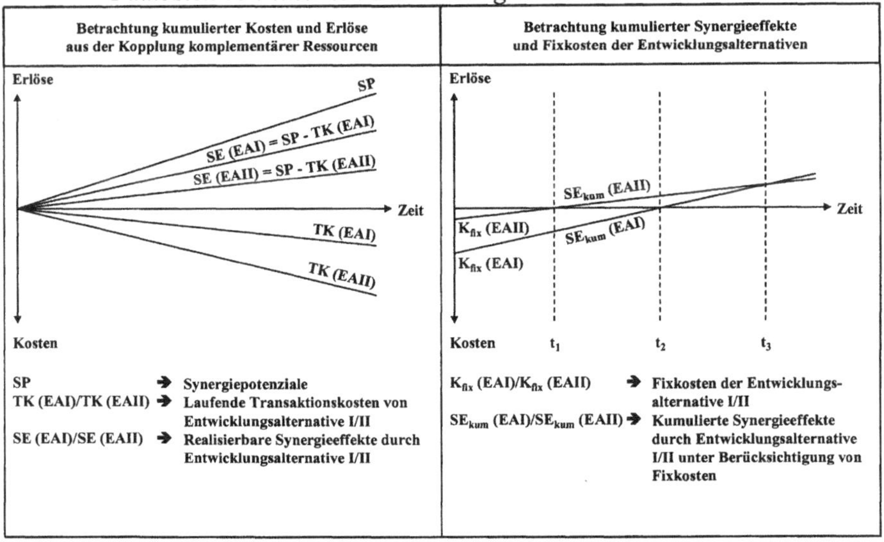

(In Anlehnung an: SCHAPER-RINKEL (1998), S. 137)

Bei nur kurzzeitig andauernden Synergiepotenzialen, die lediglich in einem Zeitraum zwischen t_0 und t_1 anfallen, ermöglicht weder Entwicklungsalternative I noch Entwicklungsalternative II eine unter Gesamtkostenbetrachtung effiziente Ausschöpfung bestehender Vorteile einer Unternehmenszusammenarbeit, da die einmaligen Fixkosten nicht durch entsprechende Synergieeffekte überkompensiert werden können. Falls die Synergiepotenziale in einem längeren Zeitraum zwischen t_1 und t_2 existieren, repräsentiert Entwicklungsalternative II trotz umfangreicherer Transaktionskosten den im Zeitablauf effizienteren externen Entwicklungsweg. Für Synergiepotenziale, die bis zu einem zwischen t_2 und t_3 liegenden Zeitraum andauern, führen bei einer transaktionskostenorientierten

[249] Zu einer vergleichbaren Vorgehensweise vgl. **GERYBADZE** (1995), S. 85ff.

Betrachtung sowohl Entwicklungsalternative I als auch Entwicklungsalternative II zu positiven kumulierten Synergieeffekten, wenngleich Entwicklungsalternative II den weiterhin effizienteren Entwicklungsweg darstellt. Lediglich bei Synergiepotenzialen, die über den Zeitpunkt t_3 existieren, stellt Entwicklungsalternative II aufgrund geringer laufender Transaktionskosten die effizientere Alternative für eine externe Unternehmensentwicklung dar.[250]

3.4.4.2.4 Relevanz der strategischen Bedeutung der eingesetzten Ressourcen

Führt der Ausbau einer Strategischen Allianz zu einem (weiteren) umfangreichen Austausch von wettbewerbsrelevantem Wissen zwischen den beteiligten Unternehmen, werden vor dem Hintergrund der Transaktionskostentheorie in zunehmendem Maße Überwachungs- und Kontrollmaßnahmen notwendig, um eine opportunistische Ausnutzung dieses Wissens durch eines der kooperierenden Unternehmen (auch weiterhin) zu verhindern.[251] Bei einer Zunahme der strategischen Bedeutung der im Rahmen einer Allianz- bzw. Unternehmensentwicklung eingesetzten Ressourcen bieten sich deshalb insbesondere Ausbau- bzw. Entwicklungswege an, die zu einer hohen Bindungsintensität zwischen den Partnerunternehmen führen. Dazu gehören z.B. Strategische Allianzen mit einer wechselseitigen Kapitalbeteiligung der Partnerunternehmen, Akquisitionen oder Fusionen.[252] Sie ermöglichen eine umfangreichere Nutzung wechselseitiger Anpassungsmechanismen bzw. administrativer Kontroll- und Überwachungssysteme, die für eine Sicherung der strategischen Faktoren institutionalisiert wurden.

Nach diesen Ausführungen zeigt sich, dass die strategische Bedeutung der eingesetzten Ressourcen eine Entscheidung über einen Allianzausbau in nicht unerheblicher Weise beeinflussen kann. Grundsätzlich ist in diesem Zusammenhang davon auszugehen, dass die mit einer Ausbaualternative im Zeitablauf angestrebte Bindungsintensität von bereits kooperierenden Unternehmen umso höher sein wird, je bedeutender die im Rahmen der Austauschbeziehungen eingesetzten Faktoren für die einzelnen beteiligten Unternehmen sind und in der Zukunft werden.

Zusammenfassend lässt sich vor dem Hintergrund der vorhergehenden Erläuterungen festhalten, dass auf der Grundlage einer transaktionskostentheoretischen Argumentation die Reduzierung von Transaktionskosten als Grund für den Ausbau Strategischer Allianzen und die externe Entwicklung der Allianzunternehmen anzusehen ist. Der Ausbau und die Gestaltung bzw. Führung eines Allianzbündnisses zielt danach ausschließlich auf die Realisierung transaktions-

---

[250] Vgl. SCHAPER-RINKEL (1998). S. 138 und GERYBADZE (1995), S. 85ff.
[251] Vgl. PICOT (1991b), S. 346f.
[252] Für einen Vergleich der *Bindungsintensitäten* von Strategischen Allianzen, Akquisitionen und Fusionen vgl. Kap. 2.3.4.4.3.

kostensenkender *Synergiepotenziale*.[253] In diesem Zusammenhang kann sich die Aufrechterhaltung und der Ausbau einer Strategischen Allianz als Hybridform eines institutionellen Arrangements unter transaktionskostentheoretischen Gesichtspunkten auch langfristig als effiziente Vorgehensweise erweisen. Sie stellt aus einer transaktionskostenorientierten Perspektive insbesondere dann eine fortgesetzt gute Basis für einen Allianzausbau dar, wenn eine Integration von zwei oder mehreren (Allianz-)Unternehmen in Form einer Akquisition oder Fusion aufgrund bestehender rechtlicher Integrationsbarrieren, marktlicher Eintrittsbarrieren[254] und/oder bestimmter Transaktionsmerkmale[255] bisher nicht möglich ist, aber in Zukunft aufgrund einer potenziellen Veränderung gesetzlicher, eigentumsrechtlicher und/oder brancheninterner Gegebenheiten nicht ausgeschlossen werden kann.

Ferner konnte nachgewiesen werden, dass der im Zeitablauf innerhalb einer Strategischen Allianz angestrebte *Bindungsgrad* zwischen den beteiligten Unternehmen aus transaktionskostentheoretischer Sichtweise in besonderer Weise die bestehenden Charakteristika der relevanten Austauschbeziehungen zu berücksichtigen hat. Für jedes der vier Transaktionsmerkmale wurde eine hohe Relevanz für Fragen der externen Unternehmensentwicklung festgestellt. Als Fazit dieser Analysen kann festgehalten werden, dass eine dauerhafte Ausnutzung bestehender und künftiger (Transaktions-) Kostensenkungspotenziale, die Absicherung der Allianzeffizienz und die Verhinderung von Transaktionsproblemen, wie z.B. der Verlust von wesentlichen Kooperationspartnern oder Schwierigkeiten bei der Überwachung vertraglicher Vereinbarungen, nur dann gelingen kann, wenn die Transaktionsspezifika zwischen den Partnerunternehmen in ihrer jeweiligen Bedeutung und Einflussrichtung *permanent* im Entwicklungsprozess berücksichtigt werden.

3.4.4.3 Probleme hinsichtlich der Anwendbarkeit der Transaktionskostentheorie

Trotz der erläuterten Aussagen der Transaktionskostentheorie im Hinblick auf die weitere Gestaltung und den Ausbau Strategischer Allianzen ist an dieser Stelle jedoch explizit darauf hinzuweisen, dass die Auswahl einer Ausbaualternative auf der *ausschließlichen* Basis der Transaktionskostentheorie zu erheblichen Problemen führen kann, die nachfolgend kurz erläutert werden:[256]

1.) Im Gegensatz zum grundlegenden Anspruch des Transaktionskostenansatzes, die *Entstehung* von Koordinations- und Organisationsformen und damit u.a. auch die *Gründung* von Strategischen Allianzen zu erklären, wird im Rahmen von Allianzausbauentscheidungen von einer *bereits bestehenden* In-

---

[253] Zum Begriff des *Synergiepotenzials* vgl. Kap. 2.2.4.2.

[254] Zum Begriff der *Markteintrittsbarrieren* vgl. Kap. 2.2.4.5.

[255] Zu den einzelnen *Transaktionscharakteristika* vgl. Kap. 3.4.2.2

[256] Vgl. BLECKER (1999), S. 281 und HAMMES (1994), S. 125.

teraktion zwischen Unternehmen ausgegangen, d.h. bei derartigen Entscheidungen geht es *nicht* um die grundlegende Auswahl und *erstmalige Entstehung* einer transaktionskostenminimierenden Koordinationsform, sondern vielmehr um die Auswahl einer unter Effizienzgesichtspunkten optimalen *Ausbau- bzw. Entwicklungsstrategie* für ein Allianzbündnis bzw. *kooperierendes* Unternehmen.[257]

2.) Im Gegensatz zum Transaktionskostenansatz, der in erster Linie auf den *Austausch* von *Gütern* und *Leistungen* abstellt, geht es bei einem Allianzausbau um die temporäre *wechselseitige Bereitstellung* von *Ressourcen*. Die Allianzpartner erhalten dadurch, im Gegensatz zu den Annahmen der Transaktionskostentheorie, kein *Eigentum*, sondern lediglich ein *Recht zur Nutzung* der jeweiligen Partnerressourcen.

3.) Bei auf Dauer angelegten Strategischen Allianzen, die sich zumeist durch hohe gegenseitige Abhängigkeiten der beteiligten Unternehmen auszeichnen, zeigen sich grundlegende Unterschiede hinsichtlich der innerhalb der Zusammenarbeit entstehenden *Transaktionskostenarten*[258] im Vergleich zu den grundlegenden Annahmen der Transaktionskostentheorie: Durch eine dauerhafte Kooperationsbeziehung verringert sich beispielsweise die Höhe der Informationskosten und die im Transaktionskostenansatz postulierten Suchkosten entfallen fast völlig.

4.) Ein weiterer Problembereich für die Anwendung der Transaktionskostentheorie ergibt sich aus den im Rahmen der unternehmerischen Zusammenarbeit entstehenden *allianzinduzierten* Vorteile für die an einer Allianz beteiligten Unternehmen, die im Rahmen der vorliegenden Arbeit als sog. *Allianzrente* bezeichnet werden sollen. Die Allianzrente ist als Opportunitätsgewinn einer Zusammenarbeit zu betrachten und den sich aus der Kooperation ergebenden Transaktionskosten gegenüberzustellen. Bei einer derartigen Gegenüberstellung würde aber eine kooperative Koordinationsform gegenüber einer unternehmensinternen Organisation selbst bei einem hohen Spezifitätsgrad, starker Unsicherheit, hoher Transaktionshäufigkeit und großer strategischer Transaktionsrelevanz immer die effizientere Alternative darstellen und damit einer wesentlichen Grundaussage der Transaktionskostentheorie widersprechen.[259] Obwohl eine solche Allianzrente demgemäß im Rahmen von Entscheidungen über kooperative Entwicklungsstrategien explizit in den Analysen berücksichtigt werden müsste, wird sie im Transaktionskostenansatz nicht betrachtet bzw. abgeleitet, so dass die Gefahr einer fehlerhaften Bewertung einer kooperativen Ausbau- und Entwicklungsform besteht.

---

[257] Dazu und zu den nachfolgenden Anmerkungen vgl. **Blecker** (1999), S. 281f.

[258] Zu den unterschiedlichen *Transaktionskostenarten* vgl. Kap. 3.4.1, S. 180.

[259] Zu den *Grundaussagen* der Transaktionskostentheorie vgl. Kap. 3.4.2.4, S. 199.

Aus der in Kap. 3.4.3 erfolgten *allgemeinen* kritischen Würdigung und den in diesem Kapitel erläuterten *speziellen* Problembereichen einer ausschließlichen Anwendung der Transaktionskostentheorie auf den Ausbau Strategischer Allianzen und die Entwicklung der daran beteiligten Unternehmen ergeben sich einige grundlegende Konsequenzen für die theoriegestützte Beurteilung von Allianzausbau- bzw. Unternehmensentwicklungsalternativen. Im Hinblick auf das innerhalb der Forschungsarbeit als *Ergebnis* des konzeptionellen theoretischen Bezugsrahmens angestrebte Entscheidungskonzept, das auf mehreren theoriegestützten Entscheidungsfaktoren basieren soll, bestätigt sich die bereits in Kapitel 3.3 gewonnene Erkenntnis, dass eine Ergänzung der durch den Transaktionskostenansatz entwickelten theoretischen Bezugsbasis um weitere Theorieansätze in Form der Industrieökonomik und des Ressourcenansatzes eine sinnvolle und zweckmäßige Vorgehensweise darstellt.[260]

Diese Vorgehensweise erfolgt zum einen angesichts der Erkenntnis, dass sich der theoretische Bezugsrahmen innerhalb einer wissenschaftlichen Arbeit immer durch eine gewisse Pluralität der Betrachtungsweisen auszeichnen sollte. Zum anderen ist die Erweiterung des theoretischen Bezugsrahmens als eine zwingend notwendige Vorgehensweise zur Überwindung der erläuterten theoretischen Defizite und Anwendbarkeitsprobleme der Transaktionskostentheorie im Hinblick auf die Themenstellung der vorliegenden Arbeit anzusehen.

Als Folge der Verwendung der beiden zusätzlichen Theorieansätze ist es möglich, die abgeleiteten Entscheidungsfaktoren für die Auswahl einer Allianzausbaualternative um einige Faktoren zu erweitern, die zu einem erhöhten Detaillierungsgrad der Analysen und zu einer erweiterten Plausibilität für die Anwendung in der Praxis führen.

[260] Für eine Erläuterung der Auswahl und der Grundlagen der im Rahmen der Arbeit verwendeten theoretischen Erklärungsansätze vgl. Kap. 3.2 und 3.3.

3.5 Die Industrieökonomik und der Ressourcenansatz als Ansätze der Strategielehre

3.5.1 Die Industrieökonomik

3.5.1.1 Begriffsfassung, Grundlagen und Annahmen

Mit dem Begriff „Industrieökonomik" bzw. „Industrial Organization" wird allgemein die theoriegeleitete empirische Forschungsrichtung bezeichnet, die die Struktur und Organisation von Branchen und die strategische Interaktion von Unternehmen mit dem Markt bzw. den entsprechenden Branchen in den Mittelpunkt ihrer Betrachtungen stellt.[261] Zentrale Analysegegenstände der Industrieökonomik sind die spezifischen Dimensionen der betrachteten *Branchen- bzw. Marktstruktur,* das allgemeine *Branchen- bzw. Marktverhalten* der darin handelnden Parteien und die Frage, ob das bei der Erstellung von Gütern und Leistungen erreichte *Branchen- bzw. Marktergebnis* für die gesellschaftliche Wohlfahrt zufrieden stellend ist.[262] Im Kern geht es um die Erklärung und Entwicklung *externer Erfolgspotenziale*[263], indem die Beziehungen zwischen den Charakteristika der Branchen- bzw. Marktstrukturen und der durchschnittlichen Branchen- bzw. Marktrentabilität aufgezeigt werden. Überdurchschnittlich hohe Unternehmensgewinne werden über bestehende Unvollkommenheiten auf Faktormärkten erklärt.[264] In ihren Ursprüngen geht die Industrieökonomik als volkswirtschaftliche Forschungsrichtung auf eine Auseinandersetzung mit wirtschafts- und wettbewerbspolitischen Fragen zurück.[265] Ihre historische Entwicklung wurde durch eine Vielzahl unterschiedlicher Ansätze (s. Abb. 3.6) geprägt, die sich durch ihre unterschiedlichen Betrachtungsdimensionen hinsichtlich der Strukturen, der Verhaltensweisen und der Ergebnisse in den jeweils analysierten Branchen bzw. Märkten unterscheiden.

Die Industrieökonomik wird heute vielfach als eine theoretische Ausgangsbasis für strategische Fragestellungen verwendet und stellt, aufgrund der primären Fokussierung auf marktliche Fragestellungen, die zentrale Grundlage für den im

---

[261] Vgl. **Gabler-Verlag** (1997), S. 1847, **Pfähler** (1996), S. 690f. und **Scherer** (1985), S. 3ff. Für eine umfassende Darstellung der Industrieökonomik vgl. **Tirole** (1990), **Neumann** (1979), **Reid** (1989), **Williamson** (1990b) und **Kaufer** (1980). Nachfolgend werden die Begriffe „Industrieökonomik", „Industrial Organization" und „industrieökonomischer Ansatz" synonym verwendet.

[262] Vgl. **Gabler-Verlag** (1997), S. 1847, **Scherer; Ross** (1990), S. 2f. und **Audretsch** (1995), S. 6 mit der dort angegebenen Literatur.

[263] Zum Begriff der *externen Erfolgspotenziale* vgl. Kap. 2.4.4.2.

[264] Vgl. **Bamberger; Wrona** (1996b), S. 146. Zum Begriff der *unvollkommenen Faktormärkte* vgl. Kap. 3.5.2.1, S. 272.

[265] Vgl. **Kaufer** (1980), **Tirole** (1990), **Bombach; Gahlen; Ott** (1985) und **Hill** (1988), S. 401ff.

Rahmen des Strategischen Managements verwendeten *Market-Based-View*[266] dar.[267] Sie verbindet die Wettbewerbs- mit der Unternehmenstheorie und vermindert das traditionelle Theoriedefizit des Strategischen Managements.[268]

***Abb. 3.6**: Ansätze der Industrieökonomik*

Autor (Jahr)	Marktstruktur	Marktverhalten	Marktergebnis
Bain (1968)	1. Anbieterkonzentrationsgrad 2. Nachfragerkonzentrationsgrad 3. Grad der Produktdifferenzierung 4. Eintrittsbedingungen	1. Festsetzung von Preisen und Mengen der Anbieter 2. Festsetzung von Vertriebskosten und Produktpolitik 3. Nachfrageverhalten	1. Technische Effizienz der Produktion 2. Preis/Grenzkosten der Produktion 3. Verkaufsförderungs-/Produktionskosten 4. Produkteigenschaften
Caves (1972)	1. Anbieterkonzentration 2. Produktdifferenzierung 3. Marktschranken 4. Wachstumsrate der Marktnachfrage	1. Politik der Preisfestsetzung 2. Politik der Qualitätsbestimmung 3. Politik der Markträumung	1. Vollbeschäftigung und Preisstabilität 2. Fortschritt, Forschung und Innovation 3. Effizienz
Koch (1974)	1. Industriereife 2. Öffentliche Regulierung 3. Produktdifferenzierung 4. Anbieter- und Nachfragekonzentration 5. Eintrittsbarrieren 6. Vertikale Integration 7. Diversifikation 8. "Scale economies"	1. Kollusion 2. Preisstrategie 3. Produktstrategie 4. Anpassung an Wechsel 5. Forschung und Innovation 6. Werbung 7. "Legal tactics"	1. Output 2. Outputwachstum 3. Technologischer Fortschritt 4. Beschäftigung 5. Allokative Effizienz 6. "Cross efficiency" 7. Einkommensverteilung
Shepherd (1979)	1. Marktanteil 2. Konzentration 3. Eintrittsbarrieren 4. Vertikale Modelle	1. Preisverhalten • Gemeinsame Gewinnmaximierung • Preisdiskriminierung 2. Marktausschluss	1. Preis-/Kosten-Modelle 2. Effizienz: statisch und dynamisch 3. Einkommensverteilung 4. "Content"
Scherer (1980)	1. "Economies of scale" 2. Fusionen und Konzentration 3. Regierungspolitik 4. Stochastische Determinanten	1. Preisverhalten 2. Produktstrategie und Werbung 3. Technologische Innovation 4. "Plant investment"	1. Produktions- und allokative Effizienz 2. Fortschritt 3. Vollbeschäftigung 4. Einkommensverteilung

(Quelle: GABLER-VERLAG (1997), S. 1848)

Im Gegensatz zum Strategischen Management stellt die Industrieökonomik allerdings einen makroökonomisch orientierten und deterministisch angelegten Theorieansatz dar, der in seiner klassischen Form weniger auf die Ableitung bestimmter einzelwirtschaftlicher Gestaltungsoptionen zielt, sondern vielmehr die strukturellen und wirtschaftlichen Erfolgs- und Einflussfaktoren auf einer Branchen- bzw. Marktebene identifizieren und erklären soll.[269] Zur Abgrenzung der Industrieökonomik gegenüber dem Strategischen Management werden ihre jeweiligen wesentlichen Bestandteile in Abb. 3.7 gegenübergestellt.

In der Industrieökonomik werden insbesondere die Branchen- bzw. Marktstruktur und die Wettbewerbsposition eines Unternehmens in einer Branche als wesentliche Ursachen unternehmerischer Wettbewerbsvorteile[270] angesehen.[271] Die

---

[266] Für eine erste allgemeine des *Market-Based View* vgl. Kap. 2.4.3 und die dort angegebene Literatur.

[267] Vgl. **BÜHNER** (1988), S. 388ff. und **BARNEY** (1986a), S. 791. Für eine ausführliche Erläuterung des *Strategischen Managements* vgl. Kap. 2.4.

[268] Vgl. **OELSNITZ** (2000), S. 1310.

[269] Vgl. **SCHAPER-RINKEL** (1998), S. 33 und **AUDRETSCH** (1995), S. 5.

[270] Wettbewerbsvorteile ergeben sich in dieser Argumentation für ein bestimmtes Unternehmen immer dann, wenn es diesem Unternehmen gelingt, die jeweilige Branchenstruktur im

Wirkungen der unternehmensinternen Abläufe und Organisationsformen von Unternehmen bleiben vor diesem Hintergrund von einer weiter gehenden Analyse ausgeschlossen. In diesem Zusammenhang werden die agierenden Unternehmen als sog. *Black Boxes* angesehen, die sich lediglich durch strukturelle Charakteristika (Größe, Leistungsprogramm, Produkteigenschaften, Produktionsprozesse) unterscheiden, ansonsten aber als identisch betrachtet werden.[272]

***Abb. 3.7**: Gegenüberstellung der wesentlichen Charakteristika der Industrieökonomik[273] und des Strategischen Managements*

Vergleichskriterien	Ansatz: Industrieökonomik	Ansatz: Strategisches Management
Forschungsinteresse/-ziel	Verbesserung des Ergebnisses einer Branche im wohlfahrtsökonomischen Sinn	Verbesserung der Wettbewerbsposition des einzelnen Unternehmens
Blickwinkel	Öffentlich ("public policy")	Privat ("business policy")
Analyseeinheit	Branche ("industry")	Unternehmen bzw. einzelne strategische Geschäftseinheit
Annahmen über die Analyseeinheit	Unternehmen unterscheiden sich nur durch strukturelle Charakteristika (u.a. Größe, Leistungsprogramm, Produkteigenschaften)	Jedes Unternehmen wird als einzigartig angesehen ("distinctive competence")
Entscheidungsträger	Unternehmen ist Entscheidungsträger	Einzelne Personen in einem Unternehmen sind Entscheidungsträger
Betrachtungsweise	Statisch	Dynamisch
Dominierender Gedanke	Marktstruktur determiniert das Marktergebnis	Strategisches Verhalten beeinflusst das Unternehmensergebnis und die Marktstruktur

(In Anlehnung an: HAMMES (1994), S. 73)

Die Entstehung der Industrieökonomik als eigenständige Theorierichtung wurde durch zwei generelle Entwicklungsrichtungen, (1.) die „*Traditionelle* Industrieökonomik“[274] und (2.) die „*Neue* Industrieökonomik“, geprägt.[275]

1.) *Traditionelle Industrieökonomik:* Den Ausgangspunkt für die „Traditionelle Industrieökonomik“ bildet das sog. *Konzept der Harvard-School*[276], das

Vergleich zu den Wettbewerbern besser zu verstehen und für die eigenen Unternehmensziele einzusetzen. Vgl. **GABLER-VERLAG** (1997), S. 4367.

[271] Vgl. **SCHMALENSEE** (1985), S. 341ff.

[272] Vgl. **PORTER** (1981), S. 612, **SCHAPER-RINKEL** (1998), S. 33 und **AUDRETSCH** (1995), S. 5.

[273] Dieser Abbildung liegt das traditionelle Verständnis der Industrieökonomik zu Grunde, deren Inhalt im nachfolgenden Absatz erläutert wird.

[274] Nachfolgend werden die Begriffe „traditionelle Industrieökonomik“ und „klassische Industrieökonomik“ synonym verwendet.

[275] Vgl. **SCHWALBACH** (1994), S. 61ff.

im Wesentlichen auf die Aufsätze von MASON und CLARK sowie den Weiterentwicklungen von BAIN zurückgeht.[277] Die Fortsetzung der ersten Theorieentwicklungen durch BAIN führte zum zentralen Ansatzpunkt der Industrieökonomik, dem sog. *Structure-Conduct-Performance-Paradigma*[278], das in seiner traditionellen Form von einer einseitig gerichteten Wirkungskette bzw. von einem deterministischen Zusammenhang zwischen der Branchen- bzw. Marktstruktur, dem Verhalten der in der Branche bzw. im Markt vertretenen Teilnehmer und dem Branchen- bzw. Marktergebnis ausgeht.[279] Vor dem Hintergrund dieses Wirkungszusammenhangs postuliert die „Traditionale Industrieökonomik", dass die Branchenrentabilität und die unternehmensindividuellen Erfolge durch die Branchenstruktur als exogene Variable determiniert werden.

2.) *Neue Industrieökonomik*: Die „*Neue* Industrieökonomik" geht im Unterschied zum *traditionellen* industrieökonomischen Verständnis auf die Vertreter der sog. *Chicago-School* zurück, die bereits frühzeitig die „Traditionelle Industrieökonomik" mit dem Hinweis auf eine fehlende theoretische Fundierung und eine ausschließliche empirische Orientierung kritisierten.[280] Die Vertreter der Chicago-School interpretieren das Marktgeschehen als freies Spiel der Kräfte, bei dem ohne staatliche Einflussnahme ausschließlich die besten Unternehmen mit der optimalen Unternehmensgröße überleben, vertrauen auf das langfristige Funktionieren der Marktmechanismen und postulieren eine Beschränkung staatlicher oder öffentlicher

[276] Mit dem *Konzept der Harvard-School* wird das von einer Vereinigung von Wissenschaftlern entwickelte Modell eines *funktionsfähigen Wettbewerbs* bezeichnet. Auf der Basis der Erkenntnisse von CLARK, nach denen ausschließlich der unvollkommene Wettbewerb zu einem wirtschaftlichen Fortschritt führen kann, setzt sich dieses Modell mit der Abgrenzung der erwünschten von den unerwünschten Unvollkommenheiten des Marktes auseinander. Danach wird der Wettbewerb erst dann als funktionsfähig angesehen, wenn das Ergebnis des Marktes hinsichtlich des wirtschaftlichen Fortschrittes als befriedigend angesehen wird. Dazu und zum Konzept der Harvard-School vgl. **BEESER** (1995), S. 76 und die dort angegebene weiterführende Literatur.

[277] Vgl. **MASON** (1949), **MASON** (1957), **CLARK** (1940), **BAIN** (1956) und **BAIN** (1968). Für eine ausführliche Darstellung der Geschichte der Industrieökonomik vgl. **OBERENDER; VÄTH** (1990), S. 168f.

[278] Vgl. **BAIN** (1959) und auch **MASON** (1939), S. 34f. Für eine umfassende Erläuterung des *Structure-Conduct-Performance-Paradigmas* vgl. Kap. 3.5.1.2.1.

[279] Vgl. **SYDOW** (1992), S. 173f und **TIROLE** (1995), S. 1f. Für ein umfangreicheres Verständnis der Analyse mit Hilfe des *Structure-Conduct-Performance-Paradigma* vgl. **CLARKE** (1985), S. 2ff., **GREER** (1984), S. 9ff und **REID** (1987), S. 11ff.

[280] Als *Chicago-School* wird eine Gruppe von Wirtschaftswissenschaftlern und Juristen bezeichnet. Zu den zentralen Vertretern der Chicago-School gehören STIGLER, DEMSETZ und BJORK mit ihren jeweiligen Forschungsarbeiten. Dazu und für eine ausführliche Erläuterung der Prämissen des Modells der Chicago-School vgl. **STIGLER** (1958), S. 54ff., **STIGLER** (1968), **DEMSETZ** (1976), S. 371ff. und **BJORK** (1978), S. 91ff.

Struktureinflüsse auf die Festlegung klar abgegrenzter ordnungspolitischer Rahmenbedingungen. Nach Auffassung der Chicago-School bildet sich langfristig stets die effizienteste Branchenstruktur[281] heraus, die ausschließlich durch Wettbewerbsprozesse determiniert wird.[282]

Sie geht ferner davon aus, dass jede Branche über umfassende Selbstregulierungskräfte verfügt, so dass die Produktionsfaktoren automatisch in ein fiktives Gleichgewicht getrieben werden. Obwohl dieses Gleichgewicht in der Realität nicht erreichbar ist, unterstellen die Vertreter der Chicago-School, dass die jeweils vorgegebenen *Branchenstrukturen* und *-ergebnisse* das langfristig zu erreichende Gleichgewicht annähernd abbilden.[283] Zum zentralen Betrachtungsgegenstand wird in diesem Zusammenhang das *brancheninterne Verhalten* der Unternehmen, da es im Gegensatz zu den grundlegenden Branchenstrukturen und dem sich aus dem Gleichgewichtskonzept ergebenden Branchenergebnis nicht durch die Wettbewerbskräfte der Branche bestimmt wird, sondern erst durch die frei gebildeten unternehmerischen Entscheidungen entsteht.[284]

Aufbauend auf den Ausarbeitungen der Chicago-School entwickelten insbesondere TIROLE und SCHERER sowie SCHMALENSEE die „Neue Industrieökonomik" mit dem Anspruch, eine umfassendere theoretische Fundierung zur Erklärung des Marktverhaltens von Unternehmen und der sich daraus ergebenden Marktergebnisse aufzustellen.[285] Kennzeichnend für ihre industrieökonomischen Ausarbeitungen ist die Integration spieltheoretischer Ansätze, durch die unternehmerische Entscheidungssituationen und mögliche Verhaltensweisen mit dem Ziel abgebildet werden, eine detailliertere Bestimmung bzw. Analyse der Handlungsoptionen und eine realistischere Modellierung des unternehmerischen Verhaltens zu ermöglichen.[286]

Die Darstellung der wesentlichen industrieökonomischen Annahmen, Grundlagen und Entwicklungen zeigt, dass die moderne Industrieökonomie deutlich über den traditionellen und fundamentalen Rahmen des ursprünglichen Structure-

[281] Im Mittelpunkt der (heutigen) „Neuen Industrieökonomik" steht nicht mehr der Begriff des *Marktes*, sondern der Begriff der *Branche*, die als Industrie- oder Wirtschaftszweig zu interpretieren ist. Vgl. **OELSNITZ** (2000), S. 1310. Im Zusammenhang mit der nachfolgenden Darstellung der Industrieökonomik werden daher die Begriffe „Markt" und „Branche" synonym verwendet.

[282] Vgl. **SCHMIDT; RITTALER** (1989), S. XIII und S. 17f.

[283] Dieser Zusammenhang wird auch als *Approximationshypothese* bezeichnet. Vgl. **MANTZAVINOS** (1994), S. 43

[284] Vgl. **DEMSETZ** (1976), S. 383

[285] Als grundlegende Literatur zur *Neuen Industrieökonomik* vgl. **TIROLE** (1990), **SCHERER** (1985), **SCHERER; ROSS** (1990) und **SCHMALENSEE** (1982).

[286] Vgl. **NEUMANN** (1979), S. 649ff., **FRITZ** (1990), S. 494 und **MILGROM; ROBERTS** (1987), S. 184ff.

Conduct-Performance-Paradigmas weiterentwickelt wurde. Nachfolgend werden daher die drei für die vorliegende Arbeit wesentlichen Determinanten der „Neuen Industrieökonomik" ausführlich dargestellt und die traditionellen Bestandteile und deren Erweiterungen erläutert. Die drei einschlägigen Determinanten sind (1.) das bereits genannte *Structure-Conduct-Performance-Paradigma,* (2.) das *Konzept der Wettbewerbsstrategien* von PORTER und (3.) das *Konzept der strategischen Gruppen.*

3.5.1.2 Kernelemente der Industrieökonomik

3.5.1.2.1 Structure-Conduct-Performance-Paradigma

Die Vertreter der „Traditionellen Industrieökonomik" stellten bereits frühzeitig in ihren Forschungsarbeiten fest, dass es einigen Unternehmen in einem abgrenzten Marktsegment dauerhaft gelingt, eine über dem allgemeinen Marktdurchschnitt liegende Rendite zu erwirtschaften, ohne dass daraufhin neue Konkurrenten in den Markt eintreten.[287] Sie führten diese Unterschiede im Wesentlichen auf bestehende *Markteintritts- und -austrittsbarrieren* in der Marktstruktur zurück, die in der Industrieökonomik als wesentliche Faktoren zur Erklärung von auftretenden Rentabilitätsunterschieden bei Unternehmen in einer speziellen Branche betrachtet werden.[288]

Als *Markteintrittsbarrieren* werden in der Industrieökonomik sämtliche Nachteile bezeichnet, die einem neu in einen Markt eintretenden Unternehmen gegenüber den auf diesem Markt bereits etablierten Unternehmen entstehen.[289] Nach BAIN, der diese Begrifflichkeit in die Literatur einführte,[290] wird die Struktur eines Marktes durch vier Markteintrittsbarrieren geprägt: (1.) Betriebsgrößenvorteile aufgrund von Skalenerträgen, (2.) absolute Kostenvorteile aufgrund eines Know-how-Vorsprunges eines Unternehmens, (3.) Produktdifferenzierungsvorteile aufgrund von z.B. Konsumentenpräferenzen für eingeführte Produkte und (4.) begrenzte Finanzierungsmöglichkeiten.[291]

---

[287] Vgl. **CLARK** (1940), S. 241ff. und **MASON** (1949), S. 1245ff. Diese These konnte teilweise durch die empirische Arbeit von MASCARENHAS und AAKER widerlegt werden. Vgl. **MASCARENHAS; AAKER** (1989), S. 482f.

[288] Vgl. **CAVES; PORTER** (1977), S. 247ff., **BARNEY** (1986a), S. 792 und **PORTER** (1981), S. 612

[289] Vgl. **GABLER-VERLAG** (1997), S. 2550. Zum Begriff der *Markteintrittsbarriere*n und möglicher Ausgestaltungsformen vgl. **CAVES; PORTER** (1977), S. 241ff., **KARAKAYA; STAHL** (1989), S. 80, **PORTER** (1992a), S. 29ff. und Kap. 2.2.4.5 mit den dortigen Literaturhinweisen.

[290] Als grundlegende Literatur zum Begriff der *Markteintrittsbarrieren* vgl. **BAIN** (1956) und **STIGLER** (1968), S. 67ff.

[291] Vgl. **GABLER-VERLAG** (1997), S. 2550 und **BAIN** (1968), S. 255. Eine andere Form der Einteilung der Markteintrittsbarrieren unterscheidet zwischen *ökonomischen* und *regulatorischen* Barrieren. Vgl. Kap. 2.2.4.5.

Auf Basis dieser Erkenntnisse entwickelten die Vertreter der „Traditionellen Industrieökonomik" das *Structure-Conduct-Performance-Paradigma*, um die beobachteten Zusammenhänge für Dritte zu veranschaulichen. Auf der Basis verschiedener grundlegender Markteigenschaften (sog. *basic conditions*)[292], wie z.B. Preiselastizitäten, Wachstumsraten und saisonale bzw. konjunkturelle Abhängigkeiten, wird die Hypothese einer direkten Wirkungskette zwischen Marktverhalten („Conduct"), Marktstruktur („Structure") und Marktergebnis („Performance") aufgestellt: Danach wird das Marktverhalten durch die Marktstruktur und das Marktergebnis durch das Marktverhalten bestimmt.[293] Diese einseitige Wirkungskette des Paradigmas wurde häufig auf einen Zusammenhang zwischen Marktstruktur und Marktergebnis verkürzt.[294] Die Wirkungskette im traditionellen Structure-Conduct-Performance-Paradigma zeigt Abb. 3.8.

***Abb. 3.8**: Das traditionelle Structure-Conduct-Performance-Paradigma*

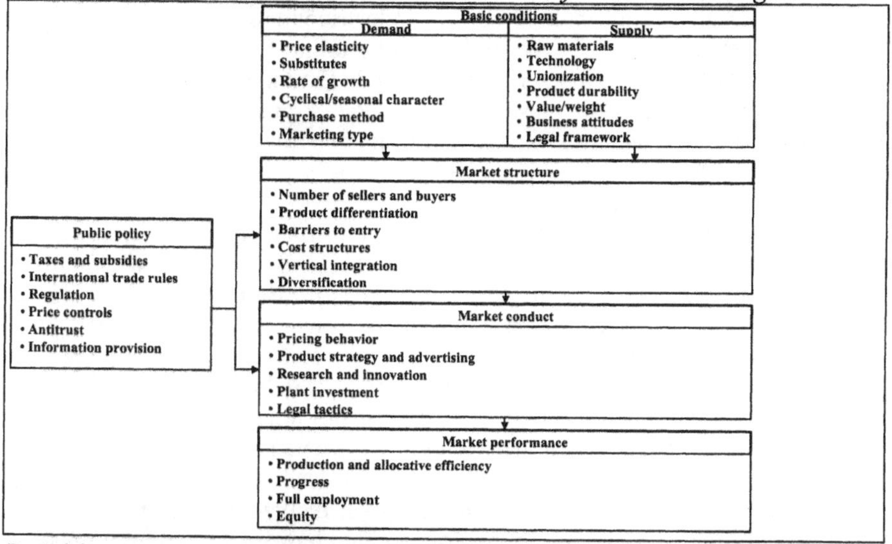

(In Anlehnung an: SCHERER; ROSS (1990), S. 5)

Nach den Annahmen des Paradigmas ist jedes unternehmerische Verhalten eine Reaktion auf die Strukturgegebenheiten der jeweiligen Branche, d.h. bei einer Veränderung der Marktstrukturen verändert sich die Handlungsstruktur der Unternehmen entsprechend. Danach erfolgen z.B. preispolitische Strategien, Ko-

[292] Zur Einbeziehung der „basic conditions" als Determinanten des Wettbewerbs vgl. **HERDZINA** (1993), S. 54.

[293] Vgl. **MASON** (1939), S. 34f.

[294] Beispielsweise untersucht MASON ausschließlich die Auswirkungen der Marktkonzentration auf die Marktergebnisse, während BAIN lediglich die Beziehungen zwischen Marktkonzentration und Unternehmenseffizienz analysiert. Vgl. **MASON** (1957) und **BAIN** (1968).

operationsstrategien und/oder der Aufbau von Markteintrittsbarrieren stets in Abhängigkeit von der Anbieterkonzentration auf dem betreffenden Markt bzw. in der entsprechenden Branche.[295] Das Marktverhalten ist danach stets ein reaktiver Transfermechanismus, so dass der Einfluss des einzelnen Unternehmens auf das Marktergebnis als vernachlässigbar angesehen wird.[296]

Die Argumentationskette des traditionellen Structure-Conduct-Performance-Paradigmas wurde in dieser Form vielfach kritisiert und weiterentwickelt.[297] Die wesentlichste Kritik richtet sich (1.) gegen die Unterstellung eines *einseitigen Wirkungszusammenhangs* zwischen Markt- bzw. Branchenstruktur, -verhalten und -erfolg, (2.) gegen die *Nichtbeeinflussbarkeit* der Marktstrukturen und (3.) gegen die Annahme, dass das Marktverhalten aus einer reinen Anpassung an Marktstrukturveränderungen besteht, obwohl Unternehmen mehrere andere Reaktionsmöglichkeiten besitzen.[298] Diese Kritikpunkte wurden lange als wesentliches Hindernis für eine Integration von Industrieökonomik und Strategieforschung angesehen.[299] Vor diesem Hintergrund erfolgte Ende der siebziger Jahre des vorigen Jahrhunderts eine *erste* grundlegende Ergänzung der Annahmen des traditionellen Structure-Conduct-Performance-Paradigmas durch das sog. *Konzept der Contestable Markets* von BAUMOL, PANZAR und WILLIG.[300] Nach diesem Konzept wird das wettbewerbliche Verhalten von Unternehmen nicht ausschließlich durch die *existierende* Konkurrenz, sondern auch durch den möglichen Marktzutritt *potenzieller* Konkurrenten beeinflusst. Damit steht, wie in der „Neuen Industrieökonomik", nicht die Marktstruktur, sondern das Marktverhalten der in einer Branche vertretenen Unternehmen im Betrachtungsmittelpunkt. Die potenzielle Konkurrenz zwingt die etablierten Unternehmen zu einem Verhalten, das unabhängig von der Marktstruktur zu optimalen Marktergebnissen führt. Dies setzt nach BAUMOL, PANZAR und WILLIG jedoch die Möglichkeit eines kostenlosen Marktzutritts und -austritts für die potenziellen Konkurrenten voraus. Außerdem unterstellen sie in ihrem Konzept, dass die Nachfrager auf einen Markteintritt so schnell reagieren, dass es den etablierten Unternehmen nicht gelingt, entsprechende Abwehrmaßnahmen rechtzeitig ergreifen zu können. Darüber hinaus zeichnet sich ihr Konzept durch die erstmalige Berücksichtigung der in der „Traditionellen Industrieökonomik" nicht beachteten Verbundvorteile („Economies auf Scope") aus.[301]

---

[295] Vgl. **PROFF** (1998), S. 30.
[296] Vgl. **PORTER** (1979b), S. 214.
[297] Vgl. **TIROLE** (1990), S. 2, **AUDRETSCH** (1995), S. 7, **NEUBERGER** (1998), S. 97ff. und **SYDOW** (1992), S. 173.
[298] Zur Kritik vgl. **STEAD; CURWEN; LAWER** (1996), S. 7.
[299] Vgl. **MINDERLEIN** (1993), S. 170ff.
[300] Als grundlegende Literatur zu diesem Punkt und zu den folgenden Ausführungen vgl. **BAUMOL; PANZAR; WILLIG** (1982), S. 5ff.
[301] Vgl. **OBERENDER** (1994), S. 67ff.

Diese Annahmen ermöglichen es der potenziellen Konkurrenz, die über profitable Preisunterbietungsmöglichkeiten verfügt, jederzeit in einen Markt einzutreten und kurzfristig hohe Gewinne zu erzielen, um dann nach erfolgter Reaktion der etablierten Unternehmen wieder kostenlos aus dem Markt auszutreten.[302] Diese sog. *Bestreitbarkeit von Märkten* ergibt sich im Gegensatz zu den impliziten Annahmen des traditionellen Structure-Conduct-Performance-Paradigmas nicht in Abhängigkeit von der Branchenkonzentration und den dortigen Machtgegebenheiten, sondern wird ausschließlich durch die Höhe der irreversiblen Kosten determiniert, die für die potenzielle Konkurrenz bei einem Marktzutritt anfallen und die bei einem Marktaustritt nicht zurückgewonnen werden können.[303] Zusammenfassend stellen im Konzept der Contestable Markets nur solche Marktschranken einen ausreichenden Schutz vor potenziellen neuen Wettbewerbern dar, die gleichzeitig Markteintritts- und Marktaustrittsbarrieren darstellen.[304] Abb. 3.9 zeigt die wesentlichen Markteintritts- und Marktaustrittsschranken im Konzept der Contestable Markets.

Abb. 3.9*: Markteintritts- und Marktaustrittsschranken im Konzept der Contestable Markets*

	Marktzutrittsschranken		Marktaustrittsschranken	
	Strukturell	Strategisch	Strukturell	Strategisch
Private Marktschranken	• Betriebsgrößenvorteile • Absolute Kostenvorteile • Produktdifferenzierungsvorteile	• "Limit pricing" • Überkapazitätsstrategie • Produktdifferenzierungsstrategie • Gesamtumsatzrabatte • Vertikale Bindungen	z. B. "sunk costs" im Falle dauerhafter und hochspezialisierter Anlagenwerte oder von Vertragsstrafen bei Produktionseinstellung	Verbleiben am Markt, z. B. aus Gründen der Imagepflege, der Vermarktungsmöglichkeiten oder des Zugangs zu Finanzmärkten
Staatliche Marktschranken	Industriepolitik: • Handels- und Gesellschaftsrecht • Patent- und Lizenzsystem • Fusionskontrolle (z. B. Verbot des Marktzutritts für ein marktbeherrschendes Unternehmen)	Spezielle Industriepolitiken: • Subventionen für einzelne Unternehmen • Regulierung des Marktzutritts • Verbot unerwünschter Fusionen im Einzelfall (z. B. zwecks Abwehr ausländischer Unternehmen)	z. B. Vorschriften über Sozialpläne für die Beschäftigten eines Unternehmens im Falle des Konkurses	z. B. moralische Bedenken im Falle eines drohenden Konkurses und daraus resultierender Entlassungen von Arbeitnehmern

(In Anlehnung an: GABLER-VERLAG (1997), S. 3031)

Neben BAUMOL, PANZAR und WILLIG wurde das traditionelle Structure-Conduct-Performance-Paradigmas auch von PORTER modifiziert. Er postuliert, im Gegensatz zu den traditionellen Annahmen des Paradigmas, die Möglichkeit

[302] Vgl. **GABLER-VERLAG** (1997), S. 3032 und **BAUMOL** (1982), S. 4.
[303] Vgl. **GABLER-VERLAG** (1997), S. 3031.
[304] Vgl. **BAUMOL** (1982), S. 1ff.

zu eigenständigen unternehmerischen Entscheidungen und Handlungen und sieht das unternehmerische Marktverhalten, anders als im klassischen Paradigma, nicht in einer vollkommenen Abhängigkeit zur Branchenstruktur. Langfristig ergibt sich danach für PORTER die Möglichkeit eines *strategischen Verhaltens* der Unternehmen und eine Beeinflussbarkeit der Marktstruktur.[305] In neueren Veröffentlichungen wird vor diesem Hintergrund auch von einer *retrograden* bzw. *interdependenten* Beziehung zwischen den Modellvariablen Marktstruktur, Marktverhalten und Marktergebnis ausgegangen.[306] Die modifizierte Version des Structure-Conduct-Performance-Paradigmas zeigt Abb. 3.10.

Abb. 3.10*: Das modifizierte Structure-Conduct-Performance-Paradigma*

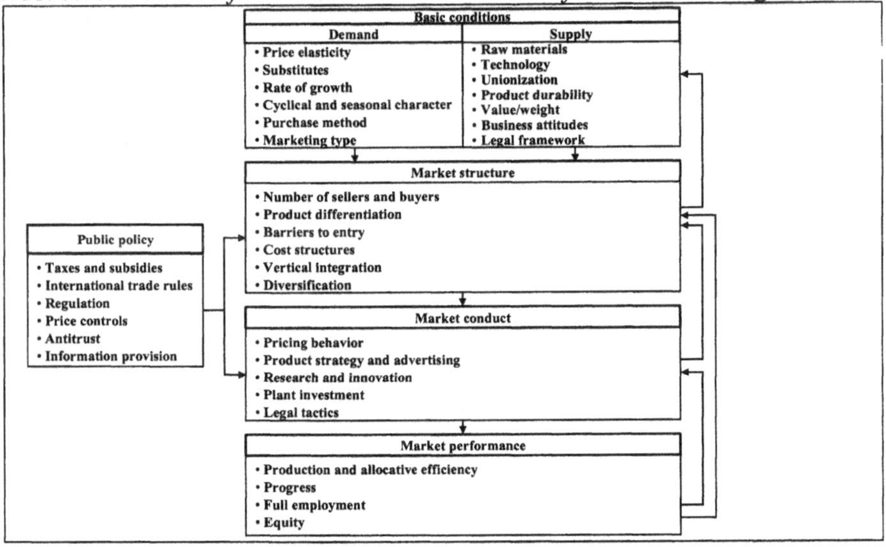

(In Anlehnung an: SCHERER (1980), S. 4 und SCHERER; ROSS (1990), S. 5)

3.5.1.2.2 Konzept der Wettbewerbsstrategien

Die Einführung der industrieökonomischen Erkenntnisse in die moderne Strategielehre und strategische Konkurrenzforschung erfolgte durch PORTER und das von ihm entwickelte sog. *Konzept der Wettbewerbsstrategien* mit der darin enthaltenen *Branchenstrukturanalyse*, durch die er nachweist, dass die Industrieökonomik in einer erweiterten Form zu einem umfassenderen Verständnis des strategischen Wettbewerbsumfeldes eines Unternehmen beitragen kann.[307] Die

[305] Vgl. **PORTER** (1981), S. 615f., **MINDERLEIN** (1993), S. 170ff., **WELGE; AL-LAHAM** (1999), S. 38ff. und **SCHAPER-RINKEL** (1998), S. 34.

[306] Vgl. **HIPPE** (1996), S. 152f. und **SCHERER; ROSS** (1990), S. 4ff.

[307] Vgl. **HOMBURG; SÜTTERLIN** (1992), S. 638. Für eine zusammenfassende Erläuterung des Konzeptes der Wettbewerbsstrategien vgl. **PORTER** (1981), S. 609ff. Zur *Branchenstrukturanalyse* vgl. Kap. 3.5.1.2.2, S. 231.

Ausarbeitungen von PORTER basieren im Wesentlichen auf einer Zusammenführung des traditionellen Gedankengutes der Industrieökonomie mit den zu diesem Zeitpunkt bereits existierenden Theorieergänzungen und Erkenntnissen der betriebswirtschaftlichen Führungsphilosophie des Strategischen Managements,[308] die er in einer integrierten Form als Basis zur Ableitung von strategischen Verhaltensoptionen für Unternehmen verwendet. Innerhalb des auf dem industrieökonomischen Gedankengut basierenden *Market-Based-View*[309] bilden die Arbeiten von PORTER zur Ableitung von unternehmerischen Wettbewerbsstrategien ein quasi normatives Aussagensystem, mit dem die Voraussetzungen für die Erzielung von Wettbewerbsvorteilen beschrieben werden. Die tragenden Säulen seines Konzepts der Wettbewerbsstrategien bilden (1.) die detaillierte Analyse der *Branchenstruktur* und der dort wirkenden *Wettbewerbskräfte*, (2.) die Ableitung sog. *generischer Wettbewerbsstrategien* und (3.) die *Wertschöpfungskette* als *Heuristik*[310] zur Intensivierung der generischen Strategien:[311]

1.) **Branchenstrukturanalyse**: PORTER und die weiteren Vertreter des „*Market-Based-View*" betonen die Bedeutung der Branchenstruktur als zentralen Einflussfaktor für den Unternehmenserfolg. Die Branchenstruktur wird danach durch die *in* der Branche bzw. durch die von *außen* auf die Branche einwirkenden ökonomischen Bedingungen bestimmt.[312] Nach PORTER werden diese Bedingungen durch fünf *Wettbewerbskräfte* determiniert, die die strukturellen Determinanten der Wettbewerbsintensität bzw. die langfristig erzielbare Durchschnittsrentabilität der Unternehmen in der entsprechenden Branche bestimmen.[313] PORTER geht in seinen Ausführungen davon aus, dass Unternehmen das jeweilige Branchenergebnis gezielt beeinflussen können, wenn sie die in den Branchen wirkenden Wettbewerbskräfte zu ihrem eigenen Vorteil ausnutzen bzw. manipulieren können.[314] Nachfolgend werden die einzelnen Wettbewerbskräfte erklärt und ein Bezug zu den im Mittelpunkt der Arbeit stehenden Strategischen Allianzen hergestellt:[315]

---

[308] Vgl. **GABLER-VERLAG** (1997), S. 4366. Für eine umfassende Erläuterung der Wesensmerkmale des Strategischen Managements vgl. Kap. 2.4.1.

[309] Zum *Market-Based-View* und *Resource-Based-View* als *Basistheorien* des Strategischen Managements vgl. auch die Ausführungen in Kap. 2.4.3.

[310] Zum Begriff der *Heuristik* vgl. Kap. 3.1, S. 168.

[311] Vgl. **PORTER** (1989a), S. 59ff., **PORTER** (1992a), S. 25ff. und **GABLER-VERLAG** (1997), S. 4367. Für eine umfassende Darstellung des Strategiekonzeptes vgl. **PORTER** (1998a), S. 3ff.

[312] Vgl. **PORTER** (1998a), S. 3.

[313] Vgl. **PORTER** (1992a), S. 25ff. und **PORTER** (1998a), S. 3.

[314] Vgl. **BLECKER** (1999), S. 84.

[315] Hierzu und zu den nachfolgenden Ausführungen zu den einzelnen *Wettbewerbskräften* vgl. **PORTER** (1992a), S. 25ff.

a.) *Rivalität unter den bestehenden Wettbewerbern in der Branche*: Durch den Grad der Rivalität unter den Unternehmen in einer Branche wird das Ausmaß der branchenspezifischen Wettbewerbsintensität bestimmt.[316] Sie äußert sich in der Intensität von Positionierungsauseinandersetzungen zwischen den Konkurrenten und den daraus resultierenden Preis-, Produkt- und Servicepolitiken. Eine *hohe* Wettbewerbsintensität ergibt sich z.B. immer dann, wenn mehrere Wettbewerber mit ähnlichen Produkten in einer Branche existieren, die Branche nur geringe Wachstumsraten aufweist, die Fix- und Lagerkosten hoch sind, geringe oder gar keine Umrüstkosten für die Herstellung von Konkurrenzprodukten entstehen, die hergestellten Produkte nur schwer differenzierbar sind, eine nachhaltige Verbesserung der Wettbewerbsposition umfassende Kapazitätssprünge erfordert, die Branche für alle branchenzugehörigen Unternehmen eine hohe strategische Relevanz besitzt und hohe Marktaustrittsbarrieren bestehen.[317] Auf der Basis einer industrieökonomischen Sichtweise ist es für die in einer Branche vertretenen Unternehmen immer sinnvoll, den Wettbewerb untereinander durch entsprechende Maßnahmen einzuschränken bzw. die gegenseitige Rivalität zu verringern. Im Extremfall ergibt sich als Folge derartiger Maßnahmen eine monopolähnliche Marktsituation, in der der jeweilige Markt in hohem Maße konzentriert ist und die verbliebenen Anbieter durch die eigenen Wettbewerbsvorteile oder unüberwindbare Barrieren vor der Konkurrenz geschützt sind.

b.) *Verhandlungsmacht der Abnehmer*: Die Verhandlungsmacht der Abnehmer beruht im Wesentlichen auf der individuellen Fähigkeit, sich in bestimmten Marktsituationen gegenüber den konkurrierenden Unternehmen in einer Branche durchsetzen und damit zu einer Zunahme der branchenspezifischen Wettbewerbsintensität beitragen zu können.[318] Eine hohe Verhandlungsstärke der Abnehmer ergibt sich bei einer starken Abnehmerkonzentration, geringen Umstellungskosten beim Wechsel eines Anbieters, einer starken Homogenität der abgenommenen Produkte, einem großen Anteil der Abnehmer am Umsatzvolumen der Anbieter, einer geringen Markenidentität der Abnehmer, niedrigen Abnehmergewinnen und vollständigen Marktinformationen.[319] Die Machtposition der Abnehmer kann allerdings durch die Bildung von Anbieterkooperationen eingeschränkt werden, da kooperierende Unternehmen ihre Leistungen häufig nur mit den entsprechenden Kooperationspartnern austauschen.[320]

[316] Zu den möglichen *Rivalitätsgraden* vgl. **Harrigan** (1980), S. 165ff.
[317] Vgl. **Blecker** (1999), S. 87.
[318] Vgl. **Porter** (1998a), S. 24ff.
[319] Vgl. **Porter** (1979a), S. 140f. und **Porter** (1990), S. 54f.
[320] Vgl. **Kronen** (1994), S. 212.

c.) *Verhandlungsstärke der Lieferanten*: Das Ausmaß der Verhandlungsstärke der Lieferanten hat mitunter große Auswirkungen auf die Rentabilitätserwartungen der Unternehmen innerhalb einer Branche. Mächtige Lieferanten können durch autonome Preiserhöhungen oder Qualitätssenkungen das wirtschaftliche Ergebnis der abnehmenden Unternehmen negativ beeinflussen und damit zu einer weiteren Steigerung ihrer Verhandlungsmacht beitragen.[321] Eine hohe Verhandlungsstärke der Lieferanten basiert im Wesentlichen auf einer Lieferantenkonzentration, einer unzureichenden Möglichkeit zur Produktsubstitution, einer vergleichsweise geringen Bedeutung der Branche als Abnehmer der Lieferantenprodukte, einer hohen Bedeutung der Zuliefererprodukte für die Qualität und die Kosten des Endproduktes und einer hohen Heterogenität der Lieferantenprodukte.[322] Wenngleich diese Faktoren, im Unterschied zu den Determinanten der Abnehmermacht, nur in einem geringen Ausmaß durch die jeweilige Branche manipuliert werden können, unterliegen sie dennoch einer gewissen Beeinflussbarkeit durch strategische Maßnahmen.[323]

d.) *Bedrohung durch Ersatzprodukte*: Jedes Unternehmen konkurriert hinsichtlich der eigenen Produkte mit Unternehmen in anderen Branchen, die ähnliche oder gleiche Produkte herstellen. Da die Produkte bzw. Dienstleistungen der Unternehmen innerhalb einer Branche grundsätzlich gegenseitig substituierbar sind, stellt sich die Bedrohung durch Ersatzprodukte als eine Wettbewerbskraft dar, die lediglich von außen durch branchenfremde Unternehmen auf eine Branche einwirkt.[324] Der Grad der Bedrohung durch diese Wettbewerbskraft äußert sich in der Preiselastizität der Nachfrage.[325] Eine hohe Preiselastizität ist ein Indikator für die Existenz von Ersatzprodukten mit einem ähnlichen Preis-/Leistungsverhältnis und verringert damit die Möglichkeit zur Durchsetzung von Preiserhöhungen.[326] Zugleich kann eine Verbesserung des brancheninternen Preis-/Leistungsverhältnisses und eine Steigerung der Produktdifferenzierung zu einer Verringerung der Bedrohung durch Substitute beitragen.[327]

e.) *Bedrohung durch potenzielle neue Konkurrenten*: Durch den Branchenzutritt neuer Unternehmen ergibt sich eine Verschärfung des Wettbewerbs in einer Branche und eine Verringerung der Produzentenrente.[328] Die Bedrohung der eigenen Marktposition durch neue Konkurrenten ist

[321] Vgl. **Blecker** (1999), S. 94f.
[322] Vgl. **Porter** (1998a), S. 27f., **Porter** (1990), S. 50ff. und **Porter** (1979a), S. 140f.
[323] Vgl. **Blecker** (1999), S. 95.
[324] Vgl. **Blecker** (1999), S. 92.
[325] Vgl. **Porter** (1998a), S. 23f. und **Schaper-Rinkel** (1998), S. 36.
[326] Vgl. **Schaper-Rinkel** (1998), S. 36.
[327] Vgl. **Porter** (1979a), S. 142 und **Blecker** (1999), S. 92.
[328] Vgl. **Proff** (1998), S. 29.

dabei im Wesentlichen von den bestehenden Markteintrittsbarrieren[329] und der Reaktionsfähigkeit der bereits etablierten Unternehmen abhängig.[330] Hohe Markteintrittsbarrieren bedeuten für neue Konkurrenzunternehmen mitunter umfangreiche Kosten- und Positionierungsnachteile gegenüber den etablierten Unternehmen. Der Aufbau von Markteintrittsbarrieren durch die etablierten Unternehmen kann u.a. durch die gezielte Ausnutzung eines hohen Produktdifferenzierungsgrades und/oder eines außergewöhnlich guten Zugangs zu den wesentlichen Absatzkanälen, durch den Besitz von spezifischen Produktionstechnologien und/oder umfangreicher individueller Standortvorteile oder durch den zielgerichteten Einsatz unternehmensspezifischer Betriebsgrößenvorteile gelingen.[331]

In Abb. 3.11 werden die einzelnen Wettbewerbskräfte und ihre jeweiligen Einflussgrößen zusammenfassend dargestellt.

***Abb. 3.11**: Die fünf Wettbewerbskräfte als Bestimmungsfaktoren der Branchenstruktur und Wettbewerbsintensität*

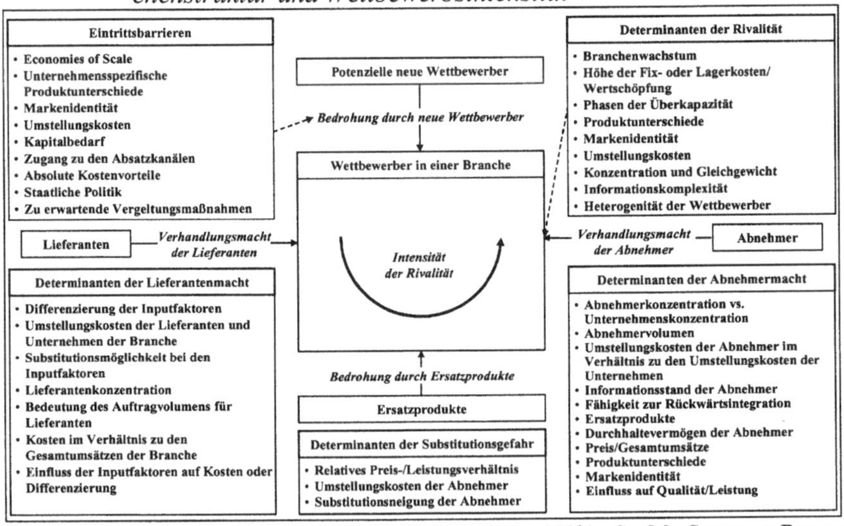

(In Anlehnung an: PORTER (1998a), S. 6, PORTER (1992b), S. 26, SCHAPER-RINKEL (1998), S. 35 und PADBERG (2000), S. 76)

Es zeigt sich, dass die dargestellten Wettbewerbskräfte als Bestimmungsfaktoren der Branchenstruktur sowohl die Erlöse, Kostenstrukturen und Investi-

[329] Zum Begriff der *Markteintrittsbarrieren* und möglicher Ausgestaltungsformen vgl. **CAVES; PORTER** (1977), S. 241ff., **KARAKAYA; STAHL** (1989), S. 80, **PORTER** (1992a), S. 29ff. und Kap. 2.2.4.5 mit den dortigen Literaturhinweisen.

[330] Vgl. **PORTER** (1998b), S. 7ff.

[331] Vgl. **STIGLER** (1968), S. 67ff.

tionsanforderungen als auch die erreichbare Wettbewerbsposition für Unternehmen in einer Branche in erheblichem Maße beeinflussen.[332]

Abschließend ist im Hinblick auf den Aussagegehalt und die Anwendbarkeit der Branchenstrukturanalyse für strategische Fragestellungen eines einzelnen Unternehmens darauf hinzuweisen, dass sie aus der industrieökonomischen Sichtweise lediglich generische Aussagen über die in einer Branche durchschnittlich realisierbaren Gewinne zulässt, ohne jedoch Aussagen über die zu erwartende Gewinnverteilung zwischen den Unternehmen einer Branche bzw. zu dem für ein *einzelnes* Unternehmen *tatsächlich* erzielbaren Gewinn zu ermöglichen. Dieser wird nach PORTER im Wesentlichen durch die *Branchenposition* eines Unternehmens im wettbewerblichen Umfeld und *nicht* durch die *Branchenstruktur* bestimmt. Gemäß der Argumentation des Market-Based-View unterliegt die unternehmensspezifische Branchenposition einer Beeinflussbarkeit durch die Umsetzung von Wettbewerbsstrategien, die die unternehmensinternen und -externen Gegebenheiten explizit berücksichtigen.[333] Diese Tatsache führt im PORTER`schen Konzept der Wettbewerbsstrategien zum Begriff der sog. *generischen Wettbewerbsstrategien.*

2.) **Generische Wettbewerbsstrategien**: Aufbauend auf den Erkenntnissen der Branchenstrukturanalyse repräsentieren die generischen Wettbewerbsstrategien innerhalb des Konzeptes der Wettbewerbsstrategien von PORTER die zweite tragende Säule.[334] Gemäß der Argumentation von PORTER ist es das Ziel jeglicher unternehmerischer Tätigkeit, durch die Ableitung unternehmensspezifischer Wettbewerbsstrategien ausreichende und erhaltbare Wettbewerbsvorteile aufzubauen, die dem Unternehmen eine dauerhafte und rentable Wettbewerbsposition im Markt sichern.[335] Aufbauend auf dieser Erkenntnis verwendet PORTER die *Art zur Realisierung des angestrebten Wettbewerbsvorteils* als *erstes* Klassifikationskriterium zur Einordnung seiner von ihm entwickelten Wettbewerbsstrategien. Danach kann ein Unternehmen einen Wettbewerbsvorteil grundsätzlich entweder über *niedrige Kosten* (führt zu einem relativen Kostenvorteil) oder eine entsprechende *Differenzierung* (führt zu einem relativen Nutzenvorteil) seiner Produkte oder Leistungen erreichen.[336]

---

[332] Vgl. **PORTER** (1992a), S. 27 und **SCHAPER-RINKEL** (1998), S. 34ff.

[333] Vgl. **SCHAPER-RINKEL** (1998), S. 36.

[334] Wenngleich in der betriebswirtschaftlichen Literatur eine Vielzahl von Arbeiten zu generischen Unternehmensstrategien existiert, finden die von PORTER entwickelten Strategien in der unternehmerischen Praxis und betriebswirtschaftlichen Forschung die häufigste Verwendung. Für eine Übersicht über andere Strategieansätze vgl. **FLECK** (1995), S. 7ff.

[335] Vgl. **CORSTEN; WILL** (1995), S. 119ff.

[336] Vgl. **GABLER-VERLAG** (1997), S. 4367, **PORTER** (1998a), S. 35 und **PORTER** (1998b), S. 11ff.

Das *zweite* Klassifikationskriterium bildet der *Ort zur Realisierung der Wettbewerbsvorteile* bzw. der *Ort des Wettbewerbs*. In diesem Zusammenhang unterscheidet PORTER zwischen *branchensegmentspezifischen und branchenweiten Strategien*: Eine *branchensegmentspezifische* Strategie ist nach PORTER auf bestimmte Kundengruppen oder Produktlinien spezifiziert und beruht entweder auf einer Differenzierung von Bedürfnissen, die bislang nur *unzureichend* befriedigt wurden, oder auf einer Befriedigung bereits angesprochener, aber bisher *nicht* befriedigter Bedürfnisse.[337] Demgegenüber zeichnen sich *branchenweite* Strategien durch eine generische Vorgehensweise ohne spezielle Ausrichtung auf Kundengruppen oder Produkte aus.

In Abhängigkeit von der Art zur Realisierung des Wettbewerbsvorteils und dem Ort des Wettbewerbs kann ein Unternehmen im Konzept von PORTER zwischen vier idealtypischen generischen Wettbewerbsstrategien wählen, die nachfolgend umfassend erläutert werden. Dazu gehören (a.) die *Kostenführerschaftsstrategie*, (b.) die *Differenzierungsstrategie* und c.) zwei Konzentrationsstrategien in Form der *Kostenfokussierungsstrategie* (c1.) und der *Differenzierungsfokussierungsstrategie* (c2.) (s. Abb. 3.12).[338]

a.) *Kostenführerschaftsstrategie*: Die Strategie der Kostenführerschaft zielt auf die Realisierung umfassender *relativer Kostenvorteile* gegenüber den Wettbewerbern in einer Branche und auf die Sicherung dauerhafter Wettbewerbsvorteile.[339] Derartige Kostenvorteile können beispielsweise durch die konsequente Umsetzung von Skalen-, Lern- und Erfahrungskurveneffekten[340], die Aufgabe von Kunden mit geringem Umsatzanteilen und/oder die Ausnutzung günstiger Zugänge zu den Produktionsfaktoren entstehen.[341] Eine umfassende Kostenführerschaftsstrategie ist generell nur bei einem hohen eigenen Marktanteil, einer hohen Durchdringung des Marktes, einer hohen Effizienz der Vertriebswege, ausreichenden kostensenkenden Verfahrensinnovationen im Produktionsprozess und auf der Grundlage einer Serienfertigung umsetzbar.[342] In dieser Logik darf die Strategie der Kostenführerschaft grundsätzlich immer nur von *einem* Unternehmen innerhalb einer Branche verfolgt werden, da sonst, aufgrund

---

[337] Vgl. **GABLER-VERLAG** (1997), S. 4367.

[338] Im ursprünglichen Konzept von PORTER gibt es nur *drei* generische Strategien, da die Strategien der Kostenfokussierung bzw. der Differenzierungsfokussierung zusammengefasst und einheitlich als *Strategie der Konzentration auf Schwerpunkte* bezeichnet werden. Sie werden deshalb im Rahmen dieser Arbeit gemeinsam als dritte Hauptstoßrichtung für generische Strategien diskutiert. Vgl. auch **PORTER** (1992a), S. 67.

[339] Vgl. **CORSTEN; WILL** (1995), S. 120.

[340] Zur Erklärung des *Skalen-, Lern- und Erfahrungskurvenbegriffes* vgl. **GABLER-VERLAG** (1997), S. 1171 und Kap. 2.2.4.2.

[341] Vgl. **PORTER** (1989a), S. 21f., **PORTER** (1992a), S. 63ff und **PORTER** (1998a), S. 35ff.

[342] Vgl. **CORSTEN** (1998), S. 94f. und **PORTER** (1998a), S. 35f.

der Annahme unbegrenzter Kapazitäten und vollkommener Markttransparenz, die Gefahr eines für alle in einer Branche vertretenden Unternehmen ruinösen und unrentablen Preiskampfes entsteht.[343]

***Abb. 3.12:** Generische Wettbewerbsstrategien nach* PORTER

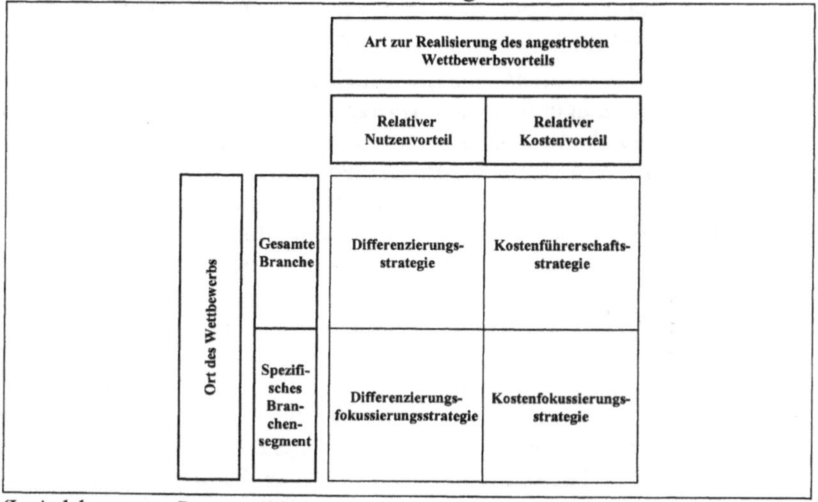

(In Anlehnung an: PORTER (1992a), S. 67)

Vor diesem Hintergrund eignet sich die Strategie der Kostenführerschaft ausschließlich für solche Unternehmen, die in einer Branche mit weitgehend homogenen Produkten tätig sind, in der die Preishöhe das ausschlaggebende Kaufkriterium darstellt, die über gut strukturierte Vertriebswege verfügen und die in der jeweiligen Branche einen hohen relativen Marktanteil aufweisen, der letztlich erst die Ausnutzung von Erfahrungskurveneffekten[344] ermöglicht. Nur unter diesen Voraussetzungen kann der Kostenführer in der Regel eine über dem Branchendurchschnitt liegende Rentabilität erzielen.[345]

Allerdings sind mit dieser Strategie auch einige Risiken und Gefahren verbunden. Technologische Veränderungen durch Prozessinnovationen, die zu neuen Erfahrungskurven bei der Herstellung von Produkten führen, können z.B. zu einer Wertminderung der zur Umsetzung der Kostenführerstrategie durchgeführten Investitionen führen.[346] Die starke Fokussierung auf die Kostenstrukturen beinhaltet darüber hinaus die Gefahr einer nicht rechtzeitigen Produkterneuerung. Zusätzlich kann es im Zeitab-

[343] Vgl. **PORTER** (1998b), S. 13f.
[344] Zum *Erfahrungskurvenbegriff* vgl. Kap. 2.2.4.2.
[345] Vgl. **CORSTEN; WILL** (1995), S. 120f.
[346] Vgl. **CORSTEN; WILL** (1995), S. 125.

lauf zu einer Aufhebung bestehender Kostenvorteile durch überproportionale Kostensteigerungen im Produktionsprozess kommen.[347] Ferner ist davon auszugehen, dass eine *dauerhafte* Sicherung der günstigsten Kostenposition im Wettbewerbsumfeld, die als grundlegende Voraussetzung für eine unter wettbewerbsstrategischen Gesichtspunkten langfristig vorteilhafte Marktposition anzusehen ist, kaum erreichbar ist.[348]

b.) *Differenzierungsstrategie*: Im Mittelpunkt der Differenzierungsstrategie steht die Erzeugung eines *unverwechselbaren* und *einzigartigen* Produktes, das durch die vom Kunden wahrgenommenen Produktunterschiede (im Vergleich zu konkurrierenden Produkten) einen besonderen Charakter aufweist und die Realisierung von Wettbewerbsvorteilen ermöglicht. Derartige Produkte stiften dem Abnehmer durch besondere Merkmale einen *Zusatznutzen*, der Produktpräferenzen beim Abnehmer aufbaut und entsprechende Preisaufschläge ermöglicht.[349] Der Zusatznutzen kann dabei beispielsweise auf einer überlegenen *Produktqualität*, einem einzigartigen *Kundenservice* oder einer überlegenen *Produktgestaltung* basieren. Eine Differenzierungsstrategie bietet sich vor diesem Hintergrund immer dann an, wenn es durch die Hervorhebung bestimmter einzigartiger leistungsbezogener Differenzierungsmerkmale oder durch den intensiven Einsatz von Marketingmaßnahmen gelingen kann, beim Kunden ein *Produktimage* aufzubauen, das eine erhöhte Markenloyalität erzeugt und die Abwanderung zu Konkurrenzprodukten verhindert oder begrenzt.[350]

Als Differenzierungsziele sind dementsprechend zum einen die Erhöhung der *Kundenbindung* und zum anderen die Verringerung der *Preiselastizität*[351] der Nachfrager anzusehen, deren Realisierung den Eintritt in einen quasi-monopolistischen und damit reaktionsfreien Preisbereich ermöglichen kann, in dem der Kunde für *differenzierte* Produkte deutlich höhere Preise akzeptiert als für *undifferenzierte* Produkte.[352] Der erfolgreiche Zugang zu diesem quasi-monopolistischen Preisspielraum führt zudem zu einer Verringerung des Wettbewerbsdrucks durch die Konkurrenzunternehmen und ermöglicht eine leichtere Weitergabe von Preiserhöhungen für Inputfaktoren auf den Abnehmer der hergestellten Produkte.[353]

---

[347] Vgl. **PORTER** (1998a), S. 45f.
[348] Vgl. **CORSTEN; WILL** (1995), S. 125.
[349] Vgl. **PORTER** (1998a), S. 37f. und **CORSTEN; WILL** (1995), S. 121.
[350] Vgl. **PORTER** (1998a), S. 37f. und **PORTER** (1992a), S. 65f.
[351] Für eine Erläuterung des *Preiselastizitätsbegriffes* vgl. **GABLER-VERLAG** (1997), S. 3046f.
[352] Vgl. **CORSTEN; WILL** (1995), S. 121. Für eine ausführliche Herleitung und Erläuterung des quasi-monopolistischen Preisbereiches vgl. **MEFFERT** (1986), S. 311ff.
[353] Vgl. **SCHAPER-RINKEL** (1998), S. 38.

Allerdings sind auch mit der Differenzierungsstrategie einige nicht unerhebliche Risiken und Probleme verbunden. Konkurrenten können beispielsweise im Zeitablauf bestimmte Produktbestandteile imitieren, so dass die Wirkung der Differenzierung verringert wird. Darüber hinaus können unvorhergesehene Änderungen der Kundenpräferenzen, eine Abnahme der Kundenwünsche nach differenzierten Produktmerkmalen oder ein zu starker Kostenanstieg im Zeitablauf eine Beeinträchtigung der Effektivität einer Differenzierungsstrategie bedeuten.[354]

c.) *Konzentrationsstrategien: Kostenfokussierungsstrategie (c1.) und Differenzierungsfokussierungsstrategie (c2.)*: Die Konzentrationsstrategien lassen sich je nach Fokussierungsrichtung in zwei Varianten einteilen: Während die Kostenfokussierungsstrategie den Schwerpunkt auf die Generierung von Kostenvorsprüngen gegenüber Wettbewerbern setzt, zielt die Strategie der Differenzierungsfokussierung auf eine spezielle Produktdifferenzierung. Vor diesem Hintergrund finden die bisherigen Ausführungen zur Kostenführerschafts- und Differenzierungsstrategie eine weitgehend analoge Anwendung. Im Unterschied zu diesen Strategien basieren beide Konzentrationsstrategien jedoch auf einer *geografischen, demografischen* und/oder *soziografischen Segmentierung* einer Branche, eines speziellen Teilmarktes und/oder einer Marktnische.[355] Grundlage für die Erzielung von Wettbewerbsvorteilen ist bei den Konzentrationsstrategien die *ausschließliche* strategische Ausrichtung eines Unternehmens auf ein bestimmtes Marktsegment und damit die Abkehr von einer branchenweiten Marktbearbeitung, wie sie für die Kostenführerschafts- und Differenzierungsstrategie angestrebt wird.[356] Diese fokussierte Unternehmensausrichtung geht zurück auf die Prämisse, dass die Präferenzen eines spezifischen Marktsegmentes von einem auf dieses Segment *fokussierten* Unternehmen deutlich besser befriedigt werden können als von einem *branchenweit* operierenden Unternehmen.[357]

Die Entwicklung segmentspezifischer Konzentrationsstrategien ist grundsätzlich nur dann möglich, wenn Bedürfnisse im Markt existieren, die bisher *nicht* befriedigt wurden oder die bereits angesprochen, aber bisher *nicht ausreichend* befriedigt wurden.[358] Die segmentspezifische Branchenbearbeitung bietet sich durch die geringeren Anforderungen an die Ressourcenausstattung eines Unternehmen im Vergleich zu einer branchenweiten Ausrichtung besonders für kleinere Unternehmen an. Ihre

[354] Vgl. **Porter** (1998a), S. 46. Zum *Effektivitätsbegriff* vgl. Kap. 3.5.2.2.1, S. 275.
[355] Vgl. **Corsten; Will** (1995), S. 122.
[356] Vgl. **Porter** (1998a), S. 38ff.
[357] Vgl. **Porter** (1989a), S. 340f. und **Corsten; Will** (1995), S. 122.
[358] Vgl. **Gabler-Verlag** (1997), S. 4367.

Wettbewerbsposition unterliegt jedoch, bei einer weiteren Marktsegmentierung durch Konkurrenzunternehmen und/oder einer stärkeren Fokussierung durch die bisher branchenweit operierenden Unternehmen, einer ständigen Gefährdung.[359]

Zusammenfassend kann hinsichtlich der generischen Wettbewerbsstrategien von PORTER festgehalten werden, dass sie alle auf die Erzielung dauerhafter Wettbewerbsvorteile ausgelegt sind, eine statische Betrachtungsperspektive beinhalten sind und sich im Wesentlichen durch eine *kosten- oder erlösorientierte Zielrichtung* unterscheiden. PORTER unterstellt eine grundlegende Unvereinbarkeit der Kostenführerschafts- und Differenzierungsstrategie zur Realisierung von Wettbewerbsvorteilen und geht davon aus, dass Unternehmen, die *gleichzeitig* kosten- *und* erlösorientiert vorgehen, eine Rentabilität unter dem Branchendurchschnitt erwirtschaften.[360] Dieser Zusammenhang führt zum Begriff der sog. *Alternativhypothese*[361], mit dem ausgedrückt werden soll, dass sich Unternehmen im Konzept von PORTER *zwingend* auf *eine* bestimmte Strategie festlegen müssen.

Die Annahmen von PORTER bei der Ableitung der generischen Strategien sind vielfach kritisiert worden.[362] Im Zentrum der Kritik stand dabei immer wieder insbesondere die PORTER`sche Alternativhypothese.[363] Diesbezüglich konnte, entgegen der von PORTER unterstellten Unvereinbarkeit der Strategien, durch mehrere empirische Studien nachgewiesen werden, dass erfolgreiche Unternehmen neben der Kostenorientierung auch eine Differenzierungsstrategie verfolgen.[364] Darüber hinaus wurde kritisiert, dass PORTER u.a. die sich aus den Produktionstechnologien und der Unternehmensorganisation ergebenden Gestaltungsmöglichkeiten in seinen Betrachtungen vollkommen vernachlässigt, obwohl sie erhebliche Potenziale zur Erhöhung der Differenzierung und Reduzierung der Kosten bieten.[365]

Unter Berücksichtigung der geäußerten Kritik an den PORTER`schen Annahmen zur Ableitung der generischen Wettbewerbsstrategien wurde sein Ansatz in den letzten Jahren immer wieder erweitert und um zusätzliche Betrachtungsebenen ergänzt. Die neu entwickelten Wettbewerbsstrategien stellen sämtlich die Alternativhypothese von PORTER in Frage, unterstellen

---

[359] Vgl. **PORTER** (1998a), S. 46.

[360] Vgl. **PORTER** (1989a), S. 38ff. und **PORTER** (1998a), S. 41ff.

[361] Vgl. **CORSTEN; WILL** (1993), S. 49.

[362] Vgl. **CORSTEN** (1998), S. 110ff. und **WILL** (1996), S. 39ff. mit den dortigen Literaturangaben.

[363] Vgl. **CORSTEN; WILL** (1995), S. 124.

[364] Als Beispiele für einige empirische Studien vgl. **GAITANIDES; WESTPHAL** (1995), S. 108ff., **MILLER; FRIESEN** (1986), S. 51 und **KRAFCIK** (1988), S. 51.

[365] Vgl. **BLECKER** (1999), S. 164f.

dementsprechend eine Simultanitätshypothese und werden mit dem Begriff der sog. *hybriden Wettbewerbsstrategien*[366] bezeichnet.[367]

3.) **Wertschöpfungskettenanalyse**: Der dritte wesentliche Baustein des Strategiekonzeptes von PORTER ist die Analyse der Wertschöpfungskette eines Unternehmens, die in ihren Ursprüngen auf die Unternehmensberatung MCKINSEY[368] zurückgeht und im Schrifttum auch mit dem Begriff der *Unternehmensanalyse*[369] bezeichnet wird.[370] Ziel dieser Analyse ist es, die relevanten Tätigkeiten innerhalb eines Unternehmens zu ermitteln und für jede dieser Tätigkeiten das spezifische Differenzierungspotenzial bzw. die jeweiligen Kostensenkungsmöglichkeiten zur Verbesserung der relativen Kostenposition eines Unternehmens im Wettbewerb zu untersuchen.[371] Nach PORTER können Unternehmen in einer bestimmten Branche gegenüber ihren Konkurrenten nur dann Wettbewerbsvorteile erzielen, wenn sie eine oder mehrere der strategisch relevanten Aktivitäten besser oder effizienter ausführen.[372] Aus diesem Grund integriert er die Betrachtung innerbetrieblicher Tätigkeiten in seine Untersuchungen und gibt damit in Teilbereichen die in der „Traditionellen Industrieökonomik" vorherrschende Black Box-Betrachtung von Unternehmen auf.[373]

Die unternehmensinternen Tätigkeiten werden von PORTER in zwei Gruppen sog. *generische Wertaktivitäten*[374] unterschieden, die in einer direkten Verbindung zueinander stehen:[375] Die sog. *Primäraktivitäten* beschreiben den eigentlichen Prozess der unternehmerischen Wertschöpfung, während die sog. *Unterstützungsaktivitäten* sämtliche Aktivitäten bezeichnen, die den unternehmerischen Wertschöpfungsprozess und die wettbewerbliche Positio-

---

366 Für eine grundlegende und umfassende Begriffserklärung der *hybriden Wettbewerbsstrategien* vgl. **FLECK** (1995) und **BLECKER** (1999), S. 164ff. Für eine Kurzübersicht über die unterschiedlichen *hybriden Wettbewerbsstrategien* vgl. **PROFF** (1997), S. 305ff. und **KALUZA** (1996), S. 196.

367 Gemäß der *Simultanitätshypothese* ist eine simultane Verknüpfung generischer Strategieoptionen möglich und vorteilhaft. Vgl. **CORSTEN; WILL** (1995), S. 123.

368 Vgl. **ESSER** (1994), S. 132.

369 Vgl. **CORSTEN** (1998), S. 39ff.

370 Für eine umfassene Darstellung des *Konzeptes der Wertschöpfungskette* vgl. **PORTER** (1989a), S. 59ff.

371 Vgl. **GABLER-VERLAG** (1997), S. 4368.

372 Vgl. **PORTER** (1989a), S. 65ff.

373 Zur *Black Box Betrachtung* der Unternehmen in der traditionellen Industrieökonomik vgl. Kap. 3.5.1.1, S. 223 und die dortigen Literaturangaben.

374 Mit dem Begriff „generisch" wird in diesem Zusammenhang die Tatsache beschrieben, dass die dargestellten Wertaktivitäten sich nicht nur in einzelnen, sondern generell in sämtlichen Unternehmen finden lassen.

375 Vgl. **GABLER-VERLAG** (1997), S. 4368 und **PORTER** (1998b), S. 39ff.

nierung des Unternehmen in einer Branche unterstützen.[376] PORTER verknüpft diese unterschiedlichen Wertaktivitäten eines Unternehmen zu einer Wertschöpfungskette, die er als Grundlage für die eigentliche Unternehmensanalyse verwendet (s. Abb. 3.13).[377]

***Abb. 3.13**: Die Wertschöpfungskette nach PORTER*

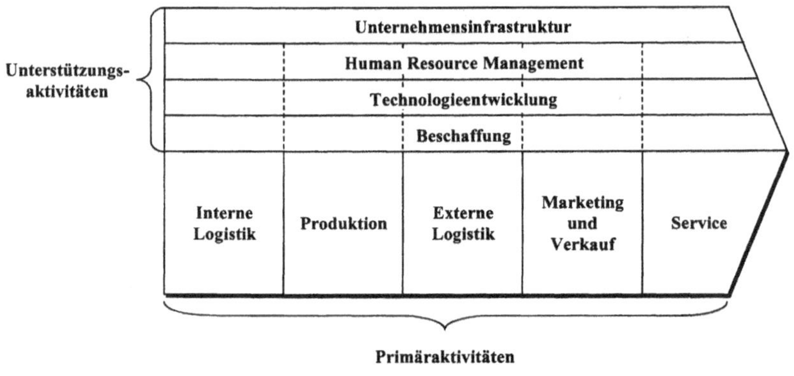

(Quelle: GABLER-VERLAG (1997), S. 4368)

In Ergänzung dieser Wertschöpfungskette definiert PORTER sog. *Wertsysteme*, die sich aus mehreren miteinander verknüpften Wertschöpfungsketten unterschiedlicher Unternehmen zusammensetzen. Ein einzelnes Unternehmen repräsentiert danach nur einen Teilaspekt innerhalb eines umfassenderen Wertschöpfungskettensystem, das sich aus dem betrachteten Unternehmen, Zulieferern, Abnehmern, Vertriebskanälen und Kunden zusammensetzt. Darüber hinaus stellt PORTER fest, dass die im Zusammenhang mit der unternehmerischen Wertschöpfung stehenden Tätigkeiten nicht nur für das einzelne Unternehmen, sondern auch für die anderen Unternehmen im Wertschöpfungssystem einen sog. *externen Nutzen* stiften können.[378]

3.5.1.2.3 Konzept der Strategischen Gruppen

Wie bereits erläutert wurde, betrachtet die „Traditionelle Industrieökonomik" das strategische Verhalten eines Unternehmens als irrelevant für den Erfolg eines Unternehmens in einer Branche, da es aus einer industrieökonomischen

[376] Vgl. **PORTER** (1989a), S. 65ff.

[377] Vgl. **KREIKEBAUM** (1997), S. 136ff., **PORTER** (1989a), S. 59ff. und **GABLER-VERLAG** (1997), S. 4368.

[378] Vgl. **PORTER** (1991), S. 102f.

Sichtweise nur als eine Reaktion auf die jeweilige Branchenstruktur interpretiert wird.[379] Damit unterstellt die Industrieökonomik in ihrer originären Form die Gleichheit der Profitabilitäten aller Unternehmen in einer Branche.

Aufgrund dieser realitätsfernen Annahme erschien eine Erweiterung des industrieökonomischen Ansatzes um ein Konzept, das die ausschließlich gesamtwirtschaftlich orientierte Sichtweise mit der für das Strategische Management wertvollen Analyse des einzelnen Unternehmens verbindet, als eine sinnvolle und erforderliche Vorgehensweise.[380] Diese Verbindung leistet das sog. *Konzept der Strategischen Gruppen*, das in seinen Ursprüngen auf die Forschungsarbeit von HUNT zurückgeht.[381] Es berücksichtigt sowohl die gesamte *Branche* als auch das einzelne *Unternehmen* bei der Entwicklung von Strategien und wird daher allgemein als Bindeglied zwischen der makroökonomisch orientierten Industrieökonomik und der mikroökonomischen Strategieforschung angesehen.[382]

Das Konzept der Strategischen Gruppen führt zu einer Segmentierung von Branchen, durch die einzelne Wettbewerber, Gruppen von Wettbewerbern und ähnlich im Wettbewerb handelnde Unternehmen differenziert betrachtet und analysiert werden können.[383] Als Folge dieser Vorgehensweise erhalten Unternehmen in der Regel weit reichende Informationen über die künftig zu erwartende Entwicklung des Wettbewerbs und können Rückschlüsse auf eigene notwendige Anpassungs- und Gestaltungsmaßnahmen für die Zukunft des Unternehmens ableiten.[384]

---

379 Zur *traditionellen Industrieökonomik* vgl. Kap. 3.5.1.1, S. 223.

380 Vgl. **JENNER** (1996), S. 36.

381 Der Begriff der sog. *strategic group* geht auf HUNT zurück. Er definiert eine Strategische Gruppe als eine Gruppe von Unternehmen in einer Branche, die hinsichtlich der Kostenstrukturen, der Produktdifferenzierung, der vertikalen Integration, der formalen Organisation und der Kontroll- und Anreizsysteme eine starke Symmetrie aufweisen. Vgl. **HUNT** (1972), S. 8f. Eine weitere grundlegende Definition des Terminus „Strategische Gruppe" findet sich bei COOL und SCHENDEL. Sie definieren eine Gruppe von Unternehmen in einer Branche, die auf der Basis vergleichbarer Kombinationen von Ressourcenverwendung und angestrebter Reichweite der Marktbearbeitung wettbewerblich tätig werden, als Strategische Gruppe. Vgl. **COOL; SCHENDEL** (1987), S. 1106. PORTER, HATTEN und NEWMAN entwickelten dieses Konzept durch ihre jeweiligen Arbeiten weiter. Vgl. **PORTER** (1973), **HATTEN** (1974) und **NEWMAN** (1978).

382 Vgl. **MINDERLEIN** (1993), S. 186ff. und **BONGARTZ** (1998), S. 383f.

383 Vgl. **MCGEE; SEGAL-HORN** (1990), S. 177.

384 Vgl. **GAITANIDES; WESTPHAL** (1991), S. 251.

Innerhalb der zahlreichen empirischen Forschungsarbeiten[385] zum Konzept der Strategischen Gruppen, die sich vorwiegend mit der *Gruppenidentifizierung*, der *Veränderungsdynamik* im Zeitablauf[386] und der Analyse des *Zusammenhangs* von Strategischen Gruppen und individuellem Unternehmenserfolg auseinander setzen,[387] kommt der Arbeit von PORTER eine besondere Bedeutung zu, da er durch die Integration des Gruppenkonzeptes in sein *Konzept der Wettbewerbsstrategien*[388] den Bekanntheitsgrad des Gruppenbegriffes in der Betriebswirtschaftslehre nachhaltig steigerte.[389] PORTER interpretiert darin den Gruppenbegriff, in Anlehnung an HUNT, ebenfalls verhaltensbezogen und definiert dementsprechend eine Strategische Gruppe als eine Gruppe von Unternehmen in einer Branche, die eine ähnliche oder gleiche *Wettbewerbsstrategie* als unverzichtbare Voraussetzung ihres Unternehmenserfolges verfolgen, die bestimmte wechselseitige Abhängigkeiten erkennen und Wettbewerbsstörungen mit ähnlichen Mitteln entgegentreten.[390]

Nach PORTER hat die *Konfiguration* der Strategischen Gruppen in einer Branche eine grundlegende Bedeutung für die erzielbaren Ergebnisse in dieser Branche. Dabei geht er davon aus, dass die Gruppenkonfiguration insbesondere durch die *Anzahl* und die *Größenverteilung* der Strategischen Gruppen, durch das Ausmaß der *Unterschiede* zwischen den Gruppen hinsichtlich der relevanten bzw. wesentlichen strategischen Variablen und durch den Umfang der *Marktinterdependenzen* zwischen den Gruppen determiniert wird:[391]

1.) *Gruppenanzahl und Größenverteilung*: Je umfangreicher die Anzahl der Strategischen Gruppen in einer Branche mit ähnlicher Größe, desto intensiver ist die Rivalität zwischen den entsprechenden Unternehmen.

---

[385] Für einen Überblick über die bisherigen empirischen Untersuchungen zum Konzept der Strategischen Gruppen vgl. **MCGEE; THOMAS** (1986), S. 141ff. und **HOMBURG; SÜTTERLIN** (1992), S. 644ff. Als weitere aktuellere empirische Forschungsarbeiten zum Konzept der Strategischen Gruppen vgl. **KLING; SMITH** (1995), S. 26ff. und **REGER; HUFF** (1993), S. 103ff.

[386] Vgl. **BONGARTZ** (2000), S. 19 und weiterführend **OSTER** (1982), S. 376ff. und **COOL; SCHENDEL** (1988), S. 207ff.

[387] Vgl. **BONGARTZ** (2000), S. 19 und weiterführend **PORTER** (1979a), S. 214ff. **OSTER** (1982), S. 376ff. und **COOL; SCHENDEL** (1988), S. 207ff.

[388] Zum *Konzept der Wettbewerbsstrategien* vgl. Kap. 3.5.1.2.2

[389] Vgl. **PORTER** (1980), S. 129ff. Für eine weitere umfassende Darstellung des Konzeptes der Strategischen Gruppen vgl. **PORTER** (1990), S. 173ff.

[390] Vgl. **PORTER** (1992a), S. 177, **PORTER** (1980), S. 130, **CAVES; PORTER** (1977), S. 250f., **HINTERHUBER; KIRCHEBNER** (1983), S. 855 und **BAUER** (1991), S. 400. Für eine umfassende Diskussion alternativer Ansätze zur Identifikation Strategischer Gruppen vgl. **BAUER** (1991), S. 400f.

[391] Dazu und zu den nachfolgenden Ausführungen vgl. **FIEGENBAUM; MCGEE; THOMAS** (1987), S. 9.

2.) *Ausmaß der Unterschiede hinsichtlich strategischer Variablen*: Je umfangreicher die Unterschiede zwischen den Strategischen Gruppen im Hinblick auf die Erfüllung wesentlicher strategischer Variablen, desto schwieriger werden stillschweigende Vereinbarungen zur Behinderung oder Ausschaltung des Wettbewerbs zwischen den Gruppen, und umso höher wird die Wahrscheinlichkeit einer starken Rivalität innerhalb der Branche.

3.) *Umfang der Marktinterdependenzen*: Der Umfang der Marktinterdependenzen drückt aus, in welchem Ausmaß unterschiedliche Strategische Gruppen um gleiche Kundengruppen konkurrieren. PORTER geht davon aus, dass ein hoher Interdependenzgrad zu einem intensiven Wettbewerb zwischen den einzelnen Gruppen in einer Branche führt.

Die von PORTER postulierte weit reichende *Homogenität* grundlegender Handlungs- und Reaktionsweisen von Unternehmen innerhalb einer Strategischen Gruppe äußert sich in speziellen unternehmensspezifischen Schlüsselvariablen bzw. Strategie- und Ressourcendimensionen, die als potenzielle Kriterien für eine eindeutige Unternehmensdifferenzierung und -gruppenzuteilung verwendet werden können.[392] In Anlehnung an MCGEE lassen sich die möglichen Variablen und Dimensionen für eine Differenzierung von Unternehmen drei unterschiedlichen Bereichen zuordnen: 1.) Branchenspezifische Merkmale, 2.) Rahmenbedingungen für eine unternehmerische Tätigkeit in der Branche und 3.) spezifische Merkmale des einzelnen Unternehmens (s. Abb. 3.14).[393] Erst durch die Identifikation der wesentlichen Variablen und Dimensionen können Unternehmen in einer Branche zu wettbewerblich homogenen und sinnvollen Strategischen Gruppen zusammengefasst und unternehmerische Leistungen in einer Branche aus industrieökonomischer Sicht besser erklärt und bewertet werden.[394]

Demgegenüber grenzen sich die in einer Branche vorhandenen Strategischen Gruppen *untereinander* durch die verschiedenartigen Strategieschwerpunkte und -zielrichtungen der zugehörigen Unternehmen ab.[395] Grundsätzlich gilt, dass der Wettbewerb zwischen den Unternehmen innerhalb einer Branche um so stärker ausfällt, je *ähnlicher* die Unternehmensstrategien und je *homogener* die Strategischen Gruppen sind.[396] Entsprechend ist die Intensität des Wettbewerbs zwischen den *Unternehmen* in einer Gruppe (sog. *Intragruppenwettbewerb*) stärker ausgeprägt als die Konkurrenzintensität zwischen den *Strategischen Gruppen* (sog. *Intergruppenwettbewerb*), da die bestehende Heterogenität

---

[392] Vgl. **CAVES; PORTER** (1977), S. 250ff. und **HINTERHUBER** (1982), S. 115. Als Beispiele für eine Einordnung von Unternehmen nach strategischen Schlüsselvariablen vgl. **BAUER** (1991), S. 405ff.

[393] Vgl. **MCGEE** (1985), S. 302.

[394] Vgl. **FIEGENBAUM; MCGEE; THOMAS** (1987), S. 8.

[395] Vgl. **HINTERHUBER; KIRCHEBNER** (1983), S. 855 und **HOMBURG** (1992), S. 83.

[396] Vgl. **CAVES** (1980), S. 80.

zwischen den Gruppen die jeweiligen Unternehmen nur teilweise zu Konkurrenten werden lässt.[397]

***Abb. 3.14**: Mögliche Variablen und Dimensionen für eine Differenzierung von Unternehmen*

Branchenspezifische Merkmale	**Rahmenbedingungen für eine unternehmerische Tätigkeit in der Branche**	**Spezifische Merkmale des einzelnen Unternehmens**
• Breite/Struktur/Kompatibilität des Produktprogramms • Produkte (Qualität, Markenimage, Markennamen, technischer Stand, Kundendienst, Spezialisierungsgrad) • Anzahl der Marktsegmente • Distribution (Absatzwege, Absatzhelfer, Vertriebsorganisation, Ausmaß vertikaler Integration) • Werbung (Aufwand, Marktveranstaltungen, Art der Werbeträger, Qualität) • Preisgestaltung (Preise, Rabatte, Konditionen)	• Kostensenkungsmöglichkeiten in den Bereichen - Produktion - Marketing/Vertrieb - Verwaltung • Produktionsverfahren und -technologien • Kenntnisstand in der Forschung und Entwicklung • Marketing- und Vertriebssysteme	• Eigentumsverhältnisse • Organisationsstruktur • Kenntnisse und Fähigkeiten der Unternehmensführung • Diversifikationsgrad • Unternehmensgröße • Firmenimage • Beziehungen zu Interessensverbänden • Finanzlage (Liquidität, Eigenkapital, Ertragslage)

(In Anlehnung an: McGEE (1985), S. 302f., ergänzt um PORTER (1983), S. 98ff. Eine ähnliche Abbildung findet sich bei BARTÖLKE (2000), S. 72)

Generell können die *Beziehungen* zwischen der jeweiligen Branche, den darin enthaltenden Strategischen Gruppen und dem einzelnen Unternehmen drei verschiedene Formen annehmen:[398]

1.) Die Branche besteht aus nur einer einzigen Strategischen Gruppe, wenn sämtliche Unternehmen in der Branche die gleiche Wettbewerbsstrategie verfolgen.

2.) Die Zahl der Strategischen Gruppen in der betrachteten Branche entspricht der Zahl der darin vertretenen Unternehmen, wenn jedes Unternehmen eine eigene Wettbewerbsstrategie verfolgt.

3.) Die Branche besteht aus mehreren Strategischen Gruppen, deren Anzahl größer als eins und kleiner als die Gesamtzahl der in der Branche vertretenen

[397] Vgl. **HOMBURG; SÜTTERLIN** (1992), S. 653. Die Konkurrenzintensität zwischen den verschiedenartigen Strategischen Gruppen hängt beispielsweise vom erreichten Produktdifferenzierungsgrad, von der relativen Größe, vom Ausmaß der Unterschiedlichkeit der Strategien und insbesondere vom Grad der Zielkundenüberschneidung ab. Vgl. **PORTER** (1992a), S. 188.

[398] Zu den nachfolgenden Ausführungen vgl. **HAEDRICH; JENNER** (1995), S. 29f.

Unternehmen ist, wenn einige Unternehmen innerhalb einer Branche eine ähnliche Strategie verfolgen.

Die Anzahl und die Strukturen der Strategischen Gruppen in einer Branche sind jedoch nicht als *fixe* Größen anzusehen. Durch nachhaltige Veränderungen in der Branchenstruktur können sich bestehende Gruppen verändern und/oder neue Gruppen entstehen.[399]

Hinsichtlich der *Marktbearbeitung* einer bestimmten Strategischen Gruppe ist festzuhalten, dass die der *gleichen* Gruppe zugehörigen Unternehmen vergleichbare, nicht zwingend identische Märkte und Marktsegmente bedienen können und diese nicht notwendigerweise mit einem vergleichbaren Ressourceneinsatz bearbeitet werden müssen.[400] Zwischen den Unternehmen *unterschiedlicher* Gruppen kann es bei einer hohen Marktinterdependenz zu einem intensiven Wettbewerb um die gleichen Kunden auf der Basis ihrer jeweiligen differierenden strategischen Ausgangspositionen kommen. Demzufolge kann ein bestimmter Markt oder ein spezifisches Marktsegment nicht nur von einer einzelnen Strategischen Gruppe, sondern von einer Vielzahl von Gruppen bearbeitet werden, wobei die spezifischen Gruppenangebote aus Kundensicht untereinander austauschbar sein können.[401] Eine Analyse der Wettbewerbskonstellation erfordert somit innerhalb des Konzeptes der Strategischen Gruppen immer eine umfassende Betrachtung *sämtlicher* Gruppen, die auf dem untersuchten Markt bzw. in der analysierten Branche vertreten sind.[402]

Generell können durch das Konzept der Strategischen Gruppen nicht nur die innerhalb von Branchenstrukturen beobachtbaren *Strategieunterschiede*, sondern auch *Rentabilitätsunterschiede*[403] zwischen einzelnen Unternehmen und unterschiedlichen Strategischen Gruppen in einer Branche plausibel erklärt werden.[404] Strategieunterschiede können beispielsweise auf historisch begründeten Unterschieden bei den Ressourcen und Fähigkeiten der Unternehmen beruhen.[405] Es ist jedoch auch vorstellbar, dass Unternehmen selbst bei Gleichheit der Ressourcenausstattung unterschiedliche Strategien verfolgen, wenn sie z.B. über differierende Risikopositionen verfügen oder in ihrer jeweiligen Strategischen

[399] Vgl. **Oelsnitz** (2000), S. 1316.

[400] Vgl. **Hatten; Hatten** (1985), S. 291.

[401] Vgl. **Harrigan** (1995), S. 56.

[402] Vgl. **Bartölke** (2000), S. 60.

[403] Die empirischen Ergebnisse hinsichtlich der Rentabilitätsunterschiede zwischen Unternehmen in unterschiedlichen Strategischen Gruppen sind nicht eindeutig. In einigen Quelle finden sich derartige Unterschiede, in andere Quellen kann ein Zusammenhang zwischen Gruppenzugehörigkeit und Rentabilität nicht nachgewiesen werden. Vgl. dazu **Bongartz** (1999), S. 19 und die dort angegebene Literatur.

[404] Vgl. **Porter** (1979a), S. 214ff. und **Bongartz** (1998), S. 381ff.

[405] Vgl. **Bogner; Mahoney; Thomas** (1993), S. 19. Zum Ressourcenbegriff vgl. Kap. 3.5.2.2.2. Für eine Erläuterung des Begriffes „Fähigkeiten“ vgl. Kap. 3.5.2.2.4, S. 286.

Gruppe, im Vergleich zu einer anderen Gruppe, aufgrund der jeweiligen Gruppencharakteristika nicht ausreichend durch *Markteintrittsbarrieren*[406] vor anderen Unternehmen geschützt werden.[407]

Rentabilitätsunterschiede sind demgegenüber in der Regel eine *Folge* von Strategieunterschieden. Aufbauend auf den Erkenntnissen des *Structure-Conduct-Performance-Paradigmas*[408] der „Traditionellen Industrieökonomik" werden Rentabilitätsunterschiede zwischen Branchen und einzelnen Unternehmen im Konzept der Strategischen Gruppen durch den unterschiedlichen Einfluss der *Wettbewerbskräfte*[409] in einer Branche auf die betrachteten Unternehmen erklärt. Der Grad der Beeinflussung eines einzelnen Unternehmens in einer Strategischen Gruppe durch die Wettbewerbskräfte ergibt sich aus den jeweiligen Merkmalen der Gruppe und der Position des Unternehmens in der Gruppe.[410]

Die *Höhe* der Rentabilitätsunterschiede ist in der Regel eine Folge der innerhalb einer Gruppe verfolgten Strategieprofile, der Intensität des Wettbewerbs, des Ausmaßes der Produktdifferenzierung zwischen den Strategischen Gruppen in einer Branche und der Anzahl der in einer Branche vertretenden Gruppen.[411] Je nach Ausprägung dieser Faktoren kann eine bestimmte Strategische Gruppe die Bedürfnisse bei den Zielkunden im Vergleich zu einer anderen Gruppe besser (schlechter) befriedigen, einen höheren (geringen) Umsatz als die Konkurrenten erzielen und/oder die Produktion bzw. Vermarktung kosteneffizienter (kostenineffizienter) durchführen und damit entsprechende positive (negative) Rentabilitätswirkungen erzielen.[412]

Die Unterschiede zwischen den Strategien und Rentabilitäten verschiedener Strategischer Gruppen führen zu zwei wesentlichen Fragestellungen. Zum einen stellt sich die Frage, aus welchem Grund Unternehmen, die einer Gruppe mit geringen Profitabilitäten angehören, nicht direkt in eine rentabilitätsstärkere Gruppe wechseln. Zum anderen ist fraglich, warum nicht alle Unternehmen in einer Branche langfristig die gleiche bzw. die potenziell erfolgreichste Wettbewerbsstrategie verfolgen, sondern in unterschiedlicher Weise im Wettbewerb

---

[406] Zum Begriff der *Markteintrittsbarrieren* vgl. Kap. 2.2.4.5.

[407] Vgl. **McGee; Thomas** (1986), S. 155, **Baird; Sudharshan; Thomas** (1988), S. 425ff. und **Geroski; Gilbert; Jacquemin** (1990), S. 13.

[408] Zum *Structure-Conduct-Performance-Paradigma* vgl. Kap. 3.5.1.2.1.

[409] Zu den wesentlichen *Wettbewerbskräften in einer Branche* vgl. 3.5.1.2.2, S. 231.

[410] Vgl. **Porter** (1980), S. 142f.

[411] Vgl. **Bartölke** (2000), S. 93f.

[412] Vgl. **Oelsnitz** (2000), S. 1316 und weiterführend **Mascarenhas; Aaker** (1989), S. 489 sowie **Homburg; Sütterlin** (1992), S. 641ff.

operieren.[413] Die Beantwortung dieser Fragen wird erst durch die Einführung und Erklärung des Begriffes der sog. *Mobilitätsbarrieren* möglich.[414]

Mobilitätsbarrieren, die auch als *gruppenbildende Faktoren* bezeichnet werden,[415] stellen einen grundlegenden Bestandteil des Gruppenkonzeptes dar. Generell werden sie als strukturelle und schwer imitierbare Faktoren bezeichnet, die den Wechsel eines Unternehmens in eine andere Strategische Gruppe erschweren und die Konsolidierung der in einer Branche vertretenen Unternehmen zu einer *einzigen* Strategischen Gruppe, in der sich die Teilnehmer lediglich durch ihre jeweilige Größe unterscheiden, verhindern.[416]

Nach HOMBURG/SÜTTERLIN kann jede der in Abb. 3.14 genannten „Variablen und Dimensionen für eine Differenzierung von Unternehmen" gleichzeitig als Mobilitätsbarriere im Rahmen des Konzeptes der Strategischen Gruppen wirken.[417] Nach CAVES/PORTER stellen die *Markteintrittsbarrieren*[418] eine wesentliche Grundlage der Mobilitätsbarrieren dar.[419] Danach ergeben sich Mobilitätsbarrieren, in Analogie zu den Markteintrittsbarrieren, zum einen aus den innerhalb einer Branche geltenden Strukturbedingungen, die sämtliche dort vertretenen Unternehmen beeinflussen und zum anderen aus bestimmten unternehmerischen Maßnahmen, die zur Positionierung im Wettbewerbsumfeld durchgeführt werden und stark durch die historischen und kulturellen Unternehmensgegebenheiten geprägt werden.[420]

Im Gegensatz zu den Markteintrittsbarrieren, die sich ausschließlich auf die Möglichkeiten *neuer Wettbewerber* für einen Markteintritt auswirken, geht das Konstrukt der Mobilitätsbarrieren jedoch davon aus, dass nicht nur neue Wettbewerber, sondern insbesondere auch die bereits *etablierten Unternehmen* innerhalb einer Branche durch Barrieren in ihrer Handlungsfreiheit beeinträchtigt werden. Als weiterer Abgrenzungspunkt lässt sich festhalten, dass die innerhalb einer Branche wirkenden Mobilitätsbarrieren nicht nur Markteintritts- sondern

[413] Vgl. **OELSNITZ** (2000), S. 1316 und **FIEGENBAUM; PRIMEAUX** (1987), S. 57.

[414] Zum Begriff der *Mobilitätsbarriere* vgl. **MCGEE** (1985), S. 298.

[415] Vgl. **HOMBURG; SÜTTERLIN** (1992), S. 653.

[416] Vgl. **MASCARENHAS; AAKER** (1989), S. 476f., **CAVES; PORTER** (1977), S. 249ff., **COOL; SCHENDEL** (1988), S. 207 und **MCGEE** (1985), S. 294f.

[417] Vgl. **HOMBURG, SÜTTERLIN** (1992), S. 639.

[418] Zum Begriff der *Markteintrittsbarrieren* vgl. Kap. 2.2.4.5. Für eine vertiefende Diskussion der Markteintrittsbarrieren vgl. **PORTER** (1992a), S. 29ff.

[419] Vgl. **CAVES; PORTER** (1977), S. 254.

[420] Vgl. **BARTÖLKE** (2000), S. 84. Mobilitätsbarrieren können von Unternehmen durch strategische Entscheidungen über z.B. den Marktauftritt, die Höhe der Aufwendungen in Forschung und Entwicklung oder die organisatorische Gestaltung verändert und/oder aufgebaut werden.

zusätzlich auch *Marktaustrittsbarrieren* umfassen und damit sämtliche Hemmnisse für die Veränderung strategischer Positionen in einem Markt abbilden.[421]

Diese integrative Berücksichtigung von Marktein- und Marktaustrittsbarrieren ermöglicht eine *dynamische* Analyse der Wettbewerbskonstellation in einer Branche, da die Unterschiede zwischen den Unternehmen in einem Markt schließlich nicht durch den Markteintritt beseitigt werden, sondern auch im Zeitablauf weiterhin bestehen bleiben können. Die Untersuchung der Gruppenstrukturen in einer Branche lässt somit Rückschlüsse auf die Beschaffenheit und Grundlagen des Wettbewerbs und der resultierenden Wettbewerbsvorteile in der betrachteten Branche zu. Sie kann darüber hinaus, bei einer langfristigen und dauerhaften Betrachtung, die strategische Unternehmensplanung durch ein vertieftes Verständnis für die Dauerhaftigkeit und Veränderbarkeit von Wettbewerbsvorteilen unterstützen.[422] Ferner können derartige Analysen die Ableitung sämtlicher potenziell möglicher Wettbewerbspositionen für die Unternehmen in einer Branche zulassen, so dass in der Folge unternehmerische Wettbewerbsstrategien und -vorteile zielgerichteter eingesetzt und gestaltet werden können.[423]. Diese Erhöhung der Branchentransparenz kann zu einer Neudefinition der von einem oder mehreren Unternehmen angestrebten Zielposition im Wettbewerb führen.[424] In diesem Zusammenhang bieten sich einem Unternehmen vier grundsätzliche Veränderungsoptionen:[425]

1.) Aufbau einer neuen Strategischen Gruppe durch Besetzung einer bislang von keinem anderen Unternehmen eingenommenen Wettbewerbsposition in der Branche,

2.) Wechsel in eine rentabilitätsstärkere Strategische Gruppe in der Branche,

3.) Festigung der Wettbewerbsposition der eigenen Strategischen Gruppe innerhalb der Branche und/oder Stärkung der eigenen Position in der Strategischen Gruppe durch z.B. gezielte Investitionen in bestehende Mobilitätsbarrieren und

4.) Wechsel in eine andere Strategische Gruppe, Verbesserung der Wettbewerbsposition in der Branche und gezielte Verhinderung weiterer Unter-

---

[421] Vgl. **Mascarenhas; Aaker** (1989), S. 475ff. Für eine systematische Auflistung möglicher Mobilitätsbarrieren vgl. **Homburg; Sütterlin** (1992), S. 639. Beim Marktzutritt können z.B ein bekannter Markenname, ein Technologievorsprung in der Produktion, ein fester Kundenstamm oder die besondere Finanzkraft eines Unternehmens als Mobilitätsbarriere wirken. Spezialisierte Vermögensgegenstände oder langfristige Verträge sind als Beispiele für Mobilitätsbarrieren beim Marktaustritt anzusehen. Vgl. **Mascarenhas; Aaker** (1989), S. 475ff., **Caves; Porter** (1977), S. 249ff.,

[422] Vgl. **Homburg; Sütterlin** (1992), S. 653.

[423] Vgl. **Thomas; Gardner** (1985), S. 270.

[424] Vgl. **Fiegenbaum; Thomas** (1995), S. 462.

[425] Zu den vier nachfolgenden Optionen vgl. **Bartölke** (2000), S. 87

nehmenswechsel in die eigene Strategische Gruppe durch Stärkung und Ausbau der Mobilitätsbarrieren.

Vor der Umsetzung einer spezifischen Option sind umfangreiche Analysen, wie z.B. die Ermittlung der *relevanten* Mobilitätsbarrieren in den einzelnen Gruppen, notwendig, da die Barrierenexistenz für jedes Unternehmen in einer Branche zur Entstehung zusätzlicher Kosten und damit zu einer Verringerung des potenziell realisierbaren Ertrages führen kann.[426] In Abhängigkeit von der relativen Stärke der Strategischen Gruppe bzw. der zugehörigen Unternehmen im Wettbewerb und der Fähigkeit zum Neuaufbau und/oder zur Überwindung bestehender Mobilitätsbarrieren ergeben sich unterschiedliche Kosten für die Unternehmen in einer Branche. Damit kann das Konstrukt der Mobilitätsbarrieren als eine mögliche Erklärung für nachgewiesene *Rentabilitätsunterschiede* zwischen unterschiedlichen Strategischen Gruppen in einer Branche herangezogen werden, wenngleich es keine notwendige Bedingung für die Entstehung derartiger Unterschiede darstellt. Durch die Intensität der Mobilitätsbarrieren, die zu einem großen Teil durch das Ausmaß der investiven Wettbewerbsmaßnahmen der Gruppenmitglieder in der Vergangenheit determiniert werden,[427] wird lediglich die *potenzielle* Gruppenrentabilität festgelegt, während die *realisierten* Erfolgsbeiträge der einzelnen Gruppenunternehmen ausschließlich von der strategischen Verknüpfung der rentabilitätsrelevanten Faktoren (z.B. Ressourceneinsatz und allgemeine Wettbewerbsbedingungen) abhängen.[428]

Auf der Ebene einer einzelnen Strategischen Gruppe sind Mobilitätsbarrieren als absolute *Gruppenwechselkosten* zu interpretieren, die sich im Wesentlichen aus der mit einem potenziellen Wechsel verbundenen Aufgabe gruppenimmanenter Vorteile ergeben, während sie bei einer vergleichenden Betrachtung auf Unternehmensebene als höhere *operative Kosten* des wechselnden Unternehmens im Vergleich zu den in der neuen Gruppe bereits etablierten Unternehmen zu verstehen sind.[429] Aufgrund der mit einem Gruppenwechsel verbundenen Kosten kann die Entscheidung eines Unternehmens über eine Veränderung der Wettbewerbsstrategie immer erst dann erfolgen, wenn die Auswirkungen der bestehenden Mobilitätsbarrieren auf das *einzelne Unternehmen* langfristig abgeschätzt werden können.[430]

Die Ableitung und Kenntnis der Mobilitätsbarrieren ist jedoch nicht nur aus Kostengesichtspunkten sinnvoll und notwendig. Sie kann die Einschätzung potenzieller strategischer Handlungsspielräume und Gruppenwechselmöglichkei-

---

[426] Vgl. **Fiegenbaum; Thomas** (1995), S. 462.

[427] Vgl. **Caves; Ghemawat** (1992), S. 2.

[428] Vgl. **Bartölke** (2000), S. 84, **Caves; Ghemawat** (1992), S. 1 und **Cool; Dierickx** (1993), S. 48.

[429] Vgl. **Caves; Porter** (1977), S. 254.

[430] Vgl. **Bartölke** (2000), S. 83.

ten der *Konkurrenzunternehmen* in der Branche ermöglichen und damit das eigene strategische Verhalten in positiver Weise beeinflussen.[431] In diesem Zusammenhang ist allerdings anzumerken, dass Mobilitätsbarrieren nie eine *absolute* Sicherheit gegenüber einem Marktzutritt eines neuen Konkurrenten und keinen *umfassenden* Schutz gegenüber den anderen etablierten Wettbewerbern innerhalb einer Branche bieten, da sie durch strategische Entscheidungen eines Unternehmens, z.B. über den eigenen Marktauftritt, die Höhe der Aufwendungen in Forschung und Entwicklung oder die langfristige organisatorische Gestaltung, gezielt aufgebaut und/oder verändert werden können.[432] Mobilitätsbarrieren sind dementsprechend nicht als eine *statische* und *dauerhaft kalkulierbare Größe* anzusehen, sondern stellen ein *veränderbares Element* dar, dass sich bei einer Variation der Rahmenbedingungen in einer Branche oder durch bestimmte strategische Maßnahmen eines gruppenzugehörigen Unternehmens oder mehrerer Gruppenmitglieder verändern lässt.[433] Die Schutzwirkung der Mobilitätsbarrieren wird darüber hinaus durch die Tatsache relativiert, dass in der Regel nicht nur einzelne Unternehmen, sondern zusätzlich auch unterschiedliche Strategische Gruppen in einer Branche als Wettbewerber um identische Märkte oder Marktsegmente auftreten.[434]

Vor dem Hintergrund der vorhergehenden Ausführungen zum Konzept der Strategischen Gruppen kann *zusammenfassend* festgehalten werden, dass es als eine wesentliche Ergänzung der „Traditionellen Industrieökonomik“ anzusehen ist. Durch die explizite Berücksichtigung von spezifischen Unternehmensdaten und Aspekten der Unternehmensorganisation stellt es, neben dem *Konzept der Contestable Markets*[435], eine weitere Denkrichtung dar, die zwar einerseits auf dem industrieökonomischen Gedankengut aufbaut, sich aber andererseits deutlich an eine betriebswirtschaftliche Sichtweise annähert.[436]

Das Konzept eignet sich zur Ableitung von Informationen über die künftige Entwicklung der Wettbewerbssituation in einer Branche und zur Entwicklung möglicher unternehmerischer Maßnahmen zur aktiven Gestaltung des Wettbewerbs und stellt damit ein geeignetes Instrument zur Beantwortung wesentlicher Fragestellungen im Rahmen der strategischen Wettbewerbsanalyse dar.[437]

Einschränkend ist an dieser Stelle jedoch anzumerken, dass das Konzept der Strategischen Gruppen, trotz der dargestellten Vorteile und Möglichkeiten, einige grundlegende Problembereiche beinhaltet. Beispielsweise konnte bis heute

---

[431] Vgl. **Homburg; Sütterlin** (1992), S. 654.
[432] Vgl. **Caves; Ghemawat** (1992), S. 2.
[433] Vgl. **Porter** (1980), S. 134.
[434] Vgl. **Bartölke** (2000), S. 86.
[435] Zur Darstellung des *Konzeptes der Contestable Markets* vgl. Kap. 3.5.1.2.1, S. 228.
[436] Vgl. **Homburg; Sütterlin** (1992), S. 657.
[437] Vgl. **Gaitanides; Westphal** (1995), S. 104 und **Homburg; Sütterlin** (1992), S. 654.

nicht eindeutig geklärt werden, ob bestimmte branchenspezifische Schlüsselvariablen und Strategie- und Ressourcendimensionen theoriegestützt als grundsätzlich gegeben anzusehen sind oder ob sie erst durch eine spezifische empirische Branchenanalyse abgeleitet werden können.[438] Darüber hinaus wird die Auswahl der *richtigen* Schlüsselvariablen zur Abgrenzung der Strategischen Gruppen durch die Tatsache erschwert, dass derartige Variablen zum einen in der Regel von branchenspezifischen Rahmenbedingungen abhängig sind (und somit nicht allgemein gültig abgeleitet werden können) und zum anderen so bedeutend sein müssen, dass sie sich als geeignetes Kriterium zur Abgrenzung der Strategischen Gruppen in einer Branche eignen und, im Hinblick auf die Gruppenzugehörigkeiten, als Mobilitätsbarrieren wirken.[439]

Trotz dieser Einschränkungen stellt das Konzept der Strategischen Gruppen ein hilfreiches Konstrukt für die Analyse alternativer Strategieoptionen dar, da es die zielorientierte Ermittlung der Unternehmensposition im Wettbewerb ermöglicht und eine gute Basis und Heuristik für eine systematische und plausible Ableitung der Stärken und Schwächen von Unternehmen im Vergleich zu den Wettbewerbern zur Verfügung stellt.

3.5.1.3 Kritische Würdigung der Industrieökonomik

Wie die vorhergehenden Ausführungen zu den industrieökonomischen Kerndeterminanten gezeigt haben, handelt es sich bei der Industrieökonomie, im Gegensatz zum Strategischen Management, um einen deterministischen und makroökonomisch orientierten Theorieansatz, dessen Anliegen weniger die Ableitung *einzelwirtschaftlicher Gestaltungsoptionen* als vielmehr die Identifizierung und Erklärung struktureller ökonomisch-technischer Erfolgsfaktoren auf *Branchenebene* ist.[440] Diese Tatsache führt zu der Erkenntnis, dass z.B. die im Mittelpunkt der vorliegenden Arbeit stehenden Möglichkeiten für eine erweiterte Form der Zusammenarbeit *einzelner* Unternehmen im Zeitablauf mit Hilfe der „Traditionellen Industrieökonomik" nur sehr eingeschränkt erklärt werden können. Die in der klassischen Industrieökonomik vorherrschende Betrachtung der Unternehmen als *Black Boxes*[441], durch die strategische Verhaltensweisen und unterschiedliche Organisationsformen von Unternehmen von vornherein ausgeschlossen werden, macht eine Analyse bzw. tiefergehende Erklärung von Interaktionen zwischen Unternehmen im Rahmen kooperativer, unternehmensübergreifender Organisationsformen nicht oder nur auf einer sehr generischen Ebene möglich.[442]

---

[438] Vgl. **Gaitanides; Westphal** (1995), S. 103f. und die dort angegebene Literatur.
[439] Vgl. **Homburg; Sütterlin** (1992), S. 639.
[440] Vgl. **Porter** (1981), S. 609ff.
[441] Zur *Black Box Betrachtung* der Unternehmen in der traditionellen Industrieökonomik vgl. Kap. 3.5.1.1, S. 223 und die dortigen Literaturangaben.
[442] Vgl. **Blecker** (1999), S. 186.

Zudem ist kritisch anzumerken, dass die „Traditionelle Industrieökonomik" die im Rahmen einer Zusammenarbeit von Unternehmen nicht unerheblichen *Synergieeffekte*[443] gänzlich von einer Analyse ausschließt, keine unterschiedlichen Organisationsformen von Unternehmen in die Betrachtungen integriert und von einer realitätsfernen Homogenität der Unternehmen hinsichtlich der Ressourcenausstattung ausgeht. Strategische Entscheidungen von Unternehmen basieren jedoch vielfach auf genau diesen Faktoren, so dass erfolgsversprechende Unternehmensstrategien mit Hilfe der „Traditionellen Industrieökonomik" kaum bzw. überhaupt nicht abgeleitet und analysiert werden können.[444]

Erst durch die dargestellten weiter gehenden Arbeiten von PORTER und sein *Konzept der Wettbewerbsstrategien*[445], durch das *Konzept der Contestable Markets*[446] von BAUMOL und durch das *Konzept der Strategischen Gruppen*[447] wird eine umfassendere Anwendung der industrieökonomischen Erkenntnisse auf strategische Fragestellungen möglich.[448] Dadurch werden die *Strukturen* in einer Branche als endogene Größe bzw. Gegenstand von Unternehmensstrategien betrachtet, die Berücksichtigung von *Synergieeffekten* gewährleistet und die weit reichende Bedeutung des *potenziellen Wettbewerbs* hervorgehoben.[449] Darüber hinaus wird auch die besondere Relevanz bestimmter unternehmerischer *Schlüsselvariablen* und unternehmens- bzw. bracheninduzierter *Markt- und Mobilitätsbarrieren* für strategische Entscheidungen eines Unternehmens in die Analysen integriert.[450] Nur bei einer integrativen Berücksichtigung dieser Theorieergänzungen kann aus einer industrieökonomischen Perspektive jede Form der Zusammenarbeit von Unternehmen als Mittel zur einseitigen Veränderung von Marktstrukturen erklärt werden, die neben der Generierung von Kostensenkungseffekten bzw. der Verringerung unternehmerischer Risiken eine gezielte Reduktion des Wettbewerbs ermöglichen soll.[451] Vor diesem Hintergrund lässt sich kritisch anmerken, dass die Industrieökonomik nur dank ihrer konzeptionellen Weiterentwicklungen auf einer *generischen* Ebene dazu beitragen *kann*, mögliche Wege für ein erfolgreiches *Konkurrenzverhalten* von Unternehmen abzuleiten, die im Rahmen strategischer Entscheidungen von besonde-

---

[443] Zum Begriff des *Synergieeffektes* vgl. Kap. 2.2.4.2.

[444] Vgl. **BLECKER** (1999), S. 189f.

[445] Zum *Konzept der Wettbewerbsstrategien* vgl. Kap. 3.5.1.2.2.

[446] Zum *Konzept der Contestable Markets* vgl. Kap. 3.5.1.2.1, S. 228.

[447] Zum Konzept der *Strategischen Gruppen* vgl. Kap. 3.5.1.2.3.

[448] Eine umfassende Analyse der Anwendbarkeit der industrieökonomischen Kerndeterminanten auf strategische Fragestellungen erfolgt im nachfolgenden Kap. 3.5.1.4.

[449] Vgl. **BLECKER** (1999); S. 189 und **PORTER** (1991), S. 99ff.

[450] Vgl. **BAUMOL** (1982), S. 1ff.

[451] Vgl. **PORTER; FULLER** (1989), S. 371ff. Für eine ausführliche Darstellung der allgemeinen ökonomischen Ziele und Gründe für die Bildung einer Strategischen Allianz als eine mögliche Form der Unternehmenskooperation und der sich aus der unternehmerischen Zusammenarbeit ergebenden Effekte vgl. Kap. 2.2.4.

rer Bedeutung sein können. Die *konkrete* Anwendbarkeit des industrieökonomischen Gedankengutes hängt jedoch im Wesentlichen von der spezifischen strategischen Fragestellung und dem Betrachtungsfokus der Entscheider ab. Trotz der theoretischen Erweiterungen beinhaltet die Industrieökonomik in ihrer heutigen Form noch methodische Unzulänglichkeiten und Probleme, von denen nachfolgend einige Beispiele genannt werden:[452]

1.) Bis heute ist nicht eindeutig geklärt, wie Strategische Gruppen voneinander abgegrenzt und operationalisiert werden können und welche Ursachen Rentabilitätsunterschiede innerhalb einer Strategischen Gruppe haben können.

2.) Die heutige Industrieökonomik geht immer noch von einer weitgehend statischen Branchen- und Gruppenbetrachtung aus, obwohl diese immer gewissen zeitlichen Veränderungen unterliegen.

3.) Die heutige Industrieökonomik bezieht sich in ihren Ausführungen, trotz einer fortschreitenden Globalisierung von Unternehmenstätigkeiten, immer noch überwiegend auf regional oder national klar abgegrenzte Märkte.

4.) Die heutige Industrieökonomik gibt immer noch keinen Aufschluss über den Anteil unterschiedlicher Unternehmensressourcen und -fähigkeiten an der Ableitung von Wettbewerbsstrategien.

5.) Die heutige Industrieökonomik vernachlässigt die Tatsache, dass viele Unternehmen nicht ausschließlich aus einer Gesamtunternehmenssicht operieren, sondern einzelne Strategische Geschäftsfelder im Mittelpunkt des Interesses stehen, die in der Regel in unterschiedlichen Branchen tätig sind, so dass sich Unternehmens- und Branchenzuordnungen überschneiden.

Trotz der genannten Defizite stellt die Industrieökonomik einen wichtigen Bestandteil der betriebswirtschaftlichen Strategieforschung dar, deren Unzulänglichkeiten hinsichtlich betrieblicher Fragestellungen häufig durch die Berücksichtigung zusätzlicher Theorien überwunden oder verringert werden können.

Nachfolgend werden die erläuterten industrieökonomischen Kerndeterminanten auf ihre Anwendbarkeit im Hinblick auf Fragen des Ausbaus Strategischer Allianzen und die Entwicklung kooperierender Unternehmen analysiert. Mit Hilfe der Analyse soll nachgewiesen werden, dass sich die theoretischen Erkenntnisse der Industrieökonomik, trotz der dargelegten Defizite, tatsächlich auf praxisorientierte Fragestellungen anwenden lassen. Darüber hinaus ist die Konfrontation des industrieökonomischen Gedankengutes mit der Themenstellung der Arbeit als Vorstufe zu der in Kapitel vier erfolgenden Ableitung allgemein gültiger Entscheidungsfaktoren anzusehen, die im Rahmen der Auswahl einer Allianzausbaualternative von den Entscheidungsträgern zu berücksichtigen sind.

---

[452] Zu den nachfolgenden Ausführungen vgl. **OELSNITZ** (2000), S. 1318.

3.5.1.4 Anwendbarkeit der Industrieökonomik auf den Ausbau Strategischer Allianzen und die Entwicklung kooperierender Unternehmen

3.5.1.4.1 Anwendbarkeit des Structure-Conduct-Performance-Paradigmas

Die einseitige Argumentationskette des *traditionellen* Structure-Conduct-Performance-Paradigmas, dass ein strategisches Verhalten von Unternehmen weitgehend ausschließt, stellt ein wesentliches Hindernis für die Ableitung allgemein gültiger Aussagen zum Ausbau Strategischer Allianzen und die Entwicklung kooperierender Unternehmen dar. Unternehmen würden sich danach im Rahmen ihrer strategischen Entwicklung immer nur an die Veränderungen bestimmter struktureller Gegebenheiten in der jeweiligen Branche anpassen, so dass ein proaktives vorausschauendes Handeln, dem im Zusammenhang mit Allianzausbau- und Unternehmensentwicklungsentscheidungen eine zentrale Bedeutung zukommt, von vornherein ausgeschlossen wird.[453] Der (weitere) Ausbau eines bestehenden Allianzbündnisses und die Entwicklung eines Unternehmens über eine (fortgesetzte) Beteiligung an einer Strategischen Allianz sind zwar im Argumentationsrahmen des traditionellen Structure-Conduct-Performance-Paradigmas grundsätzlich möglich, werden aber letztlich für die wettbewerbliche Positionierung und Zukunftssicherung eines Unternehmens als nicht relevant eingestuft.

Erst die Erweiterung des traditionellen Paradigmas durch das *Konzept der Contestable Markets* von BAUMOL, PANZAR und WILLIG mit der darin enthaltenen Betrachtung der potenziellen Konkurrenz und der Berücksichtigung von Verbundeffekten sowie durch das *Konzept der Wettbewerbsstrategien* von PORTER und der darin vorgenommenen Revision der klassischen Wirkungskette ergibt sich eine realitätsnähere Anwendbarkeit des Paradigmas im Zusammenhang mit strategischen Fragestellungen und Entscheidungen, da durch diese Erweiterungen wettbewerbsstrategische Überlegungen und Verhaltensweisen von Unternehmen überhaupt erst möglich werden.[454] Unternehmen können danach durch ihr individuelles Verhalten, z.B. durch eine Intensivierung ihrer Beteiligung an einer Strategischen Allianz oder durch ihr Mitwirken an einer Stärkung der Wettbewerbsposition des gesamten Allianzbündnisses, eine Veränderung der Branchenstruktur herbeiführen. Für den Ausbau einer Strategischen Allianz sind jedoch nicht nur die durch die jeweiligen Allianzunternehmen induzierten Veränderungen der Branchenstruktur von Bedeutung, sondern auch die Veränderungen der Branchenstruktur durch bestimmte allianzexterne Entwicklungen, wie beispielsweise eine Veränderung der Kundenwünsche im Zeitablauf, staat-

[453] Vgl. **PORTER** (1979a), S. 214.

[454] Vgl. **MINDERLEIN** (1993), S. 170ff. und **SCHERER; ROSS** (1990), S. 4ff.

liche Eingriffe in bestimmte Marktabläufe oder politische Veränderungen.[455] Der Ausbau einer Strategischen Allianz ist dementsprechend aus Sicht des einzelnen Allianzunternehmens, in der Argumentation des modifizierten Structure-Conduct-Performance-Paradigmas[456], zum einen als *Reaktion* auf Veränderungen in den Marktstrukturen zu interpretieren, die der dauerhaften Festigung der jeweiligen Wettbewerbsposition und wirtschaftlichen Ergebnisse dient. Zum anderen kann der Ausbau einer Strategischen Allianz von den beteiligten Unternehmen aber auch *proaktiv* eingesetzt werden, um die Struktur in der jeweiligen Branchen gezielt zur Erzielung dauerhafter Wettbewerbsvorteile zu verändern. Abb. 3.15 veranschaulicht den Aussagegehalt des *modifizierten* Structure-Conduct-Performance-Paradigmas in diesem konkreten Zusammenhang.

Abb. 3.15: *Struktur-Verhaltens-Ergebnis-Hypothese zum Ausbau Strategischer Allianzen im modifizierten Structure-Conduct-Performance-Paradigma*[457]

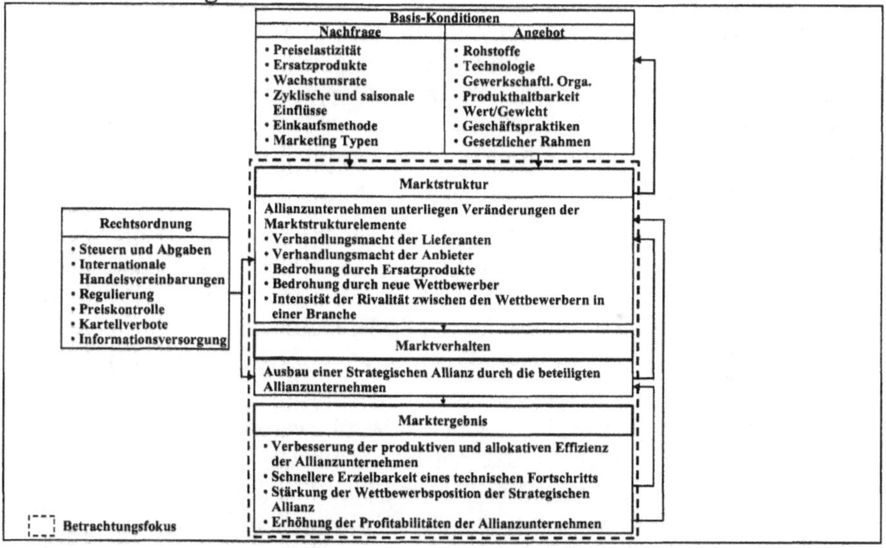

(In Anlehnung an: HAMMES (1994), S. 110, SCHERER (1980), S. 4 und SCHERER; ROSS (1990), S. 5)

---

[455] Zu den möglichen Ursachen für eine Veränderung der Marktstruktur vgl. **HAMMES** (1994), S. 109.

[456] Zum *modifizierten Structure-Conduct-Performance-Paradigma* vgl. Abb. 3.10, S. 230.

[457] Die Darstellung der Branchenstruktur basiert auf den Wettbewerbskräften, die in der Branchenstrukturanalyse von PORTER genannt werden, und den Erkenntnissen des Konzeptes der Contestable Markets von BAUMOL, PANZAR und WILLIG. Zur *Branchenstrukturanalyse* bzw. zum *Konzept der Contestable Markets* vgl. Kap. 3.5.1.2.2, S. 231 bzw. Kap. 3.5.1.2.1, S. 228.

Insgesamt kann im Hinblick auf die Anwendbarkeit des Structure-Conduct-Performance-Paradigmas auf Allianzausbau- und Unternehmensentwicklungsfragen festgehalten werden, dass das gegenüber seiner traditionellen Version modifizierte Paradigma mit der *allianz- und umfeldinduzierten Veränderung der Branchenstruktur* eine erste Begründung für den Ausbau Strategischer Allianzen und strategische Entwicklung kooperierender Unternehmen liefern kann.

Darüber hinaus veranschaulicht es generelle Branchenzusammenhänge, durch die bestimmte Sachverhalte im Zusammenhang mit der Beurteilung von Entwicklungsalternativen für ein Allianzbündnis oder ein Allianzunternehmen besser strukturiert und in ihrer Komplexität reduziert werden können, wenngleich das einzelne Unternehmen als Analyseeinheit in der industrieökonomischen Forschung aufgrund der immer noch bestehenden Dominanz der Branchenausrichtung bisher vergleichsweise selten betrachtet wird.[458]

Das Paradigma stellt jedoch auch in seiner überarbeiteten Form ausdrücklich *keine* Aussagen zur *spezifischen* Gestaltung des weiteren Entwicklungspfades eines Unternehmens zur Verfügung und ist somit im Hinblick auf eine *konkrete* Entscheidungssituation im Zusammenhang mit Fragen des Ausbau Strategischer Allianzen und der externen Unternehmensentwicklung kooperierender Unternehmen immer nur sehr eingeschränkt verwendbar.

3.5.1.4.2 Anwendbarkeit des Konzepts der Wettbewerbsstrategien

Grundsätzlich besteht für jede der drei tragenden Säulen des Konzeptes der Wettbewerbsstrategien die Möglichkeit, dass sie sich auf die Themenstellung der vorliegenden Arbeit anwenden lässt. Aus diesem Grund ist es sinnvoll, nachfolgend jede einzelne Säule auf ihren Erklärungsbeitrag zu analysieren:

1.) *Branchenstrukturanalyse*: Hinsichtlich der Anwendbarkeit der *Branchenstrukturanalyse* kann festgestellt werden, dass das Analyseverfahren mit den darin enthaltenen fünf unterschiedlichen Wettbewerbskräften für das Thema der Arbeit eine sinnvolle strukturierende Heuristik darstellt und sich jede Wettbewerbskraft als Grundlage für eine plausible Begründung eines Allianzausbaus erweisen kann, wie die nachfolgenden Ausführungen zeigen:[459]

   a.) *Rivalität unter den bestehenden Wettbewerbern in der Branche*: Auf der Basis einer industrieökonomischen Sichtweise ist es für die in einer Branche vertretenen Allianzunternehmen immer sinnvoll, den Wettbewerb bzw. die gegenseitige Rivalität untereinander durch entsprechende Maßnahmen zu verringern. In diesem Zusammenhang kann der Ausbau einer Strategische Allianz zu einer weiteren Veränderung der Branchen-

---

[458] Vgl. **Hammes** (1994), S. 104f.

[459] Zu den einzelnen Wettbewerbskräften innerhalb der Branchenstrukturanalyse vgl. Kap. 3.5.1.2.2, S. 231ff.

struktur und, durch die nachhaltige Entwicklung gemeinsamer Standards, zur weiteren Erhöhung der Branchenzutrittsbarrieren beitragen.[460]

Umgekehrt ist es jedoch auch möglich, dass es (neuen) Konkurrenzunternehmen durch einen Allianzausbau mit den daraus resultierenden Rivalitätsverschiebungen gelingen kann, die bestehenden Markteintrittsbarrieren zu überwinden und damit einen neuen Marktzugang zu erschließen.[461]

b.) *Verhandlungsmacht der Abnehmer*: Durch den Ausbau einer Strategischen Allianz kann es zu einer weiteren Einschränkung der Verhandlungsmacht der *allianzexternen* Unternehmen kommen, die die von den Allianzunternehmen erstellten Güter oder Leistungen abnehmen. Dies liegt insbesondere daran, dass Allianzmitglieder häufig ihre Güter und Leistungen nur mit den Partnerunternehmen austauschen. Im *allianzinternen* Verhältnis spielen derartige ausbauinduzierte Abhängigkeiten und Machtaspekte nur eine untergeordnete Rolle, da die Ausnutzung von Machtgefällen schnell zu einem Allianzausschluss führen kann. Darüber hinaus verringert die häufig bereits im Allianzvertrag festgelegte Sanktionierung eines einseitigen Allianzausstieges die Verhandlungsmacht einzelner Unternehmen in einem Allianzbündnis und führt zu einer nachhaltigen Sicherung der allianzinternen Absatzmärkte.[462]

c.) *Verhandlungsstärke der Lieferanten*: Der Ausbau einer Strategischen Allianz kann auch zu einer (weiteren) Einschränkung der Verhandlungsmacht der *allianzexternen* Lieferanten führen. Bei einer optimierten Koordination der allianzinternen Zusammenarbeit im Rahmen eines Allianzausbaus können die Allianzunternehmen in der Regel bestimmte Einkäufe besser bündeln und diese Bündelung zu weiteren Preissenkungen nutzen.

d.) *Bedrohung durch Ersatzprodukte*: Der Ausbau einer Strategischen Allianz kann sich für viele Unternehmen deshalb anbieten, da sie dadurch den unternehmensübergreifenden Informationsaustausch bewahren, den gegenseitigen Ressourcenzugriff und eine effiziente Produktdifferenzierung absichern, eine konkurrenzfähige Preispolitik auch weiterhin erleichtern und insgesamt die Gefahr der Substitution durch Konkurrenzprodukte dauerhaft auf einem niedrigen Niveau halten können.[463]

e.) *Bedrohung durch potenzielle neue Konkurrenten*: Der Ausbau einer Strategischen Allianz zwischen bereits etablierten Unternehmen in einer Branche kann auch als Maßnahme zum gezielten Ausbau bestehender Markteintrittsbarrieren interpretiert werden. Die ausbauinduzierte Stär-

[460] Vgl. **KÜBLI** (1990), S. 71.
[461] Vgl. **BRONDER** (1993), S. 28ff.
[462] Vgl. **KRONEN** (1994), S. 212.
[463] Für eine vergleichbare Argumentation vgl. **BLECKER** (1999), S. 93.

kung der allianzinternen Beziehungen führt zu wechselseitigen Ressourcenzugriffen, durch die die Allianzunternehmen in die Lage versetzt werden, in umfangreicherer Weise auf die Handlungen neuer Konkurrenten reagieren zu können. Ein Allianzausbau kann sich also auch deshalb anbieten, um das Markteintrittsrisiko für neue Unternehmen so weit zu erhöhen, dass sie letztlich auf einen Markteintritt verzichten (müssen).[464]

Die Ausführungen zu den einzelnen Wettbewerbskräften zeigen, dass die in einer Strategischen Allianz zusammengeschlossenen Unternehmen durch die Branchenstrukturanalyse wesentliche Begründungen für die Sinnhaftigkeit eines Allianzausbaus gewinnen können. Durch eine Auseinandersetzung mit der Branchenstrukturanalyse können die Allianzunternehmen eine Vielzahl von Informationen für eine gezielte Beeinflussung der Wettbewerbskräfte während und nach der Umsetzung eines Allianzausbaus ableiten und erhalten dadurch eine gute Möglichkeit, bestimmte Branchenstrukturen konsequent und nachhaltig zum eigenen Vorteil zu verändern. Dabei gilt, dass jede strategische Entscheidung, die zu einer Veränderung eines Allianzbündnisses führt, die Wirkung jeder einzelnen Wettbewerbskraft sowohl deutlich verstärken als auch umfangreich verringern kann.[465]

2.) *Generische Wettbewerbsstrategien*: In Bezug auf die Anwendbarkeit der generischen Wettbewerbsstrategien kann festgestellt werden, dass sich *jede* der vier Strategiearten (Kostenführerschaft, Differenzierung, Kostenfokussierung und Differenzierungsfokussierung) für den Ausbau einer Strategischen Allianz im konkreten Anwendungszusammenhang als vorteilhaft herausstellen *kann*. Je nach spezifischer Ausgangssituation der Allianzunternehmen und des Allianzbündnisses werden die Voraussetzungen der Umsetzbarkeit einer der generischen Strategie durch einen Allianzausbau erfüllt bzw. nicht erfüllt, so dass sich Vorziehenswürdigkeit *einer* Strategie ergibt:

a.) *Kostenführerschaftsstrategie*: Generell hat eine Kostenführerschaftsstrategie die Realisierung *relativer Kostenvorteile* gegenüber den Wettbewerbern und die Sicherung dauerhafter Wettbewerbsvorteile zum Ziel.[466] Derartige Kostenvorteile können beispielsweise durch die Ausnutzung günstiger Zugänge zu den Produktionsfaktoren entstehen.[467] Dabei ist eine Kostenführerschaftsstrategie u.a. immer nur bei einem hohen eigenen Marktanteil und einer hohen Durchdringung des Marktes umsetzbar.[468]

---

[464] Vgl. **PORTER** (1998a), S. 12f.

[465] Vgl. **KRONEN** (1994), S. 211f.

[466] Vgl. **CORSTEN; WILL** (1995), S. 120.

[467] Vgl. **PORTER** (1989a), S. 21f., **PORTER** (1992a), S. 63ff und **PORTER** (1998a), S. 35ff. Für eine Aufzählung weiterer Beispiele, die als Grundvoraussetzungen für Umsetzbarkeit einer Kostenführerschaftsstrategie gelten, vgl. Kap. S.

[468] Vgl. **CORSTEN** (1998), S. 94f. und **PORTER** (1998a), S. 35f.

Im Zuge der Umsetzung einer Kostenführerschaftsstrategie kann der Ausbau einer Strategischen Allianz von den daran beteiligten Unternehmen vorgenommen werden, um die eigenen unternehmensindividuellen und die allianzspezifischen Marktanteile in den jeweils bearbeiteten Märkten weiter zu erhöhen bzw. zu einer höheren Durchdringung der relevanten Märkte zu gelangen. Durch den Ausbau wird sich die verfügbare Ressourcenbasis der Allianzunternehmen in der Regel vergrößern, so dass eine wesentliche Voraussetzung für eine Marktanteilserhöhung bzw. Marktdurchdringungsverbesserung erfüllt wird.[469] Der Ausbau einer Strategischen Allianz kann zudem die mit einer Kostenführerschaftsstrategie verbundenen Risiken reduzieren.[470] Beispielsweise ermöglicht die durch einen Allianzausbau induzierte Erweiterung der unternehmerischen Zusammenarbeit eine weit reichendere Abstimmung der Partner in kritischen Bereichen, so dass die Risiken aus einer Wertminderung der getätigten Investitionen im Zeitablauf bzw. einer nicht rechtzeitigen Produkterneuerung weiter verringert werden können.[471]

b.) *Differenzierungsstrategie*: Für ein Allianzunternehmen, dass eine Differenzierungsstrategie verfolgt, kann der Ausbau einer Strategischen Allianz zu einer weiteren Verringerung der Strategierisiken beitragen. Bei einer verbesserten allianzinternen Koordination als Resultat eines Allianzausbaus kann das einzelne Allianzunternehmen schneller und unmittelbarer auf die Ressourcen der Allianzpartner zugreifen und damit die Gefahr einer nicht ausreichenden Vorbereitung und/oder Überforderung durch veränderte Kundenpräferenzen verringern. Darüber hinaus kann ein Allianzausbau zu einer Verbesserung der Bündelung von Nachfragemengen und zu einer wechselseitigen Optimierung von Produktionsprozessen beitragen, so dass die Gefahr von Kostensteigerungen bei den Inputfaktoren mitunter weiter reduziert werden kann.

c.) *Konzentrationsstrategien*: Der Ausbau einer Strategischen Allianz bietet gerade für kleinere Unternehmen, die eine der beiden Konzentrationsstrategien verfolgen, die Möglichkeit, durch die ausbauinduzierte Verbesserung des allianzinternen Informationsflusses und -austauschs und den größeren Ressourcenzugriff eine bessere und rentablere Marktsegmentierung vornehmen zu können. Kleine Unternehmen können demnach, unter

[469] Zur *Verbesserung und Erweiterung des Ressourcenzugangs* als Ziel einer Strategischen Allianz vgl. Kap. 2.2.4.3.

[470] Zur *Risikoteilung* als Ziel einer Strategischen Allianz vgl. Kap. 2.2.4.8.

[471] Die Aufteilung der Durchführung bestimmter Investitionen oder Produkterneuerungen zwischen zusammenarbeitenden Unternehmen kann z.B. zu einer Verbesserung der Kapitalausstattung und des Produktprogrammes sämtlicher Partnerunternehmen führen, ohne zwingend weitere Kostenreduzierungen umsetzen zu müssen. Vgl. **Blecker** (1999), S. 161.

Beibehaltung ihrer großen Flexibilität, über den Ausbau ihrer Allianzbeteiligung mit einer größeren Effektivität in einem Branchensegment auftreten und erhalten unter Umständen im Zuge des Allianzausbaus sogar die Option, durch die Nutzung der Allianzressourcen eine branchenweite Strategie verfolgen zu können.[472]

Wie die vorhergehenden Ausführungen gezeigt haben, richtet sich der Grad der Vorteilhaftigkeit und Vorziehenswürdigkeit einer spezifischen Strategie im Rahmen eines Allianzausbaus immer nach der jeweiligen strategischen Ausgangsposition und der absehbaren ausbauinduzierten Effekte auf das einzelne Allianzunternehmen und das Allianzbündnis. Wenngleich das Konzept der generischen Wettbewerbsstrategien einige Schwächen aufweist, wie z.B. die Alternativhypothese[473], eignet es sich in besonderer Weise für eine grundlegende *Strukturierung* der strategischen Fragestellungen und kann als entscheidungsunterstützender *Bezugsrahmen* bei der Auswahl einer Ausbau- bzw. Entwicklungsalternative für das Allianzbündnis bzw. die Allianzunternehmen herangezogen werden. Die Generik des Aussagensystems ermöglicht jedem Unternehmen eine vergleichsweise einfache *Definition* der eigenen strategischen Ausgangs- und Zielpositionierung in den bisher bearbeiteten Märkten und eine darauf aufbauende plausible Herleitung möglicher weiterer Entwicklungsschritte mit den dabei zu berücksichtigenden Faktoren.

Vor dem Hintergrund einer industrieökonomischen Sichtweise sind im Zusammenhang mit dem Ausbau eines Allianzbündnisses unter *wettbewerbsstrategischen Gesichtspunkten* insbesondere die nachfolgend genannten Bereiche von den Allianzunternehmen zu definieren:[474]

a.) Die *geografische Festlegung* der zu bearbeitenden Märkte, auf denen *künftig* die hergestellten Güter und Leistungen angeboten werden sollen,

b.) die zu bedienenden *Branchen* bzw. *branchenspezifischen Segmente*,

c.) die anstrebten *Güter- und Leistungsmerkmale* hinsichtlich Zuverlässigkeit, Sicherheit, Effizienz und Qualität und

d.) die *Kundenbedürfnisse*, die mit den eigenen Produkten befriedigt werden sollen.

Darauf aufbauend ist es für jedes Allianzunternehmen zwingend notwendig, eine Antwort auf die Frage zu finden, inwieweit die angestrebten Marktpositionierungen, Kundengruppen und Produkteigenschaften durch die modifi-

[472] Für eine vergleichbare Argumentation vgl. **Blecker** (1999), S. 163f., der seine Ausführungen jedoch nicht explizit auf Strategische Allianzen, sondern auf die von ihm entwickelte „Unternehmung ohne Grenzen" diskutiert.

[473] Zum Begriff der *Alternativhypothese* vgl. Kap. 3.5.1.2.2, S. 240.

[474] Zu den nachfolgenden Ausführungen vgl. **Köhler; Hüttemann** (1989), Sp. 1428 und **Hellfeier** (2001), S. 230.

zierte Partizipation an der bereits bestehenden Strategischen Allianz erreicht werden können. Erst nach einer derartigen Analyse ergibt sich für die einzelnen Allianzunternehmen die Möglichkeit, den Ausbau einer Strategischen Allianz unter wettbewerbsstrategischen Gesichtspunkten so zu gestalten, dass sowohl die eigene Marktposition als auch die Wettbewerbsposition der Strategischen Allianz als Ganzes gegenüber anderen Allianzbündnissen gezielt gestärkt werden können.

3.) *Wertschöpfungskettenanalyse*: Für die inhaltliche Auseinandersetzung mit dem Ausbau von Strategischen Allianzen stellt auch die Wertschöpfungskettenanalyse nach PORTER ein hilfreiches Instrumentarium zur Verfügung, wenngleich sie grundsätzlich auf die Betrachtung eines einzelnen Unternehmens und nicht auf einen Zusammenschluss oder eine Allianz mehrerer Unternehmen ausgerichtet ist. Die Anwendung der Wertschöpfungskette ermöglicht die Identifikation der wesentlichen nutzenstiftenden Tätigkeiten der Unternehmen innerhalb eines Allianzverbundes und die Ableitung der jeweiligen Differenzierungs- bzw. Kostensenkungsmöglichkeiten gegenüber anderen allianzexternen Unternehmen oder Strategischen Allianzen. Durch die permanente umfassende Wertschöpfungsanalyse aller an einer Strategischen Allianz beteiligten Unternehmen und den ständigen wechselseitigen Austausch der dadurch gewonnenen Informationen werden die Wirkungen anstehender Ausbauentscheidungen bzw. -prozesse für jedes einzelne Allianzunternehmen bereits vor der Entscheidungsumsetzung transparent. Damit können unter Umständen langwierige Entscheidungsprozesse verhindert und Bedenken gegen mögliche Ausbaualternativen plausibel ausgeräumt werden.

Vor diesem Hintergrund kann der Ausbau eines Allianzbündnisses als Maßnahme der Allianzunternehmen angesehen werden, den wechselseitigen Zugang zu den nutzenstiftenden Wertschöpfungsaktivitäten der Partnerunternehmen weiter zu erhalten bzw. zu sichern, die unternehmensspezifischen Wertschöpfungsketten nachhaltig zu verbessern und letztlich die Position und den Einfluss der einzelnen Allianzunternehmen innerhalb der eigenen Wertschöpfungskettensysteme zu erhöhen.[475] Jeder Allianzausbau führt dementsprechend immer zu einer Beeinflussung der *Primär- und Unterstützungsaktivitäten*[476] eines Allianzunternehmens. Sie sind daher nicht nur vor der erstmaligen Beteiligung an einer Strategischen Allianz entsprechend anzupassen, sondern erfordern auch im weiteren Verlauf der Allianzzusammenarbeit eine ständige Abstimmung mit den Partnerunternehmen. Die resultierenden Anpassungs- und Abstimmungsmechanismen sind als ein wesentlicher Grund für die Tatsache anzusehen, dass kooperierende Unterneh-

475 Vgl. **PORTER** (1998a), S. 34ff.

476 Zum Begriff der *Primär- und Unterstützungsaktivitäten* vgl. Kap. 3.5.1.2.2, S. 241.

men häufig zur Neuentwicklung bisher nicht bestehender Wertschöpfungsaktivitäten in der Lage sind.[477]

Diese neuen *kooperationsindividuellen* Wertschöpfungsaktivitäten können sich durch mehrere Faktoren innerhalb einer Strategischen Allianz ergeben, beruhen aber im Wesentlichen auf dem besonderen Informationsaustausch zwischen den Partnerunternehmen. Die *weitere* Optimierung der allianzinternen Interaktionen über eine ausreichende *Interaktionsplanung und -kontrolle* wird so zu einer besonders wichtigen Wertschöpfungsaktivität für die Allianzunternehmen im Rahmen eines Allianzausbaus. Eine nachhaltig erfolgreiche Strategische Allianz ist schließlich nur dann möglich, wenn die unternehmensübergreifenden Beziehungen durch eine zentrale Instanz dauerhaft gepflegt werden. Sie kann zur Optimierung des Informationsaustausches über die Wertschöpfungsaktivitäten der Partnerunternehmen und zur nachhaltige Sicherung des Zugriffs auf die wesentlichen Wertschöpfungsaktivitäten eines oder mehrerer Partnerunternehmen beitragen.[478] Voraussetzung für eine in dieser Form im Rahmen eines Allianzausbaus durchgeführte Interaktionsplanung und -kontrolle ist eine ausreichend ausgeprägte Fähigkeit der Allianzunternehmen zur Interaktion. Diese liegt u.a. immer dann vor, wenn die Allianzunternehmen allianzspezifische Planungs-, Kontroll- und Steuerungsprozessen bzw. -mechanismen umsetzen und befolgen können, die Integration neuer Unternehmen in die Allianz ohne Probleme realisieren können, den friktionsfreien Austausch von Ressourcen und Kernkompetenzen mit den Partnerunternehmen gewährleisten können und den unbeabsichtigten Verlust von Kompetenzen verhindern können.[479]

Der Aufgabenbereich einer Interaktionsplanung und -kontrolle sollte sich im Rahmen eines Allianzausbaus nicht zwingend auf die Optimierung der allianzinternen Interaktionen beschränken, sondern auch einen maßgeblichen Beitrag zur Suche und Auswahl weiterer Partnerunternehmen im Rahmen eines fortschreitenden Allianzausbaus leisten. In diesem Zusammenhang sind insbesondere die aktuellen und künftig zu erwartenden rechtlichen und ökonomischen Rahmenbedingungen aus Sicht der bisherigen Allianzunternehmen und der potenziellen Partnerunternehmen zu analysieren und die jeweiligen Ressourcenausstattungen auf ihre Komplementarität zu untersuchen.[480] Eine umfangreiche und frühzeitige Berücksichtigung der wesentlichen organisatorischen, kulturellen und strategischen Merkmale[481] potenzieller Alli-

[477] Vgl. **Bronder** (1993), S. 70ff.

[478] Für eine ähnliche Argumentation vgl. **Blecker** (1999), S. 112f.

[479] Vgl. **Blecker** (1999), S. 220.

[480] Für eine ähnliche Argumentation hinsichtlich der *Gründung* einer Unternehmenskooperaton vgl. **Müller-Stewens** (1993), Sp. 4070ff.

[481] Für eine Diskussion dieser Aspekte im Hinblick auf die Auswahl von Kooperationspartnern vgl. **Bronder; Pritzl** (1992), S. 36ff. und **Bronder** (1993), S. 20ff.

anzpartner im Rahmen einer Interaktionsplanung und -kontrolle kann im Rahmen eines Allianzausbaus nachhaltig zur Vereinfachung der Integration neuer Partnerunternehmen beitragen, da dadurch potenziell auftretende Integrationsprobleme verringert werden können.

Darüber hinaus ist davon auszugehen, dass es für den Erfolg eines Allianzausbaus im Rahmen einer *Interaktionsplanung und -kontrolle* zwingend erforderlich ist, die Wirkungen der unternehmensindividuellen Wertschöpfungsaktivitäten auf die jeweiligen Partnerunternehmen und die resultierenden Rückkopplungseffekte zu berücksichtigen. Diese in der vorliegenden Arbeit als *externe Kooperationseffekte* bezeichneten Wirkungen werden in der traditionellen Wertschöpfungskette von PORTER *nicht* abgebildet. Wenngleich PORTER die Bedeutung externer Effekte auf andere Unternehmen erkennt, sieht er ihre Wirkung jedoch nur im spezifischen Wertschöpfungssystem des einzelnen betrachteten Unternehmens.[482] Im Hinblick auf den Ausbau Strategischer Allianzen nimmt die Berücksichtigung derartiger externer Effekte eine besonders wesentliche Rolle ein, da diese vielfach bedeutende entscheidungsbeeinflussende Faktoren darstellen. Schließlich verursacht ein Allianzunternehmen durch jede für den Allianzausbau durchgeführte unternehmensindividuelle Tätigkeit sowohl positive als auch negative Wirkungen auf die Partnerunternehmen und unterliegt andererseits bestimmten externen Kooperationseffekten, die auf ein oder mehrere Partnerunternehmen zurückgehen. Einer kooperationsweiten Interaktionsplanung und -kontrolle kommt in diesem Zusammenhang die Aufgabe zu, die *positiven* externen Kooperationseffekte *innerhalb* einer Strategischen Allianz so zu steuern, dass sie einen möglichst hohen Nutzen für alle beteiligten Allianzunternehmen stiften. Demgegenüber sind die *negativen* externen Kooperationseffekte der Teilnahme an der Strategischen Allianz im Außenverhältnis gegenüber allianzexternen Unternehmen so zu intensivieren, dass sie zur Erzielung eines Wettbewerbsvorteils gegenüber den allianzexternen Unternehmen beitragen können. Eine *Interaktionsplanung und -kontrolle* stellt auch vor diesem Hintergrund eine wichtige Wertschöpfungsaktivität dar, so dass sie bei der Betrachtung von Strategischen Allianzen und insbesondere auch vor dem Hintergrund eines Allianzausbaus in die von PORTER entwickelte traditionelle Wertschöpfungskette als weitere Unterstützungsfunktion zu integrieren ist.

Die daraus resultierende Zusammenführung traditioneller und neuer Wertschöpfungsaktivitäten erweitert die Anwendbarkeit des Analyseverfahrens, das nun nicht mehr ausschließlich für ein einzelnes unabhängig operierendes Unternehmen verwendet werden kann, sondern auch für ein an einem Allianzverbund beteiligtes Unternehmen und das gesamte Allianzbündnis wertvolle Informationen zur Verfügung stellen kann.

[482] Zum Begriff des *Wertsystems* von PORTER vgl. Kap. 3.5.1.2.2, S. 242.

Abschließend kann im Hinblick auf die Anwendbarkeit der Wertschöpfungskette festgehalten werden, dass jedes Unternehmen mit einem eigenen autonomen Wertschöpfungskettensystem im Rahmen einer Strategischen Allianz durch die Vielzahl der Interaktionen mit den Wertschöpfungskettensystemen der Partnerunternehmen verknüpft wird und so zu einem Teil eines übergeordneten *Allianzwertschöpfungskettensystems* wird. Im Zusammenhang mit Fragen des Allianzausbaus sind demnach nicht nur die möglichen Effekte der Ausbaualternativen auf das einzelne Unternehmenssystem zu betrachten, sondern insbesondere die Wirkungen auf das unternehmensübergreifende System nachhaltig zu analysieren.

3.5.1.4.3 Anwendbarkeit des Konzepts der Strategischen Gruppen

Im Hinblick auf die Anwendbarkeit des Konzeptes der Strategischen Gruppen auf die Themenstellung der vorliegenden Arbeit kann bereits an dieser Stelle, aufbauend auf den Ausführungen in Kap. 3.5.1.2.3, festgestellt werden, dass sich das aus der Industrieökonomik abgeleitete Konzept generell als ein sinnvolles Instrument zur Analyse potenzieller Entwicklungsoptionen für Unternehmen erweisen kann, da es Rückschlüsse auf die künftige Entwicklung des Wettbewerbs und auf notwendige Anpassungsmaßnahmen der Unternehmen in den jeweils betrachteten Branchen ermöglicht.[483]

Im Zusammenhang mit strategischen Fragestellungen zum Ausbau Strategischer Allianzen können Allianzunternehmen mit Hilfe des Konzeptes der Strategischen Gruppen die eigene Wettbewerbsposition leicht und gezielt ermitteln, da es ihnen eine gute Grundlage für eine systematische und plausible Analyse der eigenen Stärken und Schwächen im Vergleich zu den Wettbewerbern bietet. Die im Gruppenkonzept vorgenommene Analyse der Gruppengrößen und Gemeinsamkeiten bei der Marktbearbeitung erhöht das Verständnis für die existierenden Wettbewerbsbedingungen und kann zur Identifikation von wettbewerbsvermeidenden bzw. erfolgsversprechenden Allianzstrategien beitragen.[484]

Durch das Konzept der Strategischen Gruppen und die Analyse der Gruppenstrukturen können Bedingungen abgeleitet werden, die letztlich zu einem ähnlichen Wettbewerbsverhalten der in einer Strategischen Allianz vertretenden Unternehmen führen. Bei vergleichbaren Wettbewerbsstrategien von Unternehmen ist grundsätzlich davon auszugehen, dass die betrachteten Allianzunternehmen in ähnlicher Weise durch Aktionen der allianzexternen Wettbewerber oder Veränderungen der Wettbewerbsrahmenbedingungen berührt werden. Dieser Rückschluss erlaubt im Zusammenhang mit der Ableitung von Alternativen für die allianzausbauinduzierte Entwicklung eines Allianzunternehmens den gezielten Vergleich mit anderen Unternehmen, das Sammeln von Erfahrungen aus den Handlungsergebnissen von Wettbewerbern und damit die gezielte Auswahl ei-

---

[483] Vgl. BARTÖLKE (2000), S. VII.
[484] Vgl. MCGEE; THOMAS; PRUETT (1995), S. 260.

ner erfolgsversprechenden und risikominimierenden Ausbau- und Entwicklungsalternative.[485] Das Gruppenkonzept kann damit auch wichtige Beiträge zur Bewertung von Strategien für den Ausbau Strategischer Allianzen leisten.[486]

Darüber hinaus lässt sich mit Hilfe des Konzeptes der Strategischen Gruppen im Zusammenhang mit Fragen eines Allianzausbaus nachweisen, dass die Zustimmung sämtlicher Partnerunternehmen zur weiter zu verfolgenden Ausbaualternative und die weitestgehende Einschätzbarkeit des künftigen Verhaltens der Allianzpartner für den weiteren Erfolg der Kooperation und Verringerung des Wettbewerbs zwischen den Allianzpartnern besonderer Bedeutung sind.[487] Dies liegt an der spezifischen Struktur der Strategischen Gruppen, die sich in der Regel aus Unternehmen mit einer hohen Homogenität der strategischen Verhaltensweisen, gleichen Zielen und vergleichbaren Ressourcen zusammensetzen. Diese Homogenität und Transparenz, die in der Regel auch innerhalb einer Strategischen Allianz vorhanden sind, können einen intensiven Wettbewerb zwischen den Gruppenmitglieder begründen und beinhalten in besonderer Weise die Gefahr opportunistischen Verhaltens eines Gruppenmitgliedes zur Steigerung der eigenen Gewinne.[488]

Im Zusammenhang mit strategischen Entscheidungen über den Ausbau einer Strategischen Allianz bzw. eine Intensivierung der kooperativen Beziehung zwischen den Allianzunternehmen ist es demnach besonders wichtig, den *Grad des gegenseitigen Vertrauens* und die *Planbarkeit des eigenen Verhaltens* für die anderen Kooperationspartner zu erhöhen. Falls dies in nur unzureichender Weise gelingt, droht, je nach Intensität der bestehenden Mobilitätsbarrieren[489], die Abwanderung eines wesentlichen Gruppenmitgliedes zu einer anderen Strategischen Gruppe. Im übertragenen Sinne gilt es also gerade bei einem Allianzausbau, durch die umfangreiche neue Abhängigkeiten und Investitionsanforderungen für alle Partnerunternehmen entstehen, die Mobilitätsbarrieren gegenüber anderen Kooperations- bzw. Allianzverbünden zu verstärken, um die Verwundbarkeit der eigenen Wettbewerbsposition zu verringern.

Abschließend und zusammenfassend lässt sich im Hinblick auf die Anwendbarkeit der industrieökonomischen Kerndeterminanten auf den Ausbau Strategischer Allianzen und die Unternehmensentwicklung kooperierender Unternehmen festhalten, dass im Hinblick auf eine praxisnahe Anwendbarkeit, trotz der dargestellten positiven Effekte durch die Ansatzerweiterungen, einige grundlegende *Nachteile* der „Traditionellen Industrieökonomik" für eine theoriegestütz-

---

485 Vgl. **Hatten; Hatten** (1985), S. 291 und **Homburg; Sütterlin** (1992), S. 652.

486 Für eine ähnliche Argumentation vgl. **Homburg; Sütterlin** (1992), S. 652.

487 Vgl. **Cool; Dierickx** (1993), S. 49.

488 Zum Problem des *opportunistischen Verhaltens* bei der Abwicklung von Transaktionen vgl. Kap. 3.4.2.1, S. 184.

489 Zum Begriff der *Mobilitätsbarriere* vgl. Kap. 3.5.1.2.3, S. 249.

te Analyse von Allianzausbau- und Unternehmensentwicklungsfragen erhalten bleiben. Zudem ergeben sich durch die Erweiterungen *neue* Nachteile und Probleme. Nachfolgend werden einige der *fortbestehenden* und *neuen* Problembereiche genannt, die einer ausschließlichen Anwendung der Industrieökonomik auf die Themenstellung der vorliegenden Arbeit entgegenstehen:

1.) *Externe Kooperationseffekte* bleiben weiterhin von einer Betrachtung ausgenommen, obwohl sie für die Wertschöpfung der an einem Kooperationsverbund beteiligten Unternehmen eine wesentliche Rolle spielen.[490]

2.) Der Institutionalisierungsnotwendigkeit einer *kooperationsweiten Interaktionsplanung und -kontrolle* als unterstützende Wertschöpfungsaktivität wird auch in den bisherigen Theorieerweiterungen eine nicht ausreichende Bedeutung beigemessen.[491]

3.) Die Erkenntnis des *Konzeptes der Strategischen Gruppen*, nach der Rentabilitätsdifferenzen bei Unternehmen in einer Branche weniger auf branchenexterne als auf brancheninterne Gegebenheiten zurückzuführen sind, können auf der Basis einer traditionellen industrieökonomischen Sichtweise nicht ausreichend plausibel erklärt werden.[492] Das Konstrukt der Mobilitätsbarrieren bietet hier eine nur unzureichende Erklärungsgrundlage.

4.) Die Erweiterungen beinhalten einige zusätzliche Annahmen, die im Hinblick auf eine Realitätsnähe kritisch zu hinterfragen sind. Hier ist vor allem die von PORTER vertretene *Alternativhypothese*[493] als negatives Beispiel anzuführen, nach der ein Unternehmen immer nur eine einzige Strategie verfolgen darf, obwohl dies in der Realität nicht nachweisbar und unter Erfolgsgesichtspunkten nicht eindeutig sinnvoll ist.

Als vielleicht wesentlichster Kritikpunkt an der Industrieökonomik verbleibt jedoch die Erkenntnis, dass „Inside-Out"-Erklärungen von Wettbewerbsvorteilen, die die unterschiedliche Ressourcenausstattung der Unternehmen in den Mittelpunkt der Betrachtungen rücken und die jeweiligen Stärken und Schwächen der Unternehmen im Wettbewerb analysieren, sowohl von der traditionellen als auch von der erweiterten (neuen) Industrieökonomik nicht geleistet werden. Aus diesem Grund wird nachfolgend ausführlich der ressourcenorientierte Ansatz dargestellt, der an dieser Schwäche der Industrieökonomik ansetzt und damit eine wesentliche Lücke zur Ableitung eines umfassenden theoretischen Bezugsrahmens auf Basis der Ansätze der Strategielehre schließt.

---

[490] Für eine Erläuterung der *externen Kooperationseffekte* vgl. Kap. 3.5.1.2.2, S. 265.

[491] Zur Institutionalisierungsnotwendigkeit einer kooperationsweiten Interaktionsplanung und -kontrolle vgl. Kap. 3.5.1.2.2, S. 264.

[492] Vgl. **GRANT** (1991b), S. 117 und **BLECKER** (1999), S. 190.

[493] Zum Begriff der *Alternativhypothese* vgl. Kap. 3.5.1.2.2, S. 240.

3.5.2 Der Ressourcenansatz

3.5.2.1 Begriffsfassung, Grundlagen und Annahmen

Die ausgeprägte Orientierung der industrieökonomischen Strategieentwicklung an unternehmensexternen Produkt-Markt-Kombinationen, die geringe Berücksichtigung unternehmensspezifischer Stärken und Schwächen und widersprüchliche empirische Ergebnisse über den in der Industrieökonomik unterstellten Zusammenhang zwischen Branchenstruktur und Unternehmenserfolg führten insbesondere zu Beginn der neunziger Jahre des vorigen Jahrhunderts zu einer zunehmenden Anzahl von kritischen Veröffentlichungen zur Industrieökonomik. Im Gegensatz zum industrieökonomischen Gedankengut stellen die Autoren dieser Arbeiten die besondere Bedeutung der zielorientierten Gestaltung und Nutzung von unternehmensinternen Ressourcen und Fähigkeiten bzw. kulturellen und strukturellen Gegebenheiten für die Realisierung und Aufrechterhaltung von Wettbewerbsvorteilen stärker in den Vordergrund.[494] Aus diesen Forschungsbeiträgen wurde der *ressourcenorientierte Ansatz*[495] neben der Industrieökonomik als weitere Denkrichtung des Strategischen Managements[496] entwickelt. Im Unterschied zum industrieökonomischen Ansatz mit der „Outside-In"-Sichtweise auf Branchen und Strategische Gruppen, durch die Unternehmen als weitgehend homogene Einheiten mit annähernd identischen Res-

---

[494] Vgl. **Barney** (1986b), S. 1233ff., **Rumelt; Schendel; Teece** (1991), S. 8f., **Conner** (1991), S. 121ff. und **Zimmer; Ortmann** (1996), S. 100f. Für weitere Arbeiten, die den Zusammenhang zwischen der Gestaltung und Nutzung unternehmenseigener Ressourcen und der Realisierung dauerhafter Wettbewerbsvorteile untersuchen, vgl. **Bamberger** (1989), S. 80ff., **Bogner; Thomas** (1994), S. 111ff. und **Verdin; Williamson** (1992), S.77ff. Für eine Übersicht über unterschiedliche empirische Arbeiten zum ressourcenorientierten Ansatz vgl. **Linhard** (2001), S. 82.

[495] Als Ursprünge des ressourcenorientierten Ansatz gelten die Veröffentlichungen von Penrose und Selznik am Ende der fünfziger Jahre des vorigen Jahrhunderts, in denen sie erstmalig auf die besondere Bedeutung der unternehmensspezifischen Ressourcen für den langfristigen Erfolg eines einzelnen Unternehmens hinweisen. Vgl. **Penrose** (1959), S. 25ff., **Penrose** (1980), S. 24 und **Selznik** (1957), S. 4ff. Wernerfelt nahm diese Erkenntnisse Mitte der achtziger Jahre des letzten Jahrhunderts wieder auf und entwickelte sie zu einem eigenständigen und umfassenden Ansatz, den er erstmalig in der Literatur mit dem Begriff des „Resource-Based-View" betitelte.[495] Vgl. **Wernerfelt** (1984), S. 171ff. und **Rumelt; Schendel; Teece** (1991), S. 8, Fn. 6. Das Konzept wurde insbesondere durch die Arbeiten von Barney, Grant, Peteraf, Mahoney/Pandian, Rasche/Wolfrum und Bogner/Mahoney/Thomas aufgegiffen und in wesentlichen Bereichen weiterentwickelt. Vgl. **Barney** (1991), **Grant** (1991b), **Peteraf** (1993), **Mahoney; Pandian** (1992), **Rasche; Wolfrum** (1994) und **Bogner; Mahoney; Thomas** (1993). Nachfolgend werden die Begriffe „ressourcenorientierter Ansatz", „Ressourcenansatz" und „Resource-Based-View" synonym verwendet.

[496] Für eine ausführliche Erklärung des Begriffes des *Strategischen Managements* vgl. Kap. 2.4 und die dortigen Literaturangaben.

sourcenausstattungen betrachtet werden,[497] stehen im ressourcenorientierten Ansatz weder Branchen noch Strategische Gruppen als Ganzes, sondern *einzelne* Unternehmen *innerhalb* einer Branche oder Strategischen Gruppe im Betrachtungsfokus.[498]

Im Ressourcenansatz basieren nachhaltige Wettbewerbsvorteile und dauerhaft überdurchschnittlich hohe Erfolgsbeiträge von Unternehmen im Wesentlichen auf der *Heterogenität*[499] der konkurrierenden Unternehmen hinsichtlich ihrer Ressourcenausstattungen und -verwendungen. Dabei müssen die einem Wettbewerbsvorteil zugrundeliegenden Ressourcen müssen *wertvoll* und *knapp* sein.[500] Als „wertvoll" gilt eine Ressource immer dann, wenn sie zu einer marktlichen Leistungserbringung führt, die für die Kunden einen Nutzen und damit einen Wert generiert. Wertvolle Ressourcen müssen gleichzeitig immer auch „knapp" sein, denn nur dann kann ihr Besitz zur Entstehung eines Wettbewerbsvorteils führen.[501]

Zusammenfassend erfolgt die Wettbewerbsargumentation im Ressourcenansatz nicht auf der Basis der von den Unternehmen hergestellten Produkte, sondern auf der Grundlage der unterschiedlichen *Ressourcenausstattungen*[502], spezifiziert durch die Art, den Umfang und die Heterogenität der wettbewerbsrelevanten Ressourcen, die, im Unterschied zur klassischen Industrieökonomik, gezielt zur Beeinflussung der unternehmensexternen Markt- bzw. Branchenstrukturen eingesetzt werden können.[503] In Abb. 3.16 wird die grundlegende Argumentationskette des Ressourcenansatzes verdeutlicht.

Die Ressourcenheterogenität der Wettbewerber innerhalb einer Branche oder Strategischen Gruppe zeigt sich in einer ungleichen Ressourcenallokation und basiert vor allem auf bestimmten Unvollkommenheiten bzw. Ineffizienzen der

---

[497] Vgl. **Wernerfelt** (1984), S. 175f., **Bamberger; Wrona** (1996b), S. 131 und **Grant** (1991b), S. 116f.

[498] Vgl. **Bamberger; Wrona** (1996a), S. 386.

[499] Zum Begriff der *Ressourcenheterogenität* vgl. **Aaker** (1989a), S. 91f., **Barney** (1986b), S. 1231ff., **Rasche** (1994), S. 55ff., **Bamberger; Wrona** (1996b), S. 131f., **Peteraf** (1993), S. 180, **Teece; Pisano; Shuen** (1997), S. 509ff., **Knyphausen** (1993), S. 774 und **Rasche; Wolfrum** (1994), S. 503. Bei einer Homogenität der Ressourcenausstattungen der Unternehmen innerhalb einer Branche oder Strategischen Gruppe wäre jedes Unternehmen theoretisch zur Imitation einer erfolgreichen Konkurrenzstrategie in der Lage. Zwangsläufig könnten alle Unternehmen in der Branche in gleicher Weise versuchen, ihren Unternehmenserfolg zu steigern. Als Konsequenz hätte keines der Unternehmen die Möglichkeit, einen Wettbewerbsvorteil gegenüber den direkten Wettbewerbern dauerhaft vor Imitationsversuchen zu verteidigen. Vgl. **Barney** (1991), S. 104.

[500] Vgl. **Bamberger; Wrona** (1996a), S. 386 und **Bamberger; Wrona** (1996b), S. 135.

[501] Vgl. **Bamberger; Wrona** (1996b), S. 135.

[502] Vgl. **Wernerfelt** (1984), S. 171ff.

[503] Vgl. **Prahalad; Hamel** (1990), S. 80 und **Bamberger; Wrona** (1996b), S. 147.

Faktormärkte, auf denen das Angebot von und die Nachfrage nach den für die betriebliche Leistungserstellung notwendigen Produktionseinsatzfaktoren zusammentreffen.[504] In Abhängigkeit vom Grad der Marktvollkommenheit werden in diesem Zusammenhang vollkommene, unvollkommene und nicht-existente Faktormärkte unterschieden:[505]

Abb. 3.16: *Grundlegende Argumentationskette des Ressourcenansatzes zur Erklärung dauerhaft überdurchschnittlich hoher Gewinne*

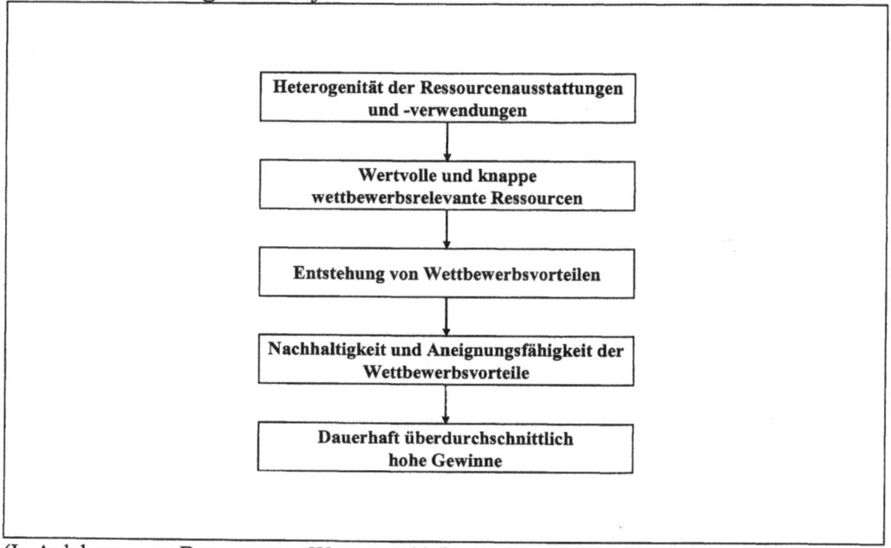

(In Anlehnung an: BAMBERGER; WRONA (1996b), S. 132)

1.) *Vollkommene Faktormärkte*: Als vollkommener Faktormarkt gilt ein Markt, der sich durch eine *vollständige Markttransparenz*[506] auszeichnet und auf dem die Marktteilnehmer mit *unendlicher Reaktionsgeschwindigkeit*[507] auf etwaige Marktsignale reagieren.[508] Die Schnelligkeit der Anpassungsmaßnahmen von Unternehmen auf einem vollkommenen Faktormarkt bedeutet,

[504] Vgl. **BARNEY** (1991), S. 103ff. und **RASCHE; WOLFRUM** (1994), S. 503 mit den dortigen Literaturangaben. Neben den Faktormarktunvollkommenheiten gelten die unterschiedlichen historischen Unternehmensentwicklungen als weitere wesentliche Ursache für die Einzigartigkeit bzw. Heterogenität der Ressourcenausstattungen. Vgl. **BAMBERGER; WRONA** (1996a), S. 386.

[505] Dazu und zu den nachfolgenden Ausführungen zu den unterschiedlichen Arten von Faktormärkten vgl. **RASCHE** (1994), S. 57ff. und **PADBERG** (2000), S. 88 mit den dortigen Literaturangaben.

[506] Zum Begriff der *vollständigen Markttransparenz* vgl. **GABLER-VERLAG** (1997), S. 2557f.

[507] Für eine Erläuterung des Begriffes „*Reaktionsgeschwindigkeit*" vgl. **GABLER-VERLAG** (1997), S. 3187.

[508] Vgl. **GABLER-VERLAG** (1997), S. 2548.

dass dort keine nachhaltigen Wettbewerbsvorteile erzielt werden können, da die entstandenen komparativen Konkurrenzvorteile von den Wettbewerbern direkt ohne zeitliche Einbußen imitiert bzw. aufgeholt werden können.

2.) *Unvollkommene Faktormärkte*: Unvollkommene Faktormärkte können eine Behinderung des marktlichen Austausches von Ressourcen bewirken. Sie liegen generell immer dann vor, wenn die Bedingungen für einen vollkommenen Faktormarkt nicht erfüllt werden.[509] Zu den wesentlichen Marktunvollkommenheiten, die einen reibungslosen Ressourcenaustausch negativ beeinflussen können, gehören insbesondere Informations-, Übertragungs- und/oder Replikationsbarrieren.[510] Unvollkommene Faktormärkte gelten als ein empirisch belegbares Realphänomen, das in der Argumentation des Ressourcenansatzes auf die jeweiligen Ausprägungen der unternehmensspezifischen Ressourcencharakteristika zurückzuführen ist.[511] Auf unvollkommenen Faktormärkten realisierte Wettbewerbsvorteile basieren in der Regel auf bestimmten Wissensvorsprüngen der Unternehmen, die beim *Erwerb* strategisch wesentlicher Ressourcen erzielt wurden.[512]

3.) *Nicht-existente Faktormärkte*: Von nicht-existenten Faktormärkten wird immer dann gesprochen, wenn der Spezialisierungsgrad der auszutauschenden Ressourcen so hoch ist, dass sich kein Markt entwickeln kann, auf dem die wettbewerbskritischen Faktoren ohne Wertverlust gegenüber der Ursprungsanwendung transferiert werden können.[513] Eine derartige Situation kann sich insbesondere bei immateriellen Ressourcen einstellen, da diese sich häufig einer exakten bilanziellen Erfassung entziehen und somit die Ableitung eines Marktpreises nicht zulassen.[514]

Die Wettbewerbscharakteristika der Faktormärkte, auf denen die zur Erschließung bestimmter *Erfolgspotenziale*[515] notwendigen Ressourcen akquiriert werden, haben in der Regel einen wesentlichen Einfluss auf die Höhe der Gewinne, die mit Hilfe der unternehmerischen Wettbewerbsstrategien erzielt werden können. Die Gewinnhöhe bemisst sich dabei generell nach dem Verhältnis zwischen den Kosten der Akquisition der notwendigen Ressourcen und dem ökonomischen Wert dieser Ressourcen, wobei die Kosten entscheidend durch die

---

[509] Vgl. **Gabler-Verlag** (1997), S. 2548.

[510] Dazu und für eine ausführliche Erläuterung dieser Barrierearten vgl. **Börner** (1999), S. 12f.

[511] Für eine umfassende Darstellung der unternehmensspezifischen Charakteristika von Ressourcen vgl. Kap. 3.5.2.2.3, S. 278.

[512] Vgl. **Rasche** (1994), S. 60.

[513] Vgl. **Dierickx; Cool** (1989), S. 1505f.

[514] Vgl. **Rasche** (1994), S. 63 mit den dortigen Literaturangaben zur problematischen bilanziellen Erfassbarkeit immaterieller Ressourcen.

[515] Zum Begriff des *Erfolgspotenzials* vgl. **Gälweiler** (1990), S. 26f. und die Ausführungen in Kap. 2.4.4.2.

Wettbewerbscharakteristika der relevanten Faktormärkte bestimmt werden. Grundsätzlich gilt in diesem Zusammenhang, dass ein Unternehmen nur dann einen Gewinn erzielen kann, wenn die Akquisitionskosten geringer sind als der ökonomische Ressourcenwert. Eine derartige Konstellation kann sich grundsätzlich nur dann einstellen, wenn ein Unternehmen bestimmte Unvollkommenheiten auf einem seiner Faktormärkte schaffen oder ausnutzen kann.[516]

Vor dem Hintergrund der bisherigen Ausführungen zu den *theoretischen* Grundlagen des Ressourcenansatzes als zusätzliche Sichtweise des Strategischen Managements wird bereits an dieser Stelle deutlich, dass er zu einem erweiterten Verständnis für die Entstehung von Wettbewerbsvorteilen und damit zur Lösung industrieökonomischer Problembereiche beitragen kann.[517]

Aber auch im Hinblick auf die *praxisnahe* Analyse von beobachtbaren Realphänomen in der Tätigkeit von Unternehmen stellt der ressourcenorientierte Ansatz ein, gegenüber einer ausschließlich industrieökonomischen Betrachtung, erweitertes Instrumentarium zur Verfügung. Im Rahmen einer derartigen praxisorientierten Anwendung stehen die nachfolgenden Aspekte im Fokus:[518]

1.) Die *Suche* nach Ressourcen, die dauerhafte Erfolgspotenziale begründen, komparative Wettbewerbsvorteile erklären und die Erzielung überdurchschnittlicher Gewinne ermöglichen können,

2.) die *Identifikation* und *Beschreibung* der dazu notwendigen Ressourcenausstattung und -verwendung eines Unternehmens und der zu entwickelnden Ressourcen,

3.) die *Ableitung* theoretisch fundierter Empfehlungen für die Entwicklung von Wettbewerbsstrategien, die unter Berücksichtigung der jeweiligen Ressourcenausstattung eine systematische, zielgerichtete und langfristige Weiterentwicklung und Sicherung dieser wettbewerbsrelevanten Faktorausstattung zur Gewährleistung eines dauerhaften Unternehmenserfolges fördern.

In Abb. 3.17 wird der Ablauf einer ressourcenorientierten Vorgehensweise innerhalb eines Unternehmens visualisiert.

Zu den wichtigsten *Elementen* des ressourcenorientierten Ansatzes gehören die *Effektivität strategischer Entscheidungen*, die Abgrenzung des *Ressourcenbegriffes* und die Unterscheidung der *unternehmensspezifischen Charakteristika von Ressourcen* als Determinanten der Nachhaltigkeit von Wettbewerbsvorteilen. Als weiteres Element in der Argumentationskette des Ressourcenansatzes wird in der Literatur die *Fähigkeit* eines Unternehmens *zur Aneignung* der aus

[516] Vgl. **Barney** (1986b), S. 1232.

[517] Vgl. **Minderlein** (1993), S. 194. Für eine Darstellung der industrieökonomischen Problembereiche vgl. Kap. 3.5.1.3.

[518] Zu den drei nachfolgend genannten Aspekten vgl. **Conner** (1991), S. 121f. und **Padberg** (2000), S. 78f.

den Wettbewerbsvorteilen resultierenden finanziellen Effekte diskutiert. Da dieses Element jedoch nur bei nicht eindeutig definierten *Verfügungsrechten*[519], wie z.B. bei intangiblen Ressourcen, von Relevanz ist,[520] wird auf eine gesonderte Erläuterung dieses Elementes an dieser Stelle verzichtet.

Abb. 3.17*: Der ressourcenorientierte Ansatz in seiner praktischen Anwendung*

(In Anlehnung an: GRANT (1991), S. 115 und HELLFEIER (2001), S. 197)

In Abb. 3.18 werden die drei *wesentlichen* Elemente in die grundlegende Argumentationskette des Ressourcenansatzes eingeordnet. Die ausführliche Darstellung der einzelnen Elemente erfolgt in den nachfolgenden Kapiteln. Dabei werden an ausgewählten sinnvollen Stellen die Konsequenzen des jeweils betrachteten Elementes für das Strategische Management eines Unternehmens sowohl aus praktischer als auch aus theoretischer Sicht erläutert. Neben dem auf diesen Elementen aufbauenden „originären" Ressourcenansatz wird seit Beginn der neunziger Jahre des vorigen Jahrhunderts die sog. *Kernkompetenzperspektive* als eine weitere Betrachtungsweise diskutiert, die die unternehmensinternen Ressourcen und Fähigkeiten in den Mittelpunkt der Betrachtung stellt. Aus diesem Grund wird, zusätzlich zu den Elementen des originären Ressourcenansatzes, der Begriff der *Kernkompetenz* in einem gesonderten Kapitel erläutert.[521]

---

[519] Für eine ausführliche Erläuterung des Begriffes „Verfügungsrecht" vgl. **GABLER-VERLAG** (1997), S. 4033ff. und die Erläuterungen im Rahmen der Darstellung des Transaktionskostenansatzes in Kap. 3.4.1, S.

[520] Vgl. **BAMBERGER; WRONA** (1996b), S. 139.

[521] Für eine umfassende Erläuterung der *Kernkompetenzperspektive* und des *Kernkompetenzbegriffes* vgl. Kap. 3.5.2.2.4 mit den dortigen Literaturangaben.

Abb. 3.18: *Einordnung der wesentlichen Elemente des Ressourcenansatzes in die grundlegende ressourcenorientierte Argumentationskette*

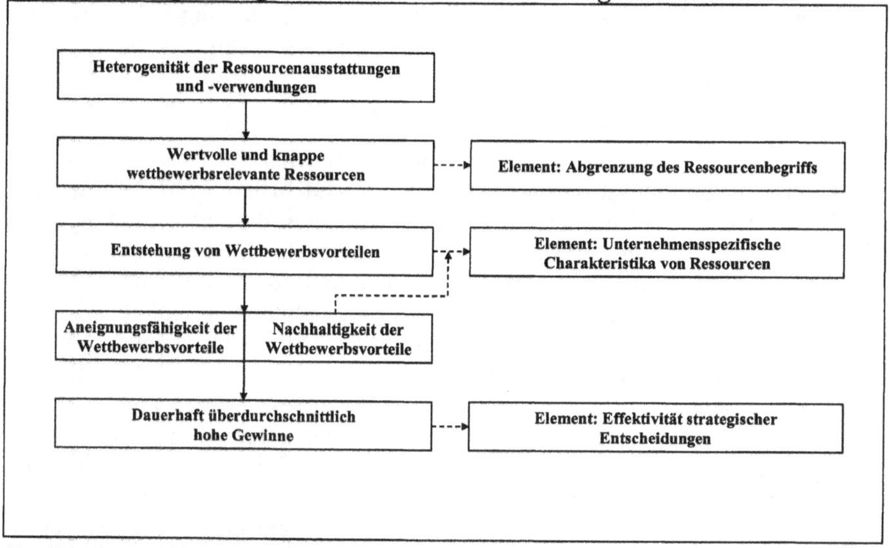

(Quelle: Eigene Abbildung)

3.5.2.2 Kernelemente des Ressourcenansatzes

3.5.2.2.1 Effektivität strategischer Entscheidungen

Aus Sicht des ressourcenorientierten Ansatzes ist jede Entscheidung innerhalb des Strategischen Managements eines Unternehmens nach ihrer *Effektivität* bzw. *Wirksamkeit* im Hinblick auf die langfristige Sicherung der Unternehmensexistenz zu beurteilen.[522] Die Effektivität einer strategischen Entscheidung hinsichtlich der langfristigen Existenzsicherung eines Unternehmens bemisst sich dabei nach der Höhe der durch die Entscheidung realisierbaren *Renten* in Form *dauerhaft* überdurchschnittlicher Unternehmensgewinne.[523] Im ressourcenorientierten Ansatz wird davon ausgegangen, dass die Einzigartigkeit der Ressourcenausstattung und -verwendung eines Unternehmen insbesondere die Erzielbarkeit von *Quasi-Renten*[524] und *Ricardo-Renten*[525] ermöglichen kann.[526]

---

[522] Vgl. **Padberg** (2000), S. 79.

[523] *Renten* können begrifflich nur dann mit überdurchschnittlichen Unternehmensgewinnen gleichgesetzt werden, wenn durch diese Gewinne kein zusätzlicher Wettbewerb entsteht. Falls diese jedoch zu einer Intensivierung des Wettbewerbs führen, gelten die erzielbaren Gewinne nicht als Renten, da sie in diesem Fall im Zeitablauf durch die neue Wettbewerbssituation eliminiert werden. Vgl. **Padberg** (2000), S. 79, Fn. 32 und die dortige Literaturangabe.

[524] *Quasi-Renten* ergeben sich immer dann, wenn Unternehmen aus der Verwendung von hochspezifischen Ressourcen dauerhafte Unternehmensgewinne in Höhe der Differenz

Die Realisierung von Renten ist im Ressourcenansatz in erster Linie abhängig von der zielorientierten Umsetzung bestehender Erfolgspotenziale[527], die auf bestimmten, aus der Einzigartigkeit der Ressourcenausstattung resultierenden, *nachhaltigen* Wettbewerbsvorteilen basieren, und der Fähigkeit eines Unternehmens, sich die entstehenden Renten auch tatsächlich *aneignen* zu können.[528]

3.5.2.2.2 Abgrenzung des Ressourcenbegriffes

Eine eindeutige inhaltliche Abgrenzung bzw. Definition des Ressourcenbegriffes existiert in der betriebswirtschaftlichen Literatur bisher nicht.[529] *Allgemein* gelten in der Betriebwirtschaftslehre alle Mittel, die in die Produktion von Gütern und Dienstleistungen eingehen, als Ressourcen. Bei einer *engeren* Definition werden ausschließlich *natürliche* Ressourcen unter dem Terminus „Ressourcen" subsumiert. Die neoklassische Volkswirtschaftslehre definiert den Ressourcenbegriff deutlich weiter, indem sie die drei Produktionsfaktoren Arbeit, Kapital und Boden bzw. die natürlich vorkommenden Rohstoffe und Bodenschätze als Ressourcen bezeichnet.[530] Innerhalb des Ressourcenansatzes wird der Ressourcenbegriff weitaus enger gefasst. Je nach Betrachtungsperspektive werden ausschließlich solche unternehmensspezifischen Produktionsfaktoren (Güter, Systeme und Prozesse) als Ressourcen bezeichnet, die in den Leistungserstellungsprozess zur Produktion von Gütern bzw. Dienstleistungen eingehen, eine wesentliche Bedeutung für die Realisierung komparativer Wettbewerbsvorteile besitzen und/oder ein Unternehmen in die Lage versetzen, überdurchschnittliche Gewinne zu erzielen.[531]

Neben den unterschiedlichen Definitionsansätzen für den Ressourcenbegriff finden sich in der Literatur auch mehrere Ansätze für eine *Ressourcenklassifi-*

zwischen der erstbesten und der zweitbesten Ressourcenverwendungsmögölichkeit erzielen. Vgl. **Bamberger; Wrona** (1996b), S. 134 und **Mahoney** (1995), S. 91. Zum Begriff der *Quasi-Rente* vgl. auch Kap. 3.4.2.2, S. 186.

[525] *Ricardo-Renten* können sich immer dann ergeben, wenn ein Unternehmen über knappe und wertvolle Ressourcen verfügt. Vgl. **Padberg** (2000), S. 79 und **Bamberger; Wrona** (1996b), S. 134.

[526] Vgl. **Peteraf** (1993), S. 180f. und **Montgomery; Wernerfelt** (1988), S. 632. Für eine umfassende Differenzierung dieser und weiterer möglicher Renten vgl. **Bamberger; Wrona** (1996b), S. 134.

[527] Zum Begriff des *Erfolgspotenzials* vgl. **Gälweiler** (1990), S. 26f. und die Ausführungen in Kap. 2.4.4.2.

[528] Vgl. **Bamberger; Wrona** (1996b), S. 135 und S. 139f.

[529] Für einen kurzen Überblick über einige unterschiedliche Definitionsansätze für den Ressourcenbegriff vgl. **Collis; Montgomery** (1998), S. 72, **Grant** (1991b), S. 118 und **Wernerfelt** (1984), S. 172. Für eine Übersicht über unterschiedliche definitorische Ansätze des ressourcenorientierten Ansatzes vgl. **Linhard** (2001), S. 44.

[530] Vgl. **Gabler-Verlag** (1997), S. 3266.

[531] Vgl. **Barney** (1991), S. 99ff., **Bamberger; Wrona** (1996b), S. 132 und **Teece; Pisano; Shuen** (1997), S. 509ff. und **Aaker** (1989a), S. 91.

zierung.[532] Als Klassifizierungskriterien werden die *kapazitative Verfügbarkeit* der Ressourcen, ihre *Einsatzflexibilität* und ihre *bilanzielle Bewertbarkeit* verwendet. Danach lassen sich vier Ressourcenarten differenzieren: 1.) Tangible (materielle, physische) Ressourcen, 2.) intangible (immaterielle) Ressourcen 3.) finanzielle Ressourcen und 4.) organisationale Ressourcen:[533]

1.) *Tangible Ressourcen*: Zu den tangiblen Ressourcen zählen annähernd alle einem Unternehmen zur Verfügung stehenden materiellen Vermögensgegenstände im Anlage- und Umlaufvermögen, wie z.B. Produktionsanlagen, Ausstattungen, Gebäude und der Zugang zu Rohmaterialien. Sie sind in ihrer Kapazität in der Regel nur begrenzt vorhanden und bedingt flexibel einsetzbar. Tangible Ressourcen zeichnen sich allerdings durch eine weitgehend unproblematische bilanzielle Bewertbarkeit aus.

2.) *Intangible Ressourcen*: Als intangible Ressourcen werden unternehmensspezifische immaterielle Vermögenswerte bezeichnet, die im Wesentlichen auf bestimmten menschlichen Kenntnissen und Fähigkeiten basieren.[534] Dazu gehören z.B. Patente, besonderes Know-how von Mitarbeitern, die Unternehmenskultur und -reputation sowie etablierte Markennamen. Intangible Ressourcen unterliegen, im Unterschied zu den tangiblen Ressourcen, einer nur geringen bzw. keiner kapazitativen Begrenzung und sind mit einer hohen Flexibilität einsetzbar. Allerdings ist eine exakte bilanzielle Bewertung problematisch bzw. zum Teil gar nicht möglich.

3.) *Finanzielle Ressourcen*: Als finanzielle Ressourcen gelten alle einem Unternehmen zur Verfügung stehenden finanziellen Mittel, freie Liquiditätsspielräume, Fremdkapitalreserven, Einlagenfinanzierungen und Risikokapital. Sie sind in der Regel mit einer hohen Flexibilität einsetzbar, ohne Probleme bilanziell bewertbar, jedoch meistens nur eingeschränkt vorhanden oder verfügbar. Die finanziellen Ressourcen können, bei einer generischeren Ressourcenklassifikation, auch den tangiblen Ressourcen zugeordnet werden.

4.) *Organisationale Ressourcen*: Zu den organisationalen Ressourcen zählen beispielsweise Informations-, Planungs- und Kontrollsysteme, Organisationsstrukturen und vorhandene Führungsstile innerhalb eines Unternehmens. Sie können in der Regel flexibel eingesetzt werden, sind jedoch zumeist nur

---

532 Vgl. **Collis; Montgomery** (1998), S. 73, **Grant** (1991b), S. 117ff., **Bamberger; Wrona** (1996a), S. 132ff., **Peteraf** (1993), S. 180ff. und **Mahoney, Pandian** (1992), S. 364.

533 Dazu und zur nachfolgenden Klassifizierung der Ressourcenarten vgl. **Chatterjee; Wernerfelt** (1991), S. 35, **Wernerfelt** (1989), S. 6f., **Wernerfelt** (1984), S. 172, **Hall** (1993), S. 609, **Rasche; Wolfrum** (1994), S. 503, **Bamberger; Wrona** (1996a), S. 387, **Itami** (1987), S. 12f., **Bamberger; Wrona** (1996b), S. 133f. Für eine Übersicht über eine alternative Klassifikation von Ressourcen vgl. **Bongartz** (2000), S. 23.

534 Vgl. **Rasche** (1994), S. 53f.

begrenzt verfügbar und häufig nur eingeschränkt oder gar nicht bilanziell bewertbar. Bei einer weiten Fassung der intangiblen Ressourcen können die organisationalen Ressourcen auch dieser Ressourcenart zugeordnet werden.

In Abb. 3.19 werden die unterschiedlichen Ressourcenarten und die zur Differenzierung verwendeten Klassifikationskriterien zusammenfassend dargestellt:

Abb. 3.19: *Klassifikation von Ressourcen*

Ressourcenart / Klassifikationskriterium	Tangible Ressourcen	Intangible Ressourcen	Finanzielle Ressourcen	Organisationale Ressourcen
Kapazitative Verfügbarkeit	Begrenzte Verfügbarkeit	Zum Teil begrenzte, sonst unbegrenzte Verfügbarkeit	Begrenzte Verfügbarkeit	Begrenzte Verfügbarkeit
Einsatzflexibilität	Bedingte Flexibilität	Hohe Flexibilität	Hohe Flexibilität	Bedingte bzw. hohe Flexibilität
Bilanzielle Bewertbarkeit	Unproblematische Bewertbarkeit	Problematische, zum Teil unmögliche Bewertbarkeit	Unproblematische Bewertbarkeit	Problematische, zum Teil unmögliche Bewertbarkeit

(In Anlehnung an : BAMBERGER; WRONA (1996b), S. 133 und PADBERG (2000), S. 82)

3.5.2.2.3 Unternehmensspezifische Charakteristika von Ressourcen

In der Literatur zum Ressourcenansatz werden *vier* Charakteristika von Ressourcen unterschieden, deren unternehmensspezifische Ausprägungen als Indikatoren für die Eignung einer Ressource als Basis für die Entstehung *nachhaltiger komparativer Wettbewerbsvorteile* und die Erzielung *dauerhafter überdurchschnittlicher Gewinne* angesehen werden. Dazu gehören der *Grad der Abnutzbarkeit*, der *Transferierbarkeit*, der *Imitierbarkeit* und der *Substituierbarkeit* einer Ressource. Diese vier speziellen Ressourcenmerkmale werden nachfolgend kurz erläutert:[535]

[535] Dazu und zu den nachfolgenden Ausführungen über die verschiedenen Ressourcencharakteristika vgl. **GRANT** (1991b), S. 123ff., **GRANT** (1991a), S. 111ff., **COLLIS; MONTGOMERY** (1995), S. 120ff., **BAMBERGER; WRONA** (1996a), S. 387, **BAMBERGER; WRONA** (1996b), S. 135ff., **CHI** (1994), S. 273ff., **PADBERG** (2000), S. 83ff. und **BARNEY** (1991), S. 105ff.

1.) *Grad der Abnutzbarkeit*: Die Nachhaltigkeit eines komparativen Wettbewerbsvorteils wird er erheblichen Maße durch den Grad der Abnutzbarkeit der diesem Vorteil zugrundeliegenden Ressourcen beeinflusst.[536] Je weniger sich die strategischen Ressourcen im Zeitablauf abnutzen, desto dauerhafter kann ein Wettbewerbsvorteil auch bei unvollkommenen Faktormärkten sein.[537] Eine geringe Abnutzbarkeit einer Ressource führt für sich allein jedoch noch nicht zu einem nachhaltigen komparativen Wettbewerbsvorteil. Sie verstärkt lediglich die Wirkung der drei nachfolgenden Charakteristika auf die Dauerhaftigkeit eines Wettbewerbsvorteils.[538]

2.) *Grad der Transferierbarkeit*: Der Grad der Transferierbarkeit eines Ressource wird von der Anzahl der Möglichkeiten für die direkten Wettbewerber bestimmt, die wettbewerbsrelevanten Ressourcen über Märkte erwerben zu können.[539] Grundsätzlich gilt in diesem Zusammenhang, dass sich ein komparativer Wettbewerbsvorteil eines Unternehmen, der auf einer besonderen Ressourcenausstattung dieses Unternehmens basiert, umso nachhaltiger bewahren lässt, je geringer sich die Möglichkeiten eines marktlichen Erwerbs der dazu notwendigen wettbewerbskritischen Ressourcen für die Konkurrenzunternehmen gestalten, d.h. je zahlreicher die Unvollkommenheiten auf den Faktormärkten sind.[540] In Abhängigkeit von der Transferierbarkeit der Ressourcen werden im ressourcenorientierten Ansatz drei unterschiedliche Ressourcenarten unterschieden: a.) Vollständig immobile Ressourcen, b.) vollständig mobile Ressourcen und c.) begrenzt mobile Ressourcen:[541]

   a.) *Vollständig immobile Ressourcen*: Vollständig immobile Ressourcen können nicht über Märkte gehandelt und damit nicht von Wettbewerbern akquiriert werden. Als häufige und wesentliche Ursache für eine Ressourcenimmobilität wird im Schrifttum die sog. *Unternehmensspezifität einer Ressource* genannt, die durch die Einbindung einer Ressource in ein bestimmtes Unternehmenssystem entsteht und die Realisierung von Quasi-Renten ermöglicht.[542] Allgemein gilt, dass die mit einem potenziellen Transfer einer Ressource auf ein anderes Unternehmen verbundenen Kos-

---

[536] Vgl. **Padberg** (2000), S. 83.

[537] Vgl. **Blecker** (1999), S. 194 und **Bamberger, Wrona** (1996b), S. 135.

[538] Vgl. **Bamberger, Wrona** (1996a), S. 387 und **Bamberger, Wrona** (1996b), S. 135f.

[539] Vgl. **Peteraf** (1993), S. 183f. und **Bamberger; Wrona** (1996a), S. 387.

[540] Vgl. **Bamberger, Wrona** (1996b), S. 136f. Für eine vergleichbare Argumentation vgl. **Grant** (1991b), S. 126. Zum Begriff des *unvollkommenen Faktormarktes* vgl. Kap. 3.5.2.1, S. 272.

[541] Dazu und zu den nachfolgenden Ausführungen vgl. **Peteraf** (1993), S. 183f. und **Bamberger; Wrona** (1996b), S. 137.

[542] Vgl. **Rasche; Wolfrum** (1994), S. 505. Zum Begriff der *Spezifität* vgl. Kap. 3.4.2.2, S. 185 und die dort angegebene Literatur. Zum Begriff der *Quasi-Rente* vgl. Kap. 3.4.2.2, S. 186.

ten um so höher sind, je größer die Unternehmensspezifität der jeweiligen Ressource ist. Dies liegt im Wesentlichen an der Tatsache, dass unternehmensspezifische Ressourcen im Falle einer von ihrem originären Verwendungszweck abweichenden Nutzung in erheblichen Maße an Wert verlieren können und der ursprüngliche Ressourcenerfolgsbeitrag dann zumeist nur durch die Umsetzung umfangreicher kostenintensiver Maßnahmen wiederhergestellt werden kann.[543] Allerdings beinhaltet eine ausgeprägte Unternehmensspezifität einer Ressource häufig gerade die wesentlichsten Erfolgspotenziale dieser Ressource, da die Differenzierung eines Unternehmens gegenüber der Konkurrenz in der Regel nur dann gelingen kann, wenn es über andere Ressourcen als die direkten Wettbewerber verfügt.[544]

b.) *Vollständig mobile Ressourcen*: Bei vollständig mobilen Ressourcen entstehen kaum oder gar keine Kosten für einen Ressourcentransfer. Bei dieser Ressourcenart handelt es sich um homogene Standardgüter, die sich aufgrund ihrer weit verbreiteten Existenz nicht als Grundlage für einen dauerhaften komparativen Wettbewerbsvorteil eignen.

c.) *Begrenzt mobile Ressourcen*: Begrenzt mobile Ressourcen sind zwischen vollständig immobilen und vollständig mobilen Ressourcen einzuordnen: Ein marktlicher Austausch dieser Ressourcen ist grundsätzlich möglich, findet jedoch aufgrund eines in der Regel deutlich höheren Nutzens im ressourcenbesitzenden Unternehmen im Vergleich zu einer Nutzung in einem anderen Unternehmen oder aufgrund unverhältnismäßig hoher Transaktionskosten für einen Ressourcentransfer nicht statt. Mit einer zunehmenden Begrenzung der Ressourcenmobilität steigt bei dieser Ressourcenart die Möglichkeit zur Realisierung nachhaltiger komparativer Wettbewerbsvorteile.

3.) *Grad der Imitierbarkeit*: Falls eine als wettbewerbsrelevant erachtete Ressource von einem Unternehmen nicht oder nur zu einem hohen Preis auf einem Faktormarkt erworben werden kann, kann dieses Unternehmen alternativ versuchen, diese Ressource durch eine *unternehmensinterne Eigenentwicklung* zu imitieren.[545] In diesem Zusammenhang gilt der Grundsatz, dass die Nachhaltigkeit eines komparativen Wettbewerbsvorteils und das strategische Potenzial innerhalb des Unternehmens, in dessen Eigentum sich wettbewerbsrelevante Ressourcen befinden, umso größer ist, je umfangreicher die entsprechenden Ressourcen vor den Imitationsversuchen durch die direkten Wettbewerber geschützt werden können, d.h. je geringer der Grad der

---

543 Zum Begriff der *Unternehmensspezifität* vgl. auch die Ausführungen zum Begriff der *Spezifität* in Kap. 3.4.2.2, S. 185.

544 Vgl. **Conner** (1991), S. 131 und **Castanias; Helfat** (1991), S. 161.

545 Vgl. **Grant** (1991b), S. 127f. und **Bamberger; Wrona** (1996a), S. 387.

Imitierbarkeit der Ressourcen durch die Konkurrenzunternehmen ist.[546] Eine Sicherung der Ressourcen vor den Nachahmungsversuchen der Wettbewerber kann durch sog. *Imitationsbarrieren* gewährleistet werden, die auf zwei wesentlichen Elementen der Kerndeterminanten der *Transaktionskostentheorie*[547] basieren: 1.) Die *eingeschränkte Rationalität der Wirtschaftssubjekte*[548] und 2.) die *Spezifität*[549] der Ressourcen.[550] Dahingehend werden als Determinanten des Imitierbarkeitsgrades einer unternehmensspezifischen Ressource im Schrifttum die *Vergangenheitsentwicklung des Unternehmens*, die bestehenden *Interdependenzen mit anderen Ressourcen*, das *Ausmaß der Unklarheit über vermutete Kausalzusammenhänge* zwischen den unternehmensspezifischen Ressourcen und den darauf basierenden Wettbewerbsvorteilen, *zeitinduzierte Ineffizienzen der Ressourcenansammlung*, auftretende *Multiplikatoreffekte bei der Ressourcenansammlung* sowie eine sich im Zeitablauf einstellende *Ressourcenerosion* unterschieden.[551]

4.) *Grad der Substituierbarkeit*: Der Grad der Substituierbarkeit beeinflusst als viertes grundlegendes Charakteristikum von Ressourcen die Nachhaltigkeit eines aus einer unternehmensspezifischen Ressource resultierenden komparativen Wettbewerbsvorteils. Der Einsatz substitutiver Ressourcen stellt, neben dem marktlichen Erwerb wettbewerbs-kritischer Ressourcen und der Ressourcenimitation durch Eigenentwicklung, die dritte Möglichkeit für ein im Wettbewerb stehendes Unternehmen dar, eine Wettbewerbsposition zu erreichen, die mit der eines direkten Konkurrenten vergleichbar ist.[552] Aus dieser Tatsache lässt sich die Erkenntnis ableiten, dass eine vorteilhafte Wettbewerbsposition von einem Unternehmen nur dann über einen längeren Zeitraum gegenüber der Konkurrenz abgesichert werden kann, wenn sie mit nicht substituierbaren Ressourcen realisiert wurde. Nur bei einer Nichtsubstituierbarkeit der wettbewerbskritischen Ressourcen eines Unternehmen ergeben sich für die direkten Wettbewerber keinerlei Möglichkeiten, den Wettbewerbsvorteil durch die Verwendung eines Substitutes in Form einer anderen ähnlichen Ressource zu imitieren und den gleichen Nachfrageeffekt

---

[546] Vgl. **Amit; Schoemaker** (1993), S. 39, **Rasche; Wolfrum** (1994), S. 503f., **Rasche** (1994), S. 70 und **Barney** (1991), S. 107.

[547] Für eine ausführliche Erläuterung der *Transaktionskostentheorie* vgl. Kap. 3.4ff.

[548] Zur „eingeschränkten Rationalität der Wirtschaftssubjekte" vgl. 3.4.2.1, S. 184.

[549] Zum Begriff der *Spezifität* vgl. Kap. 3.4.2.2, S. 185.

[550] Vgl. **Bamberger; Wrona** (1996b), S. 138.

[551] Dazu und für eine ausführliche Erläuterung der Determinanten des Imitierbarkeitsgrades vgl. **Rasche; Wolfrum** (1994), S. 504, **Bamberger; Wrona** (1996a), S. 387f., **Bamberger; Wrona** (1996b), S. 138, **Rasche** (1994), S. 70ff., **Barney** (1991), S. 107ff. und **Dierickx; Cool** (1989), S. 1504ff.

[552] Vgl. **Padberg** (2000), S. 86.

zu erzielen.[553] Grundsätzlich gilt demnach, dass ein Unternehmen seinen spezifischen Wettbewerbsvorteil umso dauerhafter gegenüber etwaigen Imitationsversuchen der Konkurrenten schützen kann, je weniger diese über Möglichkeiten zur Substitution der wettbewerbskritischen Ressourcen durch vergleichbare Einsatzfaktoren verfügen.[554]

Vor dem Hintergrund der dargestellten möglichen Ausprägungen der wesentlichen Ressourcencharakteristika kann zusammenfassend festgehalten werden, dass sich langfristige Wettbewerbsvorteile und dauerhaft überdurchschnittliche Gewinne umso leichter und umfangreicher realisieren lassen, je geringer der Grad der Abnutzbarkeit, Transferierbarkeit, Imitierbarkeit und Substituierbarkeit der wettbewerbsrelevanten Ressourcen eines Unternehmen im Zeitablauf ist.[555] Allerdings eignet sich nicht jede unternehmensspezifische Ressourcenausstattung für die Realisierung eines Wettbewerbsvorteils. Ein dauerhafter und verteidigbarer Wettbewerbsvorteil ist vielmehr generell nur dann erreichbar, wenn die Kunden einen wertstiftenden bzw. überlegenen Nutzenvorteil aus der einzigartigen Ressourcenausstattung wahrnehmen, den die direkten Wettbewerber nicht anbieten können.[556] Dieser Nutzenvorteil kann sich sowohl durch einzelne Produkt- bzw. Dienstleistungselemente als auch durch den gesamten Marktauftritt eines Unternehmens dokumentieren. Eine einzigartige Ressourcenausstattung ist vor diesem Hintergrund lediglich als eine notwendige, jedoch nicht als eine hinreichende Bedingung zur Erlangung eines Wettbewerbsvorteils anzusehen.[557]

Eine fundierte Beurteilung des wettbewerbsorientierten Wertes einer Ressource bzw. eine Einschätzung über den angemessenen Aufwand für einen Ressourcenaufbau, -ausbau und -erhalt kann letztlich erst dann erfolgen, wenn die spezifischen Marktcharakteristika (z.B. Wettbewerbsintensität, Konzentrationsgrad, Marktein- und -austrittsbarrieren, erzielbare Größendegressions- und Erfahrungskurveneffekte) und Marktanforderungen (z.B. Präferenzstrukturen, Preiselastizitäten, Nachfragevolumina) in die Betrachtungen integriert wurden. Im Rahmen des Strategischen Managements eines Unternehmens ist daher immer auch ein Rückgriff auf bestimmte industrieökonomische Grundlagen notwendig.[558] Aus dieser Tatsache lässt sich bereits an dieser Stelle die Erkenntnis ableiten, dass eine isolierte Anwendung des Ressourcenansatz in einer nur sehr begrenzten Weise eine Auskunft über die Bestandteile einer Ressource liefert, die letztlich ihren wettbewerbsrelevanten Wert ausmachen.

---

[553] Vgl. **Barney** (1991), S. 111f.

[554] Vgl. **Rasche, Wolfrum** (1994), S. 506 und **Bamberger, Wrona** (1996a), S. 388.

[555] Vgl. **Bamberger; Wrona** (1996b), S. 140, **Bamberger; Wrona** (1996a), S. 388 und **Frost** (1998), S. 129ff.

[556] Vgl. **Rühli** (1995), S. 99.

[557] Vgl. **Rasche; Wolfrum** (1994), S. 507 und **Rasche** (1993), S. 425.

[558] Vgl. **Padberg** (2000), S. 89 und die dort angegebene Literatur.

Die Ausführungen zu den einzelnen Ressourcencharakteristika zeigen, dass insbesondere solche Ressourcen im Rahmen der Bewertung und Auswahl von unternehmerischen Entwicklungsstrategien als Teil des (ressourcenorientierten) *Strategischen Managements* eines Unternehmens zu berücksichtigen sind, die die skizzierten Charakteristika wie geringe Abnutzbarkeit, Transferierbarkeit, Imitierbarkeit und Substituierbarkeit erfüllen und dadurch Erfolgspotenziale begründen können. Sie sind zu *identifizieren*, durch entsprechende organisatorische und/oder personelle Maßnahmen dauerhaft zu *bewahren* und insbesondere zur Umsetzung von Strategien und Prozessen zielgerichtet zu *entwickeln* und zu *verwerten*.[559] Aufgrund der besonderen Bedeutung der Ressourcenentwicklung und -verwertung für das Strategische Management werden diese beide Punkte nachfolgend kurz erläutert:

1.) *Ressourcenentwicklung*: Für eine zielgerichtete *Ressourcenentwicklung* stehen einem Unternehmen grundsätzlich drei unterschiedliche Möglichkeiten zur Verfügung, die den bereits skizzierten Alternativen für eine Unternehmensentwicklung ähneln.[560] Dazu gehören die unternehmensinterne evolutorische Ressourcenentwicklung, 2.) der marktliche Ressourcenerwerb und 3.) der Abschluss von Kooperationsvereinbarungen mit anderen Unternehmen.[561]

a.) *Unternehmensinterne evolutorische Ressourcenentwicklung*: Diese Form der Ressourcenentwicklung zielt in erster Linie auf die Neugenerierung wettbewerbsrelevanter Ressourcen durch die Umsetzung unternehmensinterner Maßnahmen. Die Ressourcenentwicklung kann sich dabei sowohl auf grundlegend *neue* als auch auf *bisher nicht verfügbare* Ressourcen beziehen. Die unternehmensinterne Entwicklungsoption bietet sich immer dann an, wenn für die benötigten Ressourcen keine Faktormärkte existieren (z.B. bei vollkommen immobilen Ressourcen) und/oder wenn die notwendigen Ressourcen nur unter Inkaufnahme einer Veröffentlichung wesentlicher unternehmensinterner Informationen an die direkten Wettbewerber beschafft werden können.

b.) *Marktlicher Ressourcenerwerb*: Ein marktlicher Ressourcenerwerb stellt immer dann die einzig mögliche Ressourcenentwicklungsoption dar, wenn die notwendigen wettbewerbsrelevanten Ressourcen nicht vorhanden sind und gleichzeitig die verfügbare Zeit, die finanziellen Mittel

---

[559] Vgl. **Rasche; Wolfrum** (1994), S. 507, **Grant** (1991b), S. 131ff. und **Bamberger; Wrona** (1996b), S. 140.

[560] Für eine Systematisierung der internen und externen Alternativen für eine Unternehmensentwicklung vgl. Kap. 2.3.4.3.

[561] Dazu und zu den nachfolgenden Ausführungen vgl. **Bamberger; Wrona** (1996b), S. 141f., **Coyne; Hall; Clifford** (1997), S. 43 und **Padberg** (2000), S. 93 mit der dort angegebenen Literatur.

und/oder die technische Ausstattung für eine unternehmensinterne Ressourcenentwicklung nicht ausreicht. Für ein Unternehmen gibt es dann zum einen die Möglichkeit, *unspezifische* Ressourcen am Markt zu erwerben (z.B. in Form von hochgradig kompetenten Mitarbeitern oder durch die Akquisition von Wettbewerbern) und sie einer spezifischen Verwendung zuzuführen, die beim erwerbenden Unternehmen einen höheren Wert stiftet als bei jedem anderen Konkurrenzunternehmen. Alternativ kann ein Unternehmen aber auch die Entwicklung *spezifischer* Ressourcen bei einem oder mehreren anderen Unternehmen in Auftrag geben und diese dann zu einem im Vergleich zu den unspezifischen Ressourcen häufig höheren Preis erwerben.

c.) *Abschluss von Kooperationsvereinbarungen*: Durch den Abschluss von Kooperationsvereinbarungen erhalten die involvierten Unternehmen in der Regel einen erweiterten Ressourcenzugang, da die Partnerunternehmen im Normalfall überschüssige Ressourcen wechselseitig austauschen bzw. sich gegenseitig einen Zugriff auf wettbewerbskritische Ressourcen gewähren. Kooperierende Unternehmen besitzen somit für den in der Kooperationsvereinbarung festgelegten Zeitraum ein erweitertes Ressourcennutzungspotenzial. Wenngleich aus Sicht des einzelnen Unternehmens ein Großteil der einsetzbaren Ressourcen nur in den jeweiligen Partnerunternehmen vorhanden ist, wird in diesem Zusammenhang vielfach auch von einer sog. *virtuellen Ressourcenbasis* bzw. von *virtuellen Ressourcen* eines Unternehmens gesprochen.[562]

Neben dem Vorteil eines erweiterten Ressourcenzugangs eröffnet die Teilnahme an einer Kooperation den Unternehmen vielfach auch die Möglichkeit, gemeinsam vollkommen neue Ressourcen zu entwickeln, indem sie die innerhalb von Kooperationen ablaufenden Lernprozesse effizient zu ihrem eigenen Vorteil ausnutzen. In der Regel sind aus diesem Grund die entsprechenden Ressourcen im Vergleich zu einem Alleingang auch schneller und kostengünstiger entwickelbar.[563]

2.) *Ressourcenverwertung*: Die Frage der Verwertung von Ressourcen bezieht sich ausschließlich auf solche Ressourcen, die sich als Grundlage für die Entstehung von Wettbewerbsvorteilen eignen, für die freie Kapazitäten bestehen und die sich für einen Transfer auf andere Unternehmen eignen. Die

[562] Vgl. **Schräder** (1996), S. 54 und **Kronen** (1994), S. 99. Mit dem Begriff „virtuelle Ressourcen" wird ausgedrückt, dass diese Ressourcen einerseits in einem einzelnen Partnerunternehmen wirken, d.h. die Basis für Wettbewerbsvorteile darstellen, aber andererseits im jeweiligen Unternehmen nicht vorhanden sind. Der Ausdruck „virtuell" steht dabei für Begriffe wie „scheinbar", nicht wirklich" oder „der analge nach als Möglichkeit vorhanden". Vgl. **Gabler-Verlag** (1997), S. 4215.

[563] Vgl. **Blecker** (1999), S. 236.

Alternativen für eine Ressourcenverwertung gleichen den Ressourcenentwicklungsoptionen. Demnach kann zwischen einer unternehmensinternen Ressourcenverwertung, einer marktlichen Verwertung und einer Verwertung über den Abschluss von Kooperationsvereinbarungen unterschieden werden.[564] Hinsichtlich der Ressourcenverwertung stellt sich die zentrale Frage, in welcher Weise und in welchem Maße die verfügbaren Ressourcen zur Entwicklung und Ausnutzung von Erfolgspotenzialen und damit zur Realisierung langfristiger Unternehmensziele einen Beitrag leisten können. Eng verbunden mit dieser Fragestellung ist die Frage nach der zu präferierenden Unternehmensstrategie unter Berücksichtigung der gegebenen Ressourcenausstattung eines Unternehmens. In der Literatur werden in diesem Zusammenhang ausschließlich Diversifikations- und Internationalisierungsstrategien zur Verwertung verfügbarer Ressourcen diskutiert.[565] Hier kann der Ressourcenansatz nachweislich einige wichtige Hinweise zur unternehmenszielgerechten Verwertung von Ressourcen liefern. Allerdings ist in diesem Zusammenhang kritisch anzumerken, dass er die Frage nach der sinnvollsten Transaktionsform für die verfügbaren Ressourcen unbeantwortet lässt. Vielmehr muss der ressourcenorientierte Ansatz in diesem Punkt auf die Erkenntnisse anderer theoretischer Ansätze verweisen und zurückgreifen, die die möglichen Transaktionsalternativen erklären können.[566]

Vor dem Hintergrund der skizzierten Möglichkeiten für eine Ressourcenentwicklung und -verwertung darf im Rahmen eines (ressourcenorientierten) *Strategischen Managements* nicht nur die quantitative und qualitative Verbesserung der Ressourcenbasis im Mittelpunkt der Betrachtungen stehen, sondern es müssen stets die mit einer Strategieoption verbundenen Ressourcenentwicklungs- und -verwertungstrategien und -prozesse aufgezeigt werden.[567] Ferner zeigt die Darstellung der unterschiedlichen Ressourcenentwicklungs- und verwertungsalternativen, dass der originäre Ressourcenansatz in diesem Punkt zwingend um mindestens einen Theorieansatz zu ergänzen ist, mit dem sich die auszuwählenden Transaktions- und Organisationsformen und die sich daraus ergebenden Möglichkeiten für eine Verwertung von Ressourcen explizit erklären lassen.[568] Eine derartige Erklärung kann u.a. die bereits dargestellte Transaktionskostentheorie in umfassender Weise leisten.[569]

---

[564] Vgl. **Bamberger; Wrona** (1996b), S. 143.

[565] Vgl. **Mahoney, Pandian** (1992), S. 366f., **Peteraf** (1993), S. 188ff., **Chatterjee; Wernerfelt** (1991), S. 34ff. **Bamberger; Wrona** (1996a), S. 388ff., **Rasche** (1994), S. 316ff., **Bamberger; Wrona** (1996b), S. 143ff. und **Padberg** (2000), S. 94ff. und S. 101ff.

[566] Vgl. **Bamberger; Wrona** (1996b), S. 145.

[567] Vgl. **Kronen** (1994), S. 91.

[568] Vgl. **Bamberger; Wrona** (1996b), S. 142.

[569] Vgl. **Bamberger; Wrona** (1996b), S. 145.

3.5.2.2.4 Die Kernkompetenzperspektive als Erweiterung des originären Ressourcenansatzes

Seit der Veröffentlichung des Aufsatzes von PRAHALAD und HAMEL[570] im Jahr 1990 über die sog. „core competence" existiert mit der daraus abgeleiteten *Kernkompetenzperspektive* eine auf dem in den vorhergehenden Kapiteln dargestellten *originären* Ressourcenansatz aufbauende zusätzliche Betrachtungsweise, die die unternehmensinternen Ressourcen und Fähigkeiten in den Mittelpunkt der Betrachtung stellt.[571] Sie geht zurück auf die von SELZNIK bereits im Jahr 1957 veröffentlichten Ausführungen zur sog. *„distinctive competence"* bzw. zur besonderen Bedeutung der unternehmensspezifischen Fähigkeiten und Kompetenzen für den Wettbewerbserfolg von Unternehmen.[572]

Im Konzept der Kernkompetenzen von PRAHALAD und HAMEL wird der Kompetenzbegriff zwei unterschiedlichen Betrachtungsebenen, dem Individuum und dem Unternehmen, zugeordnet, die nachfolgend kurz erläutert werden:

1.) *Betrachtungsebene des Individuums*: Auf der Ebene eines Individuums entstehen Kompetenzen durch die Bündelung von *Fertigkeiten* und *Fähigkeiten*. Als *Fertigkeiten* gelten die durch Lernprozesse erworbenen Kenntnisse von Individuen über die logische Abfolge und Ausgestaltung einer zielorientierten und in den meisten Fällen mit einem körperlichen Einsatz verbundenen Ausübung bestimmter Aufgaben sowie die Erfüllung bestimmter physischer Voraussetzungen für die Anwendung der erlernten Kenntnisse. Der Begriff der *Fähigkeiten* ist als Synonym für das Ausmaß der Intellektualität eines Individuums anzusehen, mit der die eigenen Fertigkeiten problemorientiert angewendet werden können. Ein Individuum verfügt demnach nur dann über eine Kompetenz zur Lösung von Problemen, wenn es über ausreichende Fertigkeiten *und* Fähigkeiten zur Lösung einer spezifischen Problemstellung verfügt.[573]

2.) *Betrachtungsebene des Unternehmens*: Auf der Ebene eines Unternehmens werden Kompetenzen vielfach als spezielle Sonderform der wissensbasierten unternehmensspezifischen *intangiblen Ressourcen* bzw. *Aktiva*[574] interpre-

---

570 Vgl. **PRAHALAD; HAMEL** (1990), S. 79ff.

571 Für eine ausführliche Darstellung der Kernkompetenzperspektive als „Derivat" bzw. „Abkömmling" des originären Ressourcenansatzes vgl. **RASCHE** (1994), S. 91ff.

572 Vgl. **SELZNIK** (1957), S. 4ff. Im Unterschied zum originären Ressourcenansatz unterstellt die Kernkompetenzperspektive die Nichtexistenz von Faktormärkten für Kernkompetenzen und stellt damit stärker eine dynamisch-prozessuale Sichtweise in den Mittelpunkt der Betrachtungen, die auf den Erwerb von Kernkompetenzen gerichtet ist. Vgl. **RASCHE** (1993), S. 425f., **RASCHE** (1994), S. 92 und **ZAHN** (1996), Sp. 884.

573 Vgl. **PADBERG** (2000), S. 90f.

574 Für eine Erklärung des Begriffes der *intangiblen Ressourcen* vgl. Kap. 3.5.2.2.2, S. 277.

tiert.[575] Dazu gehören in erster Linie die unternehmensinternen sozialen *Interaktionsmuster* zwischen personengebundenen Fertigkeiten und Fähigkeiten sowie bestimmte organisatorische *Routinen*, die aus kollektiven organisatorischen Lernprozessen entstehen und die Funktion eines Speichers von organisatorischem Wissen ausfüllen.[576]

Kompetenzen werden immer dann zu *Kernkompetenzen*[577], wenn sie vor dem Hintergrund einer *Gesamtunternehmensbetrachtung* eine wesentliche strategische Bedeutung für die langfristige Sicherung der Unternehmensexistenz besitzen. Dies ist insbesondere immer dann der Fall, wenn sie gleichzeitig zum Aus- und Aufbau von Erfolgspotenzialen[578] und zur Entstehung überlegener unternehmerischer Leistungen und Kernprodukte beitragen, die zu Wettbewerbsvorteilen und letztlich zum unternehmerischen Erfolg führen (s. Abb. 3.20).[579]

Kernkompetenzen sind generell das Resultat bestimmter sog. *kollektiver Lernprozessen*[580] und ergeben sich im Allgemeinen durch eine unternehmensspezifische und nutzenstiftende Integration mehrerer individueller Fähigkeiten und Fertigkeiten. Dabei wird der Grad der Unternehmensspezifität und das Ausmaß des Kundennutzens nicht durch bestimmte physikalisch-technische Charakteristika der zusammengeführten Ressourcen bestimmt, sondern durch die Art der prozessualen bzw. strukturellen Ressourcenzusammenführung festgelegt.[581]

Vor diesem Hintergrund kann ein grundlegender Unterschied zwischen der Kernkompetenzperspektive und dem originären Ressourcenansatz festgehalten werden: Beim Terminus der Kernkompetenzen stehen, im Unterschied zum Begriff der unternehmensspezifischen Ressourcen, nicht *eigentumsrechtliche*

---

575 Vgl. **Rasche** (1994), S. 143ff.

576 Vgl. **Collis** (1991), S. 58, **Rasche** (1994), S. 91f. und S. 112 und **Padberg** (2000), S. 91 mit den dortigen weiterführenden Literaturhinweisen.

577 In der Literatur finden sich auch andere, nicht immer überschneidungsfreie und teilweise auch widersprüchliche Bezeichnungen. Im gleichen Zusammenhang wird auch von *kritischen Ressourcen*, *Schlüsselkompetenzen*, *Schlüsselpotenzialen*, *distinkten Kompetenzen*, *strategischen Fähigkeiten* und *Kernfähigkeiten* gesprochen. Vgl. **Padberg** (2000), S. 91f. und die dort angegebenen Literaturhinweise. Zum *Konzept der Kernfähigkeiten* vgl. **Aaker** (1989a), S. 98ff., **Teece** (1985), S. 59ff und **Conner** (1991), S. 137.

578 Zum Begriff des *Erfolgspotenzials* vgl. Kap. 2.4.4.2.

579 Vgl. **Prahalad; Hamel** (1991), S. 66ff., **Hamel; Prahalad** (1995), S. 307f. und **Hinterhuber; Stuhec** (1997), S. 3.

580 Vgl. **Wehrli** (1993), S. 23. Zu den notwendigen Lernprozessen vgl. **Raub; Büchel** (1996), S. 26ff., **Hamel** (1991), S. 83ff., **Doz** (1997), S. 55 und **Wolfsteiner** (1995), S. 134ff.

581 Vgl. **Börner** (1999), S. 14f.

Faktoren, sondern die *Fähigkeiten* eines Unternehmens zur gezielten erfolgsorientierten *Nutzung* dieser Kompetenzen im Mittelpunkt der Betrachtungen.[582]

***Abb. 3.20**: Entstehung des Unternehmenserfolges in der Kernkompetenzperspektive*

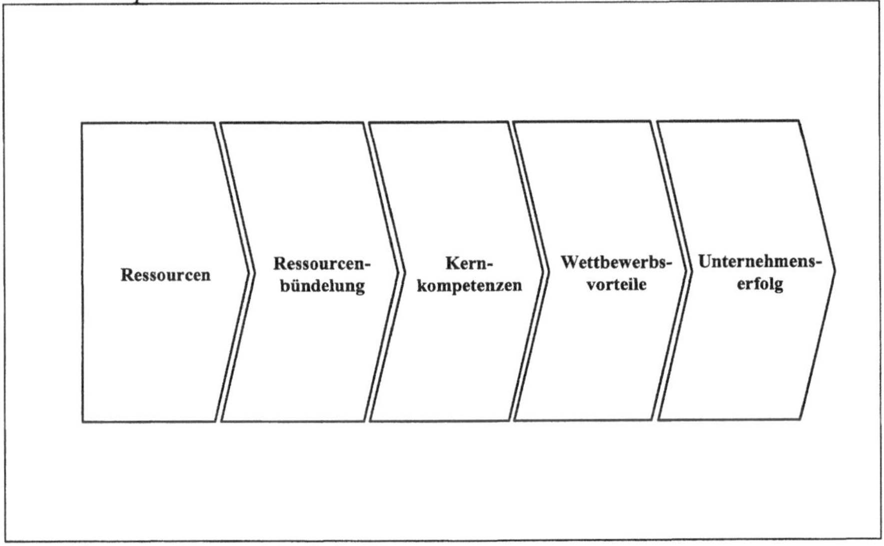

(In Anlehnung an: WEHRLI (1993), S. 22)

Nach HAMEL lassen sich die Kernkompetenzen eines Unternehmens in drei Gruppen unterteilen:[583]

1.) *Marktzugangskernkompetenzen*: Diese Kernkompetenzen beziehen sich auf den Kundenkontakt und auf die Form der Marktbearbeitung. Sie stärken die Kundenbindung und betreffen Bereiche wie z.B. den Vertrieb, das Marketing oder den Kundendienst.

2.) *Integritätsbezogene Kernkompetenzen*: Diese Form der Kernkompetenzen bezieht sich auf die Fähigkeit zur Koordination unterschiedlicher Unternehmensteile und -bereiche. Derartige Kernkompetenzen ermöglichen in der Regel einen schnelleren, flexibleren und verlässlicheren Produktionsprozess und die Nutzung bereichsübergreifender Synergiepotenzialen.

3.) *Funktionalitätskernkompetenzen*: Unternehmen, die über derartige Kernkompetenzen verfügen, sind in der Regel in der Lage, mit ihren Produkten und/oder Dienstleistungen einen außergewöhnlichen und herausragenden

[582] Vgl. **HINTERHUBER; FRIEDRICH** (1997), S. 994 und **HINTERHUBER, FRIEDRICH, HANDLBAUER, STUHEC** (1996), S. 72ff.

[583] Dazu und zu den nachfolgenden Ausführungen vgl. **HAMEL** (1994), S. 16. Als weitere Literaturquellen vgl. **SJURTS** (2000), S. 49 und **HANDLBAUER** (1995), S. 272ff.

Kundennutzen zu stiften, durch den sie sich mitunter deutlich von den direkten Wettbewerbern distanzieren können.

RÜHLI wählt eine andere Systematik zur Einteilung der Kernkompetenzen und unterscheidet zwischen *ehemaligen*, *aktuellen* und *dauerhaft verteidigbaren* Kernkompetenzen:[584]

1.) *Ehemalige Kernkompetenzen*: Als ehemalige Kernkompetenzen werden solche Kernkompetenzen bezeichnet, die hinsichtlich ihrer Bedeutung in der Praxis bereits annähernd zum Standard einer Branche geworden sind. Sie sind auf der einen Seite als unerlässliche Faktoren im Wettbewerb anzusehen, eignen sich jedoch andererseits nicht mehr zur Erzielung von komparativen Wettbewerbsvorteilen.

2.) *Aktuelle Kernkompetenzen*: Zu den aktuellen Kernkompetenzen zählen solche Kernkompetenzen, bei denen davon auszugehen ist, dass sie in einem absehbaren Zeitraum von den direkten Wettbewerbern nachvollzogen bzw. imitiert werden. Aus diesem Grund ist bei diesen Kernkompetenzen eine kurz- bzw. mittelfristige Ausschöpfung anzustreben. Unter strategischen Gesichtspunkten kommt ihnen nur eine eher unbedeutende Rolle zu.

3.) *Dauerhaft verteidigbare Kernkompetenzen*: Die dauerhaft verteidigbaren Kernkompetenzen sind von grundlegender strategischer Bedeutung für ein Unternehmen und erfordern deshalb eine gezielte unternehmensweite Förderung. Sie zeichnen sich vielfach durch eine hohe Komplexität aus, unterliegen einer hohen Geheimhaltung gegenüber dem Wettbewerb und/oder werden gezielt verborgen, damit die Konkurrenzunternehmen sie erst gar nicht erkennen oder imitieren können.

Zusammenfassend kann die Identifikation einer Kernkompetenz anhand der vier nachfolgend genannten Kriterien gelingen:[585]

1.) *Eröffnung eines erweiterten Marktzuganges*: Eine Kernkompetenz muss zumindest potenziell den Zugang zu mehreren bisher nicht bearbeiteten Märkten eröffnen.

2.) *Erheblicher Beitrag zum Kundennutzen*: Eine Kernkompetenz muss zu den von den Kunden wahrgenommenen Vorteilen des angebotenen Produktes in besonderer Weise beitragen.

3.) *Geringe Imitierbarkeit*: Eine Kernkompetenz zeichnet sich, zusätzlich zu den beiden vorgenannten Kriterien, durch eine von den direkten Wettbewerbern nur schwer erreichbare Imitierbarkeit aus.

---

584 Vgl. **RÜHLI** (1995), S. 98f.

585 Zu den drei erstgenannten nachfolgenden Kriterien vgl. **PRAHALAD; HAMEL** (1990), S. 83f., **PRAHALAD; HAMEL** (1991), S. 69, **HAMEL** (1994), S. 11f. und **HAMEL, PRAHALAD** (1995), S. 307f.

4.) *Hohe strategische und unternehmensweite Bedeutung*: Eine Kernkompetenz zeichnet sich stets durch eine wesentliche strategische und unternehmensweite Relevanz für den nachhaltigen Unternehmenserfolg und die dauerhafte Sicherung der Unternehmensexistenz aus.

Aus der Kernkompetenzperspektive ergeben sich, in Verbindung mit den Erkenntnissen des originären Ressourcenansatzes,[586] mehrere Konsequenzen für *das Strategische Management*[587] eines Unternehmen: Es steht nun nicht mehr das Management eines Portfolios von *Produkten* bzw. *Strategischen Geschäftsfelder*[588] im Mittelpunkt der Betrachtungen, sondern vielmehr das Management von Kernkompetenzen und Ressourcen auf einer Gesamtunternehmensebene.[589] Damit ergibt sich eine fundamental andere Sichtweise für die im Rahmen des Strategischen Managements von der Unternehmensführung wahrzunehmenden Aufgaben. In der Hauptsache geht es nun nicht mehr um die ökonomisch vorteilhafteste Allokation der finanziellen Mittel, Anlagegütern und Personal, sondern in erster Linie, neben ihrem renditeorientierten Einsatz, um den *Aus- und Aufbau* und den *Erhalt* der unternehmerischen Kernkompetenzen:[590]

1.) *Auf- und Ausbau von Kernkompetenzen*: Der *Aufbau* von Kernkompetenzen innerhalb eines Unternehmens kann generell nur dann gelingen, wenn die dazu notwendigen Voraussetzungen von der Unternehmensleitung früh- bzw. rechtzeitig geschaffen wurden. Um dies zu gewährleisten, sind insbesondere organisatorische Gestaltungsmaßnahmen durchzuführen, um sowohl auf der Ebene des Individuums als auch auf der Ebene des Gesamtunternehmens bestimmte Lernprozesse zur Erweiterung der Fähigkeiten und Fertigkeiten des Unternehmens zu ermöglichen und die Grundlagen für einen sich anschließenden *Ausbau* der wettbewerbsrelevanten Kernkompetenzen in Form besonderer Kenntnisse des Unternehmens zu schaffen.[591]

---

[586] Für eine Erläuterung der Konsequenzen einer Ressourcenorientierung auf das Strategische Management eines Unternehmens aus der Sicht des originären Ressourcenansatzes vgl. Kap. 3.5.2.2.3, S. 283

[587] Für eine ausführliche Erklärung des Begriffes „Strategisches Management" vgl. Kap. 2.4.1ff.

[588] Zum Begriff des *Strategischen Geschäftsfeldes* vgl. Kap. 2.2.1.

[589] Vgl. **Heene** (1994), S. XXV und **Blecker** (1999), S. 232 mit den dortigen Literaturangaben.

[590] Vgl. **Hellfeier** (2001), S. 204f.

[591] Die Fähigkeiten eines Unternehmen, Kernkompetenzen durch organisationales Lernen zu entwickeln, auszubauen bzw. zu erwerben, werden im Schrifttum auch unter dem Stichwort der sog. *Meta-Fähigkeiten* oder *Meta-Kompetenzen* subsumiert. Dazu gehören z.B. Lernfähigkeiten, Kritikfähigkeiten, Kommunikationsfähigkeiten, Innovationsfähigkeiten, Kompetenzmanagementfähigkeiten und Verankerungsfähigkeiten. Durch die gezielte Einbringung dieser übergeordneten Fähigkeiten bzw. Kompetenzen kann ein Unternehmen notwendige Adaptions- und Selbsterneuerungsprozesse auslösen. Vgl. **Rühli** (1995), S.

2.) *Erhalt von Kernkompetenzen*: Neben dem Aus- und Aufbau von Kernkompetenzen ist die dauerhafte Absicherung der über unternehmensinterne Lernprozesse oder unternehmensexterne Marktprozesse erworbenen wettbewerbsrelevanten Kenntnisse eine zentrale Aufgabe der Unternehmensführung im Rahmen eines kernkompetenzorientierten Strategischen Managements.[592] In diesem Zusammenhang geht es um die Verhinderung einer Wissenserosion, z.B. durch die unzureichende Ausübung bestimmter wettbewerbskritischer Fertigkeiten, und um die Vermeidung eines Kompetenzverlustes aufgrund z.B. unzureichender Anpassungen an technologische Veränderungen im Zeitablauf. Zudem gilt es, Sicherheitsmechanismen und -barrieren zur Vermeidung eines unerwünschten Kompetenztransfers an Wettbewerber und zur Verhinderung einer Beeinträchtigung der Nachhaltigkeit der eigenen Wettbewerbsvorteile aufzubauen.[593]

Das Problem eines Kernkompetenzverlustes ist insbesondere bei Fragen über die künftig anzustrebende Fertigungstiefe von der jeweiligen Unternehmensführung zu berücksichtigen. Schließlich kann die Externalisierung von zukunftsträchtigen und innovativen Tätigkeiten auf ein Partnerunternehmen im Rahmen einer Unternehmenskooperation oder Strategischen Allianz zu einem Verlust von Wettbewerbsvorteilen führen. Eine solche Konstellation stellt sich immer dann ein, wenn fälschlicherweise als strategisch unwesentlich erachtete Aktivitäten ausgelagert werden und damit wichtige Kernkompetenzbestandteile abfließen. Demnach dürfen im Rahmen des Strategischen Managements, unter Berücksichtigung der Kernkompetenzperspektive, nur solche Tätigkeiten ausgelagert werden, die nicht auf den wettbewerbsrelevanten Ressourcen aufbauen und damit als strategisch irrelevant eingeordnet werden können. Alle anderen Aufgabenbereiche sind generell unternehmensintern abzuwickeln.[594]

Vor diesem Hintergrund sind alle Aktivitäten, Entscheidungen und Bewertungen, die sich im Rahmen einer strategischen Unternehmensentwicklung ergeben, auf ihren Beitrag hinsichtlich des Auf- und Ausbaus sowie Erhaltes von Kernkompetenzen zu analysieren. Allerdings wird eine derartige Analyse durch die problematische Operationalisierbarkeit des hypothetischen Konstruktes der Kernkompetenz erschwert.[595] Es ist jedoch trotzdem davon auszugehen, dass die Kernkompetenzperspektive dazu beitragen kann, kontraproduktive Ergebnisse aufgrund ausschließlich marktorientierter Strategien im Rahmen von Allokati-

97, **Rasche** (1994), S. 159ff., **Bogner; Thomas** (1994), S. 116 und **Steinle; Bruch; Nasner** (1997), S. 3.

592 Vgl. **Padberg** (2000), S. 93.

593 Vgl. **Bamberger, Wrona** (1996a), S. 138 und **Padberg** (2000), S. 93.

594 Vgl. **Bühner; Tuschke** (1997), S. 22, **Rasche; Wolfrum** (1994), S. 509 und **Kaluza** (1996), S. 211.

595 Vgl. **Rasche** (1993), S. 426.

ons-, Kooperations-, Akquisitions-, Desinvestitions- und/oder Diversifikationsentscheidungen zu verhindern.[596] Diese potenziell positiven Wirkungen der Kernkompetenzperspektive resultieren im Wesentlichen aus der Tatsache, dass sie, im Gegensatz zur (originären) ressourcenorientierten Sichtweise, nicht nur zu einem vertieften Verständnis für marktorientierte Strategien beiträgt, sondern die Entscheidungsträger auch für die Bedeutung und Auswirkungen alternativer kompetenzbasierter Wettbewerbsvorteile sensibilisiert.[597] Zusammenfassend stellt die Kernkompetenzperspektive damit eine positive Ergänzung des originären Ressourcenansatzes dar und führt zu einer wesentlichen Erweiterung der Sichtweisen für das Strategische Management eines Unternehmens.[598]

3.5.2.3 Kritische Würdigung des Ressourcenansatzes

Der Ressourcenansatz hat die Forschungsrichtung des Strategischen Managements in vielerlei Hinsicht positiv beeinflusst und erweitert. Seine wesentlichste Stärke liegt in der, im Vergleich zur Industrieökonomik, deutlich höheren Realitätsnähe aufgrund der Annahme, dass sich die Unternehmen innerhalb einer Branche bzw. innerhalb einer Strategischen Gruppe durch die Heterogenität ihrer Ressourcenausstattungen und -verwendungen unterscheiden und sich dadurch die unternehmensexternen Markt- bzw. Branchenstrukturen gezielt beeinflussen lassen.[599] Neben den Erkenntnissen zur Veränder- und Beeinflussbarkeit von Branchen- bzw. Marktstrukturen lassen sich insbesondere mit Hilfe der Analyse der unternehmensspezifischen Ressourcenausstattungen zwei wesentliche Rückschlüsse auf die Fähigkeiten eines Unternehmens gewinnen, zu Erklärung und Entwicklung *externer Erfolgspotenziale*[600] beizutragen:[601]

1.) *Fähigkeiten zum Markteintritt*: Die Analyse der Ressourcenausstattung erlaubt einen Rückschluss auf die Fähigkeit eines Unternehmens, in neue attraktive Branchen bzw. Märkte mit einer überdurchschnittlich hohen Rentabilität einzutreten, dabei Markteintrittsbarrieren zu überwinden und letztlich zur Entstehung neue externer Erfolgspotenziale beizutragen. Aus den Markteintrittsfähigkeiten lassen sich gleichzeitig auch Erkenntnisse über die strategische Mobilität und Flexibilität eines Unternehmens gewinnen, die sich in der Fähigkeit ausdrücken, kurzfristig zum Markteintritt in bisher nicht bearbeitete, verschiedenartige und als attraktiv eingeschätzte Branchen bzw. Märkte in der Lage zu sein.

---

[596] Vgl. **Blecker** (1999), S. 215 und S. 232.

[597] Vgl. **Proff** (1998), S. 39.

[598] Vgl. **Hamel; Prahalad** (1995), S. 352.

[599] Vgl. **Prahalad; Hamel** (1990), S. 80, **Bamberger; Wrona** (1996b), S. 147, **Mahoney; Pandian** (1992), S. 374 und **Wernerfelt** (1995), S. 172.

[600] Zum Begriff der *externen Erfolgspotenziale* vgl. Kap. 2.4.4.2.

[601] Dazu und zu den nachfolgenden Ausführungen vgl. **Bamberger; Wrona** (1996b), S. 146f.

2.) *Fähigkeiten zum Aufbau neuer Markteintrittsbarrieren*: Durch die Analyse der Ressourcenausstattung lässt sich die Frage beantworten, inwieweit ein Unternehmen zur Neugenerierung von Markteintrittsbarrieren in der Lage ist und damit die Grundlagen für künftige überdurchschnittlich hohe Unternehmensgewinne legen kann.

Wenngleich der Ressourcenansatz damit einige wesentliche Erkenntnisse zur Fundierung *externer Erfolgspotenziale* liefert, eignet er sich in insbesondere zur theoretischen Fundierung *interner Erfolgspotenziale*[602] und der Entwicklung von unternehmensspezifischen Wettbewerbsvorteilen in einer Branche bzw. in einem Markt, da er die Beziehungen zwischen der Ressourcenausstattung, Wettbewerbsvorteilen und überdurchschnittlich hohen Gewinnen verdeutlicht und einige wertvolle Hinweise zur Sicherung ihrer Nachhaltigkeit zur Verfügung stellt.[603]

Insgesamt führt der Ressourcenansatz damit zu einigen wertvolle Erkenntnissen und Informationen für die Ableitung strategischer Entscheidungen, die sich auf die Ressourcenbasis eines Unternehmens auswirken.[604] Er kann in diesem Sinne dazu beitragen, die jeweilige Unternehmensführung für die besondere strategische Relevanz der innerhalb eines Unternehmens vorhandenen Ressourcen zu sensibilisieren und die herausragende Bedeutung einer systematischen und strategiegestützten Generierung, Ausweitung und Aufrechterhaltung der unternehmensspezifischen Ressourcenbasis für den nachhaltigen Unternehmenserfolg zu verdeutlichen. Aus Sicht des Strategischen Managements führt der Ressourcenansatz zu der wesentlichen Erkenntnis, dass insbesondere die wissensbasierten intangiblen Ressourcen über Lernprozesse dynamisch zu entwickeln sind.[605]

Trotz der genannten Stärken des Ressourcenansatzes werden in der Literatur einige Argumentationslinien und Annahmen kritisiert, durch die der Aussagegehalt des Ansatzes zum Teil erheblich eingeschränkt wird. Nachfolgend werden die wesentlichen Kritikpunkte kurz erläutert:[606]

1.) *Unklare Terminologie und unzureichende Operationalisierbarkeit*: Hinsichtlich der verwendeten Methodik wird vor allem die in wesentlichen unklare Terminologie des Ressourcenansatzes kritisiert.[607] Die in der Literatur existierenden unterschiedlichen Meinungen über grundlegende Begrifflichkei-

602 Zum Begriff der *internen Erfolgspotenziale* vgl. Kap. 2.4.4.2.
603 Vgl. **Bamberger; Wrona** (1996b), S. 147.
604 Vgl. **Rasche; Wolfrum** (1994), S. 507ff.
605 Vgl. **Bamberger; Wrona** (1996a), S. 390, **Madhok** (1997), S. 57, **Rasche** (1993), S. 426 und **Rasche; Wolfrum** (1994), S. 510f. Zum Begriff der *intangiblen Ressourcen* vgl. Kap. 3.5.2.2.2, S. 277
606 Zu den nachfolgenden Kritikpunkten vgl. **Bamberger; Wrona** (1996a), S. 390f. und **Padberg** (2000), S. 103ff. mit der dort angegebenen Literatur.
607 Vgl. **Rasche; Wolfrum** (1994), S. 511 und **Rasche** (1994), S. 398f.

ten, wie z.B. über den Ressourcen- und Kernkompetenzbegriff, und unterschiedliche Ansichten über inhaltliche Begriffsabgrenzungen beeinträchtigen die Konzeptualisierung und Operationalisierung wesentlicher theoretischer Konstrukte des Ansatzes und verhindern eine klare Quantifizierbarkeit und empirische Überprüfbarkeit von abgeleiteten Hypothesen.[608]

2.) *Mangelnde hierarchische Bezugsebene*: Als weiterer Schwachpunkt des ressourcenorientierten Ansatzes wird die Tatsache angesehen, dass bisher keine eindeutige bzw. allgemein gültige hierarchische Bezugsebene (gesamtes Unternehmen, Geschäftsbereich oder Profit-Center) für das Aussagensystem entwickelt wurde.[609]

3.) *Realitätsferne Argumentationskette*: Neben den zwei vorgenannten Kritikpunkten wird in der Literatur auch die angeblich unzureichende Realitätsnähe der Argumentationskette des Ressourcenansatzes kritisiert, nach der die Wettbewerbsstrategien eines Unternehmens ausschließlich durch die jeweilige Ressourcenausstattung determiniert werden und der Unternehmenserfolg ausschließlich vom Umsetzungserfolg der Wettbewerbsstrategien abhängt.[610] Dieser fundamentalen Annahme des ressourcenorientierten Ansatzes wird entgegengehalten, dass in der Regel nicht von einer einseitigen Wirkungskette, sondern vielmehr von einem interdependenten, sich im Zeitablauf ändernden Beziehungsgeflecht zwischen den drei Variablen Ressourcenausstattung, Wettbewerbsstrategien und Unternehmenserfolg auszugehen ist.[611] Dementsprechend kann, in Anlehnung an die Kritik am Structure-Conduct-Performance-Paradigma der klassischen Industrieökonomik,[612] die einseitige Formulierung eines „Resource-Conduct-Performance-Paradigmas“[613] im Ressourcenansatz kritisiert werden, das jegliche Auswirkungen des Absatzmarktes und der Rahmenbedingungen in der jeweiligen Branche auf den Unternehmenserfolg und die Entwicklung von Strategien aus den Betrachtungen ausklammert.[614]

---

[608] Vgl. **Rasche** (1994), S. 400ff., **Rasche; Wolfrum** (1994), S. 511ff. und **Robins; Wiersema** (1995), S. 278. Die Schwächen hinsichtlich der Konzeptualisierung und Operationalisierung relevanter Konstrukte gelten zugleich als Ursache für die, im Vergleich zu anderen Theorieansätzen, relativ schmale empirische Basis des Ressourcenansatzes. Vgl. **Madhok** (1997), S. 56.

[609] Vgl. **Rasche; Wolfrum** (1994), S. 511.

[610] Zur Argumentationskette des Ressourcenansatzes in seiner praktischen Anwendung vgl. Abb. 3.15, Abb. 3.16 und Abb. 3.17.

[611] Vgl. **Bamberger; Wrona** (1996a), S. 391.

[612] Zum klassischen *Structure-Conduct-Performance-Paradigma* der Industrieökonomik vgl. Kap. 3.5.1.2.1.

[613] Vgl. **Rühli** (1994), S. 4

[614] Vgl. **Blecker** (1999), S. 238.

4.) *Unzureichende Erklärung der Entstehung von Wettbewerbsvorteilen*: Ein wesentlicher Kritikpunkt am Ressourcenansatz ist die unzureichende Erklärung der Ursachen von Wettbewerbsvorteilen. Die im ressourcenorientierten Ansatz vorgenommene Erklärung unternehmerischer Wettbewerbsvorteile mit Hilfe des Begriffes der *unternehmensspezifischen Ressourcenausstattung* führt zu keinem echten Erkenntnisgewinn, da die Grundlagen für eine Generierung wettbewerbsrelevanter Ressourcen innerhalb eines Unternehmen nicht dargelegt werden. Damit sind die aus der Einmaligkeit der Ressourcenausstattung abgeleiteten Begriffe „Wettbewerbsvorteil" und „Erfolgspotenzial" weiterhin mit grundlegenden Erklärungslücken verbunden. Die Erweiterung des originären Ressourcenansatzes um die Kernkompetenzperspektive kann dieses Erklärungsproblem ebenfalls nicht lösen. Auch aus dieser Argumentationssicht bleiben Fragen offen: Beispielsweise ist unklar, in welcher Weise der Erwerb von Kernkompetenzen, die zur Entstehung von Wettbewerbsvorteilen beitragen, durchgeführt werden soll und welche Fähigkeiten für ihren Erwerb als zwingend notwendig anzusehen sind.[615] Erst durch die Berücksichtigung anderer Theorieansätze, insbesondere durch die Verwendung des industrieökonomischen Ansatzes mit der darin enthaltenden Analyse von Branchen- und Marktcharakteristika, lassen sich Erkenntnisse über die innerhalb einer Branche bzw. eines Marktes wettbewerbsrelevanten Ressourcen und Kernkompetenzen ableiten, die letztlich die Ausgangsbasis für die Entwicklung von Wettbewerbsvorteilen sind.[616]

5.) *Gefahr der Bedeutungsunterschätzung von Veränderungen im externen Unternehmensumfeld*: Generell wird durch den Ressourcenansatz der Erhalt und die Entwicklung der unternehmensspezifischen Ressourcen in den Mittelpunkt der Betrachtungen gestellt. Diese Fokussierung beinhaltet die Gefahr, dass es zu einer Fehleinschätzung hinsichtlich der Auswirkungen externer Umweltveränderungen auf die Nachhaltigkeit des Unternehmenserfolges kommen kann. Aus einer ressourcenorientierten Perspektive führt beispielsweise eine überlegene technologische Marktposition eines Unternehmens zu zusätzlichen Maßnahmen, um die in technischer Hinsicht ohnehin überlegenen Produkte weiter zu verbessern und die bereits beherrschte Technologie vor potenziellen Imitationsversuchen der Wettbewerber zu schützen. Durch die starke Ausrichtung eines ressourcenorientiert handelnden Unternehmens auf derartige Verbesserungs- und Sicherungsmaßnahmen besteht die Gefahr, dass die Entwicklung von innovativen und zukunftsgerichteten neuen Technologien vernachlässigt wird. Dadurch können mitunter technologische Innovationen, die für die Nachhaltigkeit der bereits beste-

[615] Vgl. **Gallon, Stillman; Coates** (1995), S. 20ff.
[616] Vgl. **Bamberger; Wrona** (1996b), S. 147.

henden Wettbewerbsvorteile von grundlegender Bedeutung sind, in erheblicher Weise erschwert oder gänzlich verhindert werden.

6.) *Geringe empirisch gestützte Theoriegrundlagen*: Da es sich beim ressourcenorientierten Ansatz um einen vergleichsweise jungen Forschungszweig mit einer relativ geringen empirischen Basis handelt,[617] lassen sich empirisch gestützte normative Strategieempfehlungen nur sehr eingeschränkt aus dem bisherigen Aussagensystem des Ressourcenansatzes ableiten.[618]

7.) *Mangelnde Erklärung und Beschreibung von Imitationsbarrieren und unzureichende Realitätsnähe ihrer Konsequenzen auf das Strategische Management*: Im Ressourcenansatz besteht immer dann ein wirksamer Schutz vor Imitationsversuchen durch Konkurrenzunternehmen, wenn bestimmte Imitationsbarrieren in ausreichender Form institutionalisiert werden konnten. Wie die Ausführungen zum Grad der Imitierbarkeit als ein wesentliches Ressourcencharakteristikum gezeigt haben, können Imitationsbarrieren mit Hilfe des Ressourcenansatz nicht erklärt und beschrieben werden. Vielmehr sind dazu Erkenntnisse aus der Transaktionskostentheorie heranzuziehen.[619] Als wesentliche Imitationsbarrieren wirken im Ressourcenansatz kausale Unklarheiten des jeweils betrachteten Unternehmens und der direkten Wettbewerber über den Zusammenhang zwischen einer spezifischen Ressource bzw. Ressourcenausstattung und einem daraus resultierenden Wettbewerbsvorteil. Diese Argumentation bedeutet jedoch gleichzeitig, dass jedes aus einer ressourcenorientierten Perspektive handelnde Unternehmen in einem nur sehr geringen Umfang an einer weiter gehenden Erforschung dieser Wirkungszusammenhänge interessiert sein kann, da es bei einer entgegengesetzten Vorgehensweise das Risiko eines Verlustes der bestehenden Imitationsbarrieren eingehen würde. Vor diesem Hintergrund stellt sich die Frage, ob ein streng ressourcenorientiert operierendes Strategisches Management, das die Ursachen für eine gegenüber den Konkurrenz vorteilhafte Wettbewerbsposition nicht oder nur eingeschränkt kennt und kein Interesse an einer Verbesserung der Wissensbasis hinsichtlich dieser Wirkungszusammenhänge zeigt, überhaupt einen Beitrag zu einer zukunftsgerichteten Unternehmensentwicklung leisten kann.[620] Durch den Ressourcenansatz wird somit die in der Realität nachweislich hohe Bedeutung des Strategischen Managements für die Sicherung der Unternehmensexistenz teilweise in Frage gestellt.

---

[617] Als Beipiele für den Versuch einer empirischen Fundierung des Ressourcenansatzes vgl. **Tallman** (1991), S. 69ff. und **Chatterjee; Wernerfelt** (1991), S. 33ff.

[618] Vgl. **Rasche** (1993), S. 426.

[619] Vgl. **Bamberger; Wrona** (1996b), S. 142. Für eine Erläuterung des *Imitierbarkeitsgrades* als ein wesentliches Ressourcencharakteristikum und eine Aufzählung möglicher *Imitationsbarrieren* vgl. Kap. 3.5.2.2.3, S. 280.

[620] Vgl. **Rasche; Wolfrum** (1994), S. 512f.

8.) *Nichtexistenz ressourcen- und kernkompetenzorientierter Wettbewerbsstrategien*: In der Argumentation des Ressourcenansatzes und der Kernkompetenzperspektive sind die unternehmerischen Wettbewerbsstrategien keine unumgängliche bzw. logische Reaktion auf die von außen auf ein Unternehmen einwirkenden Rahmen- bzw. Umfeldbedingungen, sondern das Ergebnis der jeweiligen Ressourcen- bzw. Kernkompetenzenausstattung. Im ressourcenorientierten Ansatz geht es hinsichtlich des Wettbewerbs nicht um die Erzielung einer überlegenen Wettbewerbsposition oder eine Ausweitung der eigenen Marktmacht, sondern vielmehr um eine Optimierung der Unternehmensposition innerhalb der unternehmensübergreifenden Wertschöpfungskette und um die optimale Allokation der durch die Gesamtunternehmensstrategie festgelegten unternehmerischen Ressourcen und Kernkompetenzen.[621] Dementsprechend stellen die aus der Industrieökonomik bekannten Wettbewerbsstrategien keine logische Folge der Anpassung an die unternehmensexternen Marktbedingungen dar, sondern können immer nur das Resultat der gegebenen Ressourcen- und Kernkompetenzenbasis sein.[622] Daher müssen die (industrieökonomischen) Wettbewerbsstrategien für eine ressourcen- und kernkompetenzorientierte Anwendung grundlegend neu formuliert werden.[623] Allerdings werden sowohl im originären Ressourcenansatz als auch in der Kernkompetenzperspektive keine Aussagen darüber gemacht, in welcher Weise ressourcen- und/oder kernkompetenzorientierte Wettbewerbsstrategien zu formulieren und im Zeitablauf zu verfolgen sind. Es finden sich lediglich einige generische Aussagen zur optimalen Entwicklung und Gestaltung von *Gesamtunternehmensstrategien*, die sich z.B. aus bestimmten Investitions-, Diversifikations-, Kooperations- und/oder Desinvestitionsentscheidungen ergeben.[624]

Zusammenfassend kann hinsichtlich der kritischen Würdigung des ressourcenorientierten Ansatzes festgehalten werden, dass er als eine positive Erweiterung des Gedankengutes zum Strategischen Management angesehen werden kann, da er wichtige Beiträge zur Entstehung und Gestaltung von Erfolgspotenzialen leistet und einige industrieökonomische Forschungslücken schließt. Andererseits wirft er jedoch durch einige seiner theoretischen Annahmen und Argumentationen neue Fragestellungen und Problembereiche auf. Er ist deshalb nicht als eine eigenständige neue Theorie des Strategischen Managements anzusehen, sondern stellt eine in vielen Bereichen *komplementäre* Sichtweise zur Industrieökonomik dar.[625] Die Entwicklung von externen und internen Erfolgspotenzia-

---

[621] Vgl. **Blecker** (1999), S. 232f. mit den dortigen weiterführenden Literaturangaben.
[622] Vgl. **Bamberger; Wrona** (1996a), S. 390.
[623] Zum *Konzept der Wettbewerbsstrategien* in der Industrieökonomik vgl. Kap. 3.5.1.2.2.
[624] Vgl. **Blecker** (1999) S. 230 mit den dortigen Literaturangaben und **Hamel; Prahalad** (1994), S. 122ff.
[625] Vgl. **Bamberger; Wrona** (1996a), S. 391 und **Bamberger; Wrona** (1996b), S. 150.

len kann nur dann umfassend erklärt werden, wenn sowohl die unternehmensexternen als auch die unternehmensinternen Rahmenbedingungen berücksichtigt werden. Dies ist aber nur möglich, wenn die Erkenntnisse des industrieökonomischen und des ressourcenorientierten Ansatzes zusammengeführt werden.

Im Hinblick auf die im Zentrum der Arbeit stehenden Fragen der externen Unternehmensentwicklung und des Ausbaus von Strategischen Allianzen kann vor dem Hintergrund der obigen Ausführungen festgestellt werden, dass die ausschließliche Anwendung des Ressourcenansatzes als theoretische Grundlage genauso wenig zu favorisieren ist, wie die alleinige Anwendung der Transaktionskostentheorie oder der Industrieökonomik.[626] Vielmehr kann durch eine Zusammenführung des Ressourcenansatzes mit dem industrieökonomischen Gedankengut eine strategieorientierte theoretische Bezugsbasis geschaffen werden, die eine umfassende theoriegestützte Problemanalyse und Prozessstrukturierung zur Ableitung und Auswahl erfolgsversprechender Ausbau- und Entwicklungsstrategien ermöglichen kann. Die sich aus der Integration der beiden Ansätze der Strategielehre ergebenden Erkenntnisse für strategische Fragestellungen und Entscheidungssituationen können durch die zusätzliche Berücksichtigung der wesentlichen transaktionskostentheoretischen Aussagen zu aussagekräftigen Entscheidungsfaktoren verdichtet werden, die die Beurteilung von externen Unternehmensentwicklungsalternativen und strategischen Optionen für den Ausbau Strategischer Allianzen strukturieren und vereinfachen kann. Die Ableitung der Entscheidungsfaktoren aus der Transaktionskostentheorie, der Industrieökonomik und dem Ressourcenansatz erfolgt ausführlich in Kapitel vier.

3.5.2.4 Anwendbarkeit des Ressourcenansatzes auf den Ausbau Strategischer Allianzen und die Entwicklung kooperierender Unternehmen

3.5.2.4.1 Anwendbarkeit des originären Ressourcenansatzes

Für die im Zentrum der Arbeit stehende Auseinandersetzung mit Fragen eines Allianzausbaus und einer externen Unternehmensentwicklung der daran beteiligten Unternehmen konnte im Rahmen der Darstellung der theoretischen Grundlagen bereits dargelegt werden, dass sowohl das transaktionskostentheoretische als auch das industrieökonomische Gedankengut in Entscheidungs- und Bewertungssituationen innerhalb des Strategischen Managements eines Unternehmens angewendet und wertvolle Erkenntnisse liefern kann.[627] Die Anwen-

[626] Für eine Darstellung der Gründe, die gegen eine ausschließliche Verwendung der Transaktionskostentheorie bzw. der Industrieökonomik auf Unternehmensentwicklungs- und Allianzausbaufragen sprechen, vgl. die Ausführungen in Kap. 3.4.4, S. 218 bzw. Kap. 3.5.1.4.3, S. 268.

[627] Für eine Diskussion der Anwendbarkeit der Transaktionskostentheorie auf Fragen einer externen Unternehmensentwicklung und eines Allianzausbaus vgl. Kap. 3.4.4. Für eine entsprechende Prüfung der Anwendbarkeit der Industrieökonomik vgl. Kap. 3.5.1.4.

dung der *Transaktionskostentheorie* auf den Allianzausbau ermöglichte Rückschlüsse auf die Voraussetzungen und Bedingungen, unter denen eine bestimmte Ausbaualternative die im Hinblick auf die Durchführung der künftigen allianzinternen Transaktionen unter *Effizienz*gesichtspunkten geeignetste Organisationsform darstellt.[628] Die *industrieökonomische Sichtweise* führte zu der Erkenntnis, dass der Allianzausbau insbesondere zur weiteren Veränderung von Marktstrukturen eingesetzt werden kann und damit, neben der Generierung von Kostensenkungseffekten bzw. der Verringerung unternehmerischer Risiken, eine gezielte Reduktion des Wettbewerbs ermöglichen kann.[629]

Im Bereich der Strategischen Allianzen ist ein *kompletter* ressourcenorientierter Ansatz bis heute nicht entwickelt worden. Obwohl es einige Forschungsarbeiten gibt, die die Auswirkungen von Ressourcen innerhalb Strategischer Allianzen analysieren,[630] gehen sie zumeist von einer anderen zumeist transaktionskostentheoretischen Perspektive aus.[631] Eine *theoretische* Fokussierung auf die Ressourcenfrage erfolgt in diesen Arbeiten jedoch nicht.

Die Analyse bzw. Beurteilung Strategischer Allianzen aus einer ressourcenorientierten Sichtweise kann die transaktionstheoretischen Erkenntnisse um einige zusätzliche *effektivitätsorientierte* Erklärungen erweitern.[632] Generell werden dadurch die Bedeutung der dynamischen Entwicklung der Ressourcenausstattung der Allianzpartner durch Lernprozesse sowie die daraus resultierenden, sich im Zeitablauf ändernden Abhängigkeits- und Machtverhältnisse in strategische Allianzbeurteilungen und -analysen integriert.[633] Vor diesem Hintergrund kann festgehalten werden, dass Strategische Allianzen nicht ausschließlich für eine *effizienzorientierte* Transaktionskostenminimierung vereinbart und ausgebaut werden sollten, sondern zusätzlich zur gezielten *effektivitätsorientierten* Entwicklung wettbewerbsrelevanter Ressourcen eingesetzt werden können.[634]

---

[628] Zum *Effizienzbegriff* vgl. Kap. 3.4.2.4, S. 193.

[629] Für eine ähnliche Argumentation vgl. **PORTER; FULLER** (1989), S. 371ff. Für eine ausführliche Darstellung der allgemeinen ökonomischen Ziele und Gründe für die Bildung einer Strategischen Allianz und der sich aus der unternehmerischen Zusammenarbeit ergebenden Effekte vgl. Kap. 2.2.4.

[630] Vgl. **BLODGETT** (1991), S. 63ff und **HENNART** (1988) S. 361ff. und **LYLES; REGER** (1993), S. 383ff. sowie **PARKHE** (1991), S. 579ff.

[631] Für eine Anwendung der Transaktionskostentheorie auf Strategische Allianzen vgl. **EISENHARDT; SCHOONHOVEN** (1996), S. 136ff. Für weitere theoretische Auseinandersetzungen mit dem Konstrukt der Strategischen Allianz vgl. **GULATI** (1995), S. 85ff. und **PARKHE** (1993), S. 794ff.

[632] Zum *Effektivitätsbegriff* vgl. Kap. 3.5.2.2.1, S. 275.

[633] Vgl. **RASCHE** (1993), S. 426.

[634] Zur *Effektivität strategischer Entscheidungen* als ein Kernelement des ressourcenorientierten Ansatzes vgl. Kap. 3.5.2.2.1

Der Ressourcenansatz kann zudem auch für die Ableitung von Gründen und Zielen eines Allianzausbaus und einer externen Unternehmensentwicklung angewendet werden. Aus einer ressourcenorientierten Perspektive kann die Beteiligung eines Unternehmens an einer Allianz und der weitere Ausbau dieser Beteiligung im Zeitablauf zum einen mit einem *Überschuss* an wettbewerbskritischen Ressourcen erklärt werden, die im Rahmen eines Allianzbündnisses zwischen den Partnern ausgetauscht werden, um sie zu einer erhöhten Wettbewerbsrelevanz entwickeln zu können.[635] Zum anderen stellt die fortgesetzte Beteiligung an einer international ausgerichteten bzw. zusammengesetzten Allianz aus Sicht eines einzelnen Unternehmens eine gute und häufig auch die einzige Möglichkeit dar, den *Zugang* bzw. *Zugriff* zu notwendigen wettbewerbsrelevanten Ressourcen zu gewährleisten und/oder zu erweitern. Zudem kann sie dazu beitragen, die Voraussetzungen für eine vollständige *Internalisierung*[636] von insbesondere wissensbasierten, nicht transaktionsfähigen Ressourcen im Zeitablauf durch Lernprozesse innerhalb der Allianzzusammenarbeit zu schaffen.[637]

Gemäß einer Studie von HARRISON, HITT, HOSKISSON und IRELAND werden wertvolle Synergieeffekte in erster Linie durch die Kombination unterschiedlicher oder sich ergänzender Ressourcen und weniger durch ähnliche Ressourcen geschaffen.[638] Der Auf- bzw. Ausbau einer Strategischen Allianz kann somit aus einer ressourcenorientierten Perspektive als Teil eines Prozesses angesehen werden, durch den (weitere) komplementäre Ressourcen gesucht und (zusätzliche) Synergien generiert werden sollen. Vor diesem Hintergrund bilden die *Ressourcentypen*, die ein Unternehmen in eine Allianz einbringt, eine wichtige

---

[635] Für eine ähnliche Argumentation vgl. **BAMBERGER; WRONA** (1996a), S. 388, die sich mit den Motiven einer Unternehmensdiversifikation und der Erklärung von Diversifikationsarten und -richtungen beschäftigen.

[636] Von einer *Ressourceninternalisierung* kann in Anlehnung an Rasche immer nur dann gesprochen werden, wenn nach dem Ressourcenerwerb eine Implementierung der Ressource im Unternehmen stattfindet. Vgl. **RASCHE** (1994), S. 236.

[637] Vgl. **RASCHE** (1994), S. 284f. In diesem Zusammenhang stellte BADARACCO fest, dass fest verankertes Wissen eines Unternehmens als eine unternehmensspezifische Ressource ein Unternehmen zum Eingehen einer Strategischen Allianz treibt. Vgl. **BADARACCO** (1991a). DOZ stellte fest, dass hybride Organisationsformen, wie z.B. Strategische Allianzen, den wirksamsten Entwicklungsweg zur Internalisierung von unternehmensexternem Wissen darstellen. Vgl. **DOZ** (1992), S. 300. Zum Begriff der *hybriden Organisationsformen* bzw. *Hybridformen* vgl. Kap. 3.4.2.4, S. 177. Die besondere Bedeutung der Ressourcenzugangsgewährleistung und/oder -erweiterung für den Auf- und Ausbau einer Strategischen Allianz wird auch durch eine Untersuchung von CHI bestätigt. Danach sollte ein komparativer Konkurrenzvorteil eines Unternehmens immer auf der organischen Kombination *unterschiedlicher* Ressourcentypen aufbauen, die das entsprechende Unternehmen besitzt. Das Vertrauen in nur *eine* Ressource reicht danach nicht aus, dauerhafte Konkurrenzvorteile in einem zunehmenden Wettbewerb zu erreichen. Vgl. **CHI** (1994), S. 271 und **BARNEY** (1991), S. 99ff.

[638] Vgl. **HARRISON; HITT; HOSKISSON; IRELAND** (1991), S. 173ff.

Schlüsseldimension, um die mit einem Allianzausbau verknüpften Ziele eines Unternehmens zu verstehen: Beispielsweise werden Unternehmen, die bestimmte *finanzielle* Ressourcen in den Ausbau eines Allianzbündnisses einbringen, im Wesentlichen an einer ausreichenden Kapitalrendite[639] interessiert sein, während Unternehmen, die über bestimmte *technologische* Ressourcen und/oder Fähigkeiten verfügen, im Wesentlichen daran interessiert sein werden, diesen Technologievorsprung gegenüber den Partnerunternehmen auch im Rahmen einer ausgebauten bzw. intensivierten Strategischen Allianz abzusichern.

Neben der generellen Erklärung für den Ursprung einer externen Unternehmensentwicklung und den Auf- und Ausbau Strategischer Allianzen liefert der Ressourcenansatz zusätzlich eine Systematik, mit der Strategische Allianzen im Vergleich zu alternativen externen Entwicklungs- und Diversifikationsformen beurteilt werden können.[640] Aus der Argumentation des Ressourcenansatzes, dass die Umsetzung einer externen Entwicklungsalternative von einem Unternehmen immer nur dann angestrebt wird, wenn es über einen Überschuss an wettbewerbsrelevanten Ressourcen verfügt, lassen sich durch die explizite Analyse der Charakteristika dieser Überschussressourcen Erkenntnisse über die Sinnhaftigkeit und relative Vorziehenswürdigkeit der zur Verfügung stehenden Ausbau- und Entwicklungsalternativen ableiten.[641]

In diesem Zusammenhang zeigen die Ausführungen zu den unterschiedlichen Ressourcencharakteristika, dass im Rahmen der Auswahl einer Allianzausbaualternative insbesondere solche Überschussressourcen zu berücksichtigen sind, die die skizzierten Charakteristika wie geringe Abnutzbarkeit, Transferierbarkeit, Imitierbarkeit und Substituierbarkeit erfüllen und dadurch Erfolgspotenziale begründen können. Sie gilt es im Rahmen eines Allianzausbaus in der maximal möglichen Weise zu identifizieren, durch ausreichende organisatorische und/oder personelle Schritte nachhaltig aufrechtzuerhalten und zur weiteren Umsetzung der Allianzstrategien und allianzinternen Prozesse zielgerichtet zu *entwickeln* und zu *verwerten*.[642] In diesem Zusammenhang kommt dem *Spezifitätsgrad* der überschüssigen Ressourcen eine besondere Bedeutung zu.[643] Falls sich die Überschussressourcen beispielsweise durch eine hohe Spezifität auszeichnen, kann ein einzelnes Allianzunternehmen zwar in der Regel den eigenen Wettbewerbsvorteil gegenüber den Partnerunternehmen schützen, hat aber gleichzeitig aufgrund der geringen Transferierbarkeit spezifischer Ressourcen

---

[639] Für eine Definition der Kapitalrendite als Kennzahl zur Analyse der Rentabilität eines Unternehmens vgl. **Gabler-Verlag** (1997), S. 3270, **Peridon; Steiner** (1998), S. 524ff. und **Schierenbeck** (1987), S. 58.

[640] Zu den möglichen Formen einer *externen Unternehmensentwicklung* vgl. Kap. 2.3.4.3.2.

[641] Vgl. **Bamberger; Wrona** (1996b), S. 145.

[642] Vgl. **Rasche; Wolfrum** (1994), S. 507, **Grant** (1991b), S. 131ff. und **Bamberger; Wrona** (1996b), S. 140.

[643] Zum Begriff der *Spezifität* vgl. Kap. 3.4.2.2, S. 185.

keinerlei Möglichkeiten, diese durch einen Austausch zu einer erhöhten Wettbewerbsrelevanz zu entwickeln oder sie zur Erweiterung der eigenen Geschäftstätigkeit zu nutzen.[644] Demnach wird unterstellt, dass Überschussressourcen mit *zunehmender* Spezifität nur eine Unternehmensentwicklung bzw. Diversifikation in ähnliche bzw. verbundene Bereiche erlauben, während unspezifische Überschussressourcen, die sich generell durch eine hohe Einsatzflexibilität auszeichnen, auch für eine Entwicklung bzw. Diversifikation in unverbundene Bereiche genutzt werden können. Für die Planung von Allianzausbau- und Unternehmensentwicklungsstrategien bietet der Ressourcenansatz somit eine Entscheidungshilfe, da er eine Beziehung zwischen der Ressourcenspezifität und dem Aus- bzw. Entwicklungsspielraum herstellt.[645]

Vor dem Hintergrund spezifitätsorientierter Ressourcenbetrachtungen kann eine Allianzausbaualternative, der zu einer Beibehaltung der kooperativen Strukturen führt, aus Sicht eines einzelnen Allianzunternehmens gegenüber z.B. einer Unternehmensakquisition oder -fusion einige Vorteile aufweisen.[646] Dies ist insbesondere immer dann der Fall, wenn die mit einer Allianzbeteiligung und Beteiligungsentwicklung verbundenen *ungewollten* Kostenwirkungen, die zum einen aus der *Spezifität* und zum anderen aus der *Unteilbarkeit* bestimmter Ressourcen resultieren, eine geringere Höhe aufweisen als die durch eine alternative Entwicklungsoption verursachten „Zusatzkosten": Beispielsweise werden insbesondere im Rahmen von Unternehmensakquisitionen in der Regel nicht nur die aus Sicht des Erwerbers wertvollen Ressourcen, sondern zusätzlich auch nicht benötigte spezifische bzw. redundante Ressourcen erworben, deren Spezifitätsgrad eine effiziente Ressourcenverwendung im erwerbenden Unternehmen verhindert. Die Vorteilhaftigkeit und Auswahl einer Entwicklungsalternative für eine externe Unternehmensentwicklung lässt sich demnach im Rahmen einer ressourcenorientierten Sichtweise auch danach bemessen, ob sie zu einem vergleichsweise günstigen Verhältnis zwischen benötigten bzw. wertvollen und nicht benötigten bzw. redundanten Ressourcen führt, deren Spezifitätsgrad zudem eine effiziente Ressourcenverwendung im akquirierenden Unternehmen zulässt.[647] Dementsprechend weist die Beteiligung an einer Strategischen Allianz und ihre dynamische Weiterentwicklung im Zeitablauf als externe Entwicklungsalternative gegenüber anderen Handlungsoptionen immer dann Vorteile auf, wenn die mit ihrer Umsetzung verbundenen Kostenwirkungen aus dem Erwerb redundanter Ressourcen die vergleichsweise geringste Höhe aufweisen.

---

[644] Vgl. **Bamberger; Wrona** (1996a), S. 388.

[645] Vgl. **Bamberger; Wrona** (1996a), S. 389.

[646] Für eine Erläuterung der *Unternehmensakquisition* bzw. *Unternehmensfusion* als alternative Formen einer externen Unternehmensentwicklung vgl. Kap. 2.3.4.3.2.

[647] Für eine ähnliche Argumentation vgl. **Bamberger; Wrona** (1996a), S. 390 und **Chatterjee** (1990), S. 780ff., die eine ressourcenbasierte Bewertung alternativer Markteintrittsstrategien vornehmen.

Die Anwendung des ressourcenorientierten Gedankengutes auf Entscheidungssituationen im Zusammenhang mit der Beurteilung alternativer Entwicklungsoptionen darf sich jedoch nicht *ausschließlich* mit den *Kostenwirkungen* auseinander setzen, die aus einem Ressourcenerwerb bzw. -zugang resultieren. Gleichzeitig ist im Rahmen des Strategischen Managements jede zur Verfügung stehende Ausbaualternative stets hinsichtlich ihres Beitrages zur Minimierung der *Gefahr eines unerwünschten Ressourcenabflusses*, zur Verhinderung der Entstehung einseitiger Abhängigkeiten zwischen den Allianzpartnern und zur Vermeidung einer *Erosion bestehender Wettbewerbspositionen* zu bewerten.[648]

Die Anwendung des Ressourcenansatzes auf die dynamische Entwicklung eines Allianzbündnisses führt zu einer weiteren wesentlichen Erkenntnis für die einzelnen Allianzunternehmen: Generell sehen sich die zusammenarbeitenden Unternehmen stets dem Problem ausgesetzt, dass sich der Wert der wettbewerbsrelevanten Ressourcen der Allianzpartner, die sie über die Allianz zu erschließen versuchen, im Zeitablauf durch einen Wandel der unternehmensinternen und/oder -externen Rahmenbedingungen verändern kann. Vor diesem Hintergrund lässt sich aus einer ressourcenorientierten Perspektive festhalten, dass Allianzunternehmen während eines Allianzausbaus fortwährend das einmal gewählte Allianzbündnis hinsichtlich der Einbringbarkeit der eigenen Stärken und des Ausgleichs der eigenen Schwächen zu prüfen, um eine optimale Entwicklung der internen realen und externen virtuellen Ressourcen[649] zu gewährleisten.

3.5.2.4.2 Anwendbarkeit der Kernkompetenzperspektive

Neben den skizzierten Erkenntnissen des originären Ressourcenansatzes lässt sich auch die *Kernkompetenzperspektive* als die darauf aufbauende Sichtweise auf Fragen des Allianzausbaus bzw. der externen Unternehmensentwicklung. In der Kernkompetenzperspektive gibt es für Unternehmen, die sich annahmegemäß auf ihre jeweiligen Kernkompetenzen konzentrieren und ihre Organisationsstrukturen darauf ausrichten,[650] nur den Weg der externen Unternehmensentwicklung, um bestehende und/oder neu auftretende Kompetenzlücken zu schließen. Da eine unternehmensinterne Kernkompetenzgenerierung, -verbesserung und/oder -erweiterung in der Regel mit einem erheblichen Kosten- und Zeitaufwand verbunden ist,[651] kann sich die Beteiligung an einer Strategischen Allianz und ihre Intensivierung im Zeitablauf als eine gute externe Ent-

---

[648] Vgl. **Rasche** (1993), S. 426 und **Rasche, Wolfrum** (1994), S. 507.

[649] Zum Begriff der *virtuellen Ressourcen* vgl. Kap. 3.5.2.2.3, S. 284.

[650] Vgl. **Rasche** (1994), S. 345f.

[651] Nach einer Untersuchung von Prahalad und Hamel erfordert der unternehmensinterne Aufbau einer Kernkompetenz einen Zeitraum von bis zu zehn Jahren. Vgl. **Prahalad; Hamel** (1991), S. 72

wicklungsalternative erweisen.[652] Sie kann zu einer kostengünstigen Erweiterung des eigenen unternehmerischen Einflussbereiches beitragen und die Anzahl der verfügbaren bzw. nutzbaren Kernkompetenzen deutlich ausweiten.[653]

Durch die Anwendung einer kernkompetenzorientierten Sichtweise wird generell in jeder strategischen Entscheidungssituation die Aufmerksamkeit der Unternehmensführung stärker auf die besondere Bedeutung des Aus- und Aufbaus der eigenen unternehmerischen Kernkompetenzen gelenkt. Im Hinblick auf Allianzentwicklungsfragen kann dies bedeuten, dass die Verbesserung der *organisationalen Lernprozesse*, die insbesondere im Rahmen der Ressourcenbündelung zwischen Allianzunternehmen ablaufen, zu einem expliziten Ziel der Allianzunternehmen aufsteigen kann. Durch die explizite Institutionalisierung dieser (zusätzlichen) Zielvorgabe können Allianzunternehmen versuchen, eine effizientere und wettbewerbswirksamere Allianzentwicklung im Zeitablauf und eine Sicherung ihrer unternehmensspezifischen Kernkompetenzen zu erreichen. Gleichzeitig wird dadurch die konsequente Umsetzung eines systematisches *Wissensmanagements* zu einem zentralen Unternehmensziel der Allianzunternehmen, denn in der Logik des Kernkompetenzenansatzes kann nur ein derartiges Management die Wettbewerbsposition des gesamten Allianzbündnisses und der daran beteiligten Unternehmen nachhaltig sichern bzw. weiter stärken.

Ein systematisches *Wissensmanagements* innerhalb eines Allianzbündnisses ist als eine grundlegende Voraussetzung für die Internalisierung externer Kernkompetenzen durch die Allianzunternehmen anzusehen, die dadurch ihre eigenen Kompetenzlücken zumindest kurzfristig schließen können.[654] Die Umsetzung einer Kompetenzinternalisierung kann allerdings nur dann gelingen, wenn sich jedes der Allianzunternehmen gegenüber den anderen Partnern öffnet, ihnen einen Zugang zu den unternehmensspezifischen Kernkompetenzen gewährt und ihnen zudem die Möglichkeit zur Kernkompetenznutzung einräumt.

Die Erfüllung dieser Voraussetzungen ist in der Regel nur dann dauerhaft und erfolgreich im Rahmen einer Allianz umsetzbar, wenn sich zwischen den Unternehmen im Verlaufe der Zusammenarbeit ein ausreichend intensives *Vertrauensverhältnis* entwickeln konnte. Die Anwendung der Kernkompetenzperspektive auf strategische Unternehmensentwicklungsfragen kann somit auch dazu beitragen, die Entscheidungsträger stärker für die Bedeutung des *gegenseitigen Vertrauens* für eine dauerhaft erfolgreiche Zusammenarbeit zu sensibilisieren. Insbesondere bei Strategischen Allianzen, die auf eine langfristige Zu-

---

[652] Vgl. **Wolfsteiner** (1995), S. 241, **Hamel; Prahalad** (1995), S. 285 und **Handlbauer** (1995), S. 272.

[653] Vgl. **Doz; Hamel** (1995), S. 1ff. und **Hamel; Prahalad** (1995), S. 285ff.

[654] Vgl. **Steinle; Bruch; Nasner** (1997), S. 7f., **Doz; Hamel** (1995), S. 5ff. und **Bleicher** (1997), S. 14. Zur Internalisierung von externen Kernkompetenzen vgl. **Hamel; Prahalad** (1995), S. 323.

sammenarbeit ausgelegt wurden und deshalb z.B. mit einer wechselseitigen Kapitalbeteiligung der Partnerunternehmen verknüpft wurden,[655] kann in der Regel von einem entsprechenden Vertrauensverhältnis ausgegangen werden. Das Risiko eines einseitigen Kernkompetenzverlustes im Rahmen eines Allianzausbaus durch ein potenziell opportunistisches Verhalten[656] eines Partners ist demnach als vergleichsweise gering einzuschätzen. Trotzdem müssen die Allianzunternehmen stets darauf achten, ausschließlich *wechselseitige* Lerneffekte und -prozesse im Rahmen ihrer allianzinternen Zusammenarbeit zu generieren und ein *Gleichgewicht* zwischen dem Zu- und Abfluss wettbewerbsrelevanter Wissensressourcen bzw. Kernkompetenzen zu schaffen.[657] Nur bei einer dauerhaften Beachtung dieser Vorgaben kann die Gefahr einer einseitigen Internalisierung von Kernkompetenzen durch einzelne Allianzunternehmen reduziert und eine Erosion von Wettbewerbsvorteilen dauerhaft verhindert werden. Ausschließlich in diesem Fall ist es für die Allianzunternehmen sinnvoll, sich auf die eigenen zentralen Kernkompetenzen zu konzentrieren und andere Kompetenzen von den Allianzpartnern zu beziehen.[658] Dieser Zusammenhang wird in der Literatur zum Kernkompetenzkonzept auch als *Ressourcen- bzw. Kompetenzenlogistik* bezeichnet.[659]

Durch die Fokussierung auf ausgewählte Geschäftsbereiche und die Verbesserung der externen Ressourcen- und Kernkompetenzenbasis sind Allianzunternehmen in der Regel in der Lage, sich intensiv mit dem Aufbau von bisher intern und extern nicht existierenden Kernkompetenzen auseinander zu setzen. Dabei stehen diesen Unternehmen in der Regel deutlich mehr Ressourcen für eine Kernkompetenzentwicklung zur Verfügung als einem isoliert operierenden Unternehmen, das die notwendigen Kernkompetenzen im Alleingang intern entwickelt. Dementsprechend ist die Beurteilung einer strategischen Entwicklungsoption aus Sicht eines Allianzunternehmens nie ausschließlich anhand der sich aus der Allianzbeteiligung ergebenden Kosten- oder Marktwirkungen bzw. auf der Grundlage des resultierenden *Besitzes* von Kernkompetenzen vorzunehmen, sondern immer auch unter Berücksichtigung der resultierenden *Verfügungsgewalt* über in- und externe Kernkompetenzen zu treffen.[660] Die Anwendung der Kernkompetenzperspektive führt zudem zu der Erkenntnis, dass die Unternehmensführungen der Allianzunternehmen und die für einen Allianzaus-

[655] Zur *wechselseitigen Kapitalbeteiligung* als eine mögliche Form der formalrechtlichen Institutionalisierung einer Strategischen Allianz vgl. Kap. 2.2.2.3.

[656] Zum Begriff des *Opportunismus* vgl. die Ausführungen zum Transaktionskostenansatz in Kap. 3.4.2.1, S. 184.

[657] Vgl. **Wolfrum; Rasche** (1993), S. 70.

[658] Für eine ähnliche Argumentation vgl. **Doz; Hamel** (1995), S. 4f.

[659] Vgl. **Rasche** (1994); S. 356 und S. 359f.

[660] Vgl. **Blecker** (1999), S. 229 mit dem dortigen Literaturverweis auf **Conner** (1991), S. 141.

bau verantwortlichen Entscheidungsträger innerhalb eines Allianzbündnisses bei jeder Entscheidung über die künftige strategische Ausrichtung und die möglichen *Entwicklungsrichtungen und -wege*[661] darüber befinden müssen, inwieweit sich durch ihre Umsetzung ein gezielter Kernkompetenzausbau bzw. -aufbau und eine ausreichende Stärkung der organisationalen Lernfähigkeit in den Allianzunternehmen und im gesamten Allianzbündnis erreichen lässt.[662]

Zusammenfassend kann hinsichtlich der Anwendbarkeit des Ressourcenansatzes und der Kernkompetenzperspektive auf Unternehmensentwicklungs- und Allianzausbaufragen festgehalten werden, dass sich beide Konzepte in vielfacher Weise sinnvoll anwenden lassen und dazu beitragen können, die Beurteilung der Strategischen Allianz bzw. des Allianzausbaus im Vergleich zu einer ausschließlich transaktionskostentheoretischen bzw. industrieökonomischen Bewertung weiter zu strukturieren und theoretisch zu fundieren. Die Intensivierung einer bestehenden Beteiligung an einer Strategischen Allianz und die Stärkung der allianzinternen Zusammenarbeit sind als ein mögliches Ergebnis einer externen Entwicklungsstrategie anzusehen, deren generelle Aufgabe es aus einer ressourcen- bzw. kernkompetenzorientierten Sichtweise ist, die für eine Ressourcen- bzw. Kernkompetenzenbeschaffung und -sicherung effizienteste und effektivste Entwicklungsalternative auszuwählen.[663]

Im nachfolgenden Kapitel werden zunächst, aufbauend auf den Erkenntnissen zur Anwendbarkeit des theoretischen Gedankengutes auf Fragen eines Allianzausbaus und einer Entwicklung von (Allianz-) Unternehmen, die wesentlichen theoriegestützten Entscheidungsfaktoren abgeleitet, die im Rahmen der Beurteilung alternativer Allianzausbau- und Unternehmensentwicklungsformen[664] eine entscheidungsunterstützende Funktion ausfüllen können. Darauf aufbauend wird, unter Verwendung der abgeleiteten Entscheidungsfaktoren, ein einheitliches Entscheidungskonzept entwickelt, das die Beurteilung und Auswahl von Ausbau- bzw. Entwicklungsalternativen vereinfacht und strukturiert.

---

[661] Für eine Erläuterung der Begriffe „Entwicklungrichtung" bzw. „Entwicklungsweg" vgl. Kap. 2.3.4.1 bzw. Kap. 2.3.4.2.

[662] Die gleiche Argumentation ist auch aus Sicht des originären Ressourcenansatzes möglich. Danach sind die potenziellen Entwicklungsalternativen für ein Allianzunternehmen stets hinsichtlich ihres Beitrages zur Stärkung und Erweiterung der Ressourcenbasis zu bewerten.

[663] Vgl. **Blecker** (1999), S. 232.

[664] Zu den grundlegenden Möglichkeiten einer *externen Unternehmensentwicklung* vgl. Kap. 2.3.4.3.2.

4 Ableitung von Entscheidungsfaktoren und Entwicklung eines Entscheidungskonzepts

4.1 Grundlagen zur Ableitung der Entscheidungsfaktoren

Nach der in den vorhergehenden Kapiteln erfolgten Darstellung der für den theoretischen Bezugsrahmen der Arbeit ausgewählten Theorieansätze und der Analyse ihrer Aussagekraft und Anwendbarkeit auf Fragen des Ausbaus Strategischer Allianzen ist es nun möglich, die mit der theoretischen Fundierung beabsichtigte Ableitung von theoriegestützten Entscheidungsfaktoren vorzunehmen. Diese sollen, gemäß der Zielsetzung der vorliegenden Arbeit für den theoretischen Bezugsrahmen, zur Bestimmung eines Entscheidungskonzepts beitragen, durch welches das Entscheidungsproblem[1] bei der Auswahl einer Ausbau- und Entwicklungsalternative für Allianzbündnisse und -unternehmen wirklichkeitsgetreu abgebildet wird und eine Problemlösung aus der Sicht potenzieller Entscheidungsträger vereinfacht werden kann.

Durch die Anwendung der jeweiligen *wesentlichen* Theoriebestandteile auf den Ausbau von Allianzbündnissen und die Entwicklung von Allianzunternehmen wurde deutlich, dass sich sowohl in der Transaktionskostentheorie als auch in den Ansätzen der Strategielehre einige Faktoren finden lassen, die im Rahmen strategischer Entscheidungen zu beachten sind. Diese Faktoren können bei der Beurteilung und Auswahl von Allianzausbaualternativen in *zweierlei* Hinsicht zur Entscheidungsunterstützung beitragen:

1.) In einem *ersten* Schritt geben sie allgemeine Hinweise auf die im Rahmen eines Allianzausbaus *generell* anzustrebende *Form der formalrechtlichen Bindung* zwischen den Allianzunternehmen. Wenngleich damit noch keine eindeutige Aussage über eine einzelne vorziehenswürdige Alternative getroffen werden kann, ergeben sich dadurch bereits erste Informationen über möglicherweise sinnvolle bzw. weniger sinnvolle Alternativen. Die *ausschließliche* Verwendung der Entscheidungsfaktoren führt demnach noch nicht zu einer eindeutigen Bewertung, kann aber zu einer ersten *Grobstrukturierung* und *Vorauswahl* der unterschiedlichen Handlungsoptionen beitragen.

2.) In einem zweiten Schritt kann aus jedem Entscheidungsfaktor mindestens eine *qualitative* oder *quantitative Zielkategorie* abgeleitet werden, die bei der Umsetzung eines Allianzausbaus zu berücksichtigen ist. Für eine vergleichende Wertung der Ausbaualternativen bietet es sich an, jede Option hinsichtlich ihres Zielerreichungsgrades für jede Zielkategorie zu analysieren. Diese Vorgehensweise verschafft den Entscheidungsträgern nicht nur einen besseren Überblick über sämtliche im Rahmen eines Allianzausbaus potenziell zu beachtenden Ziele, sondern erleichtert auch die Definition eines strategischen Zielkorridors für das gesamte Allianzbündnis. Dabei können die

---

[1] Zum Begriff des *Entscheidungsproblems* vgl. **Bea** (2001), S. 303ff.

zwingend zu erreichenden bzw. besonders relevanten Ziele durch die Integration entsprechender *Gewichtungsfaktoren* von den weniger wichtigen Zielen abgegrenzt werden.[2]

Nachfolgend werden zunächst die transaktionskostentheoretischen und damit *effizienzorientierten*[3] Entscheidungsfaktoren abgeleitet, die sich aus der Anwendung der Transaktionskostentheorie auf die Themenstellung der Arbeit ergeben. Nach einer kurzen Erläuterung der inhaltlichen Ausgestaltung wird für jeden Entscheidungsfaktor ein Wirkungszusammenhang festgehalten, der eine Aussage darüber trifft, welche Bereiche die Auswahl einer Ausbaualternative beeinflussen und unter welchen Voraussetzungen eine bestimmte *Form der Bindungsintensität* für einen Allianzausbau angestrebt werden sollte.

Die mit den einzelnen Entscheidungsfaktoren verbundenen *Zielkategorien*, die eine detailliertere und umfassendere theoriegestützte Analyse unterschiedlicher Ausbauoptionen ermöglichen, werden im Rahmen der Verwendung der Entscheidungsfaktoren zur Bestimmung eines einheitlichen Entscheidungskonzepts in Kap. 4.4 dargestellt.

---

2 Für eine Darstellung der Grundlagen und Bestandteile eines Entscheidungskonzepts vgl. Kap. 4.4.

3 Für eine umfassende Erläuterung der *Effizienzbetrachtungen* innerhalb der Transaktionskostentheorie vgl. Kap. 3.4.2.4.

4.2 Transaktionskostentheoretische Entscheidungsfaktoren

4.2.1 Ausmaß der notwendigen spezifischen Investitionen zur Realisierung der angestrebten Synergieeffekte

Die Umsetzung eines Allianzausbaus erfordert in der Regel bestimmte spezifische Investitionen der Allianzunternehmen.[4] Diese können einerseits über die aus der Umsetzung resultierenden *Synergiepotenziale*[5] bzw. *Synergieeffekte*[6] zu einer Senkung der *Produktionskosten* für die im Rahmen der Strategischen Allianz erstellten Güter und Leistungen beitragen. Andererseits kann es dadurch jedoch auch zu einem Anstieg der *Transaktionskosten* kommen, z.B. aufgrund von zusätzlich erforderlichen Kontroll- und Sicherungsmaßnahmen zur Abwendung eines opportunistischen Verhaltens der Partnerunternehmen während der ausgebauten Allianzzusammenarbeit.[7] Unter diesen Kostengesichtspunkten weist eine Ausbaualternative immer dann die höchste relative Vorziehenswürdigkeit auf, wenn sie zu der vergleichsweise geringsten Summe aus Produktions- und Transaktionskosten führt.[8] Dieser Kostenbetrachtung sind jedoch stets die Aufwendungen für die im Rahmen der Umsetzung vorzunehmenden spezifischen Investitionen und die daraus resultierenden Opportunismusrisiken gegenüberzustellen. In diesem Zusammenhang kann festgestellt werden, dass die Höhe der für den Ausbau voraussichtlich notwendigen spezifischen Investitionen den Grad der wechselseitigen formalrechtlichen *Bindungsintensität*[9] bestimmt, der von den Allianzunternehmen im Rahmen eines Allianzausbaus angestrebt werden sollte. Vor diesem Hintergrund gilt, im Hinblick auf einen Allianzausbau, folgender Wirkungszusammenhang für den *ersten* transaktionskostentheoretischen Entscheidungsfaktor:

> *Je umfangreicher die Umsetzung einer Ausbaualternative zusätzliche spezifische Investitionen zur Realisierung der angestrebten Synergieeffekte erfordert, desto intensiver sollten sich die Allianzunternehmen im Rahmen des Allianzausbaus formalrechtlich aneinander binden.*

---

4 Für einen Überblick über die unterschiedlichen Arten *spezifischer Investitionen* vgl. Kap. 3.4.2.2, S. 20 und **Williamson** (1989), S. 143, **Williamson** (1990a), S. 62, **Kaas; Fischer** (1993), S. 688, **Alchian** (1984), S. 36ff., **Ehrmann** (1989), S. 28 sowie **Klein; Crawford; Alchian** (1978), S. 321.

5 Zum *Synergiepotenzialbegriff* vgl. **Ropella** (1989), S. 251.

6 Zum Begriff des *Synergieeffektes* vgl. **Gabler-Verlag** (1997), S. 3692.

7 Für eine kurze Abgrenzung des Begriffes der *Produktionskosten* gegenüber dem Begriff der *Transaktionskosten* vgl. Kap. 3.4.2.4, S. 26.

8 Vgl. **Weiß** (1992), S. 115ff. und **Adolphs** (1997), S. 125.

9 Zu den unterschiedlichen *Allianzformen nach der entstehenden Bindungsintensität* vgl. Kap. 2.2.2.3. Für eine Abgrenzung der Strategischen Allianz zur *Akquisition* und *Fusion* als alternative externe Entwicklungsformen vgl. die Ausführungen in Kap. 2.2.3.1 und Kap 2.2.3.2. Für eine allgemeine Erläuterung der *externen Unternehmensentwicklung* vgl. Kap. 2.3.4.3.2.

4.2.2 Ausmaß der Unsicherheiten über die künftigen Entwicklungen im Allianz- und Unternehmensumfeld

Jede Form der Umsetzung eines Allianzausbaus erfordert umfangreiche Anpassungsmaßnahmen der Allianzunternehmen. Die Mehrheit dieser Anpassungsmaßnahmen kann in der Regel nicht direkt, sondern erst im Zeitablauf *vollkommen* umgesetzt werden. Damit unterliegen sie gewissen, von den Unternehmen *nicht* beeinflussbaren (exogenen) Risiken, die im Kern aus den regelmäßig nur unzureichenden Informationen über die künftigen situativen Bedingungen im Allianz- und Unternehmensumfeld resultieren.[10] Als Folge ergeben sich mehrere denkbare Szenarien für die Umsetzbarkeit einer gewählten Ausbaustrategie und die Erreichbarkeit der mit einem Allianzausbau verfolgten Ziele. Zur Reduzierung der durch diese *Umfeldunsicherheiten*[11] verursachten Risiken sollte stets eine Ausbaualternative verfolgt werden, die den Allianzunternehmen eine hohe *strategische Handlungsfreiheit* und *Entscheidungsreversibilität* zugesteht.[12] Nur dann kann es gelingen, sowohl die Allianz als auch die beteiligten Unternehmen schnell und damit transaktionskostenreduzierend an die sich ändernden Umfeldbedingungen anzupassen.[13]

Vor diesem Hintergrund kann festgestellt werden, dass die Auswahl einer Ausbaualternative stets in Abhängigkeit vom Ausmaß der Unsicherheit über die künftigen Rahmendaten in der spezifischen Branche zu treffen ist. Für den *zweiten* transaktionskostentheoretischen Entscheidungsfaktor gilt dementsprechend folgender Zusammenhang:

> *Je größer die Unsicherheiten über die künftigen Bedingungen im Umfeld der Strategischen Allianz und der Allianzunternehmen sind, desto eher sollten die Allianzunternehmen für den Allianzausbau eine Ausbausalternative auswählen, die eine schnelle Anpassungsfähigkeit, eine weit reichende strategische Handlungsfreiheit und eine umfassende strategische Entscheidungsreversibilität ermöglicht.*

[10] Vgl. **EHRMANN** (1989), S. 27. Für eine Aufzählung möglicher unsicherheitsinduzierender Determinanten vgl. **LUTZ** (1993), S. 156f.

[11] Zum Begriff der *Umfeldunsicherheit* vgl. Kap. 3.4.2.2, S. 22.

[12] Für eine Erläuterung der Bedeutung der Aufrechterhaltung der *strategischen Flexibilität* für unternehmerische Entscheidungen unter Unsicherheit vgl. die Ausführungen in Kap. 2.3.4.4.3.

[13] Für eine Diskussion der relativen Vor- und Nachteile unterschiedlicher Koordinationsformen für einen Allianzausbau unter *Unsicherheitsgesichtspunkten* vgl. die Ausführungen in Kap. 3.4.4.3.

4.2.3 Ausmaß der Unsicherheiten über das künftige Verhalten der Allianzpartner

Gemäß der transaktionskostentheoretischen Verhaltensannahmen[14] unterliegen die an einer Strategischen Allianz beteiligten Unternehmen unter anderem der Gefahr opportunistischer Verhaltensweisen aufgrund bestehender einseitig ausnutzbarer Regelungslücken im Allianzvertrag.[15] Die resultierenden *Verhaltensunsicherheiten*[16] beinhalten nicht unerhebliche Risiken für *jedes* der Allianzunternehmen, die nur durch entsprechende vertragliche Gegenmaßnahmen, z.B. in Form der Vereinbarung *offener Rahmenverträge*[17], reduziert werden können.[18]

Zur Reduzierung dieser Risiken sollte stets eine Ausbaualternative verfolgt werden, die durch eine ausreichend hohe Bindungsintensität der Allianzpartner die Opportunismusspielräume einzelner Unternehmen minimiert und die Erfüllung der unternehmensindividuellen Allianzverpflichtungen garantiert. Nur dann können umfangreiche Transaktionskosten für Konfliktlösungen und/oder Nachverhandlungen während des Allianzausbaus verhindert werden. Diese grundsätzlich gültige Aussage ist allerdings dann zu relativieren, wenn sich zwischen den Allianzunternehmen während der bisherigen Zusammenarbeit eine *Vertrauensbasis* bilden konnte, die bestimmte Opportunismusgefahren von vornherein ausschließt oder weitgehend reduziert. In diesem Fall können sich auch weniger bindungsintensive Ausbaualternativen als vorteilhaft erweisen, da das Vertrauensverhältnis transaktionskostenverursachende Kontroll- und Sicherungsmaßnahmen überflüssig machen kann. Zusammenfassend kann festgestellt werden, dass die Auswahl einer Ausbaualternative stets auch in Abhängigkeit vom Ausmaß der bestehenden Unsicherheiten über die künftigen Verhaltensweisen der Allianzpartner und die bestehenden allianzinternen Vertrauensverhältnisse zu treffen ist. Dementsprechend gilt für den *dritten* transaktionskostentheoretischen Entscheidungsfaktor folgender Wirkungszusammenhang:

Je größer die Unsicherheiten über die künftigen Verhaltensweisen der Allianzpartner und je kleiner die allianzinternen Vertrauensgrundlagen sind, desto eher sollten die Allianzunternehmen für den Allianzausbau eine Ausbaualternative auswählen, die zu einer hohen Bindungsintensität der Allianzunternehmen führt.

---

14 Zu den *Verhaltensannahmen* vgl. Kap. 3.4.2.1.

15 Vgl. PICOT (1991b), S. 347, PICOT (1982), S. 272, BOGASCHWESKY (1995), S. 166f. und WILLIAMSON (1993), S. 15f.

16 Zum Begriff der *Verhaltensunsicherheit* vgl. Kap. 3.4.2.2, S. 22.

17 Für eine Erläuterung des Begriffes der *offenen Rahmenverträge* und ihrer Bedeutung im Rahmen des Ausbaus Strategischer Allianzen vgl. Kap. 3.4.4.3, S. 46.

18 Vgl. LUTZ (1993), S. 159.

4.2.4 Angestrebte Dauer der weiteren Zusammenarbeit

Der Entscheidungsfaktor „Angestrebte Dauer der weiteren Zusammenarbeit" ergibt sich aus dem transaktionsspezifischen Merkmal der *Häufigkeit.*[19] Er ermöglicht die indirekte Berücksichtigung der im Rahmen eines Allianzausbaus anfallenden *Fixkosten*[20] für eine potenziell notwendige Veränderung der allianzinternen Anreiz- und Kontrollstrukturen. Ihre Höhe ist hinsichtlich der Beurteilung von Allianzausbaualternativen unter Vorteilhaftigkeitsgesichtpunkten aus den nachfolgend genannten Zusammenhängen ebenfalls als entscheidungsrelevant anzusehen.

Im Rahmen einer transaktionskostentheoretischen Analyse müssen für jede Ausbaualternative die zu erwartenden Einsparungen bei den *Produktions-* und laufenden *Transaktionskosten*[21] berechnet werden, die sich für jede *einzelne* allianzinterne Transaktion und für die *beabsichtigte Gesamtzahl* der nach dem Allianzausbau durchzuführenden Transaktionen ergeben. Diese Kostensenkungen sind in einem nächsten Analyseschritt mit den *einmaligen fixen Kosten* für die potenziell notwendigen Veränderungen der *allianzinternen Kontroll- und Steuerungsstrukturen*, z.B. in Form einer Änderung der gesellschaftsrechtlichen Grundlagen der Zusammenarbeit zwischen den Allianzunternehmen, zu vergleichen. Bei einer zunehmenden Dauer der Zusammenarbeit ist in der Regel davon auszugehen, dass gleichartige Austauschvorgänge zwischen den Allianzunternehmen mit einer ansteigenden Gesamtzahl durchgeführt werden und sich daher in zunehmenden Maße *Größendegressions-* und *Lernkurveneffekte* realisieren lassen.[22] Diese führen gemeinsam zu einer Senkung der Durchschnittskosten pro allianzinterner Transaktion und bestimmen damit die Amortisationszeit und letztlich auch die Vorteilhaftigkeit einer Ausbaualternative. Vor diesem Hintergrund ist davon auszugehen, dass eine Ausbaualternative, die zu einer hohen Bindungsintensität zwischen den Allianzunternehmen führt und damit auf eine langfristige oder unbegrenzte Zusammenarbeit ausgelegt ist (z.B. eine *Fusion*[23] von zwei oder mehreren Allianzunternehmen), eine höhere Vorziehenswürdigkeit gegenüber anderen weniger bindungsintensiven Strategieoptionen aufweist.

Der Ursprung für diesen *Wirkungszusammenhang* liegt in der *inversen* Beziehung zwischen der Dauer der Zusammenarbeit und der Höhe der fixen Kosten je Transaktion: Die Umsetzung einer Ausbaualternative, die auf eine *langfristige*

---

[19] Für eine Darstellung der Bedeutung der *Häufigkeit* als transaktionsspezifisches Merkmal vgl. **Picot; Dietl** (1990), S. 178ff. und **Schaper-Rinkel** (1998), S. 134ff. sowie die Ausführungen in Kap. 3-4-2-2, S. 23.

[20] Für eine allgemeine Erläuterung des *Fixkostenbegriffes* vgl. **Gabler-Verlag** (1997), S. 1352.

[21] Für eine Abgrenzung der *Produktionskosten* von den *Transaktionskosten* vgl. Kap. 3.4.2.4, S. 26.

[22] Zum Begriff der *Größendegressionseffekte* und der *Lernkurveneffekte* vgl. Kap. 2.2.4.2.

[23] Für eine umfassende Erklärung des *Fusionsbegriffes* vgl. Kap. 2.2.3.2.

Zusammenarbeit zielt und mit einer vergleichsweise hohen Bindungsintensität zwischen den Allianzunternehmen gestaltet wurde, impliziert in der Regel eine *fixkostenintensive Veränderung* von Kontroll- und Steuerungsstrukturen zwischen den enger miteinander verbundenen Unternehmen. Diese Veränderung kann sich unter Kostengesichtspunkten immer erst ab einer bestimmten *Transaktionshäufigkeit* bzw. *Zusammenarbeitsdauer* als vorteilhaft erweisen.

Nur bei einem langfristigen Zeithorizont für die Fortsetzung der Zusammenarbeit können die vergleichsweise hohen Fixkosten einer bindungsintensiven Ausbaualternative auf eine hohe Anzahl an Transaktionen verteilt werden. Gleichzeitig kommt es dadurch zu einer, im Vergleich zu Ausbaualternativen mit einer kürzeren Zieldauer der Zusammenarbeit, stärkeren Reduktion der durchschnittlichen Kosten pro Transaktion.[24] Vor diesem Hintergrund ist eine Ausbaualternative, die zu einer hohen Bindungsintensität zwischen zwei oder mehreren Unternehmen führt, immer dann für einen Allianzausbau zu bevorzugen, wenn die Zusammenarbeit über einen langfristigen oder unbefristeten Zeithorizont bestehen bleiben soll, da dann sowohl *während* als auch *nach* der Umsetzung des Ausbauweges eine große Anzahl gleicher oder ähnlicher ökonomischer Austauschvorgänge zwischen den Unternehmen zu erwarten ist. Vor diesem Hintergrund gilt für den *vierten* transaktionskostentheoretischen Entscheidungsfaktor folgender Wirkungszusammenhang:

> *Je länger der Zeithorizont für die angestrebte Dauer der weiteren Zusammenarbeit ist, desto eher sollten die Allianzunternehmen für den Allianzausbau eine Ausbaualternative auswählen, die zu einer hohen Bindungsintensität zwischen ihnen führt.*

4.2.5 Erwartete Dauerhaftigkeit der durch den Allianzausbau induzierten Synergieeffekte

Dieser Entscheidungsfaktor korrespondiert eng mit dem vorher genannten Faktor „Angestrebte Dauer der weiteren Zusammenarbeit“, da er ebenfalls aus dem transaktionsspezifischen Merkmal der Häufigkeit abgeleitet werden kann. Grundsätzlich gilt, dass die *während* und *nach* der Umsetzung eines Allianzausbaus durchgeführten Transaktionen stets der Ausnutzung von *Synergiepotenzialen*[25] bzw. der Generierung von *Synergieeffekten*[26] zwischen den involvierten Unternehmen dienen. Dabei ist der Grad der Dauerhaftigkeit der durch einen Allianzausbau induzierten Synergieeffekte umso größer, je umfangreicher sich die Ressourcen der Unternehmen nach dem Ausbau ergänzen und je länger die identifizierten Kosteneinsparungs- bzw. Erlössteigerungspotenziale zwischen den jeweiligen Unternehmen andauern.[27] In diesem Zusammenhang ist davon

[24] Vgl. Padberg (2000), S. 231 mit dem dortigen Rechenbeispiel.
[25] Zum *Synergiepotenzialbegriff* vgl. Ropella (1989), S. 251.
[26] Zum Begriff des *Synergieeffektes* vgl. Gabler-Verlag (1997), S. 3692.
[27] Zu einer vergleichbaren Vorgehensweise vgl. Gerybadze (1995), S. 85ff.

auszugehen, dass Ausbauwege, die zu einer hohen Bindungsintensität zwischen den beteiligten Unternehmen führen, in der Regel gerade deshalb ausgewählt werden, weil sie besonders nachhaltige Synergieeffekte erwarten lassen, die eine Überkompensation der hohen einmaligen Fixkosten der organisatorischen Institutionalisierung ermöglichen. Demgegenüber erlauben Ausbaualternativen, die zu einer geringen Bindungsintensität zwischen den Unternehmen führen, häufig nur eine geringe Realisation von Synergieeffekten. Allerdings ist ihre Umsetzung in der Regel auch mit deutlich geringeren Fixkosten verbunden.

Vor dem Hintergrund dieser Zusammenhänge kann festgehalten werden, dass die Vorziehenswürdigkeit einer Ausbaualternative auch vom Verhältnis zwischen den *einmaligen Fixkosten* der organisatorischen Umsetzung und der Höhe der *erwarteten Synergieeffekte* im Zeitablauf abhängt, die sich in der Regel insbesondere in Abhängigkeit vom Bindungsgrad der Unternehmen ergeben. Dementsprechend kann hinsichtlich des *fünften* transaktionskostentheoretischen Entscheidungsfaktors folgender Zusammenhang festgehalten werden:

> *Je nachhaltiger die Zusammenarbeit der Allianzunternehmen nach einem Allianzausbau die Realisierbarkeit von Synergieeffekten erwarten lässt, desto eher sollten die Allianzunternehmen für den Ausbau eine Alternative auswählen, die zu einer hohen Bindungsintensität zwischen ihnen führt.*

4.2.6 Strategische Relevanz der für den Allianzausbau eingesetzten Ressourcen der Allianzunternehmen

Der Ausbau einer Strategischen Allianz führt in der Regel zu einem umfangreichen Austausch von Ressourcen und Ressourcenkomponenten, die eine signifikante Bedeutung für die komparativen Wettbewerbsvorteile und die daraus resultierenden relativen Wettbewerbspositionen der Allianzunternehmen haben. Diese strategisch relevanten Ressourcen[28], z.B. in Form von wettbewerbsrelevantem Wissen, sind deshalb im Rahmen eines Allianzausbaus stets vor einer unbeabsichtigten Übertragung an einen Allianzpartner zu schützen, um die Werthaltigkeit der Wettbewerbsvorteile gegenüber den allianzinternen *und* -externen Konkurrenzunternehmen dauerhaft zu bewahren. Die notwendigen Überwachungs- und Kontrollmaßnahmen, die zum Schutz der Ressourcenausstattungen vor einer unkontrollierten opportunistischen Aneignung und/oder Ausnutzung durchzuführen sind, verursachen Transaktionskosten. Diese fallen umso höher aus, je größer die strategische Relevanz der für den Allianzausbau eingesetzten Ressourcen ist und je weniger der wechselseitige Zugriff durch die Partnerunternehmen aufgrund der gewählten organisatorischen Institutionalisierungsform kontrolliert werden kann. Deshalb sind bei einer Zunahme der strategischen Bedeutung der eingesetzten Ressourcen insbesondere solche Allianzausbauwege zu favorisieren, die zu einer hohen Bindungsintensität zwischen den

[28] Für eine Erläuterung *der strategischen Relevanz* als ein transaktionsspezifisches Merkmal vgl. Kap. 3.4.2.2, S. 23.

Partnerunternehmen führen. Sie ermöglichen eine umfangreichere Nutzung wechselseitiger Anpassungsmechanismen bzw. administrativer Kontroll- und Überwachungssysteme, die für eine dauerhafte Sicherung der strategisch relevanten Faktoren institutionalisiert wurden. Zusammenfassend kann hinsichtlich des *sechsten* transaktionskostentheoretischen Entscheidungsfaktors der folgende Wirkungszusammenhang festgehalten werden:

Je höher die unternehmensspezifische strategische Relevanz der für einen Allianzausbau eingesetzten Ressourcen ist, desto eher sollten die Allianzunternehmen für den Allianzausbau eine Ausbaualternative auswählen, die zu einer hohen Bindungsintensität zwischen ihnen führt.

4.2.7 Ausmaß der rechtlichen Restriktionen für einen kostenoptimalen Allianzausbau

Die bisherigen sechs transaktionskostentheoretischen Entscheidungsfaktoren wurden ausschließlich auf der Basis einer *allgemeinen* transaktionskostenorientierten Perspektive abgeleitet und resultieren ausnahmslos aus einer *isolierten* Anwendung der wesentlichen Transaktionsmerkmale[29] auf Fragen des Ausbaus Strategischer Allianzen. Sie bilden damit in ihrer Gesamtheit einen Faktorenblock, der auf der gleichen Ableitungssystematik beruht und zu vergleichbaren Aussagensystemen führt. Daneben sind jedoch auch die *rechtlichen Restriktionen* für einen *kostenoptimalen* Allianzausbau als entscheidungsrelevant anzusehen, da sie nachhaltig die grundsätzliche Umsetzbarkeit der Entscheidungsregeln determinieren. Diese Tatsache belegt das nachfolgende Beispiel:

Die situationsspezifische Anwendung der ersten sechs transaktionskostentheoretischen Entscheidungsregeln kann zu dem Ergebnis führen, dass die Akquisition eines Allianzunternehmens durch ein anderes Partnerunternehmen die höchsten relativen Vorteile gegenüber allen anderen Ausbaualternativen aufweist. Von einem derartigen Analyseergebnis ist immer dann auszugehen, wenn die strategische Ausgangssituation des Allianzbündnisses und der beteiligten Unternehmen aus einer transaktionskostenorientierten Perspektive eine Ausbaualternative erfordert, die mit einer hohen Bindungsintensität zwischen den Unternehmen verbunden ist. Der Umsetzung dieser Ausbaualternative können jedoch weitreichende rechtliche Integrationsbarrieren, z.B. in Form von Vorschriften des nationalen und/oder europäischen Wettbewerbsrechts, gegenüberstehen, die eine Realisation nur eingeschränkt zulassen oder gänzlich verhindern.[30]

Während sich die vorgenannten Faktoren, in Abhängigkeit von der situationsspezifischen Gewichtung des Entscheidungsträgers, in ihren Wirkungen und

29 Für eine ausführliche Beschreibung der wesentlichen *Transaktionsmerkmale* vgl. Kap. 3.4.2.2.

30 Für eine kurze Erläuterung wesentlicher Vorschriften des *deutschen* und *europäischen Wettbewerbsrechts* im Zusammenhang mit der wettbewerbsrechtlichen Einordnung Strategischer Allianzen vgl. Kap. 2.2.5.8.

Bedeutungen gegenseitig kompensieren können und die Nichterfüllung eines Faktors nicht zwingend als ein K.O.-Kriterium wirken muss, ist eine friktionsfreie Überwindung gesetzlicher Vorgaben in der Regel nicht möglich. Aus diesem Grund kann es in einigen Entscheidungssituationen dazu kommen, dass eine ursprünglich vorziehenswürdige Alternative *vollkommen* aufgegeben werden muss. Dies ist immer dann notwendig, wenn die Einhaltung der rechtlichen Vorgaben in der Realisationsphase einer Ausbaualternative so hohe Transaktionskosten verursacht (z.B. für die Durchführung kartellrechtlicher Prüfprozesse), dass die Transaktionskostenvorteile einer Alternative hinsichtlich der ersten sechs Entscheidungsfaktoren überkompensiert werden. In einem solchen Fall können andere, weniger bindungsintensive Ausbauformen bessere Lösungen für eine dynamische Veränderung der allianzinternen Zusammenarbeit der Unternehmen darstellen, obwohl sie, bei einer *ausschließlichen* Berücksichtigung der vorgenannten sechs Entscheidungsfaktoren, relative transaktionskostenspezifische Nachteile aufweisen. Zusammenfassend sollte also stets eine *rechtlich umsetzbare* Ausbaualternative gewählt werden, die am weitreichendsten die Realisierung der angestrebten Transaktionskostenvorteile ermöglicht. Zudem sollte sich diese Ausbaualternative durch eine schnelle Anpassbarkeit an veränderte rechtliche Rahmenbedingungen auszeichnen, falls davon auszugehen ist, dass die bestehenden rechtlichen Restriktionen für kostenoptimalere Ausbauformen nicht von Dauer sein werden. Für den letzten transaktionskostenspezifischen Entscheidungsfaktor gilt demgemäß der folgende Wirkungszusammenhang:

> *Je umfangreicher die rechtlichen Restriktionen für die Umsetzung einer transaktionskostenoptimalen Ausbaualternative sind, desto eher sollten die Allianzunternehmen für einen Allianzausbau eine rechtlich zulässige Ausbaualternative auswählen, die ihnen die Realisierung ähnlicher Transaktionskostenvorteile und eine schnelle Anpassung an liberalisierte rechtliche Rahmenbedingungen ermöglicht.*

Wenngleich die transaktionskostentheoretischen Entscheidungsfaktoren mit ihren Wirkungszusammenhängen (s. Abb. 4.1) bereits weitreichende Entscheidungsunterstützungsfunktionen für Allianzausbaufragen erfüllen können, werden nachfolgend die sich aus dem industrieökonomischen und ressourcenorientierten Ansatz ergebenden Faktoren abgeleitet und zusammengestellt. Die Ableitung dieser Entscheidungsfaktoren korrespondiert mit der Erweiterung des theoretischen Bezugsrahmens durch die Ansätze der Strategielehre in Kap. 3.5.

Im Zusammenhang mit der kritischen Würdigung der Transaktionskostentheorie wurde bereits darauf hingewiesen, dass die Berücksichtigung weiterer Theorieansätze eine zwingend notwendige Vorgehensweise darstellt, um die theoretischen Defizite und Anwendbarkeitsprobleme des Transaktionskostenansatzes im Hinblick auf die Themenstellung der Arbeit zu überwinden.[31] In Anlehnung an

[31] Für eine kritische Würdigung der Transaktionskostentheorie vgl. Kap. 3.4.3.

die kritischen Ausführungen können mit Hilfe industrieökonomischer und ressourcenorientierter Entscheidungsfaktoren zusätzliche entscheidungsrelevante Bereiche berücksichtigt und der Detaillierungs- und Strukturierungsgrad der Entscheidungsanalysen hinsichtlich eines Allianzausbaus weiter erhöht werden.

***Abb. 4.1**: Transaktionskostentheoretische Entscheidungsfaktoren und faktorspezifischer Aussagegehalt zur anzustrebenden Bindungsintensität*

	Entscheidungsfaktoren	Ausprägung des Entscheidungsfaktors	Anzustrebende Bindungsintensität
①	Ausmaß der notwendigen spezifischen Investitionen zur Realisierung der angestrebten Synergieeffekte	Hoch	Hoch
		Gering	Gering, u. U. Fortführung der Kooperation
②	Ausmaß der Unsicherheiten über die künftigen Entwicklungen im Allianz- und Unternehmensumfeld	Hoch	Eher gering
		Gering	Eher Hoch
③	Ausmaß der Unsicherheiten über das künftige Verhalten der Allianzpartner	Groß und kein Vertrauen	Hoch
		Groß, aber Vertrauen	Nicht eindeutig[(1)]
		Gering	Nicht eindeutig[(1)]
④	Angestrebte Dauer der Zusammenarbeit	Lang	Hoch
		Kurz	Gering
⑤	Erwartete Dauerhaftigkeit der durch den Allianzausbau induzierten Synergieeffekte	Hoch	Hoch
		Gering	Gering
⑥	Strategische Relevanz der für einen Allianzausbau eingesetzten Ressourcen	Hoch	Hoch
		Gering	Gering
⑦	Ausmaß der rechtlichen Restriktionen für einen kostenoptimalen Allianzausbau	Hoch und dauerhaft	Maximale Kostenvorteile
		Hoch, aber temporär	Kompromiss zw. Kosteneffizienz u. Flexibilität
		Gering	Nicht eindeutig[(1)]

(1) Situationsspezifisch zu entscheiden

(Quelle: Eigene Abbildung)

Zur Ableitung dieser zusätzlichen theoriegestützten Entscheidungsfaktoren werden nachfolgend zunächst die beiden Ansätze der Strategielehre zusammengeführt. Die Zusammenführung der Ansätze erfolgt mit dem Ziel, sowohl ihre *diametralen* Sichtweisen als auch ihre *komplementären* Elemente klarer als bei den bisher isolierten Betrachtungen herauszustellen. Zudem soll verdeutlicht werden, dass die Ableitung *zusätzlicher* (strategielehrebasierter) Entscheidungsfaktoren unter praxisorientierten Gesichtspunkten nur dann sinnvoll ist, wenn dadurch *integrativ* sowohl industrieökonomische, ressourcenorientierte als auch zusammenführungsinduzierte Argumentationen berücksichtigt werden. Eine *isolierte* Ableitung der Entscheidungsfaktoren würde nur unzureichend verdeutlichen, dass die Aussagekraft der beiden Ansätze für Praxisfragen gerade aus ihrer Komplementarität und gleichzeitigen Berücksichtigung resultiert.

4.3 Strategielehrebasierte Entscheidungsfaktoren

4.3.1 Zusammenführung von Industrieökonomik und Ressourcenansatz

Im Rahmen der in Kap. 3.5 erfolgten Darstellung der beiden Ansätze der Strategielehre wurde bereits darauf hingewiesen, dass sowohl der industrieökonomische als auch der ressourcenorientierte Ansatz bestimmte Erklärungslücken für strategische Fragestellungen der betrieblichen Praxis aufweist. Als Ergebnis dieser Ausführungen wurde festgestellt, dass in der Zusammenführung bzw. gleichzeitigen Berücksichtigung der Ansätze eine gute Möglichkeit besteht, die jeweiligen theoretischen Defizite zu überwinden und zu umfassenderen theoriegestützten Aussagensystemen zu gelangen, die sich als Basis für eine theoretische Fundierung betrieblicher Entscheidungsprozesse eignen.[32] Dahingehend ist die nachfolgende Abgrenzung und Erläuterung der wechselseitigen Beziehung von Industrieökonomik und Ressourcenansatz als eine sinnvolle und notwendige Vorgehensweise zur Erhöhung der Entscheidungstransparenz anzusehen. In der Literatur existieren unterschiedliche Meinungen zum Verhältnis von Industrieökonomie und Ressourcenansatz. Teilweise werden sie als gegensätzliche, häufiger jedoch als komplementäre Ansätze des Strategischen Managements angesehen und diskutiert.[33] Im Rahmen dieser Arbeit soll der Komplementaritätsansicht gefolgt werden. Zur Begründung dieser Sichtweise werden nachfolgend in einem ersten Schritt, aufbauend auf der isolierten Betrachtung der beiden Ansätze, sowohl ihre komplementären Wirkungen als auch ihre wesentlichen Unterschiede erläutert. Als Grundlage dieser Erläuterungen dient die Darstellung der wesentlichen Inhalte und Annahmen der Ansätze in ihrer *originären Form*, d.h. ohne die Berücksichtigung etwaiger Theorieergänzungen, in Abb. 4.2.

Die Interpretation der jeweiligen *Erklärungsziele* unterstreicht die Angemessenheit der Komplementaritätsannahme. Beide Ansätze erklären theoriegeleitet die möglichen Ursachen bzw. Wirkungsketten für langfristig erhaltbare überdurchschnittlich hohe Unternehmensgewinne. Die Komplementarität zeigt sich hier in der Tatsache, dass die Industrieökonomik, im Sinne einer „Outside-In"-

[32] Zur Notwendigkeit einer *Zusammenführung* von Industrieökonomik und Ressourcenansatz vgl. Kap. 3.5.2.3, S. 129.

[33] Der Komplementaritätsansicht folgen u.a. HAMEL und PRAHALAD, die die Kernkompetenzperspektive explizit als eine Ergänzung des industrieökonomisch dominierten Strategischen Managements ansehen. Vgl. **HAMEL** (1994), S. 18ff. und **HAMEL; PRAHALAD** (1995), S. 352. ZIMMER und ORTMANN gehen von einem sog. *rekursiven Konstitutionsverhältnis* zwischen Industrieökonomik und Ressourcenansatz aus. Vgl. **ZIMMER; ORTMANN** (1996), S. 104. Für weitere Arbeiten zum Verhältnis zwischen Industrieökonomik und Ressourcenansatz vgl. **PETERAF** (1993), S. 179ff., **CONNER** (1991), S. 121ff., **MAHONEY; PANDIAN** (1992), S. 363ff., **BAMBERGER; WRONA** (1996a), S. 391, **AMIT; SCHOEMAKER** (1993), S. 33ff., **ZAHN** (1995), S. 361f., **ZOU; CAVUSGIL** (1995), S. 60ff., **BAMBERGER; WRONA** (1996b), S. 147, Tab. 2 und S. 150, **RÜHLI** (1994), S. 49 und **HAMEL; HEENE** (1994), S. 3.

Perspektive, die Wettbewerbsvorteile und die daraus entstehenden Möglichkeiten zur Erzielung einer überdurchschnittlich hohen Rentabilität aus den *unternehmensexternen* Marktstrukturen und Erfolgspotentialen ableitet, während der Ressourcenansatz entsprechende Vorteile durch eine „Inside-Out"-Sichtweise aus den *unternehmensinternen* Ressourcen und Erfolgspotentialen erklärt.[34]

***Abb. 4.2**: Industrieökonomik und Ressourcenansatz*

	Industrieökonomik	Ressourcenansatz
Erklärungsziel	Wechselwirkung von Marktstruktur und überdurchschnittlichem Unternehmenserfolg → "Structure-Conduct-Performance"-Paradigma	Wechselwirkung von einzigartiger Ressourcenausstattung und überdurchschnittlichem Unternehmenserfolg → "Resource-Conduct-Performance"-Paradigma
Beitrag zur Kooperationsforschung	Beitrag zum Erhalt bzw. Auf- und Ausbau von kooperationsinternen Erfolgspotenzialen	Beitrag zum Erhalt bzw. Auf- und Ausbau von kooperationsinternen Erfolgspotenzialen
Perspektive	"Outside-In"-Perspektive: Fokus auf dem Unternehmensumfeld	"Inside-Out"-Perspektive: Fokus auf den unternehmensspezifischen Ressourcen
Wettbewerbsvorteile/Unternehmens- bzw. Allianzstrategien	Wettbewerbsvorteile sind das Ergebnis der Marktstruktur und der daraus resultierenden Marktmacht Wettbewerbsstrategien dienen der Anpassung an die Marktstruktur	Wettbewerbsvorteile und Unternehmensstrategien sind das Ergebnis der unternehmensspezifischen Ressourcenausstattung
Prämissen	Markteintritts- und Mobilitätsbarrieren determinieren die Dauerhaftigkeit überdurchschnittlicher Rentabilität Grundannahme: Effiziente Faktormärkte 1.) Homogene Ressourcenverteilung 2.) Vollständige Ressourcenmobilität 3.) Vollständige Informationsverteilung 4.) Rationales Verhalten der Marktteilnehmer	Isolierungsmechanismen determinieren den Marktbarrierenumfang und die Abschirmbarkeit der Wettbewerbsvorteile Grundannahme: Ineffiziente Faktormärkte 1.) Heterogene Ressourcenverteilung 2.) Unvollständige Ressourcenmobilität 3.) Asymmetrische Informationsverteilung 4.) Ressourcen bestimmen Zeitpunkt des Markteintritts und die Branchenstruktur

(In Anlehnung an: BONGARTZ (2000), S. 31)

Demnach stehen im Rahmen der strategischen Unternehmensführung bei einer industrieökonomischen Betrachtung die Auswahl von *attraktiven Branchen* und die Berücksichtigung der *branchenspezifischen Erfolgsfaktoren* im Betrachtungsfokus, während es aus einer ressourcenorientierten Perspektive um den Auf- und Ausbau von Wettbewerbsvorteilen durch die *Entwicklung*, den *Schutz* und die *Verwertung wettbewerbsrelevanter Unternehmensressourcen* in der spezifischen Branche geht.[35] Die Komplementarität der beiden Ansätze zeigt sich hier in der Tatsache, dass die Auswahl einer attraktiven Branche und die Beurteilung der Branchensituation immer auch bestimmte unternehmensinterne Res-

[34] Vgl. **HEENE** (1994), S. XXV und **LADO, BOYD; WRIGHT** (1992), S. 78f.
[35] Vgl. **BAMBERGER; WRONA** (1996b), S. 147f.

sourcen und Fähigkeiten fordert. Schließlich ist eine erfolgsversprechende industrieökonomische Vorgehensweise bzw. Ableitung von Wettbewerbsstrategien *nie* ohne die Kombination und den Auf- und Ausbau von unternehmensinternen Ressourcen und Fähigkeiten umsetzbar.[36] Umgekehrt reicht eine ausschließlich ressourcenorientierte Sichtweise nicht aus, um beispielsweise eine erfolgreiche Absatzmarktbearbeitung vollständig zu erklären.[37] Im Hinblick auf die jeweiligen *Prämissen* folgen die Ansätze auf den *ersten* Blick zwei diametralen Sichtweisen. Während die Industrieökonomik von effizienten Faktormärkten mit homogenen Ressourcenverteilungen, vollständigen Ressourcenmobilitäten, vollständigen Informationen (über z.B. Produktionsfunktionen und Faktorproportionen) und rationalem Verhalten der Marktteilnehmer ausgeht, folgt der Ressourcenansatz ausnahmslos gegensätzlichen Annahmen. Prämisseninduzierte Unterschiede zeigen sich auch hinsichtlich der Erklärung nachhaltiger Wettbewerbsvorteile und überdurchschnittlicher Unternehmensgewinne (s. Abb. 4.3):

Abb. 4.3: *Wirkungszusammenhänge zwischen Industrieökonomik und Ressourcenansatz hinsichtlich der Erklärung überdurchschnittlicher Gewinne*

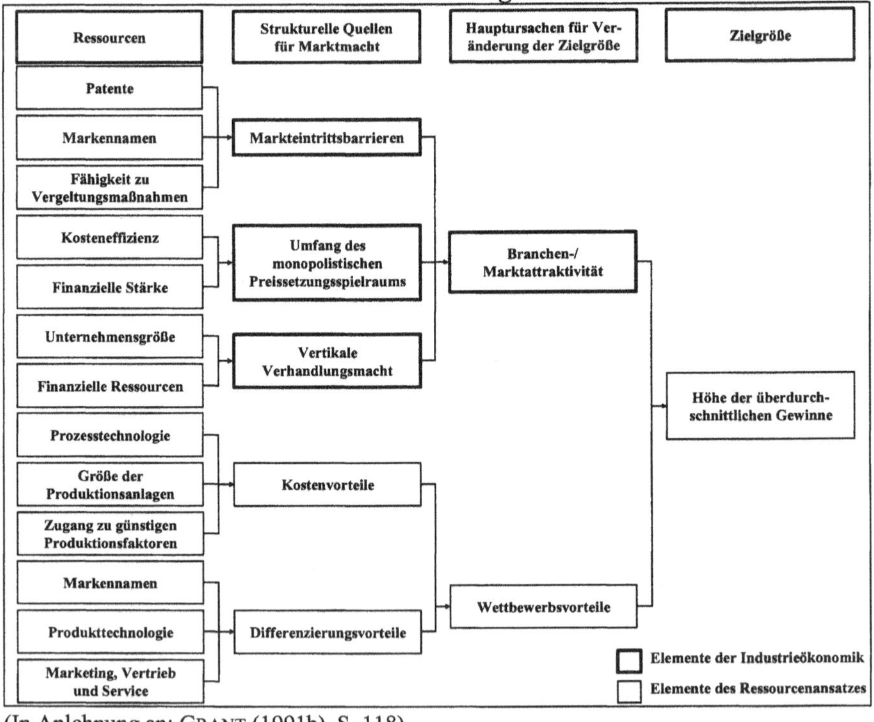

(In Anlehnung an: GRANT (1991b), S. 118)

36 Vgl. **VERDIN; WILLIAMSON** (1994), S. 84.
37 Vgl. **FRIEDRICH** (1995), S. 343.

In der Industrieökonomik werden überdurchschnittliche Gewinne insbesondere durch den Umfang der Markteintrittsbarrieren determiniert, die auch bei einer weitgehenden Ressourcenhomogenität der Marktteilnehmer aufgebaut werden können, indem z.B. monopolistische Preisspielräume und die daraus resultierenden Möglichkeiten zur gezielten Einschränkung von Produktionsmengen genutzt werden. Demgegenüber können Marktbarrieren und Wettbewerbsvorteile im Ressourcenansatz nur dann entstehen und abgesichert werden, wenn die Ineffizienzen der Faktormärkte (z.B. eine ungleiche Verteilung und/oder unvollständige Mobilität strategisch relevanter Ressourcen) die Entstehung von Isolierungsmechanismen in Form bestimmter Kosten- und/oder Differenzierungsvorteile ermöglicht, die zum Auf- und Ausbau von Wettbewerbsvorteilen genutzt werden können. Damit determiniert der Umfang der Isolierungsmechanismen das Potential eines Unternehmen zur Umsetzung von, im Vergleich zu den direkten Konkurrenten, andersartigen Wettbewerbsstrategien mit den sich daraus ergebenden Möglichkeiten zur Erzielung überdurchschnittlich hoher Gewinne.[38] Die Prämissendiametralität der beiden Ansätze der Strategielehre stellt jedoch kein hinreichendes Hindernis für eine umfassende Komplementaritätsannahme dar. Beide Ansätze können trotz der gegensätzlichen Prämissen als zwei sich ergänzende Perspektiven des Strategischen Managements interpretiert werden, wenn sie z.B. auf unterschiedliche Entwicklungsstufen der Faktormärkte bezogen werden. Demnach lassen sich Wettbewerbsvorteile und überdurchschnittlich hohe Unternehmensgewinne insbesondere dann aus den Prämissen des Ressourcenansatzes ableiten, solange sich die wettbewerbsrelevanten Faktormärkte durch bestimmte Ineffizienzen auszeichnen. Nach der Überwindung dieser Marktineffizienzen kann sich in den dann reiferen Faktormärkten das industrieökonomische Gedankengut als Hauptargumentationsgrundlage erweisen, um die Voraussetzungen zur Erzielung überdurchschnittlicher Gewinne aufzuzeigen.[39]

Vor dem Hintergrund dieser Ausführungen zeigt sich, dass die *alleinige* Anwendung einer der beiden Ansätze als Erklärungsgrundlage für das Erreichen von Erfolgspotentialen und Wettbewerbsvorteilen aufgrund der einseitigen Argumentationsperspektive nicht ausreicht. Eine möglichst vollständige Erklärung sämtlicher Phänomene kann nur unter der *gleichzeitigen* und *ganzheitlichen* Beachtung von *unternehmensexternen* Marktstrukturen und *unternehmensinternen* Ressourcen erfolgen.[40] Eine ganzheitliche Betrachtungsperspektive erfordert jedoch auch eine möglichst umfassende Berücksichtigung der Interdependenzen zwischen den beiden Ansätzen und die Integration bestehender Theorieergänzungen, die im Hinblick auf die Industrieökonomik, z.B. in Form des Konzepts

---

38 Vgl. **Bongartz** (2000), S. 31f.

39 Für eine ähnliche Argumentation vgl. **Bongartz** (2000), S. 32.

40 Vgl. **Hahn** (1998), S. 565ff. und die Gegenüberstellung der beiden Ansätze bei **Corsten** (1998), S. 16ff.

der Contestable Markets[41] bzw. des Konzepts der Strategischen Gruppen[42], und hinsichtlich des Ressourcenansatzes, wie z.B. in Form der Kernkompetenzperspektive[43], bis heute entwickelt wurden. Deshalb sind die in Abb. 4.3 visualisierten Zusammenhänge in zweifacher Hinsicht nur als eine vereinfachende Form der Darstellung der Kausalbeziehungen zwischen der Industrieökonomik und dem Ressourcenansatz anzusehen: Zum einen beziehen sich die dargestellten Kausalbeziehungen ausschließlich auf die jeweiligen originären Formen der Theorieansätze und zum anderen ist in der Regel davon auszugehen, dass sich die einzelnen Bestandteile der beiden Ansätze in der betrieblichen Praxis nicht trennscharf voneinander differenzieren oder eindeutig bestimmten Argumentationsketten zuordnen lassen. Beispielsweise müssen relative Kostenvorteile eines Unternehmens nicht ausschließlich auf bestimmten Prozesstechnologien, Produktionsanlagen oder Faktormarktzugängen basieren, sondern können auch durch andere, besonders effiziente unternehmensinterne Abläufen oder finanzielle Ressourcen entstehen.[44] Trotz dieser Vereinfachungen wird deutlich, dass eine Zusammenführung von Industrieökonomik und Ressourcenansatzes unter Berücksichtigung der jeweiligen Erweiterungen möglich und unter Entscheidungsgesichtspunkten sinnvoll ist. Sie führt zu einer Perspektive, die eine umfassende theoriegestützte Analyse strategischer Handlungsalternativen ermöglicht, indem sie die wesentlichen bzw. entscheidungsrelevanten unternehmensinternen und -externen Bereiche integrativ berücksichtigt. Dadurch kann es weder zu einer Vernachlässigung der unternehmensinternen Ressourcen im Sinne einer „Black-Boxes“-Perspektive[45] noch zur einer Beurteilung strategischer Entscheidungen nach ausschließlich unternehmensinternen Gesichtspunkten kommen.[46]

Aufbauend auf der nachgewiesenen Zusammenführbarkeit der Industrieökonomik und des Ressourcenansatzes können nachfolgend die wesentlichen Entscheidungsfaktoren abgeleitet werden, die hinsichtlich eines Ausbaus Strategischer Allianzen und der Entwicklung der daran beteiligten Unternehmen als besonders relevant einzustufen sind. Sie sollen die bereits abgeleiteten transaktionskostentheoretischen Faktoren ergänzen, zu einer erhöhten theoriegestützten Plausibilität strategischer Entscheidungen beitragen und die Entwicklung konkreter Strategien für die künftige Entwicklung der Interaktion zwischen den Allianzunternehmen weiter vereinfachen. Dabei ist allerdings zu berücksichtigen, dass die sich aus den Ansätzen der Strategielehre ergebenden Entscheidungsfaktoren nicht zwingend zu *neuen* entscheidungsrelevanten Aspekten führen müs-

---

[41] Zum *Konzept der Contestable Markets* vgl. Kap. 3.5.1.2.1, S. 61.
[42] Zum *Konzept der Strategischen Gruppen* vgl. Kap. 3.5.1.2.3.
[43] Zur *Kernkompetenzperspektive* vgl. 3.5.2.2.4.
[44] Für eine ähnliche Argumentation vgl. **Hinterhuber** (1982), S. 97 und **Bongartz** (2000), S. 33.
[45] Für eine Erläuterung des Begriffes „Black-Boxes“ vgl. Kap. 3.5.1.1, S. 56.
[46] Vgl. **Blecker** (1999), S. 242.

sen. Vielmehr können einzelne transaktionskostentheoretische Entscheidungsfaktoren auch aus einer industrieökonomischen oder ressourcenorientierten Sichtweise ihre Berechtigung haben und umgekehrt. Aus diesem Grund werden nachfolgend nur solche Faktoren erläutert, die sich *ausschließlich* aus den Ansätzen der Strategielehre ergeben.

4.3.2 Bestimmung der Entscheidungsfaktoren

4.3.2.1 Ausmaß der Dynamik der brancheninternen Entwicklungen

Die Gründung und der Ausbau einer Strategischen Allianz verändert in der Regel die jeweiligen Branchenstrukturen, da die allianzinterne Zusammenarbeit vielfach mit einer deutlichen Reduktion der direkten wettbewerblichen Auseinandersetzungen zwischen den Allianzunternehmen im jeweiligen Kooperationsfeld verbunden ist. Als Folge dieser Entwicklungen ergeben sich eine geringere *Konkurrenzdichte* und eine verminderte *Wettbewerbsintensität* in der entsprechenden Branche.[47] Darüber hinaus kann eine Strategische Allianz von den Allianzunternehmen auch gezielt zum *Aufbau neuer* und zum *Ausbau bestehender* wettbewerbsbehindernder Markteintrittsbarrieren gegenüber potenziellen Konkurrenten eingesetzt werden.[48] Neben diesen *unternehmensinduzierten* Strukturveränderungen wird die Zusammenarbeit der Unternehmen auch durch solche Änderungen der Branchenstruktur beeinflusst, die sich aus bestimmten *allianzexternen* Entwicklungen ergeben, wie z.B. eine Veränderung der Kundenwünsche im Zeitablauf, staatliche Eingriffe in bestimmte Marktabläufe, politische Veränderungen oder Maßnahmen anderer Allianzbündnisse.[49]

Der Ausbau einer Strategischen Allianz kann vor diesem Hintergrund im Sinne einer *proaktiven* Vorgehensweise der Allianzunternehmen dazu beitragen, eine Veränderung der Strukturen in der jeweiligen Branche und eine Sicherung der unternehmensspezifischen Wettbewerbsvorteile zu gewährleisten. Er kann sich aus Sicht eines einzelnen Allianzunternehmens aber auch als eine notwendige *Reaktion* auf bestimmte Veränderungen in den Branchenstrukturen darstellen, die der Sicherung der eigenen Wettbewerbsposition dient.

In Abhängigkeit vom Ausmaß der allianz- und umfeldinduzierten Veränderungen der Branchenstrukturen ist es einem einzelnen Allianzunternehmen möglich, sowohl die eigenen als auch die allianzspezifischen Wettbewerbsvorteile gegenüber der Konkurrenz abzuschirmen oder aber einzubüßen. Die Beurteilung und Auswahl einer Ausbaualternative ist dementsprechend immer nur dann sinnvoll vornehmbar, wenn sich die Entscheidungsträger einen umfassenden Überblick über die Vergangenheitsentwicklung der Branchenstrukturen gemacht haben

---

[47] Vgl. SCHUBERT (1995), S. 47, KLAUE (1991), S. 1575f., PORTER; FULLER (1989), S. 376 und MÜLLER-STEWENS (1991), S. 319f.

[48] Vgl. BASEDOW; JUNG (1993), S. 68 und JAIN (1987), S. 112.

[49] Zu den möglichen Ursachen für eine Veränderung der Marktstrukturen vgl. HAMMES (1994), S. 109.

und die wesentlichen Erkenntnisse über die künftig zu erwartende Branchenentwicklung mit den entsprechenden Auswirkungen auf die einzelnen Allianzunternehmen und das gesamte Allianzbündnis abgeleitet wurden. Dabei sind insbesondere, im Sinne einer Konkretisierung der künftig zu erwartenden branchenspezifischen Wettbewerbskräfte, die absehbaren Veränderungen der Verhaltensmuster der Konkurrenzunternehmen und -allianzen, die künftig realistischen Veränderungen im Rechtssystem, die Zielausrichtung der einzelnen Allianzunternehmen und die angestrebte Form der allianzinternen Zusammenarbeit in die Entscheidungsanalysen zu integrieren.

Falls von einer starken Dynamik des Branchenumfeldes auszugehen ist, sollten die Allianzunternehmen eine Ausbaualternative wählen, die den besten Kompromiss zwischen einem Höchstmaß an Entscheidungsflexibilität und einer maximalen Ausnutzung synergetischer, rechtlicher und wettbewerbsinduzierter Handlungsspielräume darstellt. Eine eindeutige Aussage zu Gunsten oder zu Lasten einer Ausbaualternative, die zu einer höheren Bindungsintensität zwischen den Allianzunternehmen führt, kann an dieser Stelle nicht getroffen werden, da die Vorziehenswürdigkeit in erheblichem Maße von der spezifischen Ausgangssituation des Allianzbündnisses und der bisherigen bzw. künftig zu erwartenden Entwicklung der betrachteten Branche abhängt. Dementsprechend kann für den *ersten* aus den Ansätzen der Strategielehre abgeleiteten Entscheidungsfaktor lediglich folgender Zusammenhang festgehalten werden, der einen wesentlichen Beitrag zur Strukturierung der allgemeinen Vorgehensweise zur Entscheidungsfindung leistet:

> *Je dynamischer sich die allianzrelevanten Branchenstrukturen und -bedingungen verändern, desto umfassender sollten die Allianzunternehmen die künftig zu erwartenden Wettbewerbsbedingungen vor einem Allianzausbau analysieren und desto eher sollten sie eine Ausbaualternative wählen, die zu einem guten Kompromiss zwischen einer hohen Reaktionsflexibilität und einer weitreichenden Ausnutzung synergetischer, rechtlicher und wettbewerbsinduzierter Handlungsspielräume führt.*

Damit korrespondiert dieser Entscheidungsfaktor eng mit dem ersten transaktionskostenspezifischen Faktor „Ausmaß der Unsicherheiten über die künftigen Entwicklungen im Umfeld des Allianzbündnisses und der Allianzunternehmen“.

4.3.2.2 Ausmaß der vorhandenen Interaktionsfähigkeit und bisherigen Interaktionsplanung und -kontrolle

Der Ausbau einer Strategischen Allianz führt, falls er nicht ausschließlich über die Aufnahme zusätzlicher Unternehmen vollzogen wird, in der Regel zu einer *Intensivierung* der Interaktionen zwischen den Allianzunternehmen. Die Zunahme der Interaktionsintensität ist dabei zunächst unabhängig von der für den Allianzausbau angestrebten Bindungsintensität, da jede Weiterentwicklung einer Allianz in der Regel nur durch eine optimierte und weitergehende Zusammenarbeit der Allianzunternehmen vollzogen werden kann. Allerdings ist davon auszugehen, dass die Wahl einer bindungsintensiven Ausbaualternative, z.B. in Form einer (allianzinternen) Akquisition oder Fusion, im Vergleich zu einer Ausbaualternative, bei der z.B. die kooperativen Strukturen erhalten bleiben, zu einem deutlich höheren Anstieg der Interaktionen zwischen den beteiligten Unternehmen führt, da in der Regel nur dann die angestrebten *zusätzlichen* Synergieeffekte realisiert werden können.

Für den Erfolg eines Allianzausbaus ist demgemäß von folgendem Wirkungszusammenhang auszugehen: Je stärker sich die Allianzunternehmen im Rahmen eines Allianzausbaus aneinander binden, desto weitreichender sind die wechselseitigen Austauschbeziehungen zwischen den Allianzunternehmen zu steuern und zu optimieren. Dies kann in der Regel nur dann gelingen, wenn jedes der Allianzunternehmen die Interaktion mit den anderen Partnern bereits in umfassender Weise beherrscht, d.h. über eine ausreichende Interaktionsfähigkeit[50] verfügt. Nur dann ist es auch möglich, dass jedes der beteiligten Unternehmen den maximalen Nutzen aus der Erweiterung der allianzinternen Zusammenarbeit ziehen kann. Demgegenüber kann bereits die unzureichende Interaktion von nur *einem* Unternehmen zu einer nachhaltigen Störung des komplexen allianzinternen Organisationsgefüges führen, so dass die Gefahr einer Verringerung des künftigen Allianzerfolges für alle anderen Partnerunternehmen entstehen kann.

Vor dem Hintergrund dieser Ausführungen wird deutlich, dass sich die Allianzunternehmen im Rahmen eines Allianzausbaus nur dann mit einer höheren Intensität aneinander binden sollten, wenn sie über ausreichende *Interaktionsfähigkeiten* verfügen und bereits eine systematische *Interaktionsplanung und -kontrolle*[51], z.B. in Form eines speziellen Allianzmanagements, als eine allianzspezifische Wertschöpfungsaktivität institutionalisieren konnten. Die explizite Integration dieser zusätzlichen *Unterstützungsaktivität*[52] in die traditionelle Wertschöpfungskette ist für einen Erfolg bindungsintensiver Ausbaualternativen als zwingend erforderlich anzusehen.[53]

Demgegenüber sollten Unternehmen, die bisher ausschließlich auf der Basis von vertraglichen Vereinbarungen *ohne* eine eigenständige allianzspezifische Interaktionsplanung und -kontrolle zusammengearbeitet haben, für einen Allianzausbau *zunächst* eine Ausbaualternative wählen, die ihnen die sukzessive Institutionalisierung einer derartigen Planungs- und Kontrollinstanz ermöglicht. In die-

[50] Zum Begriff der *Interaktionsfähigkeit* vgl. die Ausführungen in Kap. 3.5.1.4.2, S. 97 und **Blecker** (1999), S. 219ff.

[51] Zu den Funktionen und Aufgaben einer *Interaktionsplanung und -kontrolle* vgl. die Ausführungen in Kap. 3.5.1.4.2, S. 96.

[52] Für eine Erläuterung der *Unterstützungsaktivitäten* innerhalb des *Wertschöpfungskettenkonzepts* vgl. Kap. 3.5.1.2.2, S. 74.

[53] Für eine umfassende Erläuterung des *Wertschöpfungskettenkonzepts* vgl. Kap. 3.5.1.2.2, S. 73ff.

sem Zusammenhang kann sich in einem *ersten* Ausbauschritt eine Ausbaualternative anbieten, die zur Aufrechterhaltung der kooperativen Strukturen führt. Diese Vorgehensweise beinhaltet den nicht unwesentlichen Vorteil, dass die Entscheidungsträger dadurch zunächst schrittweise eine Sensibilität für die allianzübergreifende Zusammenhänge entwickeln können. In einem *zweiten* Schritt können sich dann bindungsintensivere Ausbaualternativen anbieten, da diese bei einer bereits vorhandenen und erprobten Interaktionsplanung und -kontrolle den Komplexitätsgrad der weitergehenden Integration und Interaktion der Unternehmen deutlich verringern kann. Zusammenfassend kann für den *zweiten* strategielehrebasierten Entscheidungsfaktor folgender Wirkungszusammenhang festgehalten werden:

> *Je weniger die Allianzunternehmen vor oder während der bisherigen allianzinternen Zusammenarbeit eine Interaktionsfähigkeit entwickeln und eine systematische Interaktionsplanung und -kontrolle institutionalisieren konnten, desto eher sollten sie für den Allianzausbau eine Alternative wählen, die zu einer vergleichsweise geringen Bindungsintensität zwischen ihnen führt.*

4.3.2.3 Umfang der bestehenden Mobilitätsbarrieren

Die an einer Strategischen Allianz beteiligten Unternehmen zeichnen sich in der Regel durch eine hohe Homogenität ihrer Verhaltensweisen, Ziele und Ressourcenausstattungen aus. Gleichzeitig handelt es sich bei den Allianzunternehmen, gemäß der *Arbeitsdefinition* der Strategischen Allianz[54], in der Regel um direkte oder potenzielle Konkurrenten. Vor diesem Hintergrund ist nachvollziehbar, dass gerade der Ausbau einer Strategischen Allianz, der zu einer weiteren Intensivierung der allianzinternen Kopplung von grundlegenden Gemeinsamkeiten mit wettbewerblichen Aspekten führt, die Gefahr beinhaltet, dass sich einzelne Allianzunternehmen im Rahmen eines Allianzausbaus opportunistisch gegenüber den Partnern verhalten, um die eigenen Gewinne zu steigern.[55] Im Rahmen der Auswahl einer Allianzausbaualternative ist es deshalb besonders wichtig, zu einer realistischen Einschätzung über das im Rahmen der bisherigen Zusammenarbeit aufgebaute gegenseitige *Vertrauen* zu gelangen und die *Planbarkeit* des eigenen Verhaltens gegenüber den Allianzpartnern *weiter* zu erhöhen. Falls dies in nicht ausreichender Weise gelingt, droht während der Umsetzung der gewählten Alternative, in Abhängigkeit von der Intensität der bisher bestehenden Mobilitätsbarrieren[56], die Abwanderung eines wesentlichen Allianzunternehmens zu einem anderen Allianzbündnis. Aus diesem Grund sollte bei der Auswahl einer Ausbaualternative besonders Weise darauf geachtet werden, dass

---

[54] Zur *Arbeitsdefinition* der Strategischen Allianz vgl. Kap. 2.2.1.

[55] Zum Problem des *opportunistischen Verhaltens* bei der Abwicklung von Transaktionen vgl. Kap. 3.4.2.1, S. 18.

[56] Für eine Erläuterung des *Mobilitätsbarrierenbegriffes* vgl. Kap. 3.5.1.2.3, S. 81.

die bereits bestehenden Barrieren gegenüber anderen Allianzbündnissen durch den Ausbau weiter gestärkt werden, um die Verwundbarkeit der Wettbewerbsposition des eigenen Allianzbündnisses und der daran beteiligten Unternehmen gegenüber opportunistischen Verhaltensweisen eines Partnerunternehmens zu verringern. Vor diesem Hintergrund ist es plausibel, dass sich gerade bei geringen Mobilitätsbarrieren solche Ausbaualternativen als vorziehenswürdig erweisen können, die zu einer hohen Bindungsintensität zwischen den Allianzunternehmen führen. Zusammenfassend ergibt sich demgemäß für den *dritten* strategielehrebasierten Entscheidungsfaktor der folgende Wirkungszusammenhang:

Je weniger die Allianzunternehmen während der bisherigen kooperativen Zusammenarbeit grundlegende und nachhaltige Vertrauenspositionen und Mobilitätsbarrieren aufbauen konnten, desto eher sollten sie für den Allianzausbau eine Alternative wählen, die zu einer vergleichsweise hohen Bindungsintensität zwischen ihnen führt.

4.3.2.4 Anteil unerwünschter spezifischer und unteilbarer Ressourcen an den gesamten Überschussressourcen

Grundsätzlich ist jede Form eines Allianzausbaus von den daran beteiligten Unternehmen immer nur dann umsetzbar, wenn sie über ausreichende Überschüsse bei den wettbewerbsrelevanten Ressourcen verfügen. Aus der Analyse der Merkmale dieser Überschussressourcen lassen sich Erkenntnisse über die *generellen* Ausbaumöglichkeiten und die relative Vorziehenswürdigkeit einer spezifischen Ausbaualternative ableiten. Dabei bestimmt insbesondere der *Spezifitätsgrad*[57] der überschüssigen Ressourcen, inwieweit ein Allianzunternehmen den eigenen Wettbewerbsvorteil gegenüber den Partnerunternehmen auch nach einem Allianzausbau schützen kann. Seine Höhe legt auch fest, ob die Überschussressourcen durch einen ausbauinduzierten Austausch zu einer höheren Wettbewerbsrelevanz entwickelt, zur Erweiterung der eigenen Geschäftstätigkeit eingesetzt und zur Verbesserung der Wettbewerbsposition des gesamten Allianzbündnisses genutzt werden können.

Bei einer *hohen* Spezifität der Überschussressourcen ist davon auszugehen, dass ein Allianzausbau nur über die Auswahl einer solchen Ausbaualternative erfolgreich umgesetzt werden kann, die sich im wesentlichen auf Bereiche bezieht, die eine hohe Ähnlichkeit zu den bisherigen Zusammenarbeitsfeldern aufweisen. Demgegenüber eröffnet ein *geringer* Spezifitätsgrad der überschüssigen Ressourcen in der Regel die Möglichkeit, einen Allianzausbau auch durch die Erschließung von solchen Tätigkeitsbereichen umzusetzen, die keine oder eine nur geringe Verwandtschaft zum bisherigen Kooperationsfeld aufweisen.

Vor diesem *spezifitätsorientierten* Betrachtungshintergrund kann eine Allianzausbaualternative, die nur zu einer geringen oder zu keiner Veränderung der bis-

[57] Zum Begriff der *Spezifität* vgl. Kap. 3.4.2.2, S. 19.

herigen kooperativen Bindung zwischen den Allianzunternehmen führt, gegenüber bindungsintensiveren Ausbauformen aus Sicht der einzelnen Allianzunternehmen einige wesentliche Kostenvorteile aufweisen: Bei der Auswahl einer Ausbaustrategie, die zur einer *hohen* Bindungsintensität zwischen den beteiligten Unternehmen führt, besteht die vergleichsweise große Gefahr, dass mit der Umsetzung umfangreiche *ungewollte* Kostenwirkungen verbunden sind. Diese Gefahr basiert im wesentlichen auf der Tatsache, dass bei der Umsetzung bindungsintensiver Ausbauformen in der Regel nicht nur die gewünschten und flexibel einsetzbaren Ressourcen ausgetauscht und zusammengeführt werden. Vielmehr sind häufig in großem Umfang auch solche Ressourcen vom Ausbau betroffen, die sich durch einen *hohen* Spezifitätsgrad und eine *geringe* Teilbarkeit auszeichnen. Die Vorziehenswürdigkeit einer Ausbaualternative bemisst sich dementsprechend auch danach, wie hoch der Anteil unerwünschter spezifischer und unteilbarer Ressourcen an den gesamten vom Ausbau betroffenen Ressourcen ist und inwieweit sich daraus Möglichkeiten zu einer effizienten Ressourcenverwendung ergeben. Zusammenfassend kann für den *vierten* strategielehrebasierten Entscheidungsfaktor folgende Aussage festgehalten werden:

> *Je größer der Anteil unerwünschter spezifischer und unteilbarer Ressourcen an den gesamten Überschussressourcen ist, desto eher sollten die Allianzunternehmen eine Ausbaualternative wählen, die ausschließlich Veränderungen in den bisherigen artverwandten Zusammenarbeitsbereichen induziert und die zu einer geringen Bindungsintensität zwischen den Allianzunternehmen führt.*

4.3.2.5 Anteil transferierbarer, substituierbarer und imitierbarer Ressourcen an den benötigten Ressourcen

Vor jeder Auswahl einer Ausbaualternative müssen die beteiligten Unternehmen den Ressourcenbedarf ermitteln, der zur Realisierung der mit einem Allianzausbau verknüpften Allianz- und Unternehmensziele benötigt wird. Dazu ist es erforderlich, die aktuelle allianzspezifische Ressourcenbasis, die aus der bisherigen Form der Zusammenarbeit resultiert und das Ergebnis der Zusammenführung der einzelnen unternehmensspezifischen Ressourcenausstattungen darstellt, mit den angestrebten Allianzzielen und dem sich daraus ergebenden Ressourcenbedarf abzugleichen. Die resultierende Differenz repräsentiert den Umfang der für den Allianzausbau erforderlichen Ressourcen, die durch das für den Allianzausbau auszuwählende institutionelle Arrangement zu erschließen sind.

Diese Ressourcen können sich, in Anlehnung an die Ausführungen zu den unternehmensspezifischen Ressourcencharakteristika[58], einerseits (teilweise oder vollkommen) aus leicht transferierbaren, imitierbaren und/oder substituierbaren Ressourcen zusammensetzen. Andererseits können sich sämtliche oder Teile der

[58] Vgl. Kap. 3.5.2.2.3.

zusätzlich benötigten Ressourcen aber auch durch einen geringen Grad der Transferierbarkeit, Imitierbarkeit und Substituierbarkeit auszeichnen. In Abhängigkeit von der jeweiligen *Ausprägung* der einzelnen Ressourcencharakteristika und der spezifischen Anteile der in einer bestimmten Weise ausgeprägten Ressourcen an den gesamten benötigten Ressourcen kann sich sowohl eine sehr bindungsintensive als auch eine losere, eher kooperative Ausbaualternative als vorziehenswürdig erweisen.

Falls für den Allianzausbau in erster Linie leicht transferierbare, imitierbare und substituierbare Ressourcen benötigt werden, reichen in der Regel solche institutionellen Arrangements für einen Allianzausbau aus, die zu keiner oder nur zu einer geringen Erhöhung der Bindungsintensität zwischen den Allianzunternehmen führen. Derartig ausgeprägte wettbewerbsrelevante Ressourcen können schließlich auch unter Beibehaltung der kooperativen Strukturen ohne größeren Aufwand und ohne signifikante zeitliche Verzögerungen über den allianzinternen Markt zwischen den Partnerunternehmen ausgetauscht bzw. von den einzelnen Allianzunternehmen dem gesamten Allianzbündnis zur Verfügung gestellt werden. Allerdings sind diese Ressourcen zumeist weder allianz- noch unternehmensspezifisch ausgeprägt und können demzufolge, u.a. auch aufgrund ihrer in der Regel hohen Abnutzbarkeit, nur einen geringen oder keinen Beitrag zur Sicherung oder zum Aufbau eines Wettbewerbsvorteils gegenüber allianzexternen Konkurrenzunternehmen oder anderen Allianzbündnissen leisten. Demgegenüber können sich insbesondere bindungsintensive Ausbauformen als vorteilhaft erweisen, wenn sich die für den Allianzausbau benötigten Ressourcen nicht oder nur zu unverhältnismäßig hohen Transaktionskosten zwischen den Allianzunternehmen transferieren lassen. Zur Bewältigung des Transferierbarkeitsproblems kann sich für ein einzelnes Allianzunternehmen insbesondere die Akquisition eines bisherigen Partners anbieten. Dadurch erhält das akquirierende Unternehmen sämtliche Verfügungsrechte über die benötigten Ressourcen und die häufig unternehmensspezifischen Ressourcen können ihre nutzenstiftende Wirkung durch die Aufrechterhaltung des bisherigen Umfelds weiterhin erbringen.[59]

Im Hinblick auf den Grad der Imitierbarkeit gelten ähnliche Zusammenhänge: Durch die Umsetzung einer Ausbaualternative, die zu einer großen Bindungsintensität zwischen den Allianzunternehmen führt, kann das Imitierbarkeitsproblem in der Regel allein schon deshalb gelöst werden, da dadurch häufig die nutzenstiftende Verbindung der benötigten Ressourcen zur jeweiligen Unternehmenshistorie als auch die wesentlichen Interdependenzen mit anderen Ressourcen erhalten bleiben.[60] Gleichzeitig ergeben sich damit für die allianzexternen

[59] Für eine ausführliche Erläuterung des *Akquisitionsbegriffes* vgl. Kap. 2.2.3.1 und Kap. 2.3.4.3.2.

[60] Für eine Aufzählung weiterer wesentlicher Determinanten des *Imitierbarkeitsgrades* von Ressourcen vgl. Kap. 3.5.2.2.3, S. 113.

Konkurrenzunternehmen keine oder nur geringe Möglichkeiten, vergleichbare Ressourcen nachzuahmen, die einen ähnlichen Nutzen bei ihnen stiften könnten. Durch eine bindungsintensive Ausbauform kann vielfach auch das Substituierbarkeitsproblem gelöst werden. Eine hohe Bindungsintensität, wie sie aus einer allianzinternen Akquisition entsteht, ermöglicht in der Regel einen leichteren wechselseitigen Ressourcenzugriff und schafft zudem gute Voraussetzungen, die für den Ausbau noch fehlenden (kaum oder gar nicht substituierbaren) Ressourcen gemeinsam und schnell zu entwickeln und/oder extern zu erschließen. Demgegenüber ist davon auszugehen, dass sich durch weniger bindungsintensive Ausbaualternativen vielfach nicht die notwendigen Zugriffsmöglichkeiten auf die *tatsächlich benötigten* Ressourcen ergeben, sondern teilweise oder ausschließlich nur auf *ähnliche* Ressourcen mit vergleichbaren Wirkungen zugegriffen werden kann. Erschwerend kommt hinzu, dass der Koordinationsaufwand für eine kooperative Entwicklung der noch fehlenden Ressourcen gegenüber einer Akquisition deutlich höher einzuschätzen ist, da Abstimmungen und gemeinsame Entscheidungsprozesse eingehalten werden müssen.

Wenngleich diese ressourcenmerkmalsinduzierten Zusammenhänge in vielen Entscheidungssituationen zur Vorziehenswürdigkeit einer bindungsintensiven Ausbaualternative führen können, ist an dieser Stelle allerdings auch darauf hinzuweisen, dass sich bestimmte Konstellationen ergeben können, bei denen die Beibehaltung der kooperativen Allianzstrukturen ähnliche Ressourcenwirkungen wie bindungsintensivere Ausbauformen ermöglicht. Dies ist insbesondere immer dann der Fall, wenn sich die bisherige Zusammenarbeit bereits durch eine hohe Offenheit bzw. die Einräumung weitreichender wechselseitiger Ressourcenzugangsrechte der Allianzunternehmen ausgezeichnet hat und ein Allianzausbau zu einer *weiteren* Optimierung dieser Zugangsrechte beiträgt. Einschränkend ist hinsichtlich dieser Möglichkeit jedoch festzuhalten, dass die Fortsetzung eines kooperativen institutionellen Arrangements immer nur eine *temporäre* und partielle Nutzung der benötigten (gering transferierbaren, imitierbaren und substituierbaren) Ressourcen erlaubt. Daraus ergibt sich die Gefahr, dass die für einen dauerhaften Allianzausbauerfolg benötigten nachhaltigen Ressourcenwirkungen im Vergleich zu Ausbaualternativen, die zu einer größeren Bindungsintensität zwischen den Allianzunternehmen führen, nicht im gleichen Umfang erreicht werden können. Zusammenfassend kann für den *fünften* strategielehregestützten Entscheidungsfaktor folgende Aussage festgehalten werden:

> *Je größer der Anteil gering transferierbarer, substituierbarer und imitierbarer Ressourcen am Gesamtumfang der für einen Allianzausbau benötigten Ressourcen ist und je nachhaltiger die Wirkungen der benötigten Ressourcen für den Ausbauerfolg sein müssen, desto eher sollten die Allianzunternehmen eine Ausbaualternative wählen, die zu einer hohen Bindungsintensität zwischen ihnen führt.*

4.3.2.6 Finanzielle Stärke und Kapitalbindungsdauer

Jede Umsetzung eines Allianzausbaus erfordert, unabhängig von der gewählten Ausbaustrategie, den Einsatz von finanziellen Mitteln, um die wettbewerbsrelevanten Ressourcen der Allianzunternehmen in die gewünschte Verwendungsrichtung zu transferieren. Das Ausmaß des dazu notwendigen Kapitels ergibt sich dabei in der Regel in Abhängigkeit von der im Rahmen des Allianzausbaus angestrebten Bindungsintensität zwischen den Allianzunternehmen. Beispielsweise erfordert die Umsetzung einer allianzinternen Unternehmensakquisition aus Sicht des erwerbenden Unternehmens in der Regel einen erheblichen Kapitaleinsatz, falls der Unternehmenskauf nicht über einen *Aktientausch*[61] vollzogen werden kann oder soll. Durch den Einsatz der finanziellen Mittel erhält das erwerbende Allianzunternehmen einerseits ein Eigentumsrecht am Eigenkapital bzw. Verfügungsrechte an der Ressourcenausstattung des bisherigen Partnerunternehmens. Andererseits resultiert aus einer derartigen bindungsintensiven Ausbaustrategie eine erhebliche *Kapitalbindung* für das erwerbende Unternehmen, die jedoch, bei entsprechenden Gewinnen des erworbenen Allianzunternehmens, mit einem sofortigen Mittelrückfluss gekoppelt sein kann.[62]

Die Umsetzung einer kapitalbindungsintensiven Ausbaualternative kann unter strategischen Gesichtspunkten einige erhebliche Nachteile aufweisen, da sie die weitere Reaktionsflexibilität bzw. Anpassung an veränderte Rahmenbedingungen in erheblicher Weise beschränken kann. Beispielsweise können sich nach der Umsetzung der kapitalintensiven Ausbaualternative Situationen einstellen, in der andere Investitionsentscheidungen besonders vorteilhaft erscheinen, die dann jedoch aufgrund der gebundenen finanziellen Mittel nicht mehr umgesetzt werden können.[63] Demnach ist stets eine solche Ausbaualternative zu favorisieren, die dazu führt, dass die zur Verfügung stehenden finanziellen Mittel mit der höchsten Effektivität[64] hinsichtlich der langfristigen Existenzsicherung der einzelnen Allianzunternehmen und des gesamten Allianzbündnisses eingesetzt werden können. Sie sollte darüber hinaus, im Rahmen einer ganzheitlichen Investitionsbetrachtung, am weitreichendsten zur Realisierung nachhaltiger (überdurchschnittlicher) Gewinne der involvierten Allianzunternehmen aufgrund von Synergieeffekten und Erlössteigerungen beitragen.

Vor diesem Hintergrund ist nachvollziehbar, dass eine Ausbaualternative, die einerseits ein hohes finanzielles Engagement der Allianzunternehmen erfordert und andererseits mit einer nachhaltigen Bindung des eingesetzten Kapitals (ohne entsprechende direkte Mittelrückflüsse) verknüpft ist, nur von solchen Unter-

---

61 Zum Begriff des *Aktientausches* und seiner *Abwicklung* vgl. **GABLER-VERLAG** (1997), S. 93 mit den dortigen Verweisen.

62 Vgl. **PAUSENBERGER** (1994), S. 17.

63 Für eine ähnliche Argumentation vgl. **PIERER; MIROW** (1995), S. 709ff.

64 Zum Begriff der *Effektivität* vgl. Kap. 3.5.2.2.1, S. 108.

nehmen in Betracht gezogen werden sollte, die über eine starke Kapitalausstattung verfügen und die nach der Realisierung dieser Ausbaualternative immer noch einen weitreichenden finanziellen Handlungsspielraum besitzen. Dementsprechend kann für den *fünften* strategielehrebasierten Entscheidungsfaktor folgender Wirkungszusammenhang festgehalten werden:

Je schwächer die Kapitalausstattung der Allianzunternehmen vor einem Allianzausbau ist und je nachhaltiger das eingesetzte Kapital durch die Umsetzung einer Ausbaualternative ohne direkten Mittelrückfluss gebunden wird, desto eher sollten sie eine Ausbaualternative auswählen, die nicht oder nur unwesentlich zu einer Erhöhung der Bindungsintensität zwischen ihnen führt.

4.3.2.7 Anforderungen an den Umfang und die Ausgeglichenheit von Lernprozessen und -effekten

Der für einen Allianzausbau notwendige Auf- und Ausbau der Ressourcenbasis eines Allianzbündnisses kann nicht nur durch eine Ausweitung der von den einzelnen Partnerunternehmen für die Allianz zur Verfügung gestellten Ressourcen und ihrer additiven Verknüpfung vollzogen werden. Er kann sich zusätzlich auch aus der Realisierung von kollektiven organisationalen Lernprozessen[65] ergeben, die bei der synergetischen und nachhaltigen Bündelung der unternehmensspezifischen wissensbasierten (immateriellen) Ressourcen im Zeitablauf entstehen und die eine wesentliche Voraussetzung für den Aufbau neuer Kernkompetenzen[66] darstellen.

Vor diesem Hintergrund sind im Rahmen von Entscheidungssituationen, in denen die künftige Form der Allianzzusammenarbeit festzulegen ist, speziell solche Ausbaualternativen einer eingehenden Prüfung zu unterziehen, die explizit die besondere Bedeutung der wissensbasierten Ressourcen der Allianzunternehmen für die (weitere) Verbesserung der Wettbewerbsposition des Allianzbündnisses in die Betrachtungen integrieren. Dabei ist insbesondere eine Antwort auf die Frage zu finden, durch welches institutionelle Arrangement bzw. durch welche künftige Bindungsintensität neue allianzinterne Lernprozesse erschlossen werden können, die zu einer deutlich verbesserten Internalisierung von allianzintern und -extern vorhandenen wissensbasierten Ressourcen beitragen können. Für den weiteren Allianzausbau ist demnach eine Ausbaualternative zu favorisieren, die über das entsprechende institutionelle Arrangement in der maximal möglichen Form zur gewünschten Sicherung der *bestehenden* und zur Entstehung *neuer* Kernkompetenzen des Allianzbündnisses und der Allianzunternehmen beiträgt.

---

[65] Vgl. **Wehrli** (1993), S. 23. Zu den notwendigen Lernprozessen vgl. **Raub; Büchel** (1996), S. 26ff., **Hamel** (1991), S. 83ff., **Doz** (1997), S. 55 und **Wolfsteiner** (1995), S. 134ff.

[66] Zum *Kernkompetenzbegriff* vgl. Kap. 3.5.2.2.4, S. 119.

Für eine möglichst umfassende Realisierung dieser kernkompetenzorientierten Ziele hat die weiter zu verfolgende Ausbaualternative auch den *erstmaligen* Aufbau oder den *weiteren* Ausbau eines systematischen *Wissensmanagements* und die Verbesserung des allianzinternen *Vertrauensverhältnisses* als zentrale Allianzausbauziele zu berücksichtigen. Die weitere Internalisierung der allianzinternen und -externen Kernkompetenzen kann schließlich nur dann gelingen, wenn sie durch ein eigenständiges Wissensmanagement nachhaltig gesteuert und kontrolliert wird und auf einem allianzinternen Vertrauen aufbaut, durch das etwaige Opportunismusrisiken[67] weitestgehend ausgeschlossen werden können. Zudem ist die Entscheidung über die Vorziehenswürdigkeit einer Ausbaualternative unter dem Aspekt der Internalisierbarkeit von wissensbasierten Ressourcen und der Erschließbarkeit von Lernprozessen immer auch in Abhängigkeit von den nachfolgenden Kriterien zu treffen:

1.) In welchem Umfang trägt die Ausbaualternative zur weiteren wechselseitigen Öffnung der Allianzunternehmen bei?

2.) Inwieweit ermöglicht sie eine umfassendere Gewährung von gegenseitigen Zugangsrechten zu den jeweiligen unternehmensspezifischen Kernkompetenzen?

3.) In welchem Umfang ergibt sich dadurch eine Erweiterung der Möglichkeiten zur Kernkompetenznutzung?

Die Vorziehenswürdigkeit einer Ausbaualternative hängt allerdings nicht allein von der Berücksichtigung dieser drei Einzelkriterien ab, sondern wird durch ihren *Gesamtbeitrag* zur Entstehung *wechselseitiger* Lerneffekte und -prozesse und zur Generierung eines *Gleichgewichtes* zwischen dem Zu- und Abfluss wettbewerbsrelevanter Wissensressourcen bestimmt.

Unter Entscheidungsgesichtspunkten ist hinsichtlich der für einen Allianzausbau festzulegenden allianzinternen Bindungsintensität davon auszugehen, dass sich die angestrebten Ressourceninternalisierungs- und Lernprozesserschließungsziele grundsätzlich sowohl durch die Fortsetzung einer kooperativen Form der Zusammenarbeit als auch über bindungsintensivere Ausbaualternativen erreichen lassen. Bindungsintensive Ausbauformen bieten sich jedoch unter dem Aspekt der Optimierung der Ressourcen- bzw. Kernkompetenzinternalisierung insbesondere immer dann an, wenn sich im Rahmen der bisherigen allianzinternen Zusammenarbeit weder ein grundlegendes Vertrauensverhältnis zwischen den Allianzunternehmen entwickeln noch Grundlagen für ein systematisches Wissensmanagement gelegt werden konnten. Eine *kooperative* Zusammenarbeitsform sollte in einem solchen Fall nur *nach* der Umsetzung *wechselseitiger Betei-*

[67] Zum Begriff des *Opportunismus* vgl. die Ausführungen zum Transaktionskostenansatz in Kap. 3.4.2.1, S. 18.

ligungen[68] der Allianzunternehmen fortgesetzt werden, da diese in der Regel zu einer Vertrauenserhöhung und damit zu einer Verbesserung der Internalisierungsvoraussetzungen beitragen.

Allianzinterne *Akquisitionen* oder *Fusionen* können sich insbesondere dann als vorziehenswürdige Ausbauformen erweisen, wenn sich die drei genannten Kriterien (erweiterte wechselseitige Öffnung, größere Kernkompetenzzugangrechte, verbesserte Kernkompetenznutzung) bei einer fortgesetzten kooperativen Zusammenarbeit nicht in dem notwendigen Umfang realisieren lassen. Sie sind auch dann von Vorteil, wenn die für einen nachhaltigen Ausbauerfolg erforderliche Wechselseitigkeit bzw. Ausgeglichenheit von Effekten durch eine weniger bindungsintensive Form nicht erreicht werden kann. Zu den wesentlichen Vorteilen einer allianzinternen Akquisition oder Fusion gehört auch die nachhaltigere Optimierbarkeit von Internalisierungs- und Lernprozessen, da sie, im Vergleich zu einer kooperativen Zusammenarbeitsform, nicht nur zu einem *temporären* Austausch von wettbewerbsrelevanten wissensbasierten Ressourcen führt.

Allerdings kann eine hohe Bindungsintensität gegenüber einer kooperativen Ausbaualternative auch gewisse Nachteile haben. Falls ihre Umsetzung die Aufgabe der Verbindung zu anderen Allianzunternehmen, z.B. aufgrund von kartellrechtlichen Vorgaben, erfordert, müssen die Entscheidungsträger im Rahmen des Auswahlprozesses erneut darüber befinden, welche Form der Bindungsintensität letztlich umfangreichere Lern- und Internalisierungsprozesse erwarten lässt. Als wesentlicher Vorteil der kooperativen Zusammenarbeit ist in diesem Zusammenhang die Möglichkeit zur Parallelität von Interaktionsbeziehungen zu mehreren Unternehmen anzusehen. Dadurch können nicht nur in den Kooperationsbereichen, sondern auch in allianzexternen Tätigkeitsfeldern Lerneffekte generiert werden. Diese fallen in der Regel umso umfangreicher aus, je höher die Anzahl der an einer Strategischen Allianz beteiligten Unternehmen ist.

Zusammenfassend kann für den *siebten* strategielehrebasierten Entscheidungsfaktor, vor dem Hintergrund der vorhergehenden Ausführungen, lediglich ein *tendenzieller* Wirkungszusammenhang festgehalten werden, der in einer Entscheidungssituation einer besonders intensiven Prüfung zu unterziehen ist:

> *Je weitreichender ein Allianzausbau zur Erschließung von Lernprozessen bei einer gleichzeitigen unternehmensübergreifenden Ausgeglichenheit von Effekten beitragen soll und je weniger die Allianzunternehmen im Rahmen der bisherigen Zusammenarbeit ein gegenseitiges Vertrauensverhältnis und ein systematisches Wissensmanagement aufbauen konnten, desto eher ist davon auszugehen, dass sich eine bindungsintensive Ausbaualternative als vorziehenswürdig erweist.*

---

[68] Für eine Erläuterung der *wechselseitigen Beteiligung* als eine mögliche Form der formalrechtlichen Institutionalisierung einer Strategischen Allianz vgl. Kap. 2.2.2.3.

4.3.2.8 Anteil der wissensbasierten Ressourcen an den benötigten Ressourcen und Vereinbarkeit der Unternehmenskulturen

Jeder Ausbau einer Strategischen Allianz führt mittel- bis langfristig zu einer Veränderung der allianzinternen Verflechtungen zwischen den unternehmensspezifischen Leistungsprozessen und zu einer Modifikation der Ressourcenausstattungen des Allianzbündnisses und der Allianzunternehmen. Falls für einen Allianzausbau mehrheitlich wissensbasierte (personenspezifische) Ressourcen benötigt und erschlossen werden müssen, hängt die erfolgreiche Umsetzung einer bindungsintensiven Ausbaualternative insbesondere von der grundlegenden Vereinbarkeit der *Unternehmenskulturen* der beteiligten Unternehmen ab. Anderenfalls besteht im Zuge der Ausbauumsetzung die Gefahr, dass einige der wesentlichen Wissensträger aufgrund von negativ empfundenen Kulturunterschieden die Allianzunternehmen verlassen. Diese potenziellen konfliktinduzierten Abwanderungen können im Extremfall dazu führen, dass nach der Umsetzung des Allianzausbaus genau diejenigen wissensbasierten Ressourcen nicht mehr zur Verfügung stehen, die mit Hilfe der gewählten Ausbaualternative erschlossen werden sollten.

Demgegenüber ist davon auszugehen, dass ein Allianzausbau, bei dem die kooperativen Strukturen der Zusammenarbeit weitestgehend erhalten bleiben, zu geringeren Kulturkonflikten und Ressourcenverlustgefahren führt. Dies liegt zum einen an der Tatsache, dass sich durch kooperative Ausbauformen in der Regel nur geringe zusätzliche Einflussmöglichkeiten auf die notwendigen Prozessveränderungen in den anderen Partnerunternehmen ergeben. Zum anderen ermöglicht eine kooperative Ausbaualternative meistens nur eine geringe Intensivierung der operativen Wertschöpfungsprozesse, da mit ihr lediglich temporäre wechselseitige Ressourcenzugriffe verbunden sind. Die resultierende höhere Unabhängigkeit der Allianzunternehmen kann zur Verhinderung einseitiger allianzinterner Abhängigkeiten beitragen und damit die Entstehung von kulturinduzierten Konflikten und die Gefahr der Abwanderung von wettbewerbsrelevanten wissensbasierten Ressourcen einschränken oder sogar gänzlich verhindern. Vor dem Hintergrund dieser Ausführungen kann für den *achten* strategielehrebasierten Entscheidungsfaktor folgender Wirkungszusammenhang festgehalten werden:

> *Je größer der Anteil wissensbasierter Ressourcen an den für einen Allianzausbau benötigten Ressourcen ist und je weniger die Kulturen der Allianzunternehmen miteinander vereinbar sind, desto eher sollten diese Unternehmen eine Ausbaualternative auswählen, bei der die kooperative Form der Zusammenarbeit erhalten bleibt.*

In der nachfolgenden Abb. 4.4 werden die acht Entscheidungsfaktoren, die aus den Ansätzen der Strategielehre abgeleitet wurden, noch einmal zusammenfassend dargestellt und ihr jeweiliger Aussagegehalt zu der im Rahmen eines Allianzausbaus anzustrebenden Bindungsintensität zwischen den Allianzunternehmen festgehalten:

Abb. 4.4: *Entscheidungsfaktoren aus den Ansätzen der Strategielehre und faktorspezifischer Aussagegehalt zur anzustrebenden Bindungsintensität*

Entscheidungsfaktoren	Ausprägung des Entscheidungsfaktors	Anzustrebende Bindungsintensität
(1) Ausmaß der Dynamik der brancheninternen Entwicklungen	Hoch	Nicht eindeutig(3)
	Gering	Nicht eindeutig(3)
(2) Ausmaß der vorhandenen Interaktionsfähigkeit und bisherigen Interaktionsplanung und -kontrolle	Hoch	Eher hoch
	Gering	Zunächst eher gering(4)
(3) Umfang der bestehenden Mobilitätsbarrieren	Hoch	Nicht eindeutig(3)
	Gering	Hoch
(4) Anteil unerwünschter spezifischer und unteilbarer Ressourcen an den gesamten Überschussressourcen	Hoch	Eher Gering
	Gering	Eher hoch
(5) Anteil transferierbarer substituierbarer und imitierbarer Ressourcen an den benötigten Ressourcen	Gering	Eher hoch(5)
	Hoch	Geringe Bindungsintensität ausr., aber nicht zwingend(3)
(6) Finanzielle Stärke und Kapitalbindungsdauer	Hoch und dauerhaft	Hohe Bindungsintensität mögl., aber nicht zwingend(3)
	Gering und dauerhaft	Gering
(7) Anforderungen an den Umfang und die Ausgeglichenheit von Lernprozessen und -effekten	Hoch(1)	Eher hoch
	Hoch(2)	Nicht eindeutig(3)
	Gering	Geringe Bindungsintensität ausr., aber nicht zwingend(3)
(8) Anteil der wissensbasierten Ressourcen an den benötigten Ressourcen und Vereinbarkeit der Unternehmenskulturen	Hoher Anteil, geringe Vereinbarkeit	Eher gering
	Hoher Anteil, aber Vereinbarkeit	Hohe Bindungsintensität möglich, aber nicht zwingend(3)
	Geringer Anteil	Geringe Bindungsintensität ausr., aber nicht zwingend(3)

(1) Vertrauensgrundlage und Wissensmanagement nicht vorhanden
(2) Vertrauensgrundlage und Wissensmanagement vorhanden
(3) Situationsspezifisch zu entscheiden
(4) Erst nach der Institutionalisierung einer Interaktionsplanung und -kontrolle können bindungsintensive Ausbauformen sinnvoll sein
(5) Abhängig von der erforderlichen Wirkungsnachhaltigkeit

(Quelle: Eigene Abbildung)

4.4 Entwicklung eines Entscheidungskonzepts

4.4.1 Grundlagen zur Entwicklung des Entscheidungskonzepts

Die gesamte Herleitung und Darstellung des theoretischen Bezugsrahmens erfolgte mit dem Anspruch, die Ableitung von theoriegestützten Entscheidungsfaktoren zu ermöglichen, die im Rahmen der Beurteilung und Auswahl von Alternativen für den Ausbau Strategischer Allianzen zur Strukturierung, Vereinfachung und Plausibilisierung notwendiger Analysen einen wesentlichen *Beitrag* leisten können. Dahingehend zeigte sich, dass sich durch eine eingehende Untersuchung und Anwendung der drei für den theoretischen Bezugsrahmen ausgewählten Theorieansätze tatsächlich mehrere theoriegestützte Entscheidungsfaktoren ableiten lassen, die unterschiedliche entscheidungsrelevante Aspekte in den Mittelpunkt der Betrachtungen stellen. Durch die enge Verknüpfung der abgeleiteten Entscheidungsfaktoren mit den jeweiligen theoretischen Grundannahmen und Kerndeterminanten erhöht sich zum einen der Aussagegehalt der Faktoren für die Thematik und verbessert sich zum anderen die Möglichkeit, über eine Anwendung der Faktoren in der Praxis zu einem weitreichenden Erkenntnisgewinn für die Entscheidungsträger zu gelangen.

Allerdings ergeben sich *allein* aus den Entscheidungsfaktoren noch keine *eindeutigen* und *generalisierbaren* Aussagen über die relative Vorziehenswürdigkeit einer bestimmten Ausbaualternative in einer spezifischen unternehmensindividuellen Entscheidungssituation. Dies liegt zum einen daran, dass die Entscheidungsfaktoren in einem *ersten* Schritt lediglich dazu abgeleitet wurden, Aussagen über die generell im Rahmen eines Allianzausbaus anzustrebende *Bindungsintensität* bzw. *formalrechtliche Institutionalisierung* zu ermöglichen. Zum anderen wurde jeder Entscheidungsfaktor *isoliert* abgeleitet, ohne dabei einzelfallspezifische *Gewichtungsfaktoren* und eventuell vorhandene *Interdependenzen* zwischen den Faktoren zu berücksichtigen. Darüber hinaus handelt es sich beim Untersuchungsgegenstand „Strategische Allianz“ um ein hochkomplexes System, das in der betrieblichen Praxis in vielen unterschiedlichen Erscheinungsformen vorkommt, die stets eine *situationsspezifische* Interpretation der Entscheidungsfaktoren erforderlich machen.

Um dennoch eine vergleichende Bewertung unterschiedlicher Ausbaualternativen mit Hilfe der bisher abgeleiteten (generellen) Entscheidungsfaktoren zu ermöglichen, sind in einem nächsten Analyseschritt die in jedem Entscheidungsfaktor (implizit oder explizit) enthaltenden qualitativen und/oder quantitativen Ziele abzuleiten, die durch eine spezifische Ausbaualternative angestrebt werden können. Der hohe Detaillierungsgrad der einzelnen Ziele und ihre einzelfallspezifische Anwendbarkeit kann letztlich doch dazu beitragen, eine vorziehenswürdige Ausbaualternative zu identifizieren. Durch die Ableitung der Ziele werden, im Unterschied zu den Entscheidungsfaktoren, nicht nur Aspekte hinsichtlich der anzustrebenden formalrechtlichen Institutionalisierung beleuchtet. Vielmehr werden auch solche Beurteilungskriterien in die Betrachtungen integriert, die sich auch auf andere Ausbauwege (Veränderung der Anzahl der Partnerunternehmen, Veränderung und Ausdehnung der Zusammenarbeitsbereiche) anwenden lassen. In der nachfolgenden Abb. 4.5 werden, ausgehend von den transaktionskostentheoretischen Entscheidungsfaktoren, die darin enthaltenen Einzelziele abgeleitet, die im Rahmen eines Allianzausbaus von besonderer Entscheidungsrelevanz sind:

Abb. 4.5: *Transaktionskostentheoretische Entscheidungsfaktoren und Ableitung faktorspezifischer Einzelziele*

Entscheidungsfaktoren	Faktorspezifische Ziele
① Ausmaß der notwendigen spezifischen Investitionen zur Realisierung der angestrebten Synergieeffekte	• Erschließung und Ausnutzung von Kostensenkungspotentialen • Steigerung des Unternehmensgewinns
② Ausmaß der Unsicherheiten über die künftigen Entwicklungen im Allianz- und Unternehmensumfeld	• Aufrechterhaltung der strategischen Flexibilität und Entscheidungsreversibilität • Verringerung der Unternehmensrisiken
③ Ausmaß der Unsicherheiten über das künftige Verhalten der Allianzpartner	• Verringerung der Opportunismusrisiken • Vergrößerung des gegenseitigen Vertrauens
④ Angestrebte Dauer der weiteren Zusammenarbeit	• Erschließung und Ausnutzung von Kostensenkungspotentialen • Steigerung des Unternehmensgewinns
⑤ Erwartete Dauerhaftigkeit der durch den Allianzausbau induzierten Synergieeffekte	• Erschließung und Ausnutzung von Kostensenkungspotentialen • Erweiterung des Ressourcenzugangs • Dauerhafte Absicherung des Ressourcenzugangs • Steigerung des Unternehmensgewinns
⑥ Strategische Relevanz der für den Allianzausbau eingesetzten Ressourcen der Allianzunternehmen	• Schutz von strategisch relevanten Ressourcen • Aufrechterhaltung der Kontrollmacht
⑦ Ausmaß der rechtlichen Restriktionen für einen kostenoptimalen Allianzausbau	• Erschließung und Ausnutzung von Kostensenkungspotentialen • Einhaltung gesetzlicher Vorgaben • Steigerung des Unternehmensgewinns

(Quelle: Eigene Abbildung)

In gleicher Weise lassen sich mehrere Ziele aus den strategielehrebasierten Entscheidungsfaktoren ableiten (s. Abb. 4.6). Insgesamt bildet die Ableitung der faktorspezifischen Einzelziele einen wesentlichen Schritt[69] zur Entwicklung des angestrebten Entscheidungskonzepts, mit dessen Hilfe die Auswahl einer Allianzausbau- und Unternehmensentwicklungsalternative strukturiert und vereinfacht werden soll. Einschränkend ist an dieser Stelle allerdings darauf hinzuweisen, dass die vorgenommene Ableitung der Zielkriterien aus den Entscheidungsfaktoren *nie vollständig* und *abschließend* sein kann. Vielmehr ist davon auszugehen, dass sich in bestimmten Entscheidungssituationen auch *andere* und/oder *zusätzliche* Ziele aus den Entscheidungsfaktoren ergeben können, da ihre Ableitung stets zu wesentlichen Teilen auf der subjektiven Betrachtung des individuellen Entscheidungsträgers beruht.

[69] Für eine umfassende Erläuterung des Entscheidungskonzepts vgl. Kap. 4.4.3.

Abb. 4.6: *Strategielehrebasierte Entscheidungsfaktoren und Ableitung faktorspezifischer Einzelziele*

Entscheidungsfaktoren	Faktorspezifische Ziele
① Ausmaß der Dynamik der branchenintemen Entwicklungen	• Verringerung der brancheninternen Wettbewerbsintensität • Verbesserung der Wettbewerbsposition • Überwindung von Markteintrittsbarrieren • Erweiterung des Kundenzugangs • Steigerung des Unternehmensgewinns
② Ausmaß der vorhandenen Interaktionsfähigkeit und bisherigen Interaktionsplanung und -kontrolle	• Verbesserung des wechselseitigen Informationsaustausches • Verbesserung der unternehmensübergreifenden Interaktionen • Erhöhung der Motivation der Mitarbeiter • Einbindung der Partnerunternehmen in die Entscheidungsfindung
③ Umfang der bestehenden Mobilitätsbarrieren	• Verringerung der Opportunismusrisiken • Vergrößerung des gegenseitigen Vertrauens
④ Anteil unerwünschter spezifischer und unteilbarer Ressourcen an den gesamten Überschußressourcen	• Erschließung und Ausnutzung von Kostensenkungspotentialen • Minimierung ungewollter Kostenwirkungen aus notwendigen Investitionen • Erweiterung des Ressourcenzugangs • Steigerung des Unternehmensgewinns
⑤ Anteil transferierbarer, substituierbarer und imitierbarer Ressourcen an den benötigten Ressourcen	• Erweiterung des Ressourcenzugangs • Realisierung von Zeitvorteilen • Aufbau neuer Wettbewerbsvorteile • Dauerhafte Absicherung des Ressourcenzugangs • Schutz strategisch relevanter Ressourcen • Entwicklung neuer Ressourcen
⑥ Finanzielle Stärke und Kapitalbindungsdauer	• Aufrechterhaltung der Finanzkraft • Erweiterung der Kontrollmacht • Dauerhafte Absicherung des Ressourcenzugangs • Aufrechterhaltung der strategischen Flexibilität und Entscheidungsreversibilität
⑦ Anforderungen an den Umfang und die Ausgeglichenheit von Lernprozessen und -effekten	• Realisierung von Know-how-Vorteilen • Aufbau neuer Kernkompetenzen • Schutz strategisch relevanter Ressourcen und Kernkompetenzen • Verringerung der Opportunismusrisiken • Vergrößerung des gegenseitigen Vertrauens • Verbesserung des Wissensmanagements • Verbesserung der Kernkompetenznutzung • Erweiterung des Zugangs zu externen Kernkompetenzen • Dauerhafte Absicherung des Ressourcenzugangs und -austausches • Verbesserung der gegenseitigen Akzeptanz • Erhöhung der Motivation der Mitarbeiter • Steigerung des Unternehmensgewinns
⑧ Anteil wissensbasierter Ressourcen an den benötigten Ressourcen und Vereinbarkeit der Unternehmenskulturen	• Schutz strategisch relevanter Ressourcen • Verhinderung und/oder Überwindung kultureller Probleme • Erhöhung der Motivation der Mitarbeiter • Dauerhafte Absicherung des Ressourcenzugangs • Schutz eigener Kernkompetenzen

(Quelle: Eigene Abbildung)

Für eine detailliertere vergleichende Bewertung der unterschiedlichen Allianzausbauoptionen sind die einzelnen Alternativen in einem nächsten Schritt hinsichtlich ihres individuellen Beitrages zur Realisierung der einzelnen Ziele im Sinne eines *Eignungsprofils* zu untersuchen. Diese Vorgehensweise führt zu einer verbesserten Entscheidungstransparenz, da es wesentliche Unterschiede zwischen den Alternativen auf einer, im Vergleich zur alleinigen Verwendung der Entscheidungsfaktoren, deutlich detaillierteren und nachvollziehbareren Betrachtungs- und Bewertungsebene ermöglicht. Zur Veranschaulichung dieser Vorgehensweise werden in der nachfolgenden Abb. 4.7 beispielhaft zwei mögliche Allianzausbaualternativen („Beibehaltung der kooperativen Strukturen" und „Durchführung einer Akquisition") anhand eines Kriterienkataloges, der sich aus ausgewählten faktorspezifischen Zielen zusammensetzt, auf ihre Gemeinsamkeiten bzw. Unterschiede hinsichtlich des Beitrags zur Realisierung der einzelnen Ziele analysiert.

Abb. 4.7: *Beispiel für einen Vergleich von zwei Allianzausbaualternativen hinsichtlich ihres Beitrags zur Realisierung ausgewählter Ausbauziele*

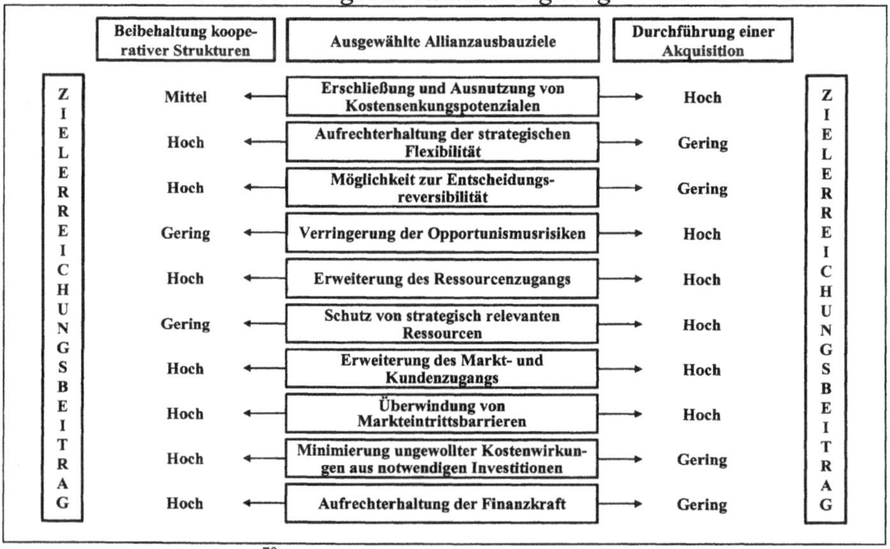

(Quelle: Eigene Abbildung)[70]

Diese Form eines Alternativenvergleichs kann zwar *erste* Erkenntnisse über die Vorziehenswürdigkeit einzelner Alternativen liefern, wird jedoch, neben der skizzierten Problematik einer vollständigen Zielzusammenstellung, in ihrer Aussagekraft durch die Tatsache beeinträchtigt, dass sich unter Umständen be-

[70] Bei KRYSTEK und ZUR findet sich eine ähnliche Vergleichssystematik, die jedoch andere Einzelziele und ein anderes Gesamtziel („Internationalisierungserfolg") beinhaltet. **KRYSTEK; ZUR** (2002), S. 214.

stimmte Einzelziele nicht trennscharf voneinander abgrenzen lassen und sich das strategische Entscheidungsfeld häufig durch eine hohe Unsicherheit[71], eine unzureichende Strukturierung und eine weitreichende Unschärfe der verfügbaren Informationen auszeichnet.[72] Für eine aussagekräftigere Beurteilung der zur Verfügung stehenden Ausbaualternativen müssten darüber hinaus einzelfallspezifische Gewichtungsfaktoren für die unterschiedlichen Ziele berücksichtigt werden.[73]

Vor dem Hintergrund dieser Ausführungen zeigt sich, dass ein aussagekräftiger Alternativenvergleich stets mehr als nur die Überprüfung von unter Umständen willkürlich zusammengestellten Vergleichskriterien verlangt. Vielmehr erfordert die Lösung des Entscheidungsproblems die Verwendung eines möglichst genauen und strukturierten *Problemlösungsverfahrens.* Im Hinblick auf das in dieser Arbeit einschlägige Problem, zu einer aussagekräftigen einzelfallspezifischen Bewertung und Auswahl von Allianzaus- und Unternehmensentwicklungsoptionen (im Luftverkehr) zu gelangen, bietet sich die Verwendung eines sog. *exakten Optimierungsverfahrens* an, das nach einer endlichen Anzahl systematischer Rechenschritte zu einer eindeutigen Problemlösung führt.[74] Da sich das Entscheidungsproblem im Rahmen der vorliegenden Arbeit durch

1.) ein *mehrdimensionales* (multikriterielles) *Zielsystem* (27 Einzelziele) auszeichnet, das in der Regel zu bestimmten Zielkonflikte führt,

2.) davon auszugehen ist, dass lediglich eine *endliche* Anzahl an Lösungen für das Entscheidungsproblem existiert und

3.) keine der zur Verfügung stehenden Handlungsalternativen für einen Allianzausbau bzw. eine Unternehmensentwicklung bei allen entscheidungsrelevanten Zielen eindeutig überlegen ist

bietet sich sowohl die *alleinige* Verwendung der sog. *Nutzwertanalyse*[75] als auch die Anwendung des sog. *Analytic Hierarchy Process (AHP)*[76] an. Bei beiden

---

71 Zum Begriff der *Entscheidung unter Unsicherheit* vgl. **BEA** (2001), S. 317f.

72 Für eine Erläuterung dieser Problembereiche vgl. **SCHRÖDER** (1999), S. 1046.

73 Für eine ähnliche Argumentation vgl. **KRYSTEK; ZUR** (2002), S. 213f.

74 Dazu und für eine inhaltliche Begriffsfassung, Darstellung der einzelnen Verfahrensarten und Abgrenzung der *exakten Optimierungsverfahren* gegenüber den sog. *heuristischen Lösungsverfahren* vgl. **BEA** (2001), S. 323ff.

75 Für einen grundlegenden Überblick über den Inhalt und Ablauf der *Nutzwertanalyse* vgl. **NICOLAI** (1994), S. 423ff., **KRYSTEK; ZUR** (2002), S. 214 und **ZANGEMEISTER** (1976).

76 Der AHP wurde in den siebziger Jahren des vorigen Jahrhunderts von SAATY entwickelt. Mit seiner Hilfe lässt sich, aufbauend auf einer hierarchisch formulierten Zielstruktur, der Angabe von mindestens zwei Handlungsalternativen und der Zugrundelegung von quantitativen Daten oder Wertaussagen eines Entscheiders, eine rechnerisch *optimale* Lösung für ein multikriterielles Entscheidungsproblem der betrieblichen Praxis, z.B. im Bereich der strategischen Planung, Sortimentsfestlegung, Ressourcenallokation, Selektion von Bezugsquellen und/oder Geschäftspolitik, ermitteln. Als Hauptwerke zum AHP vgl. **SAATY**

Verfahren wird zur Entscheidungsfindung eine Aggregation von subjektiven Einzelbewertungen und quantitativen Ergebnisausprägungen über den sog. *Nutzenwert* vorgenommen. Darüber hinaus werden die Bewertungen weder bei der Nutzwertanalyse noch beim AHP auf der Basis eines theoretisch fundierten Verfahrens ermittelt, sondern aus Praktikabilitätsgründen mit Hilfe von Ersatzverfahren durchgeführt, die in der Regel nur durch zusätzliche Vorschriften und Untersuchungen bei Kenntnis verschiedener Problembereiche ein zufriedenstellendes Ergebnis gewährleisten.[77]

Vor diesem Hintergrund wird bereits deutlich, dass beide Entscheidungsverfahren bestimmte Stärken und Schwächen aufweisen.[78] Daher wird aus Praktikabilitätsgründen auf eine isolierte Darstellung *beider* Verfahren verzichtet und ausschließlich die Nutzwertanalyse detailliert vorgestellt. Allerdings wird an geeigneten Stellen auf die Systematik der Entscheidungsfindung und die Vor- und Nachteile des AHP hingewiesen.

Nachfolgend werden zunächst die *Grundzüge* und *Schritte* der Nutzwertanalyse umfassend erläutert. Diese Vorgehensweise ist notwendig, um die Nutzwertanalyse als wesentliche Grundlage des in Kap. 4.4.3 festgelegten Entscheidungskonzepts zur Beurteilung und Auswahl von Allianzausbau- und Unternehmensentwicklungsoptionen verwenden zu können.

4.4.2 Verwendung der Nutzwertanalyse als formalisierende Basis des Entscheidungskonzepts

4.4.2.1 Grundlagen der Nutzwertanalyse

Entscheidungen über Handlungsalternativen eines Unternehmen werden im allgemeinen in Abhängigkeit von der Ausgestaltung bestimmter *quantitativer* Entscheidungskriterien mit Hilfe von statischen oder dynamischen Verfahren der Investitionsrechnung getroffen.[79] Diese weisen jedoch in *komplexeren* Entscheidungssituationen, in denen 1.) ein *mehrdimensionales* Zielsystem zu berücksichtigen ist, 2.) die Entscheidungskonsequenzen nicht ausschließlich *quantitativ* erfaßbar bzw. *monetär* bewertbar sind und 3.) eine exakte analytische *Modellbildung* nicht möglich ist, vielfach gravierende Anwendungslücken auf. In derartigen Situationen kann sich die *Nutzwertanalyse* als ein hilfreiches Verfahren für eine sinnvolle Einschätzung und Bewertung unterschiedlicher Handlungsal-

(1977), **Saaty** (1980), **Saaty** (1987), **Saaty** (1990a), **Saaty** (1990b) und **Saaty** (1995). Für eine Erläuterung des Ablaufs und Inhalts des *AHP-Verfahrens* vgl. **Haedrich; Kuß; Kreilkamp** (1986), S. 120ff., **Nitzsch** (1993), S. 111f., **Haedrich; Tomczak** (1988), S. 636ff. und **Bagchi, Rao** (1992), S. 92f.

77 Vgl. **Sommerhäuser** (2000), S. 43.

78 Für eine detaillierte Darstellung der *Problembereiche* der Nutzwertanalyse vgl. Kap. 4.4.2.2, S. 309.

79 Für eine ausführliche Erläuterung der wesentlichen *statischen* und *dynamischen* Investitionsrechnungsverfahren vgl. **Peridon; Steiner** (1998), S. 34ff.

ternativen erweisen, indem sie isoliert oder z.B. als Ergänzung zu den traditionellen Methoden der Investitionsrechnung verwendet wird. Sie repräsentiert die in der betrieblichen Praxis *am häufigsten* verwendete Methode zur Bewältigung schlecht-strukturierter und komplexer Entscheidungssituationen.[80]

Bei der Nutzwertanalyse, die auch als *Punktbewertungsverfahren, Scoring-Modell* oder *multikriterielle Analyse* bezeichnet wird,[81] handelt es sich um ein formalisiertes Analyseverfahren zur Strukturierung und Vorbereitung von Entscheidungen, die im Zusammenhang mit der Beurteilung und Auswahl unterschiedlicher Handlungsalternativen zu treffen sind.[82] Im Gegensatz zu den herkömmlichen Investitionsrechnungsverfahren eignet sie sich insbesondere für eine Anwendung in Entscheidungssituationen, in denen eine Vielzahl quantifizierbarer und nicht-quantifizierbarer Ziele und/oder Entscheidungsprobleme simultan zu berücksichtigen sind, in denen sich bestimmte monetär bewertbare Daten nicht oder nur unter erheblichen Kosten bestimmen lassen und in denen eine endliche Menge diskreter Handlungsalternativen vorliegt.[83] Mit ihrer Hilfe können subjektive Bewertungen unterschiedlicher Ziele anhand eines nachvollziehbaren multidimensionalen Zielsystems visualisiert und in einen einheitlichen Gesamtzusammenhang integriert werden.[84] Ziel ist es, unter Berücksichtigung der situationsspezifischen Rahmenbedingungen einer Entscheidung die bestmögliche Handlungsoptionen auszuwählen.

Im Rahmen der Nutzwertanalyse werden den zur Auswahl stehenden Handlungsoptionen einzelne Punktwerte zugeordnet, die stellvertretend für den eigentlichen Beitrag der Option zur Realisierung der unterschiedlichen Zielsetzungen verwendet werden. Diese Punktwerte werden aus den Ausprägungen mehrerer *Beurteilungs- bzw. Auswahlkriterien* abgeleitet, die von den Entscheidungsträgern zu berücksichtigen sind, und geben Auskunft über die *subjektive* Vorziehenswürdigkeit einer Entscheidungsalternative. Am Ende der Analysen werden die Handlungsalternativen in Abhängigkeit vom sog. *Gesamtnutzenwert*[85] in eine Rangfolge gebracht. Dabei wird in der Regel folgende Ordnungs- bzw. Entscheidungsregel verwendet: Je höher der berechnete Gesamtnutzenwert einer Entscheidungsalternative ist, desto vorteilhafter ist ihre Umsetzung. Allerdings sind Nutzwertanalysen immer nur dann sinnvoll einsetzbar, wenn eine hohe Sicherheit besteht, dass ein hoher Gesamtnutzenwert einer Alternative eng

[80] Vgl. **NICOLAI** (1994), S. 423, **JUNG** (2001), S. 71 und **SCHRÖDER** (1999), S. 1047.
[81] Vgl. **BEA** (2001), S. 385, **WITTE** (2000), S. 201, **ADAM** (1993), S. 357und **SCHIERENBECK** (1987), S. 139. Zum Begriff und Inhalt der *multiattributiven Entscheidungsverfahren* vgl. **SOMMERHÄUSER** (2000), S. 31f.
[82] Vgl. **BERENS** (1991), S. 45ff. und **NICOLAI** (1994), S. 423.
[83] Vgl. **ADAM** (1993), S. 357 und **CLAUSIUS** (2000), S. 278.
[84] Vgl. **CLAUSIUS** (2000), S. 279.
[85] Zum Begriff und zur Bestimmung des *Gesamtnutzenwertes* vgl. das nachfolgende Kap. 4.4.2.2.

mit einem hohen Unternehmenserfolg verknüpft ist.[86] Die Nutzwertanalyse kann für eine Vielzahl von Anwendungsgebieten eingesetzt werden und existiert in einer Vielzahl von Varianten. Die unterschiedlichen Verfahrensvarianten ergeben sich aus den unterschiedlichen Möglichkeiten, den Ausprägungen der Entscheidungskriterien Punkte zuzuweisen und diese miteinander zu verbinden. Die einfachste Form der Nutzwertanalyse basiert auf dem nachfolgenden Konstruktionsprinzip:[87]

$$GNW_i = \sum_{j=1}^{n} G_j \cdot P_{ij}$$

Mit GNW_i wird der *Gesamtnutzenwert* einer Entscheidungsalternative i bezeichnet. P_{ij} steht für den Punktwert, den eine Alternative i beim Beurteilungskriterium j aufgrund eines Expertenurteils erreicht und G_j entspricht dem Gewicht, das dem Kriterium j beigemessen wird. Die gewichteten Punktwerte werden auch als *Teilnutzenwerte* bezeichnet. Der Gesamtnutzenwert ergibt sich dann als Summe der Teilnutzenwerte bzw. der *gewichteten* Punktwerte. Die Grundvariante der Nutzwertanalyse arbeitet mithin mit einer additiven Verknüpfung der Teilnutzenwerte, die auch als *Wertsynthese* bezeichnet wird.[88] Nachfolgend wird der Ablauf der *Grundvariante* der Nutzwertanalyse erläutert.

4.4.2.2 Ablauf der Nutzwertanalyse

Der klassische Ablauf der Nutzwertanalyse setzt sich aus *sechs*[89] aufeinanderfolgenden Schritten zusammen, die nachfolgend kurz erläutert werden:[90]

1.) *Formulierung eines entscheidungsrelevanten Zielsystems*: Generell sind die einzelnen entscheidungsrelevanten Ziele möglichst *vollständig* und *präzise* mit Hilfe geeigneter Kreativitätstechniken[91] und/oder auf der Basis einschlägiger Theorien zu ermitteln, zu ordnen und im Sinne einer Zielhierarchie zu-

---

[86] Vgl. **Arens-Fischer; Steinkamp** (2000), S. 691, **Schneeweiß** (1990), S. 14, **Jung** (2001), S. 71 und **Adam** (1993), S. 357.

[87] Dazu und zu den nachfolgenden Ausführungen vgl. **Adam** (1993), S. 358, **Bea** (2001), S. 386 und **Witte** (2000), S. 201f.

[88] Für einen Überblick über weitere und umfassendere Varianten der Nutzwertanalyse vgl. **Dreyer** (1974), S. 265 und **Zangemeister** (1976), S. 277.

[89] Vgl. **Schierenbeck** (1987), S. 139 und **Berens** (1991), S. 44f. In der Literatur wird mitunter auch von *fünf* Schritten der Nutzwertanalyse ausgegangen. Diese Sichtweise ergibt sich immer dann, wenn die Sensitivitätsanalyse nicht als eigenständiger Schritt der Nutzwertanalyse interpretiert wird. Vgl. **Adam** (1993), S. 358 und **Arens-Fischer, Steinkamp** (2000), S. 691. Aufgrund der besonderen Bedeutung der Sensitivitätsanalyse für eine umfassende Fundierung der Analyseergebnisse wird dieser Ansicht im Rahmen der vorliegenden Arbeit jedoch nicht gefolgt.

[90] Zu den nachfolgenden Ausführungen zu den einzelnen Schritten der Nutzwertanalyse vgl. grundlegend **Adam** (1993), S. 358ff., **Nicolai** (1994), S. 423f. und **Berens** (1991), S. 45ff.

[91] Für eine Darstellung unterschiedlicher *Kreativitätstechniken* vgl. die Übersicht bei **Schierenbeck** (1987), S. 136 mit den dortigen weiterführenden Literaturhinweisen.

sammenzufassen.[92] Dabei sind möglichst solche Ziele auszuwählen, die voneinander *unabhängig* sind, d.h. kein wechselseitiges Komplementaritäts- oder Konkurrenzverhältnis aufweisen, und keine Redundanzen beinhalten.[93] Allerdings sind derartige Wechselbeziehungen häufig aufgrund von z.B. definitorischen Verknüpfungen nicht gänzlich vermeidbar. In diesem Fall ist die Nutzwertanalyse jedoch immer noch als eine vereinfachende Planungsheuristik[94] verwendbar.

Neben der möglichst weitreichenden Erfüllung der Unabhängigkeitsforderung sind die Ziele so zu wählen, dass sie eine *Operationalisierung* der daraus resultierenden Beurteilungskriterien im Sinne einer Messbarkeit zulassen. Dabei erfordert die Messbarkeit der jeweiligen Zielkriterien nicht zwingend ihre Quantifizierbarkeit, da der Begriff der Messbarkeit im weiteren Sinne auch als „Überprüfbarkeit" interpretiert werden kann.[95] Ferner ist zu bestimmen, welche Ziele *zwingend* erfüllt werden *müssen* (sog. *Muss-Ziele*) und welche Ziele lediglich möglichst *weitgehend* erfüllt werden *sollten* (sog. *Kann-Ziele*).[96] Dabei führt die Nichterfüllung eines einzelnen Muss-Ziels *automatisch* zur Aussonderung der Handlungsalternative, während die Nichterfüllung eines Kann-Zieles *nicht* wie ein K.O.-Kriterium wirkt.

2.) *Festlegung von Gewichtungsfaktoren für die Kann-Ziele*: Ausgehend von einer zu verteilenden Anzahl von Gewichtungspunkten (zwischen 0 und 100 Punkten) oder einer Vergabe von Gewichtungsprozentsätzen (0% bis 100%)[97] werden die Gewichtungsfaktoren für die Kann-Ziele der unterschiedlichen Zielebenen im Rahmen der Nutzwertanalyse meistens *direkt* ermittelt (sog. *„direct-ratio"-Gewichtung*). Dabei werden in einem ersten Schritt die Ziele der ersten Hierarchieebene entsprechend ihrer relativen Bedeutung zu den anderen Zielen gewichtet. Die Summe der Gewichtungsfaktoren muss dabei, in Abhängigkeit von der verwendeten Gewichtungsskala, immer 100 Punkte oder 100% ergeben. In einem nächsten Schritt werden die

---

92 Vgl. **Arens-Fischer; Steinkamp** (2000), S. 692.

93 Bei multikriteriellen Entscheidungsproblemen sind stets zwei Unabhängigkeitsarten zu beachten. Zum einen muss die sog. *präferenzielle Unabhängigkeit* gewahrt bleiben, d.h. die Bewertung einer Alternative darf nicht von der Bewertung einer anderen abhängen. Darüber hinaus ist die sog. *strukturelle* Unabhängigkeit zu berücksichtigen, nach der unterschiedliche Ziele nicht durch die selben Faktoren bestimmt werden dürfen, da ansonsten die Gefahr besteht, dass diese Faktoren doppelt gezählt bzw. überbewertet werden. Vgl. **Tobias** (2001), S. 4.

94 Zum Begriff der *Heuristik* vgl. Kap. 3.1.

95 Zum Begriff der *Messbarkeit* vgl. **Adam** (1993), S. 361 mit den dortigen weiterführenden Literaturangaben. Für eine detailliertere Darstellung der Anforderungen an die aufzustellenden Ziele in Form der Vollständigkeit, Unabhängigkeit und Operationalisierbarkeit vgl. **Bamberg; Coenenberg** (1992), S. 28ff. und **Nitzsch** (1991), S. 70f.

96 Vgl. **Schierenbeck** (1987), S. 140.

97 Vgl. **Arens-Fischer; Steinkamp** (2000), S. 692 und **Schierenbeck** (1987), S. 140.

jeweiligen Gewichtungsfaktoren der ersten Zielebene auf die weiteren Zielebenen oder -kriterien aufgeteilt.[98] Allerdings besteht bei einer großen Anzahl gleichzeitig zu berücksichtigender Einzelziele die Gefahr, dass die mit einer direkten Gewichtung verbundene Komplexität eine fundierte und aussagekräftige Bewertung nicht mehr zulässt.

Zur Steigerung der Aussagekraft der Bewertungen können die Gewichtungsfaktoren durch *Paarvergleiche* ermittelt werden. Dabei werden sämtliche zur Disposition stehenden Alternativen oder Ziele *paarweise* auf ihre relative Bedeutung untersucht. Die Gewichtungsfaktoren ergeben sich dann beispielsweise auf der Basis von Punktwerten, die entsprechend der Anzahl der gewonnenen Vergleiche auf die einzelnen Alternativen verteilt werden.[99]

Eine andere Methodik zur Ermittlung von Zielgewichtungsfaktoren mittels Paarvergleichsurteilen beinhaltet der *Analytic Hierarchy Process*.[100] Wenngleich es sich beim AHP um ein eigenständiges und durchgehendes Entscheidungsverfahren handelt, das in der Regel *alternativ* zur Nutzwertanalyse eingesetzt wird, kann sich die Systematik der Zielgewichtsbestimmung, je nach spezifischer Problemsituation und Struktur der aufgestellten Zielhierarchie, auch im Rahmen der Nutzwertanalyse als anwendbar erweisen.

Die Ermittlung der Zielgewichte und Einzelwerte erfolgt beim AHP auf der Grundlage einer hierarchischen Darstellung des Entscheidungsproblems. Dabei können sowohl qualitative als auch quantitative Informationen in den Entscheidungsprozeß einbezogen werden. Ausgehend von einem (übergeordneten) globalen *Oberziel* (im Rahmen einer ökonomischen Anwendung in der Regel das Erfolgsziel) werden auf einer oder mehreren weiteren Hierarchieebene(n) feiner gegliederte, entscheidungsrelevante Kriterien oder Unterziele abgeleitet. Am Ende der Hierarchie finden sich bestimmte überschaubare Aktionen, Maßnahmen oder Handlungsalternativen, durch deren Umsetzung sich die angestrebten Ziele realisieren bzw. die jeweiligen Problemstellungen lösen lassen.[101]

Die Ermittlung der Zielgewichte mit Hilfe der vorgenannten *Paarvergleiche* beinhaltet den Vergleich der einzelnen Elemente bzw. Ziele einer Hierarchieebene in Relation zu einem übergeordneten Element bzw. Ziel, wobei jedes theoretisch mögliche Paar separat bewertet wird. Dabei geht es im Kern um die Ermittlung der *relativen Wichtigkeit* eines einzelnen Elements im Vergleich zum gleichgeordneten Element im Hinblick auf das jeweils betrachtete

98 Vgl. **Zangemeister** (1971), S. 164 und **Arens-Fischer; Steinkamp** (2000), S. 692.

99 Dazu und für die Darstellung eines *Paarvergleichs* vgl. **Adam** (1993), S. 361f.

100 Zum AHP vgl. Kap. 4.4.2.2, S. 309 und die dortigen Literaturangaben. Für die Darstellung eines umfassenden Beispiels für den Ablauf eines AHP vgl. **Meixner** (2000), S. 21ff., **Sommerhäuser** (2000), S. 57ff. und **Bagchi; Rao** (1992), S. 93ff.

101 Vgl. **Haedrich; Kuß; Kreilkamp** (1986), S. 121.

Element der nächsthöheren Hierarchieebene. Die einzelnen Gewichtsverhältnisse, die sich aus den Paarvergleichen ergeben, werden in einem nächsten Schritt in einer Matrix dargestellt. Bei einer durchgehenden Anwendung des AHP als eigenständiges Entscheidungsverfahren sind derartige Matrizen für jede Hierarchieebene im Hinblick auf jedes Element der übergeordneten Ebene zu erstellen.[102]

Zur Festlegung der Matrix-Einträge vergleicht der Entscheider die Wichtigkeit des jeweils betrachteten Zielpaares anhand einer von SAATY entwickelten *Neuner-Skala* (sog. *Fundamentalskala*)[103], die bestimmte (vorgegebene) Aussagen über die Priorität eines Elements im Vergleich zu einem anderen Element enthält, und wählt die am ehesten auf das untersuchte Zielpaar zutreffende Aussage aus.[104] Danach wird die *verbale* Vergleichsaussage in ein *numerisches* Gewichtsverhältnis transformiert. Falls die Einträge der Matrix konsistent angegeben wurden, ist die Ableitung der Zielgewichte vergleichsweise leicht vornehmbar: Sie ergeben sich dann aus einer beliebig gewählten Matrixspalte, wenn vorher eine Spaltennormierung vorgenommen wurde, nach der die Summe der Spaltenelemente genau 1 beträgt. Allerdings ist davon auszugehen, dass sich bei mehr als zwei Zielen nur in Ausnahmefällen eine konsistente Matrix ergibt. Der sich ergebende Konsistenzgrad ist dabei abhängig von der Genauigkeit und Richtigkeit der Präferenzaussagen und der Anzahl der zu beachtenden Ziele. Die einzelnen Zielgewichte sollten deshalb stets so festgelegt werden, dass sie in der maximal möglichen Form den berechneten Gewichtsverhältnissen entsprechen.[105]

Um aus der Paarvergleichsmatrix zu den Gewichtungsfaktoren für die einzelnen Elemente innerhalb einer Hierarchieebene im Hinblick auf die Elemente der nächsthöheren Ebene zu gelangen, wird im Rahmen des AHP ein *mathematisches Verfahren* zur Berechnung von Eigenvektoren aus Paarvergleichsmatrizen bzw. zur Lösung des sog. *speziellen Eigenwertproblems* angewendet, das bei einer komplexen Zielhierarchie in der Regel nur mit Hilfe entsprechender Softwarelösungen effizient eingesetzt werden kann.[106] Bei ei-

---

[102] Vgl. **HAEDRICH; TOMCZAK** (1988), S. 637 und **NITZSCH** (1993), S. 112.
[103] Vgl. **SOMMERHÄUSER** (2000), S. 45.
[104] Für eine Darstellung der Neuner-Skala und eine Definition bzw. Interpretation der einzelnen Messpunkte der Skala vgl. **SAATY** (1980), S. 54, **SAATY** (1987), S. 163, **BAGCHI; RAO** (1992), S. 95 und **HAEDRICH; KUß; KREILKAMP** (1986), S. 123.
[105] Vgl. **NITZSCH** (1993), S. 112.
[106] Vgl. **HAEDRICH; TOMCZAK** (1988), S. 637 und **SOMMERHÄUSER** (2000), S. 59f. Zur Berechnungsmethodik vgl. **DIETRICH; STAHL** (1975), S. 164ff. Für eine Anwendbarkeit und Handhabbarkeit des AHP in der betrieblichen Praxis existiert das Computerprogramm „Expert Choice", das den AHP weitestgehend automatisiert, indem es alle Berechnungen durchführt, zusätzliche Features wie z.B. Sensitivitätsanalysen ermöglicht und eine benutzerfreundliche Oberfläche zur Hierarchiegestaltung und Eingabe der Evaluation umfasst.

ner konsistenten Matrix entspricht der sich aus dieser Berechnung ergebende Eigenvektor exakt den Zielgewichten in den einzelnen Spalten der Matrix.[107]

Eine in dieser Weise mit Hilfe des AHP durchgeführte Bestimmung von Gewichtungsfaktoren für Einzelziele bzw. Maßnahmen bietet sich im Rahmen einer Nutzwertanalyse generell immer dann an, wenn dadurch der Aussagegehalt der Analyse signifikant gesteigert und die Entscheidungs- und Umsetzungskomplexität verringert werden kann. In vergleichsweise gut strukturierten, wenig komplexen bzw. übersichtlichen Entscheidungssituationen kann jedoch auch eine direkte Ermittlung von Gewichtungsfaktoren ausreichen, um zu einem eindeutigen Ergebnis zu gelangen.[108]

3.) *Vergabe von Punktwerten für unterschiedliche Zielerreichungsgrade*: In diesem Schritt werden den unterschiedlichen Zielausprägungen unterschiedliche Punktwerte zugeordnet. Durch diese Zuordnung können die verschiedenartigen Zielerreichungsgrade der einzelnen Entscheidungsalternativen in den Analysen abgebildet werden. Dabei erhält die Alternative, die ein bestimmtes Ziel am besten erfüllt, den höchsten Punktwert. Wenn davon ausgegangen wird, dass zwei oder mehrere Alternative das betrachtete Ziel gleich gut erfüllen, werden ihnen gleich hohe Punktwerte zugeordnet. Je weniger die beabsichtigte Zielrealisierung von einer Alternative erwartet wird, desto geringer ist der dafür vergebene Punktwert. Üblicherweise werden für die unterschiedlichen Zielerreichungsgrade Punkte zwischen 0 und 10 oder 20 vergeben, wobei 10 (20) Punkte stellvertretend für den höchsten und 0 Punkte für den geringsten Zielerreichungsgrad eines einzelnen Zielkriteriums verwendet werden.[109]

Für eine ausführliche Erläuterung der computergestützten Entscheidungsfindung mit Hilfe des AHP und des Computerprogramms „Expert Choice" vgl. **Meixner; Haas** (2002).

[107] Vgl. **Nitzsch** (1993), S. 112.

[108] Falls der AHP nicht nur zur *Unterstützung* der Nutzwertanalyse, sondern als *alternatives* Verfahren zur Auswahl einer Handlungsalternative verwendet wird, sind bei mehr als zwei Ebenen der Zielhierarchie für *alle* Elemente der unterschiedlichen Hierarchieebenen die Prioritäten durch Paarvergleiche und Berechnungen in Bezug auf ein Element der nächsthöheren Ebene vorzunehmen. Zur Bestimmung der Gesamtgewichtung der einzelnen Alternativen in Bezug auf das globale Oberziel sind in einem nächsten Schritt die unterschiedlichen Gewichtungsvektoren miteinander zu multiplizieren. Nach der Vektorenmultiplikation ergibt sich die Rangfolge der Alternativen. Für eine Darstellung dieser Methodik vgl. **Meixner** (2000), S. 49ff.

[109] Neben dieser *kardinalen* Transformation der Zielerreichungsgrade in sog. *Zielwerte* kann auch eine *ordinale* oder *nominale* Zielwertskala verwendet werden. Bei einer ordinalen Skalierung werden die unterschiedlichen Zielerreichungsgrade in eine Rangfolge gebracht, die von der subjektiven Beurteilung des Entscheidungsträgers bestimmt wird. Eine nominale Zielwertskala setzt sich aus lediglich zwei Wertebereichen zusammen: Der erste Wertebereich wird durch die „Null" bezeichnet, die immer dann verwendet wird, wenn der angestrebte Zielerreichungsgrad nicht erreicht wurde. Der zweite Wertebereich wird durch

4.) *Multiplikation der Gewichtungsfaktoren mit den Punktwerten und Ermittlung der Teilnutzenwerte*: Im vierten Schritt der Nutzwertanalyse werden die Teilnutzenwerte je Einzelziel und Entscheidungsalternative bestimmt, indem die Gewichtungsfaktoren mit den einzelnen Punktwerten *multipliziert* werden.

5.) Ermittlung des Gesamtnutzenwertes je Entscheidungsalternative durch Addition der Teilnutzenwerte und Reihung der Alternativen nach den Gesamtnutzwerten: Im vorletzten Schritt sind die Teilnutzenwerte zum Gesamtnutzenwert jeder Entscheidungsalternative zu verdichten. Falls die verwendeten Einzelziele unabhängig voneinander sind, entspricht der Gesamtnutzenwert einer Entscheidungsalternative der Summe der Teilnutzenwerte der Einzelziele.[110] Die Vorteilhaftigkeit einer Entscheidungsalternative ergibt sich abschließend in Abhängigkeit von der Höhe des jeweiligen Geamtnutzenwertes. Allerdings ist an dieser Stelle darauf hinzuweisen, dass die abgeleitete Rangfolge nicht als ein „objektives" Analyseergebnis interpretiert werden darf, da es auf unterschiedlichen Schritten der Nutzwertanalyse aufbaut, die mehrere subjektive Elemente enthalten (Festlegung der Ziele, Gewichtung der Ziele, Vergabe der Punktwerte)[111]. Aus diesem Grund ist im letzten Schritt der Nutzwertanalyse, vor der endgültigen Auswahl, eine Sensitivitätsanalyse[112] für die abgeleitete Rangfolge der zur Verfügung stehenden Entscheidungsalternativen durchzuführen.

6.) *Durchführung einer Sensitivitätsanalyse*: Bei der Sensitivitätsanalyse sind Veränderungen hinsichtlich der Gewichtungsfaktoren, Ziele und Bewertungskriterien vorzunehmen, um die Robustheit der Entscheidungsfindung gegenüber einer Variation einzelner Parameterwerte überprüfen zu können. Mit einer Sensitivitätsanalyse verfolgen die Entscheidungsträger in der Regel eines oder mehrere der nachfolgend genannten Ziele:[113]

a.) *Nachweis* der Vorteilhaftigkeit einer ausgewählten Alternative unter veränderten Annahmen,

b.) *Demonstration* der Auswirkungen von Datenänderungen und unterschiedlichen Wertvorstellungen der Entscheidungsträger auf die Reihenfolge der Entscheidungsalternativen und/oder

die „Eins" bestimmt, die dann Verwendung findet, wenn der angestrebte Zielerreichungsgrad erreicht wurde. Vgl. **Bea** (2001), S. 386 und die Ausführungen zum Begriff des *Skalenniveaus* in **Gabler-Verlag** (1997), S. 3420.

110 Vgl. dazu auch **Zangemeister** (1971), S. 165.

111 Vgl. **Schierenbeck** (1987), S. 143.

112 Zum Begriff der *Sensitivitätsanalyse* vgl. **Gabler-Verlag** (1997), S. 3403 und **Corsten** (2000), S. 863.

113 Zu den nachfolgenden *Zielen* einer Sensitivitätsanalyse vgl. **Schierenbeck** (1987), S. 144 und **Clausius** (2000), S. 279.

c.) *Realisierung* von gewünschten, aber bisher noch nicht erreichten Analyseergebnissen durch eine Manipulation der Zielgewichte und Punktwerte.

Aufbauend auf den vorherigen Ausführungen zum Ablauf der Nutzwertanalyse zeigt sich, dass dieses formalisierte Entscheidungsverfahren einige wesentliche Beiträge zur Gewinnung und Verdichtung von Informationen unter Berücksichtigung eines mehrdimensionalen Zielsystems leisten kann. Insgesamt zeichnet sich die Durchführung einer Nutzwertanalyse gegenüber einer intuitiv-subjektiven und globalen Bewertung von Entscheidungsalternativen durch *fünf* wesentliche Vorteile aus:[114]

1.) Die Nutzwertanalyse ermöglicht die *Vergleichbarkeit* unterschiedlicher Entscheidungsalternativen, da diese einheitlich auf die gleichen, explizit genannten und dokumentierten Ziele bzw. Beurteilungskriterien untersucht werden. Darüber hinaus trägt die Vergabe von Punktwerten zur Vergleichbarkeit bei, indem verschiedene Dimensionen auf den gleichen Bewertungsmaßstab vereinheitlicht werden.

2.) Sie fördert die *Entscheidungstransparenz*, da sie den gesamten Entscheidungsprozeß übersichtlich darstellt und in einzelne *nachvollziehbare* Schritte einteilt, mit denen sich die entscheidungsrelevanten Teilaspekte besser erfassen lassen. Sie kann dadurch zu einer strukturierteren Diskussion über die Festlegung einzelner Bewertungskriterien und deren Gewichtung beitragen.

3.) Durch den konzeptionellen Aufbau des Verfahrens und die Integration von Sensitivitätsbetrachtungen können die *Konsequenzen* abweichender Wertvorstellungen der Entscheidungsträger auf das Analyseergebnis berechnet und dargestellt werden.

4.) Für den Fall einer bewusst herbeigeführten Ergebnismanipulation kann die Nutzwertanalyse veranschaulichen, welche Aspekte zu vernachlässigen oder zu verwerfen sind, um ein *gewünschtes* Ergebnis zu erreichen.

5.) Im Rahmen der Nutzwertanalyse lassen sich sowohl *quantitative* als auch *qualitative* Aspekte entsprechend ihrer Entscheidungsrelevanz in die Analysen integrieren. Dadurch müssen die Entscheidungsalternativen nicht mehr ausschließlich nach monetären Gesichtspunkten (wie z.B. die Höhe der Kosten oder die resultierenden Gewinne) mit Hilfe von z.B. traditionellen Investitionsrechnungsverfahren bewertet werden.

Trotz dieser Verfahrensvorteile ist eine *sinnvolle* Anwendung der Nutzwertanalyse in der betrieblichen Praxis generell immer nur dann möglich, wenn die Entscheidungsträger die verfahrensimmanente Anwendungsproblematik erkennen

[114] Zu den nachfolgenden Ausführungen vgl. **Schierenbeck** (1987), S. 144, **Nicolai** (1994), S. 425 und **Clausius** (2000), S. 279.

und diese bei ihren Untersuchungen berücksichtigen. Zu den Verfahrensproblemen gehören insbesondere die nachfolgend genannten Bereiche:[115]

1.) Durch die strukturierte Vorgehensweise der Nutzwertanalyse wird eine *Objektivität* bei der Entscheidungsfindung *vorgetäuscht*, die vielfach nicht der Realität entspricht.

2.) Sämtliche Beurteilungen sind stets *subjektiv*, selbst wenn mehrere Entscheidungsträger in die Entscheidungsfindung integriert werden. Die Subjektivität betrifft insbesondere die Auswahl der Ziele, die Festlegung der daraus resultierenden Beurteilungskriterien, die Bestimmung der Gewichtungsfaktoren, die Unterscheidung in Muss- und Kann-Ziele sowie die Beschreibung und Bewertung der Ziel- bzw. Kriterienausprägungen.

3.) Vielfach lassen sich die Beurteilungskriterien nicht *operational* formulieren, so dass eine eindeutige Mess- und Bewertbarkeit nicht möglich ist. In diesem Zusammenhang ist insbesondere die Ermittlung der Gewichtungsfaktoren anhand einer vorgegebenen Gewichtungsskala und die Transformation der Bewertungsaussagen in einen numerischen Wert problematisch.

4.) Die für ein aussagekräftiges Bewertungsergebnis notwendige *Unabhängigkeit* der Ziele bzw. Beurteilungskriterien lässt sich vielfach aufgrund von definitorischen Zusammenhängen und bestimmten Korrelationen, z.B. in Form bestimmter Konkurrenz- oder Komplementaritätsbeziehungen, nicht gewährleisten. Diese Interdependenzen können dazu führen, dass eine Entscheidungsalternative mehrfach positiv oder negativ bezüglich des gleichen Zielkriteriums bewertet wird, so dass die darauf aufbauende Ermittlung des Gesamtnutzens eine Alternative bestimmte Fehler beinhaltet.

5.) Eine Beurteilung der Gewichtungsfaktoren von Zielen ist stets nur im Hinblick auf die zur Verfügung stehenden Handlungsalternativen und im Verhältnis zu den anderen Zielen sinnvoll. Demgegenüber ist bei einer Reduktion oder Erweiterung der Anzahl der Ziele immer eine aufwendige Reevaluierung des gesamten Zielsystems bzw. eine Anpassung der Zielgewichtungen erforderlich.

6.) Der Vorgang der Zielgewichtung stellt bei der Nutzwertanalyse eine einheitliche, nicht aufteilbare Vorgehensweise dar. Sie kann damit immer nur von einem Entscheidungsträger allein *durchgehend* durchgeführt werden. Dabei muss dieser stets sämtliche Ergebnisausprägungen und Handlungsalternativen kennen. Vor diesem Hintergrund ist nachvollziehbar, dass Gruppenentscheidungen, bei denen nur Teilbereiche eines Entscheidungsproblems der Bewertung eines einzelnen Entscheidungsträger unterliegen, von der Nutz-

[115] Zu den nachfolgend genannten *Problembereichen* der Nutzwertanalyse vgl. **Nicolai** (1994), S. 425, **Clausius** (2000), S. 280, **Weber** (1995), S. 1626 und **Adam** (1993), S. 359 und S. 365.

wertanalyse theoretisch nicht unterstützt werden, obwohl sie in der Praxis häufig vorgenommen werden.

7.) Im Rahmen der Nutzwertanalyse werden bei der Ermittlung der Zielgewichtungsfaktoren in der Regel keine unterschiedlichen *Ausprägungen* der zur Verfügung stehenden Handlungsalternativen hinsichtlich der anzustrebenden Einzelziele berücksichtigt. Vor diesem Hintergrund stellt sich die Interpretation der Zielgewichtungsfaktoren als „Wichtigkeit" eines Ziels im Hinblick auf ein übergeordnetes Ziel als eine rational zumindest zweifelhafte Vorgehensweise dar, denn ohne die Kenntnis der möglichen Alternativenausprägungen sind rational fundierte Aussagen über die Bedeutung eines einzelnen Ziels kaum möglich. In diesem Zusammenhang kann es zum sog. *Bandbreiteneffekt* kommen: Danach führt die Vergrößerung (Verkleinerung) eines anzustrebenden numerischen Zielintervalls zur einer Verringerung (Vergrößerung) der Bedeutung einer Wertdifferenz zwischen zwei Handlungsalternativen hinsichtlich des anzustrebenden Ziels. Im Umkehrschluss erfordert eine Zielintervallveränderung im Rahmen einer Alternativenbewertung stets eine Anpassung des entsprechenden Zielgewichtungsfaktors. Ansonsten kann die veränderte Bewertungsbandbreite eine Verschiebung der Alternativenrangfolge induzieren.[116] Demnach ist eine Entscheidungsempfehlung, die auf einer Interpretation der Zielgewichtungsfaktoren als „Zielwichtigkeit" basiert, immer abhängig von den vor der Bewertung festgelegten Bandbreiten.[117]

Neben diesen nutzwertspezifischen Problembereichen sind bei einer Ergänzung der Nutzwertanalyse durch den AHP im Bereich der Ermittlung der Zielgewichtungsfaktoren auch die AHP-immanenten Schwierigkeiten zu berücksichtigen. Dazu gehören insbesondere die drei nachfolgend genannten Punkte:

1.) Auch beim AHP werden *verbale* Wertaussagen in *numerische* Werte mit Hilfe einer vorgegebenen Skala transformiert. Unter Berücksichtigung der unterschiedlichen vorgegebenen Skalenwerte führt diese Transformation im Rahmen des AHP bei mehr als zwei Zielen oder Handlungsalternativen häufig zu nicht-konsistenten Aussagen.[118]

2.) Falls nach einer AHP-Bewertung eine weitere Handlungsalternative hinzugefügt wird, kann es zu *unlogischen* Rangumkehrungen (sog. *rank reversals*) kommen.[119]

3.) Die im Rahmen des AHP vorgenommenen Normierungen unterliegen in besonders intensiver Weise den Problemen des o.g. *Bandbreiteneffekts*.[120]

---

[116] Vgl. **Sommerhäuser** (2000), S. 72 und **Nitzsch** (1993), S. 115.

[117] Vgl. **Nitzsch** (1993), S. 115.

[118] Vgl. **Nitzsch** (1993), S. 112 und **Sommerhäuser** (2000), S. 74.

[119] Zum Begriff des *rank reversals* vgl. **Nitzsch** (1993), S. 114 und **Lillich** (1992), S. 81f. Für eine Erläuterung der Gründe für die Entstehung von Rangumkehrungen vgl. **Nitzsch** (1993), S. 114f.

Zusammenfassend lässt sich vor dem Hintergrund der vorhergehenden Ausführungen zu den Vor- und Nachteilen der Nutzwertanalyse festhalten, dass sie sich als ein *praktikables* und ein die rationale Entscheidungsfindung *unterstützendes Verfahren* für eine gründliche und geschlossene Beurteilung von Entscheidungsalternativen nach mehreren Dimensionen erweisen *kann*. Einschränkend ist allerdings darauf hinzuweisen, dass sie sich in der Regel nur dann durch eine hohe Aussagekraft auszeichnet, wenn die genannten Problembereiche der Methode bei den Beurteilungen und Entscheidungen beachtet und bei der Durchführung der Analysen möglichst vollständig vermieden werden.[121] Dabei ist insbesondere eine möglichst objektive und aussagekräftige Festlegung der Zielgewichtungsfaktoren anzustreben, da sich je nach Festlegung der Zielgewichte sehr unterschiedliche Ergebnisse für das Auswahlproblem ergeben können.

Zur Überwindung der Probleme bei der Ermittlung der Zielgewichtungsfaktoren konnte aufgezeigt werden, dass sich die *ergänzende* Anwendung des AHP in bestimmten Entscheidungssituationen als eine vorteilhafte und sinnvolle Vorgehensweise erweisen *kann*, wenngleich auch dieses Entscheidungsverfahren einige grundlegende Schwächen beinhaltet.[122]

Nachfolgend wird das in dieser Arbeit angestrebte Entscheidungskonzept anhand eines eigenständig entwickelten Beispiels erläutert, um die Systematik für eine Bewertung von Handlungsalternativen durch *einen* Entscheidungsträger zu verdeutlichen. Neben der kurzen zusammenfassenden Darstellung der einzelnen Schritte des Konzepts steht die umfassende Visualisierung der Schritte mit Hilfe entsprechender Abbildungen im Mittelpunkt der nachfolgenden Ausführungen.

4.4.3 Festlegung des Entscheidungskonzepts

Die Festlegung eines Entscheidungskonzepts zur Auswahl einer Allianzausbau- und Unternehmensentwicklungsalternative repräsentiert eines der wesentlichsten Ergebnisse des gesamten theoretischen Bezugsrahmens der Arbeit. Die theoretische Auseinandersetzung mit dem Realphänomen „Strategische Allianz“ erfolgte schließlich mit dem Ziel, nicht nur einen theoretischen Erkenntnisgewinn hinsichtlich der Anwendbarkeit unterschiedlicher Theorieansätze auf den Ausbau Strategischer Allianzen und Aussagen über die anzustrebende Bindungsintensität zu generieren. Vielmehr sollte zusätzlich auch ein umfassendes praxisorientiertes Konzept zur Bewertung und Auswahl von Strategieoptionen für einen Allianzausbau bzw. für die Entwicklung der daran beteiligten Unternehmen abgeleitet werden. Damit sind sämtliche Ausführungen zu den einzelnen Theorieansätzen *indirekt* als Teil des Entscheidungskonzepts anzusehen.

---

[120] Vgl. **Nitzsch** (1993), S. 116.

[121] Vgl. **Nicolai** (1994), S. 425 und **Adam** (1993), S. 365.

[122] Die ergänzende Anwendung des AHP ist generell immer nur dann sinnvoll, wenn der mit der resultierenden Anzahl an Paarvergleichen verbundene Komplexitätsgrad noch eine sinnvolle und zeitökonomische Handhabbarkeit des Verfahrens erwarten lässt.

Das Entscheidungskonzept besteht demnach nicht allein aus der praxisorientierten Anwendung eines Entscheidungsverfahrens auf die einschlägige Thematik, sondern basiert auf mehreren, im Theorieteil der Arbeit vollzogenen Schritten. Die theoretische Auseinandersetzung mit der Strategischen Allianz und die Anwendung der theoretischen Erkenntnisse auf die Praxis bilden mithin die ersten wichtigen Bestandteile des Entscheidungskonzepts. Insgesamt setzt sich das Entscheidungskonzept aus *neun* Schritten zusammen, die nachfolgend erläutert bzw. durch entsprechende Abbildungen visualisiert werden:[123]

1.) Umfassende Auseinandersetzung mit dem Realphänomen „Strategische Allianz“ auf einer breiten theoretischen Basis:
   a.) *Auswahl* und *Erläuterung* der einschlägigen Theorieansätze zur gewählten Thematik,
   b.) *Anwendung* der Theorieansätze auf die gewählte Thematik und
   c.) *Identifikation* von theoriegestützten Entscheidungsfaktoren, die die entscheidungsrelevanten Aspekte und Bereiche zur Thematik in den Mittelpunkt der Betrachtungen stellen und Aussagen zu der im Rahmen eines Allianzausbaus anzustrebenden Bindungsintensität zwischen den beteiligten Unternehmen beinhalten.
2.) Ableitung faktorspezifischer Einzelziele aus den theoriegestützten Entscheidungsfaktoren, die mit einem Allianzausbau bzw. einer Unternehmensentwicklung erreicht werden sollen (s. Abb. 4.5[124])
3.) Zusammenfassung der theoriegestützten faktorspezifischen Ziele zu einem operationalisierbaren Zielsystem, dass bei einem Allianzausbau bzw. einer Unternehmensentwicklung beachtet werden sollte (s. Abb.4.8 auf S. 309)[125]

[123] Die nachfolgende Erklärung des Entscheidungskonzepts erfolgt ausschließlich auf der Grundlage der Schritte der *Nutzwertanalyse*. Auf eine Darstellung der alternativ möglichen (alleinigen) Anwendung des AHP zur Identifikation einer vorziehenswürdigen Handlungsalternative oder als Ergänzung der Nutzwertanalyse bei der Festlegung von Zielgewichtungsfaktoren wird demgegenüber verzichtet. Der Verzicht dient der *durchgehenden* Verdeutlichung einer möglichen Systematik der Entscheidungsfindung und der Reduktion des Komplexitätsgrades der Darstellungen. Darüber hinaus ist davon auszugehen, dass die umfassende Erklärung der Bestandteile des AHP und die zahlreichen Literaturverweise im Zusammenhang mit der kurzen Erläuterung des AHP in Kap. 4.4.2.2, S. 309 eine schnelle (alternative) Anwendung dieses Lösungsverfahrens für die in dieser Arbeit einschlägige Problematik zulassen, falls die Nutzwertanalyse in Teilen oder vollkommen von den Entscheidungsträgern nicht als ausreichend aussagefähiges Lösungsverfahren akzeptiert werden sollte.

[124] Vgl. Kap. 4.4.1, S. 309.

[125] Für eine in Kap. 4.4.2.2 auf S. 309 diskutierte mögliche Anwendung des AHP zur Zielgewichtsermittlung gibt es im dargestellten Beispiel zwei Möglichkeiten: Zum einen könnten die 27 Einzelziele in konkrete Maßnahmen transformiert werden, die sich in einem nächsten Schritt durch Paarvergleiche auf die jeweils übergeordneten Teilziele der dritten Ziel-

4.) Integration von Gewichtungsfaktoren für die entwickelten Zielkategorien und -kriterien (s. Abb. 4.9 auf S. 309)[126]

5.) Systematisierung unterschiedlicher Zielerreichungsklassen und Festlegung zugehöriger Punktwerte zur Messung der Zielerreichungsgrade der Ausbau- und Entwicklungsalternativen (s. Abb. 4.10 auf S. 309)

6.) Bewertung der Ausbau- und Entwicklungsalternativen hinsichtlich der Zielkriterien und Bestimmung einer Rangfolge (s. Abb. 4.11 auf S. 309)

7.) Auswertung und Diskussion der individuellen Analyseergebnisse der unterschiedlichen Entscheidungsträger

8.) Durchführung von Sensitivitätsanalysen für die gemeinsam bestimmte Rangfolge zur Verifizierung der Analyseergebnisse

9.) Umsetzung einer Ausbau- und Entwicklungsalternative

Das umfassende theoretische Fundament des Entscheidungskonzepts und seine sorgfältige Entwicklung tragen dazu bei, dass es sich durch eine hohe Aussagekraft und Verwendbarkeit in der betrieblichen Praxis auszeichnet. Es kann, im Sinne einer leicht anwendbaren Beurteilungssystematik, die Entscheidungsfindung und -vorbereitung bei der Auswahl einer Allianzausbau- und Unternehmensentwicklungsalternative deutlich vereinfachen, strukturieren und plausibilisieren. Durch das Konzept wird es möglich, bei strategischen Entscheidungen gleichzeitig sowohl kostenspezifische als auch branchen- und ressourcenspezifische Aspekte zu analysieren und ihre Bedeutung im Rahmen der Auswahl einer Strategieoption abzubilden. Das Entscheidungskonzept kann so einen wesentlichen Beitrag dazu leisten, die relative Vorteilhaftigkeit der unterschiedlichen Alternativen hinsichtlich der gewünschten strategischen Ausrichtung eines Allianzbündnisses und der daran beteiligten Allianzunternehmen zu bestimmen. Es eignet sich insbesondere auch zur Beantwortung von Fragestellungen hinsichtlich der kurz-, mittel- oder langfristig anzustrebenden formalrechtlichen Institu-

ebene bewerten lassen. Alternativ könnte die entwickelte Zielhierarchie um eine weitere (fünfte) Ebene ergänzt werden, die sämtliche Maßnahmen enthält, mit denen sich jedes der 27 Einzelziele erreichen lässt. Falls der AHP alternativ zur Nutzwertanalyse als durchgehendes und eigenständiges Entscheidungsverfahren verwendet werden soll, müssten beide vorgenannten AHP-Anwendungsmöglichkeiten um eine weitere Hierarchieebene ergänzt werden, durch die jede der zur Verfügung stehenden *Handlungsalternativen* auf jedes einzelne Element der übergeordneten Hierarchieebene bezogen wird.

[126] Die im Beispiel dargestellten Gewichtungsfaktoren basieren ausschließlich auf der Annahme einer *direkten Ermittlung* durch die Entscheidungsträger. Zur *direkten* Ermittlung von Gewichtungsfaktoren vgl. Kap. 4.4.2.2, S. 309. Von einer Ermittlung der Gewichtungsfaktoren mit Hilfe des AHP, wie sie in Kap. 4.4.2.2, S. 309 dargestellt wurde, wurde abgesehen, da sich dadurch eine für die Erläuterung der *grundlegenden* Systematik des Entscheidungskonzepts zu hohe Komplexität ergeben hätte (*allein* für eine Ermittlung der Gewichtungsfaktoren für die *dritte* Zielebene müssten bei 27 Einzelzielen 62 Paarvergleiche durchgeführt werden).

tionalisierung der allianzinternen Zusammenarbeit, da es ausdrücklich auf sämtlichen Entscheidungsfaktoren aufbaut, die u.a. genau für diesen Zweck bestimmt wurden. Generell kann das Entscheidungskonzept sowohl für eine erste Vorselektion der Alternativen (Schritt 3 in Abb. 2.24)[127] als auch für eine Anwendung im Rahmen eines detaillierten Auswahlprozesses (Schritt 4 in Abb. 2.24) eingesetzt werden.

Auf den nachfolgenden Seiten wird die Systematik des entwickelten Entscheidungskonzepts anhand mehrerer, aufeinander aufbauender Abbildungen visualisiert. Bei dieser Form der Darstellung ging es weniger um den *konkreten* Vergleich möglicher Ausbaualternativen, sondern mehr um eine nachvollziehbare Darstellung der einzelnen Schritte des Entscheidungskonzepts durch ein einheitliches und integrierendes Beispiel.

Abschließend ist noch darauf hinzuweisen, dass die Anwendung des theoriegestützten Entscheidungskonzepts nicht zwingend als die *einzig* sinnvolle Vorgehensweise zur Auswahl einer Entscheidungs- bzw. Allianzausbaualternative anzusehen ist. Vielmehr wurde es mit dem Anspruch entwickelt, andere analytische (quantitative oder qualitative) Entscheidungsverfahren und/oder- regeln im Sinne eines zusätzlichen Entscheidungs*unterstützungs*systems zur Auswahl strategischer Alternativen zu ergänzen und die Plausibilität der Entscheidungsfindung zu erhöhen.[128]

Im Rahmen des *empirischen Teiles* der vorliegenden Arbeit werden u.a. die theoriegestützten Entscheidungsfaktoren und die daraus abgeleiteten Ziele als Bestandteile des Entscheidungskonzepts auf ihre praxisnahe Relevanz für den Ausbau der Strategischen Allianzen im Luftverkehr überprüft.

[127] Abb. 2.24 findet sich in Kap. 2.4.4.3.
[128] Für eine Darstellung alternativer Entscheidungsverfahren vgl. Kap. 2.4.4.3.

Abb. 4.8: Zusammenfassung der theoriegestützten Ziele zu einem operationalisierbaren Zielsystem

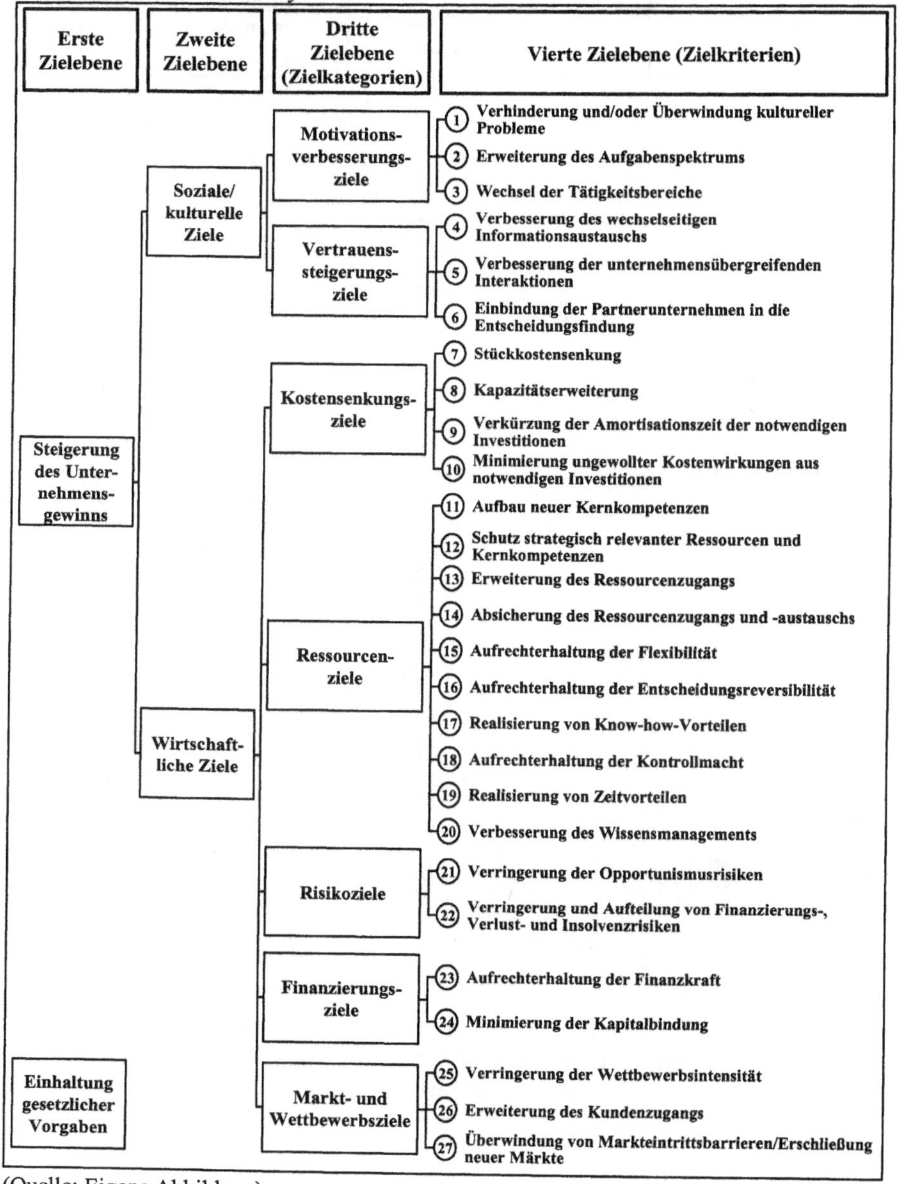

(Quelle: Eigene Abbildung)

Abb. 4.9: *Gewichtung der Zielkategorien und Zielkriterien*

Zielkategorie	Gewichtung der Zielkategorie in %	Nr. des Zielkriteriums	Gewichtung des Zielkriteriums(1) in %	Gewichtung des Zielkriteriums(2) in %
ⓐ Motivationsverbesserungsziele	5	①	40	2
		②	40	2
		③	20	1
ⓑ Vertrauenssteigerungsziele	5	④	50	2,5
		⑤	30	1,5
		⑥	20	1
ⓒ Kostensenkungsziele	30	⑦	30	9
		⑧	30	9
		⑨	20	6
		⑩	20	6
ⓓ Ressourcenziele	30	⑪	5	1,5
		⑫	10	3
		⑬	10	3
		⑭	5	1,5
		⑮	10	3
		⑯	10	3
		⑰	10	3
		⑱	10	3
		⑲	10	3
		⑳	20	6
ⓔ Risikoziele	10	㉑	50	5
		㉒	50	5
ⓕ Finanzierungsziele	10	㉓	70	7
		㉔	30	3
ⓖ Markt- und Wettbewerbsziele	10	㉕	50	5
		㉖	30	3
		㉗	20	2

(1) ohne Berücksichtigung der Gewichtung der Zielkategorie
(2) mit Berücksichtigung der Gewichtung der Zielkategorie

(Quelle: Eigene Abbildung)

Abb. 4.10: *Zuordnung von Punktwerten zu unterschiedlichen Zielerreichungsgraden*

Ziel-kriterium	Zielerreichungsklassen und zugehörige Punktwerte				
	Klasse 1 "sehr gut" 20 Punkte	**Klasse 2 "gut" 15 Punkte**	**Klasse 3 "befriedigend" 10 Punkte**	**Klasse 4 "schlecht" 5 Punkte**	**Klasse 5 "sehr schlecht" 0 Punkte**
1	Ja (ohne Einschränkungen)	Ja (mit geringen Einschränkungen)	Möglich	Nur eingeschränkt	Nicht möglich
2	Sehr hoch	Hoch	Mittel	Nur mäßig	Nie
3	Sehr gut	Gut	Befriedigend	Gering	Nicht möglich
4	Ja (ohne Einschränkungen)	Ja (mit geringen Einschränkungen)	Mittel	Nur mäßig	Gering
5	Sehr gut	Gut	Befriedigend	Schlecht	Sehr schlecht
6	Sehr gut	Gut	Befriedigend	Schlecht	Sehr schlecht
7	> 5 %	3 – 5 %	2 – 3 %	1 – 2 %	< 1 %
8	> 15 %	10 – 15 %	7 – 10 %	5 – 7 %	< 5 %
9	> 12 Monate	9 – 12 Monate	6 – 9 Monate	3 – 6 Monate	< 3 Monate
10	Sehr hoch	Hoch	Mittel	Nur mäßig	Nie
11	Sehr gut	Gut	Befriedigend	Schlecht	Sehr schlecht
12	Problemlos	Relativ leicht	Möglich	Schwierig	Nicht möglich
13	Sehr hoch	Hoch	Mittel	Nur mäßig	Sehr gering
14	Uneingeschränkt	Mit kleinen Einschränkungen	Mittel	Nur eingeschränkt	Nicht möglich
15	Sehr gut	Gut	Befriedigend	Schlecht	Sehr schlecht
16	Sehr gut	Gut	Befriedigend	Schlecht	Sehr schlecht
17	Immer	Oft	Manchmal	Selten	Nie
18	Uneingeschränkt	Mit kleinen Einschränkungen	Mittel	Nur eingeschränkt	Nicht möglich
19	Sehr hoch	Hoch	Mittel	Nur mäßig	Sehr gering
20	Sehr gut	Gut	Befriedigend	Schlecht	Sehr schlecht
21	Sehr hoch	Hoch	Mittel	Nur mäßig	Nicht möglich
22	Sehr hoch	Hoch	Mittel	Nur mäßig	Sehr gering
23	Ja (ohne Einschränkungen)	Ja (mit geringen Einschränkungen)	Mittel	Nur eingeschränkt	Nicht möglich
24	Sehr hoch	Hoch	Mittel	Nur mäßig	Sehr gering
25	Sehr groß	Groß	Befriedigend	Kaum	Keine
26	> 20 %	15 – 20 %	10 – 15 %	5 – 10 %	< 5 %
27	Sehr gut	Gut	Mittel	Schlecht	Sehr schlecht

(Quelle: Eigene Abbildung)

***Abb. 4.11:** Systematik zur endgültigen Entscheidungsfindung bei der Existenz unterschiedlicher Handlungsalternativen*

Zielkriterium		Ausbaualternative A_1		Ausbaualternative A_2		Ausbaualternative A_3	
Nr.	Gewichtung(1)	Punktwert der ZA(2)	TNW(3)	Punktwert der ZA(2)	TNW(3)	Punktwert der ZA(2)	TNW(3)
1	2	20	40	15	30	10	20
2	2	5	10	10	20	15	30
3	1	5	5	10	10	15	15
4	2,5	10	25	15	37,5	20	50
5	2,5	10	15	15	22,5	15	22,5
6	1	10	10	10	10	15	15
7	9	10	90	15	135	15	135
8	9	5	45	10	90	15	135
9	6	5	30	10	60	10	60
10	6	20	120	5	30	5	30
11	1,5	10	15	15	22,5	15	22,5
12	3	5	15	15	45	20	60
13	3	10	30	10	30	10	30
14	1,5	10	15	15	22,5	15	22,5
15	3	20	60	10	30	5	15
16	3	20	60	10	30	5	15
17	3	20	60	15	45	10	30
18	3	10	30	5	15	5	15
19	3	5	15	10	30	15	45
20	6	5	30	10	60	15	90
21	5	5	25	15	75	15	75
22	5	5	25	15	75	15	75
23	7	20	140	0	0	5	35
24	3	20	60	5	15	5	15
25	5	10	50	10	50	10	50
26	3	10	30	10	30	10	30
27	5	10	20	10	20	10	20
Σ	100	GNW(4)	1.070	GNW(4)	1.040	GNW(4)	1.157,5

(1) Gemäß Abb. 4.9
(2) Punktwert der Zielausprägung gemäß Abb. 4.10
(3) Teilnutzenwert
(4) Gesamtnutzenwert

A_3 vorteilhaft

(Quelle: Eigene Abbildung)

Teil 3: Strategische Allianzen im Luftverkehr

5. Grundlagen des Luftverkehrs

5.1 Begriffsfassung und Erscheinungsformen des Luftverkehrs

5.1.1 Luftverkehrsspezifische Definitionen

Bei einer Betrachtung des Luftverkehrs als eine Vernetzung von unterschiedlichen Organisationen und Beziehungsverflechtungen beinhaltet der Terminus „Luftverkehr" als Oberbegriff gemäß der Definition von RÖSSGER/HÜNERMANN die „Gesamtheit aller Vorgänge, die der Ortsveränderung von Personen, Fracht und Post auf Luftwegen dienen (...) und alle damit unmittelbar oder mittelbar verbundenen sonstigen Dienstleistungen."[1] Neben dieser Beförderungsaufgabe gehören zum Luftverkehr auch zusätzliche Dienstleistungen, die in Hilfsfunktionen, Abfertigungs- und Wegsicherungsfunktionen aufgeteilt werden können (s. Abb. 5.1).[2]

Abb. 5.1: *Funktionen des Luftverkehrs*

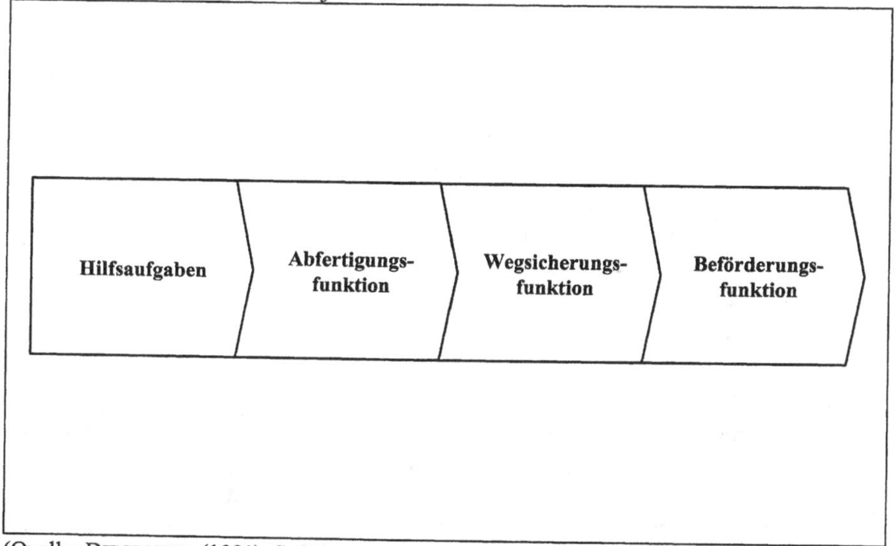

(Quelle: DIEGRUBER (1991), S. 91)

Falls die Transport- und Beförderungsfunktion als *originäre* Kernfunktion des Luftverkehrs angesehen wird, liegt der wesentliche Zweck des Luftverkehrs in der Überwindung von Strecken und Räumen für Personen, Fracht und Post. Die Luftverkehrsgesellschaften stellen in dieser Betrachtungsweise die wichtigsten

---

1 **RÖSSGER; HÜNERMANN** (1965), S. 3. Vgl. auch **POMPL** (1991), S. 8.
2 Vgl. **BUCHWALD** (1974), S. 3

Funktionsträger und originären *Leistungsträger* des gesamten Luftverkehrssystems dar.[3]

In Anlehnung an die o.g. Definition werden im Rahmen dieser Arbeit unter dem Begriff des *Luftverkehrsunternehmens* sämtliche Unternehmen subsumiert, die eine nationale und/oder internationale Beförderung von Personen, Fracht oder Post mit Hilfe von Fluggeräten über unterschiedliche Streckenführungen gewährleisten.[4]

Generell werden mit dem sog. *Linienluftverkehr* und dem sog. *Gelegenheitsverkehr* zwei *Erscheinungsformen* des Luftverkehrs unterschieden. Da der Linienluftverkehr im Zentrum des praxisorientierten Teils dieser Arbeit steht, werden nachfolgend beide Erscheinungsformen erläutert und voneinander abgegrenzt, um eine einheitliche Begriffsgrundlage zu schaffen.

5.1.2 Charakteristika des Linienluftverkehrs

Als *Linienluftverkehr* wird generell jede öffentliche, zwischen festgelegten Flugorten eingerichtete, in regelmäßigen Abständen durchgeführte Flugverbindung mit einer Tarif-, Beförderungs- und Flugplanpflicht bezeichnet.[5] Innerhalb des Luftverkehrsgesetzes der Bundesrepublik Deutschland wird der Linienluftverkehr durch die nachfolgend genannten Merkmale charakterisiert:[6]

1.) *Gewerbsmäßigkeit*: Der Fluglinienverkehr dient der entgeltlichen oder geschäftsmäßigen Beförderung von Sachen oder Personen.

2.) *Öffentlichkeit*: Der Fluglinienverkehr hat der Allgemeinheit zur Verfügung zu stehen. Beschränkungen hinsichtlich subjektiv ausgewählter Benutzerkreise oder Beförderungszwecke dürfen nicht bestehen. Alle Nachfrager müssen nach einheitlichen Kriterien gestaffelte Beförderungsbedingungen und Tarife erhalten.

3.) *Regelmäßigkeit*: Die Ankunfts- und Abflugzeiten für periodische Flugverbindungen sind in einem vorher veröffentlichte Flugplan über einen längeren Zeitraum festgelegt. Dadurch soll es möglich werden, dass sich die Nachfrager der Flugverkehrsleistungen auf die Nutzung der Flüge einstellen können. Der Flugbetrieb ist zudem ohne Berücksichtigung der Anzahl der tatsächlichen Passagiere über einen längeren Zeitraum aufrechtzuerhalten.

4.) *Linienbindung*: Durch die Linienbindung wird dem Luftverkehrsbetrieb zwingend vorgeschrieben, den Fluglinienverkehr auf einer im Voraus definierten Strecke zwischen Abflugort, Zwischenlandepunkte und Ankunftsort

---

3 Vgl. **Diegruber** (1991), S. 91.

4 Vgl. **James** (1982), S. 23.

5 Für eine ausführliche Definition des Begriffes „Linienluftverkehr" vgl. **Pompl** (1991), S. 21f.

6 Zu den nachfolgenden Erläuterungen vgl. **Sterzenbach** (1996), S. 39ff, **Schwenk** (1981), S. 327, **Pompl** (1998), S. 25f. sowie **LuftVG**, §21 Abs. 1.

durchzuführen. Die Fluggesellschaft kann die Linienpunkte individuell festlegen, da eine bestimmte Streckenführung nicht zwingend vorgeschrieben ist.

5.) *Betriebspflicht*: Linienluftverkehrsunternehmen sind gemäß §21 Abs. 2 LuftVG zur Aufrechterhaltung des Flugbetriebs für die Dauer der Genehmigung verpflichtet. Ausnahmen von dieser Betriebspflicht, die die Regelmäßigkeit und Planmäßigkeit der Flugdienstleistungen weiter verstärkt, sind allerdings aus Gründen der Unzumutbarkeit möglich. Dazu gehören unternehmensinterne Gründe (z.B. der längerfristige Flugzeugausfall) und unternehmensexterne Gründe (z.B. kriegerische Auseinandersetzungen innerhalb eines Staates, der durch die Streckenführung berührt wird).

6.) *Beförderungspflicht*: Durch die Beförderungspflicht wird der öffentliche Charakter des Fluglinienverkehrs betont. Sie induziert einen umfassenden Kontrahierungszwang für jede Fluggesellschaft gegenüber den Nachfragern, da sie dadurch verpflichtet wird, *jeden* beantragten zivilrechtlichen Beförderungsvertrag entsprechend der festgelegten und definierten Flugpreisen, Bedingungen und Flugplänen zu bedienen.

7.) *Tarifpflicht*: Die Tarifpflicht gewährleistet, dass die Flugpreise und Beförderungsbedingungen erst durch die Genehmigung des Bundesministers für Verkehr gültig werden. Jeder Verkehrsteilnehmer soll dadurch zu den gleichen Konditionen Beförderungsverträge mit einer Fluggesellschaft abschließen können. Für jede durchgeführte Beförderung benötigt ein Linienfluggesellschaft eine entsprechende Genehmigung, durch die die jeweiligen Beförderungsentgelte, -bedingungen und -flugpläne festgelegt werden.[7]

5.1.3 Charakteristika des Gelegenheitsluftverkehrs

Für den Begriff des *Gelegenheitsverkehrs*, der in der Literatur häufig synonym mit den Begriffen *Bedarfsflugverkehr*, *Anforderungsverkehr*, *Charterverkehr* oder *Orderverkehr* verwendet wird, gibt es weder in der Theorie noch in der Praxis eine einheitliche Definition.[8] Aus diesem Grund erscheint die im Luftverkehrsgesetz der Bundesrepublik Deutschland und im Abkommen über die internationale Zivilluftfahrt von Chicago vorgenommene *negative* Abgrenzung zum Linienluftverkehr als eine angemessene Möglichkeit zur Begriffsdefinition.[9] Der Gelegenheitsverkehr wird in beiden rechtlichen Bestimmungen als gewerblicher Luftverkehr bezeichnet, der *nicht* dem Linienflugverkehr zurechenbar ist.[10] Bei einer Überprüfung der für den Linienflugverkehr gültigen Merk-

[7] Vgl. **Pompl** (1998), S. 25.
[8] Vgl. **Pompl** (1998), S. 26.
[9] Vgl. **Sterzenbach** (1996), S. 41.
[10] Vgl. dazu das Abkommen über die internationale Zivilluftfahrt, Kapitel XXII, Art. 96a, abgedruckt in **Zantke** (1990), S. 7ff. sowie **LuftVG** §22. Für eine genauere Erläuterung der Elemente des Gelegenheitsverkehrs vgl. auch **Doganis** (1991), S. 24ff.

male hinsichtlich ihrer Bedeutung für den Gelegenheitsverkehr können mehrere Punkte festgestellt werden:[11]

1.) Der Gelegenheitsverkehr ist *nicht* durch eine Linienbindung gekennzeichnet. Seine Zugänglichkeit ergibt sich entweder nur unter Auflagen oder nicht öffentlich, da häufig nur bestimmte Zielgruppen (z.B. Urlauber, Gastarbeiter etc.) als Zielgruppe definiert und entsprechend angesprochen werden.

2.) Für die Fluggesellschaften besteht beim Gelegenheitsverkehr *keine* Verpflichtung zum Betrieb und zur Beförderung, so dass eine Einstellung von Flugverbindungen auf weniger rentablen Strecken jederzeit grundsätzlich möglich ist. Die Befreiung von der Betriebs- und Beförderungspflicht wird jedoch durch die Tatsache relativiert, dass sich Fluggesellschaften, die sich auf den Gelegenheitsverkehr ausgerichtet haben, über privatrechtliche Vereinbarungen mit Reiseveranstaltern zu langfristigen Flugketten und der Einhaltung der Bedienung der festgelegten Ziele verpflichtet haben.

3.) Im Rahmen des Gelegenheitsverkehrs besteht für die Fluggesellschaften keine Tarifpflicht, so dass die Flugpreise den individuellen Marktbedingungen angepasst werden können.[12] §22 LuftVG erlaubt allerdings auch Auflagen tariflicher Art, sofern die öffentlichen Verkehrsinteressen durch einen derartigen Luftverkehr nicht in entscheidender Weise beeinträchtigt werden.[13]

Bei einer Diskussion des Begriffs „Gelegenheitsverkehr“ vor dem Hintergrund der damit verbundenen Verkehrsströme kann festgestellt werden, dass diese Bezeichnung längst nicht mehr die aktuelle Situation im internationalen Luftverkehr angemessen widerspiegelt. Die Regelmäßigkeit, mit der Hauptreisestrecken durch sog. *Charterfluggesellschaften* ganzjährig bedient werden und die Zahl der Reisenden, die durch diese Verkehrsart befördert werden, zeigt, dass es sich bei derartige Flügen nicht nur um gelegentliche Verbindungen, sondern vielmehr um eine Annäherung an die bestehenden Linienstrecken handelt.[14]

Als ein wesentliches Charakteristikum des traditionellen Charterflugverkehrs ist der blockweise oder komplette Verkauf von Sitzplatzkapazitäten an Institutionen wie Reiseveranstalter oder Unternehmen anzusehen, die die damit verbundene Transportleistung in einem Produktpaket oder isoliert an die Fluggäste verkaufen.

---

[11] Für die nachfolgenden Darstellung der Abgrenzungsmerkmale vgl. **Sterzenbach** (1996), S. 41f.

[12] Innerhalb der EU gilt für den Gelegenheitsverkehr ebenso wie für den Linienverkehr die „Verordnung über Flugpreise und Luftfrachten.

[13] Vgl. **LuftVG**, §22.

[14] Vgl. **Pompl** (1998), S. 25. Im Folgenden werden die Begriffe *Gelegenheitsverkehr* und *Charterverkehr* synonym verwendet.

Gegenüber dem Linienluftverkehr zeichnet sich der Charterverkehr durch einen häufig geringwertigeren Kabinenkomfort[15] sowie durch eine geringe Flexibilität aus, die sich in geringeren Flugfrequenzen, häufig schlechteren Flugzeiten und weniger komfortablen Buchungs- und Umbuchungsmöglichkeiten ausdrückt. Ferner liegt das Preisniveau der Charterflugtarife meistens deutlich unter denen der Liniennormaltarife. Allerdings haben Chartergesellschaften gegenüber den Liniengesellschaften den Nachteil, dass es ihnen nicht gestattet ist, im Passageeinsatz im Unterdeck zusätzliche Fracht zu befördern, so dass es keine Möglichkeit zur Realisierung von Verbundvorteilen gibt. Charterfluggesellschaften haben zudem gegenüber den Linienluftverkehrsunternehmen einen nicht unerheblichen Kostenvorteil, da ihre Ausgaben für Computerbuchungssysteme, Vertrieb, Marketing und Verwaltung durch den Verkauf bzw. „Vercharterung“ des gesamten Fluges an Reiseveranstalter nur sehr gering sind. Da in der Regel nur ein kleiner Kundenkreis angesprochen werden muss, sind die Ausgaben für Werbung und Verkaufsförderung häufig ebenfalls vergleichsweise gering. Darüber hinaus zeichnet sich die Geschäftstätigkeit von Chartergesellschaften durch eine höhere Planungssicherheit aus, die dadurch entsteht, dass die Reiseveranstalter die Luftverkehrsleistungen schon frühzeitig einkaufen müssen, um rechtzeitig ihre Reisekataloge auf den Markt bringen zu können. Die meisten Verträge enthalten zudem Änderungsklauseln, die bei Kerosinpreis- oder Wechselkursänderungen greifen.[16].

Abschließend bleibt trotz der aufgezeigten Abgrenzungsunterschiede festzuhalten, dass in den letzten Jahren im europäischen Luftverkehrsmarkt eine Annäherung des Dienstleistungsangebotes von Linien- und Charterfluggesellschaften stattgefunden hat. Durch die Zunahme der Nachfrage nach individuelleren Reiseangeboten ist die Nachfrage nach Pauschalreisen in einigen Marktsegmenten zurückgegangen. Die ursprünglich für Pauschalreisen gecharterten Sitzplätze werden daher zunehmend auch ohne Kombination mit einer Unterkunft angeboten. Charterflüge werden aus diesem Grund durch Reiseveranstalter auch zunehmend isoliert vermarktet.[17] In diesem Zusammenhang ist auch darauf hinzuweisen, dass es in den letzten Jahren aufgrund der immer zahlreicheren Sonder- und Gruppentarife der Linienluftverkehrsunternehmen und der Entstehung

---

15 Durch eine engere Bestuhlung ergibt sich eine höhere Sitzplatzkapazität, die bei den Charterfluggesellschaften in der Regel mit einer höheren Kapazitätsauslastung als bei Linienflügen verbunden ist. Je nach eingesetztem Flugzeug verfügen Chartermaschinen gegenüber Linienflugzeugen über bis zu 25% mehr Sitzplätze. Die Messung der Kapazitätsauslastung der Sitzplätze erfolgt mit Hilfe des sog. *Sitzladefaktors*. Er errechnet sich aus der Division der nachgefragten Sitzplatzkilometer durch die angebotenen Sitzplatzkilometer und wird zumeist als Prozentzahl dargestellt. Zur Definition des Sitzladefaktors vgl. **AEA** (2002), S. VI-13 und Vgl. **CHENG** (1962), S. 411f.

16 Vgl. **DOGANIS** (1991), S. 192ff.

17 Vgl. **DOGANIS** (1991), S. 198.

der Billigfluggesellschaften[18] zu einer Annäherung der traditionell vorhandenen Preisunterschiede zischen den Flugpreisen im Linien- und Charterverkehr gekommen ist.[19] Zudem können Charterfluggesellschaften durch die liberalisierungsbedingte Veränderung der Marktzugangsregelungen im europäischen Luftverkehr vergleichsweise einfach den Status eines Linienluftverkehrsgesellschaft erhalten.[20] Die Anzahl der Beförderungsklassen eignet sich ebenfalls nur noch bedingt als Abgrenzungsmerkmal. Einzelne Charterfluggesellschaften bieten neben der Standardklasse „Economy" eine weitere Beförderungsklasse an, die den Abstand zum Angebot der Linienfluggesellschaften weiter verringert.[21]

Die beschriebene Angleichung von Charter- und Linienluftverkehrsunternehmen bedeutet jedoch nicht, dass eine Unterscheidung im aktuellen Luftverkehrsmarkt überflüssig wäre. Trotz der dargestellten Entwicklungen ist die Art des Luftverkehrsangebotes immer noch für die Vergabe von Luftverkehrsrechten im internationalen außereuropäischen Luftverkehr entscheidend. Zudem ist davon auszugehen, dass die Fluggesellschaften auch weiterhin durch die individuelle Gestaltung ihrer Flugangebote unterschiedliche Kundengruppen ansprechen werden.[22]

---

18 Zum Begriff der *Billigfluggesellschaften* vgl. Kap. 6.1.1.

19 Vgl. **WEIMANN** (1998), S. 67.

20 Vgl. **EHMER** (1994), S. S. 516.

21 Beispielsweise wird von der deutschen Charterfluggesellschaft Thomas Cook-Airlines die sog. *Comfort Class* als gehobene Flugklasse angeboten. Vgl. www.thomascook-airlines.de. Bei der LTU existiert mit der sog. *LTU First Comfort* eine vergleichbare Flugklassenkategorie. Vgl. www.ltu.de.

22 Vgl. **WEIMANN** (1998), S. 68.

5.2 Charakteristische Merkmale und Aufgaben des Luftverkehrs

Im Rahmen einer Analyse der wesentlichen branchenspezifischen Merkmale des Luftverkehrs werden in der Literatur sowohl produkt-, nachfrage-, angebots-, kosten- als auch vertriebsspezifische Besonderheiten des Luftverkehrs herausgestellt.[23] Ihre genauere Analyse ist für eine angemessene Einführung in die Luftverkehrsindustrie und für ein besseres Verständnis der Leistung „Flugbeförderung" im Rahmen dieser Arbeit unerlässlich. Im Kern sind dazu acht Merkmale der Dienstleistung Flugbeförderung zu unterscheiden:[24]

1.) *Mangelnde Speicherbarkeit des Produktes*: Das Lufttransportprodukt ist eine nicht stoffliche und damit abstrakte *Dienstleistung*[25]. Der Konsum und die Produktion dieser Dienstleistung fallen zeitlich und räumlich auseinander. Eine Bevorratung von Leistungen, die nicht verkauft werden können, ist nicht möglich. Unbesetzte, nicht verkaufte Sitzplätze sind somit als unwiederbringlich verlorene Produktionseinheiten zu deklarieren.[26] Damit wird es zu einem bedeutsamen Wettbewerbsfaktor für Fluggesellschaften, eine im wesentliche kostendeckende Kapazitätsplanung durchzuführen, die auch aufgrund der unter 3.) beschriebenen Besonderheiten der Nachfrage nach Luftverkehrsdienstleistungen unerlässlich ist.[27] Die Kapazitätsplanung ist im Luftverkehr als besonders schwierig einzustufen, da sich das Sitzplatzangebot durch produktionstechnische Unteilbarkeiten auszeichnet.[28] Danach ist eine Veränderung der Angebotsmenge nur in diskreten Schritten durchführbar, die wiederum von den jeweiligen Größen der Fluggeräte in der Flugzeugflotte abhängig sind.[29]

2.) *Originäre Homogenität*: Das Produkt Lufttransport stellt die Grundleistung von jedem Luftverkehrsunternehmen dar, d.h. die Beförderung von Personen und Fracht vom Abflugort zum Zielflughafen. Diese Grunddienstleistung wird ergänzt durch Serviceleistungen *vor* dem Abflug, *während* des Fluges und *nach* Beendigung des Fluges. Innerhalb der Grunddienstleistung bestehen für Luftverkehrsunternehmen aufgrund der originären Homogenität des Produktes *grundsätzlich* nur geringe Möglichkeiten, durch eine Produktdif-

---

23 Vgl. **Pompl** (1991), S. 33ff.

24 Für eine weiter gehende Erläuterung des Besonderheiten des Flugverkehrs vgl. **Hamm** (1964), S. 77ff. Die branchenspezifischen Besonderheiten des Luftverkehrs dienten traditionell immer wieder als Begründung für die Notwendigkeit einer Regulierung der Luftfahrtbranche durch staatliche Aufsichtsbehörden. Für eine kritische Auseinandersetzung mit der Angemessenheit einer derartigen Begründung vgl. **Laaser** (1991), S. 56ff.

25 Zum Begriff der *Dienstleistung* vgl. **Gabler-Verlag** (1997), S. 910f.

26 Vgl. **Pompl** (1991), S. 33.

27 Vgl. **Diegruber** (1991), S. 98 und **Hunziker** (1983), S. 79f.

28 Hunziker spricht in diesem Zusammenhang von einer sog. *Batch-Produktion*. Vgl. **Hunziker** (1983), S. 81.

29 Vgl. **Wiezorek** (1998), S. 20.

ferenzierung einen komparativen Konkurrenzvorteil gegenüber Wettbewerbern aufzubauen. Erschwerend kommt hinzu, dass die großen Luftverkehrsunternehmen im Wesentlichen auf gleiche Flugzeugtypen zurückgreifen, so dass die Produktionsbedingungen annähernd identisch sind.[30] Aus diesen Gründen gab es bis zum Beginn der Liberalisierung der Luftverkehrsmärkte und dem damit verbundenen Rückgang der Preis- und Qualitätsregulierung durch Institutionen des Staates und der sog. *International Air Transport Association* (IATA)[31] kaum Unterschiede zwischen den internationalen Fluggesellschaften hinsichtlich der Grundleistung (Abflugzeit, Frequenz, Flugdauer).[32] Durch die fortschreitende Öffnung und Liberalisierung der weltweiten Luftverkehrsmärkte stellte sich in zunehmendem Maße für jede Luftverkehrsgesellschaft die Frage, wie die Eigenschaften des eigenen Produktes verbessert werden könnten oder wie eine stärkere Anpassung an Kundenwünsche, mithin eine Heterogenisierung des Produktes Flugdienstleistung erreicht werden könnte. Als Lösungsmöglichkeit bot sich die Individualisierung der Flugbeförderungsleistung an. Diese Individualisierung bezog sich dabei mehr auf die ergänzenden Zusatzdienstleistungen, da der einzelne Sitzplatz als Grunddienstleistung nicht individuell produziert und bedient werden kann, sondern immer nur in der Gesamtheit aller Sitzplätze angeboten wird.[33] Als Folge dieser Entwicklung wurden Luftverkehrsmarken mit besonderen Charakteristika entwickelt. Die gezielte Weiterentwicklung dieser Marken hat insbesondere seit der Liberalisierung des europäischen Luftverkehrsmarktes im Jahr 1997 zunehmend an Bedeutung gewonnen. Den-

---

[30] Vgl. **Wheatcroft** (1964) S. 87. Vgl. auch **Doganis** (1985), S. 20f.

[31] Die IATA wurde m Jahr 1945 als unpolitische Interessenvertretung der weltweiten gewerblichen Luftverkehrsunternehmen gegründet und dient in erster Linie der Förderung des Zivilluftverkehrs zu vernünftigen Bedingungen. Gemäß ihrer Gründungsakte verfolgt die IATA drei wesentliche Ziele: 1.) Förderung eines sicheren, regelmäßigen und wirtschaftlichen Luftverkehrs zum Wohle der „Völker der Welt“ und das Studium der damit verbundenen Probleme, 2.) Bereitstellung von Mitteln für die Zusammenarbeit zwischen den Luftverkehrsunternehmen, die direkt oder indirekt im internationalen Luftverkehr tätig sind und 3.) Zusammenarbeit mit der ICAO sowie anderen internationalen Organisationen und regionalen Unternehmensverbänden. Die wichtigste Aufgabe der IATA ist es, die Tarife für Passagiere, Luftpost und Fracht auf internationalen Flugrouten sowie die Bedingungen der Beförderung auf den Verkehrskonferenzen auszuhandeln. Generell beruht die Mitgliedschaft der Fluggesellschaften in der IATA auf dem Prinzip der Freiwilligkeit und steht allen in einem Mitgliedsland der ICAO zugelassenen Luftverkehrsunternehmen offen, die eine Berechtigung zur Ausführung internationaler Flugdiensten aufgrund von bilateralen Luftverkehrsabkommen besitzen. Vgl. **Schwenk** (1996), S. 93. Für weitere Details zur IATA vgl. **Reifarth** (1985), S. 91.

[32] Vgl. **Pompl** (1991), S. 32 und **Biermann** (1985), S. 78. Für eine Beschreibung der Festlegung von Servicestandards und Tarifen durch staatliche Stellen und IATA-Verkehrskonferenzen vgl. **Jäckel** (1991), S. 54f.

[33] Vgl. **Diegruber** (1991) und **Hunziker** (1983), S. 81.

noch fokussieren auch heute noch viele Fluggesellschaften ihre kommunikations- und distributionspolitischen Maßnahmen auf das klassische und geschichtlich begründete Image als „nationale Fluggesellschaft". Gleichzeitig zeigt sich auf der Kundenseite, dass die Auswahl einer Fluggesellschaft immer mehr in Abhängigkeit von der Individualität bzw. Differenziertheit des Luftverkehrsproduktes getroffen wird.[34] Die zur Erfüllung der veränderten Kundenwünsche notwendige Überwindung der originären Homogenität der Dienstleistung „Lufttransport" wird von den Fluggesellschaften insbesondere durch die Entwicklung zusätzlicher Serviceleistungen angestrebt. Dazu gehören z.B. die Erweiterung des Angebots an komfortableren Check-in-Möglichkeiten, die Erhöhung des Sitzplatzkomforts im Flugzeug, der Aufbau von Flughafen-Lounges und Stopover-Programmen[35], die Verbesserung der Reservierungs- und Buchungssysteme und die Einführung bzw. Stärkung von Kundenbindungsprogrammen.[36] Weitere Differenzierungsansatzpunkte sind die Einhaltung von Standards (z.B. Alter der Flugzeuge, Wartungsintervalle) und der Auf- bzw. Ausbau eines Markenimages (z.B. Billig- oder Qualitätsfluggesellschaft, Ausrichtung auf Geschäftsreisende oder Urlauber).[37] Als Folge dieser Entwicklungen wird die „Luftverkehrsdienstleistung" immer mehr zu einem mehrdimensionalen Produkt.[38]

3.) *Besonderheiten der Nachfrage nach Luftverkehrsdienstleistungen*: Innerhalb der Nachfrage nach Luftverkehrsdienstleistungen wird zwischen dem Geschäfts- und dem Privatreiseverkehr unterschieden.[39] Diese Gruppierungen unterscheiden sich deutlich hinsichtlich der Produktanforderungen. Im Geschäftsreiseverkehr spielt die Ausnutzung der flugbedingten Zeitvorteile eine wesentliche Rolle. Aus diesem Grund werden vorwiegend teurere Buchungsklassen mit einer höheren Flexibilität nachgefragt, um bei kurzfristigen Terminänderungen nicht an bestimmte Flüge gebunden zu sein. Durch

[34] Vgl. **O'Connor** (1985), S. 5.

[35] Stopover-Programme ermöglichen es dem Kunden, auf einem Langstreckenflug Zwischenstopps an festgelegten Orten einzulegen. Meistens handelt es sich dabei um Zielorte, die von der Fluggesellschaft ohnehin zum Auftanken auf einer bestimmten Route angeflogen werden. Die besondere zusätzliche Dienstleistung der Fluggesellschaft liegt im Angebot von Hotelzimmer, die im Vergleich zum Normalpreis zu teilweise deutlich günstigeren Raten angeboten werden. Durch die vergünstigten Angebote sollen die Fluggeräte besser ausgelastet werden. Die Stopover-Programme wurden ursprünglich von asiatischen Fluggesellschaften für Routen nach Europa, Australien und Nordamerika angeboten. Mittlerweile werden nicht nur Hotelkapazitäten an den Stopover-Orten angeboten, sondern auch am eigentlichen Zielflughafen der Fluggesellschaft.

[36] Vgl. **Horovitz** (1989), S. 16f. und **Diegruber** (1991), S. 111.

[37] Vgl. **Wiezorek** (1998), S. 22.

[38] Vgl. **Panzar** (1983), S. 491.

[39] Vgl. **Tretheway; Oum** (1992), S. 15ff., **Schmidt** (1995), S. 14ff., **Doganis** (1991), S. 204ff. und **Pompl** (1991), S. 85.

die Übernahme der höheren Ticketkosten durch die Arbeitgeber und die zumeist kurzfristige Buchung zeichnet sich der Geschäftsreiseverkehr durch eine eher preisunelastische Nachfrage aus, während der Privatreiseverkehr eine hohe Preis- und Einkommenselastizität der Nachfrage aufweist.[40] Als weitere Besonderheit der Nachfrage sind die periodischen Nachfrageveränderungen anzusehen, die durch saisonale Effekte und Wochen- bzw. Tagesschwankungen auftreten. In einzelnen Kalendermonaten, wie beispielsweise innerhalb der klassischen Sommerurlaubsmonate von Juni bis September, sind die Verkehrsströme in der Regel besonders hoch.[41] In der Woche dominieren die Wochenrandtage mit hohem Geschäftsreiseverkehr,[42] Tagesschwankungen ergeben sich durch das starke morgendliche und abendliche Verkehrsaufkommen, da Geschäftsreisende die Tagesrandverbindungen vorzugsweise für Eintagesreisen nutzen, während tagsüber weniger Verkehrsströme zu verzeichnen sind.[43]

Aufgrund der erheblichen zeitlichen Schwankungen der Nachfrage nach Luftverkehrsleistungen ist die Dimensionierung der Kapazitäten von grundlegender Bedeutung für jede Luftverkehrsgesellschaft.[44] Normalerweise werden die angebotenen Kapazitäten auf die jeweiligen Nachfragespitzen ausgerichtet.[45] Während der aufkommensschwächeren Zeiten entsteht dadurch ein Angebotsüberhang, der nicht nur den Auslastungsfaktor, sondern durch den hohen Anteil der Fixkosten auch das Betriebsergebnis negativ beeinflusst. Dadurch ergibt sich die für jede Fluggesellschaft entscheidungskritische Situation, einerseits den Auslastungsfaktor durch eine Verringerung der Kapazitäten erhöhen zu können, andererseits aber bei einer zu großen Verringerung der Kapazitäten die Nachfrage nicht mehr befriedigen zu können und dadurch eigene Kunden an die Konkurrenz zu verlieren.[46] Als weitere Schwierigkeit einer optimalen Kapazitätsplanung ist die Tatsache anzusehen, dass es im Luftverkehr die Möglichkeit der sog. *No-shows* gibt. No Shows entstehen, wenn eine Buchung von einem Passagier nicht angetreten und damit der Auslastungsgrad einer Maschine sinkt.[47] Durch die Einfüh-

[40] Durch verschiedene empirische Untersuchungen wurden einzelne Nachfrageelastizitäten im Luftverkehr in ihrer Höhe bestimmt. Vgl. dazu **Tretheway; Oum** (1992), S. 14f. und **Doganis** (1991), S. 222.

[41] Vgl. **Sterzenbach** (1996), S. 148.

[42] Vgl. **Pompl** (1991), S. 35.

[43] Vgl. **Tretheway; Oum** (1992), S. 12f.

[44] Vgl. **Tretheway; Oum** (1992), S. 11ff.

[45] Vgl. **Pompl** (1991), S. 36.

[46] Vgl. **Diegruber** (1991), S. 118.

[47] Im Luftverkehr ist es möglich, eine Platzbuchung abzugeben, ohne dass der Passagier dazu verpflichtet ist, diesen Platz bei einer Nichtnutzung abzubestellen. Dieses Handicap versuchen die Luftverkehrsunternehmen i.d.R. durch den Aufbau von Wartelisten auszugleichen. Vgl. **Hunziker** (1983), S. 85.

rung hoher Storno- und Umbuchungsgebühren versuchen die Fluggesellschaften, einer Senkung des Auslastungsgrades entgegen zu wirken. Trotz derartiger Gegenmaßnahmen konnten einige Fluggesellschaften eine No-Show-Rate von 15%-20% nicht verhindern.[48]

4.) *Branchenspezifische Merkmale des Vertriebs*: Der Flugscheinverkauf erfolgt über unterschiedliche Wege des *direkten* und *indirekten* Vertriebes, wobei der überwiegende Teil des Ticketverkaufs *indirekt* über Absatzmittler abgewickelt wird. Zu diesen Absatzmittlern zählen im wesentlichen Reisebüros und Reiseveranstalter, die die Tickets im Regelfall direkt von den Fluggesellschaften oder über Consolidators[49] erwerben. Die Absatzmittler erhalten von den Fluggesellschaften für die Vermittlungsleistung eine Provision, die sich grundsätzlich nach den Vorgaben der IATA[50] richtet. Der vergleichsweise hohe Fremdvertriebsanteil hat in den vergangenen Jahren zu einer deutlichen Schwächung der Kontrollierbarkeit des Vertriebskanals durch die Fluggesellschaften geführt. Aus diesem Grund wird insbesondere durch den gezielten Einsatz des Internets eine Ausweitung de Direktvertriebs angestrebt. Als weiterer *indirekter* Vertriebsweg existiert der Ticketverkauf über andere Fluggesellschaften. Dieser Verkauf erfolgt z.B. auf der Basis von sog. *General Sales Agency Agreements* oder im Rahmen des sog. *Interlining* zwischen den Fluggesellschaften.[51] Im internationalen Linienluftverkehr übernehmen häufig die nationalen Fluggesellschaften den Vertrieb der Flugscheine von solchen ausländischen Luftverkehrsunternehmen, mit denen sie im Rahmen von strategischen Kooperationen zusammenarbeiten.[52]

Der *direkte* Vertrieb einer Fluggesellschaft konnte in den letzten Jahren durch eine deutliche Stärkung des Absatzes über das Medium Internet ausgebaut werden und führte dadurch zu einem Rückgang der Provisionszahlungen an die vorher dominanten Absatzmittler. Gleichzeitig wurde die Bedeutung der computergestützten Reservierung weiter gefestigt, mit der die Luftverkehrsunternehmen nicht nur Kundendienstfunktionen erfüllen, sondern ihre eigene Verkaufs- und Kapazitätsplanung vereinfachen können.[53]

---

48 Vgl. **Wiezorek** (1998), S. 37.

49 Ein Consolidator erwirbt Ticketkontingente von einzelnen Fluggesellschaften. Diese Kontingente werden dann auf eigenes Risiko und auf eigene Rechnung weiter veräußert.

50 Zur IATA vgl. Kap. 5.2, S. 363 mit den dortigen Literaturhinweisen.

51 Mit dem Begriff Interlining ist die im Rahmen der IATA aufgebaute und organisierte Kooperation zwischen den Luftverkehrsgesellschaften gemeint, die die gegenseitige Anerkennung von Beförderungsbedingungen und -dokumenten im Passage- und Frachtverkehr beinhaltet. Für eine Darstellung der grundlegenden Merkmale des Interlining vgl. **Göpfert** (1994), S. 460f. und Kap. 6.1.2.2.

52 Vgl. **Diegruber** (1991), S. 126.

53 Für eine umfangreiche Darstellung der Funktionsweise von Computerreservierungssystemen vgl. **Schmidt** (1995), S. 16ff.

Der Ticketverkaufs über Reisebüroketten, an denen Fluggesellschaften eine Kapitalbeteiligung halten, und der Ticketverkauf über Flughafencounter, Ticketautomaten und Call-Center stellen die weiteren direkten Vertriebswege dar, die flankierend zum Internet immer weiter ausgebaut wurden und werden. Dadurch konnte die Abhängigkeit von den genannten Absatzmittlern reduziert und der Kundenkontakt weiter intensiviert werden. Abb. 5.2 visualisiert zusammenfassend die Distributionswege im Personenluftverkehr.

Abb. 5.2: *Distributionswege im Personenluftverkehr*

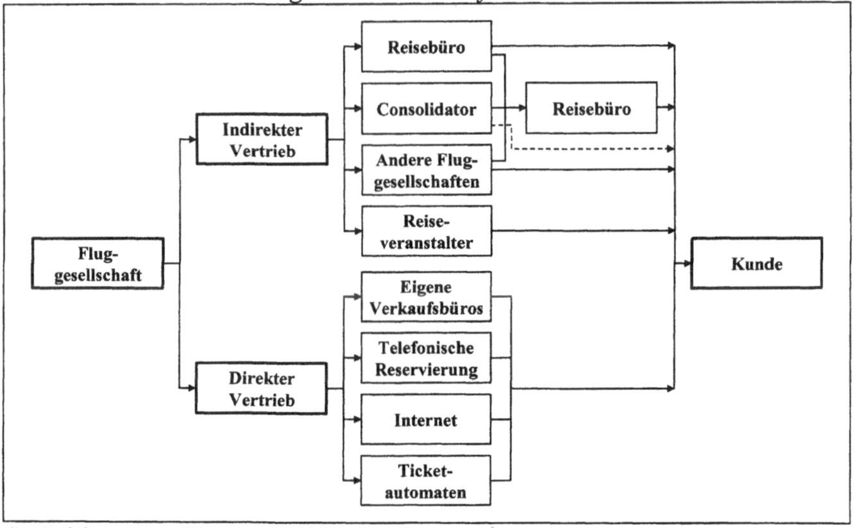

(In Anlehnung an: WIEZOREK (1998), S. 29)

5.) *Hohe Kapitalintensität*: Die Luftverkehrsbranche zeichnet sich durch eine hohe Kapitalintensität aus, da die Finanzierung des Anlagevermögens und der Betriebs- und Geschäftsausstattung hohe finanzielle Mittel bindet. Während die größten Fluggeräte in den fünfziger Jahren maximal 2 Mio. US-Dollar kosteten, sind für die modernen Großraumflugzeuge bis zu 150 Mio. US-Dollar zu zahlen.[54] Zur Verbesserung der Bilanzstruktur verwenden Fluggesellschaften zunehmend Leasing-Vereinbarungen, um das Anlagevermögen zu reduzieren. Gleichzeitig wird die Gewinn- und Verlustrechnung um die auf dieses Anlagevermögen entfallenden Abschreibungen verringert und um die Leasing-Aufwendungen erhöht.[55]

---

[54] Vgl. **WIEZOREK** (1998), S. 23.

[55] Nach den amerikanischen Rechnungslegungsvorschriften US-GAAP werden die Leasing-Aufwendungen häufig weiterhin als „Abschreibungsaufwand" kategorisiert. Vgl. **DOGANIS** (1991), S. 112.

6.) *Hoher Anteil der Fixkosten*: Fluggesellschaften zeichnen sich durch eine Kostenstruktur aus, die durch einen hohen Fixkostenanteil und vergleichsweise geringe Grenzkosten[56] gekennzeichnet ist.[57] Luftverkehrsunternehmen unterscheiden in Anlehnung an die ICAO zwischen *direkten* und *indirekten* Betriebskosten:[58]

a.) *Direkte Betriebskosten*: Die *direkten* Betriebskosten können individuell auf das jeweilige Flugzeug bzw. den einzelnen Flug zugerechnet werden. Im Regelfall nehmen die direkten Kosten mit zunehmender Größe des eingesetzten Flugzeuges und zunehmender Streckenlänge pro Sitzmeile ab.[59] Bei einer Zunahme der durchschnittlichen Streckenlänge verringert sich allerdings das Potenzial für weitere Kostensenkungen, so dass Kostenreduktionen im Langstreckenverkehr nur noch in geringem Umfang umsetzbar sind. Dieses gegenläufige Verhältnis von Streckenlänge und Stückkosten liegt im Wesentlichen daran, dass die Fixkosten bei Langstrecken auf mehr Einheiten verteilt werden können. Gleichzeitig verändern sich die variablen Kosten nicht proportional zu den geflogenen Meilen, da z.B. eine nicht unerhebliche Menge an Treibstoff durch Wartepositionen am Boden und Warteschleifen in der Luft bei überfüllten Landebahnen verbraucht wird, ohne dass es zu einer Erhöhung der angebotenen Sitzmeilen kommt. Zudem sind die Starts und Landungen im Verhältnis zur Flugstrecke und zum Verbrauch während des Fluges sehr treibstoffintensiv.[60] Insgesamt gehen die Stückkosten bei hohen Reisegeschwindigkeiten zurück, während die Produktivität als Produkt von Geschwindigkeit und Nutzlast pro Zeiteinheit steigt.[61]

---

56 Als Grenzkosten werden in diesem Zusammenhang diejenigen Kosten bezeichnet, die durch einen zusätzlichen Passagier entstehen. Bei einem nicht voll besetzten Flugzeug sind die durch einen zusätzlichen Fluggast entstehenden Zusatzkosten für Service an Bord (Mahlzeiten, Getränke, Zeitungen, Kerosin), für den zusätzlichen Treibstoff bzw. für die zusätzliche Abfertigung sehr gering.

57 Vgl. **Doganis** (1991), S. 107 und **Berg; Tielke-Hosemann** (1989), S. 130.

58 Vgl. **Sterzenbach** (1996), S. 81 und **ICAO** (1995a), S. X-13.

59 Vgl. **Doganis** (1991), S. 156. Die Berechnung der angebotenen Sitzmeilen für einen einzelnen Flug erfolgt durch die Multiplikation der zurückgelegten Meilenentfernung mit der Anzahl der vorhandenen Sitzplätze. Die Kosten einer einzelnen Sitzmeile ergeben sich durch die Division der Fluggesamtkosten durch die angebotenen Sitzmeilen. Vgl. **Wiezorek** (1998), S. 26.

60 Vgl. **Wiezorek** (1998), S. 27. Für eine detaillierte Analyse der Einflussfaktoren auf die Stückkosten vgl. **Doganis** (1991), S. 153ff. und **Tretheway; Oum** (1992), S. 4ff.

61 Vgl. **Sterzenbach** (1996), S. 82.

b.) *Indirekte Betriebskosten*: Die *indirekten* Betriebskosten umfassen die Gemeinkosten und vertriebsabhängigen Kosten (Stations-, Marketing-, Verkaufs- und Verwaltungskosten).[62]

Demnach haben Fluggesellschaften, die in erster Linie im Langstreckenverkehr tätig sind, vergleichsweise geringe Stückkosten gegenüber z.B. Regionalfluggesellschaften. Die durchschnittlichen Gesamtbetriebskosten, als Summe aus direkten und indirekten Betriebskosten, sinken bei einem Anstieg der durchschnittlichen Streckenlänge. Die beförderungs- und flugabhängigen Kosten wie Treibstoff und Bordmaterial haben je nach individueller Kostenstruktur der Fluggesellschaft lediglich einen Anteil von ca. 40% an den Gesamtkosten, während die fixen Kosten einen Anteil von etwa 60% aufweisen.[63] Aufgrund der hohen fixen Kosten ist es erforderlich, dass *jeder* Flug einen großen Teil zur Gemeinkostendeckung beiträgt. Die variablen Kosten, die von der Zahl der beförderten Passagiere abhängen, die wiederum die Höhe der Agentenprovisionen, die Kosten des Caterings und die Höhe der Versicherungsprämien bzw. Passagiergebühren an Flughäfen determinieren, und die Grenzkosten für jeden zusätzlichen Passagier sind dabei vergleichsweise gering. Durch die geringen Grenzkosten und die mangelnde Speicherfähigkeit des Produktes kommt es im Luftverkehr auf einzelnen Strecken zu teilweise sehr intensiven Preiskämpfen.[64] Häufig werden dabei die Sitzplätze zu Tarifen vergeben, die lediglich die direkt mit dem Flug verbundenen variablen Kosten decken.[65] Diese Tendenz zur Vergabe von Tickets zu Billigtarifen hat sich durch die zunehmende Marktpräsenz der Low-Cost Carrier noch weiter verstärkt, die vereinzelt sogar Tickets zum Nulltarif (ohne Steuern und Gebühren) anbieten.[66] Insgesamt wird dadurch die Aussagekraft des Auslastungsgrads eines Fluges als Messgröße für den Erfolg einer Flugstrecke relativiert. Es ist jedoch auch heute noch davon auszugehen, dass Flüge mit einem Auslastungsgrad von 60-70% wirtschaftlich rentabel durchgeführt werden können.[67] Der hohe Anteil der fixen Kosten verhindert zudem, dass umfassende Skaleneffekte wirksam werden können. Derartige Skaleneffekte beziehen sich auf den Umfang der Geschäftsaktivitäten einer Fluggesellschaft und erklären betriebsgrößenbedingte Kostendegressionen, die bei Fluggesellschaften lediglich für die an wenigen Orten konzentrierten

[62] Vgl. **O'Connor** (1978), S. 55f.

[63] Vgl. **Hille** (1988), S. 7.

[64] Vgl. **Jäckel** (1991), S. 82f. und **Doganis** (1991), S. 282ff.

[65] Vgl. **AMR Corporation** (1992), S. 6.

[66] Beispielsweise verkauft die englische Fluggesellschaft Ryanair in regelmäßigen Abständen derartige „kostenfreie" Tickets über ihre Internet-Homepage.

[67] Für eine Darstellung der mit dem Auslastungsgrad verbundenen Problembereiche vgl. **A-berle** (1996), S. 220.

Funktionen relevant sind.[68] Auch die Ausweitung des Streckennetzes ohne Kooperationspartner ermöglicht es kaum, Skaleneffekte zu generieren, da an allen Endpunkten zusätzliche Abfertigungs- und Bodeneinrichtungen aufgebaut werden müssten. Die sog. *Dichte-Effekte* beziehen sich demgegenüber auf den Umfang der Effizienz bei der Nutzung eines bestimmten Streckennetzes.[69] Die Erhöhung der Flugfrequenz oder der Einsatz größerer Flugzeuge auf einer bereits bedienten Strecke ermöglichen die Erzielung von Kostendegressionen.[70] Zusammenfassend lässt sich festhalten, dass Skaleneffekte für Fluggesellschaften im Vergleich zu den Dichte-Effekten von geringerer Bedeutung sind.

7.) *Arbeitsintensität*: Der Transport von Personen und Fracht stellt eine arbeitsintensive Dienstleistung dar. Der Personalkostenanteil an den Betriebskosten beträgt durchschnittlich etwa ein Drittel der Gesamtkosten.[71]

8.) *Hohe Sicherheitserfordernisse*: Der Sicherheitsaspekt ist für Luftverkehrsunternehmen von grundlegendster Bedeutung und besitzt höchste Priorität. Zur Gewährleistung der maximalen Sicherheit wird die technische Zuverlässigkeit bzw. wirtschaftliche Leistungsfähigkeit von Fluggesellschaften streng durch staatliche Zulassungs- und Aufsichtsbehörden kontrolliert.[72] Ein hoher Sicherheitsstandard liegt auch im Eigeninteresse der Luftverkehrsunternehmen, da ein negatives Image im Bereich der Verkehrssicherheit zu einem erheblichen Nachfragerückgang führen kann. Insbesondere nach den Anschlägen des 11. Septembers 2001 ist davon auszugehen, dass verstärkt Maßnahmen zur Steigerung der Flugsicherheit vorgenommen werden.[73]

---

[68] Vgl. dazu die Ausführungen von **Gillen; Oum; Tretheway** (1986).

[69] Vgl. **Caves; Christensen; Tretheway** (1986) und **Jäckel** (1991), S. 135ff.

[70] Vgl. **Tretheway; Oum** (1992), S. 7ff.

[71] Vgl. **ATA** (1999), Kapitel 4.

[72] Vgl. zum Thema Flugsicherheit die Arbeiten von **Oster; Strong; Zorn** (1992) sowie der **White House Commission on Aviation Safety and Security** (1997).

[73] Beispielsweise wurden bei der Deutschen Lufthansa Plastikmesser in den Kabinen eingeführt. Darüber hinaus wurden bessere Türen zum Cockpit und eine Kabinenvideoüberwachung installiert. Vgl. **o.V.** (2002u), S. 19.

5.3 Rahmenbedingungen des Luftverkehrs

5.3.1 Wirtschaftliche Rahmenbedingungen

5.3.1.1 Globale Umweltanalyse

Um eine realistische Einschätzung der strategischen Ausgangssituation eines Luftverkehrsunternehmens im Rahmen strategischer Entwicklungsentscheidungen vornehmen zu können, ist es stets erforderlich, die relevanten Umweltfaktoren in die Situationsanalyse zu integrieren. Dabei sind ausnahmslos solche Faktoren zu berücksichtigen, die einen nachhaltigen Einfluss auf die Wettbewerbsposition und das Entwicklungspotenzial einer Luftverkehrsgesellschaft ausüben. In diesem Zusammenhang werden in der Luftverkehrsbranche, wie in allen anderen Wirtschaftsbereichen, fünf Umweltbereiche (*ökologische, technologische, ökonomische, soziale* und *politische* Umwelt) unterschieden, die als allgemeine Rahmenbedingungen das Handeln von Fluggesellschaften maßgeblich bestimmen.[74] Den jeweiligen Unternehmensführungen fällt die Aufgabe zu, die Auswirkungen der Veränderungen in diesen Umweltbereichen vor jeder strategischen Entscheidung zu antizipieren und frühzeitig unternehmerische Anpassungsmaßnahmen zu veranlassen und durchzuführen.

Die nachfolgende Umweltanalyse des Luftverkehrs konzentriert sich ausschließlich auf eine kurze Zusammenfassung der wesentlichen Umweltfaktoren, die einen Einfluss auf die Entwicklung des Luftverkehrs und damit auf die Entwicklung des Wettbewerbs zwischen den Fluggesellschaften ausüben können, da nur diese im Rahmen der vorliegenden strategieorientierten Arbeit von Relevanz sind. Auf eine *ausführliche* Erläuterung der einzelnen Bereiche kann an dieser Stelle auch deshalb verzichtet werden, weil diese in anderen Forschungsarbeiten bereits vorgenommen wurde:[75]

1.) *Ökologische Umwelt*: In der heutigen Zeit kommt dem Umweltschutz eine immer wichtigere Bedeutung im täglichen Leben zu. Diese Entwicklung hat auch Implikationen für den Luftverkehr, der die Umwelt durch mehrere Punkte belastet: a.) *Lärmemissionen*, b.) *Energieverbrauch* durch die Verwendung fossiler Brennstoffe (Kerosin), c.) *Schadstoffemissionen* und d.) *Ressourcenverbrauch am Boden* durch den Neubau oder die Erweiterung von Flughäfen und/oder die Errichtung von Flugsicherungsanlagen:[76]

---

[74] Die globale Umfeldanalyse basiert auf den im *St. Galler Management-Konzept* erläuterten *Umweltsegmenten*. Zum St. Galler Management-Konzept vgl. **Bleicher** (1991b), **Ulrich; Krieg** (1974), **Ulrich** (1968), S. 64f. und Kap. 2.3.2 mit den dortigen Literaturangaben.

[75] Dazu und zu den nachfolgenden Ausführungen vgl. **Weber** (1997), S. 16ff., **Diegruber** 1991), S. 135ff. und **Steininger** (1999), S. 28ff.

[76] Vgl. **Armbruster** (1996), S. 74ff.

a.) *Lärmemissionen*: Die Lärmemissionen einer Fluggesellschaft belasten die Umwelt besonders stark. Neben dem *Fluglärm*, der insbesondere bei den Starts und Landungen von Flugzeugen entsteht, wird die Umwelt durch den *Bodenlärm* beeinträchtigt, der u.a. bei Triebwerkstestläufen, Flugzeugrollbewegungen und Frachtumschlägen an Flughäfen verursacht wird. Die daraus resultierende Lärmbelästigung der Bevölkerung wird durch das andauernde Wachstum des Luftverkehrs und die stärkere Besiedlung von Flächen in den Flughafenrandgebieten weiter verschärft. Allerdings konnten die luftverkehrsspezifischen Lärmbelastungen durch die Einführung restriktiverer globaler Lärmgrenzwerte und die Realisierung technischer Fortschritte im Flugzeugbau in den letzten Jahren deutlich reduziert werden. Trotz dieser Fortschritte werden die durch den Flugverkehr verursachten Lärmbelästigungen von Umweltschutzorganisationen immer noch als wesentlicher Grund für die Ablehnung von Flughafenneubauten oder -erweiterungen angegeben. Die daraus potenziell entstehenden Infrastrukturengpässe können die Geschäftsentwicklung und damit die Wettbewerbsposition einer Luftverkehrsgesellschaft nachhaltig beeinträchtigen.

b.) *Energieverbrauch*: Der Energieverbrauch der Flugzeuge vom Typ Airbus oder Boeing konnte in den letzten vierzig Jahren um ca. 50% gesenkt werden. Für den Transport *eines* Passagiers über eine Strecke von 100 Kilometern verbrauchen moderne Flugzeuge heute nur noch vier bis sechs Liter Kerosin.[77] Allerdings wurde die Reduktion des Energieverbrauchs und Fluglärms je Flugbewegung durch die starke Zunahme des Luftverkehrs deutlich überkompensiert, so dass auch in diesem Bereich weitere Anforderungen an Fluggesellschaften zu erwarten sind.

c.) *Schadstoffemissionen*: Die Schadstoffemissionen sind direkt gekoppelt mit dem Verbrauch von Kerosin. Im Unterschied zu den Schadstoffemissionen an Flughäfen und in Flughafennähe, die durch nationale und internationale Vorschriften geregelt werden, unterliegen die Schadstoffemissionen während eines Fluges keinen besonderen Regulierungen. Wenngleich der zivile Luftverkehr nur einen geringen Anteil an den gesamtem anthropogenen Emissionsquellen aufweist, sind die ökologischen Folgen der emittierten Schadstoffe in den höheren Luftschichten nicht zu vernachlässigen. In diesem Zusammenhang wird immer wieder auf einen angeblichen Zusammenhang zwischen der Substanzverringerung der stratosphärischen Ozonschicht durch Flugzeugabgase und einer Zunahme des Treibhauseffektes hingewiesen. Obwohl dieser Zusammenhang bisher empirisch nicht eindeutig belegt werden konnte, kann eine generelle Beeinflussung des atmosphärischen Gleichgewichtes und eine Verände-

[77] Vgl. **Armbruster** (1996), S. 121.

rung klimatischer Bedingungen durch den Luftverkehr unterstellt werden. Vor diesem Hintergrund ist davon auszugehen, dass sich die Fluggesellschaften auch in Zukunft mit klimaspezifischen Fragestellungen bei der Festlegung von Unternehmensstrategien beschäftigen müssen.

d.) *Ressourcenverbrauch am Boden*: Politisch stark umstritten ist der Verbrauch von Landflächen für Flughafenneubauten bzw. -erweiterungen und/oder die Errichtung von Flugsicherungsanlagen. Wenngleich Flughäfen im Vergleich zu anderen Verkehrsträgern wie Bahn oder Pkw deutlich weniger Landflächen für die gleiche Verkehrsleistung benötigen, werden im Zusammenhang mit flughafeninduzierten Landverbräuchen insbesondere die ökologischen Konsequenzen von Flächenversiegelungen für die Anbindung der Flughäfen an das Schienen- und Straßennetz, die zunehmende Besiedlung flughafennaher Flächen, die Beeinträchtigung der Artenvielfalt von Fauna und Flora und die Veränderung des Grundwasserspiegels angeführt.

Die Akzeptanz luftverkehrsspezifischer Umweltbelastungen durch die Bevölkerung hat in den letzten Jahren angesichts des zunehmenden Umweltbewusstseins rapide abgenommen. Immer wieder kommt es im Zusammenhang mit dem Ausbau von Flughafeneinrichtungen zu Beschwerden oder Einsprüchen durch die vom Ausbau betroffenen Anwohner flughafennaher Gemeinden und Städte. Als Folge dieser ökologischen Entwicklungen wurden in den letzten Jahren umweltspezifische Abgaben eingeführt und Verschärfungen luftverkehrsspezifischer Ge- und Verbote (z.B. die Einführung eines Nachtflugverbotes an einigen Flughäfen) umgesetzt. Die daraus resultierenden finanziellen Belastungen beeinträchtigen in zunehmenden Maße die Entwicklungsmöglichkeiten der Fluggesellschaften.

Diese werden auch durch die Tatsache beeinträchtigt, dass die Sensibilität gegenüber luftverkehrsspezifischen Umweltbelastungen in den einzelnen Regionen der Welt sehr unterschiedlich ausgeprägt ist. Dadurch wird es auch in Zukunft deutliche Unterschiede bei der ökologischen Regulierung des Luftverkehrs durch Regierungen und Institutionen geben. Insbesondere die europäischen Luftverkehrsgesellschaften unterliegen in diesem Zusammenhang der Gefahr einer Wettbewerbsverzerrung zu ihren Lasten, da die innereuropäischen ökologischen Anforderungen und Standards im Vergleich zu den meisten anderen Ländern deutlich restriktiver sind.[78]

2.) *Technologische Umwelt*: Die technologische Umwelt der Zivilluftfahrt unterliegt bis heute insbesondere aufgrund von Innovationen in der Flugzeug-, Triebswerks-, Informations- und Kommunikationstechnologie einem stetigen Veränderungsprozess. Durch den Bau immer größerer Flugzeuge und

[78] Vgl. **Steininger** (1999), S. 26f.

die Entwicklung leistungsfähigerer, leiserer und sparsamerer Triebwerke konnten die Fluggesellschaften in der Vergangenheit ihre Stückkosten auf einzelnen Flugstrecken deutlich reduzieren und gleichzeitig die Abgasemissionen senken. Weitere Veränderungen der technologischen Umwelt, z.B. durch neue Erkenntnisse im Bereich der Aerodynamik und Werkstofftechnik, durch weiterentwickelte Triebwerkskonstruktionen und veränderte Elektronik, sind auch künftig zu erwarten und werden zu einer weiteren Effizienzerhöhung der Fluggesellschaften beitragen.[79] In diesem Zusammenhang ist insbesondere auf die Entwicklung des A380 von Airbus (550 Sitze) und der gestreckten Boing 747 (420 Sitze) hinzuweisen, deren Betriebskosten pro Sitz um 20% unter denen der heutigen Flugzeugmodelle liegen.[80] Darüber hinaus wird die Geschäftstätigkeit von Luftverkehrsgesellschaften durch Weiterentwicklungen in der Informations- und Kommunikationstechnologie nachhaltig beeinflusst. Durch technologische Fortschritte in diesen Bereichen könnten sich z.B. die bisherigen Distributionsmethoden und Yield-Management-Systeme[81] verändern. Die daraus resultierenden Effizienzsteigerungen könnten bei einigen Fluggesellschaften zu einer Verbesserung ihrer Wettbewerbsposition beitragen.

3.) *Ökonomische Umwelt*: Wie jeder andere Wirtschaftssektor unterliegt die Luftverkehrsbranche dem Einfluss der allgemeinen ökonomischen Rahmenbedingungen und Veränderungen. Dementsprechend sind mit den in den letzten Jahren feststellbaren ökonomischen Trends, wie z.B. die *Zunahme der Wettbewerbsglobalisierung*, der *Anstieg der Nachfragedifferenzierung*, die *Deregulierung von Märkten*, die *Verkürzung von Produktlebenszyklen*, die *Steigerung der Innovationsdynamik, die Zunahme der Investitionsvolumina*, die *Erhöhung der Wissensdiffusionsgeschwindigkeit*,[82] weit reichende strategische Herausforderungen für Luftverkehrsgesellschaften verbunden, die nur durch rechtzeitige und angepasste Entwicklungsentscheidungen der Unternehmensführungen bewältigt werden können.

Eine besondere Herausforderung stellt in diesem Zusammenhang die Bewältigung der luftverkehrsspezifischen Veränderungen dar, die sich als Folge der Ereignisse des 11. Septembers 2001, des Irak-Kriegs im Frühjahr 2003

---

[79] Vgl. **Armbruster** (1996), S. 111ff.

[80] Vgl. **o.V.** (2001a), S. 24 und **o.V.** (2002a), S. 22.

[81] Für eine ausführliche Erläuterung des Begriffes „Yield-Management" vgl. **Zehle** (1991), S. 485 und **Daudel; Vialle** (1992), S. 9ff. Für eine Darstellung der konzeptionellen Grundzüge des Yield-Managements vgl. **Weber** (1997), S. 97ff.

[82] Zu diesen einzelnen Aspekten vgl. **Albach** (1989), S. 1338ff., **Meffert** (1989), S. 445ff., **Zahn** (1987), S. 476, **Picot** (1990), S. 121 und **Kleinert** (2000), S. 2. Für eine umfassende und integrierte Erläuterung unterschiedlicher ökonomischer Schlüsseltrends vgl. auch **Diegruber** (1991), S. 142ff.

und ökonomischer Verschiebungen durch die Lungenkrankheit SARS in Asien ergeben haben.[83]

4.) *Soziale Umwelt*: Zu den wichtigsten *quantitativen* Größen der sozialen Umwelt gehört die demographische Entwicklung der Weltbevölkerung. Zwei wesentliche Trends lassen sich in diesem Zusammenhang feststellen:[84]

   a.) *Allgemeiner Bevölkerungsanstieg*: Die Weltbevölkerung wächst mit einer rasanten Geschwindigkeit, wobei sich die Entwicklungsländer durch eine andauernde Bevölkerungsexplosion und die meisten Industrieländern durch eine Bevölkerungsstagnation bzw. einen leichten Bevölkerungsrückgang auszeichnen.

   b.) *Überalterung in den Industrieländern*: Durch eine Verbesserung der medizinischen und sozialen Betreuung kommt es zunehmend zu einer Überalterung der Bevölkerung in den Industrieländern.

Zudem werden die sozialen Rahmenbedingungen *qualitativ* durch den sukzessiven Wertewandel in der Bevölkerung verändert. Da Werte als übergeordnete Kategorie das Verhalten aller Menschen im Alltag beeinflussen, unterliegt auch das Nachfrageverhalten der Kunden von Fluggesellschaften bestimmten Einflüssen des allgemeinen Wertewandels. Dieser Wertewandel äußert sich durch bestimmte sozialpsychologische Entwicklungen, zu denen insbesondere der zunehmende Individualismus in den westlichen Industrieländern gehört. Die Veränderungen induzieren zum einen eine verstärkte Suche nach Selbstverwirklichungs- und Mitgestaltungsmöglichkeiten im privaten und beruflichen Umfeld und steigern zum anderen u.a. die Bedeutung von Freizeit, persönlichem Lebensgenuss, individueller Unabhängigkeit und Autonomie. Vor diesem Hintergrund ist von einer weiterhin dynamischen Veränderung des Profils der Nachfrager nach Luftverkehrsdienstleistungen auszugehen, auf die die Fluggesellschaften eine Antwort finden müssen.

---

[83] Insbesondere die asiatischen Fluggesellschaften wurden von den wirtschaftlichen Auswirkungen der SARS-Fälle getroffen. In der Hochphase der Krankheit mußte beispielsweise die in Hongkong ansässige Fluggesellschaft Cathay Pacific einen Rückgang der Passagiere von mehr als 65% im Vergleich zum Vorjahr hinnehmen. Flugstrecken mußten gestrichen und Flugzeuge außer Betrieb gesetzt werden. Auch die großen europäischen Fluggesellschaften verzeichneten deutliche Rückgänge der Passagierzahlen und Erlöse durch die SARS-Krise, den Irak-Krieg und die allgemein schlechte Konjunktur. Beispielsweise verzeichnete die Deutsche Lufthansa im Mai 2003 auf den Flügen nach Hongkong bzw. Schanghai nur noch eine Auslastung der Flugzeuge von 42% bzw. 50%. Es dauerte bis zum Juli 2003, bis die Auslastung wieder auf 80% (Hongkong) bzw. 86% (Schanghai) gesteigert werden konnte. Dazu und für eine ausführliche Darstellung der wirtschaftlichen Konsequenzen der SARS-Fälle und des Irak-Kriegs für die Fluggesellschaften vgl. **O.V.** (2003ai), S. 18, **O.V.** (2003aj), S. 14, **O.V.** (2003ak), S. 11, **O.V.** (2003al), S. 16 und **O.V.** (2003am), S. 14.

[84] Dazu und zu den nachfolgenden Ausführungen vgl. **STEININGER** (1999), S. 19ff.

5.) *Politische Umwelt*: Der Aspekt der politischen Umwelt wird aufgrund seiner besonderen Bedeutung für die Luftverkehrsentwicklung im nachfolgenden Kapitel vor dem Hintergrund der Geschehnisse und luftverkehrsspezifischen Konsequenzen der Terroranschläge des 11. Septembers 2001 adressiert.

5.3.1.2 Einflussfaktoren und wesentliche Entwicklungen in der Luftverkehrsbranche

Die Luftverkehrsindustrie sieht sich, wie bereits dargelegt wurde, seit mehr als zwei Jahrzehnten einem fundamentalen Wechsel der allgemeinen rechtlichen und operationalen Rahmenbedingungen ausgesetzt. Die Wettbewerbsregeln in den bedeutenden Luftverkehrsmärkten wurden durch Deregulierungsmaßnahmen und Liberalisierungsschritte entscheidend verändert. Darüber hinaus leiden die meisten Fluggesellschaften seit Mitte der neunziger Jahre unter dem weltweiten wirtschaftlichen Abschwung. Angesichts dieser grundlegenden unternehmensexternen Veränderungen ist die Frage nach der angemessenen Strategie für jede Fluggesellschaft von besonderem Interesse. Ihre Beantwortung kann generell nur dann gelingen, wenn neben den Erkenntnissen der globalen Umweltanalyse die wesentlichen *luftverkehrsspezifischen* Einflussfaktoren und Entwicklungen in die Betrachtungen integriert werden. Für eine *systematische* Analyse der Luftverkehrsbranche eignet sich die in Kap. 3.5.1.2.2 ausführlich erläuterte Branchenstrukturanalyse von PORTER.[85] Danach werden Luftverkehrsunternehmen nachhaltig durch die in der Luftverkehrsbranche wirkenden Wettbewerbskräfte beeinflusst. Dazu gehören gemäß PORTER die Rivalität unter den bestehenden *Wettbewerbern* in der Branche, die Verhandlungsmacht der *Abnehmer*, die Verhandlungsstärke der *Lieferanten*, die Bedrohung durch *Ersatzprodukte* und die Bedrohung durch potenzielle *neue Konkurrenten*.[86]

Auf eine *ausführliche* Untersuchung dieser unterschiedlichen Wettbewerbskräfte in der Luftverkehrsbranche wird an dieser Stelle verzichtet, da diese bereits im Rahmen anderer Forschungsarbeiten in umfassender Weise vorgenommen wurde.[87] Die nachfolgenden Ausführungen konzentrieren sich auf die Veränderungen und Entwicklungen in der Luftverkehrsbranche seit den Terroranschlägen des 11. Septembers 2001 in den USA mit ihren weit reichenden Auswirkungen auf die derzeitige und künftige Situation der europäischen Fluggesellschaften. Durch die Geschehnisse des 11. Septembers 2001 wurde die internationale zivile Luftfahrt in die tiefste Krise ihrer Geschichte gestürzt. Die Tatsache, dass Flugzeuge in der Hand von Terroristen zu Waffen umfunktioniert wurden, löste weltweit eine massive Flugzurückhaltung aus. Darüber hinaus

[85] Dazu und zu den nachfolgenden Ausführungen zur *Branchenstrukturanalyse* von PORTER vgl. Kap. 3.5.1.2.2 mit den dortigen Literaturhinweisen.

[86] Für eine grundlegende Erläuterung der einzelnen *Wettbewerbskräfte* vgl. **PORTER** (1992a), S. 25ff.

[87] Vgl. **STEININGER** (1999), S. 49ff.

führte die nach den Anschlägen vorgenommene Sperrung des gesamten amerikanischen Luftraums zu erheblichen Einbußen. Die weit reichendsten wirtschaftlichen Konsequenzen hatte jedoch das durch die Anschläge grundlegend gestörte Vertrauen der Passagiere in die Luftverkehrssicherheit. Die Flugängste, die durch die September-Ereignisse entstanden waren, konnten seitdem nicht auf das Niveau vor den Anschlägen reduziert werden. Vielmehr wurde die Flugzurückhaltung durch weitere Ereignisse (Irak-Krieg im Frühjahr 2003 und der SARS-Krise in Asien in der ersten Jahreshälfte 2003) weiter intensiviert.[88]

Vor diesem Hintergrund ist es nicht erstaunlich, dass allein im Jahr 2001 der höchste Nettoverlust der Luftfahrthistorie in Höhe von mehr als 12 Mrd. US-Dollar (davon 7,6 Mrd. US-Dollar verursacht durch die US-amerikanischen Fluggesellschaften)[89] verursacht wurde. Dieser entsprach annähernd den gesamten Gewinnen der Fluggesellschaften aus den Jahren 1997 bis 2000 und übertraf deutlich die Verluste während des Golfkrieges Anfang der neunziger Jahre in Höhe von 8 Mrd. US-Dollar[90]. Im Jahr 2002 wiesen die Fluggesellschaften ein deutlich negatives Gesamtergebnis in Höhe von ca. 6 Mrd. US-Dollar aus (s. Abb. 5.3).

***Abb. 5.3**: Ergebnisse der IATA-Fluggesellschaften nach Zinsabzug*

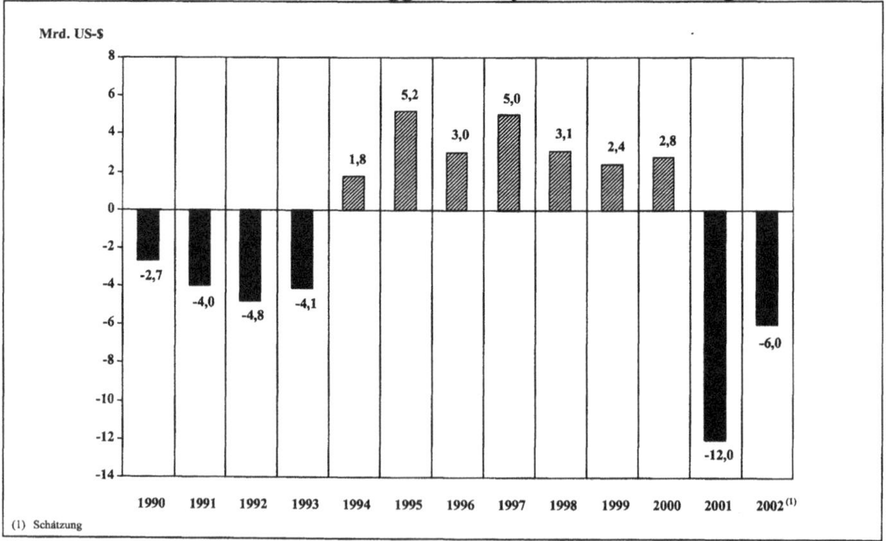

(Quelle: o.V. (2002a), S. 13)

88 Vgl. **Kuhlmann** (2003), S. 1.

89 Vgl. **Serpen; O'Toole** (2002), S. 77. Bemerkenswert an dieser Zahl ist die Tatsache, dass sie in dieser Höhe trotz eines soliden Ergebnissen der Fluggesellschaften im Frachtbereich und Billigflugsegment zu Stande kam. Vgl. **Baker** (2002), S. 54.

90 Vgl. **Baker** (2002), S. 53.

Diese negative Entwicklung hat sich auch im Jahr 2003 fortgesetzt.[91] Die dramatischen Entwicklungen im internationalen Luftverkehr im Jahr 2001 verdeutlichen auch die Zahlen der 200 weltweit führenden Fluggesellschaften (s. Abb. 5.4).

***Abb. 5.4**: Historische wirtschaftliche Entwicklung der 200 weltweit führenden Fluggesellschaften*[92]

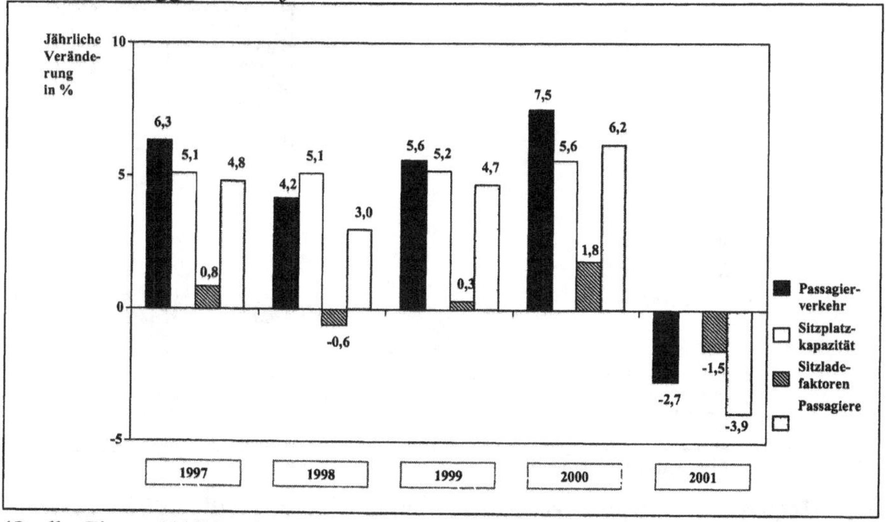

(Quelle: Eigene Abbildung)

Diese Veränderungen basieren jedoch nicht *allein* auf den Anschlägen des 11. Septembers 2001. Bereits Mitte des Jahres 2001 wurde deutlich, dass die internationalen Luftverkehrsunternehmen durch die allgemeine Schwächung der Weltwirtschaft, dem daraus resultierenden Rückgang von Flugreisen und den hohen Personalkosten aufgrund großzügiger Gehaltsvereinbarungen in den späten neunziger Jahren umfangreiche Verluste erwirtschaften würden.[93] Diese negativen Entwicklungen wurden durch die Ereignisse des 11. Septembers 2001 lediglich deutlich verschärft.

Vor dem 11. September 2001 waren die Umsätze der Fluggesellschaften auf der Nordatlantikstrecke bereits auf dem geringsten Stand seit annähernd 10 Jahren gesunken. *Nach* den Anschlägen wurden insbesondere solche Fluggesellschaften von den negativen Folgewirkungen getroffen, die eine hohe Abhängigkeit

91 Vgl. O.V. (2003ai), S. 18.
92 Zu den verwendeten Zahlen vgl. O.V. (2002p), S. 71.
93 Vgl. BAKER (2002), S. 53 und S. 54.

von den Flugverbindungen zwischen den USA und Europa aufwiesen.[94] Dementsprechend ergaben sich aus den September-Ereignissen regional sehr unterschiedliche wirtschaftliche Konsequenzen, wie Abb. 5.5 zeigt.

Abb. 5.5: *Regionale Entwicklung der Luftverkehrszahlen im Jahr 2001*[95]

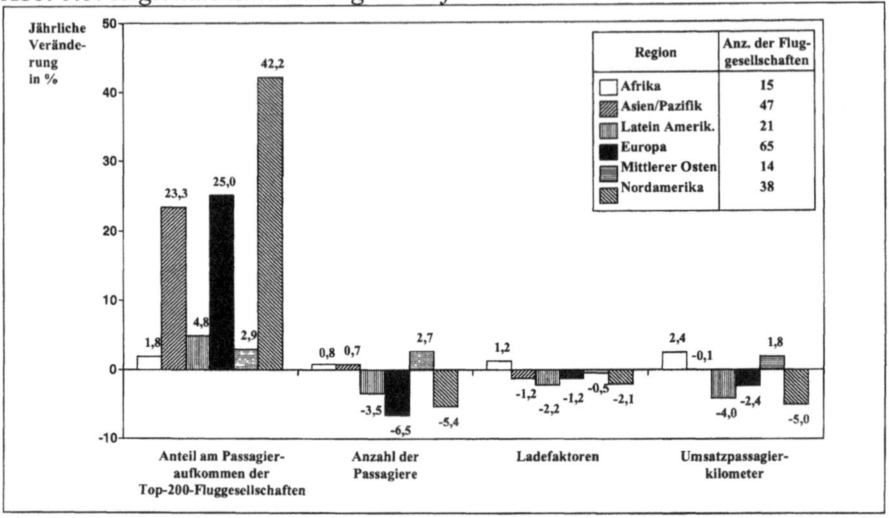

(Quelle: Eigene Abbildung)

Als Folge dieser Veränderungen kürzten die international tätigen Luftverkehrsgesellschaften in deutlicher Weise ihre globalen Flugkapazitäten (wobei insbesondere Einsparungen auf der Transatlantikstrecke vorgenommen wurden) und führte umfassende Personalentlassungen durch.[96]

Neben diesen Veränderungen kann die aktuelle Situation der Luftverkehrsbranche durch folgende Trends gekennzeichnet werden:

1.) *Starkes Umsatz- und Marktanteilswachstum der Low-Cost Carrier*: Durch die gegenüber den etablierten Fluggesellschaften deutlich besseren Kostenstrukturen der Billigfluglinien konnten diese ihre Umsätze und Marktanteile deutlich erhöhen.[97]

---

94 In Europa wurde die Fluggesellschaft British Airways besonders stark von den negativen Folgewirkungen der Terroranschläge getroffen, da sie vergleichsweise stark von den transatlantischen Routen nach Nordamerika abhängig ist. Vgl. **o.V.** (2002v), S. 13.

95 Zu den verwendeten Zahlen vgl. **o.V.** (2002p), S. 72.

96 Beispielsweise reduzierte Air France zwischen Ende 2001 und Mitte 2002 die Flugkapazitäten zwischen Frankreich und den USA um 14%. Vgl. **o.V.** (2002p), S. 72. Für einen umfassenden Überblick über die Anpassungsmaßnahmen der Luftverkehrsgesellschaften nach den Anschlägen des 11. Septembers 2001 vgl. **o.V.** (2001d), S. 1ff.

97 Dazu und für eine Darstellung der Fluggastzahlen der Billigfluglinien im Jahr 2002 vgl. **o.V.** (2002p), S. 72.

2.) *Deutliche Verschlechterung der Ergebnisse der nationalen Fluggesellschaften*: Auf beiden Seiten des Atlantiks leiden die großen Fluggesellschaften unter der fortdauernden negativen Weltwirtschaftslage mit den entsprechend negativen Auswirkungen auf die Finanzlage der Unternehmen.

3.) *Veränderungen der Nachfrage nach Flugdienstleistungen*: Angesichts des in vielen Unternehmen vorherrschenden Kostendrucks hat sich die Struktur der Nachfrage nach Luftverkehrsdienstleistungen deutlich verändert. Nicht nur Privatreisende, sondern zunehmend auch Geschäftsreisende suchen in erster Linie nach günstigen Flugangeboten und wählen die Fluggesellschaft ausschließlich nach der Höhe des Flugtarifs aus.

Die skizzierten Trends erfordern eine hohe Anpassungsfähigkeit der Luftverkehrsgesellschaften, eine intensive Kostenkontrolle und einen permanenten Abgleich der eigenen Dienstleistungen mit den veränderten Wünschen der Nachfrager. Nur so kann eine dauerhafte Sicherung des Unternehmensfortbestandes gelingen. Darüber hinaus sind insbesondere die Veränderungen der verkehrspolitischen Rahmenbedingungen in die Betrachtungen der Unternehmensführungen zu integrieren, da sie neben den umweltspezifischen Einflussfaktoren das (strategische) Handlungspotential der Fluggesellschaften in erheblicher Weise determinieren. Um dieser besonderen Bedeutung gerecht zu werden, werden die verkehrspolitischen Rahmenbedingungen der Luftverkehrsgesellschaften nachfolgend in ausführlicher Weise erläutert.

5.3.2 Verkehrspolitische Rahmenbedingungen

5.3.2.1 Multilaterale Abkommen

Die internationale Grundlage für die Durchführung des gewerblichen Luftverkehrs bildet das sog. *Abkommen von Chicago*[98] der *International Civil Aviation Organization* (ICAO)[99] vom 07. Dezember 1944, dass bis heute von 183 Staaten unterzeichnet wurde. Das auch als *ICAO-Abkommen* bezeichnete Vertragswerk repräsentiert im wesentlichen internationales öffentliches Luftrecht, weil

---

[98] Nachfolgend werden die Begriffe „Abkommen von Chicago“, „Abkommen über die internationale Zivilluftfahrt“ und „ICAO-Abkommen“ synonym verwendet.

[99] Vgl. ICAO-Abkommen, Kapitel XXII, Art. 96a, abgedruckt in **Zantke** (1990), S. 7ff. Die ICAO ist eine internationale Organisation mit dem Ziel, Regeln und technische Standards für die Sicherheit, Regelmäßigkeit und Wirtschaftlichkeit der internationalen Zivilluftfahrt zu vereinheitlichen. Sie soll dadurch gleiche und faire Chancen für alle Luftnationen ermöglichen und einen effizienten, sicheren und bedarfsorientierten Luftverkehr gewährleisten. Sie unterstützt die Mitgliedsländer bei der Abfassung bilateraler Luftverkehrsabkommen und veröffentlicht Analysen und statistische Materialien über den internationalen Luftverkehrsmarkt. Die ICAO besitzt den Status einer Sonderorganisation der Vereinten Nationen. Für ausführlichere Informationen zur ICAO vgl. **Schwenk** (1996), S. 86ff. und **Sochor** (1991).

es Rechte und Pflichten souveräner Staaten beinhaltet.[100] Gleichzeitig ist es die Gründungssatzung der ICAO, da es deren Ziele und Aufgaben definiert.[101] Es stellt jedoch lediglich eine Vereinbarung über einige wenige Grundprinzipien dar, da sich die Ziele und Ansichten der Teilnehmernationen in Teilbereichen stark unterschieden und es so zu einer nicht lösbaren Kontroverse über die künftige Wettbewerbsordnung im internationalen Luftverkehr kam.

Die USA traten damals für ein umfangreicheres Abkommen mit einer Regelung wirtschaftsrechtlicher Bereiche wie z.B. Flugstrecken und Tarife ein. Aufgrund der starken Marktposition der eigenen Luftverkehrsunternehmen traten die Vertreter der USA für den Grundsatz der Wettbewerbsfreiheit ein, um ihren zahlreichen privaten Flugunternehmen umfangreiche neue Marktzugänge zu ermöglichen. Andere Nationen wie Großbritannien forderten demgegenüber eine Reduktion der amerikanischen Luftverkehrsdominanz und den Schutz der eigenen Fluggesellschaften.[102]

Gemäß Art.1 des ICAO-Abkommens wurde festgelegt, dass die Unterzeichnerstaaten über das eigene Hoheitsgebiet die komplette und ausschließliche Lufthoheit besitzen. Ein planmäßiger internationaler Luftverkehr über oder in das Hoheitsgebiet eines Vertragsstaates darf danach nur mit dessen Erlaubnis und in Übereinstimmung mit den Bedingungen der Erlaubnis durchgeführt werden (Art. 6). Durch Art. 7 und dem darin enthaltenen Kabotagevorbehalt erhielt jeder Vertragsstaat das Recht, Flugzeugen anderer Unterzeichnerstaaten die Durchführung von gewerblichen Transporten für Passagiere, Fracht und Post auf eigenem Territorium zu verweigern.[103] Ergänzt wird dieses Abkommen durch die gleichzeitig geschlossene Vereinbarung über den Transitflug im Internationalen Fluglinienverkehr, das sog. *International Air Services Transit Agreement*, bekannt unter der Bezeichnung „*Transitabkommen*", und durch das im gleichen Jahr in Kraft getretene „*International Air Transport Agreement*", das sog. *Transportabkommen.*

Im Rahmen des *Transitabkommens* erlaubt jeder unterzeichnende Staat den anderen Vertragsstaaten das Recht zum Überflug des eigenen Hoheitsgebietes und die nichtgewerbliche Landung im eigenen Hoheitsgebiet.[104] Das Transitabkommen trat 1945 in Kraft und wurde bis heute von 109 Staaten unterzeichnet.[105] Durch das *Transportabkommen* sollten alle Unterzeichnerstaaten zur Anerkennung grundlegender Verkehrsrechte veranlasst werden. Diese Vereinba-

---

[100] Vgl. **Loewenstein** (1991), S. 21.
[101] Vgl. Art. 44 des ICAO-Abkommens. Für einen ausführlichen Überblick über das Abkommen vgl. **Zylicz** (1991), S. 73ff.
[102] Vgl. **Meinecke** (1975), S. 45f.
[103] Vgl. **Zantke** (1990), S. 8f.
[104] Vgl. **Wagner** (1970), S. 97.
[105] Vgl. **Schwenk** (1996), S. 22.

rung wurde jedoch bisher von lediglich 11 Staaten unterzeichnet, so dass dieses Abkommen für die Zivilluftfahrt kaum eine Bedeutung besitzt.[106] Im Gegensatz zu der damals angestrebten multilateralen Regelung von Luftverkehrsrechten wird der planmäßige Luftverkehr, in Ausführung des Art. 6 des ICAO-Abkommens, durch den Abschluss bilateraler Abkommen gesteuert, in denen regelmäßig auch wirtschaftliche Klauseln über z.B. Flugtarife und Streckenzugänge festgehalten werden. Durch den Abschluss des *Transitabkommens* ist der internationale Linienluftverkehr erst möglich geworden. In diesem Abkommen wurden die sog. „technischen Freiheiten" der Luftverkehrsgesellschaften geregelt, durch die ein sicherer Luftverkehr ermöglicht werden sollte. Die technischen Freiheiten sind ein Teil der sog. *Freiheiten der Luft*, die im Linienluftverkehr eine wesentliche Rolle spielen. Dabei handelt es sich um Verkehrsrechte, die sich die einzelnen Unterzeichnerstaaten bzw. die jeweiligen Flugunternehmen gegenseitig gewährt haben. Insgesamt werden *neun* Freiheiten[107] (s. Abb. 5.6) unterschieden, die nachfolgend kurz erläutert werden:[108]

Abb. 5.6: Die neun Freiheiten der Luft

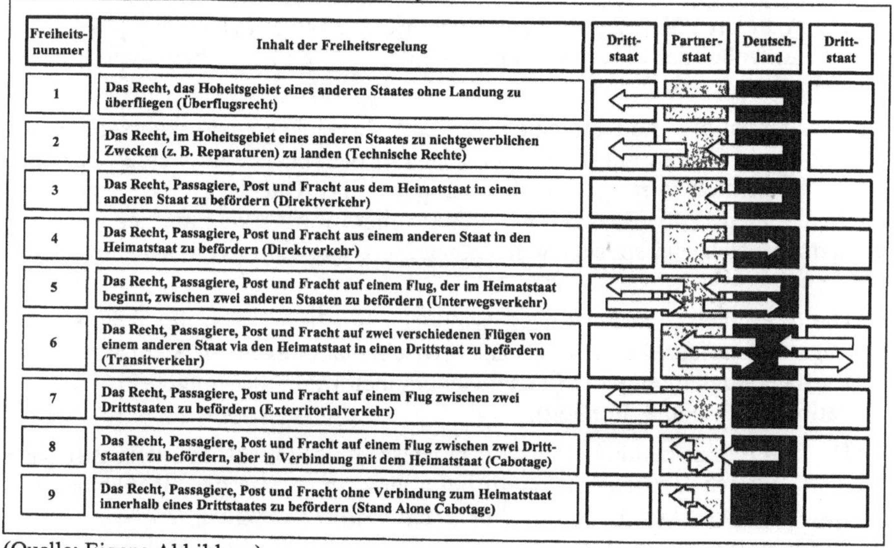

(Quelle: Eigene Abbildung)

[106] Vgl. **Wiezorek** (1998), S. 46.

[107] Die Darstellung der internationalen Linienluftverkehrsregelungen zeigt, dass es sich bei dem Begriff „Freiheiten der Luft" um einen irreführenden Begriff handelt, da die eingeräumten Rechte nur eine beschränkte Nutzung des Luftraumes gewähren. Es wäre daher passender, von „Privilegien" zu sprechen, die den Linienfluggesellschaften gewährt werden.

[108] Für eine ausführlichere Erläuterung der nachfolgend genannten Freiheiten der Luft vgl. **McWhinney; Bradley** (1968).

1.) Die 1. Freiheit gewährt das Recht, das Hoheitsgebiet eines fremden Staates ohne Landung zu überfliegen (Überflugsrecht).

2.) Die 2. Freiheit gewährt das Recht, im Hoheitsgebiet eines Vertragsstaates aus nichtkommerziellen Gründen (z.B. Treibstoffaufnahme und Notreparaturen) zu landen (technisches Landerecht).

Diese beiden sog. *technischen Freiheiten* werden ergänzt durch die nachfolgend genannten sog. *gewerblichen Freiheiten*:

3.) Die 3. Freiheit gewährt das Recht, Passagiere, Fracht und Post vom Heimatstaat des Luftfahrzeugs in einen anderen Staat zu befördern und dort abzusetzen.

4.) Die 4. Freiheit beinhaltet das Recht, Passagiere, Fracht und Post im anderen Staat aufzunehmen und in den Heimatstaat des Luftfahrzeugs zu befördern und dort abzusetzen.

5.) Die 5. Freiheit ermöglicht den Drittstaatenverkehr. Sie gewährt das Recht, Passagiere, Fracht und Post bei einem Flug zwischen dem Heimatstaat und einem anderen Vertragsstaat in einem dritten Staat aufzunehmen bzw. abzusetzen, wobei der Flug im Heimatstaat des Luftfahrzeugs beginnen oder enden muss.

Die zusammen als „fünf Freiheiten der Luft" bezeichneten Verkehrsrechte bilden die Basis für den internationalen Linienluftverkehr[109] und werden gewöhnlich in bilateralen Verträgen wechselseitig gewährt. Daneben haben sich in der internationalen Luftverkehrsterminologie weitere Luftverkehrsfreiheiten durchgesetzt, die sich aus speziellen Kombinationen der fünf genannten Freiheiten ergeben:

6.) Die 6. Freiheit gibt das Recht, Passagiere, Fracht und Post im anderen Vertragsstaat aufzunehmen und nach Zwischenlandungen im Heimatstaat des Luftfahrzeugs in einen Drittstaat weiterzubefördern und umgekehrt (Kombination aus 3. und 4. Freiheit).

7.) Die 7. Freiheit beinhaltet das Recht, Passagiere, Fracht und Post zwischen zwei anderen Vertragsstaaten zu befördern, ohne dass der Heimatstaat des Luftfahrzeuges angeflogen wird (sog. *Exterritorialverkehr*).

8.) Die 8. Freiheit gewährt das Recht, Passagiere, Fracht und Post zwischen zwei Flughäfen in einem ausländischen Staat zu befördern. Allerdings setzt dieses Recht voraus, dass die Luftverkehrsdienstleistung in einem direkten Zusammenhang zu einem Flug auf Basis von Verkehrsrechten der dritten und vierten Luftfreiheit steht. Dem Flug zwischen den ausländischen Flughäfen muss also entweder ein Flug aus dem Heimatland der Fluggesellschaft

[109] Vgl. **ICAO** (1944), Art. 1 Sec. 1.

vorausgehen oder ein Flug in das Heimatland folgen (sog. *Anschlußkabotage*).

9.) Die 9. Freiheit gibt das Recht, Passagiere, Fracht und Post zwischen zwei Flughäfen in einem ausländischen Staat zu befördern, ohne dass diese Dienstleistung in einem direkten Zusammenhang zu einem Flug auf Basis von Verkehrsrechten der dritten und vierten Luftfreiheit stehen muss (sog. *Stand-Alone-Kabotage*).

Die gewerblichen Freiheiten werden ausschließlich in bilateralen Abkommen geregelt. Dabei behält jeder Staat gewöhnlich die achte Freiheit (Anschlußkabotage) seiner eigenen nationalen Luftverkehrsgesellschaft vor.[110]

Das ICAO-Abkommen und das Tarifabkommen werden als sog. *multilaterale Vereinbarungen* bezeichnet und sind nach wie vor gültig, da der Luftverkehr aus dem im Rahmen der achten GATT-Verhandlungsrunde in Uruguay (1986 bis 1994) abgeschlossenen Allgemeinen Abkommen für den Dienstleistungshandel, dem sog. *General Agreement of Trade in Services* (GATS), ausgeklammert wurde.[111]

5.3.2.2 Bilaterale Abkommen

Durch beschriebenen Schwierigkeiten und Hindernisse bei der Entwicklung eines multilateralen Abkommens für die Regelung der internationalen Verkehrsrechte entwickelte sich das System der bilateralen Luftverkehrsabkommen, die jeweils zwischen zwei Staaten abgeschlossen werden.[112] Innerhalb derartiger Vereinbarungen werden sämtliche wirtschaftlich relevanten Bereiche der Luftverkehrsbeziehungen zwischen zwei Nationen geregelt.[113]

Art. 6 des ICAO-Abkommens, durch den der Grundsatz der Lufthoheit festgelegt ist, gilt als Rechtsgrundlage für die Vereinbarung von bilateralen Luftverkehrsabkommen.[114] Demnach darf ein planmäßiger internationaler Fluglinienverkehr über oder in das Hoheitsgebiet eines Vertragsstaates nur mit der besonderen Erlaubnis oder einer sonstigen Ermächtigung dieses Staates und nur in Übereinstimmung mit den Bedingungen dieser Erlaubnis oder Ermächtigung betrieben werden.

Die wirtschaftspolitische Positionierung der beteiligten Regierungen und die Stärke des nationalen Luftverkehrsunternehmen bestimmen wesentlich die in-

---

[110] Vgl. **ICAO** (1944), Art. 7.

[111] In die GATS-Vereinbarung wurden nur die Flugzeugreparatur- und -wartung sowie der Verkauf und Vertrieb von Luftverkehrsleistungen und Computerreservierungssysteme aufgenommen. Vgl. **Ebdon** (1995), S. 71ff.

[112] Vgl. **Diederiks-Verschoor** (1988), S. 40.

[113] Für ausführlichere Informationen zum Inhalt von bilateralen Luftverkehrsabkommen vgl. **OECD** (1988), S. 28f. und **Doganis** (1991), S. 27ff.

[114] Vgl. **Kloster-Harz** (1976), S. 19.

haltliche Ausgestaltung der Vereinbarung. Regierungen von Staaten, die über eine (mehrere) große, wirtschaftlich stark positionierte nationale Fluggesellschaft(en) verfügen (z.B. die USA), sowie Staaten, die nur ein geringes nationales Luftverkehrsaufkommen aufweisen (z.B. Belgien und die Schweiz) bevorzugen möglichst liberale Vereinbarungen. Im Gegensatz dazu favorisieren die Regierungen von Staaten mit wirtschaftlich schwachen staatlichen Fluggesellschaften, wie es z.B. die nationalen Fluggesellschaften von Griechenland und Italien darstellen, eine protektionistische Luftverkehrspolitik, um die eigenen Luftverkehrsunternehmen gegenüber der ausländischen Konkurrenz zu schützen.[115]

Ein bilaterales Luftverkehrsabkommen besteht in der Regel aus einer Rahmenvereinbarung, durch die die grundlegenden Prinzipien der Abwicklung des Luftverkehrs zwischen den beteiligten Staaten festgelegt werden. Den Ausgangspunkt eines Abkommens bildet die Vereinbarung eines sog. *fair and equal opportunity*-Artikels, durch den unfaire und diskriminierende Verhaltensweisen der Vertragspartner ausgeschlossen werden sollen.[116] Darüber hinaus regelt ein derartiges Abkommen eine Vielzahl anderer Bereiche.[117] Im folgenden werden die wesentlichsten und typischen Bestandteile innerhalb eines bilateralen Luftverkehrsabkommens dargestellt:

1.) *Regelung über den Austausch von Verkehrsrechten*: Diese Regelung manifestiert die gegenseitige Einräumung von Überflugrechten sowie technischen Lande- und Verkehrsrechten der ersten bis vierten, meistens auch der fünften Luftverkehrsfreiheit. Die Rechte werden zumeist im Anhang des Abkommens, dem sog. *Schedule of Routes*, festgelegt, in dem auch die vereinbarten Flugrouten und Flugfrequenzen sowie Frequenzrestriktionen und sonstige Einschränkungen aufgeführt werden.[118]

2.) *Designierungsregelung*: Diese Regelung beschreibt das Recht jedes Unterzeichnerstaates zur Bezeichnung der Luftverkehrsgesellschaft(en), die den Flugverkehr auf den festgelegten Flugrouten betreiben soll(en). Die Designierung einer oder mehrerer Fluggesellschaften ist in der Regel ein langandauerndes und für die betroffenen Luftfahrtunternehmen mit hohen Kosten verbundenes Verfahren. Meistens enthält diese Regelung auch eine Klausel über die Aufhebung oder Änderung der Designierung.[119] Normalerweise

[115] Vgl. **Hill** (1997), S. 53ff., **Sochor** (1991), S. 72ff. und **Wiezorek** (1998), S. 49.

[116] Vgl. **Wiezorek** (1998), S. 48.

[117] Für eine weitergehende Erläuterung der nachfolgenden Auflistung vgl. **Weber** (1981), S. 287f.

[118] Als Beispiel für eine derartige Klausel eignet sich der Text des Art. 2 des Musterabkommens der Bundesrepublik Deutschland, abgedruckt in **Kloster-Harz** (1976), S. 201.

[119] Als Beispiel für eine Designierungsregelung eignet sich der Text des Art. 3 und 4 des Musterabkommens der Bundesrepublik Deutschland, abgedruckt in **Kloster-Harz** (1976), S. 201.

wird für jede Flugroute vereinbart, dass nur jeweils eine Fluggesellschaft aus den beteiligten Vertragsstaaten die Flugstrecke bedienen darf, so dass immer zwei Luftverkehrsunternehmen die Route bedienen. Diese sog. *einfache Designierung* („single designation") ist neben der doppelten Designierung („double designation"), bei der jeweils zwei Fluggesellschaften eines jeden Staates für eine Flugstrecke benannt werden, die am häufigsten vorkommende Regelung. Die mehrfache Designierung („multiple designation") bzw. der Designierungswegfall, d.h. ein vollkommen freier Flugstreckenzugang für alle Fluggesellschaften, bilden die Ausnahme innerhalb der bilateralen Abkommen.[120] Durch die Designierung besitzt eine Regierung bedeutende regulatorische Einflussmöglichkeiten, da sie den Zugang einer privatrechtlich organisierten Luftverkehrsgesellschaft zum Luftverkehrsmarkt unmittelbar kontrollieren und lenken kann.[121]

3.) *Eigentümerregelung*: Die auch als *Nationalitätenklausel* bezeichnete Regelung, die sich in fast allen Luftverkehrsabkommen wieder findet, legt fest, dass ein Vertragsstaat die Designierung der Fluggesellschaft(en) durch den anderen Unterzeichnerstaat ablehnen kann, wenn sich diese nicht im überwiegenden Eigentum des anderen Vertragsstaates oder im Eigentum von Staatsangehörigen des designierenden Staates befindet (befinden) oder wenigstens ihrer Kontrolle unterliegt (unterliegen).[122]

4.) *Kapazitätenregelung*: Die Kapazitätenregelung beinhaltet die Grundsätze, durch die die Beförderungskapazitäten der durch das bilaterale Abkommen betroffenen Fluggesellschaften der Unterzeichnerstaaten bestimmt werden.[123] Der Begriff der Kapazität bezieht sich zum einen auf den verwendeten Flugzeugtyp und zum anderen auf die Regelung der Liniendienste der Luftverkehrsgesellschaften. Grundsätzlich wird die Kapazität eines Flugzeuges durch die Höhe des *Ladefaktors* beschrieben, der die einem Flugzeug zur Verfügung stehende Nutzlast für den Transport von Personen und Fracht auf einer Gesamt- oder Teilstrecke festlegt.[124] Die Kapazität eines Luftverkehrsliniendienstes ergibt sich als Produkt aus der Ladekapazität eines auf einer bestimmten Flugstrecke eingesetzten Flugzeugtyps und der Anzahl der Flüge, die das Flugzeug in einem bestimmten Zeitrahmen auf dieser Route ab-

[120] Vgl. **Stoffel** (1959), S. 119 und **Wiezorek** (1998), S. 51.
[121] Vgl. **Wrangell** (1999), S. 63.
[122] Vgl. dazu Art. 3 Absatz IV des Musterabkommens der Bundesrepublik Deutschland, abgedruckt in **Kloster-Harz** (1976), S. 201.
[123] Vgl. **Weber** (1981), S. 147.
[124] Vgl. **Cheng** (1962), S. 411f.

solviert.[125] Es werden darüber hinaus drei unterschiedliche Arten der Kapazitätsregelung unterschieden:[126]

a.) *Prädeterminationsklauseln*: Bei Prädeterminationsklauseln wird die Beförderungskapazität *vor* der *ersten* Durchführung eines Fluges durch die beteiligten Vertragsstaaten aufgeteilt bzw. festgelegt (sog. „ex-ante"-Genehmigung).[127]

b.) *Bermuda I-Klauseln*: Bei Bermuda I-Klauseln wird den Vertragsstaaten ein relativ großer Spielraum bei der Kapazitätsaufteilung überlassen. Die durch die Designierung festgelegten Fluggesellschaften verpflichten sich im Rahmen einer derartigen Vereinbarung, ein Kapazitätsangebot bereitzustellen, das sich an der Nachfrage nach Luftverkehrsleistungen orientiert. Falls es zu einem Ungleichgewicht zwischen Angebot und Nachfrage auf Kosten eines der beiden Unterzeichnerstaaten kommen sollte, kann der benachteiligte Vertragsstaat eine Neuverhandlung zur Überprüfung der Kapazitäten verlangen. (sog. „ex-post-facto"-Genehmigung).[128]

c.) *Freie Determination*: Bei der sog. *Freien Determination* wird den designierten Luftverkehrsunternehmen die Planung des Kapazitätsangebotes vollkommen frei überlassen. Die Unterzeichnerstaaten verpflichten sich im Rahmen einer derartigen Vereinbarung lediglich zur Aufrechterhaltung angemessener Wettbewerbsbedingungen.[129]

5.) *Tariffestsetzungsregelung*: Durch die Tariffestsetzungsregelung wird das Verfahren der Tarifbildung auf den im bilateralen Luftverkehrsabkommen vereinbarten Flugstrecken festgelegt. Damit sind die Flugpreise teilweise bis heute von Regierungsgenehmigungen abhängig und ergeben sich somit nicht durch marktorientierte Gesetzmäßigkeiten.[130] Es werden drei unterschiedliche Arten der Tarifgenehmigung unterschieden:[131]

a.) *Double-Approval-Rule* (Verfahren der beidseitigen Genehmigung): Ein Flugtarif tritt erst dann in Kraft, wenn ihn die Luftfahrtbehörden bzw. Regierungen der Unterzeichnerstaaten unabhängig voneinander genehmigen.[132] Dieses Genehmigungsverfahren hat den restriktivsten regulato-

---

[125] Vgl. **Cheng** (1962), S. 412.
[126] Für eine grundlegende Definition der unterschiedlichen Arten der Kapazitätsfestlegung vgl. **AEA** (2002), S. VI-13.
[127] Vgl. **Cheng** (1962), S. 428.
[128] Für eine ausführlichere Darstellung derartiger Klauseln vgl. **ICAO** (1992).
[129] Vgl. **Stoffel** (1959), S. 119ff.
[130] Vgl. **Wenglorz** (1992), S. 16.
[131] Für eine ausführliche Erläuterung der Tariffestsetzungsregelungen vgl. **ICAO** (1992) und **Stoetzer** (1991), S. 17ff.
[132] Vgl. **Wenglorz** (1992), S. 17.

rischen Charakter, da ein vorgeschlagener Flugtarif bereits dann scheitert, wenn einer der Unterzeichnerstaaten diesem Tarif nicht zustimmt.[133]

b.) *Country-of-Origin-Disapproval-Rule* (Ursprungslandverfahren; Verfahren der einfachen Genehmigung): Jeder Unterzeichnerstaat kann nur Tarife für solche Flüge genehmigen, die im eigenen Territorium beginnen. Ein Flugtarif tritt demnach erst dann in Kraft, wenn die Luftfahrtbehörde des Unterzeichnerstaates, in dem der Abflugort liegt, die Genehmigung erteilt. Die Luftfahrtbehörde kann demnach Tarife ausländischer Luftverkehrsunternehmen verweigern, falls der Flug dieser Gesellschaft auf eigenem Staatsgebiet beginnt.[134] Einerseits besteht damit bei dieser Regelung eine stärkere staatliche Tarifeinflussmöglichkeit als bei der Double-Disapproval-Rule. Andererseits werden die Einflussmöglichkeiten der Luftfahrtbehörden bzw. Regierungen auf solche Flüge beschränkt, die im eigenen Staatsgebiet beginnen, so dass eine umfassende staatliche Einflussnahme auf die Tarifbildung ausgeschlossen wird.[135]

c.) *Double-Disapproval-Rule* (Verfahren der beidseitigen Ablehnung): Ein Flugtarif wird nur dann nicht wirksam, wenn ihn die Luftfahrtbehörden bzw. Regierungen der beiden Unterzeichnerstaaten ausdrücklich außer Kraft setzen. Falls dies nicht erfolgt, wird der Tarif automatisch wirksam.[136] Dieses Tarifgenehmigungsverfahren hat den geringsten regulatorischen Charakter, da die Luftverkehrsgesellschaften bei einer ausgewogenen Tariffestsetzung in der Lage sind, sich der Genehmigung durch die staatlichen Luftfahrtbehörden zu entziehen.[137]

In den meisten Abkommen[138] erfolgt die Tarifbildung auf Basis des sog. *Tarifkonferenzsystems* der IATA.[139] Diese besitzt über das sog. *IATA-Tarifsystem* eine wichtige Ordnungsfunktion für den internationalen Luftverkehr.[140] Allerdings besteht keine Verpflichtung für eine staatliche beidseitige Genehmigung der Tarife durch die Luftbehörden der Unterzeichnerstaaten (Double Approval). Vielmehr ergibt sich eine automatische Wirksamkeit der Tarife, wenn sie nicht ausdrücklich durch die staatlichen Behörden der Unterzeichnerstaaten außer Kraft gesetzt werden („Double-

133 Vgl. **Wrangell** (1999), S. 68.

134 Für eine Analyse dieser Regelung und der damit verbundenen Schwierigkeiten vgl. **Dautzenberg** (1987), S. 89.

135 Vgl. **Reifarth** (1985), S. 74.

136 Vgl. **Haanappel** (1984), S. 148 und **Merckx** (1982), S. 133ff.

137 Vgl. **Wrangell** (1999), S. 68.

138 Als Beispiel für eine Tarifbildungsklausel in einem bilateralen Luftverkehrsabkommen eignet sich der Text des Art. 9, Absatz II des Musterabkommens der Bundesrepublik Deutschland, abgedruckt in **Kloster-Harz** (1976), S. 206.

139 Für eine Erläuterung der Funktion der IATA vgl. Kap. 5.2, Fn. 31.

140 Für eine Darstellung der IATA-Rolle vgl. **Schwenk** (1981), S. 384.

Disapproval"). Damit sieht das IATA-Verfahren eine multilaterale Einigung zwischen den Luftverkehrsgesellschaften über die Flugtarife vor. Falls ein Flugtarif nicht über die Anwendung des IATA-Tarifsystems ausgehandelt werden kann und damit eine sog. *open-rate*-Situation entsteht, verweisen die Tarifgenehmigungsregelungen auf einen dann notwendigen Verständigungsmechanismus zwischen den staatlichen Luftverkehrsbehörden, durch den eine Einigung auf staatlicher Ebene erzielt werden muss.[141]

Insgesamt ist der staatliche Einfluss auf die Tarifbildung trotz der möglichen „Double-Disapproval-Rule" als gering einzuschätzen. Dies liegt zum einen an der Tatsache, dass es eine gleichgerichtete Tarifablehnung durch die staatlichen Luftverkehrsbehörden bzw. Regierungen der Unterzeichnerstaaten nur selten geben wird und zum anderen keine Instanz in Form einer Schiedsgerichtsbarkeit existiert, die zwischen den Interessen der beteiligten Vertragsstaaten vermitteln und die Einhaltung der Tarife überprüfen könnte.[142] Damit wird die Tariffestsetzung im wesentlichen den einzelnen Luftverkehrsunternehmen überlassen, so dass sie sich an den Bedingungen des freien Wettbewerbes orientieren kann. Die Einhaltung der festgelegten IATA-Tarife wird durch die IATA überwacht, um eine Überschreitung der Flugtarife und damit eine Verzerrung des Wettbewerbs zu verhindern[143] Die Tarifüberwachung wird durch die Zusammenarbeit der Luftverkehrsunternehmen im Rahmen der IATA gewährleistet.

6.) *Frequenzregelungen*: Durch die Frequenzregelung wird die Anzahl der Flüge festgelegt (pro Woche oder pro Tag), die auf einer bestimmten Flugstrecke durch die Luftverkehrsunternehmen der Unterzeichnerstaaten angeboten werden dürfen. Derartige Klauseln sind oft bereits Bestandteil der Kapazitätenregelung, da ein Frequenzanstieg beim dauerhaften und regelmäßigen Einsatz des gleichen Flugzeugtyps gleichzeitig zu einer Kapazitätserhöhung führt. In einigen Abkommen werden die Frequenzen individuell für einzelne Strecken festgelegt.[144]

7.) *Gegenseitige Akzeptanz von Dokumenten*: Durch diese Regelung wird die gegenseitige Anerkennung von sog. *Befähigungs- und Lufttüchtigkeitsdokumenten* gewährleistet. Der im Art. 33 des ICAO-Abkommens enthaltene Vorbehalt, dass die Anforderungen an die Lufttüchtigkeit und Befähigung des lizenzierenden Unterzeichnerstaates den durch die ICAO aufgestellten Mindestanforderungen entsprechen müssen, wird durch eine derartige Akzeptanzklausel ausgehebelt.[145]

---

[141] Vgl. **Reckewerth** (1993), S. 56.
[142] Vgl. **Haanappel** (1984), S. 149.
[143] Vgl. **Schwenk** (1996), S. 389.
[144] Vgl. **Wiezorek** (1998), S. 52.
[145] Vgl. **Weber** (1977), S. 293.

8.) *Poolregelungen*: Durch die Poolregelung, die sich in einigen europäischen Luftverkehrsabkommen findet, wird die Zusammenarbeit der designierten Fluggesellschaften auf einzelnen Flugstrecken durch privatrechtliche Verträge definiert. Unter dem Begriff der Zusammenarbeit im Sinne einer Poolklausel wird die operative und finanzielle Kooperation der Luftverkehrsunternehmen verstanden, die eine oder mehrere Flugrouten gemeinschaftlich betreiben und auf diesen Strecken Verkehrsrechte auf Basis der dritten und vierten Luftverkehrsfreiheit ausüben.[146] Durch eine Poolvereinbarung soll die wirtschaftliche Nutzung der vereinbarten Strecken ermöglicht werden, indem Preisabsprachen zwischen den Fluggesellschaften erlaubt werden.[147] Die Zusammenarbeit zeigt sich beispielsweise in der gemeinsamen Nutzung von Abfertigungseinrichtungen für Passagiere und in der untereinander aufgeteilten Pflege und Wartung der Flugzeuge.[148] Als Folge der Poolregelungen wurden die Luftverkehrsabkommen häufig in erheblichem Maße verändert. Poolklauseln haben ihre außerordentliche Bedeutung in den letzten Jahren allerdings zunehmend eingebüßt, insbesondere durch die Maßnahmen der Europäischen Union (EU) in der einschlägigen Freistellungsverordnung.[149]

Die ICAO hat zur Erleichterung und Standardisierung von bilateralen Luftverkehrsabkommen Musterverträge und Standardklauseln erarbeitet, die von den Regierungen der Vertragsstaaten häufig in wesentlichen Teilen übernommen oder nur leicht abgewandelt wurden.[150] Die bis heute vereinbarten bilateralen Abkommen sind in ihrer inhaltlichen Ausgestaltung an die vier im folgenden erläuterten Musterverträge angelehnt:[151]

1.) *Prädeterminationsvertrag*: Durch einen Prädeterminationsvertrag wird der freie Luftverkehr im Vergleich zu allen anderen Musterverträgen am umfassendsten eingeschränkt. Ziel einer solchen protektionistischen Vereinbarung ist zumeist der Schutz einer eigenen schwachen nationalen Fluggesellschaft. Aus diesem Grund werden derartige Verträge heute nur noch dann geschlossen, wenn einer der beiden Unterzeichnerstaaten ein Entwicklungsland ist.

2.) *Bermuda-I-Vertrag*: Die Basis des Bermuda-I-Vertrages, der im Unterschied zum Prädeterminationsvertrag deutlich weniger protektionistische Klauseln enthält, bildet das Luftverkehrsabkommen zwischen den USA und Großbri-

---

146 Vgl. **Netzer** (1999), S. 42 und **Weber** (1981), S. 50ff.

147 Vgl. **Wrangell** (1999), S. 69.

148 Für eine ausführliche Darstellung der Möglichkeiten der Zusammenarbeit im Wege einer Poolvereinbarung vgl. **Weber** (1981), S. 51f.

149 Vgl. **Ekkenga; Hopf** (1991), S. 1134f. und **Wrangell** (1999), S. 70.

150 Vgl. **ICAO** (1992).

151 Für eine umfangreiche Zusammenstellung der bei der ICAO verzeichneten Luftverkehrsabkommen zwischen zwei Staaten vgl. **ICAO** (1995b). Zu den nachfolgenden Ausführungen zu den einzelnen Abkommensarten vgl. **Wiezorek** (1998), S. 52ff.

tannien, dass im Februar 1946 auf den Bermuda-Inseln unterzeichnet wurde.[152]. Der Inhalt dieses Abkommens wurde zu einer Art Muster für vergleichbare Vereinbarungen in nachfolgenden Jahrzehnten.[153] Die besondere Bedeutung dieser Vertragsart ergibt sich auch durch die Tatsache, dass die ICAO nach Abschluss dieses Vertrages in den nachfolgenden Jahrzehnten keinen Versuch mehr unternahm, zu einer multilateralen bzw. globalen Regelung des internationalen Luftverkehrs zu gelangen.

Die Basis für das Scheitern einer globalen Regelung des Luftverkehrs wurde bereits durch das Abkommen in Chicago im Jahr 1944 und dem darin festgelegten Grundsatz der „Lufthoheit der Staaten über ihren Territorien" gelegt. Aus diesem Grund mussten die grundlegenden gewerblichen Luftfreiheiten über bilaterale Abkommen geregelt werden. Diese wurden bis in die Mitte der siebziger Jahre ausschließlich auf der Grundlage der Bermuda-I-Abkommen geschlossen.[154]

3.) *Post 1977-Verträge auf Basis des Modellabkommens der USA*: Diese bilateralen Luftverkehrsabkommen entstanden im Rahmen der im Jahr 1978 durch die Verabschiedung des sog. *Airline Deregulation Act*[155] eingeleiteten Liberalisierung des US-amerikanischen Inlandsflugverkehrs. Zwischen 1978 und 1982 schlossen die USA ca. 20 bilaterale Abkommen, deren Grundlage jeweils das sog. *Modellabkommen* der USA darstellte.[156] Ein wesentlichen Merkmal des Musterabkommens ist die Zulassung einer unbegrenzten Anzahl von Luftverkehrsunternehmen (sog. *Mehrfachdesignierung*).[157]

Der Aspekt der Mehrfachdesignierung ist für die USA von besonderer Wichtigkeit, da es in den USA, anders als in den meisten anderen Staaten, stets

---

[152] Im folgenden wird von Bermuda-I-Vertrag gesprochen, da im Jahr 1977 ein neues Luftverkehrsabkommen zwischen Großbritannien und den USA geschlossen wurde. Dieses zweite Abkommen wurde in Anlehnung an die ursprüngliche Vereinbarung Bermuda-II-Abkommen genannt.

[153] Vgl. **Wrangell** (1999), S. 57 und **Cooper** (1946), S. 59ff.

[154] Bis in die Mitte der siebziger Jahre waren zwei Drittel der bilateralen Luftverkehrsabkommen in Anlehnung an den Bermuda-I-Vertrag geschlossen worden. Vgl. **Diamond** (1975), S. 419. Bilaterale Luftverkehrsabkommen haben sich zur wesentlichsten Rechtsquelle für die Festlegung der Bedingungen für den Austausch von Luftverkehrsrechten entwickelt. Bis heute gibt es mehrere Tausend Abkommen, deren Zahl jedoch nicht eindeutig feststellbar ist, da sie nur zum Teil und ohne wesentliche Anhänge bei der ICAO hinterlegt wurden. Vgl. **Wrangell** (1999), S. 61.

[155] Durch die Verabschiedung des Deregulation Act wurde die Wende von Regulierung des Luftverkehrs zur Deregulierung festgeschrieben. Durch dieses neue Gesetzt wurde der Marktzutritt für neue Fluggesellschaften aufgrund einer umfassenden Liberalisierung von Routen- und Betriebsgenehmigungen erleichtert. Zu den Details des Gesetzes vgl. **Lowenfeld** (1982), S. 170ff. und **Merckx** (1982), S. 115.

[156] Vgl. **Doganis** (1991), S. 52ff. und S. 59f.

[157] Vgl. **Merckx** (1982), S. 121f. und **Haanappel** (1984), S. 143.

mehr als nur ein internationales Luftverkehrsunternehmen gab.[158] Die Bedeutung der Mehrfachdesignierung wird jedoch erst bei einer Betrachtung der Art der Vergabe der internationalen Flugstrecken an die einheimischen Luftverkehrsunternehmen durch die amerikanische Luftfahrtbehörde deutlich, wie sie seit dem Inkrafttreten des Airline Deregulation Acts von 1978 üblich wurde. Die Streckenvergabe zeichnete sich dadurch aus, dass mit ihr keine Beförderungspflicht für Fluggesellschaften auf der erhaltenen Flugstrecke verbunden war.[159] Damit wurde den Luftverkehrsgesellschaften die Entscheidung überlassen, welche internationalen Strecken bedient bzw. nicht bedient werden sollten. Ein weiteres Merkmal des Musterabkommens ist die vollkommen freie Bestimmbarkeit der Kapazitäten und Frequenzen. Dabei gibt es jedoch nicht die Möglichkeit, dass ein Unterzeichnerstaat bei einer nicht befriedigenden Veränderung der Marktanteile eine Neuverhandlung zur Prüfung der Kapazitäten verlangen kann. Dies steht in einem deutlichen Gegensatz zur „ex-post-facto"-Genehmigung des Bermuda-I-Abkommens und der Prädeterminationsklausel.

Im Musterabkommen finden sich keine Regelungen, nach denen die Luftfahrtbehörden der beiden Unterzeichnerstaaten die Tarife zunächst genehmigen müssen, bevor sie in Kraft treten („Double-Approval-Rule"). Vielmehr gilt für die Tarifgenehmigung die „Double-Disapproval-Rule".[160] Darüber hinaus sieht das Musterabkommen umfangreiche Rechte der Fünften Freiheit vor. Danach werden dem Vertragsstaat zusätzliche Anflugpunkte in den USA gegen liberale Wettbewerbsbedingungen gewährt. Ein vollkommen freier Luftverkehr zwischen den Unterzeichnerstaaten wird jedoch durch den Abschluss eines bilateralen Luftverkehrsabkommens auf Basis des Mustervertrages nicht ermöglicht, da die Verkehrsrechte der 3. und 4. Freiheit regelmäßig auf einzelne Flugrouten oder amerikanische Flughäfen beschränkt werden.[161]

4.) *Open-Sky-Verträge*: Seit Anfang der neunziger Jahre versuchen vor allem die USA, nach dem Auslaufen von bilateralen Vereinbarungen sog. *Open-Sky-Abkommen*[162] mit anderen Nationen abzuschließen.[163] Ein Open-Sky-

---

[158] Vgl. **Haanappel** (1984), S. 143.

[159] Vgl. **Haanappel** (1984), S. 144.

[160] Zu den unterschiedlichen *Tariffestsetzungsregeln* vgl. Kap. 5.3.2.2, S. 363ff.

[161] In vielen US-Verträgen wird den ausländischen Luftverkehrsgesellschaften nur der Anflug bestimmter ausgewählter US-Flughäfen erlaubt. Demgegenüber wird den amerikanischen Fluggesellschaften in einem solchen liberalen Abkommen erlaubt, von jedem amerikanischen Flughafen in das Staatsgebiet des anderen Unterzeichnerlandes zu fliegen. Vgl. **Wiezorek** (1998), S. 55 und ergänzend **Haanappel** (1984), S. 42f.

[162] Für eine weitergehende Erläuterung des Begriffes vgl. **Hedlund** (1994), S. 270ff.

[163] Als Beleg für diese Bemühungen eignet sich die Veröffentlichung des amerikanischen Verkehrsministeriums, die das Ziel einer Marktöffnung für den internationalen Flugverkehr

Abkommen beinhaltet neben der Möglichkeit zur Mehrfachdesignierung[164] auch das Tarifgenehmigungsverfahren gemäß der „double-disapproval-rule“[165]. Darüber hinaus sind unbegrenzte Kapazitäten und Frequenzen, freie Preise, umfassende Verkehrsrechte der dritten, vierten und fünften Luftverkehrsfreiheit, unbegrenztes Codesharing, ein offener Zugang zu grundsätzlich allen Strecken und Flughäfen und ein gleichberechtigter Zugang und Betrieb von Computerreservierungssystemen Bestandteile von Open-Sky-Abkommen.[166] Trotz dieser auf den ersten Blick liberalen Regelungen behindern auch die Open-Sky-Abkommen, anders als der Name suggeriert, die Entstehung eines freieren Luftverkehrs. Dies liegt insbesondere an der exklusiven und damit wettbewerbsverhindernden Vergabe von Start- und Landerechten an bestimmte, im Abkommen festgelegte Fluggesellschaften. Beispielsweise dürfen vom größten europäischen Flughafen London-Heathrow nur je zwei britische und zwei US-Gesellschaften in Richtung USA starten. Darüber hinaus verhindern die Open-Sky-Abkommen zwischen den USA und einzelnen europäischen Ländern derzeit auch, dass die Europäer einen Zugang zu US-amerikanischen Flug- und Eigentumsrechten erwerben können.[167]

Als Beispiele für Open-Sky-Abkommen eignen sich die bilateralen Luftverkehrsabkommen zwischen den USA und der Bundesrepublik Deutschland vom Oktober 2000[168] und die Abkommen der USA mit den Niederlanden, Belgien und Luxemburg.[169]

Die wesentlichen Bestandteile und Unterscheidungsmerkmale der Luftverkehrsabkommen werden in Abb. 5.7 zusammenfassend dargestellt.

---

beinhaltet, vgl. **Ost** (1995), S. 9ff. Für weitere Einzelheiten eignet sich **Witte; Voigt; Laschet** (1982), S. 36ff.

164 Zum Begriff der *Mehrfachdesignierung* vgl. Kap. 5.3.2.2, S. 363.

165 Zur „double-disapproval-rule“ als eine der möglichen *Tariffestsetzungsregeln* vgl. Kap. 5.3.2.2, S. 363.

166 Vgl. **Beyhoff; Ehmer; Wilken** (1995), S. 82. Das Kabotagerecht der achten Freiheit ist allerdings immer noch nicht enthalten. Vgl. **Wiezorek** (1998), S. 55. Für die Definition von „Open-Sky“ durch das US-amerikanische Verkehrsministerium und die wesentlichen Bestandteile vgl. **Bartkowski; Byerly** (1997), S. 3.

167 Vgl. **Wiede** (2002), S. 12.

168 „Protocol between the United States of America and the Federal Republic of Germany to Amend the Air Transport Agreement of July 7, 1995 with the Route schedule, signed at Milwaukee, May, 23, 1996“, abgedruckt in **Bartkowski; Byerly** (1997), S. 33ff. Nur durch den Abschluß des „Open-Sky“-Abkommens zwischen der Bundesrepublik Deutschland und den USA konnte die Deutsche Lufthansa eine Kooperation mit United Airlines eingehen. Vgl. **o.V.** (2002d), S. 11.

169 Vgl. **Fox** (1992), Kap. 7.

Gemäß eines Urteils des EuGH vom 05. November 2002[170] verstoßen die die bilateralen Abkommen, die Deutschland sowie weitere sieben Mitgliedsländer der EU mit den USA autonom abgeschlossen haben, teilweise gegen geltendes europäischen Recht.[171] Danach ist die in den Abkommen enthaltene Nationalitätenklausel[172] unvereinbar mit dem EU-weiten Gebot der Niederlassungsfreiheit für Unternehmen. Alle in der EU ansässigen Luftverkehrsgesellschaften müssten danach bei der Vergabe von Start- und Landerechten für transatlantische Flüge genauso wie einheimische Fluggesellschaften behandelt werden, was durch die bestehenden Abkommen bisher verhindert wird.[173] Es bleibt abzuwarten, zu welchen Ergebnissen die im Oktober 2003 begonnenen Verhandlungen zwischen der EU-Kommission (stellvertretend für die EU-Mitgliedsländer) und den USA über einen einheitlichen und offenen transatlantischen Luftraum führen werden und wie sich eine zu erwartende Neuregelung auf die europäischen Fluggesellschaften und Verbraucher auswirken wird.[174]

***Abb. 5.7:** Gemeinsamkeiten und Unterschiede der Luftverkehrsabkommen*

	Prädeterminations-vertrag	Bermuda-I-Vertrag	Post-1977-Vertrag	Open-Sky-Vertrag
Luftverkehrsrecht der 3. und 4. Freiheit	begrenzt	begrenzt	weitreichend	unbegrenzt
Luftverkehrsrecht der 5. Freiheit	sehr wenig	wenig	zahlreich	unbegrenzt
Luftverkehrsrecht der 8. Freiheit	nein	nein	nein	nein
Designierungs-regelung	einfach	in der Regel einfach	doppelt und mehrfach	mehrfach
Kapazitäts-regelung	ex-ante	ex-post-facto	keine	keine
Eigentümer-regelung	ja	ja	ja	ja
Tariffestsetzungs-regelung	double approval	double approval	double disapproval oder country of origin	frei

(In Anlehnung an: WIEZOREK (1998), S. 56)

170 Vgl. EuGH-Urteil vom 05.11.2002, Rs. 467/98, Slg. 2002, Bd. 1, S. 9519.

171 Vgl. **o.V.** (2002d), S. 11.

172 Für eine Erläuterung des Inhalts und der Bedeutung der Nationalitätenklausel im internationalen Luftverkehr vgl. Kap. 5.3.4.1.2.

173 Vgl. **o.V.** (2002d), S. 11.

174 Für eine umfassende Erläuterung der angestrebten Neuregelung des transatlantischen Luftverkehrs vgl. Kap. 5.3.4.2, S. 363.

5.3.3 Veränderung der verkehrspolitischen Rahmenbedingungen durch Deregulierung und Liberalisierung

5.3.3.1 Begriffliche Abgrenzung von Regulierung, Deregulierung und Liberalisierung

Innerhalb der Wirtschaftswissenschaften existiert eine Vielzahl von Definitionsansätzen für den Begriff *Regulierung*.[175] Aus juristischer Perspektive wird immer dann von einer Regulierung gesprochen, wenn Institutionen des Staates auf Basis der ihnen zustehenden Eingriffs- und Kontrollrechte in die ökonomischen Handlungen der Marktteilnehmer eingreifen, um Hindernisse für einen freien Marktwettbewerb zu überwinden.[176] Als charakteristische regulierende Eingriffe in den *Linienluftverkehr* gelten beispielsweise Beschränkungen des freien Marktzutritts und die Verpflichtung zur Genehmigung von Kapazitäten und Flugtarifen durch staatliche Institutionen, durch die eine betriebswirtschaftlich angemessene Preisbildung verhindert wird. Zudem kann die Flugplanfestlegung als typisches Beispiel für eine Marktregulierung angesehen werden.[177]

Mit dem Begriff *Deregulierung* wird die grundlegende Transformation eines durch staatliche Behörden regulierten Marktes in eine freie Marktordnung bezeichnet.[178] Demgegenüber wird unter dem Begriff *Liberalisierung* eine in wesentlichen Bereichen durchgeführte Lockerung von bisher bestehenden regulierenden Vorschriften verstanden.[179] Die Gemeinsamkeit zwischen den beiden Begrifflichkeiten liegt, unabhängig von ihrer jeweiligen Transformation, in der Tatsache, dass sie beide die Veränderung eines unter staatlicher Kontrolle liegenden Marktes zum Ziel haben. Ihr wesentlichster Unterschied ist die jeweilige Zielsetzung: Während die Deregulierung zur Beendigung aller staatlichen Eingriffe führen soll, wird durch eine Liberalisierung das regulierende Grundsystems aufrecht erhalten.[180]

5.3.3.2 Die Deregulierung des amerikanischen Luftverkehrs

5.3.3.2.1 Historischer Ablauf der Deregulierung

Den Ausgangspunkt für die Deregulierung des amerikanischen Luftverkehrsmarktes bildete die Krise der amerikanischen Luftverkehrsunternehmen zu Beginn der siebziger Jahre. Die drei wesentlichen Gründe dieser Krise waren

---

[175] Vgl. **Werner** (1988), S. 44 und S. 57ff. sowie **Wenglorz** (1992), S. 6ff.

[176] Vgl. **Wenglorz** (1992), S. 6.

[177] Vgl. **Pompl** (1991), S. 199 und **Knieps** (1987), S. 52.

[178] Zum Begriff der Deregulierung vgl. **Dautzenberg** (1987), S. 86, **Button** (1991); S. 10 und **Gabler-Verlag** (1997), S. 879ff.

[179] Zum Begriff der Liberalisierung vgl. **Gabler-Verlag** (1997), S. 2443.

[180] Allgemein gültige Definitionen für die Deregulierung und Liberalisierung existieren bis heute nicht. Für eine Darstellung der bisherigen Definitionsversuche vgl. **Wenglorz** (1992), S. 1f. und **Weber** (1986), S. 30f.

1.) eine verringerte Binnennachfrage nach Luftverkehrsleistungen aufgrund der einsetzenden wirtschaftlichen Rezessionsphase,

2.) die weltweite Ölkrise von 1973 und die dadurch deutlich gestiegenen Kerosinkosten und

3.) der starke Anstieg der Verbindlichkeiten der Luftverkehrsgesellschaften aufgrund der in umfangreicher Weise durchgeführten Investitionen in größere Flugzeuge.

Die damalige für die Regelung des inneramerikanischen Luftverkehrs zuständige Luftaufsichtsbehörde *Civil Aeronautics Board* (CAB)[181] steigerte daraufhin die regulierenden Eingriffe in den amerikanischen Luftverkehr und stoppte die Vergabe neuer Flugstrecken.[182]

Aufgrund der andauernden Krise, der hohen Konzentration in der amerikanischen Luftverkehrsbranche[183] und der zunehmenden Kritik an der restriktiven, in den Wettbewerb eingreifenden Politik[184] des CAB ergab sich eine intensive öffentliche Diskussion über die Angemessenheit der CAB-Arbeit.[185] Den Kern der kritischen Diskussionsbeiträge bildete der Einwand, dass die Fluggesellschaften im bisherigen Regulierungssystem ohne Preiswettbewerb und ohne die Zulassung neuer Wettbewerber an einer angemessenen Gewinnerzielung behindert würden. Hinter dieser Auffassung stand die Ansicht, dass eine Gewinnerzielung nur bei einem ausreichend intensiven Wettbewerb möglich sein würde.[186] Als weiterer Kritikpunkt wurde angeführt, dass die Kunden die Flug-

---

181 Der ursprüngliche Name der Behörde war „Civil Aeronautics Authority", bis sie im Jahr 1940 in „Civil Aeronautics Borad" umbenannt wurde. Vgl. **Kark** (1989), S. 7 mit den dortigen Literaturhinweisen. Zu den Hauptaufgaben der Behörde gehörte die Regelung der grundlegenden wirtschaftlichen Rahmenbedingungen für die amerikanischen Luftverkehrsunternehmen. Dazu gehörten die Kontrolle des Marktzuganges durch Streckenvergabe und des Marktaustrittes, die Genehmigung von Flugtarifen, die die Entscheidung über die Vergabe von Subventionen für Flugrouten mit geringem Passagieraufkommen, und die Kontrolle von Fusionen und Absprachen. Vgl. **Pompl** (1991), S. 250 und **Krahn** (1994), S. 46.

182 Vgl. **Bailey; Graham; Kaplan** (1985), S. 14.

183 Im Jahr 1977 hatte die fünf größten amerikanischen Fluggesellschaften einen Anteil von ca. 60% an den gesamten Einnahmen im Passagierverkehr. Vgl. **Rakowski; Bejou** (1992), S. 241 und S. 243. Im Jahr 1978 wickelten die zehn größten Luftverkehrsgesellschaften der USA 85% des amerikanischen Luftverkehrsaufkommens ab. Vgl. **Ebke; Wittmann** (1991), S. 8 und **Rakowski; Bejou** (1992), S. 241 und S. 243.

184 Im Zeitraum von 1950 bis 1974 wurden 79 Anträge für die Neugründung einer Fluggesellschaft durch das CAB abgelehnt. In diesem Zeitraum wurde kein zusätzliches Luftverkehrsunternehmen als neuer Wettbewerber auf ein Hauptflugstrecke durch das CAB zugelassen,. Vgl. **Wiezorek** (1998), S. 64 und ergänzend **Krahn** (1994), S. 47.

185 Für einen umfassenden Überblick über die Reformvorschläge der amerikanischen Regierung und über die abschließenden Diskussionen im Senat vgl. **Morgan** (1981), S. 45ff.

186 Vgl. **Wrangell** (1999), S. 84f.

transportleistung aufgrund des fehlenden Tarifwettbewerbs zu unangemessen hohen Preisen erwerben müssten.[187]

Das CAB sah sich aus diesem Grund im Jahr 1976 dazu veranlasst, eine Öffnung des inländischen Luftverkehrs durch erste Deregulierungsschritte herbeizuführen. Mit der Verabschiedung des sog. *Airline Deregulation Acts* im Jahr 1978[188], durch den der bisher regulierte Wettbewerb schrittweise zu einem freien Wettbewerb transformiert werden sollte,[189] wurde ein umfassender Bedeutungsverlust des CAB begründet.

Durch den Airline Deregulation Act verlor das CAB zunächst mit dem Beginn des Jahres 1982 die Zuständigkeit für die Routenvergabe und ein Jahr später die Verantwortung für die Tarifgenehmigung und die Wettbewerbsaufsicht.[190] Zu Beginn des Jahres 1984 stellte das CAB seine Tätigkeit ein, da es als Regulierungsbehörde in einem deregulierten Markt die eigene Existenzberechtigung verloren hatte.[191] Die restlichen, noch verbliebenen staatlichen Kompetenzen, insbesondere die für den internationalen Flugverkehr (z.B. Designierung von Fluggesellschaften, Genehmigung von Betriebslizenzen, Genehmigung von Fusionen, kartellrechtliche Aufsicht) wurden auf das amerikanische Verkehrsministerium *Department of Transportation* (DOT) übertragen.[192] Mit Ausnahme der im Jahr 1989 an das amerikanische Justizministerium abgetretenen Kartellaufsicht besitzt das DOT auch heute noch die o.g. staatlichen Kompetenzen.[193] Vor der Genehmigung einer Absprache zwischen einer amerikanischen Fluggesellschaft und einem ausländischen Luftverkehrsunternehmen kommt es regelmäßig zu einer engen Zusammenarbeit des DOT mit der kartellrechtlichen Aufsicht des amerikanischen Justizministeriums.[194]

Die Ergebnisse der Deregulierung in den USA werden in den zahlreichen bisher erschienenen wissenschaftlichen Untersuchungen, die sich mit den Auswirkungen der Deregulierung auf die Effizienz des Luftverkehrssystems und die gesamtwirtschaftliche Wohlfahrtssituation beschäftigen, sehr unterschiedlich beurteilt.[195] Es ist jedoch unbestritten, dass die Deregulierung des amerikanischen Luftverkehrs für den internationalen Luftverkehr umfangreiche Auswirkungen

[187] Vgl. **Dempsey** (1990), S. 5 und **Wrangell** (1999), S. 84.

[188] Abgedruckt bei **Lowenfeld** (1981), Documents Supplement. S 545ff.

[189] Für eine Darstellung der stufenweisen Transformation vgl. **Schoner** (1979), S. 42.

[190] Vgl. **Bailey; Graham; Kaplan** (1985), S. 35.

[191] Das CAB ist bis heute die einzige staatliche Behörde in der Geschichte der USA, die aufgelöst wurde. Vgl. **CAB** (1984), Sektion 3.

[192] Vgl. **Meyer; Oster** (1984), S. 6.

[193] Für eine ausführliche Erläuterung der Kompetenzen des DOT vgl. **Rule** (1989), S. 62ff.

[194] Vgl. **ABA** (1992), S. 1147, Nr. 1244.

[195] Vgl. **Wiezorek** (1998), S. 65 und im Detail **Reynolds-Feighan** (1992), S. 25ff., **Morrison; Winston** (1986), S. 1f., **Dempsey** (1990), S. 3f., **Joskow** (1988), **Knieps** (1988), **Borenstein** (1992) und **Keeler** (1991).

hatte. Dies liegt nicht an der Tatsache, dass in den USA weltweit zum ersten Mal ein Luftverkehrsmarkt dereguliert wurde, sondern auch daran, dass der US-amerikanische Luftverkehrsmarkt aufgrund seiner großen räumlichen Ausdehnung und des starken inner-amerikanischen Luftverkehrsaufkommens mit internationalen Routen vergleichbar ist. Damit bilden die bisher veröffentlichten Studien zur Deregulierung des amerikanischen Luftverkehrsmarktes auch für eine Analyse von Liberalisierungs- und Deregulierungsbemühungen in anderen Ländern einen guten Ausgangspunkt.[196]

Bei einer detaillierteren Betrachtung der Deregulierungseffekte auf die amerikanischen Luftverkehrsunternehmen können im wesentlichen Veränderungen bei den Tarifen und der Tarifbildung , bei der Kostenposition und Produktivität der Fluggesellschaften, beim Serviceniveau, bei der operativen Flexibilität, bei der Wettbewerbssituation bzw. Marktstruktur und bei der Sicherheit im Luftverkehr genannt werden.[197] Diese unterschiedlichen Auswirkungen werden in den nachfolgenden Kapiteln kurz erläutert.

5.3.3.2.2 Auswirkungen auf die Tarife und die Tarifbildung

Bis zum Beginn der Deregulierung erfolgte die Festlegung der Flugtarife durch eine Ausrichtung am sog. *Standard Industry Fare Level (SIFL)*. Dieser Maßstab wurde vom CAB auf der Basis von branchenspezifischen Durchschnittswerten für den Sitzladefaktor und die Bestuhlung sowie mit Hilfe von Durchschnittskosten ermittelt und so festgelegt, dass ein Luftverkehrsunternehmen mit einer mittleren Produktivität Gewinne erzielen konnte.[198] Erst durch den „Airline Deregulation Act“ entstand ein Marktmechanismus mit einem intensiven Preiswettbewerb und einer wettbewerbsorientierten Tarifbildung. Nach einer schrittweisen Freigabe der Tarife wurden die Luftverkehrsunternehmen mit Beginn des Jahres 1993 zu einer autonomen Tariffestlegung berechtigt.[199]

Seitdem wurde das ursprünglich ausschließlich kostenorientierte System in ein marktorientiertes System transformiert, das sich im wesentlichen an den am Markt durchsetzbaren Preisen orientiert. Diese Transformation führte schnell zu einem deutlichen Anstieg der Anzahl der Flugpreise, da diese nun spezifischer für die einzelnen Produktmerkmale und Nachfragersegmente entwickelt werden konnten.[200]

[196] Vgl. **Wrangell** (1999), S. 86 und **Wiezorek** (1998), S. 65.
[197] Vgl. **Joskow** (1988), **Knieps** (1988), **Borenstein** (1992) und **Keeler** (1991).
[198] Vgl. **Bailey; Graham; Kaplan** (1985), S. 16ff.
[199] Im *Airline Deregulation Act* war ein Übergangszeitraum von 1979 bis Ende 1982 bis zur vollständigen Freigabe der Tarife festgelegt worden. In diesem Zeitraum durfte jede Fluggesellschaft ihre Flugtarife um bis zu 50% senken bzw. bis zu 5% erhöhen. Vgl. **Bailey; Graham; Kaplan** (1985), S. 45ff. und **GAO** (1996a), S. 13.
[200] Vgl. **Wiezorek** (1998), S. 91f.

Durch Preisdifferenzierungen in den unterschiedlichen Marktsegmenten erhielten die etablierten Fluggesellschaften eine neue wettbewerbspolitische Flexibilität. Diese ermöglichte es ihnen, die aufkommenden Preiskriege mit den im Zuge der Deregulierung neu entstandenen Luftverkehrsunternehmen, die häufig nur einige wenige Flugstrecken zu Niedrigstpreisen bedienten, mit geringen Verlusten zu überstehen.[201]

Die meisten großen amerikanischen Fluggesellschaften führten mit Hilfe umfangreicher und detaillierter *Yield-Management-Systeme*[202] mehrere Sondertarife ein, die vielfach mit bestimmten Restriktionen, wie z.B. Mindestaufenthaltsbedingungen und besonderen Stornierungs- bzw. Umbuchungskosten, verbunden waren.[203]

Die Auswirkungen der Deregulierung auf die Höhe der Flugtarife im amerikanischen Luftverkehrsmarkt wurden bereits in mehreren Studien untersucht.[204] Alle Studien kommen zu dem Ergebnis, dass die Deregulierung zu einer Reduktion der Flugpreise im Vergleich zur Regulierungsphase geführt hat.[205] Darüber hinaus belegen die Ergebnisse der amerikanischen Deregulierungspolitik, dass das Tarifniveau stark von der jeweiligen *Marktposition* der Fluggesellschaft, von der *Flughafenkonzentration* und von der Existenz von *Markteintrittsbarrieren* beeinflusst wird:

1.) *Marktposition*: Hinsichtlich des Einflusses der *Marktposition* einer Fluggesellschaft auf das Tarifniveau zeigen verschiedene der o.g. Studien, dass eine hohe Konzentration auf der Anbieterseite eine Erhöhung der Flugpreise induziert. Eine Fluggesellschaft, die einen hohen Marktanteil auf einer Flugroute besitzt, kann danach höhere Preise verlangen als Wettbewerber, die auf diesen weniger stark vertreten sind.[206]

2.) *Flughafenkonzentration*: Die Anzahl der an einem Flughafen vertretenen Luftverkehrsunternehmen, die auch als *Flughafenkonzentration* bezeichnet wird, beeinflusst ebenfalls die Flugtarifhöhe. Mehrere Studien kommen zu dem Ergebnis, dass ein Rückgang der an einem Flughafen vertretenen Flug-

---

201 Vgl. **Diegruber** (1991), S. 171 und **Basedow** (1989), S. 212.

202 Flugpreise werden grundsätzlich in „Yield" gemessen. Ein „Yield" wird definiert als Durchschnittspreis pro Meile pro Flug, der von einem zahlenden Fluggast entrichtet wird. Vgl. **Morrison; Winston** (1995), S. 11.

203 Für eine Darstellung möglicher Restriktionen im Zusammenhang mit einem bestimmten Flugpreis vgl. **Schwietermann** (1995), S. 296.

204 Vgl. z.B. **Pickrell** (1991), S. 28, **GAO** (1996a), **Joskow** (1988), **Knieps** (1988) und **Borenstein** (1992).

205 Vgl. z.B. **GAO** (1996a), S. 14, **Morrison; Winston** (1995), S. 23f. und **Höfer** (1995), S. 139f.

206 Vgl. z.B. **Borenstein** (1989), S. 357, **GAO** (1991), S. 2 und 30f. sowie **GAO** (1996b), S. 3ff.

gesellschaften und die damit verbundene zunehmende Konzentration zu einem Anstieg der Flugpreise führt.[207]

3.) *Markteintrittsbarrieren*: Bestehende *Markteintrittsbarrieren* wirken sich in erheblicher Weise auf die Festsetzung der Flugtarife aus. Zu derartigen Markteintrittsbarrieren gehören im wesentlichen Codesharing-Vereinbarungen[208], Infrastrukturengpässe an Flughäfen (z.B. nicht ausreichend dimensionierte Gates) und die von den finanzstarken großen Fluggesellschaften umfangreich getätigten Investitionen in Computerreservierungssysteme (CRS).[209] Die dargestellten Eintrittsbarrieren können allein oder gemeinsam auftreten und, je nach Intensität der einzelnen Barriere, zu einem deutlichen Anstieg der Flugpreise führen.[210]

5.3.3.2.3 Auswirkungen auf die Kostenposition und Produktivität

Der Übergang zu einer wettbewerbsorientierten Bildung der Flugtarife erhöhte den Kostendruck der Luftverkehrsunternehmen.[211] Ein ökonomisch effizienterer Ressourceneinsatz wurde zu einer zwingenden Notwendigkeit, um Kostenreduktionen realisieren zu können.[212] Dies geschah zum einen durch eine Senkung des durchschnittlichen Lohnniveaus, indem das im Vergleich zu anderen Industriezweigen hohe durchschnittliche Einkommensniveau der Mitarbeiter durch den Abschluss flexiblerer Arbeitsverträge bzw. durch die Kürzung der Löhne und Gehälter verringert wurde.[213]

Darüber hinaus ergaben sich durch die effizientere Gestaltung des allgemeinen Flugbetriebes und Rationalisierungen umfangreiche Produktivitätssteigerungen.[214] Beispielsweise stellten MORRISON/WINSTON in einem im Jahr 1986 veröffentlichten Vergleich der Jahre 1977 und 1983 fest, dass die Deregulierung zu

---

207 Vgl. **WIEZOREK** (1998), S. 96 und im Detail **DRESNER;WINDLE** (1992), S. 329 sowie **BORENSTEIN** (1989), S. 358, **EVANS; KESSIDES** (1993), S. 462f.

208 Zum Begriff des *Codesharings* vgl. Kap. 6.2.4.

209 American Airlines und United Airlines konnten beispielsweise mit der Entwicklung der Computerreservierungssysteme *Sabre* und *Apollo* einen deutlichen Wettbewerbsvorteil erlangen, da sie mit diesen Systemen ein internationales Vertriebsnetz aufbauen und zusätzliche Serviceleistungen in Bereichen anbieten konnten, die nicht direkt zum Luftverkehr gehören. Vgl. **EHLERS** (1988), S. 4ff.

210 Vgl. **WIEZOREK** (1998), S. 98 und im Detail **GAO** (1991), S. 2 und 30f.

211 Vgl. **BONGARTZ** (2000), S. 69.

212 Vgl. **SAWERS** (1987), S. 17ff.

213 Vgl. **DIEGRUBER** (1991), S. 170f. und die dortigen Quellenverweise. Bei einem Vergleich der Höhe der Stückkosten im Jahr 1983 *nach* erfolgter Deregulierung mit der Stückkostenhöhe, die sich ergeben hätte, falls der amerikanische Luftverkehrsmarkt *nicht* dereguliert worden wäre, zeigt sich, dass das Stückkostenniveau um ca. 10% verringert werden konnte. Vgl. **WIEZOREK** (1998), S. 98 und **CAVES; CHRISTENSEN; TRETHEWAY** (1987), S. 286.

214 Vgl. **BONGARTZ** (2000), S. 70.

einem positiven volkswirtschaftlichen Zusatznutzen in Höhe von mindestens 8,5 Mrd. US-Dollar (in Preisen von 1977) pro Jahr geführt hat. Dieser Zusatznutzen ist danach zu ca. 70% auf eine Verbesserung der Wohlfahrtsposition der Flugreisenden (insbesondere für die Geschäftsreisenden aufgrund der Steigerung der Flugfrequenzen und Einrichtung nachfrageorientierterer Streckennetze) zurückzuführen, während ca. 30% durch den allgemeinen Anstieg der Industriegewinne verursacht wurden.[215]

Es muss jedoch festgehalten werden, dass sich die beschriebenen positiven Deregulierungseffekte nicht *direkt* nach Verabschiedung des *Airline Deregulation Acts*, sondern erst allmählich entwickelten und die amerikanischen Fluggesellschaften erst im Jahr 1983 positive Rentabilitäten aufwiesen. Darüber hinaus lässt sich feststellen, dass sich trotz der Deregulierungsmaßnahmen nicht bei allen Fluggesellschaften andauernde positive reale Jahresüberschüssen einstellten.[216]

Durch den ersten Golfkrieg im Jahr 1991, die allgemeine wirtschaftliche Rezessionsphase seit Mitte der neunziger Jahre, die Terroranschläge des 11. Septembers 2001, den zweiten Golfkrieg zu Beginn des Jahres 2003 und Krisen wie SARS mussten die internationalen Fluggesellschaften immer wieder deutliche Rückgänge ihrer Gewinne hinnehmen, zum Teil sogar deutliche Verluste ausweisen.[217] Die Verschlechterung der finanziellen Position war jedoch nie ausschließlich eine Folge weltpolitischer Ereignisse oder Veränderungen, sondern zu einem wesentlichen Teil immer auch auf umfangreiche Zinsverbindlichkeiten zurückzuführen, die sich als Resultat der hohen Fremdfinanzierungsquote bei Unternehmensakquisitionen und -zusammenschlüssen ergeben hatten.[218]

Abschließend lässt sich festhalten, dass es aufgrund der unterschiedlichen Marktpositionen der einzelnen Marktteilnehmer nicht möglich ist, umfassende, allgemein gültige und eindeutige Aussagen über die Auswirkungen der Deregulierung auf die Kostenposition und Produktivität der Luftverkehrsunternehmen zu treffen. Es ist lediglich eindeutig feststellbar, dass die Deregulierung zu einer Geschäftspolitik und strategischen Ausrichtung der Fluggesellschaften geführt hat, die sich deutlich mehr an Effizienzkriterien ausrichtet und durch die wesentlich mehr kundenorientierte Streckennetze zur Steigerung der Produktivität geschaffen wurden.[219]

---

[215] Vgl. **Wiezorek** (1998), S. 65f. und für eine detaillierte Analyse **Morrison; Winston** (1986), S. 1f.

[216] Vgl. **ATA** (1999), S. 3 und **Aviation Week Group** (1997), S. 86f.

[217] Vgl. **Bongartz** (2000), S. 71.

[218] Vgl. **Kahn** (1993a), S. 59.

[219] Vgl. **Wiezorek** (1998), S. 102.

5.3.3.2.4 Auswirkungen auf die operative Flexibilität und Struktur der Streckennetze

Durch den „Airline Deregulation Act" wurde die bis zum Jahr 1978 durchgeführte Regulierung der Marktein- und -austritte aufgehoben. Seitdem kann jede Fluggesellschaft, die die wirtschaftlichen und sicherheitsrechtlichen Prüf- und Genehmigungsverfahren des DOT besteht,[220] in den amerikanischen Luftverkehrsmarkt eintreten und autonom entscheiden, ob es eine Flugstrecke weiterhin bedienen oder aufgeben möchte.[221]

Die Luftverkehrsgesellschaften begannen vor diesem Hintergrund in den ersten Jahren der Deregulierung mit der Umwandlung der Flugstreckennetze in sog. *Hub-and-Spokes-Systeme* mit einem Zentralflughafen („Hub") und daran angeschlossenen Flugstrecken („Spokes"), die der Sammlung und Verteilung von Verkehrsströmen zum Zentralflughafen dienten und zu einer Zusammenarbeit mit kleineren Regionalfluggesellschaften führten.[222] Die Verbreitung derartiger Systeme wurde durch die Deregulierungsmaßnahmen gefördert, da sie zur Beseitigung der staatlichen Zuteilung der Flugstrecken bzw. zu einer neuen strategischen Routenplanung und -entwicklung geführt hatten.

„Hub-and-Spokes"-Systeme werden auch als *Mittelpunktsysteme*[223] bezeichnet und basieren auf der wirtschaftlichen Zielsetzung der Fluggesellschaften, eine effizientere Unternehmensführung umzusetzen.[224] Sie bestehen aus einem oder mehreren Flughäfen, die einer Fluggesellschaft als Hauptdrehkreuze („Hub") dienen und über die die meisten Flüge, insbesondere die internationalen Langstreckenflüge, der Fluggesellschaft geleitet werden. Das wesentlichste Merkmal des Hub-and-Spokes-Systems ist die Bündelung von Verkehrsströmen. Dabei werden die Passagier- und Frachtströme von einem Ausgangsflughafen zu einer Vielzahl von Zielflughäfen zunächst in *einem* Flug zum jeweiligen Drehkreuz zusammengefasst. Am Drehkreuz werden die Verkehrströme dieses Zubringerfluges aufgelöst und mit den Strömen anderer Ausgangsflughäfen zu den jewei-

[220] Vgl. **GAO** (1996b), S. 1.

[221] In Ausnahmefällen kann es jedoch weiterhin zu einer Regulierung auf Basis des ebenfalls im Jahr 1978 verabschiedeten *Essential Air Service Program* kommen, durch das die Verkehrsanbindung kleinerer Städte auch nach der Deregulierung gewährleistet werden sollte. Das DOT ist danach berechtigt, eine verkehrliche Anbindung kleinerer Städte an Verkehrsknotenpunkte anzuordnen und durch die Zahlung von Subventionen zu unterstützen. Vgl. **Bongartz** (2000), S. 70 und im Detail **GAO** (1994), S. 3.

[222] „Hub-and-Spokes" ist die englische Bezeichnung für „Nabe und Speichen". Für einen detaillierteren Überblick über die Entwicklung der Hub-and-Spokes-Systeme in den USA vgl. **Moser** (1990), S. 21, **Walker** (1997), S. 32ff., **Morrison; Winston** (1995), S. 45, **Hansen; Kanafani** (1989), S. 583, **Brenner; O'Leet; Schott** (1985), S. 75ff., **Williams** (1996), S. 17ff. und **Pickrell** (1991), S. 22.

[223] Vgl. **Sterzenbach** (1996), S. 95.

[224] Vgl. **Knieps** (1996), S. 79 und **Sterzenbach** (1996), S. 98.

ligen Enddestinationen konsolidiert. Diese Bündelung führt in der Regel zu einem kundenfreundlicheren und damit attraktivitätssteigernden Ausbau der Flugfrequenzen und Zielorte (im Vergleich zu einem linearen Streckennetz), einer Bedienbarkeit von Relationen, bei denen das originäre Aufkommen für eine Direktverbindung nicht ausreichen würde, einem effizienteren Einsatz größerer Flugzeuge, einer Erhöhung der Auslastung dieser Flugzeuge und einer kosteneffizienteren Konzentration der Wartung der Fluggeräte an einem Ort. Insgesamt ermöglichen Hub-and-Spokes-Systeme auf rationelle Weise eine flächendeckende Marktpräsenz der Luftverkehrsgesellschaften.[225]

Für den *Flugpassagier* bietet das Hubsystem einerseits Vorteile aufgrund der Erreichbarkeit von fast jedem Reiseziel und der zeitlichen Abstimmung der Zubringer- und anschließenden Direktflüge derselben Fluggesellschaft (sog. *Flugkomplexe* bzw. „banks“), zwischen denen häufig weniger als eine Stunde liegt und die damit eine hohe Servicefreundlichkeit aufweisen.[226] Andererseits haben diese Systeme im Vergleich zu Punkt-zu-Punkt-Systemen den Nachteil, dass die Fluggäste ihre Zielflughäfen in der Regel nicht mehr direkt, sondern meistens nur noch über das Drehkreuz erreichen können.[227]

Um die Erfolgswirkungen der Hub-and-Spokes-Systeme nachvollziehen zu können, wurden verschiedene empirische Studien durchgeführt. Diese zeigen einheitlich, dass große Fluggesellschaften, die über eine dominierende Position an einem bestimmten Flughafen verfügen, in der Regel ein überproportionales Verkehrsaufkommen auf einzelnen, von diesem Flughafen ausgehenden Flugstrecken erzielen.[228] Zum anderen konnte durch diese Studien nachgewiesen werden, dass alle Flüge permanent zeitlich exakt aufeinander abgestimmt werden müssen, um die Erfolgswirkungen der Hub-and-Spokes-Systeme dauerhaft abzusichern. Darüber hinaus sind ausschließlich Drehkreuze zu nutzen, die über einen nennenswerten Ursprungs- und Zielverkehr, eine zentrale Lage sowie eine leistungsfähige Flughafeninfrastruktur verfügen.[229] Die durchgeführten Studien zeigen zudem, dass ein Luftverkehrsunternehmen, welches einen Flughafen über das eigene dort bestehende Drehkreuz dominiert, Preisaufschläge von fünf

---

[225] Vgl. **O.V.** (1996), S. 1, **DOGANIS** (1991), S. 264, **WEINGARTEN** (1995), S. 80, **COHAS; BELOBABA; SIMPSON** (1995), S. 33ff., **LEVINE** (1987), S. 441, **BORENSTEIN** (1992) und **JOSKOW** (1988), S. 107.

[226] Für eine Übersicht über die Anzahl der täglichen Flugkomplexe unterschiedlicher amerikanischer Fluggesellschaften vgl. **O.V.** (1996), S. 1.

[227] Vgl. **WIEZOREK** (1998), S. 68.

[228] Gemäß einer Studie von BORENSTEIN auf der Basis von Daten aus dem Jahr 1986 zeigt sich, dass eine Fluggesellschaft, die auf einer ausgewählten Strecke einen Fluggastanteil von 35% besitzt, diesen Anteil um weitere 0,22 bis 0,26% ausbauen kann, wenn ihr die Steigerung des Marktanteils am Ausgangsflughafen um einen Prozentpunkt gelingt. Vgl. **BORENSTEIN** (1991), S. 49. Als weitere Untersuchung vgl. **KAHN** (1993b), S. 390f.

[229] Vgl. **WIEZOREK** (1998), S. 268.

bis sechzehn Prozent gegenüber kleineren Wettbewerbern für die dort beginnenden oder endenden Flüge durchsetzen kann.[230]

Die Umwandlung der Flugstreckennetze in Hub-and-Spokes-Systeme führte nicht nur zu den dargestellten positiven und negativen Effekten. Es ergaben sich zudem die nachfolgend genannten Veränderungen:

1.) Durch den Ausbau dieser Systeme und den damit verbundenen Anstieg der Flugverbindungen entwickelte sich ein intensiver Preiswettbewerb zwischen den konkurrierenden Fluggesellschaften.[231] Davon waren insbesondere die Preise für Langstreckenflüge betroffen, da der Flugreisende gerade in diesem Segment aufgrund der unterschiedlichen, neu entstandenen Hubs zwischen einer größeren Anzahl an Flugverbindungen zu seinem Zielflughafen auswählen konnte.[232]

2.) Durch den Umbau der Streckennetze zu Hub-and-Spokes-Systemen erhöhte sich der Verkehrsanteil der großen Drehkreuzflughäfen am gesamten inneramerikanischen Luftverkehr im Zeitraum von 1977 bis 1988 von 68% auf 75%. Diese Verkehrsanteilserhöhung ging ausschließlich zu Lasten der kleineren und mittleren Flughäfen. Der prozentuale Anstieg erklärt sich im wesentlichen dadurch, dass Flugpassagiere, die bisher vorwiegend Direktflüge von kleineren und mittleren Flughäfen genutzt hatten, durch die Einführung der Mittelpunktsysteme zu einem Umsteigen an einem Drehkreuz gezwungen wurden. Die Veränderung der Streckenführung bisheriger Direktflüge führte somit zu einer Doppelzählung dieser Passagiere, einerseits an den jeweiligen Ausgangsflughäfen und andererseits an den Drehkreuzflughäfen, die dadurch einen starken Verkehrsanteilzuwachs verzeichneten.[233]

3.) Die Einführung der Hub-and-Spokes-Systeme führte zu einem deutlichen Konzentrationsanstieg und einer Zunahme der Marktanteile einiger weniger Fluggesellschaften an den großen Flughafendrehkreuzen.[234]

4.) Die Herausbildung der Drehkreuze führte zu ersten Kooperationen zwischen großen amerikanischen Fluggesellschaften und kleineren Regionalfluggesellschaften, die die Flugstrecken mit geringerem Verkehrsaufkommen unter Einsatz kleinerer, kapazitätsadäquater und kostengünstigerer Flugzeuge bedienten.[235]

---

230 Vgl. **Borenstein** (1989), S. 358, **Morrison; Winston** (1995), S. 46ff. und **Mauldin** (1990), S. 188ff.

231 Vgl. dazu die Studien von **Hirst** (1992), S. 705 und S. 709 sowie **Bennett; Craun** (1993), S. 26.

232 Vgl. **Bennett; Craun** (1993), S. 4 und **Dempsey** (1990), S. 20.

233 Vgl. **Wiezorek** (1998), S. 85.

234 Vgl. **Borenstein** (1992), S. 55.

235 Vgl. **Beyhoff; Ehmer; Wilken** (1995), S. 17f.

5.) Die Umwandlung der Streckennetze in Mittelpunktsysteme bedeutete für den Kunden, dass er nunmehr auf bestimmten Strecken zwischen deutlich mehr Fluggesellschaften und Preis-Leistungsalternativen wählen konnte.[236]

5.3.3.2.5 Auswirkungen auf die Wettbewerbssituation und Marktstruktur

Neben den vorgenannten Effekten hatte die Deregulierung auch umfangreiche Auswirkungen auf die Wettbewerbssituation und Marktstruktur im amerikanischen Luftverkehrsmarkt. Die wesentlichen Veränderungen vollzogen sich in drei Zeitabschnitten:

1.) *Abschnitt von 1978-1984: „Starker Anstieg der Anbieterzahl und Low-Cost-Carrier"*: Durch die deregulierungsbedingte Erleichterung der Markteintritts- und Marktaustrittsbedingungen ergab sich in den ersten Jahren eine deutliche Intensivierung des Wettbewerbs auf den zwischenstaatlichen Strecken. Eine Vielzahl neuer Luftverkehrsgesellschaften wurde auf Basis der Bestimmungen des Airline Deregulation Acts gegründet und bisher kleinere Gesellschaften wurden ausgebaut.[237] Die Anzahl der Fluggesellschaften erhöhte sich dadurch von ursprünglich 43 Unternehmen Ende 1978 auf 123 Mitte im Jahr 1984.[238] Bei diesen Neugesellschaften handelte es sich im wesentlichen um Unternehmen, die mit dem Ziel operierten, eine große Anzahl preissensibler Neukunden zu gewinnen, die bisher das Flugzeug aufgrund zu hoher Flugtarife selten oder noch nie als Verkehrsmittel genutzt hatten.[239] Um die Flugpreise zu Discountpreisen anbieten zu können, verzichteten diese Fluggesellschaften auf umfangreichen Service, beschäftigten hauptsächlich nicht-gewerkschaftlich organisierte und damit billigere Arbeitnehmer[240] und setzten vorwiegend günstigere und gebrauchte Flugzeuge ein.[241] Darüber hinaus operierten die Neuanbieter insbesondere auf den Kurz- und Mittelstrecken und flogen kleinere Flughäfen an, um einen direkten Preiskrieg mit den kapitalkräftigen großen Luftverkehrsunternehmen zu umgehen.[242]

Den neuen Luftverkehrsgesellschaften gelang es jedoch nicht, sich dauerhaft gegenüber der etablierten Konkurrenz durchzusetzen. Die großen Luftverkehrsunternehmen führten als Gegenmaßnahme spezielle Sondertarife ein oder führten auf einzelnen Strecken direkte Preisauseinandersetzungen mit

---

[236] Vgl. **Dempsey** (1990), S. 20.
[237] Vgl. **Morrison; Winston** (1995), S. 7
[238] Vgl. **Aviation Week Group** (1997), S. 139.
[239] Vgl. **Bailey; Graham; Kaplan** (1985), S. 104ff.
[240] Nicht-gewerkschaftlich organisierte Arbeitnehmer waren billiger, da sie weniger restriktiven Arbeitsordnungen und Lohnleitsätzen unterlagen. Vgl. **Wheatcroft; Lipman** (1986), S. 84.
[241] Vgl. **Wheatcroft; Lipman** (1986), S. 84. Für eine alternative Erklärung des Begriffs „Low-Cost-Carrier" vgl. die Ausführungen in Kap. 6.1.1.
[242] Vgl. **Gialloreto** (1988), S. 32ff.

den neuen Fluggesellschaften, indem sie Tickets zu identischen Konditionen anboten. Diese Maßnahmen schwächten die neuen Anbieter in erheblicher Weise, da diese zum einen eine deutlich schlechtere Kapitalausstattung aufwiesen und zum anderen nicht über das Renommée, das Streckennetz, Vielfliegerprogramme oder sonstige Serviceleistungen verfügten, um die Kunden trotz der Preiskriege dauerhaft an sich zu binden.[243]

Die finanzielle Situation der neuen Luftverkehrsgesellschaften verschlechterte sich jedoch nicht nur durch die Maßnahmen der etablierten Gesellschaften. Die beginnende wirtschaftliche Rezession in den USA und der durch die Ölkrise im Jahr 1983 begründete Anstieg der Kerosinpreise führten ebenfalls dazu, dass diese Gesellschaften unter Beibehaltung ihrer vergleichsweise günstigen Flugtarife nicht mehr kostendeckend arbeiten konnten und damit den durch Unternehmenszusammenschlüsse geprägten und nachfolgend erläuterten Abschnitt indirekt vorbereiteten.[244]

2.) *Abschnitt von 1984-1989: „Branchenkonsolidierung durch Unternehmenszusammenschlüsse“*: Die großen Fluggesellschaften, die gegenüber den Neugesellschaften in der Regel erhebliche Kostennachteile aufwiesen, versuchten zunehmend, ihre eigene Kostenposition zu verbessern.[245] Die zunehmende Konkurrenz und der damit verbundene Rückgang der durchschnittlichen Rentabilität in der amerikanischen Luftverkehrsbranche führte insbesondere im Zeitraum von 1985 bis 1987 zu zahlreichen Fusionen und Akquisitionen, die zum Teil auch zur finanziellen Sanierung einzelner etablierter Luftverkehrsunternehmen durchgeführt wurden (s. Abb. 5.8).[246]

Die kleineren neuen Gesellschaften wollten durch Fusionen mit anderen kleinen Luftverkehrsunternehmen eine kritische Masse erreichen, um dauerhaft kostendeckend operieren zu können.[247] Die etablierten Luftverkehrsunternehmen zielten durch die Übernahme von sog. *non-union-airlines*[248] und Unternehmenszusammenschlüsse auf eine Erhöhung der Verkehrsintensität und Ausweitung des eigenen Streckennetzes, um die Eintrittsbarrieren für neue Gesellschaften zu erhöhen.[249]

---

243 Vgl. **Wiezorek** (1998), S. 73.
244 Vgl. **Diegruber** (1991), S. 174f.
245 Vgl. **Diegruber** (1991), S. 175.
246 Vgl. **Rakowski; Bejou** (1992), S. 241 und S. 248ff.
247 Vgl. **Diegruber** (1991), S. 176.
248 Dabei handelt es sich um Fluggesellschaften, die im mit nicht-gewerkschaftlich organisierten Arbeitnehmern operierten und sich dadurch mit vergleichsweise geringen Kosten und Flugpreisen im Wettbewerb profilieren konnten. Vgl. **Pascher** (1987), S. 193.
249 Vgl. **Gellman** (1990), S. 53ff.

***Abb. 5.8**: Akquisitionen und Fusionen in der US-amerikanischen Luftfahrtindustrie*

Jahr	Art der Unternehmensverbindung	Involvierte Unternehmen	Neu gegründetes bzw. überlebendes Unternehmen
1979	Fusion durch Neugründung	Southern, North Central	Republic
1980	Akquisition	PanAm, National	PanAm
1980	Fusion durch Aufnahme	Republic, Hughes Airwest	Republic
1985	Fusion durch Aufnahme	People Express, Frontier	People Express
1986	Akquisition	Northwest, Republic	Northwest
1986	Akquisition	TWA, Ozark	TWA
1986	Akquisition	Delta, Western	Delta
1986	Akquisition	Southwest, Muse	Southwest
1987	Akquisition	American, Air California	American
1987	Fusion durch Aufnahme	Continental, People Express	Continental
1987	Akquisition	Continental, New York Air	Continental
1988	Fusion durch Aufnahme	USAir, PSA	USAir
1989	Akquisition	USAir, Piedmont	USAir

(In Anlehnung an: WIEZOREK (1998); S. 76)

Die durch Fusionen und Akquisitionen angestrebten Sanierungen waren jedoch für die involvierten Unternehmen nicht immer erfolgreich, da die Abstimmung der Flugzeugflotten und Streckennetze zum Teil erhebliche Umstrukturierungskosten verursachten. Darüber hinaus verschlechterte sich die Kapitalposition der Luftverkehrsgesellschaften durch die häufig fremdfinanzierten Übernahmen.[250] Die Welle der Unternehmenszusammenschlüsse zwischen 1985 und 1987 war auch auf die wettbewerbspolitische Zurückhaltung der zuständigen Kartellbehörde DOT zurückzuführen, die die Fusionskontrolle Anfang 1985 vom aufgelösten CAB übernommen hatte.[251] Sie genehmigte innerhalb von zwei Jahren allein 14 Fusionen von großer nationaler Bedeutung.[252] Bis zum Ende der kartellrechtlichen Zuständigkeit des DOT im Jahr 1988 wurden 24 nationale Fusionen genehmigt.[253]

Die Genehmigungspraxis des DOT war aus wettbewerbspolitischen Gesichtspunkten bedenklich, da sie die oligopolistische Marktstruktur verstärkte und den durch die Deregulierung beabsichtigten freien Wettbewerb stark

[250] Vgl. **WIEZOREK** (1998), S. 76. Als das bekannteste Beispiel für unternehmerische Fehlentscheidungen ist der Konkurs der renommierten PanAm anzusehen. Vgl. **PETZINGER** (1995), S. 310ff. und **MEYER; OSTER** (1984), S. 9ff.

[251] Vgl. **HÖFER** (1995), S. 161.

[252] Vgl. **RAKOWSKI; BEJOU** (1992), S. 241 und S. 248ff., **JOSKOW** (1988), S. 122 und **BORENSTEIN** (1990), S. 401.

[253] Vgl. **HÖFER** (1995), S. 195.

einschränkte. Zudem führten einige Fusionen zu einem Konzentrationsanstieg an den Flughafendrehkreuzen der beteiligten Fluggesellschaften und damit teilweise zu deutlich höheren Flugtarifen.[254] Mit der Übernahme der Fusionskontrolle und weiterer kartellrechtlicher Aufgaben durch das sog. *Antitrust-Department* des amerikanischen Justizministeriums zu Beginn des Jahres 1989 änderte sich die Genehmigungspraxis für Fusionen nationaler Fluggesellschaften. Seitdem werden wettbewerbspolitische Entscheidungen restriktiver geprüft und genehmigt. Diese Veränderung wurde durch die Abschaffung der Gültigkeit des Paragraphen 408 des Federal Aviation Acts unterstützt, der den Kartellbehörden bis Ende 1988 nur wenig Möglichkeiten einräumte, Fusionspläne detailliert zu bewerten.[255]

3.) *Abschnitt seit 1989: „Nationale Marktkonzentration“*: Im Vergleich zu der Ausgangssituation zu Beginn der Deregulierung hatte sich der Marktanteil der größten amerikanischen Luftverkehrsgesellschaften bis zum Ende der achtziger Jahre nicht, wie beabsichtigt, verringert, sondern durch die Fusionen und Akquisitionen deutlich vergrößert. Der im Zuge der Deregulierung auf 54,2% im Jahr 1982 gesunkene Marktanteil[256] (1977: 56,2%) der vier größten amerikanischen Fluggesellschaften am gesamten Inlandsluftverkehrmarkt erhöhte sich bis Ende 1987 auf 64,8%.[257] Der Marktanteil der acht größten Fluggesellschaften erhöhte sich im gleichen Zeitraum von 81,1% auf 86,5%. Verschiedene Studien bestätigen darüber hinaus, dass die Deregulierungsmaßnahmen und die daraus resultierenden Unternehmenszusammenschlüsse und Übernahmen zu einer deutlichen Veränderung der Marktstruktur des amerikanischen Luftverkehrsmarktes geführt haben.[258] Während im Jahr 1984 ca. 90% des inneramerikanischen Luftverkehrs durch fünfzehn Luftverkehrsgesellschaften abgewickelt wurden, besaßen im Jahr 1989 nur noch acht Gesellschaften bereits einen Marktanteil von 92%.[259] Seit 1989 haben einige Fluggesellschaften ihre Dominanz weiter ausgebaut, so dass die Konzentration innerhalb der amerikanischen Luftverkehrsbranche weiter angestiegen ist. Während Ende der achtziger Jahre noch zwölf Luftverkehrsgesellschaften mit einem Marktanteil von jeweils mehr als 2,5% auf dem ame-

[254] Vgl. **Borenstein** (1990), S. 400ff.

[255] Vgl. **Höfer** (1995), S. 161 und **Wiezorek** (1998), S. 77.

[256] Die Marktanteilsmessung basiert auf der jeweiligen Höhe der sog. *Umsatz-Passagier-Kilometer* („Revenue-Passenger-Kilometres“ (RPK)“). Diese ergibt sich durch die Multiplikation der Anzahl der sog. *Umsatz-Passagiere* mit der Anzahl der von ihnen zurückgelegten Flugkilometer. Als Umsatz-Passagiere werden sämtliche Kunden eines Flugunternehmens bezeichnet, deren Transport zu einer Veränderung des Umsatzes dieses Unternehmens führt. Zu den Begriffsdefinitionen vgl. **AEA** (2002), S. VI-13.

[257] Vgl. **Borenstein** (1992), S. 47.

[258] Vgl. **Frentz** (1992), S.418ff. und **Joskow** (1988), S. 103ff.

[259] Für die eine umfangreiche Darstellung der Marktanteilsentwicklung auf dem amerikanischen Luftverkehrsmarkt vgl. **McGowan; Seabright** (1989), S. 292.

rikanischen Luftverkehrsmarkt existierten, sank die Zahl bis zum Ende des Jahres 2002 auf acht Unternehmen, die alle zur Gruppe der sog. *Majors*[260] gehören.[261] Unter diesen Luftverkehrsunternehmen herrscht bis heute ein harter Konkurrenzkampf um Marktanteile und Passagiere, der durch den Preiswettbewerb mit den Gesellschaften, die im Zuge der Deregulierung entstanden, verschärft wird.[262]

In Abb. 5.9 werden die Wirkungen der amerikanischen Deregulierungspolitik zusammenfassend dargestellt:

Abb. 5.9: *Ergebnisse der US-amerikanischen Deregulierungspolitik*

- **Übergang zu kunden- und marktorientierten Tarifstrukturen mit umfangreichen Preisdifferenzierungen**
- **Deutlicher Anstieg der Anzahl der Tarife**
- **Erhöhung des Flugstreckenangebots durch zusätzliche Flugverbindungen**
- **Produktivitätssteigerung der Luftverkehrsgesellschaften durch den Aufbau kundenorientierter Streckennetze**
- **Stärkere Ausrichtung der Luftverkehrsgesellschaften an Effizienzkriterien**
- **Umwandlung der Streckennetze in „Hub-and-Spokes"-Systeme**
- **Konzentrationsanstieg an den großen Drehkreuzflughäfen**
- **Erhöhung der Luftverkehrsmarktanteile und Dominanzerhalt der großen etablierten Luftverkehrsgesellschaften**
- **Erhöhung der nationalen Marktkonzentration durch Fusionen, Akquisitionen und Kooperationen zwischen großen und kleinen Luftverkehrsgesellschaften**
- **Verbesserung der Sicherheit des Flugbetriebs durch Weiterentwicklung der Sicherheitsstandards**

(In Anlehnung an: WIEZOREK (1998), S. 102)

5.3.3.3 Übertragbarkeit der amerikanischen Deregulierungseffekte auf die strategische Ausrichtung europäischer Luftverkehrsunternehmen

Eine *direkte* Übertragung der amerikanischen Entwicklung auf den europäischen Luftverkehr ist aufgrund der unterschiedlichen branchen- und umweltspezifischen Rahmenbedingungen *nicht* möglich. Ein wesentlicher Hinderungsgrund sind die in den USA und Europa unterschiedlichen Faktoren, die die *Kostenpositionen* und *Flugtarife* der Luftverkehrsunternehmen beeinflussen. Da-

[260] Für eine Erläuterung des „Major"-Begriffes vgl. die Ausführungen in Kap. 6.1.1.

[261] Zu diesen acht Gesellschaften gehören American Airlines, United Airlines, Delta Air Lines, Northwest Airlines, Continential Airlines, US Airways, Southwest Airlines und American West. Vgl. O.V. (2002j), S. 14.

[262] Vgl. BENNETT; CRAUN (1996), S. 16f.

durch wird eine allgemeingültige Anwendbarkeit der amerikanischen Deregulierungsauswirkungen für die strategische Neuausrichtung eines europäischen Luftverkehrsunternehmens erschwert.[263]

Zu diesen unterschiedlichen Einflussfaktoren zählen insbesondere die differierende *Größe der jeweiligen Heimatmärkte* und die daraus resultierenden durchschnittlichen *Flugstreckenlängen.* Im Vergleich zu der durchschnittlichen inneramerikanischen Flugstreckenlänge sind die durchschnittlichen Streckenlängen in Europa kürzer, so dass europäische Fluggesellschaften grundsätzlich höhere durchschnittliche Streckenkosten aufweisen als die amerikanischen Konkurrenzunternehmen.[264] Dies liegt im wesentlichen an der großen Entfernung zwischen den amerikanischen Wirtschaftsmetropolen an der West- und Ostküste, während die durchschnittliche Flugstreckendistanz in Europa aufgrund der relativ kurzen Entfernung zwischen den europäischen Metropolen und Hauptstädten deutlich geringer ausfällt.[265]

Ein plausibler Vergleich wird auch durch die unterschiedliche *Höhe der Faktorpreise* in Europa und den USA erschwert. Das in Europa vergleichsweise höhere Lohnniveau und die höheren europäischen Treibstoffkosten und Landegebühren führen zu unterschiedlichen wirtschaftlichen Rahmenbedingungen für den Betrieb einer Luftverkehrsgesellschaft.[266]

Trotz dieser Unterschiede können bei einer allgemeineren Betrachtung der durch die Deregulierungspolitik verursachten Marktveränderungen bestimmte generische Strategietypen von solchen amerikanischen Luftverkehrsunternehmen abgeleitet werden, die eine strategische Neuausrichtung unter Berücksichtigung der veränderten Wettbewerbsbedingungen vollzogen und sich erfolgreich im Wettbewerb positioniert haben. Gemäß der beobachteten Effekte der amerikanischen Deregulierungspolitik können Luftverkehrsunternehmen immer dann von einer wettbewerbsintensivierenden Luftverkehrspolitik profitieren, wenn sie eine der nachfolgend genannten Strategien verfolgen:[267]

1.) *Differenzierung*: Diese Strategie bietet sich insbesondere für die traditionellen etablierten Fluggesellschaften an. Der Differenzierungsansatz führt regelmäßig zu einer Erhöhung der Angebotsvielfalt bzw. zusätzlichen Preis-Leistungsoptionen, zu einer Erweiterung des Serviceangebotes und zu einem Ausbau des Vertriebsnetzes.

2.) *Fokussierung*: Luftverkehrsgesellschaften, die diese Strategie verfolgen, richten ihr Angebot ausschließlich auf spezielle Marktnischen, die sie viel-

[263] Vgl. **Stoetzer** (1990), S. 2.
[264] Vgl. **Diegruber** (1991), S. 178.
[265] Vgl. **Van den Berg** (1990), S. 14.
[266] Vgl. **Knieps** (1987, S. 53ff.
[267] Vgl. hierzu und zu den folgenden Ausführungen **Diegruber** (1991), S. 181f. und im Detail **Bleeke** (1990), S. 158ff.

fach mit einem hohen/niedrigen Serviceniveau und/oder vergleichsweise hohen/geringen Tarifen bedienen. Sie zeichnen sich in der Regel durch eine besonders intensive Nachfrageorientierung aus.

3.) *Fusionen und Akquisitionen*: Diese Strategie kann allein oder in Ergänzung zu einer der beiden anderen Strategietypen verfolgt werden. Insbesondere für die traditionellen und finanzkräftigen Luftverkehrsgesellschaften bietet sich diese Vorgehensweise an, wenn die Marktmacht gefestigt und/oder der eigene Marktanteil weiter erhöhen wewrden soll.

Diese als Folge der amerikanischen Deregulierungspolitik identifizierbaren Strategietypen bzw. -empfehlungen[268] lassen sich aufgrund ihres generischen Charakters in gleicher Weise auf die europäischen Luftverkehrsunternehmen übertragen, so dass sie bei der Analyse alternativer Wachstumswege für eine externe Unternehmensentwicklung als Strategieleitlinien herangezogen werden können.[269] Demnach müssen europäische Luftverkehrsgesellschaften angesichts veränderter wirtschaftlicher Rahmenbedingungen eine Antwort auf die Frage finden, inwieweit eine künftige liberalisierungsbedingte Strategieempfehlung grundsätzlich eine Differenzierung oder Fokussierung zum Ziel haben sollte oder ob eine Fusion bzw. Akquisition zur Zielerreichung beitragen kann. Insgesamt zeigt sich, dass auf der Basis der dargestellten amerikanischen Deregulierungskonsequenzen, trotz einiger Marktspezifika im Detail, komparative Analysen über die möglichen künftigen Auswirkungen einer fortgesetzten Liberalisierung im europäischen und internationalen Luftverkehr durchgeführt werden können. Sie erlauben Aussagen über mögliche Marktstrukturen und die Anforderungen an die Marktteilnehmer, über das Streckenangebot, die Flugtarife, die Kostenposition der Luftverkehrsgesellschaften und über weitere mögliche Veränderungen für den Nachfrager von Luftverkehrsleistungen.[270]

5.3.3.4 Die Liberalisierung des Luftverkehrs auf europäischer Ebene

5.3.3.4.1 Bilaterale Liberalisierung

Bis zur Mitte der achtziger Jahre stellten restriktive bilaterale Luftverkehrsabkommen den zentralen Bestandteil des rechtlichen Ordnungsrahmens innerhalb des europäischen Linienluftverkehrs dar.[271] Die in diesen Abkommen fixierte *Regulierung* des Luftverkehrs verhinderte fast vollständig einen Wettbewerb

[268] Die damit verbundenen Strategieempfehlungen entsprechen im wesentlichen den von PORTER entwickelten generischen Wettbewerbsstrategien Kostenführerschaft, Differenzierung und Konzentration auf Schwerpunkte. Für eine ausführliche Diskussion dieser Thematik vgl. **PORTER** (1992), S. 62ff. und die Ausführungen zum Konzept der Wettbewerbsstrategien in Kap. 3.5.1.2.2.

[269] Vgl. **DIEGRUBER** (1991), S. 182.

[270] Vgl. **WIEZOREK** (1998), S. 101.

[271] Für eine Erläuterung der Bedeutung und des Inhaltes bilateraler Luftverkehrsabkommen vgl. Kap. 5.3.2.2.

zwischen den europäischen Luftverkehrsunternehmen.[272] Der Luftverkehr wurde in den meisten EG-Mitgliedsländern als öffentliche Aufgabe angesehen und viele der europäischen Regierungen befürchteten, dass eine Liberalisierung des europäischen Luftverkehrs zu einem einschneidenden Verlust an nationaler Souveränität führen würde.[273] Dies kann auch als wesentlichste Begründung für die Tatsache angesehen werden, dass bis zur Mitte der achtziger Jahre wenig Anstrengungen unternommen wurden, das bisherige wettbewerbsverhindernde System zu verändern.

Erste konkrete Liberalisierungsbestrebungen fanden daher nicht auf multilateraler, sondern ausschließlich auf bilateraler Ebene statt. Großbritannien vereinbarte im Jahre 1984 ein liberales Luftverkehrsabkommen mit den Niederlanden und übernahm damit eine Pionierrolle bei der Liberalisierung des europäischen Linienluftverkehrs durch bilaterale Verhandlungen.[274] Das Abkommen enthielt Regelungen, durch die insbesondere eine freiere Preisbildung und ein vereinfachter Marktzutritt ermöglicht werden sollte. Die dazu notwendigen Vereinbarungen beinhalteten den Übergang von der Einfach- zur Mehrfachdesignierung[275], den Verzicht auf eine Kapazitätskontrolle, die gegenseitige Öffnung sämtlicher Flugstrecken zwischen den Vertragsstaaten und die Anwendung der Double-Disapproval-Klausel[276] bei der Tarifgenehmigung.[277]

Durch das Abkommen ergaben sich auf den Flugverbindungen zwischen den beiden Vertragsstaaten teilweise deutliche Preissenkungen. Für Nachfrager aus anderen europäischen Ländern bedeuteten diese positiven Tarifveränderungen, dass die Abwicklung von Reisen nach bzw. von Großbritannien über die Niederlande attraktiver wurde.[278] Bereits kurze Zeit nach dem Abschluss des neuen bilateralen Abkommens mit den Niederlanden begann Großbritannien mit anderen europäischen Staaten über bestehende bilaterale Vereinbarungen zu verhandeln. Nachdem ebenfalls im Jahr 1984 ein neues Abkommen mit der Bundesrepublik Deutschland verabschiedet werden konnte, folgten im Jahr 1985 neue Abkommen mit Frankreich, Luxemburg, der Schweiz, Belgien und Irland, die jedoch nur zum Teil die liberalen Klauseln des Abkommens mit den Niederlanden beinhalteten.[279]

---

[272] Vgl. **Schmidt** (1995), S. 69 und **Sichelschmidt; Wolf** (1993), S. 167f.

[273] Vgl. **Wiezorek** (1998), S. 103.

[274] Vgl. **Knieps** (1987), S. 62.

[275] Zum Begriff der *Mehrfachdesignierung* vgl. Kap. 5.3.2.2, S. 363.

[276] Für einen Überblick über die unterschiedlichen *Tariffestsetzungsregeln* vgl. Kap. 5.3.2.2, S. 363.

[277] Für eine Darstellung der genannten und weiterer Vereinbarungen innerhalb des bilateralen Luftverkehrsabkommens zwischen Großbritannien und den Niederlanden vgl. **Doganis** (1991), S. 80.

[278] Vgl. **Knieps** (1987), S. 62.

[279] Vgl. **Doganis** (1991), S. 801 und **Button** (1996), S. 280f.

5.3.3.4.2 Multilaterale Liberalisierung

Bis zum Jahr 1987 basierten die Luftverkehrsbeziehungen der damaligen Mitgliedsstaaten der EG und die Liberalisierungsbestrebungen ausschließlich auf bilateralen Luftverkehrsabkommen. Eine einheitliche gemeinsame europäische Luftverkehrspolitik existierte nicht, da sich die Mitgliedsstaaten seit der Unterzeichnung des EG-Vertrages[280] im Jahr 1957 nicht darüber einig waren, inwieweit die in diesem Vertrag enthaltenen Wettbewerbsklauseln für den Luftverkehr gültig waren.[281]

Die Ausgestaltung der Verkehrspolitik in den Art. 74 bis 84 EGV war von Anfang an mit Lücken behaftet, da der Luftverkehr in vollem Umfang von den Bestimmungen des vierten Teils „Verkehr" ausgenommen worden war.[282] Im Gegensatz zu den Auffassungen einzelner Mitgliedsstaaten, die die Gültigkeit der EGV-Regelungen für den europäischen Luftverkehr in Frage stellten, ging die europäische Kommission demgegenüber immer von einer Allgemeingültigkeit des EGV für alle Wirtschaftsbereiche und damit auch für den Luftverkehr aus.[283]

Die Annahme der universellen Gültigkeit des Vertrages und die o.g. Befürchtungen der EG-Mitgliedsstaaten hinsichtlich einer weitreichenden Liberalisierung des europäischen Luftverkehrs führten dazu, dass die ersten Liberalisierungsbestrebungen auf multilateraler Ebene in erster Linie durch die Europäische Kommission initiiert wurden, die sich im Jahr 1979 erstmals öffentlich im Rahmen eines Memorandums für eine Liberalisierung des europäischen Luftverkehrsmarktes aussprach.[284]

Mit der Verabschiedung eines zweiten Memorandums im März 1984[285] und den darin enthaltenen Vorschlägen zum Aufbau eines freieren Wettbewerbes und

---

[280] Vgl. **Vertrag zur Gründung der Europäischen Wirtschaftsgemeinschaft** vom 25.03.1957, BGBL. II, S. 766.

[281] Vgl. **Erdmenger** (1962), S. 1ff.

[282] Gemäß Art. 84 Abs. 1 EGV erstreckt sich der Geltungsbereich nur auf Transportleistungen im Eisenbahn-, Straßen- und Binnenschiffahrtsverkehr. Durch Art. 84 Abs. 2 EGV wird dem Rat das Recht zugestanden, durch eine qualifizierte Mehrheit entscheiden zu können, in welcher weise Vorschriften für die Seeschifffahrt und die Luftfahrt zu erlassen sind. Vgl. **Vertrag zur Gründung der Europäischen Wirtschaftsgemeinschaft** vom 25.03.1957, BGBL. II, S. 766.

[283] Vgl. Memorandum der Kommission über die Auslegung und Anwendung des EWG-Vertrages auf Schifffahrt und Luftfahrt vom 12. November 1990, abgedruckt in **Ipsen** (1990), S. 867f.

[284] Vgl. **Kommission der Europäischen Gemeinschaft** (1979). Für eine ausführliche Darstellung des Inhaltes des ersten Luftverkehrsmemorandum der Europäischen Kommission vgl. **Haupt; Weber** (1985), S.17ff.

[285] Vgl. **Kommission der Europäischen Gemeinschaft** (1984). Vgl. dazu auch **Wenglorz** (1992), S. 67ff. und **Beyen; Herbert** (1991), S. 81ff.

einer flexibleren Tarifgestaltung unternahm die Kommission einen weiteren Versuch, eine Intensivierung des Wettbewerbs auf den EG-Luftverkehrsmärkten zu erreichen.[286] Die unterschiedlichen Einstellungen der Mitgliedsstaaten zur Wettbewerbsintensivierung im europäischen Luftverkehr verhinderten jedoch den Beschluss erster konkreter Liberalisierungsmaßnahmen durch den Rat der EG.

Erst durch drei Urteile des Europäischen Gerichtshofes (EuGH) mit Bezug zum gemeinschaftlichen Luftverkehr[287], die die bisher umstrittene Gültigkeit des EGV für den europäischen Luftverkehr bestätigten, konnte die Europäische Kommission den Druck auf den Ministerrat erhöhen, um diesen zur Verabschiedung konkreter Liberalisierungsmaßnahmen zu bewegen. Diese Urteile können daher auch als Ausgangspunkt für die sich danach entwickelnde gemeinsame europäische Luftverkehrspolitik angesehen werden.[288]

Aufgrund der Erfahrungen und Auswirkungen der amerikanischen Deregulierungspolitik stand der Rat der Europäischen Gemeinschaften einer ähnlich schnellen und weitreichenden europäischen Umsetzung eher zurückhaltend gegenüber. Der Ministerrat verfolgte vielmehr eine sukzessive Liberalisierung des europäischen Linienluftverkehrs, die zu einem flexibleren Luftverkehrssystem führen sollte. Dieses System sollte die unterschiedlichen Interessen der beteiligten Gruppierungen (Passagiere, Luftverkehrsunternehmen, Mitgliedsländer, Vertreter der Infrastruktureinrichtungen) berücksichtigen und eine weitgehende Effizienz hinsichtlich der Ressourcenaufteilung gewährleisten.[289] Den Ausgangspunkt für die schrittweise Liberalisierung des europäischen Luftverkehrssystems bildete das zum damaligen Zeitpunkt bestehende Ordnungssystem. Es basierte auf der im Luftverkehr damals vorherrschenden Praktik „nationale Abgrenzung". Vor diesem Hintergrund sollte die Liberalisierung des europäischen

---

[286] Für eine ausführliche Darstellung des Inhaltes des zweiten Luftverkehrsmemorandum der Europäischen Kommission vgl. **Haupt; Weber** (1985), S.43ff.

[287] Durch das sog. *Seeleute-Urteil* (EuGH-Urteil vom 04.04.1974, Rs. 167/73, Slg. 1974, S. 35) von 1974 in Verbindung mit dem sog. *Nouvelles-Frontières-Urteil* (EuGH-Urteil vom 30.04.196, Rs. 209-213/84, Slg. 1986, S. 1425) von 1986 befand der EuGH, dass die allgemeinen Bestimmungen des EG-Vertrages und insbesondere die Wettbewerbsregeln der Art. 85 bis 90 für den gesamten Verkehrsbereich, d.h. auch auf die Seeschifffahrt und den Luftverkehr anwendbar seien. Vgl. auch **Beyen; Herbert** (1991), S. 27 und 95. Im sog. *Untätigkeitsurteil* (EuGH-Urteil vom 22.05.1985, Rs. 13/83, Slg. 1985, 1513, 1601) von 1985 stellte der EuGH fest, dass der Rat der Europäischen Gemeinschaften es bisher versäumt habe, die in Art. 75 Abs. 1 EGV angesprochene Dienstleistungsfreiheit auch im Verkehrsbereich einzuführen. Der EuGH stellte klar, dass der Rat als Gesetzgeber der Europäischen Gemeinschaft auch im Verkehrsbereich zu einer Gewährleistung der Dienstleistungsfreiheit verpflichtet sei und verpflichtete den Rat, entsprechende Maßnahmen einzuleiten. Vgl. **Wenglorz** (1992), S. 63ff. und **Aberle** (1996), S. 148ff.

[288] Vgl. **Loewenstein** (1991), S.54ff.

[289] Vgl. **Jäckel** (1993), S. 164ff.

Luftverkehrs zu einer Überwindung des Bilateralismus im grenzüberschreitenden Luftverkehr führen.[290] Die Umsetzung der sog. *multilateralen Liberalisierung* des europäischen Luftverkehrs erfolgte in drei Liberalisierungspaketen in einem Zeitraum von zehn Jahren.[291] Sie sollten zu einem Abbau der marktthemmenden und wettbewerbsverzerrenden Faktoren führen und den freien grenzüberschreitenden Personen- und Güterverkehr ermöglichen.[292]

1.) *Erster Liberalisierungsschritt*: Im Dezember 1987 leitete der Ministerrat durch vier gleichzeitig verabschiedete Rechtsakte die Liberalisierung des europäischen Luftverkehrs ein. Es handelte sich dabei um die „Verordnung über die Anwendung der Wettbewerbsregeln auf Luftfahrtunternehmen“[293], die „Verordnung über Ausnahmen von der Anwendung der Wettbewerbsregeln“[294], die „Richtlinie über Tarife“[295] sowie die „Entscheidung über die Kapazitätsaufteilung und den Marktzugang für Linienflugdienste“[296]. Durch die „Verordnung über Ausnahmen von der Anwendung der Wettbewerbsregeln“ wurde die Kommission durch den Ministerrat ermächtigt, Gruppenfreistellungsverordnungen zu erlassen, durch die bestimmte Kooperationsformen zwischen Fluggesellschaften als wettbewerbsunschädlich angesehen und damit von einer Anwendung des Art. 81 Abs. 1 des EGV-Vertrages freigestellt werden können.

   Durch die Maßnahmen des Ministerrates wurde ein innergemeinschaftlicher Luftverkehr außerhalb von bilateralen Luftverkehrsabkommen ermöglicht. Die Vorschriften räumten den Mitgliedsstaaten die Möglichkeit ein, eine Mehrfachdesignierung[297] von Luftverkehrsgesellschaften auf Flugstrecken mit einem vergleichsweise hohen Passagieraufkommen einzuführen und unter festgelegten Voraussetzungen Luftverkehrsrechte der fünften Freiheit zu gewähren.[298] Die Einführung eines Staffeltarifsystems und die Einräumung von sog. *Rabattzonen*[299] führte zum erstmaligen Angebot von Sonderflugtarifen im innergemeinschaftlichen Luftverkehr.[300]

---

[290] Vgl. **SICHELSCHMIDT** (1984), S. 32.

[291] Zum Ablauf der Liberalisierungsschritte vgl. **BASEDOW; DOLFEN** (1993), Rn. L 299ff.

[292] Für einen Überblick über die Gründe, den Ablauf, die Ziele und die Resultate der Liberalisierung des europäischen Luftverkehrs vgl. **POMPL** (1991), S. 272ff., **BUTTON** (1991), S. 85ff. und **WILLIAMS** (1993), S. 67ff.

[293] Vgl. **EUROPÄISCHER RAT** (1987a).

[294] Vgl. **EUROPÄISCHER RAT** (1987b).

[295] Vgl. **EUROPÄISCHER RAT** (1987c).

[296] Vgl. **EUROPÄISCHER RAT** (1987d).

[297] Zum Begriff der Mehrfachdesignierung vgl. Kap. 5.3.2.2, S. 363.

[298] Vgl. **EUROPÄISCHER RAT** (1987e).

[299] Innerhalb dieser Rabattzonen konnten günstigere Tarife als der am Durchschnittspreis orientierte Bezugspreis angeboten werden. Dabei wurde zwischen der sog. Rabattzone (66-

Der erste Liberalisierungsschritt führte jedoch zu keinen nennenswerten Konsequenzen für die Luftverkehrspraxis. Dies lag vor allem an der komplexen und schwer handhabbaren Ausgestaltung der Tarifregelung und der Kapazitäts- und Marktzugangsentscheidungen. Eine Liberalisierung im Sinne einer Vereinfachung des bisher bestehenden Regelwerkes wurde durch die beschlossenen Rechtsakte nicht erreicht.

2.) *Zweiter Liberalisierungsschritt*: Durch den am 01. November 1990 in Kraft getretenen zweiten Liberalisierungsschritt wurde die durch das erste Liberalisierungspaket begonnene sukzessive Einführung von mehr Wettbewerb im inner-europäischen Luftverkehr fortgesetzt. Der Marktzugang wurde durch die Gewährung von Luftverkehrsrechten der dritten und vierten Freiheit für innergemeinschaftliche Strecken erheblich erleichtert, da gleichzeitig die Aufnahme neuer Liniendienste zwischen den internationalen Flughäfen innerhalb der EG nicht länger durch Beschlüsse nationaler Regierungen verhindert werden konnte.[301] Die Bedingungen für eine Mehrfachdesignierung von Luftverkehrsunternehmen wurden weiter erleichtert und schrittweise vollständig abgebaut.[302] Die von der Kommission angestrebte Geltung der im Juni 1990 verabschiedeten Tarifverordnung im Verhältnis zu Drittstaaten konnte jedoch nicht erreicht werden, da der Rat den Geltungsbereich der Verordnung auf den EU-internen Linienflugverkehr beschränkte. Auch das von der Kommission angestrebte „double-disapproval"-Verfahren[303] konnte nicht realisiert werden.[304] Die Erweiterung der Rabattzonen eröffnete den Fluggesellschaften jedoch eine zusätzliche Flexibilität für die Preisgestaltung.[305] Die Aufteilung der Beförderungskapazitäten wurde ebenfalls weiter erleichtert und die bereits im ersten Liberalisierungspaket eingeführten Rechte der fünften Luftverkehrsfreiheit wurden weiter ausgebaut.[306] Kabotagerechte im Sinne eines einheitlichen kabotagefähigen Fluggebietes innerhalb der EG konnten jedoch nicht realisiert werden.[307] Im Rahmen des zweiten Liberalisierungsschrittes wurde ferner die wettbewerbsrechtliche Frei-

---

90% des Bezugspreises) und der Superrabattzone (45-65% des Bezugspreises) unterschieden. Vgl. **Adenauer-Frowein** (1991), S. 237ff.

300 Vgl. **Ebke; Wenglorz** (1990), S. 472ff.

301 Zur Erläuterung der einzelnen *Luftverkehrsfreiheiten* vgl. Kap. 5.3.2.1, S. 363f.

302 Vgl. **Europäischer Rat** (1990), Art. 6.

303 Zum Begriff des „double-disapproval"-Verfahrens vgl. die Ausführungen zu den Tariffestsetzungsregeln in Kap. 5.3.2.2, S. 363.

304 Für einen Überblick über die Kommissionsvorschläge vgl. **Ebke; Wenglorz** (1990), S. 468 und S. 475ff.

305 Vgl. **Adenauer-Frowein** (1991), S. 237ff.

306 Vgl. **Europäischer Rat** (1990), Art. 8, Art. 11 und Art. 12.

307 Vgl. **Adenauer-Frowein** (1991), S. 240.

stellung vom Absprachеverbot des Art. 81 EGV unter bestimmten Voraussetzungen gewährt.[308]

Insgesamt erhielten die Luftverkehrsgesellschaften in der EG durch den zweiten Liberalisierungsschritt zum ersten Mal einen Zugang zu sämtlichen Flughäfen in der EG, ohne dass diesem Zugangsrecht ein bilaterales Luftverkehrsabkommen zu Grunde lag. Allerdings wurde diese Marktzutrittsfreiheit durch die bestehenden Kapazitätsengpässe auf einzelnen europäischen Flughäfen wieder eingeschränkt. Die Engpasssituation führte zur Einführung der sog. *Gegenseitigkeitsklausel*, nach der ein Mitgliedsstaat einer Fluggesellschaft nur dann die Einrichtung einer neuen Flugstrecke oder die Erhöhung der Flugfrequenzen erlauben darf, wenn dies (umgekehrt) auch einer Luftverkehrsgesellschaft des anderen Mitgliedsstaates ermöglicht wird und diese die dazu notwendigen Zeitnischen erhält. Die Gegenseitigkeitsklausel zeigt, dass die mit der Einführung des zweiten Liberalisierungspaketes beabsichtigte *deutliche* Verringerung des bilateralen Regelungscharakters und Verbesserung des Marktzutritts innerhalb des europäischen Luftverkehrs nicht erreicht wurden. Dies lag im wesentlichen an den Kapazitätsengpässen auf den wichtigsten europäischen Flughäfen in London-Heathrow und Frankfurt.[309]

3.) *Dritter Liberalisierungsschritt*: Der Ministerrat verabschiedete am 23. Juli 1992 die dritte Liberalisierungsstufe, die am 01. Januar 1993 in Kraft trat.[310] Die Konsequenzen der darin enthaltenen Regelungen, die einen Großteil der im zweiten Liberalisierungspaket festgelegten Vereinbarungen ablösten, waren für den Wettbewerb im europäischen Luftverkehr deutlich umfassender als die bisherigen Liberalisierungsschritte, da erst durch die dritte Stufe ein echter innergemeinschaftlicher Wettbewerb zwischen den Fluggesellschaften in der EU ermöglicht wurde. Seitdem erfolgt die Erteilung und Verlängerung der Betriebsgenehmigungen für EU-Luftverkehrsgesellschaften nach europaweit einheitlichen Maßstäben. Die lizenzierten Unternehmen erhielten durch die Neuregelungen einen Anspruch auf Flugplan- und Betriebsgenehmigungen in allen EU-Mitgliedsländern und damit einen freien Marktzugang im gesamten EU-Gebiet. Darüber hinaus wurde die weitgehend freie Bildung der Preise für Personen- und Frachttransporte nach dem Ermessen der Luftverkehrsunternehmen erlaubt. Eine Tarifinterventionsmöglichkeit besteht für die Regierungen der EU-Mitgliedsländer seitdem nur noch bei unangemessen hohen Basisflugpreisen zum Nachteil der Flugpassagiere. Fluggesell-

[308] Zu diesen Freistellungen gehörten Konsultationen für Frachtraten, Aufstellung bestimmter Bedingungen hinsichtlich der Absprache zur Zeitnischen- und Slotzuweisung, Start- und Landerechte, Computerreservierungssysteme, Technik und Tarifkonsultationen.

[309] Vgl. **Wenglorz** (1992), S. 99.

[310] Vgl. **Europäischer Rat** (1992a).

schaften aus EU-Mitgliedsländern erhielten ferner das Recht, ohne eine individuelle Genehmigung auf Flugstrecken der fünften und siebten Luftverkehrsfreiheit innerhalb des EU-Gebietes tätig werden zu dürfen.[311] Im Unterschied zu den vorangegangenen Liberalisierungsschritten erstreckt sich der Geltungsbereich der Regelungen sowohl auf den Linien- als auch auf den Gelegenheitsluftverkehr. Damit konnte sich die Kommission mit ihrem Vorschlag durchsetzen, ein einheitliches Regelungswerk für alle Fluggesellschaften in der EU zu schaffen.[312] Im Ergebnis wurde durch das dritte Liberalisierungspaket ein weitgehend freier Luftverkehr in der Europäischen Union realisiert. Mit der vollkommenen Freigabe der Kabotagerechte in der EU zum 01. April 1997, die bis zu diesem Zeitpunkt nur eingeschränkt ausgeübt werden durften,[313] wurde die Liberalisierung des europäischen Luftverkehrs weiter fortgesetzt.[314]

Im Juni 2003 verzeichneten die Bestrebungen, den europäischen Luftverkehr auf einer multilateraler Ebene zu liberalisieren, eine weitere bedeutende Entwicklung. Bei einem Treffen der EU-Verkehrsminister wurde der Europäischen Kommission erstmals in der Geschichte der EU ein Verhandlungsmandat zum Aufbau eines einheitlichen Luftverkehrsraums zwischen der EU und den USA übertragen. Dadurch könnten künftig die nationalen Hindernisse, die den Luftverkehr zwischen der EU und den USA bisher einschränken, in umfassender Weise abgebaut werden und die Luftverkehrsgesellschaften eine grundlegende EU-interne Marktkonsolidierung vollziehen.[315]

---

311 Vgl. **Europäischer Rat** (1992b).

312 Vgl. **Meier** (1992), S. 206.

313 Vgl. **Jestaedt; Hohenstatt** (1992), S. 117f.

314 Durch einen bereits im Jahr 1992 von den damaligen Mitgliedsländern der EG mit Norwegen und Schweden geschlossenen Vertrag und durch das im Jahre 1994 in Kraft getretene Abkommen über den Europäischen Wirtschaftsraum (EWR) konnte der Anwendungsbereich der innergemeinschaftlichen Rechtsvorschriften für den europäischen Luftverkehr weiter ausgedehnt werden. Darüber hinaus führten Assoziierungsabkommen mit der Schweiz und einigen osteuropäischen Ländern zu einer Ausweitung des Geltungsbereichs.Vgl. **Wiezorek** (1998), S. 104f., **Europäischer Rat** (1992), S. 20ff. und **Europäische Kommission** (1994), S. 15.

315 Vgl. **Jennen** (2003), S. 4. Für eine ausführliche Darstellung der Konsequenzen einer Vereinbarung zwischen der EU und den USA vgl. die Ausführungen in Kap. 5.3.4.2, S. 363.

5.3.4 Perspektiven einer weiteren Globalisierung und Konsolidierung im internationalen Luftverkehr

5.3.4.1 Historisch bedingte Restriktionen für eine Branchenglobalisierung

5.3.4.1.1 Nationalitätenklausel und Kontrollanforderungen

Die Liberalisierung des *nationalen* Luftverkehrs wurde bis heute von vielen Staaten vorangetrieben. Im Gegensatz dazu wird der *internationale* Luftverkehr immer noch von einer Vielzahl von Restriktionen geprägt. Dazu gehört insbesondere die sog. *Nationalitätenklausel* mit den damit verbundenen *Kontrollerfordernissen*. Traditionell ist die Nationalität einer Fluggesellschaft eng mit dem Anspruch eines jeden Staates verbunden, die Luftraumsouveränität über dem eigenen Territorium ausüben zu können. Das Prinzip der Luftraumsouveränität wurde zur Basis der internationalen Regulierung des Luftverkehrs und führte zu einer unterschiedlichen Behandlung einheimischer und ausländischer Luftverkehrsunternehmen.[316]

Auf der ersten formalen internationalen Konferenz zur Regulierung des internationalen Luftverkehrs in Paris im Jahr 1910 wurde bereits die besondere Bedeutung der Nationalität eines Luftverkehrsunternehmens innerhalb der internationalen Luftverkehrsvereinbarungen festgeschrieben.[317] Diese Nationalitätenklausel wurde durch die sog. *Pariser Konvention* aus dem Jahr 1919 weiter gestärkt. Nach dieser Vereinbarung besaß eine Luftverkehrsgesellschaft immer die Nationalität des Staates, in dem es registriert wurde. Eine derartige staatliche Registrierung konnte allerdings immer nur erfolgen, wenn sich die Fluggesellschaft vollkommen im nationalen Eigentum des betreffenden Landes befand. Aus diesem Grund konnte eine Fluggesellschaft ausschließlich in nur *einem* Land registriert werden. Das Land der Registrierung wurde gleichzeitig dazu verpflichtet, für jedes registrierte Flugzeug sicherzustellen, dass dieses die gesetzlichen Anforderung zur Sicherheit des Luftverkehrs erfüllt. Für den Fall, dass sich die nationale Luftverkehrsgesellschaft mehrheitlich im Besitz einer anderen nationalen Aktiengesellschaft befand, wurde durch die Vereinbarungen in der Konvention bestimmt, dass der Vorstandsvorsitzende und mindestens zwei Drittel der Mitglieder des Vorstandes dieser Gesellschaft die Staatsangehörigkeit des jeweiligen Staates besitzen müssen. Durch die Abschaffung dieser Vorgabe bei der Überarbeitung der Konvention im Jahre 1929 wurde es ausschließlich den Unterzeichnerstaaten überlassen, die Bedingungen für eine Verletzung der Registrierungsklauseln festzulegen.

[316] Für eine Analyse der ersten politischen Debatten über die Luftraumsouveränität und die Nationalität der Fluggesellschaften vgl. HONIG (1956).

[317] Vgl. HONIG (1956), S. 44.

In der Pariser Konvention wurden konkrete Verkehrsrechte auf Basis der Luftverkehrsfreiheiten durch diverse Artikel geregelt. Beispielsweise beinhaltete Art. 15 der Konvention das Überflugsrecht gemäß der ersten Luftverkehrsfreiheit, nach der die Luftverkehrsgesellschaft eines Unterzeichnerstaates das Territorium eines anderen Unterzeichnerstaates überliegen darf. Durch Art. 16 wurde ferner ein Kabotageverbot festgeschrieben, nach dem der Transport von Passagieren, Luftpost und Fracht zwischen zwei Flughäfen auf dem eigenen Territorium ausschließlich von der nationalen Luftverkehrsgesellschaft durchgeführt werden durfte.

Als Ergebnis der überarbeiteten Konvention enthielt die ursprünglich ausschließlich zur Regelung des Betriebes des internationalen Luftverkehrs entwickelte Nationalitätenklausel auch kommerzielle Gesichtspunkte. Darüber hinaus ergab sich für die Unterzeichnerstaaten der Zwang, nationale Gesetze und Regelungen hinsichtlich der Nationalitätenklausel zu erlassen, die jedoch, gemäß der überarbeiten Version der Pariser Konvention, weniger restriktive Anforderungen an den Nationalitätenstatus beinhalten sollten. Es zeigte sich jedoch in den Folgejahren, dass das bereits in der ursprünglichen Konvention festgelegte Prinzip „Nationalität des Eigentümers bestimmt die Nationalität des Luftverkehrsunternehmens“ weiterhin gültig blieb. Der wesentliche Unterschied gegenüber der ersten Fassung der Konvention ergab sich lediglich durch die Tatsache, dass dieses Prinzip nicht mehr auf den Vereinbarungen der Konvention, sondern auf den Regelungen in der nationalen Gesetzgebung basierte.

Durch die in den Folgejahren zunehmende Vereinbarung bilateraler Luftverkehrsabkommen wurde die Nationalitätenklausel weiter festgeschrieben. Die Entwicklung der o.g. Designierungsregelungen und Eigentümerklauseln ermöglichten eine Kontrolle des Zugangs zum Luftverkehrsmarkt des jeweils anderen Vertragsstaates. Damit wurde aber auch festgeschrieben, dass es zu einem Wettbewerb auf einzelnen Flugrouten zwischen den Luftverkehrsunternehmen der Unterzeichnerstaaten kommen konnte.

Im Abkommen von Chicago[318] wurde das in der überarbeiteten Pariser Konvention festgeschriebene Nationalitätsprinzip fortgeführt. Es enthielt eine Vielzahl von Bestimmungen zur Nationalität von Luftverkehrsunternehmen und zu ähnlichen Bereichen.[319] Im Anhang des Abkommens wurden Standards zur Nationalitätenregelung und Registrierung der Flugzeuge festgelegt.[320] Durch diese Vereinbarungen wurde das Prinzip “Nationalität des Registrierungsstaates bestimmt die Nationalität der Luftverkehrsgesellschaft“ bestätigt. Das ICAO-Abkommen enthielt jedoch keinerlei Vorgaben zur Nationalität der Eigentümer

[318] Zum Abkommen von Chicago vgl. die Ausführungen in Kap. 5.3.2.1, S. 363.

[319] Vgl. Art. 12, 29, 31, 32 und 33 des ICAO-Abkommens, abgedruckt in ZANTKE (1990), S. 7ff.

[320] Vgl. Anhang 7 des ICAO-Abkommens, abgedruckt in ZANTKE (1990), S. 7ff.

des Luftverkehrsunternehmens. Diese Lücke wurde jedoch durch den dominierenden Einfluss der USA und Großbritanniens während der Verhandlungen über das ICAO-Abkommen relativiert, da diese Länder über die Verabschiedung verschiedener Folgedokumente durchsetzen konnten, dass der mehrheitliche und substantielle Besitz einer nationalen Fluggesellschaft und dessen tatsächliche Kontrolle durch nationale Institutionen zu einer branchenweiten normativen Regelung wurde.

Die USA wollten dadurch für alle Zeiten gewährleisten, dass der nationale Status einer Fluggesellschaft nicht geändert werden konnte. Insbesondere sollte verhindert werden, dass ehemalige oder damals aktuelle „feindliche" Länder (z.B. Deutschland und dessen Verbündete) durch die Gründung von Fluggesellschaften in anderen Staaten umfangreiche Verkehrsrechten über dem amerikanischen Luftraum erwerben könnten. Die Ablehnung einer liberaleren Regelung des Nationalitätsprinzips war nicht nur durch Sicherheitsbedenken der USA begründet, sondern auch mit den Zielen verknüpft, einerseits eine Wiederholung der vor dem Zweiten Weltkrieg umfangreichen deutschen Durchdringung des latein-amerikanisches Luftverkehrsmarktes zu verhindern und andererseits den Einfluss der eigenen Luftverkehrsunternehmen zu schützen und auszubauen.[321]

Die genannten normativen Klauseln des ICAO-Abkommens über die Notwendigkeit des Nationalitätsprinzips und Ausübung von Kontrollmechanismen durch die Regierungen der Unterzeichnerstaaten wurden in das ebenfalls in Chicago verabschiedete Standardabkommen für die Vereinbarung von bilateralen Luftverkehrsvereinbarungen annähernd wörtlich übernommen. Die einzige Modifikation des bisherigen Wortlauts war die Vorgabe, dass die mehrheitlichen Besitzrechte über die Fluggesellschaft und die Ausübung der Kontrollrechte nicht mehr durch eine staatliche Institution eines beliebigen Unterzeichnerstaates der Transit- und Transportabkommen, sondern ausschließlich durch nationale Institutionen oder Staatsangehörige der jeweiligen beiden Vertragsstaaten ausgeübt werden dürfen, so dass die Eigentumsmöglichkeiten weiter eingeschränkt wurden. In diesem Zusammenhang muss jedoch darauf hingewiesen werden, dass die in Chicago verabschiedeten Vereinbarungen bezüglich des Nationalitätenstatus und der Kontrollmöglichkeiten nicht mit der Intention des Aufbaus eines normativen Regelungswerkes entwickelt wurden, sondern ausschließlich die Entscheidungsgewalt der Vertragsstaaten bei der Gewährung von Verkehrsrechten gegenüber ausländischen Linienluftverkehrsgesellschaften[322] festschreiben sollte. Darüber hinaus gab es auch im Abkommen von Chicago einige Klauseln, die gemeinsame länderübergreifende betriebliche Organi-

[321] Für eine detailliertere Darstellung vgl. **Gertler** (1982), S. 66ff.

[322] Der Gelegenheitsverkehr unterlag den weniger restriktiven Regelungen des Art. 5 des I-CAO-Abkommen. Vgl. Art. 5 des ICAO-Abkommen, abgedruckt in **Zantke** (1990), S. 7ff. Zum Begriff des *Gelegenheitsverkehrs* vgl. Kap. 5.1.3.

sationen und Poolingregelungen zwischen Luftverkehrsunternehmen erlaubten.[323] Auf Basis dieser Klauseln bildeten sich einige wenige Gemeinschaftsunternehmen, die unter der Beteiligung mehrerer Länder internationale Luftverkehrsdienste durchführten, ohne mit dem in Chicago verabschiedeten System in Konflikt zu geraten. Zu diesen Gemeinschaftsunternehmen gehören die SAS[324], Air Afrique[325] und die Gulf Air[326]. Im Jahr 1983 wurde auf der 24. ICAO-Versammlung eine Resolution verabschiedet, durch die es Entwicklungsländern möglich wurde, Luftverkehrsunternehmen eines anderen Landes, mit dem eine wirtschaftliche Verflechtung innerhalb eines Regionalverbundes besteht, als nationale Luftverkehrsgesellschaft zu designieren, solange der mehrheitliche Besitz und die Kontrolle dieser Fluggesellschaft innerhalb dieser Gruppe bestehen bleibt.[327] Einige Staaten nutzten die Resolution innerhalb des Vertragstextes ihrer bilateralen Luftverkehrsabkommen mit verschiedenen Staaten der Karibik.[328] Insgesamt führten die skizzierten Entwicklungen zum Aufbau der sog. *staatlichen Luftverkehrsgesellschaften* („National Carrier" bzw. „nationale Fluggesellschaften")[329], die bis heute gemeinsam mit den US-amerikanischen Fluggesellschaften den internationalen Luftverkehrsmarkt dominieren.

Der aus der dargestellten Verbindung zwischen Staat und Luftverkehrsgesellschaft resultierende weitreichende Einfluss der nationalen Regierungen auf die Luftverkehrsbranche hat sich bis in die Gegenwart auch in Europa fortgesetzt. Viele europäische Fluggesellschaften befinden sich auch heute noch mehrheitlich in staatlichem Eigentum und werden dadurch von einer freien Entwicklung nach ausschließlich marktlichen Gesichtspunkten ferngehalten. Diese Tatsache hat in Europa in den letzten Jahrzehnten immer wieder zu einer Verzerrung des Wettbewerbs geführt: Während einige Fluggesellschaften bereits frühzeitig privatisiert wurden, konnten mehrere Unternehmen nur aufgrund des mehrheitlichen Staatseigentums und entsprechender staatlicher Zuwendungen ihre alten Strukturen bewahren. Diese Tatsache veranschaulicht, dass die Nationalitätenklausel gemeinsam mit den nachfolgend erläuterten luftverkehrsspezifischen na-

---

[323] Vgl. Supra Note 13, Art. 77-79 des ICAO-Abkommen, abgedruckt in **ZANTKE** (1990), S. 7ff.

[324] Die SAS ist ein Konsortium der schwedischen, dänischen und norwegischen Luftverkehrsgesellschaften.

[325] Die Air Afrique wurde im März 1961 als Gemeinschaftsunternehmen von elf afrikanischen Staaten gegründet. Vgl. **MILDE** (1985), S. 144.

[326] Die Gulf Air ist ein Gemeinschaftsunternehmen der vier Golfstaaten Bahrain, Oman, Qatar und Vereinigte Arabische Emirate und gilt seit 1973 als „nationale" Fluggesellschaft dieser Länder. Für einen Überblick über die historische Entwicklung dieser Fluggesellschaft vgl. www.gulfairco.com/about/history.asp

[327] Vgl. **ICAO** (1983), Art. 3, Abs. 6.

[328] Vgl. **GERTLER** (1982), Supra Note 20, S. 240.

[329] Im folgenden werden die Begriffe staatliche Luftverkehrsgesellschaft, National Carrier und nationale Fluggesellschaft synonym verwendet.

tionalen Gesetzgebungen als Faktoren anzusehen sind, die bislang in erheblicher Weise die im europäischen Luftverkehr notwendige Konsolidierung verhindert haben.

5.3.4.1.2 Nationale Gesetzgebungen

Die internationalen Regelungen für den Austausch von Verkehrsrechten, die sich aufbauend auf dem Abkommen von Chicago entwickelten, bauten ausnahmslos auf der im vorherigen Kapitel erläuterten Nationalitätenklausel auf und erforderten die Entwicklung einer nationalen Gesetzgebung zu diesem Bereich.[330] In den *USA* wird die Gründung und der Betrieb von Fluggesellschaften durch die im Jahr 1988 überarbeitete Fassung des sog. *Federal Aviation Act* von 1958 geregelt. Durch diese gesetzliche Kodifizierung ist festgelegt, dass eine Fluggesellschaft nur dann Luftverkehrsdienste anbieten darf, wenn sie im Besitz eines gültigen Zulassungszertifikates des amerikanischen Verkehrsministeriums ist.[331] Demnach muss ein amerikanisches Lufttransportunternehmen[332] ein „citizen" der USA. Ein „citizen"[333] im Sinne des Federal Aviation Act ist

a.) ein Individuum, das Staatsangehöriger der USA ist oder

b.) eine Gemeinschaft oder ein Gemeinschaftsunternehmen, das ausschließlich aus den untern a.) genannten Individuen besteht oder

---

[330] Da die beschriebenen Befürchtungen hinsichtlich eines „Ausverkaufs" des nationalen Luftverkehrs an ausländische Staaten bereits vor der Konvention von Chicago im Jahr 1944 bestanden, ist die Verabschiedung dieses Rahmenwerkes bei einer historischen Betrachtungsweise grundsätzlich nicht als Ausgangspunkt für die nachfolgenden nationalen Gesetzgebungen anzusehen. Aufgrund der besonders einschneidenden Bedeutung dieses Abkommens für die weitere Gestaltung des internationalen Luftverkehrs richtet sich die weitere Analyse jedoch ausschließlich auf die moderne Gesetzgebung nach 1944, durch die das Prinzip des nationalen Eigentums an der nationalen Luftverkehrsgesellschaft in die Gesetze der USA und Europa aufgenommen wurde. Das früheste amerikanische Gesetz, durch das es zur einer Begrenzung der ausländischen Beteiligung an US-amerikanischen Fluggesellschaften kam, ist der sog. *Air Commerce Act* aus dem Jahre 1926. Darin wurde festgelegt, dass die folgenden drei Gruppen als US-Staatsangehörige zu bezeichnen sind: a.) Individuen, die die US-amerikanische Staatsbürgerschaft besitzen, b.) ein partnerschaftlich geführtes Unternehmen, dass ausschließlich von Einwohner der USA geführt wird oder c.) ein Unternehmen, das in den USA organisiert ist und zwei weitere Anforderungen erfüllt: 1.) zwei Drittel der Mitglieder des Aufsichtsrates müssen die amerikanische Staatsangehörigkeit besitzen und 2.) 51% des Stimmrechtskapitals des Unternehmens müssen im Eigentum von amerikanischen Staatsangehörigen sein. Dazu und für eine weitergehende Untersuchung der Geschichte der amerikanischen Gesetzgebung vgl. STEWART (1990), S. 685.

[331] Vgl. FEDERAL AVIATION ACT (1988), §1371.

[332] Ein Lufttransportunternehmen wird im Federal Aviation Act definiert als jeder Einwohner der USA, der direkt oder indirekt, durch Leasing oder durch jede andere Vereinbarung Luftverkehrstransporte durchführt. Vgl. FEDERAL AVIATION ACT (1988), §1301, Absatz 3.

[333] Für die nachfolgende Aufzählung vgl. FEDERAL AVIATION ACT (1988), §1301, Absatz 16.

c.) eine Unternehmung oder eine Vereinigung, die unter Einhaltung der Gesetze der USA oder der Gesetze eines amerikanischen Bundesstaates gegründet und organisiert wurde. Der Vorstand bzw. die Geschäftsführung sowie zwei Drittel der Mitglieder des Aufsichtsrates müssen Individuen im Sinne von Punkt a.) sein. Darüber hinaus müssen sich 75% der Stimmrechte im Besitz von Personen befinden, die die amerikanische Staatsangehörigkeit besitzen.

Bei der Betrachtung der EU-Regelungen ist auffällig, dass die traditionellen Vorgaben hinsichtlich des nationalen Eigentums und der Kontrollvorgaben für die EU-Mitgliedsländer durch die *dritte* Liberalisierungsphase aufgehoben wurden.[334] Wenngleich die Zulassung von Fluggesellschaften immer noch durch die einzelnen Mitgliedsländer individuell vorgenommen wird, müssen die staatlichen Zulassungsbehörden nun darauf achten, dass das Zulassungsverfahren stets im Einklang mit dem Ziel der Harmonisierung und Nichtdiskriminierung innerhalb der EU steht.

Zudem wurden durch den dritten Liberalisierungsschritt einheitliche Regeln zum nationalen Eigentum und zur Kontrolle der Fluggesellschaften eingeführt. Danach muss sich eine EU-Fluggesellschaft stets mehrheitlich im Besitz eines EU-Mitgliedsstaates und/oder eines Staatsangehörigen eines oder mehrerer EU-Mitgliedsstaaten befinden.[335] EU-externe Länder können maximal 49% an einer Fluggesellschaft eines EU-Mitgliedslandes erwerben.[336] Im Unterschied zu früheren Regelungen ist es den EU-Mitgliedsländer damit nicht mehr möglich, die eigenen nationalen Fluggesellschaften bei der Lizenzierung gegenüber Gesellschaften aus anderen EU-Mitgliedsländern zu bevorzugen. Unternehmen und Staatsangehörige von jedem EU-Mitgliedsland können somit in jedem anderen EU-Mitgliedsland eine Fluggesellschaft gründen und betreiben. Diese Veränderung ist jedoch in ihrer Bedeutung zu relativieren, da die meisten bilateralen Luftverkehrsabkommen eine Klausel enthalten, nach der lediglich die nationalen Fluggesellschaften, die sich mehrheitlich im Besitz des jeweiligen Vertragsstaates und/oder seiner Staatsangehörigen befinden, die im Abkommen festgelegten Flugstrecken bedienen dürfen. Wenngleich die Luftverkehrsabkommen mit derartigen Klauseln im November 2002 vom EuGH aufgrund der Unvereinbarkeit mit dem in der EU geltenden Gebot der Niederlassungsfreiheit für illegal erklärt wurden, konnte bisher noch keine rechtliche Lösung für dieses Globalisierungshindernis gefunden werden.[337]

---

[334] Vgl. **EUROPÄISCHE KOMMISSION** (1992), Art. 4, Abs. 1. Für einen Überblick über die dritte Liberalisierungsphase des Luftverkehrs innerhalb der EU vgl. **HAANAPPEL, P.** (1992), S. 217.

[335] Vgl. **EUROPÄISCHE KOMMISSION** (1992), Art. 4, Abs. 2.

[336] Vgl. **O.V.** (2003aa), S. 1f.

[337] Für eine Erläuterung des Urteils des EuGH vgl. **O.V.** (2002d), S. 11.

Vor dem Hintergrund der Ausführungen zur Nationalitätenklausel und nationalen Gesetzgebung wird deutlich, dass eine weitere Globalisierung und Konsolidierung innerhalb der Luftverkehrsbranche in der Regel nur dann möglich erscheint, wenn der Bilateralismus im Luftverkehr überwunden und die bestehenden rechtlichen Restriktionen für ausländisches Eigentum an nationalen Fluggesellschaften gelockert werden. Erst dann wäre beispielsweise vorstellbar, dass eine vergleichsweise kleine Nation die Kontrollrechte an ihrem „National Carrier" an eine größere Fluggesellschaft oder ein internationales Allianzbündnis gegen wirtschaftliche oder dienstleistungsspezifische Garantien überträgt. Diese Vorgehensweise könnte insbesondere für europäische Länder wie z.B. Österreich oder Portugal eine sinnvolle Vorgehensweise darstellen, um dauerhaft Arbeitsplätze, Inlandsstrecken und internationale Flugverbindungen zu sichern.[338]

5.3.4.1.3 Slotvergabe

Für die Leistungserstellung im Luftverkehr sind die Start- und Landerechte der Fluggesellschaften, die auch als *Slots*, *Zeitnischen* oder *Zeitfenster* bezeichnet werden, von wesentlicher Bedeutung. Sie erlauben es einer Fluggesellschaft, an einem bestimmten Tag innerhalb eines Zeitkorridors (in der Regel eine Stunde) die Infrastruktur eines Flughafens zum Starten und Landen nutzen zu dürfen.[339]

In der EU wurden die Slots bis zum Inkrafttreten der *Verordnung (EWG) Nr. 95/93* im Regelfall durch die jeweilige nationale Fluggesellschaft nach Verhandlungen mit den anderen Luftverkehrsgesellschaften im Auftrag der nationalen Luftfahrtbehörde zugeteilt. Eine Ausnahme von dieser Vorgehensweise bildete lediglich in der Bundesrepublik Deutschland , in der die Slots und Überflüge durch einen dem Bundesminister für Verkehr unterstellten Flugplankoordinator vergeben bzw. koordiniert wurden.[340] Erst seit der Einführung der Verordnung werden die Start- und Landerechten in der EU nach einheitlichen Rechtsgrundlagen durch unabhängige Stellen allokiert.

Die frühere deutsche Slotvergabepraxis orientierte sich stark am Slotallokationsverfahren der IATA, nach dem die Slots nach bestimmten Prioritätsregeln zu vergeben sind. Aufbauend auf einer Einteilung des Luftverkehrs in vier Kategorien (Öffentliche Liniendienste und Charterfluggesellschaften, unregelmäßiger kommerzieller Luftverkehr, allgemeine Luftfahrt, Militätverkehr) gelten im IATA-System die nachfolgend genannten Prioritäten bei der Slotvergabe:

---

[338] Vgl. **Deimler; Koehler; Love; Michael** (2002), S. 3.

[339] Vgl. **Grundmann** (1999), S. 48, **Weimann** (1998), S. 136, **Höfer** (1995), S. 285 und **Brachmann** (1994), S. 9ff. Zum Begriff des *Slots* vgl. auch die im US-Recht existierende Legaldefinition gemäß 49 United States Code § 41715 (h) (4): „Slot: The term „slot" means a reservation for an instrument flight rule takeoff or landing by an air carrier of an aircraft in air transportation."

[340] Vgl. **Huonder** (2001), S. 46 und **Brachmann** (1994), S. 81ff.

1.) Luftverkehrsgesellschaft haben das Recht, ein bereits in einer vergleichbaren Vorperiode genutztes Start- und Landerecht erneut zu erhalten (sog. „historisches Anrecht" oder „Großvaterrecht"). Slots werden danach unabhängig von der ökonomischen Dringlichkeit an die Luftverkehrsgesellschaften verteilt. Eine effiziente Allokation der Start- und Landerechte ergibt sich in dieser Konstellation (wenn überhaupt) immer nur zufällig.

   Darüber hinaus induziert die Vergabe nach historischen Prioritäten eine weitgehende Sperrung des Luftverkehrsmarktes für neue Wettbewerber an attraktiven Flughäfen zu attraktiven Flugzeiten.[341]

2.) Die Hälfte der nicht nach historischen Anrechten vergebenen Start- und Landerechte werden an neue Bewerber verteilt. Als neue Bewerber gelten Luftverkehrsgesellschaften, die an einem einzelnen Tag am relevanten Flughafen über nicht mehr als vier Slots verfügen.

3.) Innerhalb einer Flugperiode wird eine lange Slotnutzungsdauer stets einer kürzeren vorgezogen. Diese Vergabepraxis hat insbesondere für die Charterfluggesellschaften eine besondere Bedeutung, da diese häufig nur in bestimmten Perioden bestimmte Flugziele bedienen.

4.) Ein Slotwechsel mit dem Ziel, ein größeres Flugzeug einsetzen zu können, eine ganzjährige Beschäftigung herbeizuführen oder Blockzeiten zu korrigieren haben stets Vorrang vor *neuen* Slotanträgen.

Zwischen den beteiligten Luftverkehrsgesellschaften werden die Slots in den IATA-Regelungen stets nach dem Konsensprinzip umverteilt. Dabei werden ausgewogene Bedienmuster an den jeweiligen Flughäfen (z.B. die Mischung zwischen Kurz- und Langstreckenverkehr oder zwischen Inlands- und internationalem Verkehr) als Hilfkriterien für die Slotvergabe herangezogen. Aus einer reinen Frequenzerhöhung resultiert kein Anspruch auf neue Slots. In derartigen Fällen sind die Start- und Landerechte zwischen den Luftverkehrsgesellschaften zu *tauschen*.[342]

Die seit 1993 in der EU geltende Slotallokation gemäß der Verordnung (EWG) Nr. 95/93 impliziert eine gegenüber den IATA-Regelungen und früheren deutschen Strukturen deutlich differenziertere Vergabe. Insbesondere durch die Einführung des sog. *Zeitnischenpools* haben sich einige Markteintritserleichterungen für neue Fluggesellschaften ergeben. Nachfolgend werden die wesentlichen Inhalte der Verordnung erläutert:

In Art. 8 der Verordnung wird das Verfahren der Zeitnischenzuweisung geregelt. Gemäß Abs.1 werden die Slots zunächst nach bestehenden Großvaterrechten vergeben. Danach hat der gewerbliche Luftverkehr, insbesondere der Linien- und Bedarfsluftverkehr, Vorrang vor anderen Luftverkehrsarten. In Abs. 4

[341] Vgl. **Weimann** (1998), S. 140.
[342] Vgl. **Wendlik** (1993), S. 268f. und **IATA** (1992).

wurde festgelegt, dass Slots im gegenseitigen Einvernehmen der Fluggesellschaften oder im Wege vollständiger oder teilweiser Unternehmenszusammenschlüsse frei ausgetauscht werden können. Darüber hinaus ist die freie Übertragung von Zeitnischen einer Luftverkehrsgesellschaft von einer Verkehrsart oder Strecke auf eine andere möglich. Diese Tausch- und Übertragungsoption existiert jedoch nicht, wenn die betreffenden Zeitnischen Neubewerbern zugeteilt wurden. Ferner ist gemäß Art. 11 Abs. 1 der Austausch der Slots immer dann untersagt, wenn ein anderes Unternehmen der EU trotz ernsthafter und anhaltender Bemühungen keine sinnvoll zu nutzenden Zeitnischen (bis zu zwei Stunden vor oder nach der beantragten Zeit) für eine Frequenzerhöhung vom Koordinator erhalten konnte.

In Art. 10 Abs. 1 der Verordnung wird die Errichtung eines sog. *Zeitnischenpools* auf koordinierten Flughäfen vorgeschrieben. Die noch nicht nach Art. 8 vergebenen Slots sowie alle aufgegebenen und neu geschaffenen Zeitfenster werden in diesem Zeitnischenpool zusammengefasst. Dabei können Slots sowohl durch Erweiterungen der Flughafeninfrastruktur als auch durch technische Verbesserungen insbesondere der Flugsicherung neu geschaffen werden. Die Kapazität auf einem koordinierten Flughafen wird gemäß Art. 6 der Verordnung nach allgemein anerkannten Verfahren zweimal jährlich neu ermittelt.[343] Gemäß Art. 10 Abs. 2 werden ungenutzte Slots eingezogen und in den Zeitnischenpool eingebracht.[344]

Die in dem Zeitnischenpool enthaltenen Slots werden auf die antragsstellenden Luftverkehrsgesellschaften aufgeteilt. Hierbei steht den Neubewerbern die Hälfte der im Zeitnischenpool zusammengefassten Zeitfenster zur Verfügung. Neue Fluggesellschaften sind im Sinne der Verordnung, in Anlehnung an die Slotregelungen der IATA, Fluggesellschaften, die am betreffenden Tag und Flughafen über nicht mehr als vier Slots verfügen. Der Neubewerberstatus ist auch gegeben, wenn eine Luftverkehrsgesellschaft einen Flugdienst ohne Zwischenlandung zwischen zwei EU-Staaten beantragt, höchstens jedoch zwei andere Luftverkehrsgesellschaften entsprechende direkte Flugdienste Flugdienste anbieten und die beantragende Luftverkehrsgesellschaft für den relevanten Flugdienst am betreffenden Flughafen über weniger als vier Slots verfügt. Luftverkehrsgesellschaften gelten nicht mehr als Neubewerber, wenn die Gesellschaft Nutzungsrechte für mehr als 3% aller an dem betreffeneden Tag und Flughafen verfügbaren Slots verfügt.[345] Gemäß Art. 10 Abs. 4 verlieren Luftverkehrsgesellschaften den Neubewerberstatus, wenn angebotene Zeitfenster in einer Spanne von zwei

[343] Vgl. EUROPÄISCHE KOMMISSION (1993), S. 3.
[344] Vgl. EUROPÄISCHE KOMMISSION (1993), S. 5.
[345] Vgl. EUROPÄISCHE KOMMISSION (1993), S. 2.

Stunden vor oder nach der beantragten Zeit von der betreffenden Gesellschaft abgelehnt wurden.[346]

Insgesamt ist die Verordnung (EWG) Nr. 95/93 hinsichtlich ihrer Bedeutung für den europäischen Luftverkehr differenziert zu beurteilen. Einerseits erhöht die in der Verordnung enthaltene Slotaustauschmöglichkeit die allokative Effizienz, da Tauschvorgänge in der Regel eine effizientere Verteilung der Start- und Landerechte im Vergleich zu einer ausschließlich administrativen Zuteilung erwarten lassen. Andererseits besteht stets die Gefahr, dass die Tauschoption von den etablierten Fluggesellschaften dazu genutzt wird, potenzielle Konkurrenten vom Markt fernzuhalten.

Positiv zu beurteilen ist die gegenüber den früheren europäischen Allokationsverfahren verbesserte Berücksichtigung neuer Luftverkehrsgesellschaften bei der Slotvergabe, wenngleich die aus einer Slotzuweisung aus dem Zeitnischenpool resultierenden Markteintrittsmöglichkeiten zu relativieren sind, da die Start- und Landerechte im Regelfall zu den attraktiven Zeiten bereits durch Großvaterrechte gebunden sind.[347]

Durch die Regelungen der Verordnung wird es für jede europäische Fluggesellschaften fast unmöglich, einen eigenen Zugang zu einem bedeutenden Drehkreuz in einem anderen Mitgliedsstaat der EWU zu erhalten. Die Vergabe nach „Großvaterrechten" bedeutet, dass sich die Mehrheit der Slots, insbesondere die Start- und Landerechte zu attraktiven Zeiten, immer noch im Besitz der nationalen Fluggesellschaften befinden. Die freie Bedienung bestimmter Flugstrecken im innereuropäischen und internationalen Luftverkehr wird damit in erheblicher Weise behindert.

Erschwerend kommt hinzu, dass die Ausübbarkeit der Slots in den meisten bilateralen Abkommen an die jeweilige Nationalität der Fluggesellschaft gekoppelt ist. Danach dürfen die Flughäfen der beteiligten Länder nur von solchen (designierten) Fluggesellschaften angeflogen werden, die sich mehrheitlich im Eigentum des jeweiligen Vertragspartnerlandes befinden. Beispielsweise regelt das Luftverkehrsabkommen zwischen Großbritannien und den USA, das die Strecke London - New York nur von (zwei) mehrheitlich britischen und (zwei) mehrheitlich amerikanischen Fluggesellschaften bedient werden darf.[348] Derartige Regelungen implizieren, dass eine europäische Fluggesellschaft, die im Rahmen einer Fusion oder Akquisition mehrheitlich von einer Fluggesellschaft einer anderen Nationalität übernommen wird, ihre Start- und Landerechte im jeweiligen Vertragspartnerland verlieren würde. Diese Zusammenhänge stellen eines der wesentlichsten Hindernisse für grenzüberschreitenden Fusionen und Akquisitionen im Luftverkehr dar.

[346] Vgl. **Europäische Kommission** (1993), S. 5.
[347] Vgl. **Borrmann** (1991), S. 684.
[348] Vgl. **o.V.** (2003aa), S. 1.

5.3.4.1.4 Kabotagerestriktionen

Als weiteres wesentliches Hindernis für eine weitere Branchenglobalisierung und Konsolidierung der Fluggesellschaften sind die Restriktionen für die Ausübung von Kabotagerechten[349] anzusehen, wie sie in Art. 7 des ICAO-Abkommens und in den meisten bilateralen Luftverkehrsabkommen bzw. nationalen Gesetzgebungen vieler Länder zu finden sind.

Vor dem Hintergrund des durch nationale Interessen geprägten internationalen Luftverkehrs zeigt sich die große und weitreichende Bedeutung des Kabotagerechtes. In vielen Ländern der Welt wird der Inlandsluftverkehr bis heute zumeist sowohl durch nationale Gesetze als auch bilaterale Abkommen ausschließlich einheimischen Luftverkehrsgesellschaften erlaubt. Auf multilateraler Ebene verhindert die Formulierung des Kabotagerechtes in Art. 7 des Abkommens von Chicago, dass ein Staat eine bilaterale Vereinbarung abschließt, durch die ihm vom anderen Vertragsstaat ein exklusives Kabotagerecht zugestanden oder dem anderen Unterzeichnerstaat dieses Recht eingeräumt wird.[350] Nach dieser Regelung besteht die Verpflichtung, jeder Fluggesellschaft dieses Recht einzuräumen, falls es eine einzelne Luftverkehrsgesellschaft erhält. Allerdings können die anderen Fluggesellschaften dieses Recht nur für die gleiche Flugstrecke und für die genau gleiche Frequenz einfordern.[351]

Innerhalb der EU wurden sämtliche Kabotagebeschränkungen mit Wirkung vom 01. April 1997 aufgehoben. Bis dahin basierte der Kabotageverkehr ausschließlich auf der Anschlußkabotage[352] und durfte nicht mehr als 50% des gesamten Inlandsverkehrs umfassen. Trotz der EU-weiten Freigabe stellen Kabotagebeschränkungen für europäische Luftverkehrsgesellschaften im außereuropäischen Luftverkehr weiterhin wesentliche Hindernisse für eine Branchenglobalisierung und den Aufbau einer multinationalen Luftverkehrsgesellschaft dar. Nur durch eine Aufhebung der bestehenden Kabotagebeschränkungen im Luftverkehr zwischen den USA und der EU ergeben sich weitergehende Möglichkeiten für eine umfassende Konsolidierung innerhalb der Luftverkehrsbranche.[353]

Zusammenfassend kann festgehalten werden, dass die Luftverkehrspolitik und die weiteren Perspektiven des Luftverkehrs aufgrund der engen Verbindung zwischen Regierung, Nationalität und Luftverkehr stark von politischen Erwägungen und Betrachtungen abhängig ist. Der gesetzliche und politische Hintergrund des internationalen Luftverkehrs beschränkt die weitere Entwicklung der Luftverkehrsgesellschaften in erheblicher Weise. Erst durch eine grundlegende

---

[349] Zum Begriff und den unterschiedlichen Formen der *Kabotage* vgl. Kap. 5.3.2.1, S. 363.

[350] Für eine detaillierte Analyse dieses Teils des Art. 7 vgl. **Mendes de Leon** (1992), S. 21ff.

[351] Vgl. **Mendes de Leon** (1992), Supra Note 75, S. 37ff.

[352] Zum Begriff der *Anschlußkabotage* vgl. Kap. 5.3.2.1, S. 363.

[353] Vgl. **Deimler; Koehler; Love; Michael** (2002), S. 3f.

Änderung gesetzlicher Mechanismen und einer Überarbeitung bzw. vollkommenen Abschaffung der Nationalitätenklauseln scheint eine umfassende Steigerung der Effizienz und Profitabilität der Luftverkehrsunternehmen möglich zu sein.

Aufgrund der schrittweisen Liberalisierung des Weltluftverkehrs und die in den letzten Jahren stark gestiegene Tendenz zu internationalen Kooperationen und Strategischen Allianzen ist allerdings davon auszugehen, dass die beschriebenen Designierungsverfahren, Nationalitätenklauseln und Kabotagevorbehalte sukzessive an Bedeutung verlieren und zu einer Änderung nationaler Gesetze führen werden. Kurz- bis mittelfristig werden diese Regelungen jedoch noch einen starken Einfluss auf die Wettbewerbsbedingungen im internationalen Luftverkehr haben.

5.3.4.2 Veränderungstendenzen im internationalen Luftverkehr

Zur Überwindung der skizzierten Globalisierungsrestriktionen und Liberalisierungshindernisse verfolgen die USA und die Europäische Union unterschiedliche Ansätze. In den USA wird seit einigen Jahren das wirtschaftspolitische Ziel verfolgt, bilaterale Luftverkehrsabkommen mit ausländischen Staaten abzuschließen, die zu einer größeren Freizügigkeit des internationalen Luftverkehrs führen sollen. Die von der amerikanischen Regierung angestrebte Liberalisierung des Weltluftverkehrs zielt dabei auf eine weitere Verbesserung der Wettbewerbsposition der eigenen Fluggesellschaften, die schon heute vielen ausländischen Luftverkehrsgesellschaften aufgrund ihrer Größe, ihrer vergleichsweise geringen Kosten und der langjährigen Erfahrung in einem deregulierten, wettbewerbsintensiven Markt überlegen sind. Diese luftverkehrsspezifische Orientierung der USA wird auch als sog. *carrot and stick*-Politik bezeichnet, die ausländischen Fluggesellschaften nur dann eine Kooperation mit einer US-amerikanischen Luftverkehrsgesellschaft und den damit verbundenen besseren Marktzutritt zum amerikanischen Inlandsmarkt nur dann gewährt, wenn gleichzeitig ein freizügigeres Luftverkehrsabkommen in Form eines *Open-Sky-Abkommens*[354] mit dem entsprechenden Heimatland der ausländischen Fluggesellschaft abgeschlossen wird.[355]

Die EU-Kommission verfolgt bis heute eine eigenständige Politik hinsichtlich der weiteren Liberalisierung des internationalen Luftverkehrs. Mit dem Beginn der gemeinschaftlichen europäischen Luftverkehrspolitik ging die Kommission davon aus, dass die Regelung der Luftverkehrsbeziehungen zu Drittstaaten, mithin die weitere Regelung des EU-übergreifenden internationalen Luftverkehrs eine innergemeinschaftliche Aufgabe sei und damit die Entscheidungs-

[354] Zum Begriff des *Open-Sky-Abkommens* vgl. Kap. 5.3.2.2, S. 363 mit den dortigen Literaturhinweisen.
[355] Vgl. **Wiezorek** (1998), S. 108.

kompetenz bei der EU-Kommission liegen würde.[356] Aus diesem Grund beabsichtigte die Kommission, stellvertretend für alle EU-Mitgliedsländer Verhandlungen mit Drittstaaten über die Änderung bzw. den Abschluss bilateraler Luftverkehrsabkommen aufzunehmen.[357] Die Kompetenz für das sog. *Drittlandsmandat* sollte schrittweise von den Mitgliedsstaaten auf die Kommission übertragen werden.[358]

Dahingehend wurde der Kommission bereits im Jahr 1996 von den EU-Verkehrsministern das Mandat übertragen, mit der Regierung der USA Sondierungsgespräche zur Öffnung der jeweiligen Luftverkehrsmärkte aufzunehmen. Seitdem wurden auf Basis dieses Mandates in regelmäßigen Abständen Fragen über einen einheitlichen Ordnungsrahmen für den nordatlantischen Luftverkehr zwischen der EU und den USA erörtert. Dabei ging es in erster Linie stets um die Niederlassungsfreiheit der Luftverkehrsgesellschaften, um die Gestaltung der jeweiligen Wettbewerbsordnungen sowie um die Formulierung von einheitlichen Investitions- und Eigentumsregelungen.[359]

Der zweite wesentliche Schritt auf dem Weg zu einem liberalisierten Luftverkehr zwischen der EU und den USA wurde im Juni 2003 vollzogen. Nach langwierigen Verhandlungen konnten sich die Mitgliedsländer der EU im Juni 2003 darauf einigen, künftig im internationalen Luftverkehr „mit einer Stimme“ zu sprechen. Die EU-Verkehrsminister übertrugen der Europäischen Kommission ein umfassendes multilaterales Mandat, Verhandlungen mit dem US-amerikanischen DOT und Staaten wie z.B. Kanada und Japan über ein neues Luftverkehrabkommen aufzunehmen. Die im Oktober 2003 begonnenen Verhandlungen mit den USA zielen auf den Aufbau eines transatlantischen Luftverkehrsraumes, des sog. *Transatlantic Common Aviation Area* (TCAA), auf der Basis eines Open-Sky-Abkommens.[360]

Das TCAA-Konzept in der heutigen Form wurde von der *Association of European Airlines* (AEA) entwickelt und stellt den Rahmen für die nach dem EuGH-Urteil zu erwartenden weiteren Verhandlungen zwischen den USA und der EU dar. Das TCAA würde die bestehenden bilateralen Abkommen zwischen den USA und der EU hinsichtlich der Verkehrsrechte, Kapazitäten, Flugstrecken und Tarife auf dem höchst möglichen Liberalisierungsniveau harmonisieren und gilt daher allgemein als der nächste wesentliche Schritt auf dem Weg zu vollkommenen Liberalisierung des Luftverkehrs.[361]

[356] Vgl. **Baumann** (1995), S. 150ff.
[357] Vgl. **Eisermann** (1995), S. 150ff.
[358] Vgl. **Adenauer-Frowein** (1991), S. 248.
[359] Vgl. **Wrangell** (1999), S. 106 und **Kommission der Europäischen Gemeinschaft** (1996), S. 4.
[360] Vgl. **Gill** (2000), **Palacio** (2003), S. 1 und **Jennen** (2003), S. 4.
[361] Vgl. **Walker** (2000), S. 52ff.

Grundsätzlich ist davon auszugehen, dass die USA an einem den nordatlantischen Luftverkehr liberalisierenden Abkommen interessiert sind, da es die von den USA angestrebte Open-Sky-Vereinbarung mit Frankreich beschleunigen könnte. Ein TCAA könnte darüber hinaus aus amerikanischer Sicht auch deshalb unterstützt werden, da es Open-Sky-Vereinbarungen mit den vier EU-Ländern Griechenland, Irland, Spanien und Großbritannien ermöglichen würde, die bisher keine derartigen Abkommen mit den USA abgeschlossen haben.[362]

Neben einer Veränderung der Abkommensstrukturen würde ein TCAA noch weitere grundlegende Auswirkungen haben. Danach könnte jede der zu den TCAA-Mitgliedsländern gehörende Fluggesellschaft die Mehrheit, eine maßgebliche Beteiligung oder Kontrollfunktionen an einem oder mehreren Luftverkehrsunternehmen innerhalb des TCAA übernehmen oder mit neu gegründeten Gesellschaften in die TCAA-zugehörigen nationalen Märkte eintreten. Die sich daraus ergebenden Möglichkeiten für eine Konsolidierung der Branche hätten drei wesentliche Vorteile:[363]

1.) *Zusätzliche Synergie- und Kostensenkungspotentiale*: Durch neu entstehende operationale Synergien könnten sich zusätzliche Spielräume für Kostenrationalisierungen ergeben, insbesondere in den Bereichen Vertrieb, Wartung, Nutzung von Flughafeneinrichtungen, Verwaltung und Informationstechnologie. Darüber hinaus würden Netzwerk-Synergien zu einer Verbesserung der Anlagennutzung („asset utilization") beitragen, indem redundante Flugstrecken bzw. überlappende Flughafendrehkreuze eliminiert werden könnten.

2.) *Zusätzliche Umsatzpotentiale*: Die sich durch die Konsolidierung ergebende Erhöhung von Marktanteilen und Verbesserung von Auslastungsfaktoren der konsolidierenden Fluggesellschaften könnte zu einer verbesserten Realisierbarkeit höherer Preise beitragen.

3.) *Verbesserung der Wettbewerbsposition*: Eine weitere Branchenkonsolidierung könnte die Wettbewerbspositionen der involvierten Fluggesellschaften stärken, indem sie als eine Plattform für ein dauerhaftes Wachstum, eine größere Verhandlungsmacht gegenüber Zulieferern und ein verbessertes Kapitalmanagement fungieren könnte. Um die maximalen Nutzeneffekte zu generieren, ist allerdings stets eine ausreichende Überlappung der Netzwerke der involvierten Fluggesellschaften zu gewährleisten. Aus diesem Grund ist davon auszugehen, dass eine regionale Konsolidierung stets die umfangreichsten Potentiale für eine verbesserte Wertschaffung beinhalten würde.

Die TCAA-Bestrebungen wurden zum Teil bereits durch entsprechende Klauseln in den gesetzlichen Regelungen für den Luftverkehr zwischen den Mit-

[362] Vgl. LYLE (2000), S. 74.
[363] Vgl. DEIMLER; KOEHLER; LOVE; MICHAEL (2002), S. 3.

gliedsländern der EU und in einigen intra-regionalen Abkommen umgesetzt. Einige US-amerikanische Fluggesellschaften, der US-amerikanische Kongreß und mehrere Gewerkschaften in den USA haben ihre Zustimmung zum TCAA-Konzept bisher stets verweigert. Hinter dieser Ablehnung steht, neben Souveränitäts- und Sicherheitsbedenken, das Festhalten an dem sog. *Civil Reserve Air Fleet* (CRAF)-Programm. Im Rahmen dieser Vereinbarung zwischen den US-amerikanischen Fluggesellschaften und der Regierung der USA haben sich die Luftverkehrsgesellschaften verpflichtet, auch in Krisenzeiten ausreichend Flugzeuge und Crews zur Verfügung zu stellen. Das bisher von der EU vorgeschlagene Konzept für ein TCAA, das die Möglichkeit einer Aufgabe von Kontroll- und Eigentumsrechten an einzelnen nationalen Fluggesellschaften beinhaltet, wird von den USA insbesondere mit dem Hinweis auf eine Gefährdung der Zielerfüllung des CRAF-Programms abgelehnt.[364]

Darüber hinaus haben die USA Einwände gegen die im TCAA-Konzept vorgesehene Freigabe der Kabotagerechte für EU-Luftverkehrsunternehmen im Hinblick auf den inneramerikanischen Luftverkehr. Wenngleich diese Freigabe lediglich das bereits bestehende Kabotagerecht für amerikanische Fluggesellschaften innerhalb der EU erwidern und auf eine wechselseitige Ebene stellen würde, ist insbesondere die Freigabe dieses Luftverkehrsrechts als ein wesentliches politisches Hindernis für die Umsetzung eines liberalen TCAA-Konzepts anzusehen.[365] Die Umsetzung des TCAA würde es europäischen Fluggesellschaften erlauben, ohne Einschränkung von einem beliebigen Flughafen innerhalb der EU zu jedem Flughafen in den USA zu fliegen.

Während der im Dezember 1999 in Chicago vom DOT veranstalteten Konferenz von Transport- und Verkehrsministern aus 93 Ländern über die Zukunft des globalen Luftverkehrs konnte keine Einigung über die weitere Entwicklung eines TCAA erreicht werden. Die amerikanischen Behörden erklärten sich lediglich dazu bereit, den politischen Dialog über eine weitere multilaterale Liberalisierung zur Umsetzung eines offeneren globalen Luftverkehrssystems fortzuführen. Folgende Punkte gelten als besonders problematische Bereiche, deren Bewältigung als Grundvoraussetzung für ein konsensfähiges TCAA-Konzept anzusehen ist:[366]

1.) *Wettbewerbsrecht*: Im Rahmen der Verhandlungen muss eine Annäherung über die bisher unterschiedlichen Inhalte und Anwendungsbereiche der EU-Wettbewerbsregelungen und der amerikanischen Antitrust-Gesetze erfolgen.

2.) *Slotvergabe*: Eine TCAA-Vereinbarung erfordert eindeutige Regelungen zur Sicherstellung eines fairen und für alle Fluggesellschaften grundsätzlich gleichen Zugangs zur begrenzten Anzahl an Slots auf einigen Flughäfen.

---

[364] Vgl. Lyle (2000), S. 74f.

[365] Vgl. Walker (2000), S. 53.

[366] Vgl. hierzu und zu den nachfolgenden Ausführungen Lyle (2000), S. 75.

3.) *Sicherheit*: Die zunehmende Angleichung der Sicherheitsanforderungen zwischen den USA und der EU muss durch entsprechende TCAA-Klauseln wiedergegeben werden.

4.) *Arbeitnehmer/Gewerkschaften*: Viele der Luftverkehrstransportleistungen erfordern einheitliche Arbeitspläne, insbesondere hinsichtlich der Flugzeitbeschränkungen für das eingesetzte Personal. Da die amerikanischen Anforderungen sich bisher erheblich von europäischen Standards unterscheiden, könnte der freie Austausch von Arbeitskräften zwischen den Fluggesellschaften behindert werden.

5.) *Umweltschutz*: Im Rahmen eines TCAA-Abkommens muss ein Konsens über strengere Standards für die Zertifizierung von Fluggesellschaften, für die Ausmusterung von zu lautem oder zu umweltverschmutzendem Fluggerät und für einheitliche interne Betriebsabläufe gefunden werden.

6.) *Institutionelle Aufgaben*: Um ein TCAA-Abkommen stellvertretend für die EU-Mitgliedsländer zu einem Abschluss bringen zu können, benötigt die Europäische Kommission ein entsprechendes Mandat, das ihr durch den Europäischen Rat übertragen werden muss. Darüber hinaus müssen in einem TCAA-Abkommen Mechanismen festgehalten werden, die bei Nichteinhaltung der Abkommensbestandteile durch einen Unterzeichnerstaat zum tragen kommen.

7.) *Drittländerklauseln*: Das TCAA-Abkommen zielt im Kern auf die Regelung des Luftverkehrs zwischen der EU und den USA. Während der Konferenz in Chicago im Dezember 1999 äußerten vor diesem Hintergrund mehrere Industrienationen und Entwicklungsländer ihre Besorgnis, dass durch das TCAA ein marktdominierender Luftverkehrsblock entstehen könnte, der sich gegenüber Drittländern abschottet. Aus diesem Grund erscheint es zwingend erforderlich, dass Klauseln über die Möglichkeit des Beitritts von Drittstaaten in das TCAA mit in die Vereinbarung aufgenommen werden.

Falls die „Open-Sky"- bzw. TCAA-Verhandlungen zwischen der EU und den USA erfolgreich abgeschlossen werden, bestehen gute Möglichkeiten für eine schnelle Umsetzung eines dynamischen und einheitlichen amerikanisch-europäischen Luftverkehrsmarktes, in dem bereits heute fast 40% des weltweiten Flugverkehrs stattfindet. Nach Ansicht von Branchenexperten würde ein transatlantisches „Open-Sky"-Abkommen einen umfassenden Liberalisierungsschub im europäischen und internationalen Luftverkehr induzieren, da dadurch in erheblicher Weise nationale Hindernisse abgebaut würden, die den Luftverkehr mit den USA bisher beschränken. Gleichzeitig zeigen Studien von Beratungsunternehmen, dass ein gemeinsamer europäisch-amerikanischer Luftraum einen jährlichen Zuwachs der Passagierzahlen um ca. 17 Mio. Fluggäste sowie sinkende Kosten für die Verbraucher in Höhe von ca. 5 Mrd. Euro erwarten lässt. Dies wiederum könnte sich positiv auf die Arbeitsmarktlage in der EU und den USA auswirken.[367]

Insgesamt würden die europäischen Luftverkehrsgesellschaften durch ein derartiges Abkommen einen deutlich verbesserten Zugang zum US-Luftverkehrsmarkt erhalten. Künftig wäre es dann beispielsweise möglich, dass sich die Deutsche Lufthansa am Pariser Flughafen Charles de Gaulles niederlässt, um von dort in die USA zu fliegen. Darüber hinaus ist davon auszugehen, dass ein „Open-Sky"-Abkommen zwischen der EU und den USA die Konsolidierungsbestrebungen in der Flugbranche deutlich nach vorne treiben würde.[368] Einschränkend ist allerdings anzumerken, dass sich die Verhandlungen aus heutiger Sicht wohl noch einige Jahre hinziehen werden, bis sie zu einem erfolgreichen Abschluß gebracht werden können und es jeder amerikanischen und europäischen Fluggesellschaft möglich sein wird, auf beiden Märkten sowohl im Personentransport als auch auch bei der Luftfracht Inlands- und Auslandsflüge durchzuführen.[369] Diese Einschränkung liegt zum einen in der Tatsache begründet, dass die Amerikaner immer noch umfassende nationale Bedenken gegenüber einem einheitlichen transatlantischen Luftraum anführen. Zum anderen sind die meisten bilateralen Abkommen der EU-Mitgliedsländer mit den USA immer noch gültig und könnten erst nach Abschluß der Verhandlungen mit den USA aufgelöst werden.

Zusammenfassend ist hinsichtlich des TCAA-Konzepts festzustellen, dass der Luftverkehr zwischen der EU und den USA durch eine derartige Regelung auf eine Linie mit solchen Branchen gebracht würde, für die die EU bereits einen kohärenten Ansatz zum internationalen Handel entwickelt hat, um die jeweiligen Märkte zu öffnen und grenzüberschreitende Investitionen zu stimulieren. Das multilaterale Mandat ist vor diesem Hintergrund als ein erster Schritt auf dem Weg zu einem wettbewerbsfähigeren bzw. freieren Luftverkehrsmarkt in der EU, den USA und weltweit anzusehen.[370]

Im Hinblick auf den *globalen* Luftverkehr lassen sich, insbesondere vor dem Hintergrund der vorhergehenden EU- und USA-spezifischen Ausführungen, einige grundlegende Erkenntnisse festhalten. Danach erscheinen aus heutiger Sicht weitere globale Liberalisierungen im Luftverkehr nur dann realisierbar, wenn ein *weltweit* gültiger Ordnungsrahmen entwickelt werden konnte. Ein derartiger Ordnungsrahmen könnte beispielsweise von der WTO im Rahmen des allgemeinen Abkommens für den Dienstleistungshandel, dem sog. *General*

---

[367] Vgl. **Palacio** (2003), S. 2.
[368] Vgl. **Jennen** (2003), S. 4.
[369] Vgl. **Krummheuer** (2003), S. 1, **Noack** (2003), S. 3 und **o.V.** (2003aa), S. 2.
[370] Vgl. **Palacio** (2003), S. 1.

Agreement on Trade in Services (GATS) initiiert werden.[371] Wenngleich mit der GATS-Vereinbarung eine weltweite Liberalisierung für den *gesamten* Dienstleistungssektor initiiert werden sollte, wurde der Anwendungsbereich für den Lufttransportsektor von vornherein eingeschränkt, so dass heute lediglich die Bereiche Verkauf, Marketing, Computerreservierungssysteme und Flugzeugreparatur und -wartung im Bereich des Luftverkehrs in den Anwendungsbereich des GATS fallen. Der bisherige Widerstand der Luftverkehrsindustrie gegen eine umfassendere Anwendung der innerhalb des GATS festgelegten Prozesse liegt im wesentlichen an der Abneigung gegenüber den nachfolgend genannten GATS-Prinzipien:[372]

1.) *Meistbegünstigungsprinzip (Most Favoured Nation Principle)*: Nach dem Meistbegünstigungsprinzip im Rahmen des GATS ist jedes Mitgliedsland verpflichtet, den Dienstleistungsanbietern jedes anderen Mitgliedslandes unmittelbar und ungeschränkt die gleiche Behandlung zu gewähren, die er einem gleichen Dienstleistungsanbieter eines anderen Landes gewährt.[373] Im Luftverkehr bedeutet dies, dass der Abschluss eines Open-Sky-Abkommens gleichzeitig zu Open-Sky-Vereinbarungen mit jedem anderen GATS-Unterzeichnerstaat führen würde.[374]

2.) *Inländerbehandlung (National Treatment Principle)*: Nach dem Prinzip der Inländerbehandlung ist die Regierung eines GATS-Unterzeichnerstaates dazu verpflichtet, die Dienstleistungsanbieter vom jedem anderen GATS-Unterzeichnerstaat nicht schlechter zu behandeln als die nationalen Dienstleistungsanbieter.[375] Die Anwendung dieses Prinzips auf den Luftverkehr würde beispielsweise dazu führen, dass nationale Flugvereinbarungen, durch die beispielsweise Beamte und öffentliche Angestellte zur ausschließlichen Nutzung nationaler Fluggesellschaften verpflichtet werden, nicht länger aufrechterhalten werden dürfen.[376] Die Inländerbehandlung zielt mit ihren nati-

---

[371] Das GATS wurde während der von 1986 bis 1994 dauernden achten Verhandlungsrunde des Allgemeinen Zoll- und Handelsabkommens (General Agreement on Tariffs and Trade (GATT)) entwickelt und im Jahr 1994 auf der Verhandlungsabschlusskonferenz in Marokko verabschiedet. Es dient der Regulierung und Liberalisierung des internationalen Handels mit Dienstleistungen. Zu den Inhalten des GATS vgl. **OECD** (1994) und **GABLER-VERLAG** (1997), S. 1436.

[372] Vgl. **LYLE** (2000), S. 76.

[373] Vgl. **BARTH** (1994), S. 456.

[374] Vgl. **LYLE** (2000), S. 76.

[375] Vgl. **LYLE** (2000), S. 76.

[376] Die amerikanische Regierung hat beispielsweise sämtliche nationalen Politiker dazu verpflichtet, im Rahmen des sog. „Fly America Programme" für Flüge ausschließlich amerikanische Luftverkehrsunternehmen zu nutzen. Diese Verpflichtung wird schon seit längerem von vielen ausländischen Fluggesellschaften und Regierungen als diskriminierend verurteilt und abgelehnt. Vgl. **LYLE** (2000), S. 76.

onalen Normen auf eine innerstaatliche Regulierung, ohne unmittelbare Auswirkungen auf das Verhältnis gegenüber anderen Staaten zu haben.[377]

Aufgrund des im Rahmen der Meistbegünstigungsklausel des GATS bisher unbestimmten Anwendungsmechanismus wird der internationale Luftverkehr bis heute ausschließlich durch das beschriebene Netzwerk bilateraler Abkommen und weiterer rechtlicher Bestimmungen geregelt, durch die Länderpaare oder -gruppen zum Austausch von Marktzugangsrechten und Betriebsgenehmigungen berechtigt werden.

Hinsichtlich einer weiteren globalen Liberalisierung im Luftverkehrssektor ist davon auszugehen, dass es in den nächsten Jahren weniger zu einer erweiterten Anwendung des GATS, sondern eher zu einem vermehrten Abschluss intraregionaler Open-Sky-Abkommen kommen wird,[378] die die Grundlage für einen auf alle wesentlichen internationalen Luftfahrtnationen anwendbaren wettbewerblichen Ordnungsrahmens bilden könnten. Allerdings ist ein globales einheitliches Luftverkehrsgebiet aus heutiger Sicht noch nicht absehbar, da die Liberalisierung des Luftverkehrs regional mit sehr unterschiedlichen Geschwindigkeiten verfolgt wird.[379] Bis zu einer vollkommenen Öffnung des weltweiten Luftverkehrsmarktes dürften mehrere Liberalisierungsschritte notwendig sein, durch die zunächst zusätzliche Luftverkehrsrechte der dritten, vierten und fünften Freiheit vergeben werden könnten. In einem nächsten Schritt erscheint die Freigabe von Frequenzen, Tarifen und Kapazitäten realistisch. Erst zum Schluss ist mit einer Aufgabe der bisherigen Designierungs- und Kabotageregelungen und Abschaffung der restriktiven Nationalitätenklauseln zu rechnen.[380]

[377] Vgl. **Wrangell** (1999), S. 167.
[378] Für eine ähnliche Argumentation vgl. **Lyle** (2000), S. 77.
[379] Für eine Übersicht über die bisherigen Liberalisierungsbestrebungen in den übrigen Staaten der Welt vgl. **Wrangell** (1999), S. 107ff.
[380] Vgl. **Wiezorek** (1998), S. 111.

6. Strategische Allianzen europäischer Linienluftverkehrsgesellschaften

6.1 Begriffliche Grundlagen

6.1.1 Europäische Linienluftverkehrsgesellschaften

Gemäß der in Kap. 5 erklärten Begriffe *Linienluftverkehr* und *Gelegenheitsverkehr* wurden die Fluggesellschaften in der Vergangenheit vielfach ausschließlich nach den jeweiligen Unternehmenszielen und der Anzahl und Art der Frequenzen kategorisiert. Danach gehörten sämtliche Luftverkehrsgesellschaften, die sich mehrheitlich in Staatseigentum befanden, und kleinere Regionalfluggesellschaften, die regelmäßig zwischen verschiedenen Städtepaare operierten, zu den *Linienfluggesellschaften*, während mit dem Begriff der *Charterfluggesellschaft* sämtliche Luftverkehrsgesellschaften bezeichnet wurden, die ihre Passagiere im Gelegenheitsverkehr ausschließlich zu bestimmten Urlaubsorten beförderten.[1] Diese Grobklassifizierung der Fluggesellschaften stellte sich jedoch im Zuge der Liberalisierung des europäischen Luftverkehrs als nicht mehr ausreichend heraus. Charterfluggesellschaften veränderten ihre traditionelle Rolle als „Ferienflieger" und begannen, neben den wesentlichen Urlaubszielen weitere Destinationen anzufliegen. Darüber hinaus erschienen mit den Billigfluggesellschaften neue Unternehmen auf dem Luftverkehrsmarkt, die sich auf das Angebot kostengünstiger Direktverbindungen innerhalb Europas konzentrierten.

Da die vorliegende Arbeit ausschließlich die Position der europäischen Linienfluggesellschaften beleuchtet, wird auf eine Analyse der Position der Charterfluggesellschaften verzichtet. In Anlehnung an WIEZOREK gehören sämtliche großen nationalen Fluggesellschaften in Europa, die kleineren „Euro-Carrier", die Regionalfluggesellschaften und die Billigfluglinien zu den Linienfluggesellschaften. Nachfolgend werden diese unterschiedlichen Gruppen kurz erläutert und voneinander abgegrenzt:[2]

1.) *National Carrier*: Als „National Carrier" werden sämtliche Luftverkehrsunternehmen bezeichnet, die in ihrem jeweiligen Heimatstaat eine marktdominierende Position auf den nationalen Flughäfen besitzen und gleichzeitig über ein internationales Flugstreckennetz verfügen. Innerhalb der Gruppe der nationalen Fluggesellschaften wird zum Teil eine weitere Klassifizierung vorgenommen. Danach werden die Luftverkehrsgesellschaften, die einen Jahresumsatz von mehr als 2 Mrd. US-Dollar aufweisen,[3] als „Majors" bezeichnet. Diese Unternehmen verfügen über große und gut entwickelte Heimatmärkte oder haben zumindest einen Zugang zu diesen Märkten, um ihre

---

1 Zum *Linien- und Gelegenheitsluftverkehr* vgl. Kap. 5.1.2 und Kap. 5.1.3.

2 Dazu und zu den nachfolgenden Ausführungen vgl. **WIEZOREK** (1998), S. 113ff.

3 Die kritische Marke von 2 Mrd. US-Dollar entspricht dem Durchschnittsumsatz der weltweit 150 größten Luftverkehrsgesellschaften. Vgl. **SERPEN; O'TOOLE** (2002), S. 77.

Drehkreuze mit einer ausreichenden Anzahl an Flügen zu versorgen. Sie verfügen in der Regel über eine ausreichende Marktmacht und Finanzkraft, um die in der Luftverkehrsbranche existierenden Liberalisierungsbestrebungen durch globale Allianzen, Fusionen und/oder gelegentliche Beteiligungserwerbe bzw. Akquisitionen weiter zu entwickeln.[4] Zu diesen Gesellschaften gehören in Europa die Deutsche Lufthansa, British Airways, Air France, KLM, Alitalia, SAS und Iberia.[5] Gegenüber diesen vergleichsweise großen Fluggesellschaften werden die mittelgroßen nationalen Fluggesellschaften mit einem Jahresumsatz von weniger als 2 Mrd. US-Dollar unter der Bezeichnung „Flag Carrier“ subsumiert.[6] Dazu gehören u.a. Finnair, Olympic Airways und Austrian Airlines.[7]

2.) *Euro Carrier*: Bei den „Euro Carriern“ handelt es sich um kleinere europäische Fluggesellschaften, die auf einem weitgehend eigenständigen Streckennetzwerk ausschließlich Linienflüge innerhalb der EU bedienen. Zu dieser Gruppe von Linienfluggesellschaften gehören z.B. British Midland und Spanair.

3.) *Regionalfluggesellschaften*: Diese Fluggesellschaften haben sich auf den Flugverkehr zwischen bestimmten Flughäfen oder innerhalb bestimmter Regionen in Europa spezialisiert. Sie bedienen die jeweiligen Flugstrecken mit vergleichsweise kleinen Flugzeugen als Nonstop-Direktverbindungen im Kurz- und Mittelstreckenbereich oder als Zubringerflüge zu den Flughafendrehkreuzen der großen nationalen Fluggesellschaften. Zu diesen kleineren Gesellschaften gehören z.B. Air Dolomiti, Eurowings, Augsburg Airways, Cimber Air und Tyrolean Airways.

4.) *„Billigflieger“, „Low Cost Carrier“,„No frills Carrier“*: Als „Billigflieger” werden sämtliche Fluggesellschaften bezeichnet, die unter Einsparung wesentlicher Vertriebs- und Servicekosten auf ausgewählten Flugstrecken Flugdienstleistungen zu zum Teil sehr günstigen Konditionen anbieten. Im Unterschied zu den nationalen Fluggesellschaften verfügen sie nicht über ein integriertes und aufeinander abgestimmtes Streckennetz und fliegen die Flugziele nur mit geringen Flugfrequenzen an. Vor diesem Hintergrund werden sie allgemein auch nicht als fundamentale Bedrohung der nationalen Fluggesellschaften angesehen. Vielmehr erschließen sie in ihren heutigen Strukturen in erster Linie neue Kundengruppen im Flugsegment der „Privatreisenden“, während die „National Carrier“ vor allem auf das Segment der „Geschäftsreisenden“ ausgerichtet sind. Zu den Billigfluggesellschaften ge-

---

4 Vgl. **Serpen; O`Toole** (2002), S. 75.

5 Die Zuordnung dieser Fluggesellschaften zu den „Majors“ basiert auf den Umsätzen des Jahres 2002. Vgl. **o.V.** (2002o), S. 58f.

6 Vgl. **Serpen; O`Toole** (2002), S. 77.

7 Vgl. **o.V.** (2002o), S. 58f.

hören u.a. Hapag-Lloyd Express, Easyjet, Germanwings, Ryanair, Deutsche BA, Air Berlin und Germania Express.[8]

Aufgrund ihrer herausragenden Bedeutung für den internationalen Luftverkehr beschränkt sich die nachfolgende Analyse der Perspektiven der europäischen Linienluftverkehrsunternehmen ausschließlich auf die „National Flag Carrier", so dass die Begriffe Linienluftverkehrsgesellschaft und nationale Fluggesellschaft im weiteren synonym verwendet werden.

6.1.2 Strategische Allianzen im Linienluftverkehr

In Ergänzung zu den allgemeinen Merkmalen Strategischer Allianzen, wie sie in Kap. 2 erläutert wurden, weisen die Allianzen im Luftverkehr einige Besonderheiten auf. Vor diesem Hintergrund ist es nachvollziehbar, dass sich in der Praxis bestimmte luftverkehrsspezifische Allianzbegriffe gebildet haben, deren Erläuterung angesichts der Themenstellung der vorliegenden Arbeit als grundlegend und zwingend notwendig angesehen werden kann.

Im internationalen Luftverkehr werden mit den sog. *komplementären Allianzen* und den sog. *parallelen Allianzen* zwei unterschiedliche Arten Strategischer Allianzen unterschieden.[9] Nachfolgend werden ihre wesentliche Charakteristika kurz erläutert:

1.) *Komplementäre Allianzen*: Durch eine komplementäre Allianz zwischen zwei Fluggesellschaften werden die bisher von den Luftverkehrsgesellschaften getrennt bedienten Liniennetze miteinander verbunden. Eine komplementäre Allianz liegt in ihrer Reinform immer dann vor, wenn Fluggesellschaften eine Kooperation eingehen, durch die solche Flugnetze miteinander kombiniert werden, die vor der Kooperation keinerlei Berührungspunkte zueinander aufgewiesen haben. Als Konsequenz der Flugstreckenzusammenführung ergibt sich regelmäßig eine Ausweitung des Flugangebotes, insbesondere in Form zusätzlicher Flugverbindungen für Umsteigepassagiere, eine höhere Auslastung der Flugzeuge, ein verbesserter Kundenservice und ein niedrigerer Flugtarif.

2.) *Parallele Allianzen*: Parallele Allianzen werden zwischen den involvierten Fluggesellschaften vereinbart, um bisher parallel bediente Flugstrecken zu reduzieren. Diese Form der Strategischen Allianz zwischen Luftverkehrsgesellschaften hat in der Regel negative Auswirkungen auf die Flugpreise und die Anzahl der Verbindungen.[10]

In der betrieblichen Praxis existieren zumeist Allianzmischformen, die sowohl Eigenschaften der komplementären als auch der parallelen Allianzen aufweisen.

---

8 Vgl. SMOLKA, GENGER (2003), S. 1.

9 Zu den nachfolgenden Ausführungen über die grundlegenden Allianzarten im Flugverkehr vgl. LAASER (2002), S. 81 und OUM; PARK; ZHANG (2000), S. 59.

10 Vgl. OUM; PARK; ZHANG (2000), S. 196.

Als Konsequenz eines Allianzabkommens können z.B. bestimmte komplementäre Flugstrecken neu angeboten werden während gleichzeitig bestehende Parallelverbindungen gestrichen werden.[11]

Vor diesem Hintergrund sind die skizzierten grundlegenden Allianzarten lediglich als ein grobes Orientierungsmuster anzusehen, um einen ersten Einstieg in die möglichen Formen der Zusammenarbeit von Fluggesellschaften zu erhalten. In der Praxis haben sich im Laufe der Jahre in Abhängigkeit von den angestrebten Zielen der Zusammenarbeit mehrere Spezialformen der Kooperation von Fluggesellschaften herausgebildet, die zum Teil auch unabhängig von einer expliziten Allianzvereinbarung stattfinden.

Nachfolgend werden daher zunächst die wesentlichen Ziele der Strategischen Allianzen im Luftverkehr erläutert, um darauf aufbauend eine Erläuterung der unterschiedlichen Formen der Zusammenarbeit von Luftverkehrsgesellschaften und eine Verknüpfung zum Konstrukt der Strategischen Allianz vornehmen zu können.

---

[11] Vgl. LAASER (2002), S. 82.

6.2 Ökonomische Ziele von Luftverkehrsallianzen

6.2.1 Grundlagen

Wie die Ausführungen zum Begriff der Strategischen Allianz in Kap. 2 gezeigt haben, lassen sich eine Vielzahl von Zielen und Gründen für die Bildung und die Entwicklung Strategischer Allianzen unterscheiden. Aufgrund der Allgemeingültigkeit dieser Ziele und Gründe ist generell davon auszugehen, dass sie auch für die Herausbildung und Entwicklung Strategischer Allianzen im Luftverkehr eine wesentliche Bedeutung haben. Nachfolgend werden zwei unterschiedliche Zielkategorien (*marktorientierte* und *unternehmensorientierte* Ziele) begrifflich eingeführt, die im Rahmen der Strategischen Allianzen im Luftverkehr besonders relevanten Ziele zugeordnet und um einige luftverkehrsspezifische Zieldimensionen ergänzt. Dabei ist zu berücksichtigen, dass die innerhalb einer strategischen Luftverkehrsallianz kooperierenden Fluggesellschaften mit ihrer Allianzbeteiligung in erster Linie bestimmte *unternehmensindividuelle* Ziele verfolgen. Erst bei einer Koordination dieser individuellen Ziele der Partnergesellschaften durch allianzinterne Austauschprozesse können auch *allianzspezifische* Zielsetzungen an Bedeutung gewinnen.[12]

6.2.2 Marktorientierte Ziele

Eine zentrale Bedeutung für den Auf- und Ausbau Strategischer Allianzen im Luftverkehr haben die mit einer Allianzbeteiligung verbundenen *marktorientierten* Ziele. Dazu zählen sämtliche Ziele, die auf eine Steigerung der Marktmacht und -anteile, eine Verbesserung der Marktabdeckung bzw. Markterschließung, eine Erhöhung der Servicequalität, eine Steigerung des Bekanntheitsgrades und Marken-Images („Brand-Image") der beteiligten Fluggesellschaften und/oder auf den Aufbau bzw. die Überwindung von Markteintrittsbarrieren gerichtet sind. Die Strategische Allianz dient den Allianzunternehmen in diesem Zusammenhang als Mittel zur Steigerung der Zielerreichungsgrade bei jedem dieser Einzelziele.[13] Nachfolgend werden die wesentlichen marktorientierten Ziele inhaltlich erläutert:[14]

1.) *Steigerung der Marktmacht und -anteile:* Eine Strategische Allianz führt häufig zu einer Steigerung der Marktmacht und Erhöhung des Marktanteils

---

[12] In diesem Zusammenhang ist darauf hinzuweisen, dass die innerhalb einer strategischen Luftverkehrsallianz kooperierenden und wirtschaftlich voneinander unabhängigen Fluggesellschaften zunächst in erster Linie bestimmte *unternehmensindividuelle* Allianzziele verfolgen, wenn sich sie an einem Allianzverbund beteiligen. Erst bei einer Koordination der individuellen Ziele der Partnergesellschaften im Rahmen allianzinterner Austauschprozesse können auch *allianzspezifische* Zielsetzungen und Entstehungs- bzw. Entwicklungsgründe an Bedeutung gewinnen. Vgl. NETZER (1999), S. 49.

[13] Vgl. NETZER (1999), S. 50 mit den dortigen weiterführenden Literaturangaben.

[14] Zu den nachfolgenden Ausführungen vgl. grundlegend NETZER (1999), S. 50ff.

der involvierten Unternehmen.[15] Durch Luftverkehrsallianzen wird der Wettbewerb auf eine geringere Anzahl von Fluggesellschaften reduziert, da die Partner in der Regel auf sämtlichen oder zumindest auf ausgewählten Flugstrecken auf den direkten Wettbewerb verzichten. Durch die resultierende Marktmachterhöhung der zusammenarbeitenden Unternehmen sehen sich kleinere Fluggesellschaften in der Regel der Notwendigkeit gegenüber, mit den technologisch und finanziell dominierenden Allianzpartnern zusammenzuarbeiten, um ihre eigene Wettbewerbsposition absichern zu können. Trotz dieser zumeist negativen Wettbewerbsauswirkungen begann die Regierung der USA im Jahr 1992, einige Luftverkehrsallianzen vom Kartellverbot freizustellen (sog. *Antitrust-Immunity*). Die Freistellung wurde immer dann gewährt, wenn die Regierung des Heimatlandes der jeweiligen Partnerfluggesellschaft bereit war, ein Open-Sky-Abkommen mit den USA abzuschließen. Generell ermöglicht eine Freistellung vom Kartellverbot die Abstimmung von Preisen zwischen den Allianzunternehmen. Als Folge dieser Ausnahmeregelungen ergeben sich in der Regel umfassende Wettbewerbsvorteile für die in einem Allianzbündnis zusammengeschlossenen Fluggesellschaften. Diese Tatsache ist als der wesentlichste Grund für die schnelle Entwicklung der transatlantischen Luftverkehrsbündnisse anzusehen.[16]

2.) Ausbau des eigenen Flugstreckennetzes: Generell wird die Nachfrage nach Luftverkehrsdienstleistungen durch eine Vielzahl von Faktoren determiniert. Zu diesen Faktoren gehören insbesondere die Bequemlichkeit bei der Durchführung von Anschlussflügen, die Erschließbarkeit bzw. Nutzbarkeit von Vielfliegervorteilen und die Sicherheit beim Gepäcktransport. Vor diesem Hintergrund muss eine große Fluggesellschaft stets einen ausreichenden Service an annähernd jedem Flugziel in der Welt anbieten, um keine Passagiere an Konkurrenzunternehmen zu verlieren bzw. neue Fluggäste in einem durch starken Wettbewerb geprägten Umfeld im Luftverkehr zu gewinnen. Durch die Verbindung der unternehmensspezifischen Flugnetze können die Allianzpartner eine internationale Ausweitung ihrer Flugstrecken und mitunter einen nahtlosen globalen Service für ihre Passagiere realisieren. Darüber hinaus können sich durch die Streckennetzzusammenführung Direktverbindungs- und/oder Anschlussmöglichkeiten ergeben, die eine Aufnahme bisher nicht bedienter Ziele in den Flugplan und/oder die Zusammenlegung von Flugdienstleistungen auf kleineren, weniger frequentierten und damit für einen Anbieter allein unprofitablen Flugstrecken ermöglichen.[17]

---

15 Vgl. **Oum, Park; Zhang** (2000), S. 15. Beispielsweise gelang es Northwest Airlines und KLM, ihren Marktanteil auf der Nordatlantikstrecke von zusammen 7 Prozent durch die Vereinbarung einer Strategischen Allianz innerhalb von zwei Jahren auf mehr als 11 Prozent zu steigern. Vgl. **GAO** (1995), S. 27.

16 Vgl. **Oum, Park; Zhang** (2000), S. 15.

17 Vgl. **Oum, Park; Zhang** (2000), S. 12 und **Netzer** (1999), S. 51.

3.) Verbesserung der Servicequalität: Die Anzahl der Flugfrequenzen, der Umfang und die Kundenfreundlichkeit des Flugplanes und die Mühelosigkeit bei der Abwicklung von Direktverbindungen sind wesentliche Dimensionen der Servicequalität einer Fluggesellschaft. Eine gut strukturierte Luftverkehrsallianz kann zu einer Erhöhung der Servicequalität beitragen, da sie in der Regel zu kundenfreundlicheren Flugplänen und einer Erhöhung der Flugfrequenzen führt. Zudem ergibt sich durch die partnerinterne Koordination von Flugzeiten und -strecken regelmäßig eine Reduktion von Wartezeiten für Anschlusspassagiere. Des Weiteren vereinfacht die örtliche Zusammenlegung von Ankunfts- und Abflugflugsteigen die Erreichbarkeit von Anschlussflügen. Ein weiterer wesentlicher Servicevorteil von Luftverkehrsallianzen resultiert aus der Abstimmung der Flugpläne der Partner, die dadurch zumeist eine größere Auswahl an Reiserouten zum Zielort anbieten können bzw. die Flexibilität der Fluggäste für die Reiseplanung erhöhen.[18]

4.) Erhöhung des Bekanntheitsgrades und Steigerung des Markenimages: Strategische Allianzen werden in der Regel auch mit dem Ziel vereinbart, den Bekanntheitsgrad der involvierten Fluggesellschaften zu erhöhen und das Markenimage[19] der Partnerunternehmen und des gesamten Allianzbündnisses zu steigern. Durch eine Erhöhung des Bekanntheitsgrades einer Fluggesellschaft kann ein bestimmtes Markenimage auf- und/oder ausgebaut werden, dem durch seine präferenzbildende bzw. absatzfördernde Wirkung eine wesentliche Rolle bei der Entscheidung eines Flugpassagiers *zugunsten* oder *gegen* ein bestimmtes Luftverkehrsunternehmen zukommt.[20]

Im Luftverkehr sind zwei Markenstrategien im Rahmen Strategischer Allianzen zu beobachten: Bei der *ersten* Strategie zielt die Allianzteilnahme im Wesentlichen auf die Verbesserung des eigenen Bekanntheitsgrades und individuellen Markenimages. Eine eigenständige Markenpolitik des Allianz-

---

[18] Vgl. **Oum, Park; Zhang** (2000), S. 13f.

[19] Als *Markenimage* wird das bei den Konsumenten vorhandene psychologische Markenbild eines Produktes verstanden. Es gründet auf einer Vielzahl subjektiver Vorstellungen der Konsumenten von einer Marke im Hinblick auf ihre wahrgenommenen Eigenschaften und der Verwendbarkeit dieser Marke zur Bedürfnisbefriedigung. Insgesamt besteht das Brand-Image aus einer Vielzahl von Faktoren, die einen Flugpassagier unabhängig vom Flugpreis oder nach einem detaillierten Preis-/Leistungsvergleich darüber entscheiden lassen, ob er einen Flug mit einer bestimmten Fluggesellschaft durchführt. Vgl. **Gabler-Verlag** (1997), S. 689, **Weber** (1997), S. 80 und **Meffert; Burmann** (1996), S. 34.

[20] Vgl. **Netzer** (1999), S. 55. Für den Aufbau oder die Verbesserung des Marken-Images einer Fluggesellschaft gibt es mehrere Ansatzpunkte. Zu den in diesem Zusammenhang besonders kritischen Erfolgsfaktoren gehören die *technische Sicherheit* der eingesetzten Flugzeuge, die *Zuverlässigkeit der Umsteigeverbindungen*, die *Pünktlichkeit* der Flugverbindungen und umfassende Serviceleistungen für die Fluggäste vor, während und nach der Flugdienstleistung. Für eine umfassende Erläuterung dieser Imagefaktoren vgl. **Weber** (1997), S. 85ff.

bündnisses steht bei dieser Strategie im Hintergrund. Vielmehr geht es darum, unter Beibehaltung der unterschiedlichen Namen der Fluggesellschaften die jeweiligen Markenprofile in der Wahrnehmung der Flugkunden zu schärfen.[21] Im Rahmen der *zweiten* Strategie zielt die Zusammenarbeit sowohl auf eine Verbesserung des Markenimages der Partnerfluggesellschaften als auch auf den Auf- und Ausbau der unternehmensübergreifenden Allianzmarke. Die Fluggesellschaften müssen in diesem Fall einen Konsens zwischen den unternehmensindividuellen Zielsetzungen (Verbesserung des eigenen Bekanntheitsgrades) und den allianzübergreifenden Markenzielen (Erhöhung des Bekanntheitsgrades des gesamten Allianzbündnisses) finden.[22]

5.) Aufbau bzw. Umgehung von Markteintrittsbarrieren: Ein weiteres wesentliches Ziel von Luftverkehrsallianzen ist der *Aufbau* von Markteintrittsbarrieren gegenüber direkten Konkurrenten.[23] Fluggesellschaften können den Markteintritt einer anderen Fluggesellschaft erschweren oder gänzlich verhindern, wenn es ihnen gelingt, für einen Flugpassagier so hohe indirekte Kosten für einen Wechsel der Fluggesellschaft zu installieren, dass dieser weiterhin das eigene Streckennetz nutzt. In diesem Zusammenhang kommt den Vielfliegerprogrammen der Luftverkehrsgesellschaften eine entscheidende Bedeutung als Kundenbindungsinstrument zu. Durch die Teilnahme an einem Vielfliegerprogramm erhält ein Fluggast bei der entsprechenden Fluggesellschaft mehrere Vorteile und Vergünstigungen, die ihn dazu bewegen sollen, künftig Flüge ausschließlich mit dieser Gesellschaft durchzuführen. Da die in einer Allianz verbundenen Unternehmen in der Regel ihre jeweiligen Vielfliegerprogramme aufeinander abstimmen, erhalten die Flugpassagiere auch auf Flügen der Partnerunternehmen entsprechende Vorteile. Bei einem Wechsel der Fluggesellschaft bzw. des Allianzbündnis entstehen einem Flugpassagier demzufolge Wechselkosten in Form von entgangenen Vorteilen aus dem jeweiligen Vielfliegerprogramm. Der daraus eventuell re-

---

21 Vgl. **Netzer** (1999), S. 55. Als Beispiel für eine derartige Strategie eignet sich die „Wings“-Allianz, in der KLM und Northwest zusammenarbeiten. Trotz der jahrelangen Zusammenarbeit ist es bis heute nicht gelungen, ein eigenständiges Brand-Image für das „Wings“-Bündnis aufzubauen. Zur Entstehung des „Wings“-Bündnisses vgl. Kap. 6.4.2.4.

22 Vgl. **Netzer** (1999), S. 55f. Als Beispiel für eine derartige Strategie eignet sich in besonderer Weise die „Star Alliance“, die im Vergleich zu allen anderen Luftverkehrsbündnissen bereits einen hohen Bekanntheitsgrad aufweist. Zur weiteren Steigerung des Bekanntheitsgrades des Allianzbündnisses werden zunehmend Marketingmaßnahmen und Investitionstätigkeiten unter dem Label der „Star Alliance“ durchgeführt. Ein Beispiel ist das neue Terminal am Flughafen in München, dass nicht mehr als „Lufthansa-Terminal“, sondern als „Star Alliance“-Terminal geführt wird. Für weitere Informationen zum neuen Terminal am Flughafen in München vgl. **o.V.** (2003t), S. 18. Zur „Star Alliance“ vgl. die Ausführungen in Kap. 6.4.2.1.

23 Zum Begriff der *Markteintrittsbarrieren* vgl. Kap. 2.2.4.5 mit den dortigen Literaturhinweisen.

sultierende Verzicht auf die Nutzung einer anderen Luftverkehrsgesellschaft kann bei einer hohen Anzahl von „gebundenen" Passagieren zu einer hohen Markteintrittsbarriere für allianzexterne Fluggesellschaften werden.[24]

Strategische Allianzen eignen sich jedoch nicht nur für den (erstmaligen) Aufbau von Markteintrittsbarrieren. Sie können sich auch als Mittel erweisen, um bestehende Markteintrittsbarrieren zu *umgehen* oder zu *überwinden.* Beispielsweise können Fluggesellschaften durch die Vereinbarung einer Strategischen Allianz mitunter bestimmte Beschränkungen bei den Luftverkehrsrechten umgehen: Falls z.B. zwischen zwei Ländern stark reglementierende bilaterale Luftverkehrsabkommen bestehen, in denen die für die Bedienung bestimmter Flugstrecken designierten Fluggesellschaften festgelegt wurden, können die nicht-designierten Luftverkehrsgesellschaften über eine Zusammenarbeit mit einer designierten Gesellschaft trotzdem am Luftverkehrsaufkommen auf den im bilateralen Abkommen festgelegten Flugstrecken partizipieren. Zudem können die nicht-designierten Luftverkehrsunternehmen Flüge in Nachbarländer des Abkommenspartners unternehmen, um durch Strategische Allianzen mit einer oder mehreren der dort beheimateten Fluggesellschaften den Flugverkehr zum Zielort auf der Grundlage von Luftverkehrsrechten der dritten und vierten Freiheit durchzuführen.[25]

Neben der Möglichkeit, unzureichende Luftverkehrsrechte zu umgehen, können Allianzen auch dazu beitragen, einen besseren Zugang zu knappen Slots an strategisch wichtigen Flughäfen zu erhalten.[26] Falls in einem bilateralen Luftverkehrsabkommen festgelegt wurde, dass bestimmte Flughäfen der beteiligten Länder nur von einzelnen (designierten) Fluggesellschaften angeflogen werden dürfen, ergeben sich für die ausgeschlossenen Unternehmen stets umfassende Barrieren für den Markteintritt in die Unterzeichnerstaaten des Abkommens. Eine Allianz mit einer designierten Fluggesellschaften kann in diesem Fall eine Überwindung der Barrieren induzieren, da Fluggäste auf diese Weise ins eigene Flugnetz überführt werden können.[27]

Strategische Allianzen können für global operierende Fluggesellschaften durch ihre Vorteile hinsichtlich der Umgehung von Markteintrittsbarrieren auch einen Beitrag zur *Marktausweitung* leisten. Bestimmte Länder lassen sich nur durch eine Partnerschaft mit einer in diesem Land ansässigen Fluggesellschaft erschließen. Dies liegt zum einen an dem in vielen Ländern immer noch existierenden Verbot für ausländische Fluggesellschaften, Flug-

---

[24] Vgl. NETZER (1999), S. 52ff.

[25] Vgl. NETZER (1999), S. 53f. Zum Begriff der *dritten und vierten Luftverkehrsfreiheit* vgl. die ausführlichen Erläuterung in Kap. 5.3.2.1.

[26] Zum Begriffs des *Slots* und seiner Bedeutung für die Globalisierung des internationalen Luftverkehrs vgl. Kap. 5.3.4.1.3.

[27] Vgl. NETZER (1999), S. 54f.

dienstleistungen im jeweiligen Heimatmarkt anzubieten. Darüber hinaus ist dieses Verbot zumeist mit gesetzlichen Beschränkungen für den Erwerb von Anteilen an nationalen Fluggesellschaften durch ausländische Luftverkehrsunternehmen gekoppelt.[28] Durch diese Markteintrittsbeschränkungen ist der Aufbau globaler und effizienter Servicenetzwerke für international ausgerichtete Fluggesellschaften im Alleingang häufig nicht oder nur in geringem Umfang möglich. Im internationalen Luftverkehr wird die kommerzielle Tätigkeit allerdings nicht nur durch die Vorgaben nationaler Gesetze, sondern auch durch Festlegungen in den bilateralen Luftverkehrsabkommen[29] überwacht und eingeschränkt. Dadurch ist es z.B. praktisch unmöglich, ein effizientes Hub-and-Spokes-System in einem ausländischen Territorium aus eigener Kraft und ohne Partnerschaften aufzubauen. Es ist jedoch darauf hinzuweisen, dass sich durch die Erlaubnis, in einem anderen Land Flugdienstleistungen anzubieten, für eine Fluggesellschaft nicht automatisch die Notwendigkeit einer Allianzbeteiligung aufhebt. Der Aufbau einer eigenen Betriebs- und Marketingbasis in einem anderen Land ist kosten-, zeit- und risikointensiv. Aus diesem Grund können die notwendigen Investitionen für die alleinige Entwicklung eines effizienten globalen Netzwerkes auch die finanziellen und personellen Ressourcen einer großen Fluggesellschaft überfordern, so dass eine Allianzanbindung weiterhin die günstigere Möglichkeit zur Abdeckung bestimmter Ländermärkte darstellen kann.

6.2.3 Unternehmensorientierte Ziele

Unternehmensorientierte Ziele Strategischer Allianzen im Luftverkehr sind vor allem auf eine umfassende und dauerhafte Verbesserung der Effizienz[30] in sämtlichen Unternehmensbereichen gerichtet. Dabei geht es zum einen um eine verbesserte Nutzung der vorhandenen Unternehmensressourcen und zum anderen um eine Optimierung des gesamten Leistungserstellungsprozesses.[31] Zu den wesentlichen Einzelzielen gehören in diesem Zusammenhang die Steigerung der Kosteneffizienz und die Ausnutzung von Marketing- und Vertriebsvorteilen:[32]

1.) *Steigerung der Kosteneffizienz*: Luftverkehrsallianzen können die Kosteneffizienz einer Fluggesellschaft erhöhen, wenn die sich dadurch regelmäßig ergebende höhere Verkehrsdichte zu Skalen- und Verbundeffekten führt:

   a.) *Skaleneffekte*: Skaleneffekte ergeben sich immer dann, wenn eine Fluggesellschaft bei gleich bleibender Netzwerkgröße in der Lage ist, den gleichen Umfang an Verkehrsströmen zu geringeren Kosten zu bewältigen.

---

[28] Dazu vgl. die Ausführungen zur *Nationalitätenklausel* in Kap. 5.3.2.2.

[29] Zum Begriff und Inhalt *der bilateralen Luftverkehrsabkommen* vgl. Kap. 5.3.2.2.

[30] Zum Begriff der *Effizienz* vgl. **GABLER-VERLAG** (1997), S. 1006 mit den dortigen weiterführenden Querverweisen.

[31] Vgl. **NETZER** (1999), S. 59.

[32] Zu den nachfolgenden Ausführungen vgl. **OUM, PARK; ZHANG** (2000), S. 13ff.

Derartige Effekte können sich insbesondere durch die gemeinsame Nutzung von Flughafeneinrichtungen und Bodenpersonal, die Abstimmung und Zusammenführung von Werbemaßnahmen, die kombinierte Entwicklung von Computersystemen und -software, den gemeinsamen Einkauf von Treibstoff und Flugzeugen sowie durch die Zusammenarbeit beim Gepäcktransport und Check-In ergeben. Häufig ist es zusätzlich notwendig, bestimmte Komponenten zu standardisieren und Prozesse zu rationalisieren, um Skaleneffekte zu generieren. Dies wiederum erfordert eine tiefere und länger andauernde Verpflichtung und gegenseitige Bindung der Partner. Im Rahmen eines weiteren Allianzausbaus stellt sich aus Sicht der Fluggesellschaften somit insbesondere die Frage nach einem effizienten *Allianzmanagement*, um die Herausforderungen zu bewältigen.[33]

b.) *Verbundeffekte*: Verbundeffekte können immer dann entstehen, wenn die Allianzunternehmen ihre Flugstreckennetze aufeinander abstimmen und dadurch effizientere Anschlüsse zu bereits bestehenden oder neuen Destinationen anbieten können.[34]

c.) *Erhöhung der Verkehrsdichte*: Eine Verkehrsdichteerhöhung ergibt sich vor allem durch die mögliche Ausdehnung der Flugstreckennetze und Koordination der Verkehrsplanung. Als Resultat dieser Zusammenarbeit können Flugfrequenzen ohne eine Steigerung des Einsatzes der eigenen Flugzeuge erhöht, größere Flugzeuge auf bestimmten Flugstrecken eingesetzt, zusätzliche Passagierströme generiert und die Sitzladefaktoren[35] der Flugzeuge erhöht werden. Insgesamt ergibt sich dadurch eine (weitere) Reduktion der Stückkosten pro Passagier.[36]

2.) *Ausnutzung von Marketing- und Vertriebsvorteilen:* Eine Allianzmitgliedschaft impliziert mehrere Marketing- und Vertriebsvorteile.[37] Dazu gehören insbesondere die *Erweiterung des eigenen Vielfliegerprogrammes* und die *Verbesserung der Anzeige* der eigenen Flüge in Computerreservierungssystemen (CRS):

a.) *Erweiterung des eigenen Vielfliegerprogrammes*: Eine Allianz ermöglicht es einem Passagier, auf den Flügen innerhalb des Allianznetzwerkes Flugmeilen im Rahmen eines der Vielfliegerprogramme der Partner zu sammeln. Gleichzeitig kann er die gesammelten Meilen zumeist bei allen

---

[33] Vgl. **Zea; Feldman** (1999), S. 545ff.

[34] In diesem Zusammenhang kommt dem *Codesharing* zwischen den Allianzunternehmen eine besonders wesentliche Bedeutung zu. Zum Begriff und zur Funktionsweise des *Codesharing* vgl. die Ausführungen in Kap. 6.3.4 mit den dortigen weiterführenden Literaturhinweisen.

[35] Zum Begriff des *Sitzladefaktors* vgl. Kap. 5.3.1, Fn. 15.

[36] Vgl. **Oum, Park; Zhang** (2000), S. 13.

[37] Vgl. **Netzer** (1999), S. 61.

Allianzunternehmen gegen Prämien eintauschen. Insgesamt wird die Ansammlung von Flugmeilen durch Strategische Allianzen erleichtert, da die Kombination der Flugstreckennetze zu einer größeren Anzahl an meilenfähigen Flugstrecken führt. In diesem Zusammenhang ist allerdings festzuhalten, dass die Vorteile der allianzinternen Vielfliegerprogramme hinsichtlich der Ansammlung von Flugmeilen indirekt die Kosten eines Flugpassagiers erhöhen können. Falls dieser für den Transport eine Luftverkehrsgesellschaft eines anderes Allianzbündnisses nutzt, entgehen ihm bestimmte Vielfliegervorteile, so dass er unter Umständen einen teureren Flug eines Allianzunternehmens wählt, um die Vergünstigungen zu erhalten. Vielfliegerprogramme eignen sich somit in besonderer Weise für eine Erhöhung der Bindung eines Kunden an eine Luftverkehrsallianz.

b.) *Verbesserung der Anzeige der eigenen Flüge in CRS*: CRS eröffnen vielfältige Vorteile für Fluggesellschaften, die über ein Codesharing-Abkommen[38] mit einem oder mehreren anderen Luftverkehrsunternehmen verbunden sind. Zum einen erscheint ein von zwei Fluggesellschaften im Codesharing durchgeführter Flug *zweimal* im CRS, da beide Partner diesen Flug unter einer eigenen Flugnummer ausweisen lassen. Zum anderen werden Codesharing-Flüge im CRS über den korrespondierenden Interlining-Flügen[39] dargestellt. Ein dritter Vorteil ist die *dreifache* Bildschirmlistung von Codesharing-Flügen, die mit einem Anschlussflug verknüpft sind.[40] Die vielfache Anzeige gleicher Flüge bzw. die Bevorzugung bei der Darstellungsrangfolge im CRS degradiert die Flüge bündnisloser Fluggesellschaften an das Ende der ersten Bildschirmseite oder auf nachfolgende Seiten.

[38] Zum Begriff des *Codesharings* vgl. Kap. 6.3.4.

[39] Zum Begriff des *Interlining* vgl. Kap. 6.3.1.

[40] Beispielsweise fand das US-amerikanische „General Accounting Office (GAO)“ heraus, dass ein Flug der Deutschen Lufthansa von Berlin nach Frankfurt, der mit einem Anschlussflug der United Airlines von Frankfurt nach Chicago verknüpft war, *erstens* als durchgehender Lufthansa-Flug, *zweitens* als durchgehender United Airlines-Flug und *drittens* als Lufthansa-Flug Berlin-Frankfurt bzw. als United Airlines-Flug Frankfurt Chicago dargestellt wurde. Vgl. **GAO** (1995), S. 5.

6.3 Vorherrschende Kooperationsvereinbarungen zwischen Luftverkehrsgesellschaften

6.3.1 Die Interlining-Vereinbarung

Das Interlining dient hauptsächlich der flexiblen Verwendung von Flugtickets für komplexe Reiseplanungen.[41] Dabei lässt eine Fluggesellschaft alle mit der Abwicklung des Luftverkehrs verbundenen Tätigkeiten, insbesondere die Abfertigung auf dem Flughafen, und den Flug selbst durch ein anderes Unternehmen durchführen. Der Flug findet unter dem sog. *airline designator code*[42] der ausführenden Gesellschaft statt. Der primäre Vorteil dieser Vereinbarung liegt in der durch die Arbeitsteilung erreichten Betriebskostensenkung. Die Tarife und Konditionen richten sich nach der Gesellschaft, über deren Strecke der Fluggast befördert werden soll. Die auftraggebende Gesellschaft stellt dem Passagier lediglich den Gesamtpreis für alle Streckenabschnitte in Rechnung.[43] Trotz flexibler Vorgehensweisen im Verkauf von Tickets ergibt sich aus dem Interlining keine Erweiterung der Streckennetze der beteiligten Luftverkehrsgesellschaften, die vor allem beim Computerreservierungssystem oder auch im Internet-Verkauf von großer Bedeutung ist.[44]

Durch die Liberalisierung des Luftverkehrs in der EU, die Zunahme der Open-Sky-Abkommen von EU-Ländern mit den USA und zunehmender allianzinterner Aktivitäten verliert das auf Tarifkonsultationen beruhende Interlining immer mehr an Bedeutung.[45]

6.3.2 Die Franchising-Vereinbarung

Generell setzt sich jedes Franchisesystem aus einem *Franchisegeber* und einem *Franchisenehmer* zusammen. Der Franchisenehmer ist in der Regel ein rechtlich selbständiges Unternehmen, dass sich durch eine vertragliche Vereinbarung an einen Franchisegeber bindet, der stets eine starke, monopolartige Stellung besitzt. Der Franchisegeber verfügt z.B. über ein Firmenzeichen oder eine starke Marke, deren Verwendung er dem Franchisenehmer während der Vertrags-

---

41 Vgl. **Hagleitner** (1998), S. 54.

42 Jede Luftfahrtgesellschaft besitzt durch die IATA-Resolution 762 vom Oktober 1993 einen zweistelligen „*airline designator code*", der aus zwei Buchstaben besteht. Dieser wird u.a. bei Reservierungen durch Computerreservierungssysteme, auf Flugplänen und beim Ticketverkauf als Kennzeichnung der Fluggesellschaft angegeben. Zusätzlich zum „airline designator code" wird eine zweistellige, bei Codesharing-Flügen eine vierstellige *Flugnummer* angegeben, um den Flug der Luftverkehrsgesellschaft zu spezifizieren. Vgl. **Wilken** (1996), S. 26, **Hagleitner** (1998), S. 59 und **De Groot** (1994), S. 62f. Nachfolgend werden die Begriffe „*airline designator code*", „*IATA-Code*" und „*IATA-Kennungscode*" synonym verwendet.

43 Vgl. **Huonder** (2001), S. 91ff.

44 Für eine Erläuterung der Funktionsweise der *CRS* vgl. Kap. 6.2.3, S. 445.

45 Vgl. **Hagleitner** (1998), S. 55.

dauer zugesteht. Der Franchisenehmer verpflichtet sich im Gegenzug, eine einmalige oder fortlaufende Franchisegebühr zu zahlen. Darüber hinaus unterwirft er sich in der Regel einer umfassenden Weisungs- und Kontrollbefugnis des Franchisegebers und trägt das volle unternehmerische Risiko.[46]

Innerhalb des *Luftverkehrs* wird unter „Franchising" die Erbringung einer Flugdienstleistung durch eine Luftverkehrsgesellschaft („Franchisenehmer"), zumeist eine kleine Regionalfluggesellschaft, mit kommerzieller Unterstützung und unter dem Markennamen eines anderen Unternehmens („Franchisegeber"), in der Regel eine große internationale Fluggesellschaft, verstanden.[47] Der Franchisenehmer führt den Flug mit seinem eigenen Personal und Fluggerät durch und bekommt vom Franchisegeber lediglich das Recht zugestanden, gegen eine entsprechende Franchisegebühr in dessen Namen und Farben die vereinbarte Flugdienstleistung erbringen zu dürfen. Dabei trägt der im Rahmen der Franchising-Vereinbarung durchgeführte Flug in der Regel den Code des Franchisegebers, so dass der Franchisenehmer auf dem Markt nicht in Erscheinung tritt.[48]

Der *Franchisegeber* erschließt sich durch die höhere Markenpräsenz insbesondere Marketingvorteile, ohne gleichzeitig mit einer Ausgaben- oder Betriebskostenerhöhung konfrontiert zu werden.[49] Zudem kann er gering oder nichtprofitable Flugstrecken an den Franchisenehmer auslagern, der diese aufgrund seiner betriebsgrößenspezifischen Kostenvorteile vielfach effizienter bedienen kann. Die bessere Kostenstruktur des Franchisenehmers trägt auch dazu bei, dass der Franchisegeber bestimmte Routen in sein Netzwerk aufnehmen kann, die er im Alleingang nicht wirtschaftlich betreiben könnte. Darüber hinaus wird der Franchisegeber durch die ihm zustehende Franchisegebühr in die Lage versetzt, einen Teil der Kosten für den Erhalt und Ausbau der eigenen Marke zu kompensieren. Diese Einnahmen können sich durch weitere Servicegebühren für die Erbringung zusätzlicher Dienstleistungen für den Franchisenehmer (z.B. Übernahme der Buchhaltung oder des Umsatzmanagements) noch erhöhen.[50] Der *Franchisenehmer* profitiert nicht nur von der Inanspruchnahme der Marke des Franchisegebers und positiven Imageeffekten, sondern kann durch das Netzwerk des Franchisegebers weitere nahtlose Flugverbindungen anbieten.[51]

Diesen Vorteilen stehen jedoch auch einige nicht unerhebliche Nachteile des Franchising gegenüber. In diesem Zusammenhang ist insbesondere auf das Risiko einer Beeinträchtigung der Marke des Franchisegebers hinzuweisen. Da

---

46 Vgl. **Wöhe** (1993), S. 764.
47 Vgl. **Hagleitner** (1998), S. 64.
48 Vgl. **Wilken** (1996), S. 27 und **Beyhoff; Ehmer; Wilken** (1995), S. 12f.
49 Vgl. **Hagleitner** (1998), S. 64.
50 Vgl. **Steininger** (1999), S. 289.
51 Vgl. **Hagleitner** (1998), S. 64. Für eine wettbewerbsrechtliche Beurteilung des *Franchising* vgl. **Balfour** (1995), S. 116f.

der Fluggast eine Transportdienstleistung des Franchisenehmers nutzt, die nicht unter seiner, sondern unter der Marke des Franchisegebers angeboten wird, kann eine unzureichende Leistungserbringung des Franchisenehmers eine Verminderung des Wertes der Marke des Franchisegebers induzieren. Aus diesem Grund hat der Franchisegeber stets sicherzustellen, dass das Produkt des Franchisenehmers eine vergleichbare Qualität aufweist und der Kunde keine negativen Abweichungen feststellt.[52] Nachteilig wirkt sich auch die wettbewerbsrechtliche Behandlung des Franchising-Konzepts im internationalen Luftverkehrs aus. Wenngleich das Franchising von den europäischen und nationalen Regulierungsbehörden bislang nicht grundsätzlich untersagt worden ist, existieren einige Beschränkungen in Bezug auf den Grad der Kooperationsintensität. Beispielsweise können gezielte Preisabsprachen zwischen Franchisegeber und -nehmer untersagt werden, da es aus Wettbewerbs- bzw. Kundensicht nicht legitim bzw. nachvollziehbar bist, wenn ein Fluggast z.B. für einen unter der Marke „Deutsche Lufthansa" verkauften Flug eines Franchisenehmers von Frankfurt nach Madrid einen deutlich höheren oder niedrigeren Preis zu zahlen hätte als für einen von der Deutschen Lufthansa eigenständig durchgeführten Flug.[53]

British Airways war der europäische Franchising-Pionier und verwirklicht dieses Konzept auch heute noch, u.a. mit der dänischen Regionalfluggesellschaft Sun-Air und der südafrikanischen Comair.[54] Die unter der Bezeichnung „Team Lufthansa" von kleineren Fluggesellschaften für die Deutsche Lufthansa AG durchgeführten Flüge basieren ebenfalls auf einer Franchising-Vereinbarung.[55]

6.3.3 Die Blocked-Space-Vereinbarung

Im Rahmen einer Blocked-Space-Vereinbarung erwirbt eine Fluggesellschaft gegen Entgelt von einer anderen Luftverkehrsgesellschaft ein bestimmtes Kontingent an Sitzplätzen für eine bestimmte Flugstrecke.[56] Eine Blocked-Space-Vereinbarung gleicht einem sog. *„partial wet lease"*[57], da die anteilige Mitnut-

---

[52] Vgl. **Steininger** (1999), S. 293.

[53] Vgl. **Steininger** (1999), S. 293.

[54] Dazu und für eine Erläuterung der Franchisingaktivitäten von *British Airways* vgl. **Steininger** (1999), S. 290ff.

[55] Vgl. **Knorr** (2002), S. 5. Zum „Team Lufthansa" gehören die Regionalfluggesellschaften *Augsburg Airways*, *Cimber Air*, *Cirus Airlines* und *Contact Air*. Vgl. **Deutsche Lufthansa** (2002), S. 8.

[56] Vgl. **Hagleitner** (1998), S. 58 und **Wilken** (1996), S. 26.

[57] Beim „wet lease" verleiht eine Luftverkehrsgesellschaft („Leasinggeber"), zumeist eine Regionalfluggesellschaft, ein Flugzeug einschließlich Besatzung an eine andere Fluggesellschaft („Leasingnehmer"), zumeist eine große internationale Luftverkehrsgesellschaft, zur Durchführung eines Fluges und erhält dafür eine vorher festgelegte Leasing-Gebühr. Der Flug wird ausschließlich unter der Flugnummer des Leasingnehmers angeboten, der auch die Vermarktung der Flüge und damit das wirtschaftliche Risiko übernimmt. Vgl. **Beyhoff; Ehmer; Wilken** (1995), S. 11f. und **Wilken** (1996), S. 26.

zung des Partnerflugzeugs eine Aufteilung des unternehmerischen Risikos induziert.[58] Die erwerbende Fluggesellschaft kann die Sitzplätze eigenständig unter Verwendung einer eigenen Flugnummer vermarkten, trägt aber auch das damit verbundene Risiko.[59] Blocked-Space-Vereinbarungen existieren insbesondere für den Zubringerverkehr, selten dagegen für Interkontinentalflüge.[60]

6.3.4 Die Codesharing-Vereinbarung

Als Codesharing wird eine Form der Kooperation von zwei oder mehreren Fluggesellschaften bezeichnet, bei der einer der Partner bestimmte Verkehrsdienste im eigenen Namen unter Nutzung (oder Mitnutzung) der Dienste einer oder mehrerer anderer Luftverkehrsgesellschaften anbieten und verkaufen kann. Die entsprechenden Flugverbindungen werden von den beteiligten Unternehmen unter Verwendung ihrer „airline designator codes" und eigener Flugnummern als eigenständige Flüge angeboten, obwohl der gesamte oder ein Teil des Gesamtfluges nur von *einem* der Partnerunternehmen durchgeführt wird.[61]

Die Ursprünge des Codesharing gehen zurück auf die späten 60er Jahre.[62] Damals entwickelten die großen US-amerikanischen Fluggesellschaften diese Form der unternehmensübergreifenden Zusammenarbeit, um Zu- bzw. Abbringerdienste zu und von ihren Drehkreuzen kostengünstig über Regionalflugge-

[58] In einigen Literaturbeiträgen wird die Blocked-Space Vereinbarung als Teil des Codesharing angesehen. Vgl. **Wiezorek** (1998), S. 250, **Wilken** (1996), S. 26 und **Beyhoff; Ehmer; Wilken** (1995), S. 11. Eine gegensätzliche Meinung vertreten u.a. Hagleitner, De Groot und Huonder. Sie nehmen eine klare Trennung zwischen diesen beiden Kooperationsformen vor und begründen dies mit der Tatsache, dass eine Blocked-Space Vereinbarung, im Unterschied zum Codesharing, stets mit der Übernahme eines festen Sitzplatzkontingentes und einer Teilung des unternehmerischen Risikos gekoppelt ist. Vgl. **Hagleitner** (1998), S. 58, **De Groot** (1994), S. 63 und **Huonder** (2001), S. 97f. Dieser Ansicht wird im Rahmen dieser Arbeit gefolgt.

[59] Vgl. **De Groot** (1994), S. 63.

[60] Als Beispiel für eine Blocked-Space Vereinbarung eignet sich die Übereinkunft zwischen *Kuwait Airways* und *Cyprus Airways* aus dem Jahre 1995 für die Strecke Kuwait-Larnaca. Vgl. **o.V.** (2002b), S. 66.

[61] Vgl. **Beyhoff; Ehmer; Wilken** (1995), S. 7f. und **Wilken** (1996), S. 26. Trotz dieser Begriffsfassung gibt es für das Codesharing weder in der betrieblichen Praxis noch in theoretisch-wissenschaftlichen Ausarbeitungen eine eindeutige und allgemein gültige Definition. Generell lässt sich der Begriff sowohl weit gefasst als auch eng definieren: Im Rahmen einer *weit gefassten* Definition wird der Terminus häufig synonym mit dem Begriff der Strategischen Allianz verwendet. Dies ist insbesondere immer dann der Fall, wenn mit dem Codesharing noch weitere Kooperationsmaßnahmen zwischen zwei oder mehreren Fluggesellschaften verbunden sind. Bei einer enger gefassten Definition wird das Codesharing lediglich als *Bestandteil* einer Strategischen Allianz oder eines zu einem Netzwerk ausgebauten Konglomerates verschiedener Codesharing-Abkommen angesehen. Vgl. **Steininger** (1999), S. 297 und **Hagleitner** (1998), S. 59.

[62] Vgl. **Hagleitner** (1998), S. 59.

sellschaften abwickeln zu können. Bis zum Anfang der neunziger Jahre blieb das Codesharing im wesentlichen auf den US-amerikanischen Markt begrenzt, bis es durch die fortschreitende Liberalisierung des Luftverkehrs, die Entstehung der Hub-and-Spokes-Systeme und die zunehmende Bedeutung von CRS auch grenzüberschreitend an Bedeutung gewonnen.[63] Seitdem versuchen immer mehr international tätige Luftverkehrsgesellschaften, durch den Abschluss von Codesharing-Abkommen bestimmte Dienstleistungen und Flüge zu kombinieren und gemeinsam zu vermarkten.[64] Die Vereinbarung eines Codesharing stellt für Fluggesellschaften insbesondere immer dann eine interessante Entwicklungsmöglichkeit dar, wenn sie dadurch den Zugang zu einem bestimmten Ländermarkt realisieren können, den sie im Alleingang aufgrund fehlender Verkehrsrechte, unzureichender oder nicht vorhandener Fluggeräte, innerstaatlicher Regulierungen oder zu hoher unternehmerischer Risiken nicht erreichen können.[65] In der betrieblichen Praxis werden mehrere Ausgestaltungsformen des Codesharing unterschieden. Aufgrund der besonderen Bedeutung des Codesharing innerhalb der Strategischen Allianzen im Luftverkehr werden nachfolgend die wesentlichen Codesharing-Begriffe und Ausgestaltungsformen erläutert:[66]

1.) *Ausgestaltungsformen des Codesharings nach der Art der Flugverbindung*:

a.) *Direktverbindung (sog. „Point-to-Point Codesharing")*: Diese Form des Codesharings bezieht sich auf einen zumeist internationalen Direktflug. In der Regel vollzieht sich das „Point-to-Point Codesharing" in folgender Weise: Eine Luftverkehrsgesellschaft A aus dem Land B nutzt für einen von ihr angebotenen, aber von der Fluggesellschaft C aus dem Land D unter eigener Flugnummer durchgeführten Flug den eigenen „airline-designator-code". In gleicher Weise nutzt die Gesellschaft C ihren IATA-Kennungscode für eine von der Gesellschaft A unter eigener Flugnummer erbrachte Flugdienstleistung, falls diese auf der Direktverbindungsstrecke angeboten wird.[67] Demnach wird ein einzelner Flug mit zwei unterschiedlichen Flugnummern belegt und die Anzahl der *angebotenen* Flüge entspricht der doppelten Anzahl der *tatsächlich durchgeführten* Flüge.[68]

---

63 Vgl. **WILKEN** (1996), S. 25 und **WIEZOREK** (1998), S. 249.

64 Vgl. **WILKEN** (1996), S. 25.

65 Vgl. **WRANGELL** (1999), S. 121 und **WILKEN** (1996), S. 26.

66 Dazu und zu den nachfolgenden Ausführungen vgl. **BEYHOFF; EHMER; WILKEN** (1995), S. 9ff., **WILKEN** (1996), S. 25f., **WIEZOREK** (1998), S. 249f. und **HAGLEITNER** (1998), S. 60f.

67 Die Wechselseitigkeit des Codesharing stellt jedoch keine zwingende Voraussetzung für eine Codesharing-Vereinbarung dar. Vgl. **WILKEN** (1996), S. 25f.

68 Beispielsweise haben *Air Canada* und *Alitalia* ein routenspezifisches Codesharing für die Flüge zwischen Rom und Montreal, Rom und Toronto sowie Mailand und Toronto vereinbart. Dazu und für einen umfassenden Überblick über routenspezifische Codesharing-Vereinbarungen im internationalen Luftverkehr vgl. **O.V.** (2002b), S. 52ff.

b.) *Zu- und Abbringerflug (sog. „Feeder Codesharing")*: „Feeder Codesharing" bezieht sich auf einen Zu- oder Abbringerflug vor oder nach einem zumeist internationalen Flug und ist immer mit einem Fluggerätewechsel verbunden. Das „Feeder Codesharing" erfolgt entweder bei Flügen, die von einer Regionalfluggesellschaft von oder zu einem Drehkreuz einer internationalen Fluggesellschaft bedient werden, oder bei Flugdiensten, die von kleineren oder mittelgroßen Partnerfluggesellschaften in Verbindung mit einem internationalen Flug im Ausland erbracht werden.[69]

c.) *Umsteigeverbindung (sog. „Connection Codesharing")*: Das „Connection Codesharing" ist die im nationalen und internationalen Luftverkehr am häufigsten vorkommende Codesharing-Form. Es bezieht sich auf eine internationale Flugverbindung mit einem vor- und/oder nachgelagerten Inlandsflug oder auf zwei internationale Flüge, die mit einem inländischen Zu- und/oder Abbringerflug gekoppelt sind. Das „Connection Codesharing" ist dementsprechend stets mit einem ein- oder mehrmaligen Fluggerätewechsel verbunden. In der Praxis vollzieht sich diese Form des Codesharings in folgender Weise: Eine Fluggesellschaft A nutzt auf einer Teilstrecke einer von ihr angebotenen Umsteigeverbindung den eigenen IATA-Code für einen Flug, der von der Partnergesellschaft B durchgeführt wird. In der Regel nutzt die Gesellschaft B in gleicher Form den eigenen IATA-Code für einen Flug der Gesellschaft A auf der anderen Teilstrecke. Die gesamte Umsteigeverbindung wird dadurch von beiden Unternehmen unter den eigenen IATA-Codes angeboten, obwohl jede Gesellschaft nur eine Teilstrecke der Gesamtverbindung bedient. Als Partner sind zumeist zwei oder mehrere größere internationale Luftverkehrsgesellschaften und kleinere Regionalfluggesellschaften involviert. Im Unterschied zum „Point-to-Point Codesharing", das lediglich eine Erhöhung der Flugfrequenzen bewirkt, ergibt sich durch das Umsteigeverbindungs-Codesharing eine Ausweitung der Streckennetze der Partnerfluggesellschaften und die Möglichkeit, dem Passagier eine nahtlose Flugverbindung (sog. „seamless service")[70] zwischen zwei Nachfrage-

---

[69] Die Deutsche Lufthansa AG bietet z.B. die Flugstrecke von Frankfurt a.M. nach Manchester unter den Flugnummern LH 4528/LH 6562 an. Der Flug LH 6562 wird jedoch nicht von der Deutschen Lufthansa, sondern mit einem kleineren Fluggerät der British Midland durchgeführt. Vgl. **Deutsche Lufthansa** (2002), S. 79.

[70] Ein „seamless service" liegt im Rahmen eines Umsteigeverbindungs-Codesharing immer dann vor, wenn lediglich ein einziges Ticket für die gesamte Flugstrecke gekauft und das Reisegepäck nur einmal eingecheckt werden muss. Den Passagieren soll der Eindruck vermittelt werden, dass sämtliche Teilstreckenflüge von nur einer Fluggesellschaft durchgeführt werden. Dabei werden die Weiterflüge in der Regel so auf die Hauptflugstrecke abgestimmt, dass keine langen Wartenzeiten entstehen. Vgl. **Wilken** (1996), S. 26 und **Brueckner** (2001), S. 1476.

schwerpunkten im internationalen Luftverkehr anbieten zu können, ohne sie in vollem Umfang eigenständig durchführen zu müssen.[71]

2.) *Ausgestaltungsformen des Codesharings nach der Art der Streckenrechte*:

   a.) *Online-Codesharing*: Das Online-Codesharing bezieht sich auf Flugstrecken, für die *beide* involvierte Unternehmen Streckenrechte besitzen.

   b.) *Interline-Codesharing*: Das Interline-Codesharing bezieht sich auf Zu- oder Abbringerflüge, für deren Durchführung nur einer der beiden Partner Streckenrechte besitzt.

3.) *Ausgestaltungsformen des Codesharings nach der Art der Produktgestaltung*:[72]

   a.) *Reines Codesharing (sog. „Naked Codesharing")*: Mit „Naked Codesharings" wird die Urform des Codesharings bezeichnet, bei der ausschließlich ein Anstieg der Flugnummernanzahl für *einen* Flug stattfindet.

   b.) *Verbundenes Codesharing (sog. „Common-Product Codesharing")*: Im Rahmen des „Common-Product Codesharings" werden Teile der Dienstleistungen bzw. Ressourcen der Partner vereinheitlicht bzw. zusammengelegt. Dabei erfolgt zumeist eine wechselseitige Koordinierung der Flugpläne, eine Abstimmung des äußeren Erscheinungsbildes und eine Vereinheitlichung des Sitzplatzangebotes.

4.) *Ausgestaltungsformen des Codesharings nach der Art der Luftverkehrsfreiheiten*:[73]

   a.) *Codesharing der 5. Luftverkehrsfreiheit*: Diese Codesharing-Form geht über das Land der Partnerfluggesellschaft hinaus. Eine Fluggesellschaft wird dabei auf Märkten aktiv, die sie sonst über eigene Direktflüge erschließen müsste, die jedoch aufgrund geringer Passagierzahlen nicht rentabel durchgeführt werden könnten.[74]

   b.) *Codesharing der 6. Luftverkehrsfreiheit*: Bei dieser Form des Codesharings sammelt eine Fluggesellschaft ein bestimmtes Passagieraufkommen in Nachbarländern des Heimatlandes dieser Gesellschaft und befördert dieses Aufkommen in das Heimatland der Codesharing-

---

[71] Vgl. **Huonder** (2001), S. 95. Für eine umfassende Erläuterung unterschiedlicher Konstellationen, die unter das „Connection Codesharing" fallen, vgl. **Beyhoff; Ehmer; Wilken** (1995), S. 14ff.

[72] Zu den nachfolgenden Ausführungen vgl. auch **Huonder** (2001), S. 96.

[73] Vgl. **Beyhoff; Ehmer; Wilken** (1995), S. 29f.

[74] Als Beispiel für das Codesharing der 5. Luftverkehrsfreiheit eignet sich die US-amerikanische Fluggesellschaft Northwest, die einerseits Streckenrechte nach Frankfurt a.M. nutzt, andererseits weitere deutsche Städte ausschließlich über das Drehkreuz Amsterdam ihres Kooperationspartners KLM über Codesharing-Dienste der KLM an ihr eigenes Streckennetz anbindet. Vgl. **Beyhoff; Ehmer; Wilken** (1995), S. 29.

Partnergesellschaft. Eine Fluggesellschaft wird dadurch in die Lage versetzt, Flugverbindungen auf Märkten anbieten zu können, auf denen sie sonst keinen Direktverkehr offerieren könnte. Wenngleich eine Fluggesellschaft Flugverbindungen der 6. Luftverkehrsfreiheit grundsätzlich auch ohne Codesharing mit einer anderen Fluggesellschaft anbieten kann, können derartige Flugangebote durch eine Codesharing-Vereinbarung vielfach erheblich ausgeweitet werden.[75]

Für die *Partnerfluggesellschaften* bietet das Codesharing folgende *Vorteile*:[76]

1.) *Ausweitung des Streckennetzes und der Marktpräsenz*: Durch das Codesharing lässt sich das Streckennetz mit vergleichsweise geringen finanziellen Aufwendungen erweitern und die Marktpräsenz schnell und mit begrenztem Risiko erhöhen. Die Ausweitung der Marktpräsenz ergibt sich u.a. durch die bessere Darstellung der Direkt- und Umsteigeverbindungen im CRS. Dabei wird das Konkurrenzangebot mitunter auf nachgeordnete Seiten verdrängt (sog. „screen padding" oder „crowding out").[77]

2.) *Ausbau und Sicherung marginaler Strecken*: Durch das Codesharing können die beteiligten Fluggesellschaften vielfach höhere Passagierzahlen auf marginalen Flugverbindungen generieren, so dass neue Direktverbindungen in den Flugplan aufgenommen und/oder bestehende, bisher unrentable Flugstrecken gemeinsam mit einem Partnerunternehmen erhalten werden können.

3.) *Erhöhung der Auslastung*: Durch Codesharing können die involvierten Fluggesellschaften vielfach die Auslastung der eingesetzten Flugzeuge erhöhen, indem sie auf einzelnen Strecken, in Abhängigkeit von der Struktur der Verkehrsströme, größeres (kostengünstigeres) Fluggerät bei *weniger* Flügen oder kleinere Flugzeuge mit *höherer* Frequenztaktung einsetzen.

4.) *Umgehung von Markteintrittsbarrieren*: Das Codesharing eignet sich insbesondere auch zur Umgehung von (gesetzlichen) Markteintrittsbarrieren insbesondere in Form fehlender eigener *Verkehrsrechte* zur Bedienung einer Flugverbindung oder bestehender *Kapazitätsengpässe* an Flughäfen. In diesem Zusammenhang ist davon auszugehen, dass es Codesharing-Vereinbarungen zwischen Luftverkehrsgesellschaften im internationalen Luftverkehr solange geben wird, bis die bisher bestehenden restriktiven bila-

---

75 BEYHOFF; EHMER; WILKEN (1995), S. 29. Beispielsweise kann die Deutsche Lufthansa ein gewisses Maß an Luftverkehr in einzelnen osteuropäischen Ländern sammeln und über das mit United Airlines abgeschlossene Codesharing-Vereinbarung auf mehrere amerikanische Destinationen verteilen.

76 Zu den nachfolgenden Erläuterungen vgl. BEYHOFF; EHMER; WILKEN (1995), S. 24ff. und WILKEN (1996), S. 28.

77 Vgl. WIEZOREK (1998), S. 253. Für eine ausführliche Erläuterung der Funktionsweise der Computerreservierungssysteme und der sich aus dem Codesharing ergebenden Darstellungsvorteile vgl. BEYHOFF; EHMER; WILKEN (1995), S. 56ff.

teralen Luftverkehrsabkommen[78] von einer liberaleren gesetzlichen Regelung abgelöst werden. Eine Überwindung von *Kapazitätsengpässen* an strategisch wichtigen Flughäfen ist mit Hilfe des Codesharings immer dann erreichbar, wenn anfliegende Luftverkehrsgesellschaft eine vergleichsweise geringe Auslastung ihrer Flüge aufweist, so dass freie Kapazitäten für Passagiere der Partnerfluggesellschaft(en) zur Verfügung stehen. Das Codesharing kann sich in diesem Zusammenhang vielfach als die einzige Möglichkeit erweisen, die bestehenden internationalen Slotvergaberegelungen[79] zu umgehen und den Passagieren einen Zugang zu bisher nicht-angebotenen Destinationen unter einer eigenen Flugnummer zu ermöglichen.[80]

5.) *Öffnung bisher abgeschotteter Märkte*: Das sog. *Drittland-Codesharing* kann zu einer Öffnung von Märkten beitragen, die über das Heimatland der Partnerfluggesellschaft(en) hinausgehen. Zum Drittland-Codesharing gehören das o.g. Codesharing der 5. und 6. Luftverkehrsfreiheit.[81]

Allerdings beinhaltet das Codesharing für Partnerfluggesellschaften auch einige *Nachteile*, die jedoch von einer eher geringen Bedeutung sind. Dazu gehören u.a. der vielfach erhöhte Koordinationsaufwand, das eventuelle Auftreten von Kompatibilitätsproblemen zwischen den Partnern und die potenzielle Entstehung von Imageproblemen aufgrund inhomogener Produktqualitäten der beteiligten Unternehmen.[82]

Für die *Flugpassagiere* sind mit dem Codesharing sowohl Vor- als auch Nachteile verbunden. *Vorteilhaft* aus Sicht der Passagiere ist u.a., dass die Netzausweitung regelmäßig zu einer Erhöhung der Anzahl der Umsteigeverbindungen führt, in der Regel eine größere Auswahl an Sondertarifen entsteht, die Vielfliegerprogramme integriert werden (mit den entsprechenden Vorteilen bei der Ansammlung von Flugmeilen) und die Sicherheit zunimmt, die Anschlussflüge an den Flughafendrehkreuzen zu erreichen. *Nachteilig* wirkt sich für Passagiere die aus dem Codesharing resultierende Einschränkung der Produkt- und Markenwahrheit aus: Die Flugreisenden erhalten im Rahmen des Codesharings vielfach Flugtickets von Unternehmen, die den entsprechenden Flug nicht selbst bedienen, sondern diesen von einem Partner durchführen lassen. Informationen

---

78 Für eine Erläuterung des Inhalts der *bilateralen Luftverkehrsabkommen* vgl. Kap. 5.3.2.2.

79 Nach den IATA-Slotvergaberegelungen bleibt das einer Luftverkehrsgesellschaft einmal erteilte Lande- und Startrecht solange im exklusiven Besitz dieser Gesellschaft, bis sie es selbst zurückgibt. Das jeweilige Recht kann nicht an eine andere Gesellschaft verkauft werden. Bei jeder Neuvergabe von Lande- und Startrechten werden die etablierten Fluggesellschaften mit ihren bisherigen Rechten vorrangig berücksichtigt. Vgl. **Beyhoff; Ehmer; Wilken** (1995), S. 28, Fn. 3.

80 Vgl. **Beyhoff; Ehmer; Wilken** (1995), S. 27f.

81 Zum *Codesharing* der 5. und 6. Luftverkehrsfreiheit vgl. Kap. 6.3.3, S. 445.

82 Dazu und für eine Darstellung weiterer Nachteile des Codesharing für Fluggesellschaften vgl. **Beyhoff; Ehmer; Wilken** (1995), S. 32ff.

zur ausführenden Fluggesellschaft erhält er dabei häufig nur auf Anfrage.[83] Im gleichen Zusammenhang sind auch die negativen Auswirkungen des Codesharings auf die Transparenz der tatsächlichen Umsteigenotwendigkeiten und -häufigkeiten zu beurteilen. Die aus dem Codesharing resultierende durchgehende Flugnummer suggeriert dem Flugreisenden eine hohe Reisebequemlichkeit, obwohl er mitunter mehrere Male umsteigen und die Fluggesellschaft wechseln muss, um zur Zieldestination zu gelangen. Im Extremfall kann sich sogar eine Situation einstellen, in der ein Passagier mit einem Interlining-Flug schneller und direkter zum Ziel gelangen kann als mit einem Codesharing-Angebot.[84]

6.3.5 Die Joint-Venture-Vereinbarung

Bei einer derartigen Vereinbarung werden einzelne Flugstrecken von zwei Fluggesellschaften im Rahmen eines rechtlich selbständigen Gemeinschaftsunternehmens[85] bedient. Die gemeinsame Geschäftsführung entscheidet u.a. über Kapazitäten, Frequenzen, Tarife und die Kosten- und Erlösteilung.[86] Joint-Ventures zielen auf eine weit reichende Zusammenführung der Partner, sobald bzw. soweit dies die nationalen Vorschriften für die Beteiligung ausländischer Unternehmen an nationalen Fluggesellschaften zulassen.[87] Eine abgeschwächte Form des Joint-Ventures stellen *Joint Operations-* bzw. *Joint-Services Abkommen* dar. Sie zielen weniger auf intensivierte Kooperationen, sondern ausschließlich auf den abgestimmten Betrieb von Flugverbindungen.[88]

---

[83] Vgl. **Wilken** (1996), S. 28.

[84] Vgl. **Beyhoff; Ehmer; Wilken** (1995), S. 43f.

[85] Zum Begriff des *Gemeinschaftsunternehmens* vgl. **Wöhe** (1993), S. 437, **Schubert; Küting** (1981), S. 218f., **Eisele** (1995), S. 12, **Kutschker** (1995), Sp. 1080ff., **Mengele** (1994), S. 24f. und die Ausführungen in Kap. 2.2.2.3.

[86] Vgl. **Wilken** (1996), S. 27 und **Beyhoff; Ehmer; Wilken** (1995), S. 13.

[87] Vgl. **Wilken** (1996), S. 26 und **Beyhoff; Ehmer; Wilken** (1995), S. 11.

[88] Vgl. **Hagleitner** (1998), S. 56. Als Beispiel für ein *Joint-Operations Abkommen* eignet sich die Übereinkunft zwischen *CSA Czech Airlines* und *Iberia Airlines* aus dem Jahr 1982 über den gemeinsamen Betrieb der Strecken Prag-Madrid und Prag-Barcelona. Vgl. **o.V.** (2002b), S. 60.

6.4 Entwicklung und Status Quo der bestehenden Allianzverbünde

6.4.1 Grundlagen

Kurz nach der Deregulierung des inneramerikanischen Luftverkehrs im Jahr 1978 begannen annähernd alle großen amerikanischen Fluggesellschaften mit dem Aufbau nationaler Servicenetzwerke. Es dauerte jedoch bis zum Beginn der neunziger Jahre, bis die vorwiegend auf national ausgerichteten Kooperationsstrategien globaler gestaltet und erste interkontinentale Allianzen zwischen europäischen und nordamerikanischen Luftverkehrsgesellschaften gegründet wurden. Seitdem sind auch mehrere Luftverkehrsgesellschaften aus dem asiatisch-pazifischen Raum den Strategischen Allianzen beigetreten, so dass der asiatische enger mit dem europäischen und nordamerikanischen Markt verknüpft wurde. In den letzten Jahren wurden diese auf Europa, Nordamerika und Asien ausgerichteten Luftverkehrsallianzen auf neue Regionen, insbesondere auf Lateinamerika, Südostasien und Australien, ausgedehnt.[89] Zur Zeit existieren vier große internationale Allianzverbünde zwischen Luftverkehrsgesellschaften, deren Entstehung und Zusammensetzung nachfolgend kurz erläutert werden.

6.4.2 Geschichte und Zusammensetzung der Allianzverbünde

6.4.2.1 Star Alliance

Die Star Alliance repräsentiert die zur Zeit größte Strategische Allianz im globalen Luftverkehr mit einem Anteil von 22,0% am gesamten Passagieraufkommen.[90]. Sie geht maßgeblich zurück auf Jürgen Weber, den ehemaligen Vorstandsvorsitzenden der Deutschen Lufthansa, der das Konstrukt der Star Alliance als „lockeren Verbund unter Fluggesellschaften" initiierte, um trotz nationaler Egoismen und resultierender rechtlicher Beschränkungen in den bilateralen Luftverkehrsabkommen notwendige Kooperationen im Luftverkehr realisieren zu können.[91] In ihrer Ursprungsform basiert sie auf dem Gedanken, eine möglichst umfassende Zusammenarbeit von Luftverkehrsgesellschaften zu erreichen, ohne deren eigene Identität und Marke in Frage zu stellen, und zielt in erster Linie auf eine Zusammenarbeit der Allianzmitglieder ohne allianzinterne Kapitalverflechtungen.[92] Diese Ursprungsidee einer losen Form der Zusammenarbeit von Luftverkehrsgesellschaften wurde mittlerweile jedoch an die Markterfordernisse angepasst. Beispielsweise besitzt die Deutsche Lufthansa heute einen Anteil von 30% minus einer Aktie am Star Alliance-Partner British Midland. Weitere 20% der Anteile befinden sich im Besitz der SAS.[93] Darüber hinaus war die Deutsche Lufthansa zu einer sukzessiven Übernahme der wirt-

---

[89] Für einen umfassenden Überblick über die bestehenden Allianzen und Kooperationsformen zwischen den 160 weltweit bedeutendsten Fluggesellschaften vgl. **O.V.** (2002r), S. 51ff.

[90] Vgl. **O.V.** (2003u), S. 1.

[91] Vgl. **PORWOLLIK** (2003), S. 1.

[92] Vgl. **O.V.** (2000k), S. 17.

[93] Vgl. **O.V.** (2002t), S. 16.

schaftlich angeschlagenen schweizerischen Fluggesellschaft „Swiss" bereit, ohne jedoch zum Zuge zu kommen.[94] Neben der sich abzeichnenden Abkehr von einer rein vertraglich basierten Allianzzusammenarbeit ist eine Akzentverlagerung bei der Zielsetzung der Zusammenarbeit erkennbar. Während in den Anfangsjahren der Allianz die Vorteile der Kooperation zu ca. 90% auf der Umsatzzseite lagen, ist künftig von einer deutlich kostenorientierten Vorgehensweise auszugehen.[95]

Die Ursprünge des im Jahr 1997 von der Deutschen Lufthansa, United Airlines, Air Canada, SAS und Thai Airways gegründeten Allianzbündnisses reichen zurück bis in das Jahr 1992. Damals unterzeichneten Air Canada und United Airlines ein erstes grundlegendes Kooperationsabkommen für den nordamerikanischen Luftverkehr. Der nächste Schritt in Richtung „Star Alliance" war die Vereinbarung einer Strategischen Allianz zwischen der Deutschen Lufthansa und United Airlines im Oktober 1993, die u.a. die Durchführung von Gemeinschaftsflügen auf der Nordatlantik-Strecke zwischen den USA und Deutschland umfasste, deren Umsetzung im Juni 1994 begann. Nach dieser Übereinkunft wurde in den Folgejahren die Idee eines globalen Flugbündnisses insbesondere durch die Deutsche Lufthansa intensiv vorangetrieben. Im Mai 2003 kündigten die Deutsche Lufthansa und US Airways an, eine langfristige Partnerschaft eingehen zu wollen. Die auf einer Codesharing-Vereinbarung basierende weit reichende Kooperation startete am 26. Oktober 2003 und umfasst unter anderem die Nutzung gemeinsamer Flugnummern und die Kombination der jeweiligen Vielfliegerprogramme. Durch die Zusammenarbeit wird das Streckennetz der Deutschen Lufthansa um 19 Ziele vor allem an der US-amerikanischen Ostküste erweitert. United Airlines, dem bisher einzigem amerikanischen Mitglied der Star Alliance, ist in dieser Region vergleichsweise schwach vertreten. Die Partnerschaft wird allgemein als erster Schritt auf dem Weg zur Aufnahme von US Airways in die Star Alliance angesehen, die voraussichtlich im Frühjahr 2004 vollzogen wird. Dadurch würde sich das Netzwerk der Star Alliance um 71

---

[94] Vgl. **O.V.** (2003ac), S. 1, **O.V.** (2003ad), S. 1 und **DONE, SAIGOL, GENGER** (2003), S. 1. Unternehmenszukäufe werden mittlerweile von der Deutschen Lufthansa nicht mehr gänzlich ausgeschlossen. Dahingehend machte der mittlerweile abgetretene Lufthansa-Chef Jürgen Weber auf der Hauptversammlung der Deutschen Lufthansa im Juni 2003 die Äußerung, zu Unternehmensübernahmen im Luftverkehr bereit zu sein, wenn sie den Wert der Lufthansa dauerhaft steigern könnten. Vgl. **O.V.** (2003af), S. 1.

[95] Vgl. **FLOTTAU** (2003), S. 1. Beispielsweise sollen künftig auch dann elektronische Tickets angeboten werden, wenn ein Passagier auf einer Flugreise mehr als eine Fluglinie nutzt. Bislang konnten derartige Tickets wegen der hohen Anforderungen an den Datenaustausch zwischen den Allianzunternehmen nicht ausgestellt werden. Darüber hinaus sollen künftig die Flugzeuge gemeinsam von den Partnerfluggesellschaften bestellt werden. Die gesteigerte Einkaufsmacht und Synergien bei der Wartung und im Betrieb der Flugzeuge sollen zu umfassenden Kostensenkungen führen. Vgl. **FLOTTAU** (2003), S. 1.

Flughäfen und fünf Länder erweitern.[96] In diesem Zusammenhang ist vorteilhaft, dass US Airways bisher keiner Allianz beigetreten ist und sich aus diesem Grund auch nicht aus einem derartigen Bündnis lösen muss, um neuer Partner der Star Alliance zu werden.[97] Die in Abb. 6.1 dargestellte Chronologie der Entstehung der Star Alliance kann als Beleg für die Zielstrebigkeit der Entscheidungsträger und die konsequente Verfolgung einer weit reichenden Allianzstrategie angesehen werden:[98]

Die beteiligten Airlines erzielen durch die Kooperation in der Star Alliance höhere Erträge und reduzieren die Kosten durch Nutzung von Synergien. Dazu gehören gemeinsame Bodeneinrichtungen wie Check-in-Schalter und die Unterhaltung gemeinsamer Verkaufsbüros. Hinzu kommen Vorteile durch den gemeinsamen Einkauf von Materialien bis hin zur Abstimmung bei der Beschaffung künftiger Flugzeugmuster. In der Krise nach den Terroranschlägen vom 11. September 2001 vereinbarten die Mitglieder eine gemeinsame Initiative zur schnelleren Ausschöpfung von Kostensenkungspotenzialen. Durch Projekte wie die gemeinsame Abfertigung von Flügen oder die Zusammenlegung von Lounges sollen auch in Zukunft umfangreiche Aufwandsreduzierungen für alle Partnerfluggesellschaften erzielt werden, ohne dabei den Komfort für die Gäste zu verringern.

Die Star Alliance wird heute allgemein als die weltweit am weitesten fortgeschrittene Luftverkehrsallianz angesehen, da sie die drei wesentlichen Flugverkehrsmärkte Europa, USA und Asien abdeckt. In Zukunft ist zu erwarten, dass der Integrationsgrad zwischen den Allianzmitgliedern weiter ausgebaut wird. In diesem Zusammenhang kommt dem im Jahr 2000 gegründeten Alliance Management Team eine wesentliche Rolle zu, da es die aus der vergleichsweise großen Anzahl von Partnerunternehmen resultierende Komplexität bewältigen und die unterschiedlichen Interessen der Fluggesellschaften harmonisieren muss. Darüber hinaus sind vermehrte Anstrengungen zu erwarten, den chinesischen und afrikanischen Markt über neue Kooperationspartner an das Allianznetzwerk anzubinden. Erste Bemühungen zur Erschließung des chinesischen Marktes wurden von der Deutschen Lufthansa bereits initiiert. Seit Oktober 2000 bieten die Deutsche Lufthansa und Air China bereits Flüge zwischen Deutschland und China und einige innerchinesische Flüge unter gemeinsamen Flugnummern an. Im September 2003 vereinbarte Air China ein Codesharing mit dem Lufthansa-Partner und Star Alliance-Mitglied United Airlines. Angesichts dieser Entwicklungen erscheint eine künftige Aufnahme von Air China in das Star Alliance-

[96] Vgl. **Flottau** (2003), S. 1.

[97] Vgl. **o.V.** (2002q), S. 16, **o.V.** (2003s), S. 1 und **Flottau** (2003), S. 1.

[98] Zu den in der nachfolgenden Abb. enthaltenen Schritten der Entstehung der Star Alliance vgl. **o.V.** (2002f), S. 10, **o.V.** (2002g), S. 19, **o.V.** (2002n), S. 22 und **Flottau** (2003), S. 1.

Bündnis realistisch. Diese hängt jedoch nicht nur von wirtschaftlichen, sondern insbesondere auch von politischen Gegebenheiten ab.[99]

***Abb. 6.1**: Chronologie der Entstehung der Star Alliance*

Zeitpunkt	Ereignis
Oktober 1992	Air Canada und United Airlines unterzeichnen eine Kooperationsvereinbarung
Oktober 1993	Lufthansa und United Airlines schließen eine Strategische Allianz, die u.a. Gemein-schaftsflüge im Codesharing umfaßt
Juni 1994	Lufthansa und United Airlines führen erste Codesharing-Flüge ein
Mai 1995	Lufthansa und SAS vereinbaren eine umfassende Strategische Allianz, die auch Codesharing-Flüge beinhaltet. Gleichzeitig erweitern United Airlines und Air Canada ihr gemeinsames Angebot
Juni 1995	SAS und Thai Airways unterzeichnen eine Codesharing-Vereinbarung, deren Laufzeit im Juni 1996 beginnt
September 1995	United Airlines und SAS vereinbaren eine Kooperation, die u.a. Codesharing-Flüge vorsieht und im April 1996 beginnt
Oktober 1995	Lufthansa und Thai Airways bieten erstmals Codesharing-Flüge an
Februar 1996	Lufthansa und SAS richten erstmals Gemeinschaftsflüge zwischen Deutschland und Skandinavien ein
März 1996	Lufthansa und Air Canada vereinbaren eine Strategische Allianz
Juni 1996	Lufthansa und Air Canada bieten erstmals Codesharing-Flüge zwischen Deutschland und Kanada an
Oktober 1996	SAS und Air Canada verkünden die Vereinbarung einer Strategischen Allianz, die im Laufe des Jahres 1997 beginnen soll
Mai 1997	Gründung der Star Alliance in Frankfurt mit den Mitgliedern Air Canada, Lufthansa, SAS, United Airlines und Thai Airways
Oktober 1997	Varig wird sechstes Mitglied der Star Alliance
März 1999	Ansett Australia und Air New Zealand werden als neue Mitglieder in die Star Alliance aufgenommen
Oktober 1999	All Nippon Airways wird in die Star Alliance aufgenommen
März 2000	Die Fluggesellschaften der Austrian Airlines Group (Austrian Airlines, Lauda Air und Tyrolean Airways) werden in die Star Alliance aufgenommen
April 2000	Singapore Airlines wird in die Star Alliance aufgenommen
Juli 2000	British Midland und Mexicana Airlines treten dem Star Alliance-Bündnis bei
November 2000	Das Alliance Management Team (AMT) beginnt seine Tätigkeit als neue Geschäftsleitung der Star Alliance
März 2003	Asiana Airlines wird in die Star Alliance aufgenommen
April 2003	Spanair wird in die Star Alliance aufgenommen
Oktober 2003	LOT wird in die Star Alliance aufgenommen

(Quelle: Eigene Abbildung)

[99] Vgl. O.V. (2002f), S. 10, O.V. (2002g), S. 19 und O.V. (2003w), S. 1.

6.4.2.2 Oneworld

Die im September 1998 gegründete Luftverkehrsallianz geht zurück auf die in den achtziger Jahren bei British Airways aufkommende Erkenntnis, nur über eine oder mehrere Kooperationen mit Fluggesellschaften aus anderen geografischen Regionen ein globales Flugstreckennetz realisieren zu können. Dahingehend wurde im Jahr 1987 eine sog. „Marketing Partnership" mit United Airlines vereinbart, die jedoch bereits im Jahr 1990 zerbrach, nachdem United Airlines eigenständige Luftverkehrsrechte nach Großbritannien erwerben konnte.[100] In der Folgezeit bemühte sich British Airways um einen neuen amerikanischen Partner, der 1992 in der damaligen USAir (seit 1997 US Airways) gewonnen wurde. Diese Zusammenarbeit entwickelte sich in den Folgejahren zunächst zu einer erfolgreichen und profitablen Zusammenarbeit, bis die dauerhafte Verweigerung einer „Antitrust Immunity" durch das US-amerikanische Verkehrsministerium und die Hinauszögerung wesentlicher Restrukturierungsmaßnahmen bei US Air schließlich zu einer Beendigung der Zusammenarbeit im Jahr 1997 führte. Im Folgejahr wurde schließlich das „oneworld"-Bündnis maßgeblich von British Airways initiiert, an dem sich neben der britischen Fluggesellschaft die Unternehmen American Airlines, Qantas und Cathay Pacific beteiligten. Im September 1999 wurden die Unternehmen Finnair und Iberia als neue Mitglieder aufgenommen.[101] Durch den Allianzbeitritt von LanChile und Aer Lingus im Juni 2000 wurde die „oneworld"-Allianz auf acht Partnerunternehmen ausgedehnt. Das jüngste Mitglied im Allianzverbund ist die schweizerische Swiss, die im September 2003 ihren Allianzbeitrtt nach mehrwöchigen Spekulationen über eine potenzielle Übernahme durch die Deutsche Lufthansa verkündete.[102] Neben den Allianzpartnern besitzt das Allianzbündnis weitere 23 regionale Partnerunternehmen in unterschiedlichen Ländern.[103] Nach aktuellen Angaben fliegen die oneworld-Gesellschaften täglich 573 Ziele in 136 Ländern an und befördern jährlich ca. 218 Mio. Passagiere mit ca. 2000 Flugzeugen.[104]

Seit ihrer Gründung leidet das Allianzbündnis bei der räumlichen und inhaltlichen Gestaltung unter dem Problem der beiden zentralen Partner American Airlines und British Airways, für das strategische Bündnis eine Freistellung vom

---

[100] United Airlines erwarb von der in eine finanzielle Krise geratenen amerikanischen PanAm insgesamt fünf Flugrouten zum Flughafen London-Heathrow einschließlich der damit verknüpften Folgeverbindungen zu unterschiedlichen Destinationen in Europa. Vgl. **PETZINGER** (1995), S. 375ff.

[101] Iberia hat innerhalb der „oneworld"-Allianz die Rolle des Spezialisten für Flüge zwischen Europa und Lateinamerika übernommen. Vgl. **O.V.** (2002h), S. 20.

[102] Vgl. **O.V.** (2003q), S. 1. Für eine ausführlichen Überblick über die Implikationen des Allianzbeitritts vgl. **O.V.** (2003ac), S. 1, **O.V.** (2003ae), S. 1 und **DONE, SAIGOL, GENGER** (2003), S. 1.

[103] Vgl. **BAKER** (2001), S. 42.

[104] Vgl. **O.V.** (2003v), S. 1 und **O.V.** (2003ag), S. 1.

amerikanischen Wettbewerbsrecht zu erhalten. Die zahlreichen Bemühungen scheiterten bisher stets an den Auflagen des US-amerikanischen Verkehrsministeriums DOT. Danach müsste British Airways auf seinem Heimatdrehkreuz London-Heathrow einen deutlich besseren Zugang für amerikanische Fluggesellschaften ermöglichen. Bislang teilen sich American Airlines und United Airlines insgesamt 500 Start- und Landerechte pro Woche auf dem größten europäischen Flughafen. Nach den Forderungen des DOT müsste British Airways zusätzliche 224 Slots an vier weitere US-amerikanische Gesellschaften abgeben. Zu diesem Entgegenkommen war British Airways bisher nicht bereit.[105]

6.4.2.3 SkyTeam

Die „SkyTeam"-Allianz wurde maßgeblich initiiert von Air France, die über mehrere Jahre lediglich auf ausgewählten Punkt-zu-Punkt-Verbindungen mit anderen Fluggesellschaften kooperierte. Im April 1997 wurde gemeinsam mit Delta Air Lines und Continental eine umfassende Zusammenarbeit für den nordatlantischen Flugverkehr vereinbart, die im Jahr 2000 gemeinsam mit Delta Airlines zur Gründung der „SkyTeam"-Allianz führte.[106] Seit November 2001 ist Alitalia ebenfalls Mitglied der „SkyTeam"-Allianz. Ein Jahr später gingen die Air France und Alitalia eine wechselseitige Kapitalbeteiligung von zwei Prozent ein.[107] Gleichzeitig wurde die weitere Intensivierung der Zusammenarbeit mit einer wechselseitigen Abstimmung von Beförderungskapazitäten, Flugfrequenzen und Preisen im Flugverkehr zwischen Italien und Frankreich fixiert. Darüber hinaus sind künftig gemeinsame Flugnummern (Codesharing), die Aufteilung von Gewinnen und Verlusten und die Zusammenlegung der Vielfliegerprogramme vorgesehen. Allerdings steht die Genehmigung der Allianzvereinbarung zwischen Air France und Alitalia durch die europäischen Wettbewerbsbehörden noch aus, da sie in ihrer geplanten Form wegen umfangreicher Einschränkungen auf den Flugstrecken zwischen Rom, Paris und Mailand gegen europäisches Wettbewerbsrecht verstößt.[108] Im September 2003 wurde von der Unternehmensführung der Alitalia angesichts der (unten beschriebenen) geplanten Fusion zwischen Air France und KLM nicht nur eine Allianz, sondern sogar ein vollständiges Zusammengehen mit der Air France in Aussicht gestellt. Ein wesentlicher Grund für dieses Bestreben ist die Befürchtung der Alitalia, dass die Fusion zwischen Air France und KLM die Bedeutung des Drehkreuzes Mailand Malpensa im europäischen und internationalen Luftverkehr schwächen könnte. Diese wäre insbesondere dann der Fall, wenn durch die Fusion ein größerer Anteil der Langstreckenflüge der SkyTeam-Allianz von den Flughäfen Paris Charles de Gaulle und Amsterdam Schipol abgewickelt würden, die im

[105] Vgl. **O.V.** (2002k), S. 12.
[106] Vgl. **GALLACHER** (1998), S. 52 und **O.V.** (2003m) S. 1.
[107] Vgl. **O.V.** (2003b), S. 1 und **O.V.** (2003j), S. 1.
[108] Vgl. **O.V.** (2002l), S. 20.

Vergleich zu den zwei größten europäischen Flughäfen London-Heathrow (Heimatbasis von British Airways) und Frankfurt am Main (wichtigster Flughafen für die Deutsche Lufthansa) noch hohe Kapazitätsreserven aufweisen.[109]

Neben dem Streben nach einer Erweiterung der SkyTeam-Allianz durch Alitalia begann die Air France bereits im Jahr 2002 Verhandlungen mit der KLM, um die Position der „SkyTeam"-Allianz im mittel- und nordeuropäischen Raum zu stärken und die Konkurrenzsituation zu der bisher in Europa dominierenden Star Alliance intensivieren zu können.[110] Air France zielte damit zudem auf die Möglichkeit, sich nach einer Allianzvereinbarung stärker auf die profitablen transatlantischen Flugstrecken konzentrieren zu können.[111] Im Rahmen der Verhandlungen wurden zwischen den beiden Fluggesellschaften immer wieder diskutiert, wie die KLM als Kern des nachfolgend beschriebenen „Wings"-Bündnisses und die jeweiligen Flughafendrehkreuze der beiden Luftverkehrsgesellschaften, Paris Charles de Gaulle und Amsterdam Schiphol, in ein gemeinsames, aufeinander abgestimmtes Netzwerk integriert werden könnte.[112] Die Gespräche mündeten schließlich in Fusionsverhandlungen,[113] deren erfolgreicher Abschluss am 18. September 2003 veröffentlicht und am 15. Oktober 2003 unterzeichnet wurde.[114] Damit wird es zum ersten Mal zu einer paneuropäische Fusion in der Luftfahrtbranche kommen.[115] Die Fusion basiert auf einer Offerte der Air France an die niederländische KLM in Höhe von 784 Mio. Euro.[116] Um Schwierigkeiten mit den Wettbewerbsbehörden beider Länder aus dem Weg zu gehen, werden beide Unternehmen eine gemeinsame französisch-niederländische Holding gründen, unter dessen Dach die beiden Flugunternehmen als Tochtergesellschaften zusammengefasst werden. Durch diese Konstruktion bleibt die Identität und der Markenname der KLM erhalten. Bei einer vollständigen Übernahme der KLM durch Air France hätte den Niederländern der Verlust einiger wichtiger Landerechte gedroht.[117]

Die Fusion soll durch einen Aktientausch vollzogen werden, bei dem Air France elf eigene Aktien und zehn Optionsscheine für zehn KLM-Anteilsscheine zahlen wird. Obwohl die neue Gesellschaft „Air France-KLM" heißen wird und mit der "paritätischen Namensgebung" ein Zusammengehen von Gleichen suggeriert, kommt die Fusion einer Übernahme der KLM durch Air France gleich, da die Franzosen an der neuen Gesellschaft 81% (37% Air France und 44% der

[109] Vgl. **O.V.** (2003j), S. 1 und **NOACK** (2003), S. 1.
[110] Vgl. **FLOTTAU** (2002), S. 7.
[111] Vgl. **FIELD** (2002a), S. 23.
[112] Vgl. **FIELD** (2002a), S. 23.
[113] Vgl. **O.V.** (2003i), S. 1.
[114] Vgl. **O.V.** (2003c), S. 1, **O.V.** (2003e), S. 1 und **O.V.** (2003f), S. 1.
[115] Vgl. **HETZEL** (2003), S. 1.
[116] Vgl. **HETZEL** (2003), S. 1.
[117] Vgl. **O.V.** (2003r), S. 1.

französische Staat) der Anteile halten werden, während die KLM-Anteilseigner lediglich 19% der Anteile erhalten. Damit wird die KLM faktisch zu einem französischen Unternehmen.[118] Die Umsetzung der Fusion ist gleichbedeutend mit einer Privatisierung der Air France, da der französische Staat im Zuge des Aktientausches seine Air France-Beteiligung von 54% auf 44% an der neuen Gesellschaft reduzieren wird (s. Abb. 6.2).[119]

Abb. 6.2: *Beteiligungsstruktur der neuen Fluggesellschaft Air France–KLM in %*

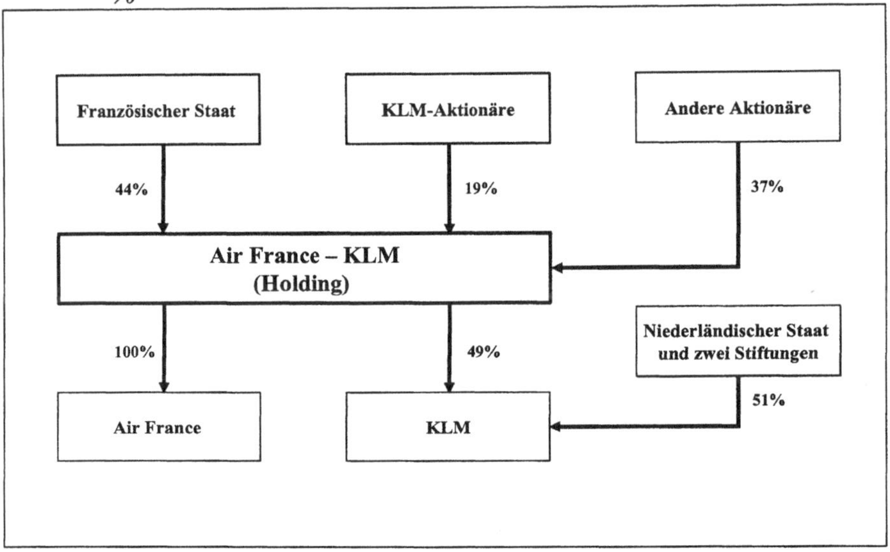

(In Anlehnung an: O.V. (2003y), S. 1)

Air France erhofft sich von der Fusion eine Verbesserung des operativen Gewinns von jährlich bis zu 495 Mio. Euro ab dem fünften Jahr nach ihrer Umsetzung – sofern sie von den Wettbewerbsbehörden genehmigt wird. Diese müssen das umfangreiche juristische Vertragswerk, das der neuen Fluggesellschaft Air France-KLM vor allem Landerechte der KLM in den USA sichern soll, erst noch billigen.[120] Nach einer Genehmigung der Fusion durch die europäischen Wettbewerbsbehörden wird das SkyTeam-Bündnis im europäischen und internationalen Luftverkehr eine erheblich bedeutendere Rolle einnehmen und zur zweitgrößten Luftverkehrsallianz hinter der von der Deutschen Lufthansa angeführten Star Alliance aufsteigen. Gleichzeitig wird die neue Gruppe Air France-KLM mit einem addierten Jahresumsatz von 19,2 Mrd. Euro (in 2002) unter Umsatzgesichtspunkten neuer Weltmarktführer im Fluggeschäft, nach Passa-

[118] Vgl. **HETZEL** (2003), S. 1.
[119] Vgl. **O.V.** (2003c), S. 1, **O.V.** (2003e), S. 1 und **O.V.** (2003f), S. 1.
[120] Vgl. **O.V.** (2003k), S. 1 und **O.V.** (2003n), S. 1.

gierzahlen Europas größte Fluggesellschaft (s. Abb. 6.3) und nach Flugkilometern die Nummer drei hinter American Airlines und Delta Airlines.[121]

Abb. 6.3: *Beförderte Passagiere der europäischen Fluggesellschaften im Jahr 2002 in Mio.*

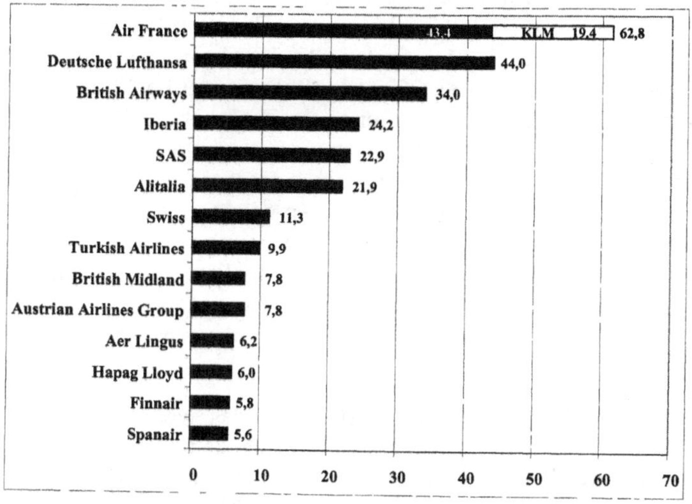

(In Anlehnung an: O.V. (2003z), S. 1)

Parallel impliziert die Fusion einen Rückschlag für die „oneworld"-Allianz, die in ihrer Ausdehnung und Bedeutung darunter leidet, dass bisher keine „Open-Sky"-Vereinbarung zwischen American Airlines und British Airways bzw. zwischen den entsprechenden Nationen USA und Großbritannien vereinbart werden konnte, die den ungehinderten Marktzugang beiderseits den Atlantiks sichern würde.[122] Mittelfristig könnte die kombinierte Gruppe durch eine Integration von Alitalia weiter gestärkt werden. Das Management der italienischen Fluggesellschaft hat bereits angekündigt, nach der vollzogenen Fusion zwischen Air France und KLM Gespräche mit den beiden Unternehmen über einen Beitritt aufnehmen zu wollen. Voraussetzung für eine diese weitere Fusion im europäischen Luftverkehr ist allerdings, dass der italienische Staat seine bestehende Mehrheitsbeteiligung an Alitalia auf eine Minderheitsbeteiligung reduziert und das Unternehmen damit privatisiert.[123] Gleichzeitig wird von Seiten der Alitalia gefordert, nach einer Integration weiterhin als Vollservice-Anbieter auf-

---

[121] Vgl. **O.V.** (2003d), S. 1, **O.V.** (2003e), S. 1, **O.V.** (2003k), S. 1 und **O.V.** (2003l), S. 1.

[122] Vgl. **NOACK** (2003), S.2.

[123] Vgl. **O.V.** (2003e), S. 1 und **O.V.** (2003f), S. 1.

treten und Langstreckenflüge von beiden italienischen Verkehrsknotenpunkten - Mailand Malpensa und Rom Fiumcino - anbieten zu können.[124]

Insgesamt wird der SkyTeam Allianz mit den heutigen Mitgliedern Air France, KLM, Aero Mexico, Alitalia, Delta Airlines, CSA Czech Airlines und Korean Airlines in der Luftfahrtbranche das Potenzial zugeschrieben, die Star Alliance in ihrer Bedeutung überholen zu können. In Luftfahrtkreisen wird damit gerechnet, dass sich die beiden US-Partner der KLM, die Northwest Airlines und die Continental Airlines, mit der KLM im Rahmen der nachfolgend beschriebene „Wings"-Allianz zusammenarbeitet, zeitnah ebenfalls dem SkyTeam-Bündnis anschließen werden. SkyTeam wäre dann größer als die Oneworld-Allianz und würde den Abstand zur führenden Star Alliance deutlich verringern. Vor allem auf den Nordatlantikstrecken würde eine derartige Veränderung eine erhebliche Stärkung des SkyTeams induzieren. Eine erfolgreiche Umsetzung erscheint aus heutiger Sicht als realistisch, da die drei US-Fluggesellschaften bereits in einer gemeinsamen Marketing-Allianz mit umfangreichen Codesharing-Vereinbarungen zusammenarbeiten.[125]

6.4.2.4 Wings

Das „Wings"-Allianzbündnis geht zurück auf das weit reichende Allianzabkommen zwischen KLM und Northwest aus dem Jahre 1989.[126] Die niederländische KLM hatte bereits Mitte der achtziger Jahre des vorigen Jahrhunderts begonnen, eine Partnerfluggesellschaft in den USA zu suchen und erwarb im Jahr 1989 durch eine Investition in Höhe von 500 Mio. US-$ an Beteiligung von 19% am stimmberechtigten Kapital von Northwest Airlines.[127] In der Folge vereinbarten beide Fluggesellschaften eine umfassende Zusammenarbeit u.a. im Bereich der Flugplanerstellung, der Streckenaufteilung, der Nutzung von Verkaufs- und Flughafeneinrichtungen, des Marketings, der Wartung und des Einkaufs. Darüber hinaus wurde ein gemeinsames Vielfliegerprogramm, ein umfassendes Codesharing und die Vereinheitlichung von Reservierungs- und Yield-Management-Systemen beschlossen.[128] Die Strategische Allianz erhielt im Jahr 1993 als erste Allianzbündnis im Luftverkehr von der US-amerikanischen Wettbewerbsbehörde eine Freistellung vom gesetzlich kodifizierten Kartellverbot.[129] Aufgrund von Unstimmigkeiten zwischen der Unternehmensführung von Northwest und KLM über die niederländische Kapitalbeteiligung, ihren weiteren Ausbau im Zeitablauf und die künftige Veränderung des Einflusses auf die Geschäftspolitik von Northwest geriet die Fortsetzung der Partnerschaft, trotz

[124] Vgl. **O.V.** (2003j), S. 1.
[125] Vgl. **HETZEL** (2003), S. 1 und **O.V.** (2003n), S. 1.
[126] Vgl. **BAKER** (2001), S. 42.
[127] Vgl. **ARLINGTON** (1993), S. 152ff.
[128] Vgl. **WIEZOREK** (1998), S. 317f. mit den dortigen weiterführenden Literaturhinweisen.
[129] Vgl. **BAKER** (2001), S. 42

der kommerziell äußerst erfolgreichen Entwicklung, in Gefahr. Nach dem Rücktritt des KLM-Vorstandsvorsitzenden zu Beginn des Jahres 1997 erhielt die Strategische Allianz im September 1997 eine neue vertragliche Basis. Danach verpflichtete sich die KLM, bis zum Jahr 2000 sämtliche Anteile an Northwest an die amerikanische Fluggesellschaft zurück zu verkaufen. Gleichzeitig wurde eine neue Allianzvereinbarung zwischen den beiden Luftverkehrsgesellschaften mit zehnjähriger Laufzeit geschlossen.[130] Nach der Neuvereinbarung des „Wings"-Bündnisses einigte sich Northwest im Januar 1998 mit Continental über amerikanische Inlandsallianz.[131] Diese Zusammenarbeit hat auf ausgewählten Strecken auch zur Kooperation zwischen KLM und Continental geführt.[132]

Seit der „Wings"-Übereinkunft hat die KLM immer wieder versucht, das Allianzbündnis um einige europäische Fluggesellschaften zu ergänzen oder einem der beiden rivalisierenden Flugallianzen „SkyTeam" und „oneworld" beizutreten. Im Jahr 1998 verkündeten KLM und Alitalia Verhandlungen über den Abschluss einer sog. „virtuellen Fusion", die bis zum Jahr 2002 vollendet werden sollte, und begannen mit der Zusammenlegung wesentlicher Teile ihres Geschäftes.[133] Im März 2000 trat die KLM jedoch von dieser Vereinbarung aufgrund von dauerhaften Engpässen am Flughafen Mailand-Malpensa und Unsicherheiten hinsichtlich des zeitlichen Ablaufs der Privatisierung der Alitalia zurück.[134] Danach begann die KLM nach erfolglosen Gesprächen im 1992 zum zweiten Mal Verhandlungen über eine mögliche Fusion mit British Airways,[135] die jedoch ebenfalls im September 2000 aufgrund von luftfahrtpolitischen, rechtlichen und kontrollspezifischen Hürden für gescheitert erklärt wurden.[136]

Durch die im August 2002 geschlossene und im Januar 2003 vom amerikanischen Verkehrsministerium DOT genehmigte Vermarktungsallianz zwischen den amerikanischen Fluggesellschaften Delta Air Lines, Continental und Northwest und durch die angekündigte Fusion zwischen Air France und KLM ist davon auszugehen, dass sich künftig eine engere Zusammenarbeit oder eine vollkommene Zusammenführung des „Wings"-Bündnisses mit der „SkyTeam"-

[130] Vgl. **Jones** (1998), S. 28ff.
[131] Vgl. **Walker** (1998), S. 24f.
[132] Vgl. **Flottau** (2002), S. 7.
[133] Vgl. **o.V.** (1999h), S. 16 und **o.V.** (1999i), S. 15. Für einen Überblick über den Inhalt der geplanten Fusion vgl. **Alitalia; KLM** (1999b).
[134] Vgl. **Merkt; Flottau** (2000), S. 7.Nach einer Schiedsentscheidung im Februar 2003 muss KLM 171,5 Mio. Euro für den Bruch der Allianz an Alitalia zahlen. Vgl. **o.V.** (2003an), S. 21.
[135] Vgl. **o.V.** (2000e), S. 28 und **o.V.** (2000f), S. 21.
[136] Vgl. **Haas** (2000), S. 26, **Bergius** (2000), S. 22, **Michaels** (2000), S. 1, und **o.V.** (2000e), S. 16. Der Zusammenschluss von KLM und British Airways scheiterte bislang vor allem daran, dass dabei die transatlantischen Verkehrsrechte von KLM erloschen wären. Vgl. **Genger; Jennen** (2002), S. 3.

Allianz ergeben wird.[137] Eine Zusammenführung der Allianzen würde die Marktposition des „SkyTeams" auf der Nordatlantikstrecke deutlich stärken. Zur Zeit verfügt es über einen Anteil von 17% an der gesamten Sitzplatzkapazität zwischen Europa und den USA und steht damit an dritter Stelle hinter der Star Alliance (27,8%) und der „oneworld"-Allianz (24,8%). Durch eine Verbindung der „SkyTeam"-Partner und „Wings"-Mitglieder würde der Marktanteil auf dieser Strecke auf mehr als 30% steigen (s. Abb. 6.4).

***Abb. 6.4**: Kapazitäten in ASKs[138], Frequenzen und Marktanteile auf der Nordatlantikstrecke[139]*

Allianz Fluggesellschaft	Wöchentliche Sitzplatzkapazität		Wöchentliche Frequenzen	
	ASKs in Mio.	Anteil in %	Total	Anteil in %
Star Alliance	2.521	27,8	1.398	27,4
oneworld	2.249	24,8	1.240	24,3
Skyteam	1.570	17,3	942	18,4
Continental	451	5,0	308	6,0
Northwest	440	4,9	224	4,4
Virgin	436	4,8	182	3,6
KLM	299	3,3	140	2,7
US Airways	293	3,2	196	3,8
Swiss	240	2,6	126	2,5
Other	864	9,5	548	10,7
Total	9.070	100,0	5.108	100,0

(In Anlehnung an: FIELD (2002), S. 33)

Zusammenfassend ist hinsichtlich der bestehenden Verbünde, die in ihrer Zusammensetzung in Abb. 6.5 visualisiert werden, festzuhalten, dass eine Mitgliedschaft in einer der Strategischen Allianzen den Fluggesellschaften nicht zuletzt aufgrund der zahlreichen Möglichkeiten zur Realisierung ökonomischer

[137] Zur Kooperation der drei amerikanischen Fluggesellschaften vgl. **O.V.** (2002i), S. 15 und **O.V.** (2003ao), S. 16. Durch den Zusammenschluss verfügen die drei Unternehmen über einen Anteil von 32,5% an der gesamten inneramerikanischen Sitzplatzkapazität, während United Airlines und US Airways gemeinsam nur auf einen Anteil von 23% kommen. Vgl. **FIELD** (2002b), S. 32.

[138] „ASK" steht für „Available Seat-Kilometres" (verfügbare Sitzplatzkilometer). Sie ergeben sich durch Multiplikation der gesamten Sitzplätze, die für den Transport von Umsatzpassagieren verfügbar sind, mit der Anzahl an Kilometern, die diese Sitzplätze „geflogen" werden. Dazu und zum Begriff der *Umsatzpassagiere* („revenue passengers") vgl. **AEA** (2002), S. VI-13.

[139] Die Zahlenangaben beziehen sich auf den Stand per Juli 2002.

Ziele stets wichtige Impulse liefern kann.[140] Allerdings ist trotz dieses Vorteils kritisch anzumerken, dass Allianzen kein „Allheilmittel“ zur Zielerreichung darstellen. Die Zeiten des wirtschaftlichen Abschwungs in den letzten Jahren in den bedeutenden Industrienationen haben gezeigt, dass die kooperative Zusammenarbeit zwischen Luftverkehrsgesellschaften weiter ausgebaut werden muss.

Abb. 6.5: *Mitglieder der weltweit bedeutendsten Luftverkehrsallianzen*

Star Alliance	oneworld	Skyteam	Wings
• Air Canada • Air New Zealand • All Nippon Airways • Asiana • Austrian Airlines Group • BMI British Midland • Deutsche Lufthansa • Mexicana • SAS • Singapore Airlines • Spanair • Thai Airways • United Airlines • Varig • LOT	• Aer Lingus • American Airlines • British Airways • Cathay Pacific • Finnair • Iberia • LAN-Chile • Quantas • Swiss	• Aeromexico • Air France • Alitalia • CSA-Czech Airlines • Delta Airlines • Korean Airlines	• Continental • KLM • Northwest

(In Anlehnung an: o.V. (2003v), S. 1)

Diese Tatsache belegt ein Blick in die jüngere Vergangenheit der Luftverkehrsbranche: Beispielsweise konnte die australische Ansett trotz der Mitgliedschaft in der Star Alliance ihren Fortbestand nicht sichern. Kurz nach den Terroranschlägen des 11. Septembers 2001 musste sie Konkurs anmelden und wurde später liquidiert. Darüber hinaus befindet sich auch das Star-Alliance-Gründungsmitglied United Airlines in existenziellen Schwierigkeiten: Das Unternehmen führt seinen Flugbetrieb seit Anfang 2003 nur unter dem Gläubigerschutz des US-amerikanischen Konkursrechtes aufrecht. Diese Entwicklungen sind im Wesentlichen auf ein unzureichendes Kostenmanagement der Luftverkehrsgesellschaften zurückzuführen, das durch die bisher auf Umsatzsteigerung fokussierten Allianzen keine grundlegende Verbesserung erfährt.[141]

[140] Für eine umfassende Erläuterung der ökonomischen Ziele Strategischer Allianzen im Luftverkehr vgl. Kap. 6.2.

[141] Vgl. o.V. (2003n), S. 1f.

Teil 4: Empirische Exploration

7 Konzeptualisierung der empirischen Exploration

7.1 Methodologische Grundlagen

Die methodische Vorgehensweise basierte bisher im Wesentlichen auf einem *theoretisch-deduktiven* Weg. Wenngleich dadurch bereits umfassende Erkenntnisse zur Thematik gewonnen werden konnten, beinhaltet die ausschließliche Verwendung dieses Vorgehens stets die Gefahr, dass bestimmte logisch-konsistente Aussagensysteme geschaffen werden, die zwar einerseits auf einer schlüssigen Argumentation basieren und damit intersubjektiv nachvollziehbar und plausibel erscheinen, jedoch andererseits aus einer praxeologischen Betrachtungsweise als irrelevant und realitätsfern einzustufen sind. Daher erscheint eine Ergänzung der bisher vorwiegend theoriegestützten Ausrichtung der Arbeit um eine *empirisch-induktive* Komponente als eine zwingend notwendige Vorgehensweise.[1] Die resultierende Erweiterung des Analysebereichs erfolgt zudem vor dem Hintergrund der Zielsetzung der Arbeit, zu einem möglichst weit reichenden Erkenntnisfortschritt beizutragen. Dies kann bei einer anwendungsorientierten Fragestellung, wie sie im Rahmen dieser Arbeit einschlägig ist, jedoch immer nur dann gelingen, wenn sowohl theoretisch-deduktiv als auch empirisch-induktiv vorgegangen wird. Zudem erhöht der resultierende *Ansatzpluralismus* die Wahrscheinlichkeit, dass theoretisch hergeleitete Erkenntnisse auch in der Praxis verwertbar sind. Aus methodologischer Sicht sind für eine Ergänzung der *deduktiv* gewonnenen Erkenntnisse zwei Formen der *empirischen Sozialforschung* als potenziell zweckmäßige induktive Vorgehensweisen im Hinblick auf das Untersuchungsanliegen dieser Arbeit in Betracht zu ziehen. Dazu gehören das sog. *Experiment* und die sog. *Feldstudie*:[2]

1.) *Experiment*: Bei einem Experiment handelt es sich um einen systematischen und unter kontrollierten Bedingungen durchgeführten wissenschaftlichen Versuch, durch den ein in der Realität vorkommendes und/oder messbares Phänomen entdeckt, bestätigt oder demonstriert werden soll.[3] Im Bereich der Marktforschung wird unter einem Experiment die planmäßige Erhebung empirischer Sachverhalte zur Falsifizierung oder Verifizierung von Reaktionshypothesen verstanden.[4] Im Bereich der Wirtschaftswissenschaften ist die experimentelle Forschung, im Gegensatz zu anderen Forschungszweigen, lediglich im Bereich der Marketingforschung von Bedeutung. Dies liegt im wesentlichen daran, dass die in wirtschaftswissenschaftlichen Analysen häufig im Mittelpunkt stehenden komplexen *Realphänomene* in der Regel durch

---

1 Zu den unterschiedlichen *Forschungskonzeptionen* vgl. **Chmielewicz** (1994), S. 133ff.

2 Dazu und für einen Überblick über die unterschiedlichen Formen der empirischen Sozialforschung und möglicher Anwendungsbereiche vgl. **Friedrichs** (1990), S. 189ff.

3 Zum Begriff des *Experimentes* vgl. **Müller-Böling** (1992), Sp. 1495ff.

4 Vgl. **Gabler-Verlag** (1997), S. 1251 und **Meffert** (1986), S. 203.

mehrere Faktoren und Parameter beeinflusst werden, die sich der Kontrolle des Forschers entziehen.[5] Da diese Problematik auf das in dieser Arbeit einschlägige Realphänomen „Strategische Allianz" zutrifft, wurde die experimentelle Forschung für diese Arbeit als wenig sinnvolle empirische Vorgehensweise erachtet und daher nicht weiter verfolgt.

2.) *Feldstudie*: Bei Feldstudien werden Informationen hinsichtlich eines Forschungsgegenstandes bzw. beobachtbaren Realphänomens erhoben, erfasst und analysiert.[6] Dabei handelt es sich in der Regel um Informationen, die nicht vom Forscher beeinflusst werden können. Die Begriffsfassung der Feldstudie zeigt, dass sie im Rahmen dieser Arbeit sinnvoll verwendet werden kann, da das Forschungsobjekt „Strategische Allianz" als ein Realphänomen charakterisiert werden kann, dass sich durch eine hohe Informationsdichte auszeichnet. Für die Feldstudiendurchführung gibt es in der empirischen Sozialforschung mit der *Falsifikations-* und der *Explorationsstrategie* zwei Strategiearten.[7] Sie unterschieden sich im wesentlichen durch ihr methodisches Vorgehen: Die Falsifikationsstrategie basiert auf einer eher quantitativen, die Explorationsstrategie auf einer eher qualitativen Vorgehensweise. Nachfolgend werden die Strategieinhalte und -ziele kurz vorgestellt:

a.) *Falsifikationsstrategie*: Die Falsifikationsstrategie zielt auf die Gewinnung von Erkenntnisfortschritten durch den Abgleich von Hypothesen mit den Realitätsbedingungen. Sie ist erfolgsversprechend einsetzbar, wenn der Forschende über ein *umfassendes* Wissen hinsichtlich des untersuchten Realphänomens verfügt, so dass er bereits *vor* der Untersuchung Hypothesen aufstellen kann. Unter solchen Voraussetzungen stellt eine eher quantitativ ausgerichtete Forschung häufig die methodisch sinnvollere Vorgehensweise dar, da sich eindeutig formulierte Hypothesen durch zahlengestützte Wahrscheinlichkeitsüberlegungen bestätigen oder falsifizieren lassen.[8] Insgesamt zielt die Falsifikationsstrategie auf eine *statistische Repräsentativität* der Ergebnisse, die durch das Ausmaß der sog. *Gütekriterien*[9] „Validität" und „Reliabilität" ausgedrückt wird.[10]

---

5 Vgl. **Müller-Böling** (1992), S. 1496.

6 Zu den typischen Phasen eines empirischen Forschungsvorhabens vgl. **Schnell** (1995), S. 7ff.

7 Zum Begriff der *Falsifikation* vgl. **Gabler-Verlag** (1997), S. 1281. Zum Begriff der *Exploration* vgl. **Gabler-Verlag** (1997), S. 1252.

8 Zur *Falsifikationsstrategie* vgl. **Kirchgässner** (1995), S. 145ff. und **Kieser** (1993a), S. 9f.

9 Mit Hilfe von *Gütekriterien* wird die Qualität von Daten beurteilt, die bei einem Messvorgang erhoben werden, oder die Qualität von Analyseergebnissen bewertet. Vgl. **Gabler-Verlag** (1997), S. 1672.

10 Der Begriff der *Validität* bezeichnet das Ausmaß, mit dem eine Meßmethode *tatsächlich* das Konstrukt misst, das im Rahmen einer Untersuchung gemessen werden soll. Die *Relia-*

b.) *Explorationsstrategie*: Die Explorationsstrategie zielt, im Unterschied zur Falsifikationsstrategie, nicht auf die Überprüfung *bestehender* Hypothesen, sondern auf *die erstmalige Einbringung* wissenschaftlicher Aussagen in den Forschungsprozess, die *Gewinnung* von Hypothesen, die hinsichtlich der Problemstellung einen hohen Informationsgehalt aufweisen und das Verständnis für die Zusammenhänge erhöhen, das *erstmalige Erkennen* von Phänomenen und Kausalzusammenhängen und die *Vermittlung* eines ganzheitlichen Bildes des untersuchten Sachverhalts.[11] Eine Explorationsstrategie bietet sich demnach immer dann an, wenn ein Bezugsrahmen für eine empirische Exploration im Sinne einer „Vortheorie" für die Problematik nicht existiert. Im Mittelpunkt der Explorationsstrategie, bei der im Kern theoriegeleitete Fragen mit der betrieblichen Praxis konfrontiert werden, steht ein provisorisches Erklärungsmodell des Forschenden für eine bestimmte Problematik. Es beinhaltet das Problemverständnis des Forschenden, das dieser durch die Analyse von theoretischen Erklärungsansätzen und/oder Methoden entwickelt hat.[12] Die statistische Repräsentativität der Untersuchungsergebnisse wird bei der Explorationsstrategie, im Unterschied zur Falsifikationsstrategie, vernachlässigt, da sie keine Generalisierbarkeit der abgeleiteten Aussagen anstrebt. Das Gütekriterium für die Explorationsstrategie ist das *heuristische* Potential der Untersuchung.[13] Daher wird eine Explorationsstrategie in der Regel über *qualitative* Verfahren umgesetzt, die auf eine Verbesserung der Informationsbasis zur Steigerung des Problemverständnisses zielen.

In Abb. 7.1 werden die methodischen Vorgehensweisen anhand der Ausprägungen ausgewählter Vergleichskriterien gegenübergestellt.

Die Ausführungen zum Begriff der Strategischen Allianz haben gezeigt, dass es sich dabei um ein empirisch beobachtbares Realphänomen handelt, das sich durch eine hohe Komplexität, u.a. hinsichtlich der bei einem Ausbau zu beachtenden Entscheidungsfaktoren, auszeichnet. Zudem zeigte der Überblick über

---

bilität einer Meßmethode beschreibt den Grad der *Zuverlässigkeit*, mit der eine Messung durchgeführt wird. Sie gibt an, in welchem Ausmaß Messergebnisse, die mit identischen Messverfahren und unter gleichen Bedingungen durchgeführt werden, zu gleichen Untersuchungsergebnissen führen. Für eine Erklärung der beiden Gütekriterien der quantitativen Forschung vgl. **Gabler-Verlag** (1997), S. 3248 und S. 3989, **Lamnek** (1993), S. 7 und **Müller-Böling** (1992), S. 1502ff.

[11] Vgl. **Beckmann** (1997), S. 20 und **Welge** (1980), S. 63.

[12] Vgl. **Tomczak** (1992), S. 84.

[13] Der Begriff des *heuristischen Potentials* einer empirischen Untersuchung bezeichnet das Ausmaß, in dem das gewählte Forschungsdesigns zu Generierung zusätzlicher Erkenntnisse in Form von Fragen und Interpretationen beitragen kann. Als Bewertungsmaßstab gilt das Ausmaß, in dem das Verständnis und die Beherrschung der Problemsituation verbessert werden. Vgl. **Welge** (1980), S. 60f.

die vorhandenen Theorieansätze und Forschungsergebnisse zur Strategischen Allianz, dass bisher keine theoretisch bzw. empirisch gesicherten Hypothesen zu möglichen Ausbauoptionen verfügbar sind.[14] Vor diesem Hintergrund und angesichts der Erläuterungen zu den Forschungsstrategien wird deutlich, dass im Rahmen dieser Arbeit ausschließlich ein *qualitativer* Forschungsansatz auf der Basis der Explorationsstrategie als empirische Vorgehensweise in Frage kommt.[15] Dahingehend wird nachfolgend das im Rahmen der vorliegenden Arbeit anzuwendende Verfahren zur Datenerhebung entwickelt und erläutert.

Abb. 7.1: *Gemeinsamkeiten und Unterschiede der Falsifikations- und Explorationsstrategie*

Strategieart / Vergleichskriterium	Falsifikationsstrategie	Explorationsstrategie
Untersuchungsziel	Überprüfung von Hypothesen	Generierung neuer Hypothesen
Gütekriterium	Repräsentativität	Heuristisches Potential
Anzahl der Untersuchungen	mehrere	wenige
Untersuchungsperspektive	partikularisch	ganzheitlich
Abstraktionsniveau	hoch	niedrig
Informationsbasis	breit	tief
Anzahl der verwendeten Methoden	eine	mehrere

(Quelle: Eigene Abbildung[16])

[14] Für eine Darstellung der bestehenden Forschungsansätze zum Begriff der *Strategischen Allianz* vgl. die Ausführungen in Kap. 1.3.

[15] Für eine Erläuterung des Inhalts der *qualitativen* Forschung vgl. **Tomczak** (1992), S. 82.

[16] Die Abbildung basiert auf den Ausführungen von Lamnek und Welge. Vgl. **Lamnek** (1989), S. 8 und **Welge** (1980), S. 56ff.

7.2 Verfahren zur Datenerhebung

Aus der Entscheidung für eine Explorationsstrategie resultieren stets direkte Konsequenzen in Bezug auf die für die Datensammlung in Erwägung zu ziehenden Erhebungstechniken. Im Hinblick auf die drei in der empirischen Sozialforschung bestehenden Erhebungsverfahren in Form der *Beobachtung*, der *Inhaltsanalyse* und der *Befragung* kann an dieser Stelle festgestellt werden, dass lediglich die beiden letztgenannten für die Thematik der Arbeit von Bedeutung sind.[17] Diese Annahme basiert auf der Erkenntnis, dass es generell kaum möglich ist, sämtliche relevanten Entscheidungs- und Einflussfaktoren für die Auswahl einer Allianzausbaualternative, wie z.B. Unternehmens- und Umweltvariablen oder Werthaltungen der involvierten Mitarbeitern, durch Beobachtungen festzustellen. Vor diesem Hintergrund werden nachfolgend ausschließlich die *Inhaltsanalyse* und die *Befragung* erläutert:[18]

1.) *Inhaltsanalyse*: Im Rahmen einer (qualitativen) Inhaltsanalyse wird sprachliches Untersuchungsmaterial ausgewählt und hinsichtlich seines inhaltlichen Bezugs zum jeweiligen Untersuchungsobjekt systematisch analysiert, ausgewertet und zu einem problemorientierten Vorverständnis verdichtet.[19]

2.) *Befragung*: Befragungen gelten als die in der empirischen Forschung am häufigsten verwendete Informationsgewinnungsmethode.[20] In Abb. 7.2 werden die verschiedenen Befragungsformen in der empirischen Sozialforschung nach einschlägigen Differenzierungsmerkmalen aufgeführt und auf ihre Relevanz hinsichtlich der Thematik der Arbeit überprüft.[21]

Durch die Integration einer Vielzahl unterschiedlicher Literaturquellen wurde in den Vorkapiteln bereits ein *Vorverständnis* hinsichtlich der im Rahmen der Arbeit relevanten Themenbereiche entwickelt. Als Basismaterialien für die Erarbeitung des Vorverständnisses dienten, wie die Ausführungen in den vorhergehenden Kapiteln gezeigt haben, in erster Linie öffentlich zugängliche Dokumente wie wissenschaftliche Publikationen, Berichte der Wirtschaftspresse, Branchenstudien und unternehmensspezifische Veröffentlichungen. Aufgrund der in Bezug auf das Untersuchungsanliegen geringen Spezifität der genannten Informationsquellen konnte das Vorverständnis über Ausbauoptionen für Strategische Allianzen im Luftverkehr bisher jedoch nur begrenzt detailliert entwi-

---

17 Zu den *Erhebungsverfahren* der empirischen Sozialforschung vgl. **Kromrey** (1998), S. 167ff. Für eine Erklärung des Beobachtungsbegriffes vgl. **Meffert** (1986), S. 202 mit den dortigen Literaturhinweisen.

18 Zur nachfolgenden Erläuterung der *Inhaltsanalyse* und der *Befragung* vgl. grundlegend **Müller-Böling** (1992), Sp. 1497ff.

19 Vgl. **Kerlinger** (1979), S. 845.

20 Vgl. **Meffert** (1986), S. 194 mit den dortigen Literaturangaben.

21 Für eine detaillierte Erläuterung der unterschiedlichen Befragungsformen vgl. **Meffert** (1986), S. 195ff.

ckelt werden. Die Ergebnisse der qualitativen Inhaltsanalyse sind vor diesem Hintergrund lediglich als Basis für eine weitere notwendige Erhebung in Form der Befragung anzusehen.

***Abb.** 7.2: Formen der Befragung in der empirischen Sozialforschung*

Unterscheidungsmerkmal	**Mögliche Merkmalsausprägungen**	**Verwendbar im Rahmen der Arbeit**
Befragter Personenkreis	• **Expertenbefragung**	**ja**
	• **Abnehmerbefragung**	**nein**
Grad der Standardisierung	• **unstrukturiert**	**nein**
	• **teilstandardisiert**	**ja**
	• **vollkommen standardisiert**	**nein**
Häufigkeit der Durchführung	• **einmalig**	**ja**
	• **mehrmalig**	**nein**
Form der Durchführung	• **persönlich (Interview)**	**ja**
	• **schriftlich (Fragebogen)**	**nein**
	• **telefonisch**	**nein**
Anzahl untersuchter Themen	• **Einthemenbefragung**	**nein**
	• **Mehrthemenbefragung**	**ja**

(Quelle: Eigene Abbildung[22])

Als Ergänzung der dokumentengestützten Inhaltsanalyse kommen in dieser Arbeit ausschließlich Einzelbefragungen in Form *einmaliger*, *teilstandardisierter* und *persönlicher Expertengespräche* in Frage, die in der Literatur auch als *problemzentrierte Interviews*[23] bezeichnet werden.[24] Diese Form der Befragung fokussiert auf bestimmte Fragestellungen, bietet dem Gesprächspartner jedoch umfangreiche Spielräume, auf die Fragen offen, d.h. ohne vorgegebene Ant-

[22] Zu den Bestandteilen der Abbildung vgl. **MÜLLER-BÖLING** (1992), Sp. 1497ff., **MEFFERT** (1986), S. 195ff. und **GABLER-VERLAG** (1997), S. 441.

[23] Im Rahmen *problemzentrierter Interviews* werden den Interviewpartnern zu unterschiedlichen Aspekten des Untersuchungsanliegens unterschiedliche Fakt- und Meinungsfragen gestellt, um sowohl objektive Daten als auch subjektive Eindrücke der Befragten ermitteln zu können. Durch die explizite Berücksichtigung subjektiver Eindrücke soll ein fundiertes, ganzheitliches Problemverständnis erzielt und die Entstehung weiterführender Fragestellungen initiiert werden. Dazu und zum Begriff des *problemzentrierten Interviews* vgl. **MAYRING** (1993), S. 46f., **HOPF** (1991), S. 178 und **LAMNEK** (1993), S. 74 und S. 90ff.

[24] Für einen Überblick über alternative empirische Erhebungsmethoden vgl. **FRIEDRICHS** (1990), S. 189ff. Zum Begriff des *Expertengesprächs* bzw. *Expertenbefragung* vgl. **GABLER-VERLAG** (1997), S. 1252.

wortalternativen reagieren zu können.[25] Die *teilstandardisierte* (leitfadengestützte) Vorgehensweise bietet sich an, weil sie sowohl gegenüber einer vollkommen *unstrukturierten* als auch einer übermäßig *standardisierten* Vorgehensweise, die den Inhalten und der Anordnung eines exakt vordefinierten und konstant einzuhaltenden Fragenkataloges folgt, einige wesentliche Vorteile aufweist:

1.) *Flexibilität bei der Gesprächsführung*: Leitfadengestützte Interviews erlauben einen flexiblen Gesprächsablauf und ein schnelles Eingehen auf neue, im Leitfaden noch nicht berücksichtigte Aspekte, die durch Assoziationen während der Befragung auftreten.[26] Dadurch kann der Interviewer vielfach seinen Spielraum zur Formulierung, Anordnung und Vertiefung seiner Fragen erhöhen.[27]

2.) *Generierung zusätzlicher Informationen*: Leitfadengestützte Interviews ermöglichen in der Regel eine bessere Nutzung des Wissens der Gesprächspartner, da ihnen ein weit reichender Spielraum für Ergänzungen und fragenunabhängige Ausführungen gewährt wird. Darüber hinaus kann diese Befragungsform eine Verbesserung der Gesprächsaktivität der Befragten bewirken und die Formulierung eigenständiger aussagekräftiger Antworten fördern.[28] Vor diesem Hintergrund kann festgehalten werden, dass leitfadengestützte Interviews, im Unterschied zu einem vollkommen standardisierten Gespräch, nicht nur zur Erhebung bestimmter Daten auf der Grundlage des gewählten oder entwickelten Theoriemodells oder -konzepts sinnvoll eingesetzt werden können. Vielmehr können sie auch einen umfassenden Beitrag zur Verbesserung des eigenen Kenntnisstandes, Erweiterung bestehender Theorieansätze, Ableitung neuer inhaltlicher Lösungen und/oder Lösungsverfahren und Diskussion von Problembereichen, die in der bisherigen Forschung nicht oder nur sehr eingeschränkt berücksichtig wurden, leisten.

3.) *Klärung wesentlicher Begrifflichkeiten*: Im Hinblick auf die in einem Interviewleitfaden verwendeten Begrifflichkeiten ist vor der Durchführung einer Befragung stets davon auszugehen, dass das Begriffsverständnis der befragten Personen in einigen Bereichen differiert. Zur Überwindung dieser begriffsinduzierten Probleme bietet ein *persönliches* Interview im Unterschied zur *schriftlichen* Befragung die Möglichkeit, durch entsprechende Erläuterungen ein über alle Gespräche hinweg weitestgehend einheitliches Begriffsverständnis zu erreichen und somit Ergebnisabweichungen aufgrund unterschiedlicher Begriffsdefinitionen zu vermeiden bzw. zu minimieren. Ins-

---

[25] Vgl. **Mayring** (1993), S. 46f. Zu den unterschiedlichen Ausprägungen qualitativ orientierter Interview-Formen nach Freiheitsgraden des Befragten und des Fragenstellers vgl. **Mayring** (1993), S. 45.

[26] Vgl. **Atteslander** (1995), S. 174ff.

[27] Vgl. **Friedrichs** (1990), S. 189ff.

[28] Vgl. **Atteslander** (1995), S. 174ff.

gesamt können persönliche Befragungen damit zu einer Sicherung der Validität der Gespräche beitragen.

4.) *Schaffung einer vertrauensvollen Atmosphäre*: Häufig handelt es bei den Informationen, die durch eine empirische Exploration gewonnen werden sollen, um unternehmenspolitisch sensible Daten, die nicht für eine Veröffentlichung bestimmt sind. Ausschließlich dokumentengestützte Sekundärerhebungen oder schriftliche/telefonische Befragungen führen daher häufig nicht zum erforderlichen Einblick in die in der Realität ablaufenden Prozesse und Analysen. Im Gegensatz dazu können persönliche Interviews dazu führen, dass sich eine vertrauensvolle Gesprächsatmosphäre einstellt, durch die sich die benötigten Informationen leichter und umfassender erschließen lassen.

Allerdings ist diesen Verfahrensvorteilen die Tatsache entgegenzuhalten, dass sich durch persönliche Gespräche *keine* repräsentativen Aussagen ableiten lassen, da die jeweiligen Frage- und Problemstellungen von den befragten Personen in der Regel ausschließlich auf der Basis ihrer individuell-subjektiven Betrachtungen interpretiert werden.[29] Die dadurch entstehende Informationsfiltrierung und Ergebnissubjektivität kann jedoch im Rahmen einer wissenschaftlichen Forschungsarbeit angesichts der Verfahrensvorteile und aus Gründen der *Komplexitätsreduktion* in Kauf genommen werden. Außerdem lassen sich durch eine sorgfältige Auswahl der Gesprächspartner in der Regel, trotz der mangelnden Repräsentativität, aussagekräftige Ergebnisse ableiten.[30]

Nachfolgend wird die für diese Arbeit vorgenommene Auswahl der Gesprächspartner und die Durchführung der Interviews erläutert. Da die Expertengespräche zum Zeitpunkt ihrer schriftlichen Fixierung bereits beendet waren, wird der weitere Verlauf der empirischen Exploration in der *Vergangenheitsform* erläutert.

---

29 Vgl. **Pabst** (1993), S. 8.
30 Vgl. **Stüdlein** (1997), S. 14.

7.3 Auswahl der Gesprächspartner

Bei der Auswahl von Gesprächspartnern ist im Rahmen einer wissenschaftlichen Arbeit stets darauf zu achten, eine möglichst große Vielfalt an Perspektiven und Erfahrungen für den Forschungsprozess zu gewinnen. Obwohl es im Rahmen dieser Arbeit wünschenswert gewesen wäre, der Internationalität des Phänomens „Strategische Allianzen im Luftverkehr" durch die Befragung mehrerer Fluggesellschaften unterschiedlicher Nationalität zu entsprechen, ergaben sich durch den Zwang zu einer forschungsökonomischen Effizienz sowohl in zeitlicher als auch in finanzieller Hinsicht gewisse Restriktionen für die Gesprächspartnerauswahl. Trotz dieser Einschränkungen ließ sich der Internationalitätsaspekt in die Befragungen integrieren, da im Schwerpunkt Gesprächspartner ausgewählt wurden, die in einem international ausgerichteten Bereich tätig sind. Zudem wurden die Gespräche, vor dem Hintergrund der *entscheidungsanalytischen* Ausrichtung und *anwendungsorientierten* Zielsetzung der Arbeit, ausschließlich mit Personen geführt, die auf konkrete Erfahrungen in der Luftverkehrsbranche verweisen konnten. Die *Kernzielgruppe* bestand aus Mitarbeitern von Fluggesellschaften mit Erfahrungen in der strategischen Unternehmensentwicklung. Da strategische Entscheidungen in der Regel von Mitgliedern der oberen Führungsebenen getroffen werden, kamen als Gesprächspartner in erster Linie Mitglieder der Geschäftsleitung oder des Vorstandes und leitende Angestellte in Stabsabteilungen (z.B. Strategische Unternehmensentwicklung). In diesem Zusammenhang wurden Gespräche mit (aktuellen und ehemaligen) Mitarbeitern von Fluggesellschaften geführt. Zur Erweiterung der sich aus diesen Gesprächen ergebenden Erkenntnisse wurde eine weitere Befragungsgruppe aus Luftverkehrsexperten eines nationalen Finanzdienstleistungsunternehmens, einer internationalen Unternehmensberatung und drei deutschen Flughäfen gebildet. Diese Befragungen wurden mit dem Ziel durchgeführt, die Aussagen der Kernzielgruppe zur Thematik besser einordnen zu können und weitere Erkenntnisse zu den Strategieoptionen zu generieren. Ergänzt wurden diese Befragungen durch eine Vielzahl privater Gespräche mit Vertretern aus anderen Branchen, die zu einigen Teilfragen aufgrund ihres persönlichen Tätigkeitsfelds einige wesentliche Informationen beitragen konnten. Die generelle Bereitschaft zur Auskunft musste vor der Durchführung der Befragung aufgrund der Sensibilität der Thematik als gering eingeschätzt werden. Auch die zeitliche Belastung des relevanten Personenkreises machte Interviewwünsche in den festgelegten Zielgruppen generell problematisch. Trotz dieser Restriktionen konnten 10 Expertengespräche durchgeführt werden.[31]

[31] Eine Übersicht über die Gesprächspartner und Unternehmen findet sich im *Anhang 2* der Arbeit.

7.4 Durchführung der Expertenbefragung

Während der Erstellung des theoretischen und praxisorientierten Teils wurde sukzessive ein teilstandardisierter Gesprächsleitfaden mit mehreren Fragen entwickelt. Die Fragen wurden vor dem Beginn der Expertengespräche auf ihre inhaltliche Relevanz überprüft, abgestimmt und in eine logische Reihenfolge gebracht. Danach wurde ein Pretest durchgeführt, um die Verwendbarkeit und Verständlichkeit, die zeitliche Angemessenheit und die Aussagekraft des Leitfadens hinsichtlich der Thematik zu verifizieren. Insgesamt wurde der Leitfaden mit dem Ziel entwickelt, das luftverkehrsspezifische Wissen der Gesprächspartner zu den Fragestellungen zu erschließen, zusätzliche Informationen zur Thematik zu generieren und bisher gewonnene theorie- und praxisorientierte Erkenntnisse zu überprüfen und/oder weiter zu entwickeln. Durch die inhaltliche Gestaltung des Fragenkatalogs wurde die Realisierung von zwei *Forschungszielen* angestrebt:

1.) Der Leitfaden sollte zur *Bewertung* der im Theorieteil der Arbeit entwickelten *Entscheidungsfaktoren* und *Zieldimensionen* hinsichtlich ihrer Relevanz für die Auswahl einer Entwicklungs- bzw. Ausbaualternative für Luftverkehrsunternehmen bzw. -allianzen beitragen.

2.) Der Leitfaden sollte zur *Identifikation* und *Bewertung* von *Strategieoptionen* für den Ausbau der Luftverkehrsallianzen beitragen und die Ableitung von Aussagen über die Umsetzbarkeit und Vor- bzw. Nachteile der einzelnen Optionen ermöglichen.

Vor dem Hintergrund dieser Zielsetzungen basierte der untersuchungsspezifische Gesprächsleitfaden auf *drei* grundlegenden Fragenkomplexen:[32]

1.) Fragestellungen zur *Person* des Gesprächspartners und zu den für die Thematik wesentlichen *Begrifflichkeiten*,

2.) Fragestellungen zur allgemeinen *Entwicklung* des Luftverkehrs und

3.) Fragestellungen zu den *Strategischen Allianzen* im Luftverkehr.

Aufbauend auf dieser Grobstrukturierung des Leitfadens wurden den unterschiedlichen Fragenkomplexen mehrere Themenbereiche und Einzelfragen zugeordnet. Nach der Erstellung des Leitfadens erfolgte eine telefonische Kontaktaufnahme zu den potenziellen Gesprächspartnern, die dem Autor von Dritten vermittelt worden waren oder zu denen bereits ein persönlicher Kontakt bestand. Die Form der Gesprächsvermittlung und die Art der bestehenden Kontakte des Autors ermöglichten die Gewinnung von Gesprächspartnern, die auf ein zum Teil breites Erfahrungswissen im Luftverkehr oder in luftverkehrsnahen Bereichen zurückgreifen konnten. Im Rahmen des telefonischen Erstkontaktes wurde das Forschungsprojekt beschrieben, das Befragungsziel erläutert und ein

[32] Der Interviewleitfaden ist im *Anhang 1* der Arbeit aufgeführt.

Gesprächstermin vereinbart. Anschließend wurde den Befragungsteilnehmern der Leitfaden mit einer kurzen Erläuterung der Thematik per E-Mail oder Post zugesandt, um Vorüberlegungen zu ermöglichen und den Ablauf der Gespräche zu verdeutlichen.

Die Expertengespräche wurden ausnahmslos in den Räumen der Unternehmen durchgeführt. In Abhängigkeit vom Erfahrungshintergrund des Befragten wurde der Leitfaden während der Interviews intensiv oder nur teilweise angewendet, um das Wissen möglichst umfassend zu erschließen.[33] Lediglich die Fragen zum Begriffsverständnis und Erfahrungshintergrund der Experten wurden in jedem Gespräch thematisiert. Alle andere Fragen wurden gesprächsspezifisch überprüft und immer nur dann gestellt, wenn der Kenntnisstand des Experten eine verwertbare Antwort erwarten ließ und/oder die angestrebten Erkenntnisse nicht bereits durch die Beantwortung einer anderen Frage gewonnen werden konnten.[34] Die flexible Gesprächsführungsform trug maßgeblich dazu bei, dass sich stets eine positive und offene Gesprächsatmosphäre einstellen konnte, die letztlich eine Erhöhung der Gesprächs- und Auskunftsbereitschaft induzierte.

Den Vertretern der Unternehmen wurde *vor* und *nach* den Gesprächen zugesichert, auf die *detaillierte* Darstellung vertraulicher Informationen im Ergebnisteil zu verzichten, um keinen Rückschluss auf die Unternehmen zu ermöglichen. Insbesondere aufgrund dieser Zusicherungen zeichneten sich die Gespräche durch *Offenheit* und *Vertraulichkeit* aus. Sie dauerten jeweils zwischen 60 und 90 Minuten und wurden, soweit von den Befragten erlaubt, auf Tonträgern aufgezeichnet und im Anschluss durch eine Volltext-Transkription zusammengefasst. Falls eine Aufzeichnung nicht möglich war, wurden die Ausführungen der Befragten während der Gespräche handschriftlich festgehalten und nach Gesprächsbeendigung um zusätzliche, erinnerungsgestützte Gesprächsinhalte ergänzt. Ziel dieser Vorgehensweise war es, möglichst alle relevanten Informationen aus den Gesprächen herauszufiltern, Kernaussagen zur Thematik zu identifizieren und gleichzeitig die Konsistenz der Antworten zu überprüfen.

---

[33] Die flexible Befragungsdurchführung wurde möglich, da eine Repräsentativität und statistische Auswertbarkeit der Ergebnisse aufgrund der gewählten Forschungsstrategie in Form der Explorationsstrategie von vornherein nicht angestrebt wurde. Zur *Explorationsstrategie* vgl. Kap. 7.1, S. 481.

[34] Vgl. **Friedrichs** (1990), S. 227.

7.5 Methodik der Untersuchungsauswertung

Nach der Gesprächstranskription wurden die Aufzeichnungen auf ihren Inhalt und Aussagegehalt hinsichtlich der Arbeitsthematik überprüft und um Textteile verkürzt, die keinen Bezug zum Thema aufwiesen bzw. keinen Beitrag zum Erkenntnisgewinn versprachen.[35] Danach wurde die resultierende Datenmenge nach den Themenkomplexen des Leitfadens und den entsprechenden Fragestellungen kategorisiert. Dazu wurden die im verkürzten Gesprächsprotokoll enthaltenen Aussagensysteme systematisch auf ihren Beitrag zur Beantwortung der Fragen des Leitfadens analysiert. Aussagen, die sich nicht eindeutig einem Themenkomplex oder einer Frage zuordnen ließen, aber zur allgemeinen Erkenntnisgewinnung und Steigerung des thematischen Verständnisses beitrugen, wurden separat erfasst. Nach der Reduzierung und Strukturierung der Informationen wurden die Gespräche mit dem Ziel analysiert, zu gesprächsübergreifenden generalisierbaren Ergebnissen zu gelangen. Dazu wurden die Gemeinsamkeiten und Differenzen der Gespräche identifiziert und die wesentlichen gesprächsübergreifenden Aussagen systematisiert. Durch diese Vorgehensweise war es möglich, eine strukturierte Auswertung bzw. Interpretation der Expertengespräche vornehmen zu können. Insgesamt ließen sich durch die Gespräche neue Erkenntnisse zu den nachfolgend genannten Bereichen gewinnen:

1.) *Strategieoptionen für den Ausbau der Strategischen Allianzen im Luftverkehr*: Als Hauptergebnis des empirischen Teils ist die Identifikation der Strategieoptionen für den Ausbau der Luftverkehrsallianzen anzusehen. Aus diesem Grund stellt die Erläuterung und graphische Visualisierung der Ausbauoptionen den Schwerpunkt der nachfolgenden Ergebniserläuterung dar.

2.) *Perspektiven der künftigen Konsolidierung in der Luftverkehrsbranche*: Durch die Gespräche konnten einige wesentliche Erkenntnisse zu den potenziellen Veränderungen und Konsolidierungsprozessen im internationalen Luftverkehr und zur künftigen Rolle einzelner europäischer Luftverkehrsgesellschaften gewonnen werden.

3.) *Empirische Relevanz der abgeleiteten Entscheidungsfaktoren*: Durch die Gespräche konnte die empirischen Relevanz der im Theorieteil der Arbeit abgeleiteten Entscheidungsfaktoren identifiziert werden.

Um der besonderen Relevanz der Gesprächsergebnisse für die Gesamtthematik gerecht zu werden, erfolgt die Darstellung der Gesprächsergebnisse im Rahmen des nachfolgenden Hauptkapitels. Die einzelnen Ausführungen orientieren sich dabei an den drei vorgenannten Themenbereichen und basieren im Kern auf den Gesprächsbeiträgen der befragten Personen, Sie werden daher lediglich an geeigneten Stellen um externe Literaturquellen ergänzt, die zur (weiteren) Bestätigung der gewonnenen Erkenntnisse beitragen können.

---

[35] Für eine Erläuterung dieser Vorgehensweise vgl. LAMNEK (1993), S. 109.

8 Darstellung und Auswertung der Untersuchungsergebnisse

8.1 Strategieoptionen für den Ausbau der Luftverkehrsallianzen

8.1.1 Unternehmensspezifische Strategieoptionen

8.1.1.1 Fusionen zwischen den Allianzunternehmen

8.1.1.1.1 Grundlagen zur Fusionsoption

Im Rahmen der Expertenbefragung wurden die Interviewpartner gebeten, die wirtschaftlichen Effekte der bisher im Luftverkehr stattgefundenen Fusionen einzuschätzen, um das Potential künftiger Unternehmensverbindungen zu verifizieren. In diesem Zusammenhang wurde festgestellt, dass die bisherigen Fusionen im Luftverkehr aus Sicht der Experten keine oder nur geringe Werteffekte generiert haben. Diese Aussage wurde u.a. durch den Hinweis belegt, dass der Gegenwert der bisher ca. fünfzig Transaktionen im europäischen und US-amerikanischen Luftverkehr in den letzten fünfzehn Jahren mehr als dem aktuellen Marktwert aller Unternehmen in der Luftverkehrsbranche entspricht.

Trotz dieser negativen Erfahrungen ist nach Ansicht der Experten jedoch davon auszugehen, dass künftig weitere Fusionen in der Luftverkehrsbranche stattfinden werden. In diesem Zusammenhang stellt sich die zentrale Frage, ob und wie diese erwarteten Fusionen erfolgreicher als in der Vergangenheit umgesetzt werden können. Durch eine Untersuchung der Unternehmensberatung McKinsey & Company konnte nachgewiesen werden, dass das Synergiepotential von Fusionen zwischen Luftverkehrsgesellschaften generell signifikant ist. Danach verspricht eine Fusion zwischen zwei mittelgroßen Fluggesellschaften Synergiepotentiale in Höhe von ca. 7% der kombinierten Umsätze (s. Abb. 8.1).

Zur Umwandlung dieser Synergiepotentiale in Synergieeffekte ist jedoch stets ein weit reichendes Verständnis für die Geschäftslogik von Fusionen zwischen Luftverkehrsunternehmen notwendig.[1] Danach basiert ein Teil der gesamten Synergiepotentiale stets auf *branchenunabhängigen* Zusammenhängen. Beispielsweise ermöglicht die durch die Fusion gesteigerte Unternehmensgröße die Generierung von Skaleneffekten, z.B. im Bereich des Materialeinkaufs oder in der Beschaffung von Fluggeräten. Darüber hinaus können sich im Verlauf des Integrationsprozesses weitere Nutzeneffekte ergeben, die *vor* einer Fusion von den beteiligten Unternehmen noch nicht erschlossen werden konnten.

Das nach der Fusion bestehende Unternehmen wird in der Regel von Kosteneinsparungen in mehreren Bereichen profitieren können. Beispielsweise können in der Ersatzteilbeschaffung, in Back-Office-Funktionen, im Vertrieb und im Bereich der Unternehmensführung Einsparungen erreicht werden. Darüber hinaus ergeben sich Möglichkeiten für eine Bilanzoptimierung und den Austausch von Wissen zwischen den zusammengeführten Unternehmen.

---

[1] Vgl. McKinsey (2001), S. 110.

Abb. 8.1: Synergiepotenziale von Fusionen zwischen Luftverkehrsgesellschaften in Prozent der kombinierten Umsätze

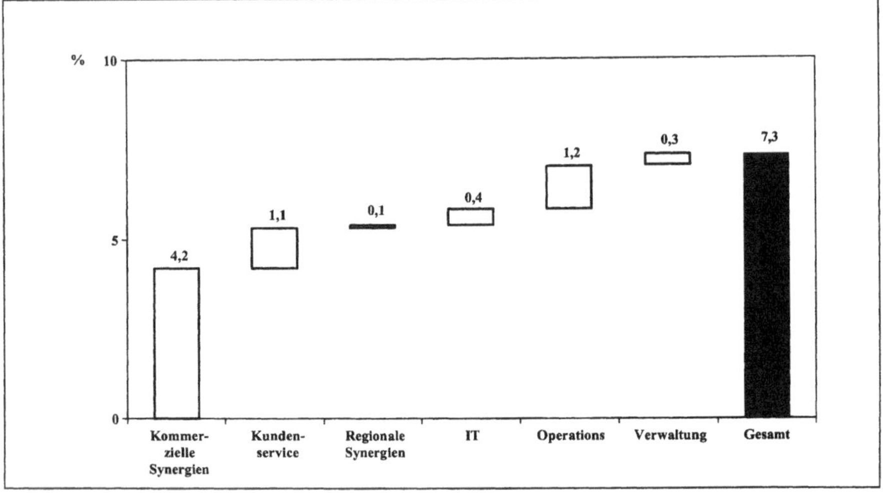

(Quelle: McKINSEY (2001), S. 111)

Neben diesen *branchenunabhängigen* Effekten gibt es einige weitere *luftverkehrsspezifische* Nutzeneffekte von Fusionen:[2]

1.) *Netzwerkoptimierung*: Eine einheitliche Kontrolle der einzelnen Netzwerke verbessert die Anschlusseffizienz und die Auslastung der Flugzeuge. Sie ermöglicht die Einsparung redundanter Flugstrecken.

2.) *Erhöhte Marktmacht*: Die sich aus der Zusammenführung von Flugplänen, Vielfliegerprogrammen, Reisebürovereinbarungen und Unternehmensverträgen ergebende Marktmacht steigert die Möglichkeiten, den Umsatz in bestimmten Zielmärkten zu steigern.

3.) *Marktwachstum*: Die Kombination der Präsenzen auf den jeweiligen Heimatmärkten ermöglicht die Bedienung von Flugrouten, die ohne eine Zusammenführung der Unternehmen nicht profitabel betrieben werden könnten.

4.) *Verbesserung der Allianzposition im Wettbewerbsumfeld*: Die Verhandlungsmacht gegenüber bisherigen und potenziellen Partnern und konkurrierenden Fluggesellschaften kann durch die Zusammenführung der Unternehmen in der Regel gesteigert werden.

Allerdings herrscht in der Branche die weit verbreitete Meinung vor, dass diese positiven Fusionseffekte stets durch die damit verknüpften Fusionskosten aufgezerrt werden. Nach Ansicht der Interviewpartner ergeben sich durch Fusionen

2 Zu den nachfolgenden Ausführungen vgl. auch **McKINSEY** (2001), S. 110.

häufig weit reichende umsatzrelevante Beeinträchtigungen beim Kundenservice, während die Einmalkosten einer Fusion, die von der Neulackierung der Flotte bis zu den Abfindungen für freigesetzte Mitarbeiter reichen können, die Vorhersagen meistens übersteigen. Verhandlungen der Arbeitnehmer können darüber hinaus zu einer Harmonisierung von Bezügen und Arbeitsregeln führen, deren Umsetzung wiederum die Freisetzung weiterer Mitarbeiter notwendig macht. Zudem erfordert die Realisierung einer Fusion vielfach die Einhaltung von Konzessionen gegenüber Gewerkschaften und Wettbewerbsbehörden, die negative Kosteneffekten aufgrund entstehender Inflexibilitäten induziert.

Als weiterer Nachteil von Fusionen wurde im Rahmen der Expertengespräche angeführt, dass die involvierten Unternehmen während des Integrationsprozesses vielfach zu einer Vernachlässigung bzw. Aussetzung kurzfristiger Entscheidungen neigen. Aus dieser strategischen Paralyse ergeben sich in der Regel die größten fusionsinduzierten Kosten, da andere Fluggesellschaften Vorteile aus dieser Verwirrung ziehen können, indem sie Kunden und Personal abwerben und/oder neue strategische Initiativen vornehmen, die ihnen eine längere Führungsposition gegenüber den fusionierten Unternehmen ermöglicht. Aus diesem Grund ist es vor jeder Fusionsplanung und -umsetzung stets erforderlich, sich frühzeitig einen umfassenden Überblick über die speziellen Herausforderungen der Transaktion zu machen.

8.1.1.1.2 Vollfusionen

Eine *Vollfusion*, die *ausschließlich* aus kommerziellen und nicht aus rechtlichen Gründen vollzogen wird, kann als eine besonders ideale Form für einen Allianzausbau angesehen werden, da sich dadurch in weit reichender Form Beschränkungen und Zwänge verringern lassen, die einer weiteren Verbesserung der Erlös- und Kostensituation der Unternehmen bisher entgegenstehen. Die erfolgreiche Umsetzung einer Vollfusion ist innerhalb der EU nach Auskunft der Experten jedoch nur dann zu erwarten, wenn eines der führenden europäischen Luftverkehrsunternehmen (British Airways, Deutsche Lufthansa oder Air France) *nach* einer entsprechenden Liberalisierung der bisher bestehenden rechtlichen Beschränkungen maßgeblich daran beteiligt ist und die Heimatländer der involvierten Unternehmen bereits eine Open-Sky-Vereinbarung mit den USA abgeschlossen haben.

Da jedoch davon auszugehen ist, dass es eine grundlegende Veränderung der EU-internen rechtlichen Regelungen für weitergehende Formen der Unternehmensverbindungen zwischen Luftverkehrsgesellschaften zeitnah noch nicht geben wird, werden die Luftverkehrsunternehmen künftig zunächst andere Wege zur Umsetzung von Vollfusionen beschreiten werden, z.B. durch die Gründung einer neuen Gesellschaft, an der die fusionswilligen Gesellschaften eine Kapitalbeteiligung übernehmen.

Einen derartigen Weg werden Air France und KLM zur Umsetzung ihrer angekündigten Fusion beschreiten. Danach sollen beide Unternehmen ihre nationalen Identitäten, Markennamen und Verkehrsrechte im Rahmen von je einer Betriebsgesellschaft weiterführen und unter dem Dach einer gemeinsamen Holding „Air France-KLM“ zusammengeführt werden, an der beide Unternehmen eine Kapitalbeteiligung erhalten werden.[3] Ähnliches ist bei einer möglichen Fusion zwischen British Airways und Iberia zu erwarten.[4] Allerdings ist bei derartigen Konstellationen bis zu einer (weiteren) rechtlichen Liberalisierung stets die Frage problematisch, inwieweit die Fusion zu einer Aufgabe der nationalen Identität einer der beiden Fluggesellschaften führt. Die Problematik basiert im Wesentlichen auf den im internationalen Luftverkehr bestehenden Slotregelungen,[5] nach denen die Landerechte einer Fluggesellschaft an ihre nationale Identität gekoppelt sind. Die bilateralen Abkommen, in denen die Landerechte festgelegt werden, könnten nichtig werden, falls eine Gesellschaft im Zuge einer Fusion nicht gleichberechtigt mit der anderen Gesellschaft zusammengeht, sondern faktisch von dieser übernommen wird und lediglich als fiktives Tochterunternehmen der übernehmenden Fluggesellschaft weiterfliegt.[6]

Als Alternative zu den inhaltlich komplexen und rechtlich problematischen Vollfusionen können europäische Luftverkehrsgesellschaften auch *Teilfusionen* durchführen, die in der Regel nicht gegen geltenden EU-Recht verstoßen. Nachfolgend wird diese Fusionsoption erläutert und durch entsprechende Abbildungen veranschaulicht.

8.1.1.1.3 Teilfusionen

Teilfusionen zwischen Luftverkehrsunternehmen können nicht nur dazu beitragen, solche Synergieeffekte zu erschließen, die durch eine Strategische Allianz nicht erreicht werden können. Sie können auch die Grundlagen für künftige Vollfusionen legen, da die Partnerunternehmen auf diese Weise dauerhafter aneinander gebunden werden. Dabei ist es zunächst unerheblich, ob die Teilfusion mit einer Kapitalbeteiligung oder ohne eine kapitalmäßige Verflechtung der Partnerunternehmen unterlegt wird. Falls eine Kapitalbeteiligung als fusionsbegleitende Maßnahme vollzogen werden soll, bietet sich ein sukzessiver (wechselseitiger) Erwerb von Minderheitsbeteiligungen an den bisherigen Allianzpartnern an. Dadurch können die Unternehmen nicht nur der Ernsthaftigkeit ihrer weiteren Zusammenarbeit Ausdruck verleihen. Sie bewahren dadurch auch

[3] Vgl. **o.V.** (2003b), S. 1 und **o.V.** (2003o), S. 1. Zur Verteilung der Kapitalanteile an der neuen Gesellschaft vgl. Kap. 6.4.2.3 und Abb. 6.2.

[4] Vgl. **o.V.** (2003a), S. 1.

[5] Für eine Erläuterung des Slotbegriffes und der damit verbundenen Restriktionen im internationalen Luftverkehr vgl. die Ausführungen in Kap. 5.3.4.1.3 mit den dortigen Literaturangaben.

[6] Vgl. **o.V.** (2003p), S. 1.

ihre Handlungsflexibilität und beschränken gleichzeitig den Integrationsprozess zunächst auf die traditionelle Allianzstruktur.

Die Umsetzung einer Teilfusion kann, in Abhängigkeit von der jeweiligen spezifischen Ausgangssituation der involvierten Unternehmen, sowohl *divisional*, *geographisch* als auch *funktional* vollzogen werden.

1.) *Divisionale Teilfusion*: Das einfachste Teilfusionsmodell ist die Kombination der Geschäftsbereiche („Divisionen") der involvierten Luftverkehrsgesellschaften (s. Abb. 8.2). Dabei bietet sich insbesondere eine Teilfusion in solchen Bereichen an, die außerhalb des traditionellen Passagiergeschäfts liegen. Dazu gehört vor allem der Cargobereich, für den, gegenüber dem Passagierverkehr, deutlich weniger gesetzliche Beschränkungen gelten. Aber auch Teilfusionen in bestimmten *internen* Bereichen, wie z.B. Wartung, Bodendienste, Catering und Vielfliegerprogramme, können sinnvoll sein. Allerdings ist davon auszugehen, dass dadurch nur ein geringer Nutzen gestiftet wird, da der Nichtpassagierbereich typischerweise nur einen geringen Anteil an den Gesamtumsätzen eines Luftverkehrsunternehmens ausmacht.

Abb. 8.2: *Beispiel für die Umsetzung einer divisionalen Teilfusion*

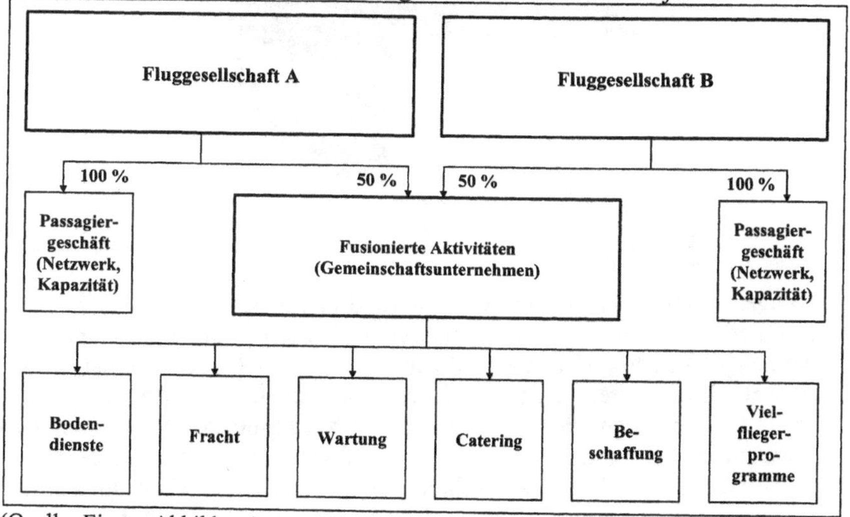

(Quelle: Eigene Abbildung)

Darüber hinaus führt eine divisionale Teilfusion aufgrund der vielfach geringen Bedeutung der davon betroffenen Divisionen nur zu einer geringen Intensivierung des Zusammenhalts der Unternehmen. Diese verfügen weiterhin über eine weit reichende Handlungsflexibilität, da sie den bedeutenderen Passagierbereich von einer Zusammenführung ausklammern.

Auf der extremsten Form einer divisionalen Teilfusion gründet die skandinavische SAS (Scandinavian Airline System), die in ihrer heutigen Form auf die Zusammenführung der Flugaktivitäten der dänischen Fluggesellschaft *Danske Luftfartselskap AB - Danish Air Lines (DDL)*, der beiden schwedischen Unternehmen *Svensk Intercontinental Lufttraffik (SILA)* und *AB Aerotransport (ABA)* sowie der norwegischen Gesellschaft *Det Norske Luftfartselskap (DNL)* im April 1946 zurückgeht. Die heutige Eigentümerstruktur zeigt die nachfolgende Abb. 8.3:[7]

***Abb. 8.3:** Eigentümerstruktur der SAS AB*

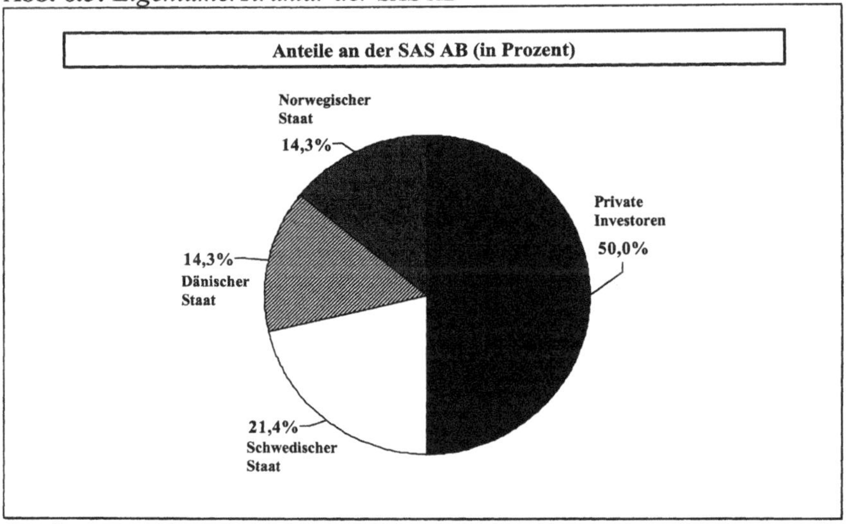

(Quelle: SAS INTERNET-HOMEPAGE)

2.) *Geographische Teilfusion*: Als zweite Strategieoption zur teilweisen Zusammenführung von zwei oder mehreren Fluggesellschaften kommt die Umsetzung einer geografischen Teilfusion in Betracht. Diese Fusionsform könnte z.B. dazu führen, dass die innereuropäischen Flugaktivitäten und bestimmte Divisionen der Fluggesellschaften zusammengeführt werden. Da der innereuropäische Flugverkehr in der Regel einen Anteil von 35-50% an den Gesamtumsätzen der europäischen Linienfluggesellschaften aufweist, verspricht eine Zusammenführung der innereuropäischen Aktivitäten große Kostensenkungspotenziale. Insbesondere würde sich dadurch die Möglichkeit für eine verbesserte Nutzung der Kurzstreckenflotte ergeben, die bei den meisten Gesellschaften eine deutliche geringere Auslastung als die Langstreckenfluggeräte aufweist. Allerdings ist davon auszugehen, dass die Umsetzung einer derartigen Struktur eine hohe Komplexität aufweisen würde, da

7 Für eine ausführliche Darstellung der Geschichte, der Geschäftsbereiche und der Eigentümerstruktur der SAS vgl. **SCANDINAVIAN AIRLINES** (2002).

insbesondere die dazu notwendige klare Trennung zwischen Kurz- und Langstreckenverkehr nicht unproblematisch ist. Darüber hinaus ist zu befürchten, dass es durch eine derartige Vorgehensweise zu einer Beeinträchtigung der in einigen europäischen Ländern bereits ablaufenden Konsolidierung kommt.[8] In Abb. 8.4 wird die Umsetzung einer geografischen Teilfusion beispielhaft dargestellt.

Abb. 8.4: *Beispiel für die Umsetzung einer geografischen Teilfusion*

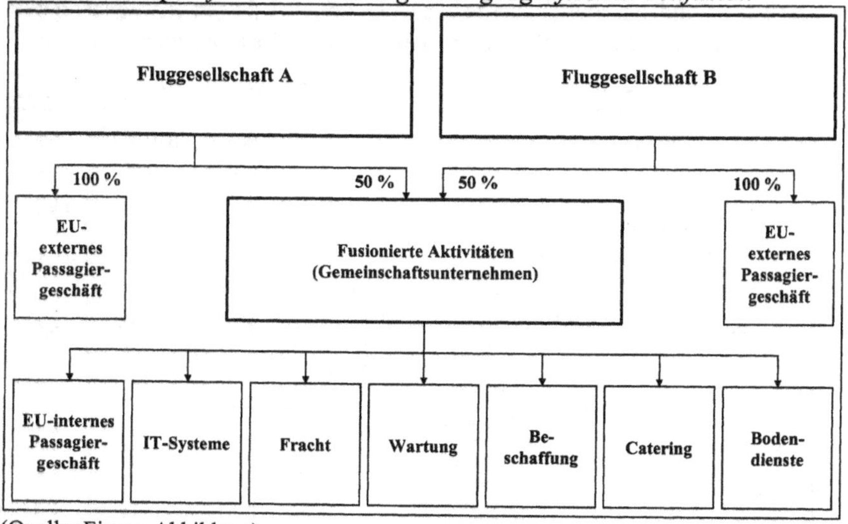

(Quelle: Eigene Abbildung)

3.) *Funktionale Teilfusion*: Im Rahmen dieser Form der Teilfusion werden einzelne Funktionsbereiche der Fluggesellschaften in einer Weise zusammengeführt, die nicht gegen gesetzliche Vorgaben verstößt. Als mögliche zusammenführbare Bereiche kommen das Netzwerkmanagement, die Beschaffung oder das gesamte IT-System in Betracht. Da diese Form der Zusammenführung ausschließlich Funktionen und keine Geschäftsbereiche betrifft, kann diese Form der Zusammenführung von Unternehmen sowohl durch den Abschluss eines Vertrages als auch durch den Aufbau eines Gemeinschaftsunternehmens vollzogen werden. Falls das Netzwerkmanagement zu den kombinierten Bereichen zählt und diese über die Gründung eines Gemeinschaftsunternehmen zusammengeführt werden, entsteht durch die funktionale Teilfusion eine sog. *virtuelle Fluggesellschaft*[9].

8 Als Beispiel für die Konsolidierung in einzelnen europäischen Ländern eignet sich die Akquisition von von *Air Inter* durch *Air France* im Jahr 1997.

9 Zum Begriff der *virtuellen Fluggesellschaft* vgl.

Das Funktionalmodell wurde von den Interviewpartnern als die für einen Ausbau bzw. eine Weiterentwicklung des Allianzkonzepts geeignetste Form einer Teilfusion identifiziert. Aus ihrer Sicht können dadurch zum einen die positiven Erlöseffekte der Strategischen Allianzen aufrechterhalten werden und zum anderen zusätzliche Kostensenkungspotentiale erschlossen werden, indem ein Teil der unternehmensübergreifenden Kostenstrukturen und die gesamten Investitionsaufwendungen wie in einem einzelnen Unternehmen verwaltet und bearbeitet werden können. In Abb. 8.5 wird ein Beispiel für die Umsetzung einer funktionalen Teilfusion im Luftverkehr visualisiert.

Abb. 8.5: *Beispiel für die Umsetzung einer funktionalen Teilfusion*

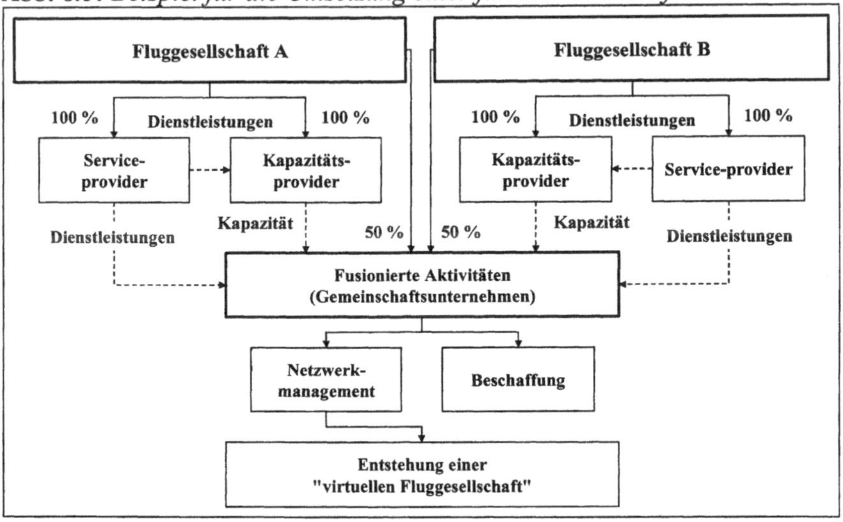

(Quelle: Eigene Abbildung)

Als Beispiel für die bisherige Verwendung des Funktionalmodells eignet sich die Zusammenführung der SAir Group und Sabena im Juli 2000 in Form der sog. *Airline Management Partnership* (AMP)[10] (s. Abb. 8.6).

Diese besondere Form der funktionalen Teilfusion wurde von den beteiligten Fluggesellschaften mit dem Begriff der *virtuellen Fusion* betitelt, wenngleich der SAir Group durch die besondere Konstruktion der Vereinbarung, trotz einer kapitalmäßigen Minderheitsbeteiligung, eine de facto Mehrheit und Kontrolle an den Flugaktivitäten der Sabena zufiel.[11] Die Besonderheit der Anteilsverhältnisse machte eine eigenständige Lösung für die belgischen

[10] Das AMP repräsentierte eine Partnerschaft und war dementsprechend keine eigenständige juristische Person.

[11] Die ursprüngliche Vereinbarung sah vor, dass die SAir Group bis Ende 2000 den Anteil von 49,5% auf 62,5% aufstockt. Vgl. o.V. (1999), S. 31.

Luftverkehrsrechte erforderlich, da sämtliche bilaterale Luftverkehrsabkommen auf einer mehrheitlich belgischen Fluggesellschaft gründeten. Für den Fall, dass die Verhandlungen mit Drittländern über die Aufrechterhaltung der bilateralen Luftverkehrsrechte für eine mehrheitlich schweizerische Sabena zu keinem positiven Ergebnis gekommen wären, beabsichtigten die beiden Unternehmen die Gründung einer mehrheitlich belgischen Tochtergesellschaft, die die Verkehrsrechte verwalten sollte.

Abb. 8.6: *Das AMP-Modell zwischen der SAir Group und Sabena*

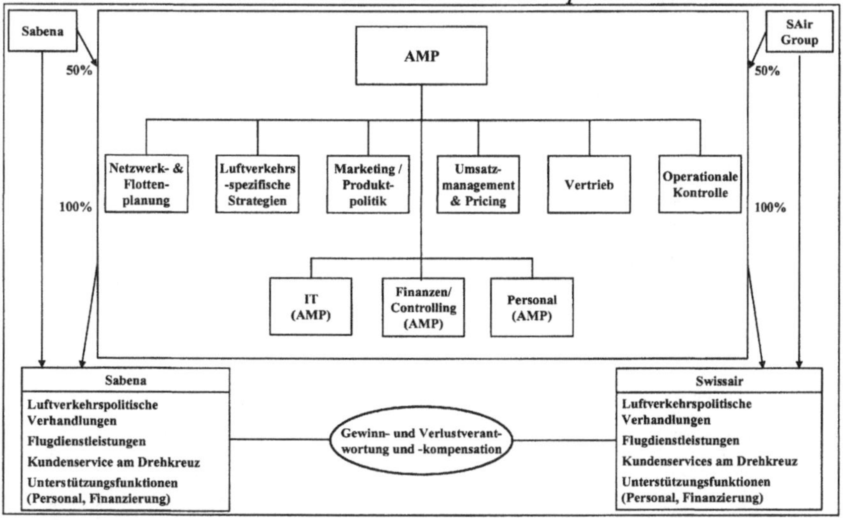

(Quelle: Eigene Abbildung)

Die AMP bezog sich auf *fünf* Funktionen (Netzwerkmanagement, Vertrieb, Marketing und Produktentwicklung, Finanzierung und Informationstechnologie) und war im wesentlichen auf *drei* Ziele ausgerichtet:

a.) Aufbau *einer* starken Fluggesellschaft, die über ein Weitgefasstes Netzwerk verfügt, von zwei Hubs (Zürich und Brüssel) operiert und die Individualität der beiden nationalen Marken aufrechterhält („One airline, one network, two brands, two hubs"),

b.) Realisierung umfassender Umsatzsteigerungen, Kostensenkungen und Verbesserungen der Wettbewerbspositionen beider Fluggesellschaften,

c.) Sicherstellung einer flexiblen Anpassungsfähigkeit an künftige Branchenentwicklungen und Gewährleistung einer Offenheit gegenüber interessierten neuen Partnerunternehmen.

Wenngleich diese Form der Unternehmenszusammenführung durch den Konkurs der beteiligten Gesellschaften im Jahr 2001 beendet wurde und damit für diesen spezifischen Fall als wenig erfolgreich bezeichnet werden kann,[12] lässt sich daran die mögliche Umsetzung einer funktionalen Teilfusion in der Praxis nachvollziehen (s. Abb. 8.6):

Als weiteres Beispiel für die Umsetzung einer funktionalen Teilfusion eignet sich die im November 1999 in Kraft getretene und Ende April 2000 gescheiterte Strategische Allianz[13] zwischen Alitalia und KLM, die in vielen Bereichen deutlich weiter gehen sollte, als die *zu diesem Zeitpunkt* bestehenden weiteren Luftverkehrsallianzen.[14] Die wesentlichen Gemeinsamkeiten und Unterschiede zwischen den Ende 1999 bestehenden Luftverkehrsallianzen verdeutlicht die nachfolgende Abb. 8.7.

Abb. 8.7: *Gemeinsamkeiten und Unterschiede zwischen der KLM/Alitalia-Allianz und weiteren Luftverkehrsallianzen*

Allianzbündnisse / Allianzbestandteile	Delta Airlines/ Air France	The Qualiflyer Group	oneworld	Star Alliance	KLM/ Alitalia
Kundenorientiert:					
Flugplanabstimmung	✓	✓			✓
Lounge-Zugang	✓	✓	✓	✓	✓
Gemeinsames Vielfliegerprogramm		✓	✓	✓	✓
Dachmarkenkonzept		✓	✓	✓	✓
Unternehmensorientiert:					
Integriertes Netzwerkmanagement					✓
Integrierter Vertrieb					✓
Integriertes Marketing					✓
Integriertes Umsatzmanagement					✓
Integrierte Produktentwicklung					✓
Finanzierungsorientiert:					
Gewinnaufteilung					✓
Gemeinsame Flottenpolitik und -investitionen					✓

(Quelle: ALITALIA; KLM (1999), S. 7)

Die Allianzvereinbarung sah eine weit reichende Kooperation beider Unternehmen mit dem Ziel vor, durch die *vollständige* Integration des Fracht- und Passagiergeschäfts ein gemeinsames, einheitliches globales Netzwerk aufzubauen. Im Rahmen der vereinbarten Allianz wurde von den beteiligten Unternehmen jeweils ein Gemeinschaftsunternehmen für das Passagier- und Frachtgeschäft gegründet.[15] Beide Unternehmen wurden von Alitalia und

[12] Zu den Gründen für den Konkurs der *SAir Group* und *Sabena* vgl. die Ausführungen in Kap. S. mit den dortigen Literaturangaben.

[13] Dazu und zu den Gründen für das Scheitern der Allianz vgl. **MERKT, FLOTTAU** (2000), S. 7.

[14] Für eine Erläuterung der Entwicklung der wesentlichen Luftverkehrsallianzen mit einer maßgeblichen Beteiligung europäischer Fluggesellschaften vgl. Kap. 6.4.2.

[15] Vgl. **O.V.** (1999), S. 31.

KLM gezielt als rechtlich nicht eigenständige Gesellschaften gegründet, um den sonst drohenden Verlust der internationaler Luftverkehrsrechte zu verhindern, deren Nutzung aufgrund bestehender bilateraler Luftverkehrsabkommen an eine mehrheitlich nationale Fluggesellschaft geknüpft war. Bis zum Jahr 2002 planten die beiden Unternehmen, jährliche Kosteneinsparungen in Höhe von ca. 400 Mio. € zu erreichen (s. Abb. 8.8) und das größte europäische Luftverkehrsnetz mit drei Drehkreuzen in Amsterdam (Flughafen Schipol), Mailand (Flughafen Malpensa) und Rom (Flughafen Fiumcino) aufzubauen.[16]

Abb. 8.8: *Zusammensetzung der geplanten jährlichen Synergieeffekte*

Synergiebereich	Geplante Höhe der bereichsspezifischen Synergieeffekte
Kommerzielle Synergien	153
Netzwerkorganisation	57
Flottenexpansion	30
Kommerzielle Kosteneinsparungen	90
Fracht	70
Gesamte Synergien	400

(Quelle: ALITALIA; KLM (1999), S. 18)

Im Rahmen der zunächst für zehn Jahre geplanten Vereinbarung sollte ein einziges gemeinsames Management (sog. *Network Organiser*) alle wichtigen Führungsentscheidungen in den Bereichen Marketing, Flugplanung, Preispolitik, Vertrieb und Umsatzmanagement für *beide* Gemeinschaftsunternehmen treffen, während die Namen und Farben der Fluggesellschaften beibehalten werden sollten. Vorgesehen war auch, eine über die Verknüpfung im kommerziellen Sektor hinausgehende gemeinsame Flottenpolitik zu betreiben, die Erträge je zur Hälfte aufzuteilen und die Alitalia in die Nordatlantik-Kooperation der KLM einzubeziehen, die diese mit der US-Fluggesellschaft Northwest betrieb. Darüber hinaus sollte bis Anfang April 2002 eine noch

[16] Vgl. **ALITALIA; KLM** (1998), S. 2.

weitere Integration finanzieller organisatorischer und juristischer Bereiche erreicht werden.[17]

Das Allianzmodell basierte im wesentlichen auf der Gründung von je einem *Kapazitäts-* und *Serviceprovider* pro Fluggesellschaft, die den Gemeinschaftsunternehmen gegen entsprechende Gebühren Fluggeräte, Crews, Treibstoff, Wartungsdienste, Ingenieursleistungen und Cateringdienste zur Verfügung stellen sollten. Mittel- bis langfristig zielte dieses Modell auf eine Vollfusion beider Luftverkehrsunternehmen, die im Ergebnis zur Entstehung einer virtuellen Fluggesellschaft geführt hätte, die lediglich hinsichtlich des Netzwerkmanagements und der Kapazitätsversorgung gewissen Restriktionen, z.B. in Form eines Verbots des Verkaufs überschüssiger Kapazitäten an andere Fluggesellschaften, unterlegen hätte.[18] Die nachfolgende Abb. 8.9 visualisiert das KLM-Alitalia-Allianzmodell:

Abb. 8.9: *Das KLM/Alitalia-Allianzmodell*

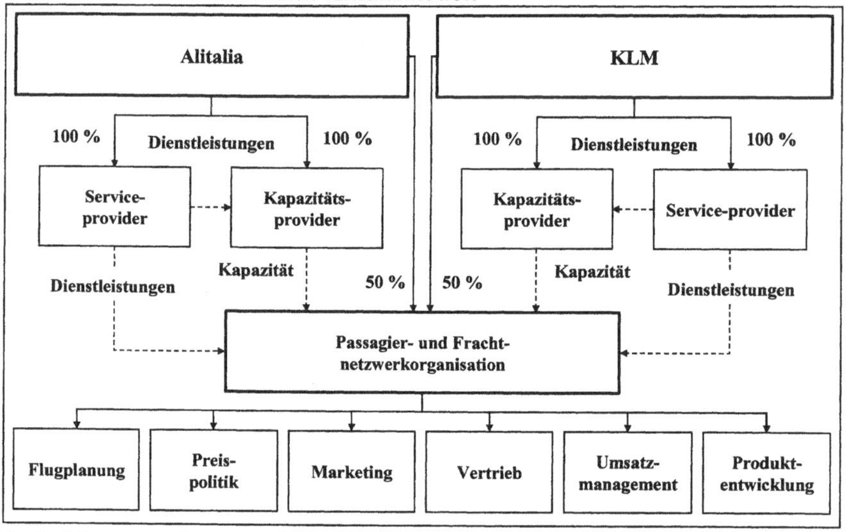

(In Anlehnung an: ALITALIA; KLM (1999), S. 10)

8.1.1.2 Minderheitsbeteiligungen

Die Sinnhaftigkeit des Erwerbs einer Minderheitsbeteiligung an einem Partnerunternehmen zum Ausbau eines Allianzbündnisses wurde von den Gesprächspartnern sehr differenziert beurteilt. Nach Ansicht der befragten Experten bietet sich eine allianzinterne Minderheitsbeteiligung immer nur dann als strategische Option an, wenn sie *nachweislich* zur Beschleunigung des Prozesses der suk-

[17] Vgl. **ALITALIA; KLM** (1999a), S. 1ff. **O.V.** (1999f), S. 15 und **O.V.** (1999g), S. 12.

[18] Zu den langfristigen Zielen der Strategischen Allianz zwischen KLM und Alitalia vgl. **ALITALIA; KLM** (1999b), S. 6.

zessiven Annäherung zwischen den Allianzunternehmen beiträgt. Im Rahmen der Expertengespräche wurde darauf hingewiesen, dass der Erwerb von Minderheitsbeteiligungen in der Vergangenheit häufig mit dem Ziel verknüpft war, die Geschäftspolitik des Partnerunternehmen verstärkt beeinflussen zu können. Die Erfüllung dieser Zielvorgabe scheiterte jedoch in den meisten Fällen, da strategisch wichtige Entscheidungen regelmäßig nur dann beeinflusst werden können, wenn die Minderheitsbeteiligung zu einer Sperrminorität führt. In diesen Bereich fällt insbesondere auch die Abwehr eines Verlustes eines strategisch wichtigen Partners an ein anderes Allianzbündnis während des Konsolidierungsprozesses.[19]

Minderheitsbeteiligungen unterhalb der Sperrminorität haben nach Ansicht der Gesprächspartnern keine stabilisierende Wirkung auf das Allianzbündnis und stellen daher eine weder effektive noch effiziente Strategieoption dar.[20] Sie können vielmehr sogar kontraproduktiv wirken, da sie den Allianzunternehmen unter Umständen eine Einheit und Festigkeit der Partnerschaft suggerieren, die in der Realität gar nicht vorhanden ist. Neben diesen eher negativen Aspekten wurde als positiver Gesichtspunkt von Minderheitsbeteiligungen herausgestellt, dass sie sich dazu eignen, bereits in einer Frühphase der Zusammenarbeit die Absicht einer dauerhaften Zusammenarbeit auch nach dem Beginn einer weiteren Konsolidierung im europäischen Luftverkehr zu verdeutlichen. Darüber hinaus stellt eine Minderheitsbeteiligung immer dann eine vorziehenswürdige Strategieoption dar, wenn sie zur Überwindung einer Finanzkrise eines strategisch wichtigen Partnerunternehmens beitragen kann.[21]

Als besonders vorteilhaft kann sich eine Minderheitsbeteiligung immer dann erweisen, wenn für die Zukunft die Akquisition einer Partnerfluggesellschaft angestrebt wird und die Minderheitsbeteiligung lediglich als erster Schritt für ein weiteres umfassenderes finanzielles Engagement angesehen wird. Insbesondere bei der Privatisierung eines sich bisher im Staatseigentum befindlichen Partnerunternehmens stellt eine Minderheitsbeteiligung vielfach die einzige Möglichkeit dar, die bisher ausschließlich auf Verträgen basierende Zusammenarbeit weiterhin fortsetzen zu können. Vor dem Hintergrund der weltweit zunehmenden Privatisierungen von Staatsunternehmen und immer noch bestehender Restriktionen für einen Mehrheitsbesitz ausländischer Unternehmen an nationalen Fluggesellschaften kann es nach Ansicht der Experten in Zukunft immer wesentlicher werden, im Rahmen des Privatisierungsprozesses von vornherein möglichst hohe Beteiligungsquoten anzustreben, die möglichst nahe an 50% heranreichen.

---

19 Für eine ähnliche Argumentation vgl. **Kajüter** (1994), S. 200.

20 Für eine vergleichbare Argumentation vgl. **Freitag; Kiani-Kress** (2000), S. 141.

21 Zu vergleichbaren Ergebnissen über die Sinnhaftigkeit von Minderheitsbeteiligungen kommt Steininger im Rahmen seiner Analysen. Vgl. **Steininger** (1999), S. 359f.

Die Strategieoption „Erwerb einer Minderheitsbeteiligung“ wurde in der Vergangenheit u.a. bereits von Singapore Airlines verfolgt. Die Favorisierung dieser Strategie basierte im wesentlichen auf der Tatsache, dass das Unternehmen durch den geografisch besonderen Status des Heimatlandes keinen direkten Zugang zu einem deregulierten Luftverkehrsmarkt hat und aufgrund der vergleichsweise geringen Ländergröße nur über ein verhältnismäßig geringen Inlandsverkehr verfügt. Der Erwerb einer 49-%igen Beteiligung an Virgin Atlantic durch Singapore Airlines im Jahr 1999[22] ist vor diesem Hintergrund als Mittel anzusehen, den eigenen Tätigkeitsbereich gezielt zu erweitern und damit den eigenen Einfluss im internationalen Luftverkehr zu erhöhen.

Auch die frühere SAirGroup versuchte, in den neunziger Jahren über Minderheitsbeteiligungen an anderen Fluggesellschaften die eigene Existenz dauerhaft zu sichern. Die Wahl dieser Strategieoption war auch das Ergebnis der eigenen Erfahrungen mit Strategischen Allianzen mit geringen oder keinen Kapitalbeteiligungen. Beispielsweise hatte sich die SAirGroup an Austrian Airlines (AUA) mit 10% im Jahr 1994 beteiligt, ohne dass sich daraus eine intensive Form der Zusammenarbeit entwickelte. Als Konsequenz dieser negativen Erfahrungen erschien es den Verantwortlichen der SAirGroup notwendig, künftig möglichst hohe Beteiligungsquoten an strategisch wichtigen Partnern zu erwerben, die trotz der Nicht-Existenz einer mehrheitlichen Kontrollmacht zu einem Höchstmaß an Einfluss auf strategisch bedeutende Entscheidungen beitragen sollten.[23] Mit dem Konkurs der SAirGroup im Herbst 2001 kann diese Strategie als gescheitert angesehen werden.

8.1.1.3 Mehrheitsbeteiligungen

Für die kommenden Jahre ist gemäß der Gesprächsergebnisse eine grundlegende Strukturbereinigung der internationalen Flugindustrie durch weit reichende Übernahmen und Mehrheitsbeteiligungen zu erwarten. Eine wesentliche Voraussetzung ist allerdings, dass die zum Zeitpunkt der Gespräche geplanten und im Oktober 2003 begonnenen Verhandlungen zwischen der EU und den USA erfolgreich beendet werden und ein offener transatlantischer Luftverkehrsraum entsteht. Nach einer Neuregelung der Vergabe von Slots und des Erhalts von Verkehrsrechten sind dann neben umfassenderen Minderheitsbeteiligungen

---

[22] Vgl. **BUCKINGHAM** (2001).

[23] Zu den Gründen für die Favorisierung der Strategie des Erwerbs möglichst hoher Minderheitsbeteiligungsquoten äußerte sich der damalige Chairman der SAirGroup, Hannes Goetz: „We aren't investing anymore in an airline with only 1% oder 2% or 5% stake, given the lack auf benefit SAirGroup gained from its investments in Singapore Airlines and Delta Airlines. Equally the close alliance with Austrian Airlines ended after more than 40 years despite SAir's 10% stake. For SAir to invest in an airline, the other airline must agree to connect into SAir's computer network, agree to coordinate its flight network with Swissair and agree to move towards use of the same aircraft models.“ Vgl. **SAIRGROUP** (1999), S. 2.

auch Akquisitionen ausländischer Fluggesellschaften möglich, wobei die Mehrheit der Gesprächspartner in einem solchen Fall Mehrheitsbeteiligungen favorisiert. Erst dann könnten die führenden internationalen Fluggesellschaften eine weltweite Produktionsbasis aufbauen, wie sie in anderen Branchen bereits Wirklichkeit ist.[24]

8.1.1.4 Franchising

Das in Kap. 6.2.3 beschriebene Franchising stellt eine weitere Möglichkeit für den Ausbau einer Strategischen Allianz dar. Trotz des sehr internationalen Produktes hat es keine der europäischen Luftverkehrsgesellschaft bisher geschafft, im globalen Markt eine ähnliche Markenpräsenz und -bekanntheit zu erlangen, wie das beispielsweise Unternehmen aus der Automobilbranche (z.B. DaimlerChrysler und BMW) oder Konsumgüterindustrie (z.B. McDonalds, Coca-Cola und Sony) geschafft haben. Branding stellt in der Luftverkehrsindustrie ein bisher weitgehend ungenutztes Potential zur Wertsteigerung dar. Da eine bedeutende globale Marke in der Luftfahrt aufgrund bisher bestehenden gesetzlichen Reglementierungen nicht aus eigener Kraft aufgebaut werden kann, stellt das Franchising eine nahezu ideale Möglichkeit dar, die eigene Marke weltweit stärker zu etablieren. Unternehmen aus anderen Branchen, wie z.B. Coca-Cola, haben Franchising genutzt, um die weltweite Präsenz und den Bekanntheitsgrad ihrer Marken viel stärker und schneller zu erhöhen, als das aus eigener Kraft möglich gewesen wäre.

Aus diesem Grund wäre es durchaus sinnvoll für Fluggesellschaften, Franchising gezielter zur Penetration neuer Märkte einzusetzen. Bislang werden Franchising-Vereinbarungen vornehmlich unter Netzwerkgesichtspunkten und beschränkt auf die jeweiligen Heimatmärkte eingegangen. Franchising wird jedoch bisher kaum als Instrument gesehen, das unabhängig von Synergien mit dem bestehenden Netzwerk auch zur Wahrnehmung von Wachstumschancen diene kann. Es wäre lohnenswert, Franchising auch als eigenständiges Geschäft zu begreifen. Der Wert einer Marke kann auf diese Weise erfolgreich in anderen Märkten genutzt werden. Die dadurch erhöhte globale Präsenz stärkt die Marke und ermöglicht Einnahmen aus Lizenzgebühren sowie aus Dienstleistungen für die Franchisenehmer. Um dieses Potential wirklich auszuschöpfen, muss der Kreis der bestehenden Franchisenehmer erweitert werden. Als Kooperationspartner besonders geeignet scheinen nationale Regionalfluggesellschaften oder internationale tätige Luftverkehrsgesellschaften, die nehmen den etablierten nationalen Fluggesellschaften existieren. Mit diesen Partnern kann Franchising auf ausländischen Märkten und internationalen Kurzstreckenflügen ausgeweitet werden, die keinerlei oder nur wenig Überschneidungen bzw. Berührungspunkte mit dem Streckennetz des Franchisegebers aufweisen, wie dies British Airways mit den Kooperationen mit Sun-Air und Comair bereits praktiziert.

[24] Vgl. o.V. (2002n), S. 23.

Eine weitere Entwicklungsstufe wäre es, Franchising auch für Langstreckenflüge einzusetzen. Franchising-Kooperationen sind ein Mittel, um trotz er regulatorischen Hindernisse für das Anbieten von Langstreckenflügen zwischen zwei fremden Staaten[25] von den sich bietenden Marktchancen profitieren zu können. Aufgrund der vielfach niedrigeren Kostenstrukturen der Franchisenehmer können überdies mehr Interkontinental-Direktflüge für Märkte mit einem geringeren Verkehrsaufkommen offeriert werden, als dies normalerweise erforderlich ist. Dadurch ergibt sich eine erhebliche Verbesserung des Kundennutzens. Allerdings entsteht gleichzeitig auch das Risiko einer gewissen Kanibalisierung des Umsteigeverkehrs über das eigene Interkontinental-Drehkreuz.

Franchising mit dem Ziel, andere nationale Fluggesellschaften in ihren Heimatmärkten zu attackieren, ist besonders dann aussichtsreich, wenn diese Fluggesellschaften eine schwache Position in ihren Heimatmärkten besitzen. Durch ein solches Vorgehen können andere Fluggesellschaften geschwächt und zu einer Auseinandersetzung in ihren Heimatmärkten gezwungen werden. Das reduziert die Wahrscheinlichkeit einer internationalen Expansionsstrategie dieser Luftverkehrsgesellschaften. Darüber hinaus kann Franchising als ein Zwischenschritt für eine Expansion in andere Märkte angesehen werden. Dieser Zwischenschritt erfordert kein eigenes Kapital und einen relativ geringen Einsatz des Top-Managements, erhöht aber den Bekanntheitsgrad der eigenen Marke in anderen Märkten massiv. Das bereitet den Boden für einen eventuell später folgenden eigenen Markteintritt. Aufgrund der relativ geringen Wettbewerbsfähigkeit einiger stark subventionierter oder noch in Staatseigentum stehender südeuropäischer Fluggesellschaften bieten insbesondere diese Märkte großes Potential für Franchising-Kooperationen. Allerdings sehen sich die europäischen nationalen Fluggesellschaften im Hinblick auf ein Franchising in ausländischen Märkten dem Problem gegenüber, dass der eigene Firmenname in der Regel einen hohen nationalen Bezug aufweist. Kulturell bedingte Abneigungen gegenüber bestimmten Nationen können sich hier als Hindernis für ein ausländisches Franchising-Engagement erweisen. Vor diesem Hintergrund haben Fluggesellschaften, deren Marke nicht den Namen des Heimatstaates beinhalten, einen gewissen Vorteil bei der Expansion in Drittmärkte via Franchising.

8.1.2 Allianzspezifische Strategieoptionen

8.1.2.1 Veränderung der Anzahl der Allianzmitglieder

Generell hat jede größere Fluggesellschaft, die sich mit ihrem Linienverkehr nicht nur auf bestimmte regionale Märkte oder Städteverbindungen fokussiert, stets eine (weitergehende) Integration in ein globales Netzwerk zu verfolgen, um einen Zugang zu den netzwerkimmanenten Größenvorteilen zu erhalten.

---

[25] Flüge der 7. Luftverkehrsfreiheit sind in der Regel nur innerhalb von Integrationsräumen wie der EU möglich. Rechte der 5. Luftverkehrsfreiheit beschränken sich zumeist auf Kurz- und Mittelstreckenflüge.

Globale Netzwerke bestehen in der Regel aus einer Vielzahl intensiv beflogener Interkontinentalstrecken, durch die die strategisch besonders bedeutsamen Drehkreuze in den wichtigsten Verkehrsgebieten miteinander verbunden werden. Darüber hinaus umfassen diese Netzwerke in der Regel mehrere intrakontinentale Zu- und Abbringerdienste *zu* bzw. *von* den strategisch wichtigen Drehkreuzen, die zu einer Auslastungserhöhung der Interkontinentalflüge beitragen sollen. Der weitere Ausbau dieser Zu- und Abbringersysteme außerhalb des eigenen Kontinents kann nach Ansicht der befragten Experten von keiner der europäischen Luftverkehrsunternehmen im Alleingang realisiert werden. Als wesentliches Umsetzungshindernis sind die bisher unzureichenden gesetzlichen Regelungen anzusehen, die dazu geführt haben, dass bisher nur wenige Fluggesellschaften im internationalen Luftverkehr über Luftverkehrsrechte der fünften Luftverkehrsfreiheit verfügen und damit bei einem Flug zwischen dem Heimatland der Fluggesellschaft und einer ausländischen Destination in einem Drittstaat Flugpassagiere aufnehmen bzw. absetzen dürfen. Insbesondere die europäischen und asiatischen Luftverkehrsunternehmen weisen in diesem Zusammenhang durch den vergleichsweise geringen Zugang zum nordamerikanischen Markt einen wesentlichen Nachteil gegenüber den amerikanischen Konkurrenzunternehmen auf und sind deshalb in den bestehenden rechtlichen Strukturen in besonderer Weise auf Strategische Allianzen und Kooperationen mit amerikanischen Unternehmen angewiesen.

Generell benötigt eine einzelne Fluggesellschaft für den Aufbau eines *globalen* Flugnetzwerkes stets mehrere Strategische Allianzen und Kooperationen mit Luftverkehrsunternehmen aus anderen Kontinenten. Beispielsweise ist davon auszugehen, dass eine europäische Fluggesellschaft, die die Integration in ein globales Flugnetzwerk anstrebt, stets über mindestens eine US-amerikanische Partnerfluggesellschaft und mindestens zwei asiatische Kooperationspartner verfügen muss, um den Zugang zu den wichtigsten Luftverkehrsmärkten Europa, USA und Asien dauerhaft absichern zu können. Ähnliches gilt für asiatische Luftverkehrsunternehmen, die angesichts der geringen Liberalisierung des innerasiatischen Luftverkehrsmarktes in der Regel nicht in der Lage sind, eigenständige Netzwerke aufzubauen, die den asiatischen Luftverkehr ausreichend abdecken würden. Asiatische Fluggesellschaften sind also in ähnlicher Weise wie die europäischen Fluggesellschaften gezwungen, zunächst ein kontinentales Netzwerk über Strategische Allianzen aufzubauen, um dieses in einem nächsten Schritt in eine globale Luftverkehrsallianz einbringen zu können.

Wenngleich davon auszugehen ist, dass sich durch ein globales Flugnetzwerk aus europäischen, asiatischen und amerikanischen Fluggesellschaften in der Regel eine weit reichende Abdeckung der wichtigsten Luftverkehrsgebiete erreichen lässt, werden stets Lücken in anderen geografischen Regionen verbleiben. Künftig wird es daher insbesondere darum gehen, die in den bestehenden Allianzstrukturen realisierten Größenvorteile über eine Stärkung der Marktpräsenz auf anderen bisher weniger bedeutenden Verkehrsgebiete zu steigern. Dazu ist es nach Ansicht der Experten mittel- bis langfristig zwingend notwendig, Luftverkehrsunternehmen aus Südamerika, Afrika und dem Südwestpazifik mit in das Allianzbündnis aufzunehmen. Der Star Alliance kommt nach Ansicht der Gesprächspartner in dieser Hinsicht eine Art Vorreiterrolle für alle anderen großen Allianzbündnisses zu. Durch die Gespräche bestätigte sich, dass die Auswahl weiterer Allianzpartner im Hinblick auf die Entwicklung eines globalen Netzwerkes von besonders wesentlicher Bedeutung ist, da sie in besonderem Maße das Potential für weitere Umsatzsteigerungen und Kostenreduktionen determiniert.[26] Beispielsweise erfolgt mit der Auswahl eines neuen Allianzpartners zwangsläufig eine Festlegung der zentralen Drehkreuze in den anderen Kontinenten, deren Charakteristika nach Ansicht der Experten ein bedeutendes Kriterium für die Auswahl einer neuen Fluggesellschaft darstellen. Relevant sind dabei vor allem solche Drehkreuze von potenziell neuen Partnerunternehmen, die als Ausgangspunkt für den Interkontinental-Verkehr innerhalb des bestehenden Allianznetzwerkes dienen können.

Grundsätzlich hängt die Attraktivität des Drehkreuzes einer neuen Partnergesellschaft von mehreren Faktoren ab, wenngleich die *Größe* und die *geographische Lage des Drehkreuzes* als besonders wesentlich angesehen werden können. Danach zeichnet sich ein attraktives Flughafendrehkreuz durch ein umfassendes lokales Verkehrspotential und ein möglichst ausgedehntes Einzugsgebiet aus. Als weiteres bedeutendes Attraktivitätskriterium ist das *Ausmaß des Zu- und Abbringerflugverkehrs* eines potenziell neuen Partners anzusehen, da dadurch festgelegt wird, in welchem Umfang das Passagieraufkommen für den Interkontinental-Verkehr am jeweiligem Drehkreuz gebündelt werden kann. Durch die Ergänzung eines Allianzbündnisses um eine Fluggesellschaft, dessen Hauptdrehkreuz die drei genannten Kriterien erfüllt, lassen sich nach Auskunft der Experten in der Regel Umsatzzuwächse sowohl auf den interkontinentalen als auch auf innereuropäischen Flugstrecken der Allianzunternehmen generieren. Darüber hinaus hat die durch einen zusätzlichen Partner induzierte Steigerung des Flugverkehrs zwischen den Allianzdrehkreuzen in der Regel positive Auswirkungen auf die Kostensituation der involvierten Luftverkehrsunternehmen, da intensiv bediente Flugstrecken die Leerkosten reduzieren und den Einsatz größerer Flugzeuge erlauben.

Die Attraktivität einer (neuen) Fluggesellschaft leitet sich jedoch nicht nur aus dem mit ihr verbundenen Potenzial ab, zusätzlichen Flugverkehr für das Allianzbündnis zu generieren. Nach Ansicht der Gesprächsteilnehmer ist es zudem wesentlich, dass die (neue) Partnerfluggesellschaft über einen möglichst hohen *Anteil an den Slots und Gates* und eine dominierende *Kapazitäts- und Marktposition* am jeweiligen Hauptdrehkreuz verfügt. Erst dann ist davon auszugehen,

[26] Dazu und zu den nachfolgenden Ausführungen vgl. auch **STEININGER** (1999), S. 248ff.

dass der Passagiertransfer zwischen den Allianzunternehmen ohne große „Verluste“ gelingt. Zudem können Fluggesellschaften, die an einem Drehkreuz über eine starke Kapazitätsposition verfügen, vergleichsweise leicht Marktmacht ausüben, die die Durchsetzung höherer Flugpreise und eine im Verhältnis zum Kapazitätsanteil überproportional starke Marktposition ermöglichen kann. Vor diesem Hintergrund sind insbesondere solche Fluggesellschaften als attraktive neue Allianzunternehmen anzusehen, die über eine gute Position an einem kapazitätsbeschränkten Flughäfen in der Nähe wichtiger Wirtschaftsmetropolen verfügen und damit ein weit reichendes Potenzial für neue Direktverbindungen zwischen den Hauptdrehkreuzen der Allianzunternehmen aufweisen.

Als weiteres Kriterium für die Beurteilung der Attraktivität einer Fluggesellschaft wurde im Rahmen der Expertengespräche das *Zukunftspotential des Hauptdrehkreuzes* angeführt, das sich aus dem lokalen Marktwachstumspotential, dem direkten Flughafeneinzugsgebiet und den Kapazitätsreserven am Drehkreuz ableitet. Als Kapazitätsreserven wurden in diesem Zusammenhang u.a. die vorhandene Infrastruktur (Gates, Terminals, Check-In etc.) und die verfügbaren Finanzmittel des Flughafens zur Durchführung von Erweiterungsinvestitionen angeführt. Zudem wurde darauf hingewiesen, dass nicht nur die physische Infrastruktur des Drehkreuzes, sondern insbesondere auch die politischen Rahmenbedingungen im jeweiligen Heimatland des potenziellen Partners von wesentlicher Bedeutung für die Einschätzung der Attraktivität als neues Allianzmitglied ist.

8.1.2.2 Ausweitung der allianzinternen Zusammenarbeitsbereiche

Um die allianzinterne Zusammenarbeit der Fluggesellschaften zu intensivieren, gibt es nach Ansicht der Gesprächspartner eine Vielzahl von Möglichkeiten. Der Vereinheitlichung der Markenpolitik und der Intensivierung der Zusammenarbeit im Bereich der Informationstechnologie wurde jedoch im Rahmen der Gespräche eine besonders wesentliche Bedeutung beigemessen, so dass diese beiden Bereiche nachfolgend umfassend erläutert werden:

1.) *Vereinheitlichung der Markenpolitik:*[27]

Eine weitere Vertiefung der allianzinternen Zusammenarbeit könnte sich nach Ansicht der Experten auch durch eine Vereinheitlichung der Markenpolitik der Mitglieder der Strategischen Allianz ergeben. Durch eine derartige Maßnahme kann es mitunter gelingen, die Verbundenheit der Flugpassagiere zu den *einzelnen* Allianzfluggesellschaften zu intensivieren und gleichzeitig die Kundenloyalität zum gesamten Allianzbündnis zu stärken. In diesem Zusammenhang ist vorstellbar, dass die Auswahl einer Luftverkehrsgesellschaft Fluggesellschaft zunehmend weniger in Abhängigkeit vom Image eines einzelnen etablierten Markennamens eines Allianzunternehmens vorgenommen wird, sondern ver-

[27] Zu den nachfolgenden Ausführungen vgl. auch STEININGER (1999), S. 282ff.

mehrt unter Berücksichtigung der spezifischen „Dachmarke“ des gesamten Allianzbündnisses erfolgt.

Die Institutionalisierung von Dachmarken als Allianzmarken im internationalen Luftverkehr wurde bisher (gemäß der Informationen aus den Expertengesprächen) in erster Linie mit dem Ziel vorgenommen, das jeweilige Bündnis weltweit besser vermarkten zu können. Der Anspruch, ein globales Netzwerk zu schaffen, erfordert zwangsläufig ein Allianzbündnis mit einer Vielzahl von Fluggesellschaften unterschiedlicher Nationalität. Je nach Art der Flugreise werden einem Passagier stets ein oder mehrere der am Transport bis zur Enddestination beteiligten Fluggesellschaften nicht bekannt sein. Während davon auszugehen ist, dass die Marken bestimmter (weniger bekannter) Allianzunternehmen keine Bedeutung für das Kaufverhalten der Passagiere haben, kann eine Dachmarke, unter der die Dienstleistungen sämtlicher Allianzunternehmen vermarktet werden, den Passagieren nach Ansicht der Experten wertvolle Informationen vermitteln.

Besonders wertvoll ist es für den Kunden, wenn er indirekt durch die Dachmarke die Zusicherung eines hohen Sicherheitsstandards für alle Flüge innerhalb des Allianzbündnisses erhält. Daneben sollte die Dachmarke nach Ansicht der Experten dem Passagier auch ein bestimmtes Qualitätsniveau für die Flüge der Kooperationspartner signalisieren. Voraussetzung dafür ist jedoch, dass Qualitätsstandards zwischen den Allianzunternehmen vereinbart werden, die von den unter der Allianzmarke „vermarkteten“ Fluggesellschaften auch tatsächlich eingehalten werden. Vor diesem Hintergrund kann festgestellt werden, dass die Etablierung einer Allianzmarke für die beteiligten Fluggesellschaften generell immer nur dann vorteilhaft ist, wenn der Passagier mit der Dachmarke einen klaren, für ihn nachvollziehbaren Nutzen verbinden kann und diesen Nutzen auch erlebt, wenn er eines der Allianzunternehmen für eine Flugreise nutzt.

Wenngleich nach Auskunft der befragten Experten nicht davon auszugehen ist, dass eine der Marken der großen europäischen Fluggesellschaften in naher Zukunft vollkommen vom Luftverkehrsmarkt verschwinden wird, ist realistisch vorstellbar, dass bestimmte Flugstrecken, die nur durch die Einbindung in ein globales Allianznetzwerk effizient bedient werden können, zunehmend unter der Dachmarke eines Allianznetzwerkes angeboten werden. Eine vollständige Aufgabe der individuellen Marken der Kooperationspartner wäre allerdings nur dann sinnvoll, wenn dauerhaft eine deutliche Differenz zwischen den Markenwerten der Allianzunternehmen besteht. In der Regel ist davon auszugehen, dass die involvierten Fluggesellschaften über die Institutionalisierung und eigenständige Vermarktung der Allianzdachmarke in Auslandsmärkten von der Bekanntheit der jeweiligen nationalen und allianzzugehörigen Fluggesellschaft profitieren können, da diese in ihrem Heimatmarkt zumeist über die stärkste Marktposition verfügt.

2.) *Intensivierung der Zusammenarbeit im Bereich der Informationstechnologie (IT)*:

Um weitere Vorteile und kosteneffizientere Prozesse im Bereich des (gemeinsamen) Einkaufs, Check-Ins oder Vertriebs innerhalb der Strategischen Allianzen im Luftverkehr erschließen zu können, wurde von den befragten Experten eine weitergehende Optimierung und Abstimmung der IT zwischen den Allianzpartnern als zunehmend kritische Erfolgsgröße erachtet. Vor dem Hintergrund der angespannten finanziellen Situation der Fluggesellschaften, hervorgerufen durch die wesentlichen weltwirtschaftlichen Ereignisse, wie z.B. der allgemeine konjunkturelle Abschwung in den westlichen Industrienationen, die Terroranschläge des 11. Septembers 2001, der Krieg im Irak und die SARS-Krise in Asien, wird es nach Ansicht der Experten künftig noch wesentlicher sein, die anstehenden Investitionen in Technologien auf ihre Sinnhaftigkeit und Angemessenheit zu überprüfen.

Im Bereich der IT muss verstärkt das Ziel verfolgt werden, die Kunden der Partnerunternehmen durch eine Verbesserung der informationstechnologischen Grundlagen wie eigene Kunden behandeln zu können. Die Realisierung dieses Ziels erfordert nach Ansicht der Gesprächspartner einen deutlich flexibleren Zugang zu „Real-Time"-Daten. In diesem Zusammenhang ist es besonders entscheidend, dass die Kommunikation zwischen den unterschiedlichen CRS „Sabre", „Amadeus" und „Apollo" weiter verbessert wird.

Darüber hinaus sind künftig zusätzliche Anwendungsmöglichkeiten durch die allianzinterne IT zur Verfügung zu stellen. Insbesondere bei einem Anstieg der Anzahl der Allianzmitglieder steigt die Komplexität, so dass eine Harmonisierung der Kommunikationssysteme eine wesentliche Vereinfachung von Austauschprozessen und damit umfangreiche Kosteneinsparungen generieren könnte. Ein möglicher erster Schritt in diese Richtung könnte nach Ansicht der Befragten ein erweitertes „passenger name record servicing" sein, das bereits im Rahmen der Star Alliance erprobt wurde. Durch eine derartige Systemerweiterung würden die Allianzunternehmen nicht nur einen Zugang zu den Ticketdaten der Partnergesellschaften erhalten, sondern könnten diese auch eigenständig verändern und aktualisieren.

In Abb. 8.10 sind einige der künftig zu erwartenden Veränderungen im Bereich der allianzinternen IT-Zusammenführung aufgeführt. Die Abbildung basiert auf der sog. „Airline IT Trend"-Umfrage der Zeitschrift Airline Business im Sommer 2002. Im Rahmen der Umfrage wurden IT-Spezialisten mehrerer Luftverkehrsallianzen um eine Einschätzung der bisher erreichten und künftig zu erwartenden allianzinternen Zusammenführung von Informations- und Kommunikationstechnologien gebeten. Danach ist davon auszugehen, dass der Ausbau der Zusammenarbeit im Bereich der „passenger name records" künftig eine hohe Priorität für die Luftverkehrsgesellschaften haben wird. Bereits heute tauschen mehr als 40% der in einer Luftverkehrsallianz eingebundenen Fluggesellschaften bestimmte Passagierdaten aus, während 24% der Partnerunternehmen innerhalb ihres jeweiligen Allianzbündnisses eine Kombination der Systeme planen. Darüber hinaus ist insbesondere im Bereich der Check-In-Systeme eine Intensivierung des allianzinternen Datenaustausches zu erwarten.

Abb. 8.10: *Bisherige und künftig zu erwartende Bereiche eines allianzinternen Datenaustausches*

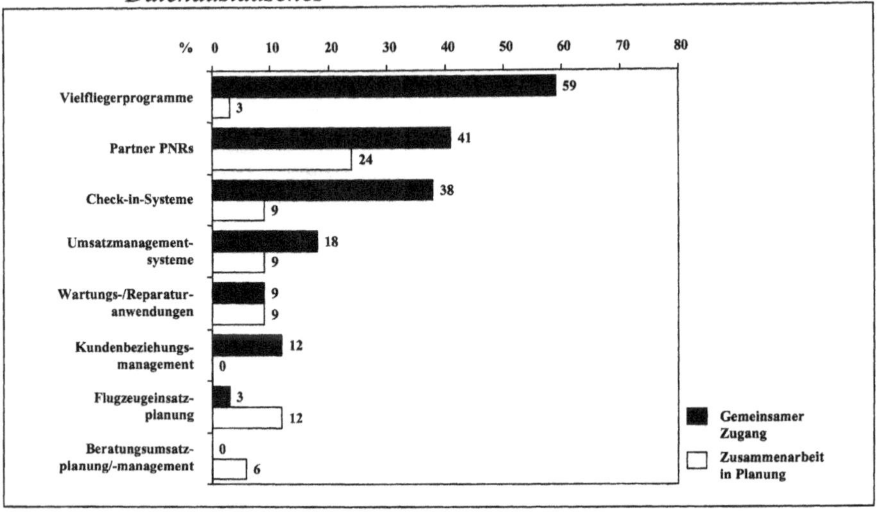

(In Anlehnung an: BAKER (2002), S. 56)

8.2 Perspektiven der künftigen Konsolidierung in der Luftverkehrsbranche

Neben der Eruierung der grundsätzlichen unternehmensspezifischen und allianzinternen Strategieoptionen diente die Durchführung der Expertengespräche auch der Gewinnung von Informationen über die aus Praktikersicht künftig realistischerweise zu erwartenden Konsolidierungsschritte und Formen der Zusammenführung von unterschiedlich großen europäischen Luftverkehrsgesellschaften. Dabei wurden im Rahmen der Gespräche die *vier* nachfolgend genannten Konsolidierungsszenarien am häufigsten genannt:

1.) *Zusammenführung von zwei globalen Fluggesellschaften*: Im Rahmen dieses Szenarios würde es zu einer Zusammenführung von zwei globalen Fluggesellschaften in Europa kommen. Zu diesen Gesellschaften gehören aus Sicht der befragten Experten die Deutsche Lufthansa, Air France und British Airways. Wenngleich eine Umsetzung dieses Szenarios in der Praxis nicht gänzlich unrealistisch erscheint, ist eine Realisierung in naher Zukunft aufgrund von kontroll- und kartellrechtlichen Fragen gemäß der Gesprächsergebnisse nicht zu erwarten. In den Interviews wurde jedoch angemerkt, dass davon auszugehen ist, dass Strategische Allianzen oder weitergehende Formen der Zusammenarbeit zwischen globalen Fluggesellschaften in Europa im Vergleich zu transatlantischen Luftverkehrsallianzen in den nächsten Jahren zunehmend liberaler von den europäischen Wettbewerbsbehörden eingeschätzt werden könnten. Aus Sicht einiger Experten liegt dies insbesondere an den teilweise geringen Überschneidungen auf bestimmten Flugstrecken, so dass eine Zusammenarbeit der Unternehmen aus wettbewerbsrechtlichen Gesichtspunkten nicht zwingend zu unterbinden ist.

2.) *Zusammenführung einer globalen und einer internationalen Fluggesellschaft*: Bei diesem Szenario würden eine globale (Deutsche Lufthansa, Air France oder British Airways) und eine internationale Fluggesellschaft in Europa, wie z.B. Alitalia, KLM, SAS oder Iberia, zusammengeführt. Aus Sicht der Experten erscheint die Umsetzung dieser Entwicklungsmöglichkeit in den nächsten Jahren vergleichsweise realistisch, da nur auf diese Weise die kleineren Gesellschaften in einem zunehmend kompetitiven, liberalisierten und konjunkturell gesteuerten Branchenumfeld eine Überlebenschance haben werden. Die globalen Fluggesellschaften könnten im Zuge dieses Szenarios ihre Präsenz auf bestimmten Routen und Ländermärkten vergleichsweise schnell erhöhen, während die kleineren internationalen Luftverkehrsgesellschaften einen Zugang zu einem größeren Netzwerk erhalten würden.

3.) *Zusammenführung von zwei internationalen Fluggesellschaften*: Diese Form der Konsolidierung kann als eine Art Defensivstrategie der internationalen Luftverkehrsgesellschaften angesehen werden, mit der sie sich unter Umständen einen Teil ihrer Unabhängigkeit bewahren könnten. Allerdings wurde von vier Gesprächspartnern darauf hingewiesen, dass die gescheiterte Zusammenführung von Alitalia und KLM zeigt, dass die Umsetzung dieser Entwicklungsform in der Praxis insbesondere durch Auseinandersetzungen über Mehrheits-, Macht- und Kontrollfragen beeinträchtigt werden oder gänzlich scheitern kann.

4.) *Übernahme einer regional operierenden Fluggesellschaft*: Im Rahmen dieses Szenarios würde eine globale oder internationale Fluggesellschaft einen „National Carrier" geringerer Größe, d.h. mit einem vergleichsweise geringen Passagieraufkommen und einer begrenzten Anzahl an internationalen Flugverbindungen, übernehmen. Die Umsetzung dieses Szenarios wäre aus Sicht der Experten im wesentlichen als eine taktische und weniger als eine strategische Maßnahme der übernehmenden Gesellschaft anzusehen, durch die sie einen Zugang zu einem ganz speziellen, klar abgrenzten Markt erhalten würde.

Neben diesen grundlegenden Konsolidierungsmaßnahmen wurde im Rahmen der Gespräche auch analysiert, welche *konkreten* Übernahme- und Zusammenarbeitsformen zwischen welchen Fluggesellschaften in der Zukunft im europäischen Linienluftverkehr als realistisch erscheinen. Um zu einem aussagefähigen Ergebnis zu gelangen, wurde den Experten in einem ersten Schritt eine Auswahl möglicher Unternehmensverbindungen genannt, die in einem zweiten Schritt hinsichtlich ihrer realistischen Umsetzbarkeit bewertet werden sollten. Als Ergebnis der Befragungen konnte festgestellt werden, dass die nachfolgend genannten Szenarien aus Sicht der Gesprächsteilnehmer die höchste Wahrscheinlichkeit für eine künftige Umsetzung aufweisen:

1.) *Star Alliance Europe (Deutsche Lufthansa, SAS, Austrian Airlines)*:

Diese Form der Unternehmenszusammenführung erschien acht Experten als ein vorstellbares Konsolidierungsszenario im europäischen Luftverkehr. Aufbauend auf der bestehenden und gefestigten Allianzstruktur innerhalb der Star Alliance sowie der Vielzahl von Verknüpfungen im Passagier- und Frachtbereich könnte eine weitergehende Integration der Unternehmen, z.B. im Bereich der IT oder im Vertrieb, zu weiteren Kostensenkungen und Umsatzsteigerungen führen. Aus Sicht der Experten verfügen sowohl die SAS und als auch Austrian Airlines in ihren jeweiligen Heimatmärkten über ein vergleichsweise hohes Passagieraufkommen im Kurz- und Mittelstreckenverkehr, besitzen aber nur einen geringen Marktanteil im Langstreckenverkehr. Damit würde eine weitergehende Zusammenführung dieser beiden Gesellschaften mit der Deutschen Lufthansa, die neben ihrer starken Position im innereuropäischen Luftverkehr auch über eine hohe Marktpräsenz auf Interkontinentalstrecken verfügt, kaum zu Überschneidungen führen, so dass weitere umfangreiche Synergieeffekte bei einer weitergehenden Systemintegration dieser Unternehmen zu erwarten sind.

Für alle Luftverkehrsunternehmen wäre eine Konsolidierung innerhalb der Strukturen der Star Alliance der einfachste Weg für eine weitergehende Form der unternehmensübergreifenden Zusammenarbeit, da sich die Partner zum Teil schon mehrere Jahre aus der bisherigen Allianzzusammenarbeit kennen, so dass Opportunismus-, Integrations- und Kulturrisiken als gering eingeschätzt werden können. Andererseits befindet sich die Deutsche Lufthansa aufgrund der besonderen Stärke und Stabilität der Star Alliance, gerade auch im Vergleich zur British Airways und Air France, die beide nicht über derartige Strukturen verfügen, in einer guten Marktposition und muss nicht zwingend eine „Vorreiterrolle" in den Konsolidierungstendenzen im europäischen Luftverkehrsmarkt einnehmen. Dazu passt die Aussage eines befragten Experten einer Fluggesellschaft:

> *„Ich möchte darauf hinaus, dass wir faktisch in Richtung Quasi-Merger in Teilbereichen gehen müssen. Aber sobald sie so eine Art kulturellen Bestandsschutz angreifen, wird es ein grundsätzliches Problem geben, und sei es auch nur gesellschaftsrechtlich, indem sie dann als Vorstand gegenüber ihren Aktionären nicht mehr sagen können „Ich bin Herr des Unternehmens" oder sei es im Hinblick auf die Identität bzw. Mitarbeiterloyalität. Ich glaube, dass wir in Teilbereichen an die Grenzen der Allianz gestoßen sind. Aus diesem Grund gibt es einen Druck, weiter in die Zukunft zu schauen und sich über mögliche Entwicklungen Gedanken zu machen.. Wenn dann auch noch eine British Airways dazu kommt, den genialen ersten Zug zu machen und zu sagen: Jetzt haben wir es geschafft, jetzt werden wir über eine Fusion genau diese Punkte angreifen, viel effizienter zusammenarbeiten und eine Identität aufbauen, dass „Oneworld" wirklich „One World" ist, der Kunde weiß, was er davon hat und es ein homogenes Produkt und nicht nur ein homogenes Marketing gibt, dann kann es durchaus sein, dass sich der Konsolidierungsdruck noch weiter verschärft. Spätestens dann müsste z.B. auch eine Deutsche Lufthansa reagieren. Ich glaube aber, dass die Lufthansa wirklich die besseren Voraussetzungen hat, um diesen Schritt zu gehen, weil sie mehr Erfahrungen hat im Umgang mit den Partnern. Und sie kann dann eben früher sagen, in welchen Bereichen es funktionieren kann und in welchen nicht."*

2.) *Skyteam Europe*:

a.) *Air France und Alitalia*:

Aus den Gesprächen wurde die Erkenntnis gewonnen, dass bei einer beginnenden Konsolidierung vergleichsweise schnell entsprechende Maßnahmen und Anpassungen von den europäischen Luftverkehrsgesellschaften gefordert werden. Gerade die Air France, die erst in den letzten Jahren die Sky-

Team-Allianz aufbauen konnte,[28] wird im Rahmen einer beginnenden Konsolidierung unter einem enormen Druck stehen, sich schnell eine führende Rolle in diesem Prozess zu erschließen. Sie kann, im Unterschied zur Deutschen Lufthansa, nicht auf eine langjährige und gewachsene Allianzstruktur zurückgreifen, so dass bestimmte Handlungsoptionen mitunter wesentlich schneller ergriffen werden müssen. Falls die Air France diese Rolle nicht übernimmt, riskiert sie eine Schwächung der eigenen Marktposition, den Verlust von Marktanteilen an British Airways oder die Deutsche Lufthansa und die Gefahr permanenter struktureller Kostennachteile. Ein Zusammengehen mit der Alitalia könnte in diesem Zusammenhang aus Sicht der Experten eine sinnvolle Vorgehensweise darstellen, da kaum Überschneidungen bzw. Dopplungen im Streckennetz und im Kundenstamm zu erwarten sind: Alitalia verfügt, nach Auskunft der Gesprächsteilnehmer, lediglich im Heimatmarkt über eine dominierende Marktposition, während sie, im Unterschied zu Air France, auf internationalen Flugstrecken nur einen vergleichsweise geringen Marktanteil aufweist. Aus diesem Grund sind, nach Ansicht der Mehrheit der Gesprächspartner, umfangreiche zusätzliche Synergieeffekte aus z.B. der Abstimmung von Flugplänen, einer effizienteren Flottenplanung und einer gezielten Bündelung von Ressourcen zu erwarten. Darüber hinaus würde der Alitalia mit einer finanzkräftigen Air France an ihrer Seite die Möglichkeit erwachsen, den dringend notwendigen Ersatz der Kurz- und Mittelstreckenflotte nach vorne zu treiben.[29]

b.) *Air France und KLM*:

Für die nach einer rechtlichen Liberalisierung einsetzende Konsolidierungsphase in Europa wurde in den Gesprächen immer wieder auch ein mögliches Zusammengehen von Air France mit der niederländischen KLM genannt. Die im Oktober 2003 angekündigte Fusion zwischen den beiden Unternehmen, die zum Zeitpunkt der Durchführung der Interviews noch nicht absehbar war, wies für die befragten Personen aus den nachfolgend genannten Gründen eine hohe Sinnhaftigkeit auf:

Der Air France fehlt (bis zum Umsetzung der Fusion) ein echter Zugang zum wichtigen deutschen Markt, den die KLM durch die Nähe ihres Drehkreuzes Amsterdam zum Ruhrgebiet bereits besitzt. Außerdem verfügt die KLM über ein intensives Flugstreckennetz nach Belgien. Aus Sicht der KLM könnte ein Zusammengehen mit der Air France in Form einer Teilfusion oder Quasifusion aus strategischen Gesichtspunkten ebenfalls Vorteile aufweisen. Zum einen könnte die KLM dadurch die zahlreichen Versuche, die seit Jahren bestehende Kooperation mit der amerikanischen Northwest durch einen europäischen Partner zu erweitern, endlich in die Tat umsetzen und die negativen

[28] Vgl. **Kiani-Kress; Schnitzler** (2000), S. 96 und **o.V.** (2000f, S. 30.

[29] Vgl. **Borchardt, Flottau** (2001), S. 7.

Folgen der gescheiterten Fusion mit der Alitalia mit einem starken und global operierenden Unternehmen überwinden. Zum anderen könnte sich die Gesellschaft über den Zutritt in die SkyTeam-Allianz sämtliche Vorteile erschließen, die sich nur über eine Anbindung an mehrere Fluggesellschaften unterschiedlicher Nationalität realisieren lassen. Trotz der absehbaren Zusammenführung der Fluggesellschaften, die noch von der Zustimmung der Wettbewerbsbehörden abhängt, haben die Aussagen der Gesprächspartner nicht an Wert verloren. Sie sind vielmehr als ein Indiz für die hohe fachliche Kompetenz der befragten Experten anzusehen. Darüber hinaus ist angesichts der Treffsicherheit ihrer Aussagen davon auszugehen, dass der Aussagegehalt der Gespräche im Hinblick auf (weitere) zu erwartende Veränderungen im Luftverkehr insgesamt als hoch eingeschätzt werden kann.

c.) *Air France und KLM und Alitalia*:

In den Expertengesprächen wurde auch das Szenario genannt, dass die beiden vorgenannten Konstellationen für ein Skyteam Europe integriert. Danach könnte sich die Air France nicht nur mit der KLM *oder* der Alitalia zusammenschließen, sondern es könnte zu einem „Dreierbündnis“ dieser Unternehmen kommen. Dieses Szenario weist vor dem Hintergrund der Verlautbarungen des Managements der Alitalia nach der Fusionsankündigung durch Air France und KLM eine hohe Eintrittswahrscheinlichkeit auf. Voraussetzung für diese Unternehmensverbindung ist allerdings, dass der italienische Staat die noch bestehende Mehrheitsbeteiligung an der Alitalia auf eine Minderheitsbeteiligung reduziert bzw. das Unternehmen privatisiert.[30]

Nach der Abfrage denkbarer Konsolidierungsszenarien wurde den Gesprächspartner im Rahmen des Interviewleitfadens eine Liste mit europäischen Linienfluggesellschaften vorgelegt. Nachfolgend sollten sie die künftige Rolle dieser Fluggesellschaften in einem fortschreitenden Konsolidierungsprozess einschätzen. Die Befragung führte im Ergebnis zur Klassifizierung von drei Gruppen von Luftverkehrsgesellschaften, die sich durch ihre zu erwartende Bedeutung innerhalb einer Branchenkonsolidierung unterscheiden: 1.) *Konsolidierendes Unternehmen*, 2.) *Partnerunternehmen* und 3.) *Zielunternehmen*.

1.) *British Airways*: Der British Airways wurde ausnahmslos die Rolle eines *konsolidierenden Unternehmens* zugeordnet. Aus Sicht der Gesprächsteilnehmer wird sie bei einem beginnenden Konsolidierungsprozess versuchen, ihre führende Marktposition in Europa abzusichern, neue Marktstandards zu setzen und strategische Vorgaben für die Gesamtbranche zu machen.

2.) *Air France*: Neben British Airways wurde auch Air France von den befragten Experten die Rolle eines *konsolidierenden Unternehmens* zugewiesen. Air France wird danach in einem Konsolidierungsprozess eine aktive Rolle

---

30 Vgl. **o.V.** (2003e), S. 1 und **o.V.** (2003f), S. 1.

einnehmen. Falls die Privatisierungsbemühungen der französischen Regierung jedoch in den nächsten Jahren erfolgreich abgeschlossen werden sollten[31], wird die Air France nicht nur eine bedeutende Rolle in der innereuropäischen Konsolidierung einnehmen, sondern auch eine große Bedeutung für die globale Veränderung des Luftverkehr haben.

3.) *Deutsche Lufthansa*: Auch der Deutschen Lufthansa wurde die Rolle eines *konsolidierenden Unternehmens* zugeordnet. Aus Sicht der Gesprächsteilnehmer steht sie unter dem geringsten Druck, mit einer anderen europäischen Fluggesellschaft zu fusionieren, da sie bereits jetzt eine führende Position im weltweit stärksten und stabilsten Allianzbündnis, der Star Alliance, einnimmt. Wenn es in den nächsten Jahren zu einem erweiterten Engagement bei einer anderen Fluggesellschaft kommen sollte, dann sehen die Experten lediglich eine Stärkung der Zusammenarbeit mit einer allianzinternen Fluggesellschaft, wie der SAS und/oder Austrian Airlines.

4.) *SAS*: Nach Ansicht der Mehrheit der Gesprächsteilnehmer handelt es sich bei der SAS um eine in Europa vergleichsweise gut positionierte Fluggesellschaft, die allerdings unter anhaltend hohen Verlusten und rückläufigen Passagierzahlen leidet. Außerdem werden ihr aufgrund ihrer starken Einbindung in der Star Alliance nur in geringem Umfang weitere Entfaltungsmöglichkeiten zugeschrieben. Der in den letzten Jahren eingetretene Marktanteilsverlust, den die Gesellschaft seit September 2003 durch eine Flugpreissenkung aufzufangen versucht, stellt hohe Anforderungen an die Führung des Unternehmens. Es bleibt abzuwarten, inwieweit sie den durch die Preissenkungen induzierten Ergebnisrückgang durch Umsatzzuwächse und Kostensenkungen ausgleichen kann. Angesichts dieser aktuellen Konstellationen und aufgrund ihrer Größe bzw. ihres Streckennetzes scheint sich die Einschätzung der SAS durch die befragten Experten, nach der sie künftig in erster Linie ein *Partner-* oder ein *Zielunternehmen* darstellen wird, zu bestätigen.

5.) *Austrian Airlines*: Der starke innereuropäische Wettbewerb mit deutlich größeren Fluggesellschaften, die zudem über große eigene Drehkreuze in der Nähe des Drehkreuzes Wien verfügen, wie z.B. die Deutsche Lufthansa mit München oder die Alitalia mit Mailand, werden Austrian Airlines im Rahmen eines Konsolidierungsprozesses zwingen, mit einer größeren europäischen Fluggesellschaft zusammenzugehen. Aufgrund ihrer Anbindung an das Star Alliance-Bündnis erscheint eine intensivierte Zusammenarbeit mit der Deutschen Lufthansa, wie bereits oben skizziert, am wahrscheinlichsten. Insgesamt wurde die Austrian Airlines ausnahmslos als *Zielunternehmen* in einem beginnenden Konsolidierungsprozess eingeschätzt.

---

[31] Die Privatisierung ist bereits für das Jahr 2004 zu erwarten, wenn die europäischen Wettbewerbsbehörden der Fusion zwischen KLM und Air France zustimmen sollten. Vgl. ausführlich Kap. 6.4.2.3.

6.) *KLM*: Das Scheitern der Fusion mit der italienischen Alitalia, diverse nicht erfolgreiche Versuche, ein eigenes Allianzbündnis gemeinsam mit der amerikanischen Northwest aufzubauen, der daraus resultierende Mangel an strategischer Absicherung und Ausrichtung und die in den letzten Jahren schlechte Geschäftslage (Operativer Verlust im Jahr Geschäftsjahr 2002: 416 Mio. Euro)[32] machen die KLM im Rahmen einer innereuropäischen Konsolidierung in erster Linie zu einem *Zielunternehmen* für die großen europäischen Fluggesellschaften. Allerdings wurde ein *partnerschaftliches* gleichberechtigtes Zusammengehen mit einer anderen europäischen Fluggesellschaft auch nicht ausgeschlossen. Die Experteneinschätzungen hinsichtlich der KLM wurden durch die im Oktober 2003 angekündigte Fusion mit Air France bereits bestätigt. Wenngleich die Zusammenführung der beiden Unternehmen im Zuge eines Aktientausches vollzogen und offiziell als „Fusion durch Neugründung“[33] deklariert wurde, entspricht sie faktisch einer Übernahme durch die Franzosen. Zwar übernimmt die Air France nur 37% an der neuen Gesellschaft „Air France-KLM“ und verhindert damit zunächst die bei einer mehrheitlichen Übernahme möglicherweise entstehenden Probleme bei den Start- und Landerechten der KLM in einigen Ländern,[34] kommt aber gemeinsam mit dem französischen Staat, der 44% der Anteile an der neuen Gesellschaft halten wird, auf eine französische Beteiligungsquote in Höhe von 81%, so dass von einer faktischen Übernahme der KLM oder auch einer „unechten Fusion“[35] gesprochen werden kann.[36] Damit hat sich die KLM eindeutig als „Zielunternehmen“ und die Air France als „konsolidierendes Unternehmen“ herausgestellt. Insgesamt konnte durch die aktuellen Entwicklungen die Treffsicherheit der Einschätzungen der befragten Experten zum ersten Mal in der Praxis nachgewiesen werden. Vor diesem Hintergrund ist mit einer hohen Wahrscheinlichkeit davon auszugehen, dass sich künftig auch andere Aussagen der Gesprächspartner durch entsprechende Entwicklungen in der Praxis bestätigen werden, so dass die Reliabilität der Aussagen als hoch eingeschätzt werden kann.

7.) *Alitalia*: Die Alitalia wurde als *Partner- oder Zielunternehmen* eingeschätzt. Wenngleich die gescheiterte Fusion mit der KLM und die immer noch nicht erfolgte Privatisierung eine größere Fluggesellschaft von einem Engagement bei der Alitalia abhalten könnten, geht von ihr aufgrund ihrer starken Marktposition im attraktiven norditalienischen Markt eine hohe Anziehungskraft

---

32 Vgl. O.V. (2003k), S. 1.

33 Zum Begriff der *Fusion durch Neugründung* vgl. Kap. 2.2.3.2.

34 Zu den Besonderheiten der *Slotvergabe* vgl. Kap. 5.3.4.1.3.

35 Zum Begriff der *unechten Fusion* vgl. GABLER-VERLAG (1997), S. 3895f. und Kap. 2.2.3.2.

36 Vgl. O.V. (2003b), S. 1. Für eine Einschätzung des Vorgangs als Übernahme vgl. O.V. (2003h), S. 1.

für andere finanzkräftige Fluggesellschaften aus. Die Alitalia könnte sich nach Ansicht der Experten einerseits mit einer vergleichbaren Fluggesellschaft in Europa *partnerschaftlich* zusammenschließen oder aber, wie bereits oben erläutert, zum *Zielunternehmen* der nach der Fusion von Air France und KLM neu entstehenden Fluggesellschaft Air France-KLM werden. Das letztgenannte Szenario erscheint angesichts der Äußerungen von Vertretern der italienischen Regierung und Alitalia nach der im Oktober 2003 vollzogenen Fusion zwischen der französischen und niederländischen Luftverkehrsgesellschaft als sehr realistisch. Nach Angaben aus Luftfahrtkreisen ist davon auszugehen, dass die Alitalia die italienische Regierung kurz- bis mittelfristig bitten wird, einen 20 bis 30-prozentigen Anteil an der Fluglinie für einen Aktientausch zur Verfügung zu stellen und damit gleichzeitig die Privatisierung der Gesellschaft umzusetzen.[37]

8.) *Finnair*: Der „Finnair" wurde im Rahmen der Gespräche ausnahmslos die Rolle eines *Zielunternehmens* zugewiesen. Ähnlich wie Austrian Airlines bearbeitet Finnair lediglich eine Marktnische, so dass sie bei einer fortschreitenden Konsolidierung stets der Gefahr unterliegt, von einer größeren Luftverkehrsgesellschaft übernommen zu werden. Insbesondere bei einem weitergehenden Engagement der SAS innerhalb Europas könnte die Marktposition der Finnair im skandinavischen Markt bedroht sein, so dass sie die Unterstützung einer größeren Fluggesellschaft zwingend benötigen könnte.

9.) *Swiss*: Vor dem Hintergrund des Zusammenbruchs der Swissair und der zugehörigen Regionalfluggesellschaft Crossair im Oktober 2001 wurde der im März 2002 aus der Konkursmasse hervorgegangenen Folgegesellschaft „Swiss" angesichts fortgesetzter wirtschaftlicher Schwierigkeiten[38] lediglich die Rolle eines Partner- oder Zielunternehmens zugewiesen, dass sich zeitnah an ein Allianzbündnis koppeln müsse, um den eigenen Fortbestand zu sichern. Als existenzbedrohend wurde insbesondere das Festhalten der Swiss-Unternehmensführung am Status einer nationalen Fluggesellschaft mit weltweiten Flugverbindungen angeführt. Die Einschätzungen der befragten Experten wurden im September 2003 bestätigt, als Swiss bekannt gab, künftig mit der British Airways im Rahmen der „oneworld"-Allianz zusammenarbeiten zu wollen. [39] Damit wurde das Angebot der Deutschen Lufthansa

---

[37] Vgl. **O.V.** (2003f), S. 1 und **O.V.** (2003g), S. 1.

[38] Allein im ersten Halbjahr ihrer Existenz erwirtschaftete Swiss einen Verlust in Höhe von 447 Mio. Schweizer Franken. Für das gesamte Geschäftsjahr 2002 summierte sich der Verlust auf 980 Mio. Schweitzer Franken. Vgl. **O.V.** (2003ah), S. 1f.

[39] Vgl. **O.V.** (2003ad), S. 1 und DONE, K.; SAIGOL, L.; GENGER, J. (2003), S. 1. Gemäß der Vereinbarung übernimmt British Airways gegen eine Kreditgarantie über 50 Mio. Franken acht der vierzehn Slotpaare, die die schweizerische Fluggesellschaft bisher am Flughafen London-Heathrow besitzt Darüber hinaus soll der Flughafen Zürich zu einem neuen Kno-

abgelehnt, die das Aktienkapital der wirtschaftlich angeschlagenen Fluggesellschaft zu einem Drittel mit einer Option auf einen späteren Mehrheitserwerb gegen eine entsprechende finanzielle Unterstützung übernehmen und in den Lufthansa-Konzern integrieren wollte.[40]

In Abb. 8.11 werden die Befragungsergebnisse zu den zu erwartenden Rollen der Fluggesellschaften in einem Konsolidierungsprozess dargestellt:

***Abb. 8.11**: Rolle der europäischen Fluggesellschaften in einem einsetzenden Konsolidierungsprozess*

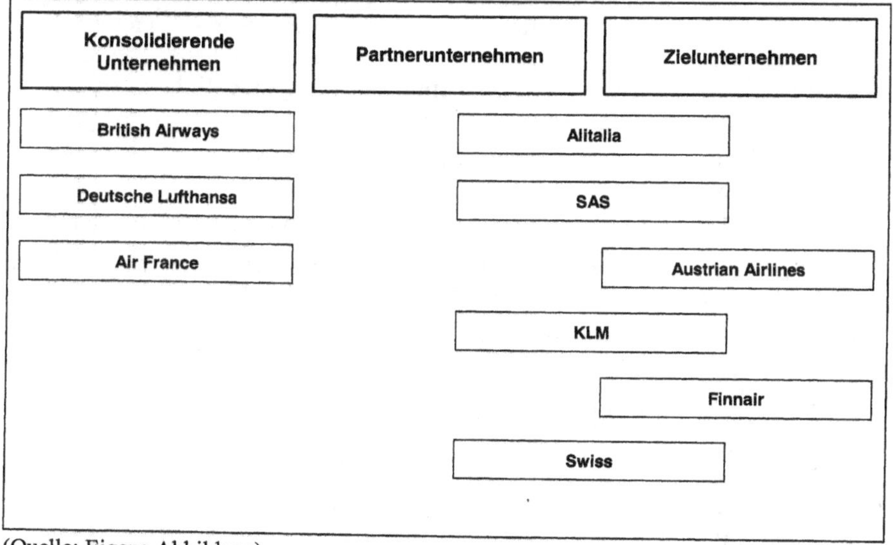

(Quelle: Eigene Abbildung)

Insgesamt gehen die Luftfahrtexperten davon aus, dass sich die drei großen europäischen Fluggesellschaften British Airways, Air France und Deutsche Lufthansa am Ende einer Konsolidierung den europäischen Markt untereinander aufteilen oder zumindest wesentlich deutlicher als heute dominieren werden (s. Abb. 8.12).[41] Alle anderen europäischen Fluggesellschaften werden sich danach kurz- bis mittelfristig den Luftverkehrsallianzen oneworld, Skyteam und Star Alliance anschließen müssen, um ihr Überleben in einem weiter liberalisierten Markt zu sichern. Daneben werden lediglich einige Nischenanbieter im Low-Cost-Bereich im Markt verbleiben. Das größte Wachstumspotential sehen die befragten Experten bei der SkyTeam-Allianz der Air France, die mit ihren bisherigen drei Drehkreuzen Paris, Mailand und Rom über die größten innereuro-

tenpunkt und Drehkreuz in Zentraleuropa im Netzwerk der „oneworld"-Allianz ausgebaut werden. Vgl. **o.V.** (2003ac), S. 1 und **o.V.** (2003ae), S. 2.

40 Vgl. **o.V.** (2003ae), S. 1 und **o.V.** (2003af), S. 1.

41 Für eine ähnliche These vgl. **o.V.** (2003g), S. 1 und **o.V.** (2002t), S. 22.

päischen Expansionsmöglichkeiten verfügt. Aber auch der Star Alliance der Deutschen Lufthansa attestierten die Gesprächsteilnehmer vor dem Hintergrund der drei Drehkreuze in Kopenhagen, Frankfurt und München eine sehr gute geografische Marktposition im innereuropäischen Luftverkehrsmarkt. Es wurde zudem darauf hingewiesen, dass eine aus strategischen Gesichtspunkten besonders relevante weitere Ausweitung dieses Drehkreuzsystems nach einer weitergehenden Öffnung des Flughafens London-Heathrow über den Star Alliance-Partner British Midland zu erwarten ist.[42] Vor dem Hintergrund der Gesprächsergebnisse lässt sich ein grundlegendes Szenario für die Zukunft des europäischen Luftverkehrs und die Aufteilung der Branche aufstellen. Wenngleich die Umsetzung dieses Szenarios noch von mehreren Faktoren abhängt und daher als Hypothese anzusehen ist, zeigt es doch einige grundlegende Richtungen auf:

1.) Langfristig werden die großen drei Gesellschaften den Markt noch stärker beherrschen, als sie es jetzt schon tun.

2.) Das Branding der Allianznamen wird an Bedeutung gewinnen. Die Dachmarke wird stärker neben die Markennamen der Fluggesellschaften gerückt.

3.) Jede Allianz wird dauerhaft immer nur dann überlebensfähig sein, wenn sie über einen starken Partner in den USA und in Asien verfügt.

***Abb. 8.12**: Ausblick auf die Zukunft der europäischen Luftfahrtbranche*

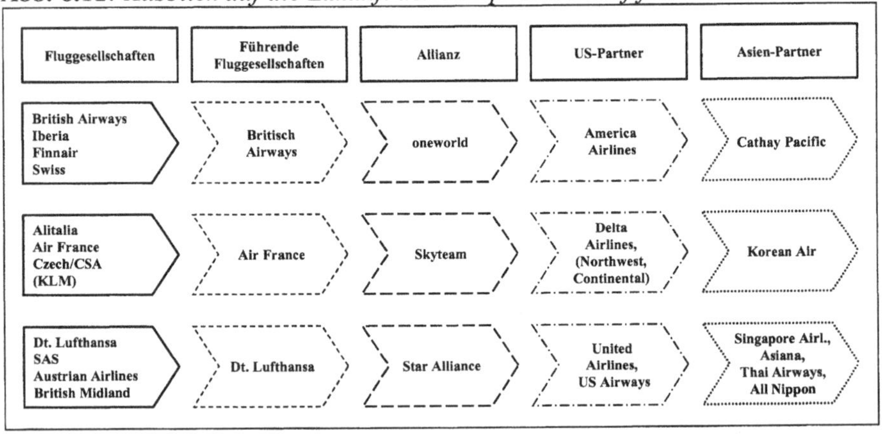

(In Anlehnung an: SCHMELZER (2001), S. 23)

[42] Zu diesen Ergebnissen der Expertengespräche vgl. **SCHMELZER** (2001), S. 23, die Rahmen einer von ihr durchgeführten Umfrage zu vergleichbaren Ergebnissen gekommen ist.

8.3 Empirische Relevanz der abgeleiteten Entscheidungsfaktoren

Neben den vorgenannten Strategieoptionen wurden im Rahmen der empirischen Exploration auch die im Theorieteil der Arbeit abgeleiteten fünfzehn Entscheidungsfaktoren auf ihre empirische Relevanz für Entscheidungen über den Ausbau von Luftverkehrsallianzen überprüft. Zunächst wurde den Interviewpartnern jeder einzelne Entscheidungsfaktor inhaltlich erklärt. Danach erfolgte eine Darstellung des Bezugs jedes einzelnen Faktors zu Bindungsintensitätsfragen. In erster Linie ging es in der Befragung um die Verifikation der hypothetisch aufgestellten Zusammenhänge zwischen der Ausprägung der Entscheidungsfaktoren und der Auswirkung auf die im Rahmen eines Allianzausbaus anzustrebende Bindungsintensität. An geeigneter Stelle wurde der Versuch unternommen, mögliche Alternativen für einen bindungsintensitätsorientierten Ausbau von Luftverkehrsallianzen hinsichtlich einzelnen Faktoren zu untersuchen. Nachfolgend werden die Befragungsergebnisse für jeden Entscheidungsfaktor dargestellt. Dabei werden zur praxisnahen Stützung der Gesprächsresultate ausgewählte Zitate der Gesprächspartner herangezogen, die Auskunft über die Einschätzung und das Denken in der betrieblichen Praxis bei strategischen Ausbau- und Entwicklungsentscheidungen geben:

1.) *Ausmaß der notwendigen spezifischen Investitionen zur Realisierung der angestrebten Synergieeffekte*: Im Hinblick auf diesen Entscheidungsfaktor konnte hinsichtlich dieses Entscheidungsfaktors festgestellt werden, dass aus Sicht der Fluggesellschaften das Ausmaß der für einen Allianzausbau bzw. eine Unternehmensentwicklung zwingenderweise zu tätigenden spezifischen Investitionen den Entscheidungsprozess und die letztendliche Auswahl einer Entscheidungsalternative stets beeinflusst. Einige der Gesprächspartner wiesen darauf hin, dass gerade der Umfang und die Höhe der spezifischen Investitionen, die in der Regel eine grundlegende Voraussetzung für die Realisierung der im Rahmen einer Ausbau- und Entwicklungsentscheidung angestrebten Synergieeffekte bilden, den Grad der als notwendig erachteten Bindungsintensität zwischen den involvierten Luftverkehrsunternehmen determinieren.

   Eine auf der Basis von Verträgen gegründete Luftverkehrsallianz, wie sie die „Star Alliance" darstellt, wird von der Mehrheit der Befragten als eine in der Zukunft nicht mehr ausreichende formalrechtliche Institutionalisierungsform angesehen. Die angestrebten Synergieeffekte werden nach Ansicht der Experten zunehmend von der Erlösseite auf die Kostenseite wechseln und sind in diesem Bereich in der Regel nur noch dann erreichbar, wenn sich die beteiligten Luftverkehrsgesellschaften über ein finanzielles Engagement bzw. spezifische Anpassungsinvestitionen in eine wechselseitige Abhängigkeit begeben, deren Stabilisierung zwangsläufig eine veränderte Form der gesellschaftsrechtlichen Form der Zusammenarbeit notwendig macht. In einer durch Verträge institutionalisierten Luftverkehrsallianz, die stets auf einem Gleichordnungsverhältnis der Partnerunternehmen basiert, sind aus Sicht der Befragten in der Regel langwierige Entscheidungsprozesse innerhalb eines eigenständigen Allianzmanagements notwendig, um die Voraussetzungen für eine Synergierealisierung zu schaffen. Diese Entscheidungsprozesse verursachen jedoch hohe (Transaktions-) Kosten, die durch eine Veränderung der Bindungsintensität eventuell verringert oder vermieden werden können. Weitergehende Formen der Bindung zwischen den Luftverkehrsunternehmen werden daher in der Praxis als sinnvolle Vorgehensweise angesehen, um den Fortbestand der Zusammenarbeit im Zeitablauf zu sichern.

In diesem Zusammenhang wurde von einigen Befragungsteilnehmern auch darauf hingewiesen, dass die im Rahmen eines Ausbaus potenziell von der bereits bestehenden Luftverkehrsallianzen anzustrebende Bindungsintensität bzw. formalrechtliche Institutionalisierung auch von der *Art* der angestrebten Synergieeffekte und der Verteilung der dazu notwendigen Tätigkeiten zwischen den involvierten Luftverkehrsunternehmen abhängt. Falls im Rahmen eines Allianzausbaus bestimmte *materielle* Ressourcen, wie z.B. Abfertigungsgebäude, Flugzeuge oder Bodendienste, noch intensiver gemeinsam genutzt werden sollen, würden die dazu notwendigen Erweiterungsinvestitionen bei einer Veränderung der Zusammensetzung der Allianz zu einer umfangreichen Spezifitätserhöhung führen. Dies wäre beispielsweise immer dann der Fall, wenn bestimmte Kapazitätsverringerungen durch politische oder konjunkturelle Veränderungen im Luftverkehr notwendig werden. Bei einer derartigen Konstellation sehen die Befragungsteilnehmer in einer gegenseitigen Kapitalverflechtung in Höhe der Sperrminorität einen ersten Schritt, die Opportunismusrisiken zu verringern und die eigenen „Quasirenten" abzusichern. Bei einer vorwiegenden Kopplung von immateriellen Ressourcen sind weitergehende Formen der Bindung zwischen den Luftverkehrsunternehmen für einen Allianzausbau aus Sicht der Befragten als vorziehenswürdig anzusehen.

Neben den spezifischen Investitionen sehen die befragten Experten auch in der Verteilung der finanziellen Belastungen, die nach einer im Zeitablauf scheiternden Strategischen Allianz potenziell entstehen würden, einen wesentlichen Entscheidungsparameter. Falls keine Einigkeit über die Verteilung erzielt werden kann, droht mitunter die Gefahr eines Auseinanderbrechens der Allianz mit den entsprechenden negativen Auswirkungen auf jedes Allianzunternehmen, wenn kein adäquater Ersatz gefunden werden kann. Ein gutes Beispiel ist in diesem Zusammenhang die gescheiterte Fusion zwischen KLM und Alitalia, da sie zeigt, dass die für eine intensivere Form der Zusammenarbeit notwendigen spezifischen Investitionen die

Flexibilität und Kompromissbereitschaft bei Veränderungsentscheidungen in erheblicher Weise beeinflussen können.

Insgesamt konnte der theoretisch abgeleitete Zusammenhang zwischen dem Ausmaß der spezifischen Investitionen und dem notwendigen Bindungsintensitätsgrad und die besondere Bedeutung dieses Entscheidungsfaktors für einen potenziellen Ausbau der bestehenden Luftverkehrsallianzen durch die empirische Exploration in vollem Umfang bestätigt werden.

2.) *Ausmaß der Unsicherheiten über die künftigen Entwicklungen im Allianz- und Unternehmensumfeld*: Da generell vor dem Hintergrund der aktuellen Entwicklungen große Unsicherheiten über die künftigen Strukturen und Bedingungen in der Luftverkehrsbranche bestehen, ist grundsätzlich jedes der Luftverkehrsunternehmen dazu verpflichtet, rechtzeitig Maßnahmen zu ergreifen, um die eigene Überlebensfähigkeit unter veränderten Rahmenbedingungen zu sichern. Dazu gehört insbesondere das rechtzeitige Erkennen von künftig attraktiven und bedeutsamen Flugstrecken, Märkten und weiteren branchennahen Erfolgspotentialen. Je weniger eindeutig allerdings die Richtungen der künftigen Entwicklungen im Luftverkehrsumfeld absehbar sind, desto höher ist stets das Risiko, durch eine Veränderung der Strukturen innerhalb der Luftverkehrsallianzen bzw. eine künftig anzustrebende allianzinterne Bindungsintensität die falsche Richtung einzuschlagen bzw. sich auf eine fehlerhafte und nicht ausreichend flexible Ausbauform festzulegen. Aus Sicht der Praktiker bietet die Beibehaltung einer rein auf Verträgen gründenden Luftverkehrsallianz zwar unter Flexibilitätsgesichtspunkten einige grundlegende Vorteile, wenn um die Entwicklung von potenziell attraktiven und erfolgsversprechenden, aber schwer einschätzbaren Geschäftsfeldern geht. Aufgrund der absehbaren und notwendigen Konsolidierung im europäischen Luftverkehr ist jedoch in Zukunft von weitergehenden kapitalmäßigen Verflechtungen und weit reichenden finanziellen Engagements der großen Luftverkehrsunternehmen auszugehen. Dazu passt die Einschätzung eines Vertreters einer international operierenden Fluggesellschaft:

> *„Je höher die Unsicherheiten über die weiteren Entwicklung der Branche sind, z.B. hinsichtlich der Marktentwicklung und der künftigen rechtlichen Gegebenheiten, desto eher ist es meines Erachtens sinnvoll und notwendig, einen Wachstumsweg zu favorisieren, der dem entsprechenden Unternehmen bei einer Veränderung der Branchensituation eine hohe strategische Flexibilität offen lässt. Gerade dann sind doch lose Kooperationen oder Allianzen gute Wege. Allerdings sehe ich in den nächsten Jahren weit reichende Veränderungen im Luftverkehr, insbesondere in der europäischen Luftverkehrsbranche, so dass ich davon ausgehe, dass wir deutlich mehr finanzielle Engagements, wech-*

selseitige Investitionen – also insgesamt höhere Bindungen zwischen den Luftverkehrsunternehmen sehen werden."

Insgesamt wurde die Bedeutung dieses Entscheidungsfaktors für Allianzausbau- und Unternehmensentwicklungsfragen von den befragten Experten als hoch und damit als entscheidungsrelevant eingeschätzt.

3.) *Ausmaß der Unsicherheiten über das künftige Verhalten der Allianzpartner*: Hinsichtlich dieses Entscheidungsfaktors konnte durch die Äußerungen mehrerer Interviewpartner bestätigt werden, dass der Grad der im Rahmen eines Ausbaus einer Luftverkehrsallianz anstrebbaren Bindungsintensität erheblich vom gegenseitigen Vertrauen zwischen den Luftverkehrsunternehmen abhängt, das sich während der bisherigen kooperativen Zusammenarbeit entwickeln konnte. Dazu passt die Äußerung eines Gesprächspartners von einer international operierenden Fluggesellschaft:

„Falls man einem strategisch wichtigen Partner nur geringes Vertrauen entgegenbringt, er aber über wesentliche wettbewerbskritische Ressourcen verfügt, macht es Sinn, diesen Partner möglichst eng an sich zu binden, um die Gefahr des Partnerverlustes an etwaige Konkurrenzunternehmen zu reduzieren. Das gleiche gilt dann, wenn eine geringe Übereinstimmung von Interessen, trotz hoher Synergiepotentiale für beide Unternehmen, eine kooperative Entscheidungsfindung erschwert. Eine höhere Bindung kann auch hier den effizienteren Weg darstellen."

In der Argumentation der Transaktionskostentheorie führt eines hohes Maß an Vertrauen generell zu einer Verringerung der Transaktionskosten, da dadurch die subjektiv empfundene Gefahr opportunistischen Verhaltens eines oder mehrerer Allianzpartner sinkt und damit unter gleichen Bedingungen geringere Kontroll- und Sicherungsmaßnahmen durchgeführt werden müssen. Der Vertrauensbegriff wurde von den Experten jedoch nicht in der Art interpretiert, dass Allianzverträge im Luftverkehr zur Reduzierung der einmaligen Vertragskosten generell bereits bei ihrer Entstehung bewusst bestimmte Regelungslücken enthalten, um diese im weiteren Verlauf der Zusammenarbeit im Konsens und kostengünstig überwinden zu können. Vielmehr wurde der Aufbau von Vertrauen als kritischer Erfolgsfaktor angesehen, um eine *dauerhafte* Zusammenarbeit der Luftverkehrsunternehmen zu gewährleisten und die allianzinternen Entscheidungsprozesse zu beschleunigen. In diesen Zusammenhang passt die nachfolgende Aussage eines Gesprächspartners:

„Es besteht z. B. die Gefahr, dass ein Unternehmen in eine auf Dauer angelegte Kooperation mit einem anderen Partner einwilligt, aber bereits schon zu Beginn der Vereinbarung damit rechnet, dass es diese Kooperation in 2-3 Jahren gar nicht mehr gibt. Den Vertragspartnern

kann deshalb nur geraten werden, bestimmte Probleme schon vor Vertragsabschluß vorherzusehen und in den Kooperationsvertrag umfassend aufzunehmen."

Darüber hinaus sahen die Befragten im „Vertrauen" einen wesentlichen Entscheidungsfaktor bei der Auswahl *neuer* Partner für das Luftverkehrsbündnis. Es wurde darauf hingewiesen, dass die Entscheidung der bereits zusammenarbeitenden Fluggesellschaften für oder gegen ein neues Partnerunternehmen nicht zuletzt durch das diesem Unternehmen entgegengebrachte Vertrauen determiniert wird. Falls mehrere Entscheidungsalternativen zur Verfügung stehen, kann ein besonders ausgeprägtes Vertrauensverhältnis gegenüber einer bestimmten Luftverkehrsgesellschaft, neben der Betrachtung der finanziellen Gegebenheiten, den entscheidenden Ausschlag für oder gegen eine Partnerschaft geben.

Gleichzeitig wurde wiederholt argumentiert, dass das für den Ausbau einer Luftverkehrsallianz notwendige Vertrauen zwischen den Fluggesellschaften nur zu einem vergleichsweise geringen Ausmaß durch unternehmenskulturelle Faktoren determiniert wird. Vielmehr sehen die Befragten im Verhältnis der Vorstände der involvierten Luftverkehrsgesellschaften den letztlich ausschlaggebendsten Punkt für oder gegen eine fortgesetzte bzw. intensivierte Partnerschaft. In diesem Zusammenhang verwiesen einige der Befragten auf die aus ihrer Sicht in der betrieblichen Praxis durchaus vorkommende Verfahrensweise, dass sich Luftverkehrsunternehmen langfristig im Rahmen einer Strategischen Allianz trotz unterschiedlicher Unternehmenskulturen und bereichsspezifischer Ziele, aneinander binden, wenn die involvierten Vorstände ein gutes Vertrauensverhältnis entwickeln konnten. Dazu passt die nachfolgende Aussage eines Vertreters einer Fluggesellschaft:

„Vertrauen spielt sich grundsätzlich immer zwischen zwei oder mehreren Personen ab, es steht und fällt mit den involvierten Menschen. Viele Allianzpartnerunternehmen haben meist zwei oder drei besonders starke Leute, die zudem häufig die Strukturen und Abläufe in ihren Unternehmen wesentlich bestimmen. Diese Personen legen zumeist einen besonderen Wert darauf, alles dauerhaft zusammenhalten. Sie kommunizieren mehrere Male über die Unternehmensgrenzen hinaus miteinander und haben ein hohes Vertrauen zueinander. Diese Personen sind meist auch Realisten und wissen daher ganz genau, in welchen Bereichen kooperiert werden soll und in welchen Bereichen eine Zusammenarbeit nicht erwünscht wird bzw. nicht sinnvoll erscheint. Die Annahme, dass sich dieses Vertrauen langfristig für ein Unternehmen am Markt kapitalisiert und wiederum ausreichendes Vertrauen der Geldgeber rechtfertigt, halte ich jedoch für gefährlich. Andererseits hat ei-

ne auf viel Vertrauen gründende losere Bindung durchaus auch ihre Vorteile. Stellen Sie sich vor, dass zwei Unternehmen in einer Bindung zueinander stehen, in der vergleichsweise viel ausformuliert wurde. Da gibt es dann eben nicht die Personen, die sich durchweg gut verstehen, so dass der Kooperationsvertrag besonders gut ausformuliert werden musste. Für mich stellen Vertrauensgesichtspunkte und Vertragsgestaltungen immer unbestimmte Systeme dar.“

Für den Fall, dass ein derartiges Vertrauen jedoch nicht vorhanden sein sollte, sah die Mehrheit der Befragungsteilnehmer in unterschiedlichen Unternehmenskulturen der beteiligten Luftverkehrsgesellschaften ein weit reichendes Hindernis für einen Ausbau der Bindungsintensität zwischen den Fluggesellschaften. Allerdings wurden sowohl bei einer auf Verträgen basierenden Strategischen Allianz als auch bei einer weitergehenden Form der Bindungsintensität vergleichbare Wirkungen der unternehmenskulturellen Unterschiede gesehen: Danach hängt sowohl der künftige Erfolg einer fortgesetzten kooperativen Zusammenarbeit als auch der Erfolg einer durch Kapitalverflechtung, Fusion oder Akquisition veränderten Luftverkehrsallianz in erheblichen Maße von der Vereinbarkeit der Unternehmenskulturen der entsprechenden Unternehmen ab.

4.) *Angestrebte Dauer der weiteren Zusammenarbeit*: Der Zusammenhang zwischen dem Grad der Bindungsintensität und der Dauer der Zusammenarbeit konnte in den Expertengespräche bestätigt werden. Die Mehrheit der Interviewpartner sah in der angestrebten Dauer der Zusammenarbeit zwischen den Luftverkehrsgesellschaften eine wesentliche Bedingung, um weitergehende Bindungsintensitäten überhaupt als entscheidungsrelevant erscheinen zu lassen. Falls demgegenüber bereits im Rahmen der bisherigen Zusammenarbeit festgestellt werden konnte, dass die Fortsetzung der Ressourcenkopplung in der Zukunft aufgrund grundlegender und weit reichender Unsicherheiten und Risiken, z.B. aufgrund veränderter gesetzlicher Bestimmungen für die Zusammenarbeit von Luftverkehrsgesellschaften innerhalb der EU, in Frage gestellt ist, wurde die Fortsetzung der kooperativen Form der Zusammenarbeit, gekoppelt mit einem Ausbau der Zusammenarbeitsbereiche, von der Mehrheit der befragten Experten als die einzig gangbare Lösung für eine weitere notwendige Entwicklung der Luftverkehrsallianzen angesehen, da nur dadurch die Risiken umfangreicher finanzieller Verluste, z.B. aus einer Verkürzung oder plötzlichen Beendigung der Zusammenarbeit mit einer Fluggesellschaft, reduziert bzw. gänzlich vermieden werden können.

Zusammenfassend konnte eine mittlere Relevanz dieses Entscheidungsfaktors für den Prozess der Beurteilung und Auswahl einer Allianzausbau- und Unternehmensentwicklungsalternative festgestellt werden.

5.) *Erwartete Dauerhaftigkeit der durch den Allianzausbau induzierten Synergieeffekte*: Im Theorieteil der Arbeit wurde bereits dargelegt, dass Synergieeffekte, die sich im Rahmen einer Allianzzusammenarbeit lediglich einmalig realisieren lassen, in der Regel die sich aus einer gesteigerten Form der Bindungsintensität ergebenden Fixkosten nicht rechtfertigen. Eine auf Verträgen basierende Luftverkehrsallianz, die beispielsweise ausschließlich mit dem Ziel gegründet wurde, im Sinne einer einmaligen und zeitlich befristeten Kopplung bestimmter immaterieller Ressourcen eine Erweiterung des Produktportfolios oder des Streckennetzes zu erreichen, kann zwar aus Sicht der Experten punktuell zu hohen Synergieeffekten führen, würde aber eine gesteigerte Bindungsintensität zwischen den Luftverkehrsgesellschaften im Zeitablauf (z.B. in Form einer gegenseitigen Kapitalverflechtung) nicht rechtfertigen, da die dadurch entstehenden Komplexitätskosten in der Regel die einmalig entstehenden Synergieeffekte überkompensieren würden. Erst dann, wenn innerhalb der Luftverkehrsallianz Einigkeit und Sicherheit darüber besteht, dass die durch die Ressourcenzusammenführung angestrebten Synergieeffekte nachhaltig realisierbar sind, sehen die meisten der Befragungsteilnehmer weitergehende Formen der Bindungsintensität, wie z.B. allianzinterne Akquisitionen, als sinnvolle Allianzausbauform an, da dann kaum Risiken aus Marktveränderungen und potenziellen Inflexibilitäten entstehen. Einer der Experten schilderte die Bedeutung der erwarteten Dauerhaftigkeit der Synergieeffekte für den Entscheidungsprozess in folgender Weise:

> *„Je umfangreicher und nachhaltiger die Synergiepotentiale eingeschätzt werden, desto eher kann eine höhere Bindung zum Partner sinnvoll sein. Falls sich jedoch eine Situation ergibt, in der sich bestimmte Synergien zwischen den Partnern nur kurzzeitig ableiten lassen, besteht die Gefahr, dass die Kosten einer hohen Bindung nicht durch die entsprechenden Synergien aufgewogen werden. Dann stellt ein Wachstumsweg mit einer geringeren Bindungsintensität, wie z.B. eine Allianz, sicherlich immer noch die die bessere Alternative dar. In jedem Fall muss man sich darüber klar werden, was realistischerweise erreicht werden kann. Ich würde aber nicht so weit gehen wollen, diesem von Ihnen entwickelten Faktors eine dominante Rolle für eine letztendliche Entscheidung beizumessen. Da sind sicherlich andere Dinge wichtiger."*

Diese Äußerung kann als Beleg für die in der Praxis vorherrschende Meinung angesehen werden, dass der skizzierte Entscheidungsfaktor eine bedeutende, wenn auch gegenüber anderen Faktoren etwas untergeordnete Relevanz für Allianzausbau- und Unternehmensentwicklungsfragen aufweist.

6.) *Strategische Relevanz der für den Allianzausbau eingesetzten Ressourcen der Allianzunternehmen*: Dieser Entscheidungsfaktor wurde von den befragten Experten in einem engen Zusammenhang mit dem Entscheidungsfaktor „Ausmaß der notwendigen spezifischen Investitionen zur Realisierung der angestrebten Synergieeffekte" gesehen. Danach wurden und werden Entscheidungen über die Veränderungen der Zusammensetzung, der Bindungsintensitäten und der Zusammenarbeitsbereiche innerhalb der Luftverkehrsallianz stets und fortwährend im Rahmen eines übergeordneten Allianzmanagements auch in Abhängigkeit von der strategischen Relevanz der jeweiligen Ressourcen der einzelnen Luftverkehrsgesellschaften getroffen. In diesem Zusammenhang kann es vorkommen, dass Fluggesellschaften, die in der Gründungsphase der Luftverkehrsallianz durch ihr spezifisches Wissen einen wesentlichen Beitrag für das Gelingen des gesamten Allianzprojektes geleistet haben, im Zeitablauf an Bedeutung verlieren, weil die anderen Luftverkehrsgesellschaften sich in Richtungen entwickeln wollen, die mit einem oder mehreren der Partnerunternehmen nicht oder nur schwer umsetzbar sind.

Andererseits kann es sinnvoll sein, sich im Zeitablauf stärker an eine Fluggesellschaft zu binden, die bisher noch nicht dem Allianzverbund angehört, aber über bestimmte materielle Ressourcen (z.B. Wartungsanlagen, Flugzeuge oder Terminals) oder immaterielle Ressourcen (z.B. besonderes Know-how und Mitarbeiter) verfügt, die zur Erschließung der angestrebten Geschäftsfelder von besonderer Wichtigkeit sind. Gemäß der Aussagen der Interviewpartner wird es immer wichtiger, dass sich die bestehenden Luftverkehrsallianzen aus Fluggesellschaften aus allen wichtigen Kontinenten zusammensetzen, um ein möglichst globales, aufeinander abgestimmtes und damit kundenfreundliches Angebot offerieren zu können. Bis zum heutigen Zeitpunkt wird diese Vorgabe nur von der Star Alliance mit ihren mittlerweile 15 Partnergesellschaften erfüllt. Das individuelle Streckennetz der einzelnen Allianzunternehmen wird damit zu einer unter strategischen Gesichtspunkten besonders relevanten Ressource. Daneben wird der gegenseitige Austausch von Wissen und die Überwindung unterschiedlicher Qualitätsstandards aus Sicht der Mehrzahl der Gesprächspartner in der Zukunft für den Erfolg der Allianzverbünde und der daran beteiligten Unternehmen eine erhebliche Rolle spielen.

Die sich aus dem Austausch von bestimmten immateriellen Ressourcen ergebenden Überwachungs- und Kontrollerfordernisse zum Schutz der Ressourcenausstattungen der Fluggesellschaften vor Opportunismus sind in der Regel mit erheblichen Transaktionskosten verbunden, die umso höher ausfallen, je größer die strategische Relevanz der für den Ausbau der Luftverkehrsallianz eingesetzten Ressourcen ist und je weniger der wechselseitige Zugriff durch die Partnerunternehmen aufgrund der gewählten organisatorischen Institutionalisierungsform kontrolliert werden kann. Deshalb geht die Mehrheit der befragten Experten davon aus, dass sich die bisher eindeutig erlösorientierte Zusammenarbeit der Allianzverbünde in einem nächsten Schritt zu einer Optimierung der allianzinternen Kostenstrukturen entwickeln wird. Diese ist jedoch erst dann in umfangreicher Weise umsetzbar, wenn die rechtlichen Voraussetzungen für grenzüberschreitende Fusionen oder Akquisitionen im Luftverkehr geschaffen wurden und dadurch die Möglichkeit für eine nachhaltige Marktbereinigung entsteht.

Insgesamt konnte durch die empirische Befragung festgestellt werden, dass dem entwickelten Entscheidungsfaktor gerade für hinsichtlich des Ausbaus eines bereits mit festen Strukturen versehenen Allianzbündnisses eine besondere Bedeutung zukommt, da unter Ausbaugesichtspunkten aus Sicht der Mehrheit der Befragungsteilnehmer immer mehr die Frage der strategischen Relevanz und Nutzbarkeit der unternehmensspezifischen Ressourcen im Mittelpunkt der Betrachtungen steht.

7.) *Ausmaß der rechtlichen Restriktionen für einen kostenoptimalen Allianzausbau*: Dieser Entscheidungsfaktor wurde ausnahmslos von allen Befragungsteilnehmern als besonders entscheidungsrelevant bei der Auswahl einer Allianzausbaualternative angesehen. Nationale und europarechtliche Vorgaben des Wettbewerbsrechts sind bei Strategischen Allianzen und weitergehenden Formen unternehmensübergreifender Bindungen stets von besonderer Bedeutung, da sie bestimmte Handlungsoptionen oder strategische Verhaltensmuster von vornherein ausschließen oder einschränken. Diese Problematik verdeutlicht die nachfolgende Aussage eines Gesprächspartners:

> *„Aus einer strategischen und kostenorientierten Perspektive gab es in den vergangenen Jahren immer wieder Situationen innerhalb der Branche, in den bestimmte Kooperationen, Unternehmensaufkäufe oder Unternehmenszusammenführungen sicherlich sehr sinnvoll gewesen wären, um die notwendige Branchenkonsolidierung nach vorne zu treiben. Diesen Notwendigkeiten standen jedoch stets bestimmte rechtliche Vorgaben und Forderungen entgegen, die unter strategischen Gesichtspunkten nicht sinnvoll oder aus finanziellen Gründen nicht umsetzbar waren. Eine liberalere wettbewerbsrechtliche Bewertung wäre manchmal durchaus wünschenswert."*

8.) *Ausmaß der Dynamik der brancheninternen Entwicklungen*: Durch den Ausbau einer Luftverkehrsallianz durch die Erweiterung der Allianzmitglieder ergeben sich generell gewisse Veränderungen in den jeweiligen Branchenstrukturen, da die Zusammenarbeit in der Regel mit einer Reduktion der direkten wettbewerblichen Auseinandersetzungen zwischen den kooperierenden Fluggesellschaften auf bestimmten Flugstrecken verbunden ist. Die daraus resultierende geringere *Konkurrenzdichte* und Verringerung der *Wettbewerbsintensität* in der entsprechenden Branche haben, gemäß der Äußerungen einiger Gesprächspartner, häufig negative Auswirkungen auf das Angebot und die Preise in den jeweiligen Segmenten.

Daneben sahen die Interviewpartner im Ausbau bzw. in der Erweiterung einer Luftverkehrsallianz auch eine gute Möglichkeit, neue bzw. bestehende wettbewerbsbehindernder Markteintrittsbarrieren gegenüber anderen allianzexternen Fluggesellschaften auf- bzw. auszubauen. In diesem Zusammenhang wurde u.a. die Beteiligung der Deutsche Lufthansa AG an British Midland angeführt, durch nicht zuletzt auch ein erweitertes Engagement der Air France auf dem britischen Markt verhindern sollte.

Der Ausbau einer Luftverkehrsallianz wurde von den Befragungsteilnehmern vor diesem Hintergrund zum einen als eine *proaktive* Vorgehensweise der Fluggesellschaften zur gezielten Veränderung der Branchenstrukturen und Sicherung der unternehmensspezifischen Wettbewerbsvorteile angesehen. zu gewährleisten. Zum anderen wurde er als vielfach einzig möglich *Reaktion* auf bestimmte Veränderungen in den Branchenstrukturen interpretiert, durch die sich eigene Wettbewerbsposition sichern lässt.

Das Ausmaß der Veränderungen in den Strukturen der Luftverkehrsbranche determiniert letztlich, inwieweit es einer einzelnen Fluggesellschaft gelingen kann, die eigenen Wettbewerbsvorteile gegenüber der Konkurrenz abzuschirmen oder aber einzubüßen. Die Beurteilung und Auswahl einer Ausbaualternative für eine Luftverkehrsallianz ist demnach immer erst dann umsetzbar, wenn sich die Entscheidungsträger der involvierten Fluggesellschaften einen umfassenden Überblick über die aktuellen Veränderungsströmungen und Tendenzen im Luftverkehr gemacht haben und die entsprechenden Auswirkungen auf die einzelnen Luftverkehrsgesellschaften und das gesamte Allianzbündnis identifiziert wurden.

In diesem Zusammenhang wurde von der überwiegenden Anzahl der Gesprächspartner bestätigt, dass sich unter den aktuellen sehr dynamischen Veränderungen in der Luftverkehrsindustrie in der nächsten Zeit in erster Linie solche Ausbauwege anbieten, die auf eine Veränderung bzw. Ausweitung der allianzinternen Zusammenarbeitsbereiche und Veränderung der Partnerzahl zielen. Darin sieht die Mehrheit der Interviewpartner die vorziehenswürdigste Vorgehensweise, da eine deutliche Erhöhung der Bindungsintensitäten unter den gegebenen wirtschaftlichen und rechtlichen Rahmenbedingungen die Entscheidungsflexibilität und -reversibilität zu sehr einschränken würde. Insgesamt konnte die Relevanz des Entscheidungsfaktors für Allianzausbauentscheidungen durch die empirische Exploration bestätigt werden, indem diesem Faktor aus Sicht der Befragten mehrheitlich eine hohe Bedeutung für eine Entscheidung über die künftige

Ausweitung einer Luftverkehrsallianz beigemessen wurde. In diesen Zusammenhang lässt sich auch die nachfolgende Aussage eines Gesprächspartners einordnen:

> *„Natürlich ist es wichtig, sich die aktuellen Branchentrends immer zu vergegenwärtigen und immer wieder über die Brancheninterna informiert zu sein. Ansonsten kann man sich relativ schnell in einer Situation wieder finden, in der es um die Zukunft des gesamten Unternehmens geht. Die Konkurrenz schläft nicht und wenn es aus strategischer Sicht notwendig oder sinnvoll ist, sich in bestimmten Märkten besonders zu engagieren, um die Wettbewerbsposition der gesamten Allianz zu sichern oder stärken, dann sollten wir das auch tun. Allerdings sehe ich noch keine Veranlassung, dass man sich in allen Märkten mit erheblichem finanziellen Aufwand an bestimmte Unternehmen bindet. Die fortschreitende Konsolidierung und die wirtschaftliche Schräglage einiger Unternehmen wird zwangsläufig in den nächsten Jahren zu einer Marktbereinigung führen. Erst dann werden andere Optionen, unter Umständen auch Teilfusionen oder Akquisitionen zu möglichen Entwicklungsszenarien."*

9.) *Ausmaß der vorhandenen Interaktionsfähigkeit und bisherigen Interaktionsplanung und -kontrolle*: Durch die empirische Überprüfung der Entscheidungsfaktoren konnte festgestellt werden, dass die Befragungsteilnehmer bei einem Ausbau einer Luftverkehrsallianz stets einen Anstieg der Interaktionen zwischen den beteiligten Fluggesellschaften erwarten. Die Erhöhung der Interaktionsintensität wurde dabei als ein von einer eventuellen Steigerung der Bindungsintensität zwischen den Luftverkehrsgesellschaften unabhängiger Vorgang erachtet, da jede Veränderung einer Luftverkehrsallianz in der Regel nur durch eine optimierte und weitergehende Kooperation der Fluggesellschaften möglich ist. Es wurde lediglich darauf hingewiesen, dass bindungsintensivere Ausbaualternativen im Vergleich zu kooperativen Strukturen einen vergleichsweise stärkeren Interaktionsanstieg induzieren, da in der Regel nur dadurch die angestrebten *zusätzlichen* Synergieeffekte realisiert werden können.

Durch die Befragungen konnte auch bestätigt werden, dass eine umfassende und ausreichend hohe Interaktionsbereitschaft und -fähigkeit der involvierten Unternehmen als wesentlicher Erfolgsfaktor für die Realisierung der mit einem Allianzausbau verfolgten Ziele anzusehen ist. In diesem Zusammenhang wurde von einigen der befragten Personen auch darauf hingewiesen, dass gerade der Ausbau einer Luftverkehrsallianz ohne ein bereits effizient institutionalisiertes eigenständiges Allianzmanagement kaum Aussicht auf Erfolg hat.

Vor diesem Hintergrund ist nachvollziehbar, dass die Expertengespräche insgesamt zu dem Ergebnis führten, dass sich Luftverkehrsgesellschaften, die bisher ausschließlich auf der Basis einer vertraglichen Vereinbarung (z.B. Codesharing-Vereinbarung oder Blocked-Space Vereinbarung) ohne eine spezielle Interaktionsplanung und -kontrolle zusammengearbeitet haben, formalrechtlich nicht stärker aneinander binden sollten, sondern zunächst ein systematisches Allianzmanagement mit Vertretern der einzelnen zusammenarbeitenden Fluggesellschaften institutionalisieren sollten. Stellvertretend für diese Meinung kann folgendes Zitat angeführt werden:

> *„Die Zusammenarbeit in einer Allianz ist immer von einer Vielzahl von Interessen und Befindlichkeiten geprägt. Es ist schon eine hohe Kunst, all diese unterschiedlichen Meinungen und Unternehmensziele unter einen Hut zu bekommen. Da geht es ja häufig auch nicht nur um die Zustimmung zu irgendeinem Vorschlag, sondern vielmehr um die Berücksichtigung bestimmter politischer Ziele. Wenn dann nicht die grundlegende Bereitschaft aller Unternehmen vorhanden ist, sich einen Schritt aufeinander zu zu bewegen, kann das alles von vornherein nicht funktionieren. Hilfreich für den weiteren Erfolg ist es dann sicherlich, wenn man ein eigenständiges Gremium gegründet hat, das ausschließlich die Zusammenarbeit zwischen den Unternehmen koordiniert. Ohne etwas derartiges geht es einfach nicht, weil man sonst ständig in langwierigen Entscheidungsprozessen festhängt. Und nur über ein solches Gremium ist es auch möglich, die weitere Bereitschaft zur Zusammenarbeit zu festigen und die Zusammenarbeit fortzuentwickeln."*

Zusammenfassend wurde durch die Gespräche festgestellt, dass in der betrieblichen Praxis Interaktionsfähigkeiten und bereits bestehende Interaktionsplanungs- und Kontrollprozesse durchaus bestimmte Aus- und Entwicklungsentscheidungen beeinflussen können. Allerdings kommt diesem Entscheidungsfaktor bei der Bewertung und Beurteilung von Allianzausbaualternativen nach Ansicht der Mehrheit der Gesprächspartner, wenn überhaupt, nur eine geringe direkte Entscheidungsrelevanz zu.

10.) *Umfang der bestehenden Mobilitätsbarrieren*: Wie alle anderen Strategischen Allianzen zeichnen sich auch Luftverkehrsallianzen durch einen hohes Maß an Homogenität der beteiligten Fluggesellschaften aus, die in der Regel direkte oder potenzielle Konkurrenten auf bestimmten Flugstrecken sind. Aus diesem Grund sind die beteiligten Luftverkehrsgesellschaft aufgefordert, bei einem Ausbau ihrer Allianzbeziehung alles zu tun, um sich gegenüber den aus der Kooperationsbeziehung resultierenden Opportunismusgefahren zu schützen.

Diese Erkenntnis wurde durch die Expertengespräche ausnahmslos bestätigt. In diesem Zusammenhang wurde insbesondere von den Vertretern der Fluggesellschaften darauf hingewiesen, dass die Planbarkeit des eigenen Verhaltens für die Partnerunternehmen ein besonders wesentlicher Parameter für die Erfolgsaussichten einer intensivierten Allianzzusammenarbeit darstellt. Die Erhöhung der Kalkulierbarkeit von Verhaltensweisen, gekoppelt mit der Durchführung bestimmter vertrauensbildender Maßnahmen (z.B. in Form eines wechselseitigen Personalaustausches in bestimmten Bereichen), kann die allianzspezifischen Mobilitätsbarrieren erhöhen und das Risiko des Verlustes wesentlicher Fluggesellschaften an andere Luftverkehrsallianzen reduzieren. In diesen Zusammenhang passen die nachfolgenden Aussagen eines Interviewpartners:

> *„Aus meiner Sicht wird das Vertrauen in eine Kooperation in sehr wesentlicher Weise durch das "Wissen drum" beeinflusst. Für mich ist dieser Punkt sehr entscheidend, vielleicht ist er sogar der entscheidendste Punkt. Was ist denn das Gegenteil von Vertrauen? Wenn ich als Partner immer das Gefühl hätte, in jeder Situation und zu jedem Zeitpunkt irgendwie vom anderen Partner kontrolliert zu werden. Wenn ich aber weiß, dass dies eben nicht so ist, wenn ich also weiß, dass ich mich auf den anderen verlassen kann, genau dann beginnt doch Vertrauen. Vertrauen ist ja an sich eine emotionale Angelegenheit zwischen Menschen, die in einer Partnerschaft oder etwas ähnlichem zueinander stehen. Vertrauen beruht hier ganz wesentlich auf Gefühlen. Gefühle sind bei Firmen zwar auch da, aber sind nicht so primär wie bei Personen. Das Vertrauen in Unternehmenskooperationen ist also grundsätzlich etwas anderes als zwischen Personen. Firmenübergreifendes Vertrauen entsteht meines Erachtens immer dann, wenn gemeinsame Ziele existieren oder sich eine gemeinsame Identifikation mit Aufgaben finden lässt. Vertrauen entsteht also immer dann, wenn das eine Unternehmen weiß, was der Partner denkt, was er es macht bzw. machen wird und warum er es macht bzw. machen wird. Für mich ist dieser Punkt der vertrauensbildendste Punkt überhaupt!"*

Falls jedoch durch derartige Verhaltensweisen keinerlei Mobilitätsbarrieren im Rahmen der bisherigen Zusammenarbeit der Fluggesellschaften entwickelt werden konnten, wurde von mehreren Gesprächsteilnehmern darauf hingewiesen, dass *dann* bindungsintensivere Ausbaualternativen, z.B. in Form von divisionalen oder geografischen Teilfusionen, gute Vorgehensweisen für eine zukunftsgerichtete Entwicklung von Luftverkehrsallianzen darstellen. Zusammenfassend konnte hinsichtlich dieses Entscheidungsfaktors durch die Expertengespräche festgestellt werden, dass das Ausmaß der Mobilitätsbarrieren in bestimmten Entscheidungssituationen aus Sicht der Praktiker zwar eine Entscheidungsrelevanz aufweisen *kann*, diesem jedoch keine eigenständige und allgemeingültige Bedeutung für Ausbau- und Entwicklungsentscheidungen zukommt.

11.) *Anteil unerwünschter spezifischer und unteilbarer Ressourcen an den gesamten Überschussressourcen*: Die Ergebnisse der Expertengespräche bestätigen, dass der Ausbau einer Luftverkehrsallianz generell immer nur dann in Betracht kommt, wenn die beteiligten Unternehmen noch über bestimmte Überschussressourcen verfügen, die sie im Rahmen des Ausbaus einbringen können. Die theoretisch abgeleitete Bedeutung des Spezifitätsgrads der überschüssigen Ressourcen für die dauerhafte Absicherbarkeit von Wettbewerbsvorteilen und die Entwicklung neuer Erfolgspotentiale konnte durch die Gespräche ebenfalls bestätigt werden. In einigen Gesprächen wurde darauf hingewiesen, dass die vergleichsweise hohe Spezifität der zusätzlich im Rahmen des Allianzausbaus einbringbaren Ressourcen, wie z.B. Flugzeuge, Bodendienste, Lounges oder auch Firmenlogos, eine möglichst hohe Ähnlichkeit der beteiligten oder neu hinzukommenden Fluggesellschaften in diesen Bereichen erfordert, um die angestrebten Synergieeffekte schnell und umfassend realisieren zu können. Wenngleich diesem Entscheidungsfaktor für die Auswahl einer Allianzausbaualternative nur eine vergleichsweise geringe Bedeutung beigemessen wurde, konnte festgestellt werden, dass er eine gewisse Relevanz aufweist, da bei jeder Ausbauentscheidung stets auch die unerwünschten Kosten- und Erlöswirkungen kalkuliert werden, die sich neben den angestrebten Ausbaueffekten aufgrund bestimmter Ressourcenspezifitäten und -unteilbarkeiten ergeben. Falls beispielsweise bereits im Rahmen des Entscheidungsprozesses weit reichende Zweifel an der Realisierbarkeit der erwünschten Ressourceneffekte entstehen bzw. die von der Partnerfluggesellschaft benötigten Ressourcen nur über umfassende finanzielle Engagements des Allianzbündnisses in Bereichen des Partners gesichert werden können, die nicht zwingend für die Allianzbeziehung notwendig sind, wird von der Mehrheit der Gesprächspartner ein Allianzausbau unter Beibehaltung der kooperativen Strukturen favorisiert. Nur dann, wenn umfangreiche spezifische Ressourcen von der Partnerfluggesellschaft zur Verfügung gestellt werden, wie z.B. Start- und Landerechte, Terminalzugänge und Wartungsdienste, die zwingend für den Fortbestand des gesamten Luftverkehrsbündnisses notwendig sind, sind weit reichende finanzielle Investitionen, Kapitalverflechtungen oder (Teil-)Fusionen vorstellbare Entscheidungsalternativen. Einer der Gesprächspartner skizzierte diese Zusammenhänge in folgender Weise:

> *„Es ist doch so: Wenn man sich darüber Gedanken macht, in welche Richtung sich das eigene Unternehmen entwickeln sollte und mit welchen Unternehmen sind eine wie auch immer geartete Partnerschaft lohnen könnte, dann ist es doch ganz natürlich, dass man sich nicht nur die positiven Seiten dieses Unternehmens anschaut, sondern auch*

zu einer realistischen Einschätzung darüber gelangen muss, inwieweit man sich dadurch weitere Bereiche ans Bein bindet, die mit dem, was man eigentlich will und braucht, kaum oder gar nichts zu tun haben. Der Preis, den man dann für das Gesamtpaket zahlt, kann dann mitunter sehr schnell nach einer Übereinkunft in die Höhe schnellen. Stellen Sie sich z.B. vor, sie kooperieren mit einer Gesellschaft, die in erheblicher Weise durch Kostendruck und mangelnde konjunkturelle Absicherungen beeinflusst wird. Wenn sie in einem solchen Fall eine Alternative haben, die sauber aufgestellt ist und klare Visionen hat, werden sie sich doch immer für dieses Unternehmen entscheiden, weil sie dann doch viel besser kalkulieren können."

12.) *Anteil transferierbarer, substituierbarer und imitierbarer Ressourcen an den benötigten Ressourcen*: Dieser Entscheidungsfaktor korrespondiert aus Sicht der Mehrheit der Befragten eng mit dem vorher genannten Faktor und hat aus Praktikersicht ebenfalls eine eher untergeordnete Bedeutung im Entscheidungsprozess. Bei jeder Entscheidung, die zu einer Veränderung der Zusammenarbeit der Fluggesellschaften führt, werden nach Auskunft eines Vertreters einer Fluggesellschaft stets die für die Allianzentwicklung notwendigen eigenen Ressourcen und die von den Partnerfluggesellschaften benötigten Ressourcen genau eruiert und zusammengestellt. Durch diese Vorgehensweise wird nachvollziehbar, welchen Beitrag welche Gesellschaft im weiteren Entwicklungsprozess zu leisten hat. Dabei werden die jeweiligen Charakteristika der notwendigen Ressourcen nicht explizit auf ihre Transferierbarkeit, Imitierbarkeit oder Substituierbarkeit überprüft, sondern lediglich inhaltlich bestimmt. Aus dieser inhaltlichen Festlegung ergeben sich dann auch die entsprechenden Konsequenzen für den mittelfristig anzustrebenden Grad der Bindungsintensität zwischen den Luftverkehrsgesellschaften. Falls beispielsweise eine große internationale Fluggesellschaft feststellen sollte, dass die Zubringerdienste und Fluggeräte einer mit ihr kooperierenden Regionalfluggesellschaft nicht durch andere Gesellschaften oder durch eigene Anstrengungen ausgetauscht bzw. in ähnlicher Form durchgeführt werden können, bietet sich eine intensivere Form der Kooperation über entsprechende Minderheitsbeteiligungen an. Dadurch ergibt sich ein deutlich leichterer und verbesserter wechselseitiger Ressourcenzugriff und es werden zudem gute Voraussetzungen geschaffen, um in Zukunft weitere notwendige Ressourcen, wie z.B. Flüge zu weiteren Destinationen, gemeinsam und schnell zu entwickeln und anzubieten. Demgegenüber sahen einige der Gesprächspartner keinerlei Notwendigkeiten, sich stärker an eine andere Fluggesellschaft zu binden, wenn sich die Zusammenarbeit mit dieser Gesellschaft vorwiegend auf Bereiche konzentriert, die zwar wesentlich, aber unter Umständen auch durch andere Modelle und Kooperationen ausgeglichen werden könnten. Kritisch wurde in diesem Zusammenhang jedoch angemerkt, dass die Fortsetzung der kooperativen Form der Zusammenarbeit unter Umständen nur eine *temporäre* und partielle Nutzung der benötigten Ressourcen erlaubt, so dass stets die Gefahr besteht, dass einer der Kooperationspartner ausschert und die für einen dauerhaften Allianzausbauerfolg notwendigen nachhaltigen Ressourcenwirkungen im Vergleich zu bindungsintensiveren Ausbaualternativen nicht im gleichen Umfang realisiert werden können. Diese Zusammenhänge verdeutlicht auch die nachfolgende Aussage:

> *„Sowohl Allianzen als auch Akquisitionen ermöglichen den Zugang zu schwer transferierbaren, schwer imitierbaren und schwer substituierbaren Ressourcen. In diesem Punkt unterscheiden sie sich meines Erachtens nicht wesentlich. Der Unterschied liegt meiner Meinung nach vielmehr darin, dass es in einer Kooperation nicht zu einer Veränderung der „Verfügungsgewalt" über derartige Ressourcen kommt. Darüber hinaus wird sicherlich immer dann eine losere Bindung in Form einer Kooperation angestrebt, wenn die benötigten Ressourcen zu einem wesentlichen Teil immaterieller Natur sind, z.B. besonderes personengebundenes Know-how. Gerade in einem solchen Fall wäre doch eine intensivere Bindung mit einem Partner mit erheblichen Risiken verbunden, da die Gefahr besteht, dass die Träger dieses wettbewerbsrelevanten Wissens im Verlaufe einer engeren Unternehmensverbindung beispielsweise aufgrund kultureller Unterschiede abwandern. Des Weiteren wird aus meiner Sicht die angestrebte Bindungsintensität durch die Unterschiedlichkeit der benötigten Ressourcen bestimmt. Eine lose Kooperation bietet für mich gerade in diesem Zusammenhang gegenüber einer Akquisition oder Fusion immer dann Vorteile, wenn das Unternehmen mehrere unterschiedliche Ressourcen für ein weiteres Wachstum benötigt. Ein Partnerunternehmen bringt schließlich immer nur den für die Zusammenarbeit entscheidenden und wettbewerbsrelevanten Teil der Ressourcen ein. Eine aufwendige Anpassung der Ressourcenausstattung an den Unternehmensbedarf fällt hier, im Vergleich zu z.B. einer Akquisition, gar nicht erst an."*

13.) *Finanzielle Stärke und Kapitalbindungsdauer*: Durch die Expertengespräche konnte ausnahmslos festgestellt werden, dass diesem Entscheidungsfaktor eine Entscheidungsrelevanz zukommt, wenngleich sie, entgegen der ursprünglichen Vermutung, nicht als dominanter Faktor für den Entscheidungsprozess angesehen wird. Als Beleg für die Erkenntnis kann die nachfolgende Aussage eines Vertreters einer internationalen Großbank verwendet werden, die die mehrheitliche Meinung der übrigen Gesprächspartner auf den Punkt bringt:

„Natürlich ist dies ein Entscheidungskriterium. Allerdings würde ich es von untergeordneter Bedeutung sehen. Selbst wenn die finanzielle Ausstattung eines Unternehmens gut ist, muss eine kapitalintensive Wachstumsalternative nicht zwangsläufig der richtige Weg sein. Die Verfügbarkeit von Kapital kann lediglich die Handlungsfreiheit bei bestimmten strategischen Fragestellungen erhöhen."

Aufbauend auf den Erkenntnisse aus den Expertengesprächen spricht die häufig resultierende Einschränkung der Entscheidungsflexibilität und -reversibilität gegen eine kapitalintensive Ausbaualternative. Erst wenn eine bindungsintensive Zusammenführung von zwei oder mehr Gesellschaften eine langfristige Existenzsicherung der einzelnen Unternehmen realistisch erscheinen lässt und umfassende Synergie- bzw. Erlössteigerungseffekte absehbar sind, ist aus Sicht der Mehrheit der Befragten eine (Teil-)Fusion oder Akquisition bei einer entsprechenden Liberalisierung der gesetzlichen Bestimmungen als echte Entscheidungsalternative anzusehen.

14.) *Anforderungen an den Umfang und die Ausgeglichenheit von Lernprozessen und -effekten*: In Anlehnung an die Ausführungen im Theorieteil der Arbeit wurde *vor* der empirischen Exploration von der Hypothese ausgegangen, dass eine Ausweitung der Ressourcenbasis einer Luftverkehrsallianz im Rahmen ihres Ausbaus nicht allein durch die Kopplung zusätzlicher, von den einzelnen Partnerunternehmen zur Verfügung gestellter Ressourcen möglich ist, sondern sich auch durch die Realisierung von kollektiven organisationalen Lernprozessen[43] ergeben kann, die sich im Zusammenhang mit der synergetischen und nachhaltigen Bündelung von wissensbasierten Ressourcen einstellen. Durch die Expertengespräche konnte keine eigenständige entscheidungsrelevante Bedeutung von Lernprozessen und -effekten für oder gegen eine bestimmte Ausbaualternative einer Luftverkehrsallianz nachgewiesen werden. Einige Gesprächspartner verwiesen zwar auf die Tatsache, dass der Erfolg einer Zusammenarbeit im Zeitablauf nicht zuletzt auch vom gegenseitigen Erfahrungsaustausch und Anpassungsprozessen der beteiligten Fluggesellschaften abhängt. Eine Entscheidungsrelevanz im Sinne einer nachweisbaren Beeinflussung des Entscheidungsprozesses bzw. der Festlegung einer anzustrebenden Bindungsintensität wurde diesem Entscheidungsfaktor von den Befragten jedoch nicht zugeordnet. Die Frage der Erschließbarkeit neuer Lernprozesse stellt sich vielmehr erst *nach* einer bestimmten Ausbauentscheidung. Darüber hinaus führten mehrere Gesprächsteilnehmer aus, dass weniger eine bestimmte Bindungsintensität, sondern vielmehr der Austausch von Wissen und ein

43 Vgl. **Wehrli** (1993), S. 23. Zu den notwendigen Lernprozessen vgl. **Raub; Büchel** (1996), S. 26ff., **Hamel** (1991), S. 83ff., **Doz** (1997), S. 55 und **Wolfsteiner** (1995), S. 134ff.

systematisches Wissensmanagement immer mehr den Erfolg der Zusammenarbeit von Fluggesellschaften bestimmt. Dies liegt ihrer Ansicht nach nicht allein an den damit verbundenen Synergieeffekten, die zu Kostenreduktionen und Erlössteigerungen der beteiligten Unternehmen führen, sondern nicht zuletzt auch an der Notwendigkeit, die Kundenwünsche in zunehmend kompetitiven Wettbewerbsumfeld immer besser verstehen zu müssen. In diesen Zusammenhang passt die nachfolgende Aussage eines Gesprächspartners:

> *„Wenn ich mir über die Zukunft unseres Unternehmens Gedanken mache, dann geht es dabei in erster Linie natürlich immer erst darum, ob die Partnerschaft zu einem anderen, eventuell sogar deutlich größeren Unternehmen wirklich auch für uns etwas bringt oder ob wir nur zum Erfüllungsgehilfen mutieren. Da helfen Gespräche über gemeinsame Visionen, Strategien und die angestrebte Rollenverteilung enorm. Dass das alles häufig nur dann erfolgreich in die Tat umgesetzt werden kann, wenn wir uns immer wieder miteinander austauschen und eine klare Kommunikation zueinander pflegen, ist ja quasi selbstverständlich. In welchem Umfang wir dann voneinander profitieren und „lernen" zeigt dann die Zeit. Ich würde aber nicht sagen, dass wir uns vorher schon darüber Gedanken machen, in welchem Detail wir etwas Neues hinzugewinnen. Das Gesamtkonzept muss einfach stimmen, dann ergeben sich die anderen Effekte von ganz allein."*

Des Weiteren konnte die Annahme, dass die Entscheidung über die Vorziehenswürdigkeit einer Ausbaualternative unter dem Aspekt der Internalisierbarkeit von wissensbasierten Ressourcen und der Erschließbarkeit von Lernprozessen immer auch in Abhängigkeit vom Beitrag der Ausbaualternative zur weiteren gegenseitigen Öffnung der involvierten Unternehmen und zur erweiterten Nutzung bestimmter Kernkompetenzen abhängt, nicht bestätigt werden. Die Mehrheit der Gesprächspartner verwies in diesem Zusammenhang darauf, dass die mit einem Allianzausbau unter Umständen angestrebte Internalisierung von Ressourcen und Lernprozessen aus Sicht der betrieblichen Praxis sowohl durch kooperative Formen der Zusammenarbeit als auch durch Akquisitionen oder Fusionen erreicht werden kann. Dabei wurde erneut die besondere Bedeutung von Vertrauen zwischen den beteiligten Unternehmen herausgestellt. Zusammenfassend kann demnach festgehalten werden, dass die Bedeutung von Lernprozessen und -effekten im Rahmen eines potenziellen Allianzausbaus durch die Gespräche zwar bestätigt wurde, aber keine herausragende Entscheidungsrelevanz für Ausbauentscheidungen nachgewiesen werden konnte.

15.) *Anteil der wissensbasierten Ressourcen an den benötigten Ressourcen und Vereinbarkeit der Unternehmenskulturen*: Von allen Gesprächspartner wurde die besondere Bedeutung des Wissens, z.B. über Flugstrecken, Kundenwünsche, Markttrends und wirtschaftliche Rahmendaten, hinsichtlich des Ausbaus einer Luftverkehrsallianz herausgestellt. Der Erfolg eines Ausbaus hängt aus ihrer Sicht nicht zuletzt von der Harmonisierung und wechselseitigen Zugänglichkeit von Wissen ab. Von den Interviewpartnern wurde zudem darauf hingewiesen, dass die absehbare Vereinbarkeit der jeweiligen Unternehmenskulturen einen ganz entscheidenden Ausschlag für oder gegen eine bestimmte Ausbaualternative geben kann. Dies bestätigt die Aussage eines Vertreters einer internationalen Großbank:

„Bei jeder strategisch relevanten Veränderung und Umpositionierung spielt der Faktor Personal und Kultur doch immer eine unglaublich wichtige Rolle. Was bringt es ihnen schließlich, wenn sie mit einem anderen Unternehmen zusammengehen oder kooperieren wollen und sie dann aber auf immense Widerstände in den jeweiligen Unternehmen treffen. Jeder Erfolg einer Unternehmensentwicklung ist doch immer nur das Resultat einer erfolgreichen Personalarbeit und Motivation. Viele positive Effekte stellen sich sicher von alleine ein, aber die wirklich grundlegenden Probleme können sie doch immer nur dann lösen, wenn die Menschen miteinander kommunizieren und umgehen können. Nehmen Sie doch mal das Beispiel DaimlerChrysler. Das zeigt doch, wie schwer es ist, eine aus strategischen Gesichtspunkten vielleicht sinnvolle Zusammenführung in der Praxis erfolgreich umzusetzen, wenn sich die Kulturen der Unternehmen grundlegend voneinander unterscheiden. Das kann schnell demotivierende Wirkungen haben und im Ergebnis verlieren sie auf diese Weise viele gute Mitarbeiter, die sie für den Gesamterfolg des Projektes dringend benötigt hätten."

Von einigen Gesprächspartnern wurde auch darauf hingewiesen, dass die vergleichsweise losen Strukturen der bisherigen Luftverkehrsallianzen unter kulturellen Gesichtspunkten einige grundlegende Vorteile aufweisen. Durch sie ist es möglich, sich sukzessiv kennen zu lernen und die Zusammenarbeit langsam zu entwickeln. In diesem Zusammenhang wurde ausgeführt, dass einer guten unternehmensinternen Kommunikation und einem umfassenden Erfahrungs- und Personalaustausch während der kooperativen Zusammenarbeit eine wesentliche Bedeutung im Hinblick auf eventuelle weitergehende Formen der Zusammenarbeit im Rahmen eines Allianzausbaus zukommen. Dazu passen die Aussagen einer Vertreters einer internationalen Fluggesellschaft:

Bei einer Allianz können sie den kulturellen Austausch schrittweise intensivieren und können regelrecht zusammenwachsen, so dass es irgendwann kulturell nicht mehr so darauf ankommt, ob es nun eine Fusion, eine Quasi-Fusion, eine Teilfusion oder gar keine Fusion gibt.

Das spielt dann gar keine Rolle mehr, weil sie sowieso wie befreundete Abteilungen miteinander umgehen. Wir haben in vielen Bereichen mit unseren Partnern einen so intensiven Austausch, dass es vollkommen egal ist, wer da jetzt aus welcher Firma kommt. Unsere Büros sind an einigen Flughäfen direkt nebeneinander, unsere verkehrspolitische Repräsentanten sind zum Teil Tür an Tür mit denen unserer Partner und diese Personen tauschen sich intensiv aus. Das ist gar kein Thema. Und wir haben uns im Laufe der Jahre dadurch einen Vorteil erarbeitet, dass wir sukzessive zusammengewachsen sind. Andere Fluggesellschaften wollten das durch einmaligen und schnellen Aufkauf tun und scheiterten daran, dass sie im Luftverkehrsbereich zusätzlich eine enge Anbindung der bisherigen nationalen Carrier an ihre Bevölkerung bzw. ihrer Regierung vorgefunden haben.“

Zusammenfassend kann hinsichtlich dieses Entscheidungsfaktors festgehalten werden, dass durch die empirische Exploration eine nicht unerhebliche Entscheidungsrelevanz dieses Faktors für Allianzausbauentscheidungen nachgewiesen werden konnte. Insbesondere die Kalkulation bzw. Analyse unternehmenskultureller Gesichtspunkte wurde von den Experten vor dem Hintergrund zunehmender Liberalisierungstendenzen und nachweisbarer Trends zur Auflösung von Grenzen im europäischen Luftverkehr als zunehmend wesentlich für Allianzmanagementfragen eingeschätzt.

In der nachfolgenden Abb. 8.13 werden die Ergebnisse der empirischen Überprüfung der Entscheidungsrelevanz der Entscheidungsfaktoren visualisiert:

Abb. 8.13: *Empirische Relevanz der abgeleiteten Entscheidungsfaktoren*

Transaktionskostentheoretische Entscheidungsfaktoren		
Entscheidungsfaktor		Empirische Relevanz
①	Ausmaß der notwendigen spezifischen Investitionen zur Realisierung der angestrebten Synergieeffekte	● ● ●
②	Ausmaß der Unsicherheiten über die künftigen Entwicklungen im Allianz- und Unternehmensumfeld	● ● ●
③	Ausmaß der Unsicherheiten über das künftige Verhalten der Allianzpartner	● ● ●
④	Angestrebte Dauer der Zusammenarbeit	● ●
⑤	Erwartete Dauerhaftigkeit der durch den Allianzausbau induzierten Synergieeffekte	● ●
⑥	Strategische Relevanz der für einen Allianzausbau eingesetzten Ressourcen	● ● ●
⑦	Ausmaß der rechtlichen Restriktionen für einen kostenoptimalen Allianzausbau	● ● ●

Strategielehrebasierte Entscheidungsfaktoren		
Entscheidungsfaktor		Empirische Relevanz
①	Ausmaß der Dynamik der brancheninternen Entwicklungen	● ● ●
②	Ausmaß der vorhandenen Interaktionsfähigkeit und bisherigen Interaktionsplanung und -kontrolle	●
③	Umfang der bestehenden Mobilitätsbarrieren	○
④	Anteil unerwünschter spezifischer und unteilbarer Ressourcen an den gesamten Überschussressourcen	●
⑤	Anteil transferierbarer substituierbarer und imitierbarer Ressourcen an den benötigten Ressourcen	● ●
⑥	Finanzielle Stärke und Kapitalbindungsdauer	● ●
⑦	Anforderungen an den Umfang und die Ausgeglichenheit von Lernprozessen und -effekten	●
⑧	Anteil wissensbasierter Ressourcen an den benötigten Ressourcen und Vereinbarkeit der Unternehmensstrukturen	● ● ●

Schlüssel: ● ● ● = Hohe Relevanz; ● ● = Mittlere Relevanz; ● = Geringe Relevanz; ○ = Keine Relevanz

(Quelle: Eigene Abbildung)

Teil 5: Zusammenfassung und praxisorientierter Ausblick

9 Ergebniszusammenführung und Erkenntnisfortschritt

Strategische Allianzen zwischen Unternehmen stellen ein bedeutendes Realphänomen der Unternehmenspraxis der letzten zwei Jahrzehnte dar. Angesichts grundlegender Veränderungen im Branchenumfeld, gestiegener Wettbewerbsdynamik und zunehmender Entscheidungskomplexität sind Unternehmen branchenübergreifend in zunehmendem Maße gezwungen, bestimmte Spezialisierungsvorteile durch eine Fokussierung auf eigene Kernkompetenzen und/oder durch einen Zugriff auf externe Ressourcen zu erzielen. Vor diesem Hintergrund wurde das Phänomen der Strategischen Allianz im betriebswirtschaftlichen Schrifttum und in der unternehmerischen Praxis als möglicher Lösungsweg diskutiert. Allerdings wurden in diesen Beiträgen überwiegend Ansatzpunkte und Konzepte zur erstmaligen Allianzgründung adressiert, obwohl in den letzten Jahren angesichts gestiegener Kooperationsdauern immer mehr die Frage nach einer sinnvollen Intensivierung einer bereits *bestehenden* Zusammenarbeit in den Mittelpunkt der Betrachtungen gerückt ist.

Hinsichtlich dieser Fragestellung zeigten sich im Rahmen der Vorbereitung dieser Arbeit grundlegende wirtschaftswissenschaftliche Erkenntnislücken. Vor diesem Hintergrund war es das Ziel der vorliegenden Arbeit, für die bestehenden theoretischen und praxisorientierten Defizite im Forschungsgebiet der Strategischen Allianzen sowohl einen *theoretischen* als auch einen *anwendungsorientierten* betriebswirtschaftlichen Erkenntnisgewinn und Forschungsbeitrag zu leisten.

Generell hängt das Ausmaß des Erkenntnisbeitrags einer wirtschaftswissenschaftlichen Arbeit davon ab, welche theoretisch-konzeptionelle Ausgangsbasis in dem für die Arbeit relevanten Forschungsfeld bereits existiert. Falls beispielsweise eine konsistente Gesamttheorie bzw. ein breites theoretisches Fundament zu der einschlägigen Thematik schon vorliegt, sind Erkenntnisfortschritte in erster Linie von empirisch-praxeologischen Untersuchungen zu erwarten, die aufbauend auf einer integrativen Theoriebasis *detaillierte* und *operativ* umsetzbare Gestaltungs- und Handlungsempfehlungen für die Unternehmensführung generieren. Im Unterschied dazu sind in Forschungsfeldern, für die noch kein geschlossenes Theoriekonzept mit einem stabilen Fundament existiert, vornehmlich theoretisch-konzeptionelle Schwerpunkte zu legen, um die bestehenden Theoriedefizite entweder vollständig zu beseitigen oder, falls dies nicht möglich sein sollte, wenigstens deutlich zu reduzieren. Darauf aufbauend ist es dann möglich, bestimmte *generische* Handlungsvorschläge für die Praxis zur Verfügung zu stellen.

Vor diesem Hintergrund und angesichts der identifizierten Theoriedefizite im Teilaspekt des Strategischen Managements, die organisatorisch-institutionelle Umsetzung des Ausbaus Strategischer Allianzen, wurde die Arbeit mit dem Anspruch konzipiert, ein theoretisches Fundament zu entwickeln, auf dessen Basis der einschlägige Teilaspekt sinnvoll analysiert werden kann. Die dazu entwickelte Betrachtungsbasis sollte eine integrative Grundrichtung beinhalten, um ihre Verwendung im Rahmen der Entwicklung einer konsistenten Gesamttheorie des Strategischen Managements zu einem späteren Zeitpunkt zu ermöglichen.

Dahingehend wurden im Rahmen des ersten Teils der Arbeit innerhalb des *zweiten* Kapitels zunächst die wesentlichen begrifflichen Grundlagen erarbeitet und erläutert. Den Ausgangspunkt bildete die Erklärung der Merkmale und Formen der Unternehmenskooperation. Darauf aufbauend wurde die Strategische Allianz als spezielle Form der Unternehmenskooperation identifiziert, begrifflich präzisiert und inhaltlich charakterisiert. Die Ausführungen führten zu einer eigenständigen Begriffsdefinition, bei der die im Schrifttum existierenden Definitionsansätze zur Strategischen Allianz berücksichtigt wurden. Danach erfolgte eine Darstellung der in der wirtschaftswissenschaftlichen Literatur und in der betrieblichen Praxis vorfindbaren Allianzausgestaltungsformen. In diesem Zusammenhang zeigte sich, dass sich die bestehenden Ausprägungsarten durch fünf Differenzierungsmerkmale voneinander unterscheiden lassen und die damit verbundene Mehrdimensionalität der Betrachtungen eine sinnvolle Vorgehensweise zur Verdeutlichung der allianzimmanenten Komplexität darstellt.

Die nachfolgende Abgrenzung der Strategischen Allianz gegenüber der Akquisition und Fusion führte zu der Erkenntnis, dass sich die Strategische Allianz insbesondere durch den Erhalt der rechtlichen und wirtschaftlichen Selbständigkeit der beteiligten Unternehmen in sämtlichen Bereichen außerhalb der Allianzvereinbarung von den alternativen Unternehmesverbindungsformen unterscheidet.

Die Auseinandersetzung mit den durch eine Allianzgründung und -entwicklung angestrebten Zielen ergab, dass jedes der Ziele nicht nur einen *Grund* für die Bildung und Entwicklung einer Allianz beinhaltet, sondern gleichzeitig immer auch einen *Vorteil* der Strategischen Allianz impliziert, da diese durch ihr spezielles Wesen in besonderer Weise zur Zielrealisierung beitragen kann.

Nach der Erläuterung der wesentlichen Allianzziele und der damit verknüpften positiven Effekte für die beteiligten Unternehmen wurde hinsichtlich der Problembereiche und Nachteile der Strategischen Allianz festgestellt, dass die gleichzeitige Existenz von *komplementären* und *konfliktären* Zielen innerhalb einer Strategischen Allianz ein erhebliches Auseinandersetzungspotenzial sowohl im aufgaben- als auch im interaktionsorientierten Bereich der Zusammenarbeit beinhaltet. Insbesondere die im Zeitablauf *neu* entstehenden Koordinations- und Zielkonflikte, die durch unternehmensspezifische Prioritätsverschiebungen entstehen können, wurden als Quellen für unerwartete Misserfolge der Allianzbündnisse identifiziert.

Im Rahmen der Definition und Erläuterung des für die Arbeit wesentlichen Unternehmensentwicklungsbegriffs ließen sich sämtliche Prozesse, die zu einem Wandel grundlegender Beziehungen im Unternehmenssystem, zu Veränderungen der Unternehmensbestandteile, -strukturen und -merkmale und zu einer Veränderung der Beschaffenheit bzw. Identität des Unternehmens im Zeitablauf führen, unter dem Terminus „Unternehmensentwicklung" subsumieren. Die Eindeutigkeit der Begriffsdefinition erleichterte die notwendige Abgrenzung zum Begriff des Unternehmenswachstums, bei dem angesichts der in der Literatur bestehenden Begriffsvielfalt eine differenzierte Betrachtung notwendig war.

Ein weiterer wesentlicher Teilbereich des zweiten Kapitels war die Vorbereitung der in Kapitel vier vorgenommenen Ableitung möglicher Ausbaualternativen für Strategische Allianzen. Zunächst wurden dazu die in der betriebswirtschaftlichen Literatur auffindbaren Lebenszykluskonzepte für Unternehmen dargestellt, die betriebliche Entwicklungen über die Lebensdauer von Unternehmen beschreiben und spezielle operative und strategische Handlungsempfehlungen entwerfen. Aufbauend auf diesen Erkenntnissen konnten unterschiedliche Unternehmensentwicklungsmodelle durch unternehmensinterne und -externe Faktoren voneinander abgegrenzt werden. Insgesamt ergab sich durch diese Vorgehensweise ein erster grober Bezugsrahmen für die Ableitung möglicher Allianz- und Unternehmensentwicklungsrichtungen.

Im nachfolgenden Teil der Arbeit wurden mögliche Entwicklungs*richtungen* für Unternehmen klassifiziert und die zur Realisierung der Unternehmensentwicklungsziele und notwendigen Ressourcenbeschaffung sinnvollen Entwicklungs*wege* formuliert. Die Systematisierung möglicher interner und externer Wege führte zur Identifikation von drei internen Entwicklungsoptionen (Ausbau bestehender Unternehmensteilbereiche und -kapazitäten, Errichtung rechtlich unselbständiger Betriebsstätten und Aufbau rechtlich selbständiger Tochtergesellschaften). Die darauf aufbauende Auseinandersetzung mit den externen Entwicklungswegen „Vereinbarung einer Strategischen Allianz zwischen rechtlich selbständigen Unternehmen", „Erwerb einer Minderheitsbeteiligung an einem rechtlich selbständigen Unternehmen", „Akquisition eines rechtlich selbständigen Unternehmens und „Fusion rechtlich selbständiger Unternehmen" ermöglichte den Nachweis, dass sich keine der dargestellten Alternativen für alle strategischen Ausgangssituationen eines Unternehmens eignet, sondern stets eine Auswahl des situativ besten Entwicklungsweges im Rahmen eines ganzheitlichen und integrativen Ansatzes vorzunehmen ist.

Den Abschluss von Kapitel zwei bildete die Erläuterung der Begriffe „Strategie" und „Strategisches Management", da dieses Begriffspaar eine besondere Bedeutung für die strategische Thematik der Forschungsarbeit aufwies. Nach einer kurzen Erläuterung der Wesensmerkmale des Strategiebegriffes wurden sowohl die Entwicklungsgeschichte als auch die Bestandteile des Strategiebegriffes erklärt. Diese Vorgehensweise ermöglichte eine inhaltlich umfassende Definition für den Begriff des Strategisches Managements. Die danach folgende Erläuterung der beiden Basistheorien des Strategischen Managements in Form des Market-Based-Views und Resource-Based-Views führte zu der Erkenntnis, dass sich beide Ansätze als Orientierungsgrundlage für eine theoretische Fundierung der Themenstellung eignen.

Im einem weiteren Analyseschritt wurden die Zusammenhänge zwischen den Begriffen „Strategisches Management" und „Unternehmensentwickung" untersucht. In diesem Zusammenhang konnte die Absicherung der künftigen Unternehmensexistenz und die aktive und zielorientierte Beeinflussung der Unternehmensentwicklung durch die rechtzeitige Vorgabe von Schritten, Maßnahmen und Entwicklungsalternativen als zentrale Aufgabe des Strategischen Managements identifiziert werden. Des Weiteren erfolgte eine Abgrenzung und Erläuterung der Begriffe „Entwicklungsstrategie", „Erfolgspotenzial" und „Strategieoption" sowie ein Vergleich zwischen dem Prozess zur Auswahl einer Strategieoption und dem Prozess zur Auswahl einer Entwicklungsalternative. Als Kernergebnis dieses Vergleichs wurde festgestellt, dass jede potenziell sinnvolle Entwicklungsalternative stets auch eine strategische Entwicklungsoption für ein Unternehmen darstellt und daher als Strategieoption bezeichnet werden kann. Darüber hinaus wurde der Prozess zur Auswahl einer Entwicklungsalternative als ein Teilbereich der gesamten unternehmerischen Auswahlprozesse für vorhandene Strategieoptionen herausgearbeitet. Die Analysen in Kapitel zwei mündeten in der Erkenntnis, dass jeder Entscheidungsfindungsprozess für oder gegen eine bestimmte Strategieoption generell auf eine ausgewogene Berücksichtigung von subjektiven Kriterien und quantitativen Ergebnissen vorhergehender analytischer Prozesse ausgerichtet sein sollte. Jede auf diese Weise getroffene Entscheidung ist damit immer als ein Kompromiss zwischen der Minimierung der unternehmerischen Risiken und der Maximierung der Chancen zu interpretieren.

Im Fokus von Kapitel *drei* stand die Entwicklung eines theoretischen Bezugsrahmens und Entscheidungskonzepts zur Auswahl einer Allianzausbau- bzw. Unternehmensentwicklungsoption. Im Zusammenhang mit der Erläuterung der Aufgaben und Ziele eines theoretischen Bezugsrahmens wurde festgelegt, dass dieser innerhalb der Arbeit das theoretische Vorverständnis des Autors wiedergeben, die konzeptionelle Basis für die wissenschaftliche Exploration bilden und die Einordnung des Untersuchungsbereiches in die theoretische bzw. empirische Forschungskonzeption ermöglichen soll. Dazu wurden zunächst die Grundlagen und Probleme erläutert, die für die Auswahl der im Rahmen der Arbeit zu verwendenden Theorieansätze von besonderer Relevanz sind. In diesem Zusammenhang ging es insbesondere um eine plausible Herleitung des Theorieauswahlprozesses und eine Begründung für die im Rahmen der vorliegenden Arbeit verwendeten Theorieansätze. Als problematisch erwies sich hier, dass Strategische Allianzen in der betriebswirtschaftlichen Literatur bisher im Wesentlichen als Realphänomen zur Umsetzung einer externen Unternehmensentwicklung diskutiert und hinsichtlich der jeweiligen *Entstehungsgründe* analysiert wurden, so dass die potenziell bestehenden *Ausbaumöglichkeiten* für bereits bestehende Allianzen nicht vor dem Hintergrund einer konsistenten „Theorie Strategischer Allianzen" untersucht werden konnten. An diesen Mangel knüpfte der verwendete theoretische Bezugsrahmen an, indem er zunächst auf die Erklärungen solcher Theorieansätze einging, die sich ex- oder implizit mit der theoriegestützten Erläuterung der *Entstehung* Strategischer Allianzen auseinander setzen und sich in der Vergangenheit durch eine ausreichende empirische Robustheit und/oder durch aussagekräftige Beiträge zur Allianzentstehung ausgezeichnet haben. Gemäß dieser Vorgabe wurde eine Systematisierung der grundsätzlich verwendbaren Theorieansätze nach *Ansätzen der Organisationstheorie* und *Ansätzen der Strategielehre* vorgenommen, die nach ihrer inhaltlichen Darstellung auf ihre Aussage- und Anwendungsfähigkeit im Hinblick auf die Beurteilung von Strategieoptionen für den *Ausbau* Strategischer Allianzen untersucht wurden.

Als organisationstheoretischer Erklärungsansatz wurde im Rahmen der vorliegenden Arbeit der Transaktionskostenansatz herangezogen. Nach einer Erläuterung der theoriespezifischen Begrifflichkeiten und Annahmen wurden die einer Transaktion zugrunde liegenden zentralen *Bestimmungsfaktoren* identifiziert und systematisiert, um die spezifische Relevanz des Transaktionskostenansatzes für Fragen und Entscheidungen über vorhandene Alternativen für einen Ausbau Strategischer Allianzen bzw. die Entwicklung kooperierender Unternehmen darstellen zu können. In diesem Zusammenhang wurden fünf Kernelemente der Transaktionskostentheorie unterschieden („Annahmen über das Verhalten der an der Transaktion beteiligten Akteure", „transaktionsspezifische Merkmale", „Charakteristika der institutionellen Arrangements", „Abgrenzung und Auswahl effizienter institutioneller Arrangements", „Rahmenbedingungen der Transaktion") und ausführlich erläutert.

Danach war es möglich, den Beitrag der Transaktionskostentheorie zur Lösung betriebswirtschaftlicher Fragestellungen kritisch zu würdigen. Zunächst wurde festgestellt, dass die Transaktionskostentheorie als ein theoretisch fundiertes und logisch konsistent aufgebautes Instrumentarium für die Gestaltung von Austauschbeziehungen zwischen Unternehmen angesehen werden kann. Darüber hinaus zeigte sich, dass sie bestimmte Tendenzaussagen ermöglicht, die zwar aufgrund einiger methodischer und inhaltlich-konzeptioneller Unzulänglichkeiten keine vollständigen Erklärungen für die in der betrieblichen Praxis existierenden Phänomene liefert, jedoch unter pragmatischen Gesichtspunkten die Ableitung entscheidungsunterstützender Gestaltungsanregungen für Organisationen ermöglicht. Zudem wurde gezeigt, dass sich mit Hilfe der Transaktionskostentheorie bestimmte organisationsinterne Strukturen und Verhaltensweisen erklären lassen.

Im Rahmen der sich daran anschließenden Analyse der Anwendbarkeit der Transaktionskostentheorie auf den Ausbau Strategischer Allianzen und die Entwicklung kooperierender Unternehmen zeigte sich, dass eine transaktionskostentheoretische Argumentation stets die Reduzierung von Transaktionskosten als Grund für den Ausbau Strategischer Allianzen und die externe Entwicklung der Allianzunternehmen anführt. Der Ausbau und die Gestaltung bzw. Führung eines Allianzbündnisses zielt danach ausschließlich auf die Realisierung transaktionskostensenkender Synergiepotenziale. Ferner ließ sich nachweisen, dass die Aufrechterhaltung und der Ausbau einer Strategischen Allianz als Hybridform eines institutionellen Arrangements aus einer transaktionskostenorientierten Perspektive insbesondere dann eine fortgesetzt gute Basis für einen Allianzausbau darstellt, wenn eine Integration von zwei oder mehreren Allianzunternehmen in Form einer Akquisition oder Fusion aufgrund bestehender rechtlicher Integrationsbarrieren, marktlicher Eintrittsbarrieren und/oder bestimmter Transaktionsmerkmale bisher nicht möglich war, aber in Zukunft aufgrund einer potenziellen Veränderung gesetzlicher, eigentumsrechtlicher und/oder brancheninterner Gegebenheiten nicht ausgeschlossen werden kann.

Des Weiteren konnte nachgewiesen werden, dass der im Zeitablauf innerhalb einer Strategischen Allianz angestrebte *Bindungsgrad* zwischen den beteiligten Unternehmen aus transaktionskostentheoretischer Sicht in besonderer Weise die bestehenden Charakteristika der relevanten Austauschbeziehungen zu berücksichtigen hat. Als Fazit dieser Analysen wurde festgestellt, dass eine dauerhafte Ausnutzung bestehender und künftiger (Transaktions-) Kostensenkungspotenziale, die Absicherung der Allianzeffizienz und die Verhinderung von Transaktionsproblemen nur dann gelingen kann, wenn die Transaktionsspezifika zwischen den Partnerunternehmen in ihrer jeweiligen Bedeutung und Einflussrichtung *permanent* im Entwicklungsprozess berücksichtigt werden.

Als nachteilig für die Anwendbarkeit der Transaktionskostentheorie auf den Ausbau Strategischer Allianzen und die Entwicklung kooperierender Unternehmen erwies sich u.a. die Tatsache, dass bei Allianzausbauentscheidungen stets von einer bereits bestehenden Interaktion zwischen Unternehmen ausgegangen wird, während die Transaktionskostentheorie den Anspruch auf eine Erklärung der Entstehung von Koordinations- und Organisationsformen (und damit auch die Gründung von Strategischen Allianzen) erhebt. Bei Allianzausbauentscheidungen geht es jedoch nicht um die erstmalige Entstehung einer transaktionskostenminimierenden Koordinationsform, sondern vielmehr um die Auswahl einer unter Effizienzgesichtspunkten optimalen Ausbau- bzw. Entwicklungsstrategie für ein Allianzbündnis bzw. kooperierendes Unternehmen.

Zusammenfassend lässt sich festhalten, dass sich durch die theoriebasierten Analysen bzw. erstmalige und ausführliche Anwendung der Annahmen und Kernaussagen des Transaktionskostenansatzes auf die Themenstellung der Arbeit einige *theorieorientierte Erkenntnisgewinne* generieren ließen, die sich künftig bei einer theoriebasierten Auseinandersetzung mit dem Konstrukt der Strategischen Allianz weiter verwenden lassen. Darüber hinaus bestätigte sich hinsichtlich des innerhalb der Forschungsarbeit angestrebten Entscheidungskonzepts, dass eine Ergänzung der durch den Transaktionskostenansatz entwickelten theoretischen Bezugsbasis um weitere Theorieansätze in Form der Industrieökonomik und des Ressourcenansatzes sinnvoll und zweckmäßig sein würde.

Zunächst wurde dazu die Industrieökonomik mit ihren wesentlichen Begriffen, Grundlagen und Annahmen erläutert. Nachfolgend erfolgte eine Diskussion der für die Arbeit wesentlichen industrieökonomischen Kerndeterminanten in Form des „Structure-Conduct-Performance-Paradigmas", des „Konzepts der Wettbewerbsstrategien von PORTER" (mit seinen Bestandteilen „Branchenstrukturanalyse", „Generische Wettbewerbsstrategien" und „Wertschöpfungskettenanalyse") und des „Konzepts der Strategischen Gruppen."

Im Rahmen der Analyse der Anwendbarkeit der industrieökonomischen Kerndeterminanten auf Fragen des Ausbaus Strategischer Allianzen und die Entwicklung kooperierender Unternehmen wurde festgestellt, dass ein gegenüber seiner traditionellen Version modifiziertes bzw. ergänztes Structure-Conduct-Performance-Paradigma eine erste Begründung für den Ausbau Strategischer Allianzen und strategische Entwicklung kooperierender Unternehmen liefern kann. Durch die Anwendung des Paradigmas konnten auch generelle Branchenzusammenhänge veranschaulicht werden, durch die sich bestimmte Sachverhalte im Zusammenhang mit der Beurteilung von Entwicklungsalternativen für ein Allianzbündnis oder ein einzelnes Allianzunternehmen besser strukturieren und in ihrer Komplexität reduzieren lassen. Allerdings wurde auch deutlich, dass das Paradigma auch in einer überarbeiteten Form keine Aussagen zur *spezifischen* Gestaltung des weiteren Entwicklungspfades eines Unternehmens liefert und somit im Hinblick auf eine *konkrete* Entscheidungssituation im Zusammenhang mit Fragen des Ausbau Strategischer Allianzen und der externen Unternehmensentwicklung kooperierender Unternehmen immer nur sehr eingeschränkt verwendbar ist.

Hinsichtlich des Konzeptes der Wettbewerbsstrategien wurde die Erkenntnis gewonnen, dass sich jede der drei tragenden Säulen (Branchenstrukturanalyse, Generische Wettbewerbsstrategien, Wertschöpfungskettenanalyse) auf die Themenstellung der vorliegenden Arbeit anwenden lässt. Bei der Analyse der Anwendbarkeit der *Branchenstrukturanalyse* wurde festgestellt, dass dieses Analyseverfahren mit den darin enthaltenen fünf Wettbewerbskräften für das

Thema der Arbeit eine sinnvolle strukturierende Heuristik darstellt und sich jede einzelne Wettbewerbskraft als Grundlage für eine plausible Begründung eines Allianzausbaus erweisen kann.

In Bezug auf die Anwendbarkeit *der generischen Wettbewerbsstrategien* zeigte sich, dass sich grundsätzlich *jede* der vier Strategiearten (Kostenführerschaft, Differenzierung, Kostenfokussierung und Differenzierungsfokussierung) für den Ausbau einer Strategischen Allianz im konkreten Anwendungszusammenhang als vorteilhaft herausstellen kann. In diesem Zusammenhang wurde deutlich, dass die Umsetzbarkeit einer der generischen Strategien mit dem Ziel eines Allianzausbaus nachhaltig durch die jeweilige spezifische Ausgangssituation eines Allianzunternehmens oder -bündnisses determiniert wird, die wiederum die Vorziehenswürdigkeit *einer* bestimmten Strategie festlegt.

Die Auseinandersetzung mit der *Wertschöpfungskettenanalyse* von PORTER führte zu dem Ergebnis, dass auch sie hinsichtlich des Ausbaus von Strategischen Allianzen ein hilfreiches Instrumentarium zur Verfügung stellt, wenngleich deutlich wurde, dass sie sich grundsätzlich auf die Betrachtung eines *einzelnen* Unternehmens und nicht auf einen Zusammenschluss oder eine Allianz *mehrerer* Unternehmen bezieht. Durch die Anwendung der Wertschöpfungskette lassen sich stets die wesentlichen nutzenstiftenden Tätigkeiten von Unternehmen innerhalb eines Allianzverbundes identifizieren und die jeweiligen Differenzierungs- bzw. Kostensenkungsmöglichkeiten gegenüber anderen allianzexternen Unternehmen oder Strategischen Allianzen ableiten. Zudem wurde die Erkenntnis gewonnen, dass sich durch eine dauerhafte und umfassende Wertschöpfungsanalyse aller an einer Strategischen Allianz beteiligten Unternehmen und durch einen ständigen wechselseitigen Austausch der dadurch gewonnenen Informationen die Transparenz der Wirkungen anstehender Ausbauentscheidungen bzw. -prozesse für jedes einzelne Allianzunternehmen bereits vor der Entscheidungsumsetzung erhöhen lässt.

Als besondere Erkenntnis der Auseinandersetzung mit der Anwendbarkeit der Wertschöpfungskette ist die Tatsache festzuhalten, dass Unternehmen im Rahmen einer Strategischen Allianz stets zu einem Teil eines übergeordneten *Allianzwertschöpfungskettensystems* werden, so dass bei Fragen eines Allianzausbaus nicht nur die möglichen Effekte der Ausbaualternativen auf das einzelne Unternehmenssystem zu betrachten sind, sondern insbesondere immer auch die Wirkungen auf das unternehmensübergreifende System nachhaltig zu analysieren sind.

Im Hinblick auf die Anwendbarkeit des *Konzeptes der Strategischen Gruppen* auf die Themenstellung der Arbeit wurde festgestellt, dass es ein sinnvolles Instrument zur Analyse potenzieller Entwicklungsoptionen für Unternehmen darstellt, da es Rückschlüsse auf die künftige Entwicklung des Wettbewerbs und auf notwendige Anpassungsmaßnahmen der Unternehmen in den jeweils betrachteten Branchen ermöglicht. Durch die Analyse der Anwendbarkeit des Gruppenkonzepts zeigte sich, dass es bei Entscheidungen über den Ausbau einer Strategischen Allianz bzw. eine Intensivierung einer kooperativen Unternehmensbeziehung immer besonders wichtig ist, den *Grad des gegenseitigen Vertrauens* und die *Planbarkeit des eigenen Verhaltens* für die anderen Kooperationspartner zu erhöhen.

Insgesamt führten die Ausführungen zu den industrieökonomischen Kerndeterminanten zu der Erkenntnis, dass es sich bei der Industrieökonomie, im Gegensatz zum Strategischen Management, um einen deterministischen und makroökonomisch orientierten Theorieansatz handelt, dessen Anliegen weniger die Ableitung einzelwirtschaftlicher Gestaltungsoptionen als vielmehr die Identifizierung und Erklärung struktureller ökonomisch-technischer Erfolgsfaktoren auf Branchenebene ist. Es zeigte sich, dass sich die bestehenden Formen der Zusammenarbeit von Unternehmen aus einer industrieökonomischen Perspektive nur dann auf einer generischen Ebene erklären lassen und sich mögliche Wege für ein erfolgreiches Konkurrenzverhalten von Unternehmen ableiten lassen, wenn die bestehenden konzeptionellen Theorieergänzungen bzw. -weiterentwicklungen integrativ berücksichtigt werden. Nur dann sind Unternehmenskooperationen als Mittel zu einer einseitigen Veränderung von Marktstrukturen interpretierbar, die neben der Generierung von Kostensenkungseffekten bzw. der Verringerung unternehmerischer Risiken eine gezielte Reduktion des Wettbewerbs ermöglichen. Allerdings konnte auch festgestellt werden, dass die konkrete Anwendbarkeit des industrieökonomischen Gedankengutes in besonderer Weise von der spezifischen strategischen Fragestellung und dem Betrachtungsfokus der Entscheider abhängt und dabei stets bestimmte methodische Unzulänglichkeiten und Probleme zu berücksichtigen hat.

Vor dem Hintergrund dieser Erkenntnisse erfolgte im nachfolgenden Teil der Arbeit eine ausführliche Darstellung des ressourcenorientierten Ansatzes, der an den Schwächen der Industrieökonomik ansetzt und damit für den weiteren Verlauf der Arbeit als besonders wertvoll erschien, indem von ihm ein wesentlicher zusätzlicher Beitrag zur Ableitung des theoretischen Bezugsrahmens zu erwarten war.

Nach einer Darstellung der ansatzspezifischen Begrifflichkeiten, Grundlagen und Annahmen wurden die drei wichtigsten Elemente des ressourcenorientierten Ansatzes in Form der „Effektivität strategischer Entscheidungen“, des „Ressourcenbegriffes“ und der „unternehmensspezifischen Charakteristika von Ressourcen“ als Determinanten der Nachhaltigkeit von Wettbewerbsvorteilen erläutert. Dabei wurden an einzelnen Stellen die Konsequenzen des jeweils betrachteten Elementes für das Strategische Management eines Unternehmens sowohl aus praktischer als auch aus theoretischer Sicht erklärt. Zusätzlich zu den Kernelementen des „originären“ Ressourcenansatzes wurde auch die darauf aufbauende Kernkompetenzperspektive als Betrachtungsweise diskutiert, um die Vielfalt der existierenden ressourcenorientierten Sichtweisen zu berücksichtigen.

Durch diese Vorgehensweise war es möglich, den Ressourcenansatz in ausführlicher Weise kritisch zu würdigen. Als wesentlichste Stärke wurde die im Vergleich zur Industrieökonomik deutlich erhöhte Realitätsnähe durch die Annahme der Heterogenität der Ressourcenausstattungen und -verwendungen herausgestellt. Darüber hinaus ließ sich aufzeigen, dass sich der Ressourcenansatz zur theoretischen Fundierung der unternehmensspezifischen Wettbewerbsvorteile in einer Branche bzw. in einem Markt eignet, da er die Beziehungen zwischen Ressourcenausstattung, Wettbewerbsvorteilen und überdurchschnittlich hohen Gewinnen verdeutlicht. Hinsichtlich der Bedeutung des Ressourcenansatzes für das Strategische Management wurde festgestellt, dass er die dynamische Entwicklung wissensbasierter intangibler Ressourcen über Lernprozesse als besonders wesentlich für den Fortbestand eines Unternehmens anführt.

Neben der Erläuterung der Stärken des Ressourcenansatzes bildete die Darstellung der in der Literatur geäußerten Kritik an den ansatzspezifischen Argumentationslinien und Annahmen einen wesentlichen Teil der Betrachtungen. Insgesamt ließen sich acht Kritikpunkte herausarbeiten.

Bei der nachfolgenden Diskussion der Anwendbarkeit des Ressourcenansatzes auf den Ausbau Strategischer Allianzen und die Entwicklung kooperierender Unternehmen wurde zunächst die wesentliche Erkenntnis gewonnen, dass im Bereich der Strategischen Allianzen bis heute kein *kompletter* ressourcenorientierter Ansatz entwickelt wurde. Die vorgenommenen Literaturrecherchen ergaben, dass die vorhandenen Forschungsarbeiten zur Strategischen Allianz bisher zumeist von einer transaktionskostentheoretischen Perspektive ausgehen. Es wurde festgestellt, dass die Analyse bzw. Beurteilung Strategischer Allianzen aus einer ressourcenorientierten Sichtweise die transaktionstheoretischen Erkenntnisse um einige zusätzliche *effektivitätsorientierte* Erklärungen erweitern kann. Vor diesem Hintergrund wurde als neue Forschungserkenntnis festgestellt, dass Strategische Allianzen nie ausschließlich für eine *effizienzorientierte* Transaktionskostenminimierung vereinbart und ausgebaut, sondern zusätzlich zur gezielten *effektivitätsorientierten* Entwicklung wettbewerbsrelevanter Ressourcen eingesetzt werden sollten.

Ferner wurde die Erkenntnis gewonnen, dass sich der Ressourcenansatz auch für die Ableitung von Gründen und Zielen eines Allianzausbaus und einer externen Unternehmensentwicklung verwenden lässt. In diesem Zusammenhang zeigte sich, dass die Beteiligung eines Unternehmens an einer Strategischen Allianz und der weitere Ausbau dieser Beteiligung im Zeitablauf aus einer ressourcenorientierten Perspektive mit einem *Überschuss* an unternehmensspezifischen wettbewerbskritischen Ressourcen erklärt werden kann, die im Rahmen eines Allianzbündnisses zwischen den Partnerunternehmen ausgetauscht werden. Darüber hinaus wurde die (fortgesetzte) Beteiligung an einer international ausgerichteten Strategischen Allianz als gute und häufig auch einzige Möglichkeit identifiziert, den Zugang zu notwendigen wettbewerbsrelevanten Ressourcen zu gewährleisten und/oder zu erweitern.

Die Untersuchung der Anwendbarkeit der unterschiedlichen Ressourcencharakteristika auf Fragen des Ausbaus Strategischer Allianzen führte zu der unter Forschungsgesichtspunkten wesentlichen Erkenntnis, dass im Rahmen der Auswahl einer Allianzausbaualternative insbesondere solche Überschussressourcen zu berücksichtigen sind, die nachhaltige Erfolgspotenziale begründen können.

In diesem Zusammenhang zeigte sich, dass dem *Spezifitätsgrad* der überschüssigen Ressourcen eine besondere Bedeutung zukommt. Danach erlauben Überschussressourcen mit *zunehmender* Spezifität nur eine Unternehmensentwicklung bzw. Diversifikation in ähnliche bzw. verbundene Bereiche, während unspezifische Überschussressourcen, die sich generell durch eine hohe Einsatzflexibilität auszeichnen, auch für eine Entwicklung bzw. Diversifikation in unverbundene Bereiche genutzt werden können. Der Ressourcenansatz kann sich vor diesem Hintergrund als eine Entscheidungshilfe für die Planung von Allianzausbau- und Unternehmensentwicklungsstrategien erweisen, da er eine Beziehung zwischen der Ressourcenspezifität und dem Aus- bzw. Entwicklungsspielraum herstellen kann.

Die spezifitätsorientierten Ressourcenbetrachtungen führten noch zu einer weiteren wesentlichen Erkenntnis. Danach können Allianzausbaualternativen, die eine Beibehaltung der kooperativen Strukturen induzieren, aus Sicht einzelner Allianzunternehmen gegenüber Unternehmensakquisitionen oder -fusionen einige Vorteile aufweisen. Durch die Analysen wurde deutlich, dass dies insbesondere immer dann der Fall sein wird, wenn die mit einer Allianzbeteiligung und Beteiligungsentwicklung verbundenen *ungewollten* Kostenwirkungen, die zum einen aus der *Spezifität* und zum anderen aus der *Unteilbarkeit* bestimmter Ressourcen resultieren, eine geringere Höhe aufweisen als die durch eine alternative Entwicklungsoption verursachten „Zusatzkosten".

Es wurde jedoch auch verdeutlicht, dass sich die Anwendung des ressourcenorientierten Gedankengutes auf Entscheidungssituationen im Zusammenhang mit der Beurteilung alternativer Entwicklungsoptionen nicht *ausschließlich* auf solche Kostenwirkungen fokussieren darf, die sich durch ein einen potenziell notwendigen Ressourcenerwerb bzw. -zugang ergeben können. Darüber hinaus wurde erstmalig aufgezeigt, dass im Rahmen des Strategischen Managements einer Allianz jede zur Verfügung stehende Ausbaualternative stets hinsichtlich ihres Beitrages zur Minimierung der Gefahr eines unerwünschten Ressourcenabflusses, zur Verhinderung der Entstehung einseitiger Abhängigkeiten zwischen den Allianzpartnern und zur Vermeidung einer Erosion bestehender Wettbewerbspositionen zu bewerten ist.

Neben den skizzierten Erkenntnissen aus der Anwendung des originären Ressourcenansatzes wurde die Kernkompetenzperspektive auf Fragen des Allianzausbaus bzw. der externen Unternehmensentwicklung angewendet. In diesem Zusammenhang zeigte sich, dass sich die Beteiligung an einer Strategischen Allianz und ihre Intensivierung im Zeitablauf als eine gute externe Entwicklungsalternative erweisen kann, da sie zu einer kostengünstigen Erweiterung des eigenen unternehmerischen Einflussbereiches beitragen und die Anzahl der verfügbaren bzw. nutzbaren Kernkompetenzen deutlich ausweiten kann. In diesem Zusammenhang wurde ein systematisches *Wissensmanagement* innerhalb eines Allianzbündnisses als eine grundlegende Voraussetzung für die Internalisierung externer Kernkompetenzen durch die Allianzunternehmen identifiziert. Als wesentlichste Erkenntnis der Analyse der Anwendbarkeit der Kernkompetenzperspektive wurde festgestellt, dass die Unternehmensführungen der Allianzunternehmen und die für einen Allianzausbau verantwortlichen Entscheidungsträger innerhalb eines Allianzbündnisses bei jeder Entscheidung über die künftige strategische Ausrichtung und die möglichen Entwicklungsrichtungen und -wege stets darüber befinden müssen, inwieweit sich durch ihre Umsetzung ein gezielter Kernkompetenzausbau bzw. -aufbau und eine ausreichende Stärkung der organisationalen Lernfähigkeit in den Allianzunternehmen und im gesamten Allianzbündnis erreichen lässt.

Zusammenfassend konnte durch die Anwendung des Ressourcenansatzes und der Kernkompetenzperspektive nachgewiesen werden, dass die Intensivierung einer bestehenden Beteiligung an einer Strategischen Allianz und die Stärkung der allianzinternen Zusammenarbeit als Ergebnis einer externen Entwicklungsstrategie anzusehen ist, der die Aufgabe zukommt, die für eine Ressourcen- bzw. Kernkompetenzenbeschaffung und -sicherung effizienteste und effektivste Entwicklungsalternative auszuwählen.

Im nachfolgenden Kapitel *vier* wurden, aufbauend auf den Erkenntnissen zur Anwendbarkeit des theoretischen Gedankengutes auf Fragen eines Allianzausbaus und einer Entwicklung von Allianzunternehmen, die wesentlichen Entscheidungsfaktoren aus der Transaktionskostentheorie und den Ansätzen der Strategielehre abgeleitet. Die Festlegung der Faktoren erfolgte mit dem Anspruch, ein Entscheidungskonzept zu entwickeln, mit dem sich Entscheidungsprobleme bei der Auswahl von Ausbau- und Entwicklungsalternativen für Allianzbündnisse und -unternehmen wirklichkeitsgetreu abbilden lassen und Problemlösungen vereinfacht werden können. Zunächst wurden dazu sieben Entscheidungsfaktoren aus der Transaktionskostentheorie abgeleitet. Dabei wurde für jeden Faktor, nach einer kurzen Erläuterung des spezifischen Inhalts, ein Wirkungszusammenhang festgehalten, der eine Aussage darüber trifft, welche

Bereiche die Auswahl einer Ausbaualternative beeinflussen und unter welchen Voraussetzungen eine bestimmte Form der Bindungsintensität für einen Allianzausbau angestrebt werden sollte.

Im nachfolgenden Schritt wurden, als Vorbereitung der Feststellung der strategielehrebasierten Entscheidungsfaktoren, die beiden Ansätze der Strategielehre zusammengeführt. Diese Vorgehensweise führte zu der Erkenntnis, dass eine Zusammenführung von Industrieökonomik und Ressourcenansatz unter Berücksichtigung ihrer jeweiligen Erweiterungen im Hinblick auf die Thematik der Arbeit möglich und unter Entscheidungsgesichtspunkten sinnvoll ist. Aufbauend auf der nachgewiesenen Zusammenführbarkeit der Ansätze wurden acht strategielehrebasierte Entscheidungsfaktoren abgeleitet, die hinsichtlich eines Ausbaus Strategischer Allianzen und der Entwicklung der daran beteiligten Unternehmen als besonders relevant einzuzustufen sind. Ihre Ableitung erfolgte mit dem Ziel, die bereits identifizierten transaktionskostentheoretischen Faktoren zu ergänzen, zu einer erhöhten theoriegestützten Plausibilität strategischer Entscheidungen beizutragen und die Ableitung konkreter Strategien für die künftige Entwicklung der Interaktion zwischen Allianzunternehmen weiter zu vereinfachen.

Nach der Herleitung und Darstellung des theoretischen Bezugsrahmens und der Identifikation der theoriegestützten Entscheidungsfaktoren war es möglich, das zu Beginn der Arbeit geplante Entscheidungskonzept zu entwickeln. Den Ausgangspunkt für die Entwicklung bildete die Erkenntnis, dass sich allein aus den Entscheidungsfaktoren noch keine eindeutigen und generalisierbaren Aussagen über die relative Vorziehenswürdigkeit einer bestimmten Ausbaualternative in einer spezifischen Entscheidungssituation ergeben. Vor diesem Hintergrund war es notwendig, in einem nächsten Analyseschritt die in jedem Entscheidungsfaktor (implizit oder explizit) enthaltenden qualitativen und/oder quantitativen Ziele abzuleiten, die durch eine spezifische Ausbaualternative angestrebt werden können. Nur dann erschien eine vergleichende Bewertung unterschiedlicher Ausbaualternativen mit Hilfe der abgeleiteten Entscheidungsfaktoren sinnvoll vornehmbar. Durch die Festlegung und Integration von Zielen ließen sich, im Unterschied zu den Entscheidungsfaktoren, nicht nur Aspekte hinsichtlich der anzustrebenden formalrechtlichen Institutionalisierung, sondern auch Beurteilungskriterien in die Betrachtungen integrieren, die sich auch auf andere Ausbauwege (Veränderung der Anzahl der Partnerunternehmen, Veränderung und Ausdehnung der Zusammenarbeitsbereiche) anwenden lassen.

Um einen aussagekräftigen Alternativenvergleich zu ermöglichen, erschien jedoch mehr als nur die Überprüfung von bestimmten Vergleichskriterien oder Zielerreichungsgraden erforderlich. Die Lösung des im Rahmen der Arbeit einschlägigen Entscheidungsproblems verlangte nach einem möglichst genauen und strukturierten Problemlösungsverfahren, das nach einer endlichen Anzahl systematischer Rechenschritte zu einem eindeutigen Ergebnis führt. Aufgrund der spezifischen Struktur des Entscheidungsproblems (mehrdimensionales Zielsystem, endliche Anzahl von Lösungen, keine gänzlich überlegene Handlungsalternative) wurde die Nutzwertanalyse als Bewertungs- und Auswahlverfahren herangezogen und an geeigneten Stellen gegenüber dem „Analytic Hierarchy Process“ abgegrenzt. Die Auswahl dieses Analyseverfahrens basierte auf der Erkenntnis, dass sie die in der betrieblichen Praxis am häufigsten verwendete Methode zur Bewältigung schlecht-strukturierter und komplexer Entscheidungssituationen repräsentiert.

Die Nutzwertanalyse stellte sich als ein *praktikables* und ein die rationale Entscheidungsfindung *unterstützendes Verfahren* für eine gründliche und geschlossene Beurteilung unterschiedlicher Entscheidungsalternativen nach mehreren Dimensionen heraus. Allerdings wurde auch deutlich, dass sie sich in der Regel nur dann durch eine hohe Aussagekraft auszeichnen kann, wenn bestimmte methodenspezifische Problembereiche beachtet und bei der Durchführung der Analysen möglichst vollständig vermieden werden.

Im letzten Teil von Kapitel vier wurde das Entscheidungskonzept abschließend zusammengestellt. Die Zusammenführung von *neun* im Theorieteil der Arbeit vollzogenen Schritten zu einem einheitlichen integrativen Konzept repräsentiert den *wesentlichsten theoretischen Erkenntnisgewinn* der Arbeit. Es zeigte sich, dass das Konzept, im Sinne einer leicht anwendbaren Beurteilungssystematik, die Entscheidungsfindung und -vorbereitung bei der Auswahl einer Allianzausbau- und Unternehmensentwicklungsalternative deutlich vereinfachen, strukturieren und plausibilisieren kann. Es ermöglicht die gleichzeitige Analyse bzw. Abbildung von kosten-, branchen- und ressourcenspezifischen Aspekten bei strategischen Entscheidungen. Ferner wurde festgestellt, dass es sich auch zur Beantwortung von Fragestellungen hinsichtlich der kurz-, mittel- oder langfristig anzustrebenden formalrechtlichen Institutionalisierung der allianzinternen Zusammenarbeit eignet, da es ausdrücklich auf den Entscheidungsfaktoren aufbaut, die genau für diesen Zweck bestimmt wurden.

Nach der Entwicklung des Entscheidungskonzepts erfolgte im nachfolgenden *dritten* Teil der Arbeit die praxisorientierte Auseinandersetzung mit dem Konstrukt der Strategischen Allianz. Als Praxisbeispiel wurden, gemäß der Themenstellung der Arbeit, die Strategischen Allianzen im Luftverkehr verwendet. Dahingehend befasste sich Kapitel fünf zunächst mit den luftverkehrsspezifischen Grundlagen. Nach einer kurzen Erläuterung der wesentlichen Begrifflichkeiten wurden die Luftverkehrserscheinungsformen „Linienluftverkehr“ und „Gelegenheitsverkehr“ voneinander abgegrenzt. Im nachfolgenden Teil der Untersuchungen standen die branchenspezifischen Merkmale des Luftverkehrs im Mittelpunkt der Betrachtungen. Insgesamt wurden *acht* Charakteristika der Dienstleistung „Flugbeförderung“ unterschieden.

Im Zusammenhang mit der Analyse der *wirtschaftlichen* Rahmenbedingungen des Luftverkehrs wurden einschlägige Umweltbedingungen, Einflussfaktoren und Entwicklungen in der Luftverkehrsbranche erläutert. Mit Hilfe umfangreicher Zahlenmaterialien konnte nachgewiesen werden, dass die internationale zivile Luftfahrt durch die Terroranschläge des 11. Septembers 2001 in New York in ihre bisher tiefste Krise gestürzt wurde. Im Rahmen der umfangreichen Erklärung der *verkehrspolitischen* Rahmenbedingungen im Luftverkehr zeigte sich, dass den bilateralen Luftverkehrsabkommen eine wesentliche Bedeutung innerhalb des internationalen Luftverkehrs zukommt, da sie in erheblicher Weise den Freiheitsgrad des Luftverkehrs zwischen den unterzeichnenden Staaten determinieren.

Die Analyse der Veränderbarkeit verkehrspolitischer Rahmenbedingungen durch Deregulierung und Liberalisierung führte zu der Erkenntnis, dass die bereits stattgefundene Deregulierung des amerikanischen Luftverkehrs weit reichende Auswirkungen auf die Tarife, die Tarifbildung, die Kostenposition, die Produktivität, die operative Flexibilität, die Struktur der Streckennetze, die Wettbewerbssituation und die Marktstruktur im internationalen Luftverkehr hatte. Bei der Untersuchung der Übertragbarkeit der amerikanischen Deregulierungseffekte auf die strategische Ausrichtung europäischer Luftverkehrsunternehmen wurde deutlich, dass eine direkte Übertragung aufgrund unterschiedlicher branchen- und umweltspezifischer Rahmenbedingungen nicht möglich ist. Trotz dieser Unterschiede ließen sich jedoch im Rahmen einer allgemeineren Betrachtung der durch die Deregulierungspolitik verursachten Marktveränderungen bestimmte generische Strategietypen (Differenzierung, Fokussierung, Fusionen und Akquisitionen) identifizieren und auf die europäischen Luftverkehrsunternehmen übertragen. Dabei zeigte sich, dass die identifizierten Strategietypen bei der Analyse alternativer Wachstumswege für eine externe Unternehmensentwicklung als grundlegende Strategieleitlinien verwendet werden können.

Im Zusammenhang mit der Darstellung der Liberalisierung des Luftverkehrs auf europäischer Ebene wurde aufgezeigt, dass die Umsetzung der Liberalisierung des europäischen Luftverkehrs in drei Liberalisierungspaketen erfolgte und dass die Bestrebungen, den europäischen Luftverkehr auf einer multilateraler Ebene weiter zu liberalisieren, im Juni 2003 durch die Übertragung eines multilateralen Verhandlungsmandates an die Europäische Kommission (durch die EU-Verkehrsminister) einen bedeutenden Fortschritt erfuhr.

Die Analyse der Perspektiven einer weiteren Globalisierung und Konsolidierung im internationalen Luftverkehr führte zu der Erkenntnis, dass es mit den bestehenden Nationalitätenklauseln, nationalen Gesetzgebungen, Slotvergaberegelungen und Kabotagerestriktionen weit reichende historisch bedingte Restriktionen für eine Branchenveränderung gibt, die sich in ihrer Bedeutung erst *nach* einem erfolgreichen Abschluss der im Oktober 2003 begonnenen Verhandlungen zwischen der EU und den USA über den Aufbau eines transatlantischen Luftverkehrsraumes relativieren könnten.

Aufbauend auf den allgemeinen luftverkehrsspezifischen Ausführungen in Kapitel *fünf* wurden in Kapitel *sechs* die Strategischen Allianzen im Linienluftverkehr in den allgemeinen Bedeutungszusammenhang eingeordnet und hinsichtlich ihrer unterschiedlichen Ausgestaltungsformen eingehend analysiert. Im Zusammenhang mit der Darstellung der in der betrieblichen Praxis vorherrschenden Kooperationsvereinbarungen zwischen Luftverkehrsgesellschaften zeigte sich, dass dem Codesharing eine besonders wesentliche Rolle zukommt.

Den Abschluss von Kapitel *sechs* bildete die Darstellung der Entwicklung und des Status Quo der heute existierenden Allianzverbünde. Dabei wurde u.a. festgestellt, dass die Star Alliance als die weltweit am weitesten fortgeschrittene Luftverkehrsallianz anzusehen ist, da sie die drei wesentlichen Flugverkehrsmärkte Europa, USA und Asien umfassend abdeckt. Hinsichtlich der „oneworld"-Allianz zeigte sich, dass diese seit ihrer Gründung in ihrer räumlichen und inhaltlichen Gestaltung in besonderer Weise unter dem Problem leidet, dass die beiden zentralen Partnerunternehmen American Airlines und British Airways bisher keine Freistellung vom amerikanischen Kartellverbot erhalten haben. Bei der Skyteam-Allianz konnte festgehalten werden, dass sie nach der zu erwartenden Genehmigung der im Oktober 2003 vereinbarten Fusion zwischen Air France und KLM durch die europäischen Wettbewerbsbehörden im internationalen Luftverkehr eine erheblich bedeutendere Rolle einnehmen und zur zweitgrößten Luftverkehrsallianz hinter der Star Alliance aufsteigen wird. Hinsichtlich der „Wings"-Allianz wurde aufgezeigt, dass in naher Zukunft vor dem Hintergrund der Fusion zwischen Air France (Skyteam) und KLM (bisher Wings) mit einer Zusammenführung der Partnergesellschaften beider Allianzbündnisse und einer Beendigung der „Wings"-Allianz zu rechnen ist.

Zusammenfassend wurde im Hinblick auf die bestehenden Allianzverbünde die Erkenntnis gewonnen, dass Allianzmitgliedschaften für Fluggesellschaften nicht zuletzt aufgrund der zahlreichen Möglichkeiten zur Realisierung bestimmter ökonomischer Ziele stets wichtige wirtschaftliche Impulse liefern können, allerdings kein „Allheilmittel" zur Zielerreichung darstellen. Vielmehr wurde darauf hingewiesen, dass die bestehenden Kooperationen zwischen Luftverkehrsgesellschaften in Zukunft nicht nur *quantitativ*, sondern insbesondere auch *qualitativ* ausgebaut werden müssen.

Der nachfolgende *vierte* Teil der Arbeit befasste sich ausschließlich mit der im Rahmen der Forschungsarbeit durchgeführten empirischen Exploration. Dahingehend wurde in Kapitel *sieben* die Konzeptualisierung der empirischen Erhebung dargestellt. In diesem Zusammenhang erfolgte eine Ergänzung der bis zu diesem Zeitpunkt vorherrschenden theoretisch-deduktiven Vorgehensweise der

Arbeit um eine empirisch-induktive Komponente, um den beabsichtigten Erkenntnisfortschritt generieren zu können. Eine eigenständige empirische Erhebung erwies sich vor diesem Hintergrund als unumgänglich, um zusätzliche, über die bereits vorhandenen Literaturbeiträge hinausgehende branchenspezifische Informationen erhalten zu können. Dazu wurde die Feldstudie als die für das Forschungsanliegen verwendbare Form der empirischen Sozialforschung identifiziert und die Explorationsstrategie als Forschungsvorgehen inhaltlich präzisiert. Danach war es möglich, das für die Thematik verwendbare Datenerhebungsverfahren in Form der Expertenbefragung auf Basis eines teilstandardisierten Gesprächsleitfadens zu erklären und die vorgenommene Auswahl der dreizehn Gesprächspartner und den Ablauf der Expertenbefragung darzustellen.

In Kapitel *acht* wurden die Ergebnisse der Expertengespräche erläutert und im Hinblick auf die Thematik der vorliegenden Arbeit ausgewertet. Nach der Reduzierung und Strukturierung der Informationen wurden die Ergebnisse der einzelnen Gespräche mit dem Ziel analysiert, zu generalisierbaren Aussagen im Hinblick auf die Thematik der Arbeit zu gelangen. Zum einen ließen sich dadurch die *unternehmensspezifischen Strategieoptionen* für den Ausbau der Luftverkehrsallianzen identifizieren. In diesem Zusammenhang wurden Vollfusionen, Teilfusionen, Minderheitsbeteiligungen, Mehrheitsbeteiligungen und Franchising-Formen diskutiert. Da Teilfusionen von den Experten als besonders relevante Strategieoption eingestuft wurden, stand die Auseinandersetzung und Veranschaulichung dieser Ausbaualternative durch entsprechende grafische Visualisierungen im Zentrum der Ausarbeitungen.

Des Weiteren konnten durch die Expertengespräche die zwei wesentlichen *allianzspezifischen Strategieoptionen* abgeleitet werden. Die identifizierte Option „Veränderung der Anzahl der Allianzmitglieder“ ging einher mit der Erkenntnis, dass aus Sicht einer europäischen Luftverkehrsgesellschaft eine Partnerschaft mit mindestens einer US-amerikanischen Fluggesellschaft sowie zwei oder mehreren asiatischen Fluggesellschaften zwingend erforderlich ist, um eine ausreichende Abdeckung der wichtigsten Luftverkehrsmärkte Europa, USA und Asien zu erreichen. Ferner wurde festgestellt, dass die Attraktivität einer Fluggesellschaft aus Sicht eines Allianzbündnisses insbesondere von der Größe und geographischen Lage des unternehmensspezifischen Flughafendrehkreuzes, dem Umfang des Zu- und Abbringerflugnetzes, dem Anteil an den Slots und Gates am jeweiligen Hauptdrehkreuz und vom künftigen Marktpotential des Hauptdrehkreuzes des neuen Partners abhängt. Als zweite allianzspezifische Strategieoption wurde die „Ausweitung der allianzinternen Zusammenarbeitsbereiche“ identifiziert. In diesem Zusammenhang zeigte sich, dass die Vereinheitlichung der Markenpolitik und die Intensivierung der Zusammenarbeit im Bereich der Informationstechnologie (IT) für die Zukunft der Allianzbündnisse von besonderer Bedeutung sind.

Als weiterer wesentlicher Erkenntnisbeitrag der empirischen Exploration ist die Identifikation möglicher Konsolidierungsszenarien für die Luftverkehrsbranche und die Einschätzung der Rolle der europäischen Luftverkehrsgesellschaften in einer künftigen Branchenstruktur anzusehen. Hier konnte festgestellt werden, dass sich die drei großen europäischen Fluggesellschaften British Airways, Air France und Deutsche Lufthansa am Ende einer Konsolidierung den europäischen Markt mit einer großen Wahrscheinlichkeit untereinander aufteilen oder zumindest wesentlich deutlicher als heute dominieren werden. Sämtliche anderen europäischen Fluggesellschaften werden sich danach kurz- bis mittelfristig den entsprechenden Luftverkehrsallianzen anschließen müssen, um ihr eigenes Überleben in einem liberalisierten Markt zu sichern. Daneben erscheint lediglich das Fortbestehen einiger Nischenanbieter im Low-Cost-Bereich im Markt als realistisch. Vor dem Hintergrund dieser (neuen) Erkenntnisse war es möglich, einen gegenüber anderen Literaturbeiträgen vergleichsweise detaillierten Ausblick auf die Zukunft der europäischen Luftfahrtbranche zu geben und entsprechend zu visualisieren.

Den Abschluss von Kapitel *acht* bildete die ausführliche Darstellung der durch die Expertengespräche überprüften empirischen Relevanz der theoriebasierten Entscheidungsfaktoren. Die dadurch gewonnenen Einschätzungen sind als ein besonders wesentlicher *praxisorientierter Erkenntnisbeitrag* der Arbeit zu interpretieren. Insgesamt ließ sich bis auf einen der fünfzehn Faktoren eine empirische Relevanz der Faktoren in strategischen Entscheidungssituationen der betrieblichen Praxis nachweisen, wobei sieben Faktoren eine besonders hohe Bedeutung aufwiesen. Es zeigte sich auch, dass die entwickelten Entscheidungsfaktoren eine hohe deskriptive Eignung zur Einschätzung unterschiedlicher Ausbaualternativen für Strategische Allianzen beinhalten, da sie Aspekte beleuchten, die in traditionellen Betrachtungsweisen von unternehmerischen Handlungsalternativen vielfach unberücksichtigt bleiben.

Abschließend kann festgestellt werden, dass sich durch die theoretische Fundierung der Arbeit und die praxisnahe Auseinandersetzung mit dem Realphänomen „Strategische Allianz“ wesentliche theorie- und praxisorientierte Erkenntnisgewinne im Hinblick auf die künftige Ausgestaltung Strategischer Allianzen generieren ließen, so dass das Hauptziel der Arbeit erreicht werden konnte.

10 Ausblick auf die Zukunft der Luftverkehrsgesellschaften

In der Vergangenheit wurden die nationalen Luftverkehrsgesellschaften immer wieder durch die finanzielle Unterstützung der jeweiligen Staatsregierungen aus angespannten wirtschaftlichen Situationen befreit. Die Folgen der Terroranschläge des 11. Septembers 2001 haben jedoch gezeigt, dass die Regierungen vielfach nicht länger bereit und in der Lage sind, eine dauerhafte „Überlebensgarantie" für „ihre" Fluggesellschaften zu geben. Beispiele für diese Veränderungen in der staatlichen Luftverkehrspolitik sind die Konkurse von Swissair und Sabena in den Jahren 2001 und 2002. Im gegenwärtigen Geschäftsklima wird es auch für protektionistisch eingestellte Regierungen zunehmend schwierig werden, eine dauerhaft verlustbringende Luftverkehrsgesellschaft von den branchenweiten Liberalisierungs- und Konsolidierungsbestrebungen fernzuhalten. Ohne eine fundamentale Veränderung der strategischen Ausrichtung und ohne eine substantielle Restrukturierung werden fortgesetzte staatliche Unterstützungen stets lediglich zu einer *temporären* Verschiebung notwendiger Veränderungen führen.[1]

Länder in der ganzen Welt sehen sich angesichts der fortschreitenden Globalisierung immer mehr dem politischen und wirtschaftlichen Druck ausgesetzt, die eigenen Märkte gegenüber ausländischen Unternehmen zu öffnen. Vor diesem Hintergrund ist davon auszugehen, dass sich künftig immer mehr Situationen ergeben werden, in denen die Bewahrung des nationalen Gutes „Nationale Fluggesellschaft" gegenüber umfassenderen, breiter angelegten Wirtschaftsentwicklungszielen an Bedeutung verliert. In diesem Zusammenhang könnte beispielsweise das wirtschaftspolitische Bestreben, einen Anstieg der Tourismusumsätze zu realisieren, zu einem Abbau der bestehenden Restriktionen für ausländische Fluggesellschaften führen und die Bereitschaft der Regierungen hervorrufen, vermehrt liberaleren Luftverkehrsabkommen mit anderen Staaten zuzustimmen und die restriktiven Eigentumsregelungen zu lockern.

Gleichzeitig ist davon auszugehen, dass sich die großen global ausgerichteten Fluggesellschaften in der Zukunft vermehrt auf die lukrativen Flugstrecken zwischen den großen internationalen Flughafendrehkreuzen konzentrieren werden. Kleinere Fluggesellschaften werden zur eigenen Existenzsicherung vor diesem Hintergrund darauf angewiesen sein, neben Flügen zu den großen Drehkreuzen eine gewisse Anzahl an Punkt-zu-Punkt-Verbindungen anzubieten. Des Weiteren werden die global operierenden Luftverkehrsunternehmen eine weitere Stärkung ihres Netzwerkes anstreben und weiterhin bemüht sein, über neue Luftverkehrsabkommen weitere Fluggesellschaften an sich zu binden, um dauerhaft ein ausreichendes Maß an Verkehrsströmen von bzw. zu ihren bedeu-

[1] Hierzu und zu den nachfolgenden Ausführungen vgl. **SERPEN; O'TOOLE** (2002), S. 77.

tendsten Drehkreuzen zu generieren bzw. mehr direkte Flugverbindungen zu den anderen nationalen und internationalen Flughäfen anbieten zu können.

Vor diesem Hintergrund und angesichts fortschreitender wirtschaftlicher Herausforderungen lassen sich vier Schritte festhalten, die von jeder Fluggesellschaft künftig zur Sicherung des eigenen Fortbestandes in besonderer Weise zu befolgen sind:

1.) Die Veränderungspotentiale und Beiträge jeder Fluggesellschaft zur globalen Luftverkehrsbranche sind eindeutig durch die jeweilige Unternehmensführung zu identifizieren. Dabei ist u.a. zu klären, durch welche Punkte sich das Unternehmen gegenüber der direkten Konkurrenz abgrenzt, welche natürlichen Stärken und Schwächen es besitzt und welche Dienstleistungen und Tätigkeiten es nur unprofitabel erbringen kann.

   Bei vielen Fluggesellschaften haben die Jahre der politischen Einflussnahme auf die Geschäftspolitik Strukturen entstehen lassen, die nicht mehr den aktuellen Marktgegebenheiten entsprechen. Mehrere Luftverkehrsunternehmen werden immer noch mehr aus Prestigegründen als aus kommerziellen Gesichtspunkten gefördert. Darüber hinaus stellen die Flugzeugflotten häufig hohe Anforderungen an die Wartung und die Zubehörausstattung, da ihre Anschaffung vielfach weniger aus Effizienzgründen, sondern mit der Absicht erfolgte, stets über die fortschrittlichste Technologie zu verfügen.

   Die wesentlichsten Vermögensgegenstände einer Fluggesellschaft bleiben die Passagiere, die innerhalb des „natürliches Marktes“ des Unternehmens (Heimatmarkt und die profitablen Flugstrecken) befördert werden. Das Ausmaß ihrer Wertigkeit wird auch weiterhin im wesentlichen von ihrem frei verfügbaren Einkommen, ihrer Bereitschaft zu reisen und ihrem individuellen Reisegrund (privat oder geschäftlich) abhängen. Ein erster Ansatzpunkt zur Fortentwicklung dieses Passagierpotentials könnte z.B. eine intensive Analyse der Struktur der Flugreisen pro Kopf pro Jahr sein. Der Vergleich mit anderen europäischen Fluggesellschaften auf Basis dieser Erkenntnisse schafft eine hohe Transparenz und kann erste Indikationen für künftige Verbesserungsmöglichkeiten zur Verfügung stellen. Generell gilt, dass die Entwicklung des heimatlichen Kernmarktes auch weiterhin die vergleichsweise größten Chancen und Möglichkeiten für ein langfristiges Überleben im Wettbewerb und einen dauerhaften Geschäftserfolg bietet.

2.) Die Fluggesellschaften müssen darüber hinaus ein klares Verständnis über die grundlegenden Marktanforderungen hinsichtlich der notwendigen Destinationen, Preise, Produkte und Kundendienste entwickeln. Aktivitäten, die vor diesem Hintergrund als nicht zwingend erforderlich anzusehen sind, sollten konsequent eliminiert werden. Wenngleich dieser Punkt auf den ersten Blick nachvollziehbar bzw. plausibel erscheint, stehen seiner Umsetzung in der Praxis häufig umfassende Hindernisse entgegen, die es zu überwinden gilt. Eine praktikable Strategie könnte in diesem Zusammenhang sein, solche Teile des Netzwerkes, die unter kommerziellen Gesichtspunkten *werthaltig* sind, von den Bereichen zu trennen, die lediglich aus sozialen oder politischen Gründen betrieben werden. Falls eine Eliminierung dieser unprofitablen Elemente politisch nicht akzeptiert werden sollte, sind sie eindeutig zu identifizieren und offen gegenüber den jeweiligen Anteilseignern zu kommunizieren, um entsprechende Kompensationen für die Verluste verlangen zu können, die sich direkt oder als Konsequenz der Ineffizienzen ergeben.

3.) Als dritter wesentlicher Schritt ist die Optimierung und Anpassung des Netzwerkes an die Wünsche der Passagiere anzusehen. Falls es beispielsweise aus wirtschaftlichen Gründen sinnvoll erscheint, als Zubringer zu den mittelgroßen Flughafendrehkreuzen eines Allianzbündnisses zu fungieren, sollte die entsprechende Fluggesellschaft verstärkt Codesharing-Vereinbarungen mit anderen, global operierenden Luftverkehrsunternehmen abschließen. Demgegenüber sollten die häufig ausschließlich emotionalen Argumente für ein Auftreten als nationale Fluggesellschaft mit weit reichenden internationalen Flugverbindungen vernachlässigt oder gänzlich aufgegeben werden. Der Schlüssel für einen dauerhaften Markterfolg sind *rationale* Entscheidungen, die ausschließlich auf der Grundlage wirtschaftlicher Betrachtungen getroffen werden.

In diesem Zusammenhang können die Fluggesellschaften von den Erfahrungen der erfolgreichen Billigfluglinien hinsichtlich der Anpassungen von Netzwerken und Flotten profitieren. Wenngleich die großen internationalen Fluggesellschaften im Unterschied zu den „Low Cost"-Anbietern aufgrund der Anzahl und der Art der Flugverbindungen in der Regel nicht in der Lage sind, mit nur einer „Flugzeugfamilie" (Boing oder Airbus) zu operieren, ist es beispielsweise notwendig, eine Abwägung zwischen den Kosten für die Aufnahme eines neuen Flugzeugtyps und den Vorteilen dieses Flugzeug hinsichtlich der Ausweitung des Netzwerkes vorzunehmen.

Darüber hinaus ist davon auszugehen, dass die Gestaltung der Bodendienste und Services während des Fluges gewisse Interdependenzen aufweisen und zusammen das vom Flugkunden wahrgenommene Serviceniveau und deren Preisbereitschaft auch weiterhin nachhaltig bestimmen werden. Ihre Gestaltung ist daher mit einem klaren Verständnis für die Kundenpräferenzen und Preissensitivitäten vorzunehmen. Dabei ist berücksichtigen, dass sich die Erwartungen der Passagiere an die Dienstleistung „Lufttransport" an den unterschiedlichen Destinationen mitunter stark voneinander unterscheiden können. Aus diesem Grund sind stetige Kundenbefragungen als besonders wesentlich anzusehen, um auch künftig über objektive statistische Daten zur Herbeiführung notwendiger operativer und strategischer Entscheidungen zu verfügen.

4.) Der vierte notwendige Schritt ist die Anpassung sämtlicher Prozesse an das eigene Geschäftsmodell. Der Schlüssel zum Erfolg in diesem Bereich ist die Vereinfachung des jeweiligen Modells. Die meisten Fluggesellschaften leiden unter der Tatsache, dass sie zu viele Spezialbereiche und zu wenig Standardprozesse unterhalten. Hier ist es erforderlich, Sondertätigkeiten durch klare Prozesse zu ersetzen, die nachvollziehbar und wiederholbar sind. Damit unterliegen Fluggesellschaften den gleichen Standardisierungsanforderungen wie alle anderen Wirtschaftsbereiche. Allerdings haben letztere vielfach schon vor mehreren Jahren entsprechende Anpassungsprozesse vollzogen. Fluggesellschaften, die sich traditionell durch umfassende bürokratische und hierarchische Strukturen auszeichnen, haben in besonderer Weise ihre komplexen und ihre teilweise undurchsichtigen Entscheidungsprozesse zu überarbeiten. Die häufig auf informellen Netzwerken und Verbindungen beruhenden Geschäftspraktiken müssen auf eine eindeutige formale Basis gestellt werden.

Für die Luftverkehrsallianzen implizieren die skizzierten Entwicklungen weit reichende Veränderungsanforderungen. Nach vielen Jahren des Stillstands im internationalen Luftverkehr sind mittlerweile erste Konsolidierungsbestrebungen zu erkennen. Die Flugkunden erwarten, insbesondere vor dem Hintergrund der Expansion der Low-Cost-Carrier, immer mehr preisgünstige Flugverbindungen. Zugleich muss das Bedürfnis nach angemessenen Anschlussverbindungen in einem globalen Flugnetzwerk befriedigt werden. Diese Anforderungen der Kunden sind allerdings nur dann realisierbar, wenn die Fluggesellschaften in der Lage sind, die dazu notwendige Größe zu erreichen.

In diesem Zusammenhang kommt den im Oktober 2003 begonnenen Verhandlungen zwischen der EU und den USA über die Realisierung eines liberalisierten transatlantischen Luftverkehrs eine besonders wesentliche Rolle zu. Durch sie besteht die Möglichkeit, die längst überfällige Reformierung des internationalen Luftverkehrs deutlich nach vorne zu treiben. Die durch die bilateralen Abkommen im Luftverkehr hervorgerufene „Kleinstaaterei“, nach der bestimmte Flugstrecken bzw. Start- und Landerechte nur von solchen Fluggesellschaften beflogen bzw. ausgeübt werden dürfen, die sich mehrheitlich im nationalen Eigentum eines Landes befinden, hat ihre Daseinsberechtigung angesichts einer fortschreitenden Globalisierung längst verloren. Erst durch die Abschaffung der Nationalitätenklauseln kann die seit Jahren überfällige Konsolidierung der europäischen Luftverkehrsbranche beginnen, da erst dann Fusionen und Akquisitionen möglich werden.[2] Langfristig wäre dann davon auszugehen, dass in Europa nur die drei großen Fluggesellschaften Air France, British Airways und Deutsche Lufthansa überleben werden.

---

2 Vgl. o.V. (2003ab), S. 1.

Bis es soweit ist stellen die bestehenden Luftverkehrallianzen nach wie vor einen guten Weg dar, um die (noch) bestehenden rechtlichen Restriktionen zu umgehen und die notwendige Größe der Flugstreckennetzwerke zu gewährleisten. Allerdings werden sie sich zunehmend mit der Tatsache auseinander setzen müssen, dass ihre bisher ausschließlich auf *Umsatzsteigerungen* ausgerichteten Strategien in einem zunehmend schwierigeren wirtschaftlichen Umfeld nicht mehr ausreichend sind. Vielmehr ist davon auszugehen, dass die Allianzunternehmen künftig vermehrt *Kostensenkungspotenziale* erschließen müssen, die sich vielfach nur durch weitergehende Formen der Unternehmensverbindung realisieren lassen werden. Erst dann wird es möglich sein, die zumeist immer noch lose aufeinander abgestimmten Netzwerke der kooperierenden Fluggesellschaften deutlich zu straffen und damit in erheblicher Weise Kosten zu senken.

Angesichts dieser Zusammenhänge erscheint die Entwicklung eines neuen verkehrspolitischen Ordnungsrahmens für den internationalen Luftverkehr als eine unumgängliche Notwendigkeit für die nächsten Jahre. Luftverkehrsgesellschaften müssen künftig nach freien unternehmerischen Gesichtspunkten entscheiden können, ob sie die Marktherausforderungen im Alleingang, durch eine Mitgliedschaft in einer Strategischen Allianz oder durch eine Fusion bzw. Akquisition bewältigen wollen.[3]

Die globalen Luftverkehrsallianzen wurden in den Boom-Jahren des Luftverkehrs zwischen 1997 und 2001 „geboren" und immer weiter ausgebaut. Nun müssen sie zeigen, dass sie sich auch unter deutlich veränderten wirtschaftlichen und verkehrspolitischen Rahmenbedingungen zukunftsorientiert und flexibel an die Marktgegebenheiten anpassen können. Mittelfristig werden in der EU nur noch drei bis vier Fluggesellschaften existieren – zum Vorteil der Anteilseigner, weil die Gesellschaften endlich eigenständig profitabel sind und zum Vorteil der Passagiere, die bei einem freieren Luftverkehr mit niedrigeren Preisen rechnen können.[4]

Nach der ersten EU-internen Fusion zwischen Air France und KLM erscheinen weitere innereuropäische und transatlantische Zusammenschlüsse realistisch, die eine neue Marktordnung am Himmel und am Boden schaffen würden. Die bestehenden Allianzen könnten sich in diesem Zusammenhang als Rahmen herausstellen, in dem die notwendigen Konsolidierungsschritte vollzogen werden. Die Allianzen hätten dann nicht nur ihre Daseinsberechtigung durch die über viele Jahre positiven Umsatzeffekte bewiesen. Sie hätten auch gezeigt, dass die kooperative Zusammenarbeit eine ideale Vorstufe darstellte, um weitergehende Unternehmensverbindungen im Luftverkehr effektiv und effizient vorzubereiten.

---

3 Vgl. **o.V.** (2003x), S. 1.
4 Für eine vergleichbare Ansicht vgl. **o.V.** (2003ab), S. 1.

Anhang 1

Strategieoptionen für den Ausbau Strategischer Allianzen

Theoriegestützte Analyse alternativer Wachstumswege für kooperierende Unternehmen im Rahmen einer externen Unternehmensentwicklung -

am Beispiel der europäischen Linienluftverkehrsgesellschaften

Dissertation im Rahmen der Promotion am Lehrstuhl für Betriebswirtschaftslehre, insbesondere Tourismusmanagement, der Wirtschafts- und Sozialwissenschaftlichen Fakultät der Universität Lüneburg

Betreuer: Prof. Dr. Edgar Kreilkamp

Ziel der Untersuchung

Ziel der Untersuchung ist die Analyse und Bewertung alternativer Strategieoptionen für den Ausbau Strategischer Allianzen und die externe Entwicklung der daran beteiligten Unternehmen am Beispiel der europäischen Linienluftverkehrsgesellschaften. Es sollen u.a. *Entscheidungsfaktoren* systematisiert und verifiziert werden, die eine besondere Relevanz für Allianzausbau- und Unternehmensentwicklungsfragen aufweisen. Darüber hinaus sollen im Rahmen der Untersuchung Empfehlungen für die weitere organisatorische und formalrechtliche Gestaltung von Strategischen Allianzen zwischen Linienfluggesellschaften identifiziert werden.

Ziel der Expertengespräche

Ziel der Expertengespräche ist es, das praxis- bzw. luftverkehrsspezifische Erfahrungswissen der Gesprächspartner zu den einschlägigen Fragestellungen zu erschließen, um zusätzliche Informationen zur Thematik zu erhalten und bisher gewonnene theorie- und praxisorientierte Erkenntnisse überprüfen und/oder weiter entwickeln zu können. Durch die umfangreiche inhaltliche Gestaltung des Fragenkatalogs werden zwei wesentliche Ziele angestrebt:

1.) Der Leitfaden soll zur Identifikation und Bewertung von Entscheidungsfaktoren und Zieldimensionen beitragen, die für die Auswahl einer Entwicklungs- bzw. Ausbaualternative für Luftverkehrsunternehmen bzw. -allianzen eine hohe Entscheidungsrelevanz aufweisen.

2.) Er soll zur Identifikation und Bewertung von Strategieoptionen für den Ausbau der Luftverkehrsallianzen beitragen und die Ableitung von Aussagen über die generelle Umsetzbarkeit und individuellen Vor- bzw. Nachteile der einzelnen Optionen ermöglichen.

Zielgruppe, Ablauf und Dauer der Expertengespräche

Die Kernzielgruppe für die Gespräche bilden ausgewählte Experten von Luftverkehrsunternehmen mit einem hohen Erfahrungs- und Informationsstand hinsichtlich unterschiedlicher Fragen der externen Unternehmensentwicklung. Darüber hinaus sollen Gespräche mit Experten von Unternehmensberatungen, Finanzdienstleistungsunternehmen und ausgewählten Flughäfen dazu beitragen, die im Zusammenhang mit der Thematik wesentlichen Fragestellungen aus unterschiedlichen Perspektiven zu betrachten, um zu fundierteren Erkenntnissen zu gelangen.

Der Gesprächsablauf stützt sich auf einen teilstrukturierten Interviewleitfaden (siehe nachfolgende Seiten), ist aber im wesentlichen vom spezifischen Erfahrungshorizont des Interviewpartners abhängig. Durch diese Vorgehensweise soll das Expertenwissen der jeweiligen Gesprächspartner intensiver und flexibler genutzt werden, als dies durch ein vollkommen standardisiertes Interview möglich wäre.

Der Leitfaden repräsentiert eine Zusammenstellung unterschiedlicher Fragenkomplexe, die in Abhängigkeit vom individuellen Erfahrungshintergrund des Experten flexibel bearbeitet oder ausgeklammert werden. Eine Bearbeitung bzw. Beantwortung sämtlicher Fragen des Leitfadens wird in *keinem* der Gespräche angestrebt!

Die geplante Gesprächsdauer beträgt eine Stunde. Die Auswertung der Informationen erfolgt einmalig im Rahmen der Dissertation. Dies geschieht in *anonymisierter* und *aggregierter* Form.

Forschungsleitende Fragen und Themenkomplexe

A. Personen- und begriffsspezifische Fragestellungen

1 Fragen zum Tätigkeitsbereich und Erfahrungshintergrund des Experten

1.1 Welchen Tätigkeitsbereich üben Sie aus?

1.2 Welchen Bezug hat Ihre Tätigkeit zur Luftverkehrsbranche?

1.3 Waren Sie in der Vergangenheit an Allianzentscheidungen beteiligt (Funktion) und was ist in diesem Zusammenhang Ihr derzeitiges Aufgabengebiet?

2 Fragen zum Verständnis der für die Untersuchung wesentlichen Begrifflichkeiten

2.1 Was verstehen Sie unter einer „Strategischen Allianz" in Abgrenzung zu anderen Formen der externen Unternehmensentwicklung (Beteiligung, Akquisition, Fusion)? Nennen Sie die aus Ihrer Sicht wesentlichen Unterschiede zwischen diesen Formen.

2.2 Was verstehen Sie unter dem Begriff Luftverkehrsallianz?

3 Fragen zu den Gründen und Zielen einer externen Unternehmensentwicklung

3.1 Nennen Sie die aus Ihrer Sicht wesentlichen Gründe, die zu einer externen Unternehmensentwicklung führen? Bringen Sie die von Ihnen als wesentlich erachteten Gründe (oder die nachfolgenden Gründe) in eine Rangfolge, beginnend mit dem Hauptgrund:

1.) Sicherung des Zugriffs ***auf nicht transferierbare***, *nicht imitierbare* und ***nicht substituierbare*** wettbewerbskritische Ressourcen

2.) Ausschöpfung ***bekannter***, aber bisher allein nicht realisierbarer Synergieeffekte bei der Ressourcennutzung, durch die kostenrelevante Wettbewerbsvorteile entstehen

3.) Ausschöpfung ***bisher unbekannter*** Erfolgspotentiale durch Synergieeffekte (Aufbau von Voraussetzungen, um neue Ressourcen kreieren zu können)

3.2 Nachfolgend werden Ihnen Faktoren genannt, die bei der Entscheidung über einen externen Entwicklungsweg eine Entscheidungsrelevanz aufweisen können. Teilen Sie diese Ansicht (entscheidungsrelevant/nicht entscheidungsrelevant) und wenn ja, in welcher Weise beeinflussen diese Faktoren den Grad der angestrebten Bindungsintensität?

1.) Ausmaß der notwendigen spezifischen spezifischen Investitionen zur Realisierung der angestrebten Synergieeffekte

2.) Ausmaß der Unsicherheiten über künftige Entwicklungen im Allianz- und Unternehmensumfeld

3.) Ausmaß der Unsicherheiten über das künftige Verhalten der Allianzpartner

4.) Angestrebte Dauer der Zusammenarbeit

5.) Erwartete Dauerhaftigkeit der durch den Allianzausbau induzierten Synergieeffekte

6.) Strategische Relevanz der für einen Allianzausbau eingesetzten Ressourcen

7.) Ausmaß der rechtlichen Restriktionen für einen kostenoptimalen Allianzausbau

8.) Ausmaß der Dynamik der brancheninternen Entwicklungen

9.) Ausmaß der vorhandenen Interaktionsfähigkeit, -planung und -kontrolle

10.) Umfang der bestehenden Mobilitätsbarrieren

11.) Anteil unerwünschter spezifischer und unteilbarer Ressourcen an den gesamten Überschussressourcen

12.) Anteil transferierbarer, substituierbarer und imitierbarer Ressourcen an den benötigten Ressourcen

13.) Finanzielle Stärke und Kapitalbindungsdauer

14.) Anforderungen an den Umfang und die Ausgeglichenheit von Lernprozessen und -effekten

15.) Anteil wissensbasierter Ressourcen an den benötigten Ressourcen und Vereinbarkeit der Unternehmenskulturen

B. Fragen zur Entwicklung des Luftverkehrs

4 Fragen zur bisherigen Entwicklung des Luftverkehrs

4.1 Wie schätzen Sie den Status Quo der Liberalisierung des europäischen Luftverkehrs ein? Welche Fehler wurden Ihrer Meinung nach bei der Liberalisierung gemacht, wo sehen Sie Nachholbedarf bzw. Verbesserungsnotwendigkeiten?

4.2 In welchem Maße haben die Ergebnisse und Erfahrungen der amerikanischen Deregulierungspolitik die Liberalisierung des europäischen Luftverkehrs beeinflusst?

4.3 Welche wesentlichen Unterschiede sehen Sie zwischen dem amerikanischen und dem europäischen Luftverkehr (Infrastruktur, Netzwerke, Kartellrecht, usw.)?

5 Fragen zur künftigen Entwicklung des Luftverkehrs

5.1 Wie sehen Sie die weitere Liberalisierung des europäischen und internationalen Luftverkehrs? Welche nächsten Schritte sehen Sie in welchen Zeitabständen?

5.2 Welche Gründe sprechen *für* bzw. gegen eine europäische Branchenkonsolidierung?

5.3 Nehmen Sie bitte zu folgenden Hypothesen Stellung:

- In einer *ersten* ***Liberalisierungsphase*** werden Regierungen durch den Abschluss bilateraler Verträge zunehmend freizügigere Luftverkehrsrechte vereinbaren, Kapazitäts- und Frequenzregulierungen freigeben und die bisher praktizierte Designierung von Luftverkehrsgesellschaften aufgeben.
- In einer *zweiten* ***Liberalisierungsphase*** werden die restlichen Kabotagevorbehalte und Nationalitätsklauseln aufgehoben. Länderübergreifende Akquisitionen und Fusionen werden ermöglicht und die rechtlichen Voraussetzungen zum Aufbau global tätiger integrierter Luftverkehrsunternehmen geschaffen. Ein neuer Weltordnungsrahmen für den Luftverkehr wird durch eine internationale Institution (z.B. WTO oder ICAO) festgelegt.

5.4 Welche rechtliche Basis der weiteren Liberalisierung des europäischen Luftverkehrs erscheint aus Ihrer Sicht in naher Zukunft realistisch umsetzbar?

5.5 Bilaterale Liberalisierung

5.6 Multilaterale Liberalisierung

5.7 Anwendung des „General Agreement on Trade in Services“ (GATS) auf den Luftverkehr

5.8 „Open-Sky“-Vereinbarungen

5.9 Warum ist es so schwierig, einen weltweit und damit auch europaübergreifenden freien Luftverkehr zu erreichen?

C. Fragen zu den Strategischen Allianzen im Luftverkehr

6 Fragen zu den Gründen und Kooperationsbereichen der Strategischen Allianzen im Luftverkehr

6.1 Welches sind aus Ihrer Sicht die wesentlichen *Gründe* und *Ziele* von Linienfluggesellschaften für einen Allianzbeitritt (beginnend mit dem Hauptgrund)?

6.2 Welche Gründe sprechen Ihrer Meinung nach für ein Ressourcenpooling im Rahmen einer Strategischen Allianz *im Luftverkehr*?

6.3 Welche Art der Zusammenarbeit bzw. welcher Integrationsgrad (Erfahrungsaustausch, gemeinsame Dienstleistungen oder gemeinsame Kontrolle) besteht aus Ihrer Sicht heute (und künftig) in den folgenden Kernfunktionen innerhalb der Luftverkehrsallianzen?

- In-flight
- Cockpit
- Flottenplanung und -einsatz
- Operationale Kontrolle
- Produktentwicklung
- Wartung und Bodendienste
- Umsatzmanagement
- Vertrieb
- Pax
- Flugplanentwicklung
- Vielfliegerprogramme
- Informationstechnologie

6.4 Durch welche Merkmale zeichnen sich aus Ihrer Sicht langfristig erfolgreiche Strategische Allianzen aus?

6.5 In welcher Beziehung stehen Gesamtunternehmens- und Allianzstrategie zueinander?

7 Fragen zur allianzinternen Koordination

7.1 Die Zusammenarbeit ist über das allgemeine Marktrisiko hinaus durch ein Kooperationsrisiko gekennzeichnet. Welche wesentlichen Risiken birgt aus Ihrer Sicht eine Strategische Allianz für ein Luftverkehrsunternehmen (z. B. Markenverwässerung, Verlust von Know-how, Qualitätseinbußen, abnehmende Kundenzufriedenheit)?

7.2 Welche Bedeutung hat Ihres Erachtens das Vertrauen gegenüber den Allianzpartnern für eine dauerhaft erfolgreiche Zusammenarbeit?

7.3 In welcher Weise wird dieses Vertrauen durch nachfolgende Punkte beeinflusst? (Hohe/mittlere/geringe Bedeutung?)

- Glaubwürdigkeit des Partnerunternehmens (Übereinstimmung von Ankündigungen und Handlungen des Partners)
- Wechselseitige Abhängigkeit der Partnerunternehmen
- Kapitalbeteiligung
- Unternehmenskultur und Werthaltungen des Partnerunternehmens
- Abschluss eines *langfristigen* Allianzvertrages
- Vertragliche fixierte *Konventialstrafen* bei Verstößen gegen den Vertrag
- Aufgabe der Alleinkontrolle über wichtige Elemente der Wertkette durch Auslagerungen an Allianzpartner bzw. den Aufbau gemeinsamer Einrichtungen

- Modelle zur Aufteilung der wirtschaftlichen Ergebnisse der Zusammenarbeit
- Anpassung der Personalpolitik
- Intensivierung der Kommunikation/ Information der Mitarbeiter über Ziele und Nutzen der Allianz
- Gegenseitige Vertretung in den Aufsichtsgremien der Allianzpartner
- Gegenseitiges Kennen lernen auf den mittleren und unteren Hierarchieebenen

7.4 Mit der folgenden Frage soll die spezifische Ausgestaltung eines Allianzvertrages hinterfragt werden. Werden folgende Punkte Ihres Wissens nach vertraglich festgelegt?

- Dauer bzw. Laufzeit des Vertrages
- Einräumung wechselseitiger Auskunftspflichten und Kontrollrechte
- Gewährleistung ausgewogener Anreiz-Beitrags-Strukturen in der Kooperation
- Einrichtung interorganisatorischer Strukturen (z. B. Gremien und Arbeitskreise)
- Durchführung irreversibler Investitionen in ein Partnerunternehmen
- Sicherstellung der Durchsetzbarkeit vertraglicher Vereinbarungen im Konfliktfall
- Festlegung von Sanktionsmaßnahmen bei Verstößen gegen den Vertrag

7.5 Welche Vertragsform bzw. welcher Detaillierungsgrad der formalen vertraglichen Regelung wird aus Ihrer Sicht i. d. R. beim Abschluss eines Allianzvertrages gewählt?

1.) „Future contracts", d. h. längerfristige, rechtlich durchsetzbare Verträge mit fest vereinbarten Konditionen

2.) „Relational contracts", d. h. längerfristige, unvollständig spezifizierte Verträge ohne explizit vereinbarte Schutzvorkehrungen

3.) „Contingent claim contracts", d. h. Vereinbarungen, die für veränderte Rahmenbedingungen festlegen, welche Rechte und Pflichten den Vertragspartnern entstehen

7.6 Gibt es neben dem Allianzvertrag noch weitere Koordinationsinstrumente (z. B. Vertrauen und Hierarchie), die zur Steuerung der Allianz eingesetzt werden?

7.7 Welche Gründe sind Ihrer Meinung nach für die Auflösung einer Kooperationsbeziehung aus der Sicht des bisher an einer Allianz beteiligten Unternehmens als auch aus der Sicht der im Allianzverbund verbleibenden Unternehmen am entscheidendsten?

8 Fragen zur Netzwerk- und Allianzgestaltung

8.1 Welches Zukunftsszenario halten Sie im Hinblick auf die Netzwerkgestaltung der Allianzen am wahrscheinlichsten: Übernahme des amerikanischen Hub-and-Spokes-Systems oder eine eigene europäische Lösung?

8.2 In welchen Regionen sind die bestehenden Allianzen (Star Alliance, oneworld, Skyteam, Wings) gut positioniert, in welchen Regionen sehen Sie (differenziert nach jedem Allianzverbund) künftig weitere Allianzbeitritte?

8.3 Sehen Sie die Notwendigkeit, dass in Zukunft in jeder Allianz mind. eine Gesellschaft aus jedem Kontinent vertreten sein muss? Ist *eine* asiatische Fluggesellschaft innerhalb eines globalen Allianznetzwerkes zur Abdeckung des asiatischen Marktes ausreichend?

8.4 Wodurch wird aus Ihrer Sicht die maximale Anzahl von Kooperationspartnern festgelegt? Welche Rolle spielen dabei die oben genannten Kooperationsrisiken?

8.5 Wird es Ihres Erachtens zunehmend regionenspezifische Verflechtungen bzw. Beitrittsformen geben, d.h. werden sich die großen Luftfahrtgesellschaften in einzelnen Regionen (im Gegensatz zur bisherigen Vertragslösung) durch eine Kapitalbeteiligung den Beitritt und Verbleib eines Partners sichern?

8.6 Sehen Sie eine Veränderung der Allianzpolitik in den bestehenden Verbünden (z. B. Intensivierung der Kooperation anstelle einer Ausweitung der Mitgliederzahl)?

9 Fragen zu Synergiepotentialen

9.1 In welchen Bereichen der Kosten- und Erlösseite sehen Sie in Zukunft die größten Einsparmöglichkeiten bzw. Synergien innerhalb einer Allianz?

9.2 Welche Bedeutung messen Sie der IT-Vernetzung bzw. allianzinternen Vereinheitlichung des IT-Systems bei der weiteren Allianzentwicklung bei?

10 Fragen zur Markenpolitik

10.1 Wie sehen Sie die künftige Markenpolitik der Allianzverbünde? Werden die nationalen Marken als Untermarken neben globalen Dachmarken weiterhin bestehen bleiben?

10.2 Welche Aufgabe besitzt aus Ihrer Sicht eine Dachmarke (z.B. Star Alliance) aus Sicht der Kunden und der Vertriebsagenten heute und in Zukunft?

10.3 Wie sehen Sie die Gefahr der Markenverwässerung? Was kann dagegen getan werden?

10.4 Können Sie sich in einer späteren Phase der Liberalisierung die Entstehung einer globalen Marke aus mehreren globalen Fluggesellschaften vorstellen?

11 Fragen zu Strategischen Optionen für den Ausbau Strategischer Allianzen

11.1 Wie würde eine fortschreitende Liberalisierung die Strukturen der Allianzen verändern (Dominanz einzelner großer Fluggesellschaften, Rolle der Regionalfluggesellschaften)?

11.2 Welches könnten aus Ihrer Sicht die wesentlichen Ziele sein, die ein europäisches Luftverkehrsunternehmen künftig bei einer entsprechenden Liberalisierung des Luftverkehrs zu einer Akquisition *von* oder Fusion *mit* einer anderen Gesellschaft bewegen könnte?

11.3 Gibt es aus Ihrer Sicht ökonomische Gründe für den Erwerb einer Minderheitsbeteiligung an einer Fluggesellschaft, obwohl dies nicht zu einer Sperrminorität führt?

11.4 In welchen Fällen und aus welchen Gründen wurden und werden Allianzen nach Ihren Erfahrungen mit einer ein- oder wechselseitigen Kapitalbeteiligung hinterlegt?

11.5 Welche Vorteile bietet aus Ihrer Sicht die rein vertragliche Lösung, welche Vorteile eine Kapitalbeteiligung bzw. Kapitalverflechtung?

11.6 Nehmen Sie bitte zu folgenden Hypothesen Stellung:

- Globale Luftverkehrsnetzwerke werden weiterhin wesentlich durch *Allianzen* internationaler Gesellschaften und weniger durch *Fusionen/Akquisitionen* sichergestellt.
- Die bestehenden strategischen Allianzen werden an Stabilität gewinnen, da die Partnerunternehmen zunehmend zu einem Verbleib im Verbund motiviert werden.

11.7 Ich lege Ihnen nun Abbildungen (diese werden innerhalb des Gespräches präsentiert) zur möglichen künftigen Entwicklung der Strategischen Allianzen vor. Halten Sie derartige Entwicklungen für realistisch?

Anhang 2

Gesprächspartner	Tätigkeitsbereich und Unternehmen
Ulrich Schulte-Strathaus	Leiter Konzernpolitik, Deutsche Lufthansa AG, Frankfurt a. M.
Nicolai von Ruckteschell	Senior Vice President, Chefsyndikus Konzern, Deutsche Lufthansa AG, Frankfurt a. M.
Ulrich Sigmann	Mitglied des Vorstandes, Eurowings AG, Dortmund
Albrecht Wiener	Verkaufsleiter, Eppendorf AG, Köln (ehemals Deutsche Lufthansa AG, Frankfurt a. M.)
Dr. Achim Fechtel	Geschäftsführer, The Boston Consulting Group GmbH & Partner, München
Christian Obst	Equity Research, Head of Transportation/Logistics, HypoVereinsbank AG, München
Uwe Weinreich	Equity Research, Analyst Transportation/Logistics, HypoVereinsbank AG, München
Hans-Joachim Peters	Geschäftsführer, Flughafen Düsseldorf, Düsseldorf
Fritz Henze	Geschäftsführer, Flughafen Paderborn-Lippstadt, Paderborn
Hans-Ulrich Winkler	Stellvertretender Geschäftsführer, Flughafen Münster-Osnabrück, Greven

Literaturverzeichnis

AAKER, D. (1989a): Managing Assets and Skills: The Key to a Sustainable Competitive Advantage. In: California Management Review, 31. Jg. (1989), H. 2 (Winter), S. 91-106.

AAKER, D. (1989b): Strategisches Markt-Management - Wettbewerbsvorteile erkennen, Märkte erschließen, Strategien entwickeln. Wiesbaden 1989.

ABA - AMERICAN BAR ASSOCIATION (1992) (Hrsg.): Antitrust Law Developments - Section of Antitrust Law. Washington D.C. 1992.

ABELL, D. (1980): Defining the Business - The Starting Point of Strategic Planning. Englewood Cliffs 1980.

ABERLE, G. (1996): Transportwirtschaft - Einzelwirtschaftliche und gesamtwirtschaftliche Grundlagen. München 1996.

ABRAVANEL, R.; ERNST, D. (1992): Alliances and acquisition strategies for European national champions. In: Management Quarterly, 33. Jg. (1992), S. 44-62.

ABRAVANEL, R.; ERNST, D. (1994): Allianz vs. Akquisition: Strategische Optionen für europäische "Landesmeister". Aus: Bleeke, J.; Ernst, D. (1994) (Hrsg.): Rivalen als Partner: Strategische Allianzen und Akquisitionen im globalen Markt. Frankfurt am Main 1994. S. 269-291.

ADAM, D. (1983): Planung in schlechtstrukturierten Entscheidungssituationen mit Hilfe heuristischer Vorgehensweisen. In: Betriebswirtschaftliche Forschung und Praxis, 25. Jg. (1983), S. 484-494.

ADAM, D. (1989): Planung, heuristische. Aus: Szyperski, N. (1989) (Hrsg.): Handwörterbuch der Planung, Enzyklopädie der Betriebswirtschaft. Stuttgart 1989. Sp. 1414-1419.

ADAM, D. (1993): Planung und Entscheidung: Modelle - Ziele - Methoden. Wiesbaden 1993.

ADENAUER-FROWEIN, B. (1991): Aktuelle luftrechtliche Probleme in der Europäischen Gemeinschaft. In: Zeitschrift für Luft- und Weltraumrecht, 40. Jg. (1991), H. 2, S. 237-245.

ADIZES, I. (1988): Corporate lifecycles: How and why corporations grow and die and what to do about it. New Jersey 1988.

ADLER, H.; DÜRING, W.; SCHMALTZ, K. (1997a): Rechnungslegung und Prüfung der Unternehmen. Teilband 4. Stuttgart 1997.

ADLER, H.; DÜRING, W.; SCHMALTZ, K. (1997b): Rechnungslegung und Prüfung der Unternehmen. Teilband 5. Stuttgart 1997.

ADLER, H.; DÜRING, W.; SCHMALTZ, K. (1997c): Rechnungslegung und Prüfung der Unternehmen. Teilband 3. Stuttgart 1997.

ADOLPHS, B. (1997): Stabile und effiziente Geschäftsbeziehungen. Eine Betrachtung von vertikalen Koordinationsstrukturen in der deutschen Automobilindustrie. Lomar, Köln 1997.

AEA - ASSOCIATION OF EUROPEAN AIRLINES (2002) (Hrsg.): Yearbook 2002. Brüssel 2002.

AGHTE, K. (1972): Strategie und Wachstum der Unternehmung - Praxis der langfristigen Planung. Baden-Baden, Bad Homburg 1972.

AHARONI, Y. (1993): In Search for the Unique: Can Firm-Specific Advantages be Evaluated? In: Journal of Management, Vol. 19 (1993), H. 1, S. 31-49.

ALBACH, H. (1976): Kritische Wachstumsschwellen in der Unternehmensentwicklung. In: Zeitschrift für Betriebswirtschaft, 46. Jg. (1976), S. 683-696.

ALBACH, H. (1978): Strategische Unternehmensplanung bei erhöhter Unsicherheit. In: Zeitschrift für Betriebswirtschaft, 48. Jg. (1978), H. 8, S. 702-715.

ALBACH, H. (1988a): Kosten, Transaktionen und externe Effekte im betrieblichen Rechnungswesen. In: Zeitschrift für Betriebswirtschaft, 58. Jg. (1988), H. 11, S. 1143-1170.

ALBACH, H. (1988b): Maßstäbe für den Unternehmenserfolg. Aus: Henzler, H. (1988) (Hrsg.): Handbuch Strategische Führung. Wiesbaden 1988. S. 69-84.

ALBACH, H. (1989): Innovationsstrategien zur Verbesserung der Wettbewerbsfähigkeit. In: Zeitschrift für Betriebswirtschaft, 59. Jg. (1989), H. 12, S. 1338-1352.

ALBACH, H. (1992): Strategische Allianzen, strategische Gruppen und strategische Familien. In: Zeitschrift für Betriebswirtschaft, 62. Jg. (1992), H. 6, S. 663-670.

ALBACH, H.; BOCK, K.; WARNKE, T. (1985): Kritische Wachstumsschwellen in der Unternehmensentwicklung. Stuttgart 1985.

ALCHIAN, A. (1984): Specifity, Specialization and Coalitions. In: Journal of Institutional and Theoretical Economics, Vol. 140 (1984), H. 1, S. 34-49.

ALCHIAN, A.; WOODWARD, S. (1988): The Firm is Dead; Long Live the Firm: A Review of Oliver E. Williamson`s The Economic Institutions of Capitalism. In: Journal of Economic Literature, Vol. 26 (1988), H. 1 (March), S. 65-79.

ALITALIA, KLM (1998) (Hrsg.): Alitalia - KLM Alliance: "One ticket to the world". Amsterdam 1998.

ALITALIA, KLM (1999a) (Hrsg.): Alitalia and KLM alliance leads industry into new era. Joint press release vom 30.07.1999. Amsterdam 1999.

ALITALIA, KLM 1999b (Hrsg.): The Alitalia KLM Alliance Equity Analysts and Investors Presentation - Settlement Agreement vom 30.07.1999. Amsterdam 1999.

AMIT, R.; SCHOEMAKER, P. (1993): Strategic Assets and Organizational Rent. In: Strategic Management Journal, Vol. 14 (1993), H. 1, S. 33-46.

AMR CORPORATION (1992): Annual Report American Airlines. o.O. 1992.

ANSOFF, H. (1957): Strategies for Diversification. In: Harvard Business Review, Vol. 35 (1957), H. 2, S. 113-124.

ANSOFF, H. (1965): Corporate Strategy: An Analytical Approach to Business Policy for Growth and Expansion. New York 1965.

ANSOFF, H. (1966): Management-Strategie. München 1966.

ANSOFF, H. (1988): The New Corporate Strategy. New York 1988.

ANSOFF, H.; BRANDENBURG, R. (1969): A Language for Organization Design. Aus: Jantsch, E. (1969) (Hrsg.): Perspectives of Planning. Paris 1969. S. 349-393.

ANSOFF, H.; DECLERCK, P.; HAYES, R. (1976): From Strategic Planning to Strategic Management. London, New York 1976.

ARENA, R.; LONGHI, C. (1998) (Hrsg.): Markets and Organization. Berlin, Heidelberg, New York 1998.

ARENS-FISCHER, W.; STEINKAMP, T. (2000): Betriebswirtschaftslehre. München, Wien 2000.

ARLINGTON, D. (1993): Liberalization of restrictions on foreign ownership in U.S. carriers: The United States must take the first step in aviation globalization. In: Journal of Air Law and Commerce, Vol. 59 (1993), H. 1, S. 133-192.

ARMBRUSTER, J. (1996): Flugverkehr und Umwelt: Wieviel Mobilität tut uns gut? Berlin, Heidelberg, New York 1996.

ARNOLD, V. (1985): Vorteile der Verbundproduktion. In: Wirtschaftswissenschaftliches Studium, 14. Jg. (1985), H. 6, S. 269-273.

ATA - AIR TRANSPORT ASSOCIATION OF AMERICA (1999) (Hrsg.): Air Transport - The Annual Report of the U.S. Scheduled Airline Industry. Washington D.C. 1999.

ATTESLANDER, P. (1995): Methoden der empirischen Sozialforschung. Berlin 1995.

AUDRETSCH, D. (1995): Überblick über Stand und Entwicklung der Industrieökonomik, Diskussionspapier FS IV 95-15 des Wissenschaftszentrums Berlin. Berlin 1995.

AUSTERMANN, H. (1985): Die Unternehmenspolitik der nordwesteuropäischen Fluggesellschaften nach der Deregulierung des US-amerikanischen Luftverkehrsmarktes Münster 1985.

AVIATION WEEK GROUP (1997) (Hrsg.): The Aviation & Aerospace Almanac. Washington D.C. 1997.

BACKHAUS, K.; MEYER, M. (1993): Strategische Allianzen und strategische Netzwerke. In: Wirtschaftswissenschaftliches Studium, 22. Jg. (1993), H. 7, S. 330-334.

BACKHAUS, K.; PILTZ, K. (1990) (Hrsg.): Strategische Allianzen. Sonderheft der Zeitschrift für betriebswirtschaftliche Forschung, Nr. 27. Düsseldorf, Frankfurt 1990.

BACKHAUS, K.; PILTZ, K. (1990): Strategische Allianzen - Eine neue Form kooperativen Wettbewerbs? Aus: Backhaus, K.; Piltz, K. (1990) (Hrsg.): Strategische Allianzen. Sonderheft der Zeitschrift für betriebswirtschaftliche Forschung, Nr. 27. Düsseldorf, Frankfurt 1990. S. 1-10.

BACKHAUS, K.; PLINKE, W. (1990): Strategische Allianzen als Antwort auf veränderte Wettbewerbsstrukturen. Aus: Backhaus, K.; Piltz, K. (1990) (Hrsg.): Strategische Allianzen. Sonderheft der Zeitschrift für betriebswirtschaftliche Forschung, Nr. 27. Düsseldorf, Frankfurt 1990. S. 21-33.

BACKHAUS, K.; VOETH, M. (1995): Strategische Allianzen - Herausforderungen neuer Kooperationsformen. Aus: Wagner, H.; Jäger, W. (1995) (Hrsg.): Stabilität und Effizienz hybrider Organisationsformen. Münster 1995. S. 63-83.

BADARACCO, J. (1991a): Strategische Allianzen. Wie Unternehmen durch Know-how-Austausch Wettbewerbsvorteile erzielen. Wien 1991.

BAETGE, J. (1995): Konzernbilanzen. Düsseldorf 1995.

BAETGE, J. (1996): Bilanzen. Düsseldorf 1996.

BAGCHI, P.; RAO, R. (1992): Decision Making in Mergers: An Application of the Analytic Hierarchy Process. In: Managerial and Decision Economics, 13. Jg. (1992), H. 2, S. 91-99.

BAILEY, E. (1987) (Hrsg.): Public regulation - New perspectives on institutions and policies. Cambridge, London (MIT Press) 1987.

BAILEY, E.; GRAHAM, D.; KAPLAN, D. (1985): Deregulating the Airlines. Cambridge (Mass.), London 1985.

BAIN, J. (1956): Barriers to New Competition. Their Character and Consequences in Manufacturing Industries. New York 1956.

BAIN, J. (1959): Industrial Organization. New York 1959.

BAIN, J. (1968): Industrial Organization. New York 1968.

BAIRD, I.; SUDHARSHAN, D.; THOMAS, H. (1988): Addressing Temporal Change in Strategic Group Analysis: A Three-Mode Factor Analysis Approach. In: Journal of Management, Vol. 14 (1988), H. 3, S. 425-439.

BAKER, C. (2001): The global groupings. In: Airline Business, 17. Jg. (2001), H. 7, S. 42-45.

BAKER, C. (2002): A year to forget. In: Airline Business, 18. Jg. (2002), H. 9, S. 53-54.

BALFOUR, J. (1995): European Community Air Law. Butterworths, London 1995.

BALLWIESER, W.; SCHMID, H. (1990a): Charakteristika und Problembereiche von Management Buy-Outs, Teil I. In: Das Wirtschaftsstudium, 19. Jg. (1990), H. 5, S. 299-305.

BALLWIESER, W.; SCHMID, H. (1990b): Charakteristika und Problembereiche von Management Buy-Outs, Teil 2. In: Das Wirtschaftsstudium, 19. Jg. (1990), H. 6, S. 359-364.

BAMBERG, G.; COENENBERG, A. (1991): Betriebswirtschaftliche Entscheidungslehre. 6. Auflage. München 1991.

BAMBERG, G.; COENENBERG, A. (1992): Betriebswirtschaftliche Entscheidungslehre. 7. Auflage. München 1992.

BAMBERGER, B. (1994): Der Erfolg von Unternehmensakquisitionen in Deutschland: Eine theoretische und empirische Untersuchung. Bergisch Gladbach, Köln 1994.

BAMBERGER, I. (1989): Developing Competitive Advantage in Small and Medium-size Firms. In: Long Range Planning, Vol. 22 (1989), H. 5, S. 80-88.

BAMBERGER, I. (1994) (Hrsg.): Product/Market Strategies of Small and Medium-sized Enterprises. Aldershot 1994.

BAMBERGER, I.; BONACKER, R. (1994): Strategies of Small and Medium-Sized Enterprises and their Measurement. Aus: Bamberger, I. (1994) (Hrsg.): Product/Market Strategies of Small and Medium-sized Enterprises. Aldershot 1994. S. 28-85.

BAMBERGER, I.; WRONA T. (1996b): Der Ressourcenansatz und seine Bedeutung für die Strategische Unternehmensführung. In: Zeitschrift für betriebswirtschaftliche Forschung, 48. Jg. (1996), H. 2, S. 130-153.

BAMBERGER, I.; WRONA, T. (1996a): Der Ressourcenansatz im Rahmen des Strategischen Managements. In: Wirtschaftswissenschaftliches Studium, 25. Jg. (1996), H. 8, S. 386-391.

BARNEY, J. (1986a): Types of Competition and the Theory of Strategy: Towards an Integrated Framework. In: Academy of Management Review, 11. Jg. (1986), H. 4, S. 791-800.

BARNEY, J. (1986b): Strategic Factor Markets: Expectations, Luck, and Business Strategy. In: Management Science, 32. Jg. (1986), H. 10 (October), S. 1231-1241.

BARNEY, J. (1991): Firm resources and sustainable competitive advantage. In: Journal of Management, Vol. 17 (1991), H. 1, S. 99-120.

BARNEY, J.; HANSEN, M. (1994): Trustworthiness as a Source of Competitive Advantage. In: Strategic Management Journal, Vol. 15 (1994), Special Issue Winter, S. 175-190.

BARTH, D. (1994): Das Allgemeine Übereinkommen über den internationalen Dienstleistungshandel (GATS). In: Europäische Zeitschrift für Wirtschaftsrecht, 5. Jg. (1994), H. 15, S. 455-460.

BARTKOWSKI, D.; BYERLY, J. (1997): Forty Years of U.S.-German Aviation Relations. In: Zeitschrift für Luft- und Weltraumrecht, 46. Jg. (1997), H. 3, S. 3-45.

BARTLETT, C.; GOSHAL, S. (1991): Global Strategic Management: Impact on the New Frontiers of Strategy Research. In: Strategic Management Journal, Vol. 12 (1991), H. 6, S. 5-16.

BARTÖLKE, I. (2000): Strategische Gruppen und Strategieforschung - Ansatz für eine dynamische Wettbewerbsbetrachtung. Wiesbaden 2000.

BASEDOW, J. (1989): Wettbewerb auf den Verkehrsmärkten: Eine rechtsvergleichende Untersuchung zur Verkehrspolitik Heidelberg 1989.

BASEDOW, J.; DOLFEN, M. (1993): Verkehrs- und Transportrecht Aus: Dauses, M. (1993) (Hrsg.): Handbuch des EG-Wirtschaftsrechts München 1993. S. 299-312.

BASEDOW, J.; JUNG, C. (1993): Strategische Allianzen - Die Vernetzung der Weltwirtschaft durch projektbezogene Kooperationen im deutschen und europäischen Wettbewerbsrecht. München 1993.

BAUER, H. (1991): Unternehmensstrategie und strategische Gruppen. Aus: Kistner, K.; Schmidt, R. (1991) (Hrsg.): Unternehmensdynamik. Wiesbaden 1991. S. 389-416.

BAUMAN, J. (1995): Die Luftverkehrspolitik der Europäischen Union. Berlin 1995.

BAUMOL, W. (1982): Contestable Markets: An Unsurprising in the Theory of Industry Structure. In: American Economic Review, 72. Jg. (1982), H. 1, S. 1-15.

BAUMOL, W.; PANZAR, J., WILLIG, R. (1982): Contestable Markets and the Theory of Industry Structure. New York 1982.

BEA, F. (1995): Strategisches Management. Stuttgart, Jena 1995.

BEA, F. (2001): Entscheidungen des Unternehmens. Aus: Bea, F.; Dichtl, E.; Schweitzer, M. (2001) (Hrsg.): Allgemeine Betriebswirtschaftslehre. Stuttgart 2001. S. 302-410.

BEA, F.; DICHTL, E.; SCHWEITZER, M. (2001) (Hrsg.): Allgemeine Betriebswirtschaftslehre. Stuttgart 2001.

BECKMANN, C. (1997): Internationalisierung von Forschung und Entwicklung in multinationalen Unternehmen - Eine explorative Analyse der Einflußfaktoren auf die Gestaltung internationaler F&E-Netzwerke am Beispiel der deutschen chemischen und pharmazeutischen Industrie. Aachen 1997.

BECK-VERLAG (1999) (Hrsg.): Wettbewerbsrecht und Kartellrecht. 21. Auflage. München 1999.

BECK-VERLAG (2002) (Hrsg.): Wettbewerbsrecht und Kartellrecht. 23. Auflage. München 2002.

BEESER, S. (1995): Strategische Allianzen im EU-Wettbewerbsrecht. Hallstadt 1995.

BEHRENS, G. (1993): Wissenschaftstheorie und Betriebswirtschaftslehre. Aus: Wittmann, W. (1993) (Hrsg.): Handwörterbuch der Betriebswirtschaft. Stuttgart 1993. Sp. 4763-4772.

BENDER, D.; BERG. H.; CASSEL, D. (1995) (Hrsg.): Vahlens Kompendium der Wirtschaftstheorie und Wirtschaftspolitik. München 1995.

BENKENSTEIN, M. (1994): Die Gestaltung der Fertigungstiefe als wettbewerbsstrategisches Entscheidungsproblem - Eine Analyse aus transaktions- und produktionstheoretischer Sicht. In: Zeitschrift für betriebswirtschaftliche Forschung, 46. Jg. (1994), H. 6, S. 483-498.

BENKENSTEIN, M.; HENKE, N. (1993): Der Grad der vertikalen Integration als strategisches Entscheidungsproblem. Eine transaktionstheoretische Interpretation. In: Die Betriebswirtschaft, 53. Jg. (1993), H. 1, S. 77-91.

BENNETT, R.; CRAUN, J. (1993): Southwest Effect. Aus: U.S. DOT - United States Department of Transportation (1993) (Hrsg.): The Airline Deregulation Continues - The Southwest Effect. Washington D.C. 1993. S. 26-45.

BENNETT, R.; CRAUN, J. (1996): Low Cost Airline Service Revolution Aus: DOT - U.S. Department of Transportation (1996) (Hrsg.): The Low Cost Airline Service Revolution Washington D.C. 1996. S. 16-26.

BERENS, W. (1991): Die Beurteilung von Heuristiken. Münster 1991.

BERG, H. (1996): Marktphasen, Zeitwettbewerb und strategische Allianzen. Aus: Kruse, J.; Mayer, O. (1996) (Hrsg.): Aktuelle Probleme der Wettbewerbs- und Wirtschaftspolitik. Baden-Baden 1996. S. 195-221.

BERG, H.; TIELKE-HOSEMANN, N. (1989): Luftfahrtindustrie. In: Marktökonomie, S. 109-166.

BERGER, R.; KALTHOFF, O. (1995): Kernkompetenzen - Schlüssel zum Unternehmenserfolg Aus: Siegwart, H. u.a. (1995) (Hrsg.): Unternehmenspolitik und Unternehmensstrategie. Stuttgart u.a. 1995. S. 159-174.

BERGIUS, S. (2000a): Fusion zwischen KLM und British Airways gescheitert. In: Handelsblatt, Nr. 184 vom 22.09.2000.

BEYEN, R.; HERBERT, J. (1991): Deregulierung des amerikanischen und EG-europäischen Luftverkehrs Hamburg 1991.

BEYHOFF, S.; EHMER, H.; WILKEN, D. (1995): Code-Sharing im internationalen Luftverkehr der Bundesrepublik Deutschland. Forschungsbericht Nr. 95-23 der Deutschen Forschungsanstalt für Luft- und Raumfahrt e.V. Köln 1995.

BIEKER, R. (1989): Entwicklung von Wettbewerbsvorteilen für Technologie-Unternehmen - untersucht am Beispiel der Unternehmensneugründung. Frankfurt am Main, Berlin, New York 1989.

BIERMANN, T. (1985): Die Bedeutung der sechsten Freiheit für den Wettbewerb im Luftverkehr. Düsseldorf 1985.

BIRCHER, B. (1976): Langfristige Unternehmungsplanung - Konzepte, Erkenntnisse und Modelle auf systemtheoretischer Grundlage. Bern, Stuttgart 1976.

BITZ, M.; DELLMANN, K.; DOMSCH, M.; WAGNER, F. (1999) (Hrsg.): Vahlens Kompendium der Betriebswirtschaftslehre. Band 2. München 1999.

BJORK, R. (1978): The Antitrust Paradox: A Policy at War with itself. New York 1978.

BLACKETT, T.; BOAD, B. (1999) (Hrsg.): Co-Branding: The science of alliance. Houndsmills, Basingstoke, London u.a. 1999.

BLANCKE, W. (1994): Evolution und strategische Allianzen: Der Einfluß von strategischen Allianzen auf den Wettbewerb. Bayreuth 1994.

BLANKENAGEL, M. (1991): Ein funktionen- und objektorientierter Bezugsrahmen als Ansatzpunkt für das Management der Unternehmensentwicklung. St. Gallen 1991.

BLECKER, T. (1999): Unternehmung ohne Grenzen - Konzepte, Strategien und Gestaltungsempfehlungen für das Strategische Management. Wiesbaden 1999.

BLEEKE, J. (1990): Strategic Choices for Newly Opened Markets. In: Harvard Business Review, Vol. 68 (1990), H. 5, S. 158-165.

BLEEKE, J.; BULL-LARSEN, T.; ERNST, D. (1992): Wertsteigerung durch Allianzen. Aus: Bronder, C.; Pritzl, R. (1992) (Hrsg.): Wegweiser für Strategische Allianzen - Meilen- und Stolpersteine bei Kooperationen. Frankfurt am Main 1992. S. 103-125.

BLEEKE, J.; ERNST, D. (1992): Mit internationalen Allianzen auf die Siegerstraße. In: Harvard Business Manager, Vol. 14 (1992), H. 3, S. 118-127.

BLEEKE, J.; ERNST, D. (1993) (Hrsg.): Rivalen als Partner: Strategische Allianzen und Akquisitionen im globalen Markt. New York 1993.

BLEEKE, J.; ERNST, D. (1994) (Hrsg.): Rivalen als Partner: Strategische Allianzen und Akquisitionen im globalen Markt. Frankfurt am Main 1994.

BLEICHER, K. (1979): Unternehmensentwicklung und organisatorische Gestaltung. Stuttgart, New York 1979.

BLEICHER, K. (1989): Zum Management zwischenbetrieblicher Kooperation: Vom Joint Venture zur strategischen Allianz. Aus: Bühner, R. (1989) (Hrsg.): Führungsorganisation und Technologiemanagement. Berlin 1989. S. 77-89.

BLEICHER, K. (1990): Zum Management zwischenbetrieblicher Kooperation: Vom Joint Venture zur strategischen Allianz. Aus: Bühner, R. (1990) (Hrsg.): Führungsorganisation und Technologiemanagement. Berlin 1990. S. 77-89.

BLEICHER, K. (1991a): Organisation: Strategien - Strukturen - Kulturen. Wiesbaden 1991.

BLEICHER, K. (1991b): Das Konzept Integriertes Management - Das St. Galler Management-Konzept. Frankfurt am Main, New York 1991.

BLEICHER, K. (1992a): Das Konzept Integriertes Management. 2. revidierte und erweiterte Auflage. Frankfurt am Main, New York 1992.

BLEICHER, K. (1992b): Holdings schützen vor Verkalkung. In: Harvard Business Manager, Vol. 14 (1992), H. 3, S. 69-77.

BLEICHER, K. (1997): Management - Kritische Kernkompetenz auf dem Weg zum virtuellen Unternehmen. Aus: Schuh, G.; Wiendahl, H. (1997) (Hrsg.): Komplexität und Agilität. Steckt die Produktion in der Sackgasse? Berlin,. 1997. S. 11-24.

BLEICHER, K. (1999): Das Konzept Integriertes Management: Visionen - Missionen - Programme. Frankfurt am Main; New York 1999.

BLEICHER, K.; GOMEZ, P. (1990) (Hrsg.): Zukunftsperspektiven der Organisation - Festschrift zum 65. Geburtstag von R. Staerkle. Bern 1990.

BLODGETT, L. (1991): Partner contributions as predictors of equity share in international joint ventures. In: Journal of International Business Studies, Vol. 22 (1991), H. 1, S. 63-78.

BLOHM, H. (1980): Kooperation. Aus: Grochla, E. (1980) (Hrsg.): Handwörterbuch der Organisation. Stuttgart 1980. S. 1112-1117.

BÖCKER, J.; GÖTTE, T. (1994): Das Systemgeschäft folgt eigenen Regeln. In: Harvard Business Review, Vol. 16 (1994), H. 2, S. 116-124.

BOGASCHEWSKY, R. (1995): Vertikale Kooperationen - Erklärungsansätze der Transaktionskostentheorie und des Beziehungsmarketings. Aus: Kaas, K. (1995) (Hrsg.): Kontrakte, Geschäftsbeziehungen, Netzwerke. Düsseldorf, Frankfurt am Main 1995. S. 159-177.

BOGNER, W.; MAHONEY, J.; THOMAS, H. (1993): Paradigm Shift: Parallels in the Origin, Evolution and Function of the Strategic Group within the Resource-Based Theory of the Firm. University of Illinois, Urbana-Campaign, College of Commerce and Business Administration, Bureau of Economic and Business Research, Working Paper No. 93-0172. Illinois 1993.

BOGNER, W.; THOMAS, H. (1994): Core Competence and Competitive Advantage: A Model and Illustrative Evidence from the Pharmaceutical Industry. Aus: Hamel, G.; Heene, A. (1994) (Hrsg.): Competence-Based Competition. Chichester 1994. S. 111-144.

BOGOSIAN, R. (1981): Aviation Negotiations and the U.S. Model Agreement. In: Journal of Air Law and Commerce, Vol. 46 (1981), S. 1007-1037.

BOMBACH, G.; GAHLEN, B.; OTT, A. (1985) (Hrsg.): Industrieökonomik: Theorie und Empirie. Tübingen 1985.

BONGARTZ, U. (1998): Unternehmensspezifische Ressourcen und strategische Gruppen im US-Luftverkehrsmarkt - Eine empirische Untersuchung. In: Zeitschrift für Betriebswirtschaft, 68. Jg. (1998), H. 4, S. 381-407.

BONGARTZ, U. (1999): Der US-Luftverkehrsmarkt: Strategie- und Ressourcenpositionen der zehn führenden Luftverkehrsunternehmen 1989-1995. Frankfurt am Main, Berlin, Bern u. a. 2000.

BONUS, H. (1986): The cooperative association as a business enterprise: a study in the economics of transactions. In: Zeitschrift für die gesamte Staatswissenschaft, 142. Jg. (1986), H. 2, S. 310-339.

BORCHARDT, A.; FLOTTAU, J. (2001): Ölpreisverfall beflügelt Fluggesellschaften. In: Financial Times Deutschland, Nr. 4 vom 05.01.2001.

BORENSTEIN, S. (1989): Hubs and high fares: Dominance and market power in the U.S. airline industry. In: Rand Journal of Economics, Vol. 20 (1989), H. 3, S. 344-365.

BORENSTEIN, S. (1990): Airline mergers, airport dominance, and market power In: American Economic Review, 80. Jg. (1990), H. 2, S. 400-404.

BORENSTEIN, S. (1991): The dominant-firm advantage in multi-product industries: evidence from the U.S. airlines. In: Quarterly Journal of Economics, Vol. 106 (1991), H. 4 (November), S. 1237-1266.

BORENSTEIN, S. (1992): The Evolution of US Airline Competition. In: Journal of Economic Perspectives, Vol. 6 (1992), Spring, S. 45-73.

BÖRNER, C. (1999): Verbundeffekte bei Unternehmenszusammenschlüssen aus Sicht des "Resource-Based View". Aus: Hartmann-Wendels, T. (1999) (Hrsg.): Mitteilungen und Berichte, Jahrgang 30/1999, Nr. 82. Köln 1999. S. 7-36.

BORRMANN, J. (1991): Zur Allokation von Start- und Landerechten – Eine Kritik an den Regulierungsvorschlägen der EG-Kommission. In: Wirtschaft- und Wettbewerb, Jg. 41 (1991), S. 678-688.

BORYS, B.; JEMISON, D. (1989): Hybrid arrangements as strategic alliances: Theoretical issues in organizational combinations. In: Academy of Management Review, 14. Jg. (1989), H. 2, S. 234-249.

BÖSSMANN, E. (1982): Volkswirtschaftliche Probleme der Transaktionskosten. In: Journal of Institutional and Theoretical Economics, Vol. 138 (1982), H. 4, S. 664-679.

BÖSSMANN, E. (1983): Unternehmungen, Märkte, Transaktionskosten. Die Koordination ökonomischer Aktivitäten In: Wirtschaftswissenschaftliches Studium, 12. Jg. (1983), H. 3, S. 105-111.

BOURGEOIS, L. (1980): Strategy and environment: A Conceptual Integration. In: Academy of Management Review, 5. Jg. (1980), H. 1, S. 25-39.

BRACHMANN, U. (1994): Die rechtlichen und tatsächlichen Möglichkeiten zugunsten eines effektiven Wettbewerbs trotz überlasteter Flughäfen im europäischen Luftverkehr, Konstanz 1994.

BRANCKER, J. (1977): IATA and what it does. Leyden 1977.

BRAND, D. (1990): Der Transaktionskostenansatz in der betriebswirtschaftlichen Organisationstheorie. Frankfurt am Main 1990.

BRANDENBURGER, A.; NALEBUFF, B. (1996): Co-opetition. New York 1996.

BRAUCHLIN, E. (1984): Problemlösungs- und Entscheidungsmethodik. Bern, Stuttgart 1984.

BRENNER, M.; O`LEET, J.; SCHOTT, E. (1985): Airline Deregulation. Westport (Connecticut) 1985.

BRESSMER, C.; MOSER, A.; SERTL, W. (1989): Vorbereitung und Abwicklung der Übernahme von Unternehmen. Stuttgart 1989.

BROCKHOFF, K. (1980): Wachstumsschwellen und Forschungsschwellen. In: Zeitschrift für Betriebswirtschaft, 50. Jg. (1980), H. 5, S. 475-499.

BRONDER, C. (1992): Unternehmensdynamisierung durch Strategische Allianzen: Ein konzeptioneller Ansatz zum Kooperationsmanagement. Hallstadt 1992.

BRONDER, C. (1993): Kooperationsmanagement - Unternehmensdynamik durch Strategische Allianzen. Frankfurt am Main, New York 1993.

BRONDER, C.; PRITZL, R. (1991): Leitfaden für strategische Allianzen. In: Harvard Business Manager, Vol. 13 (1991), H. 1, S. 44-53.

BRONDER, C.; PRITZL, R. (1992) (Hrsg.): Wegweiser für Strategische Allianzen - Meilen- und Stolpersteine bei Kooperationen. Frankfurt am Main 1992.

BRONDER, C.; PRITZL, R. (1992): Ein konzeptioneller Ansatz zur Gestaltung und Entwicklung Strategischer Allianzen. Aus: Bronder, C.; Pritzl, R. (1992) (Hrsg.): Wegweiser für Strategische Allianzen - Meilen- und Stolpersteine bei Kooperationen. Frankfurt am Main 1992. S. 17-44.

BRUECKNER, J. (2001): The economics of international codesharing: an analysis of airline alliances. In: International Journal of Industrial Organization, Vol. 19 (2001), S. 1475-1498.

BÜCHS, M. (1991): Zwischen Markt und Hierarchie - Kooperation als alternative Koordinationsform. In: Zeitschrift für Betriebswirtschaft, Ergänzungsheft Nr. 1 (1991), Wiesbaden 1991. S. 1-38.

BUCHWALD, P. (1974): Hauptprobleme des heutigen und künftigen Luftverkehrs. Bad Homburg 1974.

BUCKINGHAM, L. (2001): Virgin boss denies GBP 150m losses. http://www.thisismoney.com/20011014/nm38941.html.

BUCKLEY, P.; CASSON, M. (1976): The Future of Multinational Enterprise. London 1976.

BUCKLEY, P.; CASSON, M. (1988): A theory of cooperation in international business. Aus: Contractor, F.; Lorange, P. (1988) (Hrsg.): Cooperative strategies in international business. Lexington 1988. S. 31-53.

BUDÄUS, D.; GERUM, E.; ZIMMERMANN, G. (1988) (Hrsg.): Betriebswirtschaftslehre und Theorie der Verfügungsrechte. Wiesbaden 1988.

BUDDE, A.; KIESER, A. (1977): Die Messung des Unternehmenswachstums. Aus: Pfohl, H.; Rürup, B. (1977) (Hrsg.): Wirtschaftliche Meßprobleme. Köln 1977. S. 147-159.

BÜHNER, R. (1985): Strategie und Organisation. Wiesbaden 1985.

BÜHNER, R. (1988): Technologieorientierung als Wettbewerbsstrategie. In: Zeitschrift für betriebswirtschaftliche Forschung, 40. Jg. (1988), H. 5, S. 387-406.

BÜHNER, R. (1989) (Hrsg.): Führungsorganisation und Technologiemanagement. Berlin 1989.

BÜHNER, R. (1989): Bestimmungsfaktoren und Wirkungen von Unternehmenszusammenschlüssen. In: Wirtschaftswissenschaftliches Studium, 18. Jg. (1989), H. 4, S. 158-165.

BÜHNER, R. (1990) (Hrsg.): Führungsorganisation und Technologiemanagement. Berlin 1990.

BÜHNER, R. (1993): Diversifikation. Aus: Wittmann, W. (1993) (Hrsg.): Handwörterbuch der Betriebswirtschaft. Stuttgart 1993. S. 806-820.

BÜHNER, R. (1994) (Hrsg.): Der Shareholder-Value-Report: Erfahrungen, Ergebnisse, Entwicklungen. Landsberg 1994.

BÜHNER, R. (1994): Internationales Beteiligungsmanagement. Aus: Eschenbach, R. (1994) (Hrsg.): Externes Wachstum - Allianzen, Beteiligungen, Akquisitionen. Tagungsbericht zum Österreichischen Controllertag 1993. Wien 1994. S. 31-49.

BÜHNER, R.; TUSCHKE, A. (1997): Outsourcing. In: Die Betriebswirtschaft, 57. Jg. (1997), H. 1, S. 20-29.

BUSSE VON COLBE, W. (1974): Beteiligungen. Aus: Grochla, E.; Wittmann, W. (1974) (Hrsg.): Handwörterbuch der Betriebswirtschaft. Stuttgart 1974.

BUSSE VON COLBE, W.; PELLENS, B. (1998) (Hrsg.): Lexikon des Rechnungswesens - Handbuch der Bilanzierung und Prüfung, der Erlös-, Finanz-, Investitions- und Kostenrechnung. München, Wien 1998.

BUTTON, K. (1991) (Hrsg.): Airline deregulation: International experiences. London 1991.

BUTTON, K. (1991): Airline Deregulation. London 1991.

BUTTON, K. (1996): Liberalising European Aviation: Is There An Empty Core Problem? In: Journal of Transport Economics and Policy, Vol. 30 (1996), H. 3, S. 275-291.

CAB - CIVIL AERONAUTICS BOARD (1984) (Hrsg.): CAB Sunset Act of October, 4, 1984, Public Law No. 98-443, 98 United States Statutes at Large 1703, 49 United States Code 1551(a)(7).

CANNER, W. (1986): The air transport industry. Cardiff 1986.

CARL, V. (1989): Problemfelder des internationalen Managements. München 1989.

CASTANIAS, R.; HELFAT, C. (1991): Managerial resources and rents. In: Journal of Management, Vol. 17 (1991), H. 1, S. 155-171.

CAVES, D.; CHRISTENSEN, L.; TRETHEWAY, M. (1987): An assessment of the efficiency effects of U.S. airline deregulation via an international comparison. Aus: Bailey, E. (1987) (Hrsg.): Public regulation - New perspectives on institutions and policies. Cambridge, London (MIT Press) 1987. S. 285-320.

CAVES, R. (1980): Industrial Organization, Corporate Strategy and Structure: In: Journal of Economic Literature, Vol. 18 (1980), H. 1, S. 64-92.

CAVES, R.; CHRISTENSEN, L.; TRETHEWAY, M. (1986): Productivity Differences between US, Canadian, and North-American Airlines: The Effect of Deregulation. Vancouver 1986.

CAVES, R.; GHEMAWAT, P. (1992): Identifying Mobility Barriers. In: Strategic Management Journal, Vol. 13 (1992), H. 1, S. 1-12.

CAVES, R.; PORTER, M. (1977): From Entry Barriers to Mobility Barriers: Conjectural Decisions and Contrives Deterence to New Competition. In: Quarterly Journal of Economics, Vol. 91 (1977), H. 2, S. 241-262.

CHANDLER, A. (1962): Strategy and Structure: Chapters in the History of the American Industrial Enterprise. Cambridge 1962.

CHANDLER, A. (1992): Organizational Capabilities and the Economic History of the Multinational Enterprise. In: Journal of Economic Perspectives, 6. Jg. (1992), H. 3, S. 79-100.

CHATTERJEE, S. (1986): Types of Synergy and Economic Value: The Impact of Acquisitions on Merging and Rival Firms. In: Strategic Management Journal, Vol. 7 (1986), H. 2, S. 119-139.

CHATTERJEE, S. (1990): Excess Resources, Utilization Costs and Mode of Entry. In: Academy of Management Journal, Vol. 33 (1990), H. 4, S. 780-800.

CHATTERJEE, S.; WERNERFELT, B. (1991): The Link Between Resources and Type of Diversification: Theory and Evidence. In: Strategic Management Journal, Vol. 12 (1991), H. 1, S. 33-48.

CHENG, B. (1962): The Law of International Air Transport. London, New York 1962.

CHI, T. (1994): Trading in strategic resources: Necessary conditions, transaction cost problems and choice of exchange structure. In: Strategic Management Journal, Vol. 15 (1994), H. 4, S. 271-291.

CHILD, J.; FAULKNER, D. (1998): Strategies of Cooperation. Managing Alliances, Networks, and Joint Ventures Oxford, New York 1998.

CHMIELEWICZ, K. (1994): Forschungskonzeptionen der Wirtschaftswissenschaft. Stuttgart 1994.

CLARK, J. (1940): Towards a Concept of Workable Competition. In: American Economic Review, 30. Jg. (1940), H. June, S. 241-256.

CLARKE, R. (1985): Industrial Economics. Oxford, New York 1985.

CLAUSIUS, E. (2000): Betriebswirtschaftslehre, Band II - Grundlagen des Finanzwesens in hierarchischen Modulen. München, Wien 2000.

COASE, R. (1937): The nature of the firm. In: Economica, 4. Jg. (1937), H. November, S. 386-405.

COASE, R. (1960): The problem of social cost. In: Journal of Law and Economics, Vol. 3 (1960), H. 10, S. 1-44.

COASE, R. (1990) (Hrsg.): The Firm, the Market, and the Law. Chicago, London 1990.

COASE, R. (1990): The Nature of the Firm. Aus: Coase, R. (1990) (Hrsg.): The Firm, the Market, and the Law. Chicago, London 1990. S. 33-55.

COASE, R. (1993): The Nature of the Firm. Aus: Williamson, O.; Winter, S. (1993) (Hrsg.): The Nature of the Firm - Origins, Evolution and Development. Oxford 1993. S. 18-33.

COENENBERG, A.; BAUM, H. (1987): Strategisches Controlling. Stuttgart 1987.

COENENBERG, A.; GÜNTHER, T. (1991): Erfolg durch strategisches Controlling? - Ergebnisse einer empirischen Untersuchung. Aus: Horvath, P.; Gassert, H.; Solaro, D. (1991) (Hrsg.): Controllingkonzeptionen für die Zukunft - Trends und Visionen. Stuttgart 1991. S. 29-45.

COHAS, F.; BELOBABA, P.; SIMPSON, P. (1995): Competitive fare and frequency effects in airport market share modeling. In: Air Transport Management, Jg. 1995, S. 33-45.

COLLIS, D. (1991): A Resource-Based Analysis of Global Competition: The Case of the Bearings Industry. In: Strategic Management Journal, Vol. 12 (1991), Summer, S. 49-68.

COLLIS, D.; MONTGOMERY, C. (1995): Competing on Resources: Strategy in the 1990s. In: Harvard Business Review, Vol. 73 (1995), H. 4, S. 118-128.

COMMONS, J. (1931): Institutional Economics. In: American Economic Review, 21. Jg. (1931), H. December, S. 648-657.

COMMONS, J. (1990) (Hrsg.): Institutional Economics. Its Place in Political Economy. New Brunswick, London 1990.

COMMONS, J. (1990) (Hrsg.): Institutional Economics. Its Place in Political Economy. Band 1. New Brunswick, London 1990.

CONNER, K. (1991): A Historical Comparison of Resource Based Theory and Five Schools of Thought within Industrial Organization Economics: Do We Have a New Theory? In: Journal of Management, Vol. 17 (1991), H. 1, S. 121-154.

CONTRACTOR, F. (1990): Contractual and Cooperative Forms of International Business: Towards a Unified Theory of Model Choice. In: Management International Review, 30. Jg. (1990), H. 1, S. 31-54.

CONTRACTOR, F.; LORANGE, P. (1988) (Hrsg.): Cooperative strategies in international business. Lexington 1988.

CONTRACTOR, F.; LORANGE, P. (1988): Why should firms cooperate? The strategy and economics basis for cooperative ventures. Aus: Contractor, F.; Lorange, P. (1988) (Hrsg.): Cooperative strategies in international business. Lexington 1988. S. 3-28.

COOL, K.; DIERICKX, I. (1993): Rivalry, Strategic Groups and Firm Profitability. In: Strategic Management Journal, Vol. 14 (1993), H. 1, S. 47-59.

COOL, K.; SCHENDEL, D. (1987): Strategic Group Formation and Performance: The Case of the U.S. Pharmaceutical Industry. In: Management Science, 33. Jg. (1987), H. 9, S. 1102-1124.

COOL, K.; SCHENDEL, D. (1988): Performance Differences among Strategic Group Members. In: Strategic Management Journal, Vol. 9 (1988), H. 3, S. 207-233.

COOL, K; NEVEN, D.; WALTER, I. (1992) (Hrsg.): European Industrial Restructuring in the 1990s. London 1992.

COOPER, J. (1946): The Bermuda-Plan: World Pattern for Air Transport. In: Foreign Affairs, Jg. 1946, S. 59.

CORSTEN, H. (1995) (Hrsg.): Produktion als Wettbewerbsfaktor. Beiträge zur Wettbewerbs- und Produktionsstrategie. Wiesbaden 1995.

CORSTEN, H. (1998): Grundlagen der Wettbewerbsstrategie. Stuttgart, Leipzig 1998.

CORSTEN, H. (2000) (Hrsg.): Lexikon der Betriebswirtschaftslehre. München, Wien 2000.

CORSTEN, H., WILL, T. (1992): Das Konzept generischer Wettbewerbsstrategien - Kennzeichen und kritische Analyse. In: Das Wirtschaftsstudium, 21. Jg. (1992), H. 3, S. 185-190.

CORSTEN, H.; REIß, M. (1995) (Hrsg.): Handbuch Unternehmensführung: Konzepte - Instrumente - Schnittstellen. Wiesbaden 1995.

CORSTEN, H.; REIß, M. 1999 (Hrsg.): Betriebswirtschaftslehre. München, Wien 1999.

CORSTEN, H.; WILL, T. (1993) (Hrsg.): Lean Production - Schlanke Produktionsstrukturen als Erfolgsfaktor. Stuttgart 1993.

CORSTEN, H.; WILL, T. (1993): Simultanität von Kostenführerschaft und Differenzierung durch neuere informationstechnologische und arbeitsorganisatorische Produktionskonzepte. Aus: Corsten, H.; Will, T. (1993) (Hrsg.): Lean Production - Schlanke Produktionsstrukturen als Erfolgsfaktor. Stuttgart 1993. S. 47-86.

CORSTEN, H.; WILL, T. (1995) (Hrsg.): Unternehmensführung im Wandel. Strategien zur Sicherung des Erfolgspotentials. Stuttgart, Berlin, Köln 1995.

CORSTEN, H.; WILL, T. (1995): Das Konzept generischer Wettbewerbsstrategien - Kennzeichen und kritische Analyse. Aus: Corsten, H. (1995) (Hrsg.): Produktion als Wettbewerbsfaktor. Wiesbaden 1995. S. 119-129.

COYNE, K.; HALL, S.; CLIFFORD, P. (1997): Is your core competence a mirage? In: McKinsey Quarterly, Jg. 1997, H. 1, S. 40-54.

CURRIE, M.; MESSORI, M. (1998): New Institutional and New Keynesian Economics. Aus: Arena, R.; Longhi, C. (1998) (Hrsg.): Markets and Organization. Berlin, Heidelberg, New York 1998. S. 171-204.

DAS, T.; TENG, B. (1996): Risk types and inter-firm alliance structures. In: Journal of Management Studies, Vol. 33 (1996), H. 6, S. 827-843.

DASCHMANN, P. (1994): Erfolgsfaktoren mittelständischer Unternehmen. Ein Beitrag zur Erfolgsfaktorenforschung. Stuttgart 1994.

DAUDEL, S.; VIALLE, G. (1992): Yieldmanagement - Erträge optimieren durch nachfrageorientierte Angebotssteuerung. Frankfurt a. M., New York 1992.

DAUSES, M. (1993) (Hrsg.): Handbuch des EG-Wirtschaftsrechts München 1993.

DAUTZENBERG, M. (1987): Der britisch-amerikanische Kartellrechtsstreit um die IATA-Flugtarife aus dem Blickwinkel des Protection of Trading Interests Act 1980. Berlin 1987.

DAVIDOW, W.; MALONE, M. (1992): The virtual corporation: Structuring and revitalizing the corporation for the 21st century. New York 1992.

DE GROOT, J. (1994): Code-sharing. United States Policy and Lessons for Europe. In: Air and Space Law, Jg. 1994, S. 62ff.

DEIMLER, M.; KOEHLER, M.; LOVE, R.; MICHAEL, D. (2002): BCG Focus: Unfriendly Skies - The Outlook for the Global Airline Industry. Boston 2002.

DELLMANN, K. (1991): Einflußgrößen der Erfolgsdynamik. Aus: Kistner, K.; Schmidt, R. (1991) (Hrsg.): Unternehmensdynamik. Wiesbaden 1991. S. 419-442.

DEMPSEY, P. (1990): Flying Blind: The Failure of Airline Deregulation. Washington D.C. 1990.

DEMSETZ, H. (1968): The Cost of Transacting. In: Quarterly Journal of Economics, Vol. 82 (1968), H. 1, S. 33-53.

DEMSETZ, H. (1976): Economics as a guide to antitrust regulation. In: Journal of Law and Economics, Vol. 19 (1976), S. 371-384.

DESENZANI, L. (1994): Strategische Allianzen: Einzeln erfolgreich, zusammen unschlagbar. Landsberg am Lech 1994.

DETTLING-OTT, R. (2001): Nationale Fluggesellschaften - eine Realität In: Neue Zürcher Zeitung, Nr. 259 vom 07.11.2001.

DEUTSCHE LUFTHANSA AG (2002) (Hrsg.): Flugplan 28.10.02 - 30.03.02. Köln 2002.

DEUTSCHE VERKEHRSWISSENSCHAFTLICHE GESELLSCHAFT (2002) (Hrsg.): Europäischer Luftverkehr - wem nützen die strategischen Allianzen? Bergisch Gladbach 2002.

DEUTSCHE VERKEHRSWISSENSCHAFTLICHE GESELLSCHAFT E.V. (1999) (Hrsg.): Strategische Allianzen im Bereich Transport - Verkehr - Logistik. Bergisch Gladbach 1999.

DEVLIN, G.; BLEACKLEY, M. (1988): Strategic alliances - Guidelines for success. In: Long Range Planning, Vol. 21 (1988), H. 5, S. 18-23.

DIAMOND, B. (1975): The Bermuda Agreement Revisited: A Look at the Past, Present and Future of Bilateral Air Transport Agreements. In: Journal of Air Law and Commerce, Vol. 40 (1975), S. 419-423.

DICHTL, E. (1990): Synergetische Effekte. In: Marketing - Zeitschrift für Forschung Praxis (ZFP), 12. Jg. (1990), H. 1, S. 65-67.

DICHTL, E.; GERKE, W.; KIESER, A. (1987) (Hrsg.): Innovation und Wettbewerbsfähigkeit. Wiesbaden 1987.

DICHTL, E.; ISSING, O. (1987) (Hrsg.): Vahlens großes Wirtschaftslexikon. München 1987.

DIEDERIKS-VERSCHOOR, I. (1988): An Introduction to Air Law. Deventer 1988.

DIEGRUBER, J. (1991): Erfolgsfaktoren nationaler europäischer Linienluftverkehrsgesellschaften im Markt der 90er Jahre. Konstanz 1991.

DIERICKX, I.; COOL, K. (1989): Asset Stock Accumulation and the Sustainability of Competitive Advantage. In: Management Science, 35. Jg. (1989), H. 12, S. 1504-1510.

DIETRICH, G.; STAHL, H. (1975): Grundzüge der Matrizenrechnung. Zürich 1975.

DOGANIS, R. (1985): Flying off course: The economics of international airlines. London 1985.

DOGANIS, R. (1991): Flying off course: The economics of international airlines. London 1991.

DOMRÖS, C. (1994): Innovationen und Institutionen: Eine transaktionskostenökonomische Analyse unter besonderer Berücksichtigung strategischer Allianzen. Berlin 1994.

DONE, K.; SAIGOL, L.; GENGER, J. (2003): Swiss läßt Lufthansa abblitzen. In: Financial Times Deutschland vom 23.09.2003, http://www.ftd.de/ub/di/1064044987767.html.

DOROW, W.; WEIERMARK, K. (1984): Markt versus Unternehmung: Anmerkungen zu methodischen und inhaltlichen Problemen des Transaktionskostenansatzes Aus: Schanz, G. (1984) (Hrsg.): BWL und Nationalökonomie. Wiesbaden 1984. S. 191-223.

DOT - U.S. DEPARTMENT OF TRANSPORT (1997) (Hrsg.): Notes on Airline Operating Financials Information collected by the Office of Airline Information Unveröffentlichtes Manuskript Washington D.C. 1997.

DOT - U.S. DEPARTMENT OF TRANSPORTATION (1996) (Hrsg.): The Low Cost Airline Service Revolution Washington D.C. 1996.

DOZ, Y. (1988): Value creation through technology collaboration. In: Außenwirtschaft, 43. Jg. (1988), H. 1/2, S. 175-190.

DOZ, Y. (1992): The Role of Partnerships and Alliances in the European Industrial Restructuring. Aus: Cool, K; Neven, D.; Walter, I. (1992) (Hrsg.): European Industrial Restructuring in the 1990s. London 1992. S. 294-327.

DOZ, Y. (1997): Managing Core Competency for Corporate Renewal: Towards a Managerial Theory of Core Competencies. Aus: Campbell, A.; Sommers Luchs, K. (1997) (Hrsg.): Core Competency-Based Strategy. London, 1997. S. 53-75.

DOZ, Y.; HAMEL, G. (1995): The Use of Alliances in Implementing Technology Strategies, INSEAD Working Paper 95/22/SM. Fontainebleau 1995.

DOZ, Y.; PRAHALAD, C.; HAMEL, G. (1990): Control, Change and Flexibility: The Dilemma of Transnational Collaboration. Aus: Bartlett, C.; Doz, Y.; Hedlund, G. (1990) (Hrsg.): Managing the Global Firm. London, New York 1990. S. 117-143.

DRESNER, M.; WINDLE, R. (1992): Airport dominance and yields in the U.S. airline industry In: Logistics and Transportation Review, 28. Jg. (1992), H. 4, S. 319-339.

DREYER, A. (1974): Scoring-Modelle bei Mehrfachzielsetzungen. Eine Analyse des Entwicklungsstandes von Scoring-Modellen. In: Zeitschrift für Betriebswirtschaft, Jg. 1974, S. 255-274.

DROSDOWSKI, G. (1989) (Hrsg.): Der Duden in zehn Bänden. Das Standardwerk der deutschen Sprache, Etymologie, Herkunftswörterbuch der deutschen Sprache. Mannheim 1989.

DRUKARCZYK, J. (1990): Management Buyouts. In: Wirtschaftswissenschaftliches Studium, 19. Jg. (1990), H. 11, S. 545-549.

DUGGER, W. (1983): The Transaction Cost Analysis of Oliver E. Williamson. A New Synthesis? In: Journal of Economic Behaviour and Organization, Vol. 17 (1983), H. 1, S. 95-114.

DUNST, K. (1989): Strategische Einflußfaktoren. Aus: Szyperski, N. (1989) (Hrsg.): Handwörterbuch der Planung, Enzyklopädie der Betriebswirtschaft. Stuttgart 1989. Sp. 1893-1903.

DVG - DEUTSCHE VERKEHRSWISSENSCHAFTLICHE GESELLSCHAFT E.V. (1999) (Hrsg.): Strategische Allianzen im Bereich Transport - Verkehr - Logistik. Bergisch-Gladbach 1999.

EBDON, R. (1995): A consideration of GATS and its compatibility with the Existing Regime for Air Transport. In: Air and Space Law, Jg. 1995, S. 71-75.

EBERS, M.; GOTSCH, W. (1993): Institutionenökonomische Theorien der Organisation. Aus: Kieser, A. (1993) (Hrsg.): Organisationstheorien. Stuttgart, Berlin, Köln 1993. S. 193-242.

EBERS; M.; GOTSCH, W. (1999): Institutionenökonomische Theorien der Organisation, Aus: Kieser, A. (1993) (Hrsg.): Organisationstheorien. Stuttgart, Berlin, Köln 1993. S. 203-252.

EBKE, W.; WENGLORZ, G. (1990): Die zweite Stufe der Liberalisierung des Linienluftverkehrs in der EG: Open Skies in Europa? In: Recht der internationalen Wirtschaft, 36. Jg. (1990), H. 8, S. 468-478.

EBKE, W.; WITTMANN, M. (1991): Wettbewerb im Linienluftverkehr: Erste Erfahrungen mit der Deregulierung in den USA. Aus: Fakultät für Wirtschaftswissenschaften und Statistik der Fachhochschule Konstanz (1991) (Hrsg.): Diskussionsbeiträge der Fakultät für Wirtschaftswissenschaften und Statistik zum Thema "Internationalisierung der Wirtschaft" des Sonderforschungsbereiches 178. Konstanz 1991. S. 1-23.

ECKHARDT, H. (1987): System-Synergie bei der Dienstleistungskooperation. Karlsruhe 1987.

EHLERS, P. (1988): Computerized Reservation Systems in the Air Transport Industry Deventer 1988.

EHMER, H. (1994): Ein Jahr Binnenmarkt im Luftverkehr. In: Internationales Verkehrswesen, 46. Jg. (1994), H. 9, S. 512-517.

EISELE, J. (1995): Erfolgsfaktoren des Joint Venture-Management. Wiesbaden 1995.

EISENHARDT, K.; SCHOONHOVEN, C. (1996): Resource-Based View of Strategic Alliance Formation: Strategic and Social Effects in Entrepreneurial Firms. In: Organizational Science, 7. Jg. (1996), H. 2, S. 136-150.

EISERMANN, K. (1995): Die Luftfahrtaußenkompetenz der Gemeinschaft. In: Europäische Zeitschrift für Wirtschaftsrecht, 6. Jg. (1995), S. 331-335.

EKKENGA, J.; HOPF, T. (1991): Zur kartellrechtlichen Erzwingbarkeit von Kooperationen im Fluglinienverkehr. In: Der Betriebs-Berater, 46. Jg. (1991), H. 17, S. 1134-1139.

ELSCHEN, R. (1991): Gegenstand und Anwendungsmöglichkeiten der Agency-Theorie. In: Zeitschrift für betriebswirtschaftliche Forschung, 43. Jg. (1991), H. 11, S. 1002-1012.

EMMERICH, V. (1988): Kartellrecht. München 1988.

ERDMENGER, J. (1962): Die Anwendung des EWG-Vertrages auf Seeschiffahrt und Luftfahrt. Hamburg 1962.

ESCHENBACH, R. (1987) (Hrsg.): Manager für Morgen. Tagungsband zum internationalen Kongress 8.-10. April 1987 an der Wirtschaftsuniversität Wien. Wien 1987.

ESCHENBACH, R. (1994) (Hrsg.): Externes Wachstum - Allianzen, Beteiligungen, Akquisitionen. Tagungsbericht zum Österreichischen Controllertag 1993. Wien 1994.

ESSER, W. (1994): Die Wertkette als Instrument der Strategischen Analyse. Aus: Riekhoff, H. (1994) (Hrsg.): Praxis der Strategieentwicklung: Konzepte - Erfahrungen - Fallstudien. Stuttgart 1994. S. 129-149.

EUROPÄISCHE KOMMISSION (1979) (Hrsg.): Memorandum der Kommission vom 04.07.1979, KOM (79) 311. Brüssel 1979.

EUROPÄISCHE KOMMISSION (1984) (Hrsg.): Memorandum der Kommission vom 15.03.1984, KOM (84) 72, ABl. EG 1984 C 182 vom 09.07.1984. Brüssel 1984.

EUROPÄISCHE KOMMISSION (1988) (Hrsg.): Studies of the Economics of Integration, Research on the Costs of Non-Europe, Basic Findings, Vol. 2. Brüssel 1988.

EUROPÄISCHE KOMMISSION (1992) (Hrsg.): On Licensing of Air Carriers, Kap. L240 vom 23. Juli 1992. Brüssel 1992.

EUROPÄISCHE KOMMISSION (1993) (Hrsg.): Verordnung (EWG) Nr. 95/93. In: Amtsblatt der Europäischen Gemeinschaften Nr. L 14 vom 22.01.1993, Brüssel 1993.

EUROPÄISCHE KOMMISSION (1994) (Hrsg.): Die Zivilluftfahrt in Europa auf dem Weg in die Zukunft, KOM (94) 218 vom 01.06.1994, Brüssel 1994.

EUROPÄISCHE KOMMISSION (1996) (Hrsg.): Air negotations with the United States - the European approach, PCU/LM-LVH vom 08.07.1996. Brüssel o.J.

EUROPÄISCHER RAT (1962) (Hrsg.): Verordnung (EWG) Nr. 17/62 des Rates: Erste Durchführungsverordnung zu den Artikeln 85 und 86 des Vertrages vom 06. Februar 1962, zuletzt geändert durch Vertrag vom 24. Juni 1994 in der Fassung des Beschlusses vom 01. Januar 1995. In: Bundesgesetzblatt, H. II, S. 93.

EUROPÄISCHER RAT (1987a) (Hrsg.): Verordnung (EWG) Nr. 3975/87 des Rates vom 14. Dezember 1987 über die Einzelheiten der Anwendung der Wettbewerbsregeln auf Luftfahrtunternehmen, ABl. EG Nr. L 374/1 vom 31.12.1987, Brüssel 1987.

EUROPÄISCHER RAT (1987b) (Hrsg.): Verordnung (EWG) Nr. 3976/87 des Rates vom 14. Dezember 1987 zur Anwendung von Art. 85 Abs. 3 des Vertrages auf bestimmte Gruppen von Vereinbarungen und aufeinander abgestimmte Verhaltensweisen im Luftverkehr, ABl. EG Nr. L/374/9 vom 31.12.1987, Brüssel 1987.

EUROPÄISCHER RAT (1987c) (Hrsg.): Richtlinie 87/601/EWG des Rates vom 14. Dezember 1987, ABL. EG Nr. L 374/12 vom 31.12.1987, Brüssel 1987.

EUROPÄISCHER RAT (1987d) (Hrsg.): Entscheidung 87/602/EWG des Rates vom 14. Dezember 1987 über die Aufteilung der Kapazitäten für die Personenbeförderung zwischen Luftfahrtunternehmen im Fluglinienverkehr zwischen den Mitgliedsstaaten und über den Zugang von Luftfahrtunternehmen zu Strecken des Fluglinienverkehrs zwischen Mitgliedsstaaten, ABl. EG Nr. L 374/19 vom 31.12.1987, Brüssel 1987.

EUROPÄISCHER RAT (1987e) (Hrsg.): Entscheidung 87/602/EWG des Rates vom 14. Dezember 1987 über die Aufteilung der Kapazitäten für die Personenbeförderung zwischen Luftfahrtunternehmen im Fluglinienverkehr zwischen den Mitgliedsstaaten und über den Zugang von Luftfahrtunternehmen zu Strecken des Fluglinienverkehrs zwischen Mitgliedsstaaten, ABl. EG Nr. L 374/19 vom 31.12.1987, Brüssel 1987.

EUROPÄISCHER RAT (1990) (Hrsg.): Verordnung (EWG) Nr. 2343/90 des Rates vom 24. Juli 1990 über den Zugang von Luftverkehrsunternehmen zu Strecken des innergemeinschaftlichen Linienflugverkehrs und über die Aufteilung der Kapazitäten für die Personenbeförderung zwischen Luftverkehrsunternehmen im Linienflugverkehr zwischen Mitgliedsstaaten, ABl. EG 1990 Nr. L 217/8 vom 11.08.1990, Brüssel 1990.

EUROPÄISCHER RAT (1990) (Hrsg.): Verordnung (EWG) Nr. 2367 vom 25.07.1990, ABl. vom 14.08.1990, Nr. I/219, S. 5.

EUROPÄISCHER RAT (1992a), (Hrsg.): Verordnung (EWG) Nr. 2407/92 des Rates vom 23. Juli 1992 über die Erteilung von Betriebsgenehmigungen an Luftfahrtunternehmen, ABl. EG Nr. L 240/1 vom 24.08.1992, Brüssel 1992.

EUROPÄISCHER RAT (1992b) (Hrsg.): Verordnung (EWG) Nr. 2409/92 des Rates vom 23. Juli 1992 über Flugpreise und Luftfrachtraten, ABl. EG Nr. L 240 vom 24. August 1992, S. 15, Brüssel 1992.

EUROPÄISCHER RAT (1992c) (Hrsg.): Beschluss des Rates (EWG), Nr. 384/92 vom 22. Juni 1992 über den Abschluss eines Abkommens zwischen der europäischen Wirtschaftsgemeinschaft, dem Königreich Norwegen und dem Königreich Schweden über die Zivilluftfahrt, ABl. EG Nr. L 200 vom 18.07.1992, Brüssel 1992.

EUROPÄISCHER RAT (1992d) (Hrsg.): Verordnung (EWG) Nr. 2408/92 des Rates vom 23.07.1992 über den Zugang von Luftfahrtunternehmen der Gemeinschaft zu Strecken des innergemeinschaftlichen Flugverkehrs. In: ABl. vom 24.08.1992, Nr. L 240/8, S. 8-14.

EVANS, W.; KESSIDES, I. (1993): Structure, conduct, and performance in the deregulated airline industry In: Southern Economic Journal, Vol. 59 (1993), H. 3, S. 450-467.

EVERED, R. (1983): So What is Strategy? In: Long Range Planning, Vol. 16 (1983), H. 3, S. 57-72.

FAKULTÄT FÜR WIRTSCHAFTSWISSENSCHAFTEN UND STATISTIK DER FACHHOCHSCHULE KONSTANZ (1991) (Hrsg.): Diskussionsbeiträge der Fakultät für Wirtschaftswissenschaften und Statistik zum Thema "Internationalisierung der Wirtschaft" des Sonderforschungsbereiches 178. Konstanz 1991.

FELDMANN, H. (1995): Eine institutionalistische Revolution? Zur dogmentheoretischen Bedeutung der modernen Industrieökonomik. Berlin 1995.

FIEGENBAUM, A.; MCGEE, J; THOMAS, H. (1987): Exploring the Linkage between Strategic Groups and Competitive Strategy. In: International Studies of Management and Organisation, 18. Jg. (1987), H. 1, S. 6-25.

FIEGENBAUM, A.; PRIMEAUX, W. (1987): Strategic Groups and Mobility Barriers: The Level of Struggle in an Industry. In: Journal of Behavioral Economics, Vol. 16 (1987), H. 3, S. 67-92.

FIEGENBAUM, A.; THOMAS, H. (1995): Strategic Groups as Reference Groups: Theory, Modelling and Empirical Examination of Industry and Competitive Strategy. In: Strategic Management Journal, Vol. 16 (1995), H. 6, S. 461-475.

FIELD, D. (2002a): KLM explores options with Air France. In: Airline Business, 18. Jg. (2002), H. 10, S. 23.

FIELD, D. (2002b): US playmaker. In: Airline Business, 18. Jg. (2002), H. 10, S. 32-33.

FIRTH, M. (1978): Synergism in Mergers: Some British Results`. In: Journal of Finance, Vol. 33 (1978), H. 5, S. 670-672.

FISCHER, M. (1992): Make-or-Buy Entscheidungen im Marketing: Neue Institutionenlehre und Distributionspolitik. Frankfurt am Main 1992.

FISCHER, M. (1994a): Die Theorie der Transaktionskosten. In: Wirtschaftswissenschaftliches Studium, 23. Jg. (1994), H. 11, S. 582-584.

FISCHER, M. (1994b): Der Property-Rights-Ansatz. In: Wirtschaftswissenschaftliches Studium, 23. Jg. (1994), H. 6, S. 316-318.

FISCHER, M. (1995): Agency-Theorie. In: Wirtschaftswissenschaftliches Studium, 24. Jg. (1995), H. 6, S. 320-322.

FISCHER, T. (1993): Kostenmanagement strategischer Erfolgsfaktoren: Instrumente zur operativen Steuerung der strategischen Schlüsselfaktoren Qualität, Flexibilität und Schnelligkeit. München 1993.

FLECK, A. (1995): Hybride Wettbewerbsstrategie - Zur Synthese von Kosten und Differenzierungsvorteilen. Wiesbaden 1995.

FLICK, U. (1991) (Hrsg.): Handbuch Qualitative Sozialforschung: Grundlagen, Konzepte, Methoden und Anwendungen. München 1991.

FLORESCU, J. (1991): Strategische Neustrukturierung durch Akquisitionen und Desinvestitionen von Unternehmungen. St. Gallen 1991.

FLOTTAU, J. (2001): Flieger am Boden. In: Die Zeit, Nr. 40 vom 27.09.2001.

FLOTTAU, J. (2002): Vormachtstellung der Star Alliance wackelt. In: Financial Times Deutschland, Nr. 164 vom 26.08.2002.

FLOTTAU, J. (2003): Star Alliance nimmt US Airways auf. In: Financial Times Deutschland vom 19.06.2003, http://www.ftd.de/ub/di/1054369217003.html.

FOX, J. (1992): The Regulation of International Commercial Aviation - The International Regulatory Structure. Band 2 o.O. 1992.

FRANCIS, A.; TURK, J.; WILLMAN, P. (1983) (Hrsg.): Power, Efficiency and Institutions. A Critical Appraisal of the "Markets and Hierarchies" Paradigm. London 1983.

FREIDHEIM, C. (1999): Das Billionen-Dollar-Unternehmen: Strategische Allianzen als Alternative zur Megafusion. Wiesbaden 1999.

FREITAG, M.; KIANI-KRESS, R. (2000): Dritte Generation. In: Wirtschaftswoche, 54. Jg. (2000), H. 23, S. 141-143.

FRENTZ, M. (1992): Daedalus 1992. In: Zeitschrift für Betriebswirtschaft, 62. Jg. (1992), H. 4, S. 415-434.

FRESE, E. (1992) (Hrsg.): Handwörterbuch der Organisation. Stuttgart 1992.

FRIEDRICH, S. (1995): Ressourcen und Kompetenzen als Beziehungsaspekte strategischen Denkens und Handelns - zur Renaissance einer stärker potential-orientierten Führung. Aus: Hinterhuber, H. (1995) (Hrsg.): Die Herausforderungen der Zukunft meistern. Globalisierung, Potentialorientierung und Fokussierung. Festschrift für Lothar G. Winter zum 70. Geburtstag. Frankfurt am Main,. 1995. S. 319-354.

FRIEDRICHS, J. (1990): Methoden empirischer Sozialforschung. Köln 1990.

FRITSCH, M.; WEIN, T.; EWERS, H. (1993): Marktversagen und Wirtschaftspolitik. Mikroökonomische Grundlagen staatlichen Handelns. München 1993.

FRITZ, W. (1990): Ansätze der Wettbewerbstheorie aus Sicht der Marketingwissenschaft. In: Die Betriebswirtschaft, 50. Jg. (1990), H. 4, S. 491-512.

FRITZ, W. (1992): Marktorientierte Unternehmensführung und Unternehmenserfolg. Grundlagen und Ergebnisse einer empirischen Untersuchung. Stuttgart 1992.

FROST, J. (1998): Die Koordinations- und Organisationsfunktion der Organisation. Bern, Stuttgart, Wien 1998.

FURUBOTN, E. (1990): Different Approaches to the Economic Analysis of Institutions: Some Concluding Remarks. In: Journal of Institutional and Theoretical Economics, Vol. 146 (1990), H. 1, S. 226-232.

FURUBOTN, E.; PEJOVICH, S. (1972): Property Rights and Economic Theory: A Survey of Recent Literature. In: Journal of Economic Literature, Vol. 10 (1972), H. 4, S. 1137-1162.

GABLER-VERLAG (1997) (Hrsg.): Gabler-Wirtschafts-Lexikon. Wiesbaden 1997.

GAHL, A. (1990): Die Konzeption der strategischen Allianz im Spannungsfeld zwischen Flexibilität und Funktonalität. Sonderheft 27. In: Zeitschrift für betriebswirtschaftliche Forschung, 42. Jg. (1990), H. 27, S. 35-48.

GAHL, A. (1991): Die Konzeption strategischer Allianzen. Berlin 1991.

GAITANIDES, M.; WESTPHAL, J. (1991): Strategische Gruppen und Unternehmenserfolg: Ergebnisse einer empirischen Studie. In: Zeitschrift für Planung, 3. Jg. (1991), H. 3, S. 247-265.

GAITANIDES, M.; WESTPHAL, J. (1995): Strategische Gruppen und Unternehmenserfolg. Ergebnisse einer empirischen Studie. In: Corsten, H. (1995) (Hrsg.): Produktion als Wettbewerbsfaktor. Beiträge zur Wettbewerbs- und Produktionsstrategie. Wiesbaden 1995, S. 99-117.

GALBRAITH, C.; SCHENDEL, D. (1983): An Empirical Analysis of Strategy Types. In: Strategic Management Journal, Vol. 4 (1983), H. 4, S. 153-173.

GALLACHER, J. (1998): Hold your horses. In: Airline Business, 14. Jg. (1998), H. 6, S. 42-81.

GALLON, M.; STILLMAN, H.; COATES, D. (1995): Putting Core Competency Thinking into Practice. In: Research and Technology Management, 38. Jg. (1995), H. 3 (May/June), S. 20-29.

GÄLWEILER, A. (1986): Unternehmensplanung - Grundlagen und Praxis. Frankfurt am Main 1986.

GÄLWEILER, A. (1987): Strategische Unternehmensführung. Frankfurt am Main 1987.

GÄLWEILER, A. (1989): Synergiepotentiale. Aus: Szyperski, N. (1989) (Hrsg.): Handwörterbuch der Planung, Enzyklopädie der Betriebswirtschaft. Stuttgart 1989. Sp. 1935-1943.

GÄLWEILER, A. (1990): Strategische Unternehmensführung. Frankfurt am Main, New York 1990.

GAO - UNITED STATES GENERAL ACCOUNTING OFFICE (1991) (Hrsg.): Airline competition: Effects of airline market concentration and barrier to entry on airfares. Washington D.C. 1991.

GAO - UNITED STATES GENERAL ACCOUNTING OFFICE (1994) (Hrsg.): Airport Competition: Essential Air Service Slots at O`Hare International Airport. Washington D.C. 1994.

GAO - UNITED STATES GENERAL ACCOUNTING OFFICE (1995) (Hrsg.): International Aviation: Airline Alliances Produce Benefits, but Effect on Competition is Uncertain. Report No. 95-99. Washington D.C. 1995.

GAO - UNITED STATES GENERAL ACCOUNTING OFFICE (1996a) (Hrsg.): Airline Deregulation: Barriers to Entry Continue to Limit Competition in Serveral Key Domestic Markets Reports to the Chairman, Committee on Commerce, Science and Transportation, U.S. Senate Washington D.C. 1996.

GAO - UNITED STATES GENERAL ACCOUNTING OFFICE (1996b) (Hrsg.): Certification of new airlines - Department of Transportation has taken actions to improve its certification process. Washington D.C. 1996.

GECK, H. (1991): Strategische Allianzen und ihre Rechtsform. In: Der Betrieb, 44. Jg. (1991), H. 26, S. 1337-1339.

GEIST, M.; KÖHLER, R. (1981) (Hrsg.): Die Führung des Betriebes. Stuttgart 1981.

GELLMAN, A. (1990): The do`s and don`ts. In: Airline Business, 6. Jg. (1990), S. 53-58.

GENGER, J.; JENNEN, B. (2002): KLM macht weniger Verlust als erwartet. In: Financial Times Deutschland, Nr. 23 vom 01.02.2002.

GERHARDT, T. (1992): Strategie und Struktur in der deutschen Softwareindustrie: Eine industrieökonomische Untersuchung der Unternehmensentwicklung in der Softwarebranche. München 1992.

GERHARDT, T. (1995): Theorie und Realität ökonomischer Organisation. Der transaktionskostentheoretische Ansatz zur vertikalen Integration. Wiesbaden 1995.

GEROSKI, P.; GILBERT, R.; JACQUEMIN, A. (1990): Barriers to Entry and Strategic Competition. Chur 1990.

GERPOTT, T. (1993): Integrationsgestaltung und Erfolg von Unternehmensakquisitionen. Stuttgart 1993.

GERTH, E. (1971): Zwischenbetriebliche Kooperation. Stuttgart 1971.

GERTLER, J. (1982): Nationality of Airlines: A Hidden Force in the International Air Regulation Equation. In: Journal of Air Law and Commerce, Vol. 47 (1982), H. 1, S. 60.

GERYBADZE, A. (1995): Strategic Alliances and Process Redesign. Berlin, New York 1995.

GIALLORETO, L. (1988): Strategic airline management: The global war begins. London 1988.

GILL, T. (2000): KLM upbeat about EU-US open skies. In: Air Transport Intelligence news, August 2000.

GILLEN, D.; OUM, T.; TRETHEWAY, M. (1986): Airline cost and performance. University of British Columbia Vancouver, Centre for Transportation Studies, Unveröffentlichtes Arbeitspapier Als Manuskript gedruckt.

GILROY, B. (1993): Networking in Multinational Enterprises: The Importance of Strategic Alliances. Columbia 1993.

GINSBERG, A. (1988): Measuring and Modelling Changes in Strategy: Theoretical Foundations and Empirical Directions. In: Strategic Management Journal, Vol. 9 (1988), H. 6, S. 559-575.

GINSBERG, A.; VENKATRAMAN, N. (1985): Contingency perspectives of organizational strategy: A critical review of the empirical research. In: Academy of Management Review, 10. Jg. (1985), H. 3, S. 421-434.

GOETZKE, W.; SIEBEN, G. (1981) (Hrsg.): Unternehmensakquisitionen: Betriebswirtschaftliche und juristische Gestaltungsfragen. Köln 1981.

GOLDBERG, V. (1980): Relational Exchange: Economic and Complex Contracts. In: American Behavioral Scientist, 23. Jg. (1980), H. 3, S. 337-352.

GOLDBERG, W. (1983) (Hrsg.): Mergers. Aldesshot 1983.

GOMES-CASSERES, B. (1989): Joint ventures in the face of global competition. In: Sloan Management Review, 30. Jg. (1989), Spring, S. 17-26.

GOMEZ, P.; WEBER, B. (1989): Akquisitionsstrategie: Wertsteigerung durch Übernahme von Unternehmungen. Stuttgart 1989.

GÖPFERT, I. (1994): Interling, Code-Sharing und Trucking. In: Wirtschaftswissenschaftliches Studium, 23. Jg. (1994), H. 9, S. 460-462.

GOSHAL, S. (1987): Global Strategy: An Organizing Framework. In: Strategic Management Journal, Vol. 8 (1987), H. 5, S. 425-440.

GRANT, R. (1991a): Contemporary strategy analysis: Concepts, techniques, applications. Cambridge, MA 1991.

GRANT, R. (1991b): The Resource-Based Theory of Competitive Advantage: Implications for Strategy Formulation. In: California Management Review, 33. Jg. (1991), H. 3, S. 114-135.

GREENWOOD, R.; HININGS, C. (1996): Understanding Radical Organization Change: Bringing Together the Old and the New Institutionalism. In: Academy of Management Review, 21. Jg. (1996), H. 4, S. 1022-1054.

GREER, D. (1984): Industrial Organization and Public Policy. New York, London 1984.

GREINER, L. (1972): Evolution und revolution as organizations grow. In: Harvard Business Review, Vol. 50 (1972), H. 4, S. 37-46.

GREINER, L. (1982): Evolution und Revolution im Wachstum von Organisationen. In: Harvard Business Manager, Vol. 4 (1982), H. 3, S. 7-15.

GRENIER, R.; METES, G. (1992): Enterprise Networking: Working Together Apart. Bedford (Mass.) 1992.

GROCHLA, E. (1972): Die Kooperation von Unternehmungen aus organisationstheoretischer Sicht. Aus: Böttcher, E. (1972) (Hrsg.): Theorie und Praxis der Kooperation. Tübingen 1972. S. 1-18.

GROCHLA, E. (1980) (Hrsg.): Handwörterbuch der Organisation. Stuttgart 1980.

GROCHLA, E.; GAUGLER, E. (1990) (Hrsg.): Handbook of German Business Management. Stuttgart 1990.

GROCHLA, E.; WITTMANN, W. (1974) (Hrsg.): Handwörterbuch der Betriebswirtschaft. Stuttgart 1974.

GRUNDMANN, S. (1999): Marktöffnung im Luftverkehr: Hoheitliche Eintrittsbarrieren in den USA und in der EG. Baden-Baden 1999.

GRUNWALD, W. (1981): Konflikt - Konkurrenz - Kooperation: Eine theoretisch-empirische Konzeptanalyse. Aus: Grunwald, W.; Lilge, H. (1981) (Hrsg.): Kooperation und Konkurrenz in Organisationen. Bern, Stuttgart 1981. S. 50-96.

GRUNWALD, W.; LILGE, H. (1981) (Hrsg.): Kooperation und Konkurrenz in Organisationen. Bern, Stuttgart 1981.

GRÜTER, H. (1991): Unternehmungsakquisitionen - Bausteine eines Integrationsmanagements. Bern, Stuttgart 1991.

GUDMUNDSSON, S. (1999): Airline Alliances: Consumer and Policy Issues. In: European Business Journal, Vol. 11 (1999), H. 3, S. 139-145.

GULATI, R. (1995): Does familiarity breed trust? The implication of repeated ties for contractual choice of alliances. In: Academy of Management Journal, Vol. 38 (1995), H. 1, S. 85-112.

GUTENBERG, E. (1973): Grundlagen der Betriebswirtschaftslehre, 1. Band, Die Produktion. Berlin, Heidelberg, New York 1973.

HAANAPPEL, P. (1984): Pricing and Capacity Determination in International Air Transport. Deventer 1984.

HAANAPPEL, P. (1992): Recent European Air Transport Developments. In: Annals of Air and Space Law, 17. Jg. (1992), H. 2, S. 179.

HAANAPPEL, P. (2001): Airline Ownership and Control, and Some Related Matters. In: Air and Space Law, 26. Jg. (2001), H. 2, S. 90-103.

HAAS, S. (2000): Wettbewerb über den Wolken: Fluggesellschaften auf Partnersuche. In: Süddeutsche Zeitung, Nr. 132 vom 09.06.2000.

HAASE, R. (1990): Strategische Partnerschaften bringen neuartige Chancen. In: io Management Zeitschrift, 59. Jg. (1990), H. 7-8, S. 30-32.

HABERLANDT, K. (1970): Das Wachstum der industriellen Unternehmung. Neuwied, Berlin 1970.

HAEDRICH, G. JENNER, T. (1995): Erfolgreiche internationale Marktbearbeitungsstrategien: Ergebnisse einer empirischen Untersuchung. Arbeitspapier Nr. 30 des Instituts für Marketing der Freien Universität Berlin, Lehrstuhl für Konsumgüter- und Dienstleistungsmarketing, Berlin 1995.

HAEDRICH, G.; JENNER, T. (1996): Strategische Erfolgsfaktoren in Konsumgütermärkten. In: Die Unternehmung, 50. Jg. (1996), H. 1, S. 13-26.

HAEDRICH, G.; KASPAR, C.; KLEMM, K.; KREILKAMP, E. (1998) (Hrsg.): Tourismus-Management: Tourismus-Marketing und Fremdenverkehrsplanung. Berlin, New York 1998.

HAEDRICH, G.; KUß, A.; KREILKAMP, E. (1986): Der Analytic Hierarchy Process - Ein neues Hilfsmittel zur Analyse und Entwicklung von Unternehmens- und Marketingstrategien. In: Wirtschaftswissenschaftliches Studium, 15. Jg. (1986), H. 3, S. 120-126.

HAEDRICH, G.; TOMCZAK, T. (1988): Analyse von Konfliktpotentialen im Hersteller- und Handelsmarketing mit Hilfe des Verfahrens "Analytic Hierarchy Process (AHP)". In: Die Betriebswirtschaft, 48. Jg. (1988), H. 5, S. 635-650.

HAEDRICH, G.; TOMCZAK, T. (1990): Strategische Markenführung. Bern, Stuttgart, Haupt 1990.

HAGEMANN, S. (1996): Strategische Unternehmensentwicklung durch Mergers & Acquisitions. Konzeption und Leitlinien für einen strategisch orientierten Mergers & Acquisitions-Prozeß, Schriften zur Unternehmensplanung. 39 Frankfurt am Main, Berlin, Bern u.a. 1996.

HAGLEITNER, M. (1998): Strategische Allianzen von Airlines im Lichte des Europarechtes. Berichte aus der Rechtswissenschaft. Aachen 1998.

HAHN, D. (1970): Wachstumspolitik industrieller Unternehmungen. In: Betriebswirtschaftliche Forschung und Praxis, 22. Jg. (1970), H. 6, S. 609-626.

HAHN, D. (1991): Strategische Führung und strategisches Controlling. Aus: Horvath, P.; Gassert, H.; Solaro, D. (1991) (Hrsg.): Controllingkonzeptionen für die Zukunft - Trends und Visionen. Stuttgart 1991. S. 1-27.

HAHN, D. (1998): Konzepte strategischer Führung - Entwicklungstendenzen in Theorie und Praxis unter besonderer Berücksichtigung der Globalisierung. In: Zeitschrift für Betriebswirtschaft, 69. Jg. (1998), H. 6, S. 563-579.

HAHN, D.; TAYLOR, B. (1997) (Hrsg.): Strategische Unternehmensplanung - Strategische Unternehmensführung. Stand und Entwicklungstendenzen. Heidelberg 1997.

HAHN, O. (1997): Allgemeine Betriebswirtschaftslehre. München, Wien 1997.

HALL, R. (1993): A Framework Linking Intangible Resources and Capabilities to Sustainable Competitive Advantage. In: Strategic Management Journal, Vol. 14 (1993), H. 8, S. 607-618.

HAMBRICK, D. (1983): Some Tests of the Effectiveness and Functional Attributes of Miles and Snow's Strategic Types. In: Academy of Management Journal, Vol. 26 (1983), H. 1, S. 5-26.

HAMEL, G. (1991): Competition for Competence and Interpartner Learning Within International Strategic Alliances. In: Strategic Management Journal, Vol. 12 (1991), H. 6, S. 83-103.

HAMEL, G. (1994): The Concept of Core Competence. Aus: Hamel, G.; Heene, A. (1994) (Hrsg.): Competence-Based Competition. Chichester 1994. S. 11-33.

HAMEL, G.; DOZ, Y.; PRAHALAD, C. (1989): Collaborate with your competitors - and Win. In: Harvard Business Review, Vol. 67 (1989), H. 1, S. 133-139.

HAMEL, G.; HEENE, A. (1994) (Hrsg.): Competence-Based Competition. Chichester 1994.

HAMEL, G.; HEENE, A. (1994): Introduction: Competing paradigms in strategic management. Aus: Hamel, G.; Heene, A. (1994) (Hrsg.): Competence-Based Competition. Chichester 1994. S. 1-10.

HAMEL, G.; PRAHALAD, C. (1994): Competing for the Future. In: Harvard Business Review, Vol. 72 (1994), H. 4, S. 122-128.

HAMEL, G.; PRAHALAD, C. (1995): Wettlauf um die Zukunft. Wie Sie mit bahnbrechenden Strategien die Kontrolle über Ihre Branche und die Märkte von morgen schaffen. Wien 1995.

HAMM, W. (1964): Preise als verkehrspolitisches Ordnungselement. Heidelberg 1964.

HAMMER, R. (1982): Unternehmensplanung. Lehrbuch der Planung und strategischen Unternehmensführung. München 1982.

HAMMES, W. (1994): Strategische Allianzen als Instrument der strategischen Unternehmensführung. Wiesbaden 1994.

HANDLBAUER, G. (1995): Kernkompetenzen in internationalen Unternehmungen. Aus: Hinterhuber, H. (1995) (Hrsg.): Die Herausforderungen der Zukunft meistern. Globalisierung, Potentialorientierung und Fokussierung. Festschrift für Lothar G. Winter zum 70. Geburtstag. Frankfurt am Main,. 1995. S. 263-283.

HANKE, J. (1992): Hybride Koordinationsstrukturen: Liefer- und Leistungsbeziehungen kleiner und mittlerer Unternehmen der Automobilzuliefererindustrie aus transaktionstheoretischer Sicht. Bergisch-Gladbach, Köln 1992.

HANSEN, G.; WERNERFELT, B. (1989): Determinants of Firm Performance: The Relative Importance of Economic and Organizational Factors. In: Strategic Management Journal, Vol. 10 (1989), H. 5, S. 399-411.

HANSEN, M.; KANAFANI, A. (1989): Hubbing and airline costs. In: Journal of Transportation Engineering, Vol. 115 (1989), H. 6, S. 581-590.

HARRIGAN, K. (1980): The Effect of Exit Barriers Upon Strategic Flexibility. In: Strategic Management Journal, Vol. 1 (1980), H. 1, S. 165-176.

HARRIGAN, K. (1985): Strategies for joint ventures. Lexington 1985.

HARRIGAN, K. (1986): Managing for Joint Venture Success. Lexington 1986.

HARRIGAN, K. (1987): Joint Ventures: A mechanism for creating strategic chance. Aus: Pettigrew, A. (1987) (Hrsg.): The Management of Strategic Change. London 1987. S. 195-230.

HARRIGAN, K. (1988): Joint Ventures and Competitive Strategy. In: Strategic Management Journal, Vol. 9 (1988), S. 141-158.

HARRISON, J.; HITT, M.; HOSKISSON, R.; IRELAND, R. (1991): Synergies and Post-Acquisition Performance: Differences versus Similarities in Resource Allocations. In: Journal of Management, Vol. 17 (1991), H. 1, S. 173-190.

HARTFIEL, G.; HILLMANN, K. (1982): Wörterbuch der Soziologie. Stuttgart 1982.

HARTMANN-WENDELS, T. (1999) (Hrsg.): Mitteilungen und Berichte, Jahrgang 30/1999, Nr. 82. Köln 1999.

HASPESLAGH, P.; JEMISON, D. (1991): Managing acquisitions: Creating value through corporate renewal. New York 1991.

HASPESLAGH, P.; JEMISON, D. (1992): Industry restructuring, acquisitions and the value creating process. Aus: Cool, K; Neven, D.; Walter, I. (Hrsg.) (1992): European Industrial Restructuring in the 1990s. London 1992. S. 266-293.

HÄTSCHER, A. (1992): Unternehmensentwicklung durch strategische Partnerschaften. München 1992.

HATTEN, K. (1974): Strategic Models in the Brewing Industry, Unpublished doctoral dissertation, Purdue University. West Lafayette 1974.

HATTEN, K.; HATTEN, M. (1985): Some Empirical Insights for Strategic Marketers. The Case of Beer. Aus: Thomas, H.; Gardner, D. (1985) (Hrsg.): Strategic Marketing and Management. Chichester 1985. S. 275-292.

HAUGEN, R.; LANGETIEG, T. (1975): An Empirical Test for Synergism in Merger. In: Journal of Finance, Vol. 30 (1975), S. 1003-1014.

HAUPENTHAL, C.; JUSZCZYK, L. (2002): Allianzen - Das fünfte Element im klassischen Marketing-Mix. In: Technologie & Management, 51. Jg. (2002), H. 1-2, S. 12-15.

HAUPT, R.; WEBER, P. (1985): Liberalisierungsbestrebungen im europäischen Luftverkehr Köln 1985.

HAWRANEK, D. (1999): Daimler gegen Chrysler. In: Der Spiegel, H. 24, S. 100-101.

HAX, H. (1991): Theorie der Unternehmung - Information, Anreize und Vertragsgestaltung. Aus: Ordelheide, D.; Rudolph, B.; Büsselmann, E. (1991) (Hrsg.): Betriebswirtschaftslehre und ökonomische Theorie. Stuttgart 1991. S. 51-72.

HAX, H.; KERN, W.; SCHRÖDER, H. (1989) (Hrsg.): Zeitaspekte in betriebswirtschaftlicher Theorie und Praxis. Stuttgart 1989.

HAYES, R.; PISANO, G. (1994): Beyond World-Class: The Manufacturing Strategy. In: Harvard Business Review, Vol. 72 (1994), H. 1, S. 77-86.

HECK, A. (1999): Strategische Allianzen: Erfolg durch professionelle Umsetzung. Berlin, Heidelberg, New York u. a. 1999.

HEDLUND, D. (1994): Toward open skies: Liberalizing trade in international airline service. In: Minnesota Journal of Global Trade, Vol. 3 (1994), H. 2, S. 259-299.

HEENE, A. (1994): Preface. Aus: Hamel, G.; Heene, A. (1994) (Hrsg.): Competence-Based Competition. Chichester 1994. S. XXV-XXVII.

HEFERMEHL, W. (1999): Einführung. Aus: Beck-Verlag (1999) (Hrsg.): Wettbewerbsrecht und Kartellrecht. 21. Auflage. München 1999. S. IV-XXXVI.

HEINEN, E. (1987) (Hrsg.): Unternehmenskultur - Perspektiven für Wissenschaft und Praxis. München 1987.

HEINEN, E. (1987): Unternehmenskultur als Gegenstand der Betriebswirtschaftslehre. Aus: Heinen, E. (1987) (Hrsg.): Unternehmenskultur - Perspektiven für Wissenschaft und Praxis. München 1987. S. 1-48.

HEINEN, E.; DILL, P. (1986): Unternehmenskultur - Überlegungen aus betriebswirtschaftlicher Sicht. In: Zeitschrift für Betriebswirtschaft, 56. Jg. (1986), H. 3, S. 202-218.

HEINKE, C. (1995): Strategische Allianzen im Linienluftverkehr. Dortmund 1995.

HELLFEIER, M. (2001): Strategische Allianzen - Ein wertorientiertes Strategiekonzept zur Steigerung der Performance einer Unternehmung. Zürich 2001.

HENDERSON, B. (2000a): Die Erfahrungskurve - Geschichte.

HENDERSON, B. (2000b): Die Erfahrungskurve - Warum ist sie gültig?

HENKEL, C. (1992): Akquisitionen und Kooperationen als strategische Alternativen aus Sicht der deutschen Automobilindustrie. Bamberg 1992.

HENNART, J. (1988): A transaction costs theory of equity joint ventures. In: Strategic Management Journal, Vol. 9 (1988), H. 4, S. 361-374.

HENZLER, H. (1988) (Hrsg.): Handbuch Strategische Führung. Wiesbaden 1988.

HENZLER, H. (1988): Von der strategischen Planung zur strategischen Führung - Versuch einer Positionsbestimmung. In: Zeitschrift für Betriebswirtschaft, 58. Jg. (1988), H. 12, S. 1286-1307.

HERDZINA, K. (1993): Wettbewerbspolitik. Stuttgart, Jena 1993.

HERMANN, R. (1989): Joint-Venture-Management: Strategien, Strukturen, Systeme und Kulturen. Gießen 1989.

HESS, M. (1994): Strategisches Management der Unternehmensentwicklung von Regionalfluglinien. St. Gallen 1994.

HETZEL, H. (2003): „Die fressen unseren blauen Schwan". In: Die Welt vom 01.10.2003, http://www.welt.de/data/2003/10/01/176506.html?prx=1.

HILDENBRAND, W. (1982) (Hrsg.): Advances in economic theory. Cambridge (Mass.) 1982.

HILL, L. (1997): Bilateral ballistics. In: Air Transport World, 34. Jg. (1997), H. 2, S. 53-61.

HILL, M. (1988): Differentiation versus low cost or differentiation and low cost: A contigency framework. In: Academy of Management Review, 13. Jg. (1988), H. 3, S. 401-412.

HILLE, R. (1988): Entwicklung und Bestimmungsfaktoren des Luftverkehrs im Konjunkturverlauf. Darmstadt 1988.

HINTERHUBER, H, FRIEDRICH, S. (1997): Markt- und ressourcenorientierte Sichtweise zur Steigerung des Unternehmenswertes. Aus: Hahn, D.; Taylor, B. (1997) (Hrsg.): Strategische Unternehmensplanung - Strategische Unternehmensführung. Stand und Entwicklungstendenzen. Heidelberg 1997. S. 988-1016.

HINTERHUBER, H. (1982): Wettbewerbsstrategie. Berlin 1982.

HINTERHUBER, H. (1989a): Strategische Unternehmensführung, I. Strategisches Denken. Berlin, New York 1989.

HINTERHUBER, H. (1989b): Strategische Unternehmensführung, II. Strategisches Denken. Berlin, New York 1989.

HINTERHUBER, H. (1995) (Hrsg.): Die Herausforderungen der Zukunft meistern. Globalisierung, Potentialorientierung und Fokussierung. Festschrift für Lothar G. Winter zum 70. Geburtstag. Frankfurt am Main,. 1995.

HINTERHUBER, H. (1996): Strategische Unternehmensführung. Berlin, New York 1996.

HINTERHUBER, H.; AL-ANI, A.; HANDBAUER, G. (1996) (Hrsg.): Das neue Strategische Management - Elemente und Perspektiven einer zukunftsorientierten Unternehmensführung. Wiesbaden 1996.

HINTERHUBER, H.; FRIEDRICH, S.; HANDLBAUER, G.; STUHEC, U. (1996): Die Unternehmung als kognitives System von Kernkompetenzen und strategischen Geschäftseinheiten. Aus: Wildemann, H. (1996a) (Hrsg.): Produktions- und Zuliefernetzwerke. München 1996. S. 67-103.

HINTERHUBER, H.; KIRCHEBNER, M. (1983): Die Analyse strategischer Gruppen von Unternehmungen. In: Zeitschrift für Betriebswirtschaft, 53. Jg. (1983), S. 15-25.]

HINTERHUBER, H.; STUHEC, U. (1997): Kernkompetenzen und strategisches In-/Outsourcing. Aus: Albach, H. (1997) (Hrsg.): Marketing. Zeitschrift für Betriebswirtschaft - Ergänzungsheft 1/97. Wiesbaden 1997. S. 1-20.

HIPPE, A. (1996): Interdependenzen von Strategie und Controlling in Unternehmensnetzwerken. Wiesbaden 1996.

HIRST, R. (1992): Antitrust Lessons from the Airline Industry: An Insider`s View. In: Antitrust Law Journal, Vol. 60 (1992), S. 705-710.

HÖFER, B. (1995): Strukturwandel im europäischen Luftverkehr - Marktstrukturelle Konsequenzen im europäischen Luftverkehr Frankfurt am Main, Berlin 1995.

HOFER, C.; SCHENDEL, D. (1978): Strategy formulation: Analytical concepts. St. Paul 1978.

HOLLMANN, H. (1992): Strategische Allianzen - Unternehmens- und wettbewerbspolitische Aspekte. In: Wirtschaft und Wettbewerb, 42. Jg. (1992), H. 4, S. 293-305.

HOMBURG, C. (1992): Wettbewerbsanalyse mit dem Konzept der Strategischen Gruppe In: Marktforschung und Management, 39. Jg. (1992), S. 83.

HOMBURG, C.; SÜTTERLIN, S. (1992): Strategische Gruppen: Ein Survey. In: Zeitschrift für Betriebswirtschaft, 62. Jg. (1992), H. 6, S. 635-662.

HONIG, P. (1956): The Legal Status of Aircraft. Den Haag 1956.

HOPF, C. (1991): Qualitative Interviews in der Sozialforschung. Ein Überblick. Aus: Flick, U. et al. (1991) (Hrsg.): Handbuch Qualitative Sozialforschung: Grundlagen, Konzepte, Methoden und Anwendungen. München 1991. S. 177-182.

HOPFENBECK, W. (1991): Allgemeine Betriebswirtschafts- und Managementlehre. Landsberg am Lech 1991.

HORN, M.; KNIEPS, G.; MÜLLER, J. (1988) (Hrsg.): Deregulierungsmaßnahmen in den USA: Schlußfolgerungen für die Bundesrepublik Deutschland. Baden-Baden 1988.

HOROVITZ, J. (1989): Service entscheidet im Wettbewerb um den Kunden. Frankfurt am Main, New York 1989.

HORVATH, P.; GASSERT, H.; SOLARO, D. (1991) (Hrsg.): Controllingkonzeptionen für die Zukunft - Trends und Visionen. Stuttgart 1991.

HUNT, M. (1972): Competition in the Major Home Appliance Industry 1960-1970. Unpublished doctoral dissertation, Harvard University. Boston 1972.

HUNZIKER, H. (1983): Strategische Planung und Politik im Luftverkehr. Bern 1983.

HUONDER, I. (2001): Die kartellrechtlichen Probleme bei strategischen Luftverkehrsallianzen. Zürich 2001.

IATA (1992): Scheduling Procedures Guide, Genf.

ICAO - INTERNATIONAL CIVIL AVIATION ORGANIZATION (1944) (Hrsg.): Abkommen über die internationale Zivilluftfahrt, Kapitel XXII, Art. 96a. Chicago 1944.

ICAO - INTERNATIONAL CIVIL AVIATION ORGANIZATION (1983) (Hrsg.): Practical Measures to Provide an Enhanced Opportunity for Developing States with Community of Interest to Operate International Air Transport Services. Versammlungsresolution A24-12, ICAO Dokument 9509. Chicago 1983.

ICAO - INTERNATIONAL CIVIL AVIATION ORGANIZATION (1992) (Hrsg.): Policy and guidance material on the regulation of international air transport. Dokumentennummer 9587. Montreal 1992.

ICAO - INTERNATIONAL CIVIL AVIATION ORGANIZATION (1995a) (Hrsg.): The world of civil aviation 1994-1997. Circular 258-AT/107. Montreal 1995.

ICAO - INTERNATIONAL CIVIL AVIATION ORGANIZATION (1995a) (Hrsg.): Digest of Bilateral Air Transport Agreements. Dokument 9511. Montreal 1995.

IHRIG, F. (1991): Strategische Allianzen. In: Wirtschaftswissenschaftliches Studium, 20. Jg. (1991), H. 1, S. 29-30.

IMAI, K.; ITAMI, H. (1984): Interpenetration of Organization and Market. In: International Journal of Industrial Organization, Vol. 2 (1984), S. 285-310.

IPSEN, K. (1990): Völkerrecht. München 1990.

ISTVAN, R. (2000): Zeit: Die vierte Dimension des Wettbewerbs. S. 648-653.

ITAMI, H. (1987): Mobilizing Invisible Assets. Cambridge (MA) 1987.

JÄCKEL, K. (1991): Kooperationsstrategien im Linienluftverkehr vor dem Hintergrund zunehmender Integrationsentwicklung in Europa. Köln 1991.

JÄCKEL, K. (1993): Der Prozeß der Deregulierung des EG-Luftverkehrs. In: Zeitschrift für Verkehrswissenschaften, 64. Jg. (1993), H. 3, S. 163-186.

JACOBSEN, R. (1988): The Persistance of Abnormal Returns. In: Strategic Management Journal, 9. Jg. (1988), S. 415-430.

JAIN, S. (1987): Perspectives on International Strategic Alliances. In: Advances in International Marketing, 2. Jg. (1987), S. 103-120.

JAMES, B. (1985): Alliance: The New Strategic Focus. In: Long Range Planning, Vol. 18 (1985), S. 76.

JAMES, G. (1982): Airline Economics. Lexington 1982.

JANSEN, D.; SCHUBERT, K. (1995) (Hrsg.): Netzwerke und Politikproduktion: Konzepte, Methoden, Perspektiven. Marburg 1995.

JARILLO, J. (1988): On strategic networks. In: Strategic Management Journal, 9. Jg. (1988), S. 31-41.

JENNEN, B. (2003): EU öffnet Luftverkehr mit den USA. In: Financial Times Deutschland vom 06.06.2003, S. 4.

JENNER, T. (1996): Zur Integration des Marketings in das strategische Management. In: Die Unternehmung, 50. Jg. (1996), H. 1, S. 33-47.

JESTAEDT, T.; HOHENSTATT, K. (1992): Das Dritte Maßnahmenbündel zur Liberalisierung des Luftverkehrs. In: Europäische Zeitschrift für Wirtschaftsrecht, 2. Jg. (1992), S. 115-.

JONES, L. (1998): Dutch courage pays off. In: Airline Business, 14. Jg. (1998), H. 3, S. 28-31.

JOSKOW, A. (1988): Deregulation and Competition Policy - The US Experience with Deregulation in the Air Transport Sector. Aus: OECD - Organization for Economic Co-operation and Development (1988) (Hrsg.): Deregulation and Airline Competition. Paris 1988. S. 103-129.

JUGEL, S. (1991): Ansatzpunkte einer Marketingkonzeption für technologische Innovationen, Stuttgart 1991.

JUNG, H. (2001): Allgemeine Betriebswirtschaftslehre. München, Wien 2001.

JUSTUS, A. (1999): Wissenstransfer in Strategischen Allianzen: Eine verhaltenstheoretische Analyse. Frankfurt am Main, Berlin, Bern u. a. 1999.

KAAS, K. (1995) (Hrsg.): Kontrakte, Geschäftsbeziehungen, Netzwerke. Düsseldorf, Frankfurt am Main 1995.

KAAS, K.; FISCHER M. (1993): Der Transaktionskostenansatz. In: Das Wirtschaftsstudium, 22. Jg. (1993), H. 8/9, S. 686-693.

KAHN, A. (1993a): Change, challenge and competition - A review of the Airline Commission Report. In: Cato Review of Business & Government, Vol 6 (1993), H. 3, S. 55-63.

KAHN, A. (1993b): The competitive consequences of hub dominance: A case study. In: Review of Industrial Organization, 8. Jg. (1993), H. 4, S. 381-405.

KAJÜTER, P. (1994): Internationale strategische Allianzen im europäischen Finanzsektor. In: Die Bank, 34. Jg. (1994), H. 4, S. 196-201.

KALUZA, B. (1996): Dynamische Produktdifferenzierungsstrategie und moderne Produktionssysteme. Aus: Wildemann, H. (1996a) (Hrsg.): Produktions- und Zuliefernetzwerke. München 1996. S. 191-234.

KAPPICH, L. (1989): Theorie der internationalen Unternehmenstätigkeit: Betrachtung der Grundformen des internationalen Engagements aus koordinationskostentheoretischer Perspektive. München 1989.

KARAKAYA, F.; STAHL, M. (1989): Barriers to Entry and Market Entry Decisions in Consumer and Industrial Goods Markets. In: The Journal of Marketing, Vol. 53 (1989), H. 2, S. 80-91.

KARK, A. (1989): Die Liberalisierung der europäischen Zivilluftfahrt und das Wettbewerbsrecht der Europäischen Gemeinschaft. Frankfurt am Main 1989.

KARTTE, W. (1992): Wettbewerbspolitische und wettbewerbsrechtliche Probleme Strategischer Allianzen. Aus: Bronder, C.; Pritzl, R. (1992) (Hrsg.): Wegweiser für Strategische Allianzen - Meilen- und Stolpersteine bei Kooperationen. Frankfurt am Main 1992. S. 401-422.

KAUFER, E. (1980): Industrieökonomik. Eine Einführung in die Wettbewerbstheorie. München 1980.

KAUFMANN, L. (1993): Planung von Abnehmer-Zulieferer-Kooperationen - Dargestellt als strategische Führungsaufgabe aus Sicht der abnehmenden Unternehmung. Gießen 1993.

KAUFMANN, T. (1990): Kauf und Verkauf von Unternehmungen: Eine Analyse qualitativer Erfolgsfaktoren. St. Gallen 1990.

KEAN, A. (1982) (Hrsg.): Essays in Air Law. Den Haag, Boston, London 1982.

KEELER, T. (1991): Airline Deregulation and Market Performance: The Economic Basis for Regulatory Reform and Lessons from the US Experience. Aus: Bannister, D.; Button, K. (1991) (Hrsg.): Transport in a Free Market Economy. Washington D.C. 1991.

KERLINGER, F. (1979): Grundlagen der Sozialwissenschaften. Weinheim 1979.

KERN, W.; SCHRÖDER, H.; WEBER, J. (1996) (Hrsg.): Handwörterbuch der Produktionswirtschaft. Stuttgart 1996.

KESTER, W. (1984): Today`s Options for Tomorrow`s Growth. In: Harvard Business Review, Vol. 62 (1984), H. 2, S. 153-160.

KIANI-KRESS, R. (2001): Ende in drei Monaten. In: Wirtschaftswoche, 55. Jg. (2001), H. 39, S. 76.

KIANI-KRESS, R.; SCHNITZLER, L. (2000): Nach dem Lehrbuch. In: Wirtschaftswoche, 54. Jg. (2000), H. 26, S. 96.

KIESER, A. (1988): Erklären die Theorie der Verfügungsrechte und der Transaktionskostenansatz den historischen Wandel von Institutionen? Aus: Budäus, D.; Gerum, E.; Zimmermann, G. (1988) (Hrsg.): Betriebswirtschaftslehre und Theorie der Verfügungsrechte. Wiesbaden 1988. S. 299-320.

KIESER, A. (1993) (Hrsg.): Organisationstheorien. Stuttgart, Berlin, Köln 1993.

KIESER, A. (1993): Anleitung zum kritischen Umgang mit Organisationstheorien. Aus: Kieser, A. (1993) (Hrsg.): Organisationstheorien. Stuttgart, Berlin, Köln 1993.

KIESER, A.; KUBICEK, H. (1992): Organisation. Berlin 1992.

KIRCHGÄSSNER, G. (1995): In Memoriam Karl P. Popper: Zur Bedeutung von Karl Popper für die Sozialwissenschaften. In: Wirtschaftswissenschaftliches Studium, 24. Jg. (1995), H. 3, S. 145-147.

KIRCHNER, M. (1991): Strategisches Akquisitionsmanagement im Konzern. Wiesbaden 1991.

KIRSCH, W. (1981) (Hrsg.): Unternehmenspolitik: Von der Zielforschung zum Strategischen Management. München 1981.

KIRSCH, W. (1981): Über den Sinn der empirischen Forschung in der angewandten Betriebswirtschaftslehre. Aus: Witte, E. (1981) (Hrsg.): Der praktische Nutzen empirischer Forschung. Tübingen 1981. S. 189-229.

KIRSCH, W. (1988): Die Handhabung von Entscheidungsproblemen. München 1988.

KIRSCH, W. (1991) (Hrsg.): Beiträge zum Management strategischer Programme. München 1991.

KIRSCH, W. (1991): Grundzüge des Strategischen Managements. Aus: Kirsch, W. (1991) (Hrsg.): Beiträge zum Management strategischer Programme. München 1991. S. 3-37.

KIRSCH, W. (1992): Erfolgspotentiale und der Begriff des Strategischen. München 1992.

KIRSCH, W.; GREBENC, H. (1986): Strategisches Management. In: Das Wirtschaftsstudium, 15. Jg. (1986), S. 33-37.

KIRSCH, W.; KNYPHAUSEN, D.; RINGLSTETTER, M. (1991): Grundideen und Entwicklungstendenzen im Strategischen Management. Aus: Riekhoff, H. (1991) (Hrsg.): Strategieentwicklung. Stuttgart 1991. S. 5-21.

KIRSCH, W.; TRUX, W. (1981): Perspektiven eines Strategischen Managements. Aus: Kirsch, W. (1981) (Hrsg.): Unternehmenspolitik: Von der Zielforschung zum Strategischen Management. München 1981. S. 290-396.

KISTNER, K.; SCHMIDT, R. (1991) (Hrsg.): Unternehmensdynamik. Wiesbaden 1991.

KLANKE, B. (1995): Kooperationen als Instrument der strategischen Unternehmensführung: Analyse und Gestaltung - dargestellt am Beispiel von Kooperationen zwischen Wettbewerbern. Münster 1995.

KLAUE, S. (1991): Strategische Allianzen zwischen Wettbewerbern - Einige Bemerkungen zu einem modernen wirtschaftlichen Problem. In: Der Betriebs-Berater, 46. Jg. (1991), H. 23, S. 1573-1578.

KLEEBACH, S. (1994): Strategische Allianzen zur Technologieentwicklung. Bamberg 1994.

KLEIN, B.; CRAWFORD, R.; ALCHIAN, A. (1978): Vertical Integration, Appropriable Rents, and the Competitive Contracting Process. In: Journal of Law and Economics, Vol. 21 (1978), H. 2, S. 297-326.

KLEINERT, J. (2000): Die Balz der Allianzen. In: Lufthansa-Report, H. 8, S. 2.

KLING, J.; SMITH, K. (1995): Identifying Strategic Groups in the U.S. Airline Industry: An Application of the Porter Model. In: Transportation Journal, Vol. 35 (1995), H. 2 (Winter), S. 26-34.

KLOSTER-HARZ, D. (1976): Die Luftverkehrsabkommen der Bundesrepublik Deutschland. Göttingen 1976.

KNIEPS, G. (1988): Regulierung und Deregulierung im Luftverkehr der USA. Aus: Horn, M.; Knieps, G.; Müller, J. (1988) (Hrsg.): Deregulierungsmaßnahmen in den USA: Schlußfolgerungen für die Bundesrepublik Deutschland. Baden-Baden 1988.

KNIEPS, G. (1996): Slothandel als marktwirtschaftliches Instrument bei Knappheitsproblemen an Flughäfen. In: Drittes Luftverkehrsforum der Deutschen Verkehrswissenschaftlichen Gesellschaft auf dem Prüfstand: Die Verfahrensregelungen für die Vergabe von Start- und Landezeiten (Slots) bei Kapazitätsengpässen an Flughäfen, Bergisch- Gladbach 1996.

KNORR, A. (2002): Europäischer Luftverkehr - wem nützen die strategischen Allianzen? Aus: Deutsche Verkehrswissenschaftliche Gesellschaft (2002) (Hrsg.): Europäischer Luftverkehr - wem nützen die strategischen Allianzen? Bergisch Gladbach 2002. S. 3-6.

KNYPHAUSEN, D. (1993): Why are firms different? In: Die Betriebswirtschaft, 53. Jg. (1993), H. 6, S. 771-792.

KNYPHAUSEN-AUFSESS, D. (1995): Theorie der strategischen Unternehmensführung. Wiesbaden 1995.

KOGLER, R. (1992): Synergiemanagement im Akquisitions- und Integrationsprozess von Unternehmungen. Eine empirische Untersuchung anhand branchenübergreifender Fallstudien. München 1992.

KOGUT, B. (1988a): A study of the life cycle of joint ventures. Aus: Contractor, F.; Lorange, P. (1988) (Hrsg.): Cooperative strategies in international business. Lexington 1988. S. 169-186.

KOGUT, B. (1988b): Joint venture: theoretical and empirical perspectives. In: Strategic Management Journal, Vol. 9 (1988), H. 4, S. 319-332.

KÖHLER, R. (1977) (Hrsg.): Empirische und handlungstheoretische Forschungskonzeptionen in der Betriebswirtschaftslehre. Stuttgart 1977.

KÖHLER, R. (1978) (Hrsg.): Empirische und handlungstheoretische Forschungskonzeptionen in der Betriebswirtschaftslehre. Stuttgart 1978.

KÖHLER; R.; HÜTTEMANN, H. (1989): Marktauswahl im internationalen Marketing. Aus: Macharzina, K.; Welge, M. (1989) (Hrsg.): Handwörterbuch Internationales Marketing. Stuttgart 1989. Sp. 1428-1440.

KOSIOL, E. (1968): Einführung in die Betriebswirtschaftslehre - Die Unternehmung als wirtschaftliches Aktionszentrum. Wiesbaden 1968.

KÖSTER, J. (1991): Können Mitarbeitergesellschaften im Osten helfen? Zur Rolle von Management-Buy-Outs bei der Privatisierung. In: Blick durch die Wirtschaft, Nr. 96 vom 22.05.1991.

KOTABE, M.; SWAN, K. (1995): The role of strategic alliances in high-technology new product development. In: Strategic Management Journal, Vol. 16 (1995), H. 8, S. 621-636.

KRAFCIK, J. (1988): Triumph of the Lean Production System. In: Sloan Management Review, Fall 1988, S. 41-51.

KRAHN, H. (1994): Markteintrittsbarrieren auf dem deregulierten US-amerikanischen Luftverkehrsmarkt - Schlußfolgerungen für die Luftverkehrspolitik der Europäischen Gemeinschaft. Frankfurt am Main 1994.

KREIKEBAUM, H. (1989): Strategische Unternehmensplanung. Stuttgart 1989.

KREIKEBAUM, H. (1991): Strategische Unternehmensplanung. Stuttgart 1991.

KREIKEBAUM, H. (1997): Strategische Unternehmensplanung. Stuttgart 1997.

KREILKAMP, E. (1987): Strategisches Management und Marketing. Markt und Wettbewerbsanalysen, strategische Frühaufklärung, Portfolio-Management. Berlin, New York 1987.

KREIS, R. (1998): Betriebswirtschaftslehre. Bd. 1 : Einführung und Managementlehre. München, Wien 1998.

KRIEG, W. (1971): Kybernetische Grundlagen der Unternehmensgestaltung. Bern, Stuttgart 1971.

KROMREY, H. (1998): Empirische Sozialforschung: Modelle und Methoden der Datenerhebung und Datenauswertung. Opladen 1998.

KRONEN, J. (1994): Computergestützte Unternehmenskooperation: Potentiale - Strategien - Planungsmodelle. Wiesbaden 1994.

KRÜGER, W.; SCHWARZ, G. (1990): Konzeptionelle Analyse und praktische Bestimmung von Erfolgsfaktoren und Erfolgspotentialen. Aus: Bleicher, K.; Gomez, P. (1990) (Hrsg.): Zukunftsperspektiven der Organisation - Festschrift zum 65. Geburtstag von R. Staerkle. Bern 1990. S. 179-209.

KRUMMHEUER, E. (2003): Hoffnung am Himmel. In: Handelsblatt vom 01.10.2003, http://www.handelsblatt.com/hbiwwwangebot/fn/relhbi/sfn/cn_archiv_artikel/print/01/10/2003.html.

KRYSTEK, U.; ZUR, E. (1997) (Hrsg.): Internationalisierung: Eine Herausforderung für die Unternehmensführung. Berlin 1997.

KRYSTEK, U.; ZUR, E. (1997): Strategische Allianzen als Alternative zu Akquisitionen? Aus: Krystek, U.; Zur, E. (1997) (Hrsg.): Internationalisierung: Eine Herausforderung für die Unternehmensführung. Berlin 1997. S. 131-149.

KRYSTEK, U.; ZUR, E. (2002) (Hrsg.): Handbuch Internationalisierung. Globalisierung - eine Herausforderung für die Unternehmensführung. Berlin, Heidelberg, New York u.a. 2002.

KRYSTEK, U.; ZUR, E. (2002): Strategische Allianzen als Alternative zu Akquisitionen? Aus: Krystek, U.; Zur, E. (2002) (Hrsg.): Handbuch Internationalisierung. Globalisierung - eine Herausforderung für die Unternehmensführung. Berlin, Heidelberg, New York u.a. 2002. S. 203-221.

KUBICEK, H. (1977): Heuristische Bezugsrahmen und heuristisch angelegte Forschungsdesigns als Elemente der Konstruktionsstrategie empirischer Forschung. Aus: Köhler, R. (1977) (Hrsg.): Empirische und handlungstheoretische Forschungskonzeptionen in der Betriebswirtschaftslehre. Stuttgart 1977. S. 3-36.

KUBICEK, H. (1978): Heuristischer Bezugsrahmen und heuristisch angelegte Forschungsdesigns als Elemente einer Konstruktionsstrategie empirischer Forschung. Aus: Köhler, R. (1978) (Hrsg.): Empirische und handlungstheoretische Forschungskonzeptionen in der Betriebswirtschaftslehre. Stuttgart 1978. S. 17-45.

KÜBLI, R. (1990): Wettbewerbsfähiger durch Forschungskooperation. In: io Management Zeitschrift, 10. Jg. (1990), S. 71-73.

KUHLMANN, R. (2003): Ist die Luftfahrt-Krise überwunden? In: http://www.n-tv.de/3182960.html.

KUMAR, B. (1992): Organisation des Joint Ventures. Aus: Frese, E. (1992) (Hrsg.): Handwörterbuch der Organisation. Stuttgart 1992. (=Enzyklopädie der Betriebswirtschaftslehre. 2) S. 1077-1086.

KÜRPICK, H. (1981): Das Unternehmenswachstum als betriebswirtschaftliches Problem. Berlin 1981.

KÜTING, K. (1978): Die Wahl des Wachstumsweges als unternehmenspolitische Aufgabe. In: Zeitschrift für Betriebswirtschaft, 48. Jg. (1978), S. 787-815.

KÜTING, K. (1980): Unternehmerische Wachstumspolitik: Eine Analyse unternehmerischer Wachstumsentscheidungen und die Wachstumsstrategien deutscher Unternehmungen. Berlin 1980.

KUTSCHKER, M. (1993): Dynamische Internationalisierungsstrategie, Diskussionsbeitrag Nr. 41, Katholische Universität Eichstätt, Wirtschaftswissenschaftliche Fakultät Ingolstadt. Eichstätt 1993.

KUTSCHKER, M. (1995): Joint Ventures. Aus: Tietz, B.; Köhler, R.; Zentes, J. (1995) (Hrsg.): Handwörterbuch der Absatzwirtschaft. Stuttgart 1995. Sp. 1080-1090.

KUTSCHKER, M.; MÖßLANG, A. (1996): Kooperationen als Mittel der Internationalisierung von Dienstleistungsunternehmen. In: Die Betriebswirtschaft, 56. Jg. (1996), H. 3, S. 319-337.

LAASER, C. (1991): Wettbewerb im Verkehrswesen - Chancen für eine Deregulierung in der Bundesrepublik, Kieler Studien Nr. 236. Tübingen 1991.

LAASER, C. (2002): Vor- und Nachteile globaler Allianzen im Luftverkehr - die Sicht des Instituts für Weltwirtschaft Kiel. Aus: Deutsche Verkehrswissenschaftliche Gesellschaft (2002) (Hrsg.): Europäischer Luftverkehr - wem nützen die strategischen Allianzen? Bergisch Gladbach 2002. S. 70-111.

LADO, A.; BOYD, N.; WRIGHT, P. (1992): A Competency-Based Model of Sustainable Competitive Advantage: Towards a Conceptual Integration. In: Journal of Management, Vol. 18 (1992), H. 1, S. 77-91.

LAMNEK, S. (1989): Qualitative Sozialforschung. Band II: Methoden und Techniken. 1. Auflage. Weinheim 1993.

LAMNEK, S. (1993): Qualitative Sozialforschung. Band II: Methoden und Techniken. 2. Auflage. Weinheim 1993.

LANGE, B. (1982): Bestimmung strategischer Erfolgsfaktoren und Grenzen ihrer empirischen Fundierung - dargestellt am Beispiel der PIMS-Studie. In: Die Unternehmung, 36. Jg. (1982), H. 1, S. 27-41.

LARSSON, R. (1990): Coordination of action in mergers and acquisitions: Interpretive and systems approaches towards synergy. Lund 1990.

LEARNED, E.; CHRISTENSEN, C.; ANDREWS, K. (1965): Business Policy, Text and Cases. Homewood 1965.

LEI, D. (1993): Offensive and defensive uses of alliances. In: Long Range Planning, Vol. 26 (1993), H. 4, S. 32-41.

LEVINE, M. (1987): Airline Competition in Deregulated Markets: Theory, Firm Strategy, and Public Policy. In: Yale Journal on Regulation, Vol. 4 (1987), H. 4, S. 393-494.

LEWIS, J. (1990): Partnerships for Profit - Structuring and Managing Strategic Alliances. New York 1990.

LEWIS, J. (1991): Strategische Allianzen. Frankfurt am Main, New York 1991.

LILLICH, L. (1992): Nutzwertverfahren. Heidelberg 1992.

LINHARD, A. (2001): Die erfolgreiche Umsetzung Strategischer Erfolgspotentiale - Der Ressourcenorientierte Ansatz im Marketing. Berlin 2001.

LINK, J. (1985): Organisation der strategischen Planung. Heidelberg, Wien 1985.

LITTIG, P. (2002): Coopetition: Gemeinsame Sache mit dem Konkurrenten. In: Technologie & Management, 51. Jg. (2002), H. 1-2, S. 16-19.

LLOYD, B. (1997) (Hrsg.): Creating Value Through Acquisitions, Demergers, Buyouts and Alliances. Oxford, New York, Tokyo 1997.

LÖBLER, H. (1988): Diversifikation und Unternehmenserfolg. Wiesbaden 1988.

LOEWENSTEIN, A. (1991): European Air Law: Towards a new system of International Air Transport Regulation. Baden-Baden 1991.

LORANGE, P.; KOTLARCHUK, E.; SINGH, H. (1987): Corporate Acquisitions: A Strategic Perspective. Aus: Rock, M. (1987) (Hrsg.): The Mergers and Acquisitions Handbook. New York 1987. S. 3-13.

LORANGE, P.; ROOS, J.; BRONN, P. (1997): Building Successful Strategic Alliances Aus: Lloyd, B. (1997) (Hrsg.): Creating Value Through Acquisitions, Demergers, Buyouts and Alliances. Oxford, New York, Tokyo 1997. S. 251-265.

LOWENFELD, A. (1981): Aviation Law - Cases and Materials. New York, San Francisco 1981.

LOWENFELD, A. (1982): Deregulation of Aviation in the United States. Aus: Kean, A. (1982) (Hrsg.): Essays in Air Law. Den Haag, Boston, London 1982. S. 155-175.

LÜCHINGER, J. (1990): Fusion und Kooperation: Entscheidungshilfe zur optimalen Wahl. In: Verkauf und Marketing International, H. 10, S. 45-65.

LUTZ, V. (1993): Horizontale strategische Allianzen: Ansatzpunkte zu ihrer Institutionalisierung, Duisburger Betriebswirtschaftliche Schriften Nr. 5. Hamburg 1993.

LYLE, C. (2000): Freedom`s paths. In: Airline Business, 16. Jg. (2000), H. 3, S. 74-77.

LYLES, M.; REGER, R. (1993): Managing for autonomy in joint ventures: A longitudinal study of upward influence. In: Journal of Management Studies, Vol. 30 (1993), H. 3, S. 383-404.

MACNEIL, I. (1978): Contracts: Adjustment of Long-Term Economic Relations under Classical, Neo-Classical and Relational Contract Law. In: Northwestern University Law Review, H. 6, S. 854-905.

MACNEIL, I. (1987): Relational Contract Theory as Sociology: A Reply to Professors Lindenberg and de Vos. In: Journal of Institutional and Theoretical Economics, Vol. 143 (1987), H. 2, S. 272-290.

MADHOK, A. (1997): Cost, Value and Foreign Market Entry Mode: The Transaction and the Firm. In: Strategic Management Journal, Vol. 18 (1997), S. 39-61.

MAHAJAN, V.; WIND, Y. (1988): Business Synergy Does Not Always Pay Off. In: Long Range Planning, Vol. 21 (1988), H. 1, S. 59-65.

MAHONEY, J. (1995): The Management of Resources and the Resource of Management. In: Journal of Business Research, Vol. 33 (1995), S. 91-101.

MAHONEY, J.; PANDIAN, R. (1992): The Resource-Based View within the Conversation of Strategic Management. In: Strategic Management Journal, Vol. 13 (1992), S. 363-380.

MANTZAVINOS, C. (1994): Wettbewerbstheorie. Berlin 1994.

MARITY, P.; SMILEY, R. (1983): Co-operative agreements and the organization of industry. In: Journal of Industrial Economics, Vol. 31 (1983), H. 6, S. 437-451.

MASCARENHAS, B. (1981): Firm Responses to Environmental Instability. In: Journal of General Management, Vol. 7 (1981), H. 2, S. 54-61.

MASCARENHAS, B.; AAKER, D. (1989): Mobility Barriers and Strategic Groups. In: Strategic Management Journal, Vol. 10 (1989), H. 5, S. 475-485.

MASON, E. (1939): Monopoly in Law and Economics. In: Yale Law Journal, Vol. 47 (1939), S. 34-49.

MASON, E. (1949): The Current State of the Monopoly Problem in the United States. In: Harvard Law Review, Vol. 62 (1949), S. 1265-1285.

MASON, E. (1957): Economic Concentration and the Monopoly Problem London 1957.

MAULDIN, M. (1990): Hub dominance and pricing in the airline industry, University of California Berkeley, Dissertation, UCB-ITS-DS-90-3 UMI. Ann Arbor 1990.

MAYRING, P. (1993): Einführung in die qualitative Sozialforschung. Weinheim 1993.

MCCARTNEY, S.; ADAIR, B. (2000): Hub-Bub. In: The Wall Street Journal, Nr. 113 vom 08.06.2000.

MCGEE, J. (1985): Strategic Groups: A Bridge between Industry Structure and Strategic Management? Aus: Thomas, H.; Gardner, D. (1985) (Hrsg.): Strategic Marketing and Management. Chichester 1985. S. 293-313.

McGEE, J.; SEGAL-HORN, S. (1990): Strategic Space and Industry Dynamics: The Implications for International Marketing Strategy. In: Journal of Marketing Management, Vol. 6 (1990), H. 3, S. 175-193.

McGEE, J.; THOMAS, H. (1986): Strategic Groups: Theory, Research and Taxonomy. In: Strategic Management Journal, Vol. 7 (1986), S. 141-160.

McGEE, J.; THOMAS, H.; PRUETT, M. (1995): Strategic Groups and the Analysis of Market Structure and Industry Dynamics. In: British Journal of Management, Vol. 6 (1995), H. 4, S. 257-270.

McGOWAN, F.; SEABRIGHT, P. (1989): Deregulation European Airlines In: Economy Policy: A European Forum, Vol. 4 (1989), H. 2, S. 285-344.

McGUINESS, T. (1983): Markets and Hierarchies. A Suitable Framework for an Evaluation of Organisational Change? Aus: Francis, A.; Turk, J.; Willman, P. (1983) (Hrsg.): Power, Efficiency and Institutions. A Critical Appraisal of the "Markets and Hierarchies" Paradigm. London 1983. S. 180-188.

McKINSEY (2001): Making mergers work. In: Airline Business, 17. Jg. (2001), H. 6, S. 110-114.

McWHINNEY, E.; BRADLEY, M. (1968): The Freedom of the Air. New York 1968.

MECKL, R. (1993): Unternehmenskooperationen im EG-Binnenmarkt. Wiesbaden 1993.

MEFFERT, H. (1986): Marketing: Grundlagen der Absatzpolitik. Wiesbaden 1986.

MEFFERT, H. (1989): Globalisierungsstrategien und ihre Umsetzung im internationalen Wettbewerb. In: Die Betriebswirtschaft, 49. Jg. (1989), H. 4, S. 445-463.

MEFFERT, H. (1997): Die virtuelle Unternehmung: Perspektiven aus Sicht des Marketing. In: Arbeitspapier Nr. 108, S. 115-141,Wien 1997.

MEFFERT, H. (1998): Marketing - Grundlagen marktorientierter Unternehmensführung - Konzepte - Instrumente - Praxisbeispiele. Wiesbaden 1998.

MEFFERT, H.; BURMANN, C. (1996): Identitätsorientierte Markenführung - Grundlagen für das Management von Markenportfolios, Arbeitspapier Nr. 100 der wissenschaftlichen Gesellschaft für Marketing und Unternehmensführung. Münster 1996.

MEFFERT, H.; HEINEMANN, G. (1989): Strategische Gruppen im Handel. Aus: Trommsdorff, V. (1989) (Hrsg.): Handelsforschung. Wiesbaden 1989.

MEIER, U. (1992): Kritische Erwägungen zur europäischen Luftverkehrspolitik. In: Zeitschrift für Luft- und Raumfahrt, Jg. 1992, S. 203-.

MEINECKE, H. (1975): Die Tarife der International Air Transport Association (IATA) in kartellrechtlicher Sicht. Göttingen 1975.

MEIXNER, O. (2000): Der Analytische Hierarchieprozeß. In: http://www.boku.ac.at/iao/ahp 2000.

MEIXNER, O.; HAAS, R. (2002): Computergestützte Entscheidungsfindung. Expert Choice und AHP - innovative Werkzeuge zur Lösung komplexer Probleme. Frankfurt, Wien 2002.

MENDES DE LEON, P. (1992): Cabotage in Air Transport Regulation. Dortrecht 1992.

MENGELE, J. (1994): Horizontale Kooperation als Markteintrittsstrategie im internationalen Marketing. Wiesbaden 1994.

MERCKX, A. (1982): New trends in the international bilateral regulation of air transport. In: European Transport Law, Vol. 7 (1982), S. 107-109.

MERKT, A.; FLOTTAU, J. (2000): Ciao bella, sagt KLM zu Alitalia und geht. Holländer kündigen Allianz - Probleme mit Mailänder Flughafen und Tempo bei Alitalia-Privatisierung In: Financial Times Deutschland, Nr. 84 vom 02.05.2000.

MEYER, J.; OSTER, C. (1984): Deregulation and the New Airline Entrepreneurs. Cambridge (Mass.), London 1984.

MEYER, M. (1995): Ökonomische Organisation der Industrie: Netzwerkarrangements zwischen Markt und Unternehmung. Wiesbaden 1995.

MICHAELIS, E. (1985): Organisation unternehmerischer Aufgaben - Transaktionskosten als Beurteilungskriterium. Frankfurt am Main 1985.

MICHAELS, D. (2000): British Airways verhandelt mit KLM. In: Handelsblatt, Nr. 107 vom 05.06.2000, S. 1.

MICHEL, U. (1994): Kooperation mit Konzept - Wertsteigerung durch strategische Allianzen. In: Controlling, Jg. 1994, H. Januar/Februar, S. 20-29.

MICHEL, U. (1996): Wertorientiertes Management strategischer Allianzen. München 1996.

MILDE, M. (1985): Nationality and Registration of Aircraft Operated by Joint Air Transport Operating Organizations or International Operating Agencies. In: Air and Space Law, Jg. 1985, H. 10, S. 133-.

MILGROM, P.; ROBERTS, J. (1987): Informational Asymmetries, Strategic Behaviour, and Industrial Organization. In: AEA Papers and Proceedings, 77. Jg. (1987), H. 2, S. 184-193.

MILLER, K. (1992): A framework for integrated risk management in international business. In: Journal of International Business Studies, Vol. 23 (1992), H. 2, S. 311-331.

MILLER, K.; LEIBLEIN, M. (1996): Corporate risk-return relations: Returns variability versus downside risk. In: Academy of Management Journal, Vol. 39 (1996), H. 1, S. 91-122.

MINDERLEIN, M. (1993): Industrieökonomik und Strategieforschung. Aus: Staehle, W.; Sydow, J. (1993) (Hrsg.): Managementforschung. Berlin, New York 1993. S. 157-201.

MINTZBERG, H. (1983): Power in and around Organizations. Englewood Cliffs: Prentice Hall 1983.

MÖLLER, W. (1983): Der Erfolg von Unternehmenszusammenschlüssen. Eine empirische Untersuchung. München 1983.

MONTGOMERY, C.; WERNERFELT, B. (1988): Diversification, Ricardian Rents and Tobian`s q. In: Rand Journal of Economics, Vol. 19 (1988), S. 623-632.

MORGAN, I. (1981): Government and the Industry`s Early Development. Aus: Meyer, J.; Oster, C.; Morgan, I.; Berman, B.; Strassman, D. (1981) (Hrsg.): Airline Deregulation - The Early Experience. Boston, Mass. 1981. S. 17-52.

MORRISON, S.; WINSTON, C. (1986): The economic effects of airline deregulation. Washington D.C. 1986.

MORRISON, S.; WINSTON, C. (1995): The evolution of the airline industry. Washington D.C. 1995.

MOSER, S. (1990): Die Vögel stellen sich auf den freien Luftverkehr ein In: Die Weltwoche, Jg. 1990, H. 3, S. 21.

MOSS KANTER, R. (1989a): Becoming PALs: Pooling, Allying and Linking Across Companies. In: Academy of Management Executive, 3. Jg. (1989), H. 3, S. 183-193.

MOSS KANTER, R. (1989b): When Giants Learn to Dance. New York, 1989.

MUELLER, D. (1972): A Life Cycle Theory of the Firm. In: Journal of Industrial Economics, Vol. 7 (1972), H. 20, S. 199-219.

MUELLER, D. (1987): The Corporation: Growth, Diversification and Mergers. Chur 1987.

MÜLLER, G.; ZEISER, B. (1980): Zufallsbereiche zur Beurteilung frühaufklärender Signale. In: Zeitschrift für Betriebswirtschaft, 50. Jg. (1980), S. 605-619.

MÜLLER, M. (1999): Erfolgsfaktoren und Management strategischer Allianzen und Netzwerke. Gestaltungshinweise für erfolgreiche Kooperationen - Mit Fallbeispielen internationaler Transportdienstleistungsnetzwerke. Rostock 1999.

MÜLLER-BÖLING, D. (1992): Organisationsforschung, Methodik der empirischen. Aus: Frese, E. (1992) (Hrsg.): Handwörterbuch der Organisation. Stuttgart 1992. Sp. 1491-1505.

MÜLLER-GRAF, P. (1992): Die Freistellung vom Kartellverbot. In: EuR, Jg. 1992, S. 1-.

MÜLLER-STEWENS, G. (1991): Strategische Allianzen. In: M&A Review, Jg. 1991, H. 4, S. 311-320.

MÜLLER-STEWENS, G. (1993): Strategische Partnerschaften. Aus: Wittmann, W. (1993) (Hrsg.): Handwörterbuch der Betriebswirtschaft. Stuttgart 1993. Sp. 4063-4075.

MÜLLER-STEWENS, G. (1995): Bausteine zu einem Management strategischer Allianzen. Aus: Thommen, J. (1995) (Hrsg.): Management-Kompetenz: Die Gestaltungsansätze des NDU/Executive MBA der Hochschule St. Gallen. Zürich 1995. S. 340-357.

MÜLLER-STEWENS, G.; HILLIG, A. (1992): Motive zur Bildung Strategischer Allianzen: Die aktivsten Branchen im Vergleich. Aus: Bronder, C.; Pritzl, R. (1992) (Hrsg.): Wegweiser für Strategische Allianzen - Meilen- und Stolpersteine bei Kooperationen. Frankfurt am Main 1992. S. 63-101.

NABER, G. (1985): Strategische Beteiligungsplanung: Ein Beitrag zur wachstumsorientierten Unternehmenspolitik. Frankfurt am Main 1985.

NETZER, F. (1999): Strategische Allianzen im Luftverkehr: Nachfrageorientierte Problemfelder ihrer Gestaltung. Frankfurt am Main, Berlin, Bern u. a. 1999.

NEUBERGER, D. (1998): Industrial Organization of Banking: A Review. In: International Journal of the Economics of Business., Vol. 5 (1998), H. 1, S. 97-118.

NEUMANN, M. (1979): Industrial Organization. Ein Überblick über die quantitative Forschung. In: Zeitschrift für Betriebswirtschaft, 49. Jg. (1979), S. 645-660.

NEWMAN, H. (1978): Strategic Groups and the Structure/Performance Relationship. In: Review of Economics and Statistics, 60. Jg. (1978), S. 417-427.

NICOLAI, C. (1994): Die Nutzwertanalyse. In: Das Wirtschaftsstudium, 23. Jg. (1994), H. 5, S. 423-425.

NITZSCH, R. von (1991): Entscheidung bei Zielkonflikten: Ein PC-gestütztes Verfahren. Wiesbaden 1991.

NITZSCH, R. von (1993): Analytic Hierarchy Process und Multiattributive Werttheorie im Vergleich In: Wirtschaftswissenschaftliches Studium, 22. Jg. (1993), H. 3, S. 111-116.

NOACK, H. (2003): Karten auf Europas Luftfahrtmarkt werden neu gemischt. In: http://www.faz.net/luftfahrt.

NOHRIA, N.; GARCIA-PONT, C. (1991): Global Strategic Linkages and Industry Structure. In: Strategic Management Journal, Vol. 13 (1991), S. 105-124.

NYSTROM, P.; STARBUCK, W. (1981): Handbook of organizational design. Oxford 1981.

O.V. (1989): Stichwort: Stratege, Strategie. Band 7. Aus: Drosdowski, G. (1989) (Hrsg.): Der Duden in zehn Bänden. Das Standardwerk der deutschen Sprache, Etymologie, Herkunftswörterbuch der deutschen Sprache. Mannheim 1989. S. 717.

O.V. (1996): Hub statistics. In: Air Transport World, 33. Jg. (1996), H. 12, S. 1-3.

O.V. (1998): Ungewißheit. Aus: Busse von Colbe, W.; Pellens, B. (1998) (Hrsg.): Lexikon des Rechnungswesens - Handbuch der Bilanzierung und Prüfung, der Erlös-, Finanz-, Investitions- und Kostenrechnung. München, Wien 1998. S. 714.

O.V. (1999): Lufthansa bietet Air China eine Allianz an. In: Frankfurter Allgemeine Zeitung, Nr. 283 vom 04.12.1999, S. 31.

O.V. (1999a): Lufthansa und United schnüren Hilfspaket für Air Canada. In: Frankfurter Allgemeine Zeitung, Nr. 244 vom 20.10.1999, S. 19.

O.V. (1999b): Lufthansa und United schnüren Hilfspaket für Air Canada. In: Frankfurter Allgemeine Zeitung, Nr. 244 vom 20.10.1999, S. 22.

O.V. (1999c): Lufthansa und US-Partner starten Rettungsaktion für Air Canada. In: Handelsblatt, Nr. 203 vom 20.10.1999, S. 1.

O.V. (1999d): Air Canada drohen bei Verlassen der Star Alliance Strafen. In: Handelsblatt., Nr. 20 vom 23.11.1999, S. 20.

O.V. (1999e): Fusion der zwei großen kanadischen Fluglinien fast perfekt. In: Frankfurter Allgemeine Zeitung, Nr. 288 vom 10.12.1999, S. 20.

O.V. (1999f): KLM und Alitalia vor einer Airline-Ehe. In: Handelsblatt, Nr. 146 vom 02.08.1999, S. 15.

O.V. (1999g): KLM und Alitalia gehen zusammen. In: Süddeutsche Zeitung vom 17.08.1999, Nr. 189, S. 12.

O.V. (1999h): KLM und Alitalia gehen zusammen. In: Süddeutsche Zeitung, Nr. 145 vom 31.07.1999, S. 16.

O.V. (1999i): KLM und Alitalia vor einer Airline-Ehe. In: Handelsblatt, Nr. 146 vom 02.08.1999, S. 15.

O.V. (2000a): British Airways und KLM sprechen offiziell über Zusammenschluss. In: Frankfurter Allgemeine Zeitung, Nr. 132 vom 08.06.2000, S. 9.

O.V. (2000b): BA und KLM fliegen in eine ungewisse Zukunft. In: Frankfurter Allgemeine Zeitung, Nr. 222 vom 23.09.2000, S. 16.

o.V. (2000c): SkyTeam bekommt Zuwachs. In: Süddeutsche Zeitung, Nr. 241 vom 19.10.2000, S. 30.
o.V. (2000d): Gespräche von BA und KLM gescheitert. In: Frankfurter Allgemeine Zeitung, Nr. 221 vom 22.09.2000, S. 17.
o.V. (2000e): British Airways streckt die Fühler nach KLM aus. In: Frankfurter Allgemeine Zeitung, Nr. 130 vom 06.06.2000, S. 28.
o.V. (2000f): British Airways und KLM sprechen offiziell über Zusammenschluss. In: Frankfurter Allgemeine Zeitung, Nr. 132 vom 08.06.2000, S. 21.
o.V. (2000g): Star Alliance will Partner stärker zusammenführen. In: Handelsblatt vom 27.06.2000, Nr. 121, S. 17.
o.V. (2001a): Die dritte Revolution in der Luftfahrt. In: Hamburger Abendblatt, Nr. 25 vom 06.02.2001, S. 24.
o.V. (2001b): Terroranschlag treibt viele schwache Airlines in die Pleite. In: Handelsblatt, Nr. 179 vom 17.09.2001, S. 9.
o.V. (2001c): Milliardeneinbußen bei Fluggesellschaften. In: Der Tagesspiegel, Nr. 17529 vom 15.09.2001, S. 18.
o.V. (2001d): Traurige Tabelle: Die Prognosen der Airlines im Einzelnen. http://www.n-tv.de/2723228.html.
o.V. (2002a): Boeing ist für die Luftfahrtindustrie pessimistisch. In: Frankfurter Allgemeine Zeitung, Nr. 222 vom 24.09.2002, S. 22.
o.V. (2002b): Airline alliance survey 2002. In: Airline Business, 18. Jg. (2002), H. 7, S. 51-75.
o.V. (2002c): Nationale Luftfahrtabkommen ungültig. In: Frankfurter Allgemeine Zeitung, Nr. 258 vom 06.11.2002, S. 11.
o.V. (2002d): Fluggesellschaft United Airlines steht vor der Insolvenz. In: Frankfurter Allgemeine Zeitung, Nr. 284 vom 06.12.2002, S. 13.
o.V. (2002e): United Airlines wird größte Insolvenz in der Flugindustrie. In: Frankfurter Allgemeine Zeitung, Nr. 287 vom 10.12.2002, S. 12.
o.V. (2002f): Star Alliance erweitert den Mitgliederkreis. In: Börsen-Zeitung, Jg. 2002, H. 104, S. 10.
o.V. (2002g): Drei neue Mitglieder in der Star Alliance. In: Frankfurter Allgemeine Zeitung, Nr. 125 vom 03.06.2002, S. 19.
o.V. (2002h): Allianzen sollen Spaniens Flieger aus der Krise bringen. In: Frankfurter Allgemeine Zeitung, Nr. 228 vom 01.10.2002, S. 20.
o.V. (2002i): Amerikanische Fluglinien kooperieren. In: Frankfurter Allgemeine Zeitung, Nr. 196 vom 24.08.2002, S. 15.
o.V. (2002j): Insolvenz von US Airways dürfte nicht die letzte sein. In: Frankfurter Allgemeine Zeitung, Nr. 186 vom 13.08.2002, S. 14.
o.V. (2002k): Brüssel genehmigt Star Alliance unter Auflagen. In: Frankfurter Allgemeine Zeitung, Nr. 172 vom 27.07.2002, S. 12.
o.V. (2002l): Air France und Alitalia müssen ihre Allianz einschränken. In: Frankfurter Allgemeine Zeitung, Nr. 150 vom 02.07.2002, S. 20.
o.V. (2002m): Delta Air Lines erst 2003 profitabel. In: Frankfurter Allgemeine Zeitung, Nr. 111 vom 15.05.2002, S. 23.

o.V. (2002n): LOT wird Partner der Lufthansa. In: Frankfurter Allgemeine Zeitung, Nr. 79 vom 05.04.2002, S. 22.
o.V. (2002o): The Airline Rankings - Financial. In: Airline Business, 18. Jg. (2002), H. 9, S. 58-59.
o.V. (2002p): Pockets of growth. In: Airline Business, 18. Jg. (2002), H. 9, S. 71-72.
o.V. (2002q): Lufthansa und US Air als Partner. In: Frankfurter Allgemeine Zeitung, Nr. 113 vom 16.05.2003, S. 16.
o.V. (2002r): Airline alliance survey 2002. In: Airline Business, 18. Jg. (2002), H. 7, S. 51-75.
o.V. (2002s): Boeing ist für die Luftfahrtindustrie pessimistisch. In: Frankfurter Allgemeine Zeitung vom 24.09.2002, Nr. 222, S. 22.
o.V. (2002t): Lufthansa stockt bei British Midland auf. In: Frankfurter Allgemeine Zeitung vom 05.11.2002, Nr. 257, S. 16.
o.V. (2002u): „Die Amerikaner sind auf dem besten Wege durchzudrehen“. In: Frankfurter Allgemeine Zeitung vom 03.06.2002, Nr. 125, S. 19.
o.V. (2002v), British Airways streicht bis zu 15.000 Stellen. In: Frankfurter Allgemeine Zeitung vom 05.02.2002, Nr. 30, S. 13.
o.V. (2003a): British Airways macht der Iberia den Hof. In: Die Welt vom 07.10.2003, http://www.welt.de/data/2003/10/07/179014.html?prx=1.
o.V. (2003aa): Viele Barrieren vor dem offenen Luftraum. In: Handelsblatt vom 01.10.2003, http://www.handelsblatt.com/hbiwwwangebot/fn/relhbi/sfn/cn_archiv_artikel/01/10/2003.
o.V. (2003ab): Hoffnung am Himmel. In: Handelsblatt vom 01.10.2003, http://www.handelsblatt.com/hbiwwwangebot/fn/relhbi/sfn/cn_archiv_artikel/01/10/2003.
o.V. (2003ac): Swiss zieht Eigenständigkeit vor. In: http://www.n-tv.de/3185195.html.
o.V. (2003ad): Swiss gibt Lufthansa einen Korb. In: Die http://www.welt.de/data/2003/09/23/172595.html.
o.V. (2003ae): Swiss-Entscheidung lässt Lufthansa kalt. In: Handelsblatt vom 23.09.2003, http://www.handelsblatt.com/hbiwwwangebot/fn/relhbi/sfn/cn_archiv_artikel/23/09/2003.
o.V. (2003af): Zeitung: Lufthansa will ein Drittel des Swiss-Aktienkapitals. http://www.reuters.de/news_article.jhtml?type=economicsnews&StoryID=3007598.
o.V. (2003ag): Oneworld-Porträt – die bedeutendste Airline Allianz der Welt. http://www.mybasel.ch/verkehr_verkehrsnews.cfm?mybasel.News vom 26.09.2003.
o.V. (2003ah): Der lange Weg der Swiss: Die Suche nach der richtigen Allianz. http://www.mybasel.ch/verkehr_verkehrsnews.cfm?mybasel.News vom 26.09.2003.
o.V. (2003ai): Fluglinien droht Umsatzeinbruch von 10 Milliarden Dollar. In: Frankfurter Allgemeine Zeitung vom 24.05.2003, Nr. 120, S. 18.

o.V. (2003aj): Lufthansa stärkt Asien-Geschäft. In: Frankfurter Allgemeine Zeitung vom 19.07.2003, Nr. 165, S. 14.

o.V. (2003ak): Flugverkehr im April eingebrochen. In: Frankfurter Allgemeine Zeitung vom 24.05.2003, Nr. 120, S. 11.

o.V. (2003al): Die Lufthansa spricht von einer dramatischen Lage. In: Frankfurter Allgemeine Zeitung vom 12.04.2003, Nr. 87, S. 16.

o.V. (2003am): Die Fluggesellschaften reduzieren ihre Kapazitäten. In: Frankfurter Allgemeine Zeitung vom 01.04.2003, Nr. 77, S. 14.

o.V. (2003an): KLM beendet drei Jahre langen Streit mit Alitalia. In: Frankfurter Allgemeine Zeitung vom 04.02.2003, Nr. 29, S. 21.

o.V. (2003ao): Flug-Allianz in Amerika mit Auflagen genehmigt. In: Frankfurter Allgemeine Zeitung vom 20.01.2003, Nr. 16, S. 16.

o.V. (2003b): Air France und KLM über Fusion einig. In: Die Welt vom 30.09.2003, http://www.welt.de/data/2003/09/30/176161.html?prx=1.

o.V. (2003c): Fusion besiegelt. http://www.n-tv.de/3185975.html.

o.V. (2003d): Air France und KLM fusionieren zu Europas größter Fluggesellschaft. In: Die Welt vom 30.09.2003, http://www.welt.de/z/newsticker/message.php?channel=wir&nid=52445.

o.V. (2003e): Air France und KLM sind sich einig. In: Financial Times Deutschland vom 30.09.2003, http://www.ftd.de/ub/di/1064846914702.html.

o.V. (2003f): France und KLM besiegeln Fusion. In: Handelsblatt vom 30.09.2003, http://www.handelsblatt.com/hbiwwwangebot/fn/relhbi/sfn/09/23/2003.

o.V. (2003g): Air France und KLM pokern um Bündnis. In: Financial Times Deutschland vom 23.09.2003, http://www.ftd.de/ub/di/1063435803576.html.

o.V. (2003h): Hinweise auf KLM-Übernahme durch Air France verdichten sich. In: Die Welt vom 16.09.2003, http://www.welt.de/z/newsticker/message.php?channel=wir&nid=45655.

o.V. (2003i): Neuer Airline Riese: Air France und KLM vor Fusion, http://www.n-tv.de/3183890.html.

o.V. (2003j): Alitalia will Fusion mit Air France. In: Handelsblatt vom 15.09.2003, http://www.handelsblatt.com/hbiwwwangebot/fn/relhbi/sfn/15/09/2003.

o.V. (2003k): Air France und KLM planen gemeinsame Holding. In: Financial Times Deutschland vom 29.09.2003, http://www.ftd.de/ub/di/1064846913312.html.

o.V. (2003l): In Frankreich machen Gewerkschaften mobil. In: Handelsblatt vom 01.10.2003, http://www.handelsblatt.com/hbiwwwangebot/fn/relhbi/sfn/cn_archiv_artikel/print/1/10/2003.

o.V. (2003m): Der unterschätzte Außenseiter. In: Handelsblatt vom 01.10.2003, http://www.handelsblatt.com/hbiwwwangebot/fn/relhbi/sfn/cn_archiv_print/1/10/2003.

o.V. (2003n): Air France-KLM bringt das Skyteam nach vorn. In: Handelsblatt vom 01.10.2003, http://www.handelsblatt.com/hbiwwwangebot/fn/relhbi/sfn/cn_archiv_print/1/10/2003.

O.V. (2003o): Air France und KLM stecken Rahmen für Zusammengehen ab. In: Die Welt vom 17.09.2003, http://www.welt.de/data/2003/09/17/170342.html?prx=1.

O.V. (2003p): Widerstand gegen Fusion KLM und Air France. In: Die Welt vom 17.09.2003, http://www.welt.de/data/2003/09/17/169651.html?prx=1.

O.V. (2003q): Fusion Air France und KLM verärgert die BA-Aktionäre. In: Die Welt vom 02.10.2003, http://www.welt.de/data/2003/10/02/177152.html?prx=1.

O.V. (2003r): Air France und KLM auf der Zielgeraden. In: Handelsblatt vom 17.09.2003, http://www.handelsblatt.com/hbiwwwangebot/fn/relhbi/sfn/cn_archiv_artikel/print/17/09/2003.

O.V. (2003s): Lufthansa und US Airways starten Kooperation. In: Süddeutsche Zeitung vom 20.10.2003, http://finanzen.sueddeutsche.de/nws.php?cmp_id=1000007528&nws_id=1000255245.html.

O.V. (2003t): Das neue Terminal beschert dem Flughafen München bi 2010 Verluste. In: Frankfurter Allgemeine Zeitung vom 13.02.2003, Nr. 37, S. 18.

O.V. (2003u): Aktuell - Wirtschaft - Hintergründe - Flugallianzen. In: http://www.faz.net/luftfahrt.

O.V. (2003v): Aktuell - Wirtschaft - Hintergründe - Luftfahrt - Oneworld. In: http://www.faz.net/luftfahrt.

O.V. (2003w): Air China vor Beitritt zur Star Alliance. In: Handelsblatt vom 17.09.2003, http://www.handelsblatt.com/hbiwwwangebot/fn/relhbi/sfn/cn_archiv_artikel/17/09/2003.

O.V. (2003x): Aktuell - Wirtschaft – Hintergründe: Beteiligungsstruktur der neuen Fluggesellschaft. In: http://www.faz.net/luftfahrt.

O.V. (2003y): Ulrich Schulte-Strathaus: „Der Kunde treibt die Entwicklung“: In: http://www.handelsblatt.com/hbiwwwangebot/fn/relhbi/sfn/cn_archiv_artikel/01/10/2003.

O`CONNOR, W. (1978): An introduction to airline economics. New York 1978.

O`CONNOR, W. (1985): An introduction to airline economics. New York 1985.

OBERENDER, P. (1994): Industrieökonomik. In: Wirtschaftswissenschaftliches Studium, 23. Jg. (1997), H. 2, S. 65-73.

OBERENDER, P.; VÄTH, A. (1990): Von der Industrieökonomie zur Marktökonomie. In: List-Forum für Wirtschafts- und Finanzpolitik, 16. Jg. (1990), H. 2, S. 167-182.

OECD - ORGANIZATION FOR ECONOMIC CO-OPERATION AND DEVELOPMENT (1988) (Hrsg.): Deregulation and Airline Competition. Paris 1988.

OECD - ORGANIZATION FOR ECONOMIC CO-OPERATION AND DEVELOPMENT (1994) (Hrsg.): The General Agreement on Trade in Services (GATS), Working Papers No. 85. Paris 1994.

OELSNITZ, D. (2000): Industrial Organization und Strategische Gruppen. In: Das Wirtschaftsstudium, 29. Jg. (2000), H. 10, S. 1310-1320.

OPITZ, M. (1994): Der Einfluß der EG-Liberalisierung auf die Netzbildung im europäischen Luftverkehrssystem. Nürnberg 1994.

ORDELHEIDE, D.; RUDOLPH, B.; BÜSSELMANN, E. (1991) (Hrsg.): Betriebswirtschaftslehre und ökonomische Theorie. Stuttgart 1991.

OST- OFFICE OF THE SECRETARY OF TRANSPORTATION (1995) (Hrsg.): U.S. International Air Transport Policy Statement. Washington D.C. 1995.

OSTER, C.; STRONG, J.; ZORN, C. (1992): Why airplanes crash: Aviation safety in a changing world. Oxford 1992.

OSTER, S. (1982): Intraindustry Structure and the Ease of Strategic Change. In: Review of Economics and Statistics, 64. Jg. (1982), S. 376-383.

OSTMANN, A. (1990): On Rationality Issues in the Bargaining Context. In: Journal of Institutional and Theoretical Economics, Vol. 146 (1990), S. 673-683.

OUCHI, W. (1980): Markets, Bureaucracies, and Clans. In: Administrative Science Quarterly, 25. Jg. (1980), H. 3, S. 129-141.

OUM, T.; PARK, J.; ZHANG, A. (2000): Globalization and strategic alliances. The case of the airline industry. Amsterdam, Lausanne, New York u.a. 2000.

PABST, O. (1993): Vertikales Marketing in schnelllebigen Märkten: Distributive Leistungssysteme im Damenoberbekleidungsmarkt. St. Gallen 1993.

PADBERG, A. (2000): Strategische Unternehmensnetzwerke versus Cross-border-Unternehmensakquisitionen. Analyse alternativer Markteintrittsformen. Wiesbaden 2000.

PALACIO, L. DE (2003): Gastkommentar: Grenzenloser Wettbewerb. In: Financial Times Deutschland vom 30.06.2003, http://www.ftd.de/pw/eu/1056704871671.html. S. 1-2.

PANZAR, J. (1983): Regulatory Theory and the U.S. Airline Experience. In: Zeitschrift für die gesamte Staatswissenschaft, 139. Jg. (1983), S. 490-505.

PANZAR, J.; WILLIG, R. (1977): Economies of Scale. In: Quarterly Journal of Economics, Vol. 91 (1977), S. 481-493.

PARKHE, A. (1991): Interfirm diversity, organizational learning and longevity in global strategic alliances. In: Journal of International Business Studies, Vol. 22 (1991), H. 4, S. 579-601.

PARKHE, A. (1993): Strategic alliance structuring: A game theory and transaction cost examination of interfirm cooperation. In: Academy of Management Journal, Vol. 36 (1993), H. 4, S. 794-829.

PASCHER, H. (1987): Die US-amerikanische Deregulation-Policy im Luftverkehrs- und Bankenbereich Frankfurt 1987.

PAUSENBERGER, E. (1974a): Fusion. Aus: Grochla, E.; Wittmann, W. (1974) (Hrsg.): Handwörterbuch der Betriebswirtschaft. Stuttgart 1974. Sp. 1603-1614.

PAUSENBERGER, E. (1974b): Konzerne. Aus: Grochla, E.; Wittmann, W. (1974) (Hrsg.): Handwörterbuch der Betriebswirtschaft. Stuttgart 1974. Sp. 2234-2249.

PAUSENBERGER, E. (1989): Zur Systematik von Unternehmenszusammenschlüssen. In: Das Wirtschaftsstudium, 18. Jg. (1989), H. 11, S. 621-626.

PAUSENBERGER, E. (1993): Unternehmenszusammenschlüsse. Aus: Wittmann, W. (1993) (Hrsg.): Handwörterbuch der Betriebswirtschaft. Stuttgart 1993. Sp. 4436-4446.

PAUSENBERGER, E. (1994): Alternative Internationalisierungsstrategien. Aus: Pausenberger, E. (1994) (Hrsg.): Die Internationalisierung von Unternehmungen: Strategien und Probleme ihrer Umsetzung. Stuttgart 1994. S. 1-30.

PAUSENBERGER, E. (Hrsg.) (1994): Die Internationalisierung von Unternehmungen: Strategien und Probleme ihrer Umsetzung. Stuttgart 1994.

PEKAR, P. (1989): How battle-tested Managers assess Strategic Alliances. In: Planning Review, 17. Jg. (1989), H. 4 (July/August), S. 34-37.

PENNINGS, J. (1980): Interlocking Directorates. San Francisco 1980.

PENNINGS, J. (1983): Mergers and interlocking directorates: Cases of interorganizational co-operation. Aus: Goldberg, W. (1983) (Hrsg.): Mergers. Aldesshot 1983. S. 105-121.

PENNINGS, J. (1985) (Hrsg.): Organizational Strategy and Change. San Francisco, Washington, London 1985.

PENROSE, E. (1959): The Theory of the Growth of the Firm. Oxford 1959.

PENROSE, E. (1980): The Theory of the Growth of the Firm. Oxford 1980.

PERIDIS, T. (1992): Strategic Alliances for Smaller Firms. Aus: Rugman, A.; Verbeke, A. (1992) (Hrsg.): Corporate Response to Global Change. Vol. 3. Greenwich (Connecticut), London 1992. S. 129-142.

PERIDON, L.; STEINER, M. (1995): Finanzwirtschaft der Unternehmung. München 1995.

PERIDON, L.; STEINER, M. (1998): Finanzwirtschaft der Unternehmung. München 1998.

PERLITZ, M. (1997): Spektrum kooperativer Internationalisierungsformen. Aus: Marcharzina, K.; Oesterle, M. (1997) (Hrsg.): Handbuch Internationales Management. Wiesbaden 1997. S. 441-457.

PERLMUTTER, H. (1986): Cooperate to compete globally. In: Harvard Business Review, Vol. 64 (1986), H. 2, S. 136-152.

PERLMUTTER, H.; HEENAN, D. (1986): Cooperate to compete globally. In: Harvard Business Review, March-April, Vol. 64 (1986), S. 136-152.

PERROW, C. (1981): Markets, Hierarchies and Hegemony. Aus: Van de Ven, A.; Joyce, W. (1981) (Hrsg.): Perspectives on Organization Design and Behavior. New York 1981. S. 371-386.

PETERAF, M. (1993): The Cornerstones of Competitive Advantage: A Resource-Based View. In: Strategic Management Journal, Vol. 14 (1993), H. 3, S. 179-191.

PETERS, T.; WATERMANN, R. (1983): In Search of Excellence - Lessons from America`s Best-run Companies. New York 1983.

PETERSEN, M. (1994): Die Unternehmungsakquisition im Rahmen der Unternehmungsentwicklung: Ein Konzept zur finanzwirtschaftlichen Evaluation strategischer Akquisitionsziele. Bergisch Gladbach, Köln 1994.

PETTIGREW, A. (1987) (Hrsg.): The Management of Strategic Change. London 1987.

PETZINGER, T. (1995): Hard landing - The epic contest for power and profits that plunged the airlines into chaos. New York 1995.

PFAFFMANN, E. (1997): Die vertragstheoretische Perspektive in der Neuen Institutionenökonomik. Relationale Verträge als Rahmen ökonomischer Interaktion. In: Wirtschaftswissenschaftliches Studium, 26. Jg. (1997), H. 1, S. 646-648.

PFÄHLER (1996): Industrieökonomik. Aus: Kern, W.; Schröder, H.; Weber, J. (1996) (Hrsg.): Handwörterbuch der Produktionswirtschaft. Stuttgart 1996. S. 689-703.

PFOHL, H.; LARGE, R. (1992): Gestaltung interorganisatorischer Logistiksysteme auf der Grundlage der Transaktionstheorie. In: Zeitschrift für Verkehrswissenschaften, 63. Jg. (1992), S. 15-51.

PICKRELL, D. (1991): The regulation and deregulation of U.S. airlines. Aus: Button, K. (1991) (Hrsg.): Airline deregulation: International experiences. London 1991. S. 5-47.

PICOT, A. (1980): Does the Williamsonian Efficiency Approach Exclude Problems of Domination? - Paper presented at the "Market and Hierarchies Conference" of the European Group of Organization. Studies at Imperial College of Science and Technology in London. London 1980.

PICOT, A. (1982): Der Transaktionskostenansatz in der Organisationstheorie: Stand der Diskussion und Aussagewert. In: Die Betriebswirtschaft, 42. Jg. (1982), H. 2, S. 267-284.

PICOT, A. (1990): Strukturwandel und Wettbewerbsdruck. In: Zeitschrift für betriebswirtschaftliche Forschung, 42. Jg. (1990), H. 2, S. 119-134.

PICOT, A. (1991a): Ökonomische Theorien der Organisation - Ein Überblick über neuere Ansätze und deren betriebswirtschaftliches Anwendungspotential. Aus: Ordelheide, D.; Rudolph, B.; Büsselmann, E. (1991) (Hrsg.): Betriebswirtschaftslehre und ökonomische Theorie. Stuttgart 1991. S. 143-170.

PICOT, A. (1991b): Ein neuer Ansatz zur Gestaltung der Leistungstiefe. In: Schmalenbachs Zeitschrift für betriebswirtschaftliche Forschung, 43. Jg. (1991), H. 4, S. 339-357.

PICOT, A.; DIETL, H. (1990): Transaktionskostentheorie. In: Wirtschaftswissenschaftliches Studium, 19. Jg. (1990), H. 4, S. 178-184.

PICOT, A.; DIETL, H., FRANCK, E. (1997): Organisation. Eine ökonomische Perspektive. Stuttgart 1997.

PICOT, A.; REICHWALD, R. (1994): Auflösung der Unternehmung? Vom Einfluß der IuK-Technik auf Organisationsstrukturen und Kooperationsformen. In: Zeitschrift für Betriebswirtschaft, 64. Jg. (1994), H. 5, S. 547-570.

PICOT, A.; REICHWALD, R.; WIGAND, R. (1996): Die grenzenlose Unternehmung: Information, Organisation, und Management. Wiesbaden 1996.

PICOT. A. (1993): Transaktionskostenansatz. Aus: Wittmann, W. (1993) (Hrsg.): Enzyklopädie der Betriebswirtschaftslehre. Band 3. Stuttgart 1993. S. 4194-4204.

PIERER, H. v.; MIROW, M. (1995): Das Management Strategischer Allianzen. Aus: Corsten, H.; Reiß, M. (1995) (Hrsg.): Handbuch Unternehmensführung: Konzepte - Instrumente - Schnittstellen. Wiesbaden 1995. S. 705-717.

PINKHAM, R. (2002): Global gameplans. In: Airline Business, 18. Jg. (2002), H. 7, S. 48-49.

POMPL, W. (1991): Luftverkehr: Eine ökonomische Einführung. Berlin, Heidelberg 1991.

POMPL, W. (1998): Luftverkehr. Berlin, Heidelberg, New York 1998.

PORTER, M. (1973): Consumer behavior, retailer power, and manufacturer strategy in consumer goods industries. Harvard University, Dissertation. Boston 1973.

PORTER, M. (1979a): How competitive forces shape strategy. In: Harvard Business Review, Vol. 57 (1979), H. 2, S. 137-145.

PORTER, M. (1979b): The Structure within Industries and Companies` Performance. In: Review of Economics and Statistics, 61. Jg. (1979), S. 214-227.

PORTER, M. (1980): Competitive Strategy - Techniques for Analyzing Industries and Competitors. New York 1980.

PORTER, M. (1981): The Contribution of Industrial Organization to Strategic Management. In: Academy of Management Review, 6. Jg. (1981), S. 609-620.

PORTER, M. (1986) (Hrsg.): Competition in global industries. Boston 1986.

PORTER, M. (1987): Diversifikation - Konzerne ohne Konzept. In: Harvard Business Manager, Vol. 9 (1987), H. 4, S. 30-49.

PORTER, M. (1989a): Wettbewerbsvorteile: Spitzenleistungen erreichen und behaupten. Frankfurt am Main, New York 1989.

PORTER, M. (1989b) (Hrsg.): Globaler Wettbewerb: Strategien der neuen Internationalisierung. Wiesbaden 1989.

PORTER, M. (1990): Competitive Strategy - Techniques for Analyzing Industries and Competitors. New York 1990.

PORTER, M. (1991): Towards a Dynamic Theory of Strategy. In: Strategic Management Journal, Vol. 12 (1991), S. 95-117.

PORTER, M. (1992a): Wettbewerbsstrategie. Frankfurt am Main 1992.

PORTER, M. (1992b): Wettbewerbsvorteile: Spitzenleistungen erreichen und behaupten. &. Auflage. New York 1992.

PORTER, M. (1998a): Competitive Advantage - Creating and Sustaining Superior Performance. New York 1998.

PORTER, M. (1998b): Competitive Strategy - Techniques for Analyzing Industries and Competitors. New York 1998.

PORTER, M.; FULLER, M. (1986): Coalitions and global strategy. Aus: Porter, M. (1986) (Hrsg.): Competition in global industries. Boston 1986. S. 315-343.

PORTER, M.; FULLER, M. (1989): Koalitionen und globale Strategien. Aus: Porter, M. (1989b) (Hrsg.): Globaler Wettbewerb: Strategien der neuen Internationalisierung. Wiesbaden 1989. S. 363-399.

PORWOLLIK, U. (2003): Nationalstaaterei ade: Europas Airlines formieren sich - Kommentar. In: Welt am Sonntag vom 05.10.2003, http://www.wams.de/2003/10/05/1782562.html?prx=1.

POWELL, W. (1987): Hybrid Organizational Agreements. New Form or Transitional Development? In: California Management Review, 30. Jg. (1987), H. 1, S. 67-87.

PRAHALAD, C.; HAMEL, G. (1990): The Core Competence of the Corporation. In: Harvard Business Review, Vol. 68 (1990), H. 3, S. 79-91.

PRAHALAD, C.; HAMEL, G. (1991): Nur Kernkompetenzen sichern das Überleben. In: Harvard Business Manager, Vol. 13 (1991), H. 2, S. 66-78.

PRATTEN, C. (1988): A Survey on the Economies of Scale. Aus: Kommission der Europäischen Gemeinschaft (1988) (Hrsg.): Studies of the Economics of Integration, Research on the Costs of Non-Europe, Basic Findings, Vol. 2. Brüssel 1988. S. 11-165.

PREISS, K.; GOLDMAN, S.; NAGEL, R. (1996): Cooperate to compete: building agile business relationships. New York u.a. 1996.

PROFF, H. (1997): Hybride Strategie - Unternehmensstrategien zur Sicherung des Überlebens. In: Wirtschaftswissenschaftliches Studium, 26. Jg. (1997), H. 6, S. 305-307.

PROFF, H. (1998): Mikroökonomische wurzeln eines strategischen Managements zwischen Markt- und Ressourcenorientierung. Aus: Proff, H.; Proff, H. (1998) (Hrsg.): Strategien für die Automobilindustrie: Ansatzpunkte im strategischen Management und in der Industriepolitik. Wiesbaden 1994. S. 23-46.

PROFF, H.; PROFF, H. (1998) (Hrsg.): Strategien für die Automobilindustrie: Ansatzpunkte im strategischen Management und in der Industriepolitik. Wiesbaden 1994.

PÜMPIN, C.; PRANGE, J. (1991b): Management der Unternehmensentwicklung - Phasengerechte Führung und der Umgang mit Krisen. Frankfurt am Main 1991.

RAKOWSKI, J.; BEJOU, D. (1992): Structural change and the nature of competition in the deregulated U.S. airline industry. In: Transportation Practitioner Journal, Vol. 59 (1992), S. 241-262.

RASCHE, C. (1993): Kernkompetenzen. In: Die Betriebswirtschaft, 53. Jg. (1993), H. 3, S. 425-427.

RASCHE, C. (1994): Wettbewerbsvorteile durch Kernkompetenzen. Ein ressourcenorientierter Ansatz. Wiesbaden 1994.

RASCHE, C.; WOLFRUM, B. (1994): Ressourcenorientierte Unternehmensführung. In: Die Betriebswirtschaft, 54. Jg. (1994), H. 4, S. 501-517.

RASCHE, H. (1970): Kooperation - Chance und Gewinn: Einführung und Leitfaden für wirtschaftliche Zusammenarbeit. Heidelberg 1970.

RASCHE, H. (1979): Kooperation als unternehmerische Chance. Aus: Wilkes, M.; Wilkes, G. (1979) (Hrsg.): Handbuch Unternehmensführung. Gernsbach 1979. S. 1381-1394.

RAT DER EUROPÄISCHEN GEMEINSCHAFT (1989) (Hrsg.): Verordnung Nr. 4064/89 des Rates über die Kontrolle von Unternehmenszusammenschlüssen. Veröffentlicht im Amtsblatt Nr. L 395/1, berichtigt im Amtsblatt 1990 Nr. L 257/13. Brüssel 1989.

RATH, H. (1990): Neue Formen der internationalen Unternehmenskooperation. Hamburg 1990.

RATH, H. (1992): Grenzüberschreitende Kooperationen: Chancen auf dem EG-Binnenmarkt. Wiesbaden 1992.

RAUB, S.; BÜCHEL, B. (1996): Organisationales Lernen und Unternehmensstrategie - "core capabilities" als Ziel und Resultat organisationalen Lernens. In: Zeitschrift für Führung und Organisation, 65. Jg. (1996), H. 1, S. 26-31.

RECKEWERTH, S. (1993): Die Zusammenarbeit der Luftverkehrsgesellschaften nach europäischem und US-amerikanischem Recht. Köln, Berlin, Bonn u. a. 1993.

RECKLIES, D. (2001): Beurteilung und Auswahl strategischer Optionen. http://www.themanagement.de/2001.

REED, R.; LUFFMAN, G. (1986): Diversification: The Growing Confusion. In: Strategic Management Journal, Vol. 7 (1986), S. 29-35.

REGER, R.; HUFF, A. (1993): Strategic Groups: A Cognitive Perspective. In: Strategic Management Journal, Vol. 14 (1993), S. 103-124.

REID, G. (1987): Theories of Industrial Organization. Oxford, New York 1987.

REID, G. (1989): Theories of Industrial Organization. Oxford, New York 1989.

REIFARTH, J. (1985): Internationale Regelungen der Tarife im Linienluftverkehr. Frankfurt am Main, Bern, New York 1985.

REINEKE, R. (1989): Akkulturation von Auslandsakquisitionen - Eine Untersuchung zur unternehmenskulturellen Anpassung. Wiesbaden 1989.

REINHARD, H. (1998): Beteiligung. Aus: Busse von Colbe, W.; Pellens, B. (1998) (Hrsg.): Lexikon des Rechnungswesens - Handbuch der Bilanzierung und Prüfung, der Erlös-, Finanz-, Investitions- und Kostenrechnung. München, Wien 1998. S. 75-78.

REIßNER, S. (1992): Synergiemanagement und Akquisitionserfolg. Wiesbaden 1992.

REYNOLDS-FEIGHAN, A. (1992): The Effects of Deregulation on U.S. Air Networks. Berlin, Heidelberg, New York u.a. 1992.

RICHTER, R. (1990): Sichtweise und Fragestellungen der Neuen Institutionenökonomik. In: Zeitschrift für Wirtschafts- und Sozialwissenschaften, 110. Jg. (1990), S. 571-591.

RICHTER, R.; BINDSEIL, U. (1995): Neue Institutionenökonomik. In: Wirtschaftswissenschaftliches Studium, 24. Jg. (1995), H. 3, S. 132-140.

RICHTER, R.; FURUBOTN, E. (1996): Neue Institutionenökonomik. Tübingen 1996.

RIEBEL, P. (1964): Umgestaltung des Produktionsbereiches in wachsenden Industrieunternehmen. In: Zeitschrift für betriebswirtschaftliche Forschung, 16. Jg. (1964), H. 4/5, S. 210-233.

RIEKHOFF, H. (1991) (Hrsg.): Strategieentwicklung. Stuttgart 1991.

RIEKHOFF, H. (1994) (Hrsg.): Praxis der Strategieentwicklung: Konzepte - Erfahrungen - Fallstudien. Stuttgart 1994.

RING, P.; VAN DE VEN, A. (1994): Developmental processes of cooperative interorganizational relationships. In: Academy of Management Review, 19. Jg. (1994), H. 1, S. 90-118.

RINGLSTETTER, M. (1995): Strategische Allianzen. Aus: Corsten, H.; Reiß, M. (1995) (Hrsg.): Handbuch Unternehmensführung: Konzepte - Instrumente - Schnittstellen. Wiesbaden 1995. S. 695-704.

RIORDAN, M. (1990): Asset specificity and backward integration. In: Journal of Institutional and Theoretical Economics, Vol. 146 (1990), H. 1, S. 133-146.

ROBINS, J.; WIERSEMA, M. (1995): A Resource-Based Approach to the Multibusiness Firm: Empirical Analysis of Portfolio Interrelationships and Corporate Performance. In: Strategic Management Journal, Vol. 16 (1995), S. 277-299.

ROCK, M. (1987) (Hrsg.): The Mergers and Acquisitions Handbook. New York 1987.

RODENSTOCK, R. (1989): Diversifikationsplanung. Aus: Szyperski, N. (1989) (Hrsg.): Handwörterbuch der Planung, Enzyklopädie der Betriebswirtschaft. Stuttgart 1989. S. 295-303.

ROPELLA, W. (1989): Synergie als strategisches Ziel der Unternehmung. Berlin, New York 1989.

RÖSSGER, E.; HÜNERMANN, K. (1965): Einführung in die Luftverkehrspolitik. Zürich 1965.

ROTERING, J. (1993): Zwischenbetriebliche Kooperation als alternative Organisationsform - Ein transaktionskostentheoretischer Erklärungsansatz. Stuttgart 1993.

ROTH, P. (1984) (Hrsg.): Sozialwissenschaftliche Methoden. München 1984.

ROWE, A.; MASON, R.; DICKEL, K. (1986): Strategic Management. Reading (Mass.) 1986.

RUBNER, U. (1990): Unternehmer aller Länder vereinigt euch! In: Politik und Wirtschaft, 5. Jg. (1990), H. 5, S. 60-77.

RUGMAN, A.; VERBEKE, A. (1992) (Hrsg.): Corporate Response to Global Change. Vol. 3. Greenwich (Connecticut), London 1992.

RÜHLI, E. (1994): Die Resource-based View of Strategy. Aus: Gomez, P.; Hahn, D.; Müller-Stewens, G.; Wunderer, R. (1994) (Hrsg.): Unternehmerischer Wandel: Konzepte zur organisatorischen Erneuerung. Knut Bleicher zum 65. Geburtstag. Wiesbaden 1994. S. 31-57.

RÜHLI, E. (1995): Ressourcenmanagement. In: Die Unternehmung, 49. Jg. (1995), H. 2, S. 91-105.

RULE, C. (1989): Antitrust and Airline Mergers: A New Era. In: Transportation Practitioner Journal, Vol. 57 (1989), S. 62-76.

RUMELT, R. (1982): Diversification Strategy and Profitability. In: Strategic Management Journal, Vol. 3 (1982), H. 10, S. 359-369.

RUMELT, R.; SCHENDEL, D.; TEECE, D. (1991): Strategic Management and Economics. In: Strategic Management Journal, Vol. 12 (1991), Special Issue, S. 5-29.

RUTHERFORD, M. (1990): Introduction to the Transaction Edition. Aus: Commons, J. (1990) (Hrsg.): Institutional Economics. Its Place in Political Economy. Band 1. New Brunswick, London 1990. S. XIII-XXXVII.

SAATY, R. (1987): The Analytic Hierarchy Process - What it is and how it is used. In: Mathematical Modelling, 9. Jg. (1987), H. 3-5, S. 161-176.

SAATY, T. (1977): A Scaling Method for Priorities in Hierarchical Structures. In: Journal of Mathematical Psychology, Vol. 15 (1977), S. 234-281.

SAATY, T. (1980): The Analytic Hierarchy Process: Planning, Priority Setting, Resource Allocation. New York 1980.

SAATY, T. (1990a): How to make a decision: The Analytic Hierarchy Process. In: European Journal of Operational Research, Vol. 91 (1990), S. 9-29.

SAATY, T. (1990b): An Exposition of the AHP in Reply to the Paper "Remarks on the Analytic Hierarchy Process". In: Management Science, Vol. 36 (1990), S. 259-268.

SAATY, T. (1995): Decision Making for Leaders: The Analytic Hierarchy Process for Decisions in a Complex World. Pittsburgh 1995.

SAIR GROUP 1999 (Hrsg.): Interview with Chairman Hannes Goetz. Presseveröffentlichung der SAir Group, März 1999. Zürich 1999.

SAUTER, F. (1985): Transaktionskostentheorie der Organisation. München 1985.

SAUTTER, M. (1988): Strategische Analyse von Unternehmensakquisitionen: Entwurf und Bewertung von Akquisitionsstrategien. Frankfurt am Main, Bern u.a. 1988.

SAWERS, D. (1987): Competition in the Air - What Europe Can Learn from the USA. London 1987.

SCANDINAVIAN AIRLINES (2002) (Hrsg.): About SAS: SAS History - SAS Milesstones 1918-1949, http://www.scandinavian.net vom 03.11.2002.

SCHANZ, G. (1984) (Hrsg.): BWL und Nationalökonomie. Wiesbaden 1984.

SCHAPER-RINKEL, W. (1998): Akquisitionen und strategische Allianzen. Alternative externe Wachstumswege. Wiesbaden 1998.

SCHENK, K. (1986): Buchbesprechung zu: Michaelis, Elke: Organisation unternehmerischer Aufgaben - Transaktionskosten als Beurteilungskriterium. In: Journal of Institutional and Theoretical Economics, Vol. 142 (1986), S. 466-469.

SCHENK, K. (1990): Internationale Kooperation und Joint Ventures - Theoretische und strategische Grundlagen. Aus: Schoppe, S. (1990) (Hrsg.): Kompendium der internationalen Betriebswirtschaftslehre. München 1990. S. 153-190.

SCHERER, F. (1985): Stand und Perspektiven der Industrieökonomik. Aus: Bombach, G.; Gahlen, B.; Ott, A. (1985) (Hrsg.): Industrieökonomik: Theorie und Empirie. Tübingen 1985. S. 3-19.

SCHERER, F.; ROSS, D. (1990): Industrial Market Structure and Economic Performance. Dallas 1990.

SCHIERENBECK, H. (1987): Grundzüge der Betriebswirtschaftslehre. München, Wien 1987.

SCHLICHT, E. (1990): Rationality, Bounded or not, and Institutional Analysis. In: Journal of Institutional and Theoretical Economics, Vol. 146 (1990), S. 703-719.

SCHLOSSER, A. (2001): Unternehmenswertsteigerung durch Strategische Allianzen - Ein Ansatz zum wertorientierten Kooperationsmanagement. Bamberg 2001.

SCHMALENSEE, R. (1982): The new industrial organization and the economic analysis of modern markets. Aus: Hildenbrand, W. (1982) (Hrsg.): Advances in economic theory. Cambridge (Mass.) 1982. S. 253-285.

SCHMALENSEE, R. (1985): Do markets differ much? In: American Economic Review, 10. Jg. (1985), S. 341-351.

SCHMALENSEE, R.; WILLIG, R. (1989) (Hrsg.): Handbook of Industrial Organization. Amsterdam, New York, Oxford u.a. 1989.

SCHMELZER, L. (2001): Die Krise begleitet die Luftfahrt ins neue Jahr. In: Börsen-Zeitung, Nr. 250 vom 29.12.2001.

SCHMIDT, A. (1995): Computerreservierungssysteme im Luftverkehr - Darstellung, Entwicklung und wettbewerbliche Beurteilung, Gießener Studien zur Transportwirtschaft und Kommunikation Nr. 9. Hamburg 1995.

SCHMIDT, I.; RITTALER, J. (1989): A Critical Evaluation of the Chicago School of Antitrust Analysis. Dordrecht, Boston, London 1989.

SCHMIDT, R. (1992): Organisationstheorie, transaktionsorientierte. Aus: Frese, E. (1992) (Hrsg.): Handwörterbuch der Organisation. Stuttgart 1992. (=Enzyklopädie der Betriebswirtschaftslehre. 2) S. 1854-1865.

SCHMIDT, S. (1993): Strategische Allianzen im Luftverkehr. Forschungskreis Tourismusmanagement, Universität Trier. Trier 1993.

SCHNEEWEIß, C. (1990): Kostenwirksamkeitsanalyse, Nutzwertanalyse und Multi-Attributive Nutzentheorie. In: Das Wirtschaftsstudium, 19. Jg. (1990), H. 1, S. 14-.

SCHNEIDER, D. (1984): Erklären Lieb-Coase-ungen mit einem "Marktversagen" die Existenz von Unternehmungen? Aus: Schanz, G. (1984) (Hrsg.): BWL und Nationalökonomie. Wiesbaden 1984. S. 225-246.

SCHNEIDER, D. (1985): Die Unhaltbarkeit des Transaktionskostenansatzes für die "Markt oder Unternehmung"-Diskussion. In: Zeitschrift für Betriebswirtschaft, 55. Jg. (1985), H. 12, S. 1237-1254.

SCHNELL, R. (1995): Methoden der empirischen Sozialforschung. München, Wien 1995.

SCHOLZ, C. (1992): Effektivität und Effizienz, organisatorische. Aus: Frese, E. (1992) (Hrsg.): Handwörterbuch der Organisation. Stuttgart 1992. Sp. 532-552.

SCHONER, D. (1979): Der Airline Deregulation Act von 1978. In: Zeitschrift für Luft- und Raumfahrt, Jg. 1979, S. 42-46.

SCHOPPE, S. (1990) (Hrsg.): Kompendium der internationalen Betriebswirtschaftslehre. München 1990.

SCHRÄDER, A. (1996): Management virtueller Unternehmen: Organisatorische Konzeption und informationstechnische Unterstützung flexibler Allianzen. Frankfurt am Main, New York 1996.

SCHRÖDER, H. (1999): Technologie- und Innovationsplanung. Aus: Corsten, H.; Reiß, M. (1999) (Hrsg.): Betriebswirtschaftslehre. München, Wien 1999. S. 989-1114.

SCHUBERT, T. (1995): Strategische Allianzen im internationalen Bankgeschäft. Wiesbaden 1995.

SCHUBERT, W.; KÜTING, K. (1981): Unternehmenszusammenschlüsse. München 1981.

SCHUH, G.; WIENDAHL, H. (1997) (Hrsg.): Komplexität und Agilität. Steckt die Produktion in der Sackgasse? Berlin,. 1997.

SCHUMANN, J. (1987): Die Unternehmung als ökonomische Institution. In: Das Wirtschaftsstudium, 16. Jg. (1987), H. 4, S. 212-218.

SCHWALBACH, J. (1994): Stand und Entwicklung der Industrieökonomik, Forschungsbericht der Humboldt-Universität Berlin. Berlin 1994.

SCHWARZ, P. (1979): Morphologie von Kooperationen und Verbänden. Tübingen 1979.

SCHWARZ, P. (1990): Inter-firm cooperation. Aus: Grochla, E.; Gaugler, E. (1990) (Hrsg.): Handbook of German Business Management. Stuttgart 1990. Sp. 1189-1199.

SCHWENK, W. (1981): Handbuch des Luftverkehrsrechtes. Köln 1981.

SCHWENK, W. (1996): Handbuch des Luftverkehrsrechts. Köln 1996.

SCHWIETERMANN, J. (1995): A hedonic price assessment of airline service quality in the U.S. In: Transport Reviews, 15. Jg. (1995), H. 3, S. 291-302.

SEIDENFUS, A. (1967) (Hrsg.): Das Kapazitätsproblem der Verkehrswirtschaft. Göttingen 1967.

SEITZ, E.; WOLF, J. (1991) (Hrsg.): Tourismusmanagement und -marketing. Landsberg/Lech 1991.

SELL, A. (1995) (Hrsg.): Neue Perspektiven für internationale Unternehmenskooperationen. Bremen 1995.

SELZNIK, P. (1957): Leadership in Administration. New York; Tokio 1957.

SERPEN, E.; O'TOOLE, K. (2002): Flag bearers. In: Airline Business, 18. Jg. (2002), H. 10, S. 75-78.

SERVATIUS, H. (1986): Methodik des strategischen Technologie-Managements. Berlin 1986.

SHELANSKI, H.; KLEIN, P. (1995): Empirical Research in transaction cost economics: A review and assessment. In: Journal of Law, Economics and Organization, Vol. 11 (1995), S. 335-361.

SICHELSCHMIDT, H. (1984): Wettbewerb statt staatlicher Regulierung - Wege zu einem besseren Luftverkehrssystem in Europa, Kieler Diskussionsbeiträge Nr. 100. Kiel 1984.

SICHELSCHMIDT, H.; WOLF, H. (1993): Die Liberalisierung des EG-Luftverkehrs: Entwicklung, Stand und Perspektiven. In: Die Weltwirtschaft, Jg. 1993, S. 167-185.

SIEBEN, G.; LUTZ, H. (1981) (Hrsg.): Akquisition und strategische Planung. Aus: Goetzke, W.; Sieben, G. (1981) (Hrsg.): Unternehmensakquisitionen: Betriebswirtschaftliche und juristische Gestaltungsfragen. Köln 1981. S. 13-30.

SIEBEN, G.; LUTZ, H. (1981): Akquisition und strategische Planung. Aus: Goetzke, W.; Sieben, G. (1981) (Hrsg.): Unternehmensakquisitionen: Betriebswirtschaftliche und juristische Gestaltungsfragen. Köln 1981.

SIEBEN, G.; SIELAFF, M. (1989): Unternehmensakquisition. Stuttgart 1989.

SIEGWART, H. (1995) (Hrsg.): Unternehmenspolitik und Unternehmensstrategie. Stuttgart u.a. 1995.

SIGLOCH, J. (1974): Unternehmenswachstum durch Fusion. Berlin 1974.

SIMON, H. (1951): A Formal Theory of the Employment Relationship. In: Econometrica, 19. Jg. (1951), S. 293-305.

SIMON, H. (1988): Management strategischer Wettbewerbsvorteile. In: Zeitschrift für Betriebswirtschaft, 58. Jg. (1988), S. 461-480.

SIMON, H. (1989): Die Zeit als strategischer Wettbewerbsfaktor. Aus: Hax, H.; Kern, W.; Schröder, H. (1989) (Hrsg.): Zeitaspekte in betriebswirtschaftlicher Theorie und Praxis. Stuttgart 1989. S. 117-130.

SITKIN, S.; WEINGART, L. (1995): Determinants of risky decision-making behavior: A test of the mediating role of risk perceptions and propensity. In: Academy of Management Journal, Vol. 38 (1995), H. 6, S. 1573-1592.

SJURTS, I. (2000b): Kollektive Unternehmensstrategie: Grundlagen einer Theorie kollektiven strategischen Handelns. Wiesbaden 2000.

SMOLKA, K.; GENGER, J. (2003): Wachstumsschub der Billigflieger hält an. In: Financial Times Deutschland vom 09.07.2003, http://www.ftd.de/ub/di/1057486293129.html.

SOCHOR, E. (1991): The politics of international aviation. London 1991.

SOMMERHÄUSER, G. (2000): Unterstützung bankbetrieblicher Entscheidungen mit dem Analytic-Hierarchy-Process. Berlin 2000.

STAEHLE, W. (1987): Management - Eine verhaltenswissenschaftliche Einführung. München 1987.

STAEHLE, W. (1990): Management - Eine verhaltenswissenschaftliche Perspektive. München 1990.

STAEHLE, W.; CONRAD, P. (1991) (Hrsg.): Managementforschung. Berlin, New York 1991.

STAEHLE, W.; SYDOW, J. (1993) (Hrsg.): Managementforschung. Berlin, New York 1993.

STAHL, D. (1995): Internationale Speditionsnetzwerke: Eine theoretische und empirische Analyse im Lichte der Transaktionstheorie. Göttingen 1995.

STALK, G. (2000): Zeit - Die entscheidende Waffe im Wettbewerb. Frankfurt 2000.

STALK, G.; EVANS, P.; SHULMAN, L. (1992): Competing on Capabilities: The New Rules of Corporate Strategy. In: Harvard Business Review, Vol. 70 (1992), H. 2, S. 57-69.

STEAD, R.; CURWEN, P.; LAWER, K. (1996): Industrial economics: Theory, application and policy. London 1996.

STEIN, H. (1988): Kostenführerschaft als strategische Erfolgsposition. Aus: Henzler, H. (1988) (Hrsg.): Handbuch Strategische Führung. Wiesbaden 1988. S. 397-426.

STEININGER, A. (1999): Gestaltungsempfehlungen für Airline-Allianzen. Bamberg 1999.

STEINLE, C.; BRUCH, H.; NASNER, N. (1997): Kernkompetenzen - Konzepte, Ermittlung und Einsatz zur Strategieevaluierung. In: Zeitschrift für Planung, 8. Jg. (1997), H. 1, S. 1-23.

STERZENBACH, R. (1996): Luftverkehr. München, Wien 1996.

STEWART, J. (1990): United States Citizenship Requirements of the Federal Aviation Act - A Misty Moor of Legalisms or the Rampart of Protectionism. In: Journal of Air Law and Commerce, Vol. 55 (1990), H. 3, S. 685-687.

STIGLER, G. (1958): The economies of scale. In: Journal of Law and Economics, Vol. 1 (1958), S. 54-71.

STIGLER, G. (1968): The organization of industry. Homewood (Illinois) 1968.

STOETZER, M. (1990): Der Einfluß der Wettbewerbsverhältnisse auf die Effizienz der Luftverkehrsunternehmen in den USA und Europa. Berlin 1990.

STOETZER, M. (1991): Regulierung oder Liberalisierung des Luftverkehrs in Europa. Baden-Baden 1991.

STOFFEL, A. (1959): American Bilateral Air Transport Agreements on the Threshold of the Jet Transport Age. In: Journal of Air Law and Commerce, Vol. 24 (1959), H. 26, S. 19-34.

STRAUBE, M. (1972): Zwischenbetriebliche Kooperation. Wiesbaden 1972.

STROHM, A. (1988): Ökonomische Theorie der Unternehmensentstehung. Freiburg im Breisgau 1988.

STÜDLEIN, Y. (1997): Management von Kulturunterschieden. Phasenkonzept für internationale strategische Allianzen. Wiesbaden 1997.

SYDOW, J. (1991): Strategische Netzwerke und Transaktionskosten. Über Grenzen einer transaktionstheoretischen Erklärung der Evolution strategischer Netzwerke. Aus: Staehle, W.; Conrad, P. (1991) (Hrsg.): Managementforschung. Berlin, New York 1991. S. 239-311.

SYDOW, J. (1992): Strategische Netzwerke - Evolution und Organisation. Wiesbaden 1992.

SZYPERSKI, N. (1989) (Hrsg.): Handwörterbuch der Planung, Enzyklopädie der Betriebswirtschaft. Stuttgart 1989.

SZYPERSKI, N.; NATHUSIUS, K. (1977): Probleme der Unternehmensgründung: Eine betriebswirtschaftliche Analyse unternehmerischer Startbedingungen. Stuttgart 1977.

TALLMAN, S. (1991): Strategic Management Models und Resource-Based Strategies among MNEs in a Host Market. In: Strategic Management Journal, Vol. 12 (1991), H. Special Issue, S. 69-82.

TAUCHER, G. (1988): Der dornige Weg strategischer Allianzen. In: Harvard Business Manager, Vol. 10 (1988), H. 3, S. 86-91.

TEECE, D. (1980): Economies of Scope and the Scope of the Enterprise. In: Journal of Economic Behaviour and Organization, Vol. 23 (1980), S. 223-247.

TEECE, D. (1985): Applying Concepts of Economic Analysis to Strategic Management. Aus: Pennings, J. (1985) (Hrsg.): Organizational Strategy and Change. San Francisco, Washington, London 1985. S. 35-63.

TEECE, D. (1987) (Hrsg.): The competitive challenge. Cambridge (Mass.) 1987.

TEECE, D. (1987): Profiting from Technological Innovation: Implications for Integration, Collaboration, Licensing and Public Policy. Aus: Teece, D. (1987) (Hrsg.): The competitive challenge. Cambridge (Mass.) 1987. S. 185-219.

TEECE, D.; PISANO, G.; SHUEN, A. (1991): Dynamic Capabilities and Strategic Management, Working Paper, November 1991. Cambridge (Mass.). 1991.

TERPSTRA, V.; SARATHY, R. (1991): International Marketing. Hinsdale 1991.

THE STRATEGIC PLANNING INSTITUTE (1977) (Hrsg.): PIMS, Profit Impact and Market Strategy. A Program of the Strategic Planning Institute. Cambridge (Mass.) 1977.

THIELE, M. (1994): Neue Institutionenökonomik. In: Das Wirtschaftsstudium, 23. Jg. (1994), H. 12, S. 993-997.

THOMAS, H.; GARDNER, D. (1985) (Hrsg.): Strategic Marketing and Management. Chichester 1985.

THOMMEN, J. (1995) (Hrsg.): Management-Kompetenz: Die Gestaltungsansätze des NDU/Executive MBA der Hochschule St. Gallen. Zürich 1995.

TIETZ, B.; KÖHLER, R.; ZENTES, J. (1995) (Hrsg.): Handwörterbuch der Absatzwirtschaft. Stuttgart 1995.

TIETZEL, M. (1991): Der Neue Institutionalismus vor dem Hintergrund der alten Ordnungsdebatte. In: Jahrbuch für Neue Politische Ökonomie., 10. Jg. (1991), S. 3-37.

TIMMERMANN, A. (1988): Evolution des strategischen Managements. Aus: Henzler, H. (1988) (Hrsg.): Handbuch Strategische Führung. Wiesbaden 1988. S. 85-105.

TIROLE, J .(1995): Industrieökonomik. München 1995.

TIROLE, J. (1990): The Theory of Industrial Organization. Cambridge (Mass.) 1990.

TOBIAS, S. (2001): Entscheidungsfindung in der Landnutzung und Landentwicklung. Skript zur Vorlesung in der Geomatikingenieurwissenschaft an der Eidgenössischen Forschungsanstalt für Wald, Schnee und Landschaft in Birmensdorf, Schweiz. http://www.wsl.ch/staff/silvia.tobias/teaching/LRM-II/Entscheidungsf-LNLEII.pdf 2001.

TOMCZAK, T. (1992): Forschungsmethoden in der Marketingwissenschaft. In: Marketing - Zeitschrift für Forschung Praxis (ZFP), H. 2, S. 77-87.

TRETHEWAY, M.; OUM, T. (1992): Airline economics: Foundations for strategy and policy. Vancouver 1992.

TROMMSDORFF, V. (1989) (Hrsg.): Handelsforschung. Wiesbaden 1989.

TRÖNDLE, D. (1987): Kooperationsmanagement - Steuerung interaktioneller Prozesse bei Unternehmenskooperationen. Bergisch Gladbach, Köln 1987.

U.S. DOT - UNITED STATES DEPARTMENT OF TRANSPORTATION (1993) (Hrsg.): The Airline Deregulation Continues - The Southwest Effect. Washington D.C. 1993.

ULRICH, H. (1968): Die Unternehmung als produktives soziales System. Bern 1968.

ULRICH, H. (1981): Die Betriebswirtschaftslehre als anwendungsorientierte Sozialwissenschaft. Aus: Geist, M.; Köhler, R. (1981) (Hrsg.): Die Führung des Betriebes. Stuttgart 1981. S. 1-26.

ULRICH, H. (1984): Management. Bern 1984.

ULRICH, H. (1987a): Ausbildung von Führungskräften zu ganzheitlichem Denken und Handeln. Aus: Eschenbach, R. (1987) (Hrsg.): Manager für Morgen. Tagungsband zum internationalen Kongress 8.-10. April 1987 an der Wirtschaftsuniversität Wien. Wien 1987. S. 44-53.

ULRICH, H. (1987b): Unternehmungspolitik. Berlin, Stuttgart 1987.

ULRICH, H.; FLURI, E. (1992): Management. Bern, Stuttgart 1992.

ULRICH, H.; KRIEG, W. (1974): St. Galler Management Modell. Bern 1974.

VAN DEN BERG, D. (1990): The regional airline development in Europe Juli/August 1990 In: ITA Magazine, Jg. 1990, H. 62, S. 14-.

VENKATRAMAN, N.; PRESCOTT, J. (1990): Environment Strategy Coalignment: An Empirical Test of its Performance Implications. In: Strategic Management Journal, Vol. 11 (1990), S. 1-23.

VENOHR, B. (1987): "Marktgesetze" und Strategische Unternehmensführung. Wiesbaden 1987.

VERDIN, P.; WILLIAMSON, P. (1992): Age, experience and corporate strategy: when are they sources of business unit advantage? Fontainebleau 1992.

VERDIN, P.; WILLIAMSON, P. (1994): Core Competences, Competitive Advantage and Market Analysis: Forging the Links. Aus: Hamel, G.; Heene, A. (1994) (Hrsg.): Competence-Based Competition. Chichester 1994. S. 77-110.

VERLAG BECK (1999) (Hrsg.): Wirtschaftslexikon. Frankfurt am Main 1999.

VERLAG NEUE WIRTSCHAFTS-BRIEFE (1996) (NWB) (Hrsg.): Wirtschaftsgesetze. Herne, Berlin 1996.

VIZJAK, A. (1990): Wachstumspotentiale durch strategische Partnerschaften - Bausteine einer Theorie externer Synergie. München 1990.

VOIGT, K. (1992): Strategische Planung und Unsicherheit. Wiesbaden 1992.

VORNHUSEN, K. (1994): Die Organisation von Unternehmenskooperationen. Joint Ventures und strategische Allianzen in Chemie- und Elektroindustrie. Frankfurt am Main 1994.

WAGNER, H.; JÄGER, W. (1995) (Hrsg.): Stabilität und Effizienz hybrider Organisationsformen. Münster 1995.

WAGNER, W. (1970): International Air Transportation As Affected by State Sovereignty. Brüssel 1970.

WALDECKER, P. (1995): Strategische Alternativen in der Unternehmensentwicklung. Interne Entwicklung und Unternehmensakquisition. Wiesbaden 1995.

WALKER, K. (1997): Hubs - bespoke fortunes. In: Airline Business, 13. Jg. (1997), H. 1, S. 32-35.

WALKER, K. (1998): US alliance opens the floodgates. In: Airline Business, 14. Jg. (1998), H. 3, S. 24-25.

WALKER, K. (2000): Chicago revisited. In: Airline Business, 16. Jg. (2000), H. 1, S. 51-53.

WANING, T. (1994): Markteintritts- und Marktbearbeitungsstrategien im globalen Wettbewerb. Münster, Hamburg 1994.

WEBER, G. (1997): Erfolgsfaktoren im Kerngeschäft von europäischen Luftverkehrsgesellschaften. Bamberg 1997.

WEBER, L. (1977): The Application of European Community Law to Air Transport. In: Annals of Air and Space Law, Jg. 1977, S. 233-.

WEBER, L. (1981): Die Zivilluftfahrt im Europäischen Gemeinschaftsrecht. Berlin, Heidelberg, New York 1981.

WEBER, M. (1995): Scoring-Verfahren - häufige Anwendungsfehler und ihre Vermeidung. In: Der Betrieb, 48. Jg. (1995), H. 33, S. 1621-1626.

WEBER, R. (1986): Wirtschaftsregulierung in wettbewerbspolitischen Ausnahmebereichen. Baden-Baden 1986.

WEIMANN, L. (1998): Markteintrittsbarrieren im europäischen Luftverkehr, Gießener Studien zur Transportwirtschaft und Kommunikation, Universität Gießen. Konsequenzen für die Anwendbarkeit der Theorie der Contestable Markets. Hamburg 1998.

WEINGARTEN, F. (1995): Entlastung des Luftverkehrs in Deutschland unter den Bedingungen eines wachsenden Luftverkehrsmarktes. Bergisch-Gladbach 1995.

WEISS, C. (1996): Die Wahl internationaler Markteintrittsstrategien: Eine transaktionskostenorientierte Analyse. Wiesbaden 1996.

WEIß, E.; MATTUTAT, H. (1990): Pons-Globalwörterbuch. Teil 1. Französisch-deutsch. Stuttgart 1990.

WEIß, M. (1992): Planung der Fertigungstiefe: Ein hierarchischer Ansatz. Wiesbaden 1992.

WELGE, M. (1980): Management in deutschen multinationalen Unternehmungen: Ergebnisse einer empirischen Untersuchung. Stuttgart 1980.

WELGE, M.; AL-LAHAM, A. (1999): Strategisches Management. Wiesbaden 1999.

WENDLIK, H. (1993): Politik und Elemente der Slotvergabe. In: Zeitschrift für Verkehrswissenschaft, 64. Jg. (1993), S. 260-276.

WENGLORZ, G. (1992): Die Deregulierung des Linienluftverkehrs im Europäischen Binnenmarkt. Heidelberg 1992.

WERNER, M. (1988): Regulierung und Deregulierung des Verkehrssektors in der wirtschaftswissenschaftlichen Diskussion - Die Theorie der Regulierung. In: Zeitschrift für Verkehrswissenschaften, Jg. 1988, S. 44ff. 128ff.

WERNERFELT, B. (1984): A Resource-Based View of the Firm. In: Strategic Management Journal, Vol. 5 (1984), H. 2, S. 171-180.

WERNERFELT, B. (1989): From Critical Resources to Corporate Strategy. In: Journal of General Management, Vol. 14 (1989), H. 3, S. 4-12.

WERNERFELT, B. (1995): The Resource-Based View of the Firm: Ten Years After. In: Strategic Management Journal, Vol. 16 (1995), H. 3, S. 171-174.

WHEATCROFT, S. (1964): Air Transport Policy. London 1964.

WHEATCROFT. S.; LIPMAN, G. (1986): Air Transport in a Competitive European Market - Problems, Prospects and Strategies London 1986. (= The Economist Intelligence Unit, Tourism Report No. 3, Special Report No. 1060)

WHEELEN, T.; HUNGER, J. (1990): Strategic Management. Reading (Mass.) 1990.

WHITE HOUSE COMMISSION ON AVIATION SAFETY AND SECURITY (1997) (Hrsg.): Final Report to President Clinton. Washington D.C. 1997.

WIEDE, T. (2002): Fluggesellschaften erwarten weitere Liberalisierung. In: Handelsblatt, Nr. 20 vom 29.01.2002.

WIEZOREK, B. (1998): Strategien europäischer Fluggesellschaften in einem liberalisierten Weltluftverkehr, Europäische Hochschulschriften, Reihe V, Volks- und Betriebswirtschaft Nr. 2366. Frankfurt am Main, Berlin, Bern u.a. 1998.

WILDE, K. (1989): Bewertung von Produkt-Markt-Strategien. Berlin 1989.

WILDEMANN, H. (1996) (Hrsg.): Innovation und Kundennähe: Wachstumsstrategien im Wettbewerb. Tagungsband Münchener Management Kolloquium, 5. und 6. März 1996. München 1996.

WILDEMANN, H. (1996): Innovation und Kundennähe: Wachstumsstrategien im Wettbewerb. Aus: Wildemann, H. (1996b) (Hrsg.): Innovation und Kundennähe: Wachstumsstrategien im Wettbewerb. Tagungsband Münchener Management Kolloquium, 5. und 6. März 1996. München 1996. S. 1-43.

WILKEN, D. (1996): Code-Sharing im Luftverkehr Deutschlands. In: Internationales Verkehrswesen, 48. Jg. (1996), H. 7, S. 25-29.

WILKES, M.; WILKES, G. (1979) (Hrsg.): Handbuch Unternehmensführung. Gernsbach 1979.

WILL, T. (1996): Wettbewerbsvorteile durch Simultanität von Kostenführerschaft und Differenzierung - Unterstützungspotentiale integrativer Produktionskonzepte. Frankfurt am Main 1996.

WILLIAMS, G. (1993): The airline industry and the impact of deregulation Aldershot/Brookfield 1993.

WILLIAMS, G. (1996): The airline industry and the impact of deregulation. Aldershot 1996.

WILLIAMSON, O. (1975): Markets and Hierarchies: Analysis and Antitrust Implications - A Study in the Economics of Internal Organizations. New York, London 1975.

WILLIAMSON, O. (1979): Transaction-Cost Economics: The Governance of Contractual Relations. In: Journal of Law and Economics, Vol. 22 (1979), S. 233-261.

WILLIAMSON, O. (1980): The Organization of Work. A Comparative Institutional Assessment. In: Journal of Economic Behaviour and Organization, Vol. 1 (1980), H. 1, S. 5-38.

WILLIAMSON, O. (1981a): The Modern Corporation: Origins, Evolution, Attributes. In: Journal of Economic Literature, Vol. 19 (1981), H. December, S. 1537-1568.

WILLIAMSON, O. (1981b): The Economics of Organization: The Transaction Cost Approach. In: American Journal of Sociology, Vol. 87 (1981), H. 3, S. 548-577.

WILLIAMSON, O. (1984): The Economics of Governance: Framework and Implications. In: Journal of Institutional and Theoretical Economics, Vol. 140 (1984), S. 195-223.

WILLIAMSON, O. (1985): The Economic Institutions of Capitalism. New York 1985.

WILLIAMSON, O. (1989): Transaction Cost Economies. Aus: Schmalensee, R.; Willig, R. (1989) (Hrsg.): Handbook of Industrial Organization. Amsterdam, New York, Oxford u.a. 1989. S. 135-182.

WILLIAMSON, O. (1990a): Die ökonomischen Institutionen des Kapitalismus. Unternehmen, Märkte, Kooperationen. Tübingen 1990.

WILLIAMSON, O. (1990b): Industrial Organization. Vermont 1990.

WILLIAMSON, O. (1991a): Vergleichende ökonomische Organisationstheorie: Die Analyse diskreter Strukturalternativen. Aus: Ordelheide, D.; Rudolph, B.; Büsselmann, E. (1991) (Hrsg.): Betriebswirtschaftslehre und ökonomische Theorie. Stuttgart 1991. S. 13-49.

WILLIAMSON, O. (1991b): Comparative Economic Organization: The Analysis of Discrete Structural Alternatives. In: Administrative Science Quarterly, Vol. 36 (1991), H. June, S. 269-296.

WILLIAMSON, O. (1993): Transaktionskostenökonomik. Münster, Hamburg 1993.

WILLIAMSON, O.; OUCHI, W. (1981): A Rejoinder. Aus: Van de Ven, A.; Joyce, W. (1981) (Hrsg.): Perspectives on Organization Design and Behavior. New York 1981. S. 387-390.

WILLIAMSON, O.; WINTER, S. (1991) (Hrsg.): The Nature of the Firm - Origins, Evolution and Development. New York 1991.

WILLIAMSON, O.; WINTER, S. (1993) (Hrsg.): The Nature of the Firm - Origins, Evolution and Development. Oxford 1993.

WILSON, D. (1989): A Process Model of Strategic Alliance Formation in Firms in the Information Technology Industry, Working Paper 89-070, Sloan School of Management, Massachusetts Institute of Technology. Cambridge (Massachusetts) 1989.

WINAND, U. (1989): Erfolgspotentialplanung. Aus: Szyperski, N. (1989) (Hrsg.): Handwörterbuch der Planung, Enzyklopädie der Betriebswirtschaft. Stuttgart 1989. Sp. 440-452.

WINDSPERGER, J. (1983): Transaktionskosten in der Theorie der Firma. In: Zeitschrift für Betriebswirtschaft, 53. Jg. (1983), H. 9, S. 890-901.

WINDSPERGER, J. (1987): Zur Methode des Transaktionskostenansatzes. In: Zeitschrift für Betriebswirtschaft, 57. Jg. (1987), H. 1, S. 59-76.

WIßKIRCHEN, C. (2002): Fusionen - Große Hoffnungen, bescheidene Erfolge. In: Technologie & Management, 51. Jg. (2002), H. 1-2, S. 20-23.

WITTE, E. (1981) (Hrsg.): Der praktische Nutzen empirischer Forschung. Tübingen 1981.

WITTE, E. (1991): Betriebswirtschaftliche Forschung - wohin? Konsequenzen aus der Institutionenökonomik. Aus: Ordelheide, D.; Rudolph, B.; Büsselmann, E. (1991) (Hrsg.): Betriebswirtschaftslehre und ökonomische Theorie. Stuttgart 1991. S. 445-469.

WITTE, H. (2000): Allgemeine Betriebswirtschaftslehre München, Wien 2000.

WITTE, H.; VOIGT, F.; LASCHET, W. (1982): Die Preisbildung im Luftverkehr: Theoretische Analyse und quantitative Überprüfung für den internationalen Passagierlinienverkehr. Berlin 1982.

WITTEK, B. (1980): Strategische Unternehmensführung bei Diversifikation. Berlin, New York 1980.

WITTMANN, W. (1961): Überlegungen zu einer Theorie des Unternehmungswachstums In: ZfhF, NF, 13. Jg. (1961), H. 4, S. 493-519.

WITTMANN, W. (1981) (Hrsg.): Unternehmer - Träger der Zukunft. Stuttgart 1981.

WITTMANN, W. (1993) (Hrsg.): Enzyklopädie der Betriebswirtschaftslehre. Band 3. Stuttgart 1993.

WITTMANN, W. (1993) (Hrsg.): Handwörterbuch der Betriebswirtschaft. Stuttgart 1993.

WÖHE, G. (1990): Einführung in die allgemeine Betriebswirtschaftslehre. München 1990.

WÖHE, G. (1993): Einführung in die Allgemeine Betriebswirtschaftslehre. 18. Auflage. München 1993.

WÖHE, G.; DÖRING, U. (2000): Einführung in die allgemeine Betriebswirtschaftslehre. München 2000.

WOLFF, B. (1995): Organisation durch Verträge: Koordination und Motivation in Unternehmen. Wiesbaden 1995.

WOLFF, B.; NEUBURGER, R. (1995): Zur theoretischen Begründung von Netzwerken aus der Sicht der Neuen Institutionenökonomik- Aus: Jansen, D.; Schubert, K. (1995) (Hrsg.): Netzwerke und Politikproduktion: Konzepte, Methoden, Perspektiven. Marburg 1995. S. 74-94.

WOLFRUM, B.; RASCHE, C. (1993): Kompetenzorientiertes Management. In: Thexis, Jg. 1993, H. 5/6, S. 65-70.

WOLFRUM, U. (1993): Erfolgspotentiale - Kritische Würdigung eines zentralen Konzeptes der strategischen Unternehmensführung. München 1993.

WOLFSTEINER, W. (1995): Das Management der Kernfähigkeiten - Ein ressourcenorientierter Strategie- und Strukturansatz. St. Gallen 1995.

WRANGELL, N. von (1999): Globalisierungstendenzen im internationalen Luftverkehr. Entwicklung der Regulierung und Liberalisierung unter Berücksichtigung strategischer Allianzen und des Code-Sharing. Frankfurt am Main, Berlin, Bern u.a. 1999.

WURCHE, S. (1991): Konzeptionelle Vorüberlegungen zu einer Theorie strategischer Kooperation. Nürnberg 1991.

WURCHE, S. (1994): Strategische Kooperation - Theoretische Grundlagen und praktische Erfahrungen am Beispiel mittelständischer Pharmaunternehmen. Wiesbaden 1994.

ZAHN, E. (1971): Das Wachstum industrieller Unternehmen: Versuch einer Erklärung mit Hilfe eines komplexen, dynamischen Models. Wiesbaden 1971.

ZAHN, E. (1987): Produktionstechnologien als Element internationaler Wettbewerbsstrategien. Aus: Dichtl, E.; Gerke, W.; Kieser, A. (1987) (Hrsg.): Innovation und Wettbewerbsfähigkeit. Wiesbaden 1987. S. 475-496.

ZAHN, E. (1995): Kompetenzbasierte Strategien. Aus: Corsten, H.; Reiß, M. (1995) (Hrsg.): Handbuch Unternehmensführung: Konzepte - Instrumente - Schnittstellen. Wiesbaden 1995. S. 355-369.

ZAHN, E. (1996): Kernkompetenzen. Aus: Kern, W.; Schröder, H.; Weber, J. (1996) (Hrsg.): Handwörterbuch der Produktionswirtschaft. Stuttgart 1996. Sp. 883-894.

ZANGEMEISTER, C. (1971): Nutzwertanalyse von Projektalternativen. In: Industrielle Organisation, Jg. 1971, S. 159-168.

ZANGEMEISTER, C. (1976): Nutzwertanalyse in der Systemtechnik. München 1976.

ZANTKE, S. (1990): ABC des Luftverkehrs - Ein Lexikon der internationalen kommerziellen Zivilluftfahrt. Hamburg 1990.

ZEA, M.; FELDMAN, D. (1999): Going global: The risks and rewards of airline alliance-based network strategies, New York 1999.

ZEHLE, K. (1991): Yield-Management - eine Methode zur Umsatzsteigerung für Unternehmen der Tourismusindustrie. Aus: Seitz, E.; Wolf, J. (1991) (Hrsg.): Tourismusmanagement und -marketing. Landsberg/Lech 1991.

ZIMMER, M.; ORTMANN, G. (1996): Strategisches Management, strukturtheoretisch betrachtet. Aus: Hinterhuber, H.; Al-Ani, A.; Handbauer, G. (1996) (Hrsg.): Das neue Strategische Management - Elemente und Perspektiven einer zukunftsorientierten Unternehmensführung. Wiesbaden 1996. S. 87-114.

ZOU, S.; CAVUSGIL, S. (1996): Global Strategy: A Review and an Integrated Conceptual Framework. In: European Journal of Marketing, Vol. 30 (1996), H. 1, S. 52-69.

ZYLICZ, M. (1991): International Air Transport Law. Utrecht 1991.

Peter Lang · Europäischer Verlag der Wissenschaften

Thomas Götting

Code-Sharing

Rechtliche Betrachtung einer Kooperationsform im Luftverkehr

Frankfurt am Main, Berlin, Bern, Bruxelles, New York, Oxford, Wien, 2003.
238 S.
Bürgerliches Recht, Handels- und Verkehrsrecht.
Herausgegeben von Edgar Ruhwedel. Bd. 23
ISBN 3-631-39558-2 · br. € 42.50*

Das Buch setzt sich mit den rechtlichen Folgen der zunehmenden Kooperationen im internationalen Flugverkehr auseinander und beleuchtet vor diesem Hintergrund die in jüngster Zeit immer häufiger vorkommende Zusammenarbeit von Fluggesellschaften im sogenannten „Code-Sharing". Dabei setzt das Buch die Schwerpunkte in den wichtigsten Rechtsgebieten, dem Völker-, Reise- und Haftungsrecht.

Aus dem Inhalt: Grundlagen des Code-Sharing · Die verkehrsrechtlichen Auswirkungen des Code-Sharing · Entwurf für Code-Sharing-Verträge · Die reisevertragsrechtlichen Auswirkungen des Code-Sharing · Das Rechtsverhältnis der Parteien untereinander und die luftverkehrsrechtliche Haftung gegenüber dem Passagier beim Code-Sharing

Frankfurt am Main · Berlin · Bern · Bruxelles · New York · Oxford · Wien
Auslieferung: Verlag Peter Lang AG
Moosstr. 1, CH-2542 Pieterlen
Telefax 00 41 (0) 32 / 376 17 27

*inklusive der in Deutschland gültigen Mehrwertsteuer
Preisänderungen vorbehalten

Homepage http://www.peterlang.de

FSC
www.fsc.org
MIX
Papier | Fördert gute Waldnutzung
FSC® C083411

Kolibri 360 GmbH
Ferdinand-Jühlke-Straße 7
99095 Erfurt, Deutschland
produktsicherheit@kolibri360.de

Druck:
CPI Druckdienstleistungen GmbH
im Auftrag der
Kolibri 360 GmbH
Ferdinand-Jühlke-Str. 7
99095 Erfurt